北京市文物局圖書資料中心古籍普查登記目録

（下）

附索引

全國古籍普查登記目録

國家圖書館出版社

National Library of China Publishing House

北京市文物局圖書資料中心古楸軒書叢

總第七部

甲種第六部

110000－0198－0009636　集普 1736
繪圖夜雨秋燈録四卷續集四卷　(清)宣鼎撰　清末石印本(有圖)　六册

110000－0198－0009637　集普 1737
白香詞譜　(清)舒夢蘭撰　清刻本　四册

110000－0198－0009638　集普 1738
分類尺牘備覽三十卷　(清)王虎榜編　清末上海寶善書局石印本　八册

110000－0198－0009639　集普 1739
經講類典合編　(清)奎壁齋主人編　清光緒十七年(1891)上海鴻寶齋石印本　十二册

110000－0198－0009640　集普 1740
燕山外史四六傳奇　(清)陳球著　清同治六年(1867)經綸堂刻本　二册

110000－0198－0009641　集普 1743
笠翁十二種曲　(清)李漁撰　清末刻本　十二册

110000－0198－0009642　集普 1744
胭脂牡丹六卷　題(清)韓鄂輯録　清光緒三年(1877)京都隆福寺三槐堂刻本　六册

110000－0198－0009643　集普 1745
新鐫繡像描金鳳八卷四十六回　(清)馬如飛編　清光緒三十二年(1906)上海海左書局石印本(有圖)　八册

110000－0198－0009644　集普 1747
陶淵明集十卷　(晉)陶潛撰　清咸豐十一年(1861)皖城行營刻本　六册

110000－0198－0009645　集普 1748
陶淵明集十卷　(晉)陶潛撰　清咸豐十一年(1861)皖城行營刻本　二册　存五卷(一至五)

110000－0198－0009646　集普 1749
夜雨秋燈録初集四卷　(清)宣鼎著　清光緒二十二年(1896)上海英華書局石印本(有圖)　五册

110000－0198－0009647　集普 1750
增補策學總纂大全四十六卷　(清)蔡壽祺撰　清光緒十四年(1888)上海鴻寶齋石印本　六册

110000－0198－0009648　集普 1752
第一奇書野叟曝言二十卷一百五十四回　(清)夏敬渠撰　清光緒石印本(有圖)　二十册

110000－0198－0009649　集普 1753
萬國時務策學大全四十八卷　清光緒二十三年(1897)積山書局石印本(有圖)　二十二册

110000－0198－0009650　集普 1754
經場捷訣四卷　清光緒十九年(1893)上海蜚英書局石印本(有圖)　六册

110000－0198－0009651　集普 1755
策府統宗六十五卷　(清)劉昌齡編　清光緒二十三年(1897)耕餘書屋石印本　十一册

110000－0198－0009652　集普 1756
一百二十名家全稿　(清)俞長城論次　清光緒十九年(1893)上海鴻寶齋石印本　十二册

110000－0198－0009653　集普 1757
試律大觀三十二卷　(清)王家相定　清末刻本　六册

110000－0198－0009654　集普 1758
選注六朝唐賦　(清)馬傳庚選注　清光緒二年(1876)京都松竹齋石印本　四册

110000－0198－0009655　集普 1759
五經集句類聯　清光緒十七年(1891)上海書局石印本　四册

110000－0198－0009656　集普 1762
龍威秘書四集　(清)馬俊良輯　清乾隆五十九年(1794)石門馬氏大西山房刻本　八册

110000－0198－0009657　集普 1767
五科鄉會墨續選四卷　(清)錢振倫編次　清道光刻本　八册

110000－0198－0009658　集普 1774
齊省堂增訂儒林外史五十六回　(清)吳敬梓著　清同治十三年(1874)齊省堂刻本　十六册

110000－0198－0009659　集普 1775
義俠好逑傳四卷十八回　(清)名教中人編次　清文誠堂刻本　四册

110000－0198－0009660　集普 1776
續小五義一百二十四回　(清)石玉崑撰　清光緒十七年(1891)北京文光樓書坊刻本(有圖)　二十四册

110000－0198－0009661　集普 1780
新刻京臺公餘勝覽國色天香十卷　(明)吳敬所編輯　清聚瀛堂刻本　十册

110000－0198－0009662　集普 1782
五科鄉會墨大觀　(清)許球評選　清道光刻本　八册

110000－0198－0009663　集普 1783
重訂文選集評十五卷首一卷末一卷　(清)于光華編次　清天祿閣刻本　十五册

110000－0198－0009664　集普 1797
陳伯玉文集三卷詩集二卷附錄一卷　(唐)陳子昂撰　清道光十七年(1837)刻本　四册

110000－0198－0009665　集普 1798
杜詩詳註二十五卷附錄二卷　(清)仇兆鰲輯註　清刻本　二十七册

110000－0198－0009666　集普 1799
晚香亭詩鈔　(清)蔡邦甸撰　清光緒十八年(1892)天津石印本　四册

110000－0198－0009667　集普 1803
湖南試牘　清末刻本　四册

110000－0198－0009668　集普 1805
笥河文集十六卷　(清)朱筠撰　清嘉慶九年(1804)刻本　四册

110000－0198－0009669　集普 1806
思益堂詩鈔六卷古文二卷詞鈔一卷日札十卷　(清)周壽昌撰　清光緒十四年(1888)長沙王先謙刻本　六册

110000－0198－0009670　集普 1807
湘谷詩文全集十八卷　(清)謝庭蘭著　清光緒刻本　六册

110000－0198－0009671　集普 1812
水仙亭詞集二卷　(清)項瓔撰　清光緒十二年(1886)瑞安項氏刻本　一册

110000－0198－0009672　集普 1814
明僮合錄　(清)餘不釣徒著　清同治六年(1867)擷芝館刻本　一册

110000－0198－0009673　集普 1816
忠武侯諸葛孔明先生文集五種　(清)張澍纂輯　清末刻本　二册

110000－0198－0009674　集普 1821
清選和聲集　(清)劉恩溥編次　清光緒刻本　一册

110000－0198－0009675　集普 1822
篤素堂文集四卷　(清)張英撰　清光緒鉛印本　一册

110000－0198－0009676　集普 1823
吳摯甫尺牘五卷補遺一卷　(清)吳汝綸撰　清宣統二年(1910)國學扶輪社石印本　三册

110000－0198－0009677　集普 1829
韋蘇州詩集二卷　(唐)韋應物撰　清康熙三十四年(1695)天都汪氏刻本　二册

110000－0198－0009678　集普 1830
古文觀止十二卷　(清)吳乘權手錄　清刻本　六册

110000－0198－0009679　集普 1831
楊椒山先生集四卷　(明)楊繼盛撰　清刻本　二册

110000－0198－0009680　集普 1833
桃谿雪二卷　(清)黃燮清填詞　清道光刻本　二册

110000－0198－0009681　集普 1834
西廂記　(元)王實甫填詞　清道光二年(1822)長白秀琨刻本　一册

110000－0198－0009682　集普 1835
蛾述集十六卷　(清)陳庭學纂輯　清嘉慶二十年(1815)六君子齋刻本　四册

110000－0198－0009683　集普 1837
石遺室詩集三卷補遺一卷　陳衍撰　清光緒刻本　一冊

110000－0198－0009684　集普 1843
簡學齋清夜齋手書詩稿合印　(清)陳曾則輯　清宣統三年(1911)石印本　一冊

110000－0198－0009685　集普 1847
楚頌亭詞第四集一卷　易順鼎撰　清光緒十年(1884)刻本　一冊

110000－0198－0009686　集普 1848
四川闈墨　清光緒二年(1876)衡文堂刻本　六冊

110000－0198－0009687　集普 1850
香石詩話四卷　(清)黃培芳撰　清嘉慶十五年(1810)嶺海樓刻本　一冊

110000－0198－0009688　集普 1851
駢體文略二十九卷　(清)鍾廣編　清光緒二十年(1894)刻本　二冊

110000－0198－0009689　集普 1852
和文釋例　(清)吳啟孫輯解　清光緒二十七年(1901)文明書局鉛印本　一冊

110000－0198－0009690　集普 1856
卷施閣集　(清)洪亮吉著　清乾隆六十年(1795)貴陽節署刻本　五冊

110000－0198－0009691　集普 1857
明人詩鈔正集十四卷續集十四卷　(清)朱琰編次　清乾隆二十五年(1760)樊桐山房刻本　十二冊

110000－0198－0009692　集普 1858
古微堂内集三卷外集七卷　(清)魏源著　清光緒四年(1878)淮南書局刻本　四冊

110000－0198－0009693　集普 1859
集虛齋全稿　(清)方桑如著　清光緒二十年(1894)浙江書局刻本　八冊

110000－0198－0009694　集普 1860
施註蘇詩四十二卷續補遺二卷　(宋)蘇軾撰　(宋)施元之注　(清)顧嗣立　(清)邵長蘅　(清)宋至刪補　清康熙三十八年(1699)商丘宋犖刻本　八冊

110000－0198－0009695　集普 1862
牧齋初學集詩註二十卷　(清)錢謙益撰　(清)錢曾箋註　清玉詔堂刻本　六冊

110000－0198－0009696　集普 1863
御選唐宋文醇五十八卷　(清)高宗弘曆編　清光緒浙江書局刻本　六冊

110000－0198－0009697　集普 1864
月齋文集八卷詩集四卷　(清)張穆撰　清咸豐刻本　四冊

110000－0198－0009698　集普 1866
廣陵思古編二十九卷　(清)汪廷儒編　清道光二十九年(1849)揚州儀徵汪氏刻本　十冊

110000－0198－0009699　集普 1867
陶園詩集二十四卷　(清)張九鉞撰　清道光二十三年(1843)賜錦樓刻本　十冊

110000－0198－0009700　集普 1868
御選唐宋文醇五十八卷　(清)高宗弘曆編　清刻本　七冊　存二十一卷(三十八至五十八)

110000－0198－0009701　集普 1869
新刻昭明文選六十卷　(南朝梁)蕭統撰　(唐)李善注　(清)葉樹藩參訂　清光緒十三年(1887)湖北書局刻本　十六冊

110000－0198－0009702　集普 1872
廣陵詩事十卷　(清)阮元記　清光緒十六年(1890)京師揚州老館刻本　二冊

110000－0198－0009703　集普 1873
蘇詩精選十卷　(清)紀昀評選　(清)楊守仁輯註　清嘉慶抄本　四冊

110000－0198－0009704　集普 1875
海藏樓詩八卷　鄭孝胥著　清光緒二十八年(1902)武昌刻本　一冊

110000－0198－0009705　集普 1877
魏叔子文集外篇二十二卷　(清)魏禧著　清刻本　四冊　存九卷(五至十三)

110000－0198－0009706　集普 1878
增訂精忠演義說本全傳八卷八十回　(清)錢彩編次　清同治大文堂刻本　十二冊

110000－0198－0009707　集普 1880
後山先生集二十四卷　(宋)陳師道撰　清光緒十一年(1885)刻本　六冊

110000－0198－0009708　集普 1881
乾坤正氣集五百七十四卷　(清)姚瑩等輯　清道光二十八年(1848)潘氏袁江節署求是齋刻本　二十冊

110000－0198－0009709　集普 1882
劍南詩稾八十五卷　(宋)陸遊撰　明汲古閣刻本　四冊

110000－0198－0009710　集普 1883
養晦堂文集十卷詩集二卷　(清)劉蓉著　清光緒三年(1877)思賢講舍刻本　一冊　存二卷(九至十)

110000－0198－0009711　集普 1885
國朝詩正聲集七卷首一卷　(清)項章輯　清乾隆三十四年(1769)懷斯堂刻本　一冊

110000－0198－0009712　集普 1886
歐陽文忠公居士集一百五卷　(宋)歐陽修撰　清康熙二十一年(1682)吉水曾弘刻本(有圖)　六冊

110000－0198－0009713　集普 1888
唐陸宣公集二十二卷　(唐)陸贄撰　(清)耆英重訂　清道光二十七年(1847)刻本　一冊　存四卷(四至七)

110000－0198－0009714　集普 1889
柳文四十三卷別集二卷外集二卷附錄一卷　(唐)柳宗元撰　清刻本　一冊

110000－0198－0009715　集普 1895
淮海集四十卷後集六卷長短句三卷首一卷　(宋)秦觀著　(明)徐渭評　清同治十二年(1873)秦氏家塾刻本　一冊　存六卷(淮海集一至六)

110000－0198－0009716　集普 1896
南嶽總勝集三卷　(宋)陳田夫撰　清光緒三十三年(1907)長沙葉德輝刻本　三冊

110000－0198－0009717　集普 1898
古文辭類纂七十五卷　(清)姚鼐纂　清同治八年(1869)江蘇書局刻本　四冊

110000－0198－0009718　集普 1900
文心雕龍十卷　(南朝梁)劉勰撰　(清)黃叔琳輯注　清乾隆黃氏養素堂刻本　一冊　存三卷(五至七)

110000－0198－0009719　集普 1901
古今風謠一卷　(明)楊慎纂　(清)史夢蘭補註　清同治十二年(1873)止園刻本　三冊

110000－0198－0009720　集普 1902
古今風謠拾遺四卷古今諺拾遺六卷　(清)史夢蘭輯　清同治刻本　二冊　存六卷(古今諺拾遺六卷)

110000－0198－0009721　集普 1904
續古文苑二十卷　(清)孫星衍撰　清嘉慶十七年(1812)冶城山館刻本　六冊

110000－0198－0009722　集普 1905
學海堂二集二十二卷　(清)阮元輯　清道光啟秀山房刻本　一冊　存一卷(十一)

110000－0198－0009723　集普 1906
午亭文編五十卷　(清)陳廷敬撰　清康熙四十七年(1708)林佶寫刻本　一冊　存三卷(八至十)

110000－0198－0009724　集普 1908
柯山集五十卷　(宋)張耒撰　清翻刻武英殿聚珍本　八冊　存十九卷(一至十九)

110000－0198－0009725　集普 1910
國學萃編四十八期　沈宗畸輯　清光緒三十四年(1908)京都鉛印本　二冊　存一期(一)

110000－0198－0009726　集普 1911
湖南文徵一百九十卷　(清)羅汝懷輯　清同治刻本　五十六冊　存四十六卷(六十三至八十二、一百九至一百三十四)

110000－0198－0009727　集普 1915

薝蔔花館詞　(清)徐鴻謨撰　清光緒三十四年(1908)徐氏刻本　一冊

110000－0198－0009728　集普 1918
重訂方望溪先生全稿　(清)方苞撰　(清)韓菼評選　清光緒十七年(1891)常郡宛委山莊刻本　一冊

110000－0198－0009729　集普 1919
施註蘇詩四十二卷續補遺二卷　(宋)蘇軾著　(宋)施元之注　(清)邵長蘅　(清)顧嗣立　(清)宋至刪補　清刻本　六冊

110000－0198－0009730　集普 1920
休那遺稿十二卷　(清)姚康撰　清光緒十五年(1889)桐城姚氏五桂山房刻本　二十一冊

110000－0198－0009731　集普 1921
廣唐賢三昧集十卷　(清)王士禛輯　清宣統元年(1909)荊州田氏後博古堂影印本　九冊

110000－0198－0009732　集普 1922
雪月梅傳十卷五十回　(清)陳朗撰　清聚錦堂刻本　十冊

110000－0198－0009733　集普 1925
欽定全唐詩九百卷　(清)聖祖玄燁敕編　清光緒十三年(1887)上海同文書局石印本　二十九冊

110000－0198－0009734　集普 1927
退思存稿五種　(清)范志熙著　清光緒十四年(1888)武昌范氏木犀香館刻本(有圖)　一冊　存二種二卷(仕隱圖題詞一卷、木犀香館詩草一卷)

110000－0198－0009735　集普 1931
青邱高季迪先生鳧藻集五卷　(明)高啟撰　清雍正六年(1728)文瑞樓刻本　一冊

110000－0198－0009736　集普 1934
小題文藪　(清)沈荷汀選　清光緒九年(1883)上海點石齋石印本　二冊

110000－0198－0009737　集普 1937
皇朝通志輯要三十二卷　(清)蔣麟振輯稿　(清)趙祖悳重勘　清末上海編譯局石印本　四冊

110000－0198－0009738　集普 1941
曾文正公文集四卷　(清)曾國藩撰　清刻本　一冊

110000－0198－0009739　集普 1943
續古文辭類纂三十四卷　(清)姚鼐撰　清光緒三十三年(1907)上海商務印書館鉛印本　一冊　存七卷(十七至二十三)

110000－0198－0009740　集普 1949
增註七家詩彙鈔七卷　(清)張熙宇輯評　(清)王植桂輯注　清光緒十八年(1892)上海圖書集成印書局鉛印本　一冊

110000－0198－0009741　集普 1953
卮辭　(明)王褘撰　清光緒八年(1882)廣漢鍾登甲樂道齋刻本　一冊

110000－0198－0009742　集普 1963
詳註典制文琳四集　(清)潘汝炯　(清)許籛編次　**典制文琳五集註釋**　(清)曹寅谷鑒定　(清)許壽門編次　清刻本　六冊

110000－0198－0009743　集普 1965
重訂文選集評十五卷首一卷末一卷　(清)于光華編　清同治七年(1868)緯文堂刻本　八冊

110000－0198－0009744　集普 1966
新說西遊記圖像一百回　(明)吳承恩原著　清光緒十四年(1888)邗江味潛齋石印本(有圖)　七冊

110000－0198－0009745　集普 1967
唐人萬首絕句選七卷　(宋)洪邁元本　(清)王士禛選本　清宣統元年(1909)上海掃葉山房石印本　一冊

110000－0198－0009746　集普 1970
蜀秀集九卷　(清)譚宗浚編　清光緒五年(1879)四川成都試院刻本　六冊　缺一卷(九)

110000－0198－0009747　集普 1971
詞譜四十卷　(清)王奕清等撰　清末石印本

二十冊

110000－0198－0009748　集普1972

新編韓湘子九度文公道情全本三卷　(清)□□撰　清刻本　一冊

110000－0198－0009749　集普1973

八家四六文注八卷附補注增訂校勘　(清)吳鼒選　(清)許貞幹注　清光緒二十四年(1898)上海緯文閣鉛印本　八冊

110000－0198－0009750　集普1978

杜工部詩話　(清)劉鳳誥著　清宣統二年(1910)掃葉山房石印本　一冊

110000－0198－0009751　集普1980

重訂綴白裘新集合編十二集四十八卷　(清)錢德蒼輯　清道光三年(1823)共賞齋刻本　十一冊　存三集十一卷(四集三卷、五集四卷、六集四卷)

110000－0198－0009752　集普1981

重訂綴白裘新集合編十二集四十八卷　(清)錢德蒼輯　清道光三年(1823)共賞齋刻本　十二冊　存三集十二卷(七集四卷、八集四卷、九集四卷)

110000－0198－0009753　集普1982

重訂綴白裘新集合編十二集四十八卷　(清)錢德蒼輯　清道光三年(1823)共賞齋刻本　十二冊　存三集十二卷(十集四卷、十一集四卷、十二集四卷)

110000－0198－0009754　集普1983

詩法入門四卷首一卷　(清)游藝輯　清聚錦堂刻本　四冊

110000－0198－0009755　集普1984

新編肉坵坟十二卷九十八回　(清)□□撰　清光緒二十三年(1897)京都義善堂刻本　十六冊

110000－0198－0009756　集普1986

桃花扇傳奇四卷　(清)孔尚任撰　清西園刻本　四冊

110000－0198－0009757　集普1987

餘墨偶談四集八卷　(清)孫檈編　清光緒九年(1883)雙峰書屋刻本　四冊

110000－0198－0009758　集普1989

小題折字　(清)□□撰　清末刻本　三冊

110000－0198－0009759　集普1994

捫蝨新話十五卷　(宋)陳善著　明汲古閣刻本　一冊　存七卷(一至七)

110000－0198－0009760　集普1996

亭林文集六卷餘集一卷　(清)顧炎武著　清山隱居刻本　四冊

110000－0198－0009761　集普1999

花月痕全書十六卷五十二回　(清)魏秀仁撰　清光緒十四年(1888)閩雙笏廬刻本　十六冊

110000－0198－0009762　集普2000

英雲夢傳八卷　(清)九容樓主人松雲氏評　清刻本　八冊

110000－0198－0009763　集普2001

新刻繡像粉粧樓全傳十二卷八十回　(明)羅貫中撰　清咸豐十年(1860)丹柱堂刻本(有圖)　十二冊

110000－0198－0009764　集普2002

極樂世界傳奇八卷　(清)觀劇道人原稿　(清)試香女士參評　清光緒七年(1881)北京聚珍堂木活字印本　八冊

110000－0198－0009765　集普2003

繡像雙珠鳳全傳十二卷　題(清)一葉道人撰　清光緒十八年(1892)淨雅書屋刻本　十二冊

110000－0198－0009766　集普2004

豈有此理四卷　(清)□□撰　清嘉慶四年(1799)絳雪草廬刻本　四冊

110000－0198－0009767　集普2005

西山先生真文忠公文章正宗讀本　(清)李翰熙編校　清康熙三十四年(1695)殖學齋刻本　六冊

110000－0198－0009768　集普2006

曠視山房制藝四卷小題二卷　(清)丁守存撰　清同治三年(1864)楚北文秀堂刻本　五冊

110000－0198－0009769　集普 2007
註釋典制文琳五集合編　(清)□□撰　清書業堂刻本　六冊　存二集(二至三)

110000－0198－0009770　集普 2008
忠雅堂集三十卷　(清)蔣士銓撰　清刻本　六冊　存七卷(十八至二十四)

110000－0198－0009771　集普 2009
藏園九種曲　(清)蔣士銓撰　清經綸堂刻本　十二冊

110000－0198－0009772　集普 2012
甌北詩話十卷　(清)趙翼撰　清末石印本　一冊　缺四卷(七至十)

110000－0198－0009773　集普 2018
小倉山房文集三十五卷　(清)袁枚撰　清隨園刻本　一冊　存一卷(一)

110000－0198－0009774　集普 2021
香研居詞麈五卷　(清)方成培述　清光緒二年(1876)仁和葛氏嘯園刻本　一冊　缺二卷(一至二)

110000－0198－0009775　集普 2025
詳註聊齋誌異圖詠十六卷　(清)蒲松齡著　(清)呂湛恩註　清末上海錦章圖書局石印本　一冊　存一卷(二)

110000－0198－0009776　集普 2027
繡像全圖東漢演義十卷　(清)□□撰　清宣統三年(1911)上海會文堂石印本　一冊　存一卷(四)

110000－0198－0009777　集普 2028
八賢手札八卷　(清)郭慶藩輯　清末影印本(有圖)　一冊　存四卷(五至八)

110000－0198－0009778　集普 2029
增補萬寶全書二十卷　(明)陳繼儒纂輯　清刻本(有圖)　一冊　存二卷(七至八)

110000－0198－0009779　集普 2033
定山堂古文小品二卷　(清)龔鼎孳著　清宣統二年(1910)上海國學昌明社石印本　一冊　存一卷(上)

110000－0198－0009780　集普 2041
新刻遏雲閣曲譜　(清)王錫純輯　清末鉛印本　二冊

110000－0198－0009781　集普 2045
摩圍閣詞二卷　易順鼎撰　清光緒八年(1882)刻本　二冊

110000－0198－0009782　集普 2050
小倉山房文集三十五卷　(清)袁枚撰　清刻本　一冊　存二卷(二十四至二十五)

110000－0198－0009783　集普 2053
金樓子六卷　(南朝梁)元帝蕭繹撰　清乾隆四十八年(1783)鮑氏知不足齋刻本　一冊　存三卷(一至三)

110000－0198－0009784　集普 2056
孫批胡刻文選五卷首一卷　(南朝梁)蕭統撰　(唐)李善注　(明)孫月峰批　清光緒二十一年(1895)寶文書局石印本　三冊　存三卷(一、三至四)

110000－0198－0009785　集普 2058
七家試帖輯註彙鈔　(清)張熙宇輯評　(清)王植桂輯注　清末刻本　七冊

110000－0198－0009786　集普 2059
分韻試帖青雲集合註四卷　(清)楊逢春輯　(清)葉祺昌等註　清末刻本　三冊　缺二卷(一至二)

110000－0198－0009787　集普 2063
嶺南文存九卷　(清)□□撰　清光緒十一年(1885)刻本　四冊

110000－0198－0009788　集普 2065
有正味齋駢體文箋註二十四卷首一卷　(清)吳錫麒撰　清光緒十五年(1889)上海蜚英館石印本　四冊

110000－0198－0009789　集普 2076
高常侍集十卷　(唐)高適撰　**孟浩然集四卷**　(唐)孟浩然撰　清光緒十年(1884)上海同

文書局石印本　四冊

110000－0198－0009790　集普2080

六朝唐賦讀本　(清)馬傳庚選注　清三義堂刻本　四冊

110000－0198－0009791　集普2081

駱賓王文集十卷考異一卷　(唐)駱賓王撰　(清)顧廣圻考異　清宣統三年(1911)上海文瑞樓石印本　二冊

110000－0198－0009792　集普2082

徐文長集三十卷　(明)徐渭撰　(明)袁宏道編　清宣統三年(1911)石印本(有圖)　八冊

110000－0198－0009793　集普2093

杜詩鏡銓二十卷文集註解二卷　(唐)杜甫撰　清光緒十八年(1892)上海著易堂鉛印本(有圖)　六冊

110000－0198－0009794　集普2095

李長吉集四卷外一卷　(唐)李賀撰　清雍正九年(1731)金惟駿漁書樓刻本　四冊

110000－0198－0009795　集普2098

中州名賢文表三十卷續六十八卷　(明)劉昌輯　清光緒三十年(1904)上海鴻文書局石印本　三冊　存九卷(中州名賢文表七至九、二十至二十五)

110000－0198－0009796　集普2113

增評補像全圖金玉緣一百二十回　(清)曹霑撰　清光緒十五年(1889)上海石印本(有圖)　八冊　存六十四回(五十七至一百二十)

110000－0198－0009797　集普2123

唐詩三百首註疏六卷　(清)蘅塘退士手編　(清)章燮註　(清)孫孝根校正　清道生堂刻本　六冊

110000－0198－0009798　集普2131

新刻千家詩詩選二卷　(□)□□撰　清西山樓刻本(有圖)　一冊

110000－0198－0009799　集普2132

榆社詩鍾錄　(□)□□撰　清光緒十六年(1890)刻本　一冊

110000－0198－0009800　集普2134

儒林外史五十六回　(清)吳敬梓著　清同治十三年(1874)鉛印本　八冊

110000－0198－0009801　集普2135

御選唐宋詩醇四十七卷　(清)高宗弘曆編　清刻本　十冊　存十五卷(三十三至四十七)

110000－0198－0009802　集普2137

鏡花緣二十卷　(清)李汝珍撰　清咸豐八年(1858)佛山近文堂刻本(有圖)　十八冊　缺六卷(十五至二十)

110000－0198－0009803　集普2143

重訂文選集評十五卷首一卷末一卷　(清)于光華編次　清刻本　八冊　存八卷(八至十五)

110000－0198－0009804　集普2155

國朝文匯甲前集二十卷　(清)沈粹芳輯　清宣統元年(1909)上海國學扶輪社石印本　二十冊

110000－0198－0009805　集普2158

新說西遊記圖像一百回　(清)張書紳註　清光緒十四年(1888)石印本　八冊

110000－0198－0009806　集普2159

東周列國志二十七卷首一卷　(清)蔡昇等編　清光緒十六年(1890)上海點石齋石印本(有圖)　八冊

110000－0198－0009807　集普2167

長生殿傳奇卷上二卷下二卷　(清)洪昇填詞　清末石印本　一冊　存二卷(下二卷)

110000－0198－0009808　集普2169

臨川夢二卷　(清)蔣士銓撰　清大文堂刻本　一冊

110000－0198－0009809　集普2170

第二碑　(清)蔣士銓撰　清大文堂刻本　一冊

110000－0198－0009810　集普2171

繪圖筆生花十六卷三十二回　(清)邱心如撰　清光緒上海紹先書局石印本　二冊　存四

卷(九至十、十五至十六)

110000－0198－0009811　集普 2176
潔園詩稿三卷綺語一卷　(清)鄭福照著　清光緒刻本　一冊

110000－0198－0009812　集普 2186
增注繪圖官場現形記三十六卷　(清)李伯元撰　清光緒三十年(1904)粵東書局石印本(有圖)　八冊

110000－0198－0009813　集普 2189
繡像綠野仙蹤全傳八十回　(清)李百川撰　清道光十年(1830)刻本(有圖)　八冊　存四十回(一至四十)

110000－0198－0009814　集普 2190
花樣集十二卷　(清)楊昌光編　清刻本　四冊

110000－0198－0009815　集普 2191
隨園詩話十二卷　(清)袁枚著　清道光四年(1824)刻本　六冊

110000－0198－0009816　集普 2192
衛濟餘編十八卷　(清)王纕堂編　清道光二十二年(1842)經國堂刻本　六冊

110000－0198－0009817　集普 2193
增廣詩句題解彙編四編三十二卷　(□)□□撰　清刻本　八冊　存八卷(九至十六)

110000－0198－0009818　集普 2198
第一才子書六十卷一百二十回　(明)羅貫中撰　清同治四年(1865)緯文堂刻本(有圖)　二十冊

110000－0198－0009819　集普 2203
樓山詩集六卷　(清)王恕撰　清光緒十九年(1893)好鶩山房刻本　一冊

110000－0198－0009820　集普 2204
李義山詩集輯評三卷　(唐)李商隱撰　清同治九年(1870)廣州刻本　四冊

110000－0198－0009821　集普 2206
敬孚類藁十六卷　(清)蕭穆撰　清光緒三十二年(1906)刻本　四冊

110000－0198－0009822　集普 2207
倚晴樓七種曲　(清)黃燮清撰　清光緒三十三年(1907)成都寓齋刻本　二冊

110000－0198－0009823　集普 2208
歷朝詩約選九十二卷　(清)劉大櫆纂　清光緒二十一年(1895)文徵閣刻本　二十二冊

110000－0198－0009824　集普 2211
夏節愍全集十卷首一卷末一卷補遺二卷　(明)夏允彝撰　清光緒二十九年(1903)成都刻本　四冊

110000－0198－0009825　集普 2214
退一步齋詩集十六卷蕉軒續錄二卷　(清)方濬師著　清光緒十八年(1892)鉛印本　六冊

110000－0198－0009826　集普 2217
長眞閣集七卷詩餘一卷　(清)席佩蘭學　清光緒二十九年(1903)刻本　八冊

110000－0198－0009827　集普 2218
御選唐宋詩醇四十五卷目錄二卷　(清)高宗弘曆編　清光緒七年(1881)浙江書局刻本　十冊

110000－0198－0009828　集普 2219
玉溪生詩詳注三卷附樊南文集詳注八卷　(唐)李商隱著　清刻本　七冊

110000－0198－0009829　集普 2221
豫章先生遺文十二卷　(宋)黃庭堅撰　清同治元年(1862)如皋祝氏刻本　六冊

110000－0198－0009830　集普 2222
遺山先生詩集二十卷　(金)元好問撰　明末汲古閣刻本　六冊

110000－0198－0009831　集普 2223
味檗齋遺書十七種　(明)趙南星撰　清刻本　十六冊　存十種

110000－0198－0009832　集普 2224
小桐廬詩草十卷　(清)袁景輅撰　清宣統元年(1909)刻本　二冊

110000－0198－0009833　集普 2225
萝陔堂詩集三十四卷　(清)黃承吉撰　清道

光十二年(1832)江都黃氏刻本　八冊

110000－0198－0009834　集普 2225－1
六朝唐賦讀本　(清)馬傳庚選註　清光緒刻本　二冊

110000－0198－0009835　集普 2225－2
史忠正公集四卷首一卷末一卷　(明)史可法著　清刻本　二冊

110000－0198－0009836　集普 2225－3
方泉先生詩集三卷　(宋)周文璞撰　清宣統元年(1909)國光社石印本　一冊

110000－0198－0009837　集普 2225－7
問奇室詩續集　(清)蔣日豫撰　清末刻本　一冊

110000－0198－0009838　集普 2225－9
寶鐵齋詩錄不分卷　(清)韓崇撰　清道光二十九年(1849)潯江郡舍刻本　二冊

110000－0198－0009839　集普 2225－10
南畇詩槀十卷十一集　(清)彭定求著　清刻本　四冊

110000－0198－0009840　集普 2225－12
漁洋詩話三卷　(清)王士禎撰　清刻本　二冊　缺一卷(上)

110000－0198－0009841　集普 2225－13
八銘塾鈔初二集　(清)吳蘭陔編　清刻本　一冊

110000－0198－0009842　集普 2225－15
龍山社謎　(清)賦筍齋主人輯　清光緒退一步書屋刻本　一冊

110000－0198－0009843　集普 2225－16
香屑集十八卷首一卷末一卷　(清)黃之雋輯著　(清)陳邦直校注　清康熙四十六年(1707)刻本　三冊　缺五卷(十五至十八、末一卷)

110000－0198－0009844　集普 2225－17
瓶隱山房詞八卷　(清)黃曾撰　清道光二十七年(1847)刻本　四冊

110000－0198－0009845　集普 2225－21
湘綺樓全集三十卷　王闓運撰　清宣統二年(1910)國學扶輪社石印本　十一冊

110000－0198－0009846　集普 2227
漢魏六朝文繡四卷續鈔一卷　(清)凌德編次　清光緒八年(1882)刻本　六冊

110000－0198－0009847　集普 2230
繡像永慶昇平二十四卷九十七回　(清)郭廣瑞撰　清光緒十八年(1892)北京寶文堂刻本(有圖)　十二冊　存十一卷(一至五、十九至二十四)

110000－0198－0009848　集普 2239
增評補像全圖金玉緣一百二十卷首一卷　(清)曹雪芹撰　清光緒三十四年(1908)上海求不負齋石印本(有圖)　八冊

110000－0198－0009849　集普 2240
繡像全圖東西漢通俗演義八卷一百六十四回　(清)□□撰　清光緒三十年(1904)上海章福記石印本　三冊

110000－0198－0009850　集普 2244
林和靖詩集四卷拾遺一卷　(宋)林逋撰　清同治十二年(1873)長州朱氏刻本　一冊　存一卷(三)

110000－0198－0009851　集普 2245
繡像紅樓夢一百二十卷　(清)曹霑撰　清同治五年(1866)維經堂刻本　二十冊

110000－0198－0009852　集普 2246
御選唐宋詩醇四十七卷目錄二卷　(清)高宗弘曆編　清末刻本　十冊

110000－0198－0009853　集普 2247
古文淵鑒六十四卷　(清)徐乾學編　清刻本　八冊　存十五卷(二十三至三十七)

110000－0198－0009854　集普 2248
宋十五家詩選　(清)陳訏輯　清康熙三十二年(1693)海昌陳氏刻本　二冊　存二種(石湖诗選、東坡詩選)

110000－0198－0009855　集普 2249

文清公薛先生文集二十四卷　(明)薛瑄撰　(明)張鼎校正編輯　清刻本　一冊　存二卷(九至十)

110000－0198－0009856　集普 2250

江月松風集十二卷補遺一卷文錄一卷附錄二卷　(元)錢惟善撰　清光緒十五年(1889)錢塘丁氏嘉惠堂刻本　一冊　存七卷(一至七)

110000－0198－0009857　集普 2252

古唐詩合解十六卷　(清)王堯衢註　清刻本　一冊　存二卷(七至八)

110000－0198－0009858　集普 2253

安雅堂未刻稿八卷　(清)宋琬著　清乾隆三十一年(1766)刻本　一冊　存一卷(一)

110000－0198－0009859　集普 2254

王臨川全集一百卷　(宋)王安石撰　清刻本　十冊　存四十七卷(一至四十七)

110000－0198－0009860　集普 2255

二十科大題質疑集　(清)李岱雲選　清康熙古吳藜光樓刻本　六冊

110000－0198－0009861　集普 2256

西湖佳話古今遺蹟十六卷　題(清)古吳墨浪子搜輯　清乾隆刻本　一冊　存二卷(十三至十四)

110000－0198－0009862　集普 2260

俠義傳二十四卷一百二十回　(清)石玉崑撰　清刻本　五冊　存五卷(二至六)

110000－0198－0009863　集普 2265

小題三萬選　(清)求是齋主人輯　清光緒十八年(1892)上洋袖海山房石印本　四十冊

110000－0198－0009864　集普 2267

歷朝名人詞選十三卷　(清)夏秉衡選　清宣統元年(1909)上海掃葉山房石印本(有圖)　六冊

110000－0198－0009865　集普 2268

劍南詩鈔六卷　(宋)陸遊著　(清)楊大鶴選　清宣統二年(1910)掃葉山房石印本　六冊

110000－0198－0009866　集普 2269

古文選　(清)儲欣輯　清乾隆四十五年(1780)受祉堂刻本　十六冊

110000－0198－0009867　集普 2270

唐宋八大家類選十四卷　(清)儲欣評　清刻本　八冊

110000－0198－0009868　集普 2279

李長吉歌詩四卷外集一卷首一卷　(唐)李賀撰　(清)王琦彙解　清宣統元年(1909)掃葉山房石印本　四冊

110000－0198－0009869　集普 2281

諧鐸十二卷　(清)沈起鳳撰　清光緒二十一年(1895)海上書局鉛印本　四冊

110000－0198－0009870　集普 2288

分韻試帖青雲集合註四卷　(清)楊逢春輯　清光緒十五年(1889)文成堂刻本　四冊

110000－0198－0009871　集普 2289

憑山閣增輯留青新集三十卷　(清)陳枚選　(清)陳德裕增輯　清刻本　六冊

110000－0198－0009872　集普 2290

國朝古文彙鈔初集一百七十六卷　(清)朱琦輯　清道光刻本　十六冊　存三十五卷(一百三十三至一百四十五、一百五十五至一百七十六)

110000－0198－0009873　集普 2291

憨山老人夢遊集五十五卷　(明)釋德清撰　清光緒刻本　八冊　存二十二卷(十九至二十一、二十八至三十八、四十一至四十三、五十一至五十五)

110000－0198－0009874　集普 2294

蓮鬚閣集二十六卷　(明)黎遂球撰　清道光二十年(1840)南海伍氏詩雪軒刻本　五冊　存一卷(一)

110000－0198－0009875　集普 2295

鋤經書舍零墨四卷　(清)黄協塤撰　清光緒申報館刻本　一冊

110000－0198－0009876　集普 2296

東坡應詔集十卷　(宋)蘇軾撰　清末影印本

一册

110000－0198－0009877　集普 2298
繡像漢宋奇書　(明)羅貫中等撰　清刻本(有圖)　二十册

110000－0198－0009878　集普 2299
更豈有此理四卷　(清)□□撰　清嘉慶五年(1800)繡雪草廬刻本　四册

110000－0198－0009879　集普 2300
東周列國全志二十三卷一百八回　(清)蔡畀評點　清刻本　六册

110000－0198－0009880　集普 2301
繡像漢宋奇書二種六十卷　(明)熊飛輯　清金陵興賢堂刻本　二十二册

110000－0198－0009881　集普 2302
昭明文選集成六十卷首二卷　(南朝梁)蕭統撰　(清)方廷珪評點　清乾隆三十二年(1767)仿范軒刻本　三册　存八卷(四十四至四十五、四十九至五十一、五十五至五十七)

110000－0198－0009882　集普 2303
水雲樓詞二卷續一卷　(清)蔣春霖撰　清光緒湖南思賢書局刻本　一册

110000－0198－0009883　集普 2304
宋元名家詞　(清)江標編　清光緒刻本(有圖)　二册

110000－0198－0009884　集普 2307
歷代大家古文講授談二卷　尚秉和編輯　清宣統二年(1910)京師京華印書局鉛印本　一册

110000－0198－0009885　集普 2309
欽命四書詩題　(清)王懿榮撰　清光緒抄本　三册

110000－0198－0009886　集普 2310
張侗初卻金堂四箴　(明)張鼐撰　清同治三年(1864)京師琉璃廠刻本　一册

110000－0198－0009887　集普 2311
欽命策疏題　(清)戴彬元撰　清光緒刻朱墨印本　二册

110000－0198－0009888　集普 2312
欽命論疏題　(清)陶方琦撰　清光緒石印本　一册

110000－0198－0009889　集普 2314
潛廬詩集四卷　金蓉鏡撰　清宣統二年(1910)長沙刻本　一册

110000－0198－0009890　集普 2315
新鐫五言千家詩箋註二卷　(清)王相選註　清李光明莊刻本　一册

110000－0198－0009891　集普 2316
古文辭類纂七十五卷　(清)姚鼐輯　清同治八年(1869)江蘇書局刻本　十四册

110000－0198－0009892　集普 2319
金忠節公集八卷　(明)金聲撰　清光緒十四年(1888)黟縣李氏刻本　四册

110000－0198－0009893　集普 2320
中晚唐詩叩彈集十二卷續集三卷　(清)杜詔集　清康熙四十三年(1704)采山亭刻本　五册　缺三卷(一至三)

110000－0198－0009894　集普 2321
五公山人集十六卷　(清)王餘佑撰　(清)李興祖編　清康熙三十四年(1695)刻本　五册

110000－0198－0009895　集普 2322
國朝古文彙鈔初集一百七十六卷　(清)朱琦輯　清刻本　二册　存四卷(七十至七十三)

110000－0198－0009896　集普 2323
聲調前譜　(清)趙執信撰　清乾隆盧見曾雅雨堂刻本　一册

110000－0198－0009897　集普 2324
學孔精舍詩鈔六卷附錄一卷　(明)孫應鰲撰　清刻本　二册

110000－0198－0009898　集普 2325
四大奇書第一種　(清)金聖歎評點　清刻本　十八册

110000－0198－0009899　集普 2326

西垣詩鈔二黔笛竹枝詞一卷 （清）毛貴銘撰　清光緒十年(1884)長沙王氏刻本　一冊

110000－0198－0009900　集普 2327
安定堂重訂古文釋義新編八卷 （清）余誠評註　清刻本　一冊　存一卷(二)

110000－0198－0009901　集普 2328
詩鈔十二卷附鈔補六卷關中兩朝文鈔二十二卷附鈔賦二卷 （清）李元春評選　清道光十六年(1836)守樸堂刻本　三十九冊

110000－0198－0009902　集普 2333
吳摯甫尺牘五卷補遺一卷 （清）吳汝綸撰　清宣統二年(1910)國學扶輪社石印本　一冊　存一卷(三)

110000－0198－0009903　集普 2334
百末詞六卷 （清）尤侗撰　清康熙刻本　一冊

110000－0198－0009904　集普 2336
求可堂兩世遺書 （清）廖冀亨撰　清光緒刻本　一冊

110000－0198－0009905　集普 2340
達觀堂詩話八卷 （清）張晋本著　清芋園刻本　四冊

110000－0198－0009906　集普 2341
琅嬛仙館詩畧八卷 （清）阮元撰　清刻本　一冊　存五卷(四至八)

110000－0198－0009907　集普 2342
小滄浪詩話四卷 （清）張燮承撰　清咸豐九年(1859)古汲郡賀氏刻本　一冊

110000－0198－0009908　集普 2343
龍圖公案八卷 (□)□□撰　明經元堂刻本(有圖)　四冊

110000－0198－0009909　集普 2344
唐人萬首絶句選七卷 （宋）洪邁元本　（清）王士禛選本　清刻本　一冊　存三卷(五至七)

110000－0198－0009910　集普 2346
桐城吳氏古文讀本十三卷 （清）吳汝綸評選　清光緒三十四年(1908)文明書局鉛印本　一冊

110000－0198－0009911　集普 2347
簡學齋館課賦存 （清）陳沆撰　清刻本　二冊

110000－0198－0009912　集普 2348
唐詩三百首註釋六卷 （清）蘅塘退士手編　清刻本　六冊

110000－0198－0009913　集普 2349
鳴鳳記二卷 （明）王世貞撰　明末汲古閣刻本　一冊　存一卷(下)

110000－0198－0009914　集普 2350
李亞仙花酒曲江池雜劇 （元）石君寶撰　明萬曆四十三年至四十四年(1615－1616)雕蟲館刻本　一冊

110000－0198－0009915　集普 2351
包待制三勘蝴蝶夢雜劇 （元）關漢卿撰　明萬曆四十三年至四十四年(1615－1616)雕蟲館刻本　一冊

110000－0198－0009916　集普 2352
玉簫女兩世姻緣 （元）喬夢符撰　明萬曆四十三年至四十四年(1615－1616)雕蟲館刻本　一冊

110000－0198－0009917　集普 2353
神奴兒大鬧開封府雜劇 （元）□□撰　（明）臧晉叔校　明萬曆四十三年至四十四年(1615－1616)雕蟲館刻本　一冊

110000－0198－0009918　集普 2354
投梭記二卷 （明）徐復祚撰　明末汲古閣刻本　一冊

110000－0198－0009919　集普 2355
秋胡戲妻 （元）石君寶著　明末汲古閣刻本　一冊

110000－0198－0009920　集普 2356
包待制智斬魯齋郎雜劇 （元）關漢卿撰　明萬曆四十三年至四十四年(1615－1616)雕蟲館刻本　一冊

110000－0198－0009921　集普 2357
死生交范張雞黍雜劇　（元）宮大用撰　明萬曆四十三年至四十四年（1615－1616）雕蟲館刻本　一冊

110000－0198－0009922　集普 2358
張孔目智勘魔合羅雜劇　（元）孟漢卿撰　明萬曆四十三年至四十四年（1615－1616）雕蟲館刻本　一冊

110000－0198－0009923　集普 2359
漢高皇濯足氣英布雜劇　（元）□□撰　（明）臧晉叔校　明萬曆四十三年至四十四年（1615－1616）雕蟲館刻本　一冊

110000－0198－0009924　集普 2360
半夜雷轟薦福碑雜劇　（元）馬致遠撰　明萬曆四十三年至四十四年（1615－1616）雕蟲館刻本　一冊

110000－0198－0009925　集普 2361
六十種曲　（明）□□撰　明末汲古閣刻本　一冊

110000－0198－0009926　集普 2362
謝金吾詐拆清風府雜劇　（元）□□撰　（明）臧晉叔校　明萬曆四十三年至四十四年（1615－1616）雕蟲館刻本　一冊

110000－0198－0009927　集普 2363
荆楚臣重對玉梳記雜劇　（元）賈仲名撰　明萬曆四十三年至四十四年（1615－1616）雕蟲館刻本　一冊

110000－0198－0009928　集普 2364
何文定公文集　（明）何瑭著　明萬曆刻本　一冊

110000－0198－0009929　集普 2365
義俠記二卷　（明）沈璟撰　明末汲古閣刻本　二冊

110000－0198－0009930　集普 2366
四大奇書第一種十九卷一百二十回　（清）毛宗崗評　清刻本　十冊　存十卷（十至十九）

110000－0198－0009931　集普 2367
呂明德先生文集二十六卷　（明）呂維祺撰　清康熙刻本　一冊　存一卷（一）

110000－0198－0009932　集普 2368
呂明德先生文集二十六卷　（明）吕維祺撰　清刻本　五冊　存九卷（二至十）

110000－0198－0009933　集普 2369
惜抱軒外稿　（清）姚鼐撰　清光緒逯園主人木活字印本　四冊

110000－0198－0009934　集普 2370
元詩選六卷　（清）顧奎光選輯　清乾隆刻本　六冊

110000－0198－0009935　集普 2371
丹魁堂詩集七卷外集四卷墓表一卷自訂年譜一卷　（清）季芝昌撰　清同治四年（1865）紫琅寓馆刻本　七冊

110000－0198－0009936　集普 2372
錢牧齋箋注杜詩二十卷　（清）錢謙益著　清宣統三年（1911）時中書局影印本　八冊

110000－0198－0009937　集普 2373
龍泉園集十二卷　（清）李江撰　清刻本　四冊

110000－0198－0009938　集普 2374
陸陳二先生文鈔二十八卷　（清）葉裕仁編　清安道書院合肥蒯氏刻本　一冊　存三卷（一至三）

110000－0198－0009939　集普 2378
唐詩三百首註疏六卷　（清）蘅塘退士編　清刻本　一冊　存一卷（三）

110000－0198－0009940　集普 2381
榕村全集四十卷　（清）李光地撰　清刻本　二十冊

110000－0198－0009941　集普 2384
增補古文合評十二卷　（清）王步青手定　清經綸堂刻本　六冊　存六卷（一至六）

110000－0198－0009942　集普 2385
樂善堂全集四十卷　（清）高宗弘曆撰　清內府刻本　九冊　存十八卷（二十三至四十）

110000－0198－0009943　集普 2386
歷代年號記略　(清)吕調陽撰　清同治十年(1871)亦園刻本　一册

110000－0198－0009944　集普 2387
花甲閒談十六卷三十二圖　(清)張維屏撰　清刻本　四册

110000－0198－0009945　集普 2388
梅庵詩鈔五卷　(清)鐵保著　清嘉慶十年(1805)刻本　二册

110000－0198－0009946　集普 2389
香南居士集　(清)崇恩撰　清刻本　八册

110000－0198－0009947　集普 2393
比竹餘音四卷　鄭文焯撰　清光緒二十八年(1902)吴興沈氏刻本　一册

110000－0198－0009948　集普 2394
嗎于館詩草二卷　言敦源撰　清光緒三十四年(1908)言氏家集鉛印本　一册

110000－0198－0009949　集普 2395
國朝文雅正所見集十六卷　(清)林有席輯　清刻本　一册　存一卷(十二)

110000－0198－0009950　集普 2396
求志居時文一卷補編一卷　(清)陳世鎔撰　清道光二十四年(1844)獨秀山莊刻本　二册

110000－0198－0009951　集普 2397
文選考異四卷　(清)孫志祖輯　清刻本　一册　存二卷(三至四)

110000－0198－0009952　集普 2398
忠武誌八卷　(清)張鵬翮輯　清刻本　二册　存二卷(二至三)

110000－0198－0009953　集普 2399
課徒草　錢振鍠撰　清刻本　一册

110000－0198－0009954　集普 2400
增訂洪氏女科一盤珠二卷　(清)洪金鼎撰　清末刻本　一册　存一卷(上)

110000－0198－0009955　集普 2401
逸德軒閏一稿　(清)田兰芳撰　清刻本　一册

110000－0198－0009956　集普 2403
金源紀事詩八卷　(清)湯運泰著　清同治十二年(1873)淮南書局刻本　四册

110000－0198－0009957　集普 2404
懷麓堂全集一百卷　(明)李東陽撰　清康熙茶鐔刻本　二十册

110000－0198－0009958　集普 2405
涵芬樓古今文鈔一百卷　吴曾祺纂録　清宣統上海商務印書館鉛印本　一百册

110000－0198－0009959　集普 2406
涵芬樓古今文鈔一百卷　吴曾祺纂録　清宣統上海商務印書館鉛印本　一百册

110000－0198－0009960　集普 2407
涵芬樓古今文鈔一百卷　吴曾祺纂録　清宣統上海商務印書館鉛印本　四十八册　存四十八卷(一至十八、二十一至三十三、三十五至五十、五十三)

110000－0198－0009961　集普 2415
詳注聊齋志異圖詠十六卷　(清)蒲松齡撰　清上海錦章圖書局石印本　八册

110000－0198－0009962　集普 2417
宋代五十六家詩集　(清)坐春書塾選輯　清宣統二年(1910)北京龍文閣石印本　六册

110000－0198－0009963　集普 2421
松桂堂全集三十七卷　(清)彭孫遹撰　清宣統三年(1911)掃葉山房石印本　六册

110000－0198－0009964　集普 2430
花月痕全書十六卷五十二回　(清)魏秀仁撰　清刻本　八册　存八卷(九至十六)

110000－0198－0009965　集普 2431
繡像錦上花全傳四十八回　(清)修目閣主人撰　清同治十三年(1874)學餘堂刻本　六册

110000－0198－0009966　集普 2432
國朝古文彙鈔初集一百七十六卷二集一百卷　(清)朱珔編　清道光刻本　五十六册

110000－0198－0009967　集普 2433
崇德堂藁八卷　（清）王植著　清乾隆刻本　六冊　存六卷（三至八）

110000－0198－0009968　集普 2435
十八家詩鈔二十八卷　（清）曾國藩纂　清刻本　五冊　存五卷（二十、二十三、二十五至二十七）

110000－0198－0009969　集普 2436
鮚埼亭集三十八卷附經史問答十卷　（清）全祖望著　清刻本　一冊　缺三十三卷（一至三十三）

110000－0198－0009970　集普 2438
槈經廬詩集初編四卷　（清）王軒撰　清同治十三年（1874）洪洞董氏刻本　二冊

110000－0198－0009971　集普 2441
時晴齋試帖二卷　（清）張集馨著　（清）張兆蘭校　清同治刻本　四冊　存一卷（上）

110000－0198－0009972　集普 2442
盧忠肅公集十二卷附錄一卷　（明）盧象升撰　清光緒元年（1875）刻本　八冊　存一卷（一）

110000－0198－0009973　集普 2443
鐔津文集十九卷首一卷　（宋）釋契嵩撰　清刻本　四冊　存五卷（一至五）

110000－0198－0009974　集普 2444
閱微草堂筆記二十四卷　（清）紀昀撰　清刻本　五冊　存十二卷（十三至二十四）

110000－0198－0009975　集普 2446
國朝試賦匯海前集十卷後集二卷補遺一卷　（清）黃爵滋編輯　清仙屏書屋刻本　六冊

110000－0198－0009976　集普 2447
王臨川全集一百卷　（宋）王安石撰　清刻本　十冊　存五十三卷（四十八至一百）

110000－0198－0009977　集普 2448
榕村全集四十卷　（清）李光地撰　清刻本　十冊　存三十卷（十一至四十）

110000－0198－0009978　集普 2449
新刻批評東漢演義八卷三十二回　（清）清遠道人重編　清善成堂刻本　四冊　存二卷（一至二）

110000－0198－0009979　集普 2451
國朝古文彙鈔初集一百七十六卷二集一百卷　（清）朱琦輯　清刻本　二十五冊　存五十六卷（初集八十九至一百三十二、一百四十六至一百五十四，二集四十四至四十六）

110000－0198－0009980　集普 2454
去僞齋集十卷　（明）吕坤撰　清道光七年（1827）開封府署刻本　五冊　存五卷（一至五）

110000－0198－0009981　集普 2455
甌北詩話十二卷　（清）趙翼撰　清嘉慶刻本　六冊　存二卷（一至二）

110000－0198－0009982　集普 2456
素餘堂集三十四卷　（清）于敏中撰　清刻本　六冊　存四卷（三十一至三十四）

110000－0198－0009983　集普 2458
湖海文傳七十五卷　（清）王昶輯　清刻本　十四冊　存六十八卷（二至六十九）

110000－0198－0009984　集普 2459
唐詩三百首補註八卷　（清）陳婉俊輯　清刻本　三冊　存二卷（一至二）

110000－0198－0009985　集普 2461
陶靖節詩註四卷　（晉）陶潛撰　（宋）湯漢注　清光緒刻本　一冊

110000－0198－0009986　集普 2464
陶淵明詩一卷雜文一卷　（晉）陶潛撰　清光緒元年（1875）影印本　二冊

110000－0198－0009987　集普 2465
佳想軒詩鈔二卷　（清）廖文錦著　清光緒十二年（1886）杭州刻本　一冊

110000－0198－0009988　集普 2469
翠螺閣詩詞稾　（清）凌祉媛撰　清咸豐刻本　一冊

110000－0198－0009989　集普 2471

弢園詞　(清)史念祖撰　清光緒三十一年(1905)趙爾巽刻本　一册

110000－0198－0009990　集普 2479
蕉帕記二卷　(明)單本撰　明末汲古閣刻本　一册　存一卷(上)

110000－0198－0009991　集普 2480
明德先生文集二十六卷　(明)吕維祺撰　清刻本　二册　存四卷(十四至十七)

110000－0198－0009992　集普 2481
佛本行經七卷附音釋　(宋)釋寶雲譯　清宣統三年(1911)江北碑橋刻經處刻本　一册　存三卷(五至七)

110000－0198－0009993　集普 2482
嶺南雜記二卷　(清)吴震方著　清刻本　一册　存一卷(上)

110000－0198－0009994　集普 2484
昆陵集十六卷　(宋)張守撰　清刻本　一册　存四卷(四至七)

110000－0198－0009995　集普 2485
古文辭類纂七十五卷　(清)姚鼐編　清刻本　六册　存二十八卷(一至二十八)

110000－0198－0009996　集普 2487
劍光樓詞　(清)儀克中撰　清咸豐十年(1860)半畊草堂刻本　一册

110000－0198－0009997　集普 2488
墨子十五卷目錄一卷　(戰國)墨翟撰　(清)畢沅注　清刻本　二册　存三卷(一至三)

110000－0198－0009998　集普 2489
滄江虹月詞三卷　(清)汪初撰　清光緒十五年(1889)刻本　一册

110000－0198－0009999　集普 2490
古文辭類纂七十五卷　(清)姚鼐編　清同治八年(1869)江蘇書局刻本　七册　存五卷(一至五)

110000－0198－0010000　集普 2492
蒙求三卷　(唐)李瀚撰註　清木活字印本　一册　存一卷(上)

110000－0198－0010001　集普 2493
佛本行經七卷附音釋　(宋)釋寶雲譯　清刻本　一册　存四卷(一至四)

110000－0198－0010002　集普 2495
樊榭山房續集十卷　(清)厲鶚撰　清刻本　一册　存三卷(四至六)

110000－0198－0010003　集普 2498
審齋詞　(宋)王千秋撰　清刻朱印本　一册

110000－0198－0010004　集普 2499
明詩紀事一百八十七卷　(清)陳田輯　清光緒二十三年至宣統三年(1897－1911)陳氏聽詩齋刻本　六册　存二卷(一至二)

110000－0198－0010005　集普 2500
國朝常州詞録三十一卷　繆荃孫校輯　清光緒二十二年(1896)刻本　七册　存二十二卷(一至二十二)

110000－0198－0010006　集普 2502
惜抱先生尺牘補編二卷　(清)姚鼐撰　清光緒五年(1879)桐城徐宗亮刻本　四册

110000－0198－0010007　集普 2504
吴摯甫尺牘五卷補遺一卷　(清)吴汝綸撰　清宣統二年(1910)國學扶輪社石印本　一册　存一卷(二)

110000－0198－0010008　集普 2505
東周列國志二十七卷一百八回　(清)蔡界評點　清刻本　四册　存二卷(十八至十九)

110000－0198－0010009　集普 2507
昆陵集十六卷　(宋)張守撰　清刻本　一册　存五卷(八至十二)

110000－0198－0010010　集普 2509
伊川文集八卷遺文一卷附錄一卷　(宋)程頤撰　清刻本　一册　存二卷(一至二)

110000－0198－0010011　集普 2510
田園雜著　(清)丁午撰　清刻本　一册

110000－0198－0010012　集普 2511
邊華泉詩集七卷附錄一卷　(明)邊貢撰　清光緒刻本　一册　存一卷(一)

110000－0198－0010013　集普 2512
十八家詩鈔二十八卷　(清)曾國藩纂　清刻本　一冊　存一卷(十二)

110000－0198－0010014　集普 2513
顏延年集　(南朝宋)沈約撰　**謝惠連集**　(南朝宋)謝惠連撰　明刻本　一冊

110000－0198－0010015　集普 2516
彭躬菴文鈔六卷　(清)彭玉雯著　清刻本　一冊　存二卷(五至六)

110000－0198－0010016　集普 2519
文心雕龍十卷　(南朝梁)劉勰撰　清乾隆六年(1741)養素堂刻本　一冊　存二卷(一至二)

110000－0198－0010017　集普 2521
昌黎先生集四十卷外集十卷遺文一卷　(唐)韓愈撰　明東雅堂刻本　一冊　存二卷(十三至十四)

110000－0198－0010018　集普 2522
駢體文鈔三十一卷　(清)李兆洛編　清刻本　一冊　存四卷(十九至二十二)

110000－0198－0010019　集普 2523
天香樓偶得一卷　(清)虞兆漋著　清康熙刻本　一冊

110000－0198－0010020　集普 2524
述異記二卷　題(清)東軒主人撰　清康熙刻本　一冊　存一卷(二)

110000－0198－0010021　集普 2525
讀史吟評　(清)黄鵬揚撰　清康熙刻本　一冊

110000－0198－0010022　集普 2526
讀書質疑二卷　(清)吴震方撰　清刻本　一冊

110000－0198－0010023　集普 2527
封長白山記　(清)方象瑛著　清刻本　一冊

110000－0198－0010024　集普 2528
讀書雜志八十二卷餘編二卷　(清)王念孫撰　清刻本　一冊　存一種四卷(逸周書雜志四卷)

110000－0198－0010025　集普 2531
文清公薛先生文集十卷目錄一卷　(明)薛瑄撰　(明)張鼎編輯　明萬曆刻本　一冊　存一卷(目錄一卷)

110000－0198－0010026　集普 2533
樊榭山房續集十卷　(清)厲鶚撰　清刻本　三冊　存九卷(一至三、五至十)

110000－0198－0010027　集普 2534
桐城吴氏文法教科書二卷　吴闓生編　清光緒上海文明書局鉛印本　一冊

110000－0198－0010028　集普 2535
河南程氏外書十二卷　(宋)程顥　(宋)程頤撰　清刻本　二冊

110000－0198－0010029　集普 2536
二程粹言二卷　(宋)程顥　(宋)程頤撰　(宋)楊時訂定　清光緒三十四年(1908)澹雅局刻本　一冊

110000－0198－0010030　集普 2537
墨子十六卷篇目考一卷　(清)畢沅撰　清刻本　一冊　存五卷(十三至十六、篇目考一卷)

110000－0198－0010031　集普 2538
伊川文集八卷　(宋)程頤撰　清刻本　一冊　存三卷(三至五)

110000－0198－0010032　集普 2539
古文苑二十一卷　(宋)章樵註　清光緒二十二年(1896)長沙惜陰軒刻本　一冊　存八卷(一至八)

110000－0198－0010033　集普 2540
藝槩六卷　(清)劉熙載撰　清刻本　一冊　存二卷(一至二)

110000－0198－0010034　集普 2541
養一齋詞三卷　(清)潘德輿撰　清咸豐三年(1853)刻本　一冊

110000－0198－0010035　集普 2542
國朝文錄八十二卷　(清)姚椿編　清刻本

八冊　存二卷(一至二)

110000－0198－0010036　集普 2543
唐詩百名家全集一百種　(唐)徐寅撰　清刻本　八冊　存五種十八卷(徐寅詩集三卷、權文公詩集十卷、于鄴城詩集一卷、韓翰林詩集一卷、韓內翰香奩集三卷)

110000－0198－0010037　集普 2544
古文選七種　(清)儲欣評選　清刻本　十冊　存六種(戰國策選、國語選、史記選、西漢文選、穀梁傳選、公羊傳選)

110000－0198－0010038　集普 2545
梅村詩集箋注十八卷　(清)吳翌鳳撰　清刻本　十二冊

110000－0198－0010039　集普 2546
鶴山文鈔三十二卷　(宋)魏了翁撰　清同治十三年(1874)望三益齋刻本　十三冊

110000－0198－0010040　集普 2550
聲調三譜四卷　(清)何世璂述　清福山王氏刻本　二冊

110000－0198－0010041　集普 2554
宋黃文節公文集三十二卷　(宋)黃庭堅撰　清乾隆三十年(1765)寧州緝香堂刻本　一冊　存二卷(十三至十四)

110000－0198－0010042　集普 2557
春秋會義二十六卷　(宋)杜諤撰　清光緒十八年(1892)問經精舍刻本　五冊　存二卷(五至六)

110000－0198－0010043　集普 2558
授堂遺書七種附錄一卷首一卷　(清)武億撰　清道光刻本　一冊　存一卷(附錄一卷)

110000－0198－0010044　集普 2559
虛谷石室畫像　(清)□□撰　清道光刻本(有圖)　一冊　存卷首

110000－0198－0010045　集普 2560
三禮義證十二卷　(清)武億著　清道光二十三年(1843)刻本　二冊　存九卷(禮記五卷,周禮春一卷、夏一卷、秋一卷、冬一卷)

110000－0198－0010046　集普 2561
群經義證八卷　(清)武億著　清道光二十三年(1843)刻本　一冊　存一卷(一)

110000－0198－0010047　集普 2562
尺牘六卷　(明)湯顯祖撰　清刻本　一冊　存二卷(二至三)

110000－0198－0010048　集普 2564
徐州二遺民集十卷　(清)桂中行輯　清光緒刻本　六冊　存二卷(三至四)

110000－0198－0010049　集普 2567
銅官感舊集四卷　(清)章壽麟撰　清宣統二年(1910)長沙章氏盋山舊館石印本　四冊

110000－0198－0010050　集普 2569
唐中興間氣集二卷　(唐)高仲武選　清刻本　二冊　存一卷(上)

110000－0198－0010051　集普 2570
冒巢民先生年譜　冒廣生編　清光緒刻本　一冊

110000－0198－0010052　集普 2571
樸巢文選四卷　(清)冒襄撰　清刻本　一冊

110000－0198－0010053　集普 2573
功甫小集十一卷　(清)潘曾沂撰　清同治八年(1869)潘儀鳳刻本　一冊　存六卷(六至十一)

110000－0198－0010054　集普 2574
顧亭林先生詩箋注十七卷首一卷　(清)徐嘉輯　清光緒二十三年(1897)徐氏味靜齋刻本　三冊　存三卷(三至五)

110000－0198－0010055　集普 2575
御製詩初集四十四卷目錄二卷　(清)高宗弘曆撰　(清)蔣溥等編　清刻本　一冊　存二卷(目錄二卷)

110000－0198－0010056　集普 2576
杜詩詳注二十五卷附錄一卷　(清)仇兆鰲輯註　清刻本　三冊　存五卷(九至十三)

110000－0198－0010057　集普 2577
同志贈言　沈岱瞻纂　清光緒十一年(1885)

上海埽葉山房刻本　三冊

110000－0198－0010058　集普2578
國朝文鈔五種　（清）高嵣編　清乾隆刻本　四冊　缺一種（孟子下）

110000－0198－0010059　集普2579
呂衡州文集十卷附考證一卷　（唐）呂溫撰　清刻本　一冊　存五卷（一至五）

110000－0198－0010060　集普2580
恩餘堂經進初稾十二卷　（清）彭元瑞撰　清刻本　一冊　存三卷（三至五）

110000－0198－0010061　集普2581
伯山詩話後集四卷　（清）康發祥編輯　清道光刻本　二冊　存二卷（一至二）

110000－0198－0010062　集普2582
曝書亭集詩註二十二卷年譜一卷　（清）朱彝尊撰　清木山閣刻本（有圖）　一冊　存一卷（年譜一卷）

110000－0198－0010063　集普2583
對影集□□卷　（清）李廷棨著　清刻本　一冊　存二卷（二至三）

110000－0198－0010064　集普2584
七言詩歌行鈔十五卷　（清）王士禛選　清刻本　一冊　存五卷（十一至十五）

110000－0198－0010065　集普2588
古歡堂集雜著八卷　（清）田雯撰　清刻本　十二冊

110000－0198－0010066　集普2589
古文辭類纂七十五卷　（清）姚鼐纂　清刻本　六冊　存五卷（一至五）

110000－0198－0010067　集普2590
唐詩三百首補註八卷　（清）陳婉俊輯　清刻本　二冊　存二卷（一至二）

110000－0198－0010068　集普2592
太乙舟文集八卷　（清）陳用光撰　清刻本　四冊　存四卷（五至八）

110000－0198－0010069　集普2593
續古文苑二十卷　（清）孫星衍撰　清光緒刻本　二冊　存三卷（一至三）

110000－0198－0010070　集普2594
廓軒竹枝詞　（清）志鋭撰　清宣統二年（1910）石印本　一冊

110000－0198－0010071　集普2596
分類補註李太白詩二十五卷　（唐）李白撰　（明）許自昌校　清刻本　一冊　存三卷（十三至十五）

110000－0198－0010072　集普2597
王文成公全書三十八卷　（明）王守仁撰　清刻本　一冊　存二卷（二十六至二十七）

110000－0198－0010073　集普2598
東周列國志二十七卷一百八回　（清）蔡奡評點　清書業德刻本　一冊　存二卷（十六至十七）

110000－0198－0010074　集普2599
第六才子書八卷　（清）金聖嘆評點　清嘉慶五年（1800）文盛堂刻本（有圖）　六冊　存五卷（四至八）

110000－0198－0010075　集普2602
美人長壽盦詞集六卷　（清）程頌萬撰　清光緒二十六年（1900）武昌刻本　一冊

110000－0198－0010076　集普2604
散原精舍詩二卷　陳三立撰　清宣統元年（1909）鉛印本　一冊　存一卷（上）

110000－0198－0010077　集普2605
衎石齋記事續稾十卷　（清）錢儀吉撰　清刻本　一冊　存二卷（九至十）

110000－0198－0010078　集普2606
東坡先生編年詩五十卷　（清）查慎行補註　清乾隆二十六年（1761）香雨齋刻本　二冊　存三卷（十七至十九）

110000－0198－0010079　集普2607
黔南詩鈔五言古　（□）□□撰　清道光二十六年（1846）刻本　一冊　存一卷（上）

110000－0198－0010080　集普2609

東周列國志二十七卷一百八回 (明)馮夢龍撰 清書業德刻本 二册 存一卷(一)

110000－0198－0010081 集普2610
吴摯甫尺牘五卷補遺一卷 (清)吴汝綸撰 清宣統國學扶輪社石印本 二册 存一卷(二)

110000－0198－0010082 集普2611
東洲艸堂詩鈔二十七卷附詞一卷 (清)何紹基撰 清咸豐七年(1857)刻本 一册 存一卷(上)

110000－0198－0010083 集普2612
四一居士文鈔六卷附錄一卷 (清)汪德鉞撰 清刻本 一册 存二卷(一至二)

110000－0198－0010084 集普2613
審齋詞 (宋)王千秋撰 清刻本 一册

110000－0198－0010085 集普2614
洞仙詞六卷 (清)陳星涵撰 清光緒十四年(1888)永嘉沙氏刻本 一册 存五卷(一至五)

110000－0198－0010086 集普2615
漢鐃歌釋文箋正 (清)王先谦學 清同治十一年(1872)虚受堂王氏刻本 一册

110000－0198－0010087 集普2618
瑤華閣詞钞 (清)袁綬撰 清同治六年(1867)刻本 一册

110000－0198－0010088 集普2619
侯鯖詞五種 (清)吳唐林輯 清光緒十一年(1885)杭州刻本 一册 存三種(窺生鐵齋詞、劍虹盦詞、横山草堂詞)

110000－0198－0010089 集普2624
倚月樓詞稿四卷 (清)周天麟撰 清光緒刻本 一册

110000－0198－0010090 集普2627
甌北集三十卷 (清)趙翼撰 清刻本 二册 存十六卷(一至十六)

110000－0198－0010091 集普2628
文清公薛先生文集二十四卷 (明)薛瑄撰 (明)張鼎校正編輯 清乾隆刻本 二十册 存二卷(一至二)

110000－0198－0010092 集普2629
霜紅龕集四十卷 (清)傅山撰 清宣統三年(1911)刻本 四册 存二十四卷(十三至三十六)

110000－0198－0010093 集普2630
萬善花室文續集六卷續編一卷附錄一卷 (清)方履籛撰 清刻本 二册 存三卷(五至六、續編一卷)

110000－0198－0010094 集普2631
杭府仁錢三學灑埽職一卷附錄一卷 (清)□□撰 清光緒十二年(1886)刻本 一册

110000－0198－0010095 集普2633
繞竹山房詩稿十卷 (清)朱文治撰 清嘉慶二十三年(1818)刻本 一册 存三卷(一至三)

110000－0198－0010096 集普2634
履園叢話二十四卷 (清)錢泳輯 清同治刻本 一册 存一册

110000－0198－0010097 集普2636
香草齋詩註六卷 (清)黄任著 清嘉慶十九年(1814)刻本 二册 存三卷(一至三)

110000－0198－0010098 集普2639
古文辭類纂七十五卷 (清)姚鼐輯 清合河康氏家塾刻本 六册 存七卷(一至七)

110000－0198－0010099 集普2640
昌黎先生集四十卷外集十卷遺文一卷 (唐)韓愈撰 (明)李漢編 明東吳徐氏東雅堂刻本 十五册 存二十一卷(一至十、外集十卷、遺文一卷)

110000－0198－0010100 集普2641
金石文字記六卷 (清)顧炎武撰 清刻本 一册 存一卷(一)

110000－0198－0010101 集普2642
童山詩集四十二卷附錄二卷 (清)李調元著 清萬卷樓刻本 一册 存四卷(一至四)

110000－0198－0010102　集普 2643
古唐詩合解十六卷　(清)王堯衢註　清刻本　四册　存十二卷(一至十二)

110000－0198－0010103　集普 2644
三鳳堂詩存　(清)薛鎮東著　清光緒刻本　一册

110000－0198－0010104　集普 2646
六齋詩存二卷　(清)丁善寶著　清光緒九年(1883)清勤堂刻本　二册

110000－0198－0010105　集普 2648
振綺堂詩存　(清)汪憲撰　清光緒十五年(1889)刻本　一册

110000－0198－0010106　集普 2649
慧福樓幸草　(清)俞繡孫撰　**繡墨軒詩稿**　(清)俞慶曾撰　清光緒九年(1883)吳下刻本　一册

110000－0198－0010107　集普 2650
王湘綺先生全集　王闓運撰　清刻本　一册　存二卷(詩十九至二十)

110000－0198－0010108　集普 2651
劍南詩鈔　(宋)陸游撰　清刻本　一册

110000－0198－0010109　集普 2652
明詩綜一百卷　(清)朱彝尊録　清刻本　十六册　存三卷(四十四至四十六)

110000－0198－0010110　集普 2654
潄芳閣集十卷　(清)徐士芬撰　清咸豐元年(1851)刻本　二册　存四卷(七至十)

110000－0198－0010111　集普 2655
散原精舍詩二卷　陳三立撰　清宣統二年(1910)上海商務印書館鉛印本　二册

110000－0198－0010112　集普 2656
借閒生詩三卷詞一卷　(清)汪遠孫撰　清道光二十年(1840)錢塘汪氏振綺堂刻本　一册

110000－0198－0010113　集普 2657
礪岩續文部二十卷　(清)周金然撰　清康熙十九年(1680)刻本　一册

110000－0198－0010114　集普 2660
杜詩集說二十卷首一卷末一卷　(清)江浩然纂輯　清乾隆刻本　十册

110000－0198－0010115　集普 2664
新蘅詞六卷外集一卷　(清)張景祁撰　清光緒刻本　一册　存四卷(二至五)

110000－0198－0010116　集普 2665
天崇合編四卷　(清)吳懋政撰　(清)朱芬評選　清刻本　一册　存一卷(四)

110000－0198－0010117　集普 2666
古微堂内集三卷外集七卷　(清)魏源撰　清光緒四年(1878)淮南書局刻本　四册

110000－0198－0010118　集普 2667
艮齋先生薛常州浪語集三十五卷　(宋)薛季宣撰　清同治十年(1871)金陵書局刻本　六册

110000－0198－0010119　集普 2669
續古文苑二十卷　(清)孫星衍輯　清刻本　四册　存十一卷(六至十六)

110000－0198－0010120　集普 2670
樫華館試帖彙鈔輯注十卷　(清)路德撰　清刻本　一册　存一卷(十)

110000－0198－0010121　集普 2671
漁洋山人古詩選三十二卷　(清)王士禛選　清同治五年(1866)金陵書局刻本　十册

110000－0198－0010122　集普 2672
杜詩鏡銓二十卷杜文注解二卷附錄一卷　(唐)杜甫撰　(清)楊倫箋注　清同治十一年(1872)望三益齋刻本(有圖)　十二册

110000－0198－0010123　集普 2674
甘泉鄉人稿二十四卷餘稿二卷年譜一卷　(清)錢泰吉撰　清同治刻本　四册　存二十一卷(一至六、十至二十四)

110000－0198－0010124　集普 2676
景陸粹編八卷首一卷末一卷　(清)許仁沐纂錄　清光緒十五年(1889)刻本　六册

110000－0198－0010125　集普 2677

古文苑二十一卷　(宋)章樵注　清光緒十二年(1886)江蘇書局刻本　一冊　存五卷(五至九)

110000－0198－0010126　集普2680

昭明文選考異十卷　(南朝梁)蕭統撰　清雙桂堂刻本　一冊　存一卷(一)

110000－0198－0010127　集普2684

沈端恪公遺書二卷年譜二卷　(清)沈近思撰　清同治刻本　二冊

110000－0198－0010128　集普2685

蘇詩補注八卷　(清)翁方綱撰　清刻本　一冊　存四卷(一至四)

110000－0198－0010129　集普2686

水流雲在館詩詞　(清)周天麟撰　清光緒十六年(1890)石印本　一冊

110000－0198－0010130　集普2687

松心詩錄十卷　(清)張維屏撰　清咸豐四年(1854)趙惟濂刻本　一冊　存五卷(一至五)

110000－0198－0010131　集普2689

味餘書室全集定本四十卷　(清)仁宗顒琰撰　清嘉慶五年(1800)刻本　二冊　存三卷(十五至十六、二十)

110000－0198－0010132　集普2690

三百篇原聲七卷　(清)夏味堂撰　清嘉慶十二年(1807)棣華書屋刻本　一冊

110000－0198－0010133　集普2691

寓山注二卷附錄一卷　(明)祁彪佳著　清光緒元年(1875)山陰平氏安越堂刻本　一冊

110000－0198－0010134　集普2692

說詩晬語二卷　(清)沈德潛撰　清刻本　一冊　存一卷(上)

110000－0198－0010135　集普2695

六九齋饌述稾四卷　(清)陳瑑撰　清刻本　一冊

110000－0198－0010136　集普2697

陶山詩前錄二卷　(清)唐仲冕撰　清嘉慶十六年(1811)刻本　一冊

110000－0198－0010137　集普2698

蕭亭詩選六卷　(清)張實居撰　(清)王士禛批點　清刻本　一冊　存三卷(一至三)

110000－0198－0010138　集普2699

敬亭集十卷補遺一卷附錄一卷　(明)姜埰撰　清光緒十五年(1889)刻本　四冊　存一卷(二)

110000－0198－0010139　集普2700

椒山先生集二卷　(明)楊繼盛撰　清同治五年(1866)杭州聚文堂書坊刻本　二冊

110000－0198－0010140　集普2701

四大奇書第一種十九卷　(明)羅貫中撰　清經國堂刻本　一冊　存一卷(六)

110000－0198－0010141　集普2702

桃谿雪二卷　(清)黄燮清填詞　清刻本　一冊　存一卷(下)

110000－0198－0010142　集普2703

遣愁集十四卷　(清)張貴勝纂輯　清刻本　一冊　存三卷(八至十)

110000－0198－0010143　集普2705

檗隖詩存二卷詞存一卷　(清)王以敏撰　清光緒刻本　一冊

110000－0198－0010144　集普2706

柏梘山房文集十六卷　(清)梅曾亮撰　清刻本　一冊　存二卷(一至二)

110000－0198－0010145　集普2707

浦雲堂詩集九卷　(清)熊一瀟撰　清刻本　一冊　存二卷(八至九)

110000－0198－0010146　集普2708

詩文禁忌詩　(□)胡賓周識　清光緒五年(1879)敬心堂刻本　一冊

110000－0198－0010147　集普2711

林和靖集四卷　(宋)林逋撰　清同治十二年(1873)朱氏刻本　一冊　存二卷(一至二)

110000－0198－0010148　集普2712

曠視山房制藝　(清)丁守存撰　清同治山左日照丁氏家藏楚北文秀堂刻本　一冊

110000－0198－0010149　集普 2714
恩餘堂全集五種　(清)彭元瑞撰　清刻本　十七册　存四十二卷(經進初藁一至二、六至十二,經進續藁三至二十二,經進三藁一至十一,策問存課一至二)

110000－0198－0010150　集普 2715
詩紀一百五十六卷　(明)馮惟訥編　明刻本　十六册

110000－0198－0010151　集普 2716
古文辭類纂七十四卷　(清)姚鼐纂　清合河康氏家塾刻本　十二册

110000－0198－0010152　集普 2717
揖山樓詩集十二卷　(清)畢憲曾撰　清道光培遠堂刻本　二册　存六卷(一至六)

110000－0198－0010153　集普 2718
春秋左傳類對賦　(清)高士奇補注　清嘉慶十一年(1806)刻本　二册

110000－0198－0010154　集普 2720
青邱高季迪先生詩集十八卷　(明)高啟撰　(清)朱紹編　清刻本　一册　存一卷(一)

110000－0198－0010155　集普 2721
閶山紀遊詩一卷醉石龕即事詩一卷　(清)貴慶撰　清光緒二十三年(1897)刻本　一册

110000－0198－0010156　集普 2722
閶山紀遊詩一卷醉石龕即事詩一卷鏡心堂七言律選一卷　(清)貴慶撰　清刻本　一册

110000－0198－0010157　集普 2725
簡學齋賦鈔　(清)陳沆撰　清末刻本　一册

110000－0198－0010158　集普 2726
國色天香十卷　(明)吳敬所編輯　清刻本　四册　存七卷(二至八)

110000－0198－0010159　集普 2727
唐詩三百首注釋六卷　(清)蘅塘退士編　清光緒十八年(1892)寶文堂刻本　一册　存三卷(一至三)

110000－0198－0010160　集普 2728
昌黎先生全集四十卷　(唐)韓愈著　清永懷堂刻本　一册　存十一卷(二十四至三十四)

110000－0198－0010161　集普 2729
和文釋例　(清)吳啟孫輯解　清光緒二十九年(1903)文明書局鉛印本　二册

110000－0198－0010162　集普 2732
一松齋集八卷　(清)孫擴圖著　清同治十年至十一年(1871－1872)刻本　六册

110000－0198－0010163　集普 2737
宋六十一家詞選十二卷　(清)馮煦輯　清光緒十三年(1887)冶城山館刻本　四册

110000－0198－0010164　集普 2741
繡像封神演義一百回　(明)鍾惺評　清鉛印本(有圖)　一册　存十回(三十一至四十)

110000－0198－0010165　集普 2742
繪圖增像西遊記一百回　(明)吳承恩撰　清鉛印本(有圖)　二册

110000－0198－0010166　集普 2748
藏山閣集詩存十四卷　(清)錢秉鐙著　清光緒三十四年(1908)龍潭室鉛印本　三册　存六卷(一至六)

110000－0198－0010167　集普 2751
九十九峯草堂詩鈔二卷　(清)陳世慶著　清光緒二年(1876)刻本　一册

110000－0198－0010168　集普 2758
策學備纂三十二卷　(清)吳穎炎輯　清光緒十三年(1887)點石齋石印本　四十八册

110000－0198－0010169　集普 2762
陳臥子先生安雅堂稿十五卷　(明)陳子龍撰　清宣統元年(1909)上海時中書局鉛印本　六册

110000－0198－0010170　集普 2764
國朝文匯甲前集二十卷甲集六十卷乙集七十卷丙集三十卷丁集二十卷　王文濡等編　清宣統元年(1909)上海國學扶輪社石印本　一百一册

110000－0198－0010171　集普 2767
長生殿傳奇卷上二卷下二卷　(清)洪昇填詞

清光緒十三年(1887)上海蜚英館石印本(有圖)　一冊

110000－0198－0010172　集普 2769
新增綉圖繪芳園全録八卷　(□)□□撰　清光緒三十二年(1906)上海書局石印本(有圖)　一冊　存一卷(一)

110000－0198－0010173　集普 2770
增評補圖石頭記一百二十卷　(清)曹霑撰　清末鉛印本(有圖)　三冊　存二十三卷(三十四至五十六)

110000－0198－0010174　集普 2772
一笠庵北詞廣正譜　(明)徐於室撰　(清)李玄玉更定　清青蓮書屋刻本　三冊

110000－0198－0010175　集普 2786
四家選集四種　(清)張懷湝選　清刻本　八冊

110000－0198－0010176　集普 2787
茗柯文編四卷　(清)張惠言撰　清末蛟川張氏花雨樓刻本　二冊

110000－0198－0010177　集普 2790
夢綠草堂詩鈔續集二卷　(清)蔡壽祺著　清同治五年(1866)京師娜環別館刻本(有圖)　二冊

110000－0198－0010178　集普 2792
繪圖增像五才子書水滸全書七十回　(明)施耐庵撰　清鉛印本(有圖)　一冊　存七回(三十八至四十四)

110000－0198－0010179　集普 2793
第一才子書六十卷首一卷　(明)羅貫中撰　清鉛印本(有圖)　八冊

110000－0198－0010180　集普 2794
看破世界　周祖道撰　清末石印本　一冊

110000－0198－0010181　集普 2796
復堂文續五卷　(清)譚獻撰　清光緒二十七年(1901)刻本　四冊

110000－0198－0010182　集普 2797
海峯詩集十一卷　(清)劉大櫆撰　清乾隆刻本　二冊　存二卷(一至二)

110000－0198－0010183　集普 2798
國朝詩補六卷　(清)吴翌鳳選　清刻本　四冊

110000－0198－0010184　集普 2799
括春軒駢體文集十卷　(清)房聚五著　清刻本　四冊

110000－0198－0010185　集普 2800
續古文苑二十卷　(清)孫星衍撰　清刻本　一冊　存三卷(十八至二十)

110000－0198－0010186　集普 2801
古文辭類纂七十五卷　(清)姚鼐纂　清鉛印本　四冊　存二十卷(三十一至三十四、五十至五十四、五十六至六十六)

110000－0198－0010187　集普 2803
黄山谷全集内集二十卷外集十七卷别集二卷　(宋)黄庭堅撰　清光緒二十一年(1895)刻本　二十冊

110000－0198－0010188　集普 2804
詩牌集　(清)薩克達輯　清光緒十二年(1886)追來堂刻本　一冊

110000－0198－0010189　集普 2806
陶淵明集十卷　(晉)陶潛撰　清光緒二年(1876)刻本　一冊　存五卷(六至十)

110000－0198－0010190　集普 2807
不生福彈詞三十六回　題(清)橘中逸叟撰　清同治九年(1870)聚錦堂刻本　十一冊　存十五回(二十二至三十六)

110000－0198－0010191　集普 2808
牡丹亭還魂記二卷　(明)湯顯祖編　明刻本　一冊　存一卷(下)

110000－0198－0010192　集普 2809
繡像落金扇全傳八卷　(清)吹竽先生撰　清同治十二年(1873)刻本(有圖)　八冊

110000－0198－0010193　集普 2810
新鍥重訂出像註釋通俗演義東西兩晉志傳西晉四卷東晉八卷　題(清)陳氏尺蠖齋評釋

清刻本　一册　存一卷(五)

110000－0198－0010194　集普 2811
四大奇書第一種五十一卷　(清)毛宗崗評　清刻本　一册　存一卷(二十六)

110000－0198－0010195　集普 2812
九家詩詳注十卷　(清)吳錫麟撰　清嘉慶十四年(1809)刻本　四册

110000－0198－0010196　集普 2813
魏伯子文集十卷　(清)魏際瑞著　清道光二十五年(1845)紱園書塾刻本　八册

110000－0198－0010197　集普 2814
魏季子文集十六卷　(清)魏禮著　清易堂刻本　十三册

110000－0198－0010198　集普 2815
斯文精萃　(清)尹繼善輯　清刻本　五册

110000－0198－0010199　集普 2816
香屑集十九卷首一卷　(清)黄之雋撰　清雍正十二年(1734)遂初園刻本　四册

110000－0198－0010200　集普 2817
二林居集二十四卷　(清)彭紹升著　清光緒七年(1881)刻本　六册

110000－0198－0010201　集普 2818
同館試律匯鈔二十四卷　(清)法式善等編　清乾隆刻本　八册　存十五卷(一至十五)

110000－0198－0010202　集普 2819
文貞公集十二卷　(清)張玉書著　清松蔭堂刻本　六册　存六卷(七至十二)

110000－0198－0010203　集普 2820
履園叢話二十四卷　(清)錢泳輯　清刻本　三册　存九卷(耆舊、碑帖、陵墓、園林、臆論、譚詩、收藏、書學、笑柄)

110000－0198－0010204　集普 2821
荆釵記二卷　(明)朱權撰　明末汲古閣刻本　一册　存一卷(上)

110000－0198－0010205　集普 2822
樊山續集二十二卷　(清)樊增祥撰　清刻本　二册　存十一卷(十二至二十二)

110000－0198－0010206　集普 2827
拙修集十卷　(清)吳廷棟撰　清同治十年(1871)六安求我齋刻本　六册

110000－0198－0010207　集普 2828
歷代官職表六卷　(□)□□撰　清光緒二十四年(1898)柏經正堂刻本　二册

110000－0198－0010208　集普 2829
嶼浮閣賦集十四卷　(清)溫日知著　清咸豐七年(1857)宏道書院刻本　二册

110000－0198－0010209　集普 2830
龔定盦全集文集三卷續集四卷文集補五卷文集補編四卷　(清)龔自珍撰　清宣統二年(1910)上海國學扶輪社鉛印本　七册

110000－0198－0010210　集普 2831
漢魏六朝百三家集一百三種　(明)張溥輯　清光緒五年(1879)信述堂刻本　四十七册

110000－0198－0010211　集普 2832
潛虛先生文集十四卷補遺一卷年譜一卷　(清)戴名世著　清光緒十一年(1885)刻木活字印本　七册　存十三卷(二至十四)

110000－0198－0010212　集普 2834
吳摯甫尺牘五卷補遺一卷諭兒書一卷　(清)吳汝綸撰　清宣統二年(1910)國學扶輪社石印本　二册　存三卷(一至三)

110000－0198－0010213　集普 2837
板橋詩鈔三卷詞鈔一卷道情十首板橋題畫一卷板橋家書一卷　(清)鄭燮撰　清刻本　六册

110000－0198－0010214　集普 2838
望溪集　(清)方苞撰　清刻本　十册

110000－0198－0010215　集普 2839
駢體文鈔三十一卷　(清)李兆洛輯　清合河康氏家塾刻本　四册

110000－0198－0010216　集普 2842
山中白雲詞八卷　(宋)張炎撰　清刻本　一册

110000－0198－0010217　集普 2844
昌黎先生全集四十卷外集十卷遺文一卷傳一卷　（唐）韓愈著　清乾隆永懷堂刻本　一册　存九卷（十五至二十三）

110000－0198－0010218　集普 2845
對藜詩稿　（□）□□撰　清刻本　一册　存四卷（橘西集一卷、荳花吟一卷、言言集一卷、雪鴻集一卷）

110000－0198－0010219　集普 2846
水滸後傳十卷四十回首一卷　（明）陳忱撰　清刻本（有圖）　九册

110000－0198－0010220　集普 2847
宋詩紀事一百卷　（清）厲鶚輯　清刻本　十八册　存七十六卷（二十五至一百）

110000－0198－0010221　集普 2848
全後漢文一百六卷　（清）嚴可均校輯　清光緒刻本　一册　存八卷（四十至四十七）

110000－0198－0010222　集普 2849
是汝師齋遺詩　（清）朱次琦著　**景石齋詞略**　（清）姚詩雅著　清光緒十一年（1885）刻本　一册

110000－0198－0010223　集普 2850
宋四家詞選　（清）周濟輯　清刻本　四册

110000－0198－0010224　集普 2851
句溪雜著六卷　（清）陳立撰　清刻本　二册

110000－0198－0010225　集普 2852
西泠消寒集二卷　（清）秦緗業選　清同治十三年（1874）刻本　一册

110000－0198－0010226　集普 2853
香山詩鈔二十卷　（唐）白居易著　清刻本　二册　存十二卷（九至二十）

110000－0198－0010227　集普 2854
唐詩別裁集引典備註二十卷　（清）沈德潛選　清刻本　八册　存九卷（一至九）

110000－0198－0010228　集普 2855
吳摯甫尺牘五卷　（清）吳汝綸撰　清末國學扶輪社石印本　六册　存四卷（一至四）

110000－0198－0010229　集普 2859
笛漁小稾十卷　（清）朱昆田撰　清刻本　一册

110000－0198－0010230　集普 2860
古文詞略二十四卷　（清）梅曾亮選　清光緒三十一年（1905）商務印書館鉛印本　四册

110000－0198－0010231　集普 2861
洗心齋履霜集三卷　（清）臧達德著　清洗心齋刻本　一册

110000－0198－0010232　集普 2862
楚辭十七卷　（戰國）屈原撰　（漢）王逸章句　清刻本　一册　存二卷（二至三）

110000－0198－0010233　集普 2863
紅櫚書屋詩集四卷　（清）孔繼涵撰　清乾隆曲阜孔氏微波榭刻本　一册　存二卷（一至二）

110000－0198－0010234　集普 2864
讀書作文譜十二卷　（清）唐彪著　清芸生堂刻本　三册　存八卷（一至八）

110000－0198－0010235　集普 2865
楹聯叢話十二卷　（清）梁章鉅輯　清刻本　一册

110000－0198－0010236　集普 2866
味和堂詩集六卷　（清）高其倬撰　清乾隆刻本　四册

110000－0198－0010237　集普 2868
理堂文集十卷　（清）韓夢周撰　清刻本　二册　存五卷（四至八）

110000－0198－0010238　集普 2869
韋蘇州詩集二卷　（唐）韋應物撰　清刻本　一册

110000－0198－0010239　集普 2870
三家詩補遺　（清）阮元撰　清光緒二十四年（1898）長沙葉氏郎園刻本　一册

110000－0198－0010240　集普 2871
郘亭詩鈔六卷　（清）莫友芝撰　清咸豐二年（1852）刻同治五年（1866）江寧三山客舍補本

一册

110000－0198－0010241　集普 2872

瑤華閣詞鈔一卷補遺一卷　(清)袁綬撰　清同治六年(1867)刻本　三册

110000－0198－0010242　集普 2875

夢窗甲乙丙丁稿四卷補遺一卷　(宋)吳文英撰　清光緒三十四年(1908)歸安朱氏刻本　二册

110000－0198－0010243　集普 2878

三家宮詞一卷二家宮詞一卷　(明)毛晉編　清同治十二年(1873)淮南書局刻本　一册

110000－0198－0010244　集普 2879

慈暉館詩草一卷詞草一卷　(清)阮恩灤撰　清光緒十八年(1892)武林沈氏刻本　一册

110000－0198－0010245　集普 2880

莊靖先生遺集十卷　(金)李俊民撰　清刻本　四册

110000－0198－0010246　集普 2881

侯鯖詞五種　(清)吳唐林纂　清光緒十一年(1885)陽湖吳氏刻本　一册　存二種二卷(空一切盦詞一卷、著瓊華室詞一卷)

110000－0198－0010247　集普 2882

紅杏樓詩賸稾一卷海笛菴詞賸稾一卷　(清)宋志沂著　清刻本　一册

110000－0198－0010248　集普 2884

檗隖詞存　(清)王以敏撰　清刻本　一册

110000－0198－0010249　集普 2885

吷盦詞　(清)夏敬觀撰　清光緒三十三年(1907)刻本　一册

110000－0198－0010250　集普 2887

苾芻館詞集六卷　(清)胡延撰　清光緒刻朱印本　三册

110000－0198－0010251　集普 2890

唐五代詞選三卷　(清)馮煦輯　清光緒十三年(1887)刻本　一册

110000－0198－0010252　集普 2892

瓶花齋集十卷　(明)袁宏道撰　清宣統三年(1911)抱殘守缺齋石印本　四册

110000－0198－0010253　集普 2897

第五才子書水滸傳七十五卷七十回　(明)施耐庵撰　清芥子園刻本　五册　存二十卷(三十七至五十六)

110000－0198－0010254　集普 2898

楹聯叢話十二卷續話四卷　(清)梁章鉅撰　清咸豐元年(1851)刻本　八册

110000－0198－0010255　集普 2899

誦荻齋曲二種　(清)徐鄂撰　清光緒十二年(1886)大同書局石印本　四册

110000－0198－0010256　集普 2900

繪像鐵花仙史二十六回　題(清)雲封山人編　清光緒十八年(1892)申浦石印本　六册

110000－0198－0010257　集普 2901

繡像三國演義續編八卷　題(清)陳氏尺蠖齋評釋　清光緒十九年(1893)上海廣百宋齋鉛印本　六册

110000－0198－0010258　集普 2903

文章正宗復刻三十卷續集十二卷　(宋)真德秀輯　清同治三年(1864)刻本　二十三册

110000－0198－0010259　集普 2907

寶樹堂遺書三種　(清)郭夢星著　清光緒二十年(1894)濰縣郭氏刻本　一册　存一種二卷(尚書小札二卷)

110000－0198－0010260　集普 2911

三子詩選　(清)蔡壽祺輯　清咸豐七年(1857)京師刻本　一册

110000－0198－0010261　集普 2912

巢經巢詩鈔九卷　(清)鄭珍撰　清刻本　四册

110000－0198－0010262　集普 2913

趙文敏公松雪齋全集十卷外集一卷續集一卷　(元)趙孟頫撰　清康熙二十一年(1682)城書室刻本　六册

110000－0198－0010263　集普 2916

消夏六詠　(清)潘祖蔭撰　清刻本　一冊

110000－0198－0010264　集普 2918

洪崖合草二卷　(清)馬大魁編　清刻本　一冊

110000－0198－0010265　集普 2919

三教源流搜神大全七卷　(宋)□□輯　清宣統元年(1909)郎園刻本(有圖)　四冊

110000－0198－0010266　集普 2923

秋盦詞草　(清)黄易著　清石印本　一冊

110000－0198－0010267　集普 2924

東武詩存十卷　(清)王賡言輯　清嘉慶二十五年(1820)化香閣刻本　八冊

110000－0198－0010268　集普 2925

忠孝錄　(清)王庭楨輯　清光緒鉛印本　一冊

110000－0198－0010269　集普 2926

知稼軒詩稿　(清)張元奇撰　清末鉛印本　一冊

110000－0198－0010270　集普 2928

西漚試帖輯註二卷　(清)李惺撰　**簡學齋試帖輯註二卷**　(清)陳沆撰　**桐雲閣試帖集注二卷**　(清)楊庚著　清刻本　六冊

110000－0198－0010271　集普 2930

方正學先生遜志齋集二十四卷　(明)方孝孺撰　清刻本　十六冊

110000－0198－0010272　集普 2931

古文苑二十一卷　(宋)章樵註　清光緒十二年(1886)江蘇書局刻本　一冊　存四卷(一至四)

110000－0198－0010273　集普 2932

袁忠節公遺詩補刻三卷水明樓集一卷朝隱卮衍二卷　(清)袁昶撰　清宣統元年(1909)上海時中書局鉛印本　一冊

110000－0198－0010274　集普 2933

韞山時文三集　(清)管世銘著　清刻本　一冊

110000－0198－0010275　集普 2935

九歌　(清)李光地注　清刻本　一冊

110000－0198－0010276　集普 2936

欽定雪山集十六卷　(宋)王質撰　清同治九年(1870)白雲山房刻本　六冊

110000－0198－0010277　集普 2938

巧對錄八卷　(清)梁章鉅輯　清刻本　一冊　存四卷(五至八)

110000－0198－0010278　集普 2939

卷施閣文乙集十卷　(清)洪亮吉著　清刻本　一冊　存三卷(六至八)

110000－0198－0010279　集普 2949

紅豆樹館詩稿十四卷　(清)陶樑撰　清咸豐七年(1857)刻本　四冊

110000－0198－0010280　集普 2954

王臨川文集四卷　(宋)王安石撰　清宣統二年(1910)上海會文堂書局石印本　三冊　存三卷(一至三)

110000－0198－0010281　集普 2955

升庵合集二百四十卷　(明)楊慎著　清刻本　十三冊　存六十四卷(五至八、三十八至七十八、一百十至一百十七、一百四十六至一百五十、一百六十六至一百七十一)

110000－0198－0010282　集普 2961

惜抱軒尺牘八卷　(清)姚鼐撰　清宣統二年(1910)國學扶輪社鉛印本　二冊

110000－0198－0010283　集普 2962

文選六十卷　(南朝梁)蕭統撰　清光緒十八年(1892)上海古香閣石印本　六冊

110000－0198－0010284　集普 2964

御選唐宋詩醇四十七卷目錄二卷　(清)高宗弘曆編　清末上海九思齋石印本　八冊

110000－0198－0010285　集普 2966

兩般秋雨盦隨筆八卷　(清)梁紹壬撰　清宣統元年(1909)上海埽葉山房石印本　四冊

110000－0198－0010286　集普 2969

文章六則　(□)□□撰　清道光二十七年

(1847)育英堂刻本　二册

110000－0198－0010287　集普2974
繪圖綴白裘十二集四十八卷　(清)玩花主人輯　清末石印本(有圖)　六册

110000－0198－0010288　集普2977
重刊五百家註音辯昌黎先生文集四十卷外集十卷　(唐)韓愈撰　清上海棋盤街文瑞樓石印本　十二册

110000－0198－0010289　集普2978
國朝駢體正宗評本十二卷　(清)曾燠撰　清光緒十年(1884)花雨樓刻朱墨印本　六册

110000－0198－0010290　集普2980
古文詞略二十四卷　(清)梅曾亮輯　清光緒三十四年(1908)學部圖書局鉛印本　五册

110000－0198－0010291　集普2994
紅雪詞甲集二卷乙集二卷詞餘一卷　(清)馮雲鵬撰　清嘉慶十二年(1807)掃紅亭刻本　四册

110000－0198－0010292　集普2996
石頭記八卷　(清)曹雪芹撰　清末石印本　十册

110000－0198－0010293　集普2997
隨園三十八種　(清)袁枚撰　清光緒鉛印本　二册　存七種(碧梧山館詞、崇睦山房詞、過雲精舍詞、緑秋草堂詞、玉山堂詞、盈書閣遺稿、相痕閣詩稿)

110000－0198－0010294　集普2999
評選古詩源十四卷　(清)沈德潛選　清光緒二十年(1894)上海圖書集成印書局鉛印本　四册

110000－0198－0010295　集普3003
天花亂墜三集八卷　(清)寅半生輯　清光緒三十三年(1907)崇實齋刻本　四册

110000－0198－0010296　集普3006
宋黄文節公文集三十二卷外集二十四卷首四卷　(宋)黄庭堅撰　清乾隆三十年(1765)緝香堂刻本　十六册

110000－0198－0010297　集普3007
全晉文一百六十七卷　(清)嚴可均輯　清光緒刻本　十八册

110000－0198－0010298　集普3010
文選古字通疏證六卷　(清)薛傳均撰　清光緒刻本　一册

110000－0198－0010299　集普3015
先府君年譜　(清)王孝箴等述　清刻本　一册

110000－0198－0010300　集普3016
古文讀本　(清)吴汝綸編輯　清末鉛印本　一册

110000－0198－0010301　集普3017
大雲山房文稿初集四卷二集四卷言事二卷　(清)惲敬著　清刻本　九册

110000－0198－0010302　集普3018
周氏止庵詞辨二卷介存齋論詞雜著一卷　(清)譚獻評　清刻本　一册

110000－0198－0010303　集普3021
牧齋有學集詩註十四卷　(清)錢謙益撰　(清)錢曾箋註　清玉詔堂刻本　六册

110000－0198－0010304　集普3022
蛾術堂集十四種　(清)沈豫著　清道光十八年(1838)漢讀齋刻本　四册　存一種(皇清經解提要)

110000－0198－0010305　集普3023
珂雪詞二卷　(清)曹貞吉著　清刻本　二册

110000－0198－0010306　集普3024
茗柯文編三卷　(清)張惠言著　清刻本　二册

110000－0198－0010307　集普3025
桦湖文集十二卷　(清)吳敏樹著　清光緒十九年(1893)思賢講舍刻本　四册

110000－0198－0010308　集普3026
桐城吳氏文法教科書二編　吳闓生編　清宣統元年(1909)上海文明書局鉛印本　三册

110000－0198－0010309　集普3027

四印齋所刻詞二十種　(清)王鵬運輯　清光緒四印齋刻本　五册

110000－0198－0010310　集普 3028
清綺軒詞選十三卷　(清)夏秉衡選　清光緒二十一年(1895)刻本　四册

110000－0198－0010311　集普 3029
陶靖節集十卷　(晉)陶潛撰　清同治九年(1870)刻本　四册

110000－0198－0010312　集普 3030
知德軒遺稿六卷　(清)汪錚著　清咸豐六年(1856)刻本　二册

110000－0198－0010313　集普 3031
味鐙聽葉廬詩草二卷　(清)李振鈞著　清光緒十五年(1889)刻本　二册

110000－0198－0010314　集普 3032
宋十五家詩選十六卷　(清)陳訏輯　清刻本　八册

110000－0198－0010315　集普 3033
芝隱室續存一卷芝隱室附存一卷　(清)長善撰　清同治十年(1871)刻本　一册

110000－0198－0010316　集普 3034
四川鄉試闈墨　(□)□□撰　清光緒八年(1882)衡文堂刻本　一册

110000－0198－0010317　集普 3036
倦繡吟草　(□)□□撰　清光緒四年(1878)鉛印本　一册

110000－0198－0010318　集普 3037
主進堂瞻禮讃詞　法剌韋昂譯　清光緒十年(1884)刻本　一册

110000－0198－0010319　集普 3038
楚辭釋十一卷　(漢)王逸章句　王闓運釋　清光緒刻朱印本　一册

110000－0198－0010320　集普 3040
甘氏奇門一得　(明)甘霖時撰　清刻本　二册

110000－0198－0010321　集普 3043
詩觸六卷　(清)賀貽孫撰　清刻本　二册　存二卷(三至四)

110000－0198－0010322　集普 3044
重訂文選集評十五卷首一卷末一卷　(清)于光華編次　清刻本　一册　存二卷(八至九)

110000－0198－0010323　集普 3046
文清公薛先生文集二十四卷　(明)薛瑄撰　(明)張鼎編輯　清刻本　三册　存三卷(一至三)

110000－0198－0010324　集普 3047
二家詞鈔　(清)李慈銘撰　清光緒二十八年(1902)刻本　二册

110000－0198－0010325　集普 3048
定盦全集文集三卷續集四卷補編四卷補續錄一卷文集補一卷拾遺一卷年譜一卷　(清)龔自珍撰　清宣統元年(1909)國學扶輪社鉛印本　五册

110000－0198－0010326　集普 3049
香銷酒醒詞一卷曲一卷　(清)趙慶熺撰　清道光刻本　二册

110000－0198－0010327　集普 3054
詩餘偶鈔六卷　王先謙輯　清光緒十六年(1890)長沙王氏刻本　一册

110000－0198－0010328　集普 3055
舊雨集八卷　(清)管幹珍輯　清道光刻本　一册　存二卷(三至四)

110000－0198－0010329　集普 3056
小題正鵠全集附訓蒙草養正草　(清)李元度編輯　清光緒八年(1882)善成堂刻本　八册

110000－0198－0010330　集普 3057
目耕齋讀本　(清)徐楷評註　清刻本　八册

110000－0198－0010331　集普 3058
昭代詞選三十八卷　(清)蔣重光輯　清乾隆三十二年(1767)經鉏堂刻本　十二册

110000－0198－0010332　集普 3060
古文釋義新編八卷　(清)余誠註　清末掃葉山房鉛印本　四册　存四卷(五至八)

110000－0198－0010333　集普 3061
王摩詰詩集七卷　（唐）王維撰　（宋）劉辰翁評　清光緒五年（1879）方氏碧琳瑯館刻朱墨印本　二册

110000－0198－0010334　集普 3062
蟻術詞選四卷　（明）邵亨貞著　清光緒十七年（1891）刻本　一册

110000－0198－0010335　集普 3065
東坡詩選十二卷年譜一卷本傳一卷　（宋）蘇軾撰　明刻本　六册

110000－0198－0010336　集普 3066
澄懷園文存十五卷　（清）張廷玉撰　清刻本　五册

110000－0198－0010337　集普 3067
瑞芝山房詩鈔八卷　（清）戴燮元輯　清光緒六年（1880）刻本　一册

110000－0198－0010338　集普 3070
春闈雜詠　（清）袁昶撰　清光緒十八年（1892）小漚巢刻本　一册

110000－0198－0010339　集普 3073
卅六芙蓉仙館詩存六卷　（清）張曾望著　清光緒刻本　一册

110000－0198－0010340　集普 3074
佩韋軒詩存　（清）鄒基撰　清道光七年（1827）刻本　一册

110000－0198－0010341　集普 3075
里語徵實三卷　（清）唐訓方著　清刻本　一册

110000－0198－0010342　集普 3076
蘇東坡詩集注三十二卷　（宋）蘇軾撰　清康熙三十七年（1698）文蔚堂刻本　一册　存四卷（七至十）

110000－0198－0010343　集普 3078
賜綺堂集二十八卷　（清）詹應甲撰　清刻本　二册　存六卷（一至四、九至十）

110000－0198－0010344　集普 3082
聲調前譜一卷後譜一卷續譜一卷談龍錄一卷　（清）趙執信撰　清乾隆雅雨堂刻本　一册

110000－0198－0010345　集普 3083
彙纂詩法度鍼三十三卷首一卷　（清）徐文弼編輯　清刻本　一册

110000－0198－0010346　集普 3089
思舊錄　（清）黄宗羲著　清光緒五桂樓刻本　一册

110000－0198－0010347　集普 3092
大題文府　（清）同文書局輯　清末石印本　十册

110000－0198－0010348　集普 3093
唐詩別裁集引典備註二十卷　（清）沈德潛選　清光緒文海書局石印本　六册

110000－0198－0010349　集普 3094
增廣尺牘句解初集　（□）□□撰　清光緒三十一年（1905）孟春上海福記書局石印本　四册

110000－0198－0010350　集普 3095
檮杌閒評五十卷五十回　（清）□□撰　清京都刻本（有圖）　十二册

110000－0198－0010351　集普 3096
燕山集五卷　（清）石楷撰　清刻本　一册　存二卷（二至三）

110000－0198－0010352　集普 3097
林蕙堂文集十二卷　（清）吴綺著　清刻本　一册　存二卷（九至十）

110000－0198－0010353　集普 3098
宋六十名家詞　（明）毛晉輯　清光緒十四年（1888）錢塘汪氏擄汲古閣刻本　三十册

110000－0198－0010354　集普 3099
古唐詩合解十二卷　（清）王堯衢註　清光緒七年（1881）京都聚文堂刻本　四册

110000－0198－0010355　集普 3100
秋笳集八卷　（清）吴兆騫著　清末順德鄧氏鉛印本　二册

110000－0198－0010356　集普 3101

佳山堂詩二集九卷　(清)馮溥著　清康熙古吳朱士儒刻本　五册

110000－0198－0010357　集普 3102
游定夫先生集六卷首一卷末一卷　(宋)游酢撰　清同治六年(1867)和州官舍刻本　二册

110000－0198－0010358　集普 3103
玉谿生詩詳注三卷年譜一卷　(唐)李商隱撰　清乾隆德聚堂刻本　四册

110000－0198－0010359　集普 3106
文心雕龍十卷　(南朝梁)劉勰撰　清道光十三年(1833)兩廣節署刻朱墨印本　四册

110000－0198－0010360　集普 3107
瓶水齋詩集十六卷　(清)舒位撰　清光緒十二年(1886)刻本　六册

110000－0198－0010361　集普 3108
欽定熙朝雅頌集一百六卷首集二十六卷餘集二卷　(清)鐵保輯　清嘉慶九年(1804)刻本　二十四册

110000－0198－0010362　集普 3109
德蔭堂集十六卷　(清)阿克敦撰　清嘉慶二十一年(1816)那彦成刻本　四册

110000－0198－0010363　集普 3110
杜工部草堂詩箋四十卷補遺十卷外集一卷　(唐)杜甫撰　(清)黄鶴集註　清刻本　四册　缺二十四卷(一至二十四)

110000－0198－0010364　集普 3112
和蘇詩二集二卷　(清)龍燮撰　清刻本　一册

110000－0198－0010365　集普 3114
梁谿遺稿二卷　(宋)尤袤撰　清道光元年(1821)刻本　一册

110000－0198－0010366　集普 3115
乾坤正氣集五百七十四卷首一卷　(清)潘錫恩輯　清道光二十八年(1848)求是齋刻本　十二册　存二十二卷(一百八十七至一百九十一、一百九十七至二百四、五百十五至五百二十、五百五十五至五百五十七)

110000－0198－0010367　集普 3116
朔風吟略十一卷　(清)劉秉琳著　清光緒二年(1876)津門道署刻本　二册

110000－0198－0010368　集普 3118
古唐詩合解十二卷　(清)王堯衢註　清光緒二年(1876)京都文成堂刻本　六册

110000－0198－0010369　集普 3119
夷堅志甲集二十卷乙集二十卷丙集二十卷丁集二十卷　(宋)洪邁著　清光緒五年(1879)吳興陸氏十萬卷樓刻本　十册　缺十四卷(甲集一至十四)

110000－0198－0010370　集普 3120
蘭言集二十卷　(清)謝堃選　清刻本　六册

110000－0198－0010371　集普 3124
吴摯甫尺牘五卷補遺一卷　(清)吴汝綸撰　清宣統二年(1910)國學扶輪社石印本　十四册

110000－0198－0010372　集普 3125
李文清公遺書八卷　(清)李棠階撰　清光緒刻本　一册　存三卷(三至五)

110000－0198－0010373　集普 3129
杜工部集二十卷　(清)錢謙益箋註　清宣統三年(1911)時中書局石印本　一册　存三卷(一至三)

110000－0198－0010374　集普 3130
柳文惠公全集四十三卷别集二卷外集二卷附録一卷　(唐)柳宗元撰　清同治七年(1868)刻本　一册　存七卷(八至十四)

110000－0198－0010375　集普 3131
賜綺堂集二十八卷　(清)詹應甲撰　清道光刻本　一册　存四卷(五至八)

110000－0198－0010376　集普 3135
揅經室外集五卷前附四庫提要　(清)阮元等撰　清刻本　二册

110000－0198－0010377　集普 3136
阮亭選古詩三十二卷　(清)王士禛選　清乾隆元年(1736)天藜閣刻本　一册　存六卷

(一至六)

110000－0198－0010378　集普 3137
蜀桐絃詞　(清)顧復初撰　清咸豐六年(1856)刻本　一册

110000－0198－0010379　集普 3139
東武詩存十卷　(清)王賡言輯　清嘉慶二十五年(1820)化香閣刻本　二册　存二卷(九至十)

110000－0198－0010380　集普 3141
陶靖節集八卷　(晉)陶潛撰　清刻本　一册　存五卷(四至八)

110000－0198－0010381　集普 3142
素餘堂集三十四卷　(清)于敏中撰　清刻本　一册　存四卷(二十七至三十)

110000－0198－0010382　集普 3143
和文釋例　(清)吴啟孫輯解　清鉛印本　二册

110000－0198－0010383　集普 3144
薛文清公集二十四卷　(明)薛瑄撰　明刻本　一册　存二卷(五至六)

110000－0198－0010384　集普 3145
赤城集十八卷　(宋)林表民撰　清嘉慶二十三年(1818)臨海宋氏刻本　四册

110000－0198－0010385　集普 3146
古今説海一百三十五種　(明)陸楫輯　明嘉靖二十三年(1544)陸氏儼山書院雲山書院刻本　二十册　存二種(説略、説海)

110000－0198－0010386　集普 3147
桐城吴先生全書六種　(清)吴汝綸撰　清光緒刻本　一册　存一種(四)

110000－0198－0010387　集普 3148
西廂記第六才子書八卷　(元)王實甫撰　清刻本　二册

110000－0198－0010388　集普 3149
古文觀止詳註十二卷　(清)王相選註　清莆陽鄭漢刻本　六册

110000－0198－0010389　集普 3151
榕村全集四十卷續集七卷別集五卷　(清)李光地撰　清刻本　六十册

110000－0198－0010390　集普 3153
二家詞鈔五卷　(清)李慈銘撰　清光緒二十八年(1902)刻本　四册

110000－0198－0010391　集普 3154
梅花夢二卷　(清)張道撰　清光緒二十年(1894)刻本　一册

110000－0198－0010392　集普 3156
國朝正雅集九十九卷首一卷　(清)符葆森編輯　清咸豐刻本　十六册　存四十七卷(一至四十七)

110000－0198－0010393　集普 3160
東坡樂府二卷　(宋)蘇軾撰　清末四印齋刻本　一册

110000－0198－0010394　集普 3162
讀雪山房唐詩三十四卷　(清)管世銘著　清光緒十二年(1886)湖北官書處刻本　四册

110000－0198－0010395　集普 3163
第一才子書六十卷　(明)羅本撰　(清)毛宗崗評　清光緒十六年(1890)上海圖書集成局鉛印本　六册

110000－0198－0010396　集普 3166
重訂古文釋義新編八卷　(清)余誠評註　清末上海錦章圖書局石印本　二册

110000－0198－0010397　集普 3169
蘭言詩鈔四卷　(清)李瑞輯　清光緒七年(1881)京都龍文閣刻本　四册

110000－0198－0010398　集普 3170
梨洲遺著匯刊二十種增刊三種　(清)黄宗羲撰　清宣統二年(1910)上海時中書局鉛印本　八册

110000－0198－0010399　集普 3171
庸庵全集　(清)薛福成撰　清光緒二十三年(1897)上海醉六堂石印本　六册

110000－0198－0010400　集普 3176

南柯記二卷　(唐)李公佐著　清刻本　六冊
110000－0198－0010401　集普3177
瀛寰瑣紀不分卷　題(清)尊聞閣主人輯　清光緒三年(1877)上海申報館鉛印本　四冊
110000－0198－0010402　集普3178
三魚堂文集十二卷外集六卷　(清)陸隴其撰　清刻本　四冊
110000－0198－0010403　集普3180
楚辭新註求確十卷　(清)胡濬源增註　清刻本　四冊
110000－0198－0010404　集普3182
鄭齋漢學文編六卷　孫雄撰　清光緒三十四年(1908)鉛印本　二冊
110000－0198－0010405　集普3185
板橋家書不分卷　(清)鄭燮著　清末上海錦文堂石印本　一冊
110000－0198－0010406　集普3186
古唐詩合解十二卷　(清)王堯衢註　清刻本　一冊
110000－0198－0010407　集普3187
詩稿不分卷　(□)唐柔柔等撰　清刻本　一冊
110000－0198－0010408　集普3189
陳檢討四六二十卷　(清)陳維崧著　清光緒上海文瑞樓石印本　八冊
110000－0198－0010409　集普3190
鄭板橋全集　(清)鄭燮著　清宣統元年(1909)上海掃葉山房石印本　四冊
110000－0198－0010410　集普3194
東周列國全志二十三卷一百八回　(清)蔡界評點　清光緒三十一年(1905)上海章福記書局石印本　八冊
110000－0198－0010411　集普3197
蘇學士文集十六卷　(宋)蘇舜欽撰　清宣統三年(1911)北京龍文閣書局石印本　六冊
110000－0198－0010412　集普3199
蕉軒摭錄十二卷　(清)俞夢蕉著　清咸豐二年(1852)雙桂樓刻本　六冊
110000－0198－0010413　集普3206
曝書亭集詩註二十四卷　(清)楊謙纂　清刻本　八冊
110000－0198－0010414　集普3207
心日齋十六家詞錄二卷　(清)周之琦輯　清刻本　二冊
110000－0198－0010415　集普3208
花箋錄二十卷　(清)孫兆溎輯　清咸豐二年(1852)景福堂刻本　十冊
110000－0198－0010416　集普3209
東園集十二卷　(清)李經垓著　清刻本　一冊
110000－0198－0010417　集普3210
花餘亭詩存不分卷　(清)葉廷芳著　清同治元年(1862)刻本　一冊
110000－0198－0010418　集普3212
唐陸宣公集二十二卷　(唐)陸贄撰　清刻本　一冊
110000－0198－0010419　集普3213
崔舍人玉堂類藁二十卷附錄一卷　(宋)崔敦詩撰　清刻本　二冊　存十三卷(八至二十)
110000－0198－0010420　集普3215
增評補圖石頭記一百二十卷首一卷　(清)曹霑撰　清鉛印本　十六冊
110000－0198－0010421　集普3217
續太平廣記八卷　(清)陸壽名編　清嘉慶五年(1800)懷德堂刻本　十冊
110000－0198－0010422　集普3218
新史奇觀演義全傳二十二回　(清)蓬蒿子編　清嘉慶十四年(1809)聚賢居刻本　四冊
110000－0198－0010423　集普3219
燕子箋彈詞四卷　(清)澹園氏撰　清咸豐五年(1855)燕海吟壇刻本　八冊
110000－0198－0010424　集普3220

鏡花緣二十卷一百回　（清）李汝珍撰　清裕德堂刻本　二十册

110000－0198－0010425　集普 3221

陸宣公集二十二卷　（唐）陸贄撰（清）年羹堯重訂　清光緒十三年（1887）上海積山書局石印本　四册

110000－0198－0010426　集普 3222

粧樓摘艷十卷首一卷　（清）錢三錫輯　清道光十三年（1833）香雨軒刻本　二册

110000－0198－0010427　集普 3223

精選對聯備要二卷　（清）趙順翔選　清光緒二十年（1894）老二酉堂刻本　一册　存一卷（上）

110000－0198－0010428　集普 3225

田亭草二十卷　（明）黄鳳翔撰　明刻本　六册　存十五卷（一至七、十三至二十）

110000－0198－0010429　集普 3226

鑑止水齋集二十卷附古春軒詩鈔　（清）許宗彦撰　清刻本　七册

110000－0198－0010430　集普 3227

味鐙聽葉廬詩草二卷　（清）李振鈞撰　清光緒十五年（1889）刻本　二册

110000－0198－0010431　集普 3228

陳伯玉集文集三卷詩集二卷附録一卷　（唐）陳子昂撰　清道光十七年（1837）鐵筆齋刻本　四册

110000－0198－0010432　集普 3229

古唐詩合解十二卷古詩四卷　（清）王堯衢註　清光緒七年（1881）京都聚文堂刻本　六册

110000－0198－0010433　集普 3232

弢園尺牘十二卷　（清）王韜著　清宣統二年（1910）鉛印本　四册

110000－0198－0010434　集普 3234

弢園尺牘續鈔六卷　（清）王韜撰　清光緒十五年（1889）鉛印本　二册

110000－0198－0010435　集普 3247

新訂批註左傳快讀十八卷首一卷　（清）李紹崧選訂　清宣統三年（1911）直隸官書局石印本　六册

110000－0198－0010436　集普 3258

秋水軒詩選不分卷　（清）莊盤珠撰　清光緒二年（1876）思補樓鉛印本　一册

110000－0198－0010437　集普 3268

香痕奩影集四卷　（清）吳仲編次　清宣統鉛印本　五册

110000－0198－0010438　集普 3272

崇禎宫詞二卷　（清）王譽昌撰　清槐陰書屋刻本　一册

110000－0198－0010439　集普 3274

少嵒賦草四卷續集一卷　（清）夏思沺撰　清光緒元年（1875）聚盛堂刻本　四册

110000－0198－0010440　集普 3276

欽定全唐詩三十二卷　（清）聖祖玄燁敕編　清末石印本　七册　存七卷（六至十、十二、十四）

110000－0198－0010441　集普 3279

故友詩録初編六卷　（清）蔡壽祺編輯　清同治八年（1869）刻本　一册

110000－0198－0010442　集普 3281

古文辭類纂七十四卷　（清）姚鼐纂　清光緒二十四年（1898）慎記書莊石印本　四册

110000－0198－0010443　集普 3290

有正味齋駢體文二十四卷首一卷　（清）吳錫麒著　清光緒十五年（1889）上海蜚英館石印本　四册

110000－0198－0010444　集普 3291

文選六十卷　（南朝梁）蕭統撰　清光緒十八年（1892）上海古香閣石印本　六册

110000－0198－0010445　集普 3292

説唐前傳十卷六十八回説唐後傳六卷四十二回　（清）如蓮居士編次　清裕德堂刻本　八册

110000－0198－0010446　集普 3297

嶠雅二卷　(明)鄺露纂　清海雪堂刻本　二冊

110000－0198－0010447　集普 3302
司空詩品註釋不分卷　(唐)司空圖撰　清光緒十三年(1887)掃葉山房刻本　一冊

110000－0198－0010448　集普 3306
四千年史論驚奇十二卷　(明)張燧撰　清光緒鉛印本　十二冊

110000－0198－0010449　集普 3307
花月痕全書十六卷　(清)魏秀仁撰　清光緒十八年(1892)上海圖書集成印書局鉛印本　四冊

110000－0198－0010450　集普 3313
唐人合集　(唐)孟浩然等撰　清光緒十年(1884)上海同文書局石印本　八冊　存四集(孟浩然集、岑嘉州集、高常侍集、王摩詰集)

110000－0198－0010451　集普 3321
弢園文錄外編十二卷　(清)王韜撰　清光緒九年(1883)弢園老民鉛印本　六冊

110000－0198－0010452　集普 3325
三十家詩鈔六卷　(清)曾國藩纂　清宣統元年(1909)上海崇善堂石印本　六冊

110000－0198－0010453　集普 3328
姜白石全集十六卷　(宋)姜夔著　清宣統二年(1910)掃葉山房石印本　三冊

110000－0198－0010454　集普 3329
李長吉歌詩四卷外集一卷首一卷　(唐)李賀著　(清)王琦彙解　清宣統元年(1909)掃葉山房石印本　四冊

110000－0198－0010455　集普 3336
唐五代詞選三卷　(清)馮煦輯　清刻本　一冊

110000－0198－0010456　集普 3337
詞源不分卷　(宋)張炎編　清刻本　一冊

110000－0198－0010457　集普 3338
宋四家詞選不分卷　(清)周濟輯　清刻本　一冊

110000－0198－0010458　集普 3339
巢經巢詩鈔九卷　(清)鄭珍撰　清刻本　一冊　存三卷(一至三)

110000－0198－0010459　集普 3341
陸放翁先生年譜一卷　(清)錢大昕編　清末抄本　四十一冊

110000－0198－0010460　集普 3343
倚晴樓詩續集四卷　(清)黃燮清著　清同治九年(1870)臥游草堂刻本　一冊

110000－0198－0010461　集普 3345
鬻字齋詩畧四卷　曹允源撰　清光緒二十二年(1896)刻本　一冊

110000－0198－0010462　集普 3347
澹堪詩草不分卷　(清)成多祿撰　清董壽萱刻本　一冊

110000－0198－0010463　集普 3348
絕妙集不分卷　(□)□□撰　清末石印本　一冊

110000－0198－0010464　集普 3351
止齋先生文集五十二卷附錄一卷　(宋)陳傅良撰　清刻本　八冊

110000－0198－0010465　集普 3352
海峰詩集十九卷　(清)劉大櫆著　清刻本　十一冊

110000－0198－0010466　集普 3353
韓昌黎詩集編年箋注十二卷　(清)方世舉考訂　清雅雨堂刻本　六冊

110000－0198－0010467　集普 3359
文選六十卷　(南朝梁)蕭統撰　清刻本　一冊　存六卷(五十五至六十)

110000－0198－0010468　集普 3361
楚辭四卷　(戰國)屈原撰　(漢)王逸校　清刻本　一冊　存二卷(三至四)

110000－0198－0010469　集普 3362
惜抱軒五言今體詩鈔九卷　(清)姚鼐編　清刻本　二冊

110000－0198－0010470　集普 3363
宛鄰書屋古詩録十二卷　（清）張琦録　清宛鄰書屋刻本　三冊

110000－0198－0010471　集普 3364
偶更堂文集二卷　（清）徐作肅著　清康熙傳盛社刻本　四冊

110000－0198－0010472　集普 3366
芙蓉山館文鈔八卷　（清）楊芳燦著　清光緒十七年（1891）木活字印本　八冊

110000－0198－0010473　集普 3375
苕溪漁隱叢話後集四十卷　（宋）胡仔纂集　清刻本　二十冊

110000－0198－0010474　集普 3377
本朝館閣詩二十卷附録一卷續附録一卷　（清）阮學浩　（清）阮學濬編次　清乾隆二十三年（1758）刻本　十四冊

110000－0198－0010475　集普 3378
穆堂別稾五十卷　（清）李紱撰　清刻本　十六冊

110000－0198－0010476　集普 3379
唐詩三百首補註八卷　（清）陳婉俊輯　清刻本　四冊

110000－0198－0010477　集普 3380
墨花香館詩存八卷　（清）慶康撰　清光緒二十一年（1895）刻本　二冊

110000－0198－0010478　集普 3381
沈氏三先生文集六十二卷　（宋）高布輯　清光緒二十二年（1896）浙江書局刻本　十冊

110000－0198－0010479　集普 3383
十八家詩鈔二十八卷　（清）曾國藩纂　清刻本　七冊

110000－0198－0010480　集普 3384
唐詩三百首補註八卷　（清）陳婉俊輯　清光緒十二年（1886）三義堂刻本　五冊

110000－0198－0010481　集普 3386
水雲邨吟稾十二卷年譜一卷　（元）劉壎著　清刻本　四冊

110000－0198－0010482　集普 3388
李元賓文集六卷　（唐）陸希聲編　清嘉慶二十三年（1818）石研齋刻本　一冊

110000－0198－0010483　集普 3389
適齋居士集四卷　（清）覺羅舒敏撰　清道光二十二年（1842）刻本　一冊

110000－0198－0010484　集普 3390
施註蘇詩四十二卷蘇詩續補遺二卷　（宋）蘇軾撰　清刻本　六冊

110000－0198－0010485　集普 3391
芳茂山人文集十二卷　（清）孫星衍撰　清光緒二十年（1894）湖南思賢書局刻本　四冊

110000－0198－0010486　集普 3394
治經堂集二十卷外集四卷　（清）朱錦琮撰　清道光刻本　四冊　存六卷（上、下，外集四卷）

110000－0198－0010487　集普 3395
倚晴樓詩餘四卷　（清）黃燮清撰　清刻本　一冊

110000－0198－0010488　集普 3396
同館賦鈔一卷詩鈔一卷　（清）張端卿輯　清光緒刻朱墨印本　一冊

110000－0198－0010489　集普 3398
姜先生全集三十三卷首一卷附録二卷　（清）姜宸英撰　清末刻本　十六冊

110000－0198－0010490　集普 3400
繪圖綴白裘四十八卷　題（清）玩花主人輯　清光緒石印本　二冊

110000－0198－0010491　集普 3406
冬心先生集四卷　（清）金農撰　清宣統二年（1910）上海掃葉山房石印本　四冊

110000－0198－0010492　集普 3407
林和靖詩集四卷　（宋）林逋撰　清宣統二年（1910）上海文瑞樓石印本　二冊

110000－0198－0010493　集普 3410
嘯古堂詩集八卷　（清）蔣敦復撰　清宣統三年（1911）廣益書局石印本　二冊

110000－0198－0010494　集普 3412

平等閣詩話二卷　狄葆賢著　清末鉛印本　一册　存一卷(一)

110000－0198－0010495　集普 3419

桂林霜二卷　(清)蔣士銓著　清乾隆三十六年(1771)紅雪樓刻本　一册　存一卷(下)

110000－0198－0010496　集普 3422

繪圖七俠五義傳六卷　(清)石玉昆述　清末鉛印本　二册　存二卷(二、六)

110000－0198－0010497　集普 3425

圖像鏡花緣二十卷一百回　(清)李汝珍撰　清光緒鉛印本　一册　存三卷(十五至十七)

110000－0198－0010498　集普 3426

明宫詞不分卷　(清)程嗣章撰　清宣統三年(1911)上海掃葉山房石印本　一册

110000－0198－0010499　集普 3432

曾南豐文集四卷　(宋)曾鞏撰　清宣統二年(1910)上海會文堂石印本　一册　存二卷(三至四)

110000－0198－0010500　集普 3436

品花寶鑑六十回　(清)陳森撰　清刻本　二册　存十二回(四至十五)

110000－0198－0010501　集普 3443

學詩捷徑不分卷　(清)俞蔭甫輯　清刻本　一册

110000－0198－0010502　集普 3445

增廣尺牘句解初集二卷二集二卷　題(清)桃花館主編　清光緒三十三年(1907)上海商務印書館鉛印本　一册　存二卷(二集二卷)

110000－0198－0010503　集普 3457

曲園課孫草不分卷　(清)俞樾撰　清刻本　一册

110000－0198－0010504　集普 3459

西疆雜述詩四卷　(清)蕭雄撰　清光緒鉛印本　一册　存一卷(三)

110000－0198－0010505　集普 3461

藝香詞鈔四卷　(清)吳綺著　清寫刻本　一册　存一卷(一)

110000－0198－0010506　集普 3462

兒女英雄傳評話四十回　(清)文康撰　清光緒十八年(1892)刻本　一册　存二回(一至二)

110000－0198－0010507　集普 3468

直省新墨約選三卷　(□)□□撰　清光緒二十九年(1903)北京北洋官報總局鉛印本　一册　存一卷(中)

110000－0198－0010508　集普 3473

新鐫五言千家詩箋註二卷增補重訂千家詩注解二卷　(清)王相選註　清石印本　二册

110000－0198－0010509　集普 3475

香銷酒醒詞一卷曲一卷　(清)趙慶熺撰　清同治七年(1868)西泠王氏刻本　一册

110000－0198－0010510　集普 3477

人譜類記二卷　(明)劉宗周撰　清末石印本　一册　存一卷(下)

110000－0198－0010511　集普 3478

新刻異説綠牡丹八卷　(明)吳炳撰　清道光臨邛西街志聞堂刻本　六册

110000－0198－0010512　集普 3481

西河詩話一卷西河詞話一卷附西河集箋　(清)毛奇齡著　清宣統三年(1911)上海文瑞樓石印本　二册

110000－0198－0010513　集普 3494

唐人三家集二十六卷　(清)秦恩復輯　清宣統三年(1911)石研齋影印本　八册

110000－0198－0010514　集普 3495

杜工部集二十卷　(唐)杜甫撰　清光緒十三年(1887)玉勾草堂刻本　十册

110000－0198－0010515　集普 3497

兒女英雄傳評話四十回　(清)董恂評　清光緒鉛印本　五册

110000－0198－0010516　集普 3500

永慶昇平二十四卷九十七回　(清)郭廣瑞撰　清刻本　六册

110000－0198－0010517　集普3501
來生福彈詞四卷　題(清)橘中逸叟撰　清刻本　六冊

110000－0198－0010518　集普3502
鏡花緣二十卷　(清)李汝珍撰　清刻本　六冊　存六卷(十五至二十)

110000－0198－0010519　集普3512
𩞄飢亭集三十二卷　(清)祁寯藻撰　清刻本　一冊　存八卷(十七至二十四)

110000－0198－0010520　集普3513
𩞄飢亭集三十二卷　(清)祁寯藻撰　清刻本　四冊　存二十一卷(十二至三十二)

110000－0198－0010521　集普3514
散原精舍詩二卷　陳三立撰　清宣統元年(1909)鉛印本　一冊　存一卷(上)

110000－0198－0010522　集普3515
瑤華閣詩草不分卷　(清)袁綬著　清同治六年(1867)刻本　一冊

110000－0198－0010523　集普3518
梅花夢二卷　(清)張道填詞　清刻本　一冊　存一卷(下)

110000－0198－0010524　集普3519
雙忽雷本事不分卷　劉世珩輯　清宣統三年(1911)天津石印本　一冊

110000－0198－0010525　集普3520
鶴歸來二卷　(清)瞿頡填詞　清光緒湖北官書處刻本　二冊

110000－0198－0010526　集普3521
毋自欺室文集十卷　(清)王炳燮撰　清光緒十一年(1885)津河廣仁堂刻本　四冊

110000－0198－0010527　集普3522
陶靖節集八卷附錄一卷　(晉)陶潛著　清光緒五年(1879)傳忠書舍刻本　一冊　存三卷(一至三)

110000－0198－0010528　集普3523
斯文精萃不分卷　(清)尹繼善編　清刻本　一冊

110000－0198－0010529　集普3524
半舫齋古文八卷　(清)夏之蓉著　清乾隆刻本　一冊　存二卷(五至六)

110000－0198－0010530　集普3526
三十家詩鈔六卷　(清)王定安增輯　清刻本　一冊　存一卷(五)

110000－0198－0010531　集普3527
古文苑二十一卷　(宋)章樵註　清光緒十二年(1886)江蘇書局刻本　一冊　存四卷(一至四)

110000－0198－0010532　集普3528
夷堅甲志二十卷　(宋)洪邁撰　清光緒五年(1879)吳興陸氏十萬卷樓刻本　一冊　存七卷(七至十三)

110000－0198－0010533　集普3529
愧庵遺集　(清)楊甲仁撰　清同治三年(1864)刻本　八冊

110000－0198－0010534　集普3530
弇山詩鈔二十二卷首二卷末二卷　(清)王霖撰　清道光五年(1825)刻本　八冊

110000－0198－0010535　集普3532
滹南王先生文集四十五卷續編一卷　(金)王若虛撰　清光緒十二年(1886)刻本　二冊　存十六卷(二十三至三十八)

110000－0198－0010536　集普3535
烘堂詞一卷　(宋)盧炳撰　**惜香樂府十卷**　(宋)趙長卿撰　**東堂詞一卷**　(宋)毛滂撰　明末毛氏汲古閣刻本　二冊　存六卷(烘堂詞一卷、惜香樂府一至四、東堂詞一卷)

110000－0198－0010537　集普3536
眉韻樓詩話二卷　孫雄輯　清光緒三十四年(1908)上海集成圖書公司鉛印本　二冊

110000－0198－0010538　集普3537
孫文志疑十卷　(清)汪師韓撰　清光緒十二年(1886)錢塘汪氏刻本　二冊

110000－0198－0010539　集普3538
撫吳草四卷　(清)陶澍撰　清道光刻本

一册

110000－0198－0010540　集普 3539

玉搔頭傳奇二卷　(清)李漁編次　清刻本　一册

110000－0198－0010541　集普 3540

巧團圓傳奇二卷　(清)李漁編次　清刻本　一册

110000－0198－0010542　集普 3543

小蘇潭詞六卷　題(清)蕉南舊史撰　清刻本　二册

110000－0198－0010543　集普 3544

燈昏鏡曉詞四卷　(清)宋謙撰　清宣統二年(1910)鉛印本　二册

110000－0198－0010544　集普 3545

新樂府詞不分卷　(清)萬斯同撰　清同治八年(1869)刻本　一册

110000－0198－0010545　集普 3546

通雅齋叢稿八種　(清)成本璞撰　清宣統元年(1909)刻本　一册　存三種三卷(淚影詞一卷、湘瑟秋雅一卷、碧雲詞一卷)

110000－0198－0010546　集普 3547

宋六十一家詞選十二卷　(清)馮煦編　清光緒十三年(1887)馮煦冶城山館刻本　四册

110000－0198－0010547　集普 3548

昌黎先生集四十卷遺文一卷　(唐)韓愈撰　清光緒十五年(1889)玉山文瀾閣刻本　八册

110000－0198－0010548　集普 3549

古唐詩合解十二卷　(清)王堯衢註　清刻本　一册　存三卷(十至十二)

110000－0198－0010549　集普 3550

昆陵集十六卷　(宋)張守撰　清刻本　一册　存四卷(十三至十六)

110000－0198－0010550　集普 3551

名家制義四十八卷　(清)俞長城編　清康熙可儀堂刻本　一册　存一卷(三十二)

110000－0198－0010551　集普 3552

蓮池書院課藝四卷　題(清)歸術鴻著　清光緒五年(1879)刻本　一册

110000－0198－0010552　集普 3559

唐詩三百首續選不分卷　(清)于慶元輯　清道光二十年(1840)味菜軒刻本　一册

110000－0198－0010553　集普 3564

天籟軒詞選六卷　(清)葉申薌編輯　清刻本　一册　存一卷(三)

110000－0198－0010554　集普 3570

詳註聊齋誌異圖詠十六卷　(清)蒲松齡著　清末石印本　一册　存二卷(五至六)

110000－0198－0010555　集普 3572

無字□□回　(□)□□撰　清末石印本　一册　存八回(四十一至四十八)

110000－0198－0010556　集普 3574

詳註聊齋誌異圖詠十六卷首一卷　(清)蒲松齡著　清上海錦章圖書局石印本　三册　存三卷(一、三、七)

110000－0198－0010557　集普 3576

回特活德鋼礮　(英國)傅蘭雅口譯　清末石印本　一册

110000－0198－0010558　集普 3577

四大奇書第一種六十卷　(明)羅貫中撰　清刻本　一册　存三卷(二十三至二十五)

110000－0198－0010559　集普 3578

太平廣記五百卷目錄十卷　(宋)李昉等編　清乾隆二十年(1755)天都黃氏槐蔭草堂刻本　十六册　存一百二十九卷(一至一百十九、目錄十卷)

110000－0198－0010560　集普 3579

烏闌誓傳奇二卷　(清)潘炤撰　清嘉慶二十年(1815)小百尺樓刻本　十册

110000－0198－0010561　集普 3580

意中緣傳奇四集三十回　(清)李漁編次　清刻本　一册

110000－0198－0010562　集普 3581

亭皋詩鈔四卷　(清)吳綺著　清乾隆四十一

年(1776)衷白堂刻本　一冊

110000－0198－0010563　集普 3582
藝香詞鈔四卷　(清)吳綺著　清乾隆四十一年(1776)衷白堂刻本　一冊

110000－0198－0010564　集普 3583
曾文正公家書十卷　(清)曾國藩撰　清末鉛印本　一冊　存二卷(九至十)

110000－0198－0010565　集普 3584
關中書院課士詩四卷　(清)路德輯註　清光緒六年(1880)文成堂刻本　四冊

110000－0198－0010566　集普 3585
詩料十四卷　(清)劉豹君撰　清聚錦堂刻本　四冊

110000－0198－0010567　集普 3586
硯雲甲乙編　(清)金忠淳輯　清申報館鉛印本　十冊

110000－0198－0010568　集普 3588
笑史四卷　(清)陳庚著　清光緒二十五年(1899)鉛印本　一冊　存二卷(三至四)

110000－0198－0010569　集普 3591
庸盦海外文編四卷　(清)薛福成撰　清光緒石印本　一冊

110000－0198－0010570　集普 3594
楚辭十九卷附錄一卷　(戰國)屈原撰　清光緒十四年(1888)鴻寶齋石印本　二冊

110000－0198－0010571　集普 3597
文選類腋十六卷　(清)吳承煊編　清光緒二十一年(1895)上海鴻寶齋石印本　四冊

110000－0198－0010572　集普 3598
時事論注□□卷　(□)□□撰　清末石印本　四冊　存四卷(二至三、五、八)

110000－0198－0010573　集普 3599
笑中緣圖說四卷　(清)曹春江撰　清末石印本　四冊

110000－0198－0010574　集普 3600
策學淵萃四十六卷　(□)□□撰　清刻本　一冊　存五卷(二十三至二十七)

110000－0198－0010575　集普 3603
繪圖醒夢錄全傳十六回　(清)陸沈山房撰　清光緒二十一年(1895)石印本　一冊　存四回(十三至十六)

110000－0198－0010576　集普 3604
繪圖前笑中緣金如意全傳四卷二十一回　(清)□□撰　清末石印本　二冊　存二卷(三至四)

110000－0198－0010577　集普 3606
增評補像全圖金玉緣一百二十回　(清)曹雪芹撰　清光緒十五年(1889)上海同文書局石印本　七冊

110000－0198－0010578　集普 3607
漁洋山人精華錄箋注十二卷補注一卷年譜一卷　(清)王士禛撰　清刻本　十二冊

110000－0198－0010579　集普 3613
鄭東父遺書六卷　(清)鄭杲撰　清集虛草堂刻本　一冊　存二卷(五至六)

110000－0198－0010580　集普 3615
文選集釋二十四卷　(清)朱珔撰　清小萬卷齋刻本　三冊　存六卷(十五至十八、二十一至二十二)

110000－0198－0010581　集普 3616
鯤溟先生詩集四卷奏疏一卷　(明)郭諫臣著　清刻本　一冊　缺二卷(一至二)

110000－0198－0010582　集普 3617
楚辭補註十七卷　(清)李錫齡校刊　清光緒十四年(1888)長沙惜陰書局刻本　一冊　存一卷(一)

110000－0198－0010583　集普 3618
敦艮吉齋文存四卷　(清)徐子苓撰　清刻本　一冊　存一卷(二)

110000－0198－0010584　集普 3626
古文辭類纂七十四卷　(清)姚鼐纂　清同治八年(1869)江蘇書局刻本　一冊　存五卷(四十六至五十)

110000－0198－0010585　集普 3628
百美新詠不分卷　(清)顔希源撰　清刻本　一册

110000－0198－0010586　集普 3629
經綸堂重訂古文釋義新編八卷　(清)余誠評註　清光緒二十二年(1896)學庫山房刻本　一册　存一卷(一)

110000－0198－0010587　集普 3630
同聲集　(清)張曜孫輯　清道光二十四年(1844)刻本　一册

110000－0198－0010588　集普 3631
唐詩三百首註疏六卷　(清)蘅塘退士編　清刻本　一册　存一卷(四)

110000－0198－0010589　集普 3633
歷代名人書札二卷　吴曾祺編　清宣統元年(1909)上海商務印書館鉛印本　一册　存一卷(二)

110000－0198－0010590　集普 3640
笠翁十種曲　(清)李漁撰　清刻本　十二册　存六種(比目魚、玉搔頭、巧團圓、慎鸞交、南柯記、邯鄲夢)

110000－0198－0010591　集普 3641
增像第六才子書五卷首一卷　(清)金人瑞評　清末石印本　六册

110000－0198－0010592　集普 3642
王摩詰集十卷　(唐)王維撰　清刻本　八册

110000－0198－0010593　集普 3643
繡像醒世姻緣傳一百回　題(清)西周生輯著　清光緒二十四年(1898)上海書局石印本(有圖)　九册　缺十回(九十一至一百)

110000－0198－0010594　集普 3645
崇德堂藁八卷　(清)王植著　清刻本　一册　存一卷(二)

110000－0198－0010595　集普 3646
曾文正公全集二十八卷　(清)曾國藩輯　清光緒二年(1876)傳忠書局刻本　一册　存一卷(一)

110000－0198－0010596　集普 3647
音韻輯要二十一卷　(清)王鵕纂　清乾隆四十九年(1784)昆山咸德堂清刻本　一册　存五卷(一至五)

110000－0198－0010597　集普 3648
杜律啟蒙十二卷年譜一卷　(清)邊連寶集注　清乾隆四十二年(1777)刻本　三册　存九卷(一至三、七至十二)

110000－0198－0010598　集普 3649
李笠翁十種曲　(清)李漁撰　清刻本　二册　存二種四卷(風箏誤傳奇二卷、玉搔頭傳奇二卷)

110000－0198－0010599　集普 3650
香山詩鈔二十卷　(唐)白居易撰　清康熙四十年(1701)武進楊氏刻本　一册　存二卷(一至二)

110000－0198－0010600　集普 3651
元宫詞不分卷　(明)蘭雪軒主人撰　明末毛氏汲古閣刻本　一册

110000－0198－0010601　集普 3652
南宋襍事詩七卷　(清)沈嘉轍撰　清雍正武林芹香齋刻本　一册　存二卷(一至二)

110000－0198－0010602　集普 3654
古文苑二十一卷　(宋)章樵注　清光緒刻本　一册　存五卷(十至十四)

110000－0198－0010603　集普 3655
七言詩歌行鈔十五卷　(清)王士禎選　清刻本　一册　存四卷(五至八)

110000－0198－0010604　集普 3656
五言詩十七卷　(清)王士禎選　清刻本　二册　存九卷(九至十七)

110000－0198－0010605　集普 3657
廿一史彈詞十五卷　(明)楊慎著　清刻本　一册　存一卷(三)

110000－0198－0010606　集普 3658
安雅堂未刻稿八卷　(清)宋琬著　清刻本　四册　存四卷(二至三、七至八)

110000－0198－0010607　集普 3660
繡像英烈全傳十卷八十回　(明)徐渭編　清積秀堂刻本　三冊　存三卷(一至二、八)

110000－0198－0010608　集普 3665
律例　(□)□□纂　清刻本　一冊

110000－0198－0010609　集普 3666
古歡室詩詞集詩三卷詞一卷　(清)曾懿撰　清光緒三十年(1904)刻本　一冊

110000－0198－0010610　集普 3667
古唐詩合解十二卷　(清)王堯衢註　清刻本　一冊　存二卷(五至六)

110000－0198－0010611　集普 3669
古文辭類纂七十四卷　(清)姚鼐纂　清同治八年(1869)江蘇書局刻本　一冊　存四卷(二十二至二十五)

110000－0198－0010612　集普 3670
說文聲類二卷　(清)嚴可均撰　清刻本　一冊　存一卷(下)

110000－0198－0010613　集普 3671
古文辭類纂七十五卷　(清)姚鼐輯　清刻本　一冊　存七卷(四十至四十六)

110000－0198－0010614　集普 3675
禮部遺集九卷　(清)黄富民撰　清同治九年(1870)刻本　一冊

110000－0198－0010615　集普 3677
醒世姻緣傳一百回　(清)西周生撰　清刻本　八冊　存五十回(五十一至一百)

110000－0198－0010616　集普 3679
尸子二卷　(清)汪繼培輯　清光緒三年(1877)浙江書局刻本　一冊

110000－0198－0010617　集普 3683
寄園寄所寄十二卷　(清)趙吉士輯　清刻本　一冊　存一卷(三)

110000－0198－0010618　集普 3689
淮南許注異同詁四卷　(清)陶方琦述　清刻本　一冊　存二卷(三至四)

110000－0198－0010619　集普 3690
易堂九子文鈔二十卷　(清)彭玉雯輯　清道光十七年(1837)刻本　三冊

110000－0198－0010620　集普 3692
高陽文集二十卷　(明)孫承宗撰　清刻本　十二冊

110000－0198－0010621　集普 3693
李笠翁十種曲　(清)李漁撰　清刻本　二十冊

110000－0198－0010622　集普 3694
壯悔堂文集十六卷　(清)侯方域著　清宣統元年(1909)上海掃葉山房石印本　六冊

110000－0198－0010623　集普 3704
學古堂文集二卷　(清)吳汝綸輯　清光緒二十四年(1898)上海圖書集成局鉛印本　一冊

110000－0198－0010624　集普 3708
正續古文辭類纂八卷　(清)姚鼐纂　清光緒三十三年(1907)上海商務印書館鉛印本　二冊

110000－0198－0010625　集普 3714
永慶昇平二十四卷九十七回　(清)郭廣瑞輯　清刻本　六冊　存七卷(六至十二)

110000－0198－0010626　集普 3723
王摩詰集三卷　(唐)王維撰　清光緒十年(1884)上海同文書局石印本　八冊

110000－0198－0010627　集普 3726
國朝駢體正宗評本十二卷並補編　(清)曾燠輯　清光緒十年(1884)花雨樓刻朱墨印本　六冊

110000－0198－0010628　集普 3727
山陽詩徵二十六卷　(清)丁晏輯　清鉛印本　十冊

110000－0198－0010629　集普 3729
紅樓夢影二十四回　(清)西湖散人撰　清光緒三年(1877)京都隆福寺聚珍堂木活字印本　四冊　存四回(一至四)

110000－0198－0010630　集普 3730

十八家詩鈔二十八卷　(清)曾國藩輯　清光緒十四年(1888)鴻文書局鉛印本　五册　存十九卷(一至十九)

110000－0198－0010631　集普 3731
一笠庵北詞廣正譜不分卷　(明)徐於室原稿　清青蓮書屋刻本　一册

110000－0198－0010632　集普 3738
清真集二卷　(宋)周邦彦撰　清光緒二十二年(1896)王氏四印齋刻本　一册

110000－0198－0010633　集普 3739
中國文學指南二卷　邵伯棠撰　清宣統二年(1910)上海文會堂石印本　二册

110000－0198－0010634　集普 3743
音註小倉山房尺牘八卷　(清)袁枚著　(清)胡光斗釋　清咸豐十一年(1861)五雲樓刻本　四册

110000－0198－0010635　集普 3744
悼紅吟不分卷　(清)管斯駿輯　清光緒十年(1884)蘇城平江路管家園管氏刻本　一册

110000－0198－0010636　集普 3745
來生福彈詞三十六回　題(清)橘中逸叟撰　清刻本　二十四册

110000－0198－0010637　集普 3746
疑雨集不分卷　(明)王彦泓著　清宣統元年(1909)豐記印書局鉛印本　一册

110000－0198－0010638　集普 3747
釣渭閑雜膾五種五卷附一種二卷　(清)潘炤撰　清嘉慶刻本　四册　存四種(海喇行、涞水鈔、西泠舊事、耆英圖)

110000－0198－0010639　集普 3748
御選唐詩題解類編二十八卷　(清)黄承煦輯　清光緒二年(1876)刻本　八册

110000－0198－0010640　集普 3749
大題文府　(□)□□撰　清末石印本　一册

110000－0198－0010641　集普 3753
繡像封神演義一百回　(明)許仲琳撰　清末鉛印本　二册　存二十二回(七至十八、五十一至六十)

110000－0198－0010642　集普 3757
增廣留青新集二十四卷　(清)陳枚輯　清光緒二十五年(1899)石印本　四册　存八卷(七至八、十七至二十二)

110000－0198－0010643　集普 3758
繪圖增像西遊記一百回　(明)吴承恩撰　清光緒十五年(1889)上海廣百宋齋鉛印本　十八册　存九十五回(一至五十六、六十二至一百)

110000－0198－0010644　集普 3759
繪圖鏡花緣一百回　(清)李汝珍撰　清光緒石印本　五册　存八十六回(十五至一百)

110000－0198－0010645　集普 3761
繪圖蕩寇志一百四十回　(清)俞萬春撰　清光緒二十二年(1896)慎記書莊石印本　四册　存三十回(一至三十)

110000－0198－0010646　集普 3762
詳註聊齋志異圖詠十六卷首一卷　(清)蒲松齡著　(清)吕湛恩註　清光緒十四年(1888)知不足齋石印本　七册　缺一卷(首一卷)

110000－0198－0010647　集普 3763
第一才子書六十卷一百二十回　(明)羅貫中撰　清光緒上海同文書局石印本　十一册　存五十五卷(六至六十)

110000－0198－0010648　集普 3764
增像全圖三國演義六十卷一百二十回　(明)羅貫中撰　清末石印本　九册　存五十五卷(一至四十九、五十五至六十)

110000－0198－0010649　集普 3765
兒女英雄傳四十回　(清)文康撰　清光緒十四年(1888)上海蜚英館石印本　六册

110000－0198－0010650　集普 3766
繪像增注第六才子書釋解八卷　(元)王實甫撰　(清)金聖歎批點　清光緒十三年(1887)上海石印本　六册

110000－0198－0010651　集普 3771

白話淺說□□卷　(□)□□編　清宣統元年(1909)北京正宗愛國報館鉛印本　二册　存二卷(十九、二十三)

110000－0198－0010652　集普 3773

評註圖像水滸傳　(明)施耐庵撰　清光緒三十三年(1907)仿泰西法石印本　十二册

110000－0198－0010653　集普 3774

古文雅正十四卷　(清)蔡世遠撰　清光緒二十二年(1896)上海圖書集成印書局鉛印本　四册

110000－0198－0010654　集普 3778

梅村詩集箋注十八卷　(清)吳翌鳳撰　清刻本　一册　存二卷(五至六)

110000－0198－0010655　集普 3779

長生殿傳奇卷上二卷下二卷　(清)洪昇填詞　清末石印本　一册

110000－0198－0010656　集普 3783

賦學正鵠集釋十一卷　(清)李元度編　清刻本　八册

110000－0198－0010657　集普 3784

林蕙堂文集十二卷續刻六卷　(清)吳綺撰　清乾隆四十一年(1776)衷白堂刻本　八册

110000－0198－0010658　集普 3785

雞跖賦續刻二十八卷　(清)應泰泉輯　清刻本　八册　存十八卷(十一至二十八)

110000－0198－0010659　集普 3788

宜雅堂遺集四卷　(清)曹洪梁撰　清道光二十七年(1847)刻本　一册　存二卷(三至四)

110000－0198－0010660　集普 3789

定盦文集三卷續集四卷補五卷補編四卷　(清)龔自珍撰　清光緒二十三年(1897)萬本書堂刻本　六册

110000－0198－0010661　集普 3790

證嚮齋詩集八卷　(清)蔡鑾揚撰　清光緒六年(1880)刻本　四册

110000－0198－0010662　集普 3791

定盦文集三卷續集四卷補編四卷補續錄一卷文集補一卷拾遺一卷年譜一卷　(清)龔自珍撰　清宣統二年(1910)上海國學扶輪社鉛印本　七册

110000－0198－0010663　集普 3792

巢經巢詩鈔九卷詩後集四卷　(清)鄭珍撰　清刻本　二册

110000－0198－0010664　集普 3792－3793

寧都三魏全集三種　(清)魏際瑞等撰　清易堂刻本　二册

110000－0198－0010665　集普 3796

非石日記鈔不分卷　(清)鈕樹玉撰　清末刻本　一册

110000－0198－0010666　集普 3799

增訂精忠演義說本全傳二十卷　(清)錢彩編次　清大文堂刻本　七册　存十二卷(一至十一、十五)

110000－0198－0010667　集普 3800

春秋四傳質十二卷　(清)王介之撰　清道光二十二年(1842)湘潭王氏守遺經書屋刻本　二册

110000－0198－0010668　集普 3801

變雅堂詩集十卷　(清)杜濬著　清同治九年(1870)黃岡沈氏刻本　四册

110000－0198－0010669　集普 3802

謝疊山先生批點檀弓　(宋)謝枋得撰　清刻本　一册

110000－0198－0010670　集普 3804

欽定國朝詩別裁集三十二卷　(清)沈德潛纂評　清乾隆二十六年(1761)刻本　六册　存十七卷(一至十七)

110000－0198－0010671　集普 3806

駢體文鈔三十一卷　(清)李兆洛輯　清合河康氏家塾刻本　三册　存十四卷(一至十四)

110000－0198－0010672　集普 3810

韋蘇州集十卷　(唐)韋應物撰　清宣統三年(1911)上海氷雪山房石印本　六册

110000－0198－0010673　集普 3811

楚辭五卷 （戰國）屈原撰 （宋）朱熹集註 清刻本 一册

110000－0198－0010674 集普3813
陶靖節集八卷附錄一卷 （晉）陶潛撰 明崇德堂刻本 一册

110000－0198－0010675 集普3814
陳忠裕詞一卷夏節愍詞一卷 （明）陳子龍撰 （明）夏完淳撰 清光緒二十九年（1903）刻本 一册

110000－0198－0010676 集普3815
李長吉歌詩四卷首一卷外詩集一卷 （唐）李賀撰 清乾隆寶笏樓刻本 二册

110000－0198－0010677 集普3816
文信國公集二十卷首一卷 （宋）文天祥撰 清同治七年（1868）楚醴景萊書室刻本 八册

110000－0198－0010678 集普3817
怡志堂詩初編六卷 （清）朱琦撰 清刻本 四册

110000－0198－0010679 集普3818
陶園文集八卷詩集二十四卷詩餘二卷附六如亭傳奇 （清）張九鉞撰 清道光二十三年（1843）賜錦樓刻本 十四册

110000－0198－0010680 集普3822
香奩集三卷 （唐）韓偓著 清嘉慶十四年（1809）荔水軒刻本 一册

110000－0198－0010681 集普3826
延釐堂集奏疏三卷及補遺鹽法隅説不分卷文不分卷詩二卷自記年譜不分卷 （清）孫玉庭撰 清刻本 九册

110000－0198－0010682 集普3828
詳註聊齋志異圖詠十六卷 （清）蒲松齡著 清末石印本 一册 存二卷（五至六）

110000－0198－0010683 集普3831
增註第六才子書釋解八卷 （元）王德信撰 清金谷園刻本 六册

110000－0198－0010684 集普3832
霽山先生集五卷首一卷拾遺一卷 （宋）林景熙撰 清知不足齋刻本 一册 存三卷（一至二、首一卷）

110000－0198－0010685 集普3833
斜川集六卷附錄二卷訂誤一卷 （宋）蘇過撰 清知不足齋刻本 一册 存五卷（五至六、附錄二卷、訂誤一卷）

110000－0198－0010686 集普3834
南湖集十卷 （宋）張鎡著 清知不足齋刻本 一册 存三卷（七至九）

110000－0198－0010687 集普3835
考槃餘事四卷 （明）屠隆著 清乾隆五十年（1785）刻本 二册

110000－0198－0010688 集普3836
履園叢話二十四卷 （清）錢泳輯 清同治九年（1870）刻本 八册

110000－0198－0010689 集普3837
後山集二十四卷 （宋）陳師道撰 清光緒十一年（1885）刻本 六册

110000－0198－0010690 集普3839
悅雲山房詩存六卷風泉館詞一卷 （清）劉敦元撰 清光緒二十八年（1902）天津徐氏刻本 二册

110000－0198－0010691 集普3840
汪氏家集四種 （清）梁蘭漪撰 清光緒二十一年（1895）上洋飛鴻閣書林石印本 七册

110000－0198－0010692 集普3841
眉綠樓詞八種 （清）顧文彬撰 清光緒十年（1884）吳下刻本 一册

110000－0198－0010693 集普3843
恥躬堂文鈔十卷詩鈔十六卷 （清）彭士望著 清咸豐二年（1852）刻本 八册

110000－0198－0010694 集普3844
臨江鄉人詩四卷 （清）吳穎芳撰 清同治十年（1871）當歸草堂刻本 一册

110000－0198－0010695 集普3845
刻鵠集三卷 （清）沈同芳撰 清嘉慶二十年（1815）刻本 一册

110000－0198－0010696　集普 3847
二峯集不分卷　(清)邵錫榮著　清刻本　一冊

110000－0198－0010697　集普 3848
佩蘅詩鈔十二卷　(清)寶鋆撰　清咸豐九年(1859)刻本　四冊

110000－0198－0010698　集普 3849
翊翊齋筆記二卷文鈔一卷詩鈔一卷附錄一卷　(清)馬翩飛撰　清道光十八年(1838)曾孫馬樹華刻本　一冊

110000－0198－0010699　集普 3852
眠雲出岫集不分卷　(清)孫宗禮撰　清道光二十六年(1846)江都孫氏刻本　一冊

110000－0198－0010700　集普 3854
靜觀書屋詩集七卷　(清)章鶴齡撰　清同治十三年(1874)皖城刻本　二冊

110000－0198－0010701　集普 3855
槃薖文甲集三卷乙集二卷　(清)湯紀尚撰　清光緒刻本　二冊

110000－0198－0010702　集普 3856
寫趣軒近稿四種附一種　(清)譚國恩撰　清光緒十九年(1893)鉛印本　三冊

110000－0198－0010703　集普 3857
槈經廬詩集續編十三卷　(清)王軒撰　清刻本　四冊

110000－0198－0010704　集普 3859
蓮因室詩集二卷詞集一卷　(清)鄭蘭孫撰　清光緒元年(1875)仁和徐氏刻本　一冊

110000－0198－0010705　集普 3860
孫可之文集二卷　(唐)孫樵撰　清光緒二十二年(1896)遂園刻本　二冊

110000－0198－0010706　集普 3862
鷗陂漁話六卷　(清)葉廷琯撰　清同治八年至九年(1869－1870)姑蘇謝文翰齋刻本　二冊

110000－0198－0010707　集普 3863
石笥山房文集五卷補遺一卷　(清)胡天遊著　清宣統二年(1910)上海國學扶輪社鉛印本　四冊

110000－0198－0010708　集普 3866
三家宮詞三卷二家宮詞二卷　(明)毛晉輯　清同治十二年(1873)淮南書局刻本　二冊

110000－0198－0010709　集普 3869
謝梅莊先生遺集八卷附西北域記一卷　(清)謝濟世著　清光緒三十四年(1908)鉛印本　二冊

110000－0198－0010710　集普 3871
陶靖節詩註四卷附詩話一卷　(晉)陶潛撰　清光緒十一年(1885)陳州郡齋刻本　一冊

110000－0198－0010711　集普 3872
虞初續志十二卷　(清)鄭澍若編　清咸豐元年(1851)小琅環山館刻本　六冊

110000－0198－0010712　集普 3877
欽定國朝詩別裁集三十六卷　(清)沈德潛纂評　清乾隆刻本　二冊　存四卷(十一至十二、二十三至二十四)

110000－0198－0010713　集普 3880
曾文正公家書十卷附家訓二卷大事記四卷榮哀錄一卷　(清)曾國藩撰　清光緒十九年(1893)上海圖書集成印書局鉛印本　五冊

110000－0198－0010714　集普 3881
誦荻齋曲二種　(清)徐鄂撰　清光緒二十一年(1895)上海書局石印本　六冊

110000－0198－0010715　集普 3883
東嵒艸堂評訂唐詩鼓吹十卷　(金)元好問選　(元)郝天挺註　(元)廖文炳解　清康熙五十三年(1714)刻本　六冊

110000－0198－0010716　集普 3887
本朝五言近體瓣香集十六卷　(清)許英編註　清乾隆二十八年(1763)心逸堂刻本　四冊

110000－0198－0010717　集普 3888
湖海詩傳四十六卷　(清)王昶輯　清同治四年(1865)亦西齋刻本　十六冊

110000－0198－0010718　集普3889
聽山集三卷　(清)申涵光著　清刻本　三冊

110000－0198－0010719　集普3890
慎鸞交傳奇二卷　(清)李漁編次　清刻本　一冊

110000－0198－0010720　集普3892
杜詩五言選鈔不分卷　題江天□閣主人手訂　清藍欄朱墨鈔本　二冊

110000－0198－0010721　集普3895
日湖漁唱一卷補遺一卷續補遺一卷　(宋)陳允平撰　清享帚精舍刻本　一冊

110000－0198－0010722　集普3897
荔隱山房全集二十四卷　(清)涂慶瀾撰　清光緒三十一年(1905)刻本　十冊

110000－0198－0010723　集普3899
玉臺新詠十卷札記一卷　(南朝陳)徐陵編　清乾隆三十九年(1774)稻香樓刻本　四冊

110000－0198－0010724　集普3900
吴摯甫文集四卷附深州風土記四篇　(清)吴汝綸撰　清宣統元年(1909)上海國學扶輪社石印本　五冊

110000－0198－0010725　集普3904
味黎集不分卷　(清)王鵬運撰　清光緒二十一年(1895)刻本　一冊

110000－0198－0010726　集普3906
蘇子美文集六詩集四卷　(宋)蘇舜欽撰　清同治六年(1867)刻本　二冊

110000－0198－0010727　集普3907
一鐙精舍甲部藁五卷　(清)何秋濤撰　清光緒五年(1879)淮南書局刻本　一冊

110000－0198－0010728　集普3908
唐詩近體四卷　(清)胡本淵評選　清光緒十七年(1891)李光明莊刻本　二冊

110000－0198－0010729　集普3910
司空詩品註釋　(唐)司空圖撰　清李光明莊刻本　一冊

110000－0198－0010730　集普3911
海南歸櫂詞二卷　(清)劉燿椿填詞　清刻本　二冊

110000－0198－0010731　集普3913
凝翠樓集四卷　(清)王慧撰　清康熙四十七年(1708)朱氏銀槎閣刻本　一冊

110000－0198－0010732　集普3916
莊屈合詁二卷　(清)錢澄之撰　清刻本　二冊

110000－0198－0010733　集普3921
湯文正公遺書　(清)湯斌著　清刻本　七冊

110000－0198－0010734　集普3922
新鐫玉茗堂批評按鑑參補出象南宋志傳十卷北宋志傳十卷　(明)研石山樵訂正　清經元堂刻本　八冊

110000－0198－0010735　集普3925
寧都三魏全集八十三卷首一卷　(清)魏際瑞等撰　清易堂刻本　六冊　存十五卷(魏伯子文集一至十、首一卷,魏叔子文集一至三)

110000－0198－0010736　集普3926
疊山謝先生文章軌範七卷　(宋)謝枋得編　清同治七年(1868)湘鄉曾氏刻本　二冊

110000－0198－0010737　集普3927
史忠正公集四卷首一卷末一卷　(明)史可法撰　清同治七年(1868)楚醴景萊書室刻本　二冊

110000－0198－0010738　集普3933
夢窗詞四卷補遺一卷　(宋)吳文英撰　清曼陀羅華閣刻本　二冊

110000－0198－0010739　集普3935
古唐詩合解十二卷古詩四卷　(清)王堯衢編註　清文興堂刻本　六冊

110000－0198－0010740　集普3937
抱膝山房古近體詩稿不分卷　(清)尹恭保著　清光緒刻本　一冊

110000－0198－0010741　集普3942
陶文毅公全集六十四卷首一卷末一卷　(清)

陶澍撰　清道光二十年(1840)淮北士民公刻本　二十四冊

110000－0198－0010742　集普 3943
梅麓詩鈔不分卷　(清)齊彦槐撰　清刻本　二冊

110000－0198－0010743　集普 3944
恩誦堂續集七卷　(清)李尚迪撰　清刻本　一冊

110000－0198－0010744　集普 3945
歲朝賞菊詩不分卷　(清)潘世恩撰　清道光二十六年(1846)刻本　一冊

110000－0198－0010745　集普 3946
託素齋文集六卷詩集四卷　(清)黎士弘著　清刻本　六冊

110000－0198－0010746　集普 3947
娛萱草彈詞三十二卷　(清)橘道人撰　清光緒二十年(1894)刻本　八冊

110000－0198－0010747　集普 3948
古微堂内集三卷外集七卷　(清)魏源撰　清光緒四年(1878)淮南書局刻本　四冊

110000－0198－0010748　集普 3949
木庵居士詩四卷補遺一卷　(清)陳書撰　清光緒二十年(1894)刻本　一冊

110000－0198－0010749　集普 3950
李義山詩集箋注三卷集外詩一卷年譜一卷詩話一卷　(清)程夢星撰　清乾隆東柯草堂刻本　四冊

110000－0198－0010750　集普 3952
杜韓詩句集韻三卷　(清)汪文柏輯　清康熙四十六年(1707)刻本　四冊

110000－0198－0010751　集普 3954
魏昭士文集十卷　(清)魏世傚著　清易堂刻本　二十二冊

110000－0198－0010752　集普 3955
古歡室全集四種　(清)曾懿著　清刻本　五冊

110000－0198－0010753　集普 3956
四大奇書第一種十九卷首一卷　(明)羅貫中撰　(清)毛宗崗評　清末鈔本　二十冊

110000－0198－0010754　集普 3957
繪圖增像西遊記十卷　(明)吳承恩撰　(清)陳士斌詮解　清光緒十九年(1893)上海煥文書局石印本　十冊

110000－0198－0010755　集普 3958
四書典制類聯音註三十三卷　(清)閻其淵輯　清刻本　十二冊

110000－0198－0010756　集普 3964
雪鴻軒尺牘四卷　(清)龔萼著　清光緒五年(1879)榕城味腴齋刻本　八冊

110000－0198－0010757　集普 3965
策府統宗六十五卷　(清)劉昌齡撰　清末鉛印本　十二冊　存二十九卷(一至五、八至十一、十三至十六、三十三至三十六、五十四至六十五)

110000－0198－0010758　集普 3966
增廣古今人物論三十六卷續編十二卷　(明)鄭元直撰　清末石印本　二冊　存四卷(十七至二十)

110000－0198－0010759　集普 3973
子史輯要詩賦題解四卷續編四卷　(清)胡本淵編　清怡蓮堂刻本　二冊

110000－0198－0010760　集普 3975
古文辭類纂七十五卷　(清)姚鼐纂　清光緒二十四年(1898)慎記書莊石印本　八冊

110000－0198－0010761　集普 3984
八家四六文註八卷　(清)孫星衍著　(清)許貞幹註　清光緒十八年(1892)上海圖書集成印書局鉛印本　八冊

110000－0198－0010762　集普 3986
味餘書室隨筆二卷　(清)仁宗顒琰撰　清刻本　二冊

110000－0198－0010763　集普 3987
一松齋集八卷　(清)孫擴圖著　清同治十年

(1871)刻本　六冊

110000－0198－0010764　集普 3988
林蘭香八卷六十四回　題(清)寄旅散人評　清道光十八年(1838)刻本　十二冊

110000－0198－0010765　集普 3996
大題三萬選　(□)□□撰　清末同文書局石印本　四十四冊

110000－0198－0010766　集普 3997
繪像第六才子書八卷　(元)王實甫撰　清刻本　六冊

110000－0198－0010767　集普 3998
策府統宗六十五卷　(清)劉昌齡撰　清光緒十九年(1893)耕餘書屋石印本　二十冊

110000－0198－0010768　集普 3999
詳註聊齋志異圖詠十六卷　(清)蒲松齡著　清光緒石印本　十六冊

110000－0198－0010769　集普 4000
文選六十卷附考異十卷　(南朝梁)蕭統撰　清宣統三年(1911)上海會文堂書局石印本　十六冊

110000－0198－0010770　集普 4005
離騷箋二卷離騷集傳一卷離騷草木疏四卷　(清)龔景瀚撰　(宋)錢杲之集　(宋)吳仁傑撰　清末民初文瑞樓石印本　三冊

110000－0198－0010771　集普 4014
新刻天花藏批評平山冷燕四卷二十回　(清)荻岸散人編次　清末英德堂刻本　二冊

110000－0198－0010772　集普 4018
陳臥子先生安雅堂稿十五卷兵垣奏議二卷　(明)陳子龍撰　清宣統元年(1909)上海時中書局鉛印本　三冊

110000－0198－0010773　集普 4020
館律分韻初編六卷　(清)春暉閣主人輯　清光緒十四年(1888)上海鴻寶齋石印本　六冊

110000－0198－0010774　集普 4021
註釋八銘塾鈔二集　(清)吳蘭陔編次　清三讓堂刻本　四冊

110000－0198－0010775　集普 4024
再生緣全傳二十卷　(清)陳端生撰　清刻本　二十冊

110000－0198－0010776　集普 4025
文章遊戲初編八卷　(清)繆艮輯　清道光四年(1824)一厂山房刻本　八冊

110000－0198－0010777　集普 4026
古香齋新刻袖珍淵鑑類函四百五十卷　(清)張英等纂修　清南海孔氏岳雪樓刻本　三十三冊　存九十九卷(二百二十六至三百二十四)

110000－0198－0010778　集普 4029
兩當軒全集二十二卷附錄四卷考異二卷　(清)黃景仁撰　清宣統二年(1910)上海掃葉山房石印本　六冊

110000－0198－0010779　集普 4030
隨園全集四十種　(清)袁枚撰　清隨園刻本　九冊

110000－0198－0010780　集普 4036
繡像東漢演義十卷一百二十五回　(明)謝昭撰　清光緒十八年(1892)上海廣百宋齋鉛印本　六冊

110000－0198－0010781　集普 4037
呂祖編年詩集九卷　(清)火西月重編　清道光二十六年(1846)空青洞天刻本　六冊

110000－0198－0010782　集普 4038
音釋坐花志果八卷　(清)汪道鼎撰　清光緒刻本　四冊

110000－0198－0010783　集普 4045
分類賦學雞跖集三十卷附錄一卷　(清)張維城輯　清道光十二年(1832)粲花吟館刻本　八冊

110000－0198－0010784　集普 4049
溫飛卿詩集九卷　(唐)溫庭筠撰　(明)曾益謙原注　(清)顧予咸補注　清宣統二年(1910)上海廣益書局石印本　四冊

110000－0198－0010785　集普 4054

藝苑叢話十六卷 (清)陳琰編輯 清宣統三年(1911)上海六藝書局石印本 四冊

110000－0198－0010786 集普4056

夢綠草堂詩鈔十二卷首一卷末一卷 (清)蔡壽祺撰 清咸豐七年(1857)京師嫏環別館刻本 六冊

110000－0198－0010787 集普4064

一松齋集八卷 (清)孫擴圖撰 清同治十年(1871)刻本 六冊

110000－0198－0010788 集普4069

庸閒齋筆記十二卷首一卷 (清)陳其元撰 清光緒十五年(1889)上海檢古齋石印本 五冊

110000－0198－0010789 集普4070

宋黃文節公詩正集十一卷別集一卷外集十一卷 (宋)黃庭堅撰 (清)陳守誠編次 清集思堂刻本 六冊

110000－0198－0010790 集普4071

詞鏡平仄圖譜三卷 (清)賴損庵撰 清乾隆四十八年(1783)刻朱墨印本 二冊

110000－0198－0010791 集普4074

人間樂四卷十八回 (清)天花藏主人著 清光緒十九年(1893)上海居士石印本 一冊

110000－0198－0010792 集普4079

諧鐸十二卷 (清)沈起鳳著 清光緒二十一年(1895)上海廣百宋齋鉛印本 四冊

110000－0198－0010793 集普4080

詳註聊齋志異圖詠十六卷 (清)蒲松齡著 (清)呂湛恩註 清上海同文書局石印本 八冊

110000－0198－0010794 集普4083

蘇老泉先生全集二十卷附錄二卷 (宋)蘇洵著 清末自強書局石印本 四冊

110000－0198－0010795 集普4085

古文淵鑒六十四卷 (清)徐乾學等編 清宣統二年(1910)學部圖書局刻本 十六冊

110000－0198－0010796 集普4087

詳註聊齋志異圖詠十六卷 (清)蒲松齡著 (清)呂湛恩註 清末鐵城廣百宋齋石印本 八冊

110000－0198－0010797 集普4092

繪圖繪芳錄八卷八十回 題(清)西泠野樵著 清光緒二十年(1894)上海書局石印本 八冊

110000－0198－0010798 集普4093

笑笑錄六卷 (清)獨逸窩退士撰 清光緒申報館鉛印本 四冊

110000－0198－0010799 集普4094

五百四峯堂詩鈔二十五卷 (清)黎簡撰 清嘉慶廣州儒雅堂刻本 八冊

110000－0198－0010800 集普4095

凌谿先生集十八卷 (明)朱應登撰 清道光十五年(1835)宜祿堂刻本 四冊

110000－0198－0010801 集普4096

李義山詩集十六卷 (唐)李商隱著 (清)姚培謙箋 清松桂讀書堂刻本 四冊

110000－0198－0010802 集普4097

繡像第一才子書五十一卷 (清)毛宗崗評點 清經綸堂刻本 二十冊

110000－0198－0010803 集普4101

增廣尺牘句解初集三卷 (清)桃花館主編 清末鉛印本 二冊

110000－0198－0010804 集普4102

唐人試律說 (清)紀昀撰 **讀賦卮言一卷** (清)王芑孫撰 清淞隱閣鉛印本 一冊

110000－0198－0010805 集普4103

國朝名人著述叢編十三種附一種 (清)□□撰 清淞隱閣鉛印本 一冊 存二種(救文格論、師友詩傳續錄)

110000－0198－0010806 集普4104

漫堂說詩一卷論學三說一卷詞統源流一卷 (清)宋犖撰 (清)黃與堅撰 (清)彭孫遹撰 清淞隱閣鉛印本 一冊

110000－0198－0010807 集普4105

試帖三萬選十卷　(清)鄧雲航輯　清光緒十六年(1890)上洋袖海山房書局石印本　十二冊

110000－0198－0010808　集普 4107

歷朝詞綜四種一百八卷　(清)朱彝尊輯　清光緒二十八年(1902)金匱浦氏刻本　二十四冊

110000－0198－0010809　集普 4108

甘泉鄉人稿二十四卷餘稿二卷年譜一卷　(清)錢泰吉撰　清刻本　六冊

110000－0198－0010810　集普 4110

煙波漁唱四卷　(清)張應昌撰　清刻本　四冊

110000－0198－0010811　集普 4111

國朝江右八家詩八卷　(清)曾燠輯　清邗上題襟館刻本　四冊

110000－0198－0010812　集普 4117

歷朝上虞詩集十六卷　(清)錢玫輯　清道光十五年(1835)刻本　四冊

110000－0198－0010813　集普 4123

陶元亮詩四卷　(清)黄文煥撰　清光緒二年(1876)刻本　一冊

110000－0198－0010814　集普 4124

韻香閣詩草不分卷　(清)孔祥淑撰　清光緒十二年(1886)刻本　一冊

110000－0198－0010815　集普 4131

松聲池館詩存四卷　(清)汪璐撰　清光緒十五年(1889)刻本　一冊

110000－0198－0010816　集普 4136

明文在一百卷　(清)薛熙纂　清刻本　十冊

110000－0198－0010817　集普 4137

崇百藥齋文集二十卷續集四卷三集十二卷五真閣吟藁不分卷　(清)陸繼輅撰　清光緒刻本　十六冊

110000－0198－0010818　集普 4138

小樓詩集八卷　(清)王嵩高撰　清道光十六年(1836)刻本　二冊

110000－0198－0010819　集普 4140

夢窗詞四卷　(宋)吳文英撰　清咸豐十一年(1861)曼陀羅華閣刻本　六冊

110000－0198－0010820　集普 4141

青雲集補注六卷　(清)楊逢春　(清)蕭應櫆原本　(清)吳廷藻補注　清光緒十七年(1891)金沙劍光閣刻本　六冊

110000－0198－0010821　集普 4142

甌北集五十卷　(清)趙翼撰　清嘉慶十七年(1812)湛貽堂刻本　五冊　存二十九卷(一至二十九)

110000－0198－0010822　集普 4143

顯志堂稿十二卷　(清)馮桂芬著　清光緒二年(1876)刻本　八冊

110000－0198－0010823　集普 4146

鐵莊文集八卷　(清)陸楣著　清光緒二十一年(1895)曹氏樂善堂木活字印本　四冊

110000－0198－0010824　集普 4147

蒿庵遺集十二卷　(清)莊棫撰　清光緒十二年(1886)刻本　二冊

110000－0198－0010825　集普 4149

遲粵集不分卷　(清)謝光綺撰　清光緒刻本　一冊

110000－0198－0010826　集普 4150

揅經室一集十四卷二集八卷三集五卷　(清)阮元撰　清道光刻本　二十冊

110000－0198－0010827　集普 4152

續垂棘編三集十卷四集十九卷　(清)范鄗鼎選　清康熙五經堂刻本　九冊

110000－0198－0010828　集普 4153

樊南文集補編十二卷首一卷　(唐)李商隱撰　(清)錢振倫箋　(清)錢振常注　清同治五年(1866)望三益齋刻本　四冊

110000－0198－0010829　集普 4154

潛研堂文集五十卷　(清)錢大昕著　清光緒長沙龍氏家塾刻本　十二冊

110000－0198－0010830　集普 4155

芝庭先生集十八卷附錄一卷　(清)彭啟豐撰　清刻本　六冊

110000－0198－0010831　集普 4157
亦吾廬詩草八卷　(清)歐陽雲著　清光緒刻本　二冊

110000－0198－0010832　集普 4158
南岡草堂文存二卷　(清)秦際唐著　清光緒二十七年(1901)刻本　二冊

110000－0198－0010833　集普 4159
敦拙堂詩集十三卷　(清)陳奉茲撰　清乾隆六十年(1795)刻本　四冊

110000－0198－0010834　集普 4160
陳定生先生遺書三種　(清)陳貞慧著　清道光清芬草堂刻本　一冊

110000－0198－0010835　集普 4161
唐詩三百首補註八卷　(清)陳婉俊輯　清光緒十三年(1887)居俟書屋刻本　四冊

110000－0198－0010836　集普 4162
秋盦遺稾不分卷　(清)黃易著　清宣統二年(1910)石印本　一冊

110000－0198－0010837　集普 4166
楊龜山先生集四十二卷首一卷　(宋)楊時撰　清光緒五年(1879)刻本　十冊

110000－0198－0010838　集普 4167
鶯喬集不分卷　(□)孫楫撰　清光緒刻本　一冊

110000－0198－0010839　集普 4168
于湖題襟集詩一卷文一卷　(清)袁昶輯　清光緒二十一年(1895)小漚巢刻本　二冊

110000－0198－0010840　集普 4170
詩賦全集　(清)徐文靖撰　清志甯堂刻本　一冊

110000－0198－0010841　集普 4173
樸巢詩選二卷　(清)冒襄著　清刻本　一冊

110000－0198－0010842　集普 4174
郜亭詩稾不分卷　(□)孫楫撰　清光緒十七年(1891)羊城刻本　一冊

110000－0198－0010843　集普 4176
可久處齋文鈔八卷　(清)馬樹華撰　清刻本　二冊

110000－0198－0010844　集普 4181
網師園唐詩箋十八卷　(清)宋宗元輯　清尚絅堂刻本　八冊

110000－0198－0010845　集普 4183
眉韻樓詩三卷　孫雄著　清光緒三十年(1904)京師刻本　一冊

110000－0198－0010846　集普 4184
經史百家簡編二卷　(清)曾國藩纂　清同治十三年(1874)傳忠書局刻本　一冊

110000－0198－0010847　集普 4185
唐詩三百首箋　(清)蘅塘退士纂評　清光緒二十一年(1895)蘭雪堂刻本　一冊

110000－0198－0010848　集普 4186
思益堂駢體文鈔不分卷　(清)周壽昌撰　清末刻本　一冊

110000－0198－0010849　集普 4188
四友遺詩四種　(清)黎庶昌輯　清光緒二十年(1894)刻本　四冊　存三種十卷(陶堂志微錄五卷,歸樸齋詩鈔戊集二卷、己集二卷,瑟廬遺詩一卷)

110000－0198－0010850　集普 4190
二十二史文鈔二十二卷　(清)納蘭常安選評　清刻本　五冊　存九卷(二至十)

110000－0198－0010851　集普 4191
擬明史樂府　(清)尤侗譔　清刻本　一冊

110000－0198－0010852　集普 4192
憶雲詞甲乙丙丁稿四卷　(清)項廷紀撰　清刻本　一冊　存二卷(甲、乙)

110000－0198－0010853　集普 4199
師鄭堂駢體文存二卷　孫雄撰　清光緒二十一年(1895)刻本　一冊

110000－0198－0010854　集普 4200

玉谿生詩詳注三卷首一卷樊南文集詳注八卷　(唐)李商隱撰　清同治七年(1868)刻本　八冊

110000－0198－0010855　集普4206
古歡室詩詞集四種　(清)曾懿撰　清光緒刻本　一冊　存一種二卷(浣花集一至二)

110000－0198－0010856　集普4208
新政應試必讀六種　(清)顧厚焜鑒定　清光緒二十七年(1901)石印本　十二冊

110000－0198－0010857　集普4215
鐵厓三種　(明)楊維楨著　清宣統二年(1910)上海掃葉山房石印本　十冊

110000－0198－0010858　集普4218
李肅毅伯手札　(清)李鴻章撰　(清)郭慶藩輯　清末石印本　一冊

110000－0198－0010859　集普4221
蘇東坡全集一百十卷　(宋)蘇軾撰　清光緒三十四年至宣統元年(1908－1909)刻本　四十八冊

110000－0198－0010860　集普4222
儲選七種　(清)儲欣評　清嘉慶十年(1805)刻本　三十四冊

110000－0198－0010861　集普4226
初學集一百十卷有學集五十卷補遺二卷　(清)錢謙益撰　清宣統二年(1910)邃漢齋鉛印本　二十四冊

110000－0198－0010862　集普4227
硯雲甲編八帙　(清)金忠淳輯　清硯雲書屋刻本　四冊

110000－0198－0010863　集普4229
繪像蕩寇志一百四十回　(清)俞萬春編　清光緒二十二年(1896)慎記書莊石印本　八冊

110000－0198－0010864　集普4236
新校正詞律全書二十卷　(清)萬樹論次　清光緒二年(1876)石印本　十二冊

110000－0198－0010865　集普4238
全唐詩話六卷　(宋)尤袤輯　(明)毛晉訂　清宣統三年(1911)三樂堂影印本　六冊

110000－0198－0010866　集普4242
白門新柳記一卷補一卷附白門衰柳記一卷　(清)許豫編　清同治十一年(1872)金陵吳耀年刻本　一冊

110000－0198－0010867　集普4244
最新楹聯新譜二卷　(□)□□輯　清光緒三十四年(1908)上海六藝書局石印本　一冊

110000－0198－0010868　集普4248
增評補圖石頭記一百二十卷首一卷　(清)曹霑撰　清末鉛印本　十六冊

110000－0198－0010869　集普4250
東洲艸堂詩鈔三十卷附詞一卷　(清)何紹基撰　清同治六年(1867)長沙無園刻本　三冊　存十一卷(一至七、九至十二)

110000－0198－0010870　集普4251
考功集選四卷　(清)王士祿撰　清刻本　一冊

110000－0198－0010871　集普4252
搜玉小集　(唐)□□輯　明末毛氏汲古閣刻本　一冊

110000－0198－0010872　集普4253
濂亭遺文五卷詩二卷　(清)張裕釗著　清宣統二年(1910)武昌省陶子麟刻本　二冊

110000－0198－0010873　集普4254
鮚埼亭集三十八卷首一卷　(清)全祖望譔　清刻本　三冊

110000－0198－0010874　集普4255
徐騎省集三十卷補遺一卷校勘記一卷　(宋)徐鉉撰　清光緒十九年(1893)黟南李氏刻本　五冊　缺八卷(二十五至三十、補遺一卷、校勘記一卷)

110000－0198－0010875　集普4256
二水樓詩集十八卷　(清)李茹旻譔　清光緒刻本　一冊　存三卷(一至三)

110000－0198－0010876　集普4258
宋詩選□□卷　(清)馬維翰輯　清刻本　一

冊　存五卷（三至七）

110000－0198－0010877　集普 4259
牧齋初學集詩註二十卷　（清）錢謙益註　清刻本　三冊　存三卷（一至三）

110000－0198－0010878　集普 4260
文清公薛先生文集二十四卷　（明）薛瑄撰（明）張鼎編　清刻本　一冊　存二卷（七至八）

110000－0198－0010879　集普 4263
元遺山詩集箋注十四卷末一卷附年譜　（元）元好問撰　清宣統三年（1911）上海掃葉山房石印本　八冊

110000－0198－0010880　集普 4274
詩答問二卷　（清）王士禛著　清光緒十四年（1888）蛟川張氏花雨樓刻本　一冊

110000－0198－0010881　集普 4275
風箏誤傳奇四卷　（清）李漁編次　清刻本　一冊

110000－0198－0010882　集普 4276
管刻詩學問難　（清）陳僅撰　清光緒十二年（1886）管可壽齋刻本　一冊

110000－0198－0010883　集普 4278
花笑廎褉筆六卷　（清）范鍇錄　清宣統鉛印本　一冊　存二卷（一至二）

110000－0198－0010884　集普 4279
類腋五十五卷補遺一卷　（清）姚培謙（清）張卿雲輯　清刻本　三冊　存十二卷（五至十六）

110000－0198－0010885　集普 4280
雪樵經解三十卷附錄三卷　（清）馮世瀛輯　清末石印本　一冊

110000－0198－0010886　集普 4283
武英殿聚珍版叢書三十九種　（清）紀昀等編　清刻本　三冊　存一種四卷（雲谷雜紀四卷）

110000－0198－0010887　集普 4286
繡像三國演義續編四卷　題（清）陳氏尺蠖齋評釋　清光緒二十二年（1896）鉛印本　一冊

110000－0198－0010888　集普 4292
李嶠雜詠二卷　（唐）李嶠撰　清光緒刻本一冊

110000－0198－0010889　集普 4294
硯雲甲乙編　（清）金忠淳輯　清末申報館鉛印本　十二冊

110000－0198－0010890　集普 4297
儒林外史五十六回　（清）吳敬梓著　清刻本　十二冊　存四十二回（一至四十二）

110000－0198－0010891　集普 4298
國朝駢體正宗評本十二卷並補編　（清）曾燠選　清光緒十年（1884）花雨樓刻朱墨印本六冊

110000－0198－0010892　集普 4299
八家四六文註八卷補註一卷　（清）孫星衍著　清光緒十八年（1892）上海集成印書局鉛印本　五冊

110000－0198－0010893　集普 4302
王耘渠時義囊中集　（□）王耘渠著　清嘉慶十一年（1806）四美堂刻本　五冊

110000－0198－0010894　集普 4305
出都詩錄一卷吳篷詩錄一卷樊山沌水詩錄一卷蜀船詩錄一卷巴山詩錄一卷　易順鼎撰　清光緒刻本　一冊

110000－0198－0010895　集普 4307
水滸圖贊　（明）杜堇繪　清光緒八年（1882）羊城廣百宋齋石印本（有圖）　一冊

110000－0198－0010896　集普 4309
有正味齋詞集八卷　（清）吳錫麒撰　清刻本　二冊

110000－0198－0010897　集普 4310
黃氏家集　（清）黃家鼎編　清光緒十七年（1891）四明黃家鼎補不足齋刻本　一冊

110000－0198－0010898　集普 4311
清閟閣全集十二卷　（元）倪瓚著　清康熙城書室刻本　四冊

110000－0198－0010899　集普 4312
西山先生真文忠公文章正宗讀本　(清)李翰熙編校　清康熙刻本　六册

110000－0198－0010900　集普 4313
杜詩集説二十卷目録一卷年譜一卷末一卷　(清)江浩然纂輯　清刻本　十五册

110000－0198－0010901　集普 4314
楚辭釋十一卷　(漢)王逸章句　王闓運注　清光緒十二年(1886)成都尊經書院刻本　二册

110000－0198－0010902　集普 4317
關中兩朝文鈔二十二卷附人物考畧　(清)李元春評選　清道光十二年(1832)守樸堂刻本　四十三册

110000－0198－0010903　集普 4318
味雪齋詩鈔八卷文甲乙集鈔十八卷　(清)戴絅孫撰　清道光二十七年至二十九年(1847－1849)京師刻本　六册

110000－0198－0010904　集普 4319
恥躬堂文鈔十卷詩鈔十六卷　(清)彭士望著　清咸豐刻本　六册

110000－0198－0010905　集普 4320
清權留稿　(□)□□撰　清刻本　一册

110000－0198－0010906　集普 4327
繪圖評點兒女英雄傳正編八卷四十回續編八卷三十二回　(清)文康撰　清光緒十四年(1888)蜚英館石印本(有圖)　六册

110000－0198－0010907　集普 4330
遏雲閣曲譜　(清)王錫純輯　清鉛印本　一册

110000－0198－0010908　集普 4331
新鐫五言千家詩箋註二卷　(清)王相選註　清同元堂刻本　一册

110000－0198－0010909　集普 4332
詩釋一卷夕堂永日緒論一卷　(清)王夫之撰　**秇圃擷餘一卷**　(明)王世懋著　**師友詩傳録一卷**　(清)郎延槐撰　清末刻本　一册

110000－0198－0010910　集普 4334
融經館叢書　(清)徐友蘭輯　清光緒十一年(1885)刻本　三十二册

110000－0198－0010911　集普 4336
湘綺樓全集三十卷　王闓運撰　清光緒三十三年(1907)長沙墨莊劉氏刻本　十二册

110000－0198－0010912　集普 4337
簣山堂詩鈔二十一卷　(清)王賡言撰　清嘉慶刻本　八册

110000－0198－0010913　集普 4338
雙梧桐館集二十六卷　(清)楊揩撰　清嘉慶刻本　七册　缺二卷(一至二)

110000－0198－0010914　集普 4339
芝庭先生集十八卷附録一卷　(清)彭啟豐撰　清光緒二年(1876)長洲彭氏刻本　六册

110000－0198－0010915　集普 4342
蟻術詞選四卷　(明)邵亨貞著　清末四印齋刻本　一册

110000－0198－0010916　集普 4343
寒支初集十卷二集四卷　(清)李世熊撰　清同治十三年(1874)刻本　十四册

110000－0198－0010917　集普 4344
德州田氏叢書十三種　(清)田雯等撰　清初刻本　六册　存五種十九卷(西圃文説三卷、詩説一卷、詞説一卷,安德明詩選遺一卷,二學亭文涘四卷,晚香詞三卷,硯思集六卷)

110000－0198－0010918　集普 4345
彈指詞三卷補遺一卷　(清)顧貞觀著　清刻本　十册

110000－0198－0010919　集普 4347
知止堂詞録三卷　(清)朱綬撰　清光緒二十年(1894)湖南思賢書局刻本　一册

110000－0198－0010920　集普 4348
古歡室詩詞集詩三卷詞一卷　(清)曾懿撰　清光緒二十九年(1903)刻本　一册　存二卷(一至二)

110000－0198－0010921　集普 4349

白雨齋詞話八卷詞存一卷詩鈔一卷 （清）陳廷焯著 清光緒二十年(1894)刻本 二册

110000－0198－0010922 集普 4351

草窗詞二卷附補二卷 （宋）周密撰 清光緒二十六年(1900)無著盦刻本 一册

110000－0198－0010923 集普 4353

玉谿生詩詳註三卷首一卷樊南文集詳注八卷首一卷 （唐）李商隱撰 （清）馮浩編 清刻本 十二册

110000－0198－0010924 集普 4354

青邱高季迪先生皃藻集五卷 （明）高啟撰（清）金檀輯注 清雍正六年(1728)桐鄉金氏刻本 二册

110000－0198－0010925 集普 4356

駢體文鈔三十一卷 （清）李兆洛輯 清合河康氏刻本 二册 缺二十一卷(一至二十一)

110000－0198－0010926 集普 4357

晚學集八卷 （清）桂馥著 清刻本 二册

110000－0198－0010927 集普 4359

桐城吴氏文法教科書二編 吴闓生編 清宣統元年(1909)鉛印本 一册

110000－0198－0010928 集普 4360

彙纂詩法度鍼三十三卷 （清）徐文弼編輯 清刻本 一册 存二卷(三十至三十一)

110000－0198－0010929 集普 4361

詞林正韻三卷 （清）戈載輯 清末四印齋刻本 一册

110000－0198－0010930 集普 4364

本事詩前集六卷後集六卷 （清）徐釚編輯 清邵武徐氏刻本 四册

110000－0198－0010931 集普 4366

古文約選不分卷 （清）允禮 （清）方苞編 清刻本 五册

110000－0198－0010932 集普 4367

古賦辯體十卷 （元）祝堯編 明刻本 七册 缺一卷(一)

110000－0198－0010933 集普 4368

惜抱先生尺牘八卷 （清）姚鼐撰 清道光刻本 一册

110000－0198－0010934 集普 4369

桃谿雪二卷 （清）黄燮清填詞 清刻本 二册

110000－0198－0010935 集普 4370

閩川閨秀詩話四卷 （清）梁章鉅撰 清道光二十九年(1849)刻本 二册

110000－0198－0010936 集普 4371

求志居集三十六卷外集一卷經說十四卷 （清）陳世鎔撰 清道光二十五年(1845)獨秀山莊刻本 十二册

110000－0198－0010937 集普 4373

定庵文集三卷 （清）龔自珍撰 清同治七年(1868)刻本 一册

110000－0198－0010938 集普 4374

黄學廬雜述三卷 （清）陳士芑撰 清宣統元年(1909)鉛印本 一册

110000－0198－0010939 集普 4376

理堂文集十卷外集一卷附錄一卷 （清）韓夢周撰 清道光三年(1823)靜恒書屋刻本 八册

110000－0198－0010940 集普 4377

古唐詩合解十六卷 （清）王堯衢註 清光緒十一年(1885)成文堂刻本 六册

110000－0198－0010941 集普 4381

欽齋文稿二卷 （清）蘇惇元撰 清刻本 二册

110000－0198－0010942 集普 4382

歸農百詠一卷 （清）黄霖著 清末鉛印本 一册

110000－0198－0010943 集普 4387

顧齋詩録二卷 （清）王軒撰 清同治元年(1862)沈氏刻本 一册

110000－0198－0010944 集普 4388

白香亭詩三卷 （清）鄧輔綸著 清光緒十九

年(1893)東河督署刻本　二冊

110000－0198－0010945　集普 4392
雪中人十六齣　(清)李士珠正譜　(清)蔣士銓填詞　清乾隆紅雪樓刻本　一冊

110000－0198－0010946　集普 4394
逐志堂詩鈔不分卷　(宋)李時敏著　清同治四年(1865)刻本　一冊

110000－0198－0010947　集普 4397
文集十卷　(清)戴震撰　清乾隆曲阜孔繼涵微波榭刻本　一冊

110000－0198－0010948　集普 4398
味黎集　(清)王鵬運撰　清光緒二十一年(1895)刻本　二冊

110000－0198－0010949　集普 4403
才調集十卷　(五代)韋縠集　清康熙垂雲堂刻本　二冊

110000－0198－0010950　集普 4404
哀絃集　(清)尤侗撰　清刻本　一冊

110000－0198－0010951　集普 4405
張太史塾課註釋四卷　(清)陳風定　清經綸堂刻本　二冊

110000－0198－0010952　集普 4406
真松閣詞六卷　(清)楊夔生撰　清道光十四年(1834)刻本　四冊

110000－0198－0010953　集普 4409
胡文忠公遺集十卷首一卷　(清)胡林翼撰　清同治七年(1868)醉六堂刻本　十冊

110000－0198－0010954　集普 4410
重刻賴古堂尺牘新鈔三選結隣集十六卷　(清)周在浚等鈔　清道光刻本　八冊

110000－0198－0010955　集普 4411
古紅梅閣集八卷附錄一卷　(清)劉履芬著　清光緒六年(1880)刻本(有圖)　二冊

110000－0198－0010956　集普 4412
白雨齋詞話八卷詞存一卷詩鈔一卷　(清)陳廷焯著　清光緒二十年(1894)刻本　四冊

110000－0198－0010957　集普 4413
樂府侍兒小名　(清)李調元撰　清刻本　一冊

110000－0198－0010958　集普 4414
第一才子書六十卷一百二十回　(明)羅貫中撰　清善成堂刻朱墨套印本(有圖)　二十冊

110000－0198－0010959　集普 4416
燕南二俊詩鈔二卷　(清)陶樑輯　清刻本　二冊

110000－0198－0010960　集普 4418
春酒堂文集　(清)周容著　清宣統二年(1910)國學扶輪社鉛印本　一冊

110000－0198－0010961　集普 4420
全梁文七十四卷　(清)嚴可均輯　清光緒刻本　九冊

110000－0198－0010962　集普 4421
全後周文二十四卷　(清)嚴可均輯　清光緒刻本　二冊

110000－0198－0010963　集普 4422
全隋文三十六卷附先唐文一卷　(清)嚴可均輯　清光緒刻本　四冊

110000－0198－0010964　集普 4424
全陳文十八卷　(清)嚴可均輯　清光緒王毓藻刻本　二冊

110000－0198－0010965　集普 4426
陸陳二先生詩文鈔　(清)葉裕仁編次　清光緒安道書院刻本　三冊

110000－0198－0010966　集普 4427
樗亭詩草四卷　(清)徐璈撰　清刻本　二冊

110000－0198－0010967　集普 4432
眄柯軒稿四卷　(清)顧之荄撰　清嘉慶二年(1797)嘉善顧氏刻本　二冊　存二卷(一至二)

110000－0198－0010968　集普 4433
止止堂集五卷　(明)戚繼光著　清光緒刻本　四冊

110000－0198－0010969　集普4435
秋笳集八卷　(清)吳兆騫撰　清宣統三年(1911)順德鄧氏風雨樓鉛印本　三冊

110000－0198－0010970　集普4439
詞選二卷附録一卷　(清)張惠言録　清道光十年(1830)官書處刻本　一冊

110000－0198－0010971　集普4445
四水子遺著　(清)錢友泗撰　**邠農偶吟稿**　(清)錢炳森撰　清同治十一年(1872)刻本　一冊

110000－0198－0010972　集普4447
蔡中郎集十卷外紀一卷外集四卷傳表一卷　(漢)蔡邕撰　清咸豐二年(1852)楊氏海源閣仿宋刻本　十冊

110000－0198－0010973　集普4448
劉端臨先生遺書八卷　(清)劉臺拱撰　清刻本　二冊

110000－0198－0010974　集普4452
張文襄公手劄　(清)張之洞撰　清宣統二年(1910)石印本　二冊

110000－0198－0010975　集普4455
游道堂集四卷　(清)朱彬著　清光緒寶應朱氏刻本　二冊

110000－0198－0010976　集普4456
醉墨齋吟稿三卷　(清)沈光春著　清刻本　一冊

110000－0198－0010977　集普4457
桐埜詩集四卷　(清)周起渭撰　清咸豐二年(1852)陳氏世恩堂刻本　二冊

110000－0198－0010978　集普4459
洞石老人遺稿六卷峯抱詩四卷雜文一卷楹帖一卷　(清)沈鏗撰　清光緒三十二年(1906)長沙刻本　一冊　存四卷(峯抱詩四卷)

110000－0198－0010979　集普4460
文選六十卷　(南朝梁)蕭統輯　明末汲古閣刻本　三冊

110000－0198－0010980　集普4461
庾子山全集箋注十卷　(北周)庾信撰　(清)吳兆宜箋註　清刻本　四冊　存四卷(一至四)

110000－0198－0010981　集普4462
十八家詩鈔二十八卷　(清)曾國藩纂　清刻本　十二冊　存十五卷(十四至二十八)

110000－0198－0010982　集普4463
乾坤正氣集五百七十四卷首一卷　(清)姚瑩等輯　清刻本　二十六冊　存一百二十九卷(一至二十六、三十四至六十五、七十二至一百三十九、一百七十八至一百七十九,首一卷)

110000－0198－0010983　集普4464
杜詩集説二十卷　(清)江浩然纂輯　清刻本　十三冊　存十八卷(三至二十)

110000－0198－0010984　集普4467
夢園初集　(清)劉曾騄著　清光緒刻本　十冊　存五種(詩稿一至十六、公牘文稾、文稾、駢體文稾、制藝)

110000－0198－0010985　集普4468
儀禮注疏五十卷附校勘記　(唐)賈公彦等撰　清同治十二年(1873)江西書局刻本　八冊　存二十六卷(二十五至五十)

110000－0198－0010986　集普4469
禮記註疏六十三卷附校勘記　(漢)鄭玄注　(唐)孔穎達疏　清同治十二年(1873)江西書局刻本　八冊　存十五卷(十三至二十七)

110000－0198－0010987　集普4470
孟子注疏解經十四卷附校勘記　(漢)趙岐注　(宋)孫奭疏　清同治十二年(1873)江西書局刻本　十冊

110000－0198－0010988　集普4471
論語注疏解經二十卷附校勘記　(三國魏)何晏集解　(宋)邢昺疏　清同治十二年(1873)江西書局刻本　十一冊　缺四卷(重刊宋本穀梁註疏附校勘記十四至十七)

110000－0198－0010989　集普4473

唐求詩集一卷附錄一卷　(唐)唐求撰　清光緒二十年(1894)聊城楊氏海源閣刻本　一册

110000－0198－0010990　集普4474
培遠堂手札節存三卷　(清)陳宏謀著　清光緒十七年(1891)閩藩署刻本　一册

110000－0198－0010991　集普4475
司馬溫公文集十四卷首一卷　(宋)司馬光撰　清光緒七年(1881)紅杏山房刻本　六册

110000－0198－0010992　集普4476
欝華閣遺集四卷　(清)盛昱撰　清光緒三十一年(1905)刻本　一册

110000－0198－0010993　集普4479
枝山文集四卷　(明)祝允明撰　清同治十三年(1874)元和祝氏刻本　二册

110000－0198－0010994　集普4483
古逸叢書三十六種　(唐)許敬宗等撰　清光緒十年(1884)遵義黎氏影刻本　一册　存一種(文館詞林)

110000－0198－0010995　集普4484
琱玉集二卷　(□)□□撰　清光緒十年(1884)遵義黎氏影刻本　一册

110000－0198－0010996　集普4485
食貨志　(唐)顔師古注　清光緒十年(1884)遵義黎氏影刻本　一册

110000－0198－0010997　集普4486
文選考異十卷　(清)胡克家撰　清雙桂堂刻本　三册　存九卷(二至十)

110000－0198－0010998　集普4487
賭棋山莊集　(清)謝章鋌撰　清光緒十五年(1889)福州刻本　二册　存八卷(酒邊詞八卷)

110000－0198－0010999　集普4488
賭棋山莊集　(清)謝章鋌撰　清光緒刻本　二册　存十七卷(詞話十二卷、續編五卷)

110000－0198－0011000　集普4489
有正味齋詞集八卷　(清)吳錫麒撰　清刻本　二册

110000－0198－0011001　集普4490
有正味齋外集五卷　(清)吳錫麒撰　清刻本　一册

110000－0198－0011002　集普4491
八代詩選二十卷　王闓運撰　清光緒刻本　一册

110000－0198－0011003　集普4493
名家詞鈔　(清)聶先　(清)曾王孫纂定　清金閶八詠樓刻本　八册

110000－0198－0011004　集普4494
曝書亭全集八十卷　(清)朱彝尊撰　**笛漁小稾十卷**　(清)朱昆田撰　清光緒會稽陶氏刻本　八册　缺三十六卷(一至三十六)

110000－0198－0011005　集普4495
環隅集八卷首一卷　(清)胡宗緒著　清乾隆萬卷樓刻本(有圖)　四册

110000－0198－0011006　集普4496
杜詩鏡銓二十卷　(唐)杜甫撰　(清)楊倫編輯　清刻本　三册　存七卷(一至七)

110000－0198－0011007　集普4497
五百家註音辨昌黎先生文集四十卷　(唐)韓愈撰　清刻本　八册　存二十六卷(十五至四十)

110000－0198－0011008　集普4498
漁洋山人詩集十六卷　(清)王士禎撰　清刻本　一册　存五卷(六至十)

110000－0198－0011009　集普4499
唐詩觀瀾集二十四卷　(清)李因培選評　清乾隆刻本　八册　存二十一卷(一至二十一)

110000－0198－0011010　集普4500
全宋文六十四卷　(清)嚴可均輯　清光緒二十年(1894)黃岡王毓藻刻本　七册

110000－0198－0011011　集普4501
全梁文七十四卷　(清)嚴可均輯　清光緒二十年(1894)黃岡王毓藻刻本　九册

110000－0198－0011012　集普4502
全齊文二十六卷　(清)嚴可均輯　清光緒二

十年(1894)黄岡王毓藻刻本　三册

110000－0198－0011013　集普 4503
全陳文十八卷　(清)嚴可均校輯　清光緒二十年(1894)黄岡王毓藻刻本　二册

110000－0198－0011014　集普 4504
全隋文三十六卷附先唐文一卷　(清)嚴可均校輯　清光緒二十年(1894)黄岡王毓藻刻本　四册

110000－0198－0011015　集普 4505
全北齊文十卷　(清)嚴可均校輯　清光緒二十年(1894)黄岡王毓藻刻本　一册

110000－0198－0011016　集普 4506
全後周文十三卷　(清)嚴可均校輯　清光緒二十年(1894)黄岡王毓藻刻本　二册

110000－0198－0011017　集普 4507
全後魏文六十卷　(清)嚴可均校輯　清光緒二十年(1894)黄岡王毓藻刻本　六册

110000－0198－0011018　集普 4508
絶妙好詞箋七卷續鈔二卷　(宋)周密輯　清同治十一年(1872)會稽章氏刻本　三册

110000－0198－0011019　集普 4509
詞選二卷續詞選二卷附録一卷　(清)張惠言録　清刻本　一册

110000－0198－0011020　集普 4511
三十家詩鈔六卷首一卷　(清)曾國藩纂　清刻本　一册　存一卷(一)

110000－0198－0011021　集普 4515
雙橋小築詞存五卷集餘一卷　(清)江人鏡撰　清光緒刻本　二册

110000－0198－0011022　集普 4516
冷紅詞四卷　鄭文焯撰　清光緒刻本　二册

110000－0198－0011023　集普 4517
續文章正宗復刻十二卷　(宋)真德秀輯　清同治三年(1864)刻本　十册

110000－0198－0011024　集普 4518
讀書記四十卷　(宋)真德秀　清同治三年(1864)刻本　二十册　存二十七卷(一至二十七)

110000－0198－0011025　集普 4520
真西山文集五十五卷　(宋)真德秀撰　明刻本　九册　存十四卷(一至十四)

110000－0198－0011026　集普 4521
西山先生真文忠公讀書記四十卷文章正宗復刻三十卷續文章正宗復刻十二卷　(宋)真德秀撰　清同治刻本　十册　存十三卷(二十八至四十)

110000－0198－0011027　集普 4522
大學衍義四十三卷　(宋)真德秀撰　清刻本　十册

110000－0198－0011028　集普 4523
西山先生真文忠公文集五十五卷　(宋)真德秀撰　清刻本　十八册　存三十八卷(十八至五十五)

110000－0198－0011029　集普 4524
郘亭詩鈔六卷遺詩八卷　(清)莫友芝撰　清咸豐二年(1852)遵義湘川講舍刻同治五年(1866)江寧三山客舍補刻本　二册

110000－0198－0011030　集普 4525
元詩紀事二十四卷　陳衍輯　清光緒侯官陳氏石遺室鉛印本　六册

110000－0198－0011031　集普 4527
詩夢鐘聲録　(清)李嘉樂等撰　清光緒刻本　一册

110000－0198－0011032　集普 4530
蔡中郎集十卷外集四卷外紀一卷傳表一卷　(漢)蔡邕撰　清光緒十六年(1890)番禺陶氏愛廬刻本　五册

110000－0198－0011033　集普 4532
小檀欒室彙刻閨秀詞　徐乃昌輯　清光緒刻本　一册　存十種(慈暉閣詞、瘦吟詞、蓮因室詞、浣青詩餘、茶然閣詞、雯窗瘦影詞、慧福樓詞、倚元閣詞、霞珍詞、蕉窗詞)

110000－0198－0011034　集普 4535
詞律拾遺八卷　(清)徐本立纂　清同治十二年(1873)吳下刻本　四冊

110000－0198－0011035　集普 4536
詞律二十卷　(清)萬樹論次　清刻本　十冊　存十八卷(三至二十)

110000－0198－0011036　集普 4539
南唐雜事詩　(清)孫榕著　清光緒二十二年(1896)濟寧孫氏鉛印本　三十五冊

110000－0198－0011037　集普 4540
新刻譚友夏合集二十三卷　(明)譚元春著　(明)徐汧　(明)張澤評　明刻本　四冊　存十八卷(一至十八)

110000－0198－0011038　集普 4542
甌北集五十卷　(清)趙翼撰　清刻本　八冊　存四十九卷(一至四十九)

110000－0198－0011039　集普 4543
劉孟塗集前集十卷後集二十二卷文集十卷駢體文二卷　(清)劉開撰　清道光刻本　八冊　缺一卷(後集八)

110000－0198－0011040　集普 4544
劉孟塗集前集十卷後集二十二卷文集十卷駢體文二卷　(清)劉開撰　清道光刻本　八冊

110000－0198－0011041　集普 4545
曝書亭集八十卷附錄一卷　(清)朱彝尊撰　清光緒十五年(1889)會稽陶闇刻本　八冊　存三十六卷(一至三十六)

110000－0198－0011042　集普 4546
全上古三代秦漢三國六朝文七百四十一卷　(清)嚴可均校輯　清光緒二十年(1894)黃岡王毓藻刻本　七冊　存五十四卷(全後漢文一至十六、二十四至三十一、四十八至六十二,全三國文十五至二十二、三十至三十六)

110000－0198－0011043　集普 4548
謝疊山先生文章軌範七卷　(宋)謝枋得輯　清光緒二十一年(1895)湖北官書处刻朱墨藍三色印本　一冊　存四卷(四至七)

110000－0198－0011044　集普 4549
梅村詩集箋注十八卷　(清)吳偉業撰　(清)吳翌鳳箋注　清刻本　三冊　存四卷(一至四)

110000－0198－0011045　集普 4551
玉臺新詠十卷　(南朝陳)徐陵撰　明崇禎六年(1633)趙均刻本　二冊

110000－0198－0011046　集普 4555
鑑欹書屋遺草二卷　(□)華良顯撰　清刻本　一冊

110000－0198－0011047　集普 4556
齊雲山人文集一卷　(清)洪符孫撰　清光緒刻本　一冊

110000－0198－0011048　集普 4557
北游草　(清)黃振成撰　清同治九年(1870)刻本　一冊

110000－0198－0011049　集普 4563
憶秋軒尺牘　(清)范淑撰　清光緒刻本　一冊

110000－0198－0011050　集普 4565
詩比興箋四卷　(清)陳沆撰　清咸豐刻本　二冊

110000－0198－0011051　集普 4571
文選六十卷　(南朝梁)蕭統撰　(唐)李善注　清光緒元年(1875)刻本　十二冊

110000－0198－0011052　集普 4577
范文忠公初集十二卷　(明)范景文撰　(清)王孫錫等輯　清光緒二十五年(1899)思仁堂刻本　六冊　缺五卷(二至六)

110000－0198－0011053　集普 4579
眉山詩案廣證六卷　(清)張鑑著　(清)郁士楨校　清光緒十年(1884)江蘇書局刻本　二冊

110000－0198－0011054　集普 4584
重訂文選集評十五卷首一卷末一卷　(清)于光華編次　清刻本　七冊　存七卷(一至六、九)

110000－0198－0011055　集普 4586
南唐雜事詩　(清)孫榕著　清光緒二十二年(1896)濟寧孫氏鉛印本　二十八册

110000－0198－0011056　集普 4587
四六叢話三十三卷　(清)孫梅輯　清光緒七年(1881)吳下刻本　十册　缺九卷(二十一至二十九)

110000－0198－0011057　集普 4588
白香山詩後集十七卷補遺二卷别集一卷　(清)汪立名編訂　清一隅草堂刻本　三册　存十卷(一至三、十至十五、十七)

110000－0198－0011058　集普 4589
古文苑二十一卷　(宋)章樵註　清刻本　一册　存五卷(五至九)

110000－0198－0011059　集普 4591
于湖題襟集詩一卷文三卷　(清)袁昶輯　清光緒二十一年(1895)刻本　四册

110000－0198－0011060　集普 4592
守身執玉軒遺文　(清)袁世紀撰　清光緒二十年(1894)刻本　一册

110000－0198－0011061　集普 4593
香嚴老人壽言　(清)袁昶撰　清漸西村舍刻本　一册

110000－0198－0011062　集普 4594
合淝相國壽言不分卷　(清)袁昶撰　清末漸西村舍刻本　一册

110000－0198－0011063　集普 4595
榆園雜興詩　(清)袁振業撰　清春藻堂刻本　一册

110000－0198－0011064　集普 4596
桐溪耆隱集一卷補錄一卷　(清)袁炯輯　清光緒十六年(1890)春藻棠刻本　一册

110000－0198－0011065　集普 4598
文選六十卷　(南朝梁)蕭統選　清鄱陽胡氏刻本　六册　存十九卷(三十六至五十四)

110000－0198－0011066　集普 4599
菊坡精舍集二十卷　(清)陳澧輯　清光緒二十三年(1897)刻本　四册　存八卷(一至八)

110000－0198－0011067　集普 4600
呂晚村先生文集八卷附錄一卷　(清)呂留良撰　清刻本　四册

110000－0198－0011068　集普 4602
一詠軒詩草二卷　(清)吳進撰　清嘉慶十六年(1811)碧潤堂刻本　一册

110000－0198－0011069　集普 4603
桂馨書屋遺文　(清)陳孝恭撰　清咸豐四年(1854)刻本　二册

110000－0198－0011070　集普 4606
續古文辭類纂二十八卷　(清)黎庶昌編　清光緒十六年(1890)金陵書局刻本　三册　存十三卷(一至五、九至十六)

110000－0198－0011071　集普 4607
宋黄文節公文集三十二卷　(宋)黄庭堅撰　清乾隆刻本　二册　存六卷(一至三、八至十)

110000－0198－0011072　集普 4608
西泠詞萃六種　(清)丁丙輯　清光緒十一年(1885)錢塘丁氏刻本　二册

110000－0198－0011073　集普 4611
邗上題襟集　(清)曾燠輯　清刻本　二册

110000－0198－0011074　集普 4612
全晉文一百六十七卷　(清)嚴可均輯　清光緒二十年(1894)黄岡王毓藻刻本　一册　存七卷(十六至二十二)

110000－0198－0011075　集普 4613
全漢文六十三卷　(清)嚴可均輯　清光緒二十年(1894)黄岡王毓藻刻本　一册　存八卷(五十六至六十三)

110000－0198－0011076　集普 4614
呂衡州文集十卷附考證一卷　(唐)呂溫撰　清道光七年(1827)石研齋秦氏刻本　二册

110000－0198－0011077　集普 4615
賜綺堂集詩十卷賦一卷雜文一卷詞三卷續集詩二卷絃秋續詞一卷清江詞一卷　(清)詹應

甲撰　清刻本　一册　存四卷(雜文一卷、詞三卷)

110000－0198－0011078　集普4619
詞選二卷續詞選二卷附錄一卷　(清)張惠言錄　清刻本　一册

110000－0198－0011079　集普4621
姚姬傳先生唐人五言絶句詩鈔　(清)姚鼐選　清末石印本　一册

110000－0198－0011080　集普4623
澄懷園詩選十二卷　(清)張廷玉撰　清光緒十七年(1891)金陵刻本　四册

110000－0198－0011081　集普4624
澤古齋詩鈔　(清)吳士模著　清刻本　一册

110000－0198－0011082　集普4627
一鐙精舍甲部藳五卷　(清)何秋濤撰　清光緒五年(1879)淮南書局刻本　一册

110000－0198－0011083　集普4628
日本雜事詩二卷　(清)黄遵憲著　清光緒二十四年(1898)長沙富文堂刻本　二册

110000－0198－0011084　集普4632
國朝中州文徵五十四卷　(清)蘇源生編　清道光二十五年(1845)刻本　二十册　存四十卷(十五至五十四)

110000－0198－0011085　集普4633
御製文第三集□□卷　(清)聖祖玄燁撰　清康熙内府刻本　二册　存四卷(四十七至五十)

110000－0198－0011086　集普4634
敦夙好齋詩初編十二卷首一卷詩續編十一卷首一卷　(清)葉名澧撰　清光緒十六年(1890)刻本　八册

110000－0198－0011087　集普4635
幕巢館詩鈔　(清)顔扎定撰　清宣統三年(1911)刻本　一册

110000－0198－0011088　集普4639
文與可詩集九卷　(宋)文同著　清刻本　一册　存六卷(一至六)

110000－0198－0011089　集普4641
桐城吳氏文法教科書二編　吳闓生編　清宣統元年(1909)上海文明書局鉛印本　一册

110000－0198－0011090　集普4642
熊宋氏節烈集　(清)熊賓輯　清宣統元年(1909)鉛印本　一册

110000－0198－0011091　集普4643
元豐類稾五十卷附集外文二卷首一卷　(宋)曾鞏撰　清光緒十六年(1890)慈利漁浦書院刻本　十册

110000－0198－0011092　集普4644
義門讀書記五十八卷　(清)何焯撰　清刻本　十六册

110000－0198－0011093　集普4645
虚白室詩鈔十卷　(清)方昌翰撰　清光緒刻本　一册　存五卷(六至十)

110000－0198－0011094　集普4646
青邱高季迪先生詩集十八卷梟藻集五卷　(明)高啟撰　清刻本　二册

110000－0198－0011095　集普4647
古文讀本二卷　(清)吳汝綸撰　清末鉛印本　一册　存一卷(後篇)

110000－0198－0011096　集普4649
四書訓義三十八卷　(清)王夫之撰　清光緒十三年(1887)潞河啖柘山房刻本　一册　存一卷(一)

110000－0198－0011097　集普4650
詞律二十卷　(清)萬樹撰　清康熙二十六年(1687)堆絮園刻本　一册　存目次

110000－0198－0011098　集普4651
朱文端公文集四卷　(清)朱軾撰　清刻本　三册　存三卷(一至三)

110000－0198－0011099　集普4652
大雲山房言事二卷　(清)惲敬著　清同治八年(1869)刻本　一册

110000－0198－0011100　集普4653
韞山堂時文初集二卷二集六卷三集二卷

(清)管世銘著　清刻本　一冊　存一集(韞山堂時文初集)

110000－0198－0011101　集普4654
續古文苑二十卷　(清)孫星衍撰　清光緒刻本　一冊　存四卷(十四至十七)

110000－0198－0011102　集普4655
巢經巢詩鈔九卷詩後集四卷　(清)鄭珍撰　清刻本　二冊　缺六卷(一至六)

110000－0198－0011103　集普4656
拜經樓詩集續稿□□卷　(清)吳騫撰　清末愚谷刻本　一冊　存三卷(二至四)

110000－0198－0011104　集普4657
夢窗甲乙丙丁稿四卷補遺一卷　(宋)吳文英撰　清末四印齋刻本　二冊

110000－0198－0011105　集普4659
汪容甫遺詩五卷補遺一卷附錄一卷　(清)汪中撰　清宣統二年(1910)順德鄧氏鉛印本　一冊

110000－0198－0011106　集普4663
曾文正公文集四卷　(清)曾國藩撰　清同治十三年(1874)傳忠書局刻本　七冊

110000－0198－0011107　集普4664
歷朝詩約選九十二卷　(清)劉大櫆纂　清光緒刻本　十七冊　存六十五卷(一至十四、二十二至七十二)

110000－0198－0011108　集普4668
采菽堂古詩選三十八卷補遺四卷　(清)陳祚明評選　清刻本　八冊　存二十三卷(一至二十三)

110000－0198－0011109　集普4674
惜抱先生尺牘八卷　(清)姚鼐撰　清宣統元年(1909)小萬柳堂刻本　二冊

110000－0198－0011110　集普4676
鳴鶴堂詩文集二十一卷　(清)任源祥撰　清光緒十五年(1889)刻本　六冊

110000－0198－0011111　集普4678
蘇盦詞錄一卷　(清)楊葆光撰　清光緒九年(1883)杭州刻本　一冊

110000－0198－0011112　集普4679
鬱華閣遺集詩三卷詞一卷　(清)盛昱撰　清末武昌留垞刻本　一冊

110000－0198－0011113　集普4681
十八家詩鈔二十八卷　(清)曾國藩纂　清同治十三年(1874)傳忠書局刻本　十五冊　存二十一卷(一至十三、二十一至二十八)

110000－0198－0011114　集普4682
經史百家雜鈔二十六卷　(清)曾國藩纂　清光緒二年(1876)傳忠書局刻本　二冊　存二十四卷(一至二十四)

110000－0198－0011115　集普4683
靜志居詩話二十四卷　(清)朱彝尊著　清嘉慶二十四年(1819)扶荔山房刻本　十八冊

110000－0198－0011116　集普4684
歐陽文忠公全集一百五十三卷附五卷　(宋)歐陽修撰　清刻本　八冊　存四十二卷(四十三至八十四)

110000－0198－0011117　集普4685
元豐類稿五十卷　(宋)曾鞏撰　清刻本　八冊

110000－0198－0011118　集普4686
南畇詩稾十卷十一集附年譜　(清)彭定求著　清刻本　六冊

110000－0198－0011119　集普4687
古鉢集選　(清)王士祜撰　清刻本　一冊

110000－0198－0011120　集普4688
甘莊恪公全集十六卷　(清)甘汝來著　清乾隆刻本　四冊

110000－0198－0011121　集普4689
擬明史樂府一卷　(清)尤侗譔　清康熙刻本　一冊

110000－0198－0011122　集普4690
金粱夢月詞二卷　(清)周之琦撰　清杭州愛日軒陸貞一刻本　一冊

110000－0198－0011123　集普 4691
是程堂集十四卷　(清)屠倬撰　清嘉慶十九年(1814)真州官舍刻本　六册

110000－0198－0011124　集普 4693
杜詩鏡銓二十卷附杜文註解二卷附録一卷附年譜　(清)楊倫編輯　清同治十一年(1872)望三益齋刻本(有圖)　十二册

110000－0198－0011125　集普 4694
玉谿生詩詳註三卷首一卷樊南文集詳注八卷　(唐)李商隱撰　清乾隆四十五年(1780)德聚堂刻本　四册

110000－0198－0011126　集普 4697
去僞齋集十卷　(明)吕坤著　清刻本　二册　存二卷(五至六)

110000－0198－0011127　集普 4698
淵雅堂編年詩藁二十卷　(清)王芑孫撰　清嘉慶八年(1803)夏月樗園刻本　十二册

110000－0198－0011128　集普 4704
攻媿集一百十二卷　(宋)樓鑰著　清刻本　二十册　存五十九卷(一至五十九)

110000－0198－0011129　集普 4705
百美新詠圖傳　(清)顔希源撰　清嘉慶十年(1805)集腋軒刻本(有圖)　八册

110000－0198－0011130　集普 4708
憨山老人夢遊集五十五卷　(明)釋福善日錄　(明)釋通炯編輯　清刻本　四册　存十卷(二十五至二十七、四十四至五十)

110000－0198－0011131　集普 4710
西山先生真文忠公讀書記四十卷　(宋)真德秀撰　清同治三年(1864)刻本　四十三册　存二十卷(一至二十)

110000－0198－0011132　集普 4711
文選六十卷　(南朝梁)蕭統輯　清海錄軒刻朱墨套印本　六册　存十五卷(三十一至四十五)

110000－0198－0011133　集普 4712
冬青館古宫詞三卷　(清)張鑑撰　清刻本　一册

110000－0198－0011134　集普 4717
詞麈五卷　(清)方成培述　清道光九年(1829)休陽程氏斜月杏花屋刻本　二册

110000－0198－0011135　集普 4718
雙橋小築詞存五卷集餘一卷　(清)江人鏡撰　清光緒二十三年(1897)揚州題襟館刻本　二册

110000－0198－0011136　集普 4720
湯子遺書擇鈔　(宋)錢乙等撰　清刻本　十四册

110000－0198－0011137　集普 4721
欣遇齋詩集十六卷　(清)沈峻撰　清嘉慶刻本　五册

110000－0198－0011138　集普 4722
沈餘遺書　(清)沈近思撰　清光緒二十二年(1896)江蘇書局刻本　四册

110000－0198－0011139　集普 4724
納蘭詞五卷　(清)納蘭性德著　清光緒六年(1880)娱園刻本　一册　存二卷(一至二)

110000－0198－0011140　集普 4726
木皮散人鼓詞一卷附萬古愁曲一卷　(清)賈凫西著　清光緒三十三年(1907)葉氏觀古堂刻本　一册

110000－0198－0011141　集普 4728
菱溪詩話　(清)余宣撰　(清)朱式銘校　清同治三年(1864)刻本　一册

110000－0198－0011142　集普 4732
善卷堂四六十卷　(清)陸繁弨撰　清乾隆三十五年(1770)亦園刻本　六册

110000－0198－0011143　集普 4733
世説新語六卷　(南朝宋)劉義慶撰　清刻本　六册

110000－0198－0011144　集普 4734
施註蘇詩四十二卷補遺二卷　(宋)蘇軾撰　清刻本　十六册

110000－0198－0011145　集普 4735

東洲草堂詩鈔三十卷　(清)何紹基撰　清刻本　五冊　存十八卷(十三至三十)

110000－0198－0011146　集普 4736

王太史遺藁二卷　(明)王部撰　清刻本　二冊

110000－0198－0011147　集普 4737

古文苑九卷　(宋)章樵注　清光緒五年(1879)飛青閣刻本　二冊

110000－0198－0011148　集普 4739

重訂文選集評十五卷首一卷末一卷　(清)于光華編次　清同治十一年(1872)江蘇書局刻本　三冊　存三卷(八、十四,首一卷)

110000－0198－0011149　集普 4740

東萊先生古文關鍵二卷　(宋)呂祖謙輯評　清光緒江蘇書局刻本　二冊

110000－0198－0011150　集普 4741

六如居士全集七卷補遺一卷　(明)唐寅著　清光緒十一年(1885)鎮江文成堂刻本　四冊

110000－0198－0011151　集普 4742

十八家詩鈔二十八卷　(清)曾國藩纂　清同治十三年(1874)傳忠書局刻本　十二冊　存十三卷(一至十三)

110000－0198－0011152　集普 4743

四大奇書第一種十九卷一百二十回　(明)羅貫中撰　清刻本　一冊　存一卷(十五)

110000－0198－0011153　集普 4745

楹聯叢話十二卷續話四卷　(清)梁章鉅輯　清道光二十年(1840)環碧軒刻本　二冊　存六卷(一至六)

110000－0198－0011154　集普 4748

綠蔭軒遺集六卷　(清)胡佩芳撰　清光緒二十三年(1897)金陵刻本(有圖)　四冊

110000－0198－0011155　集普 4749

采菽堂古詩選三十八卷補遺四卷　(清)陳祚明評選　清刻本　八冊　存十九卷(一至四、二十四至三十八)

110000－0198－0011156　集普 4750

蓮子居詞話四卷　(清)吳衡照輯　清道光刻本　一冊

110000－0198－0011157　集普 4753

緝齋文集八卷首一卷附錄二卷詩稿八卷　(清)蔡新撰　清刻本　七冊

110000－0198－0011158　集普 4754

鹿忠節公集二十一卷　(明)鹿善繼著　清刻本　八冊

110000－0198－0011159　集普 4755

離騷注　王樹枏撰輯　清末文莫室刻本(有圖)　一冊

110000－0198－0011160　集普 4756

五禮通考二百六十二卷首四卷　(清)秦蕙田編輯　清刻本　一冊　存三卷(一百九十一至一百九十三)

110000－0198－0011161　集普 4757

重訂文選集評十五卷首一卷末一卷　(清)于光華編次　清刻本　六冊　存六卷(七、十至十三、十五)

110000－0198－0011162　集普 4758

述異記　(南朝梁)任昉撰　清刻本　一冊

110000－0198－0011163　集普 4759

宋黃文節公全集八十五卷首四卷附伐檀集二卷　(宋)黃庭堅撰　清刻本　一冊　存一卷(首四)

110000－0198－0011164　集普 4762

全唐詩　(清)聖祖玄燁等編　清刻本　二冊

110000－0198－0011165　集普 4763

鍾山草堂遺稿　(清)溫肇江撰　清光緒元年(1875)刻本　一冊

110000－0198－0011166　集普 4764

半塘定稾二卷賸稿一卷　(清)王鵬運撰　清光緒刻本　一冊

110000－0198－0011167　集普 4765

讀杜小箋二卷讀杜二箋二卷　(清)錢謙益撰　清宣統三年(1911)上海國學扶輪社石印本

一冊

110000－0198－0011168　集普 4766

看雲草堂集八卷　(清)尤侗譔　清康熙二十三年(1684)刻本　一冊

110000－0198－0011169　集普 4767

授堂遺書　(清)武億撰　清刻本　十冊

110000－0198－0011170　集普 4769

昭代名人尺牘續集二十四卷　陶湘選集　清宣統三年(1911)天寶石印局石印本　二十二冊　存二十二卷(三至二十四)

110000－0198－0011171　集普 4771

古唐詩合解十二卷　(清)王堯衢註　清刻本　一冊　存三卷(一至三)

110000－0198－0011172　集普 4774

暗香疏影齋詞鈔　(清)志潤撰　清光緒三十年(1904)上海新昌書局鉛印本　一冊

110000－0198－0011173　集普 4775

國文學四卷　姚永樸編　清宣統二年(1910)京師法政學堂鉛印本　一冊

110000－0198－0011174　集普 4776

四印齋所刻詞二十種　(清)王鵬運輯　清光緒四印齋刻本　一冊　存二種二卷(陽春集一卷、東山寓聲樂府補鈔一卷)

110000－0198－0011175　集普 4777

篋中詞六卷續四卷　(清)譚獻纂錄　清光緒八年(1882)刻本　五冊

110000－0198－0011176　集普 4779

東坡先生全集七十五卷　(宋)蘇軾撰　明刻本　十冊　存八卷(六十八至七十五)

110000－0198－0011177　集普 4780

玉茗堂還魂記二卷　(明)湯顯祖撰　清乾隆五十年(1785)冰絲館刻本　六冊

110000－0198－0011178　集普 4781

蘭叢詩話　(清)方世舉著　清刻本　一冊

110000－0198－0011179　集普 4787

宋名家詞六十一種九十卷　(明)毛晉編　清光緒十四年(1888)錢塘汪氏刻本　一冊　存二種二卷(坦庵詞一卷、書舟詞一卷)

110000－0198－0011180　集普 4788

文心雕龍十卷　(南朝梁)劉勰撰　清末成都志古堂刻本　四冊

110000－0198－0011181　集普 4790

唐女郎魚玄機詩　(唐)魚玄機撰　清刻本(有圖)　一冊

110000－0198－0011182　集普 4795

朱子晚年定論　(明)王守仁輯錄　清咸豐四年(1854)刻本　一冊

110000－0198－0011183　集普 4796

畿輔叢書　(清)王灝輯　清刻本　四冊　存一種(萬善花室文藁)

110000－0198－0011184　集普 4798

陰靜夫先生遺文二卷　(清)陰承方撰　清嘉慶十二年(1807)揚州郡齋刻本　一冊

110000－0198－0011185　集普 4799

隨吟小草　(清)沈鋐著　清光緒二十年(1894)刻本　一冊

110000－0198－0011186　集普 4800

寫趣軒舊稿三卷集陸別編一卷近稿二卷　(清)譚國恩撰　清光緒十九年(1893)鉛印本　三冊　存四卷(寫趣軒舊稿三卷、別編一卷)

110000－0198－0011187　集普 4803

眉山詩案廣證六卷　(清)張鑒著　清光緒刻本　二冊

110000－0198－0011188　集普 4809

箋註陶淵明集十卷　(晉)陶潛撰　清宣統三年(1911)貴池劉氏玉海堂影刻本　四冊

110000－0198－0011189　集普 4814

緝雅堂詩話二卷　(清)潘衍桐撰　清光緒十七年(1891)杭州刻本　一冊

110000－0198－0011190　集普 4816

梅村詩集箋注十八卷　(清)吳偉業撰　清刻本　二冊　存二卷(五至六)

110000－0198－0011191　集普4817
明文在一百卷　(清)薛熙纂　清刻本　一册　存十二卷(三十七至四十八)

110000－0198－0011192　集普4818
苕石效颦集一卷附一卷　(宋)缪鉴撰　清刻朱印本(有圖)　一册

110000－0198－0011193　集普4819
邃雅堂文集續編　(清)姚文田撰　清道光八年(1828)刻本　一册

110000－0198－0011194　集普4822
懺餘綺語二卷爨餘詞一卷　(清)郭麐著　清刻本　一册　存一卷(一)

110000－0198－0011195　集普4824
續古文苑二十卷　(清)孫星衍撰　清嘉慶十七年(1812)冶城山館刻本　一册　存三卷(一至三)

110000－0198－0011196　集普4825
微波榭叢書十四種　(清)孔繼涵輯　清刻本　一册　存二種(雜體文稾七卷、同度記)

110000－0198－0011197　集普4826
東坡集選五十卷　(宋)蘇軾撰　明刻本　十一册

110000－0198－0011198　集普4827
楚辭十七卷　(戰國)屈原等撰　清康熙初汲古閣刻本　一册　存五卷(六至十)

110000－0198－0011199　集普4828
唐詩紀初唐六十卷盛唐一百十卷目錄三十四卷　(明)方一元編　明刻本　四册　存十六卷(六十九至七十二、八十五至九十六)

110000－0198－0011200　集普4829
霜紅龕集四十卷　(清)傅山撰　清咸豐四年(1854)王行恕刻本　一册　存四卷(三十七至四十)

110000－0198－0011201　集普4831
梅麓詩鈔四卷　(清)齊彥槐著　清刻本　二册

110000－0198－0011202　集普4834
申端愍公詩集八卷　(明)申佳允著　清光緒刻本　一册

110000－0198－0011203　集普4836
春酒堂文集　(清)周容著　清宣統二年(1910)上海國學扶輪社鉛印本　一册

110000－0198－0011204　集普4837
塞上聯吟集　(清)胡啓爵等撰　清刻本　一册

110000－0198－0011205　集普4839
冷紅詞四卷　鄭文焯撰　清光緒二十二年(1896)耦園刻本　一册

110000－0198－0011206　集普4841
廬陵歐陽文忠公全集一百五十三卷附錄五卷　(宋)歐陽修撰　清乾隆十一年(1746)孝思堂刻本　二十四册

110000－0198－0011207　集普4843
古文辭類纂七十四卷　(清)姚鼐纂　清同治八年(1869)江蘇書局刻本　十二册

110000－0198－0011208　集普4846
寄傲閒吟　(清)張鶴齡撰　清光緒十六年(1890)刻本　一册

110000－0198－0011209　集普4847
蕓香館遺詩二卷　(清)那遜蘭保著　清同治十三年(1874)盛昱寫刻本　一册

110000－0198－0011210　集普4849
翰林學士集　(唐)許敬宗編　清光緒十九年(1893)貴陽陳氏刻本　一册

110000－0198－0011211　集普4851
聰山集四種附申鳧盟先生年譜略一卷　(清)申涵光撰　清刻本　五册

110000－0198－0011212　集普4852
忠裕堂詩集十卷　(明)申涵盼著　清道光二十七年(1847)廣平申續曾刻本　二册

110000－0198－0011213　集普4855
柳亭詩話三十卷　(清)宋長白纂　清光緒懺花盦刻本　八册

110000－0198－0011214　集普 4856
國朝中州文徵五十四卷首一卷　(清)蘇源生編　清道光二十三年至二十五年(1843－1845)刻本　七册

110000－0198－0011215　集普 4857
菜根堂文集　(清)李以篤著　清光緒九年(1883)漢南官橋隴西氏刻本　二册

110000－0198－0011216　集普 4859
宋文鑒一百五十卷目録三卷　(宋)呂祖謙撰　清刻本　二十四册

110000－0198－0011217　集普 4860
明三十家詩選初集八卷二集八卷　(清)汪端輯　清刻本　八册

110000－0198－0011218　集普 4861
聞妙香室全集五種　(清)李宗昉撰　清道光刻本　十册

110000－0198－0011219　集普 4863
胡文忠公遺集八十六卷　(清)胡林翼撰　清刻本　十六册　存四十六卷(四十一至八十六)

110000－0198－0011220　集普 4867
魏昭士文集十卷　(清)魏世傚著　清刻本　五册　缺一卷(一)

110000－0198－0011221　集普 4868
魏敬士文集八卷　(清)魏世儼著　清易堂刻本　四册

110000－0198－0011222　集普 4870
復初齋文集三十五卷　(清)翁方綱撰　清刻本　十六册

110000－0198－0011223　集普 4871
有正味齋駢文箋注十六卷附補注一卷　(清)吳錫麒著　清同治七年(1868)慈北葉氏刻本　八册

110000－0198－0011224　集普 4873
甌北詩話十二卷　(清)趙翼撰　清壽考堂刻本　三册　存九卷(一至五、九至十二)

110000－0198－0011225　集普 4874
寒松堂全集十二卷　(清)魏象樞撰　清刻本　十三册

110000－0198－0011226　集普 4875
履園藂話二十四卷　(清)錢泳輯　清刻本　十二册

110000－0198－0011227　集普 4877
存誠堂詩集二十五卷附篤素堂詩集四卷　(清)張英撰　清刻本　十六册

110000－0198－0011228　集普 4878
昌黎先生詩增注證訛十一卷　(唐)韓愈撰　清咸豐七年(1857)四明鮑氏刻本　四册

110000－0198－0011229　集普 4879
惜抱先生尺牘八卷　(清)姚鼐撰　清宣統元年(1909)小萬柳堂刻本　四册

110000－0198－0011230　集普 4881
刪訂唐詩解二十四卷　(明)唐汝詢選釋　清康熙四十年(1701)誦懿堂刻本　六册

110000－0198－0011231　集普 4882
劉孟塗集四十四卷前集十卷後集二十二卷文集十卷駢體文二卷　(清)劉開撰　清道光六年(1826)姚氏檗山草堂刻本　八册

110000－0198－0011232　集普 4883
唐唫萃錦十八卷首二卷　(清)奕訢撰　清光緒刻本　二册　存十一卷(一至十一)

110000－0198－0011233　集普 4884
新蘅詞六卷外集一卷　(清)張景祁撰　清光緒九年(1883)百億梅花仙館刻本　一册　存一卷(一)

110000－0198－0011234　集普 4885
濂亭文集八卷　(清)張裕釗撰　清光緒八年(1882)蘇州查氏木漸齋刻本　一册

110000－0198－0011235　集普 4886
濂亭文集八卷　(清)張裕釗撰　清光緒八年(1882)蘇州查氏木漸齋刻本　二册

110000－0198－0011236　集普 4887
萬柳園十憶詩三百首　(清)徐堉撰　清末京師京華印書局鉛印本　一册

110000－0198－0011237　集普 4888
石遺室詩集三卷補遺一卷　陳衍撰　清光緒三十一年(1905)武昌刻本　一册

110000－0198－0011238　集普 4889
白石道人詩集二卷集外詩一卷附錄一卷白石道人詩説一卷白石道人歌曲四卷别集一卷白石詩詞評論一卷白石道人逸事一卷　(宋)姜夔著　清刻本　三册

110000－0198－0011239　集普 4890
黄詩全集五十八卷　(宋)任淵注　清樹經堂刻本(有圖)　八册　存二十卷(山谷詩内集注二十卷)

110000－0198－0011240　集普 4893
杜詩鏡銓二十卷附杜文註解二卷　(唐)杜甫撰　清刻本　十一册

110000－0198－0011241　集普 4894
梅崖居士文集三十卷外集八卷首一卷　(清)朱仕琇撰　清乾隆刻本　六册　存十六卷(十九至二十、二十五至三十,外集八卷)

110000－0198－0011242　集普 4895
大般涅槃經四十卷後分二卷　(北凉)釋曇無讖譯　清光緒五年(1879)善成妙湛刻本　一册　存四卷(一至四)

110000－0198－0011243　集普 4896
梅村集四十卷目錄二卷　(清)吴偉業撰　(清)顧湄編　清刻本　八册　存二十卷(詩集一至二、十二至二十,文集二十三至三十一)

110000－0198－0011244　集普 4897
文選補遺四十卷　(宋)陳仁子輯誦　(宋)譚紹烈纂類　清道光二十五年(1845)琅環館藏版刻本　六册　存十七卷(一至十七)

110000－0198－0011245　集普 4898
集千家註杜工部詩集二十卷文集二卷附錄一卷　(唐)杜甫撰　(明)許自昌校　明刻本　八册　存十二卷(詩集十二至二十、文集二卷、附錄一卷)

110000－0198－0011246　集普 4899
近光集二十八卷　(清)汪士鋐編纂　清刻本　五册　存十四卷(十五至二十八)

110000－0198－0011247　集普 4900
詩總聞二十卷　(宋)王質撰　(清)王簡校　清道光刻本　五册　存十七卷(一至十七)

110000－0198－0011248　集普 4901
有真意齋詩集六卷　(清)賀祥麟撰　清光緒刻本　一册　存三卷(一至三)

110000－0198－0011249　集普 4903
梅水詩傳十卷　(清)張煜南輯　清刻本　一册　存一卷(一)

110000－0198－0011250　集普 4904
曝書亭集詩註二十二卷年譜一卷補遺二卷　(清)楊謙纂　清木山閣刻本　十一册

110000－0198－0011251　集普 4905
吴詩集覽二十卷補注二十卷談藪二卷談藪拾遺一卷　(清)靳榮藩輯　清乾隆四十年(1775)凌雲亭刻本　十册　存九卷(吴詩集覽一至九)

110000－0198－0011252　集普 4907
駱賓王文集十卷考異一卷　(唐)駱賓王撰　清石研齋刻本　三册

110000－0198－0011253　集普 4908
詩藪内編六卷外編四卷雜編六卷　(明)胡應麟撰　清光緒廣雅書局刻本　四册

110000－0198－0011254　集普 4909
居業堂文集二十卷　(清)王源撰　清光緒五年(1879)刻本　四册

110000－0198－0011255　集普 4910
翁松禪手札　(清)翁同龢撰　清末石印本　十册

110000－0198－0011256　集普 4913
秣陵集六卷附金陵歷代紀年事表一卷秣陵集圖考一卷　(清)陳文述撰　清刻本　六册

110000－0198－0011257　集普 4915
寒松閣詞四卷　(清)張鳴珂撰　(清)胡綬芝

校　清光緒十年(1884)江西書局刻本　一册　存二卷(一至二)

110000－0198－0011258　集普 4917
夢影詞六卷　(清)王錫元撰　清光緒刻本　一册

110000－0198－0011259　集普 4918
八十一寒詞　(清)何震彝撰　清宣統元年(1909)鉛印本　一册

110000－0198－0011260　集普 4919
點勘記二卷　(清)歐陽泉撰　清刻本　一册　存一卷(下)

110000－0198－0011261　集普 4923
東山寓聲樂府一卷補抄一卷　(宋)賀鑄撰　清光緒四印齋刻本　一册

110000－0198－0011262　集普 4924
中龢韶樂　(清)桂良輯　清刻本　一册

110000－0198－0011263　集普 4925
感舊集十六卷　(清)王士禎選　清乾隆十七年(1752)刻本　八册

110000－0198－0011264　集普 4927
楚辭十七卷　(漢)王逸章句　清刻本　二册　缺四卷(一至四)

110000－0198－0011265　集普 4929
十八家詩鈔二十八卷　(清)曾國藩纂　清同治十三年(1874)傳忠書局刻本　一册　存一卷(十)

110000－0198－0011266　集普 4930
詩總聞二十卷　(宋)王質撰　清道光刻本　一册　存三卷(十八至二十)

110000－0198－0011267　集普 4932
杜詩註解二十卷　(唐)杜甫撰　(清)張溍評註　清康熙三十七年(1698)讀書堂刻本　三册　存二卷(一至二)

110000－0198－0011268　集普 4933
全三國文七十五卷　(清)嚴可均輯　清光緒二十年(1894)黄岡王毓藻刻本　一册　存七卷(六十一至六十七)

110000－0198－0011269　集普 4934
全後漢文一百六卷　(清)嚴可均輯　清光緒二十年(1894)黄岡王毓藻刻本　一册　存八卷(六十三至七十)

110000－0198－0011270　集普 4935
曾文正公文集四卷　(清)曾國藩撰　清末刻本　二册　存二卷(二至三)

110000－0198－0011271　集普 4936
研經室集一集十四卷二集八卷三集五卷四集十一卷外集一卷續集九卷　(清)阮元撰　清刻本　十七册　缺十四册

110000－0198－0011272　集普 4937
虹橋老屋遺集文三卷詩二卷　(清)秦緗業撰　清刻本　一册　存一卷(詩一)

110000－0198－0011273　集普 4939
南畇小題文稿　(清)彭定求撰　清光緒刻本　一册

110000－0198－0011274　集普 4943
古文辭類纂七十四卷　(清)姚鼐纂　清刻本　十一册　存六十九卷(六至七十四)

110000－0198－0011275　集普 4944
二十二子合刻　(□)□□編輯　清光緒二十年(1894)上海積山書局石印本　一册　存二種(荀子、尸子)

110000－0198－0011276　集普 4945
東田文集三卷詩集三卷　(明)馬中錫著　清刻本　二册

110000－0198－0011277　集普 4946
忠裕堂集　(清)申涵盼著　清刻本　一册

110000－0198－0011278　集普 4948
宋艷十二卷　(清)徐士鑾輯　清光緒十七年(1891)蝶園刻本(有圖)　一册　存二卷(一至二)

110000－0198－0011279　集普 4949
甘泉鄉人稿二十四卷餘稿二卷年譜一卷　(清)錢泰吉撰　清同治十一年(1872)刻本(有圖)　五册

110000－0198－0011280　集普 4950

三影閣箏語三卷　(清)張雲璈撰　清嘉慶二十四年(1819)刻本　一册

110000－0198－0011281　集普 4951

桃谿雪二卷　(清)黄燮清撰　清道光二十七年(1847)刻本(有圖)　一册　存一卷(上)

110000－0198－0011282　集普 4955

文選六十卷　(南朝梁)蕭統撰　(唐)李善注　清刻本　五册　存十五卷(十五至二十九)

110000－0198－0011283　集普 4956

賞雨茅屋詩集二十二卷外集一卷　(清)曾燠撰　清刻本　八册

110000－0198－0011284　集普 4957

耶溪漁隱詞二卷　(清)屠倬撰　清嘉慶錢塘陸貞一刻本　一册

110000－0198－0011285　集普 4958

望溪先生文偶抄　(清)方苞撰　(清)王兆符輯　清乾隆刻本　二册

110000－0198－0011286　集普 4959

唐詩三百首註疏六卷　(清)蘅塘退士編　清同治三年(1864)奉新宋氏卷雨廔刻本　六册

110000－0198－0011287　集普 4960

牧齋有學集五十卷　(清)錢謙益撰　清刻本　四册

110000－0198－0011288　集普 4961

水雲樓詞二卷續一卷　(清)蔣春霖撰　清刻本　一册

110000－0198－0011289　集普 4964

宋十五家詩選　(清)陳訏輯　清康熙三十二年(1693)海昌陳氏刻本　十六册

110000－0198－0011290　集普 4965

金文最六十卷　(清)張金吾輯　清光緒二十一年(1895)蘇州書局刻本　十六册

110000－0198－0011291　集普 4970

廣陵詩事十卷　(清)阮元記　清嘉慶六年(1801)浙江節署刻本　三册

110000－0198－0011292　集普 4971

午亭文編五十卷　(清)陳廷敬撰　(清)林佶輯錄　清康熙四十七年(1708)林佶寫刻本　六册　存二十二卷(十至十三、十八至二十三、二十七至二十九、三十八至四十六)

110000－0198－0011293　集普 4972

讀詩類編十八卷　(清)張映漢編　清嘉慶刻本　八册

110000－0198－0011294　集普 4974

欽定熙朝雅頌集一百六卷首集二十六卷餘集二卷　(清)鐵保纂輯　清嘉慶刻本　四册　存二十四卷(首集一至二十四)

110000－0198－0011295　集普 4975

歸宫詹集四卷　(清)歸允肅著　清刻本　二册　存二卷(二至三)

110000－0198－0011296　集普 4976

未灰齋文集八卷外集一卷　(清)徐鼒著　清咸豐福甯郡齋刻本　四册

110000－0198－0011297　集普 4977

冷吟仙館詩稿八卷詩餘一卷文存一卷附錄一卷　(清)左錫嘉撰　清光緒刻本　七册

110000－0198－0011298　集普 4978

綠雲僊館詩藁十二卷　(清)溫啟封撰　清同治九年(1870)長沙提學署刻本　二册

110000－0198－0011299　集普 4980

紅豆新詞　(清)潘鍾寯撰　清同治八年(1869)都門刻本　一册

110000－0198－0011300　集普 4981

鴛鴦湖櫂歌　(清)朱彝尊　(清)譚吉璁著　清刻本　二册

110000－0198－0011301　集普 4982

半塘定槀二卷　(清)王鵬運撰　清光緒三十一年(1905)刻本　一册

110000－0198－0011302　集普 4983

尚絅堂詞集二卷　(清)劉嗣綰撰　清刻本　一册

110000－0198－0011303　集普 4987

聊齋詞　(清)蒲松齡著　清宣統二年(1910)上海國學扶輪社鉛印本　一冊

110000－0198－0011304　集普 4988
知止堂詞錄三卷　(清)朱綬撰　清光緒二十年(1894)湖南思賢書局刻本　一冊

110000－0198－0011305　集普 4989
白石道人歌曲六卷附錄二卷　(宋)姜夔撰　清宣統二年(1910)影印本　一冊

110000－0198－0011306　集普 4992
玉鏡臺詞　(清)溫雲心撰　清刻本　一冊

110000－0198－0011307　集普 4996
李習之先生文讀十卷　(清)高樹然著　清同治十年(1871)福州刻本　四冊

110000－0198－0011308　集普 4998
離騷箋二卷　(清)龔景瀚撰　清光緒三年(1877)湖北崇文書局刻本　一冊

110000－0198－0011309　集普 4999
離騷草木疏四卷　(宋)吳仁傑撰　清光緒三年(1877)湖北崇文書局刻本　一冊

110000－0198－0011310　集普 5001
蒼海君庚戌羅浮游草　王舟瑤著　清宣統二年(1910)鉛印本　一冊

110000－0198－0011311　集普 5002
王文簡公論七言古體平仄一卷七言古體一卷　(清)王士禎撰　清乾隆五十三年(1788)五元熙刻本　一冊

110000－0198－0011312　集普 5004
樊榭山房全集三十八卷　(清)厲鶚撰　清光緒十年(1884)汪氏振綺堂刻本　十二冊

110000－0198－0011313　集普 5005
柳文惠公全集四十三卷別集二卷外集二卷附錄一卷　(唐)柳宗元撰　清同治七年(1868)刻本　二冊　存二十卷(十五至三十四)

110000－0198－0011314　集普 5006
槐卿遺稾六卷附錄一卷　(清)沈衍慶著　清同治元年(1862)刻本　一冊　存三卷(四至六)

110000－0198－0011315　集普 5011
善思齋詩鈔七卷　(清)徐宗亮撰　清光緒刻本　五冊

110000－0198－0011316　集普 5014
李義山詩集三卷　(唐)李商隱撰　(清)朱鶴齡箋注　清同治九年(1870)廣州刻朱墨藍套印本　二冊

110000－0198－0011317　集普 5015
古文四象四卷　(清)曾國藩撰　清末刻本　一冊　存一卷(四)

110000－0198－0011318　集普 5018
錢南園先生遺集五卷　(清)錢灃撰　清同治十一年(1872)湖南書局刻本　一冊　存二卷(一至二)

110000－0198－0011319　集普 5020
重刻文選六十卷　(南朝梁)蕭統撰　(清)何焯點評　清乾隆三十七年(1772)海錄軒刻朱墨印本　十二冊　存三十六卷(一至三十六)

110000－0198－0011320　集普 5021
梅村詩集箋注十八卷　(清)吳偉業撰　清光緒十年(1884)湖北官書處刻本　十二冊

110000－0198－0011321　集普 5027
新刻張太岳先生詩集六卷文集四十卷附行實一卷　(明)張居正著　明萬曆四十年(1612)繡谷唐國達刻本　八冊　存二十五卷(文集一至二十五)

110000－0198－0011322　集普 5031
香墅漫鈔四卷續四卷又續四卷　(清)曾廷枚輯　清乾隆五十二年(1787)南城曾氏家塾刻本　四冊

110000－0198－0011323　集普 5034
留香閣遺稿　(清)沈際昌著　清光緒十二年(1886)古東都刻本　一冊

110000－0198－0011324　集普 5035
御選唐宋詩醇四十七卷目錄二卷　(清)高宗弘曆編　清光緒七年(1881)浙江書局刻本　一冊　存二卷(三十七至三十八)

110000－0198－0011325　集普 5036
湖海文傳七十五卷　（清）王昶輯　清道光十七年（1837）經訓堂刻本　十六册

110000－0198－0011326　集普 5039
謀野集删二卷　（明）王穉登著　清宣統元年（1909）豐源印書局鉛印本　一册

110000－0198－0011327　集普 5044
隋唐演義像不分卷　（明）林瀚纂輯　清康熙四雪草堂刻本（有圖）　一册

110000－0198－0011328　集普 5045
嬰山小園詩集十六卷　（清）張誠撰　清嘉慶二十一年（1816）今文閣刻本　二册　存四卷（一至四）

110000－0198－0011329　集普 5047
湖海樓文集六卷　（清）陳維崧著　清光緒十七年（1891）弇山鐸署刻本　二册

110000－0198－0011330　集普 5049
翁山詩外二十卷　（清）屈大均撰　清宣統二年（1910）國學扶輪社鉛印本　十二册

110000－0198－0011331　集普 5050
閲微草堂筆記二十四卷　（清）紀昀撰　清道光十五年（1835）廣州財政司刻本　六册　存十二卷（一至十二）

110000－0198－0011332　集普 5051
壹齋集四十卷　（清）黄鉞撰　清咸豐九年（1859）廣東南海縣丞署刻本　十册

110000－0198－0011333　集普 5052
群經義證八卷　（清）武億著　清道光二十三年（1843）偃師武氏授堂刻本　一册　缺一卷（八）

110000－0198－0011334　集普 5053
三禮義證十二卷　（清）武億著　清道光二十三年（1843）偃師武氏授堂刻本　二册

110000－0198－0011335　集普 5054
授堂詩鈔八卷文鈔八卷　（清）武億著　清道光二十三年（1843）偃師武氏授堂刻本　四册　缺四卷（詩鈔五至八）

110000－0198－0011336　集普 5055
經讀考異八卷　（清）武億著　清道光二十三年（1843）偃師武氏授堂刻本　二册

110000－0198－0011337　集普 5057
魏叔子文鈔十二卷　（清）魏禧著　清刻本　一册　存二卷（四至五）

110000－0198－0011338　集普 5060
文選李注補正四卷　（清）孫志祖輯　清嘉慶四年（1799）桐川顧氏刻本　一册　存二卷（一至二）

110000－0198－0011339　集普 5061
西亭文鈔十二卷首一卷末一卷　（清）王原撰　清光緒十七年（1891）不遠復齋刻本　一册　存四卷（六至九）

110000－0198－0011340　集普 5063
砥齋集十二卷　（清）王弘撰撰　清光緒二十年（1894）敬義堂刻本　六册

110000－0198－0011341　集普 5064
讀杜小箋三卷讀杜二箋二卷　（清）錢謙益撰　清宣統三年（1911）國學扶輪社石印本　一册

110000－0198－0011342　集普 5066
北嶽山房駢文二卷　（清）閻鎮珩撰　清光緒十八年（1892）刻本　一册

110000－0198－0011343　集普 5068
張文襄公詩集四卷　（清）張之洞撰　清宣統二年（1910）鉛印本　二册

110000－0198－0011344　集普 5069
石柏山房詩存八卷首一卷　（清）趙文楷撰　清咸豐七年（1857）趙昀惠潮嘉道署刻本　四册

110000－0198－0011345　集普 5071
圭塘倡和詩　袁克文編　清宣統二年（1910）石印本　一册

110000－0198－0011346　集普 5072
池北偶談二十六卷　（清）王士禛撰　清康熙三十九年（1700）臨汀郡刻本　八册

110000－0198－0011347　集普 5073
東坡集八十四卷　(宋)蘇軾撰　清道光十二年(1832)眉州三蘇祠刻本　二十二册　存四十六卷(三十七至八十二)

110000－0198－0011348　集普 5074
南唐雜事詩　(清)孫榕著　清光緒二十二年(1896)濟寧孫氏鉛印本　六十四册

110000－0198－0011349　集普 5075
歷科鄉會元魁大成　題(清)褒海山房主人編　清光緒十五年(1889)石印本　十八册

110000－0198－0011350　集普 5076
經文五萬選　題(清)求志齋主人編　清光緒十九年(1893)上海書局石印本　十六册

110000－0198－0011351　集普 5077
牧齋全集初學集一百十卷有學集五十卷補遺二卷投筆集一卷　(清)錢謙益撰　清宣統二年(1910)邃漢齋鉛印本　二十八册　缺四十六卷(初學集一至四十六)

110000－0198－0011352　集普 5079
詩經八卷　(宋)朱熹集傳　清光緒二十二年(1896)金陵書局刻本　四册

110000－0198－0011353　集普 5080
吳詩集覽二十卷　(清)吳偉業撰　(清)靳榮藩輯　清乾隆四十年(1775)凌雲亭刻本　十册　存十一卷(十至二十)

110000－0198－0011354　集普 5082
飲冰室文集十八卷　梁啟超著　清光緒二十八年(1902)上海廣智書局鉛印本　六册　存六卷(十三至十八)

110000－0198－0011355　集普 5083
甌北全集七種　(清)趙翼撰　清嘉慶湛貽堂刻本　八册　存三十六卷(甌北詩話一至十、甌北集一至二十六)

110000－0198－0011356　集普 5084
王陽明先生全集十六卷首一卷　(明)王守仁撰　清道光刻本　十册　存九卷(八至十六)

110000－0198－0011357　集普 5085
同館賦續鈔十八卷　(清)徐桐等編　清光緒十六年(1890)北京翰林院刻本　七册　存九卷(十至十八)

110000－0198－0011358　集普 5086
東周列國志二十七卷　(明)馮夢龍撰　清刻本　十二册　存十二卷(十一至十八、二十至二十三)

110000－0198－0011359　集普 5087
小豆棚十六卷　(清)曾衍東著　清光緒鉛印本　一册　存三卷(十四至十六)

110000－0198－0011360　集普 5088
情史類略二十四卷　(明)馮夢龍撰　清道光二十八年(1848)經綸堂刻本　六册　存九卷(一至四、十至十一、十九至二十一)

110000－0198－0011361　集普 5089
屑玉叢談六十五種　(清)錢徵編　清光緒上海申報館鉛印本　二十二册

110000－0198－0011362　集普 5090
國朝古文彙鈔初集一百七十六卷二集一百卷　(清)朱珔輯　清道光二十七年(1847)吳江沈氏世美堂刻本　二十册　存十八卷(一百三十九至一百五十六)

110000－0198－0011363　集普 5091
古文眉詮七十九卷首一卷　(清)浦起龍論次　清乾隆九年(1744)三吳書院刻本　六册　存二十二卷(四十一至六十二)

110000－0198－0011364　集普 5092
關中兩朝文鈔二十二卷附人物考畧一卷　(清)李元春彙選　清道光十六年(1836)守樸堂刻本　十册　存十卷(十至十九)

110000－0198－0011365　集普 5093
國朝文錄八十二卷　(清)姚椿編　清咸豐元年(1851)終南山館刻本　十七册　存六十一卷(十二至二十四、三十至五十九、六十五至八十二)

110000－0198－0011366　集普 5097
廣唐賢三昧集四編　(清)王士禛輯　清宣統

元年(1909)荆州田氏後博古堂影印本　二十八冊

110000－0198－0011367　集普5098
廣唐賢三昧集正編　(清)王士禛輯　清宣統元年(1909)荆州田氏後博古堂影印本　一冊

110000－0198－0011368　集普5099
御選唐宋詩醇四十七卷目錄二卷　(清)高宗弘曆編　清光緒刻本　十六冊　存三十六卷(十二至四十七)

110000－0198－0011369　集普5101
天花亂墜二集八卷　(清)寅半生選輯　清光緒二十九年至三十三年(1903－1907)武林崇寔齋刻本　四冊

110000－0198－0011370　集普5104
詠樓盍戠集十一卷　(清)沈秉成輯　清同治十年(1871)沈氏刻本　三冊　存三卷(一、三、六)

110000－0198－0011371　集普5110
震川先生集三十卷別集十卷　(明)歸有光撰　清光緒六年(1880)常熟歸氏刻本　八冊　存二十三卷(十八至三十、別集十卷)

110000－0198－0011372　集普5111
詩紀一百五十六卷目錄三十六卷　(明)馮惟訥彙編　明萬曆刻本　八冊　存三十七卷(一百十五至一百五十一)

110000－0198－0011373　集普5112
大佛頂首楞嚴經正脈疏四十卷首一卷　(明)釋真鑑述　清光緒二十二年(1896)金陵刻經處刻本　三冊　存十四卷(二十七至四十)

110000－0198－0011374　集普5113
詞律二十九卷　(清)萬樹論次　清光緒二年(1876)刻本　二冊　存二卷(一至二)

110000－0198－0011375　集普5114
信陽詩集二十六卷　(明)何景明撰　清光緒三十三年(1907)渭南嚴氏刻本　二冊　存十二卷(十三至二十四)

110000－0198－0011376　集普5115
斲冰詞三卷　(清)孔繼涵輯　清乾隆曲阜孔氏微波榭刻本　二冊

110000－0198－0011377　集普5117
朱杜溪先生集八卷　(清)朱書著　清光緒十九年(1893)蔭六山莊刻本　一冊　存二卷(朱杜溪先生集一至二)

110000－0198－0011378　集普5118
牧齋有學集五十卷　(清)錢謙益撰　清康熙二十四年(1685)金匱山房刻本　十冊　存十三卷(三十一至四十三)

110000－0198－0011379　集普5119
西堂全集十八種　(清)尤侗撰　清康熙刻本　八冊

110000－0198－0011380　集普5121
海峰文集八卷詩集十一卷　(清)劉大櫆著　清刻本　八冊　存六卷(文集一至六)

110000－0198－0011381　集普5124
淮南許注異同詁四卷　(清)陶方琦述　清光緒七年(1881)湘南使院刻本　一冊　存一卷(一)

110000－0198－0011382　集普5125
五言詩十七卷七言詩歌行鈔十五卷　(清)王士禛選　清刻本　五冊　存二十六卷(七至十七、七言詩歌行鈔十五卷)

110000－0198－0011383　集普5127
圖像鏡花緣二十卷首一卷　(清)李汝珍撰　清光緒十六年(1890)上海廣百宋齋石印本(有圖)　三冊　存十卷(一至十)

110000－0198－0011384　集普5128
陶淵明集十卷　(晉)陶潛撰　清咸豐十一年(1861)刻本　二冊

110000－0198－0011385　集普5130
國朝滄州詩鈔十二卷續鈔四卷　(清)王國均輯　(清)葉圭書編　清道光刻本　五冊　缺三卷(詩鈔一至三)

110000－0198－0011386　集普5134
澄懷園文存十五卷　(清)張廷玉撰　清光緒

十七年(1891)孫紹文雲間官舍刻本　一冊　存一卷(一)

110000－0198－0011387　集普 5136
愛吾廬文鈔　(清)呂世宜著　清光緒三年(1877)吳縣潘氏八囍齋刻本　一冊

110000－0198－0011388　集普 5140
眉綠樓詞　(清)顧文彬撰　清末刻本　一冊

110000－0198－0011389　集普 5141
十子詩略十卷　(清)曹貞吉撰　清刻本　一冊　存一卷(三)

110000－0198－0011390　集普 5144
欽定詞館儀式　清光緒二十年(1894)懿文齋刻本　一冊

110000－0198－0011391　集普 5149
蠶尾集十卷續集二卷後集二卷　(清)王士禛撰　清康熙刻本　六冊

110000－0198－0011392　集普 5150
庾子山集十六卷附總釋　(北周)庾信撰　(清)倪璠註　清道光十九年(1839)善成堂刻本　五冊　存六卷(十一至十六)

110000－0198－0011393　集普 5151
石遺室詩集十卷　陳衍撰　清光緒三十一年(1905)武昌侯官陳氏刻本　三冊　存九卷(一至九)

110000－0198－0011394　集普 5153
笠翁偶集六卷　(清)李漁著　清雍正八年(1730)芥子園刻本　一冊　存二卷(三、六)

110000－0198－0011395　集普 5154
桃花扇傳奇四卷　(清)孔尚任撰　清西園刻本　三冊　缺一卷(三)

110000－0198－0011396　集普 5155
綉像義妖全傳二十八卷　(清)陳遇乾撰　(清)陳士奇　(清)俞秀山評定　清光緒二年(1876)刻本　九冊　缺二卷(一至二)

110000－0198－0011397　集普 5156
忠雅堂集三十卷　(清)蔣士銓撰　清同治刻本　三冊　存二十四卷(一至二十四)

110000－0198－0011398　集普 5161
戴東原集十二卷　(清)戴震撰　清末成都渭南嚴氏刻本　四冊　存十卷(三至十二)

110000－0198－0011399　集普 5162
貴池二妙集五十一卷　劉世珩輯　清光緒貴池劉氏唐石簃刻本　二冊　存八卷(一至八)

110000－0198－0011400　集普 5163
高青邱詩集注十八卷附扣舷集一卷鳧藻集五卷　(明)高啓著　(清)金檀輯注　清雍正六年(1728)文瑞樓刻本　六冊　存十七卷(一至十七)

110000－0198－0011401　集普 5164
宋大家蘇文定公文鈔二十卷　(宋)蘇轍撰　(明)茅坤批評　明崇禎刻本　三冊

110000－0198－0011402　集普 5165
繞竹山房詩稿十卷詩餘一卷　(清)朱文治撰　清嘉慶二十三年(1818)餘姚朱氏刻本　三冊　缺三卷(一至三)

110000－0198－0011403　集普 5166
笥河文集十六卷　(清)朱筠撰　清光緒定州王氏刻本　二冊　存六卷(十一至十六)

110000－0198－0011404　集普 5167
七言詩歌行鈔十五卷　(清)王士禛選　清刻本　三冊　存八卷(一至八)

110000－0198－0011405　集普 5168
河間試律矩二卷　(清)紀昀著　(清)林昌評註　清嘉慶十九年(1814)刻本　一冊

110000－0198－0011406　集普 5169
安般簃集十卷　(清)袁昶撰　清光緒十六年(1890)刻本　四冊

110000－0198－0011407　集普 5171
向果微言二卷述悕一卷　(清)方東樹撰　清光緒十六年(1890)刻本　三冊

110000－0198－0011408　集普 5172
古文筆法百篇二十卷　(清)李扶九輯　清末刻本　一冊　存二卷(六至七)

110000－0198－0011409　集普 5173

宋元明詩三百首箋二卷　(清)朱梓　(清)冷昌言纂評　(清)李松壽　(清)李筠壽補箋　清光緒二十一年(1895)合肥李氏蘭雪堂刻本　二冊

110000－0198－0011410　集普5175
高等文學講義六卷　(清)王葆心著　清光緒三十二年(1906)湖北漢黄德道師範學堂鉛印本　一冊

110000－0198－0011411　集普5176
古文析義初編六卷二編八卷　(清)林雲銘注　清末石印本　三冊　存十卷(初編五至六、二編八卷)

110000－0198－0011412　集普5177
李文清公遺書八卷附志節編二卷　(清)李棠階撰　清光緒八年(1882)河北分守道署刻本　一冊　存三卷(六至八)

110000－0198－0011413　集普5178
碧城仙館詩鈔八卷　(清)陳文述撰　清同治十一年(1872)刻本　一冊　存三卷(六至八)

110000－0198－0011414　集普5179
浦雲堂詩集九卷　(清)熊一瀟撰　清刻本　三冊　存七卷(一至七)

110000－0198－0011415　集普5180
易學精義一卷附占法訂誤一卷　(清)程廷祚撰　清乾隆上元程氏道寧堂刻本　一冊

110000－0198－0011416　集普5181
易學要論二卷　(清)程廷祚撰　清乾隆上元程氏道寧堂刻本　二冊

110000－0198－0011417　集普5182
吴詩集覽二十卷附談藪二卷　(清)吴偉業撰　(清)靳榮藩輯　清乾隆四十九年(1784)凌雲亭刻本　二冊　存二卷(四至五)

110000－0198－0011418　集普5183
張文襄公詩集四卷　(清)張之洞撰　清宣統二年(1910)鉛印本　一冊　存二卷(三至四)

110000－0198－0011419　集普5185
錢南園先生遺集五卷　(清)錢灃撰　清光緒十九年(1893)浙江書局刻本　一冊　存二卷(一至二)

110000－0198－0011420　集普5186
午亭山人第二集三卷　(清)陳廷敬撰　清乾隆七年(1742)金壇于氏刻本　二冊　缺一卷(一)

110000－0198－0011421　集普5191
過存詩畧二卷　(清)高思齊撰　清同治二年(1863)吴玉田刻本　一冊

110000－0198－0011422　集普5194
詩鐘鴻雪集初編　著涒吟社輯　清宣統元年(1909)豐源印書局鉛印本　一冊

110000－0198－0011423　集普5195
敍異齋文草三卷　(清)趙衡撰　清光緒三十四年(1908)京師北新書局鉛印本　一冊

110000－0198－0011424　集普5196
姚選唐人絕句詩鈔　(清)姚鼐選　清末石印本　一冊

110000－0198－0011425　集普5197
蘭修館賦稿一卷　(清)顧元熙撰　清咸豐三年(1853)刻本　一冊

110000－0198－0011426　集普5201
湖海文傳七十五卷　(清)王昶輯　清道光十七年(1837)王氏經訓堂刻本　一冊　存六卷(三十二至三十七)

110000－0198－0011427　集普5202
歷代大家古文講授談二卷　尚秉和輯　清末京師京華印書局鉛印本　一冊

110000－0198－0011428　集普5204
古唐詩合解十二卷古詩四卷　(清)王堯衢註　清刻本　一冊　存二卷(十一至十二)

110000－0198－0011429　集普5205
桃花源　(清)尤侗譔　清末刻本　一冊

110000－0198－0011430　集普5206
黑白衛　(清)尤侗譔　清末刻本　一冊

110000－0198－0011431　集普5207

玥琵琶 (清)尤侗譔 清末刻本 一册

110000－0198－0011432 集普5208
御製圓明園詩二卷 (清)高宗弘曆撰 清刻本(有圖) 二册

110000－0198－0011433 集普5210
漁古軒詩韻八卷 (清)余照撰 清道光十七年(1837)新園刻本 四册 存五卷(一至五)

110000－0198－0011434 集普5211
增廣詩句題解彙編四卷 清光緒十三年(1887)上海大同書局石印本 四册

110000－0198－0011435 集普5212
繡像綠野仙踪八卷 (清)李百川撰 清光緒二十二年(1896)上海書局石印本(有圖) 八册

110000－0198－0011436 集普5213
文腋類編十卷 (清)周岱編 清光緒十四年(1888)三友書室刻本 三册 存五卷(一至二、五至七)

110000－0198－0011437 集普5214
十三經策案二十二卷 (清)王謨撰 (清)喻祥麟編 清光緒十三年(1887)上海大同書局石印本 三册 存十七卷(一至十一、十七至二十二)

110000－0198－0011438 集普5215
明詩别裁集三十卷 (清)沈德潛 (清)周準輯 清乾隆刻本 六册 存十卷(九至十二、十七至十八、二十七至三十)

110000－0198－0011439 集普5219
戴東原集十二卷年譜一卷札記一卷 (清)戴震撰 清宣統二年(1910)成都渭南嚴氏孝義家塾刻本 一册 存二卷(一至二)

110000－0198－0011440 集普5224
一片石 (清)蔣士銓撰 清乾隆四十六年(1781)紅雪樓刻本 一册

110000－0198－0011441 集普5226
文選六十卷 (南朝梁)蕭統撰 明萬曆刻本 一册 存五卷(五十一至五十五)

110000－0198－0011442 集普5227
讀書作文譜十二卷 (清)唐彪輯著 **父師善誘法二卷** 清刻本 一册 存一卷(父師善誘法上)

110000－0198－0011443 集普5229
畿輔校士錄六卷 (清)周德潤輯 清光緒十七年(1891)刻本 一册 存一卷(二)

110000－0198－0011444 集普5230
翁相國手札第六集 (清)翁同龢書 清宣統三年(1911)上海有正書局石印本 一册

110000－0198－0011445 集普5231
古文分編集評初集五卷二集五卷三集八卷四集四卷 (清)于在衡裁定 (清)于光華編 清乾隆刻本 一册 存四卷(四集四卷)

110000－0198－0011446 集普5234
易堂九子文鈔十八卷 (清)彭玉雯編 清道光七年(1827)刻本 三册 存四卷(魏叔子一至三、魏伯子一卷)

110000－0198－0011447 集普5236
問琴閣詩錄 宋育仁撰 清末刻本 一册

110000－0198－0011448 集普5237
滹南王先生文集四十五卷續編一卷 (金)王若虛撰 清光緒十二年(1886)刻本 一册 存七卷(三十九至四十五)

110000－0198－0011449 集普5238
蕭閑老人明秀集注六卷 (金)蔡松年撰 (金)魏道明注 清光緒二十一年(1895)王氏四印齋刻本 一册 存二卷(一至二)

110000－0198－0011450 集普5239
十國宮詞一百首 (清)吴省蘭撰 清同治十二年(1873)淮南書局刻本 一册

110000－0198－0011451 集普5240
豐川續集三十四卷 (清)王心敬撰 清乾隆十六年(1751)刻本 十五册 缺二卷(一至二)

110000－0198－0011452 集普5241
五七言今體詩鈔十八卷 (清)姚鼐輯 清同

治五年(1866)金陵書局刻本　一冊　存九卷(一至九)

110000－0198－0011453　集普5242
劉端臨先生遺書八卷　(清)劉臺拱撰　清道光十四年(1834)世德堂刻本　三冊

110000－0198－0011454　集普5243
七言今體詩鈔九卷　(清)姚鼐輯　清同治五年(1866)金陵書局刻本　一冊　存三卷(七至九)

110000－0198－0011455　集普5244
何文貞公遺書二卷首一卷附録一卷　(清)何桂珍録　清光緒十年(1884)六安求我齋刻本　二冊

110000－0198－0011456　集普5245
震川先生集三十卷别集十卷　(明)歸有光撰　清光緒元年(1875)常熟歸氏刻本　一冊　存一卷(一)

110000－0198－0011457　集普5247
悦雲山房詩存六卷　(清)劉敦元撰　清光緒二十八年(1902)天津徐氏刻本　一冊　存三卷(四至六)

110000－0198－0011458　集普5248
韞山堂時文初集一卷二集二卷三集一卷　(清)管世銘著　清道光三年(1823)刻本　一冊　存一卷(三集一卷)

110000－0198－0011459　集普5249
分類補註李太白詩二十五卷附年譜一卷　(唐)李白撰　明萬曆三十年(1602)江蘇蘇州許自昌刻本　一冊　存二卷(五至六)

110000－0198－0011460　集普5250
泰山堂重訂古文釋義新編八卷　(清)余誠評註　清光緒三十年(1904)泰山堂刻本　一冊　存一卷(七)

110000－0198－0011461　集普5251
駢體文鈔三十一卷　(清)李兆洛編　清刻本　一冊　存五卷(十五至十九)

110000－0198－0011462　集普5257
淞隱漫録十二卷　(清)王韜撰　清光緒十年(1884)石印本　一冊　存三卷(一至三)

110000－0198－0011463　集普5258
冬生草堂詩録八卷　(清)夏寶晋撰　清咸豐刻本　一冊　存二卷(七至八)

110000－0198－0011464　集普5260
試竿集一卷　(清)李學孝著　清道光刻本　一冊

110000－0198－0011465　集普5263
彊邨詞四卷　朱祖謀撰　清光緒三十一年(1905)徐鳳銜刻本　一冊　缺一卷(四)

110000－0198－0011466　集普5264
朱文定公集十卷　(清)朱士彦撰　清刻本　一冊　存五卷(一至五)

110000－0198－0011467　集普5268
四憶堂詩集六卷遺稿一卷　(清)侯方域撰　清宣統二年(1910)上海掃葉山房石印本　二冊

110000－0198－0011468　集普5274
一夕話六卷　(清)咄咄夫撰　清刻本　一冊　存一卷(二)

110000－0198－0011469　集普5276
桂席山房十五家手札　清宣統二年(1910)上海時中書局石印本　一冊

110000－0198－0011470　集普5282
古文辭類纂七十四卷　(清)姚鼐纂　清末上海商務印書館鉛印本　一冊　存十卷(十一至二十)

110000－0198－0011471　集普5283
續古文辭類纂三十四卷　王先謙輯　清光緒二十年(1894)上海圖書集成印書局鉛印本　二冊　存十卷(一至十)

110000－0198－0011472　集普5284
續古文辭類纂三十四卷　王先謙輯　清末鉛印本　四冊

110000－0198－0011473　集普5286
隨園詩話補遺十卷　(清)袁枚著　清光緒十

九年(1893)錢塘袁氏石印本　十冊

110000－0198－0011474　集普 5287
國朝正雅集九十九卷首一卷　(清)符葆森輯　清咸豐刻本　十六冊　存五十二卷(四十八至九十九)

110000－0198－0011475　集普 5291
官商學界普通尺牘二卷　江鳳鳴編　清光緒三十四年(1908)北京文成堂石印本　一冊　存一卷(下)

110000－0198－0011476　集普 5300
繡像京本雲合奇蹤玉茗英烈全傳四卷　(明)徐渭編　清末上海中原書局石印本(有圖)　一冊

110000－0198－0011477　集普 5301
浙江杭州府錢塘縣白蛇寶卷二集　清末石印本　一冊

110000－0198－0011478　集普 5302
竹園白話　楊曼青撰　清末愛國報館鉛印本(有圖)　一冊

110000－0198－0011479　集普 5305
詳訂古文評註全集十卷　(清)過珙　(清)黄越輯　清末刻本　一冊　存一卷(九)

110000－0198－0011480　集普 5307
袁文箋正十六卷補注一卷　(清)袁枚撰　清光緒十四年(1888)上海蜚英館石印本　二冊

110000－0198－0011481　集普 5317
師鄭堂中國文學講義　孫雄編　清光緒三十四年(1908)鉛印本　一冊

110000－0198－0011482　集普 5330
唐詩三百首註疏六卷　(清)孫洙編　(清)章燮注　清末石印本　一冊　存三卷(一至三)

110000－0198－0011483　集普 5332
女子國文讀本　(清)方瀏生編輯　清光緒三十一年(1905)上海商務印書館石印本　一冊

110000－0198－0011484　集普 5339
七俠五義傳六卷　(清)石玉昆述　(清)俞樾編　清末鉛印本　一冊　存一卷(三)

110000－0198－0011485　集普 5347
初學集一百十卷　(清)錢謙益撰　(清)錢曾註　清宣統二年(1910)邃漢齋鉛印本　一冊　存四卷(十四至十七)

110000－0198－0011486　集普 5354
欽定本朝四書文　(清)方苞選評　清刻本　一冊

110000－0198－0011487　集普 5355
燕山外史註釋八卷　(清)陳球著　清光緒十九年(1893)星沙華林書室刻本　二冊

110000－0198－0011488　集普 5357
增廣留青新集二十四卷　(清)陳枚輯　清光緒二十五年(1899)石印本　四冊　存八卷(九至十六)

110000－0198－0011489　集普 5364
李長吉集四卷外集一卷　(唐)李賀撰　清末上海掃葉山房石印本　一冊　存二卷(一至二)

110000－0198－0011490　集普 5366
鳴原堂論文二卷　(清)曾國藩撰　清光緒十四年(1888)鴻文書局鉛印本　一冊

110000－0198－0011491　集普 5368
壯悔堂文集十卷　(清)侯方域著　清末上海掃葉山房石印本　二冊　存二卷(九至十)

110000－0198－0011492　集普 5372
龍泓館詩集三卷　(清)丁敬撰　清光緒石印本　一冊

110000－0198－0011493　集普 5374
池上草堂筆記六卷　(清)梁恭辰著　清同治十二年(1873)豫章聽鸝館刻本　一冊　存一卷(六)

110000－0198－0011494　集普 5381
增評補像全圖金玉緣一百二十卷首一卷　(清)曹雪撰　(清)高鶚續　清光緒十五年(1889)上海同文書局石印本(有圖)　一冊　存一卷(首一卷)

110000－0198－0011495　集普 5382

遏雲閣初集曲譜二卷　(清)王錫純輯　清光緒十九年(1893)上海著易堂書局鉛印本　一冊　存一卷(上)

110000－0198－0011496　集普 5397
王摩詰集六卷　(唐)王維撰　清末石印本　一冊　存三卷(四至六)

110000－0198－0011497　集普 5398
天花亂墜八卷　(清)寅半生輯　清光緒刻本　二冊　存四卷(三至四、七至八)

110000－0198－0011498　集普 5411
潛園友朋書問十二卷　(清)陸心源編　清末石印本　一冊　存二卷(五至六)

110000－0198－0011499　集普 5412
笠翁偶集六卷　(清)李漁撰　清刻本　一冊　存一卷(三)

110000－0198－0011500　集普 5413
東周列國志二十七卷　(清)蔡界評點　清刻本　四冊　存四卷(五、七、十四至十五)

110000－0198－0011501　集普 5420
定盦文集三卷　(清)龔自珍撰　清光緒二十四年(1898)寶晉齋石印本　一冊　存二卷(一至二)

110000－0198－0011502　集普 5423
兩罍軒尺牘十二卷　(清)吳雲著　清宣統二年(1910)上海時中書局石印本　三冊　存六卷(四至九)

110000－0198－0011503　集普 5426
新刻陰陽寶扇八十卷　(清)梁紹仁訂　清末刻本　三十二冊

110000－0198－0011504　集普 5427
地理正義鉛彈子砂水要訣五卷　(清)張鳳藻撰述　清刻本　一冊　存一卷(三)

110000－0198－0011505　集普 5428
重訂古文釋義新編八卷　(清)余誠評註　清末刻本　六冊　存六卷(三至八)

110000－0198－0011506　集普 5429
右台仙館筆記十六卷　(清)俞樾著　清光緒刻本　一冊　存三卷(一至三)

110000－0198－0011507　集普 5431
後村雜著三卷　(清)王文治撰　清康熙刻本　一冊　存一卷(中)

110000－0198－0011508　集普 5432
桐城吳氏文法教科書二編　吳闓生編　清宣統元年(1909)上海文明書局鉛印本　一冊

110000－0198－0011509　集普 5433
魯公文集十五卷　(唐)顏真卿撰　明萬曆二十四年(1596)顏胤祚刻本　一冊　存四卷(一至四)

110000－0198－0011510　集普 5434
時藝核續編　(清)路德選　清邵州經綸堂刻本　一冊

110000－0198－0011511　集普 5435
時藝階八卷　(清)路德選　清刻本　二冊　存三卷(三至五)

110000－0198－0011512　集普 5436
訓蒙草注釋合編　(清)路德選　清邵州經綸堂刻本　一冊

110000－0198－0011513　集普 5444
世說新語補二十卷　(南朝宋)劉義慶撰　(南朝梁)劉孝標注　(清)黃汝琳補　清光緒葛氏嘯園刻本　一冊　存二卷(十七至十八)

110000－0198－0011514　集普 5446
四家賦鈔　(清)景其濬輯　清同治九年(1870)刻本　一冊　存一冊

110000－0198－0011515　集普 5447
黔詩紀略三十三卷　(清)黎兆勛輯　清末刻本　二冊　存八卷(四至七、十二至十五)

110000－0198－0011516　集普 5450
一微塵集五卷　(清)何震彝輯　清宣統元年(1909)何氏鞮芬室鉛印本　一冊

110000－0198－0011517　集普 5451
唐四家詩集　(清)胡鳳丹輯　清刻本　三冊　存三種(孟襄陽集、韋蘇州集、柳柳州集)

110000－0198－0011518　集普 5454
中等女子尺牘教本　清宣統元年(1909)鉛印本　一冊

110000－0198－0011519　集普 5456
律賦必以集二卷　(清)顧蒓編選　清刻本　一冊　缺一卷(一)

110000－0198－0011520　集普 5457
小題三集行機　(清)王步青評　清敦復堂刻本　一冊

110000－0198－0011521　集普 5461
新刊繡像評演濟公傳二集八卷　(清)郭小亭撰　清末民初石印本(有圖)　一冊　存一卷(三)

110000－0198－0011522　集普 5467
王臨川全集一百卷目錄二卷　(宋)王安石撰　清宣統三年(1911)上海掃葉山房石印本　一冊　存二卷(目錄二卷)

110000－0198－0011523　集普 5468
王臨川文集四卷　(宋)王安石撰　清宣統二年(1910)上海會文堂書局石印本　二冊　存一卷(二)

110000－0198－0011524　集普 5469
閩中校士錄　(清)孫毓汶輯　清同治十二年(1873)刻本　六冊

110000－0198－0011525　集普 5471
繪圖綴白裘十二集四十八卷　(清)錢德蒼編　清末石印本(有圖)　一冊　存一卷(三)

110000－0198－0011526　集普 5472
增評補圖石頭記一百二十卷首一卷　(清)曹雪芹撰　清光緒二十六年(1900)鉛印本(有圖)　四冊　存二十四卷(七十四至八十八、九十七至一百四,首一卷)

110000－0198－0011527　集普 5477
詳註聊齋誌異圖詠十六卷　(清)蒲松齡撰　清末石印本(有圖)　二冊　存三卷(八至十)

110000－0198－0011528　集普 5478
詳註聊齋誌異圖詠十六卷　(清)蒲松齡撰　清末石印本(有圖)　一冊　存一卷(九)

110000－0198－0011529　集普 5483
三釜齋唱酬小錄　(清)姚濬昌輯　清光緒十五年(1889)刻本　一冊

110000－0198－0011530　集普 5484
然鐙記聞一卷　(清)王士禛撰　(清)何世璂錄　**說詩晬語二卷**　(清)沈德潛撰　**詩評一卷**　(清)黃景仁撰　清光緒刻本　一冊

110000－0198－0011531　集普 5485
詩學禁臠一卷　(元)范梈撰　**麓堂詩話一卷**　(明)李東陽撰　清光緒刻本　一冊

110000－0198－0011532　集普 5486
蘇東坡詩集注三十二卷　(宋)蘇軾撰　清康熙三十七年(1698)文蔚堂刻本　一冊　存二卷(十六至十七)

110000－0198－0011533　集普 5491
韓昌黎全集四十卷外集十卷集傳一卷遺文一卷點勘四卷　(唐)韓愈撰　清宣統二年(1910)掃葉山房石印本　二冊　存五卷(三十至三十四)

110000－0198－0011534　集普 5492
最近四大家文鈔四卷　寄古齋編　清光緒三十四年(1908)上海寄古齋鉛印本　一冊

110000－0198－0011535　集普 5501
寶綸堂文鈔八卷詩鈔六卷　(清)齊召南撰　清刻本　一冊　存二卷(文鈔四至五)

110000－0198－0011536　集普 5502
忠雅堂集三十卷　(清)蔣士銓撰　清刻本　一冊　存六卷(二十五至三十)

110000－0198－0011537　集普 5504
漢上消閒社主詩鈔二卷　(清)宦應清撰　清宣統二年(1910)漢上振華印書館鉛印本　一冊

110000－0198－0011538　集普 5509
繡像東周列國志二十三卷　(清)蔡奡評點　清光緒三十一年(1905)上海商務印書館刻本(有圖)　十冊

110000－0198－0011539　集普 5517

古文雅正十四卷　(清)蔡世遠選評　清光緒二十二年(1896)上海圖書集成印書局鉛印本　二册

110000－0198－0011540　集普 5518

桐城吴氏古文讀本十三卷　(清)吴汝綸評選　清光緒三十二年(1906)上海文明書局鉛印本　一册　存三卷(十一至十三)

110000－0198－0011541　集普 5522

高等小學國文讀本四卷　顧倬編　清光緒三十一年(1905)上海文明書局鉛印本　二册　存二卷(一、四)

110000－0198－0011542　集普 5524

齊省堂增訂儒林外史五十六回　(清)吴敬梓著　清刻本　八册　存三十八回(四至三十七、四十八至五十一)

110000－0198－0011543　集普 5525

齊省堂增訂儒林外史五十六回　(清)吴敬梓著　清同治十三年(1874)齊省堂刻本　十二册

110000－0198－0011544　集普 5526

缾水齋詩集十七卷　(清)舒位撰　清刻本　五册

110000－0198－0011545　集普 5527

課餘偶錄四卷　(清)謝章鋌撰　清光緒二十四年(1898)福州刻本　一册　存二卷(一至二)

110000－0198－0011546　集普 5530

先秦鴻文五卷　(明)顧錫疇評選　明末刻本　一册　存一卷(四)

110000－0198－0011547　集普 5531

元明八大家古文十三卷　(明)艾東鄉著　(清)劉肇虞選評　清刻本　二册　存二卷(十二至十三)

110000－0198－0011548　集普 5532

[清光緒庚辰科丙戌科]會試闈墨　清光緒刻本　一册

110000－0198－0011549　集普 5534

袖海集二卷　葉玉森撰　清宣統二年(1910)鉛印本　一册　存一卷(上)

110000－0198－0011550　集普 5535

可儀堂一百二十名家制義四十八卷　(清)俞長城論次　清刻本　二册　存二卷(四至五)

110000－0198－0011551　集普 5536

抗希堂稿　(清)方苞撰　清刻本　三册

110000－0198－0011552　集普 5538

六朝唐賦讀本　(清)馬傳庚選註　清光緒十九年(1893)上海寶善石印本　一册

110000－0198－0011553　集普 5539

本事詩　(唐)孟啟撰　清刻本　一册

110000－0198－0011554　集普 5540

來生福彈詞三十六回　題(清)橘中逸叟撰　清同治九年(1870)聚錦堂刻本　一册

110000－0198－0011555　集普 5540－1

鏡花緣二十卷　(清)李汝珍撰　清刻本　一册　存一卷(十九)

110000－0198－0011556　集普 5541

來生福彈詞三十六回　題(清)橘中逸叟撰　清刻本　三册　存一回(三十一)

110000－0198－0011557　集普 5543

唐人試律說　(清)紀昀撰　清刻本　一册

110000－0198－0011558　集普 5546

增補齊省堂儒林外史六十回　(清)吴敬梓撰　清末民初石印本　一册　存八回(十五至二十二)

110000－0198－0011559　集普 5547

吴聖徵祭酒尺牘二卷　(清)吴錫麒著　清末石印本　一册　存一卷(下)

110000－0198－0011560　集普 5549

尺牘初桄二卷　(清)南窗侍者輯　清末石印本　一册　存一卷(下)

110000－0198－0011561　集普 5550

通問便集二卷　(清)子虚氏輯注　清光緒二

十一年(1895)上海賨文書局石印本　一册　存一卷(上)

110000－0198－0011562　集普5552
文選類雋十四卷　(清)何松編　清光緒二十二年(1896)鴻寶齋書局石印本　一册

110000－0198－0011563　集普5553
文選課虚四卷　(清)杭世駿撰　清光緒二十二年(1896)鴻寶齋書局石印本　一册

110000－0198－0011564　集普5554
重訂唐詩别裁集二十卷　(清)沈德潛選　清刻本　二册　存四卷(十三至十四、十七至十八)

110000－0198－0011565　集普5555
文選課虚四卷　(清)沈德潛選　清光緒十年(1884)上海同文書局石印本　一册

110000－0198－0011566　集普5556
易義萃精四卷　(清)徐有珂著　清光緒十四年(1888)上海大同書局石印本　三册　存一卷(一)

110000－0198－0011567　集普5557
梨洲遺著彙刊　(清)黄宗羲撰　清宣統二年(1910)上海時中書局鉛印本　九册

110000－0198－0011568　集普5558
分韻試帖青雲集合註四卷　(清)楊逢春輯　(清)葉祺昌註　清光緒五年(1879)善成堂刻本　四册　存一卷(一)

110000－0198－0011569　集普5560
思歸草一卷息游草一卷　(清)沈敬學撰　清末刻本　一册

110000－0198－0011570　集普5561
古文筆法二十卷　(清)李扶九輯　(清)黄仁黼注　清末天寶書局石印本　二册　存十三卷(八至二十)

110000－0198－0011571　集普5565
還魂記二卷　(明)湯顯祖撰　清光緒十二年(1886)同文書局石印本　二册

110000－0198－0011572　集普5581
劍南詩鈔　(宋)陸游撰　清刻本　一册

110000－0198－0011573　集普5582
宜雅堂遺集四卷　(清)曹洪梁撰　清道光二十七年(1847)刻本　一册　存二卷(一至二)

110000－0198－0011574　集普5583
集古評釋西山眞先生文章正宗二十四卷　(明)唐順之批點　(明)俞思冲補訂　明末野計齋刻本　一册　存一卷(二)

110000－0198－0011575　集普5584
心白日齋集六卷　(清)尹耕雲撰　清光緒刻本　一册　存二卷(三至四)

110000－0198－0011576　集普5585
樊南文集詳注八卷　(唐)李商隱撰　(清)馮浩注　清刻本　一册　存二卷(七至八)

110000－0198－0011577　集普5586
巢經巢遺文五卷　(清)鄭珍撰　清光緒十九年(1893)貴築高氏資州官署刻本　一册　存一卷(一)

110000－0198－0011578　集普5588
文選理學權輿八卷　(清)汪師韓撰　清刻本　一册　存三卷(四至六)

110000－0198－0011579　集普5591
楚辭補註十七卷　(宋)洪興祖撰　清刻本　二册　存七卷(四至五、十一至十五)

110000－0198－0011580　集普5592
静樂軒詩鈔　(清)卞斌撰　清刻本　一册　存四集(北窗集、山池集、八景集、泛舟集)

110000－0198－0011581　集普5595
蕉雲山館詩集一卷文集二卷　(清)陳士傑撰　清末刻本　一册　存一卷(一)

110000－0198－0011582　集普5596
讀書小記二卷　(清)焦廷琥撰　**焦里堂先生軼文一卷**　(清)焦循撰　清光緒二十六年(1900)南陵徐氏刻本　一册

110000－0198－0011583　集普5598
板橋雜記三卷　(清)余懷撰　清光緒三十四年(1908)葉氏郎園刻本　一册

110000－0198－0011584　集普 5600
拜經樓詩集十二卷　(清)吳騫撰　清嘉慶刻本　一册　存三卷(八至十)

110000－0198－0011585　集普 5603
杜陽雜編三卷　(唐)蘇鶚著　明刻本　一册

110000－0198－0011586　集普 5604
仁山先生金文安公文集五卷　(宋)金履祥撰　清同治永康胡氏退補齋刻本　一册　存三卷(三至五)

110000－0198－0011587　集普 5605
白香山詩後集十七卷　(唐)白居易撰　(清)汪立名編　清刻本　一册　存三卷(十四至十六)

110000－0198－0011588　集普 5608
蘇長公集選二十二卷附東坡居士艾子雜説一卷　(宋)蘇軾撰　(明)錢士鰲輯　明刻本　一册

110000－0198－0011589　集普 5610
廣雅碎金四卷附錄一卷　(清)張之洞撰　清光緒二十三年(1897)桐廬袁氏水明樓刻本　一册　存三卷(一至三)

110000－0198－0011590　集普 5611
樂府侍兒小名　(清)李調元撰　清末刻本　一册

110000－0198－0011591　集普 5612
張亨甫全集三十三卷首一卷　(清)張際亮撰　(清)李雲誥輯　清同治六年(1867)刻本　二册　存二卷(二十三至二十四)

110000－0198－0011592　集普 5613
二知軒文存三十四卷　(清)方濬頤撰　清光緒四年(1878)定遠方氏刻本　一册　存二卷(三十三至三十四)

110000－0198－0011593　集普 5614
通藝閣詩三錄八卷　(清)姚椿撰　清末刻本　二册

110000－0198－0011594　集普 5615
續古文苑二十卷　(清)孫星衍輯　清嘉慶十七年(1812)冶城山館刻本　一册　存三卷(一至三)

110000－0198－0011595　集普 5616
可儀堂一百二十名家制義四十八卷　(清)俞長城輯　清刻本　一册　存一卷(三十八)

110000－0198－0011596　集普 5617
八銘塾鈔初集五卷二集五卷　(清)吳懋政編　(清)李文山註　清刻本　一册　存五卷(二集五卷)

110000－0198－0011597　集普 5619
第五才子書十二卷　(明)施耐庵撰　清末刻本　三册　存六卷(三至四、九至十二)

110000－0198－0011598　集普 5620
隨園女弟子詩選六卷　(清)袁枚輯　清末刻本　二册

110000－0198－0011599　集普 5621
新鐫全像武穆精忠傳八卷　(明)李贇輯　清刻本　二册　存四卷(三至四、七至八)

110000－0198－0011600　集普 5622
兒女英雄傳評話十九卷　(清)文康撰　清刻本(有圖)　一册　存二卷(二至三)

110000－0198－0011601　集普 5623
風月夢三十二回　(清)邗上蒙人撰　清末鉛印本　一册　存八回(九至十六)

110000－0198－0011602　集普 5624
更豈有此理四卷　(清)□□撰　清刻本　一册　存一卷(四)

110000－0198－0011603　集普 5626
第五才子書水滸傳七十五卷　(明)施耐庵撰　清末刻本　四册　存四卷(七、十二至十三、十五)

110000－0198－0011604　集普 5627
隨園女弟子詩選六卷　(清)袁枚撰　清刻本　一册　存三卷(一至三)

110000－0198－0011605　集普 5628
袁家三妹合稿　(清)袁枚輯　清刻本　一册

110000－0198－0011606　集普 5629

文章遊戲三編八卷　(清)繆艮輯　清刻本　一册　存一卷(四)

110000－0198－0011607　集普 5630

重編留青新集二十四卷　(清)陳枚原輯　清末鉛印本　二册　存二卷(十五至十六)

110000－0198－0011608　集普 5632

吴門百艷圖□□卷　(清)俞达撰　邹弢評　清刻本　一册　存三卷(三至五)

110000－0198－0011609　集普 5633

分類賦學雞跖集三十卷附録一卷　(清)張維城輯　清道光十二年(1832)刻本　二册　存六卷(一、二十七至三十,附録一卷)

110000－0198－0011610　集普 5634

簡學齋試律續鈔　(清)陳沆撰　清道光二十九年(1849)刻本　一册

110000－0198－0011611　集普 5635

行在陽秋二卷　(明)劉湘客撰　**嘉定屠城紀略一卷**　(清)朱子素撰　清刻本　一册　存一卷(下)

110000－0198－0011612　集普 5636

耿尚孔吴四王合傳　(清)□□撰　**揚州十日記一卷**　(清)王秀楚撰　清刻本　一册

110000－0198－0011613　集普 5637

雙魚罌齋録莫子偲友芝集漢碑聯　(清)莫友芝集　清末刻本　一册

110000－0198－0011614　集普 5639

司空詩品注釋　(唐)司空圖撰　清光緒二年(1876)天德書局刻本　一册

110000－0198－0011615　集普 5640

小題六集大觀□□卷　(清)王步青評　(清)王士鼇編　清刻本　一册　存一卷(十七)

110000－0198－0011616　集普 5644

巴里客餘生詩草六卷　(清)延清撰　清光緒二十七年(1901)石印本　一册

110000－0198－0011617　集普 5652

西遊真詮八卷　(清)陳士斌撰　清刻本　一册　存二卷(七至八)

110000－0198－0011618　集普 5656

詩不分卷　(宋)朱熹集傳　清刻本　一册　存七十葉(七十九至一百四十八)

110000－0198－0011619　集普 5658

繡像九美圖全傳十二卷　(清)曹春江編　清道光二十三年(1843)四友軒刻本　一册　存一卷(六)

110000－0198－0011620　集普 5660

精選名儒草堂詩餘三卷　(元)鳳林書院輯　清道光南海伍氏刻本　一册

110000－0198－0011621　集普 5661

見聞續筆二十四卷　(清)齊學裘撰　清光緒二年(1876)天空海闊之居刻本　一册　存三卷(一至三)

110000－0198－0011622　集普 5663

東坡續集十卷　(宋)蘇軾撰　清宣統元年(1909)寶華盦刻本　一册　存一卷(一)

110000－0198－0011623　集普 5664

東坡内制集十卷　(宋)蘇軾撰　清宣統元年(1909)寶華盦刻本　二册　存七卷(一至七)

110000－0198－0011624　集普 5665

四大奇書第一種十九卷首一卷　(明)羅貫中撰　清光緒刻本　二册　存七卷(一至七)

110000－0198－0011625　集普 5666

國朝六家詩鈔八卷　(清)劉執玉選　清嘉慶八年(1803)刻本　二册

110000－0198－0011626　集普 5667

第一才子書六十卷　(明)羅貫中撰　清末刻本　五册　存十五卷(十八至三十二)

110000－0198－0011627　集普 5668

艷異新編五卷　(清)余崇駿輯　清光緒九年(1883)刻本　二册　存三卷(三至五)

110000－0198－0011628　集普 5669

紀曉嵐詩註釋四卷　(清)紀昀著　(清)郭斌評註　清聚文堂刻朱墨印本　二册

110000－0198－0011629　集普5671
繡像綠野仙蹤全傳十卷　(清)李百川撰　清光緒二十一年(1895)石印本(有圖)　二冊　存二卷(一至二)

110000－0198－0011630　集普5672
古事比五十二卷　(清)方中德輯　清光緒十八年(1892)上海點石齋石印本　一冊　存九卷(二十七至三十五)

110000－0198－0011631　集普5673
白頭新一卷　(清)徐鄂撰　清光緒十三年(1887)大同書局石印本　一冊

110000－0198－0011632　集普5674
小倉山房尺牘十卷　(清)袁枚著　清乾隆五十四年(1789)隨園刻本　一冊　存二卷(二至三)

110000－0198－0011633　集普5675
林蕙堂文集十二卷　(清)吴綺撰　清康熙刻本　一冊　存一卷(一)

110000－0198－0011634　集普5676
詳註聊齋志異圖詠十六卷首一卷　(清)蒲松齡撰　(清)吕湛恩注　清末石印本(有圖)　一冊　存二卷(五至六)

110000－0198－0011635　集普5680
三方合稿　(清)韓慕盧評選　清光緒二十年(1894)上海文盛堂石印本　一冊　存二種(方百川稿、方淑塗稿)

110000－0198－0011636　集普5681
孫龐演義六卷　(清)□□撰　清光緒二十年(1894)上海積山書局石印本　一冊　存二卷(一至二)

110000－0198－0011637　集普5682
文心雕龍十卷　(南朝梁)劉勰撰　清光緒二十一年(1895)上海書局石印本　二冊　存五卷(一至二、五至七)

110000－0198－0011638　集普5683
太史華句八卷　(明)凌迪知輯　清光緒二十二年(1896)鴻寶齋書局石印本　一冊

110000－0198－0011639　集普5685
新鐫全像通俗演義隋煬帝艷史六卷　(明)齊東野人編演　清光緒二十一年(1895)上海書局石印本(有圖)　一冊　存一卷(一)

110000－0198－0011640　集普5686
明詩別裁集十二卷　(清)沈德潛輯　清末刻本　二冊　存四卷(三至六)

110000－0198－0011641　集普5687
明詩別裁集十二卷　(清)沈德潛輯　清乾隆四年(1739)刻本　二冊　存四卷(三至四、九至十)

110000－0198－0011642　集普5688
詠懷堂新編十錯認春燈謎記四卷　(明)阮大鋮著　清末刻本　三冊

110000－0198－0011643　集普5689
西廂記　(元)王實甫撰　清刻本　二冊

110000－0198－0011644　集普5690
清綺軒詞選十三卷　(清)夏秉衡選　清光緒刻本　三冊　存三卷(五、八至九)

110000－0198－0011645　集普5691
新增學堂通問尺牘三卷　清光緒三十二年(1906)上海鑄記鉛印本　三冊

110000－0198－0011646　集普5692
近科館課分韻詩　王先謙編　清光緒十三年(1887)鉛印本　二冊

110000－0198－0011647　集普5693
詳批律賦標準四卷　(清)葉祺昌編次　清同治十二年(1873)書業德刻本　二冊

110000－0198－0011648　集普5696
綉像九美圖全傳十二卷　(清)曹春江編　清道光二十三年(1843)四友軒刻本(有圖)　一冊　存一卷(一)

110000－0198－0011649　集普5697
詩學纂聞　(清)汪師韓撰　清末鉛印本　一冊

110000－0198－0011650　集普5699
繪圖綴白裘十二集四十八卷　(清)玩花主人

輯　清光緒石印本　四冊　存四卷(一至四)

110000－0198－0011651　集普 5700
新刻千里駒四卷　清光緒三十二年(1906)上海書局石印本　二冊

110000－0198－0011652　集普 5701
西巡迴鑾始末記六卷　(日本)吉田良太郎譯　清光緒二十八年(1902)石印本　一冊　存一卷(六)

110000－0198－0011653　集普 5702
新刻繡像劉公案全傳四卷　清光緒三十四年(1908)上海章福記石印本　四冊

110000－0198－0011654　集普 5703
有正味齋試帖詳注四卷　(清)吳錫麒撰　清嘉慶十年(1805)刻本　三冊　缺一卷(一)

110000－0198－0011655　集普 5706
笠翁对韵　(清)李漁著　清末刻本　一冊

110000－0198－0011656　集普 5707
繪圖草木春秋演義四卷　(清)江洪撰　清光緒三十年(1904)上海書局石印本　二冊

110000－0198－0011657　集普 5708
詞選二卷附錄一卷　(清)張惠言錄　清同治六年(1867)刻本　一冊

110000－0198－0011658　集普 5709
類編草堂詩餘四卷　(明)顧從敬撰　清博雅堂刻本　二冊

110000－0198－0011659　集普 5712
飲冰室文集　梁啟超撰　清光緒二十九年(1903)上海廣智書局鉛印本　六冊

110000－0198－0011660　集普 5713
唐宋八大家類選十四卷　(清)儲欣評選　清光緒二十五年(1899)書業德刻本　六冊　存四卷(一至四)

110000－0198－0011661　集普 5715
退一步齋文集四卷詩集十六卷　(清)方濬師撰　清光緒十八年(1892)鉛印本　一冊　存一卷(文集一)

110000－0198－0011662　集普 5716
退一步齋文集四卷詩集十六卷　(清)方濬師撰　清光緒十八年(1892)鉛印本　一冊　存二卷(詩集一至二)

110000－0198－0011663　集普 5719
本事詩前輯六卷後集六卷　(清)徐釚編輯　清光緒邵武徐氏刻本　四冊

110000－0198－0011664　集普 5720
重訂唐詩別裁集二十卷　(清)沈德潛選　清乾隆二十八年(1763)教忠堂刻本　八冊

110000－0198－0011665　集普 5721
香雪林集二十六卷　(明)王思義輯　明刻本　六冊　存六卷(三至八)

110000－0198－0011666　集普 5722
皇明歷朝四書程墨同文錄十五卷　(明)楊廷樞輯評　明崇禎八年(1635)金閶葉聚甫刻本　十二冊

110000－0198－0011667　集普 5723
濂亭文集八卷　(清)張裕釗撰　清光緒八年(1882)蘇州查氏木漸齋刻本　四冊

110000－0198－0011668　集普 5724
竹葉亭雜記八卷　(清)姚元之撰　清光緒十九年(1893)陽湖汪洵署檢刻本　二冊

110000－0198－0011669　集普 5726
篤素堂文集四卷　(清)張英著　清光緒六年(1880)龐山刻本　一冊

110000－0198－0011670　集普 5727
新增七家試帖輯注彙鈔　(清)王植桂輯註　清光緒十一年(1885)善成堂刻本　一冊

110000－0198－0011671　集普 5730
古文約選　(清)允禮選　(清)方苞訂　清刻本　一冊　存一種(曾子固文約選)

110000－0198－0011672　集普 5731
王孟調明經西梟草一卷　(清)王星諴撰　清同治吳縣潘氏滂喜齋刻本　一冊

110000－0198－0011673　集普 5732
元曲選圖　(明)臧懋循編　清刻本　一冊

110000－0198－0011674　集普 5733

海珊詩抄十一卷補遺二卷　(清)嚴遂成撰　清刻本　一冊　存九卷(一至九)

110000－0198－0011675　集普 5734

同人集十二卷　(清)冒襄輯　清咸豐水繪庵刻本　一冊　存一卷(一)

110000－0198－0011676　集普 5735

詩紀一百五十六卷目錄三十六卷　(明)馮惟訥輯　明萬曆聚錦堂刻本　十八冊　缺十二卷(詩紀一至十二)

110000－0198－0011677　集普 5738

陶靖節集六卷　(晉)陶潛撰　清乾隆刻本(有圖)　二冊

110000－0198－0011678　集普 5739

華鬘室詞　(清)闊普通武撰　清末石印本　一冊

110000－0198－0011679　集普 5741

集錄真西山文章正宗三十卷　(宋)真德秀輯　清殖學齋刻本　六冊

110000－0198－0011680　集普 5743

蕩寇志七十卷末一卷　(清)俞萬春著　清咸豐二年(1852)刻本　三十二冊

110000－0198－0011681　集普 5744

信都書院課藝　清刻本　一冊

110000－0198－0011682　集普 5745

信都書院課藝　清刻本　一冊

110000－0198－0011683　集普 5746

重刊杜工部詩史舊集二十卷　明萬曆九年(1581)刻本　十冊

110000－0198－0011684　集普 5747

吳詩集覽二十卷　(清)吳偉業撰　(清)靳榮藩輯　清乾隆四十年(1775)凌雲亭刻本　十六冊

110000－0198－0011685　集普 5748

定香亭筆談四卷　(清)阮元記　清嘉慶五年(1800)揚州阮氏琅嬛僊館刻本　四冊

110000－0198－0011686　集普 5749

梁園風雅九種二十七卷　(明)趙彥復輯　清刻本　九冊　缺三卷(李獻吉詩選三至五)

110000－0198－0011687　集普 5750

榕村全集四十卷　(清)李光地撰　清刻本　十冊　存二十三卷(一至二十三)

110000－0198－0011688　集普 5751

古文淵鑒六十四卷　(清)徐乾學編注　清淵鑑齋刻本　八冊　存二十二卷(一至二十二)

110000－0198－0011689　集普 5752

翠螺閣詩稾　(清)凌祉媛著　清武林任有容齋刻本　一冊

110000－0198－0011690　集普 5753

前漢書鈔四卷後漢書鈔二卷　(清)高嵣集評　清乾隆五十三年(1788)永邑楊氏培元堂刻本　六冊

110000－0198－0011691　集普 5755

清綺軒詞選十三卷　(清)夏秉衡選　清光緒二十一年(1895)佟佳榮勳刻本　四冊

110000－0198－0011692　集普 5760

四印齋彙刻宋元三十一家詞　(清)王鵬運輯　清光緒十九年(1893)臨桂王氏四印齋刻本　四冊

110000－0198－0011693　集普 5764

石村詩集二卷　(清)岳賡廷撰　清道光二十四年(1844)刻本　二冊

110000－0198－0011694　集普 5767

絕妙好詞箋七卷續二卷　(宋)周密輯　(清)余集續鈔　清道光九年(1829)杭州徐氏愛日軒刻本　二冊

110000－0198－0011695　集普 5768

冰壑集六卷　(清)朱令昭撰　清乾隆二十八年(1763)刻本　一冊

110000－0198－0011696　集普 5770

傅徵君霜紅龕詩鈔附錄一卷　(清)傅山著　清乾隆三十二年(1767)止軒刻本　二冊

110000－0198－0011697　集普 5771

艮齋先生薛常州浪語集三十五卷　(宋)薛季宣撰　清同治十年(1871)金陵書局刻本　五冊

110000－0198－0011698　集普 5772
尊前集二卷　(明)顧梧芳撰　明萬曆十年(1582)刻本　一冊

110000－0198－0011699　集普 5773
古歡室詩詞集四種　(清)曾懿撰　清刻本　一冊　存二種(飛鴻集、浣月詞)

110000－0198－0011700　集普 5774
古歡室詩詞集四種　(清)曾懿撰　清刻本　一冊　存一種(飛鴻集)

110000－0198－0011701　集普 5775
陶淵明集首一卷末一卷　(晉)陶潛撰　清光緒五年(1879)廣州翰墨園刻朱墨印本　一冊

110000－0198－0011702　集普 5776
絕妙好詞箋七卷續二卷　(宋)周密輯　(清)余集續鈔　清乾隆十五年(1750)宛平查氏刻本　二冊

110000－0198－0011703　集普 5778
紫雲詞　(清)丁煒撰　(清)朱彝尊選　清康熙二十三年(1684)刻本　一冊

110000－0198－0011704　集普 5779
楚辭集註八卷　(宋)朱熹集註　清聽雨齋刻本　四冊

110000－0198－0011705　集普 5780
悅亭詩稿二卷　(清)李豫著　清乾隆二十年(1755)刻本　二冊

110000－0198－0011706　集普 5783
淮南許注異同詁四卷補遺一卷續補一卷　(清)陶方琦撰　清光緒八年(1882)刻本　一冊　存一卷(補遺一卷)

110000－0198－0011707　集普 5784
卷施閣集文甲集十卷乙集八卷詩集二十卷年譜一卷　(清)洪亮吉著　清刻本　十冊

110000－0198－0011708　集普 5794
蘇詩續補遺二卷　(清)馮景補註　清康熙三十八年(1699)宋犖刻本　五冊

110000－0198－0011709　集普 5795
榕村全集　(清)李光地撰　清李維迪刻本　十冊　存六種(榕村續集、榕村別集、榕村制義初集、榕村制義二集、榕村制義三集、榕村制義四集)

110000－0198－0011710　集普 5796
居儋錄六卷首一卷　(宋)蘇軾撰　(清)劉鳳輝重輯　清光緒二十一年(1895)刻本(有圖)　三冊　缺一卷(六)

110000－0198－0011711　集普 5797
韋齋集十二卷附玉瀾集一卷　(宋)朱松著　清同治七年(1868)紫霞洲祠堂刻本　四冊

110000－0198－0011712　集普 5799
淮海集四十卷　(宋)秦觀著　清同治十二年(1873)秦元慶刻本　六冊

110000－0198－0011713　集普 5800
三十家詩鈔六卷首一卷末一卷　(清)曾國藩輯　清同治十三年(1874)都門刻本　六冊

110000－0198－0011714　集普 5801
杜律通解四卷　(清)李文煒箋釋　清康熙刻本　四冊

110000－0198－0011715　集普 5804
餐櫻詞　(清)況周頤撰　清刻本　一冊

110000－0198－0011716　集普 5811
鄦冰壑先生全書　(清)鄦成撰　清光緒十一年(1885)東雍書院刻本　二冊

110000－0198－0011717　集普 5812
春星草堂集五種　(清)沈丙瑩著　清光緒十五年(1889)刻本　三冊　存二種七卷(文一至二、古今體詩一至五)

110000－0198－0011718　集普 5814
五色線　(宋)□□撰　清刻本　一冊

110000－0198－0011719　集普 5817
碎金續譜六卷　(清)謝元淮輯　清道光二十八年(1848)松滋謝氏刻朱墨印本　一冊　存三卷(四至六)

110000－0198－0011720　集普 5818
獨學廬外集　(清)石韞玉著　清刻本　二冊

110000－0198－0011721　集普 5821
古文喈鳳新編八卷　(清)汪基輯　清道光六年(1826)九如堂刻本　七冊　缺一卷(八)

110000－0198－0011722　集普 5822
研經室集一集十四卷二集八卷三集五卷四集二卷詩十一卷續集十一卷外集五卷　(清)阮元撰　清道光三年(1823)文選樓刻本　十八冊

110000－0198－0011723　集普 5826
椒生隨筆八卷　(清)王之春著　清光緒七年(1881)上洋文藝齋刻本　四冊

110000－0198－0011724　集普 5827
李養一先生文集二十四卷　(清)李兆洛撰　清咸豐二年(1852)刻本　六冊

110000－0198－0011725　集普 5830
清吟堂集九卷附詩二卷　(清)高士奇撰　清康熙三十九年(1700)朗潤堂刻本　四冊

110000－0198－0011726　集普 5831
寒松閣詩八卷　(清)張鳴珂撰　清光緒十九年(1893)刻本　二冊

110000－0198－0011727　集普 5832
續古文辭類纂三十四卷　王先謙輯　清光緒十年(1884)行素草堂刻本　八冊

110000－0198－0011728　集普 5833
滹南遺老王先生文集四十五卷續編一卷　(金)王若虛撰　清光緒十二年(1886)刻本　一冊　存五卷(一至五)

110000－0198－0011729　集普 5836
校經廎文稿十八卷　(清)李富孫撰　清道光元年(1821)刻本　四冊

110000－0198－0011730　集普 5838
虛受齋詩鈔　(清)李光庭撰　清道光十二年(1832)刻本　二冊

110000－0198－0011731　集普 5839
杜樊川詩注四卷　(唐)杜牧撰　清嘉慶六年(1801)德裕堂刻本　二冊

110000－0198－0011732　集普 5840
納書楹曲譜　(清)葉堂訂譜　清刻本　二十二冊

110000－0198－0011733　集普 5843
古泉匯六十四卷續十四卷補遺二卷　(清)李佐賢撰　清同治三年(1864)刻本(有圖)　二十冊

110000－0198－0011734　集普 5845
陶靖節詩注四卷　(宋)湯漢注　清光緒十一年(1885)鄂渚會稽章氏刻本　一冊　存一卷(一)

110000－0198－0011735　集普 5846
揅經室詩錄五卷　(清)阮元撰　清道光十三年(1833)刻本　二冊

110000－0198－0011736　集普 5849
別庵集二卷　(清)張煒撰　清光緒二十四年(1898)刻本　一冊

110000－0198－0011737　集普 5851
留餘堂詩稿　(清)王清撰　清道光留餘堂刻本　二冊

110000－0198－0011738　集普 5858
覺生詩鈔十卷詠物詩鈔四卷詠史詩鈔三卷感舊詩鈔二卷　(清)鮑桂星撰　清嘉慶二十五年(1820)刻本　六冊

110000－0198－0011739　集普 5860
晴嵐詩存二卷　(清)張若靄撰　清刻本　二冊

110000－0198－0011740　集普 5863
歸硯齋詩文存　(清)朱瑋撰　清刻本　二冊

110000－0198－0011741　集普 5864
楚辭約注　(清)高秋月刪定　(清)曹同春纂述　清康熙二十八年(1689)文粹堂刻本　一冊

110000－0198－0011742　集普 5869
陳檢討集二十卷　(清)陳維崧撰　清刻本　五冊

110000－0198－0011743　集普5870

通甫類稿四卷續編二卷詩存四卷詩餘二卷　(清)魯一同撰　清咸豐九年(1859)刻本　六冊

110000－0198－0011744　集普5872

班蘭臺集　(漢)班固著　(明)張傅閱　明末刻本　一冊

110000－0198－0011745　集普5873

樊榭山房全集三十七卷　(清)厲鶚撰　清光緒十年(1884)錢塘汪氏振綺堂刻本(有圖)　一冊　存三卷(一至三)

110000－0198－0011746　集普5874

劍霜龕吟稿四卷附詩餘一卷附錄一卷補遺一卷　(清)秦寶鑑撰　清宣統元年(1909)鉛印本　一冊

110000－0198－0011747　集普5875

[清光緒戊子正科丁酉科]福建鄉試硃卷　清光緒刻本　二冊

110000－0198－0011748　集普5876

[清光緒辛卯科]鄉試硃卷　清光緒刻本　一冊

110000－0198－0011749　集普5877

[清光緒丙戌科]會試硃卷　清光緒刻本　一冊

110000－0198－0011750　集普5878

[清咸豐乙卯科]福建鄉試硃卷　清咸豐刻本　一冊

110000－0198－0011751　集普5879

[清光緒戊子科]硃卷　清光緒刻本　一冊

110000－0198－0011752　集普5880

[清光緒己卯科]鄉試硃卷　清光緒刻本　一冊

110000－0198－0011753　集普5881

[清光緒壬午科]硃卷　清光緒刻本　一冊

110000－0198－0011754　集普5882

[清同治癸酉科]湖北選拔貢卷　清刻本　九冊

110000－0198－0011755　集普5883

[清咸豐乙卯科]山東鄉試硃卷　清咸豐刻本　一冊

110000－0198－0011756　集普5884

[清咸豐己未科]順天鄉試硃卷　清咸豐刻本　一冊

110000－0198－0011757　集普5885

[清道光丙午科]湖北鄉試硃卷　清道光刻本　一冊

110000－0198－0011758　集普5886

[清光緒庚寅恩科]會試硃卷　清光緒刻本　一冊

110000－0198－0011759　集普5887

[清光緒庚寅恩科]會試硃卷　清光緒刻本　一冊

110000－0198－0011760　集普5888

[清光緒丙子科]會試欽取朝考卷　清光緒刻本　一冊

110000－0198－0011761　集普5889

[清同治壬戌科]會試硃卷　清刻本　一冊

110000－0198－0011762　集普5890

[清同治甲戌科]會試擬墨　清同治刻本　一冊

110000－0198－0011763　集普5891

[清光緒丙戌科]會試硃卷　清光緒刻本　一冊

110000－0198－0011764　集普5892

[清同治丁卯科]順天鄉試硃卷　清同治刻本　一冊

110000－0198－0011765　集普5893

澄懷園文存十五卷　(清)張廷玉撰　清刻本　一冊　存二卷(五至六)

110000－0198－0011766　集普5894

古文辭類纂七十四卷　(清)姚鼐輯　清刻本　六冊　存四十四卷(三十一至七十四)

110000－0198－0011767　集普5895

楚辭新注八卷 (清)屈復撰　清道光十七年(1837)弱水草堂刻本　四册

110000－0198－0011768　集普 5896
觀復堂稿略不分卷 (明)朱集璜著　清光緒二十六年(1900)玉山書院刻本　二册

110000－0198－0011769　集普 5897
松心十錄十卷首一卷 (清)張維屏撰　清咸豐刻本　一册　存五卷(草堂集一至五)

110000－0198－0011770　集普 5898
東坡烏臺詩案 (宋)朋九萬撰　清刻本　一册

110000－0198－0011771　集普 5900
[清光緒壬寅補行庚子辛丑恩正併科]順天鄉試墨卷　清光緒刻本　一册

110000－0198－0011772　集普 5901
[清光緒癸未科]會試硃卷　清光緒刻本　一册

110000－0198－0011773　集普 5902
[清咸豐辛酉科并同治壬戌恩科]浙江鄉試硃卷　清同治刻本　一册

110000－0198－0011774　集普 5903
[清咸豐辛酉科并同治壬戌恩科]浙江鄉試硃卷　清同治刻本　一册

110000－0198－0011775　集普 5904
[清咸豐壬子科]順天鄉試硃卷　清咸豐刻本　一册

110000－0198－0011776　集普 5905
[清咸豐壬子科]順天鄉試硃卷　清咸豐刻本　一册

110000－0198－0011777　集普 5906
[清咸豐壬子科]順天鄉試硃卷　清咸豐刻本　一册

110000－0198－0011778　集普 5907
[清咸豐壬子科]順天鄉試硃卷　清咸豐刻本　一册

110000－0198－0011779　集普 5908
[清咸豐壬子科]順天鄉試硃卷　清咸豐刻本　一册

110000－0198－0011780　集普 5909
[清咸豐壬子科]順天鄉試硃卷　清咸豐刻本　一册

110000－0198－0011781　集普 5910
[清咸豐壬子科]順天鄉試硃卷　清咸豐刻本　十五册

110000－0198－0011782　集普 5911
[清光緒丁酉科]順天鄉試硃卷　清光緒刻本　一册

110000－0198－0011783　集普 5912
[清光緒甲午恩科]會試硃卷　清光緒刻本　一册

110000－0198－0011784　集普 5913
[清咸豐辛酉科并同治壬戌恩科]浙江鄉試硃卷　清同治刻本　九册

110000－0198－0011785　集普 5914
[清光緒甲午科]江南鄉試硃卷　清光緒刻本　一册

110000－0198－0011786　集普 5915
[清光緒庚寅恩科]會試硃卷　清光緒刻本　一册

110000－0198－0011787　集普 5916
[清光緒乙亥恩科]廣東鄉試硃卷　清光緒刻本　一册

110000－0198－0011788　集普 5917
[清同治戊辰科]會試硃卷　清同治刻本　一册

110000－0198－0011789　集普 5918
[清光緒癸未科]會試硃卷　清光緒刻本　二册

110000－0198－0011790　集普 5919
[清光緒丁丑科]會試硃卷　清光緒刻本　一册

110000－0198－0011791　集普 5920

殿試策　清抄本　二十五冊

110000－0198－0011792　集普 5921
鄒福保殿試策　(清)鄒福保撰　清末刻本　一冊

110000－0198－0011793　集普 5922
文桀殿試策　(清)文桀撰　清末刻本　一冊

110000－0198－0011794　集普 5923
李盛鐸殿試策　李盛鐸撰　清末刻本　一冊

110000－0198－0011795　集普 5924
趙以炯殿試策　(清)趙以炯撰　清末刻本　一冊

110000－0198－0011796　集普 5925
芝庭先生集十八卷附錄一卷　(清)彭啟豐撰　清刻本　六冊

110000－0198－0011797　集普 5926
紅豆詞鈔二卷　(清)楊瑛昶撰　清乾隆五十八年(1793)勿幕軒刻本　二冊

110000－0198－0011798　集普 5927
見菴錦官錄八種　(清)李錫書撰　清道光七年(1827)刻本(有圖)　八冊

110000－0198－0011799　集普 5928
養一齋詩話十卷李杜詩話三卷試帖一卷詞三卷　(清)潘德輿編　清刻本　二十冊

110000－0198－0011800　集普 5929
山中白雲八卷　(宋)張炎撰　清光緒八年(1882)娛園刻本　二冊

110000－0198－0011801　集普 5930
見菴錦官錄八種　(清)李錫書著　清嘉慶二十一年(1816)蘂石山房刻本　四冊　存二種九卷(見菴制義一卷、四書臆說一至八)

110000－0198－0011802　集普 5931
無為齋文集十二卷續集六卷　(清)張昭潛撰　清光緒刻本　六冊

110000－0198－0011803　集普 5933
躬恥齋文鈔十四卷後編六卷　(清)宗稷辰撰　清咸豐元年(1851)越峴山館刻本　六冊

110000－0198－0011804　集普 5934
熊襄愍公尺牘四卷　(明)熊廷弼撰　清光緒三十四年(1908)璞園刻本　四冊

110000－0198－0011805　集普 5935
湘綺樓詩集八卷　王闓運撰　清光緒二十六年(1900)東州講舍刻本　四冊

110000－0198－0011806　集普 5936
杜律通解四卷　(清)李文煒釋　清刻本　四冊

110000－0198－0011807　集普 5937
有方詩草十卷　(清)宋思仁撰　清乾隆三十八年(1773)傳經堂刻本　四冊

110000－0198－0011808　集普 5938
杜工部集二十卷首一卷　(清)錢謙益註　清靜思堂刻本　十冊

110000－0198－0011809　集普 5939
南村草堂詩鈔二十四卷　(清)鄧顯鶴撰　清道光刻本　四冊

110000－0198－0011810　集普 5941
雕菰樓集二十四卷附蜜梅花館文錄二卷　(清)焦循撰　清道光四年(1824)刻本　八冊

110000－0198－0011811　集普 5943
桂苑筆耕集二十卷　(唐)崔致遠著　清刻本　三冊

110000－0198－0011812　集普 5945
唐人五十家小集　(清)江標輯　清末刻本　二十四冊

110000－0198－0011813　集普 5946
唐宋八大家文鈔一百四十四卷　(明)茅坤評選　清刻本　十一冊

110000－0198－0011814　集普 5948
陶靖節集八卷　(晉)陶潛撰　清刻本　一冊　存五卷(四至八)

110000－0198－0011815　集普 5949
和文釋例　(清)吳啟孫輯　清光緒二十七年

(1901)文明書局鉛印本　一冊

110000－0198－0011816　集普 5951
寓蜀草四卷　(清)王培荀撰　清道光二十七年(1847)濟南王氏慎思堂刻本　二冊

110000－0198－0011817　集普 5952
蘭藻堂集六卷　(清)舒瞻撰　清乾隆刻本　三冊

110000－0198－0011818　集普 5956
蕉雲山館詩集一卷文集二卷　(清)陳士杰撰　清光緒十五年(1889)刻本　二冊

110000－0198－0011819　集普 5957
曹集銓評十卷附逸文一卷年譜一卷附録一卷　(清)丁晏撰　清同治十一年(1872)金陵書局刻本　二冊

110000－0198－0011820　集普 5958
山谷外集詩註十七卷别集詩註二卷　(宋)史容撰　清乾隆刻本　十四冊

110000－0198－0011821　集普 5961
寶綸堂集十卷拾遺一卷　(明)陳洪綬著　清光緒十四年(1888)會稽董氏取斯堂刻本　六冊

110000－0198－0011822　集普 5962
宋元明詩約鈔三百首二卷　(清)朱梓　(清)冷昌言輯　清道光二十一年(1841)京江華峰書屋刻本　二冊

110000－0198－0011823　集普 5963
龠翁詩鈔四卷　(清)錢辰撰　清光緒八年(1882)南錢草堂刻本　一冊

110000－0198－0011824　集普 5964
玉磑集四卷　(清)安致遠撰　清同治二年(1863)自鉏園刻本　二冊

110000－0198－0011825　集普 5965
艷雪堂詩集四卷　(清)張溍撰　清咸豐元年(1851)長子縣學署刻本　二冊

110000－0198－0011826　集普 5968
重刻賴古堂尺牘新鈔三選結鄰集十六卷　(清)周在浚等輯　清康熙九年(1670)賴古堂刻本　六冊

110000－0198－0011827　集普 5969
珂雪集六卷　(清)曹貞吉撰　清刻本　三冊

110000－0198－0011828　集普 5971
重訂蘇黄尺牘四卷　(清)黄始箋輯　清嘉慶五年(1800)刻本　四冊

110000－0198－0011829　集普 5972
歸樸齋詩鈔四卷　(清)曾紀澤撰　清光緒十九年(1893)江南製造總局鉛印本　二冊

110000－0198－0011830　集普 5973
俞樓詩紀一卷　(清)俞樾著　清光緒錢塘丁氏嘉惠堂刻本　一冊

110000－0198－0011831　集普 5974
淮海集四十卷後集六卷長短句三卷首一卷　(宋)秦觀撰　清同治十二年(1873)秦氏家塾刻本　六冊

110000－0198－0011832　集普 5976
慧福樓幸草　(清)俞繡孫撰　清光緒鉛印本　一冊

110000－0198－0011833　集普 5977
問琴閣詩録　宋育仁撰　清刻本　二冊

110000－0198－0011834　集普 5978
枝山文集四卷附野記四卷　(明)祝允明著　清同治十三年(1874)元和祝氏刻本　四冊

110000－0198－0011835　集普 5979
澹靜齋全集七種二十四卷　(清)龔景瀚著　清同治八年(1869)恩錫堂刻本　八冊　存十四卷(文鈔八卷、詩鈔六卷)

110000－0198－0011836　集普 5981
陶靖節詩集四卷附東坡和陶詩一卷　(晉)陶潛撰　(清)蔣薰評閲　清乾隆二年(1737)最樂堂刻本　一冊

110000－0198－0011837　集普 5982
剪燈餘話七卷　(明)李昌祺撰　清咸豐元年(1851)刻本　二冊

110000－0198－0011838　集普 5983

宋黃文節公文集十九卷　(宋)黃庭堅撰　清乾隆三十年(1765)江右寧州緝香堂刻本　一冊　存一卷(一)

110000－0198－0011839　集普 5984
四明尊堯集十一卷　(宋)陳瓘撰　清刻本　二冊

110000－0198－0011840　集普 5985
碧瀣詞二卷　(清)端木埰著　清光緒十六年(1890)刻本　四冊

110000－0198－0011841　集普 5987
朱止泉外集五卷　(清)朱澤澐撰　清道光刻本　二冊

110000－0198－0011842　集普 5989
竹簾館詞　(清)王樹藩著　清宣統元年(1909)朱氏刻本　一冊

110000－0198－0011843　集普 5992
竹簾詞一卷　(清)王樹藩著　清宣統元年(1909)朱氏刻本　一冊

110000－0198－0011844　集普 5993
江陵張文忠公全集四十七卷　(明)張居正撰　清刻本　十二冊

110000－0198－0011845　集普 5994
雲樣集八卷　(清)高陳謨編　清嘉慶二年(1797)傳經堂刻本　四冊

110000－0198－0011846　集普 5995
南唐雜事詩　(清)孫榕著　清光緒二十二年(1896)涕寧孫氏刻本　三冊

110000－0198－0011847　集普 5996
念堂詩草四卷　(清)崔旭撰　清道光刻本　四冊

110000－0198－0011848　集普 5997
達亭老人遺稿三種　(清)王棨華著　清同治十三年(1874)刻本　四冊

110000－0198－0011849　集普 5998
安雅堂全集六種　(清)宋琬著　清初刻本　十六冊

110000－0198－0011850　集普 5999
古文淵鑒六十四卷　(清)徐乾學編　清康熙四色套印本　四冊　存十卷(三十六至四十五)

110000－0198－0011851　集普 6000
延秋吟館詩鈔四卷續鈔四卷　(清)張聯桂撰　清光緒十一年(1885)刻本　一冊

110000－0198－0011852　集普 6002
抱潤軒文集十卷　馬其昶撰　清宣統元年(1909)安徽官紙印刷局石印本　一冊

110000－0198－0011853　集普 6004
關中兩朝文鈔二十二卷附人物考畧　(清)李元春選　清道光守樸堂刻本　五冊　存五卷(五至九)

110000－0198－0011854　集普 6005
北史演義六十四卷　(清)杜綱編次　清刻本　十冊　存三十一卷(三十四至六十四)

110000－0198－0011855　集普 6006
朱虹舫先生大考試卷　(清)朱方增撰　清抄本　一冊

110000－0198－0011856　集普 6010
彈指詞三卷補遺一卷　(清)顧貞觀著　清光緒四年(1878)枕經葄史齋刻本　三冊

110000－0198－0011857　集普 6013
七言詩歌行鈔十五卷　(清)王士禎選　清刻本　一冊　存二卷(九至十)

110000－0198－0011858　集普 6018
古文苑二十一卷　(宋)章樵註　清道光二十年(1840)湖南惜陰軒刻本　一冊　存四卷(九至十二)

110000－0198－0011859　集普 6020
胡少師總集六卷首一卷附錄一卷　(宋)胡舜陟著　清同治二年(1863)刻本　二冊

110000－0198－0011860　集普 6021
南邨草堂詩鈔二十四卷　(清)鄧顯鶴撰　清道光刻本　一冊　存四卷(一至四)

110000－0198－0011861　集普 6022

詞的四卷 （明）茅暎輯評 明刻本 一册 存一卷（一）

110000－0198－0011862 集普 6023
文選遺集五種 （南朝梁）武帝蕭衍等著 清刻本 一册 存二種（梁武帝集、梁簡文帝集）

110000－0198－0011863 集普 6025
知恥齋文集二卷 （清）謝振定著 清刻本 一册 存一卷（下）

110000－0198－0011864 集普 6026
河東先生全集録六卷 （唐）柳宗元撰 （清）儲欣録 清遺清堂刻本 五册

110000－0198－0011865 集普 6027
康對山先生文集十卷 （明）康海撰 清乾隆二十六年（1761）武功縣刻本 六册

110000－0198－0011866 集普 6028
小清閟閣詩鈔一卷 （清）倪玢撰 清道光二十七年（1847）刻本 一册

110000－0198－0011867 集普 6030
杜工部集二十卷首一卷 （唐）杜甫著 清光緒二年（1876）粤東翰墨園刻本 十册

110000－0198－0011868 集普 6031
天真閣集五十四卷外集六卷附長真閣詩集七卷 （清）孫原湘撰 清嘉慶刻本（有圖） 八册 存二十八卷（一至二十八）

110000－0198－0011869 集普 6034
金源劄記二卷 （清）施國祁撰 清嘉慶十七年（1812）潯溪吉貝居刻本 一册

110000－0198－0011870 集普 6035
存素堂詩二集八卷續集一卷 （清）法式善撰 清嘉慶十七年（1812）刻本 二册

110000－0198－0011871 集普 6037
彭南昀全集三十九卷 （清）彭定求撰 清光緒七年（1881）刻本 十六册

110000－0198－0011872 集普 6039
彙纂詩法度針三十三卷首一卷 （清）徐文弼撰 清乾隆二十四年（1759）刻本 七册

110000－0198－0011873 集普 6040
廿一史彈詞注十一卷 （明）楊慎編 清視履堂刻本 七册

110000－0198－0011874 集普 6041
吞松閣集四十卷 （清）鄭虎文撰 清刻本 十二册

110000－0198－0011875 集普 6043
學福齋詩集三十七卷首一卷 （清）沈大成撰 清乾隆三十一年（1766）刻本 四册

110000－0198－0011876 集普 6044
龍壁山房文集五卷 （清）王拯撰 清末刻本 一册 存二卷（三至四）

110000－0198－0011877 集普 6045
吴梅村詩集箋注十八卷 （清）吴偉業撰 清嘉慶十九年（1814）滄浪吟榭主人嚴榮刻本 十二册

110000－0198－0011878 集普 6046
杜律啟蒙十二卷 （清）邊連寶集注 清乾隆刻本 二册 存六卷（四至九）

110000－0198－0011879 集普 6047
秋水庵花影集五卷 （明）施紹莘著 明刻本 八册

110000－0198－0011880 集普 6048
話雲軒詠史詩二卷 （清）曹振鏞撰 清嘉慶五年（1800）刻本 一册

110000－0198－0011881 集普 6054
晞髮集十卷遺集二卷 （宋）謝翱撰 清光緒二年（1876）韓陽秋井家塾刻本 四册

110000－0198－0011882 集普 6055
詳註嚶求集四卷 （清）繆艮著 清光緒十六年（1890）弥藝書局鉛印本 二册

110000－0198－0011883 集普 6056
篋中詞六卷續一卷 （清）譚獻纂録 清光緒八年（1882）刻本 二册

110000－0198－0011884 集普 6060
宋詩紀事一百卷 （清）厲鶚輯 清乾隆十一年（1746）刻本 六册 存二十一卷（一至二

十一）

110000－0198－0011885　集普 6062
曝書亭詞拾遺三卷志異一卷　（清）翁之潤輯録　清光緒二十二年（1896）常熟翁氏刻本　二冊

110000－0198－0011886　集普 6064
鬱華閣遺集詩三卷詞一卷　（清）盛昱撰　清光緒三十四年（1908）武昌留垞寫刻本　一冊

110000－0198－0011887　集普 6065
重刊校正笠澤叢書四卷補遺一卷　（唐）陸龜蒙撰　清末東山草堂刻本　二冊

110000－0198－0011888　集普 6069
郎潛紀聞二十一卷　（清）陳康祺著　清光緒六年（1880）刻本　十四冊

110000－0198－0011889　集普 6070
全三國文七十五卷　（清）嚴可均輯　清光緒二十年（1894）黄岡王毓藻刻本　八冊

110000－0198－0011890　集普 6071
全晉文一百六十七卷　（清）嚴可均輯　清光緒二十年（1894）黄岡王毓藻刻本　十九冊　存一百五十九卷（一至一百五十一、一百六十至一百六十七）

110000－0198－0011891　集普 6072
全晉文一百六十七卷　（清）嚴可均輯　清光緒二十年（1894）黄岡王毓藻刻本　二冊　存十八卷（一百六至一百二十三）

110000－0198－0011892　集普 6073
全上古三代文十六卷　（清）嚴可均輯　清光緒二十年（1894）黄岡王毓藻刻本　一冊　存九卷（八至十六）

110000－0198－0011893　集普 6074
續古文辭類纂三十四卷　王先謙纂集　清光緒八年（1882）長沙王氏虚受堂刻本　三冊

110000－0198－0011894　集普 6077
嗇庵隨筆六卷末一卷　（清）陸文衡撰　清光緒二十三年（1897）刻本　二冊

110000－0198－0011895　集普 6079
萬善花室詞一卷　（清）方履籛撰　清光緒江陰繆氏刻本　一冊

110000－0198－0011896　集普 6083
炊聞詞二卷　（清）王士禄撰　清光緒二十七年（1901）金陵吴氏石蓮庵刻本　一冊

110000－0198－0011897　集普 6086
寒松堂全集十二卷附寒松老人年譜一卷　（清）魏象樞撰　清嘉慶十六年（1811）刻本　十三冊

110000－0198－0011898　集普 6087
求自得之室文鈔十二卷　（清）吴嘉賓撰　清同治五年（1866）廣州刻本　六冊　存六卷（一至六）

110000－0198－0011899　集普 6088
讀杜心解六卷首二卷　（清）浦起龍撰　清雍正二年至三年（1724－1725）浦氏寧我齋刻本　五冊

110000－0198－0011900　集普 6089
先文定公奏議二卷　（清）孫瑞珍撰　清咸豐十年（1860）孫毓珠刻本　二冊

110000－0198－0011901　集普 6090
先文定公奏議二卷　（清）孫瑞珍撰　清咸豐十年（1860）孫毓珠刻本　二冊

110000－0198－0011902　集普 6092
五代觀燈記不分卷　（清）賴溶清撰　清刻本　一冊

110000－0198－0011903　集普 6094
江南餘載二卷江淮異人録一卷青溪弄兵録一卷　（宋）鄭文寶撰　（宋）吴淑撰　（宋）王彌大撰　（清）李調元輯　清道光刻本　一冊

110000－0198－0011904　集普 6095
全唐近體詩鈔五卷　（清）沈裳錦撰　清道光二年（1822）姚氏刻本　一冊

110000－0198－0011905　集普 6099
胡天遊文集五卷補遺一卷　（清）胡天遊著　清宣統元年（1909）上海國學扶輪社鉛印本　四冊

110000－0198－0011906　集普 6100
邱邦士文鈔十八卷　(明)邱維屏撰　清光緒元年(1875)彭以增刻本　四册

110000－0198－0011907　集普 6101
萬紅友詞律二十卷　(清)萬樹撰　清光緒二年(1876)刻本　四册　存八卷(一至八)

110000－0198－0011908　集普 6102
定香亭筆談四卷　(清)阮元撰　清嘉慶五年(1800)刻本　四册

110000－0198－0011909　集普 6103
雙藤書屋詩集十二卷試帖二卷　(清)柯道生撰　清道光元年(1821)靈石何氏刻本　四册

110000－0198－0011910　集普 6104
海峰先生文十卷詩六卷　(清)劉大櫆撰　清同治十三年(1874)刻本　六册

110000－0198－0011911　集普 6105
松石齋詩集六卷　(明)趙用賢撰　清光緒二十二年(1896)常熟趙氏承啓堂刻本　一册

110000－0198－0011912　集普 6108
徧行堂集十六卷　(清)釋今釋撰　清宣統三年(1911)上海國學扶輪社鉛印本　八册

110000－0198－0011913　集普 6109
楊忠愍公集五卷首一卷末一卷　(明)楊繼盛撰　清同治十一年(1872)永康胡氏退補齋刻本　五册

110000－0198－0011914　集普 6111
慎宜軒文十二卷　(清)姚永概撰　清刻本　二册

110000－0198－0011915　集普 6113
王孟詩集七卷　(唐)王維撰　清光緒五年(1879)碧琳瑯館刻朱墨印本　五册

110000－0198－0011916　集普 6114
曇雲閣詩集八卷附録一卷外集一卷詞鈔一卷　(清)曹楙堅撰　清光緒三年(1877)曼陀羅館刻本　四册

110000－0198－0011917　集普 6115
青山詩選六卷　(清)桂超萬編　清同治十三年(1874)桐城徐宗亮皖城刻本　二册

110000－0198－0011918　集普 6118
寒松閣詩三卷駢體文一卷　(清)張鳴珂撰　清光緒十年(1884)江西書局刻本　四册

110000－0198－0011919　集普 6119
桐溪文集十卷补遺一卷　(清)李徽編著　清光緒石印本　四册

110000－0198－0011920　集普 6121
悦心集四卷　(清)世宗胤禛編　清末鉛印本　一册　存二卷(一至二)

110000－0198－0011921　集普 6125
重思齋遺著二卷　(清)王家枚撰　清宣統元年(1909)天全堂鉛印本　二册

110000－0198－0011922　集普 6127
二曲集四十六卷　(清)李顒撰　清光緒三年(1877)信述堂刻本　十六册

110000－0198－0011923　集普 6128
溪詩話十卷　(宋)黄徹撰　清乾隆刻本　一册

110000－0198－0011924　集普 6129
東堂詞不分卷　(宋)毛滂撰　清光緒十四年(1888)錢塘汪氏刻本　二册

110000－0198－0011925　集普 6133
唐詩三百首補註八卷　(清)陳婉俊輯　清光緒十二年(1886)善成堂刻本　六册

110000－0198－0011926　集普 6134
邊華泉集八卷稿六卷　(明)邊貢撰　清嘉慶刻本　二册

110000－0198－0011927　集普 6136
瞿忠宣公集十卷　(明)瞿式耜撰　清光緒十三年(1887)刻本　四册

110000－0198－0011928　集普 6137
鹿忠節公集二十一卷　(明)鹿善繼著　清乾隆刻本　四册　存十二卷(一至十二)

110000－0198－0011929　集普 6138
續古文苑二十卷　(清)孫星衍撰　清刻本

一册　存四卷(八至十一)

110000－0198－0011930　集普6140
佩文廣韻匯編五卷　(清)李元祺編　清同治十一年(1872)金陵書局刻本　二册

110000－0198－0011931　集普6144
陶淵明詩　(晉)陶潛撰　清光緒元年(1875)影刻本　一册

110000－0198－0011932　集普6146
樊榭山房全集二十八卷　(清)厲鶚撰　清光緒十年(1884)汪氏振綺堂刻本　十二册

110000－0198－0011933　集普6150
呂晚村先生文集八卷續集四卷　(清)呂留良撰　清刻木活字印本　一册　存二卷(文集三至四)

110000－0198－0011934　集普6154
句餘土音三卷　(清)全祖望輯　清嘉慶十九年(1814)刻本　三册

110000－0198－0011935　集普6156
西京雜記六卷　(晉)葛洪集　(明)程榮校　明萬曆刻稗海叢書本　一册

110000－0198－0011936　集普6157
杜工部集二十卷　(唐)杜甫撰　清刻本　十册

110000－0198－0011937　集普6158
明滇南詩畧十卷首一卷　(清)袁文典　(清)袁文揆纂輯　清嘉慶四年(1799)肄雅堂刻本　五册

110000－0198－0011938　集普6162
陶淵明集八卷首一卷末一卷　(晉)陶潛撰　清光緒五年(1879)廣州翰墨園刻朱墨印本　一册

110000－0198－0011939　集普6163
陶淵明集八卷首一卷末一卷　(晉)陶潛撰　清光緒五年(1879)廣州翰墨園刻朱墨印本　二册

110000－0198－0011940　集普6166
甑峯先生遺稿二卷　(清)何輝寧撰　清嘉慶刻本　一册

110000－0198－0011941　集普6169
唐文粹詩選六卷　(清)王士禛删纂　清康熙刻本　三册　存三卷(一至三)

110000－0198－0011942　集普6170
澠水燕談錄十卷　(宋)王闢之撰　清刻本　一册

110000－0198－0011943　集普6171
香祖筆記十二卷　(清)王士禛撰　清康熙四十四年(1705)刻本　一册　存三卷(一至三)

110000－0198－0011944　集普6174
蔡中郎集十卷外紀一卷外集四卷　(漢)蔡邕撰　清咸豐二年(1852)楊氏海源閣刻本　三册

110000－0198－0011945　集普6178
隱梅樂不分卷　(清)隱梅道人編　清咸豐八年(1858)夢薌仙館刻本　一册

110000－0198－0011946　集普6180
憶雲詞甲乙丙丁稿四卷附删存一卷　(清)項廷紀撰　清光緒二十五年(1899)思賢書局刻本　一册

110000－0198－0011947　集普6182
後山詩十二卷　(宋)陳師道撰　(宋)任淵注　清光緒二十一年(1895)福建布政使署刻本　一册　存五卷(八至十二)

110000－0198－0011948　集普6185
春闈雜詠一卷　(清)袁昶撰　清光緒十八年(1892)鉛印本　一册

110000－0198－0011949　集普6187
無弦琴譜二卷　(元)仇遠撰　清光緒十一年(1885)刻本　一册

110000－0198－0011950　集普6190
姚選唐人絕句詩鈔不分卷　(清)姚鼐選　清末石印本　一册

110000－0198－0011951　集普6191
退思軒詩集六卷補遺一卷　(清)張百熙撰　清宣統三年(1911)京師鉛印本　一册

110000－0198－0011952　集普6195
重刊五百家註音辨昌黎先生全集四十卷外集十卷目録一卷　（唐）韓愈撰　清刻本　一册　存一卷（目録一卷）

110000－0198－0011953　集普6197
南陽集六卷　（宋）趙湘撰　清乾隆武英殿刻木活字印本　一册　存三卷（一至三）

110000－0198－0011954　集普6198
王文成公全書三十八卷　（明）王守仁撰　清光緒刻本　三册　存三卷（一至三）

110000－0198－0011955　集普6200
花窗夢影圖題詠　（清）程端本輯　清刻本　一册

110000－0198－0011956　集普6201
清夢盦二白詞五卷附刻一卷　（清）沈傳桂撰　清道光二十五年（1845）刻同治十一年（1872）刻本　一册

110000－0198－0011957　集普6202
白雨齋詞話八卷　（清）陳廷焯著　清光緒二十年（1894）刻本　四册

110000－0198－0011958　集普6204
奈何天傳奇二卷　（清）湖上笠翁編次　（清）紫珍道人批評　清康熙刻本　一册　存一卷（下）

110000－0198－0011959　集普6205
比目魚傳奇二卷　（清）湖上笠翁編次　（清）秦淮醉侯批評　清康熙刻本　一册　存一卷（下）

110000－0198－0011960　集普6206
陶淵明集八卷首一卷末一卷　（晉）陶潛撰　清光緒五年（1879）廣州翰墨園刻朱墨印本　一册　缺四卷（一至三、首一卷）

110000－0198－0011961　集普6207
白雲集二卷羅浮集一卷洞庭集一卷燕臺四集一卷　（清）張維屏撰　清光緒永康胡氏退補齋刻本　一册

110000－0198－0011962　集普6210
漢詩紀十卷魏詩紀九卷吴詩紀一卷　（明）馮惟訥彙編　明萬曆金陵吴琯刻本　一册　存五卷（漢詩紀一至五）

110000－0198－0011963　集普6211
唐語林八卷　（宋）王讜撰　清道光惜陰軒刻本　一册　存二卷（五至六）

110000－0198－0011964　集普6212
全唐詩九百卷　（清）聖祖玄燁編　清刻本　一册　存三卷（十至十二）

110000－0198－0011965　集普6214
説雲詩鈔五卷首一卷　（清）袁守定撰　清光緒十三年（1887）袁氏家塾刻本　二册

110000－0198－0011966　集普6215
紫雲山房詩鈔不分卷　（清）曹學閔撰　清嘉慶二年（1797）刻本　一册

110000－0198－0011967　集普6217
三才藻異三十三卷　（清）屠粹忠撰　清康熙二十八年（1689）刻本　十五册

110000－0198－0011968　集普6218
陳學士文集十八卷　（清）陳儀撰　清乾隆蘭雪齋刻本　八册

110000－0198－0011969　集普6219
滹南王先生文集四十五卷續編一卷　（金）王若虛撰　清光緒十二年（1886）刻本　一册　存八卷（十五至二十二）

110000－0198－0011970　集普6220
百美新詠圖傳不分卷　（清）顔希源撰　清集腋軒刻本　一册

110000－0198－0011971　集普6221
李獻吉詩選四卷　（明）李夢陽撰　（明）趙彦復選　明末刻本　一册

110000－0198－0011972　集普6223
食舊悳齋雜著二卷　（清）劉嶽雲撰　清光緒二十二年（1896）成都尊經書局刻本　一册

110000－0198－0011973　集普6224
鷗汀漁隱詩集六卷　（清）陳偕燦撰　清道光二十年（1840）懺琴閣刻本　六册

110000－0198－0011974　集普6225
蓮溪吟稾四卷　(清)沈濂撰　清咸豐四年(1854)刻本　八册

110000－0198－0011975　集普6226
湄湖吟十一卷　(清)杜湊撰　清道光九年(1829)杜塄刻本　四册

110000－0198－0011976　集普6229
誰與庵文鈔二卷孫氏先德傳一卷　(清)孫世均著　清光緒二十八年(1902)歸安孫守恆堂刻本　一册

110000－0198－0011977　集普6231
西山先生真文忠公讀書記四十卷文章正宗復刻三十卷續文章正宗復刻十二卷　(宋)真德秀撰　清同治三年(1864)刻本　四十五册　缺二十卷(讀書記一至二十)

110000－0198－0011978　集普6232
緐笙館修簫譜四卷　(清)舒位撰　清道光十三年(1833)錢塘汪氏振綺堂刻本　二册

110000－0198－0011979　集普6233
詩紀一百五十六卷目錄三十六卷　(明)馮惟訥輯　明刻本　二十七册　缺四十五卷(一至四十五)

110000－0198－0011980　集普6234
海峰先生文十卷詩六卷　(清)劉大櫆撰　清同治十三年(1874)刻本　六册

110000－0198－0011981　集普6235
漁洋山人精華録訓纂十卷總目二卷年譜二卷附錄一卷　(清)王士禛撰　清紅豆齋刻本　六册　缺五卷(六至十)

110000－0198－0011982　集普6236
劍南詩鈔不分卷　(宋)陸游撰　清康熙二十四年(1685)愛日堂刻本　六册

110000－0198－0011983　集普6237
南唐雜事詩一卷　(清)孫榕著　清光緒二十二年(1896)涕寧孫氏鉛印本　二册

110000－0198－0011984　集普6238
襲定盦全集　(清)龔自珍撰　清光緒二十三年(1897)萬本書堂刻本　六册

110000－0198－0011985　集普6239
網師園唐詩箋十六卷　(清)宋宗元輯　清乾隆尚絅堂刻本　六册

110000－0198－0011986　集普6240
雨林詩詞曲話合編　(清)李調元撰　清乾隆萬卷樓刻本　二册

110000－0198－0011987　集普6245
儀衛軒文集五卷　(清)方東樹撰　清同治七年(1868)刻本　四册

110000－0198－0011988　集普6246
桐城方氏詩輯六十七卷　(清)方于穀輯　清道光元年(1821)桐城方氏飼經堂刻本　四十册

110000－0198－0011989　集普6247
八家四六文鈔八種　(清)吳鼒輯　清嘉慶三年(1798)較經堂刻本　四册

110000－0198－0011990　集普6248
御選唐宋詩醇四十七卷目錄二卷　(清)高宗弘曆編　清乾隆刻朱墨印本　二十四册

110000－0198－0011991　集普6249
曝書亭集詞注七卷　(清)朱彝尊著　清道光九年(1829)校經廎刻本　四册

110000－0198－0011992　集普6250
廬陽三賢集三種　(清)張樹聲輯　清光緒元年(1875)張氏毓秀堂刻本　四册

110000－0198－0011993　集普6255
坦庵詞曲六種　(清)徐石麒撰　清南湖享書堂刻本　四册

110000－0198－0011994　集普6256
萬青閣詩餘三卷　(清)趙吉士著　清康熙刻本　一册

110000－0198－0011995　集普6258
秘書三種五卷　(清)劉一峯著　清嘉慶十一年(1806)同德堂刻本　四册

110000－0198－0011996　集普6259

可久處齋文鈔八卷　(清)馬樹華撰　清刻本　二册

110000－0198－0011997　集普 6260
蠹竹山房詩集二卷　(清)侯坤著　清嘉慶八年(1803)刻本　二册

110000－0198－0011998　集普 6261
影留詞不分卷　(清)章楹撰　清浣雪堂刻本　一册

110000－0198－0011999　集普 6262
七十家賦鈔六卷　(清)張惠言輯　清道光元年(1821)合河康氏家塾刻本　四册

110000－0198－0012000　集普 6269
板橋集不分卷　(清)鄭燮撰　清乾隆清暉書屋刻本　六册

110000－0198－0012001　集普 6270
屈原賦注十二卷　(清)戴震撰　清光緒十七年(1891)廣雅書局刻本　一册

110000－0198－0012002　集普 6271
增訂詩韻便覽五卷　(清)王星奎輯　清同治十三年(1874)刻本　五册

110000－0198－0012003　集普 6273
杜詩鏡銓二十卷文集註解二卷附錄一卷附年譜一卷　(清)楊倫編輯　清同治十一年(1872)刻本　十二册

110000－0198－0012004　集普 6275
巢睫吟稿二卷　(清)張烜撰　清光緒十五年(1889)張氏刻本　二册

110000－0198－0012005　集普 6276
花王閣賸藁不分卷　(明)紀坤撰　清末石印本　一册

110000－0198－0012006　集普 6277
讱盦詩存　(清)李大防撰　清宣統元年(1909)開縣李氏鉛印本　一册

110000－0198－0012007　集普 6278
石村詩集三卷文集三卷　(清)郭金臺撰　清道光二十四年(1844)刻本　二册

110000－0198－0012008　集普 6279
雙忽雷本事一卷　劉世珩輯　清宣統三年(1911)貴池劉氏雙忽雷閣刻本　一册

110000－0198－0012009　集普 6280
邃雅堂集十卷續編一卷　(清)姚文田撰　清道光刻本　四册

110000－0198－0012010　集普 6281
宋六十名家詞　(明)毛晉輯　清光緒十四年(1888)錢塘汪氏刻本　二十四册

110000－0198－0012011　集普 6282
學易集八卷　(宋)劉跂著　清光緒刻本　二册

110000－0198－0012012　集普 6286
漁洋山人精華錄訓纂十卷訓纂補十卷　(清)惠棟撰　清紅豆齋刻本　六册　缺五卷(訓纂一至五)

110000－0198－0012013　集普 6288
離騷集傳不分卷　(宋)錢杲之集傳　清光緒三十年(1904)南陵徐乃昌刻本　一册

110000－0198－0012014　集普 6291
文章軌範七卷　(宋)謝枋得編　清光緒二十一年(1895)湖北官書處刻本　二册

110000－0198－0012015　集普 6292
樊山全集六種　(清)樊增祥撰　清光緒十九年(1893)渭南縣署刻本　四册　存一種(樊山集)

110000－0198－0012016　集普 6299
汪龍莊先生遺書八種　(清)汪輝祖撰　清光緒十二年(1886)山東書局刻本　六册

110000－0198－0012017　集普 6300
茶香室三鈔二十九卷　(清)俞樾撰　清光緒十五年(1889)刻本　六册

110000－0198－0012018　集普 6301
崔文敏公洹詞十二卷　(明)崔銑撰　清同治二年(1863)刻本　十二册

110000－0198－0012019　集普 6302
蒿菴集三卷附錄一卷　(清)張爾岐著　清光

緒十五年(1889)山東書局刻本　三册

110000－0198－0012020　集普6303

茶夢盦燼餘詞一卷　(清)高望曾撰　清同治九年(1870)福州刻本　一册

110000－0198－0012021　集普6304

松龕古今體詩存八卷　(清)慕維德著　清刻本　二册

110000－0198－0012022　集普6308

菰中隨筆一卷　(清)顧炎武撰　清光緒刻本　一册

110000－0198－0012023　集普6311

春渚紀聞十卷　(宋)何薳撰　清照曠閣刻本　四册

110000－0198－0012024　集普6312

養一齋詩話三卷　(清)潘德輿撰　清道光二十九年(1849)刻本　三册

110000－0198－0012025　集普6319

蓮窗雜著一卷　(清)趙國華撰　清光緒九年(1883)刻本　一册

110000－0198－0012026　集普6323

不易居詩鈔四卷　(清)楊瑛昶撰　清乾隆刻本　二册

110000－0198－0012027　集普6326

龍壁山房文集五卷　(清)王拯著　清光緒刻本　一册

110000－0198－0012028　集普6328

哭庵丁戊詩集四卷　易順鼎撰　清宣統鉛印本　一册

110000－0198－0012029　集普6330

蘇鄰遺詩四種　(清)黎庶昌撰　清光緒十四年(1888)遵義黎氏刻本　一册

110000－0198－0012030　集普6335

敦艮吉齋詩存二卷文存四卷　(清)徐子苓撰　清光緒刻本　六册

110000－0198－0012031　集普6336

回文類聚原編四卷首一卷附續編四卷首一卷另編織錦回文圖一卷　(宋)桑世昌撰　清刻本　三册

110000－0198－0012032　集普6337

劍南詩鈔不分卷　(宋)陸游著　清刻本　八册

110000－0198－0012033　集普6340

笠澤叢書九卷首一卷末一卷附考一卷　(唐)陸龜蒙撰　清嘉慶二十四年至二十五年(1819－1820)古韻閣刻本　二册

110000－0198－0012034　集普6341

唐陸宣公集二十二卷　(唐)陸贄著　清刻本　一册　存六卷(一至六)

110000－0198－0012035　集普6342

至書一卷　(宋)蔡沈撰　清光緒八年(1882)歸安陸氏刻本　一册

110000－0198－0012036　集普6343

駢體文鈔三十一卷　(清)李兆洛編　清光緒刻本　三册　存九卷(二十至二十一、二十五至三十一)

110000－0198－0012037　集普6344

黄漳浦集五十卷年譜二卷　(明)黄道周撰　清道光刻本　七册　存九卷(十二至十四、十九至二十四)

110000－0198－0012038　集普6345

陽春白雪八卷外集一卷　(宋)趙聞禮輯　清道光刻本　一册　缺四卷(一至四)

110000－0198－0012039　集普6346

苾芻館詞集六卷　(清)胡延撰　清光緒二十九年(1903)金陵糧儲道廨刻本　四册

110000－0198－0012040　集普6347

定山堂古文小品二卷　(清)龔鼎孳撰　清宣統二年(1910)上海國學昌明社石印本　二册

110000－0198－0012041　集普6350

楚辭集註八卷　(宋)朱熹集註　清聽雨齋刻朱墨印本　六册　存三卷(一至三)

110000－0198－0012042　集普6352

塞垣集六卷　(清)王安定撰　清宣統三年

(1911)京師京華印書局鉛印本　一冊

110000－0198－0012043　集普 6355

桂林霜二卷　(清)蔣士銓填詞　清刻本　二冊

110000－0198－0012044　集普 6356

新科墨卷雅正不分卷　(清)□□輯　清嘉慶刻本　二冊

110000－0198－0012045　集普 6358

咫聞軒賸稾四卷詩草十卷　(清)帥方蔚撰　清同治元年(1862)刻本　八冊

110000－0198－0012046　集普 6359

紫石泉山房文集十二卷詩鈔三卷　(清)吳定撰　清光緒十三年(1887)黟縣李氏刻本　五冊

110000－0198－0012047　集普 6360

杜詩闡三十三卷　(清)盧元昌述　清康熙二十一年(1682)馬均梁刻本　八冊

110000－0198－0012048　集普 6361

甌香館集十二卷首一卷末一卷補遺詩一卷補遺畫跋一卷附錄一卷　(清)惲格著　清光緒七年(1881)刻本　四冊

110000－0198－0012049　集普 6362

寶綸堂集八卷　(清)齊召南撰　清光緒十三年(1887)金峨山館刻本　四冊

110000－0198－0012050　集普 6365

石里詩二卷　(清)張尚瑗撰　清康熙刻本　一冊

110000－0198－0012051　集普 6366

列翠軒詩　(清)梁穆撰　清刻本　一冊

110000－0198－0012052　集普 6370

强恕齋詩鈔四卷文鈔五卷　(清)張庚撰　清乾隆十七年(1752)刻本　二冊

110000－0198－0012053　集普 6371

彙纂詩法度鍼三十三卷首一卷　(清)徐文弼編輯　清乾隆同人堂刻本　八冊

110000－0198－0012054　集普 6372

有正味齋駢體文二十四卷詞集八卷續集八卷　(清)吳錫麒撰　清刻本　十冊

110000－0198－0012055　集普 6374

鐵崖先生古樂府補六卷　(明)楊維楨撰　明末汲古閣刻本　一冊

110000－0198－0012056　集普 6375

讀書堂杜工部詩集註解二十卷　(清)張溍評註　清讀書堂刻本　二十一冊

110000－0198－0012057　集普 6376

九靈山房遺藁詩四卷文一卷首一卷補編二卷　(元)戴良撰　清刻本　四冊

110000－0198－0012058　集普 6379

拜鵑樓詩稿二卷　雷鳳鼎著　清末刻本　一冊

110000－0198－0012059　集普 6380

苾芻館詞集六卷　(清)胡延撰　清光緒十三年(1887)刻本　四冊

110000－0198－0012060　集普 6382

樫華館文集六卷駢文一卷詩集四卷雜錄一卷　(清)路德撰　清光緒七年(1881)解梁刻本　十冊

110000－0198－0012061　集普 6383

元遺山先生集四十卷附錄一卷補載一卷年譜三種新樂府四卷夷堅志四卷　(金)元好問著　(元)張德輝類次　清光緒八年(1882)京都瀚文齋書坊刻本　八冊　存二十八卷(一至二十八)

110000－0198－0012062　集普 6384

潛室陳先生木鐘集十一卷　(宋)陳埴撰　清同治六年(1867)東歐郡齋刻本　四冊

110000－0198－0012063　集普 6385

賀蘭雪樵詩集四卷　(清)張榕端著　清刻本　二冊

110000－0198－0012064　集普 6387

詩比興箋四卷　(清)陳沆撰　清咸豐四年(1854)刻本　二冊

110000－0198－0012065　集普 6390

袁文箋正十六卷補注一卷　(清)袁枚撰　清光緒八年(1882)汗青簃刻本　一册　存二卷(十一至十二)

110000－0198－0012066　集普 6391
道園集不分卷　(元)虞集撰　清康熙四十九年(1710)崇仁縣署刻本　一册

110000－0198－0012067　集普 6392
古唐詩合解十六卷　(清)王堯衢註　清光緒十七年(1891)上海掃葉山房刻本　一册　存二卷(一至二)

110000－0198－0012068　集普 6393
鈍翁前後類稾六十二卷　(清)汪琬撰　清康熙十四年(1675)刻本　二十四册

110000－0198－0012069　集普 6395
霜紅龕全集　(清)傅山著　清宣統元年(1909)刻本　四册

110000－0198－0012070　集普 6397
楚辭補註十七卷　(清)李錫齡校　清道光二十年(1840)三原李氏惜陰軒刻本　一册　存五卷(六至十)

110000－0198－0012071　集普 6404
秋君遺稿六卷　(清)馮如璋撰　清道光二十五年(1845)刻本　二册　存四卷(一至四)

110000－0198－0012072　集普 6405
樂饑集二卷　(清)竇克勤撰　清光緒十年(1884)大興黃振河刻本　二册

110000－0198－0012073　集普 6406
墨花吟館文鈔二卷　(清)嚴辰撰　清光緒刻本　一册

110000－0198－0012074　集普 6407
對月樓詩續錄四卷　(清)孔憲彝撰　清咸豐七年(1857)刻本　一册

110000－0198－0012075　集普 6408
惲遜庵先生遺集不分卷　(清)惲日初撰　清道光八年(1828)雲蔭堂刻本　一册

110000－0198－0012076　集普 6409
謝城先生遺詩　(清)汪曰楨撰　清光緒十五年(1889)刻本　一册

110000－0198－0012077　集普 6411
四憶堂詩集六卷遺稿一卷　(清)侯方域撰　清刻本　二册

110000－0198－0012078　集普 6414
陽春白雪八卷外集一卷　(宋)趙聞禮選　清享帚精舍刻本　一册　存四卷(一至四)

110000－0198－0012079　集普 6415
皇甫持正文集六卷補遺一卷　(唐)皇甫湜撰　清光緒二年(1876)刻本　一册

110000－0198－0012080　集普 6416
回文賦彙不分卷　清光緒二十三年(1897)湘鄉谢氏刻本　一册

110000－0198－0012081　集普 6418
冰壺詞三卷　(清)張雲驤撰　清光緒十二年(1886)刻本　一册　存二卷(一至二)

110000－0198－0012082　集普 6419
小蘇潭詞四卷　(清)蕉南舊史撰　清道光刻本　一册

110000－0198－0012083　集普 6420
瓊華室詞一卷窺生鐵齋詞一卷　(清)俞廷瑛撰　清光緒十一年(1885)杭州刻本　一册

110000－0198－0012084　集普 6421
蘭當詞二卷　(清)陶方琦撰　清光緒十六年(1890)刻本　一册

110000－0198－0012085　集普 6422
清夢龕二白詞五卷附刻一卷　(清)沈傳桂撰　清道光二十五年(1845)刻本　一册

110000－0198－0012086　集普 6423
二鄉亭詞三卷　(清)宋琬撰　清光緒刻本　一册

110000－0198－0012087　集普 6425
半塘定稾二卷賸稾一卷　(清)王鵬運撰　清光緒三十二年(1906)小放下庵刻本　一册

110000－0198－0012088　集普 6426
夢影詞六卷　(清)王錫元撰　清光緒二十七

年(1901)刻本　三冊

110000－0198－0012089　集普 6427
明詞綜十二卷　(清)朱彝尊輯　清嘉慶八年(1803)三泖漁莊刻本　一冊

110000－0198－0012090　集普 6428
呂子遺書四種　(清)吕坤撰　清道光七年(1827)開封府署刻本　十八冊

110000－0198－0012091　集普 6429
呻吟語六卷　(清)吕坤撰　清光緒刻本　六冊

110000－0198－0012092　集普 6430
笠翁一家言全集十六卷　(清)李漁著　清世德堂刻本　二十冊

110000－0198－0012093　集普 6432
説郛八種　(明)陶宗儀撰　清刻本　四十九冊

110000－0198－0012094　集普 6434
漢魏六朝女子文選二卷　張維輯　清宣統三年(1911)海鹽朱氏刻本　一冊

110000－0198－0012095　集普 6435
仁山先生金文安公文集五卷　(宋)金履祥撰　(清)胡鳳丹輯　清同治十三年(1874)退補齋刻本　一冊

110000－0198－0012096　集普 6436
楚辭補註十七卷　(宋)洪興祖撰　(清)李錫齡輯　清道光二十年(1840)三原李氏惜陰軒刻本　三冊

110000－0198－0012097　集普 6439
憑山閣增輯留青新集三十卷　(清)陳枚選　清康熙四十七年(1708)素位堂刻本　二十冊

110000－0198－0012098　集普 6440
詩紀一百五十六卷目錄三十六卷　(明)馮惟訥彙編　明萬曆刻本　二冊　存十卷(詩紀一至五、三十一至三十五)

110000－0198－0012099　集普 6441
愛月軒女史遺稿三卷　(清)胡凱姒撰　清光緒刻本　一冊

110000－0198－0012100　集普 6442
信都書院刻集不分卷　(清)李諧韺等撰　清刻本　一冊

110000－0198－0012101　集普 6444
吳徵士遺詩一卷遺文一卷　(清)吳廷香撰　清同治二年(1863)刻本　一冊

110000－0198－0012102　集普 6445
後山詩注十二卷　(宋)陳師道撰　清刻本　二冊　存七卷(一至七)

110000－0198－0012103　集普 6447
南唐雜事詩不分卷　(清)孫榕著　清光緒二十二年(1896)涕寧孫氏鉛印本　一冊

110000－0198－0012104　集普 6449
巢經巢詩鈔九卷　(清)鄭珍撰　清咸豐二年(1852)阿伽陀室刻本　二冊

110000－0198－0012105　集普 6450
光緒丁酉科朝考卷　(清)劉春霖書　清光緒抄本　一冊

110000－0198－0012106　集普 6452
西青散記八卷　(清)史震林著　清乾隆刻本　八冊　存四卷(一至四)

110000－0198－0012107　集普 6453
松陵見聞錄十卷首一卷　(清)王鯤撰　清道光九年(1829)話雨樓刻本　四冊

110000－0198－0012108　集普 6454
喜聞過齋全集十二卷附行狀　(清)李文耕撰　清道光十九年(1839)厚遠堂刻本　四冊

110000－0198－0012109　集普 6456
左傳劉杜持平六卷　(清)邵瑛著　清嘉慶二十年(1815)刻本　二冊

110000－0198－0012110　集普 6457
授堂詩鈔八卷授堂文鈔十卷附讀書山房文鈔二卷　(清)武億撰　清道光二十三年(1843)小石山房刻本　四冊　缺四卷(文鈔五至八)

110000－0198－0012111　集普 6458
柳文四十三卷別集二卷外集二卷附錄一卷　(唐)柳宗元撰　清同治六年(1867)永州刻本

八册　存二十四卷(一至二十四)

110000－0198－0012112　集普 6459

笠澤叢書七卷補遺一卷續補遺一卷附攷　(唐)陸龜蒙撰　(清)陳玟輯　清嘉慶二十四年至二十五年(1819－1820)刻本　二册

110000－0198－0012113　集普 6462

帶經堂詩話三十卷首一卷　(清)王士禛撰　清同治十二年(1873)廣州藏脩堂刻本　八册

110000－0198－0012114　集普 6463

國朝駢體正宗十二卷　(清)曾燠輯　清嘉慶十一年(1806)賞雨茆屋刻本　六册

110000－0198－0012115　集普 6464

八旗文經五十六卷作者攷三卷敘錄一卷　(清)盛昱撰　清光緒二十七年(1901)武昌刻本　十二册

110000－0198－0012116　集普 6465

朱止泉先生文集八卷附行狀　(清)朱光進編輯　清光緒刻本　四册

110000－0198－0012117　集普 6466

明三十家詩選初集八卷二集八卷　(清)汪端輯　清同治十二年(1873)蘊蘭吟館刻本　八册

110000－0198－0012118　集普 6468

翁松禪手札　(清)翁同龢撰　清末石印本　十册

110000－0198－0012119　集普 6469

施註蘇詩四十二卷補遺二卷附年譜一卷　(清)宋犖等閱定　清刻本　八册　缺二十一卷(一至二十一)

110000－0198－0012120　集普 6470

雙藤書屋詩集十二卷試帖二卷　(清)何道生撰　清道光元年(1821)雕藻齋刻本　四册

110000－0198－0012121　集普 6471

賀文忠公遺集四卷末一卷　(明)賀逢聖撰　清道光八年(1828)刻本　四册

110000－0198－0012122　集普 6472

李長吉集四卷外集一卷　(唐)李賀撰　(清)黃陶菴評本　(清)黎二樵批點　清末石印本　二册

110000－0198－0012123　集普 6473

用六集十二卷　(清)刁包著　清道光二十三年(1843)順積樓刻本　八册

110000－0198－0012124　集普 6474

陸象山先生全集三十六卷附一卷　(宋)陸九淵撰　清道光三年(1823)金谿槐堂書屋刻本　十二册

110000－0198－0012125　集普 6475

歐陽文公圭齋集十五卷附錄一卷　(元)歐陽玄撰　清道光十四年(1834)棣餘山房刻本　六册

110000－0198－0012126　集普 6476

廣理學備考不分卷　(清)范鼎編　清康熙范氏五經堂刻本　二十四册

110000－0198－0012127　集普 6479

周犢山文稿文集不分卷　(清)周鎬撰　清光緒十九年(1893)刻本　四册

110000－0198－0012128　集普 6480

曾文正公文集四卷　(清)曾國藩撰　清光緒二年(1876)傳忠書局刻本　四册

110000－0198－0012129　集普 6481

潛菴先生遺稿五卷疏稿一卷年譜一卷家書一卷困學錄一卷　(清)湯斌輯　清道光七年(1827)懷潤堂刻本　六册

110000－0198－0012130　集普 6482

山谷外集詩注十四卷　(宋)黃庭堅撰　(宋)史容注　清刻本　六册

110000－0198－0012131　集普 6483

醒世姻緣傳一百回　題(清)西周生著　清同治九年(1870)刻本　十九册

110000－0198－0012132　集普 6484

林和靖集四卷拾遺一卷　(宋)林逋撰　清同治十二年(1873)長洲朱氏依抱經堂刻本　二册

110000－0198－0012133　集普 6485

新刻劍嘯閣批評西漢演義八卷　(明)鍾惺評　清善成堂刻本　八冊

110000－0198－0012134　集普 6486
明詩綜一百卷　(清)朱彝尊輯　清刻本　八冊　存二十四卷(六十八至九十一)

110000－0198－0012135　集普 6489
邵子詩鈔二卷附錄一卷　(宋)邵雍撰　清嘉慶二十一年(1816)仁厚堂刻本　二冊

110000－0198－0012136　集普 6490
陳北溪先生文集十四卷　(宋)陳淳撰　清光緒九年(1883)傳經堂刻本　四冊

110000－0198－0012137　集普 6494
陸平原集二卷附錄一卷　(晉)陸機著　清光緒十八年(1892)章經濟堂刻本　三冊

110000－0198－0012138　集普 6495
郭弘農集二卷　(晉)郭璞著　清光緒十八年(1892)章經濟堂刻本　二冊

110000－0198－0012139　集普 6496
孫廷尉集一卷陶彭澤集一卷　(晉)孫綽著　清光緒十八年(1892)章經濟堂刻本　一冊

110000－0198－0012140　集普 6497
張景陽集一卷　(晉)張協著　清光緒十八年(1892)章經濟堂刻本　一冊

110000－0198－0012141　集普 6498
梁武帝御製集十二卷　(明)張溥閱　清光緒十八年(1892)章經濟堂刻本　二冊　存二卷(一至二)

110000－0198－0012142　集普 6499
梁昭明太子集一卷　(南朝梁)蕭統著　清光緒十八年(1892)章經濟堂刻本　一冊

110000－0198－0012143　集普 6500
梁簡文帝御製集十四卷　(明)張溥閱　清光緒十八年(1892)章經濟堂刻本　四冊　存四卷(一至四)

110000－0198－0012144　集普 6501
沈隱侯集二卷　(南朝梁)沈約著　清光緒十八年(1892)章經濟堂刻本　三冊

110000－0198－0012145　集普 6502
宋何衡陽集一卷　(南朝宋)何承天著　清光緒十八年(1892)章經濟堂刻本　一冊

110000－0198－0012146　集普 6503
宋傅光祿集一卷　(南朝宋)傅亮著　清光緒十八年(1892)章經濟堂刻本　一冊

110000－0198－0012147　集普 6504
王文憲集一卷　(南朝齊)王儉著　清光緒十八年(1892)章經濟堂刻本　一冊

110000－0198－0012148　集普 6505
王寍朔集不分卷　(南朝齊)王融著　清光緒十八年(1892)章經濟堂刻本　一冊

110000－0198－0012149　集普 6506
謝宣城集一卷　(南朝齊)謝脁著　清光緒十八年(1892)章經濟堂刻本　一冊

110000－0198－0012150　集普 6507
齊張長史集一卷　(南朝齊)張融著　清光緒十八年(1892)章經濟堂刻本　一冊

110000－0198－0012151　集普 6508
陶隱居集一卷　(南朝梁)陶弘景著　清光緒十八年(1892)章經濟堂刻本　一冊

110000－0198－0012152　集普 6509
任中丞集一卷　(南朝梁)任昉著　清光緒十八年(1892)章經濟堂刻本　一冊

110000－0198－0012153　集普 6510
王左丞集一卷　(南朝梁)王僧孺著　清光緒十八年(1892)章經濟堂刻本　一冊

110000－0198－0012154　集普 6511
陸太常集一卷　(南朝梁)陸倕著　清光緒十八年(1892)章經濟堂刻本　一冊

110000－0198－0012155　集普 6512
梁元帝集一卷　(南朝梁)元帝蕭繹著　(明)張溥閱　清光緒十八年(1892)章經濟堂刻本　二冊

110000－0198－0012156　集普 6513
江醴陵集一卷　(南朝梁)江淹著　清光緒十八年(1892)章經濟堂刻本　二冊

110000－0198－0012157　集普6515

詞林正韻三卷　(清)戈載輯　清光緒十七年(1891)思賢講舍刻本　二册

110000－0198－0012158　集普6516

百疊蘇韻二卷　(清)顧修著　清嘉慶刻本　一册

110000－0198－0012159　集普6517

諧聲譜二卷　(清)張惠言撰　清光緒刻本　二册

110000－0198－0012160　集普6518

甌北集五十三卷　(清)趙翼撰　清嘉慶十七年(1812)刻本　六册　缺五卷(六至十)

110000－0198－0012161　集普6519

近光集二十八卷　(清)汪士鋐編纂　清康熙五十八年(1719)刻本　九册

110000－0198－0012162　集普6520

陸清河集二卷　(晉)陸雲著　清光緒十八年(1892)章經濟堂刻本　二册

110000－0198－0012163　集普6521

唐詩合解箋十二卷古詩四卷　(清)王堯衢註　清寶興堂刻本　五册

110000－0198－0012164　集普6522

明文才調集不分卷　(清)許振禕輯　清光緒十七年(1891)大梁東河行署刻本　四册

110000－0198－0012165　集普6523

虛受堂文集十六卷　王先謙撰　清宣統二年(1910)上海國學書社石印本　六册

110000－0198－0012166　集普6525

徽省同聲集五卷　(清)彭鑾輯　清光緒十六年(1890)刻本　一册

110000－0198－0012167　集普6526

檉華館試帖彙鈔輯注十卷　(清)路德輯註　清道光十四年(1834)刻本　六册

110000－0198－0012168　集普6527

施注蘇詩四十二卷補遺二卷　(宋)蘇軾撰　(清)宋犖閲定　(清)宋至刪補　清康熙三十八年(1699)宋犖刻本　八册

110000－0198－0012169　集普6528

小品樂歌十五種二卷　(清)□□輯　清刻本　二册

110000－0198－0012170　集普6529

岳武穆精忠傳六卷　(明)鄒元標編訂　清光緒刻本　四册

110000－0198－0012171　集普6530

純甫古文鈔六卷　(清)戴楫譔著　清同治九年(1870)刻本　二册

110000－0198－0012172　集普6531

古文眉詮七十九卷　(清)浦起龍編　清乾隆九年(1744)靜寄東軒刻本　十六册

110000－0198－0012173　集普6532

岳忠武王文集八卷　(宋)岳飛撰　清同治十二年(1873)刻本　四册

110000－0198－0012174　集普6533

甌北全集七種　(清)趙翼撰　清嘉慶五年(1800)湛貽堂刻本　八册

110000－0198－0012175　集普6534

甌北詩鈔二十卷　(清)趙翼撰　清乾隆二十二年(1757)湛貽堂刻本　五册

110000－0198－0012176　集普6535

陔餘叢考四十三卷　(清)趙翼撰　清乾隆五十五年(1790)湛貽堂刻本　十册

110000－0198－0012177　集普6536

左文襄公批札七卷　(清)左宗棠撰　清光緒十八年(1892)刻本　四册

110000－0198－0012178　集普6537

左文襄公全集　(清)左宗棠撰　清光緒刻本　一册　存一種(左文襄公咨札)

110000－0198－0012179　集普6538

左文襄公全集十三種首一卷　(清)左宗棠撰　清光緒十六年(1890)刻本　三册　存二種(左文襄公文集、左文襄公詩集)

110000－0198－0012180　集普6543

杜工部集二十卷　(清)錢謙益注　清康熙六年(1667)靜思堂刻本　八册

110000－0198－0012181　集普6544
楚辭十七卷　(戰國)屈原撰　清同治十一年(1872)金陵書局刻本　一册

110000－0198－0012182　集普6545
海峰文集八卷　(清)劉大櫆著　清同治十三年(1874)刑邱劉繼刻本　八册

110000－0198－0012183　集普6546
南澗甲乙稿二十二卷　(宋)韓元吉撰　清刻本　八册

110000－0198－0012184　集普6549
稼軒詞四卷　(宋)辛棄疾撰　清末刻本　一册　存二卷(一至二)

110000－0198－0012185　集普6550
本朝館閣詩二十卷附錄一卷　(清)阮學浩編次　清刻本　七册　缺九卷(一至九)

110000－0198－0012186　集普6551
秣陵集六卷　(清)陳文述撰　清光緒十年(1884)淮南書局刻本　三册

110000－0198－0012187　集普6553
桃花扇二卷　(清)孔尚任撰　清康熙西園刻本　四册

110000－0198－0012188　集普6554
樫華館試帖彙鈔輯注十卷　(清)路德撰　清末上洋江左書林刻本　十册

110000－0198－0012189　集普6556
新刻陳明卿先生對類會海二十卷　(明)陳明卿校閲　清致和堂刻本　六册

110000－0198－0012190　集普6557
古文淵鑒六十四卷　(清)聖祖玄燁撰　清康熙二十四年(1685)北京内府刻五色套印本　八册　存二十五卷(一至二十五)

110000－0198－0012191　集普6558
霜紅龕全集　(清)傅山撰　清宣統二年(1910)平遙王氏刻本　四册

110000－0198－0012192　集普6559
新刻重較增補圓機活法詩學全書二十四卷　(明)王世貞校正　明末刻本　十册　存十六卷(一至十六)

110000－0198－0012193　集普6560
采菽堂古詩選三十八卷補遺四卷　(清)陳祚明評選　清刻本　十册　存二十一卷(二十二至三十八、補遺四卷)

110000－0198－0012194　集普6562
分類補註李太白詩二十五卷附年譜一卷　(明)許自昌校　明末刻本　七册　存十六卷(一至二、七至十二、十六至二十三)

110000－0198－0012195　集普6563
十八家詩鈔二十八卷　(清)曾國藩輯　清同治十三年(1874)傳忠書局刻本　三册　存三卷(十四至十五、二十二)

110000－0198－0012196　集普6564
尤太史西堂全集六十一卷　(清)尤侗撰　清康熙刻本　六册

110000－0198－0012197　集普6566
文選六十卷　(南朝梁)蕭統撰　清乾隆三十七年(1772)海錄軒刻朱墨印本　二十册

110000－0198－0012198　集普6567
天籟軒詞選六卷　(清)葉申薌編輯　清道光十一年至十五年(1831－1835)天籟軒刻本　二册

110000－0198－0012199　集普6571
簫臺公餘詞一卷介庵琴趣外篇六卷補遺一卷竹屋癡語一卷　(宋)姚述堯等撰　清光緒錢塘丁氏刻本　一册

110000－0198－0012200　集普6572
松石齋文集二十五卷　(明)趙用賢撰　清光緒二十八年(1902)常熟趙氏承啟堂刻本　八册

110000－0198－0012201　集普6573
阮亭選古詩三十二卷　(清)王士禛選　清乾隆三十一年(1766)芷蘭堂刻本　八册

110000－0198－0012202　集普6574
方望溪先生全集十八卷集外文十卷補遺二卷　(清)方苞撰　清咸豐刻本　十三册

110000－0198－0012203　集普6576

名家詞鈔　（清）聶先纂定　清康熙刻本　四册

110000－0198－0012204　集普6577

古唐詩合解箋注十二卷古詩四卷　（清）王堯衢註　清光緒二十年（1894）京都文成堂刻本　六册

110000－0198－0012205　集普6578

八家四六文鈔八種　（清）吴鼒撰　清光緒五年（1879）京都琉璃廠肆雅堂刻本　四册

110000－0198－0012206　集普6579

施注蘇詩四十二卷　（宋）蘇軾著　清康熙三十八年（1699）宋犖刻本　五册　存二十一卷（一至二十一）

110000－0198－0012207　集普6580

新刻校正增補圓機活法詩學全書二十四卷新刻重較增補圓機活法詩韻全書十四卷　（明）王世貞增校　清文錦堂刻本　十册　存二十二卷（十七至二十四、新刻重較增補圓機活法詩韻全書十四卷）

110000－0198－0012208　集普6581

未灰齋文集八卷外集一卷自撰年譜一卷年譜補一卷　（清）徐鼒撰　清光緒三年（1877）六合徐氏刻本　五册

110000－0198－0012209　集普6582

白石詩集一卷詞集一卷　（宋）姜夔撰　清雍正洪氏華苹書屋刻本　一册

110000－0198－0012210　集普6583

潘黄門集六卷　（晉）潘岳著　明末刻本　一册

110000－0198－0012211　集普6585

嶺南三大家詩選二十四卷　（清）王隼選　清同治七年（1868）南海陳氏刻本　五册

110000－0198－0012212　集普6586

孟晉齋文集五卷外集一卷周列士傳二卷　（清）顧壽楨撰　清同治五年（1866）見素抱樸齋刻本　三册

110000－0198－0012213　集普6587

周列士傳二卷　（清）顧壽楨撰　清同治五年（1866）見素抱樸齋刻本　一册

110000－0198－0012214　集普6588

東萊博議四卷　（宋）吕祖謙撰　清光緒二十七年（1901）旌陽李鴻才刻本　四册

110000－0198－0012215　集普6589

紅樓夢戲詠一卷　（清）楊維屏撰　清末雲悦山房刻本　一册

110000－0198－0012216　集普6591

心日齋十六家詞錄二卷詞集六卷年譜一卷　（清）周之琦輯　清道光二十四年（1844）祥符周氏刻本　六册

110000－0198－0012217　集普6592

宛陵先生文集六十卷　（宋）梅堯臣著　清宣統二年（1910）滬上石印本　十册

110000－0198－0012218　集普6595

霜園詩事一卷　易順鼎輯　清末刻朱印本　一册

110000－0198－0012219　集普6596

杜詩注釋二十四卷首一卷　（清）許寶善編輯　清光緒三年（1877）吴縣朱氏自怡軒補刻本　十二册

110000－0198－0012220　集普6597

龍眠風雅六十四卷　（清）潘江輯　清康熙十六年（1677）刻本　十一册　存十八卷（一至二、九至十二、十七至十八、二十一至二十二、三十至三十一、四十至四十一、四十七至五十）

110000－0198－0012221　集普6599

新蘅詞六卷外集一卷　（清）張景祁撰　清光緒九年（1883）百億梅花仙館刻本　六册

110000－0198－0012222　集普6600

房行書菁華二集　（清）紀昀等評選　清乾隆四十一年（1776）浣花書屋刻本　四册

110000－0198－0012223　集普6601

唐詩三百首註疏六卷　（清）蘅塘退士編　清

道光十四年(1834)刻本　六冊

110000－0198－0012224　集普 6602
紅蕉山館詩鈔十卷續鈔二卷　(清)喻文鏊撰　清嘉慶十九年(1814)刻本　四冊

110000－0198－0012225　集普 6603
欽定熙朝雅頌集一百六卷首集二十六卷餘集二卷　(清)鐵保纂輯　清嘉慶九年(1804)武英殿刻本　十六冊　存六十六卷(一至四十、首集二十六卷)

110000－0198－0012226　集普 6605
國朝中州名賢集十卷首一卷末一卷　(清)黄舒昺輯　清光緒十七年(1891)睢陽洛學書院刻本　十六冊

110000－0198－0012227　集普 6606
湛園未定藁六卷　(清)姜宸英撰　清康熙鄭氏二老閣刻本　十二冊

110000－0198－0012228　集普 6607
小言集十二卷三十六湖漁唱三卷漁唱乙稿一卷宜略識字齋雜著九卷　(清)王敬之撰　清道光二十八年(1848)刻本　六冊

110000－0198－0012229　集普 6608
清白士集六種　(清)蔡雲撰　清嘉慶八年(1803)刻本　四冊

110000－0198－0012230　集普 6610
天中許子政學合一集八卷續集一卷　(清)許三禮撰　清康熙刻本　十冊

110000－0198－0012231　集普 6611
吴詩集覽二十卷附談藪二卷　(清)靳榮藩輯　清刻本　八冊　缺八卷(一至八)

110000－0198－0012232　集普 6612
漁洋山人古詩鈔三十二卷　(清)王士禛撰　清同治五年(1866)金陵書局刻本　十冊

110000－0198－0012233　集普 6615
塞垣集六卷　(清)王安定撰　清宣統三年(1911)京師書局鉛印本　一冊

110000－0198－0012234　集普 6616
鴻城集三卷附錄一卷　(清)李超瓊撰　清光緒二十二年(1896)刻本　一冊

110000－0198－0012235　集普 6618
唐詩三百首注釋六卷附續選　(清)蘅塘退士編　清光緒十五年(1889)文寶堂書坊刻本　八冊

110000－0198－0012236　集普 6621
漁洋山人精華錄箋注十二卷補註一卷　(清)王士禛撰　(清)金榮箋注　(清)徐淮纂輯　清乾隆鳳翽堂刻本　六冊

110000－0198－0012237　集普 6622
宛陵集六十卷　(宋)梅堯臣著　清宣統二年(1910)石印本　十冊

110000－0198－0012238　集普 6623
惜抱先生尺牘八卷　(清)姚鼐撰　清宣統元年(1909)小萬柳堂刻本　三冊　缺二卷(一至二)

110000－0198－0012239　集普 6624
裘文達公奏議不分卷　(清)裘日修著　清嘉慶八年(1803)新建裘氏刻本　六冊

110000－0198－0012240　集普 6626
倦圃曹先生尺牘二卷　(清)曹溶撰　清康熙四十年至雍正十三年(1701－1735)浙江嘉興胡泰含暉閣刻本　二冊

110000－0198－0012241　集普 6628
六岳山館文鈔四十卷　(明)程福生撰　清光緒六年(1880)堯谿精舍刻本　十六冊

110000－0198－0012242　集普 6630
晚翠軒筆記八卷　(清)徐達培撰　清宣統二年(1910)廣陵徐氏石印本　四冊

110000－0198－0012243　集普 6631
萬善花室文藁六卷續編一卷附錄一卷　(清)方履籛撰　清光緒十二年(1886)溧陽德棻小山不山館刻本　四冊

110000－0198－0012244　集普 6632
綠溪初稿四種　(清)靳榮藩著　清乾隆刻本　四冊

110000－0198－0012245　集普 6633

佩秋閣詩槀二卷詞一卷文一卷　(清)吳茝撰　清光緒元年(1875)刻本　一冊

110000－0198－0012246　集普 6634
施注蘇詩四十二卷續補遺二卷　(宋)施元之注　清康熙三十九年(1700)商丘宋氏宛委堂刻本　十冊　缺二十一卷(一至二十一)

110000－0198－0012247　集普 6635
范文正公集七十三卷　(宋)范仲淹撰　清康熙四十六年(1707)范氏歲寒堂刻本　八冊　存二十卷(文集一至二十)

110000－0198－0012248　集普 6638
章太炎文鈔四卷譚復生文鈔二卷　章太炎(清)譚嗣同撰　清宣統二年(1910)國學扶輪社鉛印本　五冊

110000－0198－0012249　集普 6639
宋七家詞選七卷　(清)戈載輯　清宣統三年(1911)掃葉山房石印本　三冊

110000－0198－0012250　集普 6641
陶廬五憶　金武祥撰　清宣統三年(1911)刻本　一冊

110000－0198－0012251　集普 6655
松桂堂全集三十七卷南唯集三卷延露詞三卷　(清)彭孫遹著　清宣統三年(1911)掃葉山房石印本　十二冊

110000－0198－0012252　集普 6658
瑞芝閣明文約選不分卷　(明)張鳳翼論次　清乾隆五十二年(1787)挹蘭書屋刻本　十冊

110000－0198－0012253　集普 6664
想當然耳八卷　(清)鄒鍾著　清光緒四年(1878)京都聚珍堂刻本　一冊　存二卷(五至六)

110000－0198－0012254　集普 6667
南北詞名宮調彙錄二卷　(清)汪汲錄　清嘉慶刻本　一冊

110000－0198－0012255　集普 6670
冬青樹不分卷　(清)蔣士銓填詞　清乾隆四十六年(1781)紅雪樓刻本　一冊

110000－0198－0012256　集普 6671
斯文精華　(清)尹繼善輯　清乾隆二十九年(1764)刻本　十冊

110000－0198－0012257　集普 6672
漁洋詩話三卷　(清)王士禛撰　清乾隆二十三年(1758)益都竹西書屋刻本　三冊

110000－0198－0012258　集普 6679
天花亂墜八卷　(清)寅半生撰　清光緒二十九年(1903)崇寔齋刻本　十二冊

110000－0198－0012259　集普 6681
廣嗣寶集附種子良方　(清)管國楨選集　清同治十三年(1874)公濟善局刻本　一冊

110000－0198－0012260　集普 6683
天籟軒詞選六卷　(清)葉申薌編輯　清道光天籟軒刻本　四冊　存四卷(三至六)

110000－0198－0012261　集普 6684
拜鴛樓校刻四種　沈宗畸編　清光緒二十六年(1900)拜鴛樓刻本　五冊

110000－0198－0012262　集普 6689
詳註聊齋志異圖詠十六卷首一卷　(清)蒲松齡撰　清光緒十五年(1889)蜚英書局石印本　八冊

110000－0198－0012263　集普 6692
精選策學百萬卷類編　(□)□□輯　清光緒二十年(1894)文盛堂石印本　四十四冊

110000－0198－0012264　集普 6693
曲園尺牘五卷　(清)俞樾撰　清光緒十七年(1891)上海石印本　四冊

110000－0198－0012265　集普 6694
三朝墨準新編　(□)□□輯　清光緒元年(1875)京都聯步軒鉛印本　八冊

110000－0198－0012266　集普 6697
寄園寄所寄十二卷　(清)趙吉士撰　清康熙三十五年(1696)寄園刻本　十一冊

110000－0198－0012267　集普 6698
蜨階外史四卷　(清)高繼衍撰　清宣統三年(1911)上海廣益書局石印本　二冊

110000－0198－0012268　集普 6701
飲水集二卷　(清)納蘭性德著　清咸豐元年(1851)南海伍氏刻本　一册

110000－0198－0012269　集普 6704
繡像六美圖三十卷　(清)朱鏡江　(清)章惟善撰　清同治九年(1870)刻本　八册

110000－0198－0012270　集普 6705
綉像九龍陣十六卷　(清)□□撰　清同治九年(1870)務本堂刻本　四册

110000－0198－0012271　集普 6706
繡像第五才子書水滸傳七十五回　(明)施耐庵撰　清雍正十二年(1734)芥子園刻本　五册

110000－0198－0012272　集普 6711
紅樓夢一百二十卷　(清)曹霑撰　清道光十二年(1832)刻本　三十二册

110000－0198－0012273　集普 6712
四大奇書第一種六十卷　(明)羅本撰　清刻本　二十二册

110000－0198－0012274　集普 6714
繡像十五貫十六卷　(清)馬永清撰　清同治十一年(1872)廢閑堂刻本　四册

110000－0198－0012275　集普 6715
繡像芙蓉洞全傳十卷　(清)陳遇乾原稿　清道光十六年(1836)刻本　十册

110000－0198－0012276　集普 6716
策府統宗六十五卷　(清)劉昌齡撰　清光緒十九年(1893)上海蜚英館石印本　二十册

110000－0198－0012277　集普 6717
策府統宗六十五卷　(清)劉昌齡撰　清光緒十五年(1889)珎藝書局石印本　五册　存十卷(一至十)

110000－0198－0012278　集普 6719
隨園詠物詩鈔二卷　(清)袁枚著　清末刻本　二册

110000－0198－0012279　集普 6720
甌北詠物詩鈔二卷　(清)趙翼著　清末刻本　二册

110000－0198－0012280　集普 6721
元詩別裁八卷補遺一卷　(清)張景星等點閱　清乾隆三讓堂刻本　三册

110000－0198－0012281　集普 6723
分類賦學雞跖集不分卷　(清)張維城輯　清光緒八年(1882)上海淞隱閣鉛印本　二册

110000－0198－0012282　集普 6731
宋元明詩三百首　(清)朱梓　(清)冷昌言編輯　清咸豐三年(1853)虞山顧氏小石山房刻本　一册

110000－0198－0012283　集普 6734
東周列國志二十七卷　(清)蔡界評點　清光緒十四年(1888)點石齋石印本　八册

110000－0198－0012284　集普 6736
繪圖英雄奇緣傳十卷　題(清)隨安散人撰　清光緒二十五年(1899)上海書局石印本　四册　存四卷(四至七)

110000－0198－0012285　集普 6737
雷峯塔傳奇四卷　(清)方成培撰　清咸豐六年(1856)聚盛堂刻本　四册

110000－0198－0012286　集普 6738
千百年眼十二卷　(明)張燧纂　清光緒十四年(1888)四明王氏刻本　二册

110000－0198－0012287　集普 6739
古詩源十四卷　(清)沈德潛輯　清康熙清芥子園刻本　六册

110000－0198－0012288　集普 6740
長生殿傳奇四卷　(清)洪昇著　清同人堂刻本　四册

110000－0198－0012289　集普 6741
試帖三萬選十卷　(清)鄧雲航輯　清光緒十六年(1890)上洋袖海山房石印本　十二册

110000－0198－0012290　集普 6750
精訂綱鑑廿四史通俗衍義二十六卷　(清)呂撫輯　清光緒十五年(1889)上海廣百宋齋鉛印本　六册

110000－0198－0012291　集普 6758
淞隱續錄五卷　（清）王韜撰　清光緒十三年（1887）石印本　一册

110000－0198－0012292　集普 6760
屈子正音三卷　（清）方績撰　清光緒六年（1880）網舊聞齋刻本　一册

110000－0198－0012293　集普 6761
七嬉二卷　題（清）棲雲野客編　清道光十九年（1839）文煥閣刻本　二册

110000－0198－0012294　集普 6767
離垢集二卷　（清）華嵒撰　清光緒十五年（1889）刻本　四册

110000－0198－0012295　集普 6770
正續詞選二卷附錄一卷　（清）張惠言錄　清宣統三年（1911）上海掃葉山房石印本　一册

110000－0198－0012296　集普 6771
金石緣全傳八卷二十四回　題（清）靜怡主人撰　清刻本　六册

110000－0198－0012297　集普 6772
唾壺吟詩草不分卷　（清）楊宗蔚撰　清末刻本　一册

110000－0198－0012298　集普 6781
評選直省闈藝大全八卷　（清）□□輯　清光緒三十年（1904）通時書局石印本　四册

110000－0198－0012299　集普 6782
聊齋志異注十六卷　（清）呂湛恩輯　清道光五年（1825）姑蘇步月樓刻本　四册

110000－0198－0012300　集普 6783
顧氏四十家小説　（明）顧元慶撰　清宣統三年（1911）上海國學扶輪社鉛印本　二册

110000－0198－0012301　集普 6785
試牘求是不分卷　題（清）督學使者李鑒定　清咸豐五年（1855）刻本　四册

110000－0198－0012302　集普 6792
牡丹亭還魂記二卷　（明）湯顯祖著　清光緒十二年（1886）上海同文書局石印本　四册

110000－0198－0012303　集普 6797
邯鄲夢傳奇四卷　（明）湯若士撰　清刻本　四册

110000－0198－0012304　集普 6798
新刻五毒傳十二卷　（清）□□撰　清光緒三十一年（1905）上海石印書局石印本　十一册　缺一卷（一）

110000－0198－0012305　集普 6800
增補齊省堂儒林外史六十卷　（清）吳敬梓撰　清光緒十四年（1888）鴻寶垒石印本　四册

110000－0198－0012306　集普 6801
寄園寄所寄十二卷　（清）趙吉士輯　清刻本　十二册

110000－0198－0012307　集普 6805
韓昌黎全集四十卷外集十卷附遺文一卷韓集點勘四卷　（唐）韓愈著　清宣統三年（1911）掃葉山房石印本　十二册

110000－0198－0012308　集普 6808
廣治平略三十六卷　（清）蔡方炳撰　清同治十年（1871）文昌眾會刻本　八册

110000－0198－0012309　集普 6814
漁洋精華錄箋注十二卷年譜一卷附錄一卷補注一卷　（清）王士禎撰　清末石印本　十二册

110000－0198－0012310　集普 6815
習之先生文集二卷　（唐）李翺撰　清宣統三年（1911）上海會文堂書局石印本　二册

110000－0198－0012311　集普 6819
王摩詰集六卷　（唐）王維撰　清光緒十年（1884）上海文瑞樓石印本　四册

110000－0198－0012312　集普 6831
二當軒全集二十二卷　（清）黃景仁著　清宣統二年（1910）上海掃葉山房石印本　六册

110000－0198－0012313　集普 6832
五經文海　（清）久敬齋主人輯　清光緒十四年（1888）上海大同書局石印本　二十册

110000－0198－0012314　集普 6833

孟子大題分類文鈔　(□)□□輯　清光緒十四年(1888)石印本　三冊

110000－0198－0012315　集普 6834
二論大題分類文鈔　(□)□□輯　清光緒十四年(1888)石印本　一冊

110000－0198－0012316　集普 6835
學庸大題分類文鈔　(□)□□輯　清光緒石印本　二冊

110000－0198－0012317　集普 6836
桂杏梯附何呂講義合編　(清)何文綺　(清)呂洪著　清光緒十四年(1888)上海龍文書局石印本　十冊

110000－0198－0012318　集普 6840
紅樓夢一百二十卷　(清)曹霑撰　清道光十二年(1832)上浣刻本　二十四冊

110000－0198－0012319　集普 6841
英雲夢傳八卷　題(清)震澤九容樓主人松雲氏撰　清文寶堂刻本　八冊

110000－0198－0012320　集普 6846
兩般秋雨盦隨筆八卷　(清)梁紹壬纂　清宣統元年(1909)上海掃葉山房石印本　四冊

110000－0198－0012321　集普 6852
精訂綱鑑廿四史通俗衍義二十六卷四十四回　(清)呂撫輯　清光緒十三年(1887)上海廣百宋齋鉛印本(有圖)　六冊

110000－0198－0012322　集普 6854
兩般秋雨盦隨筆八卷　(清)梁紹壬撰　清道光十七年(1837)刻本　八冊

110000－0198－0012323　集普 6855
卷施閣文乙集八卷續編一卷更生齋文乙集四卷　(清)洪亮吉著　清光緒九年(1883)紫藤花館刻本　六冊

110000－0198－0012324　集普 6858
文心雕龍十卷　(南朝梁)劉勰撰　(清)紀昀評　清道光十三年(1833)二廣節署刻朱墨印本　四冊

110000－0198－0012325　集普 6859
陳檢討四六二十卷　(清)陳維崧撰　清乾隆三十五年(1770)亦園刻本　六冊

110000－0198－0012326　集普 6860
虛受齋詩鈔十四卷　(清)李光庭撰　(清)張維屏評　清道光十一年(1831)刻本　三冊　存六卷(三至四、九至十二)

110000－0198－0012327　集普 6861
蓉影詞一卷　(清)董基誠輯　清嘉慶二十二年(1817)刻本　一冊

110000－0198－0012328　集普 6864
披雲書屋詩草二卷　(清)曹若曾著　清道光二十二年(1842)刻本　一冊

110000－0198－0012329　集普 6865
靜廉齋詩集二十四卷　(清)金甡撰　清嘉慶刻本　六冊

110000－0198－0012330　集普 6866
詩舲詩錄六卷詩舲詩外四卷詞錄二卷　(清)張祥河撰　清道光十八年(1838)松風草堂刻本　五冊

110000－0198－0012331　集普 6870
梅叟閒評四卷　(清)郝培元著　清光緒十年(1884)東路廳署刻本　二冊

110000－0198－0012332　集普 6874
合淝相國壽言不分卷　(清)袁昶撰　清光緒漸西村舍刻本　二冊

110000－0198－0012333　集普 6875
新鐫玉茗堂批點按鑑參補楊家將傳十卷　題(明)研石山樵訂正　清刻本　六冊

110000－0198－0012334　集普 6877
七十二家評註楚辭十九卷附錄一卷　(戰國)屈原撰　清康熙四十四年(1705)有文堂刻本　四冊

110000－0198－0012335　集普 6878
關中兩朝文鈔二十二卷附人物考畧　(清)李元春輯　清道光十二年(1832)守樸堂刻本　五冊　存四卷(一至四)

110000－0198－0012336　集普 6879

關中兩朝文鈔補六卷　(清)李元春評選　清道光十六年(1836)守樸堂刻本　六冊

110000－0198－0012337　集普 6880
揅經室一集十四卷　(清)阮元撰　清道光三年(1823)刻本　六冊

110000－0198－0012338　集普 6881
揅經室二集八卷三集五卷　(清)阮元撰　清道光三年(1823)刻本　六冊

110000－0198－0012339　集普 6882
揅經室續集九卷　(清)阮元撰　清道光三年(1823)刻本　六冊

110000－0198－0012340　集普 6883
揅經室四集十一卷續集九卷　(清)阮元撰　清道光三年(1823)刻本　六冊

110000－0198－0012341　集普 6884
關中兩朝詩鈔補四卷　(清)李元春彙選　清道光十六年(1836)守樸堂刻本　十冊

110000－0198－0012342　集普 6885
劉孟塗集四十四卷　(清)劉開撰　清道光六年(1826)姚氏檗山草堂刻本　八冊

110000－0198－0012343　集普 6886
曹月川先生遺書十一卷　(明)曹端著　清道光十二年(1832)刻本　六冊

110000－0198－0012344　集普 6887
燕來堂詩稿二卷　(清)岳賡廷撰　清道光二十四年(1844)刻本　五冊

110000－0198－0012345　集普 6888
御製巡幸盛京詩　(清)宣宗旻寧撰　清道光刻本　一冊

110000－0198－0012346　集普 6890
鄭板橋集六編　(清)鄭燮著　清刻本　四冊

110000－0198－0012347　集普 6891
遺山集四十卷附錄一卷　(金)元好問撰　清道光二十七年(1847)京都貴文堂刻本　八冊

110000－0198－0012348　集普 6892
納書楹曲譜全集正集四卷續集四卷外集二卷補遺四卷　(清)葉堂訂譜　清乾隆五十七年(1792)修綆山房刻本　二十冊

110000－0198－0012349　集普 6893
新刻按鑑編纂開闢衍繹通俗志傳六卷　(明)周游撰　明崇禎八年(1635)蘇州麟瑞堂刻本　六冊

110000－0198－0012350　集普 6894
匯解經藝羣元　清光緒石印本　六冊

110000－0198－0012351　集普 6895
唐詩金粉十卷　(清)沈炳震纂輯　清光緒十四年(1888)蜚英館石印本　二冊

110000－0198－0012352　集普 6896
蘇東坡尺牘八卷　(宋)蘇軾撰　清浦江紛欣閣刻本　四冊

110000－0198－0012353　集普 6909
瓶花齋集十卷　(明)袁宏道撰　清宣統三年(1911)抱殘守缺齋石印本　四冊

110000－0198－0012354　集普 6914
覺非盦筆記八卷　(清)顧堃撰　清光緒八年(1882)刻本　四冊

110000－0198－0012355　集普 6916
鯨華社鍾選二卷　(清)呂景端輯　清光緒三十一年(1905)上海通元書局石印本　一冊

110000－0198－0012356　集普 6919
國朝文錄八十二卷　(清)姚椿輯　清光緒二十六年(1900)埽葉山房石印本　十六冊　缺三十五卷(一至三十五)

110000－0198－0012357　集普 6920
閱微草堂筆記五種二十四卷　(清)紀昀撰　清道光二十七年(1847)小蓬萊山館刻本　十二冊

110000－0198－0012358　集普 6923
群賢小集　(宋)陳思編　清嘉慶六年(1801)顧氏讀畫齋刻本　十二冊

110000－0198－0012359　集普 6924
西溪叢語二卷　(宋)姚寬撰　清光緒五年(1879)葛氏嘯園刻本　四冊

110000－0198－0012360　集普 6925
讀紅樓夢雜記　題（清）願為明鏡室主人撰　清光緒二年（1876）刻本　六册

110000－0198－0012361　集普 6926
玉連環傳八卷　（清）朱素仙撰　清道光三年（1823）亦芸書屋刻本　八册

110000－0198－0012362　集普 6927
粟香隨筆八卷二筆八卷三筆八卷四筆八卷五筆八卷　金武祥撰　清光緒七年至九年（1881－1883）廣州江陰金氏刻本　二十册

110000－0198－0012363　集普 6928
杜工部集二十卷　（唐）杜甫撰　清乾隆五十年（1785）真州鄭澐玉勾草堂刻本　十册

110000－0198－0012364　集普 6929
拱宸橋竹枝詞二卷　（清）陳蝀仙撰　清光緒二十六年（1900）刻本　二册

110000－0198－0012365　集普 6930
芙蓉碣傳奇二卷　（清）張雲驤填詞　（清）王以慜評點　（清）吳孝緒按拍　清光緒九年（1883）刻本　一册

110000－0198－0012366　集普 6931
名賢手札八卷　（清）郭慶藩輯　清光緒十一年（1885）上海同文書局石印本　四册

110000－0198－0012367　集普 6937
煙霞萬古樓詩選二卷　（清）王曇撰　清光緒二十一年（1895）鴻文書局刻本　四册

110000－0198－0012368　集普 6940
藝林寶笈□□卷　清刻本　八册　存十六卷（七至二十二）

110000－0198－0012369　集普 6941
翡翠巢依樣札稿四卷　（清）畏壘山人著　清道光九年（1829）刻本　一册

110000－0198－0012370　集普 6946
詳註聊齋志異圖詠十六卷首一卷　（清）蒲松齡著　（清）吕湛恩注　清光緒十二年（1886）上海同文書局石印本　八册

110000－0198－0012371　集普 6950
唐宋八大家古文讀本三十卷　（清）沈德潛編　清光緒二十四年（1898）上海江左書林石印本　六册

110000－0198－0012372　集普 6952
笠翁文集四卷詩集三卷餘集一卷別集二卷偶集六卷　（清）李漁著　清刻本　十六册

110000－0198－0012373　集普 6959
評點詞壇妙品十卷　（清）張淵懿選　清宣統三年（1911）小安樂書屋石印本　五册

110000－0198－0012374　集普 6965
陶淵明集十卷　（晉）陶潛著　清咸豐十一年（1861）刻本　一册　存五卷（一至五）

110000－0198－0012375　集普 6970
西溪叢語二卷　（宋）姚寬輯　清光緒五年（1879）仁和葛氏刻本　一册

110000－0198－0012376　集普 6971
巴里客餘生詩草六卷首一卷末一卷　（清）延清撰　清光緒二十七年（1901）石印本　一册　存三卷（一至三）

110000－0198－0012377　集普 6972
七家詩輯註彙鈔七種　（清）張熙宇輯評　清同治九年（1870）京師琉璃廠刻本　七册

110000－0198－0012378　集普 6980
茶山集八卷附拾遺一卷　（宋）曾幾撰　清刻本　四册

110000－0198－0012379　集普 6981
鈍翁文集十六卷　（清）汪琬撰　清宣統二年（1910）國學扶輪社石印本　八册

110000－0198－0012380　集普 6984
音注小倉山房尺牘八卷　（清）袁枚撰　清刻本　一册　存一卷（一）

110000－0198－0012381　集普 6985
乘查筆記　（清）斌椿撰　清同治七年（1868）文寶堂刻本　一册

110000－0198－0012382　集普 6986
夢影緣四十八回　題（清）苕溪嬰下生撰　清光緒二十一年（1895）竹簡齋石印本（有圖）

十六册

110000－0198－0012383　集普 6987
著夢鞭　清光緒二十八年(1902)刻本　二册

110000－0198－0012384　集普 6989
白香詞譜　(清)舒夢蘭撰　清宣統元年(1909)振始堂石印本　二册

110000－0198－0012385　集普 6991
悦心集五卷　(清)世宗胤禛編　清光緒三年(1877)聚珍堂書坊鉛印本　二册

110000－0198－0012386　集普 6992
後紅樓夢三十卷首一卷　題(清)曹雪芹撰　清刻本　十二册

110000－0198－0012387　集普 6996
林和靖集四卷　(宋)林逋撰　清同治十二年(1873)長洲朱氏刻本　二册

110000－0198－0012388　集普 6998
古唐詩合解十二卷　(清)王堯衢注　清刻本　一册　存三卷(十至十二)

110000－0198－0012389　集普 6999
寄園寄所寄十二卷　(清)趙吉士輯　清刻本　十六册

110000－0198－0012390　集普 7004
繪圖情史二十四卷　(明)馮夢龍撰　清光緒石印本(有圖)　六册　存十二卷(一至十二)

110000－0198－0012391　集普 7005
兩般秋雨盦隨筆八卷　(唐)梁紹壬纂　清光緒十年(1884)錢塘許氏吉華室刻本　八册

110000－0198－0012392　集普 7006
聊齋誌異新評十六卷　(清)蒲松齡著　清末鉛印本　八册　存八卷(九至十六)

110000－0198－0012393　集普 7007
綉圖繪芳園全錄八卷　題(清)西泠野樵著　清末民初石印本　七册　存七卷(二至八)

110000－0198－0012394　集普 7009
歲寒堂詩話二卷　(宋)張戒撰　清刻本　二册

110000－0198－0012395　集普 7012
師鄭堂中國文學講義二十課　孫雄編輯　清光緒三十四年(1908)鉛印本　一册

110000－0198－0012396　集普 7014
管注秋水軒尺牘四卷　(清)許思湄撰　清光緒十二年(1886)蠡城春草堂刻朱墨印本　五册

110000－0198－0012397　集普 7015
經學輯要二十四卷首一卷　(唐)李鼎祚集解　清光緒十四年(1888)點石齋石印本　三十二册

110000－0198－0012398　集普 7016
第一奇書野叟曝言二十卷一百五十四回　(清)夏敬渠撰　清光緒鉛印本　九册　缺二卷(五至六)

110000－0198－0012399　集普 7017
字類標韻六卷　(清)華綱輯　(清)王庭楨重訂　清光緒八年(1882)刻本　二册

110000－0198－0012400　集普 7018
精選大題文富　清光緒十四年(1888)石印本　十册

110000－0198－0012401　集普 7019
春融堂雜記八種八卷　(清)王昶撰　清光緒五年(1879)鉛印本　四册

110000－0198－0012402　集普 7025
浪跡叢談十一卷　(清)梁章鉅撰　清道光亦東園刻本　四册

110000－0198－0012403　集普 7026
蘭言詩鈔四卷　(清)李瑞輯　清光緒刻本　二册　存二卷(二、四)

110000－0198－0012404　集普 7030
詳注聊齋志異圖詠十六卷首一卷　(清)蒲松齡著　清光緒上海同文書局石印本　一册　存三卷(一至二、首一卷)

110000－0198－0012405　集普 7035
經腴集　(清)孫顔編輯　清嘉慶十三年(1808)刻本　一册

110000－0198－0012406　集普 7040
可儀堂一百二十名家制義四十八卷　(清)俞長城輯　清乾隆三年(1738)文盛堂懷德堂刻本　八册　存八卷(一至八)

110000－0198－0012407　集普 7041
增評補像全圖金玉緣一百二十卷首一卷　(清)曹霑撰　清光緒三十四年(1908)求不負齋石印本　八册　存六十卷(六十一至一百二十)

110000－0198－0012408　集普 7046
陳臥子先生安雅堂稿十五卷　(明)陳子龍撰　清宣統元年(1909)上海時中書局鉛印本　一册　存八卷(八至十五)

110000－0198－0012409　集普 7049
繪圖綴白裘四十八卷　題(清)玩花主人輯　清光緒石印本(有圖)　一册　存四卷(一至四)

110000－0198－0012410　集普 7053
填詞圖譜二卷　(日本)竹田主人編　清嵩山堂石印本　一册　存一卷(上)

110000－0198－0012411　集普 7054
第一才子書六十卷一百二十回　(明)羅貫中撰　清末石印本(有圖)　三册　存十五卷(十二至十六、三十九至四十三、五十至五十四)

110000－0198－0012412　集普 7057
天花亂墜八卷　(清)寅半生選輯　清末刻本　一册　存二卷(七至八)

110000－0198－0012413　集普 7064
西山先生真文忠公文章正宗讀本　(宋)真德秀編　清康熙殖學齋刻本　六册　存第二函

110000－0198－0012414　集普 7066
刻鵠集三卷　(清)沈同芳撰　清宣統三年(1911)中國圖書公司鉛印本　一册

110000－0198－0012415　集普 7069
邱樊倡和集三卷　汪兆銘撰　清宣統三年(1911)石印本　一册

110000－0198－0012416　集普 7071
增註七家詩彙鈔□□卷　(清)王植桂輯註　清光緒十八年(1892)上海圖書集成印書局鉛印本　一册　存二卷(一至二)

110000－0198－0012417　集普 7079
天雨花三十回　(清)陶貞懷撰　清刻本　一册　存一回(二十六)

110000－0198－0012418　集普 7085
琅嬛集八卷　(清)陳太初編　清嘉慶八年(1803)抱蘭軒木活字印本　一册　存一卷(四)

110000－0198－0012419　集普 7087
經文五萬選　題(清)求志齋主人編　清光緒十九年(1893)上海書局石印本　十九册

110000－0198－0012420　集普 7088
新刻玉釧緣全傳三十二卷　題(清)西湖居士撰　清道光文會堂刻本　二十四册　存十六卷(十七至三十二)

110000－0198－0012421　集普 7089
六如詩鈔　(明)唐寅撰　清嘉慶二十三年(1818)刻本　一册

110000－0198－0012422　集普 7090
國朝詩別裁集三十二卷　(清)沈德潛纂評　清刻本　一册　存二卷(十九至二十)

110000－0198－0012423　集普 7091
詩韻集成不分卷　(清)余照輯　清光緒二十二年(1896)上海古香閣石印本　一册

110000－0198－0012424　集普 7092
增註寫信必讀十卷　(清)唐芸洲撰　清光緒鉛印本　一册　存三卷(三至五)

110000－0198－0012425　集普 7093
四大奇書第一種六十卷　(明)羅貫中撰　清刻本　二册　存七卷(八至十、三十八至四十一)

110000－0198－0012426　集普 7094
大題文府　清末石印本　二十册

110000－0198－0012427　集普 7095

新刻玉釧緣全傳三十二卷 題(清)西湖居士撰 清道光文會堂刻本(有圖) 四十冊

110000－0198－0012428 集普 7096
西清散記 (清)史震林著 清光緒三十三年(1907)上海廣智書局鉛印本 二冊

110000－0198－0012429 集普 7098
家寶全集三十二卷 (清)石成金撰集 清大文堂刻本 二十二冊 缺八卷(三集一至八)

110000－0198－0012430 集普 7113
名家制義四十八卷 (清)俞長城編 清可儀堂刻本 一冊 存一卷(四十五)

110000－0198－0012431 集普 7114
丙午直省鄉墨 清刻本 一冊

110000－0198－0012432 集普 7115
古詩源十四卷 (清)沈德潛選 清刻本 一冊 存二卷(一至二)

110000－0198－0012433 集普 7116
珠玉詞鈔一卷補鈔一卷 (宋)晏殊著 清光緒十一年(1885)揚州刻本 一冊

110000－0198－0012434 集普 7117
小山詞鈔一卷補鈔一卷 (宋)晏幾道撰 清光緒十一年(1885)揚州刻本 一冊

110000－0198－0012435 集普 7121
雪廬詩草□□卷 (清)崔士元著 清道光二十四年(1844)刻本 一冊 存一卷(一)

110000－0198－0012436 集普 7122
西亭文鈔十二卷首一卷末一卷附錄一卷 (清)王原撰 清刻本 一冊 存五卷(十至十二、末一卷、附錄一卷)

110000－0198－0012437 集普 7123
湄湖吟十一卷 (清)杜溥著 清道光刻本 一冊 存二卷(一至二)

110000－0198－0012438 集普 7124
高季迪先生大全集十八卷 (明)高啟撰 清初刻本 四冊

110000－0198－0012439 集普 7125
晉專宋瓦室類稿五卷 (清)桂坫撰 清光緒二十四年(1898)刻本 一冊

110000－0198－0012440 集普 7126
寶晉長短句一卷附校記 (宋)米芾撰 清刻本 一冊

110000－0198－0012441 集普 7131
忠雅堂評選四六法海八卷 (清)蔣士銓評選 清同治十年(1871)藏園刻本 八冊

110000－0198－0012442 集普 7132
魏稼孫全集 (清)魏錫曾撰 清光緒九年(1883)羊城刻本 十四冊

110000－0198－0012443 集普 7133
東周列國全志二十三卷 (清)蔡奡評點 清咸豐四年(1854)森寶齋刻朱墨印本(有圖) 二十四冊

110000－0198－0012444 集普 7134
繡像第六才子書八卷內附西廂文 (清)金聖歎評 清世德堂刻本(有圖) 八冊

110000－0198－0012445 集普 7135
明德先生文集二十六卷附錄一卷 (明)呂維祺撰 清康熙新安呂氏刻本 二冊 存四卷(六至九)

110000－0198－0012446 集普 7136
東游詩記 金保權著 清末刻本 一冊

110000－0198－0012447 集普 7138
古文苑二十一卷 (宋)章樵注 清刻本 一冊 存六卷(十六至二十一)

110000－0198－0012448 集普 7142
潛虛先生文集十四卷 (清)戴名世撰 清光緒十一年(1885)刻本 一冊 存二卷(一至二)

110000－0198－0012449 集普 7143
敦艮吉齋文存四卷 (清)徐子苓撰 清光緒十二年(1886)刻本 一冊 存一卷(一)

110000－0198－0012450 集普 7144
后山詩注十二卷 (宋)陳師道撰 清同治十三年(1874)江西書局刻本 一冊 存三卷

（三至五）

110000－0198－0012451　集普 7145
四大奇書第一種十九卷　（明）羅貫中撰　清刻本　一册　存一卷（七）

110000－0198－0012452　集普 7146
萃錦唫十八卷　（清）奕訢集　清光緒十一年（1885）刻本　八册　存十一卷（一至十一）

110000－0198－0012453　集普 7147
遺安老人文存　（清）龐君錫著　清光緒十年（1884）湘南節署許文壇刻本　六册

110000－0198－0012454　集普 7148
餘山先生遺書十卷附録一卷　（清）勞史撰　清乾隆三十年（1765）須友堂刻本　二册

110000－0198－0012455　集普 7149
梅村集四十卷目録二卷　（清）吴偉業撰　清光緒十年（1884）湖北官書處刻本　六册

110000－0198－0012456　集普 7153
杜詩偶評四卷　（清）沈德潛纂　清乾隆十二年（1747）潘承松賦閒草堂刻本　四册

110000－0198－0012457　集普 7154
聲調前譜一卷後譜一卷續譜一卷　（清）趙執信撰　清乾隆雅雨堂刻本　二册

110000－0198－0012458　集普 7157
玉溪生詩意八卷　（唐）李商隱撰　清道光十年（1830）弱水草堂刻本　四册　存三卷（一至三）

110000－0198－0012459　集普 7158
錢牧齋箋注杜詩二十卷　（清）錢謙益撰　清宣統三年（1911）時中書局石印本　八册

110000－0198－0012460　集普 7159
寫經齋初稾四卷　（清）葉大莊輯　清光緒二十一年（1895）福州玉屏山莊刻本　一册　存二卷（一至二）

110000－0198－0012461　集普 7162
桐城吴先生全書六種　（清）吴汝綸撰　清光緒三十年（1904）吴氏家刻本　四册

110000－0198－0012462　集普 7163
帶經堂全集九十二卷　（清）王士禛撰　清康熙五十年（1711）七略書堂刻本　六册　存二十六卷（一至二十六）

110000－0198－0012463　集普 7164
漁洋山人精華録箋注十二卷补一卷年譜一卷　（清）金榮撰　（清）徐淮纂輯　清乾隆金氏鳳翽堂刻本　十二册

110000－0198－0012464　集普 7165
憺園文集三十六卷　（清）徐乾學撰　清康熙三十六年（1697）冠山堂刻本　八册　存七卷（一至二、四至八）

110000－0198－0012465　集普 7166
甓湖草堂近詩二卷　（清）吴世杰著　清康熙甓湖草堂刻本　一册

110000－0198－0012466　集普 7167
甓湖草堂文集六卷　（清）吴世杰著　清康熙甓湖草堂刻本　一册

110000－0198－0012467　集普 7168
魏叔子文鈔十二卷　（清）魏禧撰　清康熙三十三年（1694）刻本　一册

110000－0198－0012468　集普 7169
華泉先生集選四卷　（明）邊貢撰　清康熙三十九年（1700）刻本　一册

110000－0198－0012469　集普 7170
桃花扇傳奇五卷　（清）孔尚任撰　清光緒二十一年（1895）蘭雪堂刻本　五册

110000－0198－0012470　集普 7174
日邊續唱集二卷　（清）徐琪輯著　清光緒三十一年（1905）刻本　一册

110000－0198－0012471　集普 7175
芝山草堂一卷附百韻歌一卷　（清）揭宣撰　清光緒五年（1879）刻本　一册

110000－0198－0012472　集普 7176
青雲洞遺書初刻六種二刻六種　（清）謝丕振撰輯　清乾隆二十一年（1756）李養亨刻本　三册

110000－0198－0012473　集普 7177

杜律啟蒙十二卷　（清）邊連寶集注　清乾隆四十二年（1777）刻本　四冊

110000－0198－0012474　集普 7179

十八家詩鈔二十八卷　（清）曾國藩纂　清同治十三年（1874）傳忠書局刻本　十一冊　存十一卷（五至十二、十八、二十四、二十八）

110000－0198－0012475　集普 7182

四大奇書第一種十九卷　（明）羅貫中撰　清末刻本　一冊　存一卷（四）

110000－0198－0012476　集普 7183

述懷詩草□□卷　清刻本　一冊　存一卷（一）

110000－0198－0012477　集普 7184

評注和漢合璧文章軌範四卷　（日本）石川鴻齋編撰　清光緒刻本　一冊　存一卷（三）

110000－0198－0012478　集普 7186

慎宜軒文八卷　（清）姚永概撰　清光緒三十四年（1908）靈蘐室鉛印本　一冊

110000－0198－0012479　集普 7187

道鄉先生文集四十卷補遺一卷附錄一卷　（宋）鄒浩撰　清道光十三年（1833）鄒氏留餘堂刻本　八冊

110000－0198－0012480　集普 7188

蘇文忠公詩編註集成一百三卷　（清）王文誥輯　清嘉慶二十四年（1819）武林韻山堂刻本　二十四冊

110000－0198－0012481　集普 7190

惜抱先生尺牘八卷　（清）姚鼐著　清刻本　四冊

110000－0198－0012482　集普 7191

郘亭詩鈔六卷　（清）莫友芝撰　清咸豐二年（1852）刻同治五年（1866）江寗三山客舍補刻本　一冊

110000－0198－0012483　集普 7192

兩當軒詩鈔十四卷　（清）黄景仁著　清道光二十六年（1846）留丹書屋刻本　四冊

110000－0198－0012484　集普 7193

琴士詩鈔十二卷文鈔五卷　（清）趙紹祖著　清道光十二年（1832）涇縣趙氏古墨齋刻本　六冊

110000－0198－0012485　集普 7194

東坡先生編年詩五十卷　（宋）蘇軾撰　清乾隆二十六年（1761）香雨齋刻本　二十三冊

110000－0198－0012486　集普 7195

續古文辭類纂三十四卷　王先謙纂　清光緒席氏掃葉山房刻本　八冊

110000－0198－0012487　集普 7196

岣嶁叢書九種　（清）曠敏本撰　清刻本　十八冊

110000－0198－0012488　集普 7197

香葉草堂詩存不分卷　（清）羅聘著　清道光十四年（1834）刻本　一冊

110000－0198－0012489　集普 7198

在山堂集三十卷　（清）程大中撰　清道光十五年（1835）忠耿堂刻本　八冊

110000－0198－0012490　集普 7199

蘇東坡詩集注三十二卷　（宋）蘇軾撰　清康熙文蔚堂刻本　一冊　存四卷（二十一至二十四）

110000－0198－0012491　集普 7200

天籟軒五種　（清）葉申薌編次　清天籟軒刻本　六冊　存一種六卷（天籟軒詞譜五卷、附詞韻一卷）

110000－0198－0012492　集普 7201

巢經巢遺文五卷　（清）鄭珍撰　清光緒刻本　三冊　缺一卷（一）

110000－0198－0012493　集普 7202

歸震川先生全集三十卷補編一卷　（明）歸有光撰　清光緒六年（1880）常熟歸氏刻本　八冊　存十七卷（一至十七）

110000－0198－0012494　集普 7203

蘇文忠公詩合註五十卷首一卷　（宋）蘇軾撰　清乾隆五十五年（1790）刻本　十六冊

110000－0198－0012495　集普 7204
南宋文範七十卷外編四卷　(清)莊仲方編　清光緒十四年(1888)江蘇書局刻本　十六册

110000－0198－0012496　集普 7205
有正味齋詩集十二卷駢體文二十四卷詞七卷律賦四卷試帖四卷　(清)吴錫麒撰　清刻本　八册

110000－0198－0012497　集普 7206
文選六十卷　(南朝梁)蕭統輯　清海録軒刻本　一册　存六卷(二十五至三十)

110000－0198－0012498　集普 7208
楚辭十七卷　(戰國)屈原撰　清同治十一年(1872)金陵書局刻本　二册　存四卷(一至四)

110000－0198－0012499　集普 7209
離騷草木疏四卷　(宋)吴仁傑撰　清光緒三年(1877)湖北崇文書局刻本　一册

110000－0198－0012500　集普 7210
離騷箋二卷　(清)龔景瀚撰　清光緒三年(1877)湖北崇文書局刻本　一册

110000－0198－0012501　集普 7211
增廣詩句題解十六卷　(清)□□輯　清刻本　八册　存七卷(十至十六)

110000－0198－0012502　集普 7212
新增尺牘初桄六集　(清)子虚氏輯　題(清)停雲軒主人賞訂　清光緒十六年(1890)刻本　六册

110000－0198－0012503　集普 7213
新增詩選題解韻編全集□□卷　(清)朱春舫增輯　清刻本　二册　存八卷(十一至十四、十九至二十二)

110000－0198－0012504　集普 7214
欽定國朝詩別裁集三十二卷　(清)沈德潛輯評　清乾隆二十四年(1759)刻本　三册　存六卷(十五至十六、二十三至二十六)

110000－0198－0012505　集普 7215
重訂唐詩別裁集二十卷　(清)沈德潛選　清乾隆刻本　一册　存二卷(十五至十六)

110000－0198－0012506　集普 7216
宣南夢憶二卷　題(清)甘溪瘦腰生撰　清末花好月圓仙館鉛印本　一册　存一卷(下)

110000－0198－0012507　集普 7217
湖北己卯科墨鈔　清末鉛印本　一册

110000－0198－0012508　集普 7218
匯解經藝羣元　清末石印本　一册　存一卷(禮記四)

110000－0198－0012509　集普 7219
粵東古學觀海集六卷　(清)李調元撰　清刻本　一册　存二卷(三至四)

110000－0198－0012510　集普 7220
煙霞萬古樓文集　(清)王曇撰　清光緒二十一年(1895)鴻文書局刻本　一册

110000－0198－0012511　集普 7221
煙霞萬古樓文集　(清)王曇撰　清光緒二十一年(1895)鴻文書局刻本　一册

110000－0198－0012512　集普 7222
四大奇書第一種十九卷　(明)羅貫中撰　(清)毛宗崗批評　清刻本　一册　存三卷(十一至十三)

110000－0198－0012513　集普 7224
紀曉嵐詩注釋四卷　(清)紀昀著　清嘉慶刻朱墨印本　一册　存一卷(二)

110000－0198－0012514　集普 7226
東周列國全志二十三卷　(清)蔡界評點　清光緒刻本　一册　存二卷(六至七)

110000－0198－0012515　集普 7228
文獻通考三百四十八卷　(元)馬端臨著　清光緒二十五年(1899)圖書集成局鉛印本　一册　存一卷(十二)

110000－0198－0012516　集普 7229
古事比五十二卷　(清)方中德輯著　清末石印本　一册　存五卷(二至六)

110000－0198－0012517　集普 7230

五經文料大成八卷　(清)朱迺紱編纂　清光緒十九年(1893)同文書局石印本　一冊　存四卷(五至八)

110000－0198－0012518　集普 7231

繡像九美圖全傳十二卷　(清)曹春江編　清刻本(有圖)　十冊　缺一卷(一)

110000－0198－0012519　集普 7232

惜抱先生尺牘八卷　(清)姚鼐撰　清咸豐五年(1855)聊城楊氏海源閣刻本　二冊

110000－0198－0012520　集普 7233

來生福彈詞三十六回　題(清)橘中逸叟著　清刻本　七冊　存十回(五至六、二十九至三十六)

110000－0198－0012521　集普 7234

分韻文選題解擇要十卷　(清)汪承元輯注　清咸豐七年(1857)安和軒刻本　四冊

110000－0198－0012522　集普 7235

聊齋誌異新評十六卷　(清)蒲松齡著　清刻朱墨印本　二冊　存二卷(八、十四)

110000－0198－0012523　集普 7236

經史百家雜鈔二十六卷　(清)曾國藩纂　清光緒三十二年(1906)上海商務印書館鉛印本　一冊　存二卷(一至二)

110000－0198－0012524　集普 7241

漁洋山人精華錄箋注十二卷附錄一卷補注一卷　(清)王士禎撰　清鳳翽堂刻本　五冊　缺二卷(一至二)

110000－0198－0012525　集普 7242

國朝書人輯略十一卷　(清)震鈞輯　清刻本　一冊　存二卷(十至十一)

110000－0198－0012526　集普 7245

聊齋誌異評註二十四卷　(清)蒲松齡著　清刻朱墨印本　一冊　存一卷(二)

110000－0198－0012527　集普 7250

說鈴前後集　(清)吳震方輯　清嘉慶五年(1800)刻本　十六冊

110000－0198－0012528　集普 7251

繡像生連環八卷　(清)朱素仙撰　清道光三年(1823)亦芸書屋刻本(有圖)　八冊

110000－0198－0012529　集普 7263

藝苑叢話十六卷　(清)陳琰編輯　清宣統三年(1911)上海六藝書局石印本　四冊

110000－0198－0012530　集普 7264

摩圍閣詞二卷　易順鼎撰　清光緒八年(1882)刻本　一冊

110000－0198－0012531　集普 7271

秋燈叢話十八卷　(清)王槭著　清乾隆刻本　八冊

110000－0198－0012532　集普 7274

愚荃敝帚二種　(清)李文安撰　清光緒九年(1883)同文書局石印本　一冊

110000－0198－0012533　集普 7276

犢山文稿　(清)周鎬撰　清咸豐十年(1860)刻本　四冊

110000－0198－0012534　集普 7281

國朝駢體正宗評本十二卷並補編　(清)曾燠輯　清光緒十年(1884)花雨樓刻朱墨印本　六冊

110000－0198－0012535　集普 7283

豈有此理四卷　(清)□□撰　清嘉慶四年(1799)絳雪草廬刻本　四冊

110000－0198－0012536　集普 7284

破愁城初集　(清)王嘉穀撰　清咸豐八年(1858)拙園刻本　八冊

110000－0198－0012537　集普 7285

閱微草堂筆記二十四卷　(清)紀昀撰　清光緒二十九年(1903)點石齋石印本　四冊

110000－0198－0012538　集普 7286

退思存稿詩存四卷文存一卷　(清)范志熙撰　清光緒十四年(1888)木犀香館刻本　四冊

110000－0198－0012539　集普 7290

亭林文集六卷餘集一卷　(清)顧炎武撰　清山隱居刻本　四冊

110000－0198－0012540　集普 7291
燕山外史註釋八卷　(清)陳球撰　清光緒五年(1879)上海廣益書局石印本(有圖)　一册

110000－0198－0012541　集普 7294
遯窟讕言十二卷　(清)王韜撰　清光緒六年(1880)鉛印本　四册

110000－0198－0012542　集普 7302
昌黎先生詩增注證訛十一卷　(唐)韓愈撰　(清)顧嗣立删補　(清)黄鉞增注證訛　清咸豐七年(1857)四明鮑氏二客軒刻本　四册　存一卷(一)

110000－0198－0012543　集普 7304
寶綸堂文鈔八卷寶綸堂詩鈔六卷　(清)齊召南撰　清嘉慶元年(1796)刻本　四册

110000－0198－0012544　集普 7305
石林遺書　(宋)葉夢得撰　葉德輝輯錄　清宣統三年(1911)葉氏觀古堂刻本　十册

110000－0198－0012545　集普 7306
太平廣記五百卷　(宋)李昉編纂　清刻本　一册　存十卷(五十二至六十一)

110000－0198－0012546　集普 7307
空山堂文集十二卷詩集六卷　(清)牛運震撰　清嘉慶六年(1801)空山堂刻本　八册

110000－0198－0012547　集普 7308
玉笙樓詩錄十二卷續錄一卷　(清)沈壽榕撰　清光緒九年(1883)刻本　六册　存二卷(一至二)

110000－0198－0012548　集普 7309
杜詩詳註二十五卷首一卷附錄二卷　(唐)杜甫撰　(清)仇兆鰲輯註　清康熙四十三年(1704)刻本　二十八册

110000－0198－0012549　集普 7311
冰壺山館詩鈔不分卷　(清)王夢庚撰　清道光九年(1829)刻本　十册

110000－0198－0012550　集普 7312
止齋先生文集五十二卷附錄一卷　(宋)陳傅良著　清光緒五年(1879)里安孫氏詒善祠塾刻本　一册　存二卷(二十六至二十七)

110000－0198－0012551　集普 7314
甌香館集十二卷末一卷　(清)惲格著　清道光二十六年(1846)海昌蔣氏刻本　一册　存四卷(四至七)

110000－0198－0012552　集普 7316
懷古田舍梅統十三卷　(清)徐榮輯　清咸豐刻本　四册

110000－0198－0012553　集普 7319
國朝山左詩續鈔三十二卷　(清)張鵬展纂　清嘉慶十八年(1813)四照樓刻本　十二册

110000－0198－0012554　集普 7320
養真集二卷　(清)養真子著　清道光十五年(1835)刻本　二册

110000－0198－0012555　集普 7321
賀方回詞二卷　(宋)賀鑄撰　清刻本　四册

110000－0198－0012556　集普 7323
問亭詩文初稿六卷　(清)張鵠著　清道光七年(1827)刻本　二册　存四卷(一、四至六)

110000－0198－0012557　集普 7325
新刊五百家注音辯昌黎先生文集四十卷　(唐)韓愈撰　清刻本　八册　存二十五卷(十至十六、二十至二十二、二十六至四十)

110000－0198－0012558　集普 7326
才調集十卷　(五代)韋穀集　清光緒刻本　四册

110000－0198－0012559　集普 7327
稼軒集鈔存九卷首一卷　(宋)辛棄疾著　清嘉慶十六年(1811)刻本　六册

110000－0198－0012560　集普 7328
壇影樓詞　(清)吳廷鈐撰　清道光二十四年(1844)刻本　一册

110000－0198－0012561　集普 7329
雙峰猥藁九卷首一卷末一卷　(宋)舒邦佐著　清咸豐八年(1858)刻本　四册　存一卷(一)

110000－0198－0012562　集普 7330
體微齋遺編三種附一種　(清)祝坮撰　清光緒十七年(1891)刻本　六冊

110000－0198－0012563　集普 7331
綠野齋文集四卷　(清)劉鴻翺著　清道光七年(1827)刻本　四冊

110000－0198－0012564　集普 7332
内自訟齋文集十卷年譜一卷　(清)周凱撰　清道光二十年(1840)愛吾廬刻本　八冊

110000－0198－0012565　集普 7333
羅豫章先生集十二卷首一卷　(宋)羅從彥撰　清光緒九年(1883)延平府署刻本　十冊

110000－0198－0012566　集普 7334
宋李忠定公文集選二十九卷奏議選十五卷首四卷　(宋)李綱撰　(明)左光先等編　明崇禎崇本堂刻本　十六冊

110000－0198－0012567　集普 7335
天籟軒詞譜五卷附詞韻一卷　(清)葉申薌編次　清道光八年(1828)刻本　六冊

110000－0198－0012568　集普 7336
詁經精舍文集十四卷　(清)阮元手訂　清嘉慶六年(1801)揚州阮氏瑯嬛仙館刻本　八冊

110000－0198－0012569　集普 7338
鈐山堂集四十卷　(明)嚴嵩著　清嘉慶十一年(1806)嚴氏刻本　十冊

110000－0198－0012570　集普 7342
翠岩室詩鈔四卷　(清)韓弼元撰　清光緒四年(1878)刻本　二冊

110000－0198－0012571　集普 7343
復堂類集文四卷詩九卷詞二卷　(清)譚獻撰　清光緒五年(1879)刻本　四冊

110000－0198－0012572　集普 7344
小峴山人詩集十卷文集四卷　(清)秦瀛撰　清世恩堂刻本　三冊

110000－0198－0012573　集普 7345
小獨秀齋詩二卷附錄一卷補遺一卷　(清)喬億撰　清乾隆六年(1741)刻本　二冊

110000－0198－0012574　集普 7346
畬經堂小稿　(清)馬振仲撰　清乾隆刻本　一冊

110000－0198－0012575　集普 7347
賜緑閣詠古試律二卷　(清)胡鑑著　清光緒二十四年(1898)賜緑閣刻本　二冊

110000－0198－0012576　集普 7348
劉端臨先生遺書八卷　(清)劉臺拱撰　清道光十四年(1834)刻本　四冊

110000－0198－0012577　集普 7349
石笥山房文集六卷詩集十一卷詩餘一卷　(清)胡天游著　清道光二十六年(1846)博平縣衙刻本　八冊

110000－0198－0012578　集普 7350
如諫果室叢刻四種　(清)王延釗撰　清宣統二年(1910)京師益森書館鉛印本　一冊

110000－0198－0012579　集普 7352
壹齋集四十卷附一卷畫友錄一卷遊記一卷泛槳錄二卷蕭湯二老遺詩合編二卷　(清)黄鉞撰　清咸豐九年(1859)蕪湖許氏廣東南海縣丞署刻本　十冊

110000－0198－0012580　集普 7353
柏梘山房集三十一卷　(清)梅曾亮撰　清咸豐六年(1856)刻本　六冊

110000－0198－0012581　集普 7356
耿尚孔吴四王合傳　(清)□□撰　清刻本　一冊

110000－0198－0012582　集普 7357
眉綠樓詞不分卷　(清)顧文彬撰　清光緒十年(1884)吳下顧氏刻本(有圖)　一冊

110000－0198－0012583　集普 7360
蔡中郎集十卷外紀一卷外集四卷　(漢)蔡邕撰　清光緒十六年(1890)海源閣刻本　三冊

110000－0198－0012584　集普 7362
柳文四十三卷別集二卷外集二卷　(唐)柳宗元撰　清刻本　八冊　缺二十四卷(一至二十四)

110000－0198－0012585　集普 7363
薛仁齋先生遺集八卷附録一卷　（清）薛于瑛撰　清光緒十四年（1888）刻本　十册

110000－0198－0012586　集普 7364
三歸草二卷　（明）鹿善繼著　清康熙杜越亭刻本　二册

110000－0198－0012587　集普 7365
正續隨園詩話　題（清）倉山居士著　清道光四年（1824）刻本　五册

110000－0198－0012588　集普 7366
隨園詩話十六卷補遺十卷　題（清）倉山居士著　清道光二十四年（1844）經元堂刻本　十册

110000－0198－0012589　集普 7367
繡像綠野仙蹤全傳八十回　（清）李百川撰　清道光十年（1830）刻本　二十册

110000－0198－0012590　集普 7368
文選六十卷　（南朝梁）蕭統編　清光緒六年（1880）四明林氏刻本　二十册

110000－0198－0012591　集普 7369
兩週甲會墨文海二十四卷　林天齡選　清光緒六年（1880）刻本　二十册

110000－0198－0012592　集普 7371
漁磯漫鈔十卷　（清）雷琳輯　清刻本　二册　存五卷（一至五）

110000－0198－0012593　集普 7372
繡像三國演義續編八卷　題（清）陳氏尺蠖齋評　清末鉛印本　一册　存二卷（三至四）

110000－0198－0012594　集普 7373
經學輯要三十二卷　（清）吴潁炎編　清光緒十三年（1887）點石齋石印本　十六册　存十六卷（十七至三十二）

110000－0198－0012595　集普 7378
更豈有此理四卷　題（清）空空主人撰　清嘉慶十九年（1814）醒目齋刻本　四册

110000－0198－0012596　集普 7379
文章遊戲初編八卷二編八卷三編八卷四編八卷　（清）繆艮輯　清刻本　三册　存三卷（三編七至八、四編一）

110000－0198－0012597　集普 7380
憑山閣增輯留青新集三十卷　（清）陳枚選輯　清康熙刻本　二册　存四卷（七至八、二十五至二十六）

110000－0198－0012598　集普 7382
隨園詩話十六卷補遺十卷　（清）袁枚著　清嘉慶六年（1801）小倉山房刻本　十册

110000－0198－0012599　集普 7383
餘墨偶談初集八卷續集八卷　（清）孫橒撰　清光緒九年（1883）雙峰書屋刻本　四册

110000－0198－0012600　集普 7384
筆生花三十二回　（清）邱心如著　清光緒上海申報館鉛印本　四册　存八回（十三至十四、二十一至二十二、二十九至三十二）

110000－0198－0012601　集普 7385
策學備纂三十二卷　（清）吴潁炎編　清光緒十四年（1888）上海點石齋石印本　十二册　存六卷（一至六）

110000－0198－0012602　集普 7386
牡丹亭還魂記四卷　（明）湯顯祖編　清光緒十二年（1886）同文書局石印本　四册

110000－0198－0012603　集普 7391
古文淵鑒六十四卷　（清）徐乾學編　清刻本　十二册　存二十九卷（二十六至三十五、四十六至六十四）

110000－0198－0012604　集普 7392
大小雅堂詩鈔十卷　（清）邵堂撰　清道光十年（1830）浚儀官署刻本　四册　存四卷（一至四）

110000－0198－0012605　集普 7394
有正味齋試帖詩注七十三卷附課四卷詩二卷試帖二卷　（清）吴錫麒著　清嘉慶二十三年（1818）刻本　六册

110000－0198－0012606　集普 7396
紅樓夢偶說二卷　題（清）晶三蘆月草舍撰

清光緒二年(1876)簣覆山房刻本　二冊

110000－0198－0012607　集普 7397

損齋存稿一卷立經堂詩鈔四卷　(清)胡世琦撰　清道光刻本　二冊　缺二卷(三至四)

110000－0198－0012608　集普 7398

重訂古文釋義新編八卷　(清)余誠評註　清刻本　一冊　存一卷(七)

110000－0198－0012609　集普 7399

古文觀止十二卷　(清)吳乘權輯錄　清光緒李光明莊刻本　三冊　存六卷(三至六、九至十)

110000－0198－0012610　集普 7400

挹青草堂詩鈔四卷　(清)竇國華撰　清嘉慶十六年(1811)刻本　一冊　存一卷(三)

110000－0198－0012611　集普 7401

小住為佳軒遺稿　(清)俞逢辰撰　清光緒三年(1877)鉛印本　二冊

110000－0198－0012612　集普 7402

曾文正公文鈔四卷　(清)曾國藩撰　清同治十一年(1872)蘇郡刻本　三冊

110000－0198－0012613　集普 7403

胡文忠公遺集十卷　(清)胡林翼撰　清同治七年(1868)醉六堂刻本　十二冊

110000－0198－0012614　集普 7405

覺世名言十二樓六卷　(清)李漁著　清光緒二十一年(1895)暢懷書屋石印本(有圖)　四冊

110000－0198－0012615　集普 7406

夜雨秋燈錄八卷　(清)宣鼎撰　清光緒上海申報館鉛印本　七冊

110000－0198－0012616　集普 7407

靈檀碎金六十八卷附錄一卷　(清)郎玉銘著　清光緒上海申報館鉛印本　十冊

110000－0198－0012617　集普 7408

文選古字通疏證六卷　(清)薛傳均撰　清道光二十年(1840)刻本　二冊

110000－0198－0012618　集普 7409

小倉山房文集八十二卷　(清)袁枚撰　清刻本　七冊　存十九卷(六至二十四)

110000－0198－0012619　集普 7410

小倉山房詩集三十七卷小倉山房續補詩集二卷　(清)袁枚撰　清刻本　十三冊　存二十九卷(九至三十七)

110000－0198－0012620　集普 7411

孿史不分卷　(清)王希廉輯　清光緒二年(1876)申報館仿聚珍鉛印本　八冊

110000－0198－0012621　集普 7412

快心醒睡錄十六卷　(清)毛祥麟撰　清光緒二十一年(1895)上海書局石印本　六冊

110000－0198－0012622　集普 7413

汶陽端平詩雋四卷　(宋)周弼撰　清嘉慶六年(1801)顧氏讀畫齋刻本　一冊

110000－0198－0012623　集普 7414

金鰲退食筆記二卷　(清)高士奇撰　清刻本　四冊

110000－0198－0012624　集普 7416

六朝文絜四卷　(清)許槤選　清刻本　一冊　存二卷(三至四)

110000－0198－0012625　集普 7417

繪圖綴白裘十二集四十八卷　(清)玩花主人輯　(清)錢德蒼增輯　清光緒三十四年(1908)萃香社石印本　十二冊

110000－0198－0012626　集普 7418

御選唐詩題解類編二十八卷　(清)黃承煦編輯　清光緒刻本　八冊

110000－0198－0012627　集普 7419

藝苑名言八卷　(清)蔣瀾纂輯　清乾隆刻本　四冊

110000－0198－0012628　集普 7420

國朝四大家詩鈔二十四卷　(清)邵玘輯　清乾隆刻本　十冊

110000－0198－0012629　集普 7421

增選藝林合編不分卷　清光緒點石齋石印本

十冊

110000－0198－0012630　集普 7422
精選巧搭網珊　清光緒十二年(1886)點石齋石印本　八冊

110000－0198－0012631　集普 7423
增訂一夕話新集六卷　題(清)咄咄夫輯　清乾隆四十九年(1784)掃葉山房刻本　四冊

110000－0198－0012632　集普 7424
聊齋誌異新評十六卷　(清)蒲松齡著　清道光刻本　十六冊

110000－0198－0012633　集普 7426
增像第六才子書五卷首一卷　(元)王實甫撰　清末石印本　一冊

110000－0198－0012634　集普 7436
兒女英雄傳評話十九卷　題還讀我書室主人評　清光緒四年(1878)申報館鉛印本(有圖)　四冊　存四卷(二至五)

110000－0198－0012635　集普 7437
增像補圖金玉緣十六卷　(清)曹霑撰　清光緒十六年(1890)鴻文書局石印本(有圖)　十一冊　缺一卷(一)

110000－0198－0012636　集普 7441
溫飛卿詩集九卷　(唐)溫庭筠撰　(明)曾益謙注　清宣統二年(1910)掃葉山房石印本　一冊　存二卷(一至二)

110000－0198－0012637　集普 7445
中國文學指南二卷　邵伯棠輯　清宣統上海會文堂書局石印本　二冊

110000－0198－0012638　集普 7446
新刻玉釧緣全傳三十二卷　題(清)西湖居士撰　清末石印本　八冊　存十四卷(一至五、八至十一、十四至十七、二十)

110000－0198－0012639　集普 7448
增評補像全圖金玉緣一百二十回　(清)曹霑撰　清光緒十年(1884)上海同文書局石印本(有圖)　一冊　存六回(六十一至六十六)

110000－0198－0012640　集普 7456
綠秋草堂詞一卷　(清)顧翰撰　清隨園刻本　一冊

110000－0198－0012641　集普 7457
過雲精舍詞二卷　(清)楊夔生撰　清隨園刻本　一冊

110000－0198－0012642　集普 7458
新增嶺南即事雜詠五卷　(清)何惠羣等撰　清光緒十三年(1887)以文堂刻本　五冊

110000－0198－0012643　集普 7460
黃梨洲遺書四十卷　(清)黃宗羲撰　清末石印本　一冊　存四卷(一至四)

110000－0198－0012644　集普 7461
惜霜吟稾　清末鈐印本　一冊

110000－0198－0012645　集普 7465
俠義傳二十四卷　(清)石玉崑撰　清光緒刻本　一冊　存一卷(二十四)

110000－0198－0012646　集普 7467
繪圖施公案□□卷　題(清)文光主人撰　清光緒石印本　一冊　存四卷(一至四)

110000－0198－0012647　集普 7468
繪圖封神演義八卷　(明)許仲琳撰　清錦章圖書局石印本(有圖)　一冊　存一卷(三)

110000－0198－0012648　集普 7469
繡像封神演義八卷　(明)許仲琳撰　清末上海廣益書局石印本(有圖)　一冊　存一卷(二)

110000－0198－0012649　集普 7471
增評補像全圖金玉緣八卷　(清)曹霑撰　清光緒石印本　一冊　存一卷(三)

110000－0198－0012650　集普 7473
剪燈新話一卷　(明)瞿佑撰　清光緒二十六年(1900)東京嵩山堂刻本　一冊

110000－0198－0012651　集普 7474
宋元明詩選四卷首一卷　(清)朱梓編輯　清光緒二十六年(1900)東京嵩山堂鉛印本　二冊

110000－0198－0012652　集普 7475
國朝四家詠物詩鈔三十卷補遺四卷　(清)吳偉業等輯　清刻本　八册

110000－0198－0012653　集普 7476
金臚精萃四卷　題(清)楓橋主人撰　清光緒九年(1883)刻本　二册

110000－0198－0012654　集普 7478
近科分韻館詩續鈔　清光緒七年(1881)刻本　八册

110000－0198－0012655　集普 7479
歷朝詞選八卷　(清)夏秉衡輯　清文萃堂刻本　八册

110000－0198－0012656　集普 7480
兩當軒全集二十二卷補遺一卷　(清)黄景仁著　清宣統二年(1910)掃葉山房石印本　六册

110000－0198－0012657　集普 7488
續甬上耆舊詩集一百四十卷　(清)全祖望選　清末國學保存會鉛印本　八册

110000－0198－0012658　集普 7490
五代詩話十二卷　(清)王士禎輯　清乾隆刻本　三册

110000－0198－0012659　集普 7491
異説後唐傳三集薛丁山征西樊梨花全傳十卷　題(清)如蓮居士編　清道光二十八年(1848)贛城本立堂刻本　一册　存二卷(九至十)

110000－0198－0012660　集普 7493
繪圖增像第五才子書水滸全傳十二卷首一卷　(明)施耐庵撰　清光緒三十二年(1906)粤海書莊石印本　十册

110000－0198－0012661　集普 7501
説詩樂趣類編二十卷附偶咏草續集一卷　(清)伍涵芬定　清嘉慶六年(1801)經國堂刻本　六册

110000－0198－0012662　集普 7508
宋王忠文公文集五十卷　(宋)王十朋撰　清末上海掃葉山房石印本　十册

110000－0198－0012663　集普 7509
重訂古文釋義新編八卷　(清)余誠注　清光緒上海錦章圖書局石印本　八册

110000－0198－0012664　集普 7510
增註硃批七家詩選七卷　(清)張熙宇評選　清同治六年(1867)青雲書屋刻朱墨印本　四册

110000－0198－0012665　集普 7518
天花亂墜八卷二集八卷三集八卷　(清)寅半生撰　清光緒二十九年(1903)崇實齋刻本　十二册

110000－0198－0012666　集普 7521
山陽詩徵續編四十四卷　(清)王錫祺輯　清光緒二十二年(1896)鉛印本　十册

110000－0198－0012667　集普 7522
紀氏嘉言四卷　(清)紀昀撰　清咸豐九年(1859)英華齋刻本　四册

110000－0198－0012668　集普 7526
禮山園文集八卷後編五卷續集一卷詩集十卷　(清)李來章撰　清康熙李氏賜書堂刻本　二册　存五卷(後編五卷)

110000－0198－0012669　集普 7528
白鶴山房詞鈔　(清)葉紹本撰　清道光元年(1821)刻本　二册

110000－0198－0012670　集普 7529
嘉樹山房集二十卷外集二卷　(清)張士元撰　清嘉慶二十四年(1819)震澤張氏刻本　六册

110000－0198－0012671　集普 7530
讀書堂杜工部詩集註解二十卷　(唐)杜甫撰　清康熙三十七年(1698)張氏讀書堂刻本　十八册　存十八卷(三至二十)

110000－0198－0012672　集普 7531
海秋制藝前集一卷後集一卷補遺一卷　(清)湯鵬撰　清刻本　四册

110000－0198－0012673　集普 7532

國朝歷科發蒙小品　(清)唐惟懋評選　清道光刻本　三冊

110000－0198－0012674　集普 7533
國朝歷科註釋小品二集　(清)唐惟懋評選　(清)吳鳳儀註釋　清刻本　五冊

110000－0198－0012675　集普 7534
註釋天崇欣賞集　(清)吳蘭陔注釋　清道光五年(1825)芸生堂刻本　四冊

110000－0198－0012676　集普 7535
畬香草存三卷續刻一卷　(清)倪元坦撰　清嘉慶涵和堂刻本　四冊

110000－0198－0012677　集普 7536
履園叢話二十四卷　(清)錢泳撰　清道光五年(1825)述德堂刻本　十冊

110000－0198－0012678　集普 7537
傳家制義初集　清光緒四年(1878)還讀精舍刻本　六冊

110000－0198－0012679　集普 7540
甌香館集十二卷補遺一卷　(清)惲格著　清光緒七年(1881)刻本　四冊

110000－0198－0012680　集普 7541
靖節先生集十卷首一卷末一卷年譜攷異二卷　(晉)陶潛撰　清光緒九年(1883)江蘇書局刻本　四冊

110000－0198－0012681　集普 7543
杯餘彙草不分卷　(清)章朝栻輯　清道光十三年(1833)得我齋刻本　二冊

110000－0198－0012682　集普 7544
彭文敬公全集　(清)彭蘊章撰　清同治元年(1862)青雲書屋刻本　十二冊

110000－0198－0012683　集普 7545
涇野先生文集三十八卷　(明)呂柟撰　清道光十二年(1832)關中書院刻本　十六冊

110000－0198－0012684　集普 7546
蛾述集十六卷　(清)陳庭學纂輯　清嘉慶二十年(1815)六君子齋刻本　四冊

110000－0198－0012685　集普 7547
說文逸字二卷附錄一卷　(清)鄭珍撰　清咸豐八年(1858)福山王氏刻本　二冊

110000－0198－0012686　集普 7550
南畇詩稿二十七卷附年譜一卷　(清)彭定求著　清光緒長洲彭氏刻本　一冊　存三卷(二十五至二十七)

110000－0198－0012687　集普 7551
粲花山房遺稾三卷　(清)吳夢勲撰　清光緒二十三年(1897)乙藜齋刻本　一冊

110000－0198－0012688　集普 7552
悔廬文鈔五卷首一卷　(清)張崇蘭撰　清光緒二十三年(1897)刻本　四冊

110000－0198－0012689　集普 7554
[清光緒甲午科]東闈墨　(清)杜光斗等撰　清光緒二十年(1894)聚奎堂刻本　一冊

110000－0198－0012690　集普 7555
嗇庵隨筆六卷末一卷　(清)陸文衡著　清光緒二十三年(1897)德清俞樾刻本　二冊

110000－0198－0012691　集普 7559
貞白堂詩刻三種　(清)恩錫輯　清同治刻本　一冊

110000－0198－0012692　集普 7560
澤雅堂詩集六卷　(清)施補華撰　清光緒刻本　二冊

110000－0198－0012693　集普 7561
瑯琈山房詩稿八卷　(清)王志湉撰　清嘉慶二十三年(1818)刻本　四冊

110000－0198－0012694　集普 7562
有正味齋全集附詩集十六卷詩續集八卷續集八卷詞集七卷續詞三卷外集四卷　(清)吳錫麒撰　清嘉慶十三年(1808)同人堂刻本　十冊

110000－0198－0012695　集普 7563
香南雪北詞一卷　(清)吳藻撰　清道光二十四年(1844)吳氏刻本　一冊

110000－0198－0012696　集普 7564

曝書亭集詞註七卷　(清)朱彝尊撰　清嘉慶十九年(1814)嘉興李氏校經廎刻本　四册

110000－0198－0012697　集普 7565
陋軒詩四卷　(清)吴嘉紀撰　清道光刻本　五册

110000－0198－0012698　集普 7566
歐陽文公圭齋集十五卷首一卷附錄一卷　(元)歐陽玄撰　清道光十四年(1834)棣餘山房刻本　六册

110000－0198－0012699　集普 7567
元遺山先生集四十卷首一卷附錄一卷附錄增一卷補載一卷年譜四卷新樂府四卷續夷堅志四卷　(金)元好問撰　清道光三十年(1850)陽泉山莊刻本　六册

110000－0198－0012700　集普 7568
花簾詞　(清)吴藻撰　清道光十年(1830)蘅香館刻本　一册

110000－0198－0012701　集普 7572
陶靖節詩集　(晉)陶潛撰　清康熙刻本　四册

110000－0198－0012702　集普 7574
王子安集十六卷附錄一卷　(唐)王勃著　清光緒五年(1879)醉經堂刻本　四册　缺四卷(十三至十六)

110000－0198－0012703　集普 7575
存悔齋集二十八卷外集四卷　(清)劉鳳誥撰　清道光十七年(1837)刻本　八册

110000－0198－0012704　集普 7577
滄溟先生集三十卷附錄一卷　(明)李攀龍撰　清道光二十七年(1847)刻本　八册

110000－0198－0012705　集普 7580
籀經堂類藁二十四卷齊陳氏韶舞樂舋通釋一卷　(清)陳慶鏞撰　清光緒九年(1883)刻本　十二册

110000－0198－0012706　集普 7581
闕里孔氏詩鈔十四卷　(清)孔憲彝纂輯　清道光二十二年(1842)刻本　四册

110000－0198－0012707　集普 7582
樹人堂讀杜詩二十五卷首一卷　(唐)杜甫撰　清道光十二年(1832)銀城麥浪園刻本　八册

110000－0198－0012708　集普 7585
宛陵先生集六十卷　(宋)梅堯臣著　清道光十年(1830)夜吟樓刻本　十二册

110000－0198－0012709　集普 7587
歲寒堂讀杜二十卷　(清)范輦雲輯　清道光二十四年(1844)蘇州范氏家祠後樂堂刻本　八册

110000－0198－0012710　集普 7588
瓶菴居士詩鈔四卷　(清)孟超然撰　清嘉慶二十年(1815)亦園亭刻本　二十册

110000－0198－0012711　集普 7589
清異編珠二卷　(清)福申輯　清道光六年(1826)長白福申刻本　二册

110000－0198－0012712　集普 7590
龔定庵别集詩詞定本　(清)龔自珍著　清宣統二年(1910)風雨樓鉛印本　二册

110000－0198－0012713　集普 7592
遺山先生集四十卷末一卷証三卷　(金)元好問著　清道光三十年(1850)平定張氏陽泉山莊刻本　八册　存十二卷(二十九至四十)

110000－0198－0012714　集普 7593
逃虚閣詩集六卷　(清)張錦芳撰　清嘉慶六年(1801)刻本　二册

110000－0198－0012715　集普 7594
古文詞畧二十四卷　(清)梅曾亮輯　清同治六年(1867)合肥李氏刻本　五册

110000－0198－0012716　集普 7595
羅鄂州小集六卷　(宋)羅願撰　清光緒十九年(1893)李氏仿明洪武本刻本　二册

110000－0198－0012717　集普 7596
養浩堂詩集五卷　(日本)宮島誠一郎撰　清光緒八年(1882)萬世文庫刻本　三册

110000－0198－0012718　集普 7598

大意尊聞三卷　(清)方東樹撰　清光緒十六年(1890)刻本　一册

110000－0198－0012719　集普 7599
大意尊聞三卷　(清)方東樹著　清同治五年(1866)方宗誠刻本　一册

110000－0198－0012720　集普 7603
杜詩注釋二十四卷　(清)許寶善輯　清嘉慶七年(1802)自怡軒刻本　十二册

110000－0198－0012721　集普 7604
王山遺響六卷唾居隨録四卷　(清)張貞生著　清康熙十八年(1679)講學山房刻本　四册

110000－0198－0012722　集普 7606
學易集八卷　(宋)劉跂撰　清乾隆武英殿刻本　二册

110000－0198－0012723　集普 7607
陶山集十六卷　(宋)陸佃著　清乾隆武英殿刻本　三册　存十二卷(五至十六)

110000－0198－0012724　集普 7608
陽湖錢氏家集十六卷　錢振鍠撰　清光緒三十三年(1907)刻木活字印本　四册

110000－0198－0012725　集普 7609
名山叢書七種　錢振鍠撰　清刻本　四册

110000－0198－0012726　集普 7610
蘋洲漁笛譜二卷集外詞一卷　(宋)周密撰　清末刻本　一册

110000－0198－0012727　集普 7614
和天倪齋詞　(清)郭鍾岳著　清光緒十三年(1887)溫州刻本　一册

110000－0198－0012728　集普 7615
聊齋文集二卷　(清)蒲松齡著　清宣統元年(1909)上海國學扶輪社鉛印本　二册

110000－0198－0012729　集普 7616
念堂詩餘一卷　(清)崔旭撰　清刻本　一册

110000－0198－0012730　集普 7618
津雲小草二卷　(清)何佩珠撰　清道光二十年(1840)刻本　一册

110000－0198－0012731　集普 7619
儀歐閣詩遺稿一卷　(清)陸容撰　清道光二十年(1840)長洲王氏刻本　一册

110000－0198－0012732　集普 7620
小澥草堂古文集　(清)牟願相著　清咸豐三年(1853)牟氏刻本　一册

110000－0198－0012733　集普 7621
小澥草堂古今詩集　(清)牟願相著　清咸豐三年(1853)牟氏刻本　一册

110000－0198－0012734　集普 7622
四梅花屋詩鈔十三卷　(清)潘煥龍撰　清道光刻本　二册

110000－0198－0012735　集普 7625
六如居士全集七卷　(明)唐寅著　清嘉慶六年(1801)長沙唐仲冕刻本　四册

110000－0198－0012736　集普 7626
曝書亭集箋注二十三卷　(清)孫銀槎注　清嘉慶五年(1800)三有堂刻本　六册

110000－0198－0012737　集普 7627
明三十家詩選初集八卷二集八卷　(清)汪端輯　清道光二年(1822)汪端自然好學齋刻本　八册

110000－0198－0012738　集普 7628
補籬遺稿八卷　(清)姚福均著　清光緒三十一年(1905)木活字印本　二册

110000－0198－0012739　集普 7629
瓶水齋詩集十七卷別集二卷詩話一卷　(清)舒位撰　清光緒十二年(1886)刻本　八册

110000－0198－0012740　集普 7630
綿津山人詩集二十七卷　(清)宋犖撰　清康熙二十七年(1688)商丘宋氏刻本　四册

110000－0198－0012741　集普 7631
經笥堂文鈔二卷　(清)雷鋐撰　清嘉慶十六年(1811)寧化伊氏秋水園刻本　二册

110000－0198－0012742　集普 7632
連理山人詩鈔江淮集五卷　(清)方正瑗撰　清刻本　六册

110000－0198－0012743　集普 7633
穀詒堂全集三卷　(清)熊伯龍著　清乾隆五十一年(1786)刻本　六册

110000－0198－0012744　集普 7634
雙冷齋文集四卷　(清)張九章撰　清光緒二十一年(1895)刻本　四册

110000－0198－0012745　集普 7636
唐女郎魚玄機詩一卷　(唐)魚玄機撰　清光緒二十五年(1899)長沙葉氏刻本　一册

110000－0198－0012746　集普 7637
大蘇文約選　(清)方苞輯　清刻本　一册

110000－0198－0012747　集普 7639
懷園集杜詩八卷　(清)車萬育著　清康熙刻本　六册

110000－0198－0012748　集普 7640
榮性堂集十六卷　(清)吳俊著　清嘉慶刻本　四册

110000－0198－0012749　集普 7641
重訂古文雅正十四卷　(清)蔡世遠選評　清道光八年(1828)刻本　八册

110000－0198－0012750　集普 7642
敬恕堂文集紀年十卷　(清)耿介撰　清刻本　五册　存六卷(五至十)

110000－0198－0012751　集普 7643
文史通義八卷　(清)章學誠撰　清道光十二年(1832)刻本　五册

110000－0198－0012752　集普 7644
續香齋讀史存質集一卷文存一卷古今體詩二卷　(清)喬遠炳撰　清道光湖北喬氏刻本　四册

110000－0198－0012753　集普 7645
國朝古文彙鈔二集一百卷　(清)朱琦輯　清刻本　十八册　存四十五卷(五十六至一百)

110000－0198－0012754　集普 7648
郙亭詩稿四卷　(清)孫楫撰　清光緒十七年(1891)羊城刻本　一册

110000－0198－0012755　集普 7650
陽集四卷首一卷末一卷　(宋)洪皓著　清同治九年(1870)三瑞堂金陵刻本　一册

110000－0198－0012756　集普 7651
茶餘客話十二卷　(清)阮葵生撰　清嘉慶刻本　四册

110000－0198－0012757　集普 7657
世説新語補二十卷　(南朝宋)劉義慶撰　清刻本　一册　存二卷(六至七)

110000－0198－0012758　集普 7658
石湖居士詩集三十四卷　(宋)范成大撰　清末石印本　一册　存十六卷(一至十六)

110000－0198－0012759　集普 7665
[己酉科]直省鄉墨英華　清道光二十九年(1849)刻本　四册

110000－0198－0012760　集普 7666
群書札記十六卷　(清)朱亦棟撰　清光緒四年(1878)武林竹簡齋刻本　六册

110000－0198－0012761　集普 7667
屈賈文合編四卷　(戰國)屈原　(漢)賈誼撰　清光緒四年(1878)長沙刻本(有圖)　七册

110000－0198－0012762　集普 7668
草窗詞二卷附錄二卷　(宋)周密撰　清咸豐十一年(1861)曼陀羅華閣刻本　二册

110000－0198－0012763　集普 7672
樊南文集補編十二卷首一卷附錄一卷　(唐)李商隱撰　清同治五年(1866)望三益齋刻本　四册

110000－0198－0012764　集普 7673
樂志堂詩集十二卷　(清)譚瑩撰　清咸豐十年(1860)吏隱園刻本　四册

110000－0198－0012765　集普 7674
十八家詩鈔二十八卷　(清)曾國藩輯　清同治十三年(1874)傳忠書局刻本　十二册　存十三卷(十六至二十八)

110000－0198－0012766　集普 7675
昌黎先生詩集注十一卷年譜一卷　(唐)韓愈

撰　(清)顧嗣立刪補　清道光十六年(1836)膺德堂刻朱墨印本　四冊

110000－0198－0012767　集普 7676
金梁夢月詞二卷附懷夢詞一卷　(清)周之琦撰　清光緒杭州陸貞一愛日軒刻本　一冊　缺一卷(上)

110000－0198－0012768　集普 7678
雲左山房詩鈔八卷附錄一卷　(清)林則徐撰　清光緒十二年(1886)福州刻本　二冊

110000－0198－0012769　集普 7680
遂初堂詩集二卷　(清)何青撰　清刻本　二冊

110000－0198－0012770　集普 7681
賜硯齋集十二卷　(清)龍汝言撰　清道光十六年(1836)刻本　六冊

110000－0198－0012771　集普 7682
金陵百詠　(宋)曾極撰　清光緒二十九年(1903)長沙葉氏刻本　一冊

110000－0198－0012772　集普 7683
講筵四世詩鈔十卷　(清)張英撰　清光緒十八年(1892)刻本　四冊

110000－0198－0012773　集普 7685
耐歌詞四卷首一卷　(清)李漁撰　清康熙十七年(1678)刻本　一冊　存三卷(二至四)

110000－0198－0012774　集普 7686
萬紅友詞律二十卷拾遺八卷補遺一卷　(清)萬樹論次　清康熙堆絮園刻本　七冊　存十三卷(八至二十)

110000－0198－0012775　集普 7688
廣緝詞隱先生增訂南九宮詞譜二十六卷　(明)沈自晉編　清初刻本　四冊

110000－0198－0012776　集普 7689
南宋雜事詩七卷　(清)沈嘉轍撰　清同治十一年(1872)淮南書局刻本　四冊

110000－0198－0012777　集普 7690
定盦文集三卷　(清)龔自珍撰　清同治七年(1868)刻本　三冊

110000－0198－0012778　集普 7691
蓮因室詞一卷補一卷　(清)鄭蘭孫撰　清光緒三十年(1904)影印本　一冊

110000－0198－0012779　集普 7692
杜工部集二十卷首一卷　(唐)杜甫撰　清康熙靜思堂刻本　八冊

110000－0198－0012780　集普 7693
二十四詩品淺解　(清)楊廷芝著　清刻本　一冊

110000－0198－0012781　集普 7698
甘泉鄉人稿二十四卷餘稿二卷年譜一卷　(清)錢泰吉撰　清同治十一年(1872)刻本　一冊　存三卷(七至九)

110000－0198－0012782　集普 7699
藝風堂文集八卷　繆荃孫著　清光緒二十七年(1901)刻本　二冊　存四卷(一至四)

110000－0198－0012783　集普 7701
謝家山人集六卷　(清)唐瑩編　清光緒十年(1884)安慶刻本　二冊

110000－0198－0012784　集普 7702
海峰先生詩文集十六卷　(清)徐宗亮編　清同治十三年(1874)刻本　六冊

110000－0198－0012785　集普 7703
增批古文觀止十二卷　(清)吳楚材編　清光緒二十七年(1901)浙紹墨潤堂石印本　六冊

110000－0198－0012786　集普 7704
畹香樓詩稿二卷鐵夢齋詩鈔據梧吟館詩集　(清)梁蘭漪撰　清光緒二十一年(1895)上洋飛鴻閣書林刻本　六冊

110000－0198－0012787　集普 7705
容齋詩集二十六卷文鈔八卷　(清)茹綸常撰　清乾隆刻本　六冊

110000－0198－0012788　集普 7706
託素齋文集六卷詩集四卷　(清)黎士弘著　清光緒二十五年(1899)汀州東壁軒刻木活字印本　十一冊

110000－0198－0012789　集普 7707

春覺軒詩草十卷 （清）莊宇逵撰 清嘉慶武進莊啟泰刻本 二册

110000－0198－0012790 集普7708
培遠堂偶存稿三卷 （清）陳宏謀撰 清道光八桂堂刻本 三册

110000－0198－0012791 集普7712
松陵詩徵前編十二卷 （清）殷增編次 清光緒九年(1883)刻本 四册

110000－0198－0012792 集普7713
七經樓文鈔六卷 （清）蔣湘南撰 清同治九年(1870)刻本 四册

110000－0198－0012793 集普7714
目耕齋讀本三集 （清）沈叔眉編 清道光學庫山房刻本 六册

110000－0198－0012794 集普7715
夏峰先生集十四卷首一卷補遺二卷 （明）孫奇逢著 清道光二十五年(1845)大梁書院刻本 十六册

110000－0198－0012795 集普7716
藏山閣文存六卷詩存十四卷尺牘四卷 （清）錢秉鐙撰 清光緒三十四年(1908)鉛印本 四册

110000－0198－0012796 集普7718
怡志堂文初編六卷 （清）朱琦撰 清同治三年(1864)刻本 三册

110000－0198－0012797 集普7720
同人集十二卷 （清）冒襄輯 清咸豐九年(1859)水繪園刻本 八册 存八卷(五至十二)

110000－0198－0012798 集普7721
大山詩集七卷 （清）劉巖撰 清光緒三十一年(1905)鉛印本 二册

110000－0198－0012799 集普7722
問字樓詩 （清）陳禦寇撰 清宣統二年(1910)鉛印本 一册

110000－0198－0012800 集普7723
繡詩樓詩五卷 （清）陳步墀撰 清宣統二年(1910)鉛印本 一册

110000－0198－0012801 集普7724
睇海樓詩 （清）□□撰 清宣統二年(1910)鉛印本 一册

110000－0198－0012802 集普7726
愚荃敝帚二卷 （清）李文安撰 清光緒九年(1883)同文書局鉛印本 一册

110000－0198－0012803 集普7729
古唐詩合解十二卷古詩四卷 （清）王堯衢注 清光緒七年(1881)書業德記刻本 六册

110000－0198－0012804 集普7732
眉綠樓詞 （清）顧文彬撰 清光緒十年(1884)吳下刻本 一册

110000－0198－0012805 集普7733
鮚埼亭集外編五十卷 （清）全祖望著 清乾隆四十一年(1776)刻本 八册 存十六卷(一至十六)

110000－0198－0012806 集普7735
詩韻集成不分卷 （清）余照輯 清光緒十二年(1886)上海同文書局石印本 六册

110000－0198－0012807 集普7737
第五才子書水滸傳七十五卷 （明）施耐庵撰 清末刻本 三册 存十卷(六至七、十七至二十、三十八至四十一)

110000－0198－0012808 集普7738
第一才子書六十卷 （明）羅貫中撰 清末刻本 四册 存十一卷(二至七、十一至十二、五十至五十二)

110000－0198－0012809 集普7739
精萃集 清刻本 一册

110000－0198－0012810 集普7740
存真集 清刻本 一册

110000－0198－0012811 集普7744
國朝文徵四十卷 （清）吳翌鳳輯 清咸豐元年(1851)吳江沈懋德世美堂刻本 四十册

110000－0198－0012812 集普7745

尊聞閣詩選初集二集　(清)錢徵編　清光緒五年(1879)上海申報館仿宋聚珍版鉛印本　一冊

110000－0198－0012813　集普7746

唐詩別裁集二十卷　(清)沈德潛選　清刻本　一冊　存二卷(十九至二十)

110000－0198－0012814　集普7747

雪鴻軒尺牘四卷　(清)龔蕚撰　清刻本　一冊　存一卷(三)

110000－0198－0012815　集普7748

簡明詩韻不分卷　(清)王德瑛撰　清刻本　一冊

110000－0198－0012816　集普7749

撒房金文　清末刻本　二冊

110000－0198－0012817　集普7762

尊聞閣詩選　(清)錢徵編　清光緒五年(1879)申報館仿聚珍板刻本　十冊

110000－0198－0012818　集普7773

李習之先生文集二卷　(唐)李翺撰　清宣統三年(1911)上海會文堂書局石印本　二冊

110000－0198－0012819　集普7782

林和靖詩集四卷拾遺一卷　(宋)林逋撰　清宣統二年(1910)上海文瑞樓石印本　二冊

110000－0198－0012820　集普7783

新説西遊記圖像一百回　(明)吳承恩原著　清光緒十四年(1888)刊江味潛齋石印本(有圖)　一冊　存十二回(八十九至一百)

110000－0198－0012821　集普7797

鷗陂漁話六卷吹網錄六卷　(清)葉廷琯撰　清同治三年(1864)掃葉山房石印本　六冊

110000－0198－0012822　集普7800

李長吉歌詩四卷首一卷外集一卷　(唐)李賀撰　清光緒崇新書局石印本　六冊

110000－0198－0012823　集普7803

欽定國朝詩別裁集三十二卷　(清)沈德潛輯評　清初刻本　六冊　存十五卷(十八至三十二)

110000－0198－0012824　集普7804

躬恥齋文鈔十七卷　(清)宗稷辰撰　清咸豐元年(1851)越峴山館刻本(有圖)　六冊

110000－0198－0012825　集普7810

全唐詩話六卷　(宋)尤袤輯　清宣統三年(1911)上海朝記書莊石印本　四冊

110000－0198－0012826　集普7813

角山樓增補類腋　(清)姚培謙撰　清光緒十二年(1886)上海文瑞樓石印本　六冊

110000－0198－0012827　集普7817

重刊五百家註音辯昌黎先生文集四十卷　(唐)韓愈撰　清光緒上海文瑞樓石印本　十二冊

110000－0198－0012828　集普7818

圖像鏡花緣二十卷首一卷　(清)李汝珍撰　清光緒二十三年(1897)上海書局石印本(有圖)　六冊

110000－0198－0012829　集普7833

蘭言詩鈔四卷　(清)李瑞著　清光緒十七年(1891)刻本　四冊

110000－0198－0012830　集普7834

增像全圖東周列國志二十七卷　(清)蔡昇編　清光緒三十一年(1905)上海順成書局石印本　八冊

110000－0198－0012831　集普7835

新選時文備格　(清)還讀山房主人編　清光緒六年(1880)京都還讀山房刻本　四冊

110000－0198－0012832　集普7836

五經文準　清光緒十九年(1893)上海點石齋石印本　二十冊

110000－0198－0012833　集普7838

綉像全圖再生緣全傳二十卷　(清)陳端生撰　清光緒三十一年(1905)永記書莊石印本　二十冊

110000－0198－0012834　集普7841

娱目醒心編十六卷　(清)杜綱撰　清刻本　六冊

110000－0198－0012835　集普 7846
西疆雜述詩四卷　(清)蕭雄撰　清光緒十八年(1892)鉛印本　一冊

110000－0198－0012836　集普 7853
養一齋詩話十卷　(清)潘德輿撰　清道光十六年(1836)刻本　六冊

110000－0198－0012837　集普 7856
粟香隨筆八卷　金武祥撰　清光緒掃葉山房石印本　十六冊

110000－0198－0012838　集普 7857
繡像七俠五義二十四卷　(清)石玉昆撰　清光緒公興書局鉛印本(有圖)　五冊

110000－0198－0012839　集普 7858
陸象山先生全集三十六卷　(宋)陸九淵撰　清宣統二年(1910)江左書林鉛印本　八冊

110000－0198－0012840　集普 7859
一松齋集八卷　(清)孫擴圖撰　清同治十一年(1872)刻本　六冊

110000－0198－0012841　集普 7860
潄六山房全集十一卷　(清)吳昆田撰　清光緒二十一年(1895)刻本　六冊

110000－0198－0012842　集普 7861
關中兩朝詩鈔十二卷　(清)李元春彙選　清道光十二年(1832)守樸堂刻本　四冊

110000－0198－0012843　集普 7862
晦庵先生朱文公文集一百卷目錄二卷續集十一卷別集十卷　(宋)朱熹撰　清同治十二年(1873)六安涂氏求我齋刻本　六十冊

110000－0198－0012844　集普 7863
南野堂筆記十二卷　(清)吳文溥撰　清宣統三年(1911)上海中華國粹書社石印本　四冊

110000－0198－0012845　集普 7864
紅樓夢四十八卷　(清)曹雪芹著　清道光十二年(1832)刻本　二十三冊　缺五卷(三十二至三十六)

110000－0198－0012846　集普 7865
四書五經類典集成三十四卷　(清)戴兆春輯　清光緒二十二年(1896)慎記書莊石印本　一冊　存七卷(二十八至三十四)

110000－0198－0012847　集普 7866
漁洋詩話二卷　(清)王士禛著　清刻本　二冊

110000－0198－0012848　集普 7867
蘇東坡全集一百十卷　(宋)蘇軾撰　清光緒三十四年至宣統元年(1908－1909)石印本　四十八冊

110000－0198－0012849　集普 7868
試帖玉芙蓉集四卷　(清)同文書局主人選輯　清光緒十年(1884)上海同文書局石印本　四冊

110000－0198－0012850　集普 7869
庸閒齋筆記十二卷　(清)陳其元撰　清光緒十五年(1889)上海檢古齋石印本　四冊

110000－0198－0012851　集普 7870
繡像鬧廬莊　清刻本(有圖)　三冊

110000－0198－0012852　集普 7871
繡像雙帥印十四卷　清刻本(有圖)　四冊

110000－0198－0012853　集普 7872
繡像封神演義八卷　(明)許仲琳撰　清光緒十五年(1889)上海廣百宋齋鉛印本(有圖)　十冊

110000－0198－0012854　集普 7874
衛濟餘編五卷　(清)王纕堂編　清道光二十二年(1842)寶善堂刻本　四冊

110000－0198－0012855　集普 7878
相宅經纂四卷　(清)高見南撰　清道光二十四年(1844)味根草堂刻本　四冊

110000－0198－0012856　集普 7879
增像第六才子書五卷首一卷　(元)王實甫撰　(清)金人瑞評　清光緒十五年(1889)上海鴻寶齋石印本　六冊

110000－0198－0012857　集普 7880
陶蘇詩合箋八卷附錄一卷　(清)溫汝能撰　清光緒十八年(1892)上海五彩公司石印本

四册

110000－0198－0012858　集普 7881
夜譚隨録十二卷　(清)和邦額撰　清光緒緯文堂刻本　六册

110000－0198－0012859　集普 7882
客窗偶筆四卷　(清)金捧閶撰　清嘉慶二年(1797)守一齋刻本　四册

110000－0198－0012860　集普 7883
試律智慧海後編　(清)慕維德輯　清道光步月樓刻本　四册

110000－0198－0012861　集普 7884
詩觸十四種五卷附二種四卷　(清)朱琰輯　清道光四年(1824)刻本　八册

110000－0198－0012862　集普 7885
杜詩直解五言三卷七言二卷　(清)沈寅　(清)朱崑補輯　清乾隆四十年(1775)鳳樓刻本　二册

110000－0198－0012863　集普 7886
陶淵明集十卷　(晉)陶潛撰　清光緒刻本　二册

110000－0198－0012864　集普 7887
新刻雙玉鐲後集十卷　清刻本　八册

110000－0198－0012865　集普 7889
聊齋志異新評十六卷　(清)蒲松齡著　(清)王士正評　(清)但明倫新評　清光緒九年(1883)掃葉山房刻朱墨印本　十六册

110000－0198－0012866　集普 7890
各省課藝匯海　題(清)擷雲腴山館主人輯　清光緒十一年(1885)上海同文書局石印本　四册

110000－0198－0012867　集普 7895
新刻濟顛大師醉菩提全傳二十回　題(清)天花藏主人編次　清光緒二十年(1894)刻本　四册

110000－0198－0012868　集普 7902
牡丹亭還魂記四卷　(明)湯顯祖撰　清刻本　四册

110000－0198－0012869　集普 7903
繪圖今古奇觀六卷　題(明)抱甕老人編　清光緒三十二年(1906)上海書局石印本(有圖)　六册

110000－0198－0012870　集普 7905
明詩別裁集十二卷　(清)沈德潛輯　清末刻本　二册　存四卷(一至二、五至六)

110000－0198－0012871　集普 7906
欽定國朝詩別裁集三十二卷　(清)沈德潛纂評　清末刻本　二册　存四卷(八至九、十一至十二)

110000－0198－0012872　集普 7907
曾文正公洋務尺牘二卷　(清)曾國藩撰　清光緒磊石書屋刻本　一册

110000－0198－0012873　集普 7908
策府統宗六十五卷　(清)劉昌齡撰　清光緒石印本　三册　存三卷(六至七、四十)

110000－0198－0012874　集普 7909
文選錦字録二十一卷　(明)凌迪知輯　清光緒十九年(1893)上海鴻寶齋石印本　三册

110000－0198－0012875　集普 7910
文選音義八卷　(清)余蕭客撰　清光緒二十一年(1895)上海鴻寶齋石印本　二册

110000－0198－0012876　集普 7911
文選集錦七卷　(清)李伯瑜撰　清光緒二十一年(1895)上海鴻寶齋石印本　一册

110000－0198－0012877　集普 7912
文選課虛四卷　(清)杭世駿輯　清光緒二十一年(1895)上海鴻寶齋石印本　一册

110000－0198－0012878　集普 7913
文選鹹度十七卷　(清)王毓俊撰　清光緒二十一年(1895)上海鴻寶齋石印本　一册　存八卷(十至十七)

110000－0198－0012879　集普 7914
太史華句八卷　(明)凌迪知輯　清光緒十九年(1893)上洋鴻寶齋石印本　一册

110000－0198－0012880　集普 7915

左國腴詞八卷　(明)凌迪知輯　清光緒十九年(1893)上洋鴻寶齋石印本　一冊

110000－0198－0012881　集普 7916
楚騷綺語六卷　(明)張之象輯　清光緒十九年(1893)上洋鴻寶齋石印本　一冊

110000－0198－0012882　集普 7919
玉海纂二十二卷　(宋)王應麟輯　(清)劉鴻訓纂　清光緒五年(1879)八杉齋刻本　一冊　存二卷(八至九)

110000－0198－0012883　集普 7920
新刻二度梅奇說全傳六卷　題(清)惜陰堂主人編　清光緒十七年(1891)京都文成堂刻本　二冊　存二卷(四至五)

110000－0198－0012884　集普 7921
文選分韻擬題二卷　(清)孫齊洙編　清末刻本　一冊　存一卷(上)

110000－0198－0012885　集普 7923
新輯尺牘三種　(清)許思湄撰　(清)婁世瑞注　清光緒十三年(1887)上海同文書局石印本　二冊

110000－0198－0012886　集普 7924
增廣詩句題解彙編四卷　(清)同文書局編　清光緒上海同文書局石印本　四冊

110000－0198－0012887　集普 7927
繡像宋史奇書十二卷　清光緒十九年(1893)上海書局石印本(有圖)　六冊

110000－0198－0012888　集普 7928
宋詩百一鈔八卷　(清)張景星等點閱　清乾隆文萃堂刻本　六冊

110000－0198－0012889　集普 7929
清綺軒詞選十三卷　(清)夏秉衡選　清光緒刻本　三冊　存四卷(十至十三)

110000－0198－0012890　集普 7930
桃花扇傳奇四卷　(清)孔尚任撰　清光緒二十年(1894)寶善書局石印本(有圖)　三冊　存三卷(一至二、四)

110000－0198－0012891　集普 7931
小倉山房往還書札全集十六卷　(清)袁枚著　(清)朱士俊　(清)沈錦垣編輯　清光緒鉛印本　一冊　存八卷(一至八)

110000－0198－0012892　集普 7932
經藝宏括　(清)王子芹輯　清光緒十四年(1888)上洋積山書局石印本　一冊　存一冊

110000－0198－0012893　集普 7935
夜雨秋燈錄初集四卷續集四卷三集四卷　(清)宣鼎著　清光緒掃葉山房石印本(有圖)　六冊

110000－0198－0012894　集普 7936
分韻試帖詩鏡　題(清)紫藤花館校訂　清同治十二年(1873)刻本　四冊

110000－0198－0012895　集普 7937
長生殿傳奇四卷　(清)洪昇填詞　清光緒文業堂刻本　四冊

110000－0198－0012896　集普 7938
疑雨集四卷　(明)王彥泓著　清乾隆騷餘館刻本　二冊

110000－0198－0012897　集普 7942
女才子十卷首一卷　題(清)鴛湖煙水散人編　清光緒鉛印本　一冊　存三卷(四至六)

110000－0198－0012898　集普 7943
列國志二十七卷　(明)馮夢龍撰　清刻本　二冊　存二卷(三、十六)

110000－0198－0012899　集普 7944
第五才子書水滸傳七十五卷　(明)施耐庵撰　清刻本　一冊　存四卷(三十一至三十四)

110000－0198－0012900　集普 7946
萬選錢　清光緒十二年(1886)積山書局石印本　四冊

110000－0198－0012901　集普 7947
雲程畢備十卷　題(清)望棵道人選　清光緒十二年(1886)上海點石齋石印本　八冊　存八卷(一至五、八至十)

110000－0198－0012902　集普 7948
近科館課分韻詩八卷　王先謙原編　清光緒

十三年(1887)鉛印本　一册

110000－0198－0012903　集普 7949
尊聞閣詩選二集　(清)錢徵編　清光緒五年(1879)上海申報館鉛印本　八册

110000－0198－0012904　集普 7950
小搭文林　清末石印本　二册

110000－0198－0012905　集普 7951
文獻通考詳節二十四卷　(元)馬端臨撰　(清)嚴虞惇録　清光緒二十五年(1899)著易堂書局鉛印本　一册　存三卷(十七至十九)

110000－0198－0012906　集普 7952
五經揭要　(清)周蕙田輯録　清末東壁山房鉛印本　十二册

110000－0198－0012907　集普 7956
館律分韻初編六卷　題(清)春暉閣主人輯　清光緒十四年(1888)上海鴻寶齋石印本　六册

110000－0198－0012908　集普 7958
詳註聊齋志異圖詠十六卷首一卷　(清)蒲松齡著　(清)呂湛恩註　清光緒十五年(1889)蜚英書局石印本　三册　存六卷(七至八、十三至十六)

110000－0198－0012909　集普 7960
七家詩選七卷　(清)張熙宇輯評　清道光十二年(1832)曲江書室刻本　四册

110000－0198－0012910　集普 7962
甕牖閒評八卷　(宋)袁文撰　清乾隆翻刻武英殿聚珍本　四册

110000－0198－0012911　集普 7964
兩般秋雨盦隨筆八卷　(清)梁紹壬纂　清宣統元年(1909)上海掃葉山房石印本　四册

110000－0198－0012912　集普 7970
杜詩鏡銓二十卷附杜文註解二卷附録一卷附年譜　(清)楊倫編輯　清光緒十八年(1892)上海著易堂書局鉛印本　六册

110000－0198－0012913　集普 7972
茶餘客話三十卷　(清)阮葵生著　(清)戴璐選　清光緒五年(1879)文達堂刻本　四册

110000－0198－0012914　集普 7973
天雨花二十卷　(清)陶貞懷撰　清道光二十一年(1841)有遺音齋刻本　三十二册

110000－0198－0012915　集普 7975
聊齋志異新評十六卷　(清)蒲松齡著　(清)王士正評　(清)但明倫新評　清道光二十二年(1842)廣順但氏刻本　九册　存九卷(六、八至十三、十五至十六)

110000－0198－0012916　集普 7980
忠雅堂評選四六法海八卷　(清)蔣士銓評選　清光緒十五年(1889)岭南雲林閣刻朱墨印本　八册

110000－0198－0012917　集普 7981
宋六十一家詞選十二卷　(清)馮煦編　清光緒十三年(1887)冶城山館刻本　四册

110000－0198－0012918　集普 7984
曾文正公全集一百六十六卷首一卷　(清)曾國藩撰　清光緒二十九年(1903)鴻寶書局石印本　三十六册

110000－0198－0012919　集普 7985
屈子正音三卷　(清)方績撰　清光緒六年(1880)綗舊聞齋刻本　一册

110000－0198－0012920　集普 7988
儒林外史五十六回　(清)吳敬梓撰　清光緒七年(1881)上海申報館鉛印本　十册

110000－0198－0012921　集普 7991
繡像飛跎全傳四卷三十二回　(清)鄒必顯撰　清同治十一年(1872)刻本(有圖)　一册

110000－0198－0012922　集普 7992
三國志全圖演義六十卷　(明)羅貫中撰　清光緒九年(1883)築野書屋鉛印本(有圖)　十六册

110000－0198－0012923　集普 7993
評選四六法海八卷　(清)蔣士銓評選　清光緒十年(1884)深柳讀書堂刻朱墨印本　十六册

110000－0198－0012924　集普 7996
詩畸八卷外編二卷　(清)唐景崧輯　清光緒十九年(1893)刻本　五册

110000－0198－0012925　集普 7999
詞學叢書六種　(清)秦恩復輯　清嘉慶十五年(1810)享帚精舍刻本　四册　存二種(元草堂詩餘、詞林韻釋)

110000－0198－0012926　集普 8003
竹素齋遺稿古文三卷時文三卷詩四卷　(清)姚學塽撰　清道光七年(1827)竹素齋刻本　十册

110000－0198－0012927　集普 8004
大事記解題十二卷　(宋)呂祖謙撰　清同治退補齋刻本　七册　存十卷(三至十二)

110000－0198－0012928　集普 8007
才調集選三卷　(五代)韋縠撰　(清)王士禛删纂　清康熙刻本　二册

110000－0198－0012929　集普 8008
陶山集十六卷　(宋)陸佃撰　清翻刻武英殿聚珍本　一册　存三卷(二至四)

110000－0198－0012930　集普 8009
復庵類稿八卷　曹允源撰　清末刻本　二册

110000－0198－0012931　集普 8010
懷荆堂詩稿四卷　(清)恒慶撰　清道光十三年(1833)六君子室刻本　一册

110000－0198－0012932　集普 8011
敬儀堂經進文稿　(清)桂芳撰　清道光十三年(1833)六君子室刻本　一册

110000－0198－0012933　集普 8012
粵西詞見二卷　(清)況周儀撰　清光緒二十二年(1896)金陵刻本　一册

110000－0198－0012934　集普 8013
餐櫻詞一卷　(清)況周頤撰　清光緒刻本　一册

110000－0198－0012935　集普 8014
無弦琴譜二卷　(元)仇遠著　清光緒十一年(1885)錢塘丁氏刻本　一册

110000－0198－0012936　集普 8015
貞居詞一卷補遺一卷　(元)張雨著　清光緒十二年(1886)錢塘丁氏刻本　一册

110000－0198－0012937　集普 8016
斷腸詞一卷　(宋)朱淑真著　**簫臺公餘詞一卷**　(宋)姚述堯撰　清光緒十三年(1887)錢塘丁氏刻本　一册

110000－0198－0012938　集普 8017
漱泉詞　(清)成肇麐撰　清刻本　一册

110000－0198－0012939　集普 8018
真松閣詞六卷　(清)楊夔生撰　清道光刻本　二册

110000－0198－0012940　集普 8021
昌黎先生詩集注十一卷年譜一卷　(唐)韓愈撰　清道光十六年(1836)膺德堂刻朱墨藍套印本　四册

110000－0198－0012941　集普 8022
曾文正公家書十卷附家訓二卷　(清)曾國藩撰　清光緒刻本　十二册

110000－0198－0012942　集普 8023
讀雪山房唐詩三十四卷　(清)管世銘著　清嘉慶十二年(1807)臥游千古齋刻本　十二册

110000－0198－0012943　集普 8024
韋廬集初集一卷續集一卷近集一卷　(清)李秉禮撰　清嘉慶刻本　四册

110000－0198－0012944　集普 8025
國朝古文彙鈔二集一百卷　(清)朱琦輯　清道光刻本　二十册　存七十八卷(一至七十八)

110000－0198－0012945　集普 8027
海峰文集八卷詩集六卷時文一卷劉海峰稿一卷　(清)劉大櫆撰　清同治十三年(1874)劉繼邗邱刻本　十二册

110000－0198－0012946　集普 8028
崇百藥齋文集二十卷續集四卷三集十二卷　(清)陸繼輅撰　清光緒四年(1878)興國州署刻本　十六册

110000－0198－0012947　集普 8030
笛漁小稾十卷　(清)朱昆田撰　清康熙刻本　二册

110000－0198－0012948　集普 8031
周氏詞辨二卷附介存齋論詞襍著一卷　(清)周濟編　清光緒四年(1878)刻本　一册

110000－0198－0012949　集普 8032
越臺興頌　(清)耆英等撰　清稿本　一册

110000－0198－0012950　集普 8033
谿山卧游録四卷　(清)盛大士撰　清道光刻本　二册

110000－0198－0012951　集普 8034
養素堂詩集二十六卷　(清)張澍撰　清道光二十二年(1842)棗華書屋刻本　六册

110000－0198－0012952　集普 8037
杜詩鏡銓二十卷　(唐)杜甫撰　(清)楊倫編輯　清同治十一年(1872)望三益齋刻本　十册

110000－0198－0012953　集普 8038
勉行堂文集六卷　(清)程晉芳撰　清嘉慶二十五年(1820)古歙程氏勉行堂刻本　三册

110000－0198－0012954　集普 8039
小鷗波館詩鈔十二卷　(清)潘曾瑩撰　清道光二十五年(1845)刻本　二册

110000－0198－0012955　集普 8040
花王閣賸稿　(明)紀坤撰　清嘉慶九年(1804)樂敘堂刻本　一册

110000－0198－0012956　集普 8041
陸宣公集二十二卷　(唐)陸贄撰　清嘉慶二十三年(1818)春暉堂刻本(有圖)　六册

110000－0198－0012957　集普 8042
宋名家詞　(明)毛晉編　明末汲古閣刻本　一册　存三種(西樵語業、竹屋癡語、夢窗稿)

110000－0198－0012958　集普 8043
信都書院課集二刻　(清)李諧韺等撰　清末刻本　一册

110000－0198－0012959　集普 8047
詩鵠上編三卷中編三卷下編三卷附編三卷　(清)王維舉編　清光緒八年(1882)東湖草堂刻本　十二册

110000－0198－0012960　集普 8048
有正味齋駢體文箋二十四卷　(清)吳錫麒著　(清)王廣業箋　清咸豐九年(1859)青箱塾刻本　八册

110000－0198－0012961　集普 8049
閩詞鈔四卷　(清)葉申薌編輯　清道光十四年(1834)三山葉氏刻本　四册

110000－0198－0012962　集普 8050
松壽堂詩鈔十卷　陳夔龍撰　清宣統三年(1911)京師刻本　四册

110000－0198－0012963　集普 8052
重刻昭明文選李善註六十卷　(南朝梁)蕭統撰　(唐)李善注　(清)何焯評點　(清)葉樹藩參訂　清中晚期芸生堂刻朱墨印本　十六册

110000－0198－0012964　集普 8054
蘇明允文約選　(宋)蘇洵撰　清同治刻本　一册

110000－0198－0012965　集普 8055
蘇子瞻文約選　(宋)蘇軾撰　清同治刻本　一册

110000－0198－0012966　集普 8056
老蘇文約選小蘇文約選　(宋)蘇洵　(宋)蘇轍撰　清同治刻本　一册

110000－0198－0012967　集普 8057
玉谿生詩詳注三卷首一卷樊南文集詳注八卷　(唐)李商隱撰　(清)馮浩編訂　清嘉慶德聚堂刻本　八册

110000－0198－0012968　集普 8058
杜詩鏡銓二十卷附杜文註解二卷附録一卷附年譜　(清)楊倫編輯　清同治十一年(1872)望三益齋刻本　十二册

110000－0198－0012969　集普 8059

樹經堂詩文集初集十五卷續集八卷文集四卷 （清）謝啟昆撰　清嘉慶五年（1800）刻本　八册

110000－0198－0012970　集普 8061
可園詩鈔七卷　（清）三多撰　清光緒十八年（1892）石印本　四册

110000－0198－0012971　集普 8062
詞林萬選四卷　（明）楊慎輯　清嘉慶刻本　一册

110000－0198－0012972　集普 8070
夢窗丙稿一卷丁稿一卷續補遺一卷補遺一卷 （宋）吴文英撰　清咸豐曼陀羅華閣刻本　一册

110000－0198－0012973　集普 8074
蘇文忠公詩集五十卷　（宋）蘇軾撰　（清）紀昀評點　清同治八年（1869）蘊玉山房刻朱墨印本　十二册

110000－0198－0012974　集普 8078
紀文達公遺集十六卷　（清）紀昀撰　（清）紀樹馨編校　清嘉慶刻本　三十二册

110000－0198－0012975　集普 8079
唐文粹詩選六卷　（清）王士禛刪纂　清康熙刻本　三册　存三卷（四至六）

110000－0198－0012976　集普 8080
二十二史文鈔一百九卷　（清）納蘭常安選評　清乾隆十二年（1747）受宜堂刻本　八册　存十四卷（遼史一、金史一、元史一至三、宋史二至八、明史一至二）

110000－0198－0012977　集普 8087
三十家詩鈔六卷　（清）曾國藩輯　（清）王定安增輯　清同治十三年（1874）傳忠書局刻本　五册　存五卷（二至六）

110000－0198－0012978　集普 8088
續騷堂集一卷　（明）萬泰撰　清光緒二十年（1894）趙氏翰香居刻本　一册

110000－0198－0012979　集普 8091
安般簃詩續鈔十卷　（清）袁昶撰　清光緒十六年（1890）刻本　三册

110000－0198－0012980　集普 8092
于湖小集六卷附錄一卷　（清）袁昶撰　清光緒二十年（1894）袁氏水明樓刻本　三册

110000－0198－0012981　集普 8093
井遷文集七卷附詩集六卷　（清）吴直撰　清道光三十年（1850）刻本　二册　存四卷（井遷文集一至四）

110000－0198－0012982　集普 8094
蠙廬詩鈔十卷　（清）王蔭槐撰　清光緒七年（1881）盱眙王氏紫藤花館刻本　六册

110000－0198－0012983　集普 8095
鑑止水齋集二十卷　（清）許宗彥撰　清咸豐八年（1858）德清許延穀刻本　四册

110000－0198－0012984　集普 8096
寄鴻堂文集四卷　（清）李宗傳著　清同治三年（1864）刻本　六册

110000－0198－0012985　集普 8098
薇省同聲集五卷　（清）彭鑾輯　清光緒十六年（1890）刻本　一册

110000－0198－0012986　集普 8099
增補千家詩七言絕句四卷　（清）王相選注　清刻本　一册　存二卷（三至四）

110000－0198－0012987　集普 8100
重訂古文釋義新編八卷　（清）余誠評註　清宣統三年（1911）上海書局鉛印本　二册　存四卷（一至四）

110000－0198－0012988　集普 8104
郜亭詩稿四卷　（清）孫楫撰　清光緒十七年（1891）廣州刻本　二册

110000－0198－0012989　集普 8108
白水紀勝二卷　（清）李厚培輯　清光緒十七年（1891）李維翰刻本　一册

110000－0198－0012990　集普 8109
曹集銓評十卷　（清）丁晏纂　清同治十一年（1872）南京金陵書局刻本　二册

110000－0198－0012991　集普 8112

滄溟先生集三十卷附錄一卷　（明）李攀龍撰　明萬曆刻本　八册　存十四卷（一至四、七至十六）

110000－0198－0012992　集普 8115

沈氏遺書二卷　（清）沈汝翰撰　清光緒十年（1884）清隱山房刻本　一册

110000－0198－0012993　集普 8118

復社姓氏二卷　（明）吴應箕撰　清光緒貴池劉氏刻本　一册

110000－0198－0012994　集普 8119

食舊悳齋雜箸二卷　（清）劉嶽雲著　清光緒八年（1882）刻本　一册

110000－0198－0012995　集普 8120

海峰先生詩集十卷　（清）劉大櫆撰　（清）姚鼐校　清光緒二十五年（1899）刻本　二册

110000－0198－0012996　集普 8122

楚辭十七卷　（戰國）屈原撰　清同治十一年（1872）南京金陵書局刻本　八册

110000－0198－0012997　集普 8123

寄鴻堂文集四卷　（清）李宗傳撰　清同治三年（1864）刻本　二册

110000－0198－0012998　集普 8127

李于鱗先生唐詩選平箋注八卷　（清）潘禾評　清乾隆十二年（1747）映雪艸堂刻本　四册

110000－0198－0012999　集普 8129

經進文稾二卷　（清）沈初撰　清乾隆刻本　一册

110000－0198－0013000　集普 8131

盋山詩六卷　（清）方文著　清信芳閣刻本　二册

110000－0198－0013001　集普 8133

乾初先生文鈔二卷遺詩鈔一卷　（清）陳確著　清光緒十三年（1887）海昌羊氏傳卷樓刻本　一册

110000－0198－0013002　集普 8134

元遺山詩集箋注　（金）元好問撰　清道光二年（1822）南潯蔣氏瑞松堂刻本　一册　存四卷（八至十一）

110000－0198－0013003　集普 8136

板橋詩鈔三卷詞鈔一卷題畫一卷家書一卷　（清）鄭燮著　清刻本　五册

110000－0198－0013004　集普 8137

陶文毅公全集六十四卷首一卷末一卷　（清）陶澍撰　清道光二十年（1840）淮北士民刻本　二十四册

110000－0198－0013005　集普 8140

雙柏詞一卷　（清）金鴻佺撰　清宣統元年（1909）鉛印本　一册

110000－0198－0013006　集普 8143

石村詩集三卷　（清）岳賡廷撰　清道光二十四年（1844）刻本　二册

110000－0198－0013007　集普 8146

讀秋水齋詩十六卷　（清）陸廞恩撰　清同治七年（1868）雅浦陸氏刻本　一册　存七卷（十至十六）

110000－0198－0013008　集普 8147

縵雅堂駢體文八卷　（清）王詒壽撰　清光緒六年（1880）娱園刻本　二册

110000－0198－0013009　集普 8149

鬱華閣遺集詩三卷詞一卷　（清）盛昱撰　清光緒武昌留垞寫刻本　一册

110000－0198－0013010　集普 8151

吴梅村詞一卷　（清）吴偉業撰　清光緒十六年（1890）湖北官書處刻本　一册

110000－0198－0013011　集普 8152

天山客話一卷　（清）洪亮吉著　清光緒三年（1877）鄂垣陽湖洪用懃授經堂刻本　一册

110000－0198－0013012　集普 8153

和清真詞一卷　（宋）方千里撰　明末汲古閣刻本　一册

110000－0198－0013013　集普 8154

賈凫西鼓詞一卷　（清）賈凫西撰　清光緒十三年（1887）鉛印本　一册

110000－0198－0013014　集普8156
峕術堂十科會墨讀本八卷　清道光十八年(1838)長白仲塔喇氏刻本　五冊

110000－0198－0013015　集普8157
陶靖節集八卷　(晉)陶潛撰　(明)潘璁閱　明萬曆崇德堂刻本　四冊

110000－0198－0013016　集普8158
寒松堂全集十二卷附寒松老人年譜一卷　(清)魏象樞撰　清嘉慶十六年(1811)蔚州魏氏刻本　十三冊

110000－0198－0013017　集普8162
古文釋義新編八卷　(清)余誠評註　清同治六年(1867)京都三槐堂刻本　五冊　存七卷(一至七)

110000－0198－0013018　集普8163
浪跡叢談十一卷續談八卷　(清)梁章鉅撰　清道光刻本　一冊　存三卷(六至八)

110000－0198－0013019　集普8164
燕來堂詩稿二卷　(清)岳賡廷撰　清道光二十四年(1844)刻本　二冊

110000－0198－0013020　集普8165
景石齋詞略一卷　(清)姚詩雅撰　清光緒七年(1881)刻本　一冊

110000－0198－0013021　集普8166
宋元名家詞　(清)江標輯　清光緒二十一年(1895)湖南思賢書局刻本　四冊

110000－0198－0013022　集普8167
藏園詩鈔一卷　(清)游智開撰　清光緒十二年(1886)刻本　一冊

110000－0198－0013023　集普8168
黔詩紀略三卷　(清)唐樹義審例　(清)黎兆勳採詩　(清)莫友芝傳證　清同治十二年(1873)遵義唐氏夢研齋金陵刻本　八冊

110000－0198－0013024　集普8169
邃雅堂集十卷　(清)姚文田撰　清道光元年(1821)江陰學使者署刻本　四冊

110000－0198－0013025　集普8172
理堂文集十卷理堂詩集四卷理堂日記八卷　(清)韓夢周撰　清道光四年(1824)靜恒書屋刻本　九冊

110000－0198－0013026　集普8177
集陶詩一卷　(清)吳永和撰　清道光刻本　一冊

110000－0198－0013027　集普8179
唐詩三百首註疏六卷　(清)孫洙編　(清)章燮註　清光緒刻本　一冊　存三卷(四至六)

110000－0198－0013028　集普8180
十八家詩鈔二十八卷　(清)曾國藩纂　(清)李鴻章審定　清同治十三年(1874)傳忠書局刻本　一冊　存一卷(十六)

110000－0198－0013029　集普8181
古文辭類纂七十五卷　(清)姚鼐輯　清光緒二十七年(1901)滁州李氏求要堂刻本　六冊

110000－0198－0013030　集普8185
經史百家雜鈔二十六卷　(清)曾國藩編　清光緒二年(1876)傳忠書局刻本　一冊　存一卷(九)

110000－0198－0013031　集普8189
空青館詞稾三卷　(清)邊浴禮撰　清咸豐刻本　三冊

110000－0198－0013032　集普8190
詞律校勘記二十卷　(清)杜文瀾撰　清咸豐十一年(1861)曼陀羅華閣刻本　一冊

110000－0198－0013033　集普8191
漸西村人詩十三卷　(清)袁昶撰　清光緒十六年(1890)鉛印本　八冊

110000－0198－0013034　集普8196
曝書亭詞拾遺三卷志異一卷　(清)翁之潤輯　清光緒二十二年(1896)常熟翁氏刻本　二冊

110000－0198－0013035　集普8197
青門詩十卷　(清)邵長蘅撰　清道光十年(1830)信芳閣木活字印本　三冊

110000－0198－0013036　集普8198

女蘿亭詩稿六卷 （清）唐慶雲撰　清道光刻本　一冊

110000－0198－0013037　集普 8201
惜抱先生尺牘八卷 （清）姚鼐撰　清咸豐五年（1855）海源閣刻本　二冊

110000－0198－0013038　集普 8202
雪庵文集不分卷 （清）范爾梅撰　清刻本　一冊

110000－0198－0013039　集普 8203
傳崖詩集四卷 （清）張聰咸撰　清道光刻本　一冊

110000－0198－0013040　集普 8204
秋士先生遺集六卷 （清）彭績撰　清光緒七年（1881）長洲彭氏刻本　二冊

110000－0198－0013041　集普 8207
墨樵詩概選四卷 （清）孫曰書撰　清康熙刻本　一冊

110000－0198－0013042　集普 8208
耕煙草堂詩鈔四卷附録一卷 （清）平疇撰　清同治十年（1871）山陰平氏安越堂刻本　一冊

110000－0198－0013043　集普 8212
三松堂集二十卷續集六卷 （清）潘奕雋撰　清道光刻本　六冊

110000－0198－0013044　集普 8214
古唐詩合解十二卷古詩四卷 （清）王堯衢編　清末刻本　三冊　存十二卷（古唐詩合解十二卷）

110000－0198－0013045　集普 8215
宋本陶集 （晉）陶潛撰　清光緒元年（1875）影刻本　一冊

110000－0198－0013046　集普 8216
介亭外集六卷 （清）江濬源著　清同治十三年（1874）江潮刻本　二冊

110000－0198－0013047　集普 8217
介亭筆記六卷 （清）江濬源撰　清同治十三年（1874）江潮刻本　一冊

110000－0198－0013048　集普 8218
臨安府志序言一卷于役迤南記二卷 （清）江濬源撰　清同治十三年（1874）江潮刻本　一冊

110000－0198－0013049　集普 8219
陸稼書先生文集二卷 （清）陸隴其撰　清同治七年（1868）福州正誼書院刻本　二冊

110000－0198－0013050　集普 8221
吴氏一家稿 （清）吴錫麟等撰　清咸豐五年（1855）錢塘吴氏刻本　十二冊

110000－0198－0013051　集普 8223
唐詩三百首注釋六卷 （清）孫洙選　清光緒十五年（1889）文寶堂書坊刻本　五冊

110000－0198－0013052　集普 8225
儒酸福傳奇二卷 （清）魏熙元撰　清光緒十年（1884）玉玲瓏館刻本　二冊

110000－0198－0013053　集普 8226
詩比興箋四卷 （清）陳沆撰　清咸豐五年（1855）陳氏刻本　三冊

110000－0198－0013054　集普 8228
種樹軒遺集四種 （清）郭長清撰　清光緒十八年（1892）郭之楨刻本　二冊

110000－0198－0013055　集普 8229
凝齋先生遺集八卷末一卷 （清）陳道撰　清嘉慶四年（1799）善餘堂刻本　四冊

110000－0198－0013056　集普 8230
尊聞居士集八卷 （清）羅有高撰　清光緒八年（1882）長州彭氏刻本　四冊

110000－0198－0013057　集普 8231
張子全書十五卷 （宋）張載撰　清同治九年（1870）鳳翔府祠堂刻本　八冊

110000－0198－0013058　集普 8232
小詩龕同人倡和偶存集二卷 （清）汪之選輯　清嘉慶刻本　二冊

110000－0198－0013059　集普 8234
香痕奩影集四卷 （清）吴仲輯録　清宣統元年（1909）鉛印本　四冊

110000－0198－0013060　集普8235
宋七家詞選七卷　(清)戈載輯　清光緒十一年(1885)曼陀羅華閣刻本　四冊

110000－0198－0013061　集普8236
國文學四卷　姚永樸編　清宣統二年(1910)京師法政學堂鉛印本　一冊

110000－0198－0013062　集普8238
湘綺樓文集八卷　王闓運撰　清光緒刻本　四冊

110000－0198－0013063　集普8243
許玉峰先生集三卷附錄一卷　(清)許鼎撰　清同治五年(1866)刻本　一冊

110000－0198－0013064　集普8250
濯絳宧存稿　劉毓盤撰　清宣統元年(1909)刻本　一冊

110000－0198－0013065　集普8254
珠玉詞鈔一卷　(宋)晏殊撰　清光緒十一年(1885)揚州刻本　一冊

110000－0198－0013066　集普8256
舊雨草堂詩稿五卷　(清)董元度撰　清乾隆三十五年(1770)刻本　二冊

110000－0198－0013067　集普8257
大唐新語十三卷　(唐)劉肅撰　明萬曆會稽商氏半埜堂刻稗海本　三冊

110000－0198－0013068　集普8258
宋元明詩約鈔二卷　(清)朱梓輯　清咸豐五年(1855)保墨閣刻本　二冊

110000－0198－0013069　集普8260
白鶴山房詩鈔十八卷　(清)葉紹本撰　清道光七年(1827)桂林使廨刻本　四冊

110000－0198－0013070　集普8261
邃懷堂全集文集四卷詩集前編六卷後編六卷詞鈔二卷　(清)袁翼著　清光緒十四年(1888)刻本　八冊

110000－0198－0013071　集普8262
榕村全集四十七種　(清)李光地撰　清道光刻本　二十冊　存八種(周禮纂訓、三禮儀制帝王世系歌訣、文貞公年譜、禮儀纂錄、淛授存愚、榕村譜錄合考、道南講授、律詩四辨)

110000－0198－0013072　集普8265
王陽明先生全集十六卷　(明)王守仁撰　清同治九年(1870)佛山翰墨樓刻本　四冊　存四卷(一、十二至十四)

110000－0198－0013073　集普8266
填詞圖譜六卷　(清)賴以邠撰　(清)查繼超等輯　清康熙刻本　四冊

110000－0198－0013074　集普8270
古文觀止十二卷　(清)吳乘權等手錄　清文奎堂刻本　五冊　缺二卷(十一至十二)

110000－0198－0013075　集普8272
唐人試帖四卷　(清)毛奇齡論定　清康熙刻本　一冊　存二卷(一至二)

110000－0198－0013076　集普8273
二金蜨堂尺牘　(清)趙子謙撰　清光緒三十一年(1905)嚴氏小長蘆館石印本　一冊

110000－0198－0013077　集普8274
眉綠樓詞不分卷　(清)顧文彬撰　清光緒十年(1884)刻本　一冊

110000－0198－0013078　集普8280
明湖四客詞鈔四卷　(清)趙國華輯　清同治十三年(1874)趙氏濟南刻本　一冊

110000－0198－0013079　集普8283
海秋詩集二十六卷後集一卷　(清)湯鵬撰　清道光十八年(1838)益陽湯氏刻同治十二年(1873)補刻本　十冊

110000－0198－0013080　集普8284
御製避暑山莊詩　(清)聖祖玄燁撰　清康熙五十年(1711)刻本(有圖)　二冊

110000－0198－0013081　集普8285
書業德重訂古文釋義新編八卷　(清)余誠注　清光緒十八年(1892)書業德刻本　七冊　存七卷(一至七)

110000－0198－0013082　集普8286
皇朝詞林典故六十四卷　(清)朱珪等纂　清

嘉慶十年(1805)武英殿刻本　九冊　存十六卷(十七至三十二)

110000－0198－0013083　集普 8287
樊榭山房集十卷續集十卷文集八卷　(清)厲鶚撰　清光緒七年(1881)嶺南述軒刻本　六冊

110000－0198－0013084　集普 8288
重刊文信國公全集十七卷首一卷　(宋)文天祥撰　清道光二十五年(1845)刻本　十冊

110000－0198－0013085　集普 8289
紅樓夢圖詠　(清)王墀繪圖　清光緒八年(1882)點石齋石印本(有圖)　四冊

110000－0198－0013086　集普 8291
巧對錄八卷　(清)梁章鉅輯　清道光二十二年(1842)南浦寓齋刻本　一冊　存四卷(一至四)

110000－0198－0013087　集普 8292
冷邸小言一卷　(明)鄧雲霄著　清道光刻本　一冊

110000－0198－0013088　集普 8293
周氏止庵詞辯二卷附介存齋論詞雜註一卷　(清)周濟輯錄　清道光二十七年(1847)刻本　一冊

110000－0198－0013089　集普 8294
聽雪軒古文稿一卷　(清)邱錫珧著　清道光二十八年(1848)刻本　一冊

110000－0198－0013090　集普 8296
文萃十三種四十一卷　(清)張道緒評選　清嘉慶十六年(1811)人境軒刻本　二十冊　缺四卷(一至四)

110000－0198－0013091　集普 8297
高陽集二十卷　(明)孫承宗著　清順治十二年(1655)刻嘉慶重修本　十二冊

110000－0198－0013092　集普 8298
復初齋文集三十五卷　(清)翁方綱撰　清道光十六年(1836)侯官李彥章刻光緒三年(1877)李以烜重校印本　八冊

110000－0198－0013093　集普 8299
諸子考略二卷　姚永樸撰　清光緒三十一年(1905)靈護室倩正誼書局鉛印本　四冊

110000－0198－0013094　集普 8303
墨子經說解二卷　(清)張惠言撰　清宣統元年(1909)國學保存會石印本　一冊

110000－0198－0013095　集普 8304
勸戒七錄六卷　(清)梁恭辰編　清光緒刻本　二冊

110000－0198－0013096　集普 8305
淮南許注異同詁四卷附補遺一卷續補遺一卷　(清)陶方琦撰　清光緒七年(1881)湘南使院刻本　三冊

110000－0198－0013097　集普 8306
御定全唐詩錄一百卷　(清)徐倬　(清)徐元正輯　清康熙四十五年(1706)徐氏刻本　七冊　存二十六卷(四十六至六十、六十四至七十四)

110000－0198－0013098　集普 8307
復古編校正一卷附錄一卷　(清)葛鳴陽撰
安陸集一卷　(宋)張先撰　清乾隆四十六年(1781)京師葛鳴陽刻本　一冊

110000－0198－0013099　集普 8308
絕妙好詞箋七卷　(宋)周密輯　(清)查為仁　(清)厲鶚箋　清同治十一年(1872)會稽章氏刻本　一冊　存三卷(一至三)

110000－0198－0013100　集普 8309
蘇文忠公詩編註集成四十六卷　(清)王文誥輯　清光緒十四年(1888)浙江書局刻本　二十冊

110000－0198－0013101　集普 8312
七頌堂詩集十卷文集二卷　(清)劉體仁著　清同治六年(1867)劉氏刻本　四冊

110000－0198－0013102　集普 8317
綠陰山館吟稿二卷　(清)喬守敬著　清同治十一年(1872)刻本　二冊

110000－0198－0013103　集普 8318

南畇文稾十二卷　(清)彭定求撰　清光緒刻本　六冊

110000－0198－0013104　集普 8321
疑雨集四卷　(明)王彦泓著　清光緒三十一年(1905)郎園葉氏刻本　二冊

110000－0198－0013105　集普 8323
海運紀事詩鈔　(清)錢炘和編　清咸豐四年(1854)錢炘和刻本　一冊

110000－0198－0013106　集普 8326
竹石居詞草一卷附川雲集一卷　(清)童華撰　清光緒刻本　一冊

110000－0198－0013107　集普 8328
新安二江先生集十卷　(清)江春等撰　清嘉慶九年(1804)揚州康山艸堂刻本　一冊　存二卷(九至十)

110000－0198－0013108　集普 8329
熊襄愍公集十卷首一卷末一卷　(明)熊廷弼撰　清同治三年(1864)熊氏宗祠刻本　十冊

110000－0198－0013109　集普 8330
滄溟先生集三十卷附錄一卷　(明)李攀龍撰　清道光二十七年(1847)景福堂刻本　八冊

110000－0198－0013110　集普 8331
鄭氏遺書五種　(漢)鄭玄撰　清嘉慶五年(1800)刻本　一冊

110000－0198－0013111　集普 8333
散原精舍詩二卷　陳三立撰　清宣統二年(1910)上海商務印書館鉛印本　二冊

110000－0198－0013112　集普 8335
湖北試牘六卷　(清)陳曾望　(清)舒鎮觀等撰　清光緒十七年(1891)刻本　四冊　存四卷(一至四)

110000－0198－0013113　集普 8336
王陽明先生全集十六卷目錄二卷年譜二卷　(明)王守仁撰　清道光六年(1826)刻本　九冊　存九卷(二至十)

110000－0198－0013114　集普 8338
陳檢討四六二十卷　(清)陳維崧撰　清道光二年(1822)金閶步月樓刻本　六冊

110000－0198－0013115　集普 8339
問亭文鈔六卷　(清)張鵠撰　清道光刻本　一冊　存一卷(三)

110000－0198－0013116　集普 8340
燕來堂詩稿二卷　(清)岳賡廷撰　清道光二十四年(1844)刻本　二冊

110000－0198－0013117　集普 8341
紅樓夢賦一卷　(清)沈謙撰　清道光留香書塾刻本　一冊

110000－0198－0013118　集普 8342
馮舍人遺詩六卷　(清)馮廷櫆撰　清雍正十一年(1733)德州馮德培刻本　一冊

110000－0198－0013119　集普 8343
樂府雅詞三卷　(宋)曾慥編　清嘉慶享帚精舍刻本　四冊

110000－0198－0013120　集普 8344
平齋文集三十二卷　(宋)洪咨夔撰　清同治十一年(1872)杉直樓清館刻本　四冊

110000－0198－0013121　集普 8345
滄江樂府　(清)程庭鷺等撰　清刻本　一冊

110000－0198－0013122　集普 8346
水雲樓詞二卷續一卷　(清)蔣春霖著　清光緒思賢書局刻本　一冊

110000－0198－0013123　集普 8347
雨屋深鐙詞　(清)汪兆鏞撰　清宣統三年(1911)鉛印本　一冊

110000－0198－0013124　集普 8350
謝疊山先生評註四種合刻　(宋)謝枋得註　清光緒八年(1882)京都豫章別業刻本　一冊

110000－0198－0013125　集普 8351
東坡集四十卷　(宋)蘇軾著　清刻本　一冊　存六卷(一至六)

110000－0198－0013126　集普 8352
東坡後集二十卷　(宋)蘇軾著　明嘉靖十三年(1534)江西布政司刻本　一冊　存五卷

（十六至二十）

110000－0198－0013127　集普 8353
杜少陵五言律詩百首淺說二卷　（清）莊詠輯註　清嘉慶五年（1800）刻本　二冊

110000－0198－0013128　集普 8354
楚辭燈四卷　（清）林雲銘撰　清經國堂刻本　四冊

110000－0198－0013129　集普 8355
諸葛丞相集四卷　（三國蜀）諸葛亮撰　（清）朱璘輯　清康熙三十七年（1698）萬卷堂刻本　四冊

110000－0198－0013130　集普 8356
隨園隨筆二十八卷　（清）袁枚著　清嘉慶十三年（1808）小倉山房刻本　六冊

110000－0198－0013131　集普 8358
雅林小藁　（宋）王琮宗撰　（清）曹庭棟選　清乾隆六年（1741）嘉善曹氏二六書堂刻本　四冊

110000－0198－0013132　集普 8359
杜詩百篇二卷　（清）張燮承集解　清咸豐九年（1859）古汲郡賀氏刻本　一冊　存一卷（下）

110000－0198－0013133　集普 8360
震川大全集三十卷別集十卷餘集八卷補集八卷　（明）歸有光撰　清嘉慶四年（1799）玉鑰堂刻本　十一冊

110000－0198－0013134　集普 8361
四絃秋雜劇四卷　（清）蔣士銓撰　清紅雪樓刻本　九冊

110000－0198－0013135　集普 8362
鴛鴦鏡　（清）陳石士鑒定　（清）黃燮清填詞　清道光刻本　一冊

110000－0198－0013136　集普 8364
瞿忠宣公集十卷　（明）瞿式耜撰　清光緒十三年（1887）瞿廷韶刻本（有圖）　四冊

110000－0198－0013137　集普 8365
楹聯集錦二卷　（清）□□輯　清光緒五年（1879）刻本　二冊

110000－0198－0013138　集普 8367
綠雲僊館詩藁十二卷　（清）溫畋封撰　清同治九年（1870）長沙提學署刻本　一冊　存三卷（十至十二）

110000－0198－0013139　集普 8370
昌黎先生詩集注十一卷年譜一卷　（唐）韓愈撰　（清）顧嗣立刪補　清道光十六年（1836）膺德堂刻朱墨印本　二冊

110000－0198－0013140　集普 8371
唐詩諧律　（清）沈寶青選　清光緒十六年（1890）沈氏歸安官舍刻本　二冊

110000－0198－0013141　集普 8373
小鷗波館駢體文鈔一卷　（清）潘曾瑩撰　清刻本　一冊

110000－0198－0013142　集普 8374
笙月詞五卷花影詞一卷　（清）王詒壽撰　清同治十一年（1872）杭州刻本　一冊

110000－0198－0013143　集普 8375
江忠烈公遺集二卷附錄一卷　（清）江忠源撰　清同治三年（1864）四川藩署刻本　二冊

110000－0198－0013144　集普 8376
郢中酬唱集四卷　（清）謝朝徵輯　清光緒刻本　二冊

110000－0198－0013145　集普 8381
唐大家韓文公文鈔十六卷　（明）茅坤批評　明崇禎元年（1628）刻本　四冊

110000－0198－0013146　集普 8382
去偽齋集十卷　（明）呂坤著　清道光七年（1827）開封府署刻本　四冊

110000－0198－0013147　集普 8384
尹文端公詩集十卷　（清）尹繼善撰　清乾隆刻本　一冊　存二卷（一至二）

110000－0198－0013148　集普 8386
漸西村人詩八卷　（清）袁昶撰　清光緒十六年（1890）鉛印本　二冊

110000－0198－0013149　集普 8387
淮南許注異同詁四卷　(清)陶方琦撰　清光緒七年(1881)湘南使院刻本　二册

110000－0198－0013150　集普 8390
蘇文忠公詩集五十卷　(清)紀昀評點　清道光十四年(1834)兩廣節署刻朱墨印本　十二册

110000－0198－0013151　集普 8392
仙屏書屋初集年記三十一卷　(清)黄爵滋著　清道光二十九年(1849)刻本　三册　存十五卷(十七至三十一)

110000－0198－0013152　集普 8393
尹文端公詩集十卷　(清)尹繼善撰　清乾隆刻本　二册　存四卷(三至六)

110000－0198－0013153　集普 8396
綠雲仙館詩稾十二卷　(清)溫啟封撰　清同治九年(1870)長沙提學署刻本　三册　存九卷(一至九)

110000－0198－0013154　集普 8397
增刻震川大全集餘集八卷　(明)歸有光著　(清)歸朝煦重校　清嘉慶四年(1799)玉鑰堂刻本　三册

110000－0198－0013155　集普 8398
震川大全集別集八卷　(明)歸有光著　(清)歸朝煦重校　清嘉慶四年(1799)玉鑰堂刻本　一册　存一卷(八)

110000－0198－0013156　集普 8400
絕妙好詞箋七卷　(宋)周密輯　清道光八年(1828)錢塘徐氏秋聲館刻本　一册　存四卷(四至七)

110000－0198－0013157　集普 8401
心止居詩集四卷文集二卷　(清)楊夢符著　清嘉慶刻本　二册

110000－0198－0013158　集普 8403
陳文肅公遺集一卷　(清)陳大受撰　清光緒十六年(1890)涺湘求志書屋鉛印本　二册

110000－0198－0013159　集普 8404
易經淵旨二卷　(明)歸有光著　(清)歸朝煦編刊　清嘉慶四年(1799)玉鑰堂刻本　一册

110000－0198－0013160　集普 8407
唐語林八卷　(宋)王讜撰　清道光刻惜陰軒叢書本　三册　存六卷(一至六)

110000－0198－0013161　集普 8408
慎盦詩鈔二卷　(清)左宗植撰　清光緒元年(1875)刻本　二册

110000－0198－0013162　集普 8411
枯生松齋集詩存　(清)倪在田撰　清宣統二年(1910)刻本　四册

110000－0198－0013163　集普 8412
畏齋文集四卷　(清)龔元玠撰　清道光二十六年(1846)西城龔氏刻本　五册　存二卷(一至二)

110000－0198－0013164　集普 8413
初月樓文鈔十卷詩鈔四卷　(清)吳德旋撰　清光緒十年(1884)宜興周家楣刻本　三册

110000－0198－0013165　集普 8414
愓園初稿十六卷外稿一卷　(清)陳庚煥撰　清咸豐元年(1851)有有齋刻本　六册

110000－0198－0013166　集普 8417
詹元善先生遺集二卷　(宋)詹體仁撰　清嘉慶浦城祝氏留香室刻本　一册

110000－0198－0013167　集普 8418
雅雨堂文集四卷　(清)盧見曾撰　清道光二十年(1840)盧樞清雅堂刻本　一册　存二卷(一至二)

110000－0198－0013168　集普 8419
樵歌三卷　(宋)朱敦儒撰　清光緒二十六年(1900)王氏四印齋刻本　一册

110000－0198－0013169　集普 8420
中隱堂詩八卷　(清)方炳奎著　清同治五年(1866)刻本　三册

110000－0198－0013170　集普 8421
砦溪詩話十卷　(宋)黃徹撰　清乾隆四十一年(1776)知不足齋刻本　一册

110000－0198－0013171　集普 8422
道命錄十卷　(宋)李心傳輯　清道光鮑氏知不足齋刻本　一册　存四卷(四至七)

110000－0198－0013172　集普 8423
聊齋志異新評十六卷　(清)蒲松齡著　(清)王士正評　(清)但明倫新評　清光緒九年(1883)上海校經山房成記刻朱墨印本　六册

110000－0198－0013173　集普 8425
讀書作文譜十二卷　(清)唐彪撰　清嘉慶十九年(1814)多文堂刻本　四册

110000－0198－0013174　集普 8428
返生香附集一卷竊聞一卷續竊聞一卷　(明)葉小鸞撰　清光緒二十二年(1896)刻本　一册

110000－0198－0013175　集普 8429
明三十家詩選初集八卷二集八卷　(清)汪端輯　清同治十二年(1873)藴蘭吟館刻本　八册

110000－0198－0013176　集普 8430
鐵園集一卷　(清)陸𡒉著　清道光二十五年(1845)刻本　二册

110000－0198－0013177　集普 8431
庾子山集十六卷　(北周)庾信著　(清)倪璠註釋　清光緒十六年(1890)廣州經史閣刻本　六册

110000－0198－0013178　集普 8433
遜學齋文鈔十卷首一卷末一卷　(清)孫衣言撰　清同治十二年(1873)刻本　六册

110000－0198－0013179　集普 8434
方望溪先生文集十八卷集外文十卷附補遺二卷年譜二卷　(清)方苞著　清咸豐刻本　十册

110000－0198－0013180　集普 8435
五百家註音辯昌黎先生文集四十卷　(唐)韓愈撰　清乾隆四十九年(1784)刻本　二册　存六卷(二十二至二十七)

110000－0198－0013181　集普 8437
湄湖吟十一卷聽松軒遺文一卷　(清)杜漺著　清道光九年(1829)杜堮刻本　四册

110000－0198－0013182　集普 8438
楚辭十七卷　(戰國)屈原撰　明末汲古閣刻本　二册　存八卷(一至八)

110000－0198－0013183　集普 8440
白田草堂存稿二十四卷附行狀一卷　(清)王懋竑著　清乾隆刻本　六册

110000－0198－0013184　集普 8442
儉重堂詩十二卷附詩餘一卷　(清)紀邁宜著　清乾隆二十五年(1760)文安紀氏刻本　六册

110000－0198－0013185　集普 8446
國朝金陵詞鈔八卷附閨秀詞一卷　(清)陳作霖輯　清光緒二十八年(1902)刻本　四册

110000－0198－0013186　集普 8447
求真是齋詩草二卷　(清)恩華著　清咸豐十一年(1861)刻本　四册

110000－0198－0013187　集普 8449
詩賦楷模一卷　(清)□□輯　清光緒十二年(1886)刻本　二册

110000－0198－0013188　集普 8450
西河合集八卷　(清)毛奇齡撰　清刻本　一册

110000－0198－0013189　集普 8451
二希堂文集十一卷首一卷緝齋詩稿八卷首一卷　(清)蔡世遠著　清光緒二十五年(1899)閩漳多藝齋刻本　八册

110000－0198－0013190　集普 8452
白香詞譜　(清)舒夢蘭撰　清末刻本　一册

110000－0198－0013191　集普 8453
水雲樓詞二卷　(清)蔣春霖撰　清光緒三十四年(1908)鉛印本　一册

110000－0198－0013192　集普 8455
和珠玉詞不分卷　(清)張祥齡等撰　清光緒二十年(1894)刻本　一册

110000－0198－0013193　集普 8456

第一生修梅花館詞四卷　(清)況周儀撰　清光緒刻本　一冊

110000－0198－0013194　集普 8457

吟碧山館詞一卷　(清)王壽庭撰　**香隱盦詞一卷**　(清)潘遵璈撰　清光緒十年(1884)吳越潘氏香禪精舍刻本　一冊

110000－0198－0013195　集普 8458

晞髮集十卷遺集二卷補一卷天地間集一卷西臺慟哭記注一卷冬青樹引注一卷　(宋)謝翱撰　清光緒二年(1876)韓陽秋井家塾刻本　四冊

110000－0198－0013196　集普 8459

願為明鏡室詞稿九卷　(清)江順詒撰　清同治八年(1869)刻本　一冊

110000－0198－0013197　集普 8460

萍綠詞三卷　(清)丁至和撰　清咸豐十一年(1861)曼陀羅華閣刻本　一冊

110000－0198－0013198　集普 8461

白石道人歌曲六卷　(宋)姜夔撰　清宣統二年(1910)影印本　一冊

110000－0198－0013199　集普 8463

養知書屋文集二十八卷養知書屋詩集十五卷　(清)郭嵩燾著　清光緒十八年(1892)刻本　十二冊

110000－0198－0013200　集普 8465

東塾集六卷　(清)陳澧撰　清光緒十八年(1892)菊坡精舍刻本　三冊

110000－0198－0013201　集普 8467

花王閣賸稿一卷　(明)紀坤著　清嘉慶九年(1804)樂敘堂刻朱墨印本　一冊

110000－0198－0013202　集普 8469

勤若軒餘事　(清)姚莆撰　清光緒二十年(1894)刻本　一冊

110000－0198－0013203　集普 8470

南唐雜事詩　(清)孫榕著　清光緒二十二年(1896)濟寧孫氏鉛印本　四冊

110000－0198－0013204　集普 8473

水雲樓詞續　(清)蔣春霖撰　清光緒刻本　一冊

110000－0198－0013205　集普 8476

薇省同聲集四種　(清)彭鑾編　清光緒十六年(1890)刻本　一冊

110000－0198－0013206　集普 8477

小檀欒室彙刻閨秀詞　徐乃昌編　清光緒二十四年(1898)小檀欒室刻本　二十八冊

110000－0198－0013207　集普 8478

陶淵明集八卷首一卷末一卷　(晉)陶潛撰　清光緒五年(1879)廣州翰墨園刻朱墨印本　二冊

110000－0198－0013208　集普 8479

拜石山房詩鈔十卷補遺一卷詞鈔四卷　(清)顧翰撰　清道光刻本　四冊

110000－0198－0013209　集普 8481

杜詩偶評四卷　(清)沈德潛纂　清乾隆十二年(1747)潘承松賦閒草堂刻本　三冊

110000－0198－0013210　集普 8483

歐陽文忠公全集一百五十三卷　(宋)歐陽修撰　(清)歐陽衡校刊　清嘉慶二十四年(1819)友善書局刻本　二十四冊

110000－0198－0013211　集普 8484

世說新語六卷附考證一卷　(南朝宋)劉義慶撰　(南朝梁)劉孝標注　清光緒十七年(1891)思賢講舍刻本　四冊

110000－0198－0013212　集普 8486

庾子山集十六卷　(北周)庾信撰　(清)倪璠註釋　清刻本　六冊　存十卷(七至十六)

110000－0198－0013213　集普 8488

楚辭十七卷　(漢)劉向集　(漢)王逸章句　(明)毛晉校　明末汲古閣刻本　三冊

110000－0198－0013214　集普 8489

詞綜三十八卷　(清)朱彝尊輯　**明詞綜十二卷國朝詞綜四十八卷**　(清)王昶輯　清嘉慶七年(1802)青甫王氏刻光緒二十八年(1902)

金匱浦氏重修本　二十四册

110000－0198－0013215　集普 8491
竹隱廬時文　(清)徐用儀撰　清光緒十九年(1893)刻本　一册

110000－0198－0013216　集普 8493
鶴緣詞一卷　(清)呂耀斗撰　**紅蕉詞一卷**　(清)江標撰　清光緒十四年(1888)江氏師鄦室刻本　一册

110000－0198－0013217　集普 8496
文選旁證四十六卷　(清)梁章鉅撰　清光緒八年(1882)吳下刻本　十二册

110000－0198－0013218　集普 8497
王子安集註二十卷首一卷末一卷　(唐)王勃撰　(清)蔣清翊注　清光緒九年(1883)吳縣蔣氏雙唐碑館刻本　六册

110000－0198－0013219　集普 8505
讀書堂杜工部文集註解二卷　(唐)杜甫撰　(清)張溍評注　清康熙刻本　一册

110000－0198－0013220　集普 8506
讀書堂杜工部文集註解二卷　(唐)杜甫撰　(清)張溍評注　清康熙讀書堂刻本　一册

110000－0198－0013221　集普 8513
韓集點勘四卷　(清)陳景雲撰　清同治九年(1870)江蘇書局刻本　一册

110000－0198－0013222　集普 8525
釣金龜　清抄本　一册

110000－0198－0013223　集普 8526
一捧雪　清抄本　一册

110000－0198－0013224　集普 8527
二南遺音四卷續集一卷　(清)劉紹攽輯　清乾隆二十八年(1763)劉氏傳經堂刻本　五册

110000－0198－0013225　集普 8530
還讀齋詩稿二十卷　(清)韓對撰　清道光七年(1827)吳氏刻本　十六册

110000－0198－0013226　集普 8531
表孝贈言一卷　(清)楊焯輯　清乾隆刻本　一册

110000－0198－0013227　集普 8532
測海集六卷　(清)彭紹升撰　清光緒四年(1878)刻本　三册

110000－0198－0013228　集普 8536
壯悔堂文集十卷　(清)侯方域撰　清末商邱侯氏刻本　六册

110000－0198－0013229　集普 8538
施注蘇詩四十二卷續補遺二卷　(宋)蘇軾撰　(宋)施元之注　(清)邵長蘅删補　清康熙三十八年(1699)商丘宋犖刻本　十二册

110000－0198－0013230　集普 8541
剌字集四卷　沈家本編　清光緒十二年(1886)京師刻本　一册

110000－0198－0013231　集普 8542
元遺山詩集八卷　(金)元好問撰　清乾隆四十三年(1778)萬廷蘭刻本　二册

110000－0198－0013232　集普 8543
忠雅堂評選四六法海八卷　(清)蔣士銓輯　清同治十年(1871)藏園刻朱墨印本　八册

110000－0198－0013233　集普 8544
陶靖節先生詩四卷　(晉)陶潛撰　清嘉慶元年(1796)拜經樓刻本　一册

110000－0198－0013234　集普 8545
麝塵集一卷　(清)史久榕撰　清光緒十六年(1890)刻本　一册

110000－0198－0013235　集普 8547
松隱詞　(宋)曹寵撰　清光緒錢塘丁氏嘉惠堂抄本　一册

110000－0198－0013236　集普 8548
夏節愍全集十卷首一卷末一卷補遺一卷續補遺一卷　(明)夏完淳撰　(清)莊師洛輯　清光緒二十九年(1903)新津吳氏刻本　四册

110000－0198－0013237　集普 8551
陶靖節先生詩集四卷國山碑考一卷　(晉)陶潛撰　清嘉慶元年(1796)拜經樓刻本　三册

110000－0198－0013238　集普 8552
杜工部集二十卷　（唐）杜甫著　清光緒二年（1876）粵東翰墨園刻六色套印本　八册

110000－0198－0013239　集普 8553
宋黄文節公文集十九卷首一卷黄青社先生伐檀集二卷　（宋）黄庭坚撰　清乾隆三十年（1765）寧州緝香堂刻本　八册

110000－0198－0013240　集普 8554
切問齋文鈔三十卷　（清）陸燿輯　清末覆刻本　六册　存五卷（一至五）

110000－0198－0013241　集普 8555
杜律五言集解二卷　（明）邵傳緝　清末刻本　五册

110000－0198－0013242　集普 8556
石亭紀事一卷續編一卷　（清）丁晏輯　清道光二十八年（1848）刻本　一册

110000－0198－0013243　集普 8557
生香書屋詩集二卷　（清）陳浩撰　清乾隆刻本　一册

110000－0198－0013244　集普 8558
幕巢館詩鈔一卷　（清）顔扎定撰　清宣統三年（1911）刻本　一册

110000－0198－0013245　集普 8559
安般簃集詩續十卷　（清）袁昶撰　清光緒二十年（1894）小漚巢刻本　一册

110000－0198－0013246　集普 8560
漁洋山人古詩選五言詩十七卷七言詩十五卷七言今體詩鈔九卷　（清）王士禎選　清同治五年（1866）金陵書局刻本　十册

110000－0198－0013247　集普 8562
六朝文絜四卷　（清）許槤評選　清光緒三年（1877）讀有用書齋刻朱墨印本　二册

110000－0198－0013248　集普 8564
缶廬詩四卷別存一卷　（清）吴俊撰　清光緒十九年（1893）刻本　一册

110000－0198－0013249　集普 8565
味經山館文鈔四卷　（清）戴鈞衡撰　清咸豐三年（1853）刻本　二册

110000－0198－0013250　集普 8566
疏香閣附集　（明）葉紹袁輯　清光緒二十二年（1896）葉氏秋夢盦刻本　一册

110000－0198－0013251　集普 8567
朱九江先生集十卷首四卷年譜一卷　（清）朱次琦撰　清光緒二十三年（1897）順德簡氏讀書草堂刻本　四册

110000－0198－0013252　集普 8568
李義山詩集三卷　（唐）李商隱撰　清同治九年（1870）粵東羊城萃文堂刻朱墨藍套印本　四册

110000－0198－0013253　集普 8569
角山樓蘇詩評注彙鈔二十卷附錄三卷　（清）趙克宜輯　清咸豐二年（1852）丹徒趙氏刻本　八册

110000－0198－0013254　集普 8570
香銷酒醒詞一卷曲一卷　（清）趙慶熺撰　清同治七年（1868）西泠王氏刻本　二册

110000－0198－0013255　集普 8571
中晚唐詩叩彈集十二卷續集三卷　（清）杜詔集　清康熙四十三年（1704）采山亭刻本　八册

110000－0198－0013256　集普 8572
南唐雜事詩一卷　（清）孫榕撰　清光緒二十二年（1896）濟寧孫氏鉛印本　一册

110000－0198－0013257　集普 8574
溫飛卿詩集七卷別集一卷集外詩一卷　（唐）溫庭筠撰　清康熙三十六年（1697）秀野草堂刻本　二册

110000－0198－0013258　集普 8577
返生香附集一卷窈聞一卷續窈聞一卷　（明）葉小鸞撰　清光緒二十二年（1896）羊城秋夢盦刻本　一册

110000－0198－0013259　集普 8582
五言古詩選十七卷七言古詩選十五卷　（清）王士禎選　清同治七年（1868）湘鄉曾氏刻本

六册

110000－0198－0013260　集普 8583
雙桂堂稿續編十二卷　（清）紀大奎撰　清刻本　五册

110000－0198－0013261　集普 8584
杜詩百篇二卷　（清）張燮承集解　清咸豐九年（1859）汲郡賀氏藏真壽世室刻本　一册　存一卷（上）

110000－0198－0013262　集普 8587
擬明史樂府一卷外國竹枝詞一卷　（清）尤侗撰　清末刻本　一册

110000－0198－0013263　集普 8588
六朝文絜四卷　（清）許槤評選　清光緒三年（1877）讀有用書齋刻朱墨印本　二册

110000－0198－0013264　集普 8589
漁洋山人精華錄訓纂四卷年譜二卷附錄一卷總目二卷　（清）王士禛著　（清）惠棟訓纂　清光緒十七年（1891）南皮張氏刻本　六册

110000－0198－0013265　集普 8594
吴摯甫詩集　（清）吴汝綸撰　清宣統二年（1910）上海國學扶輪社石印本　一册

110000－0198－0013266　集普 8595
簡齋詩鈔　（宋）陳與義撰　清康熙十年（1671）洲錢吴氏鑑古堂刻宋詩鈔初集本　一册

110000－0198－0013267　集普 8596
鹿洲初集二十卷　（清）藍鼎元著　清雍正十年（1732）刻本（有圖）　十册

110000－0198－0013268　集普 8598
唐四家詩八卷　（唐）孟浩然等撰　清康熙三十四年（1695）天都汪立名刻本　四册

110000－0198－0013269　集普 8599
靖節先生集十卷首一卷末一卷　（晉）陶潛撰　（清）陶澍集注　清道光二十年（1840）刻本　四册

110000－0198－0013270　集普 8600
宋丞相文山先生全集十六卷　（宋）文天祥撰　清康熙十二年（1673）曾弘焉文堂刻本　十六册

110000－0198－0013271　集普 8601
國朝名家試律詩鈔四十三卷　清同治十二年（1873）長沙王氏刻本　十二册

110000－0198－0013272　集普 8602
思樹軒詩稿四卷　（清）李棠撰　清道光十三年（1833）河間李氏河南府署刻本　二册

110000－0198－0013273　集普 8603
唐詩合解箋注十二卷　（清）王堯衢註　清光緒七年（1881）書業德記刻本　六册

110000－0198－0013274　集普 8604
七家試帖輯注三鈔　（清）張熙宇　（清）王植桂輯評　清同治九年（1870）京都琉璃廠刻本　七册

110000－0198－0013275　集普 8605
東廓鄒先生遺稿十二卷　（明）鄒守益撰　清光緒三十年（1904）鄒仁仕等刻本　十册

110000－0198－0013276　集普 8607
得一山房詩集二卷　（清）唐懋功撰　清光緒十九年（1893）刻本　一册

110000－0198－0013277　集普 8609
四印齋彙刻宋元三十一家詞　（清）王鵬運輯　清光緒臨桂王氏四印齋刻本　四册

110000－0198－0013278　集普 8610
高季迪先生大全集十八卷　（明）高啓撰　清光緒十四年（1888）木活字印本　十册

110000－0198－0013279　集普 8611
桐城方氏七代遺書二十種　（清）方昌翰輯　清光緒十四年（1888）桐城方氏刻本　十册

110000－0198－0013280　集普 8612
彊邨詞前集一卷別集一卷　朱祖謀撰　清光緒刻本　一册

110000－0198－0013281　集普 8619
注釋典制文琳五集合編　（清）方橥山等編　（清）周玉山校勘　清嘉慶十二年（1807）祁晉書業德刻本　六册

110000－0198－0013282　集普 8625
夜譚隨錄十二卷　(清)和邦額撰　清乾隆四十四年(1779)聖經堂刻本　十二册

110000－0198－0013283　集普 8626
吳山三婦評箋註釋聖歎第六才子書八卷　(元)王實甫撰　(清)金人瑞評　清光緒十三年(1887)上海石印本　四册

110000－0198－0013284　集普 8627
古今詩話選雋二卷　(清)盧衍仁錄　清抱青閣刻本　二册

110000－0198－0013285　集普 8628
綠雪山房詩賦合刻二卷　(清)周小鶯著　清同治九年(1870)刻本　四册

110000－0198－0013286　集普 8629
三家宮詞不分卷　(明)毛晉輯　清光緒十五年(1889)上海廣百宋齋鉛印本　一册

110000－0198－0013287　集普 8630
徐文長集三十卷　(明)徐渭撰　清宣統三年(1911)石印本　八册

110000－0198－0013288　集普 8632
繡像宋史奇書十二卷　題(清)寄鷗室主人撰　清光緒三十二年(1906)上海書屋石印本(有圖)　六册

110000－0198－0013289　集普 8633
新編批評繡像後七國樂田演義四卷　(清)徐震撰　清末京都文和堂刻本　八册

110000－0198－0013290　集普 8636
南海集二卷　(清)王士禛撰　清刻本　一册

110000－0198－0013291　集普 8638
謝疊山先生文章軌範七卷　(宋)謝枋得編　清咸豐二年(1852)江右潯陽萬氏蓮峰書屋刻朱墨藍套印本　一册　存三卷(一至三)

110000－0198－0013292　集普 8640
王文成公全書三十八卷　(明)王守仁撰　清光緒刻本　二十四册

110000－0198－0013293　集普 8645
羣玉山房詩八卷詞二卷　(清)余旻撰　清乾隆五十九年(1794)刻本　二册

110000－0198－0013294　集普 8646
尚書札記二卷禮書札記二卷　(清)朱亦棟學　清光緒四年(1878)武林竹簡齋刻本　二册

110000－0198－0013295　集普 8647
治經堂集十二卷治經堂詩集二卷文集四卷　(清)朱錦琮撰　清道光刻本　十册

110000－0198－0013296　集普 8650
許鄭學廬存稿　(清)王紹蘭撰　清道光二十九年(1849)刻本　五册

110000－0198－0013297　集普 8653
瑤華閣詩草一卷　(清)袁綬著　清同治六年(1867)刻本　一册

110000－0198－0013298　集普 8656
後湘詩集九卷附二集五卷　(清)姚瑩著　清道光十三年(1833)刻本　二册

110000－0198－0013299　集普 8657
聲調四譜圖說十二卷首一卷末一卷　(清)董文渙編輯　清同治三年(1864)董氏刻本　六册

110000－0198－0013300　集普 8658
種芸仙館詞五卷　(清)馮登府撰　清道光十四年(1834)刻本　一册　缺一卷(釣船笛譜)

110000－0198－0013301　集普 8662
海峰文集八卷詩集十一卷　(清)劉大櫆撰　清乾隆醒園刻本　四册　存七卷(文集七至八、詩集一至五)

110000－0198－0013302　集普 8663
第二碑一卷　(清)蔣士銓著　清紅雪樓刻本　一册

110000－0198－0013303　集普 8664
山房隨筆一卷　(元)蔣子正撰　清光緒江陰繆氏刻本　一册

110000－0198－0013304　集普 8665
可園文集四卷　(清)三多撰　清乾隆三十七年(1772)三百堂刻本　一册　存一卷(一)

110000－0198－0013305　集普 8666
萍香詩鈔二卷　(清)何王模撰　清嘉慶三年(1798)香雪軒刻本　一冊

110000－0198－0013306　集普 8668
己吾集十四卷　(明)陳際泰著　清康熙大乙山房刻本　二冊

110000－0198－0013307　集普 8670
寒石先生文集三卷　(明)理𢈪和撰　清刻本　二冊

110000－0198－0013308　集普 8671
格致書院課藝　(清)王韜輯　清光緒二十三年(1897)上海書局石印本　八冊

110000－0198－0013309　集普 8674
煙霞萬古樓文集六卷　(清)王曇撰　清道光二十年(1840)錢塘陳文述刻本　一冊　存三卷(一至三)

110000－0198－0013310　集普 8675
尚友錄二十二卷　(明)廖用賢編　清光緒十二年(1886)暢懷書屋鉛印本　一冊　存二卷(十四至十五)

110000－0198－0013311　集普 8676
文章遊戲初編八卷　(清)繆艮撰　清嘉慶十八年(1813)刻本　二冊　存四卷(一至四)

110000－0198－0013312　集普 8677
蘇黄尺牘二卷　(明)黄始輯　清嘉慶五年(1800)青雲樓杜刻本　一冊　存一卷(上)

110000－0198－0013313　集普 8678
樂府補題一卷　(元)陳恕可輯　**蜕巖詞二卷**　(元)張雨著　清道光長塘鮑氏刻本　一冊

110000－0198－0013314　集普 8679
鹿洲初集二十卷　(清)藍鼎元撰　清雍正十年(1732)刻本　一冊　存二卷(十二至十三)

110000－0198－0013315　集普 8680
四大奇書第一種六十卷　(明)羅貫中撰　清刻本　二冊　存六卷(十二至十四、二十四至二十六)

110000－0198－0013316　集普 8682
桃花扇傳奇四卷　(清)孔尚任著　清刻本　二冊　存二卷(三至四)

110000－0198－0013317　集普 8683
明詩別裁集十二卷　(清)沈德潛　(清)周準輯　清刻本　一冊　存二卷(七至八)

110000－0198－0013318　集普 8684
詳注嚶求集二卷　(清)繆艮著　(清)倪照注　清光緒十六年(1890)上海積山書局石印本　一冊　存一卷(上)

110000－0198－0013319　集普 8686
國朝詩別裁集三十六卷　(清)沈德潛纂評　清乾隆二十四年(1759)刻本　二冊　存四卷(三至四、七至八)

110000－0198－0013320　集普 8687
張謇批選四書義六卷　(清)張謇評選　清末石印本　一冊　存二卷(一至二)

110000－0198－0013321　集普 8689
尊聞閣詩選二集　(清)錢徵編　清光緒五年(1879)上海申報館鉛印本　一冊

110000－0198－0013322　集普 8716
山谷詩集注二十卷　(宋)黄庭堅撰　清光緒二十一年(1895)刻本　十冊

110000－0198－0013323　集普 8719
東坡集四十卷後集二十卷奏議十五卷應詔十卷　(宋)蘇軾撰　清宣統元年(1909)寶華盦刻本　四十冊

110000－0198－0013324　集普 8721
漢丞相諸葛忠武侯集二十一卷　(明)諸葛羲基編輯　清重刊道藏輯要本　六冊

110000－0198－0013325　集普 8722
湖海文傳七十五卷　(清)王昶輯　清道光十七年(1837)經訓堂刻本　十六冊

110000－0198－0013326　集普 8725
南園詩選二卷　(清)何士顒著　**筱雲詩集二卷**　(清)陸應宿撰　清刻本　一冊

110000－0198－0013327　集普 8726
明詩紀事一百八十七卷　(清)陳田輯　清末

貴陽陳氏聽詩齋刻本　三十八冊

110000－0198－0013328　集普 8731
蕭亭詩選六卷　(清)張實居撰　(清)王士禛批點　清康熙刻本　四冊

110000－0198－0013329　集普 8732
國朝律賦麗則六卷　(清)邹玉卲纂輯　(清)邹玉田玫注　清乾隆三十二年(1767)刻本　六冊

110000－0198－0013330　集普 8733
堇廬遺稿二卷　(清)王賓基撰　清宣統二年(1910)鉛印本　一冊

110000－0198－0013331　集普 8736
周教諭遺詩不分卷　(清)周长庚撰　(清)周心祐校　清光緒二十一年(1895)鉛印本　一冊

110000－0198－0013332　集普 8741
粤軺集四卷　(清)徐琪撰　清光緒二十年(1894)刻本　二冊

110000－0198－0013333　集普 8743
御製全史詩二卷　(清)仁宗顒琰御製　清光緒二十九年(1903)上海文明書局鉛印本　二冊

110000－0198－0013334　集普 8744
繡墨軒遺稿　(清)俞慶曾撰　清光緒二十三年(1897)刻本　一冊

110000－0198－0013335　集普 8750
堯峰文鈔四十卷　(清)汪琬著　清康熙刻本　四冊

110000－0198－0013336　集普 8751
經學輯要　(唐)李鼎祚集解　清光緒十九年(1893)點石齋石印本　三十二冊

110000－0198－0013337　集普 8756
唐四家詩八卷　(清)汪立名輯　清康熙刻本　四冊

110000－0198－0013338　集普 8757
兼濟堂集二十卷　(清)魏裔介著　清康熙五十年(1711)漳郡龍江書院刻本　八冊

110000－0198－0013339　集普 8759
擷華小錄　題(清)沅浦癡漁撰　清光緒二年(1876)刻本　一冊

110000－0198－0013340　集普 8760
水流雲在館詩鈔　(清)周天麟撰　清光緒十六年(1890)石印本　一冊

110000－0198－0013341　集普 8764
花磚重影集二卷　(清)徐琪撰　清光緒二十九年(1903)刻本　一冊

110000－0198－0013342　集普 8765
南海百詠一卷　(宋)方信孺著　清光緒八年(1882)學海堂刻本　一冊

110000－0198－0013343　集普 8766
煎茶閒錄不分卷　(清)聶爾康輯　清同治刻本　一冊

110000－0198－0013344　集普 8768
潔齋詩草刪存四卷　(清)孫念劬撰　清嘉慶八年(1803)刻本　一冊　存二卷(一至二)

110000－0198－0013345　集普 8773
抑庵遺詩八卷　(清)吳壽撰　清同治九年(1870)鮑康方濬師刻本　一冊　存四卷(一至四)

110000－0198－0013346　集普 8774
劍花龕詩影　(清)陳祺齡撰　清道光刻本　一冊

110000－0198－0013347　集普 8775
夢跡圖二卷　(清)寶琳繪題　清光緒上海點石齋石印本　一冊

110000－0198－0013348　集普 8776
改亭集十卷　(清)計東撰　清初刻本　二冊

110000－0198－0013349　集普 8777
援堂詩鈔八卷　(清)武億著　清道光二十三年(1843)小石山房刻本　二冊　存四卷(一至四)

110000－0198－0013350　集普 8779
約園詞稿十三卷　(清)趙起撰　清光緒二十六年(1900)春靄堂刻本　二冊

110000－0198－0013351　集普 8781
唐詩三百首註釋六卷附續選　題(清)蘅塘退士編　清光緒二十七年(1901)善成堂刻本　八册

110000－0198－0013352　集普 8782
近科全題新策法程　(清)劉坦之編　清乾隆刻本　六册

110000－0198－0013353　集普 8783
古文辭類纂七十五卷　(清)姚鼐纂　清光緒二十一年(1895)滁州李氏求要堂刻本　十二册

110000－0198－0013354　集普 8784
唐人小說六種　葉德輝輯　清宣統三年(1911)葉氏觀古堂刻本　一册

110000－0198－0013355　集普 8785
煙嶼樓詩集十八卷煙嶼樓文集四十卷　(清)徐時棟撰　清同治六年(1867)葉氏虎胛山房刻本　十二册

110000－0198－0013356　集普 8786
居東集二卷　蔣智由撰　清宣統二年(1910)文明書局石印本　一册

110000－0198－0013357　集普 8787
謀野集刪二卷　(明)王穉登撰　清宣統元年(1909)國學萃編社鉛印本　一册

110000－0198－0013358　集普 8788
山中學詩記五卷　(清)徐時棟撰　清光緒四年(1878)葉氏西河別墅刻本　一册

110000－0198－0013359　集普 8789
遠秀堂集八卷　(清)孔毓埏撰　清乾隆八年(1743)刻本　一册　存四卷(五至八)

110000－0198－0013360　集普 8790
忠孝節義二度梅全傳四卷　題(清)惜陰堂主人編輯　清刻本　一册

110000－0198－0013361　集普 8791
欣賞齋尺牘六卷　(清)曹仁鏡撰　清光緒十七年(1891)聽雨山房刻本　六册

110000－0198－0013362　集普 8793
策府統宗六十五卷　(清)劉昌齡編　清光緒同文書局石印本　十册

110000－0198－0013363　集普 8794
綉像續大破孟州混元鉢四卷　清宣統二年(1910)茂記書莊石印本(有圖)　三册

110000－0198－0013364　集普 8795
北樂府小令一卷　(清)厲鶚撰　清刻本　四册

110000－0198－0013365　集普 8796
真正後聊齋志異八卷　(清)徐昆撰　清光緒三十年(1904)海上書局石印本(有圖)　四册

110000－0198－0013366　集普 8797
新刻林香保雙釵記四卷　清光緒三十二年(1906)上海書局石印本(有圖)　四册

110000－0198－0013367　集普 8798
董仲舒集不分卷　(漢)董仲舒著　(明)汪士賢校　明刻本　一册

110000－0198－0013368　集普 8799
汲古閣刻五家詞　(明)毛晉輯　明末汲古閣刻本　一册

110000－0198－0013369　集普 8800
汪羅彭薛四家合鈔　國學扶輪社輯　清宣統二年(1910)上海國學扶輪社鉛印本　六册

110000－0198－0013370　集普 8801
邵子湘全集三十卷　(清)邵長蘅撰　清康熙三十四年(1695)青門草堂刻本　十二册

110000－0198－0013371　集普 8802
讀書錄十一卷續錄十二卷行實錄五卷文清手稿一卷年譜一卷薛文清公策題一卷理學粹言一卷從政名言一卷　(明)薛瑄撰　清乾隆三十年(1765)西北分仝刻本　十八册

110000－0198－0013372　集普 8804
玉可盦詞存一卷　(清)徐琪撰　清光緒十三年(1887)抄本　一册

110000－0198－0013373　集普 8806
漱泉詞一卷　(清)成肇麐撰　清刻本　一册

110000－0198－0013374　集普 8807
謝華啟秀八卷　（明）楊慎撰　清道光五年(1825)李朝夔刻本　二册

110000－0198－0013375　集普 8808
青城山人集十八卷年譜一卷　（清）闞槐撰　清嘉慶十三年(1808)刻本　六册

110000－0198－0013376　集普 8810
雙白燕堂文集二卷　（清）陸耀遹著　清光緒四年(1878)興國州署刻本　四册

110000－0198－0013377　集普 8812
新刻天傭子全集十卷附錄一卷　（明）艾南英著　清康熙三十八年(1699)艾爲珖刻本　五册

110000－0198－0013378　集普 8813
苾芻館詞集附詩集六卷　（清）胡延撰　清光緒二十九年(1903)金陵糧儲道廨刻朱印本　四册

110000－0198－0013379　集普 8814
毋不敬齋全書三十一卷　（清）方潛撰　清光緒十五年(1889)濟南方敦吉刻本　十七册

110000－0198－0013380　集普 8815
雁影齋詩存　（清）李希聖撰　清末抄本　一册

110000－0198－0013381　集普 8816
小酉腴山館集外文鈔七卷詩鈔二卷補錄一卷續編二卷三編二卷　（清）吳大廷撰　清同治三年(1864)刻本　四册　缺四卷(四至七)

110000－0198－0013382　集普 8817
藻川堂詩集選一卷　（清）鄧繹撰　清刻本　一册

110000－0198－0013383　集普 8818
安般簃詩續集三卷　（清）袁昶撰　清光緒十八年(1892)刻本　一册

110000－0198－0013384　集普 8821
桂枝香　（清）楊恩壽撰　清同治九年(1870)刻本　一册

110000－0198－0013385　集普 8822
姽嫿封　（清）楊恩壽撰　清同治九年(1870)刻本　一册

110000－0198－0013386　集普 8824
甌北詩鈔　（清）趙翼撰　清乾隆五十六年(1791)刻本　二十册

110000－0198－0013387　集普 8825
江左十子詩鈔二十卷　（清）王鳴盛輯　清乾隆二十九年(1764)幽蘭巷寓居刻本　四册

110000－0198－0013388　集普 8826
惜抱先生尺牘八卷　（清）姚鼐撰　清宣統元年(1909)小萬柳堂重刻海源閣本　四册

110000－0198－0013389　集普 8829
大題文府不分卷　（清）同文書局編　清光緒十二年(1886)上海同文書局石印本　十册

110000－0198－0013390　集普 8830
新編詩韻大全五卷　（清）湯祥瑟輯　清光緒十四年(1888)同文書局石印本　六册

110000－0198－0013391　集普 8831
策學纂要正續編　（清）萬南泉　（清）戴筤圃編　清光緒刻本　六册

110000－0198－0013392　集普 8834
韞山堂文集二卷詩集三卷　（清）管世銘撰　清光緒二十年(1894)讀雪山房刻本　五册

110000－0198－0013393　集普 8835
曬書堂文集十二卷外集二卷　（清）郝懿行撰　清光緒十年(1884)山東東路廳署刻本　八册

110000－0198－0013394　集普 8836
花甲閒談十六卷　（清）張維屏著　清道光十九年(1839)廣州刻本　四册

110000－0198－0013395　集普 8838
李長吉歌詩四卷　（唐）李賀撰　清光緒四年(1878)宏達堂刻本　二册

110000－0198－0013396　集普 8839
屈翁山詩集八卷　（清）屈大均撰　清研露齋刻本　四册

110000－0198－0013397　集普 8841
御纂詩義折中二十卷　(清)李光地等撰　清末刻本　六册

110000－0198－0013398　集普 8844
柴村全集十二卷　(清)邱志廣撰　清康熙四十四年(1705)刻本　十册

110000－0198－0013399　集普 8845
詩契齋詞鈔六卷　(清)許玉瑑撰　清刻本　一册

110000－0198－0013400　集普 8846
四憶堂詩集六卷遺稿一卷　(清)侯方域撰　清同治十三年(1874)永城練園侯氏刻本　二册

110000－0198－0013401　集普 8851
海南歸櫂詞二卷　(清)劉燿椿撰　清咸豐五年(1855)花壽山刻本　一册

110000－0198－0013402　集普 8853
魚亭詩鈔八卷　(清)汪軔撰　清乾隆十九年(1754)刻本　一册

110000－0198－0013403　集普 8854
施注蘇詩四十二卷總目二卷續補遺二卷　(宋)蘇軾撰　清康熙三十八年(1699)宋犖刻本　十册

110000－0198－0013404　集普 8855
御選唐宋詩醇四十七卷　(清)高宗弘曆編　清刻本　十册

110000－0198－0013405　集普 8856
蘭言二集二十卷　(清)謝堃選　清道光刻本　四册

110000－0198－0013406　集普 8857
歷朝名媛詩詞十二卷　(清)陸昶輯　清乾隆三十八年(1773)紅樹樓刻本　六册

110000－0198－0013407　集普 8858
書目答問　(清)張之洞編　清光緒元年(1875)刻本　三册

110000－0198－0013408　集普 8860
朱笏堂太守游皖尺牘　清抄本　四册

110000－0198－0013409　集普 8861
梅叟閑評四卷　(清)郝培元著　清光緒十年(1884)山東東路廳署刻本　四册

110000－0198－0013410　集普 8864
全唐詩九百卷　(清)彭定求等輯　清刻本　一册　存三卷(詞四至六)

110000－0198－0013411　集普 8867
經文碧海鯨不分卷　(清)陳樵峰撰　清光緒八年(1882)群玉山房刻本　三十二册

110000－0198－0013412　集普 8868
蓮子居詞話四卷　(清)吳衡照撰　清同治九年(1870)胡氏退補齋刻本　四册

110000－0198－0013413　集普 8869
守經堂天崇文鈔不分卷　(清)蔣曰綸選輯　清嘉慶守經堂刻本　十册

110000－0198－0013414　集普 8870
震川先生文集二十卷　(明)歸有光著　清光緒元年(1875)常熟歸彭福刻本　八册

110000－0198－0013415　集普 8875
儷白妃黃册　(清)董恂撰　清同治十二年(1873)刻本　一册

110000－0198－0013416　集普 8876
朗陵詩集六卷　(清)王士桓撰　清道光二十四年(1844)半耕山房刻本　二册

110000－0198－0013417　集普 8878
松聲池館詩存四卷　(清)汪璐撰　清光緒十五年(1889)錢塘汪氏振綺堂刻本　一册

110000－0198－0013418　集普 8879
廿一史彈詞二卷　(明)楊慎撰　清道光五年(1825)刻本　一册

110000－0198－0013419　集普 8881
蘭雪堂集不分卷　(清)岳禮著　清刻本　七册

110000－0198－0013420　集普 8882
貴池二妙集五十一卷　劉世珩編　清光緒刻本　十二册

110000－0198－0013421　集普 8883
曹集銓評十卷　(清)丁晏撰　清同治十一年(1872)金陵書局刻本　二册

110000－0198－0013422　集普 8884
墨花吟館詩鈔十六卷　(清)嚴辰撰　清光緒八年(1882)桐鄉嚴氏刻本　八册

110000－0198－0013423　集普 8886
山谷詩内集注内集二十卷外集十七卷年譜十四卷　(宋)任淵撰　清乾隆五十三年(1788)樹經堂刻本(有圖)　二十四册

110000－0198－0013424　集普 8887
梅花樓詩鈔六卷　(清)范華著　清道光二十三年(1843)刻本　一册

110000－0198－0013425　集普 8888
滄桑艷二卷　丁傳靖撰　清光緒三十四年(1908)豹隱廬刻本　一册

110000－0198－0013426　集普 8889
鄱陽集四卷末一卷　(宋)洪皓著　清同治九年(1870)三瑞堂刻本　二册

110000－0198－0013427　集普 8890
稼軒集抄存四卷稼軒詞四卷　(宋)辛棄疾撰　清嘉慶十六年(1811)刻本　六册

110000－0198－0013428　集普 8891
山中白雲詞八卷　(宋)張炎撰　清光緒八年(1882)刻本　四册

110000－0198－0013429　集普 8894
壹齋賦存　(清)朱筠編　清嘉慶抄本　一册

110000－0198－0013430　集普 8895
峰青館詩鈔七卷　(清)錢國珍撰　清同治六年(1867)古禹航署刻本　二册

110000－0198－0013431　集普 8897
唐文粹一百卷補遺二十六卷　(宋)姚鉉編　清光緒九年(1883)江蘇書局刻本　二十册

110000－0198－0013432　集普 8898
白華絳柎閣詩集十卷　(清)李慈銘撰　清光緒十六年(1890)刻本　一册

110000－0198－0013433　集普 8900
檉華館試帖彙鈔輯注十卷　(清)路德撰　清道光十四年(1834)刻本　三册

110000－0198－0013434　集普 8903
姚正父文　(清)姚正父撰　清刻本　四册

110000－0198－0013435　集普 8904
韞山堂釋文三集　(清)管世銘著　清光緒十六年(1890)刻本　三册

110000－0198－0013436　集普 8905
古歡堂集三卷年譜一卷序四卷　(清)田雯撰　清康熙德州田氏刻本　六册

110000－0198－0013437　集普 8907
李太白文集三十六卷　(唐)李白撰　清乾隆二十五年(1760)寶笏樓刻本　十六册

110000－0198－0013438　集普 8908
梅村文集二十卷　(清)吳偉業撰　清宣統二年(1910)順德鄧氏風雨樓鉛印本　四册

110000－0198－0013439　集普 8909
晚香亭詩鈔　(清)蔡邦甸撰　清光緒十八年(1892)天津石印本　四册

110000－0198－0013440　集普 8911
梅麓詩鈔二卷　(清)齊彦槐撰　清刻本　二册

110000－0198－0013441　集普 8912
何文貞公遺書三卷　(清)何桂珍撰　清光緒十年(1884)六安求我齋刻本　三册

110000－0198－0013442　集普 8915
吴摯甫尺牘不分卷　(清)吴汝綸撰　清宣統二年(1910)國學扶輪社石印本　四册

110000－0198－0013443　集普 8916
散原精舍詩二卷　陳三立著　清宣統二年(1910)鉛印本　一册　存一卷(下)

110000－0198－0013444　集普 8917
馬徵君遺集六卷　(清)馬三俊撰　清同治三年(1864)刻本　一册

110000－0198－0013445　集普 8918

黄勉齋先生文集八卷 (宋)黄榦撰 清同治五年(1866)福州正誼書院刻本 四册

110000－0198－0013446 集普 8919
健修堂詩集二十二卷 (清)邊浴禮撰 清咸豐十一年(1861)刻本 八册

110000－0198－0013447 集普 8923
云鐘雁三鬧太平莊全傳五十四回 (清)□□撰 清同治三年(1864)一笑軒刻本 一册

110000－0198－0013448 集普 8924
藝林珠玉十卷續編一卷 題(清)玉玲瓏山館主人編 清刻本 二册

110000－0198－0013449 集普 8925
新編詩句題解續集五卷 題(清)東閣主人編 清光緒十四年(1888)上海鴻寶齋石印本 一册 存二卷(一至二)

110000－0198－0013450 集普 8926
王次回疑雨集注四卷 (明)王彦泓著 清嘉慶聚秀堂刻本 四册

110000－0198－0013451 集普 8927
龍譽集十六卷 (清)華延璧編 清同治九年(1870)刻本 十六册

110000－0198－0013452 集普 8928
小慧集十卷 題(清)貯香主人輯 清道光十七年(1837)刻本 五册

110000－0198－0013453 集普 8929
操觚必要集二卷 清光緒十二年(1886)文照局石印本 一册 存一卷(上)

110000－0198－0013454 集普 8930
清綺軒詞選十三卷 (清)夏秉衡選 清乾隆十六年(1751)清綺軒刻本 一册 存一卷(一)

110000－0198－0013455 集普 8931
文選課虚四卷 (清)杭世駿類次 清道光三年(1823)刻本 二册

110000－0198－0013456 集普 8932
四續社稿四卷 (清)陳名珍撰 清光緒刻本 四册

110000－0198－0013457 集普 8934
高季迪先生大全集十八卷 (明)高啟撰 清康熙竹素園刻本 六册

110000－0198－0013458 集普 8935
揅經室外集五卷 (清)阮元撰 清道光刻本 一册 存二卷(一至二)

110000－0198－0013459 集普 8936
榴實山莊試律二卷文稿一卷詩鈔六卷詞鈔一卷 (清)吳存義撰 清同治刻本 四册

110000－0198－0013460 集普 8937
南宋襍事詩七卷 (清)沈嘉轍等撰 清雍正武林芹香齋刻本 一册 存三卷(一至三)

110000－0198－0013461 集普 8938
王介甫文約選 (宋)王安石撰 清同治刻本 一册

110000－0198－0013462 集普 8939
月滄文鈔一卷 (清)呂璜撰 清咸豐四年(1854)臨桂唐氏涵通樓刻本 一册

110000－0198－0013463 集普 8940
二鄉亭詞三卷 (清)宋琬撰 清康熙休寧孫氏留松閣刻本 一册

110000－0198－0013464 集普 8946
唐詩三百首註疏六卷 (清)蘅塘退士編 清道光二十七年(1847)刻本 六册

110000－0198－0013465 集普 8947
杜詩集説二十卷目錄一卷年譜一卷末一卷 (唐)杜甫撰 清乾隆刻本 一册

110000－0198－0013466 集普 8950
繡像京本雲合奇縱玉茗英烈全傳十卷 (明)徐渭編撰 清刻本(有圖) 五册

110000－0198－0013467 集普 8951
曲選 清抄本 二册

110000－0198－0013468 集普 8953
新刻劍嘯閣批評西漢演義傳八卷東漢演義傳十卷 (明)謝詔撰 清刻本(有圖) 十四册

110000－0198－0013469 集普 8954

藝風堂文漫存三卷辛壬稿三卷　繆荃孫撰　清宣統二年(1910)刻本　一冊

110000－0198－0013470　集普 8955
西廂記五卷首一卷末一卷會真記一卷　(元)王實甫撰　清康熙十五年(1676)刻本　二冊

110000－0198－0013471　集普 8958
讀杜心解六卷首二卷　(清)浦起龍解　清雍正二年(1724)靜寄東軒刻本　八冊

110000－0198－0013472　集普 8959
安般簃集詩續十卷　(清)芳郭鈍叟撰　清光緒刻本　一冊

110000－0198－0013473　集普 8961
南宋襍事詩七卷　(清)沈嘉轍撰　清初武林芹香齋刻本　二冊　存五卷(一至五)

110000－0198－0013474　集普 8964
南唐雜事詩　(清)孫榕著　清光緒二十二年(1896)涕寧孫氏鉛印本　一冊

110000－0198－0013475　集普 8965
歷朝詩約選九十二卷　(清)劉大櫆纂　清光緒二十一年(1895)文澂閣刻本　一冊　存三卷(十九至二十一)

110000－0198－0013476　集普 8966
御製詩初集四十四卷目錄四卷　(清)高宗弘曆撰　清乾隆刻本　五冊　存十四卷(七至十五、二十三至二十五,目錄三至四)

110000－0198－0013477　集普 8967
惜抱先生尺牘八卷　(清)姚鼐撰　(清)陳用光手錄　清刻本　一冊

110000－0198－0013478　集普 8973
國語校文　(清)汪中撰　清同治八年(1869)冶城山館刻本　一冊

110000－0198－0013479　集普 8974
甌香館集十二卷　(清)惲格著　清道光十八年(1838)別下齋刻本　一冊　存二卷(一至二)

110000－0198－0013480　集普 8976
楊孟載手錄眉庵詩集二卷　(明)楊基撰　清光緒三十四年(1908)上虞羅氏影印本　一冊　存一卷(上)

110000－0198－0013481　集普 8977
杜谿文稿九卷　(清)朱書撰　清康熙刻本　一冊　存三卷(五至七)

110000－0198－0013482　集普 8978
陳檢討集二十卷　(清)陳維崧撰　清刻本　一冊　存六卷(十五至二十)

110000－0198－0013483　集普 8979
南宋雜事詩七卷　(清)沈嘉轍撰　清雍正武林芹香齋刻本　一冊　存一卷(一)

110000－0198－0013484　集普 8982
經德堂文鈔一卷　(清)龍啟瑞著　清咸豐四年(1854)臨桂唐氏涵通樓刻本　一冊

110000－0198－0013485　集普 8983
致翼堂文鈔一卷　(清)彭昱堯著　清咸豐四年(1854)臨桂唐氏涵通樓刻本　一冊

110000－0198－0013486　集普 8984
來鶴山房文鈔二卷　(清)朱琦著　清咸豐四年(1854)臨桂唐氏涵通樓刻本　一冊

110000－0198－0013487　集普 8985
簡學齋館課試律存一卷續鈔一卷課賦存一卷續鈔一卷　(清)陳沆撰　清咸豐刻本　一冊

110000－0198－0013488　集普 8986
桃花扇傳奇四卷　(清)孔尚任編　清康熙刻本　一冊　存一卷(一)

110000－0198－0013489　集普 8987
重編留青新集二十四卷　(清)陳枚原輯　清光緒鉛印本　二冊　存二卷(十三至十四)

110000－0198－0013490　集普 8989
本朝律賦集腋秋集　清刻本　一冊

110000－0198－0013491　集普 8992
漫堂說詩　(清)宋犖著　清光緒五年(1879)上海淞隱閣鉛印本　一冊

110000－0198－0013492　集普 8994
策學備纂續集四卷首一卷　(清)宋徵獻輯

清光緒二十年(1894)上海點石齋石印本　十冊　缺一卷(四)

110000－0198－0013493　集普 8995
鮑太史時文詩賦合鈔二卷　(清)鮑桂星撰　清道光四年(1824)攀桂堂刻本　二冊

110000－0198－0013494　集普 8996
管靜山先生全稿不分卷　(清)管靜山撰　清光緒二年(1876)四明茹古齋鉛印本　四冊

110000－0198－0013495　集普 8997
清獻堂稿二卷　(清)趙佑撰　清光緒二年(1876)四明茹古齋鉛印本　二冊

110000－0198－0013496　集普 8998
陳士巖稿二卷　(清)陳鴻磐著　清光緒二年(1876)四明茹古齋鉛印本　二冊

110000－0198－0013497　集普 8999
來懋齋稿不分卷　(清)戴殿泗編　清光緒二年(1876)四明茹古齋鉛印本　二冊

110000－0198－0013498　集普 9000
陳厚甫稿不分卷　(清)陳鍾麟著　清光緒二年(1876)四明茹古齋鉛印本　四冊

110000－0198－0013499　集普 9001
吴張合稿不分卷　(清)張姚成　(清)吴錫麒撰　清光緒二年(1876)四明茹古齋鉛印本　二冊

110000－0198－0013500　集普 9002
宋元三十一家詞　(清)王鵬運輯　清末四印齋石印本　一冊　存八種(逍遙詞、筠溪詞、栟櫚詞、樵歌拾遺、梅詞、綺川詞、東溪詞、文定公詞)

110000－0198－0013501　集普 9003
文選音義八卷　(清)余蕭客著　清光緒二十二年(1896)鴻寶齋書局石印本　一冊

110000－0198－0013502　集普 9004
楚騷綺語六卷　(明)張之象輯　清光緒二十二年(1896)鴻寶齋書局石印本　一冊

110000－0198－0013503　集普 9005
左國腴詞八卷　(明)凌迪知輯　清光緒二十二年(1896)鴻寶齋書局石印本　一冊

110000－0198－0013504　集普 9010
清綺軒詞選十三卷　(清)夏秉衡選　清乾隆十六年(1751)寶仁堂刻本　一冊　存一卷(七)

110000－0198－0013505　集普 9011
影梅菴二卷　(清)彭劍南撰　清道光六年(1826)茗雪山房刻本　八冊

110000－0198－0013506　集普 9012
牧齋初學集詩註二十卷　(清)錢謙益撰　(清)錢曾箋注　清宣統三年(1911)國學扶輪社刻本　八冊

110000－0198－0013507　集普 9013
玉堂才調集不分卷　(清)于明舉輯　清康熙二十九年(1690)金壇于氏刻本　六冊

110000－0198－0013508　集普 9014
列國志輯要八卷　(清)楊庸輯　清光緒楊氏四知堂刻本　八冊

110000－0198－0013509　集普 9015
經韻樓集十二卷　(清)段玉裁撰　清道光元年(1821)七業衍祥堂刻本　六冊

110000－0198－0013510　集普 9016
紫雲山房文鈔不分卷　(清)曹學閔撰　清嘉慶十四年(1809)刻本　二冊

110000－0198－0013511　集普 9017
景石齋詞略不分卷　(清)姚詩雅撰　清光緒刻本　一冊

110000－0198－0013512　集普 9019
詩比興箋四卷　(清)陳沆撰　清咸豐刻本　二冊

110000－0198－0013513　集普 9020
紫石泉山房詩文集十二卷　(清)吳定撰　清光緒十三年(1887)黟縣李氏刻本　四冊

110000－0198－0013514　集普 9022
法雲詩錄　(清)釋慧霖編　清同治九年(1870)刻本　一冊

110000－0198－0013515　集普 9023
十種唐詩選　(清)王士禛輯　清刻本　十二册

110000－0198－0013516　集普 9026
張憶娘簪華圖卷題詠一卷　(清)江標輯　清光緒二十三年(1897)元和江氏湖南使院刻本　一册

110000－0198－0013517　集普 9027
陳禮部詩稿十六卷詞稿三卷　(清)陳其錕撰　清咸豐二年(1852)刻本　四册

110000－0198－0013518　集普 9028
柏堂集九十四卷　(清)方宗誠撰　清光緒七年(1881)刻本　十八册　存八十三卷(前編十四卷、後編二十二卷、續編二十二卷、次編十三卷、外編十二卷)

110000－0198－0013519　集普 9029
山帶閣集三十三卷附錄一卷　(明)朱曰藩撰　清道光十五年(1835)宜祿堂刻本　六册

110000－0198－0013520　集普 9030
寄青齋詩稿不分卷　(清)徐虔復撰　清光緒十三年(1887)刻本　一册

110000－0198－0013521　集普 9033
夜譚隨錄十二卷　(清)和邦額撰　清光緒刻本　十册　缺二卷(一至二)

110000－0198－0013522　集普 9034
施注蘇詩四十二卷王註正譌一卷蘇詩續補遺二卷　(宋)施元之撰　(清)宋犖審閲　清康熙三十八年(1699)宋犖刻本　八册

110000－0198－0013523　集普 9035
古文辭類纂七十五卷　(清)姚鼐纂　清同治八年(1869)問竹軒刻本　七册　缺三十一卷(一至三十一)

110000－0198－0013524　集普 9036
鮚埼亭集外編五十卷　(清)全祖望撰　清嘉慶十六年(1811)刻本　八册　存二十三卷(二十八至五十)

110000－0198－0013525　集普 9038
西堂雜組初集八卷二集八卷三集八卷　(清)尤侗撰　清康熙刻本　一册　存三卷(三集四至六)

110000－0198－0013526　集普 9039
唐陸宣公集二十二卷　(唐)陸贄撰　清光緒二年(1876)江蘇書局刻本　二册　缺二卷(二十一至二十二)

110000－0198－0013527　集普 9040
賦彙錄要箋略二十八卷補遺一卷外集一卷　(清)吳光昭撰　清刻本　一册

110000－0198－0013528　集普 9041
燕下鄉睉錄十六卷　(清)陳康祺撰　清末上海文明書局石印本(有圖)　一册　存五卷(七至十一)

110000－0198－0013529　集普 9042
封類引端三卷　清光緒六年(1880)石印本　一册

110000－0198－0013530　集普 9043
唐詩別裁集二十卷明詩別裁集十二卷　(清)沈德潛輯　清刻本　四册　存八卷(七至十二、明詩別裁集五至六)

110000－0198－0013531　集普 9044
國朝詩別裁集三十六卷　(清)沈德潛纂評　清刻本　十三册

110000－0198－0013532　集普 9045
懷永堂繪像第六才子書八卷　(元)王實甫撰　清康熙五十九年(1720)味蘭軒刻本(有圖)　一册　存一卷(七)

110000－0198－0013533　集普 9046
繪圖第二奇書八卷　(清)隨緣下士編　清光緒三十一年(1905)上海書局石印本(有圖)　一册

110000－0198－0013534　集普 9047
西巡回鑾始末記六卷　(日本)吉田良太郎彙錄　清末石印本　一册　存三卷(四至六)

110000－0198－0013535　集普 9048
新選繪圖譚瀛八種四卷　(清)吳文藻撰　清

光緒二十二年(1896)上海鴻寶齋石印本(有圖)　一册　存一卷(四)

110000－0198－0013536　集普 9049
宋簽判龍川陳先生文鈔二卷　(宋)陳亮撰　清末石印本　一册

110000－0198－0013537　集普 9051
重訂唐詩別裁集二十卷　(清)沈德潛選　清刻本　一册　存二卷(四至五)

110000－0198－0013538　集普 9052
四書人物類典串珠四十卷　(清)臧志仁編輯　清刻本　三册

110000－0198－0013539　集普 9053
古諷籀齋目耕媵録三十二卷　(清)泖上閒鷗纂輯　清同治十二年(1873)古諷籀齋刻本　一册　存三卷(二十八至三十)

110000－0198－0013540　集普 9061
商業應用尺牘教本二卷　上海文明書局編　清光緒三十三年(1907)上海文明書局石印本　一册　存一卷(下)

110000－0198－0013541　集普 9062
繪圖筆生花十六卷　(清)邱心如撰　清光緒二十年(1894)上海紹先書局石印本　一册　存二卷(五至六)

110000－0198－0013542　集普 9063
聊齋誌異新評十六卷　(清)蒲松齡著　(清)但明倫新評　清道光二十二年(1842)廣順但氏刻朱墨印本　一册　存一卷(十六)

110000－0198－0013543　集普 9064
亭林文集六卷餘集一卷　(清)顧炎武撰　清光緒三十二年(1906)俞氏山隱居刻本　四册

110000－0198－0013544　集普 9065
識小編二卷　(清)董豐恒著　清光緒崇川葛氏學古齋刻本　一册　存一卷(下)

110000－0198－0013545　集普 9066
芝庭先生集十八卷附録一卷　(清)彭啟豐撰　清光緒二年(1876)彭翰孫刻本　六册

110000－0198－0013546　集普 9067
孟塗文集四十四卷　(清)劉開撰　清道光六年(1826)姚氏檗山草堂刻本　一册　存四卷(三至六)

110000－0198－0013547　集普 9069
金石録補二十七卷續跋七卷　(清)葉奕苞撰　清道光二十六年(1846)蔣氏別下齋刻本　二册　存十一卷(十七至二十七)

110000－0198－0013548　集普 9070
得全居士詞一卷茗齋詩餘二卷　(宋)趙鼎撰　清道光蔣氏別下齋刻本　一册

110000－0198－0013549　集普 9071
小謨觴館文集注四卷　(清)孫元培纂輯　清光緒刻本　一册　存二卷(三至四)

110000－0198－0013550　集普 9072
漢魏六朝墓銘纂例四卷　(清)李富孫撰　清光緒十三年(1887)吳縣朱氏槐廬刻本　一册　存二卷(一至二)

110000－0198－0013551　集普 9073
隣璧齋集八卷　(宋)陳奎撰　清刻本　一册　存四卷(五至八)

110000－0198－0013552　集普 9086
增評補圖石頭記一百二十卷首一卷　(清)曹雪芹撰　清光緒鉛印本(有圖)　一册　存十六卷(一百五至一百二十)

110000－0198－0013553　集普 9087
詳註聊齋志異圖詠十六卷首一卷　(清)蒲松齡撰　清光緒十五年(1889)蜚英書局石印本　一册　存二卷(七至八)

110000－0198－0013554　集普 9090
屈翁山詩集八卷詞一卷　(清)屈大均撰　明末研露齋刻本　六册

110000－0198－0013555　集普 9091
楹聯叢話十二卷續話四卷巧對録八卷集錦八卷　(清)梁章鉅輯　清道光二十年(1840)環碧軒刻本　八册

110000－0198－0013556　集普 9092

名家詞十八卷　(清)張琦等撰　清光緒江陰繆氏刻本　四册

110000－0198－0013557　集普 9093
捧月樓綺語八卷　(清)袁通撰　清嘉慶二十年(1815)刻本　一册

110000－0198－0013558　集普 9096
曾子固文約選不分卷　(宋)曾鞏撰　清同治八年(1869)四川總督署刻本　一册

110000－0198－0013559　集普 9098
楞華室詞鈔二卷　(清)沈世良撰　清咸豐四年(1854)刻本　一册

110000－0198－0013560　集普 9099
宋四家詞選一卷　(清)周濟輯　清光緒刻本　一册

110000－0198－0013561　集普 9100
井華詞二卷　(清)沈景修撰　清光緒二十五年(1899)刻本　一册

110000－0198－0013562　集普 9101
纂喜堂詩稿不分卷　(清)陳壽祺著　清同治刻本　一册

110000－0198－0013563　集普 9103
善思齋文鈔九卷　(清)徐宗亮撰　清光緒桐城徐氏刻本　一册

110000－0198－0013564　集普 9104
湘繭合稿五卷　(清)宗婉等撰　清光緒六年(1880)常熟宗氏刻本　一册

110000－0198－0013565　集普 9105
古今詞論一卷　(清)查培繼輯　清康熙刻本　一册

110000－0198－0013566　集普 9106
芝庭先生集十八卷附錄一卷　(清)彭啟豐撰　清光緒二年(1876)彭翰孫刻本　六册

110000－0198－0013567　集普 9107
忠雅堂評選四六法海八卷　(清)蔣士銓評選　清同治刻朱墨印本　八册

110000－0198－0013568　集普 9109
採輯歷朝詩話一卷附辨僞考異　(清)胡鳳丹輯　清同治刻本　一册

110000－0198－0013569　集普 9111
落颿樓文稿四卷　(清)沈垚撰　清道光二十七年(1847)靈石楊氏刻本　一册

110000－0198－0013570　集普 9114
屈賦微二卷　馬其昶撰　清光緒三十一年(1905)集虚草堂刻本　一册

110000－0198－0013571　集普 9116
敬恕堂文集紀年十卷　(清)耿介撰　清柘城竇氏刻本　五册

110000－0198－0013572　集普 9117
戴東原集十二卷年譜一卷　(清)戴震撰　清宣統二年(1910)成都刻本　六册

110000－0198－0013573　集普 9118
曹集銓評十卷　(清)丁晏纂　清同治十一年(1872)金陵書局刻本　二册

110000－0198－0013574　集普 9120
船山詩草二十卷　(清)張問陶撰　清嘉慶元年(1796)刻本　八册

110000－0198－0013575　集普 9124
策學淵萃四十六卷　(清)王維璠編　清光緒四年(1878)藤花小舫刻本　二十册

110000－0198－0013576　集普 9125
雞跖賦續刻三十卷　(清)應泰泉等編輯　清光緒十一年(1885)文英堂刻本　八册　存十卷(一至十)

110000－0198－0013577　集普 9126
讀書樂趣八卷　(清)伍涵芬定　清刻本　二册

110000－0198－0013578　集普 9128
第五才子書水滸傳七十五卷　(明)施耐庵撰　清康熙芥子園刻本　十册

110000－0198－0013579　集普 9129
兩般秋雨盦隨筆八卷　(清)梁紹壬纂　清道光十七年(1837)錢塘汪氏振綺堂刻本　四册　存四卷(一至四)

110000－0198－0013580　集普 9130
韓湘子三十卷　題(明)雉衡山人編　**二虎嶺二卷**　清末刻本　五冊

110000－0198－0013581　集普 9131
西湖佳話古今遺跡十六卷　題(清)古吳墨浪子搜輯　清光緒十九年(1893)上海寶文書局石印本(有圖)　四冊

110000－0198－0013582　集普 9132
增注繪圖官場現形記五編六十卷　(清)李寶嘉撰　清光緒三十年(1904)奧東書局石印本(有圖)　十七冊

110000－0198－0013583　集普 9133
唐語林八卷　(宋)王讜撰　清刻本　八冊

110000－0198－0013584　集普 9134
昌谷集四卷　(唐)李賀著　明末刻本　二冊

110000－0198－0013585　集普 9136
有正味齋駢文箋注十六卷　(清)吳錫麒著　清光緒十七年(1891)羊城文寶閣刻本　八冊

110000－0198－0013586　集普 9138
簡松草堂文集十二卷附錄一卷　(清)張雲璈撰　清刻本　四冊

110000－0198－0013587　集普 9140
昌黎先生全集四十卷外集十卷遺文一卷　(唐)韓愈撰　清刻朱墨印本　一冊　缺三十五卷(一至三十五)

110000－0198－0013588　集普 9141
廔椶詞　(清)劉恩黻撰　清光緒三十二年(1906)吳氏雙照樓刻朱印本　一冊

110000－0198－0013589　集普 9142
杜谿文集九卷　(清)朱書撰　清康熙刻本　一冊　存二卷(三至四)

110000－0198－0013590　集普 9143
詳註聊齋誌異圖詠十六卷首一卷　(清)蒲松齡撰　清光緒十九年(1893)鴻文書局石印本(有圖)　七冊

110000－0198－0013591　集普 9146
宋六十一家詞選十二卷　(清)馮煦編　清宣統二年(1910)上海掃葉山房石印本　四冊

110000－0198－0013592　集普 9148
繪圖鏡花緣一百回　(清)李汝珍撰　清光緒二十一年(1895)上海積山書局石印本(有圖)　六冊

110000－0198－0013593　集普 9151
唐人萬首絕句選　(宋)洪邁元本　(清)王士禎選本　清宣統三年(1911)上海掃葉山房朱墨石印本　一冊

110000－0198－0013594　集普 9152
湘綺樓全集文集八卷詩集十四卷箋啟八卷　王闓運撰　清宣統二年(1910)上海國學扶輪社石印本　十二冊

110000－0198－0013595　集普 9154
山谷詩集注二十卷　(宋)黃庭堅撰　清光緒二十一年(1895)刻本　五冊　存九卷(一至九)

110000－0198－0013596　集普 9157
第九才子書平鬼傳四卷十回　(清)樵雲山人編次　清康熙五十九年(1720)經綸堂刻本　四冊

110000－0198－0013597　集普 9158
適軒尺牘八卷　(清)徐菊生著　清同治十三年(1874)黃竹友齋刻本　六冊

110000－0198－0013598　集普 9159
廣唐賢三昧集　(清)文昭錄　清宣統元年(1909)石印本　十冊

110000－0198－0013599　集普 9162
聊齋誌異新評十六卷　(清)蒲松齡著　清光緒十三年(1887)善成堂刻本　十六冊

110000－0198－0013600　集普 9163
青雲集補註六卷　(清)楊逢春輯　清光緒十七年(1891)李光明莊刻本　六冊

110000－0198－0013601　集普 9164
養雲山館試帖四卷　(清)許球撰　(清)王榮紱註釋　清道光刻本　三冊　存三卷(一至三)

110000－0198－0013602　集普 9172
詩法度鍼三十三卷　（清）徐文弼編　清乾隆刻本　一冊　存三卷（一至三）

110000－0198－0013603　集普 9173
養雲山館試帖四卷　（清）許球撰　（清）王榮紱註釋　清道光刻本　三冊

110000－0198－0013604　集普 9176
聊齋志異新評十六卷　（清）蒲松齡著　清道光二十二年（1842）廣順但氏刻朱墨印本　一冊　存四卷（一至四）

110000－0198－0013605　集普 9178
梅村詩話一卷　（清）吳偉業撰　清宣統三年（1911）上海埽葉山房石印本　一冊

110000－0198－0013606　集普 9181
高等女子尺牘校本　丁善儀編　清光緒三十三年（1907）上海文明書局石印本　一冊

110000－0198－0013607　集普 9183
詳注聊齋志異圖詠十六卷　（清）蒲松齡著　清光緒上海同文書局石印本（有圖）　一冊

110000－0198－0013608　集普 9186
分類文腋八卷　（清）李楨選注　清道光英德堂刻本　四冊

110000－0198－0013609　集普 9187
七俠五義傳二十四卷　（清）石玉昆撰　清末刻本　一冊　存四卷（十三至十六）

110000－0198－0013610　集普 9188
張太岳文集四十七卷　（明）張居正撰　清刻本　八冊

110000－0198－0013611　集普 9189
止止堂集五卷橫槊稿三卷詩一卷文二卷愚愚稿二卷　（明）戚繼光撰　清光緒十四年（1888）山東書局刻本　八冊

110000－0198－0013612　集普 9190
濂亭文集八卷　（清）張裕釗撰　清光緒八年（1882）蘇州查氏木漸齋刻本　二冊

110000－0198－0013613　集普 9191
陳太僕批選八家文鈔九卷　（清）陳兆崙輯　清光緒二十六年（1900）天津文美齋石印本　六冊

110000－0198－0013614　集普 9192
郘亭遺詩八卷　（清）莫友芝撰　清光緒元年（1875）刻本　六冊

110000－0198－0013615　集普 9194
思過齋全集二十五卷試律賦鈔二雜體詩二卷試律詩鈔二卷　（清）蕭培元撰　清同治刻本　十二冊

110000－0198－0013616　集普 9195
靜娛室偶存稿二卷　（清）李宗翰撰　清道光十六年（1836）思養堂刻本　二冊

110000－0198－0013617　集普 9196
鈍吟老人遺稿九種　（清）馮班撰　清刻本　二冊

110000－0198－0013618　集普 9197
粵輶集四卷　（清）徐琪撰　清光緒二十年（1894）刻本　四冊

110000－0198－0013619　集普 9198
梅花夢二卷　（清）張道撰　清刻本　二冊

110000－0198－0013620　集普 9200
三家宮詞三卷　（明）毛晉輯　清刻本　二冊

110000－0198－0013621　集普 9201
泰山堂重訂古文釋義新編八卷　（清）余誠評註　清光緒三十年（1904）泰山堂刻本　八冊

110000－0198－0013622　集普 9203
杜詩論文五十六卷　（清）吳見思注　清康熙十一年（1672）岱淵堂刻本　六冊

110000－0198－0013623　集普 9204
授堂遺書七種附錄二卷　（清）武億撰　清道光二十三年（1843）授堂刻本　五冊　存二種五卷（金石三跋二卷、金石續跋三卷）

110000－0198－0013624　集普 9205
經讀考異八卷補經讀考異二卷　（清）武億撰　清道光二十三年（1843）授堂刻本　二冊

110000－0198－0013625　集普 9206

授堂文鈔十卷附讀畫山房文鈔二卷 （清）武億著　清刻本　三冊

110000－0198－0013626　集普9207
古文眉詮七十九卷 （清）浦起龍論次　清乾隆九年(1744)靜寄東軒刻本　十二冊

110000－0198－0013627　集普9211
四百三十二峰草堂詩 （清）黃璟撰　清光緒刻本　一冊

110000－0198－0013628　集普9212
西湖百詠二卷 （宋）董嗣杲撰　清光緒七年(1881)錢塘丁氏嘉惠堂刻本　一冊

110000－0198－0013629　集普9213
兩般秋雨盦隨筆八卷 （清）梁紹壬纂　清道光十七年(1837)錢塘汪氏振綺堂刻本　八冊

110000－0198－0013630　集普9215
硯雲甲編二卷硯雲乙編 （清）金忠淳輯　清光緒上海申報館鉛印本　二冊

110000－0198－0013631　集普9216
薈蕞編二十卷 （清）俞樾撰　清光緒上海申報館鉛印本　八冊

110000－0198－0013632　集普9217
新刻史綱總會列國志傳十九卷 （明）余邵魚編　清乾隆四十九年(1784)刻本　四冊　存四卷(一、四、十、十三)

110000－0198－0013633　集普9218
春秋列國論二十四卷 （明）張溥撰　清刻本　二冊　存二卷(九至十)

110000－0198－0013634　集普9219
夜譚隨錄十二卷 （清）和邦額撰　清光緒刻本　一冊　存二卷(十一至十二)

110000－0198－0013635　集普9220
忠孝節義二度梅全傳四卷 題(清)惜陰堂主人編　清咸豐右文堂刻本　一冊

110000－0198－0013636　集普9221
吳詩集覽二十卷 （清）吳偉業撰　清乾隆四十年(1775)凌雲亭刻本　十冊

110000－0198－0013637　集普9224
御製文三集五十卷目錄六卷 （清）聖祖玄燁撰　清康熙五十三年(1714)武英殿刻本　二冊　存四卷(四十三至四十六)

110000－0198－0013638　集普9225
尺櫝續編四卷 清末刻本　二冊

110000－0198－0013639　集普9227
餘樂園詩鈔 （清）劉名譽撰　清宣統淮郡廨刻本　一冊

110000－0198－0013640　集普9228
賦梅書屋詩二集三卷 （清）宋廷樑撰　清光緒二十年(1894)西江刻本　一冊

110000－0198－0013641　集普9230
水雲樓詞二卷續一卷剩稿一卷 （清）蔣春霖撰　清咸豐十一年(1861)曼陀羅華閣刻本　一冊

110000－0198－0013642　集普9231
冷紅詞四卷比竹餘音四卷 鄭文焯撰　清光緒二十二年(1896)歸安沈氏耦園刻本　二冊

110000－0198－0013643　集普9232
神相全編十二卷 （宋）陳摶撰　清乾隆五十一年(1786)刻本　二冊

110000－0198－0013644　集普9233
經書源流歌訣榕村全集 （清）李鍾倫編　清乾隆八年(1743)刻本　九冊

110000－0198－0013645　集普9234
雲巢詩鈔 （宋）沈遼撰　清康熙十年(1671)吳氏鑒古堂刻本　一冊

110000－0198－0013646　集普9235
韞山堂詩文集詩十六卷文八卷 （清）管世銘撰　清光緒二十年(1894)讀雪山房刻本　二冊

110000－0198－0013647　集普9237
兩般秋雨盦隨筆八卷 （清）梁紹壬撰　清光緒鉛印本　四冊

110000－0198－0013648　集普9238

小題文府 (清)同文書局輯 清光緒十二年(1886)上海同文書局石印本 二十册

110000－0198－0013649 集普 9239
重註七家詩七卷 (清)劉培棠輯 清光緒十五年(1889)刻本 十二册

110000－0198－0013650 集普 9240
六如居士全集七卷 (明)唐寅著 清嘉慶六年(1801)長沙唐氏刻本 四册

110000－0198－0013651 集普 9243
古文辭類纂七十四卷 (清)姚鼐纂 清光緒十年(1884)行素草堂石印本 十三册

110000－0198－0013652 集普 9244
文選考異十卷 (清)胡克家撰 清末上海鴻文書局石印本 八册

110000－0198－0013653 集普 9248
有正味齋駢文箋注二十四卷 (清)吴錫麒撰 清末石印本 六册

110000－0198－0013654 集普 9249
增像全圖東周列國志二十七卷 (清)蔡界評 清末石印本(有圖) 八册

110000－0198－0013655 集普 9251
詳注聊齋志異圖詠十六卷 (清)蒲松齡著 清光緒石印本 一册 存二卷(十三至十四)

110000－0198－0013656 集普 9258
繪圖宣講拾遺六卷 (清)莊跛仙編訂 清光緒三十四年(1908)上海久敬齋石印本 一册

110000－0198－0013657 集普 9260
詳注聊齋志異圖詠十六卷 (清)蒲松齡撰 清末石印本 一册

110000－0198－0013658 集普 9262
古今集聯不分卷 (清)張士準輯 清光緒十八年(1892)刻本 四册

110000－0198－0013659 集普 9265
憐香伴傳奇二卷 (清)李漁編次 清康熙世德堂刻本 一册

110000－0198－0013660 集普 9266
忠烈俠義傳一百二十回 (清)石玉崑撰 清光緒五年(1879)刻本 二册

110000－0198－0013661 集普 9267
鐫全像武穆精忠傳八卷 (明)李贄評 清宏道堂刻本(有圖) 一册 存二卷(一至二)

110000－0198－0013662 集普 9268
齊省堂增訂儒林外史五十六回 (清)吳敬梓撰 清同治十三年(1874)齊省堂刻本 一册

110000－0198－0013663 集普 9269
兒女英雄傳四卷 (清)文康撰 清刻本(有圖) 二册

110000－0198－0013664 集普 9270
第五才子書十二卷 (明)施耐庵撰 清刻本(有圖) 五册

110000－0198－0013665 集普 9272
煙霞萬古樓文集六卷 (清)王曇撰 清道光二十年(1840)刻本 一册 存三卷(四至六)

110000－0198－0013666 集普 9274
第一才子書一百二十回 (明)羅貫中撰 清刻本 一册

110000－0198－0013667 集普 9275
曾文正公家書十卷訓二卷大事記四卷 (清)曾國藩撰 清光緒十三年(1887)鴻文書局鉛印本 八册

110000－0198－0013668 集普 9276
繡像錦上花全傳四十八回 題(清)修月閣主人撰 清末石印本 一册

110000－0198－0013669 集普 9286
繡像七俠五義傳六卷 (清)石玉昆撰 清光緒十五年(1889)鉛印本(有圖) 六册

110000－0198－0013670 集普 9292
庸盦筆記六卷 (清)薛福成著 清光緒二十四年(1898)廣益書局石印本 四册

110000－0198－0013671 集普 9293
古文辭類纂七十四卷 (清)姚鼐撰 清光緒上海商務印書館石印本 一册 存十卷(十一至二十)

110000－0198－0013672　集普 9302
庸閒齋筆記十二卷　（清）陳其元撰　清宣統三年（1911）上海掃葉山房石印本　四册

110000－0198－0013673　集普 9303
鐵厓詠史注八卷　（明）楊維楨撰　清末掃業山房石印本　一册

110000－0198－0013674　集普 9308
繪圖鏡花緣一百回　（清）李汝珍撰　清光緒二十一年（1895）上海積山書局石印本　六册

110000－0198－0013675　集普 9310
清初名人試帖詩鈔　清抄本　二册

110000－0198－0013676　集普 9311
詩解頤四卷　（明）朱善撰　清康熙通志堂刻本　二册

110000－0198－0013677　集普 9314
林和靖集四卷拾遺一卷附録一卷　（宋）林逋撰　清同治十二年（1873）長洲朱氏依抱經堂刻本　一册

110000－0198－0013678　集普 9316
寸知齋詩存二卷　（清）丁浩著　清光緒六年（1880）刻本　一册

110000－0198－0013679　集普 9319
檀氏遺詩白雲紀遇合刻　清刻本　一册

110000－0198－0013680　集普 9321
劍虹盦詞一卷　（清）吴唐林纂　清光緒十一年（1885）杭州刻本　一册

110000－0198－0013681　集普 9322
無欲齋詩草八卷　（明）鹿善繼著　清刻本　二册

110000－0198－0013682　集普 9331
浙江試牘　（清）徐致祥輯　清光緒刻本　六册

110000－0198－0013683　集普 9332
聊齋志異新評十六卷　（清）蒲松齡著　清末鉛印本　一册

110000－0198－0013684　集普 9333
兩週甲直省鄉墨文淵二十九卷　清光緒四川鴻文堂刻本　十六册

110000－0198－0013685　集普 9335
新刻繡像昇仙傳演義八卷　題（清）倚雲氏主人撰　清光緒七年（1881）東泰山房刻本　四册

110000－0198－0013686　集普 9344
杜詩鏡銓二十卷文集註解一卷　（清）楊倫編輯　清光緒十八年（1892）鉛印本　一册

110000－0198－0013687　集普 9345
西青散記四卷　（清）史震林撰　清光緒古今書室石印本　二册

110000－0198－0013688　集普 9346
七家詩輯註彙鈔七種　（清）張熙宇輯評　清同治九年（1870）京師琉璃廠刻本　十六册

110000－0198－0013689　集普 9347
彙纂詩法度鍼三十三卷首一卷　（清）徐文弼輯　清乾隆刻本　三册　缺三卷（一至三）

110000－0198－0013690　集普 9353
江蘇海運全案十二卷　（清）琦善纂　清道光六年（1826）刻本　十二册

110000－0198－0013691　集普 9354
柳亭詩話三十卷　（清）宋長白纂　清康熙天茁園刻本　十册

110000－0198－0013692　集普 9356
陶淵明詩　（晉）陶潛撰　清光緒抄本　一册

110000－0198－0013693　集普 9357
唐詩三百首注釋六卷續選一卷　題（清）蘅塘退士編　清光緒二十七年（1901）善成堂刻本　八册

110000－0198－0013694　集普 9359
小倉山房詩集三十一卷補遺一卷附録一卷　（清）袁枚撰　清道光二十八年（1848）啟元松刻本　四册

110000－0198－0013695　集普 9364
雨村詩話十六卷　（清）李調元撰　清乾隆蔚文堂刻本　四册

110000－0198－0013696　集普 9365
五七言今體詩鈔三十二卷　(清)姚鼐選　清同治五年(1866)金陵書局刻本　四册　存九卷(一至九)

110000－0198－0013697　集普 9367
湘谷初稿八卷湘谷吟稿四卷　(清)謝庭蘭撰　清光緒八年(1882)刻本　四册

110000－0198－0013698　集普 9368
青虚山房集十一卷　(清)王太岳撰　清光緒十九年(1893)定興鹿傳霖刻本　六册

110000－0198－0013699　集普 9369
夷堅志甲集二十卷乙集二十卷集志二十卷丁集二十卷　(宋)洪邁撰　清光緒五年(1879)吳興陸氏十萬卷樓刻本　十二册

110000－0198－0013700　集普 9370
羅洋文集　(清)郭焌撰　清嘉慶十八年(1813)思貽草堂刻本　一册

110000－0198－0013701　集普 9371
山左校士錄不分卷　(清)黄體芳編　清刻本　四册

110000－0198－0013702　集普 9376
第一才子書六十卷　(明)羅貫中撰　清鉛印本(有圖)　一册　存五卷(三十四至三十八)

110000－0198－0013703　集普 9379
繪圖綴白裘四卷　題(清)玩花主人輯　清光緒三十四年(1908)石印本(有圖)　一册

110000－0198－0013704　集普 9383
新刻時用繪意雲箋二卷　(清)蔣守誠編輯　清刻本　一册　存一卷(二)

110000－0198－0013705　集普 9384
舊雨草堂時文不分卷　(清)陳康祺撰　清同治九年(1870)刻本　一册

110000－0198－0013706　集普 9385
瓶隱山房詞八卷　(清)黄曾撰　清道光刻本　一册　存一卷(二)

110000－0198－0013707　集普 9386
黄山詩留十六卷　(清)法若真撰　清康熙刻本　八册　存八卷(九至十六)

110000－0198－0013708　集普 9387
詳註聊齋志異圖詠十六卷首一卷　(清)蒲松齡撰　清光緒十二年(1886)上海同文書局石印本　十六册

110000－0198－0013709　集普 9388
綉像義妖全傳二十八卷　(清)陳遇乾撰　清嘉慶十四年(1809)刻本(有圖)　十二册

110000－0198－0013710　集普 9389
世説新語補二十卷　(南朝宋)劉義慶撰　清末葛氏嘯園刻朱印本　六册

110000－0198－0013711　集普 9390
全上古三代秦漢三國六朝文七百四十一卷　(清)嚴可均輯　清刻本　三十册　存三十卷(十一至三十、六十一至七十)

110000－0198－0013712　集普 9391
宋文鑑一百五十卷　(宋)吕祖謙輯　清光緒十二年(1886)江蘇書局刻本　二十四册

110000－0198－0013713　集普 9392
水流雲在館奏議二卷　(清)宋晉撰　清光緒十三年(1887)刻本　四册

110000－0198－0013714　集普 9394
閑閑老人詩集十卷附年譜二卷　(金)趙秉文撰　清光緒十三年(1887)文莫室刻本　四册

110000－0198－0013715　集普 9398
金梁夢月詞二卷附懷夢詞一卷　(清)周之琦撰　清初刻本　二册

110000－0198－0013716　集普 9399
清尊集十六卷　(清)汪遠孫輯　清道光十九年(1839)錢塘汪氏振綺堂刻本　四册

110000－0198－0013717　集普 9400
竹嘯軒詩鈔十八卷　(清)沈德潛撰　清初刻本　四册

110000－0198－0013718　集普 9401
董若雨詩文集二十五卷　(明)董説撰　清吳興劉氏嘉業堂刻朱印本　六册

110000－0198－0013719　集普 9402
欽定全唐文一千卷總目三卷　(清)董誥等編　清刻本　十冊　存二十卷(六百四十一至六百六十)

110000－0198－0013720　集普 9407
茶村詩鈔八卷　(清)杜濬撰　清乾隆八年(1743)刻本　一冊　存四卷(三至六)

110000－0198－0013721　集普 9408
掣鯨堂詩集九卷　(清)費錫璜撰　清光緒汗青簃刻本　一冊　存五卷(五至九)

110000－0198－0013722　集普 9409
笠翁十種曲　(清)李漁編次　清康熙世德堂刻本　二十冊

110000－0198－0013723　集普 9412
繪圖後聊齋志異十二卷　(清)王韜撰　清光緒十七年(1891)上海鴻文書局石印本(有圖)　八冊

110000－0198－0013724　集普 9414
復堂類集文四卷詩十一卷詞三卷日記八卷　(清)譚獻撰　清光緒十五年(1889)譚氏刻本　六冊

110000－0198－0013725　集普 9415
世説新語六卷　(南朝宋)劉義慶撰　清光緒三年(1877)湖北崇文書局刻本　四冊

110000－0198－0013726　集普 9419
文選集釋二十四卷　(清)朱珔集釋　清光緒元年(1875)涇州朱氏小萬卷齋刻本　一冊　存二卷(十三至十四)

110000－0198－0013727　集普 9420
宋元名家詞十七卷　(清)江標輯　清光緒二十一年(1895)湖南思賢書局刻本　四冊　存二卷(十三至十四)

110000－0198－0013728　集普 9422
陶集十卷　(晉)陶潛撰　清同治二年(1863)何氏篤慶堂影宋刻本　二冊

110000－0198－0013729　集普 9424
疏香閣遺集附集竊聞　(明)葉小鸞撰　清光緒二十二年(1896)刻本　二冊

110000－0198－0013730　集普 9425
陶淵明集八卷首一卷末一卷　(晉)陶潛撰　清刻朱藍墨三色印本　四冊

110000－0198－0013731　集普 9434
昌黎先生詩集註十一卷　(唐)韓愈撰　清道光十六年(1836)膺德堂刻本　四冊

110000－0198－0013732　集普 9439
仿潛齋詩鈔十五卷　(清)李嘉樂撰　清光緒十五年(1889)刻本　四冊

110000－0198－0013733　集普 9440
李文公集十八卷　(唐)李翱撰　清光緒元年(1875)刻本　四冊

110000－0198－0013734　集普 9441
徐州詩徵八卷　(清)桂中行輯　清光緒十七年(1891)刻本　四冊

110000－0198－0013735　集普 9445
古今詩選五十二卷　(清)王士禛選　清刻本　七冊　存八卷(一至二、五至十)

110000－0198－0013736　集普 9446
陶山集十六卷　(宋)陸佃撰　清乾隆四十一年(1776)武英殿刻本　四冊

110000－0198－0013737　集普 9447
小萬卷齋詩稿三十二卷　(清)朱珔撰　清道光九年(1829)刻本　十冊

110000－0198－0013738　集普 9448
蘇文忠公詩集五十卷　(宋)蘇軾撰　清道光十四年(1834)兩廣節署刻本　十二冊

110000－0198－0013739　集普 9451
六臣註文選六十卷　(南朝梁)蕭統撰　明萬曆刻本　八冊　存十五卷(一至十五)

110000－0198－0013740　集普 9452
駢體文鈔三十一卷　(清)李兆洛輯　清刻本　四冊　存二十一卷(一至二十一)

110000－0198－0013741　集普 9453
唐詩歸三十六卷　(明)鍾惺選　明萬曆刻朱

墨印本　六冊

110000－0198－0013742　集普 9454

詩細十卷首一卷續一卷　（清）趙佑撰　清刻本　二冊　存六卷（四至九）

110000－0198－0013743　集普 9455

尺櫝續編四卷　（清）吳汝綸撰　清同治刻朱印本　二冊

110000－0198－0013744　集普 9458

漁隱叢話前集六十卷後集四十卷　（宋）胡仔編　清道光二十九年（1849）番禺潘氏刻本　十冊

110000－0198－0013745　集普 9459

漁洋山人精華錄箋注十二卷補注一卷　（清）金榮箋注　（清）徐淮纂輯　清乾隆鳳翽堂刻本　十冊

110000－0198－0013746　集普 9463

漁洋山人精華錄十卷　（清）王士禛撰　清康熙三十九年（1700）林佶寫刻本　四冊

110000－0198－0013747　集普 9464

臨文便覽不分卷　（清）龍啟瑞編　清光緒刻本　二冊

110000－0198－0013748　集普 9466

商丘宋氏三氏遺集五卷　（清）宋犖輯　清康熙六年（1667）刻本　一冊

110000－0198－0013749　集普 9467

白山詞介五卷　（清）楊鍾羲輯　清宣統二年（1910）刻朱印本　一冊

110000－0198－0013750　集普 9471

秋夢庵詞鈔二卷　（清）葉衍蘭著　清光緒十六年（1890）刻本　一冊

110000－0198－0013751　集普 9472

文選章句二十八卷　（南朝梁）蕭統纂　（明）陳與郊編　明萬曆二十五年（1597）刻本　六冊　存十四卷（十二至二十五）

110000－0198－0013752　集普 9473

昭明文選集成六十卷　（清）方廷珪評點　清乾隆三十二年（1767）倣范軒刻本　六冊　存十四卷（一至十四）

110000－0198－0013753　集普 9474

四大奇書第一種□□卷　（明）羅貫中撰　清道光經國堂刻本　四冊　存八卷（六、九、二十四至二十六、三十七至三十九）

110000－0198－0013754　集普 9475

國朝山左詩鈔六十卷　（清）盧見曾纂　清乾隆二十一年（1756）雅雨堂刻本　一冊　存二卷（一至二）

110000－0198－0013755　集普 9476

子史精華一百六十卷　（清）聖祖玄燁撰　清光緒刻本　三冊　存十七卷（一百二十六至一百三十一、一百三十八至一百四十八）

110000－0198－0013756　集普 9478

梅村詩集箋注十八卷　（清）吳偉業撰　清光緒十年（1884）湖北官書處刻本　十二冊

110000－0198－0013757　集普 9479

陳定生先生遺書三種　盛宣懷輯　清光緒二十一年（1895）武進盛氏思惠齋刻本　一冊

110000－0198－0013758　集普 9480

南唐雜事詩　（清）孫榕著　清光緒二十二年（1896）涕寧孫氏鉛印本　一冊

110000－0198－0013759　集普 9481

李商隱詩集三卷　（唐）李商隱撰　清宣統元年（1909）影印本　一冊　存一卷（上）

110000－0198－0013760　集普 9482

全後漢文一百六卷　（清）嚴可均輯　清光緒十三年（1887）廣州廣雅書局刻本　七冊　存四卷（一、八、十七、三十二）

110000－0198－0013761　集普 9484

唐詩品彙九十卷　（明）高棅編　明刻本　一冊　存八卷（三十八至四十五）

110000－0198－0013762　集普 9486

東周列國全集二十三卷　（清）蔡界評點　清光緒十三年（1887）東昌書業德刻本　一冊　存二卷（十二至十三）

110000－0198－0013763　集普 9487

徐騎省集三十卷補遺一卷附校徐集劄記一卷 （宋）徐鉉撰　清光緒十九年(1893)黟南李氏刻本　二冊　存十卷(八至十二、十八至二十二)

110000－0198－0013764　集普 9489
纂喜堂詩稿一卷 （清）陳壽祺著　清光緒京師潘氏八囍齋刻本　一冊

110000－0198－0013765　集普 9494
畏廬文集不分卷 林紓著　清宣統二年(1910)商務印書館鉛印本　一冊

110000－0198－0013766　集普 9495
曝書亭集詩注二十二卷 （清）楊謙纂　清乾隆木山閣刻本　七冊

110000－0198－0013767　集普 9496
授堂詩鈔八卷 （清）武億著　清道光二十三年(1843)偃師授堂刻本　一冊　存四卷(五至八)

110000－0198－0013768　集普 9497
南山集偶鈔不分卷 （清）戴名世撰　清康熙寶翰樓刻本　一冊

110000－0198－0013769　集普 9500
李選孟詩補遺 （清）董文渙訂　清刻本　一冊

110000－0198－0013770　集普 9501
讀書作文譜十二卷 （清）唐彪輯著　清嘉慶十九年(1814)刻本　一冊　存五卷(二至六)

110000－0198－0013771　集普 9502
歸宮詹集四卷 （清）歸允肅撰　清光緒十三年(1887)疆園刻本　一冊　存一卷(四)

110000－0198－0013772　集普 9505
和文釋例二卷 （清）吳啟孫輯解　清光緒二十七年(1901)文明書局鉛印本　四冊

110000－0198－0013773　集普 9506
滹南王先生文集四十五卷續編一卷 （金）王若虛撰　清光緒十二年(1886)陳州刻本　一冊　存九卷(六至十四)

110000－0198－0013774　集普 9507
吳詩集覽二十卷 （清）靳榮藩輯　清刻本　二冊　存二卷(二至三)

110000－0198－0013775　集普 9508
蓮池書院課藝□□卷 （清）黃彭年輯　清光緒五年(1879)保定蓮池書院刻本　一冊　存二卷(五至六)

110000－0198－0013776　集普 9510
歲餘偶錄三種 （清）孫葆田撰　清光緒刻木活字印本　一冊

110000－0198－0013777　集普 9512
文選六十卷 （南朝梁）蕭統撰　清刻本　六冊　存十八卷(十八至三十五)

110000－0198－0013778　集普 9515
鐵橋漫稿八卷 （清）嚴可均撰　清光緒十一年(1885)長洲蔣氏心矩齋刻本　四冊

110000－0198－0013779　集普 9518
溫飛卿詩集七卷別集一卷集外詩一卷 （唐）溫庭筠撰　清光緒八年(1882)萬軸山房刻本　二冊

110000－0198－0013780　集普 9519
註釋拜月亭記二卷 （清）羅懋登註釋　清光緒刻本　二冊

110000－0198－0013781　集普 9520
姑溪居士集文集五十卷後集二十卷校勘記一卷 （宋）李之儀撰　清宣統三年(1911)金陵督糧道署刻本　五冊

110000－0198－0013782　集普 9521
東洲草堂詩鈔二十七卷附詞一卷 （清）何紹基撰　清同治六年(1867)長沙無園刻本　六冊

110000－0198－0013783　集普 9525
閩游草二卷 章敬修著　清光緒十八年(1892)刻本　一冊

110000－0198－0013784　集普 9530
漁浦草堂詩集四卷補遺一卷詩餘一卷 （清）張道撰　清同治六年(1867)刻本　一冊

110000－0198－0013785　集普 9533

存悔齋集二十八卷外集四卷　(清)劉鳳誥撰　清道光十年(1830)刻本　八冊

110000－0198－0013786　集普9534
止止堂集五卷横槊稿三卷詩一卷文二卷愚愚稿二卷　(明)戚繼光撰　清光緒十四年(1888)山東書局刻本　八冊

110000－0198－0013787　集普9535
適齋居士集四卷　(清)覺羅舒敏撰　清道光二十二年(1842)吳門臬署刻本　二冊

110000－0198－0013788　集普9537
劍南詩鈔不分卷　(宋)陸游撰　清光緒三十三年(1907)味青齋鉛印本　六冊

110000－0198－0013789　集普9538
春酒堂文集　(清)周容著　清宣統二年(1910)國學扶輪社鉛印本　一冊

110000－0198－0013790　集普9541
笥河文集十六卷首一卷　(清)朱筠著　清光緒刻本　六冊

110000－0198－0013791　集普9543
李衛公集會昌一品制集二十卷别集十卷外集四卷補遺卷前附唐書本傳　(唐)李德裕撰　清光緒刻本　四冊

110000－0198－0013792　集普9544
李義山詩集三卷　(唐)李商隱撰　清同治九年(1870)廣州刻本　四冊

110000－0198－0013793　集普9545
昌黎先生集考異十卷　(宋)朱熹撰　清同治刻本　二冊

110000－0198－0013794　集普9546
庾子山全集十六卷附總釋一卷　(北周)庾信撰　清刻本　一冊　存一卷(二)

110000－0198－0013795　集普9549
東征集六卷　(清)藍鼎元撰　清雍正十年(1732)廣州刻本　三冊

110000－0198－0013796　集普9550
清足居集　(清)鄧瑜撰　清光緒二十二年(1896)泉唐諸氏刻本　一冊

110000－0198－0013797　集普9552
國朝六家詩鈔八卷　(清)劉執玉選　清乾隆三十二年(1767)刻本　四冊

110000－0198－0013798　集普9553
諸家古法帖釋文　(宋)劉次莊撰　清刻本　一冊

110000－0198－0013799　集普9554
葆愚軒詩集一卷　(清)英啟撰　清光緒十四年(1888)刻本　一冊

110000－0198－0013800　集普9555
方泉詩集三卷　(唐)李商隱撰　清宣統元年(1909)上海國光社石印本　一冊

110000－0198－0013801　集普9556
昌谷集四卷　(唐)李賀撰　清抄本　四冊

110000－0198－0013802　集普9558
欲自得齋詩草　(清)楊履晉撰　清宣統二年(1910)石印本　一冊

110000－0198－0013803　集普9560
國文學不分卷　姚永樸編　清宣統二年(1910)京師法政學堂鉛印本　一冊

110000－0198－0013804　集普9563
澹盦文存二卷　(清)成本璞撰　清宣統元年(1909)武林刻本　一冊

110000－0198－0013805　集普9564
賴古堂尺牘新鈔三選結隣集十六卷　(清)周在浚輯　清康熙六年(1667)賴古堂刻本　四冊

110000－0198－0013806　集普9565
仕學初桄雜記不分卷　(清)陳錫麒撰　清光緒鉛印本　一冊

110000－0198－0013807　集普9567
管城記不分卷　題(清)聽濤夫子編　清咸豐刻本　一冊

110000－0198－0013808　集普9568
青樓集不分卷　(元)雪蓑漁隱記　清光緒三十四年(1908)長沙葉氏郎園刻本　一冊

110000－0198－0013809　集普 9569
吴氏一家稿不分卷　(清)吳清皋撰　清咸豐五年(1855)錢塘吳氏刻本　四册

110000－0198－0013810　集普 9575
退思軒詩集六卷補遺一卷　(清)張百熙撰　清宣統三年(1911)武昌刻本　二册

110000－0198－0013811　集普 9579
山谷内集二十卷　(宋)黄庭堅撰　清光緒二十一年至二十五年(1895－1899)刻本　二十册

110000－0198－0013812　集普 9582
聞妙香室詩十二卷　(清)李宗昉撰　清道光十五年(1835)山陽李氏刻本　四册

110000－0198－0013813　集普 9585
秋蟪吟館詩鈔七卷　(清)金和撰　清光緒二十一年(1895)刻本　五册

110000－0198－0013814　集普 9589
鬱華閣遺集四卷　(清)盛昱撰　清光緒二十八年(1902)刻朱印本　一册

110000－0198－0013815　集普 9590
鬱華閣遺集三卷詞一卷　(清)盛昱撰　清光緒二十八年(1902)刻朱印本　一册

110000－0198－0013816　集普 9591
鬱華閣遺集四卷　(清)盛昱撰　清光緒二十八年(1902)刻本　一册

110000－0198－0013817　集普 9595
昌黎先生詩集注十一卷　(唐)韓愈撰　清道光十六年(1836)膺德堂刻朱墨印本　四册

110000－0198－0013818　集普 9596
朱九江先生講學記一卷　(清)簡朝亮纂　清光緒二十三年(1897)讀書草堂刻本　一册

110000－0198－0013819　集普 9597
隨園詩草八卷附禪家公案頌　(清)邊連寶撰　清乾隆四十年(1775)刻本　四册

110000－0198－0013820　集普 9598
讀雪山房唐詩三十四卷　(清)管世銘撰　清光緒刻本　八册　存二十四卷(十一至三十四)

110000－0198－0013821　集普 9605
小西腴山館文鈔七卷　(清)吳大廷撰　清同治三年(1864)刻本(有圖)　四册

110000－0198－0013822　集普 9606
海風簫詞不分卷　(清)顧復初著　清同治四年(1865)錦城刻本　一册

110000－0198－0013823　集普 9607
遜學齋詩鈔十卷　(清)孫衣言撰　清同治三年(1864)刻本　二册

110000－0198－0013824　集普 9608
蓮漪文鈔八卷　(清)汪曰楨輯　清咸豐九年(1859)刻本　二册

110000－0198－0013825　集普 9615
古詩源十四卷　(清)沈德潛撰　清光緒十七年(1891)湖南思賢書局刻本　四册

110000－0198－0013826　集普 9616
杜工部集二十卷　(唐)杜甫撰　(清)錢謙益箋註　清宣統二年(1910)鉛印本　八册

110000－0198－0013827　集普 9617
杜韓詩句集韻八卷　(清)汪文柏輯　清康熙四十六年(1707)刻本　六册

110000－0198－0013828　集普 9620
三十家詩鈔六卷首一卷末一卷　(清)曾國藩纂　清同治十三年(1874)傳忠書局刻本　六册

110000－0198－0013829　集普 9624
魏叔子文集二十六卷首一卷　(清)魏際瑞撰　清道光二十五年(1845)易原堂刻本　二十六册　存二十四卷(一至二十、二十三至二十六)

110000－0198－0013830　集普 9625
楊園先生全集五十四卷　(清)張履祥撰　(清)姚璉輯　清同治十年(1871)江蘇書局刻本　十六册

110000－0198－0013831　集普 9631
天問堂課藝四卷　(清)楊兆鋆輯　清光緒二

十一年(1895)金陵同文館刻本　一册

110000－0198－0013832　集普 9632
近體樂府三卷　(宋)歐陽脩撰　清刻本　五册

110000－0198－0013833　集普 9633
賞雨茅屋外集不分卷　(清)曾燠撰　清光緒二十二年(1896)錢塘汪氏刻本　一册

110000－0198－0013834　集普 9634
白石道人詩集二卷　(宋)姜夔著　清光緒十年(1884)仁和許氏增娯園刻本　一册

110000－0198－0013835　集普 9635
藝風堂文漫存三卷辛壬稿三卷　繆荃孫撰　清刻本　一册

110000－0198－0013836　集普 9636
納書楹曲譜補遺四卷　(清)葉堂訂譜　清乾隆五十七年(1792)納書楹刻本　二十册

110000－0198－0013837　集普 9637
缶廬詩八卷缶廬別存一卷　(清)吴俊卿撰　清光緒十九年(1893)刻本　一册

110000－0198－0013838　集普 9639
金氏精華錄箋注辨訛不分卷　(清)惠棟撰　清刻本　一册

110000－0198－0013839　集普 9640
詞律拾遺八卷　(清)徐本立纂　清同治十二年(1873)吳下刻本　四册

110000－0198－0013840　集普 9641
詞律二十卷拾遺八卷　(清)萬樹撰　清光緒二年(1876)吳下刻本　十二册

110000－0198－0013841　集普 9642
銅官感舊集四卷　(清)章壽麟輯　清光緒石印本　一册

110000－0198－0013842　集普 9643
文選旁證四十六卷　(清)梁章鉅撰　清光緒八年(1882)吳下刻本　十一册　存四十二卷(一至二十六、三十一至四十六)

110000－0198－0013843　集普 9645
樹經堂詠史詩八卷　(清)謝啟昆著　清刻本　六册

110000－0198－0013844　集普 9648
仰蕭樓文集不分卷　(清)張星鑑撰　清光緒六年(1880)刻本　一册

110000－0198－0013845　集普 9650
劬書室遺集十六卷　(清)金錫齡撰　清光緒二十一年(1895)刻本　六册

110000－0198－0013846　集普 9651
居業堂文集二十卷　(清)王源著　清光緒十一年(1885)刻本　四册

110000－0198－0013847　集普 9657
文粹一百卷　(宋)姚鉉纂　清光緒十六年(1890)杭州許氏榆園刻本　二十册

110000－0198－0013848　集普 9659
履園叢話二十四卷　(清)錢泳輯　清道光三年(1823)述德堂刻本　一册

110000－0198－0013849　集普 9660
雙白詞八卷　(宋)姜夔　(宋)張炎撰　清光緒七年(1881)四印齋刻本　一册

110000－0198－0013850　集普 9661
文粹一百卷附補遺　(宋)姚鉉纂　清光緒十六年(1890)杭州許氏榆園刻本　二十四册

110000－0198－0013851　集普 9662
曾文正公文集三卷　(清)曾國藩撰　清光緒二年(1876)傳忠書局刻本　四册

110000－0198－0013852　集普 9663
經史百家簡編二卷鳴原堂論文二卷　(清)曾國藩纂　清同治十三年(1874)傳忠書局刻本　三册

110000－0198－0013853　集普 9666
留春草堂詩鈔七卷　(清)伊秉綬撰　清嘉慶十九年(1814)廣州秋水園刻本　四册

110000－0198－0013854　集普 9667
秋影樓詩集九卷　(清)汪繹纂　清光緒二十三年(1897)鉄琴銅劍樓瞿氏刻本　二册

110000－0198－0013855　集普 9668
舊雨續集八卷　(清)管幹珍撰　清乾隆大觀樓刻本　二册　存四卷(一至四)

110000－0198－0013856　集普 9672
盥廬詞一卷看鏡詞一卷　(清)蔣廷黻撰　清光緒刻本　一册

110000－0198－0013857　集普 9679
歗龕詞丙稾　夏仁虎撰　清宣統三年(1911)刻本　一册

110000－0198－0013858　集普 9680
陶淵明詩不分卷　(晉)陶潛撰　清光緒元年(1875)影刻本　一册

110000－0198－0013859　集普 9681
賓月軒試律二卷　(清)宜振著　清光緒十七年(1891)丹陽束氏刻本　一册

110000－0198－0013860　集普 9682
臯園續稧詩錄不分卷　(清)□□撰　清光緒二年(1876)刻本　一册

110000－0198－0013861　集普 9683
水雲樓詞二卷　(清)蔣春霖撰　清咸豐十一年(1861)曼陀羅華閣刻本　一册

110000－0198－0013862　集普 9685
湖北試牘六卷　(清)□□輯　清刻本　二册　存二卷(五至六)

110000－0198－0013863　集普 9686
五言詩十七卷　(清)王士禛輯　清同治五年(1866)金陵書局刻本　一册　存四卷(一至四)

110000－0198－0013864　集普 9687
樵川二家詩三種六卷　(宋)嚴羽著　(元)黄鎮成著　(清)徐幹輯　清光緒邵武徐氏刻本　一册　存三卷(四至六)

110000－0198－0013865　集普 9688
北游艸不分卷　(清)江瀚撰　清刻本　一册

110000－0198－0013866　集普 9690
尺牘六卷　(□)□□輯　清末刻本　二册　存二卷(三至四)

110000－0198－0013867　集普 9691
養一齋詩話十卷　(清)潘德輿撰　清道光刻本　二册　存四卷(七至十)

110000－0198－0013868　集普 9695
全梁文七十四卷　(清)嚴可均校輯　清光緒刻本　一册　存六卷(一至六)

110000－0198－0013869　集普 9696
尹文端公詩集十卷　(清)尹繼善撰　清嘉慶五年(1800)刻本　二册　存四卷(七至十)

110000－0198－0013870　集普 9697
漁洋山人精華錄箋注十二卷注補一卷　(清)王士禛撰　(清)金榮箋注　清乾隆鳳翽堂刻本　一册　存一卷(六)

110000－0198－0013871　集普 9698
文選旁證四十六卷　(清)梁章鉅撰　清光緒八年(1882)吳下刻本　一册　存四卷(二十七至三十)

110000－0198－0013872　集普 9699
理堂文集十卷詩集四卷日記八卷　(清)韓夢周撰　清道光三年(1823)靜恆書屋刻本　一册　存二卷(九至十)

110000－0198－0013873　集普 9700
十八家詩鈔二十八卷　(清)曾國藩纂　清同治十三年(1874)傳忠書局刻本　一册　存一卷(十一)

110000－0198－0013874　集普 9702
吴摯甫尺牘五卷補遺一卷諭兒書一卷　(清)吴汝綸撰　清宣統二年(1910)國學扶輪社石印本　一册　存一卷(四)

110000－0198－0013875　集普 9703
楚辭集註八卷　(宋)朱熹集註　清乾隆聽雨齋刻朱墨印本　十一册　缺二卷(一至二)

110000－0198－0013876　集普 9704
變雅堂集十八卷首一卷補遺二卷附錄二卷　(清)杜濬撰　清同治九年(1870)黄岡劉氏刻本　一册　存一卷(六)

110000－0198－0013877　集普 9705

曾文正公書札三十三卷　(清)曾國藩撰　清光緒二年(1876)傳忠書局刻本　一冊　存二卷(五至六)

110000－0198－0013878　集普 9706

李太白文集三十卷　(唐)李白撰　清吳門武子甫刻本　二冊　存十七卷(十四至三十)

110000－0198－0013879　集普 9707

古文觀止十二卷　(清)吳乘權輯錄　清刻本　一冊　存二卷(十一至十二)

110000－0198－0013880　集普 9708

牧齋初學集詩註二十卷　(清)錢謙益撰　清宣統二年(1910)刻本　四冊　存五卷(一至五)

110000－0198－0013881　集普 9710

漁洋山人精華錄十卷　(清)王士禛撰　清康熙三十九年(1700)林佶刻本　二冊

110000－0198－0013882　集普 9711

滄溟詩集十四卷　(明)李攀龍撰　清光緒三十三年(1907)渭南嚴氏刻本　四冊

110000－0198－0013883　集普 9713

龍顧山房詩餘　(清)郭則澐撰　清刻本　一冊

110000－0198－0013884　集普 9715

度嶺草不分卷　(清)許振禕撰　清光緒二十三年(1897)廣州節署刻本　一冊

110000－0198－0013885　集普 9716

恕谷後集不分卷　(清)李塨撰　清光緒五年(1879)謙德堂刻本　四冊

110000－0198－0013886　集普 9717

萬善花室文藁七卷　(清)方履籛著　清光緒五年(1879)謙德堂刻本　四冊

110000－0198－0013887　集普 9719

缶廬詩四卷缶廬謍存一卷　(清)吳俊撰　清光緒十九年(1893)刻本　一冊

110000－0198－0013888　集普 9722

杜詩詳註二十五卷首一卷附編二卷　(唐)杜甫撰　(清)仇兆鰲輯註　清康熙四十三年(1704)刻本　七冊

110000－0198－0013889　集普 9723

註釋拜月亭記二卷　(清)羅懋登註釋　清宣統元年(1909)暖紅室刻本　四冊

110000－0198－0013890　集普 9724

張船山袁子木七律合鈔　清抄本　一冊

110000－0198－0013891　集普 9728

儀顧堂集十六卷　(清)陸心源撰　清同治十三年(1874)福州刻本　八冊

110000－0198－0013892　集普 9730

唐人五十家小集五十種　(清)江標輯　清光緒二十一年(1895)影刻本　十六冊

110000－0198－0013893　集普 9731

唐詩三百首補註八卷　(清)陳婉俊輯　清光緒二十二年(1896)京師述古堂刻本　三冊　存二卷(五至六)

110000－0198－0013894　集普 9732

離騷經正義　(清)方苞著　清刻本　一冊

110000－0198－0013895　集普 9735

新景宋殘本五代平話八卷　董康輯　清宣統三年(1911)毘陵董氏誦芬室影刻本　一冊

110000－0198－0013896　集普 9742

元遺山先生集四十卷附錄一卷補載一卷遺山先生新樂府四卷續夷堅志四卷　(金)元好問撰　清光緒八年(1882)京都翰文齋刻本　十六冊

110000－0198－0013897　集普 9744

漆室吟八卷　(清)王柏心撰　清刻本　二冊

110000－0198－0013898　集普 9745

孫淵如先生全集十三種　(清)孫星衍撰　清光緒吳縣朱氏槐廬家塾刻本　六冊　缺二種(問字堂集、岱南閣集)

110000－0198－0013899　集普 9746

宋文鑑一百五十回　(宋)呂祖謙編　清光緒十二年(1886)江蘇書局刻本　二十四冊

110000－0198－0013900　集普 9748

蘇文忠公詩編註集成四十六卷 （宋）蘇軾撰 清光緒十四年(1888)淛江書局刻本 二十四冊

110000－0198－0013901 集普 9749
味鐙聽葉廬詩草二卷 （清）守石道者撰 清光緒刻本 二冊

110000－0198－0013902 集普 9751
雙硯齋詩鈔十六卷 （清）鄧廷楨撰 清咸豐刻本 四冊

110000－0198－0013903 集普 9752
種樹軒詩草不分卷 （清）郭長清撰 清光緒二十三年(1897)刻本 一冊

110000－0198－0013904 集普 9754
詞名集解六卷 （清）汪汲撰 清乾隆五十九年(1794)古愚山房刻本 二冊

110000－0198－0013905 集普 9755
古詩源十四卷 （清）沈德潛選 清康熙五十八年(1719)善成堂刻本 四冊

110000－0198－0013906 集普 9756
湄湖吟十一卷 （清）杜濬著 清道光九年(1829)刻本 三冊 存九卷(三至十一)

110000－0198－0013907 集普 9757
文選集釋二十四卷 （清）朱珔撰 清光緒小萬卷齋刻本 一冊 存二卷(二十三至二十四)

110000－0198－0013908 集普 9758
百一山房集十卷 （清）應時良撰 清光緒十八年(1892)海寧鍾氏刻本 四冊

110000－0198－0013909 集普 9764
篤素堂文集四卷 （清）張英撰 清光緒六年(1880)刻本 二冊

110000－0198－0013910 集普 9769
七十家賦鈔六卷 （清）張惠言輯 清道光刻本 四冊

110000－0198－0013911 集普 9770
唐詩別裁集二十卷 （清）沈德潛選評 清康熙五十六年(1717)碧梧書屋刻本 二冊

110000－0198－0013912 集普 9771
白香山詩長慶集二十卷後集十七卷別集一卷補遺二卷 （唐）白居易撰 清康熙一隅草堂刻本 十冊

110000－0198－0013913 集普 9776
止止堂集五卷 （明）戚繼光著 清光緒十四年(1888)山東書局刻本 四冊

110000－0198－0013914 集普 9777
海紅華館詩鈔十卷詞鈔二卷 （清）鄭瓚撰 清道光十五年(1835)刻本 二冊

110000－0198－0013915 集普 9778
杜工部集二十卷 （唐）杜甫撰 清道光刻本 二十冊

110000－0198－0013916 集普 9780
躬恥齋詩鈔十四卷一首 （清）宗稷辰撰 清咸豐九年(1859)杕杜軒刻本 七冊

110000－0198－0013917 集普 9781
躬恥齋詩文鈔 （清）宗稷辰撰 清咸豐元年(1851)越峴山館刻本 十六冊

110000－0198－0013918 集普 9782
漸西村人詩十三卷安般簃詩續鈔七卷 （清）袁昶著 清光緒鉛印本 五冊

110000－0198－0013919 集普 9784
絳河笙詞稿一卷 （清）顧復初著 清光緒元年(1875)安般息室刻本 一冊

110000－0198－0013920 集普 9785
新編五代漢史平話二卷 清宣統三年(1911)毘陵董氏誦芬室影印本 一冊

110000－0198－0013921 集普 9786
昌黎先生詩集注十一卷年譜一卷舊唐書本傳一卷 （唐）韓愈撰 （清）朱彝尊 （清）何焯評 （清）顧嗣立刪補 清道光膺德堂刻本 八冊

110000－0198－0013922 集普 9791
山谷詩集注二十卷 （宋）黃庭堅撰 清光緒二十五年(1899)廣雅書局刻本 六冊 存十卷(一至十)

110000－0198－0013923　集普 9794
陶淵明文集十卷　（晉）陶潛撰　清光緒影刻本　三冊

110000－0198－0013924　集普 9802
南海先生詩集四卷　康有爲撰　清宣統三年(1911)南海康氏影印本　一冊

110000－0198－0013925　集普 9804
惜抱軒今體詩抄十八卷　（清）姚鼐選　清同治五年(1866)金陵書局刻本　二冊　存九卷(一至九)

110000－0198－0013926　集普 9807
切問齋文鈔三十卷　（清）陸燿輯　清乾隆四十年(1775)吴江陸氏刻本　六冊　存十五卷(十六至三十)

110000－0198－0013927　集普 9808
補註東坡先生編年詩五十卷　（宋）蘇軾撰　清乾隆二十六年(1761)香雨齋刻本　十五冊　存十七卷(五至二十一)

110000－0198－0013928　集普 9810
楚辭十七卷　（宋）朱熹集註　明末汲古閣刻本　二冊　存七卷(十一至十七)

110000－0198－0013929　集普 9811
吴摯甫尺牘五卷補遺一卷　（清）吴汝綸撰　清宣統二年(1910)國學扶輪社石印本　一冊　存一卷(四)

110000－0198－0013930　集普 9812
寶鐵齋詩錄一卷附續錄一卷　（清）韓崇著　清光緒刻本　一冊

110000－0198－0013931　集普 9815
淵雅堂全集六種　（清）王芑孫撰　清嘉慶九年(1804)王氏刻本(有圖)　二十冊

110000－0198－0013932　集普 9819
文選六十卷　（南朝梁）蕭統輯　（唐）李善注　清同治八年(1869)湖北崇文書局刻本　十一冊

110000－0198－0013933　集普 9820
杜詩鏡銓二十卷附杜文註解二卷附錄一卷附年譜　（清）楊倫編輯　清同治十一年(1872)望三益齋刻本　十冊

110000－0198－0013934　集普 9821
甪齋文集八卷詩集四卷　（清）張穆著　清咸豐八年(1858)刻本　六冊

110000－0198－0013935　集普 9822
關中兩朝詩鈔十二卷補四卷續補一卷雙補一卷賦鈔二卷文鈔二十二卷補六卷　（清）李元春彙選　清道光守樸堂刻本　五冊　存五卷(賦鈔二卷、文鈔二十至二十二)

110000－0198－0013936　集普 9823
關中兩朝詩鈔十二卷補四卷又補一卷賦鈔二卷文鈔二十二卷補六卷　（清）李元春彙選　清道光守樸堂刻本　四冊　存六卷(詩鈔七至十二)

110000－0198－0013937　集普 9824
定盦文集三卷續集四卷補五卷補編四卷　（清）龔自珍撰　清光緒二十三年(1897)萬本書堂刻本　六冊

110000－0198－0013938　集普 9826
夢中緣四卷　（清）張漱石填詞　（清）楊古林評點　清乾隆刻本　一冊

110000－0198－0013939　集普 9827
北游草不分卷　（清）黄振成撰　清同治九年(1870)已照齋刻本　二冊

110000－0198－0013940　集普 9828
楚中文筆二卷　（清）阮元著　清同治四年(1865)鄂渚刻本　一冊

110000－0198－0013941　集普 9829
茗柯文編五卷　（清）張惠言著　清光緒七年(1881)刻本　一冊

110000－0198－0013942　集普 9832
乾坤正氣集五百七十四卷　（清）潘錫恩編　清道光二十八年(1848)求是齋刻本　七十八冊

110000－0198－0013943　集普 9838
文選六十卷　（南朝梁）蕭統輯　（唐）李善注

清海錄軒刻本　十二册

110000－0198－0013944　集普 9842

古文辭類纂七十五卷　（清）姚鼐纂　清刻本　十一册　缺七卷（四十至四十六）

110000－0198－0013945　集普 9844

紅樓夢圖詠　（清）改琦繪　清光緒八年（1882）點石齋影印本　四册

110000－0198－0013946　集普 9846

青溪舊屋文集十卷詩集一卷　（清）劉文淇撰　清光緒九年（1883）刻本　二册

110000－0198－0013947　集普 9848

青溪舊屋文集十卷詩集一卷　（清）劉文淇撰　清光緒九年（1883）刻本　二册

110000－0198－0013948　集普 9850

新雕校證大字白氏諷諫　（唐）白居易撰　清光緒十九年（1893）刻本　一册

110000－0198－0013949　集普 9851

屈子雜文箋畧　（清）王邦采撰　清光緒廣雅書局刻本　一册

110000－0198－0013950　集普 9853

屈辭精義六卷　（清）陳本禮撰　清嘉慶十三年（1808）陳氏裛露軒刻本　一册

110000－0198－0013951　集普 9855

津門徵獻詩八卷　（清）華鼎元輯　清光緒十二年（1886）謝文翰齋刻本　三册

110000－0198－0013952　集普 9856

角山樓蘇詩評註彙鈔二十卷附錄三卷　（宋）蘇軾撰　（清）趙克宜輯訂　清咸豐二年（1852）刻本　十二册

110000－0198－0013953　集普 9859

惜褰先生尺牘八卷　（清）姚鼐撰　清宣統元年（1909）小萬柳堂刻本　四册

110000－0198－0013954　集普 9862

重編瓊臺會稿詩文集二十四卷　（明）邱濬著　清光緒五年（1879）雁峯書院刻本　十一册

110000－0198－0013955　集普 9866

楹聯叢話十二卷續話四卷　（清）梁章鉅輯　清道光二十二年（1842）刻本　三册　存六卷（一至四、十至十一）

110000－0198－0013956　集普 9867

漁洋山人精華錄訓纂十卷訓纂補十卷年譜一卷附錄一卷　（清）惠棟撰　清乾隆惠氏紅豆齋刻本　六册

110000－0198－0013957　集普 9869

椒園居士集六卷　（清）王定柱著　清光緒三十二年（1906）泰州龍樹精舍刻本　二册

110000－0198－0013958　集普 9870

多歲堂古詩存八卷　（清）成書選評　清道光十一年（1831）多歲堂刻本　四册

110000－0198－0013959　集普 9871

字學津梁　（清）傅起儒輯　清康熙二十六年（1687）刻本　三册

110000－0198－0013960　集普 9874

太師誠意伯劉文成公集二十卷首一卷　（明）劉基著　清乾隆十一年（1746）栝芝南田果青堂刻本　十册

110000－0198－0013961　集普 9880

錢南園先生遺集五卷　（清）錢灃撰　清同治刻本　一册　存三卷（三至五）

110000－0198－0013962　集普 9881

小初詩稿三十四卷　（清）王之藩撰　清光緒十四年（1888）刻本　二册　存十三卷（二十二至三十四）

110000－0198－0013963　集普 9884

樊川文集二十卷外集一卷瞥集一卷　（唐）杜牧著　清光緒二十二年（1896）景蘇園影宋刻本　四册

110000－0198－0013964　集普 9888

唐中興間氣集二卷　（唐）高仲武選　清光緒十九年（1893）武進費氏影宋刻本　二册

110000－0198－0013965　集普 9889

句溪雜箸六卷　（清）陳立撰　清光緒十四年（1888）廣雅書局刻本　一册

110000－0198－0013966　集普 9892
六觀樓文集拾遺　(清)許鴻磐撰　清同治九年(1870)粵東富文齋刻本　一册

110000－0198－0013967　集普 9893
古文四象五卷　(清)曾國藩編選　清光緒二十八年(1902)京師吳汝綸刻本　一册　存一卷(五)

110000－0198－0013968　集普 9895
宋黃文節公文集三十二卷外集二十四卷別集十九卷首四卷　(宋)黃庭堅撰　清乾隆三十年(1765)緝香堂刻本　一册　存二卷(文集十一至十二)

110000－0198－0013969　集普 9896
吳梅村詞　(清)吳偉業撰　清光緒十六年(1890)湖北官書處刻本　一册

110000－0198－0013970　集普 9898
敬靜定齋文鈔　(清)汪霦原著　清道光刻本　二册

110000－0198－0013971　集普 9901
漢詩音註十卷　(清)李因篤評注　清光緒六年(1880)今雨樓刻本　四册

110000－0198－0013972　集普 9906
朱九江先生集十卷首四卷　(清)朱次琦撰　清光緒二十三年(1897)讀書草堂刻本　四册

110000－0198－0013973　集普 9908
吾炙集　(清)錢謙益輯　清光緒三十三年(1907)虞山刻本　一册

110000－0198－0013974　集普 9911
南畇詩稾二十七卷附年譜一卷　(清)彭定求著　清光緒六年(1880)長洲彭氏刻本　三册

110000－0198－0013975　集普 9912
水雲樓詞二卷續一卷剩稿一卷　(清)蔣春霖著　清咸豐十一年(1861)曼陀羅華閣刻本　一册

110000－0198－0013976　集普 9914
古雋六卷　(明)楊愼輯　明萬曆三十二年(1604)刻本　一册　存二卷(五至六)

110000－0198－0013977　集普 9915
莫愁湖楹聯便覽　(清)釋壽安編　清光緒五年(1879)刻本　一册

110000－0198－0013978　集普 9916
粵東三子詩鈔十四卷首一卷　(清)黃玉階編　清道光二十二年(1842)番禺黃氏刻本　一册　存四卷(十一至十四)

110000－0198－0013979　集普 9917
文選六十卷考異十卷　(南朝梁)蕭統撰　清同治刻本　六册　存十六卷(五十五至六十、考異十卷)

110000－0198－0013980　集普 9918
論衡三十卷　(漢)王充著　清光緒元年(1875)湖北崇文書局刻本　二册　存十八卷(一至十八)

110000－0198－0013981　集普 9924
郙亭詩稿不分卷　(清)孫楫撰　清光緒十七年(1891)羊城刻本　一册

110000－0198－0013982　集普 9925
峴傭說詩不分卷　(清)施補華撰　清光緒十三年(1887)濟南朱毓廣刻本　一册

110000－0198－0013983　集普 9926
晉司隸校尉傅玄集三卷　(晉)傅玄撰　清光緒二十八年(1902)葉氏觀古堂刻本　一册

110000－0198－0013984　集普 9929
金正希稿　(清)俞長城論次　清乾隆刻本　一册

110000－0198－0013985　集普 9930
文心雕龍十卷　(南朝梁)劉勰撰　清道光十三年(1833)兩廣節署刻本　一册　存三卷(八至十)

110000－0198－0013986　集普 9931
無近名齋文鈔四卷雜著二卷文鈔二編二卷外編一卷　(清)彭翊撰　清光緒十年(1884)刻本　四册

110000－0198－0013987　集普 9932
長洲彭氏家集　(清)彭祖賢輯　清光緒刻本

七册

110000－0198－0013988　集普 9933
續古文辭類纂三十四卷　(清)姚鼐纂　清光緒十九年(1893)長沙思賢講舍刻本　五册　存十五卷(六至八、十七至二十八)

110000－0198－0013989　集普 9934
欽定四書文選　(清)方苞選輯　清光緒二年(1876)湖北崇文書局刻本　一册

110000－0198－0013990　集普 9936
李義山詩集三卷　(唐)李商隱撰　(清)朱鶴齡箋注　清同治九年(1870)廣州倅署刻朱墨藍套印本　一册　存一卷(下)

110000－0198－0013991　集普 9937
紅鷗館詩三卷　(清)張雲驤撰　清光緒十七年(1891)琉璃廠炳文齋刻本　一册

110000－0198－0013992　集普 9939
擇雅堂初集　(清)許惠撰　清光緒八年(1882)刻本　一册

110000－0198－0013993　集普 9940
龍川先生詩鈔　(清)李光炘撰　清光緒三十三年(1907)鉛印本　一册

110000－0198－0013994　集普 9941
杜工部集二十卷　(唐)杜甫撰　清光緒二年(1876)粤東翰墨園刻五色套印本　二册　存九卷(十二至二十)

110000－0198－0013995　集普 9943
明詩别裁集十二卷　(清)沈德潛輯　清乾隆四年(1739)刻本　一册　存二卷(三至四)

110000－0198－0013996　集普 9944
忠雅堂評選四六法海八卷　(清)蔣士銓撰　清光緒元年(1875)寄螺齋刻本　八册

110000－0198－0013997　集普 9945
文選六十卷　(南朝梁)蕭統輯　清光緒元年(1875)尊經書院刻本　二册　存十一卷(一至五、十三至十八)

110000－0198－0013998　集普 9946
寶綸堂集十卷拾遺一卷　(清)陳洪綬撰　清光緒十四年(1888)會稽董氏取斯堂木活字印本　二册

110000－0198－0013999　集普 9950
黄氏集千家註杜工部詩史補遺十卷外集一卷　(唐)杜甫撰　清光緒刻本　八册

110000－0198－0014000　集普 9954
梅村詩集箋注十八卷　(清)吴翌鳳撰　清嘉慶十九年(1814)滄浪吟榭刻本　八册

110000－0198－0014001　集普 9955
學易集八卷附録二卷　(宋)劉跂撰　清刻本　三册

110000－0198－0014002　集普 9956
文選六十卷　(南朝梁)蕭統撰　(唐)李善注　明末刻本　六册　存十七卷(一至十七)

110000－0198－0014003　集普 9960
劉子全書遺編二十四卷首一卷　(清)沈復粲編輯　清道光三十年(1850)刻光緒十八年(1892)重修本　十二册

110000－0198－0014004　集普 9961
南宋文録録二十四卷　(清)董兆熊輯　清光緒十七年(1891)蘇州書局刻本　六册

110000－0198－0014005　集普 9962
西泠詞萃六種　(清)丁丙輯　清光緒十二年(1886)錢塘丁氏刻本　一册　存三種(片玉詞、斷腸詞、簫臺公餘詞)

110000－0198－0014006　集普 9963
葆沖書屋集四卷外集二卷詩餘一卷　(清)汪如洋撰　清刻本　一册

110000－0198－0014007　集普 9964
望古遙集詩存　(清)王璞集古　清光緒四年(1878)刻本　一册

110000－0198－0014008　集普 9965
柳塘詩集十二卷　(清)吴祖修撰　清康熙刻本　二册

110000－0198－0014009　集普 9967
王臨川全集一百卷目録二卷　(宋)王安石撰　清光緒九年(1883)繆氏小涼山館刻本　二

十册

110000－0198－0014010　集普 9971
宋黄文節公文集正集三十二卷首四卷外集二十四卷首一卷别集十九卷　(宋)黄庭堅撰　清刻本　一册　存四卷(正集四至七)

110000－0198－0014011　集普 9979
忠雅堂文集十二卷　(清)蔣士銓撰　清嘉慶二十一年(1816)藏園刻本　六册

110000－0198－0014012　集普 9980
忠雅堂詩集三十卷　(清)蔣士銓撰　清嘉慶二十一年(1816)藏園刻本　八册

110000－0198－0014013　集普 9981
西澗草堂詩集四卷　(清)閻循觀撰　清乾隆三十八年(1773)樹滋堂刻本　四册

110000－0198－0014014　集普 9983
弘正四傑詩集四種　(清)張祖同輯　清光緒二十一年(1895)長沙張氏湘雨樓刻本　十六册

110000－0198－0014015　集普 9984
鐵崖樂府註十卷逸編注八卷詠史注八卷　(明)楊維楨著　清光緒十四年(1888)諸暨樓氏崇德堂刻本　十册

110000－0198－0014016　集普 9985
同人集十二卷　(清)冒襄輯　清咸豐九年(1859)水繪庵木活字印本　十二册

110000－0198－0014017　集普 9987
商丘宋氏三世遺集五卷　(清)宋犖輯　清康熙六年(1667)刻本　一册

110000－0198－0014018　集普 9990
李文公集十八卷補遺一卷附錄一卷　(唐)李翺撰　清光緒元年(1875)南海馮氏讀有用書齋刻本　四册

110000－0198－0014019　集普 9991
元遺山詩集八卷　(金)元好問撰　清乾隆四十三年(1778)萬廷蘭刻本　二册

110000－0198－0014020　集普 9996
玉谿生詩詳註三卷首一卷　(唐)李商隱撰　清乾隆四十五年(1780)德聚堂刻本　四册

110000－0198－0014021　集普 9998
雁門集六卷附卷一卷補遺一卷倡和錄一卷別錄一卷　(元)薩都剌撰　清宣統二年(1910)薩氏刻本　五册　缺二卷(一至二)

110000－0198－0014022　集普 9999
錢南園先生遺集五卷　(清)錢灃撰　清同治十一年(1872)湖南書局刻本　一册　存三卷(三至五)

110000－0198－0014023　集普 10003
全漢文六十三卷　(清)嚴可均校輯　清光緒二十年(1894)黄岡王氏刻本　六册

110000－0198－0014024　集普 10005
龍壁山房文集五卷　(清)王拯撰　清光緒九年(1883)善化向氏刻本　二册　存二卷(一至二)

110000－0198－0014025　集普 10006
種樹軒遺集四種　(清)郭長清撰　清光緒二十三年(1897)刻本　一册　存二種(性理淺説、種樹軒文集)

110000－0198－0014026　集普 10007
南唐雜事詩不分卷　(清)孫榕撰　清光緒二十二年(1896)涕寧孫氏鉛印本　一册

110000－0198－0014027　集普 10008
全上古三代文十六卷　(清)嚴可均輯　清光緒十三年至十九年(1887－1893)廣州廣雅書局刻本　十册

110000－0198－0014028　集普 10009
山谷詩集注二十卷　(宋)黄庭堅撰　清光緒二十一年至二十五年(1895－1899)刻本　二十册

110000－0198－0014029　集普 10011
拙盦叢稿　(清)朱一新撰　清光緒二十二年(1896)葆真堂刻本　四册

110000－0198－0014030　集普 10019
欒城集四十八卷　(宋)蘇轍撰　清道光十二年(1832)眉州三蘇祠刻本　十二册

110000－0198－0014031　集普 10020
東坡集八十四卷　(宋)蘇軾撰　清道光刻本　三十四册

110000－0198－0014032　集普 10021
欒城後集二十四卷　(宋)蘇轍著　清道光十二年(1832)眉州三蘇祠刻本　十册

110000－0198－0014033　叢普 1
函海一百五十九種　(清)李調元輯　清光緒七年至八年(1881－1882)廣漢鍾登甲樂道齋刻本　一百六十册

110000－0198－0014034　叢普 7
半厂叢書初編十一種　(清)譚獻輯　清光緒仁和譚氏刻本　十六册

110000－0198－0014035　叢普 8
半厂叢書初編十一種　(清)譚獻輯　清光緒仁和譚氏刻本　十六册

110000－0198－0014036　叢普 17
學古齋金石叢書四集十二種　(清)葛元煦輯　清光緒崇川葛氏學古齋刻本　三十二册

110000－0198－0014037　叢普 21
靈鶼閣叢書五十六種　(清)江標輯　清光緒元和江氏湖南使院刻本　二册

110000－0198－0014038　叢普 23
五朝小說十六種　(明)□□輯　清末影印本　六册

110000－0198－0014039　叢普 24
希鄭堂叢書七種　(清)潘任撰　清光緒二十年(1894)木活字印本　一册　存四種四卷(孝經鄭注考證一卷、周禮札記一卷、雙桂軒荅問一卷、希鄭堂經義一卷)

110000－0198－0014040　叢普 28
小五義四百回　(清)石玉昆撰　清光緒申報館鉛印本　一册　存五回(三十七至四十一)

110000－0198－0014041　叢普 29
十三經注疏校勘記　(清)阮元撰　清光緒上海點石齋石印本　一册

110000－0198－0014042　叢普 30
抱經堂叢書十七種　(清)盧文弨輯　清嘉慶餘姚盧氏刻本　二册

110000－0198－0014043　叢普 32
易經八卷　(宋)程頤傳　清同治金陵書局刻本　一册

110000－0198－0014044　叢普 34
秘書二十一種　(清)汪士漢輯　清嘉慶九年(1804)新安汪氏刻本　二十册

110000－0198－0014045　叢普 37
安吳四種　(清)包世臣撰　清同治十一年(1872)包誠刻本　二十册

110000－0198－0014046　叢普 38
安吳四種三十六卷　(清)包世臣撰　清道光二十六年(1846)白門倦遊閣木活字印本　三册　存六卷(二十二至二十七)

110000－0198－0014047　叢普 41
賓退錄十卷　(宋)趙與時撰　清光緒繆氏刻本　二册

110000－0198－0014048　叢普 42
湖隱外史一卷　(明)葉紹袁撰　清光緒三十三年(1907)鉛印本　一册

110000－0198－0014049　叢普 43
粵雅堂叢書一百八十五種　(清)伍崇曜輯　清光緒南海伍氏刻本　二册　存一種(南部新書甲)

110000－0198－0014050　叢普 44
粵雅堂叢書一百八十五種　(清)伍崇曜輯　清光緒南海伍氏刻本　四十三册　存十種

110000－0198－0014051　叢普 48
希鄭堂叢書七種　(清)潘任撰　清光緒二十年(1894)鉛印本　四册

110000－0198－0014052　叢普 49
子書百家　(清)崇文書局輯　清光緒元年(1875)湖北崇文書局刻本　一百十册

110000－0198－0014053　叢普 50
香艷叢書三百二十八種　(清)蟲天子輯　清宣統國學扶輪社鉛印本　八十册

110000－0198－0014054　叢普 51
香艷叢書三百二十八種　(清)蟲天子輯　清宣統國學扶輪社鉛印本　八十册

110000－0198－0014055　叢普 52
香艷叢書三百二十八種　(清)蟲天子輯　清宣統國學扶輪社鉛印本　二册

110000－0198－0014056　叢普 53
香艷叢書三百二十八種　(清)蟲天子輯　清宣統國學扶輪社鉛印本　八册

110000－0198－0014057　叢普 54
香艷叢書三百二十八種　(清)蟲天子輯　清宣統國學扶輪社鉛印本　十九册

110000－0198－0014058　叢普 55
香艷叢書三百二十八種　(清)蟲天子輯　清宣統國學扶輪社鉛印本　二十八册

110000－0198－0014059　叢普 56
香艷叢書三百二十八種　(清)蟲天子輯　清宣統國學扶輪社鉛印本　五十六册

110000－0198－0014060　叢普 57
崇文書局彙刻書三十三種　(清)崇文書局輯　清光緒元年(1875)湖北崇文書局刻本　三册　存一種

110000－0198－0014061　叢普 58
淮南天文訓補注二卷　(清)錢塘撰　清光緒元年(1875)刻崇文書局匯刻書本　一册

110000－0198－0014062　叢普 59
崇文書局匯刻書三十三種　(清)崇文書局輯　清光緒元年(1875)湖北崇文書局刻本　八十册

110000－0198－0014063　叢普 70
説郛一百二十卷説郛續四十六卷　(元)陶宗儀輯　(明)陶珽重校　清順治三年(1646)宛委山堂刻本　四十册

110000－0198－0014064　叢普 71
説郛一百二十卷説郛續四十六卷　(元)陶宗儀輯　(明)陶珽重校　清順治三年(1646)兩浙督學刻本　一百七十册

110000－0198－0014065　叢普 72
説郛一百二十卷説郛續四十六卷　(元)陶宗儀輯　(明)陶珽重校　清順治三年(1646)兩浙督學刻本　五十一册

110000－0198－0014066　叢普 73
説郛一百二十卷説郛續四十六卷　(元)陶宗儀輯　(明)陶珽重校　清順治三年(1646)刻本　八册

110000－0198－0014067　叢普 76
洪北江全集三十三種　(清)洪亮吉撰　清光緒洪用勤授經堂刻本　三十二册

110000－0198－0014068　叢普 77
洪北江全集三十三種　(清)洪亮吉撰　清光緒洪用勤授經堂刻本　八十四册

110000－0198－0014069　叢普 78
金華叢書二百三十七種　(清)胡鳳丹輯　清同治永康胡氏退補齋刻本　二百七十五册

110000－0198－0014070　叢普 79
大事記解題十二卷　(宋)吕祖謙撰　清光緒永康胡氏退補齋刻本　一册　存一卷(十二)

110000－0198－0014071　叢普 81
凌氏傳經堂叢書三十種　(清)凌鎬　(清)凌鏞輯　清道光吴興凌氏刻本　三册　存二種(德興子、德豫集)

110000－0198－0014072　叢普 82
范氏三種□□卷　(清)范家相撰　清光緒十三年(1887)會稽范氏刻本　二册　存十四卷(七至二十)

110000－0198－0014073　叢普 87
春在堂全書一百三十四種　(清)俞樾輯　清光緒二十五年(1899)刻本　九十九册　缺一種四卷(諸子平議一至四)

110000－0198－0014074　叢普 88
群經平議三十五卷　(清)俞樾輯　清光緒二十五年(1899)刻本　四册　存十八卷(十八至三十五)

110000－0198－0014075　叢普 89

春在堂全書一百三十四種　(清)俞樾輯　清光緒二十五年(1899)刻本　四冊　存十種

110000－0198－0014076　叢普 90
通介堂經說三十七卷　(清)徐灝撰　清咸豐四年(1854)番禺徐氏梧州刻本　十冊

110000－0198－0014077　叢普 91
二十二子　(清)浙江書局輯　清光緒浙江書局刻本　十八冊　存六種(新書、文中子、中說、靈樞、山海經、列子)

110000－0198－0014078　叢普 92
揚子法言十三卷附音義一卷　(漢)揚雄撰　(晉)李軌注　(宋)□□撰　清光緒二年(1876)浙江書局刻二十二子叢書本　一冊　存四卷(一至四)

110000－0198－0014079　叢普 93
郝氏遺書三十三種　(清)郝懿行撰　清光緒刻本　六冊　存四種(寶訓、蜂衙小記、燕子春秋、記海錯)

110000－0198－0014080　叢普 94
郝氏遺書三十三種　(清)郝懿行撰　清光緒刻本　十六冊　存五種(易說、書說、汲塚周書、詩說、詩問)

110000－0198－0014081　叢普 95
郝氏遺書三十三種　(清)郝懿行撰　清光緒刻本　十冊　存八種(山海經箋疏、荀子補注、易說、書說、汲塚周書、詩說、詩問、詩經拾遺)

110000－0198－0014082　叢普 96
郝氏遺書三十三種　(清)郝懿行撰　清光緒刻本　九冊　存三種(詩說、詩經拾遺、詩問)

110000－0198－0014083　叢普 97
木犀軒叢書二十七種續刻六種　李盛鐸輯　清光緒李氏木犀軒刻本　四十冊　缺六種(續刻六種)

110000－0198－0014084　叢普 99
南宋羣賢小集附江湖後集七十一種　(宋)陳起輯　(清)顧修重輯　清嘉慶六年(1801)石門顧氏讀畫齋刻本　二十四冊

110000－0198－0014085　叢普 100
南宋群賢小集附江湖後集九種　(宋)陳起輯　(清)顧修重輯　清嘉慶六年(1801)石門顧氏讀畫齋刻本　六冊

110000－0198－0014086　叢普 101
國粹學報　上海國粹學報館編　清光緒三十一年至宣統三年(1905－1911)鉛印本　十三冊

110000－0198－0014087　叢普 102
國粹學報　上海國粹學報館編　清光緒三十一年至宣統三年(1905－1911)鉛印本　一冊　存二十五期(一至二十五)

110000－0198－0014088　叢普 103
李文忠公全書一百六十五卷首一卷　(清)李鴻章撰　(清)吳汝綸編　清光緒三十一年至三十四年(1905－1908)刻本　四十九冊　缺二十七卷(一集六十三至八十、五集一至九)

110000－0198－0014089　叢普 105
李文忠公全書一百六十五卷首一卷　(清)李鴻章撰　(清)吳汝綸編　清光緒三十一年至三十四年(1905－1908)刻本　四十九冊　缺二十七卷(一集六十三至八十、五集一至九)

110000－0198－0014090　叢普 106
李文忠公全書一百六十五卷首一卷　(清)李鴻章撰　(清)吳汝綸編　清光緒三十一年至三十四年(1905－1908)刻本　四十九冊　缺二十七卷(一集六十三至八十、五集一至九)

110000－0198－0014091　叢普 107
觀自得齋叢書二十九種　(清)徐士愷輯　清光緒石埭徐氏刻本　二十四冊

110000－0198－0014092　叢普 108
焦氏叢書二十三種　(清)焦循撰　清道光江都焦氏雕菰樓刻本　四十八冊

110000－0198－0014093　叢普 109
易章句十二卷　(清)焦循撰　清道光江都焦氏雕菰樓刻本　二冊

110000－0198－0014094　叢普 110
忱行錄一卷　（清）丁丙輯　清同治五年(1866)錢塘丁氏當歸草堂叢書刻本　一冊

110000－0198－0014095　叢普 111
忱行錄一卷　（清）邵懿辰撰　清同治五年(1866)錢塘丁氏當歸草堂叢書刻本　一冊

110000－0198－0014096　叢普 112
易例二卷　（清）惠棟撰　清乾隆五十四年(1789)曆城周氏竹西書屋刻重編貸園叢書初集本　一冊

110000－0198－0014097　叢普 113
春秋會義二十六卷　（宋）孫君奭撰　清光緒孫氏問經精舍刻本　一冊　存二卷(二十五至二十六)

110000－0198－0014098　叢普 114
魏武帝注孫子　（三國魏）武帝曹操撰　清光緒二十四年(1898)杭城衛樽石印兵書七種本　一冊

110000－0198－0014099　叢普 117
東塾讀書記十五卷　（清）陳澧撰　清崇仁華氏刻海粟樓叢書本　四冊

110000－0198－0014100　叢普 119
留坨叢刻八種　楊鍾義輯　清光緒刻本　一冊　存一種(勵志雜錄)

110000－0198－0014101　叢普 120
振綺堂叢書二十二種　（清）汪康年輯　清宣統二年(1910)北京泉唐汪氏刻本　七冊　存六種

110000－0198－0014102　叢普 122
石倉十二代詩選　（明）曹學佺輯　明崇禎刻本　一冊

110000－0198－0014103　叢普 123
聖諭廣訓　（清）聖祖玄燁撰　清文英堂刻本　一冊

110000－0198－0014104　叢普 124
易大義補　（清）桂文燦撰　清光緒刻本　一冊

110000－0198－0014105　叢普 127
郡齋讀書志二十卷　（宋）晁公武撰　清乾隆刻本　一冊　存三卷(一至三)

110000－0198－0014106　叢普 129
論語古解　（清）梁廷柟撰　清道光八年至十三年(1828－1833)刻藤花亭十七種本　一冊

110000－0198－0014107　叢普 130
花傭月令　（清）徐石麒撰　清光緒十一年(1885)儀徵吳氏刻本　一冊

110000－0198－0014108　叢普 131
篆學叢書二十八種　（清）顧湘輯　清道光二十年(1840)海虞顧氏刻本　三冊　存十三種

110000－0198－0014109　叢普 132
望三益齋叢書十一種　（清）郭傳璞輯　清光緒鄞郭氏刻本　二冊　存二種(邵位西遺文、禮經通論)

110000－0198－0014110　叢普 134
紫泥日記一卷　（清）黃彭年撰　清光緒十五年(1889)貴築黃氏刻陶樓雜著本　一冊

110000－0198－0014111　叢普 136
竹柏山房十五種附刻四種　（清）林春溥撰　清嘉慶刻本　六冊　存二種十四卷(開卷偶得三至十、古史紀年七至十二)

110000－0198－0014112　叢普 138
禹貢錐指二十卷例略圖一卷　（清）胡渭撰　清康熙刻本　一冊

110000－0198－0014113　叢普 140
明季稗史彙編十六種　題(清)留雲居士輯　清光緒二十二年(1896)上海圖書集成局刻本　五冊　缺六種

110000－0198－0014114　叢普 141
孟子要略五卷附錄一卷　（宋）朱熹撰　（清）劉傳瑩輯　（清）曾國藩按　清光緒十年(1884)刻本　一冊

110000－0198－0014115　叢普 142
西京清麓叢書九十一種　（清）賀瑞麟輯　清末傳經堂刻本　十四冊　存六種

110000－0198－0014116　叢普 143
湖州叢書十二種　（清）陸心源輯　清光緒湖城義塾刻本　十一册　缺七册（八至十四）

110000－0198－0014117　叢普 148
燕蘭小譜　（清）安樂山樵（吳長元）撰　清光緒長沙葉氏郎園刻本　一册

110000－0198－0014118　叢普 149
雙梅景闇叢書十六種　葉德輝輯　清末葉氏郎園刻本　一册　存六種

110000－0198－0014119　叢普 150
雙梅景闇叢書十六種　葉德輝輯　清末葉氏郎園刻本　二册　存二册（一、三）

110000－0198－0014120　叢普 151
雙梅景闇叢書十六種　葉德輝輯　清末葉氏郎園刻本　五册

110000－0198－0014121　叢普 152
雙梅景闇叢書十六種　葉德輝輯　清末葉氏郎園刻本　五册

110000－0198－0014122　叢普 153
雙梅景闇叢書十六種　葉德輝輯　清末葉氏郎園刻本　五册

110000－0198－0014123　叢普 154
雙梅景闇叢書十六種　葉德輝輯　清末葉氏郎園刻本　五册

110000－0198－0014124　叢普 155
抗希堂十六種　（清）方苞撰　清桐城方氏抗希堂刻本　六十册

110000－0198－0014125　叢普 156
抗希堂十六種　（清）方苞撰　清桐城方氏抗希堂刻本　八册　存二種十三卷（周官集註十二卷、史記注補正一卷）

110000－0198－0014126　叢普 157
南畇全集　（清）彭定求撰　清光緒刻本　七册

110000－0198－0014127　叢普 159
船山遺書十二種　（清）王夫之撰　清同治四年（1865）湘鄉曾國荃金陵刻本　九十七册

110000－0198－0014128　叢普 160
船山遺書十二種　（清）王夫之撰　清同治四年（1865）湘鄉曾國荃金陵刻本　六十三册

110000－0198－0014129　叢普 161
蓮峯志五卷　（清）王夫之撰　清同治四年（1865）湘鄉曾國荃金陵刻船山遺書本　一册　存一卷（五）

110000－0198－0014130　叢普 162
讀通鑑論三十卷末一卷　（清）王夫之撰　清同治四年（1865）湘鄉曾國荃金陵刻船山遺書本　七册

110000－0198－0014131　叢普 163
讀通鑑論三十卷末一卷　（清）王夫之撰　清同治四年（1865）湘鄉曾國荃金陵刻船山遺書本　一册　存三卷（四至六）

110000－0198－0014132　叢普 164
船山遺書十二種　（清）王夫之撰　清同治四年（1865）湘鄉曾國荃金陵刻本　十册

110000－0198－0014133　叢普 165
四書訓義三十八卷　（清）王夫之撰　清同治四年（1865）湘鄉曾國荃金陵刻船山遺書本　七册　存十三卷（十一至二十三）

110000－0198－0014134　叢普 167
學津討原二十集　（清）張海鵬輯　清嘉慶十年（1805）虞山張氏照曠閣刻本　二十册　存四集（十二、十六至十七、二十）

110000－0198－0014135　叢普 168
學津討原二十集　（清）張海鵬輯　清嘉慶十年（1805）虞山張氏照曠閣刻本　一册　存一集三卷（十四集春明退朝錄三卷）

110000－0198－0014136　叢普 171
星算補遺十二種　（清）董毓琦撰　清同治五年（1866）髀算山房刻光緒十二年（1886）續刻本　六册　存七種

110000－0198－0014137　叢普 173
翰林記二十卷　（清）伍元薇　（清）伍崇曜輯　清同治南海伍氏粵雅堂刻本　四册

110000－0198－0014138　叢普 174
春秋詩話五卷　(清)伍元薇　(清)伍崇曜輯　清同治南海伍氏粤雅堂刻本　四冊

110000－0198－0014139　叢普 176
浦城遺書十四種　(清)祝昌泰等輯　清嘉慶浦城祝氏留香室刻本　四冊　存三種

110000－0198－0014140　叢普 177
增訂漢魏叢書十二種　(清)王謨輯　清乾隆五十六年(1791)金谿王氏刻本　七冊　存六種(鹽鐵論、文心雕龍、風俗通、筆記、家訓、人物誌)

110000－0198－0014141　叢普 178
左海全集十一種　(清)陳壽祺撰　清嘉慶陳紹墉刻本　二十八冊

110000－0198－0014142　叢普 182
小石山房叢書十六種　(清)顧湘輯　清同治十三年(1874)虞山顧氏刻本　一冊　存一冊(四)

110000－0198－0014143　叢普 183
小石山房叢書十六種　(清)顧湘輯　清同治十三年(1874)虞山顧氏刻本　十六冊

110000－0198－0014144　叢普 184
唐女郎魚玄機詩一卷　(唐)魚玄機撰　清光緒長沙葉氏刻本　一冊

110000－0198－0014145　叢普 185
麗廔叢書八種　葉德輝輯　清光緒長沙葉氏刻本　七冊

110000－0198－0014146　叢普 186
麗廔叢書八種　葉德輝輯　清光緒長沙葉氏刻本　八冊

110000－0198－0014147　叢普 187
槐廬叢書五種　(清)朱記榮輯　清光緒吳縣朱氏槐廬家塾刻本　八十冊

110000－0198－0014148　叢普 188
槐軒全書二十三種　(清)劉沅撰　清刻本　十七冊　存四種(正為、子問、雜著、約言)

110000－0198－0014149　叢普 189
孫谿朱氏經學叢書初編十三種　(清)朱記榮輯　清光緒吳縣朱氏槐廬刻本　七冊　缺六種

110000－0198－0014150　叢普 190
孫谿朱氏經學叢書初編十三種　(清)朱記榮輯　清光緒吳縣朱氏槐廬刻本　九冊　缺五種

110000－0198－0014151　叢普 191
士禮居黃氏叢書九種　(清)黃丕烈輯　清光緒十三年(1887)上海蜚英館刻本　三十冊

110000－0198－0014152　叢普 192
海山仙館叢書五十二種　(清)潘仕成輯　清光緒刻本　一百二十三冊　缺二種(茶董補、酒顛補)

110000－0198－0014153　叢普 193
唐宋叢書一百三種　(明)鍾人傑　(明)張遂辰輯　明刻本　九冊　存四種(分經翼、別史、子餘、載籍)

110000－0198－0014154　叢普 194
陶廬叢刻十種　王樹枏撰　清末新城王氏刻本　十冊　存四種(尚書商議、爾雅郭注、廣雅補疏、學記箋證)

110000－0198－0014155　叢普 195
陶廬叢刻十種　王樹枏撰　清末新城王氏刻本　七冊　存三種(古易訂文、廣雅補疏、文莫室詩集四至六)

110000－0198－0014156　叢普 196
微波榭叢書十一種　(清)孔繼涵輯　清乾隆中曲阜孔氏刻本　七冊　存三種(戴氏遺書、春秋地名、孟子)

110000－0198－0014157　叢普 197
海山仙館叢書五十二種　(清)潘仕成輯　清刻本　一百二十冊

110000－0198－0014158　叢普 198
海山仙館叢書五十二種　(清)潘仕成輯　清刻本　一冊　存二種(史記短長說、順宗實錄)

110000－0198－0014159　叢普199
海山仙館叢書五十二種　(清)潘仕成輯　清刻本　十册　存三種(高僧傳、酌中志、苕溪漁隱叢話)

110000－0198－0014160　叢普200
隱居通譯　(元)劉壎撰　清刻本　五册

110000－0198－0014161　叢普201
一切經音義二十五卷　(唐)釋玄應撰　(清)莊炘　(清)錢坫　(清)孫星衍校　清光緒刻海山仙館叢書本　六册

110000－0198－0014162　叢普202
海山仙館叢書五十二種　(清)潘仕成輯　清光緒刻海山仙館叢書本　一百册

110000－0198－0014163　叢普213
北溪字義二卷附補遺一卷嚴陵講義一卷　(宋)陳淳撰　清道光二十六年(1846)宏道書院刻惜陰軒叢書本　一册　存一卷(上)

110000－0198－0014164　叢普214
惜陰軒叢書三十五種　(清)李錫齡輯　清光緒二十二年(1896)長沙刻本　三册　存二種(見物、清異錄)

110000－0198－0014165　叢普215
惜陰軒叢書三十五種　(清)李錫齡輯　清道光二十六年(1846)宏道書院刻本　十四册　存三種(宋四子抄釋、表異錄、清異錄)

110000－0198－0014166　叢普216
王益吾所刻書十一種　王先謙輯　清光緒九年(1883)長沙王氏刻本　十册　缺一種五卷(魏鄭公諫錄五卷)

110000－0198－0014167　叢普217
古今説部叢書六種　國學扶輪社輯　清末國學扶輪社鉛印本　六十册

110000－0198－0014168　叢普218
古今説部叢書　國學扶輪社輯　清末國學扶輪社鉛印本　五十五册　缺六册(七、十一、十五、二十六、四十四、五十三)

110000－0198－0014169　叢普223
藝海珠塵一百六十四種　(清)吳省蘭輯　清嘉慶吳氏聽彝堂刻本　六十四册

110000－0198－0014170　叢普224
藝海珠塵一百六十四種　(清)吳省蘭輯　清嘉慶吳氏聽彝堂刻本　四十八册

110000－0198－0014171　叢普225
朝鮮志二卷　(朝鮮)□□撰　清嘉慶吳氏聽彝堂刻本　一册

110000－0198－0014172　叢普226
藝海珠塵一百六十四種　(清)吳省蘭輯　清嘉慶吳氏聽彝堂刻本　五册　存一種一卷(易象意言一卷)

110000－0198－0014173　叢普228
國學叢刊十四種　羅振玉輯　清宣統三年(1911)石印本　二册

110000－0198－0014174　叢普229
國學叢刊十四種　羅振玉輯　清宣統三年(1911)石印本　二册

110000－0198－0014175　叢普231
德州田氏叢書十二種　(清)田雯等撰　清乾隆刻本　二十二册　缺三種(西圃文說、硯思集、晚香詞)

110000－0198－0014176　叢普232
德州田氏叢書十二種　(清)田雯等撰　清乾隆刻本　九册　存四種(年譜、古歡堂集、黔書、水東草堂詩)

110000－0198－0014177　叢普233
隨園三十種　(清)袁枚撰　清光緒十八年(1892)勤裕堂石印本　四十八册

110000－0198－0014178　叢普234
琳琅祕密室叢書四種　(清)胡珽輯　清咸豐三年(1853)仁和胡氏木活字印本　三十二册

110000－0198－0014179　叢普245
鮑紅葉叢書十七種　(清)鮑祖祥輯　清光緒三十三年(1907)鉛印本　一册

110000－0198－0014180　叢普247
集古錄目十卷　繆荃孫輯　清光緒江陰繆氏

刻本　二冊

110000－0198－0014181　叢普248
左文襄公批札七卷　（清）左宗棠撰　清光緒刻左文襄公全集本　三冊　存三卷（四至六）

110000－0198－0014182　叢普250
榆園叢刻十六種　（清）許增輯　清光緒刻本　十六冊

110000－0198－0014183　叢普251
榆園叢刻十六種　（清）許增輯　清光緒刻本　十六冊

110000－0198－0014184　叢普252
峭帆樓叢書十八種　趙詒琛輯　清宣統新陽趙氏刻本　十二冊　存八種

110000－0198－0014185　叢普253
南菁書院叢書八種　繆荃孫輯　清光緒十四年（1888）江陰南菁書院刻本　二冊

110000－0198－0014186　叢普255
顧亭林先生遺書十種　（清）顧炎武撰　清光緒吳縣朱記榮增刻本　二冊

110000－0198－0014187　叢普256
求實齋叢書十五種　（清）蔣德鈞輯　清光緒湘鄉蔣氏龍安郡署刻本　二冊　存二種（三通序、三才略）

110000－0198－0014188　叢普257
鄦齋叢書二十種　徐乃昌輯　清光緒二十六年（1900）南陵徐氏刻本　十六冊

110000－0198－0014189　叢普258
積學齋叢書二十種　徐乃昌輯　清光緒十五年（1889）南陵徐氏刻本　十五冊　缺三種（冕服考三至四、炳燭室雜文、沿革表）

110000－0198－0014190　叢普259
積學齋叢書二十種　徐乃昌輯　清光緒十九年（1893）南陵徐氏刻本　十六冊

110000－0198－0014191　叢普261
小檀欒室彙刻閨秀詞十種　徐乃昌輯　清光緒二十一年至二十二年（1895－1896）南陵徐氏刻本　八冊

110000－0198－0014192　叢普263
十三經客難十三種　（清）龔元玠撰　清道光二十六年（1846）縣學文昌祠考棚公局刻本　十冊　缺四種（周易、禮記、周禮、儀禮客難）

110000－0198－0014193　叢普264
古今逸史五十五種　（明）吳琯輯　明刻本　六冊　存六種（分逸志、合志、分志、逸記、世家、列傳）

110000－0198－0014194　叢普266
徐位山六種　（清）徐文靖撰　清光緒二年（1876）刻本　十一冊　存三種（寧堂稿、管城碩記、經言拾遺）

110000－0198－0014195　叢普267
江南製造局叢書一百五十四種　江南製造局編　清光緒江南製造局刻本　九十八冊

110000－0198－0014196　叢普268
玉函山房輯佚書一百二十種　（清）馬國翰輯　清光緒十年（1884）楚南書局刻本　一百十一冊

110000－0198－0014197　叢普269
玉函山房輯佚書一百二十種　（清）馬國翰輯　清光緒十年（1884）楚南書局刻本　三冊　存二種（春秋類、論語類）

110000－0198－0014198　叢普270
玉函山房輯佚書一百二十種　（清）馬國翰輯　清光緒十年（1884）楚南書局刻本　一冊　存二種（周宮禮類、禮儀類）

110000－0198－0014199　叢普271
玉函山房輯佚書一百二十種　（清）馬國翰輯　清光緒十年（1884）楚南書局刻本　一冊　存九種（農家類九種）

110000－0198－0014200　叢普274
十萬卷樓叢書三種　（清）陸心源輯　清光緒歸安陸氏刻本　四十八冊

110000－0198－0014201　叢普275
歲時廣記四十卷首一卷末一卷　（宋）陳元靚撰　清光緒歸安陸氏刻本　八冊

110000－0198－0014202　叢普 277
武英殿聚珍版叢書一百三十八種　(清)高宗弘曆敕輯　清末鉛印本　六十七册　存十七種(史部三種、集部十四種)

110000－0198－0014203　叢普 278
嘯園叢書五十九種　(清)葛元煦輯　清光緒九年(1883)仁和葛氏刻本　三十八册　存五十種

110000－0198－0014204　叢普 279
嘯園叢書五十九種　(清)葛元煦輯　清光緒九年(1883)仁和葛氏刻本　十册　存四種

110000－0198－0014205　叢普 280
清波小志補　(清)陳景鍾撰　清光緒九年(1883)仁和葛氏刻本　二册

110000－0198－0014206　叢普 284
歷代詩話八種　(清)馬俊良輯　清乾隆五十九年(1794)石門馬氏大酉山房刻本　三册

110000－0198－0014207　叢普 289
讀通鑑論三十卷末一卷　(清)王夫之撰　清光緒公記書莊石印本　一册　存四卷(二十七至三十)

110000－0198－0014208　叢普 290
硯雲二種　(清)金忠淳輯　清乾隆金氏硯雲書屋刻本　五册

110000－0198－0014209　叢普 294
述古叢鈔二十六種　(清)劉晚榮輯　清光緒古岡劉氏藏修書屋刻本　十册　存十六種

110000－0198－0014210　叢普 295
述古叢鈔二十六種　(清)劉晚榮輯　清光緒古岡劉氏藏修書屋刻本　三十二册

110000－0198－0014211　叢普 296
述古叢鈔二十六種　(清)劉晚榮輯　清光緒古岡劉氏藏修書屋刻本　十七册　存七種(二集一種、三集四種、四集二種)

110000－0198－0014212　叢普 297
塵談拾雅十種　(清)劉節卿輯　清同治八年(1869)藏修書屋刻本　一册

110000－0198－0014213　叢普 299
緑滿書牕六種　(清)□□輯　清道光元年(1821)刻本　一册　存二種(六如詩鈔、鷓鴣班)

110000－0198－0014214　叢普 300
聲類四卷　(清)錢大昕撰　清光緒十年(1884)長沙龍氏家塾刻錢氏潛研堂全書本　一百册

110000－0198－0014215　叢普 302
十萬卷樓叢書二十種　(清)陸心源輯　清光緒八年(1882)歸安陸氏刻本　三十六册

110000－0198－0014216　叢普 303
十萬卷樓叢書二十種　(清)陸心源輯　清光緒八年(1882)歸安陸氏刻本　八册

110000－0198－0014217　叢普 305
春秋公羊禮疏十一卷　(清)凌曙學　清光緒九年(1883)歸安姚氏刻咫進齋叢書本　二十一册

110000－0198－0014218　叢普 306
史記志疑三十六卷　(清)梁玉繩撰　清光緒二十八年(1902)上海煥文書局石印本　三十二册

110000－0198－0014219　叢普 306－1
史記志疑三十六卷　(清)梁玉繩撰　清光緒二十八年(1902)上海煥文書局石印本　二十四册

110000－0198－0014220　叢普 308
剡源集三十卷附札記一卷　(元)戴表元撰　清道光二十年(1840)刻宜稼堂叢書本　十册

110000－0198－0014221　叢普 309
甌北詩話十二卷　(清)趙翼撰　清光緒三年(1877)湛貽堂刻甌北全集本　十六册

110000－0198－0014222　叢普 310
澗泉日記三卷　(宋)韓淲撰　清光緒二十五年(1899)廣雅書局刻本　十六册

110000－0198－0014223　叢普 311
十誦齋集詩四卷詞一卷雜文一卷　(清)周天

度撰　清乾隆刻本　五冊

110000－0198－0014224　叢普 312
論孟精義不分卷　(宋)朱熹撰　(清)賀瑞麟輯　清光緒十二年(1886)刻本　八冊

110000－0198－0014225　叢普 315
安事齋詩錄四卷　(清)貴仲符撰　清道光二十二年(1842)揚州阮氏刻本　六冊

110000－0198－0014226　叢普 316
經史百家雜鈔一百三十種　(清)曾國藩輯　清光緒二年(1876)刻曾文正公全集本　八冊

110000－0198－0014227　叢普 317
經史百家雜鈔一百三十種　(清)曾國藩輯　清光緒二年(1876)刻曾文正公全集本　二十一冊

110000－0198－0014228　叢普 318
經史百家雜鈔一百三十種　(清)曾國藩輯　清光緒二年(1876)刻曾文正公全集本　二冊

110000－0198－0014229　叢普 319
經史百家雜鈔一百三十種　(清)曾國藩輯　清光緒二年(1876)刻曾文正公全集本　二冊

110000－0198－0014230　叢普 320
經史百家雜鈔一百三十種　(清)曾國藩輯　清光緒二年(1876)刻曾文正公全集本　二冊

110000－0198－0014231　叢普 321
經史百家雜鈔一百三十種　(清)曾國藩輯　清光緒二年(1876)刻曾文正公全集本　一冊

110000－0198－0014232　叢普 322
經史百家簡編二卷　(清)曾國藩輯　清光緒十三年(1887)刻蔣氏求實齋叢書本　二冊

110000－0198－0014233　叢普 323
經史百家雜鈔二十六卷　(清)曾國藩輯　清光緒二年(1876)刻曾文正公全集本　十八冊　存二十四卷(三至二十六)

110000－0198－0014234　叢普 324
經史百家雜鈔二十六卷　(清)曾國藩輯　清光緒二年(1876)刻曾文正公全集本　一冊

110000－0198－0014235　叢普 325
經史百家雜鈔二十六卷　(清)曾國藩輯　清光緒二年(1876)刻曾文正公全集本　二十冊

110000－0198－0014236　叢普 326
經史百家雜鈔二十六卷　(清)曾國藩輯　清光緒三十二年(1906)上海商務印書館鉛印本　八冊　存十八卷(一至二、七至八、十一至二十四)

110000－0198－0014237　叢普 327
經史百家雜鈔二十六卷　(清)曾國藩輯　清光緒三十二年(1906)上海商務印書館鉛印本　五冊　存十一卷(三至四、十六至二十二、二十五至二十六)

110000－0198－0014238　叢普 328
經史百家雜鈔二十六卷　(清)曾國藩輯　清光緒三十二年(1906)上海商務印書館鉛印本　十冊　存二十二卷(五至二十六)

110000－0198－0014239　叢普 330
經史百家雜鈔二十六卷　(清)曾國藩輯　清光緒三十二年(1906)上海商務印書館鉛印本　十二冊

110000－0198－0014240　叢普 331
經史百家雜鈔二十六卷　(清)曾國藩輯　清光緒二年(1876)刻曾文正公全集本　十六冊

110000－0198－0014241　叢普 332
新增經史百家序錄七種　(清)曾國藩輯　清光緒二十八年(1902)開智書局鉛印本　十四冊

110000－0198－0014242　叢普 333
雅雨堂藏書十四種　(清)盧見曾輯　清乾隆二十一年(1756)德州盧氏刻本　二十五冊

110000－0198－0014243　叢普 334
平津館叢書四十三種　(清)孫星衍輯　清光緒十一年(1885)吳縣朱氏槐廬家塾刻本　四十八冊

110000－0198－0014244　叢普 335
平津館叢書四十三種　(清)孫星衍輯　清光

緒十一年(1885)吳縣朱氏槐廬家塾刻本　三冊

110000－0198－0014245　叢普 336
平津館叢書四十三種　(清)孫星衍輯　清光緒十一年(1885)吳縣朱氏槐廬家塾刻本　二十七冊

110000－0198－0014246　叢普 337
平津館叢書四十三種　(清)孫星衍輯　清光緒十一年(1885)吳縣朱氏槐廬家塾刻本　二十二冊

110000－0198－0014247　叢普 338
平津館叢書四十三種　(清)孫星衍輯　清光緒十一年(1885)吳縣朱氏槐廬家塾刻本　八冊

110000－0198－0014248　叢普 339
竹書紀年二卷　(南朝梁)沈約注　(清)洪頤煊校　清光緒十一年(1885)吳縣朱氏槐廬家塾刻平津館叢書本　四冊

110000－0198－0014249　叢普 340
平津館叢書四十三種　(清)孫星衍輯　清光緒十一年(1885)吳縣朱氏槐廬家塾刻本　十七冊

110000－0198－0014250　叢普 341
式訓堂叢書初集四十一種　(清)章壽康輯　清光緒會稽章氏刻本　三十七冊

110000－0198－0014251　叢普 342
皇清經解續編二百九種　王先謙輯　清光緒十四年(1888)南菁書院刻本　四十六冊

110000－0198－0014252　叢普 343
仲氏易三十卷　(清)毛奇齡撰　清嘉慶蕭山城東書院刻西河合集本　八十三冊

110000－0198－0014253　叢普 347
後鑒錄七卷　(清)毛奇齡撰　清康熙二十五年(1686)蕭山書留草堂刻西河合集本　一冊　存一卷(四)

110000－0198－0014254　叢普 348
漁洋山人詩集二十二卷　(清)王士禛撰　清康熙八年(1669)吳郡沂詠堂刻王漁洋遺書本　二十三冊

110000－0198－0014255　叢普 357
曾文正公全集四十二種　(清)曾國藩撰　(清)李瀚章輯　清光緒傳忠書局刻本　九十一冊

110000－0198－0014256　叢普 360
曾文正公全集四十二種　(清)曾國藩撰　(清)李瀚章輯　清光緒十四年(1888)鴻文書局鉛印本　四十冊

110000－0198－0014257　叢普 361
曾文正公全集十七種　(清)曾國藩撰　(清)李瀚章輯　清光緒傳忠書局刻本　十五冊

110000－0198－0014258　叢普 362
曾文正公全集十七種　(清)曾國藩撰　(清)李瀚章輯　清光緒傳忠書局刻本　三十一冊

110000－0198－0014259　叢普 363
曾文正公全集十七種　(清)曾國藩撰　(清)李瀚章輯　清光緒傳忠書局刻本　七十五冊

110000－0198－0014260　叢普 364
曾文正公全集十七種　(清)曾國藩撰　(清)曾國藩撰　清光緒傳忠書局刻本　九十三冊

110000－0198－0014261　叢普 369
子書百家　(清)崇文書局輯　清光緒元年(1875)湖北崇文書局石印本　五十六冊

110000－0198－0014262　叢普 370
徐位山六種　(清)徐文靖撰　清光緒二年(1876)刻本　二十四冊

110000－0198－0014263　叢普 371
榕村全書四十六種　(清)李光地撰　清道光九年(1829)李維迪刻本　一百二十冊

110000－0198－0014264　叢普 373
張氏叢書二十一種　(清)張澍輯　清道光元年(1821)武威張氏二酉堂刻本　四十六冊

110000－0198－0014265　叢普 374
檀几叢書初集五十種二集五十種餘集四十七種附正十種　(清)王晫　(清)張潮輯　清康

熙新安張氏霞舉堂刻本　三十二册

110000－0198－0014266　叢普 375

檀几叢書錄要七種　(清)何思鈞輯　清光緒四年(1878)緜竹宮廨刻本　一册

110000－0198－0014267　叢普 377

晨風閣叢書四十九種　沈宗畸等輯　清光緒三十四年至宣統三年(1908－1911)國粹萃編社鉛印本　四十九册

110000－0198－0014268　叢普 378

晨風閣叢書二十三種　沈宗畸輯　清宣統元年(1909)番禺沈氏刻本　三十六册

110000－0198－0014269　叢普 379

集虛草堂叢書甲集十種　李國松輯　清光緒合肥李氏刻本　二十四册

110000－0198－0014270　叢普 383

崔東壁遺書十四種　(清)崔述撰　清道光四年(1824)陳履和東陽刻本　五十九册

110000－0198－0014271　叢普 384

靈鶼閣叢書五十七種　(清)江標輯　清光緒元和江氏湖南使院刻本　四十册

110000－0198－0014272　叢普 385

潛園總集十七種存五種　(清)陸心源撰　清光緒刻本　七十册

110000－0198－0014273　叢普 392

西政叢書三十二種　梁啟超輯　清光緒二十三年(1897)慎記書莊石印本　六十四册

110000－0198－0014274　叢普 393

隨園全集三十種　(清)袁枚撰　清同治五年(1866)三讓睦記刻本　七十二册

110000－0198－0014275　叢普 394

讀畫齋叢書四十五種　(清)顧修輯　清嘉慶四年(1799)桐川顧氏刻本　一百八十九册

110000－0198－0014276　叢普 395

朱文端公藏書十三種　(清)朱軾輯　清刻本　十二册

110000－0198－0014277　叢普 396

武英殿聚珍版叢書五十四種　清同治十三年(1874)江西書局刻本　十二册　存七種

110000－0198－0014278　叢普 397

皇清經解一百八十四種　(清)阮元撰　清光緒啟秀山房刻本　二十册　存四種

110000－0198－0014279　叢普 398

鈍翁類稿二十四卷說鈴一卷寸碧堂詩集二卷外集一卷　(清)汪琬撰　清康熙九年(1670)汪氏刻本　八册

110000－0198－0014280　叢普 409

春在堂全書三十六種　(清)俞樾輯　清同治刻本　四十册

110000－0198－0014281　叢普 411

娛園叢刻十種　(清)許增輯　清光緒十五年(1889)仁和許氏刻本　二册

110000－0198－0014282　叢普 416

潛室札記二卷　(清)刁包撰　清光緒五年(1879)定州王氏謙德堂刻畿輔叢書本　二册

110000－0198－0014283　叢普 417

潛室札記二卷　(清)刁包撰　清光緒五年(1879)定州王氏謙德堂刻畿輔叢書本　二册

110000－0198－0014284　叢普 418

潛室札記二卷　(清)刁包撰　清光緒五年(1879)定州王氏謙德堂刻畿輔叢書本　二册

110000－0198－0014285　叢普 419

湖州叢書十二種　(清)吳鍾奇輯　清光緒刻本　七册　存四種

110000－0198－0014286　叢普 421

紀慎齋先生全集二十種　(清)紀大奎撰　清嘉慶十三年(1808)刻本　四十册

110000－0198－0014287　叢普 424

滂喜齋叢書九種　(清)潘祖蔭輯　清同治吳縣潘氏京師刻本　四十七册

110000－0198－0014288　叢普 425

十三經客難五十五卷　(清)龔元玠撰　清道光二十六年(1846)南昌縣學刻本　二十六册

110000－0198－0014289　叢普430

武林掌故叢編三卷　(清)丁丙輯　清光緒錢塘丁氏嘉業堂刻本　二冊

110000－0198－0014290　叢普431

方植之全集十九種　(清)方東樹撰　清光緒刻本　四冊　存四種

110000－0198－0014291　叢普433

春秋世族譜一卷　(清)陳厚耀撰　清光緒邵武徐氏刻本　一冊

110000－0198－0014292　叢普435

景紫堂全書十八種　(清)夏炘撰　清同治元年(1862)王光甲等刻本　十五冊

110000－0198－0014293　叢普436

貫華堂才子書彙稿五種　(清)金人瑞撰　清宣統二年(1910)鉛印本　四冊

110000－0198－0014294　叢普438

漢儒通義七卷　(清)陳澧輯　清光緒刻本　二冊

110000－0198－0014295　叢普439

桐彝三卷　(明)方學漸撰　清光緒九年(1883)鉛印本　一冊

110000－0198－0014296　叢普440

三十五舉一卷附校勘記一卷續一卷再續一卷　(元)吾丘衍撰　清光緒歸安姚氏刻咫進齋叢書本　一冊

110000－0198－0014297　叢普442

荆州記三卷　(南朝宋)盛弘之撰　曹元忠輯　清光緒曹氏箋經室刻箋經室叢書本　一冊

110000－0198－0014298　叢普444

漢儒通義七卷　(清)陳澧輯　清咸豐八年(1858)刻番禺陳氏東塾叢書本　二冊

110000－0198－0014299　叢普451

知不足齋叢書三十集　(清)鮑廷博輯　(清)鮑志祖續輯　清道光長塘鮑氏刻本　十冊　存二十一集

110000－0198－0014300　叢普452

湖北叢書三十種　(清)趙尚輔輯　清光緒十七年(1891)三餘草堂刻本　一百冊

110000－0198－0014301　叢普454

湖北叢書三十種　(清)趙尚輔輯　清光緒十七年(1891)三餘草堂刻本　一百冊

110000－0198－0014302　叢普457

湖北叢書三十種　(清)趙尚輔輯　清光緒十七年(1891)三餘草堂刻本　一百二十六冊

110000－0198－0014303　叢普458

藕香零拾叢書三十九種　繆荃孫輯　清光緒江陰繆氏刻本　三十二冊

110000－0198－0014304　叢普460

西學富強叢書八十一種　(清)張蔭桓輯　清光緒二十二年(1896)鴻文書局石印本　五十六冊

110000－0198－0014305　叢普461

南宋羣賢小集　(宋)陳起撰　(清)顧修重輯　清嘉慶六年(1801)石門顧氏讀畫齋刻本　六冊

110000－0198－0014306　叢普462

武英殿聚珍版叢書五十四種　(明)沈繼孫撰　清乾隆武英殿聚珍本　七冊

110000－0198－0014307　叢普463

龍威秘書六種　(清)馬俊良輯　清乾隆五十九年(1794)石門馬氏大酉山房刻本　二冊

110000－0198－0014308　叢普464

經訓堂叢書二十種　(清)畢沅輯　清乾隆畢氏刻本　二冊

110000－0198－0014309　叢普467

李恕谷先生年譜五卷　(清)馮辰撰　清光緒三十四年(1908)鉛印本　一冊

110000－0198－0014310　叢普468

禁書目錄四卷　(清)鄧實輯　清光緒三十三年(1907)鉛印本　一冊

110000－0198－0014311　叢普469

晞髮集十卷　(宋)謝翱撰　清光緒三十二年(1906)鉛印本　三冊

110000－0198－0014312　叢普470
國粹學報　(清)鄧實編　清光緒三十四年(1908)上海國粹學報叢編社石印本　六冊

110000－0198－0014313　叢普471
國粹學報　(清)鄧實編　清光緒三十四年(1908)上海國粹學報叢編社石印本　三冊

110000－0198－0014314　叢普478
財政叢書二十一種　(清)昌言報館編輯　清光緒二十九年(1903)上海會文學社石印本　四冊

110000－0198－0014315　叢普484
常州先哲遺書四十二種　盛宣懷輯　清光緒武進盛氏刻本　六十四冊

110000－0198－0014316　叢普485
國朝名人著述叢編十三種　(清)□□輯　清光緒五年(1879)上海淞隱閣鉛印本　六冊

110000－0198－0014317　叢普490
周易鄭注十二種　(漢)鄭玄撰　(宋)王應麟撰集　(清)丁杰後定　清嘉慶蕭山陳氏刻湖海樓叢書本　三十三冊

110000－0198－0014318　叢普491
正覺樓叢刻三十種　(清)崇文書局輯　清光緒崇文書局刻本　五十九冊

110000－0198－0014319　叢普492
廣漢魏叢書八十種　(明)何允中輯　明萬曆二十年(1592)刻本　一冊　存三種(載籍、南方草木狀、竹譜)

110000－0198－0014320　叢普493
增訂漢魏叢五種　(清)王謨輯　清乾隆五十六年(1791)金溪王氏刻本　七十冊

110000－0198－0014321　叢普495
增訂漢魏叢書九十六種　(清)王謨輯　清光緒石印本　二十三冊

110000－0198－0014322　叢普496
有諸己齋格言叢書十八種　(清)閻敬銘輯　清光緒十四年(1888)山西解州書院刻本　七冊　存八種

110000－0198－0014323　叢普497
十種古逸書十種　(清)茆泮林輯　清道光十四年(1834)梅瑞軒刻本　五冊

110000－0198－0014324　叢普498
王漁洋遺書三十八種　(清)王士禛撰　清刻本　十四冊　存八種

110000－0198－0014325　叢普499
天壤閣叢書二十六種　(清)王懿榮輯　清光緒福山王氏刻本　三十五冊　存四種

110000－0198－0014326　叢普500
功順堂叢書十八種　(清)潘祖蔭輯　清光緒吳縣潘氏刻本　二十四冊

110000－0198－0014327　叢普501
功順堂叢書十八種　(清)潘祖蔭輯　清光緒吳縣潘氏刻本　九冊　存八種

110000－0198－0014328　叢普502
古文苑二十一卷　(清)張海鵬輯　清嘉慶海虞張氏刻本　二冊　存十二卷(十至二十一)

110000－0198－0014329　叢普503
花雨樓叢鈔二十六種　(清)張壽榮輯　清光緒蛟川張氏花雨樓刻本　四十八冊

110000－0198－0014330　叢普504
小嫏嬛館叢書十二種　(清)陳壽祺輯　清道光刻本　八冊

110000－0198－0014331　叢普506
琴志樓叢書四十三種　易順鼎撰　清光緒刻本　三冊

110000－0198－0014332　叢普507
曾文正公全集二十六卷　(清)曾國藩輯　清光緒二年(1876)傳忠書局刻本　一冊

110000－0198－0014333　叢普509
武林掌故叢編　(清)丁丙輯　清光緒錢塘丁氏嘉惠堂刻本　五冊

110000－0198－0014334　叢普512
漸西村舍彙刊四十四種　(清)袁昶輯　清光緒桐廬袁氏刻本　三十九冊

110000－0198－0014335　叢普 513
李忠定公別集　(宋)李綱撰　清光緒刻邵武徐氏叢書本　七册

110000－0198－0014336　叢普 514
漸學廬叢書十五種　(清)胡祥鑅輯　清光緒元和胡氏石印本　二十一册

110000－0198－0014337　叢普 515
項城袁氏家集七種　丁振鐸輯　清宣統三年(1911)清芬閣鉛印本　四十二册　缺三種(自又瑣言、家書、母德錄)

110000－0198－0014338　叢普 516
明季稗史彙編十六種　(清)留雲居士輯　清光緒二十二年(1896)都城琉璃廠刻本　八册　存二種十卷(烈皇小識八卷、聖安本紀二卷)

110000－0198－0014339　叢普 517
傳硯齋叢書十種　(清)吳丙湘輯　清光緒十一年(1885)儀徵吳氏刻本　十一册

110000－0198－0014340　叢普 525
螢雪軒叢書五十七種　(日本)近藤元粹輯　清光緒三十二年(1906)青木嵩山堂鉛印本　二十七册　存四十種

110000－0198－0014341　叢普 532
嘯園叢書五十七種　(清)葛元煦輯　清光緒九年(1883)仁和葛氏刻本　三十一册

110000－0198－0014342　叢普 533
唐代叢書一百五十七種　(清)王文誥輯　清嘉慶十一年(1806)刻本　四十五册

110000－0198－0014343　叢普 536
守山閣叢書五卷　(清)錢熙祚輯　清光緒十五年(1889)上海鴻文書局石印本　二百三十五册

110000－0198－0014344　叢普 538
經訓堂叢書二十卷　(清)畢沅輯　清光緒十三年(1887)上海大同書局石印本　三十册

110000－0198－0014345　叢普 548
水道提綱二十八卷　(清)齊召南編　清光緒五年(1879)宏達堂刻本　一册　存六卷(二十三至二十八)

110000－0198－0014346　叢普 551
覆瓿集十卷　(清)張文虎撰　清同治刻本　十一册

110000－0198－0014347　叢普 558
硃批諭旨三百六十卷　清雍正刻本　八十七册

110000－0198－0014348　叢普 559
皇朝經世文編一百二十卷　(清)賀長齡輯　清光緒十三年(1887)上海點石齋石印本　六十册

110000－0198－0014349　叢普 561
史記一百三十卷漢書一百卷　(清)侯康編　清光緒十七年(1891)廣雅書局刻本　三十六册

110000－0198－0014350　叢普 563
皇清經解一百九十種　(清)阮元輯　清光緒上海書局石印本　六十四册

110000－0198－0014351　叢普 565
三國志辨疑三卷　(清)錢大昭撰　清光緒湖北崇文書局刻本　三十六册

110000－0198－0014352　叢普 567
半厂叢書初編七十九卷　(清)譚獻輯　清光緒仁和譚氏刻本　二十册

110000－0198－0014353　叢普 568
帶經堂集九十二卷　(清)王士禛撰　清康熙五十年(1711)七略書堂刻本　二十册

110000－0198－0014354　叢普 569
金石索十二卷　(清)馮雲鵬　(清)馮雲鵷輯　清光緒十九年(1893)上海積山書局石印本　二十四册

110000－0198－0014355　叢普 570
函海十集　(清)李調元輯　清光緒七年至八年(1881－1882)廣漢樂道齋刻本　一百六十册

110000－0198－0014356　叢普 571

太平御覽一千卷　(宋)李昉等編　清嘉慶十二年至十七年(1807－1812)歙縣鮑氏刻本　一百冊

110000－0198－0014357　叢普574
欽定佩文韻府一百六卷　(清)張玉書等撰　清光緒八年(1882)上海點石齋石印本　一百十五冊

110000－0198－0014358　叢普575
朱子全集一百四卷　(宋)朱熹撰　清咸豐十年(1860)建安紫霞洲祠堂刻本　四十冊

110000－0198－0014359　叢普578
唐顏家廟碑　(清)端甫鑒藏　清末拓本　四冊

110000－0198－0014360　叢普581
宋史四百九十六卷目三卷　(元)脱脱等撰　清光緒刻本　一百二冊

110000－0198－0014361　叢普582－1
北史一百卷　(唐)李延壽撰　清同治十一年(1872)金陵書局刻本　二十冊

110000－0198－0014362　叢普582－2
南史八十卷　(唐)李延壽撰　清同治十一年(1872)金陵書局刻本　十二冊

110000－0198－0014363　叢普582－4
梁書五十六卷　(唐)姚思廉撰　清同治十一年(1872)金陵書局刻本　六冊

110000－0198－0014364　叢普582－5
陳書三十六卷　(唐)姚思廉撰　清同治十一年(1872)金陵書局刻本　四冊

110000－0198－0014365　叢普582－6
南齊書五十九卷　(南朝梁)蕭子顯撰　清同治十一年(1872)金陵書局刻本　六冊

110000－0198－0014366　叢普583
舊唐書二百十四卷　(五代)劉昫等撰　清同治十一年(1872)金陵書局刻本　四十冊

110000－0198－0014367　叢普584－1
史記一百三十卷　(漢)司馬遷撰　清同治十一年(1872)金陵書局刻本　二十冊

110000－0198－0014368　叢普584－2
北齊書五十卷　(唐)李百藥撰　清同治十一年(1872)金陵書局刻本　四冊

110000－0198－0014369　叢普584－3
魏書一百十四卷　(北齊)魏收撰　清同治十一年(1872)金陵書局刻本　二十冊

110000－0198－0014370　叢普585
宋名臣言行錄七十五卷　(宋)朱熹纂　清同治刻本　二十冊

110000－0198－0014371　叢普586－1
新五代史七十四卷　(宋)歐陽修撰　清同治十一年(1872)湖北書局刻本　八冊

110000－0198－0014372　叢普586－2
舊五代史一百五十卷　(宋)薛居正等撰　清同治十年(1871)湖北崇文書局刻本　十六冊

110000－0198－0014373　叢普587
隸釋二十七卷　(宋)洪适撰　清同治十年(1871)皖南洪氏晦木齋刻本　八冊

110000－0198－0014374　叢普588
古文淵鑒六十四卷　(清)聖祖玄燁選　(清)徐乾學等編注　清康熙二十四年(1685)北京内府刻本　四十冊

110000－0198－0014375　叢普589
魏書一百十四卷　(北齊)魏收撰　清光緒二十九年(1903)石印本　二十四冊

110000－0198－0014376　叢普590
佩文韻府一百六卷　(清)張玉書等撰　清光緒八年(1882)上海點石齋石印本　十冊

110000－0198－0014377　叢普591
重刊宋本十三經註疏十三種　(清)弘晝校證　清同治十年(1871)廣州廣東書局刻本　二百二十冊

110000－0198－0014378　叢普592
御定駢字類編二百四十卷　(清)張廷玉等編　清光緒十三年(1887)上海同文書局石印本　一百三十冊

110000－0198－0014379　抄本7

霜紅龕拾遺　（清）戴廷栻撰　清抄本　二冊

110000－0198－0014380　抄本 11
襄平三詩人合鈔一卷　清末抄本　一冊

110000－0198－0014381　抄本 13
武經全書　清末抄本　三冊

110000－0198－0014382　抄本 16
惜衰先生尺牘八卷　（清）姚鼐撰　清抄本　五冊

110000－0198－0014383　抄本 17
抱沖齋詩稿　清道光二十三年（1843）稿本　二冊

110000－0198－0014384　抄本 23
周此山先生詩集四卷　（元）周權撰　清末抄本　二冊

110000－0198－0014385　抄本 26
杜工部五律選讀二卷　（唐）杜甫撰　清乾隆抄本　二冊

110000－0198－0014386　抄本 27
月泉吟社詩　（宋）吳渭編　清乾隆抄本　一冊

110000－0198－0014387　抄本 28
類苑英華四卷　（清）徐基纂輯　清末抄本　八冊

110000－0198－0014388　抄本 30
一撮金六爻易數　（宋）邵雍撰　清末紅格抄本　一冊

110000－0198－0014389　抄本 33
虛白亭詩鈔二卷　（清）淳穎撰　清末抄本　二冊

110000－0198－0014390　抄本 34
王漁洋批鈐山堂詩選題跋注釋　適園抄　清末紅格稿本　一冊

110000－0198－0014391　抄本 39
練兵實紀五卷練兵實紀雜集九卷　（明）戚繼光撰　清抄本　十二捲

110000－0198－0014392　抄本 40
周此山先生詩集二卷　（元）周權撰　清抄本　一冊

110000－0198－0014393　抄本 46
龍筋鳳髓判注二卷　（唐）張鷟撰　清嘉慶抄本　六冊

110000－0198－0014394　抄本 49
車營百八叩一卷　（明）孫承宗撰　清乾隆抄本　二冊

110000－0198－0014395　抄本 50
健修堂詩集十八卷空青館詞匯三卷　（清）邊浴禮撰　清抄本　六冊

110000－0198－0014396　抄本 55
仙樣詩　清抄本　一冊

110000－0198－0014397　抄本 57
光緒辛丑諭摺摘鈔　清抄本　一冊

110000－0198－0014398　抄本 60
周禮疑義舉要　清抄本　一冊

110000－0198－0014399　抄本 62
河工器具圖說四卷　（清）麟慶纂輯　清末抄本　二冊

110000－0198－0014400　抄本 70
餘夫吟蛩草　（清）黃千人撰　清末抄本　一冊

110000－0198－0014401　抄本 75
修丹至書　清末抄本　一冊

110000－0198－0014402　抄本 78
楊守敬讀書過眼録　楊守敬抄　清末紅格抄本　一冊

110000－0198－0014403　抄本 79
桐城吳直古文　（清）吳直撰　清末抄本　一冊

110000－0198－0014404　抄本 87
宣宗成皇帝孝和睿皇后大事奏疏十二卷　清抄本　十二冊

110000－0198－0014405　抄本 88
趙儀郇四體唐詩選　清末抄本　一冊

110000－0198－0014406　抄本 89
趙氏家藏集八卷　(明)趙文華著　清末抄本　二册

110000－0198－0014407　抄本 92
鄭氏周禮注十二卷　(漢)鄭玄註　清影抄本　三册

110000－0198－0014408　抄本 100
南溪三兄正其書法　題(清)南溪三兄抄　清抄本　一册

110000－0198－0014409　抄本 102
輕世金書四卷　(葡萄牙)陽瑪諾譯　(清)朱宗元校　清末抄本　一册　存一卷(四)

110000－0198－0014410　抄本 107
胎產指南　(清)趙蔭軒抄　清光緒三十一年(1905)抄本　一册

110000－0198－0014411　抄本 110
正訛雜記　(清)潘兆遴纂輯　清光緒二十三年(1897)抄本　一册

110000－0198－0014412　抄本 111
船山詩鈔　(清)張問陶著　清宣統三年(1911)藍格抄本　一册

110000－0198－0014413　抄本 113
保赤玉函金鎖賦　清末抄本　一册

110000－0198－0014414　抄本 116
醫宗選錄三十六卷　清末抄本　一册

110000－0198－0014415　抄本 126
芸香閣試帖　(清)敬之選　清光緒十七年(1891)稿本　一册

110000－0198－0014416　抄本 148
碧虛齋詩集七卷　(清)宋茂初撰　清稿本　一册

110000－0198－0014417　抄本 149
葉赫那拉氏族譜　清九思堂紅格稿本　三册

110000－0198－0014418　抄本 156
陝行日記　清末稿本　一册

110000－0198－0014419　抄本 170
中説二卷　(隋)王通撰　(明)張易閲　清末抄本　四册

110000－0198－0014420　抄本 186
續招魂　(清)梁建章撰　清光緒稿本　一册

110000－0198－0014421　抄本 212
南疆逸史十卷　(清)溫睿臨撰　清抄本　一册

110000－0198－0014422　抄本 215
滿洲人物傳　清紅格抄本　六册

110000－0198－0014423　抄本 218
西北紀略　清末抄本　一册

110000－0198－0014424　抄本 239
蘆浦筆記九卷　(宋)劉昌詩撰　清抄本　一册

110000－0198－0014425　抄本 240
歷代帝王法帖釋文十卷　(清)徐朝弼集釋　清抄本　二册

110000－0198－0014426　抄本 242
草心亭詩鈔六卷　(清)陸坊撰　清抄本　一册　存二卷(五至六)

110000－0198－0014427　抄本 246
張忠烈文集三卷奇零草四卷　(明)張煌言撰　清衡隆號紅格抄本　四册

110000－0198－0014428　抄本 257
然松閣詩鈔一卷　(清)顧櫰三撰　清末抄本　一册

110000－0198－0014429　抄本 259
趙忠毅公儕鶴先生史韻二卷　(明)趙南星撰　清影抄本　一册

110000－0198－0014430　抄本 261
四書雜辨　(清)吳直著　清抄本　四册

110000－0198－0014431　抄本 266
詩鈔　清抄本　一册

110000－0198－0014432　抄本 271
月明華屋文艸　(清)瀚業山記　清道光二十七年(1847)紅格抄本　一册

110000－0198－0014433　抄本 272

金石録補　(清)葉奕苞著　清乾隆抄本　一冊

110000－0198－0014434　抄本 273

課本　清厚德堂保定抄本　八冊

110000－0198－0014435　抄本 282

輿論　清光緒三十年(1904)抄本　一冊

110000－0198－0014436　抄本 283

蒙古文古蘭經　清光緒十七年(1891)抄本　十六冊

110000－0198－0014437　抄本 293

效驗良方　清光緒三十一年(1905)抄本　一冊

110000－0198－0014438　抄本 301

蛟峰批點止齋論訣　清光緒抄本　四冊

110000－0198－0014439　抄本 303

詩文會彙　清末紅格抄本　一冊

110000－0198－0014440　抄本 307

四書說約三十三卷　(明)顧夢麟撰　清末抄本　二冊

110000－0198－0014441　抄本 310

儀禮擷華十七卷　清抄本　二冊

110000－0198－0014442　抄本 312

明憲宗實錄二百五十三卷　明藍格稿本　一冊　存三卷(二百二十三至二百二十五)

110000－0198－0014443　抄本 313

宋謝疊山禮經講義　清抄本　八冊

110000－0198－0014444　抄本 315

詩集五種　(清)周中孚撰　清抄本　四冊

110000－0198－0014445　抄本 316

九曜石刻錄　(清)周中孚撰　(清)張登瀛校　清道光積學齋藍格抄本　一冊

110000－0198－0014446　抄本 320

說文字原　(元)周伯琦編注　清愚好錄抄本　一冊

110000－0198－0014447　抄本 331

秦漢瓦當　(清)盛昱撰　清抄本　一冊

110000－0198－0014448　抄本 332

李杜詩鈔　(清)亨壽良輯　清光緒二十五年(1899)抄本　四冊

110000－0198－0014449　抄本 350

卫生要訣　范宗文著　清宣統三年(1911)松鶴齋朱絲欄抄本　一冊

110000－0198－0014450　抄本 351

古今經驗諸方　清抄本　一冊

110000－0198－0014451　抄本 353

醫無閒子醫贯六卷　(明)趙獻可纂著　清抄本　三冊

110000－0198－0014452　抄本 354

味經山館遺文三卷　(清)戴鈞衡撰　清咸豐抄本　一冊

110000－0198－0014453　抄本 356

樊川陳氏宗譜六卷　(清)陳範棻撰集　清光緒抄本　七冊

110000－0198－0014454　抄本 357

尚書質疑　清抄本　三冊

110000－0198－0014455　抄本 361

清代諭旨　清抄本　一冊

110000－0198－0014456　抄本 365

言文　(清)譚浚纂　清抄本　一冊

110000－0198－0014457　抄本 366

夏小正傳疏證四卷　孫詒臨撰　清末抄本　一冊

110000－0198－0014458　抄本 369

曉亭詩鈔四卷　(清)塞爾赫撰　清末抄本　一冊　存一卷(四)

110000－0198－0014459　抄本 382

讀書日記　清光緒十二年至十三年(1886－1887)稿本　五冊

110000－0198－0014460　抄本 391

盤洲文集　(宋)洪适著　清抄本　一冊

110000－0198－0014461　抄本 399
歐香館集四卷　(清)惲南田著　清稿本　四册

110000－0198－0014462　抄本 403
顧迪光吴法輝羅霖等人信札　清光緒稿本　一册

110000－0198－0014463　抄本 406
漢上艸稿　清稿本　一册

110000－0198－0014464　抄本 424
藝概六卷　(清)劉熙載撰　清光緒四年(1878)抄本　一册

110000－0198－0014465　抄本 428
肇經室集摘鈔附陳建侯説文提要序　夢白氏抄　清光緒十年(1884)抄本　一册

110000－0198－0014466　抄本 429
半殘随筆　清光緒二十一年(1895)抄本　一册

110000－0198－0014467　抄本 433
女科二卷　(清)傅山撰　清朱絲欄抄本　一册

110000－0198－0014468　抄本 436
光緒欽天監飯銀簿　清光緒三十年(1904)存仁堂紅格抄本　一册

110000－0198－0014469　抄本 441
田德宸文集附墓志銘　清宣統二年(1910)紅格稿本　一册

110000－0198－0014470　抄本 448
楊椒山先生年譜　清抄本　一册

110000－0198－0014471　抄本 470
佛説四十二章經　清抄本　一册

110000－0198－0014472　抄本 482
敬所堂類集湯散詩　清末抄本　一册

110000－0198－0014473　抄本 488
崇大人任内光緒十年三月分抄京内來往公文簿　清光緒十年(1884)紅格抄本　一册

110000－0198－0014474　抄本 493
報萃　清宣統三年(1911)鉛印本　一册

110000－0198－0014475　抄本 504
俟命錄十卷　(清)方宗誠撰　清光緒十一年(1885)紅格抄本　二册

110000－0198－0014476　抄本 508
歷代文選　清抄本　八册

110000－0198－0014477　抄本 509
瀋陽書院課義　清末紅格稿本　六册

110000－0198－0014478　抄本 510
文心雕龍十卷　(南朝梁)劉勰撰　(清)黄叔琳注　(清)紀昀評　清光緒十六年(1890)詩愚氏四寶齋紅格抄本　四册

110000－0198－0014479　抄本 526
清獻縣民人廖傻兒奏案　清末稿本　一册

110000－0198－0014480　抄本 539
梅道人遺稿　清末抄本　一册

110000－0198－0014481　抄本 542
古音叢目鈔　清抄本　一册

110000－0198－0014482　抄本 543
時文讀本　清宣統元年(1909)抄本　一册

110000－0198－0014483　抄本 546
答問　(清)黄名甌述　清抄本　十册

110000－0198－0014484　抄本 549
乾齋日記　王毅撰　清宣統三年(1911)綠格稿本　一册

110000－0198－0014485　抄本 566
黑龍江省宣統元年歲出總數一覽表　清宣統元年(1909)稿本　一册

110000－0198－0014486　抄本 567
黑龍江省宣統元年歲出入統計表　清宣統元年(1909)稿本　一册

110000－0198－0014487　抄本 568
黑龍江省宣統元年歲入総數一覽表　清宣統元年(1909)稿本　一册

110000－0198－0014488　抄本 570

周樹漢書信詩賦稿　周樹漢撰　清光緒稿本　二冊

110000－0198－0014489　抄本 576
歷代五言長句歌行選　清雍正五年(1727)素庵艸堂抄本　六冊

110000－0198－0014490　抄本 581
淮揚水利圖説　(清)馮道立撰　清道光二十年(1840)抄本　一冊

110000－0198－0014491　抄本 582
稊園自訂年譜　(清)關賡麟編　清抄本　二冊

110000－0198－0014492　抄本 583
新鈔僞隸古字本尚書十三卷　清末抄本　三冊

110000－0198－0014493　抄本 584
趙氏族譜　(清)趙樹耕編　清光緒三十三年(1907)抄本　一冊

110000－0198－0014494　抄本 587
何式如手抄詩冊墨寶　何式如抄　清末謙藏齋抄本　一冊

110000－0198－0014495　抄本 588
古文喜誦　汪容甫撰　清海源閣紅格抄本　一冊

110000－0198－0014496　抄本 590
名賢手札八卷　題(清)銀河槎主輯　清光緒二十七年(1901)抄本　一冊

110000－0198－0014497　抄本 591
六朝文絜四卷　(清)許槤評選　清抄本　三冊　缺一卷(一)

110000－0198－0014498　抄本 595
韓幹神駿圖題識　(清)程晉芳抄　清抄本　一冊

110000－0198－0014499　抄本 605
國技秘本六種　清咸豐稿本　一冊

110000－0198－0014500　抄本 623
留真堂進出租目　康伯撰　清光緒二十五年(1899)紅欄抄本　一冊

110000－0198－0014501　抄本 632
蘭茗書屋詞選全集抄本　清抄本　十冊

110000－0198－0014502　抄本 633
白雲閒話　清末抄本　二冊

110000－0198－0014503　抄本 637
同治實錄　清抄本　七冊

110000－0198－0014504　抄本 642
文稿　清末稿本　一冊

110000－0198－0014505　抄本 643
詩稿　清光緒三十年(1904)抄本　一冊

110000－0198－0014506　抄本 649
尊聞日記　清光緒二十七年(1901)綠格抄本　一冊

110000－0198－0014507　抄本 654
徐氏三代文抄　(明)徐穆等撰　清末抄本　一冊

110000－0198－0014508　抄本 655
南北史意摭　清紅格稿本　一冊

110000－0198－0014509　抄本 656
芸隱勸游藁　(宋)施樞撰　清紅格抄本　一冊

110000－0198－0014510　抄本 658
形統賦解　清抄本　一冊

110000－0198－0014511　抄本 662
讀史方輿紀要　清末抄本　五冊

110000－0198－0014512　抄本 667
西廂記　(元)王實甫撰　清咸豐四年(1854)抄本　一冊

110000－0198－0014513　抄本 675
説文繫傳考異四卷附錄一卷　(清)汪憲撰　清抄本　二冊

110000－0198－0014514　抄本 679
讀史方輿紀要　(清)顧祖禹撰　清抄本　三十一冊

110000－0198－0014515　抄本 680

二曲集四十六卷　(清)李顒編次　清末抄本　一冊　存二卷(二十二至二十三)

110000－0198－0014516　抄本 681
孝經忠經小學　清末抄本　一冊

110000－0198－0014517　抄本 692
昭代名人尺牘小傳二十四卷　(清)吳修輯　清抄本　一冊

110000－0198－0014518　抄本 694
管窺偶記　(清)吳汝綸錄　清稿本　一冊

110000－0198－0014519　抄本 695
矮栝居詩鈔　(清)吳汝綸錄　清抄本　一冊

110000－0198－0014520　抄本 696
大堂驗到簿　清宣統三年(1911)抄本　一冊

110000－0198－0014521　抄本 699
粵遊日記　裴季芳著　清稿本　一冊

110000－0198－0014522　抄本 701
議覆議駁條程附各部通行　清同治鴻文齋紅格稿本　一冊

110000－0198－0014523　抄本 702
外遣條例　清同治鴻文齋紅格稿本　一冊

110000－0198－0014524　抄本 703
申明舊章附暫行變通章程　清同治鴻文齋紅格稿本　一冊

110000－0198－0014525　抄本 704
[清同治三年甲子科]順天全省鄉試同年錄　清同治三年(1864)紅格抄本　一冊

110000－0198－0014526　抄本 711
詩選　清末抄本　一冊

110000－0198－0014527　抄本 734
金罍子四十六卷　(明)陳絳撰　明抄本　十二冊

110000－0198－0014528　抄本 735
寫心劇　(清)徐爔撰　清抄本　四冊

110000－0198－0014529　抄本 737
揭帖　清抄本　一冊

110000－0198－0014530　抄本 738
說文字原　清抄本　六冊

110000－0198－0014531　抄本 741
弈理指歸續編　(清)施襄夏著　清抄本　一冊

110000－0198－0014532　抄本 743
師竹山房詩稿　(清)郝植恭撰　清稿本　六冊

110000－0198－0014533　抄本 746
柯山小志二卷　(清)周銘鼎編　清稿本　一冊

110000－0198－0014534　抄本 748
直隸冀州直隸州保甲牌戶冊　清光緒刻本　一冊

110000－0198－0014535　抄本 752
桂乘摘畧　清抄本　一冊

110000－0198－0014536　抄本 774
粗解刑統賦　(宋)傅霖撰　清宣統三年(1911)綠格抄本　一冊

110000－0198－0014537　抄本 775
牙牌靈數　清末抄本　一冊

110000－0198－0014538　抄本 782
瓣香錄　清宣統三年(1911)藍格抄本　一冊

110000－0198－0014539　抄本 798
清譜十曲　清稿本　一冊

110000－0198－0014540　抄本 800
雙官誥　清抄本　二冊

110000－0198－0014541　抄本 802
古詩十九首　清抄本　一冊

110000－0198－0014542　抄本 804
辛亥年聚記代做各貨清單　清宣統三年(1911)稿本　一冊

110000－0198－0014543　抄本 806
綠陰詞　汪承繼抄　清光緒二十八年(1902)抄本　一冊

110000－0198－0014544　抄本 808
鉅鹿東觀集十卷　清抄本　一冊　存六卷（五至十）

110000－0198－0014545　抄本 812
五帝本紀　（清）方苞　（清）蕭穆著　清同治十年（1871）稿本　一冊

110000－0198－0014546　抄本 814
荆園小語集証　清抄本　一冊

110000－0198－0014547　抄本 817
倭艮峯先生日記摘鈔二卷　（清）倭仁撰　清末抄本　一冊

110000－0198－0014548　抄本 818
秋審比較條款　清末綠格抄本　一冊

110000－0198－0014549　抄本 822
清江貝先生文集三十卷詩集十卷詩餘一卷　（明）貝瓊撰　清乾隆抄本　一冊　存九卷（七至十五）

110000－0198－0014550　抄本 825
林茂之詩選二卷　（清）林古度著　清光緒九年（1883）抄本　一冊

110000－0198－0014551　抄本 833
三才課　清末抄本　一冊

110000－0198－0014552　抄本 835
鹿山楔棹集驪榷汇萃二十卷　（清）陶尚説撰　清抄本　十二冊　存十八卷（一至十五、十八至二十）

110000－0198－0014553　抄本 838
順治拾年拾月注銷清册　清順治抄本　一冊

110000－0198－0014554　抄本 853
歐行日記　清末稿本　一冊

110000－0198－0014555　抄本 854
直隸嘉應州物料價值十六卷　（清）工部編　清抄本　一冊　存一卷（九）

110000－0198－0014556　抄本 856
燒爐新語一卷　吳融著　清乾隆十二年（1747）抄本（有圖）　一冊

110000－0198－0014557　抄本 860
閱卷簿　清末紫欄稿本　二冊

110000－0198－0014558　抄本 861
庚寅閱卷簿　清光緒十六年（1890）稿本　一冊

110000－0198－0014559　抄本 869
覓聞軒詩詞歌賦選四卷　（清）李庭實輯　清稿本　四冊

110000－0198－0014560　抄本 877
七言今体詩抄　（唐）杜甫撰　清末抄本　一冊

110000－0198－0014561　抄本 878
方柏堂先生志學錄八卷續錄三卷　（清）方宗誠撰　清紅格稿本　三冊

110000－0198－0014562　抄本 879
南部新書十卷　（宋）錢易撰　清光緒二十二年（1896）抄本　一冊

110000－0198－0014563　抄本 881
鹿樵紀聞　（清）吳梅村撰　清抄本　二冊

110000－0198－0014564　抄本 887
致各處函稿　清宣統三年（1911）稿本　二冊

110000－0198－0014565　抄本 888
讀吳詩隨筆　清末抄本　一冊

110000－0198－0014566　抄本 889
春星草堂集四卷　（清）沈丙瑩撰　清末抄本　一冊

110000－0198－0014567　抄本 904
七家詩選　（清）楊少白著　清同治十二年（1873）武陽官舍抄本　一冊

110000－0198－0014568　抄本 905
倭艮峯先生日記摘抄二卷　（清）倭仁撰　清抄本　一冊　存一卷（下）

110000－0198－0014569　抄本 906
帶耕堂遺詩五卷　（清）蒯德模撰　清稿本　一冊

110000－0198－0014570　抄本 907

詩緯集證上篇　(清)陳喬樅撰　清抄本　一冊

110000－0198－0014571　抄本908
天人學理摘鈔　清紅格稿本　一冊

110000－0198－0014572　抄本909
橘剌滕梢　清稿本　一冊

110000－0198－0014573　抄本911
郭則雲詩稿□□卷　郭則雲撰　清稿本　一冊　存一卷(一)

110000－0198－0014574　抄本912
麐簃詩草□□卷　許葉芬撰　清稿本　二冊　存二冊(二至三)

110000－0198－0014575　抄本913
溫經室雜著　(清)陳玉樹撰　清末綠格稿本　一冊

110000－0198－0014576　抄本919
修凝堂文錄　(清)周大璋撰　清抄本　一冊

110000－0198－0014577　抄本920
李剛己先生遺集　清抄本　一冊

110000－0198－0014578　抄本921
遅貪筆記　清光緒二十四年(1898)紅格抄本　二冊

110000－0198－0014579　抄本924
弈悟批評□□卷　清末抄本　二冊　存一卷(二)

110000－0198－0014580　抄本929
勸學篇　(清)張之洞撰　清光緒二十四年(1898)抄本　一冊

110000－0198－0014581　抄本930
満文檔冊　清抄本　一冊

110000－0198－0014582　抄本931
文泉子集一卷　(唐)劉蛻撰　清紅格抄本　一冊

110000－0198－0014583　抄本932
教坊記　(唐)崔令欽撰　清末抄本　二冊

110000－0198－0014584　抄本937
龍筋鳳髓判注四卷　(唐)張鷟撰　清末抄本　九冊

110000－0198－0014585　抄本943
禹貢指掌一卷　(清)關涵撰　清抄本　一冊

110000－0198－0014586　抄本946
违碍書籍目錄　清抄本　一冊

110000－0198－0014587　抄本947
南軒易說三卷　(宋)張栻撰　清抄本　一冊

110000－0198－0014588　抄本952
黄金福傳奇　清抄本　一冊

110000－0198－0014589　抄本958
直隶冀州直隶州保甲牌户冊順民屯官存位家屯莊　(清)郝玉琢編　清光緒七年(1881)稿本　一冊

110000－0198－0014590　抄本959
直隶冀州直隶州保甲牌户順民屯官村岳家莊　(清)李懷群編　清光緒七年(1881)稿本　一冊

110000－0198－0014591　抄本962
筑路芻言　劉樹屏著　清末抄本　一冊

110000－0198－0014592　抄本965
說文繫傳　(清)王筠撰　清光緒九年(1883)稿本　一冊

110000－0198－0014593　抄本967
同聽林莺館詩存　清光緒抄本　一冊

110000－0198－0014594　抄本970
張之洞奏稿　(清)張之洞撰　清稿本　一冊

110000－0198－0014595　抄本975
存審軒詞二卷　(清)周濟撰　清抄本　一冊

110000－0198－0014596　抄本983
始學齋四六文集　蓬萊瘦樵撰　清末抄本　四冊

110000－0198－0014597　抄本984
始學齋詩集　蓬萊瘦樵撰　清末抄本　一冊

110000－0198－0014598　抄本 985
始學齋瑣碎餘編　清末抄本　一冊

110000－0198－0014599　抄本 987
投筆集二卷　(清)錢謙益撰　清抄本　二冊

110000－0198－0014600　抄本 989
治病验方　清抄本　一冊

110000－0198－0014601　抄本 990
醫法還丹一卷　(清)宋文著　清光緒抄本　一冊

110000－0198－0014602　抄本 991
杏林拾遺　清末紅格抄本　一冊

110000－0198－0014603　抄本 992
學醫須知　清末抄本　一冊

110000－0198－0014604　抄本 993
藥學講義　曹炳章藏　清末抄本　一冊

110000－0198－0014605　抄本 995
旧德堂醫案　(清)李用粹著　曹炳章藏　清末抄本　一冊

110000－0198－0014606　抄本 996
藥性知要　曹炳章藏　清末抄本　一冊

110000－0198－0014607　抄本 997
石氏醫原摘要　曹炳章藏　清同治六年(1867)抄本　一冊

110000－0198－0014608　抄本 1000
脉訣歸正二卷　(清)沈鏡編撰　清末抄本　一冊

110000－0198－0014609　抄本 1001
經鉏堂襍誌　(宋)倪思撰　清末抄本　一冊

110000－0198－0014610　抄本 1005
脉訣選要　曹炳章藏　清抄本　一冊

110000－0198－0014611　抄本 1006
伤科秘方　曹炳章藏　清抄本　一冊

110000－0198－0014612　抄本 1007
竹林寺女科秘方　(清)顧海洲輯　清抄本　一冊

110000－0198－0014613　抄本 1009
獲效良方　沈志裕抄　清抄本　一冊

110000－0198－0014614　抄本 1013
太乙神鍼　曹炳章藏　清末抄本　一冊

110000－0198－0014615　抄本 1020
醫學提要二卷　曹炳章藏　清末抄本　一冊

110000－0198－0014616　抄本 1021
推病寶論　清抄本　一冊

110000－0198－0014617　抄本 1022
醫宗選録痢疾　(明)李中梓撰　清抄本　一冊

110000－0198－0014618　抄本 1026
觀無量壽佛經　(清)魏戚務寫　清抄本　一冊

110000－0198－0014619　抄本 1029
佛經　清抄本　九冊

110000－0198－0014620　抄本 1034
丸散膏丹全集　清宣統元年(1909)紅格抄本　一冊

110000－0198－0014621　抄本 1046
國史考異六卷　(清)潘檉章撰　(清)吴炎訂　清抄本　三冊　存二卷(一至二)

110000－0198－0014622　抄本 1052
黔游草　周臥雲著　清嘉慶十六年(1811)稿本　一冊

110000－0198－0014623　抄本 1055
吴留真堂租目銀賬附内　康伯識　清光緒九年(1883)抄本　一冊

110000－0198－0014624　抄本 1058
貴陽官文書偶存　清稿本　一冊

110000－0198－0014625　抄本 1062
脈理精微　清乾隆三十一年(1766)抄本　一冊

110000－0198－0014626　抄本 1063
遇禮圖　清抄本　一冊

110000－0198－0014627　抄本 1064

煙霞錄　清光緒八年(1882)抄清源石室刻本　一冊

110000－0198－0014628　抄本 1067

夏寅書蘭亭序　夏寅識　清光緒二十四年(1898)抄本　一冊

110000－0198－0014629　抄本 1091

大清宣統四年時憲書　清宣統三年(1911)官憲書局刻本　一冊

110000－0198－0014630　抄本 1091－1

古文讀本　清宣統二年(1910)懿文齋藍欄抄本　一冊

110000－0198－0014631　抄本 1093

問詩樓合選　(清)天然主人著　清乾隆五十七年(1792)刻本　一冊

110000－0198－0014632　抄本 1101

鑒空衡平　清成興齋紅欄稿本　二冊

110000－0198－0014633　抄本 1105

慎終時宜　曹彝卿撰　清光緒石竹齋紅格稿本　一冊

110000－0198－0014634　抄本 1108

李石可先生手札　清宣統三年(1911)稿本　三冊

110000－0198－0014635　抄本 1109

醉古堂劍掃　(明)陸紹珩選　明抄本　四冊

110000－0198－0014636　抄本 1110

奏檔□□卷　清光緒三年(1877)稿本　三冊　存三冊(三至四、八)

110000－0198－0014637　抄本 1126

二思堂詩草　(清)梁章鉅著　清抄本　一冊

110000－0198－0014638　抄本 1131

駐西藏官家信一封　清光緒九年(1883)紅底紅欄稿本　一冊

110000－0198－0014639　抄本 1139

尚振文寄兒尚秉和之信　清宣統元年(1909)稿本　一冊

110000－0198－0014640　抄本 1159

經餘隨筆　清光緒八年(1882)抄本　一冊

110000－0198－0014641　抄本 1179

益聞錄　清末抄本　一冊

110000－0198－0014642　抄本 1182

易經簡要　孟智佺記　清雍正朱墨稿本　三冊

110000－0198－0014643　抄本 1184

門簿　清紅欄稿本　一冊

110000－0198－0014644　抄本 1185

天仙爺乩授神數　清光緒凌雲閣紅欄稿本　一冊

110000－0198－0014645　抄本 1202

昨死今生錄　(清)榮慶識　清光緒八年(1882)稿本　一冊

110000－0198－0014646　抄本 1206

退菴自著年譜初稿　清鴻文齋紅欄稿本　二冊

110000－0198－0014647　抄本 1207

雜抄　清翰寶齋紅欄抄本　二冊

110000－0198－0014648　抄本 1209

光緒壬寅科湖北鄉試題及各房卷本　清光緒二十八年(1902)刻本　十三冊

110000－0198－0014649　抄本 1211

邵康節先師一撮金神數　文淵堂抄　清光緒十五年(1889)抄本　一冊

110000－0198－0014650　抄本 1213

欽定各地稅收情況　清咸豐紅格抄本　一冊

110000－0198－0014651　抄本 1215

館稿為人作嫁　清光緒鴻文齋紅欄稿本　一冊

110000－0198－0014652　抄本 1216

清代詩鈔　朱桓恭抄　清抄本　一冊

110000－0198－0014653　抄本 1220

清東陵陵墓修繕工程做法　清道光元年(1821)抄本　四冊

110000－0198－0014654　抄本 1221

清西陵陵墓修繕工程做法　清光緒抄本　十六冊

110000－0198－0014655　抄本 1303

工程則例　清抄本　二冊

110000－0198－0014656　抄本 1306

丁未優貢門生　清光緒三十三年(1907)紅格抄本　一冊

110000－0198－0014657　抄本 1307

望嵓堂諫草三卷　清末紅格抄本　三冊

110000－0198－0014658　抄本 1308

望嵓堂奏稿十二卷　清末紅格抄本　十二冊　存十二冊(七至十八)

110000－0198－0014659　抄本 1311

道海津梁六種　(清)傅金銓輯　清光緒十四年(1888)藍格抄本　一冊

110000－0198－0014660　抄本 1314

明治二年己巳曆　清同治六年(1867)稿本　一冊

110000－0198－0014661　抄本 1336

林泉隨筆桑榆漫志　(明)張綸撰　清初抄本　一冊

110000－0198－0014662　抄本 1339

古今各契照録　福新堂記　清光緒二十八年(1902)抄本　一冊

110000－0198－0014663　抄本 1343

吴起仕楚見杀論　清抄本　五冊

110000－0198－0014664　抄本 1348

西行日記　(清)馮焌光撰　清光緒二十七年(1901)稿本　一冊

110000－0198－0014665　抄本 1398

奏摺　清末抄本　一冊

110000－0198－0014666　抄本 1417

大城縣志校誤　(清)蔡壽臻校　清光緒二十四年(1898)稿本　一冊

110000－0198－0014667　抄本 1426

重修李氏家譜總冊副本　李文炯　李慶録　清光緒三十二年(1906)抄本　一冊

110000－0198－0014668　抄本 1462

榕陰新检　清末抄本　四十冊

110000－0198－0014669　抄本 1467

隨筆錄　清宣統二年(1910)稿本　一冊

110000－0198－0014670　抄本 1487

兒燈書室詩草　陳象沛訂　清同治五年(1866)紅欄稿本　一冊

110000－0198－0014671　抄本 1508

日記　清光緒三十一年(1905)抄本　一冊

110000－0198－0014672　抄本 1509

魚雁往來　清光緒十九年至二十年(1893－1894)稿本　一冊

110000－0198－0014673　抄本 1556

大清通禮校準丁祭禮節　清抄本　一冊

書名筆畫字頭索引

一畫

二畫

三畫

四畫

五畫

六畫

七畫

八畫

九畫

十畫

十一畫

十二畫

十三畫

十四畫

十五畫

十六畫

十七畫

十八畫

十九畫

二十畫

二十一畫

二十二畫

二十三畫

二十四畫

二十五畫

二十六畫

二十九畫

三十畫

其他

書名筆畫索引

一畫

二畫

三畫

四畫

五畫

六畫

七畫

八畫

九畫

十畫

十一畫

十二畫

十三畫

十四畫

十五畫

十六畫

十七畫

十八畫

十九畫

二十畫

二十一畫

二十二畫

二十三畫

二十四畫

二十五畫

二十六畫

二十九畫

三十畫

其他

中華古籍保護計劃

ZHONG HUA GU JI BAO HU JI HUA CHENG GUO

·成果·

北京市文物局圖書資料中心古籍普查登記目録（上）

全國古籍普查登記目録

國家圖書館出版社
National Library of China Publishing House

北京市文物局圖書資料中心古楸軒書叢

總第七部

甲種第六部

圖書在版編目(CIP)數據

北京市文物局圖書資料中心古籍普查登記目録:全二册/北京市文物局圖書資料中心編. —北京:國家圖書館出版社,2019.12

(全國古籍普查登記目録)

ISBN 978-7-5013-6887-7

Ⅰ.①北… Ⅱ.①北… Ⅲ.①古籍—圖書館目録—北京 Ⅳ.①Z838

中國版本圖書館 CIP 數據核字(2019)第 238596 號

書　　名　北京市文物局圖書資料中心古籍普查登記目録(全二册)
著　　者　北京市文物局圖書資料中心　編
責任編輯　許海燕

出版發行　國家圖書館出版社(北京市西城區文津街 7 號　100034)
(原書目文獻出版社 北京圖書館出版社)
010-66114536　63802249　nlcpress@nlc.cn(郵購)
網　　址　http://www.nlcpress.com
排　　版　凡華(北京)文化傳播有限公司
印　　裝　河北三河弘翰印務有限公司
版次印次　2019 年 12 月第 1 版　2019 年 12 月第 1 次印刷

開　　本　787×1092(毫米)　1/16
印　　張　55
字　　數　1200 千字
書　　號　ISBN 978-7-5013-6887-7
定　　價　550.00 圓

《全國古籍普查登記目録》

工作委員會

《全國古籍普查登記目録》

序　言

全國古籍普查登記工作是"中華古籍保護計劃"的首要任務，是全面開展古籍搶救、保護和利用工作的基礎，也是有史以來第一次由政府組織、參加收藏單位最多的全國性古籍普查登記工作。

2007 年國務院辦公廳發布《關於進一步加强古籍保護工作的意見》（國辦發［2007］6 號），明確了古籍保護工作的首要任務是對全國公共圖書館、博物館和教育、宗教、民族、文物等系統的古籍收藏和保護狀况進行全面普查，建立中華古籍聯合目録和古籍數字資源庫。2011 年 12 月，文化部下發《文化部辦公廳關於加快推進全國古籍普查登記工作的通知》（文辦發［2011］518 號），進一步落實了全國古籍普查登記工作。根據文化部 2011 年 518 號文件精神，國家古籍保護中心擬訂了《全國古籍普查登記工作方案》，進一步規範了古籍普查登記工作的範圍、内容、原則、步驟、辦法、成果和經費。目前進行的全國古籍普查登記工作的中心任務是通過每部古籍的身份證——"古籍普查登記編號"和相關信息，建立古籍總臺賬，全面瞭解全國古籍存藏情况，開展全國古籍保護的基礎性工作，加强各級政府對古籍的管理、保護和利用。

《全國古籍普查登記工作方案》規定了全國古籍普查登記工作的三個主要步驟：一、開展古籍普查登記工作；二、在古籍普查登記基礎上，編纂出版館藏古籍普查登記目録，形成《全國古籍普查登記目録》；三、在古籍普查登記工作基本完成的前提下，由省級古籍保護中心負責編纂出版本省古籍分類聯合目録《中華古籍總目》分省卷，由國家古籍保護中心負責編纂出版《中華古籍總目》統編卷。

在黨和政府領導下，在各地區、各有關部門和全社會共同努力下，古籍普查登記工作得以扎實推進。古籍普查已在除臺、港、澳之外的全國各省級行政區域開展，普查内容除漢文古籍外，還包括各少數民族文字古籍，特别是於 2010 年分别啓動了新疆古籍保護和西藏古籍保護專項，因地制宜，開展古籍普查登記工作；國家古籍保護中心研製的"全國古籍普查登記平臺"已覆蓋到全國各省級古籍保護中心，并進一步研發了"中華古籍索引庫"，爲及時展現古籍普查成果提供有力支持；截至目前，已有 11375 部古籍進入《國家珍貴古籍名録》，浙江、江蘇、山東、河北等省公布了省級《珍貴古籍名録》,古籍分級保護機制初步形成。

《全國古籍普查登記目録》是古籍普查工作的階段性成果,旨在摸清家底,揭示館藏,反映古籍的基本信息。原則上每申報單位獨立成册,館藏量少不能獨立成册者,則在本省範圍内幾個館目合并成册。無論獨立成册還是合并成册,均編製獨立的書名筆畫索引附於書後。著録的必填基本項目有:古籍普查登記編號、索書號、題名卷數、著者(含著作方式)、版本、册數及存缺卷數。其他擴展項目有:分類、批校題跋、版式、裝幀形式、叢書子目、書影、破損狀况等。有條件的收藏單位多著録的一些擴展項目,也反映在《全國古籍普查登記目録》上。目録編排按古籍普查登記編號排序,内在順序給予各古籍收藏單位較大自由度,可按分類排列古籍普查登記編號,也可按排架號、按同書名等排列古籍普查登記編號,以反映各館特色。

此次全國古籍普查登記工作,克服了古籍數量多、普查人員少、普查難度大等各種困難,也得到了全國古籍保護工作者的極大支持。在古籍普查登記過程中,國家古籍保護中心、各省古籍保護中心爲此舉辦了多期古籍普查、古籍鑒定、古籍普查目録審校等培訓班,全國共1600餘家單位參加了培訓,爲古籍普查登記工作培養了大量人才。同時在古籍普查登記工作中,也鍛煉了普查員的實踐能力,爲將來古籍保護事業發展奠定了良好的基礎。

《全國古籍普查登記目録》的出版,將摸清我國古籍家底,爲古籍保護和利用工作提供依據,也將是古籍保護長期工作的一個里程碑。

國家古籍保護中心
2013年10月

《全國古籍普查登記目録》

編纂凡例

一、收録範圍爲我國境内各收藏機構或個人所藏，産生於 1912 年以前，具有文物價值、學術價值和藝術價值的文獻典籍，包括漢文古籍和少數民族文字古籍以及甲骨、簡帛、敦煌遺書、碑帖拓本、古地圖等文獻。其中，部分文獻的收録年限適當延伸。

二、以各收藏機構爲分册依據，篇幅較小者，適當合并出版。

三、一部古籍一條款目，複本亦單獨著録。

四、著録基本要求爲客觀登記、規範描述。

五、著録款目包括古籍普查登記編號、索書號、題名卷數、著者、版本、册數、存缺卷等。古籍普查登記編號的組成方式是：省級行政區劃代碼—單位代碼—古籍普查登記順序號。

六、以古籍普查登記編號順序排序。

《北京市文物局圖書資料中心古籍普查登記目録》

編委會

主　任：祁慶國

副主任：白　崇

主　編：張勝磊

編　委：張晶晶　高山流水　董伊瑶　張中仁　高麗麗

《北京市文物局圖書資料中心古籍普查登記目録》

前　言

北京市文物局圖書資料中心前身是北京市文物事業管理局辦公室的資料室，1995年在資料室的基礎上成立了北京市文物局資料信息中心，2000年改稱現名，辦公地點在東城區府學胡同36號文物局機關院内。中心收藏了一大批珍貴的古籍、拓本、民國圖書及中華人民共和國成立後北京市歷次文物普查檔案，是北京地區文物、考古、博物館方面典藏資料較豐富、權威的檔案圖書資料單位。其主要職能是通過古籍、文獻、檔案等的收藏、研究和綜合利用，服務文博行業發展。

北京市文物局圖書資料中心現有藏品10餘類，4萬餘種，約30萬件(册)，其中綫裝書約16萬册；拓片約9000件；民國版書刊約2萬册；外文藏書2137種，其中有版本較早的《聖經》40餘種。藏品來源主要有，原北京市文物工作隊舊有古籍、拓片，北京市古書文物清理小組到北京造紙廠揀選的圖書，包括古籍、民國版書刊、外文藏書和多年來自行購進的古籍等，這三部分來源的古籍采取經、史、子、集、叢五部類建賬、排架收藏。我中心古籍藏品版本較多、内容較全，有寫本、刻本、抄本等，經、史、子、集、叢各部皆有，年代從唐人寫經至當今《中華再造善本》。有古籍善本1000餘部8000餘册，包含明刻本400餘部4800餘册，清刻本500餘部3000餘册，其中唐人寫本、宋元刻本11部100餘册，均有很高的版本價值；五批《國家珍貴古籍名録》已收録22種，包括古籍善本10種，如珍稀善本宋刻巾箱本《禮記》二十卷，十行本元刻明遞修《十三經注疏》成功入選第一批《國家珍貴古籍名録》，《十三經注疏》還進入《中華再造善本》工程進行了影印出版。2018年，我們選取了20餘種古籍和碑帖申報了第六批《國家珍貴古籍名録》，這項工作也將作爲我中心一項長期工作堅持做下去。

本書係北京市文物局圖書資料中心古籍普查登記目録，共收録我中心14673條館藏古籍數據，凡清宣統三年(1911)以前的刻本、寫本、活字本、抄本、稿本，皆在收録之列。著録項目有普查編號、索書號、題名卷數、著者、版本、册數、存卷等内容。民國時期的綫裝古籍和域外刻本一般不收。館藏索書號根據現在書架的順序而定。

本書是我中心借助全國第一次可移動文物普查工作，對中心藏古籍種類和數量的一次清查，也爲我們以後的古籍利用和出版工作打下了堅實的基礎。我中心館藏古籍文獻數量大，内容豐富，文學、史料價值高，但缺少系統的整理、開發和利用。經普查，我們發現了一批珍貴的刻本和碑帖拓本，經過鑒定工作，豐富了我們的善本數量。爲繼續實踐"讓書寫在古籍裏的文字都活起來"的古籍保護和利用新理念，下一步，我中心將建立古籍數據平臺，爲服務對象提供可查閲的數字目録和書影。另外我們也正在對珍貴古籍進行數字采集，以便這部分古籍也可以進行綫上閲讀。

《北京市文物局圖書資料中心古籍普查登記目録》歷經數年得以出版，它凝聚了我中心歷任領導和前輩學者們的心血，是我們典藏部工作人員集體努力的重要成果。付梓之際，我們要感謝北京市古籍保護中心的精心指導，感謝北京市文物局領導對我們的鼓勵與幫助。感謝祁慶國主任和白崇副主任對古籍保護與普查工作的鼎力支持，也要感謝業界專家與古籍界同仁的無私幫助。

此次古籍普查登記工作量巨大，我中心工作人員水平有限，審校時間緊，難免會出現紕繆，懇請專家和廣大讀者不吝指正。

編委會

2018 年 8 月

目　　録

上册

下册

110000－0198－0000001　一級 1pan10594
十三經注疏三百五十三卷　(三國魏)王弼　(晉)韓康伯注　(唐)孔穎達正義　元刻明遞修本　一百六册

110000－0198－0000002　一級 2wen203
大明弘治十七年歲次甲子大統曆　(明)欽天監編　明弘治十七年(1504)刻本　一册

110000－0198－0000003　一級 3k26
禮記二十卷　(漢)鄭玄注　宋刻本　九册　存九卷(一至九)

110000－0198－0000004　一級 4k116
詩集傳二十卷　(宋)朱熹撰　宋刻本　一册　存七葉(卷十七葉二,詩綱領葉七至八、十至十二、□)

110000－0198－0000005　一級 5k127
增廣註釋音辯唐柳先生集四十三卷外集二卷別集二卷附録一卷　(唐)柳宗元撰　(宋)童宗說註釋　(宋)張敦頤音辯　(宋)潘緯音義　元刻本　六册　存二十五卷(一至二十五)

110000－0198－0000006　一級 6k300
獨斷二卷　(漢)蔡邕撰　宋刻本　一册　存一卷(下)

110000－0198－0000007　一級 7k303
太學新增合璧聯珠萬卷菁華後集八十卷　(宋)李瓚遜輯　宋刻本　二册　存二卷(七十一至七十二)

110000－0198－0000008　一級 8k303
古今合璧事類備要前集六十九卷後集八十一卷續集五十六卷　(宋)謝維新輯　宋刻本　三册　存九卷(後集卷二十四葉十九至二十六、卷二十八葉一至十四,續集二十二至二十四、四十五至四十八)

110000－0198－0000009　一級 9zhou340
大般涅槃經卷第二十六　(北凉)釋曇無讖譯　唐寫本　一軸　存後十九紙

110000－0198－0000010　一級 10 軸 341
般若波羅蜜多心經一卷　(唐)釋玄奘譯　唐寫本　一軸

110000－0198－0000011　一級 11 軸 342
一切如來心秘密全身舍利寶篋印陀羅尼經一卷　(唐)釋不空譯　宋開寶八年(975)吳越國王錢俶刻本　一軸　缺卷首版畫

110000－0198－0000012　一級 12shan87
新刊四書章圖隱括總要　(元)程复心撰　元刻本　一册　存二卷(大學隱括總要一卷、中庸隱括總要一卷)

110000－0198－0000013　一級 13fo43
金剛般若波羅蜜經一卷　(後秦)釋鳩摩羅什譯　明永樂十年(1412)大明國周府新安王施金銀寫本　一册

110000－0198－0000014　一級 14fo45
金剛般若波羅蜜經等四種　(後秦)釋鳩摩羅什等譯　明萬曆三十年(1602)徐河喜寫本　一册

110000－0198－0000015　一級 15fo49
御製大乘妙法蓮華經六卷　(後秦)釋鳩摩羅什譯　明永樂十八年(1420)寫本　六軸

110000－0198－0000016　二級 1ji10618
古今韻會舉要三十卷　(元)熊忠撰　明嘉靖十五年(1536)刻本　二十四册

110000－0198－0000017　二級 2xiao10642
四書集註二十八卷　(宋)朱熹章句　清康熙内府刻本　九册

110000－0198－0000018　二級 3xiao10648
篆文六經四書六十三卷　(清)李光地等編　(清)張照等校刊　清康熙内府刻本　十六册

110000－0198－0000019　二級 4zhan14
重刻張閣老經筵四書直解二十七卷　(明)張居正輯著　(明)焦竑增校　(明)蔣長庚重訂　**四書鄒魯指南**　(明)楊文奎重著　明常郡書林何敬塘刻本　二十四册

110000－0198－0000020　二級 5pan10582
大明萬曆己丑重刊改併五音類聚四聲篇十五卷五音集韻十五卷　(金)韓道昭編　經史正

音切韻指南一卷 （元）劉鑒撰 **新編篇韻貫珠集一卷直指玉鑰匙門法一卷** （明）釋真空撰 明萬曆二十三年（1595）晋安芝山開元寺刻本 七册

110000－0198－0000021 二級 6pan10586

許氏說文解字五音韻譜十二卷 （宋）李燾撰 明嘉靖十一年（1532）孫甫刻本 六册

110000－0198－0000022 二級 7pan10593

大戴禮記十三卷 （漢）戴德撰 明蔡文範刻本 四册

110000－0198－0000023 二級 8pan10589

大戴禮記十三卷 （漢）戴德撰 明嘉靖十二年（1533）袁氏嘉趣堂刻本 四册 存六卷（一至三、八至十）

110000－0198－0000024 二級 9bei29

水經注四十卷 （北魏）酈道元撰 清乾隆武英殿聚珍版叢書本 八册

110000－0198－0000025 二級 10xiao10650

國語九卷 （明）閔齊伋裁注 明萬曆四十七年（1619）閔齊伋刻朱墨藍印本 六册

110000－0198－0000026 二級 11bei27

後漢書九十卷 （南朝宋）范曄撰 （唐）李賢注 （明）陳仁錫評 **志三十卷** （晉）司馬彪撰 （南朝梁）劉昭注 明天啓七年（1627）刻本 四十八册

110000－0198－0000027 二級 12li4876

荆川先生精選批點史記十二卷漢書六卷 （明）唐順之選 明萬曆刻本 十八册

110000－0198－0000028 二級 13pan10583

史記一百三十卷 （漢）司馬遷撰 （南朝宋）裴駰集解 （唐）司馬貞索隱 **史記補** （唐）司馬貞撰併注 明萬曆張守約廣東重修本 三十册

110000－0198－0000029 二級 14pan10588

國語二十一卷 （三國吳）韋昭解 明嘉靖七年（1528）金李澤遠堂刻本 八册

110000－0198－0000030 二級 15zhan34

戰國策三十三卷 （漢）高誘注 清乾隆二十一年（1756）盧見曾刻雅雨堂叢書本 四册

110000－0198－0000031 二級 16xiao10653

考亭淵源録二十四卷 （明）宋端儀撰 （明）薛應旂重輯 明隆慶三年（1569）刻本 八册

110000－0198－0000032 二級 17bei9

集古印譜六卷 （明）王常編 （明）顧從德校 明末刻萬曆顧氏雲閣朱印本 六册

110000－0198－0000033 二級 18bei11

掖乘六卷 （清）侯登岸撰 清道光八年（1828）劉喜海抄本 二册

110000－0198－0000034 二級 19pan10402

洛陽伽藍記五卷 （北魏）楊衒之撰 **集證一卷** （清）吳若準撰 清道光十四年（1834）吳若準刻本 二册

110000－0198－0000035 二級 20pan10576

具區志十六卷 （清）翁澍撰 清康熙二十八年（1689）刻本 四册

110000－0198－0000036 二級 21pan10584

杜氏通典二百卷 （唐）杜佑撰 明嘉靖李元陽刻本（卷八十六至八十八、一百一至一百十、一百二十四至一百二十七、一百九十四至一百九十六配吉番刻本） 四十八册

110000－0198－0000037 二級 22li4870

秦漢印統八卷 （明）羅王常編 明萬曆三十四年（1606）新都吳氏樹滋堂刻朱印本 八册

110000－0198－0000038 二級 23bei47

十鐘山房印舉不分卷 （清）陳介祺輯 清同治十一年（1872）陳氏十鐘山房鈐印本 六十三册

110000－0198－0000039 二級 24bei51

皇朝禮器圖式十八卷目錄一卷 （清）允祿等纂修 清乾隆三十一年（1766）武英殿刻本 二十册

110000－0198－0000040 二級 25gu10649

黃氏畫譜八種八卷 （明）黃鳳池輯 明萬曆杭州集雅齋刻本 二册 存二種二卷（新鐫

草本花詩譜一卷、新鐫木本花鳥譜一卷)

110000－0198－0000041　二級 26xiao10654

六子書六十卷　(明)顧春編　明嘉靖十二年(1533)顧春世德堂刻本　二十冊

110000－0198－0000042　二級 27gu10755

日知薈説四卷　(清)高宗弘曆撰　清乾隆慶復等仿武英殿刻本　四冊

110000－0198－0000043　二級 28gu10765

孔氏家語十卷　(三國魏)王肅注　清初吳郡寶翰樓刻本　六冊

110000－0198－0000044　二級 29li4888

孔氏家語十卷　(三國魏)王肅注　明末吳郡寶翰樓刻本　六冊

110000－0198－0000045　二級 30sun11174

成親王書古近體精品　題(清)永瑆書　清嘉慶二十二年(1817)寫本　一冊

110000－0198－0000046　二級 31sun11213

證心録二卷　題(明)池上客輯　明末刻本　二冊

110000－0198－0000047　二級 32bei8

無聲詩史七卷　(清)姜紹書輯　清康熙五十九年(1720)李光映觀妙齋刻本　二冊

110000－0198－0000048　二級 33－1i4875

冬心先生畫竹題記一卷　(清)金農著　清乾隆十五年(1750)刻本　一冊

110000－0198－0000049　二級 33－2li4875

冬心先生雜著不分卷　(清)金農著　清陳氏種榆仙館刻本　一冊

110000－0198－0000050　二級 34pan10431

韓子二十卷　(戰國)韓非撰　明萬曆凌濛初刻朱墨印本　十冊

110000－0198－0000051　二級 351i4871

雅尚齋遵生八牋十九卷　(明)高濂編次　明萬曆建邑書林種德堂刻本　十八冊

110000－0198－0000052　二級 36xiao10652

事物紀原集類十卷　(宋)高承輯　明成化八年(1472)李果刻本　六冊

110000－0198－0000053　二級 37xiao10655

呂氏春秋二十六卷　(明)王勸士訂批　明崇禎七年(1634)王錫衮刻本　二冊

110000－0198－0000054　二級 38hua16848

王荊公唐百家詩選二十卷　(宋)王安石輯　清康熙刻本　二十冊

110000－0198－0000055　二級 39bei14

宋洪魏公進萬首唐人絶句四十卷　(宋)洪邁輯　明萬曆三十五年(1607)趙宧光刻本　一百二十四冊

110000－0198－0000056　二級 40pan10572

穀山筆麈十八卷　(明)于慎行撰　(明)郭應寵編次　明天啓五年(1625)于緯刻本　八冊

110000－0198－0000057　二級 41pan10579

淵穎吳先生集十二卷附録一卷　(元)吳萊撰　(明)宋濂編　明嘉靖元年(1522)祝鑾刻本　十冊

110000－0198－0000058　二級 42pan10580

呂氏春秋二十六卷　(漢)高誘訓解　明嘉靖七年(1528)許宗魯刻本　六冊

110000－0198－0000059　二級 43pan10581

六家文選六十卷　(南朝梁)蕭統撰　(唐)李善等注　明嘉靖十三年至二十八年(1534－1549)袁褧嘉趣堂刻本　三十一冊

110000－0198－0000060　二級 44pan10591

太玄經十卷　(漢)揚雄撰　(晉)范望解贊　(明)羅所藴等訂　明萬曆霓野堂刻本　二冊

110000－0198－0000061　二級 45gu10619

大宋文鑑一百五十卷　(宋)呂祖謙輯　明正德十三年(1518)慎獨齋刻本　二十冊

110000－0198－0000062　二級 46xiao10643

甫田集三十六卷　(明)文徵明撰　明刻本　八冊

110000－0198－0000063　二級 47pan10705

古逸書三十卷首一卷末一卷　(明)潘基慶選注　明萬曆刻本　十六冊

110000－0198－0000064　二級 49pan10709

孟東野詩集十卷聯句一卷　(唐)孟郊撰　明嘉靖三十五年(1556)秦禾刻本　四冊

110000－0198－0000065　二級 50gu10867

唐詩選七卷附錄一卷　(明)李攀龍編選　明萬曆刻朱墨印本　六冊

110000－0198－0000066　二級 51cang10879

廣文字會寶不分卷　(明)朱文治輯　明萬曆三十六年(1608)閩建書林葉見遠刻本　八冊

110000－0198－0000067　二級 52sun11162

止盦相國遺札　(清)瞿鴻機撰　清末稿本　二冊

110000－0198－0000068　二級 53zhan2

李太白文集三十卷　(唐)李白撰　清康熙五十六年(1717)繆曰芑雙泉草堂刻本　八冊

110000－0198－0000069　二級 54zhan9

陽明先生文錄五卷外集九卷別錄十卷　(明)王守仁撰　明嘉靖三十二年(1553)刻本(別錄配嘉靖三十六年胡宗憲九行十九字本)　二十冊

110000－0198－0000070　二級 55bei16

海瓊玉蟾先生文集六卷續集二卷　(宋)葛長庚撰　(明)南極老人臞仙重編　(明)何繼高等校　明刻本　十二冊

110000－0198－0000071　二級 56bei22

重校正唐文粹一百卷　(宋)姚鉉撰　明嘉靖六年(1527)張大倫刻本　十六冊

110000－0198－0000072　二級 57bei34

韓昌黎詩集編年箋注十二卷　(清)方世舉考訂　清乾隆二十三年(1758)盧見曾雅雨堂刻本　十二冊

110000－0198－0000073　二級 58bei40

霜紅龕集十二卷附錄一卷　(清)傅山撰　(清)張耀先編輯　**我詩集六卷**　(清)傅眉撰　(清)張耀先編輯　清乾隆十二年(1747)張氏生生堂刻本　四冊

110000－0198－0000074　二級 59pan10391

六朝文絜四卷　(清)許槤評選　(清)朱鈞参校　清道光五年(1825)許氏享金寶石齋刻朱墨印本　二冊

110000－0198－0000075　二級 60pan10568

楚辭二卷　(漢)劉向輯　明萬曆四十八年(1620)閔齊伋刻朱墨藍套印本　四冊

110000－0198－0000076　二級 61pan10573

賜閑堂集四卷　(明)王象晉撰　清順治九年(1652)刻本　四冊

110000－0198－0000077　二級 pan 10574

李長吉歌詩四卷外詩集一卷　(唐)李賀撰　(宋)吳正子箋注　(宋)劉辰翁評點　明天啓刻合刻宋劉須溪點校書九種本　二冊

110000－0198－0000078　二級 63pan9

唐詩品彙九十卷拾遺十卷　(明)高棅編　明嘉靖十八年(1539)牛斗刻本　十冊

110000－0198－0000079　二級 64pan10587

陶靖節集十卷總論一卷　(晉)陶潛撰　明萬曆三十一年(1603)吳汝紀刻朱墨印本　二冊

110000－0198－0000080　二級 65hua10760

帶經堂集七編九十二卷　(清)王士禛撰　(清)程哲校編　清康熙四十九年至五十年(1710－1711)程氏七略書堂刻本　三十六冊

110000－0198－0000081　二級 66bei28

曝書亭集八十卷附錄一卷　(清)朱彝尊撰　**笛漁小稿十卷**　(清)朱昆田撰　清康熙五十三年(1714)朱稻孫刻本　二十四冊

110000－0198－0000082　二級 67bei42

湧幢小品三十二卷　(明)朱國禎撰　明天啓二年(1622)刻本　十二冊

110000－0198－0000083　二級 68pan9

唐詩紀事八十一卷　(宋)計有功撰　明嘉靖刻本　二十冊

110000－0198－0000084　二級 69cang10714

津逮秘書十五集一百四十一種　(明)毛晉編　明崇禎毛氏汲古閣刻本　二十冊

110000－0198－0000085　二級 70zhang37

經韵樓叢書　(清)段玉裁輯　清道光元年(1821)七葉衍祥堂刻本　三十六册

110000－0198－0000086　二級 71pan10229
經韵樓叢書附釋拜　(清)段玉裁輯　清道光元年(1821)七葉衍祥堂刻本　三十三册

110000－0198－0000087　二級 72k1
新刊監本册府元龜一千卷　(宋)王欽若等輯　明緑格抄本　三册　存十五卷(三百三十一至三百三十五、三百九十一至三百九十五、八百六十六至八百七十)

110000－0198－0000088　二級 73k2
監本册府元龜一千卷　(宋)王欽若等輯　明藍格抄本　六十一册　存二百七十五卷(四百七十六至五百四十四、五百五十五至五百六十五、五百七十一至五百九十七、六百一至六百二十六、七百十六至七百五十六、八百三十四至八百五十三、八百五十九至八百八十四、九百四至九百九、九百十四至九百六十二)

110000－0198－0000089　二級 74k3
太平御覽一千卷目録十五卷　(宋)李昉等輯　明刻本　一百八册

110000－0198－0000090　二級 75k4
文苑英華一千卷　(宋)李昉等輯　明抄本(卷七百三十末葉抄配、七百三十一抄配四葉)　一百五十八册　缺一百九十九卷(三十一至四十、一百五十一至一百六十、二百五十一至二百七十、三百一至三百十、三百八十至三百九十九、四百十至四百十九、五百十七至五百二十八、五百九十九至六百九、六百五十一至六百五十八、七百十一至七百十九、七百六十一至七百七十九、七百九十二至八百一、八百三十五至八百四十三、八百八十五至九百四、九百十五至九百二十四、九百五十九至九百六十九)

110000－0198－0000091　二級 76k7
北史一百卷　(唐)李延壽撰　明萬曆二十六年(1598)北京國子監刻本　三十二册

110000－0198－0000092　二級 77k8
南史八十卷　(唐)李延壽撰　明萬曆三十二年(1604)北京國子監刻本　二十册

110000－0198－0000093　二級 78k9
後漢書九十卷　(南朝宋)范曄撰　(唐)李賢注　**志三十卷**　(晉)司馬彪撰　(南朝梁)劉昭注　明嘉靖汪文盛等刻本　二十册

110000－0198－0000094　二級 79k10
三國志六十五卷　(晉)陳壽撰　(南朝宋)裴松之注　明萬曆二十四年(1596)南京國子監刻本　二十册

110000－0198－0000095　二級 80k12
南華真經十卷　(戰國)莊周著　明萬曆九年(1581)慎德書院刻本　二册

110000－0198－0000096　二級 81k13
史記一百三十卷　(漢)司馬遷撰　明王延喆刻本　一册　存三卷(九十七至九十九)

110000－0198－0000097　二級 82k14
史記一百三十卷　(漢)司馬遷撰　明王延喆刻本　一册　存二卷(十三至十四)

110000－0198－0000098　二級 83k17
孫子參同三卷　(明)李贄撰　明刻本　三册

110000－0198－0000099　二級 84k18
荀子二十卷　(唐)楊倞注　明嘉靖十二年(1533)世德堂刻六字書本　六册

110000－0198－0000100　二級 85k19
南唐書三十卷　(宋)馬令撰　明嘉靖刻本　四册

110000－0198－0000101　二級 86k19
晏子春秋四卷　(春秋)晏嬰撰　明萬曆十六年(1588)吴懷保刻本　二册

110000－0198－0000102　二級 87k23
孔子家語八卷　(明)何孟春注　明刻本　二册

110000－0198－0000103　二級 88k25
詩經四卷　(明)鍾惺批點　明凌杜若刻朱墨藍套印本　四册

110000－0198－0000104　二級 89k27

新鎸武經七書七卷　(明)王守仁評　(明)胡宗憲參評　明天啓元年(1621)茅震東刻朱墨印本　八冊

110000－0198－0000105　二級 90k35

聊齋志異十六卷　(清)蒲松齡著　(清)王士禛評　清乾隆三十年(1765)青柯亭刻本　十六冊

110000－0198－0000106　二級 91k36

聊齋誌異十八卷　(清)蒲松齡著　(清)王梓園評　清乾隆五十年(1785)郁文堂刻本　十六冊

110000－0198－0000107　二級 92k37

聊齋誌異六卷　(清)蒲松齡撰　(清)小芝山樵選　清乾隆五十九年(1794)刻本　十六冊

110000－0198－0000108　二級 93k38

誌異摘抄十八卷　(清)蒲松齡撰　(清)王梓園評　清乾隆三十二年(1767)介景堂刻本　十八冊

110000－0198－0000109　二級 94k122

東坡先生志林集　(宋)蘇軾撰　明抄本　一冊

110000－0198－0000110　二級 95k124

藏書六十八卷　(明)李贄撰　明萬曆二十七年(1599)焦竑刻本　四十冊

110000－0198－0000111　二級 96k129

宋學士文集七十五卷　(明)宋濂撰　明正德九年(1514)張縉刻本　二十冊

110000－0198－0000112　二級 97k130

梁江文通文集十卷　(南朝梁)江淹撰　明刻本　四冊

110000－0198－0000113　二級 98k135

韋蘇州集十卷拾遺一卷　(唐)韋應物撰　明刻本　四冊

110000－0198－0000114　二級 99k137

唐伯虎先生集二卷外編五卷唐伯虎先生外編續刻十二卷畫譜三卷　(明)唐寅著　(明)何大成校　明萬曆二十年(1592)刻本　八冊

110000－0198－0000115　二級 100k139

袁中郎先生批評唐伯虎彙集四卷　(明)唐寅撰　(明)袁宏道評　**唐六如先生畫譜三卷**　(明)唐寅輯　**外集一卷**　(明)祝允明撰　**紀事一卷傳贊一卷**　明秋實堂刻本　四冊

110000－0198－0000116　二級 101k141

重刊嘉祐集十二卷　(宋)蘇洵撰　明刻本　四冊　存八卷(一至四、九至十二)

110000－0198－0000117　二級 102k145

鹽鐵論十二卷　(漢)桓寬撰　(明)張之象註　明嘉靖三十三年(1554)張氏猗蘭堂刻本　十二冊

110000－0198－0000118　二級 103k146

鹽鐵論十二卷　(漢)桓寬撰　(明)張之象註　明萬曆八年(1580)崇經堂刻本　五冊　存十卷(一至二、五至十二)

110000－0198－0000119　二級 104k149

子彙二十四種　(明)周子義編　明萬曆四年至五年(1576－1577)南京國子監刻本　十二冊　缺一種一卷(天隱子一卷)

110000－0198－0000120　二級 105k152

新鎸全像通俗演義隋煬帝豔史八卷四十回　(明)齊東野人撰　明崇禎刻本　二十冊

110000－0198－0000121　二級 106k162

西廂記五卷附解証附錄元人增對弈會真記一卷　(元)王實甫填詞　明凌濛初刻朱墨印本　二冊

110000－0198－0000122　二級 107k163

西廂記定本二卷　(元)王實甫撰　(明)槃薖碩人增改定本　明刻本(有圖)　三冊

110000－0198－0000123　二級 108k165

李卓吾先生批點西廂記真本二卷會真記一卷　(元)王實甫撰　(明)李贄批點　明崇禎刻本　二冊

110000－0198－0000124　二級 109k167

六幻西廂記　(明)閔寓五編　清初致和堂刻

本　十冊

110000－0198－0000125　二級 110k169
三先生合評元本北西廂五卷　(唐)元稹撰　(元)王實甫　(元)關漢卿編　(明)湯顯祖　(明)李贄　(明)徐渭評　明末刻本　四冊

110000－0198－0000126　二級 111k174
董解元西廂記二卷　(金)董解元撰　(明)楊慎點定　明刻本(有圖)　二冊

110000－0198－0000127　二級 112k178
重校元本大板釋義全像音釋北西廂記二卷附一卷　(元)王實甫著　(元)關漢卿補　明刻本　四冊

110000－0198－0000128　二級 113k179
新刊合併董解元西廂記二卷　(明)屠隆校正　清抄本(有圖)　二冊

110000－0198－0000129　二級 114k181
新校古本西廂記六卷　(元)王實甫編　(明)方諸生校注　明萬曆四十二年(1614)王氏香雪居刻本(有圖)　七冊

110000－0198－0000130　二級 115k192
元本出相北西廂記二卷會真記一卷釋義一卷　(元)王實甫　(元)關漢卿撰　(明)王世貞　(明)李贄評　明萬曆刻本(有圖)　四冊

110000－0198－0000131　二級 116k195
重校北西廂記二卷　(元)王實甫　(元)關漢卿撰　(明)羅懋登註釋　明萬曆刻本　二冊

110000－0198－0000132　二級 117k203
牡丹亭二卷　(明)湯顯祖撰　(明)徐肅穎刪潤　明萬曆刻本(有圖)　四冊

110000－0198－0000133　二級 118k205
湯義仍先生邯鄲夢記二卷　(明)湯顯祖撰　明刻本　二冊

110000－0198－0000134　二級 119k221
映旭齋批點北宋三遂平妖傳四十回　(明)羅本撰　(明)馮夢龍增定　明刻本(有圖)　六冊

110000－0198－0000135　二級 121k230
新編皇明通俗演義七曜平妖全傳六卷　(明)羅本撰　明天啓刻本(有圖)　六冊

110000－0198－0000136　二級 122k234
紘索辨訛二卷　(明)沈寵綏撰　明崇禎十二年(1639)沈氏刻本　四冊

110000－0198－0000137　二級 123k247
百夷傳一卷　(明)錢古訓著　明萬曆趙琦美抄本　一冊

110000－0198－0000138　二級 124k248
高士傳三卷　(晉)皇甫謐撰　明嘉靖三十一年(1552)黄省曾漢唐三傳刻本　三冊

110000－0198－0000139　二級 125k249
快士傳十六卷　(清)五色石主人編　清初刻本　八冊

110000－0198－0000140　二級 126k261
草屋雜談二卷　(明)楊勗肖撰　明嘉靖三十二年(1553)停雲館刻本　二冊

110000－0198－0000141　二級 127k262
廬山紀事十二卷　(明)桑喬撰　明嘉靖刻本(有圖)　四冊

110000－0198－0000142　二級 128k270
新刻按鑑編纂開闢衍繹通俗志傳六卷　(明)周游集　(明)王黌釋　明崇禎刻本(有圖)　六冊

110000－0198－0000143　二級 129k271
鹿遊子四卷　(明)宋祖舜著　明萬曆四十七年(1619)刻本　二冊

110000－0198－0000144　二級 130k272
齊乘六卷　(元)于欽纂修　**釋音一卷**　(元)于潛撰　明嘉靖四十三年(1564)杜思刻本　六冊

110000－0198－0000145　二級 131k274
明中東宮冠服　(明)□□纂修　明烏絲欄彩繪本(有圖)　六冊

110000－0198－0000146　二級 132k275
繡谷春容十二集　(明)起北赤心子輯　明刻本　十二冊

110000－0198－0000147　二級 133k286

秦隱君集一卷　(唐)秦系撰　明銅活字印本　一册

110000－0198－0000148　二級 134k291

決勝綱目十卷　(明)葉夢熊著　明刻本　二册

110000－0198－0000149　二級 135k296

河東先生集四十五卷集傳一卷附錄一卷外集二卷龍城錄二卷　(唐)柳宗元撰　(唐)劉禹錫編　明萬曆三十八年(1610)呂圖南刻天啓補刻本　十二册

110000－0198－0000150　二級 136k298

淮海集四十卷後集六卷　(宋)秦觀撰　明嘉靖刻本　八册

110000－0198－0000151　二級 137k311

東觀餘論二卷　(宋)黄伯思撰　明萬曆十二年(1584)項篤壽萬卷堂刻本　二册

110000－0198－0000152　二級 138k312

齊東埜語二十卷　(宋)周密撰　清康熙抄本　四册

110000－0198－0000153　二級 139k315

劉向說苑二十卷　(漢)劉向撰　明嘉靖刻本　六册

110000－0198－0000154　二級 140k318

湧幢小品三十二卷　(明)朱國禎輯　明天啓二年(1622)清美堂刻本　十六册

110000－0198－0000155　二級 141k329

漱石閑談　(清)張希杰著　清乾隆鑄雪齋抄本　一册

110000－0198－0000156　二級 142k332

西京雜記六卷　(晉)葛洪撰　明萬曆三十年(1602)陝西布政使司刻本　一册

110000－0198－0000157　二級 143k347

醒世恒言四十卷　(明)馮夢龍撰　(明)可一居士評　(明)墨浪主人校　明萬曆葉敬池刻本(有圖)　一册　存一卷(一)

110000－0198－0000158　二級 144k348

醒世恒言四十卷　(明)馮夢龍撰　(明)可一居士評　(明)墨浪主人校　明天啓衍慶堂刻本　十六册

110000－0198－0000159　二級 145k361

爾雅三卷　(晉)郭璞注　明刻本　一册

110000－0198－0000160　二級 146k362

說學齋稿　(明)危素撰　明歸有光抄本　四册

110000－0198－0000161　二級 147k363

考工記輯註三卷　(明)陳與郊輯　明萬曆刻本　三册

110000－0198－0000162　二級 148k369

酒令　(清)□□撰　清初刻本　一册

110000－0198－0000163　二級 149k397

異史六卷　(清)蒲松齡著　清初抄本　十二册

110000－0198－0000164　二級 150x350

春畫圖册　(明)□□繪　明末刻本　一册

110000－0198－0000165　二級 151x351

春宵密戲圖册　(明)□□繪　明末刻本　一册

110000－0198－0000166　二級 152x357

唐貴妃楊太真全史六卷　(明)西湖梅道人補輯　明末刻本　六册

110000－0198－0000167　二級 153x361

花陣綺言十二卷　(明)楚江仙叟石公纂輯　(明)吳門翰史茂生評選　明末刻本　十二册

110000－0198－0000168　二級 154x393

三刻驚奇六卷二十四回　題(明)夢覺道人等輯　明末刻本　六册　缺六回(一至四、七至八)

110000－0198－0000169　二級 155shan10

詩詞雜俎十六種　(明)毛晉輯　明天啓五年(1625)毛氏汲古閣刻本　十册

110000－0198－0000170　二級 156shan22

東坡續集十二卷　(宋)蘇軾撰　明嘉靖十三

年(1534)江西布政司刻本　二十冊

110000－0198－0000171　二級 157shan23
空同子集六十六卷　(明)李夢陽撰　明刻本　十五冊

110000－0198－0000172　二級 158shan24
空同子集六十六卷目錄三卷附錄二卷　(明)李夢陽撰　明萬曆三十年(1602)歸隆裔刻本　十六冊

110000－0198－0000173　二級 159shan25
東坡集四十卷後集二十卷　(宋)蘇軾撰　明江西布政司刻本　三十二冊

110000－0198－0000174　二級 160shan26
河東先生集四十五卷外二卷附錄二卷　(唐)柳宗元撰　明嘉靖濟美堂刻本　二十冊

110000－0198－0000175　二級 161shan27
大學衍義補纂要六卷　(明)徐栻編輯　明刻本　六冊

110000－0198－0000176　二級 162shan28
耿中丞楊太史批點近溪羅子全集二十四卷　(明)羅汝芳撰　明萬曆刻本　十二冊　存十六卷(羅先生詩集二卷、羅先生一貫編九卷、近溪子續集二卷、近溪子附集二卷、近溪羅先生鄉約全書一卷)

110000－0198－0000177　二級 163shan30
淮海集四十卷後集六卷長短句三卷　(宋)秦觀撰　(明)李之藻校　明萬曆四十六年(1618)李之藻刻本　十六冊

110000－0198－0000178　二級 164shan31
冰川詩式十卷附詩原一卷　(明)梁橋撰　明萬曆刻本　四冊

110000－0198－0000179　二級 165shan33
孝經大全二十八卷首一卷義例一卷　(明)吕維祺編　明崇禎刻本　五冊

110000－0198－0000180　二級 166shan35
弘農問答四書辨疑解　(明)苗敏榮撰　明崇禎刻本　六冊

110000－0198－0000181　二級 167shan37
唐詩選七卷附錄一卷　(明)李攀龍輯　(明)蔣一葵釋　明萬曆刻本　六冊

110000－0198－0000182　二級 168shan39
陸士衡集十卷　(晉)陸機撰　(明)汪士賢校　明新安汪氏刻本　四冊

110000－0198－0000183　二級 169shan40
王文恪公集三十六卷附鶗音一卷白社詩草一卷　(明)王鏊撰　明刻本　十二冊

110000－0198－0000184　二級 170shan41
禮記集說十卷　(元)陳澔集説　明崇禎閔齊伋刻本　二十冊

110000－0198－0000185　二級 171shan42
陽明先生要書五卷　(明)陳龍正纂　明崇禎刻本　四冊

110000－0198－0000186　二級 172shan43
李卓吾先生讀升菴集二十卷　(明)李贄評　明刻本　四冊

110000－0198－0000187　二級 173shan44
說文解字十二卷首一卷　(漢)許慎撰　(宋)李燾重編　明萬曆二十六年(1598)陳大科刻本　十冊

110000－0198－0000188　二級 174shan45
草堂詩餘正集六卷續集二卷別集四卷新集五卷　(明)顧從敬類選　(明)沈際飛評正　明刻本　十八冊

110000－0198－0000189　二級 175shan47
史記一百三十卷　(漢)司馬遷撰　(明)葛鼎　(明)金蟠輯評　明崇禎十年(1637)葛氏刻本　十六冊

110000－0198－0000190　二級 176shan48
二家宮詞二卷　(明)毛晉輯　明末汲古閣刻詩詞雜俎本　一冊

110000－0198－0000191　二級 177shan49
三家宮詞三卷　(明)毛晉輯　明末汲古閣刻詩詞雜俎本　一冊

110000－0198－0000192　二級 178shan50
新纂門目五臣音註揚子法言十卷　(漢)揚雄

撰　(晉)李軌　(唐)柳宗元註　(宋)宋咸　(宋)吴祕　(宋)司馬光添註　明嘉靖刻本　四册

110000－0198－0000193　二級 179shan51
唐陸宣公集二十二卷　(唐)陸贄撰　明萬曆刻本　六册

110000－0198－0000194　二級 180shan52
儀禮注疏十七卷　(漢)鄭玄注　(唐)賈公彦疏　明嘉靖刻本　十二册

110000－0198－0000195　二級 181shan53
尚書註疏二十卷　題(漢)孔安國傳　(唐)孔穎達疏　明萬曆十五年(1587)北京國子監刻本　八册

110000－0198－0000196　二級 182shan54
六臣註文選六十卷　(南朝梁)蕭統撰　(唐)李善等註　明嘉靖刻本　六十册

110000－0198－0000197　二級 183shan57
何大復先生集三十八卷　(明)何景明撰　明萬曆刻本　十册

110000－0198－0000198　二級 184shan58
浣花集十卷　(五代)韋莊撰　(明)毛晉訂　明末毛氏汲古閣刻本　二册

110000－0198－0000199　二級 185shan59
握機經三卷握機緯十五卷　(明)曹胤儒輯　明刻本　二册　缺九卷(緯四至十二)

110000－0198－0000200　二級 186shan62
列子冲虚真經一卷附音義　明閔齊伋刻三子閣刻朱墨印本　二册

110000－0198－0000201　二級 187shan64
申鑒五卷　(漢)荀悦撰　(明)黄省曾注　**中論二卷**　(漢)徐幹著　(明)程榮校　明萬曆二十年(1592)新安程氏漢魏叢書本　二册

110000－0198－0000202　二級 188shan65
福壽全書六卷　(明)陳繼儒撰　明刻本　六册

110000－0198－0000203　二級 189shan66
堯山堂外紀一百卷　(明)蔣一葵撰　明萬曆舒一泉刻本　三十二册　存六十七卷(十六至八十二)

110000－0198－0000204　二級 190shan69
荀子二十卷　(唐)楊倞註　明嘉靖十二年(1533)吴郡顧春世德堂刻六子全書本　六册

110000－0198－0000205　二級 191shan74
新編分類當代名公文武星案六卷首一卷　(明)陸位著　明刻本　六册

110000－0198－0000206　二級 192shan76
軼詩二卷　(清)袁彭年撰　明刻本　一册

110000－0198－0000207　二級 193shan77
刻歷朝捷錄大成二卷　(明)顧充編著　明萬曆十二年(1584)定海學宫刻本　四册

110000－0198－0000208　二級 194shan78
重校正唐文粹一百卷　(宋)姚鉉纂　明嘉靖張大輪刻本　四十册

110000－0198－0000209　二級 195shan79
宋大家王文公文鈔十六卷　(宋)王安石撰　(明)茅坤批評　明萬曆刻唐宋八大家文鈔本　二册

110000－0198－0000210　二級 196shan81
化書六卷　(五代)譚峭撰　明刻本　三册

110000－0198－0000211　二級 197shan82
周禮二十卷　(明)陳深批點　明凌杜若刻朱墨印本　六册

110000－0198－0000212　二級 198shan83
沖虚至德真經八卷　(晉)張湛注　明嘉靖十二年(1533)吴郡顧氏世德堂刻本　四册

110000－0198－0000213　二級 199shan86
東坡續集十二卷　(宋)蘇軾撰　明嘉靖十三年(1534)江西布政司刻本　四册

110000－0198－0000214　二級 200shan89
蘇米志林三卷　(明)毛晉輯　明天啓五年(1625)毛氏綠君亭刻本　三册

110000－0198－0000215　二級 201shan90
老子道德真經二卷列子沖虚真經一卷　明閔

齊伋刻朱墨印本　一冊

110000－0198－0000216　二級 202shan91

牧齋初學集一百十卷　（清）錢謙益撰　明崇禎十六年(1643)瞿式耜耕石齋刻本　二十四冊

110000－0198－0000217　二級 203shan93

西漢書抄六卷　（明）茅瓚輯　明茅藉吉刻本　六冊

110000－0198－0000218　二級 204shan95

香譜二卷　題(宋)洪芻撰　明刻本　一冊

110000－0198－0000219　二級 205shan96

王文成公全書三十八卷　（明）王守仁撰　明隆慶六年(1572)刻本　十二冊

110000－0198－0000220　二級 206shan97

兩漢雋言前集十卷　（宋）林鉞輯　**後集六卷**　（明）凌廸知輯　明萬曆刻本　六冊

110000－0198－0000221　二級 207shan99

後漢書九十卷　（南朝宋）范曄撰　（唐）李賢注　**志三十卷**　（晉）司馬彪撰　（南朝梁）劉昭注　明刻本　三十二冊

110000－0198－0000222　二級 208shan100

諸經品節二十卷　（明）楊起元註評　明萬曆刻本　十二冊

110000－0198－0000223　二級 209shan102

圖書衍五卷　（明）喬中和撰　明崇禎喬鉢刻本　二冊

110000－0198－0000224　二級 210shan104

韓子迂評二十卷附一卷　（明）門無子撰　明萬曆刻本　十二冊

110000－0198－0000225　二級 211shan105

四書直解二十六卷　（明）張居正等輯　明萬曆刻本　二十六冊

110000－0198－0000226　二級 212shan109

三國六朝文選　（明）錢士馨等纂　明來復堂刻本　十二冊

110000－0198－0000227　二級 213shan111

廣輿記二十四卷　（明）陸應陽輯　明萬曆刻本　四冊

110000－0198－0000228　二級 214shan112

後漢書一百二十卷　（南朝宋）范曄撰　明吴勉學刻本　十二冊

110000－0198－0000229　二級 215shan113

天中記五十卷　（明）陳耀文輯　（明）屠隆校　明隆慶三年(1569)刻本　十冊　存十卷(一至十)

110000－0198－0000230　二級 216shan115

史記評林一百三十卷附短長説一卷　（明）凌稚隆輯校　（明）李光縉增補　明萬曆宏遠堂熊氏刻本　二十冊

110000－0198－0000231　二級 217shan116

歇菴集十六卷　（明）陶望齡著　（明）王應遴校　明萬曆刻本　十六冊

110000－0198－0000232　二級 218shan117

東坡先生全集七十五卷　（宋）蘇軾撰　明萬曆刻本　三十冊

110000－0198－0000233　二級 219shan119

唐柳河東集四十五卷外集五卷遺集五卷附録五卷　（唐）柳宗元撰　（明）蔣之翹輯注　明崇禎刻本　十八冊

110000－0198－0000234　二級 220shan120

史記一百三十卷　（漢）司馬遷撰　（南朝宋）裴駰集解　（唐）司馬貞索隱　（唐）張守節正義　明萬曆二十四年(1596)南京國子監刻本　二十四冊

110000－0198－0000235　二級 221shan122

范文正公集二十卷附一卷年譜一卷　（宋）范仲淹著　（明）康丕揚校　明萬曆三十七年(1609)刻本　三十二冊

110000－0198－0000236　二級 222shan141

關尹子二卷　（宋）陳顯微註　明刻本　四冊

110000－0198－0000237　二級 223shan143

唐詩歸三十六卷　（明）鍾惺等選　明刻朱墨藍套印本　八冊

110000－0198－0000238　二級 224shan148

新鐫性理節要八卷　(明)蘇文韓編輯　明萬曆刻本　四册

110000－0198－0000239　二級 225shan160

顏氏家訓二卷　(北齊)顔之推撰　(明)程榮校　明萬曆刻本　二册

110000－0198－0000240　二級 226shan189

唐人四集十二卷　(明)毛晉輯　明海虞毛氏汲古閣刻本　四册

110000－0198－0000241　二級 227shan191

張燕公集二十五卷　(唐)張説撰　(清)秦恩復校　清乾隆武英殿木活字印本　六册

110000－0198－0000242　二級 228shan194

浮沚集九卷　(宋)周行己撰　清乾隆武英殿木活字印本　六册

110000－0198－0000243　二級 229shan197

蒙齋集二十卷　(宋)袁甫撰　清乾隆武英殿木活字印本　十六册

110000－0198－0000244　二級 230shan203

鶡冠子三卷　(宋)陸佃解　清乾隆武英殿木活字印本　一册

110000－0198－0000245　二級 231shan206

禹貢指南四卷　(宋)毛晃撰　清乾隆武英殿木活字印本　四册

110000－0198－0000246　二級 232shan214

御選唐詩三十二卷附録三卷　(清)聖祖玄燁輯　清康熙五十二年(1713)内府刻朱墨印本　十五册

110000－0198－0000247　二級 233shan341

柯山集五十卷　(宋)張耒撰　清乾隆武英殿木活字印本　十六册

110000－0198－0000248　二級 234shan357

春秋左傳註疏六十卷　(晉)杜預注　(唐)孔穎達疏　明萬曆十九年(1591)北京國子監刻本　十册　存十九卷(一至十九)

110000－0198－0000249　二級 235shan358

尚書註疏二十卷　題(漢)孔安國傳　(唐)孔穎達疏　(唐)陸德明釋文　明萬曆十五年(1587)北京國子監刻本　五册

110000－0198－0000250　二級 236shan359

周禮註疏四十二卷　(漢)鄭玄注　(唐)賈公彦疏　明萬曆二十一年(1593)北京國子監十三經註疏本　九册

110000－0198－0000251　二級 237shan362

茅鹿門先生批評史記抄一百四卷　(明)茅坤撰　明天啓黄汝亨刻本　十六册

110000－0198－0000252　二級 238shan365

八代四六全書十六卷目一卷　(明)李天麟輯　明萬曆刻本　十六册

110000－0198－0000253　二級 239shan367

新刊性理會要十卷　(明)游遜編輯　明嘉靖刻本　四册

110000－0198－0000254　二級 240shan368

新刻九我李太史編纂古本歷史大方綱鑑三十九卷首一卷　(明)李廷機編纂　明萬曆二十八年(1600)余象斗雙峰堂刻本　二十册

110000－0198－0000255　二級 241shan371

歷代相業考一卷皇明軍功考二卷　(明)沈夢熊撰　明天啓三年(1623)費邦教刻本　八册

110000－0198－0000256　二級 242shan378

資治通鑑綱目發明五十九卷　(宋)尹起莘撰　**集覽五十九卷**　(元)王幼學撰　明内府刻本　二十册

110000－0198－0000257　二級 243shan381

東坡文選二十卷　(宋)蘇軾撰　(明)鍾惺定　明萬曆刻本　八册

110000－0198－0000258　二級 244shan383

魏書一百十四卷　(北齊)魏收撰　明萬曆二十四年(1596)南京國子監刻本　二十四册

110000－0198－0000259　二級 245shan393

南華真經十卷　(戰國)莊子撰　明刻本　四册　存六卷(一至六)

110000－0198－0000260　二級 246shan397

唐十子詩十四卷　(明)王準編　明刻本　二

册　存四子六卷(劉義詩集三卷、劉駕詩集一卷、張蠙詩集一卷、邵謁詩集一卷)

110000－0198－0000261　二級 247shan399
水經注四十卷　(漢)桑欽撰　(北魏)酈道元注　明崇禎二年(1629)嚴忍公等刻本　三十二册

110000－0198－0000262　二級 248shan407
妙法蓮華經知音七卷　(後秦)釋鳩摩羅什譯　明天啓四年(1624)刻本　八册

110000－0198－0000263　二級 249shan427
漢雋十卷　(宋)林鉞輯　明萬曆二十八年(1600)繼安刻本　八册

110000－0198－0000264　二級 250shan428
孟子二卷　(宋)蘇洵評點　明刻本　二册

110000－0198－0000265　二級 251shan431
中説十卷　(隋)王通撰　(宋)阮逸註　明嘉靖十二年(1533)顧春世德堂六子全書本　四册

110000－0198－0000266　二級 252shan438
文中子中説十卷　(宋)阮逸註　明萬曆桐陰書屋刻六子書本　六册

110000－0198－0000267　二級 253shan440
夢溪筆談二十六卷補筆談三卷續筆談一卷　(宋)沈括撰　明崇禎四年(1631)马元調刻本　六册

110000－0198－0000268　二級 254shan441
山谷内集詩註二十卷目二卷　(宋)黄庭堅撰　(宋)任淵註　明初刻本　十二册

110000－0198－0000269　二級 255shan442
秦漢文鈔六卷　(明)閔邁德等裁定　明刻朱墨印本　七册

110000－0198－0000270　二級 256shan449
伊川擊壤集二十卷　(宋)邵雍撰　明萬曆刻本　六册

110000－0198－0000271　二級 257shan458
梁昭明文選十二卷　(明)張鳳翼纂註　明萬曆刻本　六册

110000－0198－0000272　二級 258shan462
墨子十五卷　(明)李贄輯　(明)郎兆玉評　明崇禎郎氏堂策檻刻本　四册

110000－0198－0000273　二級 259shan471
四書集註大全三十六卷　(明)胡廣等撰　明内府刻本　二十四册

110000－0198－0000274　二級 260shan475
韓非子二十卷　(戰國)韓非撰　**識誤三卷**　(清)顧廣圻撰　清嘉慶二十三年(1818)吴氏影宋刻本　六册

110000－0198－0000275　二級 261shan481
昌黎先生集四十卷外集十卷遺文一卷　(唐)韓愈撰　明東吴徐氏東雅堂刻本　二十册

110000－0198－0000276　二級 262shan490
鐔津文集十九卷首一卷　(宋)釋契嵩撰　明萬曆三十五年(1607)刻徑山藏本　四册

110000－0198－0000277　二級 263shan492
景德傳燈錄三十卷　(宋)釋道原纂　明萬曆三十四年(1606)刻徑山藏本　十六册

110000－0198－0000278　二級 264shan493
叢桂軒詩二卷　(明)吴大經撰　(明)魏浣初評　(明)錢希言校　明萬曆刻藍印本　一册　存一卷(下)

110000－0198－0000279　二級 265shan505
春秋公羊穀梁傳合纂二卷　(明)張榜纂　(明)朱士泰訂　明萬曆刻本　四册

110000－0198－0000280　二級 266shan511
春秋公羊傳不分卷附攷一卷　(漢)何休解詁　(明)閔齊伋裁注　明天啓元年(1621)閔氏刻朱墨藍套印本　四册

110000－0198－0000281　二級 267shan522
南嶽九真人傳一卷　(宋)廖侁撰　明初刻本　一册

110000－0198－0000282　二級 268shan524
性理標題綜要二十二卷　(明)詹淮輯　(明)陳仁錫訂　明末梅墅石渠閣刻本　二十四册

110000－0198－0000283　二級 269shan535

隆禧容宇貴禪師語錄　(清)釋明還記錄　清康熙刻本　四冊

110000－0198－0000284　二級 270shan538
楚辭二卷　(漢)劉向輯　明萬曆刻本　二冊

110000－0198－0000285　二級 271shan539
聖賢像贊不分卷　(明)呂維祺輯　明崇禎刻本　四冊

110000－0198－0000286　二級 272shan540
兩晋南北合纂四十卷　(明)錢岱纂　明萬曆刻本　十四冊

110000－0198－0000287　二級 273shan541
易經註疏大全合纂六十四卷　(明)張溥纂　明崇禎刻本　十六冊

110000－0198－0000288　二級 274shan562
妙法蓮華經七卷　(後秦)釋鳩摩羅什譯　(明)釋一如集註　明崇禎刻本　七冊

110000－0198－0000289　二級 275shan572
夢溪筆談二十六卷補三卷續一卷　(宋)沈括撰　明崇禎四年(1631)馬元調刻本　四冊

110000－0198－0000290　二級 276shan583
六子書六十卷　(明)顧春編　明萬曆十一年(1583)金陵胡東塘刻本　十七冊　缺一種二卷(老子道德經一至二)

110000－0198－0000291　二級 277shan587
歷代史論一編四卷　(明)張溥著　明崇禎刻本　一冊

110000－0198－0000292　二級 278shan595
辛復元先生著述　(明)辛全纂輯　明天啓二年至崇禎四年(1622－1631)刻本　六冊　存十種二十一卷(養心集要錄一卷、心譜一卷、心譜續編一卷、孝經翼一卷、樂天集九卷、救急單方一卷、新單方一卷、衡門芹一卷、存烈編一卷、闇然編四卷)

110000－0198－0000293　二級 279shan606
大明嘉靖三十六年歲次丁巳大統曆一卷　明嘉靖刻本　一冊

110000－0198－0000294　二級 280shan614
御纂周易折中二十二卷首一卷　(清)李光地等撰　清康熙五十四年(1715)內府刻御纂七經本　十二冊

110000－0198－0000295　二級 281shan615
子彙二十四種　(明)周子義編　明萬曆四年至五年(1576－1577)南京國子監刻本　十二冊　存十七種(齊丘子、關甲子、亢倉子、黄石子、天隱子、玄真子、鶡冠子、無能子、小荀子、鹿門子、賈子、慎子、鬼谷子、墨子、鄧析子、尹文子、公孫龍子)

110000－0198－0000296　二級 282shan616
春秋胡傳三十卷　(宋)胡安國撰　**音註括例始末**　(宋)林堯叟音注　明末閔齊伋刻本　六冊

110000－0198－0000297　二級 283shan623
唐書二百卷　(五代)劉昫等修　明嘉靖十八年(1539)聞人詮刻本　二十冊

110000－0198－0000298　二級 284shan639
孟子十四卷　(宋)朱熹集註　明嘉靖四十三年(1564)樂善堂刻本　四冊

110000－0198－0000299　二級 285shan654
韓文公文鈔十六卷　(唐)韓愈著　(明)茅坤輯　明刻朱墨印本　四冊　存八卷(一至八)

110000－0198－0000300　二級 286shan665
杜詩胥鈔十五卷大凡一卷餘論一卷　(唐)杜甫撰　(明)盧世㴶輯　明崇禎盧氏尊水園刻本　六冊

110000－0198－0000301　二級 287shan666
車書樓選註名公新語滿紙千金八卷　(明)李自榮選輯　(明)王世茂校註　明天啓七年(1627)王氏刻本　四冊

110000－0198－0000302　二級 288shan688
湧幢小品三十三卷　(明)朱國禎撰　明天啓刻本　二十四冊　存二十四卷(一至二十四)

110000－0198－0000303　二級 289shan716
古今詩韻釋義五卷　(明)龔大器撰　明萬曆九年(1581)金陵書肆周前山刻本　二冊

110000－0198－0000304　二級 290shan721
楊誠齋先生易傳二十卷　(宋)楊萬里撰　明末刻本　六册

110000－0198－0000305　二級 291shan733
東坡集十六卷　(宋)蘇軾撰　明刻本　十六册

110000－0198－0000306　二級 292shan758
宋鄭所南先生心史二卷　(宋)鄭思肖撰　明崇禎刻本　二册

110000－0198－0000307　二級 293shan765
楚辭十七卷　(漢)劉向編集　(漢)王逸章句　明正德刻本　四册

110000－0198－0000308　二級 294shan768
淮南鴻烈解二十一卷　(漢)劉安著　(漢)許慎　(漢)高誘註　明末刻本　二册

110000－0198－0000309　二級 295shan712
後山居士詩集六卷逸詩五卷詩餘一卷　(宋)陳師道撰　(清)陳唐編　清雍正三年(1725)陳唐刻本　六册

110000－0198－0000310　二級 296shan794
春秋穀梁註疏二十卷　(晉)范甯集解　(唐)楊士勛疏　明萬曆二十一年(1593)北京國子監刻本　十二册

110000－0198－0000311　二級 297shan796
莊子南華真經四卷附音義　(戰國)莊子撰　明閔齊伋刻三子合刻朱墨印本　五册

110000－0198－0000312　二級 298shan799
朱文公校昌黎先生文集四十卷外集十卷遺文一卷傳一卷　(唐)韓愈撰　明萬曆朱崇沐刻本　八册

110000－0198－0000313　二級 299shan808
集千家註分類杜工部詩二十五卷　(唐)杜甫撰　(宋)徐居仁編次　元廣勤堂刻本　一册　存一卷(十二)

110000－0198－0000314　二級 300shan817
莊子南華經十卷　(戰國)莊子撰　明刻本　六册

110000－0198－0000315　二級 301shan822
新鍥鄭孩如先生精選先秦兩漢旁訓便讀六卷　(明)鄭維嶽旁訓　(明)楊九經訂梓　明萬曆楊氏同仁齋刻本　五册

110000－0198－0000316　二級 302shan826
雲棲法彙　(明)釋袾宏撰　明崇禎刻續徑山藏本　三十五册

110000－0198－0000317　二級 303shan838
二十一史二千五百六十七卷　(明)□□輯　明萬曆二十三年至三十四年(1595－1606)北京國子監刻本　四百八十一册

110000－0198－0000318　二級 304shan860
古今合璧事類備要前集六十九卷後集八十一卷續集五十六卷别集九十四卷外集六十六卷　(宋)謝維新編　明嘉靖刻本　一百三十八册

110000－0198－0000319　二級 305shan864
通鑑紀事本末四十二卷　(宋)袁樞編　宋刻元明清民國抄配本　四十二册

110000－0198－0000320　二級 306shan868
慈悲蘭盆目連懺法道場三卷　(□)□□撰　明天啓刻本　三册

110000－0198－0000321　二級 307shan870
唐宋八大家文鈔一百四十四卷　(明)茅坤批評　明崇禎元年(1628)刻本　八十册

110000－0198－0000322　二級 308shan872
宋元通鑑一百五十七卷　(明)薛應旂編集　(明)陳仁錫評　明天啓六年(1626)刻本　三十四册

110000－0198－0000323　二級 309shan873
十三經註疏三百三十五卷　(三國魏)王弼注　(唐)孔穎達正義　明嘉靖李元陽刻本　二百二十册

110000－0198－0000324　二級 310shan865
楞伽阿跋多羅寶經四卷　(南朝宋)釋求那跋陀羅譯　(明)釋宗泐　(明)釋如玘註　明刻本　四册

110000－0198－0000325　二級 311shan876

資治通鑑二百九十四卷通鑑釋文辨誤十二卷　(宋)司馬光編集　(元)胡三省註　(明)陳仁錫評　明天啓刻本　一百册

110000－0198－0000326　二級 312pu7－23－4－37

詩林韶濩二十卷　(清)顧嗣立類選　清康熙弘文書屋刻本　十册

110000－0198－0000327　二級 313pu10－1－2－12

素書六卷　(漢)黄石公著　(宋)張商英註　明刻本　一册

110000－0198－0000328　二級 314pu9－16－3－2

東里文集續編六十二卷　(明)楊士奇撰　明刻本　一册　存一卷(十六)

110000－0198－0000329　二級 315pu10－2－3－1

袁中郎狂言二卷　(明)袁宏道撰　(明)夏祚胤校　明刻本　一册

110000－0198－0000330　二級 316pu10－3－2－26

真西山讀書記乙集上大學衍義四十三卷　(宋)真德秀撰　明刻本　二册　存六卷(六至十一)

110000－0198－0000331　二級 317pu10－3－3－31

新編分類當代名公文武星案六卷首一卷　(明)陸位撰　明末刻本　六册

110000－0198－0000332　二級 318pu10－3－4－3

紘索辨訛不分卷　(明)沈寵綏訂　明末清初刻本　一册

110000－0198－0000333　二級 319pu10－8－1－24

古今合璧事類備要後集八十一卷　(宋)謝維新編　明嘉靖銅活字印本　三册　存八卷(七至八、十一至十三、六十一至六十三)

110000－0198－0000334　二級 320pan10473

欒城第三集十卷　(宋)蘇轍撰　明嘉靖四年(1525)銅活字印本　一册

110000－0198－0000335　二級 321shan01

中州集十卷首一卷樂府一卷　(金)元好問編　明汲古閣刻本　十册

110000－0198－0000336　二級 322shan824

中州集三集十卷中州樂府一卷　(金)元好問編　明毛氏汲古閣刻本　二十二册

110000－0198－0000337　二級 323x374

筆耕山房弁而釵四集二十回　(明)醉西湖心月主人著　(明)奈何天呵呵道人評　明刻本　六册

110000－0198－0000338　二級 324fo1

讚揚聖德多羅菩薩一百八名經一卷聖觀自在菩薩一百八名經一卷　(宋)釋天息灾譯　明永樂刻嘉靖印永樂南藏本　一册

110000－0198－0000339　二級 325fo2

勝軍化世百喻伽他經一卷　(宋)釋天息灾譯　**六道伽他經一卷**　(宋)釋法天譯　明永樂刻永樂南藏本　一册

110000－0198－0000340　二級 326fo4

大方廣佛華嚴經八十卷　(唐)釋實叉難陀譯　明萬曆刻本　二册　存二卷(五十六、六十)

110000－0198－0000341　二級 327fo5

大方廣佛華嚴經八十卷　(唐)釋實叉難陀譯　明崇禎十五年(1642)尚雲程抄本　一册　存一卷(三十三)

110000－0198－0000342　二級 328fo6

摩訶般若波羅蜜經三十卷　(後秦)釋鳩摩羅什　(後秦)釋僧叡譯　明永樂十九年至正統五年(1421－1440)刻永樂北藏本　四册　存四卷(二十三、二十六至二十八)

110000－0198－0000343　二級 329fo7

正法念處經七十卷　(北魏)釋瞿曇般若流支譯　明永樂十九年至正統五年(1421－1440)刻永樂北藏本(有圖)　五册　存五卷(十一、

十五、十八至十九、二十五)

110000－0198－0000344　二級 330fo8
佛説四無所畏經一卷增慧陀羅尼經一卷聖六字增壽大明陀羅尼經一卷佛説大乘戒經一卷佛説聖最勝陀羅尼經一卷佛説五十頌聖般若波羅蜜經一卷　(宋)釋施護譯　**大乘八大曼拏羅經一卷迦葉仙人説醫女人經一卷**　(宋)釋法賢譯　明永樂十九年至正統五年(1421－1440)刻永樂北藏本　一册

110000－0198－0000345　二級 331fo9
最上大乘金剛大教寶王經二卷　(宋)釋法天譯　明永樂十九年至正統五年(1421－1440)刻永樂北藏本　一册

110000－0198－0000346　二級 332fo10
佛説淨飯王般涅槃經一卷　(南朝宋)沮渠京聲譯　明永樂十九年至正統五年(1421－1440)刻永樂北藏本(有圖)　八册

110000－0198－0000347　二級 333fo11
戒因緣經十卷　(後秦)釋竺佛念譯　明永樂十九至正統五年(1421－1440)刻永樂北藏本　二册　存二卷(鼻奈耶卷四至五)

110000－0198－0000348　二級 334fo12
大方廣佛華嚴經疏六十卷　(唐)釋澄觀撰　明萬曆補刻永樂南藏本　一册　存一卷(三)

110000－0198－0000349　二級 335fo13
佛説大方等大集菩薩念佛三昧經十卷　(天竺)釋達磨笈多譯　明永樂十一年至十八年(1413－1420)刻永樂南藏本　三册　存三卷(四、七至八)

110000－0198－0000350　二級 336fo14
阿差末菩薩經七卷　(西晉)釋法護譯　明永樂十一年至十八年(1413－1420)刻永樂南藏本　一册　存一卷(四)

110000－0198－0000351　二級 337fo16
太上洞玄靈寶高上玉皇本行集經　(清)張照書　清乾隆二年(1737)刻本　一册

110000－0198－0000352　二級 338fo18
出曜經二十卷　(天竺)釋法救造　(後秦)釋竺佛念譯　明永樂十一年至十八年(1413－1420)刻永樂南藏本　一册　存一卷(六)

110000－0198－0000353　二級 339fo24
妙法蓮華經七卷　(後秦)釋鳩摩羅什譯　明洪武刻本　三册　存三卷(一、三、七)

110000－0198－0000354　二級 340fo27
大明三藏聖教目録四卷　(□)□□撰　(□)□□寫　明寫本　一册

110000－0198－0000355　二級 341fo28
禪林寶訓二卷　(宋)釋淨善重集　明正統刻本 二册

110000－0198－0000356　二級 342fo29
禪林寶訓二卷　(宋)釋淨善重集　明正統刻本　二册

110000－0198－0000357　二級 343fo31
藥師瑠璃光如來本願功德經一卷　(唐)釋玄奘譯　明末刻本(有圖)　一册

110000－0198－0000358　二級 344fo32
妙法蓮華經觀世音菩薩普門品一卷　(後秦)釋鳩摩羅什　(隋)釋闍那崛多譯　明刻本(有圖)　一册

110000－0198－0000359　二級 345fo40
大方廣佛華嚴經八十一卷　(唐)釋實叉難陀　(唐)釋般若譯　明永樂十七年(1419)釋福賢刻本(有圖)　三十一册　存三十一卷(一至五、二十一至二十五、三十一至四十、七十一至八十一)

110000－0198－0000360　二級 346fo42
妙法蓮華經七卷　(後秦)釋鳩摩羅什譯　明刻本　二册　存二卷(四至五)

110000－0198－0000361　二級 347fo44
出相觀世音菩薩普門品經一卷　(後秦)釋鳩摩羅什　(隋)釋闍那崛多譯　明萬曆二十八年(1600)神宗朱翊鈞刻本(有圖)　一册

110000－0198－0000362　二級 348fo52

三官經一卷　(明)□□撰　明萬曆十九年(1591)北京崇文門党鋪刻本(有圖)　一冊

110000－0198－0000363　二級 349fo53
大乘諸品經咒　(明)□□輯　明萬曆二十八年(1600)刻本(有圖)　一冊

110000－0198－0000364　二級 350fo54
佛說觀世音菩薩救苦經一卷　(□)□□撰　**解百生冤結陀羅尼經一卷**　(□)□□撰　**高王觀世音經一卷**　(東魏)孫敬德撰　明萬曆二十四年(1596)刻本(有圖)　一冊

110000－0198－0000365　二級 351fo55
佛頂心大陀羅尼經二卷　(□)□□譯　**佛說高王觀世音經一卷**　(東魏)孫敬德撰　**佛頂尊勝總持經呪一卷**　(□)□□譯　明永樂十年(1412)鄭樸刻本(有圖)　一冊

110000－0198－0000366　二級 352fo56
佛說解百生寃結陁羅尼經一卷　(明)□□撰　明萬曆二十八年(1600)刻本(有圖)　一冊

110000－0198－0000367　二級 353fo57
白衣大悲五印心陀羅尼經一卷　(唐)釋伽梵達摩譯　明成化八年(1472)刻本(有圖)　三冊

110000－0198－0000368　二級 354fo59
金光明經四卷　(北凉)釋曇無讖譯　明寫本(有圖)　四軸

110000－0198－0000369　二級 355fo60
慈悲道場懺法十卷　(南朝梁)釋寶志等編　明嘉靖寫本　二軸　存二卷(九至十)

110000－0198－0000370　二級 356fo61
諸佛世尊如來菩薩尊者神僧名經不分卷　(明)成祖朱棣撰　明永樂刻本(有圖)　一冊

110000－0198－0000371　二級 357fo69
肇論二卷　(後秦)釋僧肇撰　(明)釋鎮澄解　明萬曆刻本　二冊

110000－0198－0000372　二級 358shan875
御定駢字類編二百四十卷　(清)聖祖玄燁撰　清雍正四年(1726)内府刻本　一百三十冊

110000－0198－0000373　二級 359fo103
武當山玄天上帝垂訓一卷　明刻本(有圖)　一冊

110000－0198－0000374　二級 360fo107
破邪顯證鑰匙二卷　(明)羅祖撰　明萬曆四十年(1612)刻本(有圖)　一冊　存一卷(上)

110000－0198－0000375　二級 361fo108
正信除疑無修證自在寶卷　明萬曆刻本(有圖)　一冊

110000－0198－0000376　二級 362fo112
護國佑民伏魔寶卷二卷　明刻本　一冊　存一卷(下)

110000－0198－0000377　二級 363fo113
救苦忠孝藥王寶卷二卷　明刻清康熙三十四年(1695)印本(有圖)　一冊　存一卷(下)

110000－0198－0000378　二級 364fo151
佛說觀無量壽佛經疏二卷　(南朝宋)釋畺良耶舍譯　(隋)釋智顗說　**科文一卷**　(北宋)釋智禮排定　明萬曆九年(1581)刻本　二冊

110000－0198－0000379　二級 365fo153
佛說高王觀世音經一卷末一卷　明刻本(有圖)　一冊

110000－0198－0000380　二級 366fo190
萬松老人評唱天童覺和尚頌古從容庵録二卷　(宋)釋正覺頌古　(元)釋行秀評唱　(元)釋離知錄　(明)釋性一校　明抄本(有圖)　一冊　存一卷(上)

110000－0198－0000381　二級 367fo191
萬松老人評唱天童覺和尚拈古請益録二卷　(宋)釋正覺拈古　(元)釋行秀評唱　(元)釋從隆錄　明萬曆十八年(1590)刻本　一冊

110000－0198－0000382　三級 1k6
稗海四十八種續二十二種　(明)商濬編　明萬曆商氏刻清康熙振鷺堂重補本　一百冊

110000－0198－0000383　三級 2k11
重修膠州志四十卷　(清)張同聲修　(清)李

圖等纂修　清道光二十五年(1845)刻本　八册

110000－0198－0000384　三級 3k15

春秋左傳注疏六十卷　(晉)杜預注　(唐)孔穎達疏　(唐)陸德明釋文　明嘉靖李元陽刻十三經注疏本　十二册　存三十一卷(一至三十一)

110000－0198－0000385　三級 4k16

欽定明鑑二十四卷首一卷　(清)托津等纂　清嘉慶二十三年(1818)武英殿刻本　六册

110000－0198－0000386　三級 5k21

晏子刪評二卷　(明)馬權奇撰　**廣成子一卷**　(宋)蘇軾撰　**於陵子一卷**　(戰國)田仲撰　明末刻本　一册

110000－0198－0000387　三級 6k24

大學章句一卷中庸章句一卷論語集注十卷孟子集注七卷　(宋)朱熹撰　清康熙内府刻本　五册

110000－0198－0000388　三級 7k29

吳灌先先生增輯易象圖說二卷　(清)吳灌先撰　清順治刻本　二册

110000－0198－0000389　三級 8k30

聊齋志異評注十六卷　(清)蒲松齡著　(清)王士禛評　(清)呂湛恩註　(清)但明倫批　清咸豐芥子園刻本　十六册

110000－0198－0000390　三級 9k31

聊齋誌異二十卷　(清)蒲松齡著　(清)梓園刪定　清抄本　二十册

110000－0198－0000391　三級 10k32

聊齋志異十六卷　(清)蒲松齡著　(清)王士禛評　清青柯亭刻本　十六册

110000－0198－0000392　三級 11k33

聊齋志異新評全註十六卷　(清)蒲松齡著　(清)王士禛評　(清)呂湛恩註　(清)但明倫新評　清光緒七年(1881)刻本　三十册　存十五卷(一至五、七至十六)

110000－0198－0000393　三級 12k34

聊齋志異新評十六卷　(清)蒲松齡著　(清)王士禛評　(清)但明倫新評　清道光刻朱墨印本　十六册

110000－0198－0000394　三級 13k40

聊齋先生文集二卷　(清)蒲松齡著　清宣統三年(1911)成都清白堂刻本　二册

110000－0198－0000395　三級 14k41

聊齋百美刪評四卷　(清)蒲松齡著　(清)王士禛評　清光緒抄本　四册

110000－0198－0000396　三級 15k42

聊齋志異八卷　(清)蒲松齡著　(清)王士禛評　清文寶堂刻本　八册

110000－0198－0000397　三級 16k45

聊齋誌異遺稿四卷　(清)蒲松齡著　清道光四年(1824)刻本　二册

110000－0198－0000398　三級 18k50

聊齋志異評注十六卷　(清)蒲松齡著　(清)王士禛評　(清)呂湛恩註　(清)但明倫批　清咸豐刻朱墨印本　十六册

110000－0198－0000399　三級 19k51

聊齋志異十六卷　(清)蒲松齡著　(清)王士禛評　清刻本　十六册

110000－0198－0000400　三級 20k52

聊齋誌異十八卷　(清)蒲松齡著　清抄本　十八册

110000－0198－0000401　三級 21k53

聊齋誌異十八卷　(清)蒲松齡著　清抄本　十六册

110000－0198－0000402　三級 22k56

聊齋志異十六卷　(清)蒲松齡著　(清)王士禛評　清杭州陳氏油局橋刻本　三十册

110000－0198－0000403　三級 23k60

批點聊齋志異十六卷　(清)蒲松齡著　(清)王士禛評　(清)何守奇批點　清道光十五年(1835)知不足齋刻本　五册

110000－0198－0000404　三級 24k88

閱紅樓夢隨筆一卷　(清)周春著　清抄本

一册

110000－0198－0000405　三級 25k131

己畦集二十二卷詩集十卷原詩四卷詩集殘餘一卷午夢堂詩鈔三卷　(清)葉燮著　清康熙葉氏二棄草堂刻本　十六册

110000－0198－0000406　三級 26k133

朱秉器雜著六卷　(明)朱孟震撰　明萬曆十二年(1584)刻本　六册

110000－0198－0000407　三級 27k138

六如居士全集七卷補遺一卷制義一卷畫譜三卷外集六卷　(明)唐寅著　(清)唐仲冕編　清嘉慶六年(1801)果克山房刻本　十册

110000－0198－0000408　三級 28k142

老樹村集　(清)李煥章撰　清抄本　二册

110000－0198－0000409　三級 29k156

樓外樓訂正妥註第六才子書六卷首一卷　(元)王實甫填詞　(清)金聖嘆批評　(清)鄒梧岡妥註　**李卓吾雜説**　(明)李贄著　清刻本(有圖)　六册

110000－0198－0000410　三級 30k157

貫華堂繪像第六才子西廂八卷　(元)王實甫　(元)關漢卿撰　清康熙博雅堂刻本(有圖)　八册　缺一卷(三)

110000－0198－0000411　三級 31k158

西廂曲詞四卷　(清)□□摘錄　清抄本　一册

110000－0198－0000412　三級 32k159

滿漢西廂記四卷　(元)王實甫撰　清乾隆刻本　四册

110000－0198－0000413　三級 33k160

貫華堂第六才子書西廂記八卷　(元)王實甫　(元)關漢卿撰著　清康熙貫華堂刻本(有圖)　六册

110000－0198－0000414　三級 34k164

滿漢西廂記四卷　(元)王實甫撰　清抄本　四册

110000－0198－0000415　三級 35k170

詳校元本西廂記二卷　(元)王實甫撰　清康熙封岳刻本　一册　存一卷(上)

110000－0198－0000416　三級 36k171

正西廂傳奇二卷　(元)王實甫撰　(清)左宫編次　清抄本　一册　存一卷(上)

110000－0198－0000417　三級 38k180

董解元西廂記二卷　(明)楊慎點定　(明)黄嘉惠校閲　清抄本　二册

110000－0198－0000418　三級 39k182

增像第六才子書五卷首一卷　(元)王實甫　(元)關漢卿撰　清光緒十五年(1889)上海鴻寶齋石印本(有圖)　六册

110000－0198－0000419　三級 40k184

成裕堂繪像第六才子書八卷　(元)王實甫　(元)關漢卿撰　清雍正十一年(1733)成裕堂刻本　六册

110000－0198－0000420　三級 41k185

增像第六才子書五卷首一卷　(元)王實甫　(元)關漢卿撰　清光緒十八年(1892)上海鴻寶齋石印本　六册

110000－0198－0000421　三級 44k213

懷永堂繪像第六才子書八卷　(元)王實甫　(元)關漢卿撰　清康熙五十九年(1720)懷永堂刻本　六册

110000－0198－0000422　三級 45k232

南曲次韻六卷　(明)李開先著　(明)王九思次韻　明嘉靖二十四年(1545)刻本　一册　存一卷(六)

110000－0198－0000423　三級 46k233

劇談錄二卷　(唐)康駢述　明刻本　一册

110000－0198－0000424　三級 47k235

絃索辨訛二卷　(明)沈寵綏訂　明刻本　一册

110000－0198－0000425　三級 49k250

聊齋志異詳注十六卷　(清)蒲松齡著　(清)王士禎評　(清)但明倫新評　(清)吕湛恩注　清乾隆三十年(1765)京都三多齋刻朱墨印

本　十六册

110000－0198－0000426　三級 50k251

草木傳全策十回　(清)蒲松齡著　清抄本　一册

110000－0198－0000427　三級 51k256

當譜一卷　(清)□□輯　清寶樹堂抄本　一册

110000－0198－0000428　三級 52k263

新刻揚州近事雨花香四十種　(清)石成金撰　清雍正四年(1726)刻本　一册　存八種(兮覺樓、鐵菱角、雙鸞配、四命冤、倒肥黿、洲老虎、自害自、人抬人)

110000－0198－0000429　三級 53k265

佩文韻府一百六卷　(清)張玉書輯　**拾遺一百六卷**　(清)汪灝輯　清康熙五十一年至五十二年(1712－1713)内府刻本　一百十五册

110000－0198－0000430　三級 54k267

綠野仙踪一百回　(清)李百川著　清抄本(有圖)　十册

110000－0198－0000431　三級 55k268

第一奇書野叟曝言二十卷一百五十二回　(清)夏敬渠撰　清光緒七年(1881)昆陵彙珍樓木活字印本　二十册

110000－0198－0000432　三級 56k269

今古奇觀四十卷　(清)抱甕老人輯　清刻本(有圖)　十四册

110000－0198－0000433　三級 57k273

渠亭山人半部稾五卷　(清)張貞撰　清康熙刻本　四册

110000－0198－0000434　三級 58k299

徐霞客遊記十二卷　(明)徐弘祖撰　清康熙抄本　七册

110000－0198－0000435　三級 59k316

洛神廟傳奇二卷　(清)青要山樵編次　(清)烟波釣徒批點　清康熙十四年(1675)刻本　四册

110000－0198－0000436　三級 60k317

六法微言六卷　(清)框源彙輯　清紅格抄本　六册

110000－0198－0000437　三級 61k322

繡像十五貫十六卷　(清)馬永清編　清同治六年(1867)刻本　二册

110000－0198－0000438　三級 62k341

使粵日記　(清)李鈞著　清道光八年(1828)稿本　二册

110000－0198－0000439　三級 63k342

絳雲樓書目不分卷　(清)錢謙益著　清抄本　一册

110000－0198－0000440　三級 64k345

女才子十二卷　(清)煙水散人著　清乾隆十五年(1750)大德堂刻本(有圖)　五册

110000－0198－0000441　三級 65k349

拍案驚奇三十六卷　(明)凌濛初著　清刻本　八册

110000－0198－0000442　三級 67k359

拍案驚奇三十六卷　(明)凌濛初著　清萬元樓刻本　十二册

110000－0198－0000443　三級 68k365

陳簠齋秦泉拓本　(清)陳介祺藏　清末拓本　一册

110000－0198－0000444　三級 69k366

陳簠齋精拓泉譜　(清)陳介祺藏　清末拓本　二册

110000－0198－0000445　三級 70k367

陳簠齋藏瓦拓本　(清)陳介祺藏　清末拓本　一册

110000－0198－0000446　三級 71k370

臨陳章侯水滸葉子　(清)□□繪　清道光繪本　四册

110000－0198－0000447　三級 72k390

紅樓夢賦二十首　(清)□□撰　清抄本　一册

110000－0198－0000448　三級 73k393

第六才子書八卷　(元)王實甫　(元)關漢卿撰　清刻本(有圖)　六冊

110000－0198－0000449　三級 74 性 325

金瓶梅一百回　(清)蘭陵笑笑生著　清康熙五十八年(1719)皋鶴堂木活字印本　三十六冊

110000－0198－0000450　三級 75 性 355

[酒令春圖]葉子　(清)□□繪　清刻本　三十五葉

110000－0198－0000451　三級 76 性 356

[酒令春圖]葉子　(清)□□繪　清刻本　二十四葉

110000－0198－0000452　三級 77 性 358

新鐫全像通俗演義隋煬帝豔史八卷四十回　(明)齊東野人編次　(明)不經先生批評　清乾隆五十三年(1788)刻本　十六冊

110000－0198－0000453　三級 78 性 396

筆耕山房宜春香質四集二十回　(清)醉西湖心月主人著　清影抄本　二冊

110000－0198－0000454　三級 79 性 398

歡喜冤家二十四回　(明)西湖漁隱主人編　明崇禎賞心亭刻本　十冊

110000－0198－0000455　三級 80shan20

六十種曲　(明)毛晉輯　明末毛氏汲古閣刻本　一百二十冊

110000－0198－0000456　三級 81shan21

漢書評林一百卷　(明)凌稚隆輯　明萬曆九年(1581)自刻本　十六冊

110000－0198－0000457　三級 82shan29

瓶花齋集十卷　(明)袁宏道撰　(明)陳以聞閱　明萬曆三十六年(1608)勾吴袁氏書種堂刻本　一冊

110000－0198－0000458　三級 83shan32

新刻埤雅二十卷　(宋)陸佃撰　(明)胡文煥編　明胡氏文會堂刻格致叢書本　四冊

110000－0198－0000459　三級 84shan36

南齊竟陵王集二卷　(南朝齊)蕭子良著　(明)張溥閱　明刻本　三冊

110000－0198－0000460　三級 85shan38

呂氏春秋二十六卷　(漢)高誘注　明萬曆刻本　六冊

110000－0198－0000461　三級 86shan46

山海經釋義十八卷　(晉)郭璞注　(明)王崇慶釋義　明刻本　五冊

110000－0198－0000462　三級 87shan56

麗句集六卷　(明)許之吉選　(明)廖孔悦定　(清)錢謙益閱　清康熙二十五年(1686)五雲堂刻本　六冊

110000－0198－0000463　三級 88shan60

齊張長史集一卷　(南朝齊)張融撰　(明)張溥閱　明刻本　一冊

110000－0198－0000464　三級 89shan61

嵇中散集十卷　(晉)嵇康著　(明)程榮校　明程榮刻本　四冊

110000－0198－0000465　三級 90shan63

劉雪湖梅譜二卷　(明)王思任編輯　明萬曆二十三年(1595)刻清康熙二十年(1681)補本　二冊

110000－0198－0000466　三級 91shan67

新刻古今碑帖考一卷　(明)朱晨編輯　(明)胡文煥校　明萬曆刻本　一冊

110000－0198－0000467　三級 92shan68

顏延之集一卷　(南朝宋)顏延之著　(明)汪士賢校　明刻本　一冊

110000－0198－0000468　三級 93shan70

中說二卷　(隋)王通著　(明)張易閱　明刻本　一冊

110000－0198－0000469　三級 94shan72

歐陽文忠公毛詩本義十六卷　(宋)歐陽修撰　明刻本　四冊

110000－0198－0000470　三級 95shan73

楊升菴先生批點文心雕龍十卷　(南朝梁)劉勰撰　(明)楊慎批點　(明)梅慶生音註　明萬曆三十七年(1609)梅慶生刻天啓二年

(1622)改補清金陵聚錦堂重印本　四冊

110000－0198－0000471　三級 96shan75
墨客揮犀十卷　(宋)彭乘撰　明萬曆商氏半野堂刻稗海本　二冊

110000－0198－0000472　三級 97shan80
中論二卷　(漢)徐幹著　明萬曆二十年(1592)何允中刻本　一冊

110000－0198－0000473　三級 98shan85
元經薛氏傳十卷　(隋)王通撰　(唐)薛收傳　(宋)阮逸註　明何允中廣漢魏叢書本　二冊

110000－0198－0000474　三級 99shan88
鶴山渠陽讀書雜鈔二卷　(宋)魏了翁著　明萬曆刻本　二冊

110000－0198－0000475　三級 100shan98
青箱雜記十卷　(宋)吳處厚撰　明萬曆商氏半野堂刻稗海本　四冊

110000－0198－0000476　三級 101shan103
大學一卷　(宋)朱熹章句　清初影刻本　一冊

110000－0198－0000477　三級 102shan107
歸田錄二卷　(宋)歐陽修撰　(明)陳汝元校　明萬曆商氏半野堂刻稗海本　一冊

110000－0198－0000478　三級 103shan108
筍譜二卷　(宋)釋贊寧撰　清順治三年(1646)宛委山堂刻本　二冊

110000－0198－0000479　三級 104shan110
董仲舒集一卷　(漢)董仲舒著　(明)汪士賢校　明萬曆天啓新安汪氏刻本　一冊

110000－0198－0000480　三級 105shan114
新刊道書全集文始真經言外經旨二卷　(宋)陳顯微撰　明萬曆刻本　二冊

110000－0198－0000481　三級 106shan147
列子八卷　(晉)張湛註　(明)虞九章　(明)王震亨訂正　明刻本　四冊

110000－0198－0000482　三級 107shan154
解莊五卷　(明)陶望齡著　明刻本　五冊

110000－0198－0000483　三級 108shan156
附釋音周禮註疏四十二卷　(唐)賈公彥等撰　(唐)陸德明釋文　元刻明遞修本　二十冊　存三十九卷(一至三十九)

110000－0198－0000484　三級 109shan163
懷亭咏集　(明)閻厚季集　明閻允揚刻本　一冊

110000－0198－0000485　三級 110shan173
月日紀古十二卷　(清)蕭智漢輯　清乾隆五十九年(1794)龍城蕭氏聽濤山房刻本　十二冊

110000－0198－0000486　三級 111shan175
酒中趣四卷　(清)石成金撰　清康熙六十年(1721)刻本　二冊

110000－0198－0000487　三級 112shan288
能改齋漫錄十八卷　(宋)吳曾纂　清乾隆四十年(1775)臨瀟書屋木活字印本　十二冊

110000－0198－0000488　三級 113shan304
石齋先生經傳九種五十六卷　(明)黃道周撰　(清)鄭開極重訂　清康熙三十二年(1693)鄭肇刻本　二十八冊

110000－0198－0000489　三級 114shan364
潛夫論十卷　(漢)王符著　(明)程榮校　明萬曆程榮刻漢魏叢書本　四冊

110000－0198－0000490　三級 115shan330
大清康熙三十九年歲次庚辰時憲曆一卷　(清)欽天監撰　清康熙刻本　一冊

110000－0198－0000491　三級 116shan379
鏡香園毛聲山評第七才子書十二卷　(元)高明撰　(清)毛聲山評　清乾隆金陵聚錦堂刻本　十冊

110000－0198－0000492　三級 117shan389
新鐫古今大雅南宫詞紀六卷　(明)陳所聞選　(明)陳邦泰輯　明萬曆三十三年(1605)陳氏繼志齋刻本　五冊　缺一卷(二)

110000－0198－0000493　三級 118shan390

新鐫古今大雅北宫詞紀六卷 （明）陳所聞選 （明）陳邦泰輯 明萬曆三十三年（1605）陳氏繼志齋刻本 四册 存四卷（一至三、五）

110000－0198－0000494 三級 119shan391

周易億不分卷周易繫辭億一卷 （明）王道著 明嘉靖刻本 三册

110000－0198－0000495 三級 120shan392

王浚川所著書十種 （明）王廷相撰 明嘉靖刻本 四册 存一種十三卷（慎言十三卷）

110000－0198－0000496 三級 121shan396

詩詞雜俎十二種 （明）毛晉輯 明毛氏汲古閣刻本 六册

110000－0198－0000497 三級 122shan398

穆天子傳六卷 （晉）郭璞注 （明）吴琯校 明刻古今逸史叢書本 一册

110000－0198－0000498 三級 123shan400

大學士高中玄公伏戎紀事 （明）高拱著 明萬曆秀水沈氏刻寶顔堂秘笈本 一册

110000－0198－0000499 三級 124shan401

南唐近事一卷 （宋）鄭文寶編 明萬曆秀水沈氏刻寶顔堂秘笈本 一册

110000－0198－0000500 三級 125shan403

東觀奏記三卷 （唐）裴庭裕著 （明）商濬校 明萬曆商氏半野堂稗海本 一册

110000－0198－0000501 三級 126shan411

寶顔堂訂正知命録一卷 （明）陸深著 **寶顔堂訂正次柳氏舊聞一卷** （唐）李德裕撰 明萬曆刻寶顔堂續秘笈五十種本 一册

110000－0198－0000502 三級 127shan414

御定歷代賦彙一百四十卷外集二十卷 （清）陳元龍輯 清康熙四十五年（1706）内府刻本 八十册

110000－0198－0000503 三級 128shan415

眉公群碎録一卷 （明）陳繼儒著 （明）王體元 （明）王體國校 明刻本 一册

110000－0198－0000504 三級 129shan418

杜詩會稡二十四卷 （清）張遠著 （清）馮溥定 清康熙二十七年（1688）張氏蕉圃刻本 十二册

110000－0198－0000505 三級 130shan421

侯鯖録八卷 （宋）趙令畤撰 明萬曆會稽商氏半野堂稗海本 二册

110000－0198－0000506 三級 131shan425

杜詩解意七言律四卷 （清）朱翰述 （清）李燧參 清康熙十四年（1675）李燧蒼雪樓刻本 四册

110000－0198－0000507 三級 132shan446

王子年拾遺記十卷 （晉）王嘉著 （明）程榮校 明萬曆程氏刻漢魏叢書本 四册

110000－0198－0000508 三級 133shan460

賴古堂尺牘新鈔二選藏弆集十六卷 （清）周亮工輯 清康熙六年（1667）賴古堂刻本 六册

110000－0198－0000509 三級 134shan461

水經二卷 （漢）桑欽撰 **星經二卷** （漢）甘公 （漢）石申撰 明刻廣漢魏叢書本 一册

110000－0198－0000510 三級 135shan468

麗句集六卷 （明）許之吉選 （明）廖孔悦定 （明）謝于教閲 明天啓刻本 六册

110000－0198－0000511 三級 136shan472

快心編初集五卷十回二集五卷十回 （清）天花才子輯 （清）四橋居士評 清課花書屋刻本 十册

110000－0198－0000512 三級 137shan476

伽藍記五卷 （北魏）楊衒之撰 清乾隆五十四年至五十六年（1789－1791）金溪王氏刻增訂漢魏叢書本 二册

110000－0198－0000513 三級 138shan477

集古攷圖一卷 （元）朱德潤撰 **漢晉印章圖譜一卷** （宋）王厚之撰 明萬曆茅氏刻欣賞編十種本 一册

110000－0198－0000514 三級 139shan479

分類補註李太白詩二十五卷 （唐）李白撰 （宋）楊齊賢集註 （元）蕭士贇補註 （明）

許自昌校　明萬曆許自昌刻李杜全集本　十册

110000－0198－0000515　三級 140shan480
御定全唐詩錄一百卷　（清）徐倬　（清）徐元正輯　清康熙四十五年（1706）刻本　十八册

110000－0198－0000516　三級 141shan485
清波雜志三卷　（宋）周輝撰　明萬曆會稽商氏半野堂刊稗海本　三册

110000－0198－0000517　三級 142shan486
賴古堂藏書甲集十種　（清）周亮工輯　清康熙刻本　一册　存五種（鰥水軒詞荃、六研齋二筆、人譜、客座贅語、漁談）

110000－0198－0000518　三級 143shan488
新刻註釋孔子家語憲四卷　（明）陳際泰撰　明末劉舜臣刻本（有圖）　四册

110000－0198－0000519　三級 144shan489
杜工部詩說十二卷　（清）黄生撰　清康熙三十五年（1696）一木堂刻本　十册

110000－0198－0000520　三級 145shan491
呂新吾先生閨範圖說四卷　（明）呂坤簡註　清康熙呂應菊刻本　六册

110000－0198－0000521　三級 146shan497
唐詩解五十卷　（清）唐汝詢選釋　清順治萬笈堂刻本　十二册

110000－0198－0000522　三級 147shan500
雅趣藏書一卷　（清）錢書撰　清康熙四十二年（1703）刻朱墨印本　四册

110000－0198－0000523　三級 148shan501
峪園近草一卷　（清）朱之俊撰　（清）陳彤輯　清康熙二年（1663）刻本　二册

110000－0198－0000524　三級 149shan502
排青樓詩一卷　（清）朱之俊撰　清康熙二年（1663）刻本　二册

110000－0198－0000525　三級 150shan526
白虎通德論二卷　（漢）班固撰　（明）程榮校　明萬曆新安程氏刻漢魏叢書本　二册

110000－0198－0000526　三級 151shan532
離騷經纂註一卷　（明）劉永澄撰　明末刻本　一册

110000－0198－0000527　三級 152shan574
陋巷志八卷　（明）陳鎬撰　（明）吕兆祥重修　明萬曆二十九年（1601）刻清順治增修本　四册

110000－0198－0000528　三級 153shan585
劉向新序十卷　（漢）劉向撰　（明）吴勉學校　明末吴勉學刻本　二册

110000－0198－0000529　三級 154shan594
道德指歸論六卷　（漢）嚴遵撰　（明）胡震亨　（明）毛晉訂　明末汲古閣刻津逮秘書本　四册

110000－0198－0000530　三級 155shan608
譚子化書六卷　（五代）譚峭撰　（明）楊慎評　明盧氏刻本　一册

110000－0198－0000531　三級 156shan638
蔡中郎集八卷　（漢）蔡邕撰　（明）汪士賢校　明天啓南城翁少麓刻本　一册

110000－0198－0000532　三級 157shan642
陶氏世吟草七卷　（明）陶銓等撰　明隆慶孫科刻本　一册

110000－0198－0000533　三級 158shan652
西夏書事四十二卷　（清）吴廣成纂　清道光五年（1825）小硯山房刻本　十册

110000－0198－0000534　三級 159shan669
潁濱先生春秋集解十二卷　（宋）蘇轍撰　明萬曆二十五年（1597）金陵畢氏刻兩蘇經解本　四册

110000－0198－0000535　三級 160shan699
柳亭詩話三十卷　（清）宋長白纂　清康熙天茁園刻本　十六册

110000－0198－0000536　三級 161shan701
李太白文集三十卷　（唐）李白撰　清康熙五十六年（1717）吳門繆曰芑影宋刻本　八册

110000－0198－0000537　三級 162shan708

新纂門目五臣音註揚子法言十卷 （漢）揚雄撰 （晉）李軌 （唐）柳宗元注 （宋）宋咸等撰注　明嘉靖十二年(1533)顧春世德堂刻六子書本　四冊

110000－0198－0000538　三級 163shan711
尊水園集略十二卷補遺一卷附一卷 （清）盧世㴶輯撰　清順治十七年(1660)刻本　八冊

110000－0198－0000539　三級 164shan715
國語鈔評八卷 （明）穆文熙批輯　明萬曆十二年(1584)刻本　四冊

110000－0198－0000540　三級 165shan719
論語註疏解經二十卷 （三國魏）何晏集解 （宋）邢昺疏　明嘉靖李元陽刻十三經註疏本　四冊

110000－0198－0000541　三級 166shan735
麗句集六卷 （明）許之吉撰 （明）廖孔悅定 （清）錢謙益閱　明末刻本　十冊

110000－0198－0000542　三級 167shan739
謝宣城集五卷附謝惠連集一卷 （南朝齊）謝朓 （南朝宋）謝惠連著 （明）汪士賢校　明萬曆王士賢刻本　四冊

110000－0198－0000543　三級 168shan740
談麈二卷文字禪一卷 （明）華淑撰　明刻快書六種本　一冊

110000－0198－0000544　三級 169shan741
文致不分卷 （明）劉士鏻輯　清初刻本　二冊

110000－0198－0000545　三級 170shan759
建文遜國記一卷 （明）鄭曉撰　明隆慶元年(1567)鄭履淳吾學編本　二冊

110000－0198－0000546　三級 171shan763
聊齋志異十六卷 （清）蒲松齡撰 （清）何垠注釋　清道光十九年(1839)何氏刻本　十六冊

110000－0198－0000547　三級 172shan764
文中子十卷 （隋）王通撰 （宋）阮逸注　明嘉靖十二年(1533)吴郡顧氏世德堂刻六子全書本　三冊

110000－0198－0000548　三級 173shan767
管子二十四卷 （春秋）管仲撰 （唐）房玄齡註　明萬曆十年(1582)常熟趙氏管韓合刻本　六冊

110000－0198－0000549　三級 174shan773
老子道德經二卷 （春秋）李耳撰 （明）吳中珩校　明吳勉學刻二十二子全書本　一冊

110000－0198－0000550　三級 175shan774
東坡先生全集七十五卷 （宋）蘇軾撰　明末項煜刻本　二十四冊

110000－0198－0000551　三級 176shan780
東觀餘論二卷附一卷 （宋）黄伯思著　明崇禎毛氏汲古閣刻本　二冊

110000－0198－0000552　三級 177shan781
冥寥子遊二卷 （明）屠隆著　明萬曆沈氏寶顔堂刻本　一冊

110000－0198－0000553　三級 178shan782
陳眉公重訂瓶史二卷寶顔堂訂正偶談一卷 （明）袁宏道撰　明萬曆沈氏寶顔堂刻本　一冊　缺一卷(陳眉公重訂瓶史下)

110000－0198－0000554　三級 179shan783
新刻陳眉公重訂廣莊一卷 （明）袁宏道撰　明萬曆沈氏寶顔堂刻本　一冊

110000－0198－0000555　三級 180shan801
甲子會紀五卷 （明）薛應旗輯 （明）陳仁錫評　明末陳仁錫刻本　四冊

110000－0198－0000556　三級 181shan819
鮑明遠集十卷 （南朝宋）鮑照著 （明）汪士賢校　明萬曆新安汪氏刻本　二冊

110000－0198－0000557　三級 182shan821
萬年書十二卷 （清）欽天監編　清武英殿刻朱墨印本　四冊

110000－0198－0000558　三級 183shan823
南史八十卷 （唐）李延壽撰　明萬曆十七年(1589)南京國子監刻本　二十冊

110000－0198－0000559　三級 184shan832
四家宫詞二卷　(明)林志尹輯　(明)楊慎批評　明崇禎刻本　二冊

110000－0198－0000560　三級 185shan859
御定仿宋相臺岳氏五經九十六卷附考證　(宋)岳珂編　清乾隆四十八年(1783)武英殿刻本　二十四冊

110000－0198－0000561　三級 186shan871
汲冢周書十卷　(晉)孔晁注　明萬曆刻本　一冊

110000－0198－0000562　三級 187shan544
太白山人槲葉集五卷　(清)李柏撰　清康熙三十四年(1695)刻本　五冊

110000－0198－0000563　三級 188shan537
永懷堂日録二卷附一卷　(清)葛鼒著　清乾隆刻本　一冊

110000－0198－0000564　三級 189shan538
廬山詩探梅詩　(清)宋犖撰　清康熙三十二年(1693)刻本　一冊

110000－0198－0000565　三級 190shan756
花菴絶妙詞選十卷　(宋)黄昇輯　明末毛氏汲古閣刻本　四冊

110000－0198－0000566　三級 191pu7－22－2－21
澹寧堂集　(清)龔章著　清道光抄本　十一冊

110000－0198－0000567　三級 193pu7－22－5－8
審音鑑古録不分卷　(清)□□撰　清道光十四年(1834)刻本(有圖)　十二冊

110000－0198－0000568　三級 194pu11－11－4－3
外夷不分卷　(□)□□撰　**四書三説**　明萬曆刻本　二冊

110000－0198－0000569　三級 195pu8－10－4－26
廣金石韻府不分卷　(清)林尚葵輯　清康熙九年(1670)賴古堂刻朱墨印本　六冊

110000－0198－0000570　三級 196pu6－23－4－21
篆文四書十九卷　(清)李光地等編　清康熙內府刻本　十二冊

110000－0198－0000571　三級 197pu8－01－4－19
敬齋古今黈十二卷　(元)李冶撰　清光緒會稽章氏式訓堂抄本　四冊

110000－0198－0000572　三級 198pu10－1－2－13
新刻眉公陳先生評註老子雋一卷眉公陳先生評選莊子南華經雋四卷　(明)陳繼儒評註　明末書林蕭氏師儉堂刻本　二冊

110000－0198－0000573　三級 199pu10－3－2－4
揚子法言十卷　(漢)揚雄撰　(明)吴勉學校　**冷齋夜話十卷**　(宋)釋惠洪著　(明)商濬校　明萬曆刻本　二冊

110000－0198－0000574　三級 200pu10－1－3－13
博異記不分卷　(唐)谷神子撰　明萬曆刻古今逸史本　一冊

110000－0198－0000575　三級 201pu10－1－3－12
泊宅編三卷　(宋)方勺撰　明萬曆商濬半埜堂刻本　一冊

110000－0198－0000576　三級 202pu10－12－3－3
書斷列傳四卷　(唐)張懷瓘著　**歐陽文忠公試筆一卷**　(宋)歐陽修撰　**實政録七卷**　(明)吕坤撰　明嘉靖刻本　五冊

110000－0198－0000577　三級 203pu9－1－2－33
貴耳集三卷　(宋)張端義著　明崇禎毛氏汲古閣刻本　三冊

110000－0198－0000578　三級 204pu9－2－1－2

唐宋大家全集録 （清）储欣録　清康熙刻本　四十冊

110000－0198－0000579　三級 205pu9－1－6－36

杜韓詩句集韻三卷 （清）汪文柏輯　清康熙汪氏古香樓刻本　四冊

110000－0198－0000580　三級 206pu9－1－3－24

容齋隨筆十六卷續筆十六卷三筆十六卷四筆十六卷五筆十卷 （宋）洪邁撰　清乾隆五十九年(1794)掃葉山房刻本　十二冊

110000－0198－0000581　三級 207pu9－1－6－3

古文淵鑒六十四卷 （清）徐乾學等輯　清康熙四十九年(1710)刻五色套印本　四十冊

110000－0198－0000582　三級 208jingpu825

爾雅三卷 （晋）郭璞注　清嘉慶十一年(1806)顧氏思適齋刻本　一冊

110000－0198－0000583　三級 209jingpu208

儀禮疏五十卷 （唐）賈公彦撰　清末公善堂刻本　八冊

110000－0198－0000584　三級 210shan12

漢雜事秘辛一卷 （漢）□□撰　**淳熙玉堂雜記三卷** （宋）周必大撰　（明）胡震亨　（明）毛晉同訂　明末毛氏汲古閣刻津逮秘書本　一冊

110000－0198－0000585　三級 211shan16

衆妙集 （宋）趙師秀編　明末毛氏汲古閣刻本　二冊

110000－0198－0000586　三級 212shan388

畫鑒 （元）湯垕輯　（明）毛晉訂　明末毛氏汲古閣刻本　一冊

110000－0198－0000587　三級 213pu9－13－4－2

虞初新志二十卷 （清）張潮輯　清康熙刻本　五冊　存十卷(一至十)

110000－0198－0000588　三級 214pu9－13－4－21

二樹詩畧五卷 （清）童鈺撰　（清）盧世昌批點　清乾隆刻本　二冊

110000－0198－0000589　三級 215shan426

新序十卷 （漢）劉向撰　明末武林何允中刻漢魏叢書本　四冊

110000－0198－0000590　三級 216pu9－1－1－18

吴徵君蓮洋詩鈔 （清）吳雯撰　清乾隆三十二年(1767)刻本　八冊

110000－0198－0000591　三級 217shan577

監本五經 （□）□□撰　清嘉慶十一年(1806)刻本　十三冊

110000－0198－0000592　三級 218pu9－16－3－7

文選六十卷 （南朝梁）蕭統撰　明汲古閣刻清康熙二十五年(1686)錢士謐重修本　八冊

110000－0198－0000593　三級 219 性 359

新鐫全像通俗演義隋唐豔史八卷四十回 （明）齊東野人編演　（明）不經先生批評　明崇禎人瑞堂刻本　十二冊

110000－0198－0000594　三級 220 性 372

情史類略二十四卷 （明）馮夢龍輯　清芥子園刻本　十二冊

110000－0198－0000595　三級 221 性 373

情史類略二十四卷 （明）馮夢龍輯　清芥子園刻本　八冊

110000－0198－0000596　三級 222 佛 17

首楞嚴經義海三十卷 （宋）釋仁岳集解　（宋）釋咸輝注　明刻本　一冊　存一卷(十)

110000－0198－0000597　三級 223 佛 21

妙法蓮華經七卷 （後秦）釋鳩摩羅什譯　明萬曆刻本　一冊　存一卷(三)

110000－0198－0000598　三級 224 佛 22

藥師琉璃光如來本願功德經一卷 （唐）釋玄奘譯　明刻本　一冊

110000－0198－0000599　三級 225

才調集十卷 （五代）韋縠輯　清刻本　四冊

存五卷(一至二、六至八)

110000－0198－0000600　三級 226

欽定古今圖書集成一萬卷　(清)蔣廷錫等輯　清雍正四年(1726)内府銅活字印本　四册

存八卷(理學彙編文學典七十五至七十八、明倫彙編官常典六百三十五至六百三十六、方輿彙編職方典七百二十一至七百二十二)

110000－0198－0000601　三級 227 性 396

性理字訓　(宋)程若庸撰　清刻本　一册

110000－0198－0000602　三級 228

通憶集一卷　(明)周亮工撰　清抄本　二册

110000－0198－0000603　碑帖一級 1gu13143

唐契苾明碑　(唐)婁師德撰　(唐)殷玄祚正書　唐先天元年(712)十二月十六日刻立明拓本　一册

110000－0198－0000604　碑帖一級 2gu13081

石門銘　(北魏)王遠撰并正書　**石門頌**　(漢)王升撰　清乾隆拓本　二册

110000－0198－0000605　碑帖一級 3gu13083

石門頌　(漢)王升撰　漢建和二年(148)十一月刻石清初拓本　一册

110000－0198－0000606　碑帖一級 4gu13152

石臺孝經碑　(唐)玄宗李隆基注並序及書　(唐)李亨篆額　唐天寶四年(745)刻石明拓本　四册

110000－0198－0000607　碑帖一級 5gu13158

東坡雪堂詞刻中呂滿庭芳詞　(宋)蘇軾撰並書　宋紹聖四年(1097)刻石明拓本　一册

110000－0198－0000608　碑帖一級 6gu13069

漢孔褒碑　(漢)□□書　漢中平刻立清初拓本　一册

110000 － 0198 － 0000609　碑帖二級 1zhan13141

潭帖　(宋)劉沆主持　(宋)希白摹刻　宋慶曆摹刻明拓本　一册

110000 － 0198 － 0000610　碑帖二級 2zhan13149

唐嵩陽觀紀聖德感應頌　(唐)李林甫撰　(唐)徐浩隸書　(唐)裴迥題額　唐天寶三年(744)刻立明拓本　二册

110000－0198－0000611　碑帖二級 3zhan13183

宋絳州重修夫子廟記　(宋)李垂撰　(宋)□□集王羲之行書並刻　宋天聖八年(1030)六月二十八日刻立明中期拓本　一册

110000－0198－0000612　碑帖二級 4zhan13235

東坡雪堂刻行香子詞　(宋)蘇軾撰并書　宋紹聖二年(1095)刻石明拓本　一册

110000－0198－0000613　碑帖二級 5zhan13097

修太公祠碑　(北魏)穆子容撰　明拓本　一册

110000－0198－0000614　碑帖二級 6zhan13237

杭州龍井山方圓庵記　(宋)釋守一記　(宋)米芾行書　宋元豐六年(1083)刻石明拓本　一册

110000－0198－0000615　碑帖二級 7zhan13089

洛神賦十三行　(三國魏)曹植撰　(晉)王獻之行書　明拓本　一張

110000－0198－0000616　碑帖二級 8zhan12611

尹宙碑　(漢)□□書　漢熹平六年(177)四月刻石明拓本　一册

110000－0198－0000617　碑帖二級 9zhan13148

唐修孔子廟碑　(唐)李邕撰　明拓本　二册

110000－0198－0000618　碑帖二級 10zhan13123

唐元次山碑　(唐)顔真卿撰並楷書　唐大曆七年(772)十一月二十六日刻立明拓本　二册

110000－0198－0000619　碑帖二級 11gu12620

晉永和佛遺教經　(晉)王羲之書　明拓本　一册

110000－0198－0000620　碑帖二級 12gu13215

唐碧落碑　(唐)李訓等撰　明拓本　二册

110000－0198－0000621　碑帖二級 13gu13225

唐東林寺碑　(唐)李邕撰并楷書　明拓本　一册

110000－0198－0000622　碑帖二級 14gu13125
唐麻姑仙壇記　(唐)顔真卿撰並楷書　唐大曆六年(771)四月刻立明拓本　一册

110000－0198－0000623　碑帖二級 15gu13197
張君妻田氏墓誌　(唐)□□撰　唐天授二年(691)刻立清初拓本　一册

110000－0198－0000624　碑帖二級 16gu13177
閲古堂帖本黄庭經　(晉)王羲之楷書　明拓本　一册

110000－0198－0000625　碑帖二級 17zhan13094
蘭亭敘　(晉)王羲之撰并行書　明初拓本　一册

110000－0198－0000626　碑帖二級 18zhan13090
星鳳樓帖本曹娥碑　(晉)王羲之撰并行書　明初拓本　一册

110000－0198－0000627　碑帖二級 19 1－13.1004
唐宋儼墓誌　(唐)□□撰　唐建中四年(783)四月二十七日刻立清光緒拓本　一張

110000－0198－0000628　碑帖二級 20tie0009
漢魯孝王刻石　(漢)□□書　漢五鳳二年(前56)六月四日刻立清乾隆拓本　一張

110000－0198－0000629　碑帖二級 21tie1755
寶賢堂集古法帖十二卷　(明)朱奇源刻　明弘治九年(1496)刻明拓本　六册　存六卷(七至十二)

110000－0198－0000630　碑帖二級 22gu13103
唐房玄齡碑　(唐)褚遂良正書　唐永徽三年(652)刻立明末清初拓本　一册

110000－0198－0000631　碑帖三級 1 帖 1758
王徵君臨終口授銘　(唐)王紹宗甄錄並正書　唐垂拱二年(686)四月四日刻立清初拓本　一册

110000－0198－0000632　碑帖三級 2 帖 1699
千字文　(唐)釋懷素草書　明拓本　一册

110000－0198－0000633　碑帖三級 3 帖 1759
太上老君常清靜經等五種刻石　(宋)仁顯書　(宋)白廷璨畫像　(宋)安文璨刻字　明拓本　一册

110000－0198－0000634　碑帖三級 4 帖 1617
文珠般若經碑　(北齊)□□撰　清初拓本　一册

110000－0198－0000635　碑帖三級 5 帖 1601
魏受禪表　(三國魏)□□撰　三國魏黄初元年(220)十月二十九日刻立明拓本　一册

110000－0198－0000636　碑帖三級 6 帖 1624
孔子廟堂碑　(唐)虞世南撰並正書　(唐)睿宗李旦篆額　(宋)王彦超翻刻　明末拓本　一册

110000－0198－0000637　碑帖三級 7 帖 1685
云麾將軍李思訓碑　(唐)李邕撰并書　唐開元八年(720)六月二十八日明中期拓本　一册

110000－0198－0000638　碑帖三級 8 帖 1695
曹娥碑　(晉)王羲之書　**黄庭經**　(晉)王羲之書　明中期拓本　一册

110000－0198－0000639　碑帖三級 9 帖 1615
高貞碑　(北魏)□□撰　北魏正光四年(523)六月八日刻立清道光拓本　一册

110000－0198－0000640　碑帖三級 10 帖 1652
道因法師碑　(唐)李儼撰　(唐)歐陽通正書　唐龍朔三年(663)十月十日刻立明初拓本　一册

110000－0198－0000641　碑帖三級 11 帖 1760
高麗好太王碑　(□)□□撰　清光緒拓本　一册

110000－0198－0000642　碑帖三級 12 帖 1663
白石神君碑　(漢)□□撰　漢光和六年(183)刻立清乾隆拓本　一册

110000－0198－0000643　碑帖三級 13 帖 1706
曹娥碑　(漢)邯鄲淳撰　(宋)蔡卞行書　宋元祐八年(1093)一月刻立明拓本　一册

110000－0198－0000644　碑帖三級 14 帖 1643
爭座位帖　(唐)顔真卿撰並行書　明末拓本

一册

110000－0198－0000645　碑帖三級 15 軸 230

道休造像記　(北魏)□□撰　北魏孝昌三年(527)刻清中期拓本　一軸

110000－0198－0000646　碑帖三級 16 軸 207

琅琊臺刻石　(□)□□書　清道光拓本　一軸

110000－0198－0000647　碑帖三級 17 軸 107

文文山題名刻石　(宋)文天祥撰并書　清道光拓本　一軸

110000－0198－0000648　碑帖三級 18 軸 43

劉懿墓誌　(東魏)□□撰　東魏興和二年(540)一月二十四日刻立清道光拓本　一軸

110000－0198－0000649　碑帖三級 20 帖 1587

石門頌　(漢)王升撰　漢建和二年(148)十一月上旬刻石清道光拓本　一册

110000－0198－0000650　碑帖三級 21 軸 154

琅琊臺刻石　(□)□□書　清道光拓本　一軸

110000－0198－0000651　碑帖三級 22 帖 1587

曹真碑　(漢)□□撰　三國魏太和五年(231)刻立清道光拓本　一册

110000－0198－0000652　碑帖三級 23 軸 203

嚴公九日南山詩　(唐)杜甫撰并書　唐乾元二年(759)書清道光拓本　一册

110000－0198－0000653　碑帖三級 24 帖 1756

白石神君碑　(漢)□□撰　漢光和六年(183)刻立清乾隆拓本　一册

110000－0198－0000654　碑帖三級 25 帖 1597

李翕西狹頌　(漢)仇靖隸書　漢建寧四年(171)六月十三日刻石清乾隆拓本　一册

110000－0198－0000655　k28

周易說畧四卷　(清)張爾岐撰　清乾隆刻本　四册

110000－0198－0000656　k49

聊齋志異註十六卷　(清)蒲松齡撰　(清)呂湛恩輯　清道光五年(1825)刻本　六册

110000－0198－0000657　k55

聊齋志異注十六卷　(清)蒲松齡撰　(□)□□注　清抄本　八册

110000－0198－0000658　k57

聊齋志異詳註十六卷　(清)蒲松齡撰　(清)王士正評　(清)呂湛恩注　清抄本　十六册

110000－0198－0000659　k58

聊齋志異新評十六卷　(清)蒲松齡撰　清抄本　十八册　存十卷(一至十)

110000－0198－0000660　k61

聊齋志異註十六卷　(清)蒲松齡撰　(清)呂湛恩輯　清道光五年(1825)姑蘇步月樓刻本　八册

110000－0198－0000661　k62

紅樓夢一百二十回　(清)曹雪芹撰　(清)張新之批評　清光緒七年(1881)湖南臥雲山館刻本　二十册

110000－0198－0000662　k63

紅樓夢一百二十回　(清)曹雪芹撰　清末刻本　四十八册

110000－0198－0000663　k64

紅樓夢一百二十回　(清)曹雪芹撰　(清)王希廉評　清道光十二年(1832)刻本　二十册

110000－0198－0000664　k66

紅樓夢一百二十回　(清)曹雪芹撰　(清)王希廉評　清道光十二年(1832)刻本　二十四册

110000－0198－0000665　k67

紅樓夢一百二十回　(清)曹雪芹撰　清末藤花榭刻本　二十四册

110000－0198－0000666　k69

詞律　(□)□□撰　清自怡室抄本　三册

110000－0198－0000667　k70

後紅樓夢三十二回　(清)白雲外史散花居士撰　清刻本　十二册

110000－0198－0000668　k71

續紅樓夢三十卷　(清)秦子忱撰　清嘉慶四年(1799)抱甕軒刻本　十二册

110000－0198－0000669　k80

紅樓夢傳奇八卷　(清)陳鍾麟填詞　清道光十五年(1835)廣東漢青齋刻本　十六册

110000－0198－0000670　k82

紅樓夢子弟書　(清)鵬飛撰　清京都裕文齋刻本　一册

110000－0198－0000671　k84

紅樓夢傳奇二卷　(清)紅豆邨樵填詞　清同治十二年(1873)刻本　五册

110000－0198－0000672　k85

繡像紅樓夢補四卷四十八回　(清)歸鋤子撰　清光緒二十五年(1899)圖書集成局鉛印本　四册

110000－0198－0000673　k86

紅樓夢二卷附二卷　(清)青山山農撰　清光緒二十八年(1902)味青齋刻本　四册

110000－0198－0000674　k87

紅樓夢圖詠不分卷　(清)改琦繪　清光緒五年(1879)刻本　四册

110000－0198－0000675　k90

劉姥姥進大觀園　(清)□□撰　清抄本　一册

110000－0198－0000676　k94

全唐詩九百卷目錄十二卷　(清)曹寅等輯　清康熙四十六年(1707)揚州詩局刻本　二百四十册

110000－0198－0000677　k96

家學堂遺書二種　(清)張謙宜著　清乾隆二十三年(1758)膠西法輝祖刻本　一册　存一種八卷(絸齋詩談八卷)

110000－0198－0000678　k99

松陵詩徵前編十二卷　(清)殷增編　清嘉慶二十一年(1816)刻本　四册

110000－0198－0000679　k101

含章館唐詩選七卷　(清)黄培選　清康熙二年(1663)黄氏含章館刻本　一册

110000－0198－0000680　k102

劫灰集詩存不分卷　(清)陳雲章著　清光緒十三年(1887)遵化州署刻本　一册

110000－0198－0000681　k105

國朝山左詩鈔六十卷　(清)盧見曾編　清乾隆二十三年(1758)雅雨堂刻本　二十册

110000－0198－0000682　k106

山左明詩鈔三十五卷　(清)宋弼輯　清乾隆三十六年(1771)李文藻廣東平恩縣衙刻本　八册

110000－0198－0000683　k107

國朝山左詩續鈔三十二卷　(清)張鵬展輯　清嘉慶十八年(1813)四照樓刻本　八册

110000－0198－0000684　k108

國朝松陵詩徵二十卷　(清)袁景輅編　清乾隆三十二年(1767)愛吟齋刻本　四册

110000－0198－0000685　k110

國朝歷下詩鈔四卷　(清)王鍾霖編輯　清光緒四年(1878)漁陽山人刻本　四册

110000－0198－0000686　k112

詩韻合璧五卷　(清)湯文璐編　清光緒十一年(1885)囊錦書屋鉛印本　五册

110000－0198－0000687　k113

簣山堂詩鈔　(清)王賡言撰　清嘉慶刻本　四册

110000－0198－0000688　k117

唐求詩集一卷　(唐)唐求撰　清光緒二十年(1894)聊城楊氏海源閣刻海源閣叢書本　一册

110000－0198－0000689　k119

霜猿集不分卷　(□)□□撰　清抄本　一册

110000－0198－0000690　k121

雅雨堂詩集二卷文集四卷山人出塞集一卷　(清)盧見曾著　清道光二十年(1840)清雅堂刻本　四册

110000－0198－0000691　k123
金陵瑣事四卷　(明)周暉撰　明萬曆三十八年(1610)刻本　四册

110000－0198－0000692　k132
己畦詩集十卷殘餘一卷　(清)葉燮撰　清康熙二十五年(1686)二棄草堂刻本　二册

110000－0198－0000693　k134
[南曲譜]不分卷　(清)□□撰　清抄本　四册

110000－0198－0000694　k136
施愚山先生學餘文集二十八卷詩集五十卷　(清)施閏章著　清康熙四十七年(1708)曹寅刻本　十六册

110000－0198－0000695　k143
西河合集一百十八種　(清)毛奇齡撰　清康熙刻本　四册　存四種十七卷(詩話八卷、詞話二卷、填詞六卷、連廂詞一卷)

110000－0198－0000696　k144
東坡後集二十卷　(宋)蘇軾撰　明嘉靖十三年(1534)江西布政司刻本　五册

110000－0198－0000697　k154
齊省堂增訂儒林外史五十六回　(清)吳敬梓撰　清同治十三年(1874)齊省堂刻本　十六册

110000－0198－0000698　k155
儒林外史五十六回　(清)吳敬梓撰　(清)天目山樵評　清光緒七年(1881)上海申報館鉛印本　十册

110000－0198－0000699　k161
西來意四卷前一卷後一卷　(元)王實甫撰　(清)潘廷章評　清康熙十九年(1680)刻本　一册　存一卷(前一卷)

110000－0198－0000700　k183
成裕堂繪像第六才子書八卷　(元)王實甫撰　(清)金聖嘆點評　清刻本　六册

110000－0198－0000701　k199
西廂記四卷　(元)王實甫撰　清有松齋抄本　四册

110000－0198－0000702　k204
牡丹亭還魂記二卷　(明)湯顯祖撰　(明)朱元鎮校　明萬曆二十六年(1598)刻本　四册

110000－0198－0000703　k206
西廂記譜五卷　(清)葉堂撰　清乾隆四十九年(1784)納書楹刻本　二册

110000－0198－0000704　k208
納書楹西廂全譜二卷　(清)葉堂訂譜　清乾隆六十年(1795)納書楹刻本　二册

110000－0198－0000705　k209
[惠明下書曲譜]不分卷　(清)□□撰　清善慶堂舊抄本　一册

110000－0198－0000706　k210
西廂襍詠不分卷　(清)顧仁霖撰　清末抄本　一册

110000－0198－0000707　k215
西廂詩不分卷　(清)□□撰　清抄本　一册

110000－0198－0000708　k216
東廂記四卷首一卷　(清)湯世瀠撰　清光緒申報館鉛印本　四册

110000－0198－0000709　k231
聲調譜說二卷　(清)吳紹澯纂訂　清嘉慶二年(1797)刻本　一册

110000－0198－0000710　k239
六觀樓北曲六種　(清)許鴻磐著　清道光二十六年(1846)刻本　五册　存五種五卷(雁帛書一卷、女雲臺一卷、孝女存孤一卷、儒吏完城一卷、三釵夢一卷)

110000－0198－0000711　k240
三釵夢北曲一卷四折　(清)許鴻磐撰　清抄本　一册

110000－0198－0000712　k241
東郭傳鼓詞不分卷　(清)蒲松齡撰　清末抄本　一册

110000－0198－0000713　k253

果報錄十二卷一百回　(清)海芝濤撰　清木活字印本　十二册

110000－0198－0000714　k254
精繪全圖果報録十二集一百回　(清)海芝濤撰　清光緒二十二年(1896)石印本　十二册

110000－0198－0000715　k255
小蓬萊傳奇十種　(清)劉清韻撰　(清)錢梅坡校訂　清光緒二十六年(1900)上海藻文堂石印本　六册

110000－0198－0000716　k257
諧鐸十二卷　(清)沈起鳳撰　清末抄本　二册

110000－0198－0000717　k260
吕祖全傳一卷　(唐)吕純陽撰　(清)汪象旭重訂　清抄本　一册

110000－0198－0000718　k264
欽定四庫全書簡明目錄二十卷　(清)紀昀等撰　清光緒五年(1879)上海點石齋石印本　十二册

110000－0198－0000719　k266
緑野仙踪八十回　(清)李百川撰　清道光十年(1830)青文堂刻本　二十四册

110000－0198－0000720　k276
江刻書目三種　(清)江標輯　清光緒二十三年(1897)元和江氏靈鶼閣輯刻本　四册

110000－0198－0000721　k277
歷代帝王年表十四卷　(清)齊召南編　清道光四年(1824)小琅嬛仙館刻本　六册

110000－0198－0000722　k279
端溪硯譜一卷　(宋)□□撰　明刻百川學海本　一册

110000－0198－0000723　k281
新增格古要論十三卷　(明)曹昭著　明萬曆淑躳堂刻本　八册

110000－0198－0000724　k283
康熙字典十二集四十二卷　(清)張玉書　(清)陳廷敬纂　清康熙五十五年(1716)武英殿刻本　四十册

110000－0198－0000725　k285
古今僞書考一卷　(清)姚際恆著　清光緒七年(1881)粵東藩署刻本　一册

110000－0198－0000726　k287
夢溪筆談二十六卷　(宋)沈括撰　清光緒三十二年(1906)番禺陶氏愛廬刻本　四册

110000－0198－0000727　k288
夜譚隨錄十二卷　(清)霽園主人著　清乾隆四十四年(1779)刻本　十二册

110000－0198－0000728　k290
重訂中晚唐詩主客圖二卷補遺二卷圖說一卷　(清)李懷民撰　清嘉慶十年(1805)刻本　一册　存一卷(圖說一卷)

110000－0198－0000729　k292
柳州集　(唐)柳宗元撰　**廬陵集**　(宋)文天祥撰　清抄本　四册

110000－0198－0000730　k295
南窻雜志十二卷　(清)香雪道人撰　清刻本　十二册

110000－0198－0000731　k301
開眼經　(□)□□撰　清康熙木活字印本　一册

110000－0198－0000732　k302
新編雙玉盃全傳三十六卷　(清)□□撰　清道光八年(1828)醉墨軒刻本　六册

110000－0198－0000733　k307
[歡喜冤家]六卷二十四回　(明)西湖漁隱主人撰　清刻本　十册

110000－0198－0000734　k310
南華真經十卷　(晉)郭象註　(唐)陸德明音義　明嘉靖世德堂刻六子書本　六册　存六卷(一至六)

110000－0198－0000735　k321
硯緣集錄不分卷　(清)王壽邁輯　清咸豐六年(1856)刻本　四册

110000－0198－0000736　k323
秋燈叢話十八卷　(清)王椷著　清嘉慶十七年(1812)刻本　八册

110000－0198－0000737　k324
摘錦不分卷　(清)□□撰　清末抄本　二册

110000－0198－0000738　k325
新鐫才美巧相逢宛如約四卷十六回　(清)惜花主人批評　清抄本　二册

110000－0198－0000739　k326
海虞雜誌不分卷　(清)□□撰　清抄本　二册

110000－0198－0000740　k327
杜詩正宗不分卷　(清)□□撰　清抄本　一册

110000－0198－0000741　k328
絳雲樓叢稿　(清)□□撰　清醒初氏抄本　一册

110000－0198－0000742　k331
鐵函齋書跋四卷　(清)楊賓著　清道光二十七年(1847)筠石山房刻本　二册

110000－0198－0000743　k336
楊太后宫詞一卷　(宋)楊太后撰　(宋)周密輯　清末影宋刻本　一册

110000－0198－0000744　k337
靈護集一卷附集一卷　(明)葉世偺著　明崇禎刻本　一册

110000－0198－0000745　k338
白旻遺草一卷　(明)葉世偁著　明崇禎刻本　一册

110000－0198－0000746　k339
午夢堂集十二種二十三卷　(明)葉紹袁輯　明崇禎刻本　一册　存二種二卷(鸝吹附集一卷、屺雁哀一卷)

110000－0198－0000747　k343
分湖小識六卷　(清)柳樹芳輯錄　清道光二十七年(1847)勝谿草堂柳氏刻本　二册

110000－0198－0000748　k344
文天祥指南錄　(宋)文天祥撰　清抄本　一册

110000－0198－0000749　k346
清代禁書總目四種　(清)姚覲元編　清姚氏抱經堂書局石印咫進齋叢書本　四册

110000－0198－0000750　k357
試翢雜文一卷　(清)丁秉仁撰　**吟秋小草一卷繡錦臺傳奇一卷記事記年編一卷**　清嘉慶濤音書屋家刻本　六册

110000－0198－0000751　k360
王子年拾遺記十卷　(晋)王嘉撰　(南朝梁)蕭綺録　明刻本　四册

110000－0198－0000752　k371
[鍾繇楷書法帖]　(三國魏)鍾繇撰並書　明拓本　一册

110000－0198－0000753　k372
麻姑仙壇記　(唐)顔真卿撰並書　清拓本　一册

110000－0198－0000754　k389
紅樓夢廣義二卷戲詠一卷百美合詠一卷　(清)青山山農輯　清光緒二十年(1894)味青齋刻本　二册

110000－0198－0000755　k391
拯西廂二十四齣　(清)周塤改定　清抄本　三册

110000－0198－0000756　k392
紅樓夢復夢一百回　(清)小和山樵南陽氏撰　清光緒刻本　四十六册

110000－0198－0000757　經 1
十三經古注十三種　(明)金蟠訂　清同治八年(1869)浙江書局刻本　四十八册

110000－0198－0000758　經 4
欽定書經圖說五十卷　(清)孫家鼐等撰　清光緒三十一年(1905)武英殿石印本　十六册

110000－0198－0000759　經 5
毛詩稽古編三十卷　(清)陳啟源撰　清嘉慶

十八年(1813)刻本　十二冊

110000－0198－0000760　經 6
毛詩稽古編三十卷　(清)陳啟源撰　清嘉慶十八年(1813)刻本　八冊

110000－0198－0000761　經 7
十三經注疏十三種　(明)毛晉輯　明崇禎汲古閣刻本　一百二十冊

110000－0198－0000762　經 8
御纂相臺五經五種　(宋)岳珂輯　清同治三年(1864)鄺氏刻本　三十二冊

110000－0198－0000763　經 9
易通釋二十卷　(清)焦循撰　清嘉慶十八年(1813)刻雕菰樓叢書本　十冊

110000－0198－0000764　經 12
周易本義不分卷　(宋)朱熹集錄　清乾隆十年(1745)刻本(有抄配)　六冊

110000－0198－0000765　經 13
禮記訓纂四十九卷　(清)朱彬輯　清咸豐元年(1851)宜祿堂刻本　八冊

110000－0198－0000766　經 14
禮記二十卷　(漢)鄭玄注　(唐)陸德明音義　**考異二卷**　(清)張敦仁撰　清嘉慶十一年(1806)陽城張氏刻本　十六冊

110000－0198－0000767　經 15
禮記集說四十九卷　(元)陳澔集說　清明善堂刻本　十冊

110000－0198－0000768　經 17
尚書今古文注疏三十卷　(清)孫星衍撰　清光緒十一年(1885)吳縣朱氏刻本　八冊

110000－0198－0000769　經 18
尚書大傳五卷附洪範五行傳三卷　(漢)伏勝撰　(清)陳壽祺輯注　清道光十年(1830)刻本　四冊

110000－0198－0000770　經 19
尚書中候不分卷　(□)□□輯　(清)秦小游校正　清末抄本　一冊

110000－0198－0000771　經 20
尚書逸湯誓考六卷書後一卷　(清)徐時棟撰　清同治十一年(1872)城西草堂刻本　二冊

110000－0198－0000772　經 21
寫定尚書不分卷　(清)吳汝綸撰　清光緒十八年(1892)桐城吳氏家塾石印本　一冊

110000－0198－0000773　經 22
尚書古文疏證一百二十八卷　(清)閻若璩撰　**朱子古文書疑一卷**　(清)閻詠輯　清乾隆十年(1745)眷西堂刻本　八冊

110000－0198－0000774　經 23
禮書綱目八十五卷首三卷　(清)江永編　清嘉慶十五年(1810)鏤恩堂刻本　二十四冊

110000－0198－0000775　經 24
韓詩外傳十卷附趙本補遺一卷校注拾遺一卷　(漢)韓嬰著　(清)周廷寀校注　清光緒元年(1875)吳氏望三益齋刻本　四冊

110000－0198－0000776　經 25
韓詩外傳十卷　(漢)韓嬰撰　明嘉靖十四年(1535)吳郡沈辨之野竹齋刻本　二冊

110000－0198－0000777　經 27
詩毛氏傳疏三十卷　(清)陳奐撰　清道光二十七年(1847)掃葉山莊陳氏刻本　十二冊

110000－0198－0000778　經 28
詩毛氏傳疏三十卷釋毛詩音四卷毛詩說一卷毛詩傳義類一卷鄭氏箋攷徵一卷　(清)陳奐撰　清光緒十年(1884)刻本　十二冊

110000－0198－0000779　經 35
書疑九卷　(宋)王柏撰　清同治八年(1869)永康胡氏退補齋刻本　二冊

110000－0198－0000780　經 37
桐城吳先生全書十七種　(清)王恩紱等集　清光緒三十年(1904)桐城吳氏刻本　五冊　存二種五卷(易說二卷、尚書故三卷)

110000－0198－0000781　經 38
鄭志三卷　(三國魏)鄭小同撰　**陸氏易解一卷**　(三國吳)陸績註　(明)姚士粦輯　**考工**

記二卷　(唐)杜牧註　清抄本　四册

110000－0198－0000782　經 39
左傳事緯十二卷　(清)馬驌編論　清光緒四年(1878)上海文瑞樓石印本　六册

110000－0198－0000783　經 40
春秋詞命三卷　(明)王鏊撰　清嘉慶八年(1803)淵雅堂補刻本　一册

110000－0198－0000784　經 41
春秋董氏學八卷附一卷　康有為撰　清光緒二十三年(1897)上海大同譯書局刻萬木草堂叢書本　六册

110000－0198－0000785　經 42
左傳略　(清)□□撰　清抄本　一册

110000－0198－0000786　經 44
公羊何氏釋例十卷公羊春秋何氏解詁箋一卷
左氏春秋考證二卷　(清)劉逢祿撰　清光緒十七年(1891)廣州太清樓刻本　六册

110000－0198－0000787　經 45
左傳事緯十二卷　(清)馬驌撰　清光緒四年(1878)吳縣潘氏敏德堂刻本　十二册

110000－0198－0000788　經 46
四書釋地四卷　(清)閻若璩撰　清乾隆五十二年(1787)吳氏聽雨齋刻本　三册

110000－0198－0000789　經 47
四書直解二十七卷　(明)張居正撰　清刻本　十四册

110000－0198－0000790　經 48
四書集註　(宋)朱熹撰　清武進陳氏亦園刻本　六册

110000－0198－0000791　經 49
親屬記二卷　(清)鄭珍輯　(清)陳榘補　清光緒十二年(1886)貴陽陳氏刻本　一册

110000－0198－0000792　經 50
注釋古周禮五卷考工記一卷　(明)郎兆玉撰　明天啓六年(1626)郎氏堂策檻刻本　六册

110000－0198－0000793　經 51
司馬氏書儀十卷　(宋)司馬光撰　清雍正元年(1723)汪亮采刻本　一册

110000－0198－0000794　經 52
儀禮圖六卷　(清)張惠言撰　清同治九年(1870)崇文書局刻本　三册

110000－0198－0000795　經 54
儀禮鄭注句讀十七卷　(清)張爾岐撰　(清)顧炎武訂正　清同治七年(1868)金陵書局刻本　四册

110000－0198－0000796　經 56
左傳義法舉要一卷　(清)方苞口授　(清)王兆符　(清)程崟傳述　清雍正六年(1728)金匱廉氏刻本　一册

110000－0198－0000797　經 57
何氏公羊解詁一卷　廖平撰　清宣統三年(1911)國學扶輪社鉛印張氏適園叢書本　一册

110000－0198－0000798　經 59
求古錄禮說十六卷補遺一卷　(清)金鶚撰
求古錄禮說校勘記三卷　(清)王士駿輯　清光緒二年(1876)刻本　十册

110000－0198－0000799　經 62
群經評議三十五卷　(清)俞樾撰　清同治十年(1871)刻春在堂叢書本　十六册

110000－0198－0000800　經 65
群經評議三十五卷　(清)俞樾撰　清同治五年(1866)杭州刻本　六册

110000－0198－0000801　經 66
經傳攷證八卷　(清)朱彬撰　清道光二年(1822)遊道堂刻本　二册

110000－0198－0000802　經 67
群經宮室圖二卷　(清)焦循撰　清嘉慶五年(1800)江都焦氏半九書塾刻本　四册

110000－0198－0000803　經 68
藝文備覽一百二十卷檢字一卷　(清)沙木撰　清嘉慶十一年(1806)刻本　四十册

110000－0198－0000804　經 70

說文解字注十五卷六書音韻表二卷　(清)段玉裁注　**說文部目分韻**　(清)陳煥編　**說文通檢十四首一卷末一卷**　(清)黎永椿編　**說文解字注匡謬八卷**　(清)徐承慶撰　清宣統二年(1910)上海江左書林石印本　八冊

110000－0198－0000805　經 71
說文解字十五卷　(漢)許慎撰　(宋)徐鉉校定　**說文校字記**　(清)陳昌治撰　**說文通檢十四首一卷末一卷**　(清)黎永椿撰　清同治十二年(1873)番禺陳昌治刻本　十冊

110000－0198－0000806　經 72
段氏說文注訂八卷　(清)鈕樹玉撰　清同治五年(1866)碧螺山館刻本　三冊

110000－0198－0000807　經 74
說文解字斠詮十四卷　(清)錢坫撰　清光緒九年(1883)淮南書局刻本　六冊

110000－0198－0000808　經 77
說文管見三卷　(清)胡秉虔撰　清同治十二年至十三年(1873－1874)刻滂喜齋叢書本　一冊

110000－0198－0000809　經 78
說文部首不分卷　(漢)許慎撰　清光緒八年(1882)蜀南黃氏刻本　一冊

110000－0198－0000810　經 79
文字蒙求四卷　(清)王筠撰　清道光十八年(1838)刻本　一冊

110000－0198－0000811　經 80
五經文字三卷　(唐)張參撰　**新加九經字樣**　(唐)唐玄度撰　清光緒九年(1883)刻後知不足齋叢書本　四冊

110000－0198－0000812　經 81
說文提要不分卷　(清)陳建侯撰　清同治十二年(1873)湖北崇文書局刻本　一冊

110000－0198－0000813　經 82
說文楬原二卷　(清)張行孚撰　清光緒十年(1884)刻後知不足齋叢書本　二冊

110000－0198－0000814　經 83
說文解字十五卷　(漢)許慎撰　清初毛氏汲古閣刻本　四冊

110000－0198－0000815　經 84
說文拈字七卷補遺一卷　(清)王玉樹著　清光緒十九年(1893)石印本　四冊

110000－0198－0000816　經 85
拾雅六卷　(清)夏味堂撰　清嘉慶二十四年(1819)高郵夏味堂刻本　四冊

110000－0198－0000817　經 86
古今文字通釋十四卷　(清)呂世宜撰　清光緒五年(1879)龍溪林維源刻本　七冊

110000－0198－0000818　經 88
說文解字十五卷　(漢)許慎撰　清嘉慶十二年(1807)藤花榭刻本　四冊

110000－0198－0000819　經 91
說文解字斠詮十四卷　(清)錢坫撰　清光緒九年(1883)淮南書局刻本　六冊

110000－0198－0000820　經 93
段氏說文注訂八卷　(清)鈕樹玉撰　清同治十三年(1874)湖北崇文書局刻本　二冊

110000－0198－0000821　經 94
說文解字韻譜十卷　(南唐)徐鍇撰　(清)馮桂芬校訂　清同治三年(1864)吳縣馮桂芬刻本　二冊

110000－0198－0000822　經 96
說文偏旁考二卷　(清)吳照輯　清乾隆五十一年(1786)聽雨齋刻本　一冊

110000－0198－0000823　經 97
說文解字十五卷　(漢)許慎撰　清初毛氏汲古閣刻本　十冊

110000－0198－0000824　經 100
說文引經考證七卷說文引經互異說一卷　(清)陳瑑撰　清同治十三年(1874)湖北崇文書局刻本　二冊

110000－0198－0000825　經 102
說文古籀補十四卷補遺一卷附錄一卷　(清)吳大澂撰　清光緒二十四年(1898)刻本

二册

110000－0198－0000826　經 103

説文解字篆韻譜十卷　（南唐）徐鍇撰　清末刻小學彙函本　四册

110000－0198－0000827　經 105

説文韻譜校五卷　（清）王筠撰　清光緒十六年（1890）劉嘉禾素心琴室刻本　二册

110000－0198－0000828　經 106

仿唐寫本説文解字木部箋異不分卷　（清）莫友芝撰　清同治三年（1864）刻本　一册

110000－0198－0000829　經 109

説文外編十五卷補遺一卷　（清）雷浚撰　清光緒二年（1876）刻本　四册

110000－0198－0000830　經 110

説文解字十五卷　（漢）許慎撰　（宋）徐鉉等校　清同治十二年（1873）番禺陳昌治刻本　十册

110000－0198－0000831　經 111

説文新附攷六卷續考一卷　（清）鈕樹玉撰　清同治十三年（1874）湖北崇文書局刻本　二册

110000－0198－0000832　經 112

六書精益六卷附音釋舉要一卷　（明）魏校撰　明嘉靖十九年（1540）刻本　十二册

110000－0198－0000833　經 118

司馬溫公切韻指掌圖一卷　（宋）司馬光撰　清抄本　一册

110000－0198－0000834　經 119

三百篇原聲七卷　（清）夏味堂撰　清嘉慶十二年（1807）梅華書屋刻本　一册

110000－0198－0000835　經 120

干祿字書一卷　（唐）顔元孫撰　清光緒八年（1882）鮑氏後知不足齋刻本　一册

110000－0198－0000836　經 121

十經文字通正書十四卷　（清）錢坫撰　清嘉慶五年（1800）刻本　二册

110000－0198－0000837　經 122

名原二卷　（清）孫詒讓記　清光緒三十一年（1905）刻本　一册

110000－0198－0000838　經 123

金壺精粹四卷　（清）郝在田增訂　清光緒二年（1876）京師松竹齋刻本　二册

110000－0198－0000839　經 126

汗簡三卷目錄敘略一卷　（宋）郭忠恕撰　清光緒十一年（1885）吳縣朱記榮刻本　二册

110000－0198－0000840　經 127

顧氏音學五書二十卷附古音表二卷　（清）顧炎武撰　清光緒十六年（1890）思賢講舍刻本　十二册

110000－0198－0000841　經 130

古文四聲韻五卷附錄一卷　（宋）夏竦撰　清乾隆四十四年（1779）汪啓淑刻本　四册

110000－0198－0000842　經 131

姚氏三韻三種　（清）姚覲元輯　清光緒二年（1876）川東官舍刻本　三十册

110000－0198－0000843　經 132

康熙字典十二集三十六卷檢字一卷辨似一卷等韻一卷補遺一卷備考一卷　（清）張玉書等纂修　清光緒十三年（1887）積山書局石印本　六册

110000－0198－0000844　經 133

康熙字典十二集三十六卷檢字一卷辨似一卷等韻一卷補遺一卷備考一卷　（清）張玉書等纂修　清康熙武英殿刻本　六十四册

110000－0198－0000845　經 135

詩識二卷　（清）諸可續撰　清同治元年（1862）稿本　二册

110000－0198－0000846　經 136

輶軒使者絕代語釋別國方言箋疏十三卷　（清）錢繹撰集　清光緒十六年（1890）紅蝠山房刻本　六册

110000－0198－0000847　經 143

詩韻歌訣初步五卷　（清）倪璐輯　清乾隆二

十五年(1760)克復堂刻本　二冊

110000－0198－0000848　經 144

埤雅二十卷　(宋)陸佃撰　清康熙顧棫刻本　六冊

110000－0198－0000849　經 145

燕説四卷　(清)史夢蘭撰　清同治六年(1867)樂亭史氏止園刻本　一冊

110000－0198－0000850　經 147

爾雅三卷　(晉)郭璞註　(清)姚之麟摹圖　清嘉慶六年(1801)曾燠藝學軒影宋刻本　二冊

110000－0198－0000851　經 149

五方元音大全二卷　(清)樊騰鳳撰　清光緒十六年(1890)京都文成堂刻本　一冊

110000－0198－0000852　史 2

弇山堂別集一百卷　(明)王世貞撰　清光緒廣雅書局刻本　二十冊

110000－0198－0000853　史 4

三朝北盟會編二百五十卷　(宋)徐夢莘撰　清光緒三十四年(1908)許涵度刻本　四十冊

110000－0198－0000854　史 5

人表考九卷　(清)梁玉繩撰　清光緒十四年(1888)廣雅書局刻本　四冊

110000－0198－0000855　史 6

人壽金鑑二十二卷　(清)程得齡輯　清嘉慶二十五年(1820)刻本　六冊

110000－0198－0000856　史 7

國語二十一卷劄記一卷考異四卷　(三國吴)韋昭注解　(清)黄丕烈劄記　(清)汪遠孫考異　**戰國策三十三卷札記三卷**　(漢)高誘注　(清)黄丕烈劄記　清同治八年(1869)湖北崇文書局刻本　十冊

110000－0198－0000857　史 9

華陽國志十二卷補三州郡縣目錄一卷　(晉)常璩撰　清嘉慶十九年(1814)廖寅題襟館刻本　六冊

110000－0198－0000858　史 11

五代史七十四卷　(宋)歐陽修撰　(宋)徐無黨注　清古吴書業趙氏刻本　六冊

110000－0198－0000859　史 12

諸史考異十八卷　(清)洪頤煊撰　清光緒十五年(1889)廣雅書局刻本　三冊

110000－0198－0000860　史 13

姑蘇名賢小記二卷　(明)文震孟撰　清光緒九年(1883)蔣氏心矩齋刻本　一冊

110000－0198－0000861　史 16

國史文苑傳二卷　(清)□□撰　清末刻本　一冊

110000－0198－0000862　史 17

南北史識小録二種南史十四卷北史十四卷　(清)沈名蓀　(清)朱昆田輯　(清)張應昌補正　清同治十年(1871)武林吴氏清來堂刻本　十二冊

110000－0198－0000863　史 18

國朝宋學淵源記二卷附記一卷　(清)江藩輯　清道光三年(1823)刻本　一冊

110000－0198－0000864　史 19

野獲編三十卷補遺四卷　(明)沈德符撰　(明)錢枋輯　清道光七年(1827)錢塘姚氏扶荔山房刻本　二十冊

110000－0198－0000865　史 20

字説一卷　(清)吴大澂撰　清末刻本　一冊

110000－0198－0000866　史 22

氏族博考十四卷　(明)凌迪知纂　(明)吴京校　明刻本　六冊

110000－0198－0000867　史 23

詞科掌錄十七卷餘話七卷　(清)杭世駿輯　清乾隆道古堂刻本　八冊

110000－0198－0000868　史 25

史姓韻編六十四卷　(清)汪輝祖輯　清光緒石印本　四冊

110000－0198－0000869　史 26

宫閨小名錄六卷　(清)尤侗纂　(清)尤周徹校訂　清康熙二十九年(1690)刻本　二冊

110000－0198－0000870　史 27
元朝秘史十五卷　（元）□□撰　（清）李文田注　清光緒石印本　一册

110000－0198－0000871　史 28
元史譯文證補三十卷　（清）洪鈞撰　清光緒二十三年(1897)刻本　四册

110000－0198－0000872　史 30
國朝先正事略六十卷　（清）李元度纂　**中興名臣事略八卷**　（清）朱孔彰撰　清光緒二十四年(1898)山東官印書局鉛印本　十四册

110000－0198－0000873　史 34
聖安本紀六卷　（清）顧炎武撰　清抄本　一册

110000－0198－0000874　史 37
小學攷五十卷　（清）謝啟昆編　清光緒十五年(1889)石印本　六册

110000－0198－0000875　史 38
百美新詠圖傳不分卷　（清）顔希源撰　清嘉慶十年(1805)刻本　四册

110000－0198－0000876　史 41
吴郡名賢圖傳贊二十卷　（清）顧沅輯　（清）孔繼堯繪圖　清道光九年(1829)長洲顧氏家刻本(有圖)　八册

110000－0198－0000877　史 45
戰國策補注三十三卷　（漢）高誘注　吴曾祺補注　清宣統二年(1910)商務印書館鉛印本　二册

110000－0198－0000878　史 46
國語韋解補正二十一卷　吴曾祺補正　清宣統三年(1911)商務印書館鉛印本　二册

110000－0198－0000879　史 48
兩漢刊誤補遺十卷　（宋）吴仁傑撰　清光緒十八年(1892)江甯傅氏寄傲軒刻本　二册

110000－0198－0000880　史 49
舊聞證誤四卷附補遺一卷　（宋）李心傳撰　清光緒二十六年(1900)藉簃刻本　一册

110000－0198－0000881　史 50
漢學師承記八卷　（清）江藩撰　清嘉慶二十三年(1818)刻本　三册

110000－0198－0000882　史 57
會試朱卷　（清）曾福謙撰　清光緒十二年(1886)刻本　一册

110000－0198－0000883　史 58
會試朱卷　（清）曾福謙撰　清光緒十二年(1886)刻本　一册

110000－0198－0000884　史 61
皇明遜國臣傳五卷　（明）朱國禎輯　明崇禎刻本　二册

110000－0198－0000885　史 63
沈維年譜一卷　（清）沈宗濟　（清）沈宗涵撰　清道光三十年(1850)刻本　一册

110000－0198－0000886　史 67
查氏七烈編三卷　（清）查日乾輯　清乾隆刻本　一册　存一卷(一)

110000－0198－0000887　史 68
先聖生卒年月日考二卷　（清）孫廣牧述　清光緒十五年(1889)廣雅書局叢書本　一册

110000－0198－0000888　史 70
大清搢紳全書四卷職官全録一卷中樞備覽二卷　（清）□□撰　清宣統三年(1911)榮寶齋刻本　八册

110000－0198－0000889　史 77
董鄂氏本族事蹟匯錄不分卷　（清）明英撰　清乾隆三十九年(1774)寫本　一册

110000－0198－0000890　史 79
元書一百二卷　曾廉撰　清宣統三年(1911)層漪堂刻本　二十册

110000－0198－0000891　史 80
元書一百二卷　曾廉撰　清宣統三年(1911)層漪堂刻本　二十册

110000－0198－0000892　史 83
宋史翼四十卷　（清）陸心源輯　清光緒三十三年(1907)刻本　十册

110000－0198－0000893　史84
明通鑑前紀四卷紀九十卷附記六卷　(清)夏燮編輯　清光緒二十三年(1897)湖北官書局刻本　四十冊

110000－0198－0000894　史85
遼史拾遺二十四卷附補五卷　(清)厲鶚撰　(清)楊復吉補　清光緒元年(1875)江蘇書局刻本　十二冊

110000－0198－0000895　史86
遼史拾遺二十四卷　(清)厲鶚撰　清道光錢塘汪氏振綺堂刻本　六冊

110000－0198－0000896　史87
金史詳校十卷末一卷　(清)施國祁撰　清同治十二年(1873)會稽章氏刻本　十冊

110000－0198－0000897　史88
大金國志四十卷　(宋)宇文懋昭撰　清嘉慶二年(1797)掃葉山房刻本　二冊

110000－0198－0000898　史89
南齊書本紀八卷志十一卷列傳四十卷　(南朝梁)蕭子顯撰　明萬曆十八年(1590)南京國子監刻本　八冊

110000－0198－0000899　史90
金史一百三十五卷　(元)脫脫等撰　明萬曆三十四年(1606)李騰芳刻本　二十四冊

110000－0198－0000900　史91
欽定二十四史三千二百四十三卷附考證　(清)高宗弘曆欽定　清光緒二十年(1894)上海同文書局石印本　七百十一冊

110000－0198－0000901　史92
遼史拾遺補五卷　(清)楊復吉輯　清光緒三年(1877)江蘇書局刻本　二冊

110000－0198－0000902　史93
遼史拾遺二十四卷附補五卷　(清)厲鶚撰　(清)楊復吉補　清光緒元年(1875)江蘇書局刻本　八冊

110000－0198－0000903　史95
資治通鑑二百九十四卷附釋文辨誤十二卷　(宋)司馬光撰　清同治十年(1871)湖北崇文書局刻本　一百四冊

110000－0198－0000904　史96
[同治]畿輔通志三百卷　(清)李鴻章等修　(清)黃彭年等纂　清光緒刻本　三十冊　存四十卷(一百二十至一百三十、一百五十四至一百八十二)

110000－0198－0000905　史99
定靜村年譜六卷鈕祜祿氏年譜一卷瑚旺吉雅爾氏祭祀章程一卷訓子要言一卷　(清)定安輯　清稿本　九冊

110000－0198－0000906　史100
東漢會要四十卷　(宋)徐天麟撰　清光緒五年(1879)嶺南學海堂刻本　八冊

110000－0198－0000907　史101
淵鑑類函四百五十卷　(清)張英等編　清光緒十三年(1887)上海同文書局石印本　四十八冊

110000－0198－0000908　史103
綱鑑正史約三十六卷　(明)顧錫疇撰　清同治八年(1869)浙江書局刻本　二十冊

110000－0198－0000909　史104
周書斠補四卷　(清)孫詒讓撰　清光緒二十六年(1900)刻本　二冊

110000－0198－0000910　史107
國債罪言不分卷　(清)劉光蕡撰　清光緒刻本　一冊

110000－0198－0000911　史108
丁祭禮樂備考　(清)邱之稑編　清抄本　一冊

110000－0198－0000912　史109
新元史二百五十七卷正誤表一卷　(清)柯劭忞撰　清光緒鉛印本　五十九冊

110000－0198－0000913　史110
建炎以來朝野雜記甲集二十卷乙集二十卷　(宋)李心傳撰　清乾隆三十九年(1774)武英殿刻木活字印本　八冊

110000－0198－0000914　史111

聖門樂志不分卷　(清)孔東塘纂　清光緒石印本　一册

110000－0198－0000915　史113

周季編略九卷　(清)黄式三撰　清同治十二年(1873)浙江書局刻儆居遺書本　四册

110000－0198－0000916　史114

竹書紀年校正十四卷　(清)郝懿行撰　清光緒五年(1879)刻郝氏遺書本　二册

110000－0198－0000917　史115

逸周書十卷　(晉)孔晁注　清乾隆五十一年(1786)餘姚盧氏刻抱經堂叢書本　四册

110000－0198－0000918　史124

建康實錄二十卷　(唐)許嵩撰　清光緒二十八年(1902)刻本　六册

110000－0198－0000919　史129

三國志證聞三卷　(清)錢儀吉撰　清光緒十一年(1885)江蘇書局刻本　二册

110000－0198－0000920　史132

西魏書二十四卷　(清)謝啟昆撰　清乾隆六十年(1795)刻本　六册

110000－0198－0000921　史136

東觀漢記二十四卷　(漢)劉珍等撰　清乾隆刻武英殿木活字印本　三册

110000－0198－0000922　史139

漢書一百二十卷　(漢)班固撰　(唐)顔師古注　明末清初汲古閣刻本　二十二册

110000－0198－0000923　史140

廿二史劄記三十六卷附補遺一卷　(清)趙翼撰　清光緒二十年(1894)廣雅書局刻本　十册

110000－0198－0000924　史141

廿二史劄記三十六卷附補遺一卷　(清)趙翼撰　清嘉慶五年(1800)刻本　十册

110000－0198－0000925　史142

通鑑長編紀事本末一百五十卷　(宋)楊仲良撰　清光緒十九年(1893)廣雅書局刻本　二十四册

110000－0198－0000926　史143

通鑑地理今釋十六卷　(清)吳熙載撰　清光緒八年(1882)江蘇書局刻本　三册

110000－0198－0000927　史147

尚史七十卷附世系圖一卷序傳一卷　(清)李鍇撰　清乾隆三十八年(1773)悦道樓刻本　二十八册

110000－0198－0000928　史148

碑傳集一百六十卷末二卷續八十六卷　(清)錢儀吉纂錄　繆荃孫續纂　清光緒十九年(1893)江蘇書局刻本　八十四册

110000－0198－0000929　史149

九卿議定物料價值八卷　(清)邁柱等撰　清乾隆元年(1736)武英殿刻本　四册

110000－0198－0000930　史150

繡像列女傳十六卷　(漢)劉向撰　(明)仇英繪圖　清乾隆四十四年(1779)知不足齋刻本(有圖)　八册

110000－0198－0000931　史154

列女傳十六卷　(漢)劉向撰　(明)汪道昆增輯　(明)仇英繪圖　清乾隆知不足齋刻本(有圖)　十六册

110000－0198－0000932　史155

列女傳十六卷　(漢)劉向撰　(明)汪道昆增輯　(明)仇英繪圖　清乾隆知不足齋刻本(有圖)　十六册

110000－0198－0000933　史156

新刻古列女傳八卷　(漢)劉向撰　清道光五年(1825)阮氏文軒樓刻本　四册

110000－0198－0000934　史161

聖門禮樂志不分卷　(清)孔慶輔　(清)孔尚慶撰　清光緒十三年(1887)刻本　五册

110000－0198－0000935　史162

文廟通考六卷首一卷　(清)牛樹梅輯　清同治十一年(1872)刻本　二册

110000－0198－0000936　史167

嘯亭雜録八卷續録二卷　(清)昭槤撰　清末刻本　十册

110000－0198－0000937　史 173
唐會要一百卷　(宋)王溥撰　清光緒十年(1884)江蘇書局刻本　二十四册

110000－0198－0000938　史 174
孔子編年五卷　(宋)胡仔撰　清同治九年(1870)孔澎刻本　一册

110000－0198－0000939　史 175
高僧傳二集四十卷　(唐)釋道宣撰　清光緒十六年(1890)江北刻經處刻本　十册

110000－0198－0000940　史 176
大慈恩寺三藏法師傳十卷　(唐)釋彦悰述　清宣統元年(1909)常州佛經流通處刻本　三册

110000－0198－0000941　史 177
沈文肅公政書七卷首一卷　(清)沈葆禎撰　清光緒六年(1880)刻本　七册

110000－0198－0000942　史 181
考工記圖二卷　(清)戴震撰　清乾隆四十四年(1779)微波榭刻戴氏遺書叢書本(有圖)　二册

110000－0198－0000943　史 183
隆裕皇太后大事記　(清)富察敦崇纂　清宣統三年(1911)石印本(有圖)　一册

110000－0198－0000944　史 187
福康安函稿　(清)福康安撰　清乾隆四十六年(1781)抄本　一册

110000－0198－0000945　史 189
三通考序不分卷　(元)馬端臨撰　清光緒二十八年(1902)山東大學堂刻本　一册

110000－0198－0000946　史 192
李鴻章十二章　梁啟超撰　清光緒二十七年(1901)鉛印本　一册

110000－0198－0000947　史 197
文廟祀典考五十卷首一卷　(清)龐鍾璐編　清光緒五年(1879)刻本(有圖)　十册

110000－0198－0000948　史 198
文獻通考紀要二卷　(元)馬端臨撰　清乾隆武英殿刻本　二册

110000－0198－0000949　史 202
歷代職官表六卷　(清)黄本驥編　清道光二十五年(1845)刻三長物齋叢書本　二册

110000－0198－0000950　史 205
林文忠公政書三十七卷　(清)林則徐撰　清光緒十一年(1885)刻本　十六册

110000－0198－0000951　史 209
黄蕘圃先生年譜二卷　(清)江標輯　清光緒二十三年(1897)長沙使院刻靈鶼閣叢書本　二册

110000－0198－0000952　史 214
貞觀政要十卷　(唐)吴兢撰　明成化内府刻本　四册　存八卷(三至十)

110000－0198－0000953　史 216
遼東行部志一卷　(金)王寂撰　清宣統元年(1909)刻本　一册

110000－0198－0000954　史 218
通志二百卷　(宋)鄭樵撰　文獻通考三百四十八卷　(元)馬端臨撰　清末浙江書局刻九通本　五册　存十卷(通志一百九十,文獻通考一百四十三至一百四十五、一百五十五至一百五十六、三百二十四至三百二十七)

110000－0198－0000955　史 219
史記精華録六卷　(清)苧田撰　清光緒九年(1883)廣州翰墨園朱墨印本　六册

110000－0198－0000956　史 220
皇朝祭器樂舞録二卷　(清)徐曉泉輯　清同治十年(1871)刻本(有圖)　二册

110000－0198－0000957　史 221
史通通釋二十卷附本傳一卷　(清)浦起龍撰　清乾隆十七年(1752)浦氏刻本　六册

110000－0198－0000958　史 228
鑲白旗筆記八卷　(清)□□撰　清寫本　八册

110000－0198－0000959　史 229

西漢會要七十卷　(宋)徐天麟撰　清光緒五年(1879)嶺南學海堂刻本　八册

110000－0198－0000960　史 230

西漢會要七十卷　(宋)徐天麟撰　清乾隆武英殿木活字印本　十六册

110000－0198－0000961　史 233

文獻通考詳節二十四卷　(元)馬端臨撰　(清)嚴虞惇節錄　清白華樓抄本　八册

110000－0198－0000962　史 234

朝鮮國王李熙止光緒奏表　(朝鮮)李熙撰　清光緒元年(1875)稿本　一册

110000－0198－0000963　史 236

欽定科場條例五十八卷　(清)□□撰　清内府刻本　八册　存三十二卷(一至三十二)

110000－0198－0000964　史 238

陳尚書奏議不分卷　(清)陳璧撰　清稿本　二十八册

110000－0198－0000965　史 239

奏稿選不分卷　(清)陳璧撰　清稿本　十二册

110000－0198－0000966　史 240

奏議選編二卷　(清)陳璧撰　清稿本　二册

110000－0198－0000967　史 241

漢官儀三卷　(宋)劉攽撰　清道光四年(1824)刻本　一册

110000－0198－0000968　史 242

愛日精廬藏書志三十六卷續志四卷　(清)張金吾撰　清嘉慶二十五年(1820)刻木活字印本　十册

110000－0198－0000969　史 243

藏書紀事詩六卷　葉昌熾撰　清光緒二十三年(1897)元和江標長沙學使署刻朱印本　六册

110000－0198－0000970　史 245

讀書敏求記四卷　(清)錢曾撰　清雍正六年(1728)濮梁延古堂刻本　四册

110000－0198－0000971　史 251

隋經籍志考證十三卷　(清)章宗源撰　清光緒三年(1877)刻本　四册

110000－0198－0000972　史 258

花近樓叢書序跋記二卷　(清)管庭芬撰　清宣統三年(1911)鉛印本　一册

110000－0198－0000973　史 260

家刻書目十卷　(清)錢培蓀彙錄　清光緒四年(1878)刻本　四册

110000－0198－0000974　史 262

宋元舊本書經眼錄三卷附錄二卷　(清)莫友芝輯　清同治十二年(1873)刻本　一册

110000－0198－0000975　史 264

持靜齋藏書紀要二卷　(清)莫友芝編　清蘇州文學山房刻木活字印本　二册

110000－0198－0000976　史 267

書目答問四卷附叢書目別錄姓名略　(清)張之洞撰　清光緒五年(1879)貴陽刻本　二册

110000－0198－0000977　史 286

繡谷亭薰習錄三卷　(清)吴焯撰　清同治八年(1869)仁和吴氏刻朱印本　二册

110000－0198－0000978　史 287

藝風藏書記八卷　繆荃孫撰　清光緒二十六年(1900)刻本　二册

110000－0198－0000979　史 288

孫氏祠堂書目内編四卷外編三卷　(清)孫星衍編　清光緒德化李盛鐸木犀軒刻木犀軒叢書本　一册

110000－0198－0000980　史 296

四庫簡明目錄標注二十卷附錄一卷　(清)邵懿辰撰　清宣統三年(1911)刻本　十册

110000－0198－0000981　史 308

欽定天禄琳琅書目十卷後編二十卷　(清)于敏中等輯　清光緒十年(1884)長沙王氏刻本　十册

110000－0198－0000982　史 312

楹書隅錄五卷續編四卷　(清)楊紹和撰　清

光緒二十年(1894)海源閣刻本　八冊

110000－0198－0000983　史 313
鐵琴銅劍樓藏書目録二十四卷　(清)瞿鏞撰　清光緒二十四年(1898)刻本　六冊

110000－0198－0000984　史 318
書目答問四卷附叢書目别録姓名略　(清)張之洞撰　清光緒二年(1876)刻本　三冊

110000－0198－0000985　史 322
開有益齋讀書志六卷續志一卷金石文字記一卷　(清)朱緒曾撰　清光緒六年(1880)刻本　三冊

110000－0198－0000986　史 326
儀顧堂題跋十六卷　(清)陸心源撰　清同治十年(1871)刻本　四冊

110000－0198－0000987　史 328
皕宋樓藏書源流考　(日本)島田翰撰　清光緒三十三年(1907)董康刻朱墨印本　一冊

110000－0198－0000988　史 329
昭德先生郡齋讀書志二十卷首一卷　(宋)晁公武撰　(宋)姚應績重編　清光緒六年(1880)刻本　八冊

110000－0198－0000989　史 330
經籍訪古志六卷附補遺一卷　(日本)澁江全善　(日本)森立之編　清光緒十一年(1885)鉛印本　八冊

110000－0198－0000990　史 331
善本書室藏書志四十卷附録一卷　(清)丁丙輯　清光緒二十七年(1901)刻本　八冊

110000－0198－0000991　史 333
欽定四庫全書總目二百卷　(清)紀昀等撰　清宣統二年(1910)存石齋石印本　三十二冊

110000－0198－0000992　史 334
直齋書録解題二十二卷　(宋)陳振孫撰　清乾隆十八年(1753)刻本　十六冊

110000－0198－0000993　史 343
廣西輿地全圖二卷　(清)北洋機器總局圖算學堂重繪　清光緒二十三年(1897)石印本(有圖)　二冊

110000－0198－0000994　史 344
[山東直隸河南]三省黄河全圖　易順鼎編纂　(清)顧潮等測繪　清光緒十六年(1890)上海鴻文書局石印本(有圖)　二冊

110000－0198－0000995　史 349
歷代輿地沿革險要圖　楊守敬　(清)饒敦秩撰　清光緒五年(1879)東湖饒氏刻朱墨印本(有圖)　一冊

110000－0198－0000996　史 350
中外輿地圖　(清)□□撰　清光緒石印本(有圖)　一冊

110000－0198－0000997　史 352
御批歷代通鑑輯覽一百二十卷　(清)傅恒等撰　清乾隆三十年(1765)武英殿刻朱墨印本　一冊　存二卷(二十九至三十)

110000－0198－0000998　史 354
畿輔輿地全圖　(清)□□撰　清刻本(有圖)　十二冊

110000－0198－0000999　史 356
漢書地理志校本二卷　(清)汪遠孫校　清道光二十八年(1848)汪氏振綺堂刻本　一冊

110000－0198－0001000　史 360
欽定日下舊聞考一百六十卷　(清)朱彝尊原輯　(清)于敏中等修　(清)竇光鼐等纂　清乾隆武英殿刻本　四十冊

110000－0198－0001001　史 361
欽定日下舊聞考一百六十卷　(清)朱彝尊原輯　(清)于敏中等修　(清)竇光鼐等纂　清刻本　四十冊

110000－0198－0001002　史 362
水經注釋四十卷首一卷附録二卷水經注箋刊誤十二卷　(清)趙一清撰　清乾隆五十一年(1786)仁和趙氏小山堂刻本　三十冊

110000－0198－0001003　史 363
水經注釋四十卷附刊誤十二卷　(清)趙一清撰　清乾隆五十一年(1786)仁和趙氏小山堂

刻本　十四册

110000－0198－0001004　善1

中州集十卷首一卷樂府一卷　（金）元好問撰　明嘉靖十五年（1536）汲古閣刻本　十册

110000－0198－0001005　善2

河南邵氏聞見前錄二十卷　（宋）邵伯温著（明）毛晉訂　明崇禎毛氏汲古閣刻津逮秘書本　六册

110000－0198－0001006　善3

河南邵氏聞見後錄三十卷　（宋）邵博著（明）毛晉訂　明崇禎毛氏汲古閣刻津逮秘書本　六册

110000－0198－0001007　善4

題跋十種　（明）毛晉輯　明崇禎毛氏汲古閣刻津逮秘書本　四十四册

110000－0198－0001008　善5

全唐詩話六卷　（宋）尤袤撰　（明）毛晉校　明崇禎毛氏汲古閣刻津逮秘書本　三册

110000－0198－0001009　善6

稼軒詞四卷　（宋）辛棄疾撰　明崇禎毛氏汲古閣刻宋家名詞本　四册

110000－0198－0001010　善7

老學庵筆記十卷附家世舊聞一卷　（宋）陸游撰　（明）毛晉訂　明崇禎毛氏汲古閣刻津逮秘書本　四册

110000－0198－0001011　善8

貴耳集三卷　（宋）張端義撰　（明）毛晉訂　明崇禎毛氏汲古閣刻津逮秘書本　三册

110000－0198－0001012　善9

楚辭十七卷　（漢）劉向集　（漢）王逸章句（宋）洪興祖補注　明末汲古閣刻本　八册

110000－0198－0001013　善11

古畫品錄一卷　（南朝齊）謝赫撰　**續畫品錄一卷**　（唐）李嗣真撰　**續畫品一卷**　（南朝陳）姚最撰　**後畫錄一卷**　（唐）釋彦悰撰（明）毛晉輯　明崇禎毛氏汲古閣刻津逮秘書本　一册

110000－0198－0001014　善12

漢雜事秘辛一卷　（漢）□□撰　**淳熙玉堂雜紀三卷**　（宋）周大必撰　（明）胡震亨（明）毛晉同訂　明崇禎毛氏汲古閣刻津逮秘書本　一册

110000－0198－0001015　善13

遺山先生詩集二十卷　（金）元好問撰　明崇禎十一年（1638）毛氏汲古閣刻元人集十種本　八册

110000－0198－0001016　善14

遺山先生詩集二十卷　（金）元好問撰　明末汲古閣刻元人集十種本　十二册

110000－0198－0001017　善15

遺山先生詩集二十卷　（金）元好問撰　明末汲古閣刻元人集十種本　四册

110000－0198－0001018　善17

法書要錄十卷　（唐）張彦遠輯　（明）毛晉校　明崇禎毛氏汲古閣刻津逮秘書本　二册

110000－0198－0001019　善18

酉陽雜俎二十卷續十卷　（唐）段成式撰（明）毛晉訂　明崇禎毛氏汲古閣刻津逮秘書本　三册

110000－0198－0001020　善19

薩天錫詩集三卷　（元）薩都剌撰　明末汲古閣刻元人集十種本　三册

110000－0198－0001021　善34

大唐新語十三卷　（唐）劉肅撰　明萬曆商氏半野堂刻清康熙振鷺堂補刻稗海本　四册

110000－0198－0001022　善55

增定唐人古詩箋註四卷　（明）高棅原編（明）郭濬點定　（明）周明輔　（明）周明翊參訂　（清）譚元春鑒正　明天啓刻清乾隆二十二年（1757）印本　四册

110000－0198－0001023　善71

錦繡萬花谷後集四十卷　（宋）□□撰　明嘉靖十四年（1535）徽藩崇古書院刻本　二册存八卷（十七至二十、三十三至三十六）

110000－0198－0001024　善84
鍼灸大成十卷　(明)楊繼洲輯　清康熙十九年(1680)刻本　二十册

110000－0198－0001025　善92
日知錄三十二卷　(清)顧炎武撰　清康熙三十四年(1695)潘耒遂初堂刻本　二十册

110000－0198－0001026　善94
津逮秘書一百四十一種　(明)毛晉訂　明崇禎毛氏汲古閣刻津逮秘書本　五册　存六種(紫薇詩話、二老堂詩話、竹坡詩話、滄海詩話、彦周詩話、石林詩話)

110000－0198－0001027　善101
管子二十四卷　(唐)房玄齡註　明萬曆二十四年(1596)刻本　五册　存二十卷(五至二十四)

110000－0198－0001028　善118
新刊唐荆川先生稗編一百二十卷目錄三卷　(明)唐順之編　明萬曆九年(1581)茅一相文霞閣刻本　四十册　存八十一卷(一至七十八、目錄三卷)

110000－0198－0001029　善123
黄山領要錄二卷　(清)汪洪度撰　**蘋洲漁笛譜二卷**　(宋)周密撰　清乾隆三十一年至道光三年(1766－1823)長塘鮑氏刻知不足齋叢書本　四册

110000－0198－0001030　善124
飴山詩集二十卷　(清)趙執信撰　清乾隆十七年(1752)刻本　四册

110000－0198－0001031　善125
存誠堂詩集二十五卷　(清)張英撰　清康熙四十三年(1704)刻本　五册

110000－0198－0001032　善126
庚子銷夏記八卷　(清)孫承澤撰　清乾隆二十六年(1761)鮑廷博刻本　四册

110000－0198－0001033　善127
明詩別裁集十二卷　(清)沈德潛　(清)周凖輯　清乾隆四年(1739)精刻本　四册

110000－0198－0001034　善128
書經集傳六卷　(宋)蔡沈撰　清雍正十年(1732)尚敬堂刻本　四册

110000－0198－0001035　善129
傅徵君霜紅龕詩鈔八卷　(清)傅山著　(清)蘇爾詒　(清)劉贇參訂　**冰燈詩賦十五首**　(清)傅山著　(清)傅庚題　**霜紅龕詩略一卷**　(清)傅山著　(清)劉贇參訂　清乾隆三十二年(1767)劉贇刻本　二册

110000－0198－0001036　善130
吴徵君蓮洋詩鈔八卷　(清)吴雯著　(清)蘇爾詒　(清)劉贇參訂　清乾隆三十二年(1767)刻本　四册

110000－0198－0001037　善131
尊道堂別集六卷　(清)王材任集句　(清)王材振校刊　清乾隆十四年(1749)刻本　二册

110000－0198－0001038　善132
集漢隸分韻七卷　清乾隆三十七年(1772)辨志堂刻本　二册

110000－0198－0001039　善133
曝書亭詩錄十二卷　(清)朱彝尊撰　(清)江浩然箋註　清乾隆二十四年(1759)惇裕堂刻本　六册

110000－0198－0001040　善134
尚史七十二卷　(清)李鍇纂　清乾隆三十八年(1773)刻本　二十四册

110000－0198－0001041　善135
杜詩闡三十三卷　(清)王日藻閲　(清)盧元昌述　清康熙二十五年(1686)馬均梁刻本　八册

110000－0198－0001042　善136
義門讀書記五十八卷　(清)何焯撰　(清)蔣維鈞輯　清乾隆三十四年(1769)石香齋刻本　十二册

110000－0198－0001043　善137
居易錄三十四卷　(清)王士禎著　清康熙刻本　八册

110000－0198－0001044　善 138
義門讀書記五十八卷　(清)何焯撰　(清)蔣維鈞輯　清乾隆十六年(1751)承恩堂刻本　十六冊

110000－0198－0001045　善 139
蓮洋集十二卷補遺一卷附録一卷　(清)吴雯著　(清)王士禎評定　清乾隆十七年(1752)刻本　六冊

110000－0198－0001046　善 140
通鑑地理通釋十四卷　(宋)王應麟著　(明)毛晋閲　明崇禎毛氏汲古閣刻津逮秘書本　六冊

110000－0198－0001047　善 142
歷代輿地圖一卷歷代帝王歷數圖一卷古今官制沿革圖一卷　(明)鍾惺編次　明刻本　一冊

110000－0198－0001048　善 144
大學衍義四十三卷首一卷　(宋)真德秀輯　明崇禎五年(1632)刻本　十冊

110000－0198－0001049　善 145
樂章集一卷　(宋)柳永撰　明末汲古閣刻宋名家詞本　二冊

110000－0198－0001050　善 146
太師誠意伯劉文成公集二十卷　(明)劉基撰　(明)何鏜編校　明隆慶六年(1572)謝廷傑、陳烈刻本　十冊

110000－0198－0001051　善 149
五經圖十二卷　(清)楊恢基訂正　清雍正二年(1724)盧雲英刻本　六冊

110000－0198－0001052　善 150
異苑十卷　(南朝宋)劉敬叔撰　(明)胡震亨　(明)毛晋訂　明崇禎毛氏汲古閣刻津逮秘書本　二冊

110000－0198－0001053　善 151
居易録三十四卷　(清)王士禎著　清康熙二十八年(1689)刻本　六冊

110000－0198－0001054　善 152
陳思王集十卷附録一卷　(三國魏)曹植著　明嘉靖刻本　一冊　存九卷(一至九)

110000－0198－0001055　善 153
朱子詩義補正八卷　(清)方苞著　(清)單作哲編次　清乾隆刻本　四冊

110000－0198－0001056　善 155
寶顔堂訂正談苑四卷　(宋)孔平仲撰　(明)沈孚先等校　明萬曆綉水沈氏刻寶顔堂續秘笈本　二冊

110000－0198－0001057　善 157
瀛奎律髓刊誤四十九卷　(宋)方回選　(清)紀昀批點　清嘉慶五年(1800)李光垣刻本　十冊

110000－0198－0001058　善 158
感舊集十六卷　(清)王士禎選　(清)盧見曾補傳　清乾隆十七年(1752)盧見曾刻本　八冊

110000－0198－0001059　善 159
石湖居士詩集三十四卷　(宋)范成大撰　(清)顧嗣協等重訂　清康熙二十七年(1688)顧氏依園刻本　八冊

110000－0198－0001060　善 161
六書分類十二卷辨疑一卷　(清)傅世垚撰　清乾隆四十五年(1780)維隅堂刻本　十三冊

110000－0198－0001061　善 162
周髀算經二卷　(漢)趙爽注　**音義一卷**　(宋)李籍撰　**數術記遺一卷**　(北周)甄鸞注　(明)毛晋校　明崇禎毛氏汲古閣刻津逮秘書本　二冊

110000－0198－0001062　善 164
新鐫玉茗堂批點按鑑參補北宋志傳十卷五十回　(明)研石山樵訂正　(明)織里畸人校閲　明萬曆四十六年(1618)刻本(有圖)　六冊

110000－0198－0001063　善 165
十七史附宋遼金元明史稿　(明)毛晋校　明崇禎毛氏汲古閣刻掃葉山房補刻本　三百冊

110000－0198－0001064　善 166

詞科掌錄十七卷餘話七卷 （清）杭世駿輯 清乾隆道古堂刻本 十六册

110000－0198－0001065 善 167

復初齋詩集六十二卷 （清）翁方綱撰 清乾隆五十八年(1793)刻本 十六册

110000－0198－0001066 善 168

郝文忠公陵川文集三十九卷附録一卷 （元）郝經撰 （清）王鏐編訂 清乾隆三年(1738)王鏐刻五十九年(1794)印本 十册

110000－0198－0001067 善 169

敬業堂詩集五十卷 （清）查慎行撰 清康熙五十八年(1719)刻本 十六册

110000－0198－0001068 善 170

田間易學十二卷 （清）錢澄之述 清康熙二十三年(1684)桐城斟雉堂刻本 四册

110000－0198－0001069 善 171

昌黎先生詩集注十一卷年譜一卷 （唐）韓愈撰 （清）顧嗣立删補 清康熙三十八年(1699)顧氏秀野草堂刻本 四册

110000－0198－0001070 善 172

秘書二十一種 （清）汪士漢輯 清康熙七年(1668)新安汪氏刻本 十二册

110000－0198－0001071 善 174

世説新語補二十卷 （南朝宋）劉義慶撰 （明）何良俊增 清乾隆二十七年(1762)茂清書屋刻本 六册

110000－0198－0001072 善 176

南華真經解 （清）宣穎著 （清）王暉吉校 清康熙六十年(1721)寶旭齋刻本 六册

110000－0198－0001073 善 177

老子元翼二卷考異一卷附録一卷 （明）焦竑原輯 （清）郭乾泗重校 清乾隆五年(1740)三多齋刻本 二册

110000－0198－0001074 善 178

湖北安襄鄖道水利集案二卷 （清）王概撰 清乾隆十一年(1746)刻本 二册

110000－0198－0001075 善 179

李太白全集十二卷附録四卷 （清）李調元 （清）鄧在珩編訂 清乾隆二十九年(1764)清廉書院刻本 八册

110000－0198－0001076 善 180

御製文初集三十卷 （清）高宗弘曆撰 清乾隆二十九年(1764)武英殿刻本 十六册

110000－0198－0001077 善 181

迦陵詞全集三十卷 （清）陳維崧撰 清康熙二十九年(1690)陳宗石患立堂刻本 六册

110000－0198－0001078 善 182

墓銘舉例四卷 （明）王行撰 **金石要例一卷** （清）黄宗羲撰 清乾隆二十年(1755)盧見曾雅雨堂刻金石三例本 四册

110000－0198－0001079 善 183

李太白文集三十六卷 （唐）李白撰 （清）王琦注 清乾隆二十四年(1759)刻本 二十册

110000－0198－0001080 善 184

格致鏡原一百卷 （清）陳元龍撰 清康熙五十六年(1717)刻雍正十三年(1735)印本 三十二册

110000－0198－0001081 善 185

夢月巖詩集二十卷附詩餘 （清）呂履恒撰 清乾隆刻本 十册

110000－0198－0001082 善 186

古唐詩合解十二卷 （清）王堯衢註 清刻本 八册

110000－0198－0001083 善 187

藝苑名言八卷 （清）蔣瀾纂輯 清乾隆四十一年(1776)蔣氏懷谷軒刻本 四册

110000－0198－0001084 善 188

辟疆園杜詩註解五言律十二卷附年譜 （唐）杜甫撰 （清）顧宸注 清康熙二年(1663)顧氏辟疆園刻本 十二册

110000－0198－0001085 善 190

大嶽太和山紀略八卷 （清）王概总纂修 清乾隆九年(1744)下荆南道署刻本 八册

110000－0198－0001086 善 192

史外三十二卷 (清)汪有典撰 清乾隆十三年(1748)刻本 十二冊

110000－0198－0001087 善193
問字堂集六卷 (清)孫星衍撰 清乾隆六十年(1795)蘭陵孫氏刻岱南閣叢書本 二冊

110000－0198－0001088 善195
風箏誤傳奇二卷 (清)李漁撰 清初經本堂刻笠翁傳奇十種本 四冊

110000－0198－0001089 善196
説鈴前集三十八種後集十九種續集七種 (清)吳震方輯 清康熙四十四年(1705)刻學古堂後印本 二十三冊 存五十四種(前集三十種、後集十七種、續集七種)

110000－0198－0001090 善198
欽定執中成憲八卷 (清)世宗胤禛敕撰 清乾隆元年(1736)内府刻本 四冊

110000－0198－0001091 善199
逸周書十卷校正補遺一卷附録一卷 (晉)孔晁注 清乾隆五十一年(1786)刻抱經堂叢書本 二冊

110000－0198－0001092 善200
徐孝穆全集六卷附本傳 (南朝陳)徐陵撰 (清)吳兆宜箋注 清乾隆刻本 二冊

110000－0198－0001093 善201
古詩箋三十二卷 (清)王士禎選 (清)聞人倓箋 清乾隆三十一年(1766)芷蘭堂刻本 十六冊

110000－0198－0001094 善202
溫飛卿詩集九卷 (唐)溫庭筠撰 (清)曾益注 (清)顧予咸補註 清康熙三十六年(1697)長洲顧氏秀野草堂刻本 二冊

110000－0198－0001095 善204
經訓堂叢書十六種 (清)畢沅撰 清乾隆四十八年(1783)鎮洋畢氏刻本 二十四冊

110000－0198－0001096 善205
韓詩外傳十卷 (漢)韓嬰撰 (清)趙懷玉校 **序説一卷補遺一卷** (清)趙懷玉輯 清乾隆五十五年(1790)趙氏亦有生齋刻本 二冊

110000－0198－0001097 善207
只拙齋詩鈔七卷 (清)程鑾撰 清康熙五十九年(1720)刻本 二冊

110000－0198－0001098 善208
玉谿生詩箋註三卷詩話一卷年譜一卷贈詩一卷 (唐)李商隱撰 (清)馮浩編訂并注 清乾隆四十五年(1780)馮浩德聚堂刻嘉慶元年(1796)增刻本 六冊

110000－0198－0001099 善209
東書堂重修宣和博古圖録三十卷 (宋)王黼等撰 **考古圖十卷** (宋)呂大臨撰 **古玉圖二卷** (元)朱德潤撰 (清)黄晟輯 清乾隆十七年(1752)天都黄氏亦政堂刻本 二十冊

110000－0198－0001100 善210
詩集傳名物鈔八卷 (元)許謙撰 清康熙刻通志堂經解刻本 八冊

110000－0198－0001101 善211
謝宣城集六卷首一卷 (南朝齊)謝朓撰 (清)郭威釗輯 清康熙四十六年(1707)郭威釗甓軒刻本 四冊

110000－0198－0001102 善212
秋水集十六卷 (清)馮如京撰 (清)馮雲驤等輯 清乾隆五年(1740)清暉堂刻本 四冊

110000－0198－0001103 善213
古今韻略五卷 (清)邵長蘅撰 (清)宋至校 清康熙三十五年(1696)宋犖刻本 五冊

110000－0198－0001104 善215
西魏書二十四卷附録一卷 (清)謝啟昆撰 清乾隆六十年(1795)樹經堂刻本 六冊

110000－0198－0001105 善216
孟子讀法附記十四卷 (清)周人麟撰 清乾隆四十九年(1784)保積堂刻本 六冊

110000－0198－0001106 善217
詞苑叢談十二卷 (清)徐釚編輯 清康熙二十七年(1688)丁氏刻本 八冊

110000－0198－0001107 善218

周易傳義合訂圖義十二卷　(清)朱軾輯　(清)鄂爾達校　清乾隆二年(1737)內府刻本　六册

110000－0198－0001108　善219

玉山遺響六卷崇祀錄一卷唾居隨錄四卷正氣錄一卷　(清)張貞生著　清康熙講學山房刻本　十一册

110000－0198－0001109　善220

衡岳志八卷　(清)朱衮重修　(清)袁奂纂　清康熙刻本　八册

110000－0198－0001110　善221

寶華山志十五卷首一卷　(清)劉名芳纂修　清刻本　四册

110000－0198－0001111　善222

才調集十卷　(五代)韋縠輯　清康熙四十三年(1704)維揚述古齋木活字印本　四册

110000－0198－0001112　善223

有懷堂詩稿六卷　(清)韓菼撰　清康熙四十二年(1703)刻本　四册

110000－0198－0001113　善224

蓮洋集選十二卷　(清)吴雯撰　(清)王士禎評定　(清)賈澤洛校　清乾隆十五年(1750)臨汾劉組曾夢鶴草堂刻本　六册

110000－0198－0001114　善225

柳崖外編十六卷　(清)徐昆撰　清乾隆五十八年(1793)儲書樓刻本　十六册

110000－0198－0001115　善226

宋百家詩存二十卷　(清)曹庭棟輯　清乾隆六年(1741)曹氏二六書堂刻本　二十册

110000－0198－0001116　善227

鄉黨圖考十卷　(清)江永撰　清乾隆五十八年(1793)金閶書業堂刻本　五册

110000－0198－0001117　善228

佳山堂詩集十卷　(清)馮溥撰　(清)毛奇齡等校　清康熙二十一年(1682)古吴朱士儒刻本　四册

110000－0198－0001118　善229

元張文忠公歸田類稿二十卷附錄一卷　(元)張養浩撰　(清)周永年等校　清乾隆五十五年(1790)周氏刻本　四册

110000－0198－0001119　善230

寵壽堂詩集二十四卷　(清)張競光撰　清康熙二年(1663)刻本　六册

110000－0198－0001120　善231

水經注四十卷　(漢)桑欽撰　(北魏)酈道元注　**山海經十八卷**　(晉)郭璞傳　清乾隆十八年(1753)天都黄氏槐蔭草堂刻本　十六册

110000－0198－0001121　善232

心齋十種　(清)任兆麟註　清乾隆五十二年(1787)震澤任氏忠敏家塾刻本　四册

110000－0198－0001122　善233

詩瀋二十卷　(清)范家相撰　清乾隆三十九年(1774)古趣亭刻本　一册

110000－0198－0001123　善234

唐丞相曲江張先生文集十二卷附錄一卷　(唐)張九齡撰　清順治十四年(1657)刻本　五册

110000－0198－0001124　善235

日知薈說四卷　(清)高宗弘曆撰　清乾隆元年(1736)刻本　四册

110000－0198－0001125　善236

嘯餘譜十一卷　(明)程明善輯　清康熙張漢瑞凝堂刻本　十二册

110000－0198－0001126　善237

南宋襍事詩七卷　(清)沈嘉轍等撰　清康熙武林芹香齋刻本　四册

110000－0198－0001127　善238

樊南文集詳註六卷　(唐)李商隱著　(清)馮浩編定　清乾隆三十年(1765)德聚堂刻本　四册

110000－0198－0001128　善239

涑水記聞十六卷　(宋)司馬光撰　清乾隆四十二年(1777)刻武英殿聚珍版叢書本　四册

110000－0198－0001129　善240

樊榭山房集十卷續集十卷文集八卷　(清)厲鶚撰　清乾隆四年(1739)刻本　六冊

110000－0198－0001130　善241
唐賢三昧集三卷　(清)王士禎選本　(清)吴煊　(清)胡棠輯注　清乾隆五十二年(1787)聽雨齋刻本　三冊

110000－0198－0001131　善242
近科全題新策法程　(清)劉坦之評點　清乾隆五十一年(1786)友益齋刻本　四冊

110000－0198－0001132　善243
匡謬正俗八卷　(唐)顔師古撰　清乾隆二十一年(1756)德州盧氏雅雨堂刻本　一冊

110000－0198－0001133　善244
杜詩詳註二十五卷首一卷附編二卷補注一卷　(清)仇兆鰲輯註　清康熙三十二年(1693)刻本　十四冊

110000－0198－0001134　善245
蔡中郎集六卷補遺一卷　(漢)蔡邕著　(清)劉嗣奇校　清雍正五年(1727)刻本　四冊

110000－0198－0001135　善246
東萊先生詩律武庫前集十五卷後集十五卷　(宋)吕祖謙輯　清康熙五十四年(1715)桃源山莊刻本　六冊

110000－0198－0001136　善247
七修類稿五十一卷續稿七卷　(明)郎瑛撰　清乾隆四十年(1775)周棨耕煙草堂刻本　二十冊

110000－0198－0001137　善248
莆風清籟集六十卷　(清)鄭王臣編　(清)杭士駿參訂　清乾隆三十七年(1772)刻本　二十冊

110000－0198－0001138　善249
淮南子二十一卷　(漢)劉安撰　(漢)高誘注　清乾隆五十三年(1788)莊氏刻本　六冊

110000－0198－0001139　善250
笠翁一家言全集十六卷　(清)李漁撰　(清)沈心友　(清)李將舒仝訂　清雍正芥子園刻本　十六冊

110000－0198－0001140　善251
懷永堂繪像第六才子書八卷　(清)金聖歎批　清康熙五十九年(1720)味蘭軒刻本(有圖)　六冊

110000－0198－0001141　善252
二家詩鈔二十卷　(清)邵長蘅輯　**王氏漁陽詩鈔十二卷**　(清)王士禎撰　**宋氏綿津詩鈔八卷**　(清)宋犖撰　清康熙三十四年(1695)刻本　十二冊

110000－0198－0001142　善253
杜工部集二十卷年譜一卷附錄一卷諸家詩話一卷　(唐)杜甫撰　(清)錢謙益箋注　清康熙六年(1667)季氏靜思堂刻本　六冊

110000－0198－0001143　善254
池北偶談二十六卷　(清)王士禎撰　清康熙四十年(1701)文粹堂刻本　八冊

110000－0198－0001144　善255
春秋繁露十七卷附錄一卷　(漢)董仲舒撰　(清)盧文弨校　清乾隆盧氏刻抱經堂叢書本　一冊

110000－0198－0001145　善256
説書堂杜工部詩集注解二十卷文集註解二卷編年詩史譜目一卷末一卷　(清)張溍評註　清康熙三十七年(1698)讀書堂刻本　十二冊

110000－0198－0001146　善257
唐宋八家鈔八卷　(清)高嵣集評　清乾隆五十三年(1788)廣郡永邑培楊氏元堂刻本　八冊

110000－0198－0001147　善258
丹鉛總錄二十七卷　(明)楊慎著集　清乾隆三十年(1765)教忠堂刻本　八冊

110000－0198－0001148　善259
衛藏圖識五卷　(清)馬揭撰　(清)盛繩祖纂修　清乾隆五十七年(1792)刻本　四冊

110000－0198－0001149　善260
撫雲集九卷　(清)錢良擇撰　清康熙三十四

年(1695)刻本　四冊

110000－0198－0001150　善261

古香齋新刻袖珍資治通鑑綱目三編二十卷　(清)張廷玉編　清乾隆十一年(1746)古香齋刻本　八冊

110000－0198－0001151　善262

金詩選六卷補遺一卷　(清)顧奎光輯　清乾隆十六年(1751)刻本　六冊

110000－0198－0001152　善263

夢樓詩集二十二卷　(清)王文治撰　清乾隆六十年(1795)食舊堂刻本　十二冊

110000－0198－0001153　善264

古韻標準四卷詩韻舉例一卷　(清)江永編　(清)戴震參定　(清)李文藻覆校　清乾隆三十六年(1771)刻本　一冊

110000－0198－0001154　善265

明文鈔初編不分卷二編不分卷　(清)高塘輯　清乾隆五十一年(1786)刻本　六冊

110000－0198－0001155　善266

河汾諸老詩集八卷　(元)房祺輯　清乾隆四十三年(1778)敬翼堂刻本　六冊

110000－0198－0001156　善267

重訂文選集評十五卷首一卷末一卷　(清)于光華撰　清乾隆四十五年(1780)天祿閣刻本　十六冊

110000－0198－0001157　善268

左傳選十四卷　(清)儲欣評　清雍正四年(1726)受祉堂刻本　八冊

110000－0198－0001158　善269

黃詩全集五十八卷山谷詩内集注二十卷外集注十七卷别集注二卷外集補四卷别集補一卷重刻山谷先生年譜十四卷　(宋)黃庭堅撰　清乾隆五十四年(1789)樹經堂刻本　二十冊

110000－0198－0001159　善270

省軒考古類編十二卷　(清)柴紹炳著　(清)姚培謙評　清雍正四年(1726)練江汪述古山莊刻本　六冊

110000－0198－0001160　善271

小學紺珠十卷　(宋)王應麟輯　(清)陳守誠訂　(清)陶其愫較　清乾隆十七年(1752)恕堂刻本　四冊

110000－0198－0001161　善272

書畫同珍不分卷　(清)鄒聖脈輯　清乾隆七年(1742)樓外樓刻本　四冊

110000－0198－0001162　善273

述本堂詩集十八卷續集五卷　(清)方登嶧　(清)方式齊　(清)方觀承著　清乾隆二十年至嘉慶十四年(1755－1809)桐城方氏刻本　六冊　缺四卷(續集一至四)

110000－0198－0001163　善274

雲逗樓集二卷　(清)楊度汪撰　清乾隆三十二年(1767)容與堂刻本　一冊

110000－0198－0001164　善275

水道提綱二十八卷　(清)齊召南編録　清乾隆四十一年(1776)傳經書屋刻本　十六冊

110000－0198－0001165　善276

五山志林八卷　(清)羅天尺撰　清乾隆二十六年(1761)刻本　四冊

110000－0198－0001166　善277

御覽曲洧舊聞十卷　(宋)朱弁撰　清乾隆刻本　四冊

110000－0198－0001167　善278

豐川全集正編二十八卷外編三卷續編二十二卷　(清)王心敬撰　清康熙五十五年(1716)額倫特刻本　十二冊

110000－0198－0001168　善279

北夢瑣言二十卷　(宋)孫光憲纂集　清乾隆二十一年(1756)刻雅雨堂叢書本　六冊

110000－0198－0001169　善280

陳定宇先生文集十六卷别集一卷附年表　(元)陳櫟撰　(清)孫嘉基訂　清康熙三十五年(1696)谿德馨堂刻本　四冊

110000－0198－0001170　善281

詩所八卷　(清)李光地註　清雍正六年

(1728)教忠堂刻本　六册

110000－0198－0001171　善 282

張南軒先生文集七卷附錄一卷　(宋)張栻撰　(清)張伯行重訂　清康熙四十八年(1709)榕城正誼堂刻本　四册

110000－0198－0001172　善 283

周易尊翼五卷　(清)潘相撰　清乾隆四十一年(1776)刻潘相著經學八種本　十册

110000－0198－0001173　善 284

杜詩論文五十六卷　(清)祚伯成定　(清)潘眉評　(清)吳見思註　清康熙十一年(1672)常州岱淵堂刻本　六册

110000－0198－0001174　善 285

大廣益會玉篇三十卷　(南朝梁)顧野王撰　(唐)孫強增字　(宋)陳彭年等重修　清康熙四十三年至五十三年(1704－1714)張士俊刻澤存堂五種本　三册

110000－0198－0001175　善 286

何大復先生集三十八卷附錄一卷　(明)何景明撰　(明)何源洙等校　清乾隆刻本　八册

110000－0198－0001176　善 287

隨園詩草八卷禪家公案頌一卷　(清)邊連寶撰　清乾隆四十年(1775)刻本　四册

110000－0198－0001177　善 289

周易輯聞六卷　(宋)趙汝楳述　清康熙通志堂刻通志堂經解本　四册

110000－0198－0001178　善 290

史通通釋二十卷　(清)浦起龍撰　(清)方懋　(清)方福等參釋　清乾隆十七年(1752)梁溪浦氏求放心齋刻本　六册

110000－0198－0001179　善 291

白沙子全集六卷首一卷　(明)陳獻章撰　(清)顧嗣協校正　清康熙四十九年(1710)何九疇刻本　十二册

110000－0198－0001180　善 292

禹貢會箋十二卷圖一卷　(清)徐文靖撰　(清)趙弁訂　清乾隆十八年(1753)志寧堂刻本　四册

110000－0198－0001181　善 293

鐘山札記四卷　(清)盧文弨撰　清乾隆五十五年(1790)餘姚盧氏刻抱經堂刻本　一册

110000－0198－0001182　善 294

左傳經世鈔二十三卷　(清)魏禧評點　(清)彭家屏參訂　清乾隆十三年(1748)彭家屏刻本　十二册

110000－0198－0001183　善 295

西湖志纂十二卷首一卷　(清)梁詩正等纂　清乾隆二十年(1755)賜經堂刻本(有圖)　五册

110000－0198－0001184　善 296

四書名物考二十四卷　(明)陳禹謨輯　(清)錢受益　(清)牛斗星補　明崇禎牛斗星刻本　六册

110000－0198－0001185　善 297

希賢錄十卷　(清)魏裔介撰　清康熙二十年(1681)博雅堂刻本　十二册

110000－0198－0001186　善 298

漢溪書法通解八卷　(清)戈守智撰　(清)陸聲鍾編次　清乾隆十五年(1750)霽雲閣刻本　四册

110000－0198－0001187　善 299

劍南詩鈔不分卷　(宋)陸遊撰　(清)楊芝田選　清康熙二十四年(1685)刻本　六册

110000－0198－0001188　善 300

杭大宗七種叢書　(清)杭世駿撰　清乾隆元年至五十七年(1736－1792)羊城杭賓仁刻本　六册

110000－0198－0001189　善 301

宛雅初編八卷　(明)梅鼎祚輯　**二編八卷**　(清)施念曾　(清)蔡慕春輯　**三編二十四卷首一卷末一卷**　(清)施念曾　(清)張汝霖補輯　清乾隆十七年(1752)西阪草堂刻本　二十册

110000－0198－0001190　善 302

韓非子二十卷　(戰國)韓非撰　明萬曆周氏校刻本　六冊

110000－0198－0001191　善 303
大乘起信論一卷　(南朝梁)釋真諦譯　清乾隆五年(1740)刻本　二冊

110000－0198－0001192　善 305
讀書堂杜工部詩集註解二十八卷文集註解二卷杜工部編年詩史譜目一卷　(唐)杜甫撰　(清)張溍評註　(清)椰璟端　(清)榕瑞　(清)橋桓校訂　清康熙三十七年(1698)張氏讀書堂刻本　六冊

110000－0198－0001193　善 306
蕺山先生人譜一卷附類記二卷　(明)劉宗周撰　(清)洪正治編　清雍正四年(1726)教忠堂刻本　二冊

110000－0198－0001194　善 307
唐詩鼓吹十卷　(元)元好問選　(元)郝天挺註　(清)錢朝鼒　(清)王俊臣參校　清乾隆十一年(1746)懷德堂刻本　六冊

110000－0198－0001195　善 308
唐詩金粉十卷　(清)沈炳震輯　清雍正二年(1724)冬讀書齋刻本　四冊

110000－0198－0001196　善 309
唐詩別裁集十卷　(清)沈德潛　(清)陳培脈同選　清康熙五十六年(1717)碧梧書屋刻本　六冊

110000－0198－0001197　善 310
篆字彙十二卷　(清)佟世男編　清康熙三十九年(1700)多山堂刻本　十二冊

110000－0198－0001198　善 311
杜工部集二十卷附錄一卷　(唐)杜甫撰　(清)錢謙益註　(清)季滄葦校　清康熙六年(1667)季氏靜思堂刻本　十冊

110000－0198－0001199　善 312
周易本義十二卷易圖一卷五贊一卷筮儀一卷　(宋)朱熹撰　清康熙內府刻本　二冊

110000－0198－0001200　善 313
御選唐宋文醇五十八卷　(清)高宗弘曆輯　清乾隆三年(1738)喬光烈刻本　二十冊

110000－0198－0001201　善 314
春秋繁露十七卷　(漢)董仲舒撰　清乾隆抱經堂叢書本　二冊

110000－0198－0001202　善 315
吳詩集覽二十卷　(清)吳偉業撰　清乾隆四十年(1775)凌雲亭刻本　十六冊

110000－0198－0001203　善 316
玉臺新詠十卷　(南朝陳)徐陵輯　(清)吳兆宜原注　清乾隆三十九年(1774)稻香樓精刻本　六冊

110000－0198－0001204　善 317
五蓮山志五卷　(清)釋海霆編集　(清)張侗訂正　(清)王咸炤批選　清康熙二十年(1681)萬松禪林刻本　二冊

110000－0198－0001205　善 318
四書朱子或問語類　(清)陳其凝輯　清乾隆十二年(1747)刻本　十二冊

110000－0198－0001206　善 319
御選唐宋文醇五十八卷　(清)高宗弘曆輯　清乾隆三年(1738)武英殿刻朱墨藍套印本　二十冊

110000－0198－0001207　善 320
樂善堂全集四十卷首一卷目錄四卷　(清)高宗弘曆撰　清乾隆二年(1737)內府刻本　二十四冊

110000－0198－0001208　善 321
顏子二卷附本傳　(清)高陽疏解　清康熙二十三年(1684)刻本　二冊

110000－0198－0001209　善 322
春秋三十卷綱領一卷諸國興廢說一卷提要一卷　(宋)胡安國注　清康熙刻本　五冊

110000－0198－0001210　善 323
御製避暑山莊詩二卷　(清)聖祖玄燁撰　(清)揆叙等注　清康熙五十一年(1712)刻朱墨印本　二冊

110000－0198－0001211　善 324
夢月巖詩集二十卷詩餘一卷　(清)呂履恒著　清康熙三十四年(1695)刻本　六冊

110000－0198－0001212　善 325
先儒正修録三卷齊治録三卷　(清)于準撰　清康熙四十七年(1708)刻本　六冊

110000－0198－0001213　善 326
顔氏家訓七卷附録一卷　(隋)顔之推撰　(清)趙曦明注　(清)盧文弨注補　清乾隆五十四年(1789)抱經堂叢書刻本　二冊

110000－0198－0001214　善 327
清異録二卷　(宋)陶穀撰　清康熙最宜草堂刻本　三冊

110000－0198－0001215　善 328
臥龍崗志二卷　(清)羅景撰　(清)羅鈵校　清康熙五十一年(1712)自刻本　二冊

110000－0198－0001216　善 329
汾山偶綴一卷　(晉)張枚撰　清康熙四十六年(1707)刻本　二冊

110000－0198－0001217　善 331
西山先生真文忠公文集五十五卷目二卷　(宋)真德秀撰　(明)丁辛等重修　明萬曆二十五年(1597)景賢堂重刻清康熙四年(1665)補刻本　十六冊

110000－0198－0001218　善 332
權衡一書四十一卷　(清)王植輯録　清乾隆元年(1736)崇雅堂刻本　二十四冊

110000－0198－0001219　善 333
天台山方外志要十卷圖一卷　(清)釋無盡纂　清乾隆三十九年(1774)息園刻本(有圖)　四冊

110000－0198－0001220　善 334
焦山志十二卷　(清)盧見曾撰　清乾隆雅雨堂刻本(有圖)　四冊

110000－0198－0001221　善 335
王荆公唐百家詩選二十卷　(宋)王安石輯　清康熙四十二年(1703)宋犖丘迥緯蕭草堂刻本　六冊

110000－0198－0001222　善 336
明詩綜一百卷　(清)王森評　(清)朱彝尊録　清康熙四十四年(1705)刻本　四十冊

110000－0198－0001223　善 337
漁洋山人精華録十卷　(清)王士禛撰　(清)林佶編　清康熙三十九年(1700)林佶刻本　四冊

110000－0198－0001224　善 338
賴古堂尺牘新鈔二選藏弆集十六卷　(清)周亮工輯　清康熙六年(1667)周氏賴古堂刻本　十六冊

110000－0198－0001225　善 339
西齋語録四卷　(清)郭元釪撰　清乾隆二十四年(1759)介邑噅噅堂刻本　四冊

110000－0198－0001226　善 340
水經注四十卷　(漢)桑欽撰　(北魏)酈道元注　**山海經十八卷**　(晉)郭璞傳　清乾隆十八年(1753)天都黄氏槐蔭草堂山水二經合刻本　十六冊

110000－0198－0001227　善 342
實踐録一卷　(清)德沛撰　清乾隆元年(1736)刻本　一冊

110000－0198－0001228　善 343
考工記車制圖解二卷　(清)阮元撰　清乾隆五十三年(1788)七祿書館刻本　一冊

110000－0198－0001229　善 344
御製詩初集四十四卷目四卷　(清)高宗弘曆撰　清乾隆十四年(1749)内府刻本　十二冊

110000－0198－0001230　善 345
禮記二十卷附考證　(漢)鄭玄注　清乾隆四十八年(1783)武英殿刻仿宋相臺五經本　十冊

110000－0198－0001231　善 346
東都事略一百三十卷　(宋)王稱撰　清五峰閣刻本　七冊　存一百十四卷(一至十二、二十九至一百三十)

110000－0198－0001232　善 347
大佛頂如來密因修證了義諸菩薩萬行首楞嚴經十卷　（唐）釋般刺密帝譯　清雍正十三年（1735）刻本　二册

110000－0198－0001233　善 348
删定管子一卷删定荀子一卷　（清）方苞撰　清乾隆元年（1736）桐城方氏刻抗希堂十六種零本　四册

110000－0198－0001234　善 349
十七史商榷一百卷目一卷　（清）王鳴盛撰　清乾隆五十二年（1787）洞涇草堂刻本　十六册

110000－0198－0001235　善 350
念慈羅先生文集二十四卷　（明）羅洪先撰　（清）羅復晉等重校　清雍正元年（1723）羅氏刻本　三十二册

110000－0198－0001236　善 351
詩觸五卷漁陽詩話二卷説詩晬語二卷　（清）朱琰重校　（清）王士禎　（清）沈德潛撰　清乾隆二十九年（1764）刻本　八册

110000－0198－0001237　善 352
李義山詩集十六卷　（清）姚培謙箋　（唐）李商隐撰　清乾隆五年（1740）松桂讀書堂刻本　八册

110000－0198－0001238　善 353
香樹齋詩集十八卷　（清）錢陳群撰　清乾隆十六年（1751）錢氏刻本　四册

110000－0198－0001239　善 354
納書楹牡丹亭全譜二卷　（清）葉堂訂譜　（清）王文治參訂　清乾隆五十七年至五十九年（1792－1794）納書楹刻本　二册

110000－0198－0001240　善 355
納書楹紫釵記全譜二卷　（清）葉堂訂譜　（清）王文治參訂　清乾隆五十七年（1792）納書楹刻本　二册

110000－0198－0001241　善 356
欽定書經傳説彙纂二十一卷首二卷書序一卷　（清）王頊齡等纂　清雍正八年（1730）內府刻本　十六册

110000－0198－0001242　善 360
漢上易傳十一卷周易卦圖三卷周易叢説一卷　（宋）朱震集傳　清康熙十九年（1680）通志堂刻本　三册

110000－0198－0001243　善 361
六臣注文選六十卷　（南朝梁）蕭統撰　（唐）李善等注　（清）錢士謐重校　清康熙二十五年（1686）汲古閣刻本　二十册

110000－0198－0001244　善 363
楚辭集注八卷　（宋）朱熹註　明成化十一年（1475）盱江何喬新刻本　二册

110000－0198－0001245　善 366
西遊真詮一百回　（清）陳士斌詮釋　清致和堂刻本（有圖）　二十四册

110000－0198－0001246　善 369
詩經八卷　（宋）朱熹集傳　明末刻本　八册

110000－0198－0001247　善 370
九靈山房集三十卷補編二卷　（元）戴良撰　**年譜一卷**　（清）戴殿江撰　清乾隆三十七年（1772）戴氏傳經書屋刻本　十二册

110000－0198－0001248　善 372
大戴禮記十三卷　（漢）戴德撰　（北周）盧辯注　清乾隆二十五年（1760）盧氏刻雅雨堂叢書本　二册

110000－0198－0001249　善 373
孫可之集十卷　（唐）孫樵撰　（明）毛晉輯　明海虞毛氏汲古閣刊三唐人文集刻本　一册

110000－0198－0001250　善 374
摭言一卷　（唐）王保定撰　**小名録二卷**　（唐）陸龜蒙撰　明萬曆會稽商氏半野堂刊稗海種本　一册

110000－0198－0001251　善 375
重刊五百家註音辯昌黎先生文集四十卷　（唐）韓愈撰　（宋）魏仲舉等註　清乾隆四十九年（1784）刻本　八册　存十四卷（一至十

四）

110000－0198－0001252　善 376
漁隱叢話前集六十卷後集四十卷　（宋）胡仔纂集　清乾隆五年至六年（1740－1741）楊佑啟耘經樓刻本　八冊　存二十三卷（前集一至二十三）

110000－0198－0001253　善 377
飛龍傳六十回　（清）吳璿編　清乾隆三十三年（1768）世德堂刻本（有圖）　十二冊

110000－0198－0001254　善 380
詩地理考六卷　（宋）王應麟撰　明汲古閣刻津逮秘書本　四冊

110000－0198－0001255　善 382
稗海三十七種　（明）商濬輯　明萬曆會稽商氏半埜堂刻本　四十八冊

110000－0198－0001256　善 384
說莊三卷　（明）李騰芳著　（明）范鳳翼校　明末刻本　三冊

110000－0198－0001257　善 385
說鈴前集八種後集三種續集四種　（清）吳震方輯　清康熙四十四年（1705）刻五十一年（1712）續刻本　三冊

110000－0198－0001258　善 386
五代史補五卷　（宋）陶岳撰　**闕文一卷**　（宋）王禹偁撰　清初毛氏汲古閣刻本　一冊

110000－0198－0001259　善 387
春秋屬辭十五卷　（元）趙汸撰　（清）納蘭成德校訂　（清）鍾謙鈞重刊　清同治十二年（1873）鍾謙鈞刻通志堂經解本　五冊

110000－0198－0001260　善 394
［萬曆］開封府志三十四卷　（明）陸楔撰　明萬曆十三年（1585）刻本（有圖）　一冊　存六卷（一至六）

110000－0198－0001261　善 395
孔氏家語十卷　（三國魏）王肅注　明末毛氏汲古閣刻本　二冊

110000－0198－0001262　善 402
七修類稿五十一卷續稿七卷　（明）郎瑛撰　清乾隆四十年（1775）周氏耕煙草堂刻本　十六冊

110000－0198－0001263　善 404
漢史億二卷　（清）孫廷銓撰　清康熙十七年（1678）師儉堂孫文定公全集刻本　二冊

110000－0198－0001264　善 405
沚亭自删詩一卷附琴譜指法省文一卷　（清）孫廷銓撰　清康熙十七年（1678）師儉堂孫文定公全集刻本　一冊

110000－0198－0001265　善 406
沚亭删定文集二卷　（清）孫廷銓撰　清康熙十七年（1678）師儉堂孫文定公全集刻本　二冊

110000－0198－0001266　善 408
牧齋有學集五十一卷　（清）錢謙益撰　清康熙三年（1664）刻本　十八冊　存三十卷（一至三十）

110000－0198－0001267　善 409
孫公談圃三卷　（宋）孫昇述　**蒙齋筆談二卷**　（宋）鄭景望撰　明萬曆會稽商氏半埜堂刻稗海本　一冊　缺二卷（孫公談圃上、中）

110000－0198－0001268　善 410
廣川書跋十卷　（宋）董逌撰　（明）毛晉輯　明毛氏汲古閣刻津逮秘書本　一冊　存二卷（三至四）

110000－0198－0001269　善 412
大唐創業起居注三卷　（唐）溫大雅撰　（明）毛晉　（明）胡震亨校　明毛氏汲古閣刻津逮秘書本　一冊

110000－0198－0001270　善 413
彥周詩話一卷　（宋）許顗撰　**二老堂詩話一卷**　（宋）周必大撰　**紫薇詩話一卷**　（宋）呂本中撰　（明）毛晉輯　明毛氏汲古閣刻津逮秘書本　一冊

110000－0198－0001271　善 416
春秋集傳十五卷　（明）趙汸輯　清康熙十九

年(1680)刻通志堂經解本　六冊

110000－0198－0001272　善417

尚書句解十三卷　(元)朱祖義撰　清康熙十九年(1680)刻通志堂經解本　二冊

110000－0198－0001273　善419

詩岑二十二卷　(清)楊梓　(清)蕭殿颺選輯　清乾隆十四年(1749)積風樓刻本　八冊

110000－0198－0001274　善420

劍堂詩法名言四卷　(清)沙臨集編　清乾隆繹山房刻本　四冊

110000－0198－0001275　善422

稗海十五種　(明)商濬輯　明萬曆會稽商氏半埜堂刻本　十四冊

110000－0198－0001276　善423

談龍錄一卷　(清)趙執信撰　清康熙四十八年(1709)刻本　一冊

110000－0198－0001277　善424

西遊真詮一百回　(清)陳士斌詮解　清康熙三十五年(1696)刻本(有圖)　二十冊

110000－0198－0001278　善426

新序十卷　(漢)劉向撰　明末武林何允中刻漢魏叢書本　四冊

110000－0198－0001279　善429

明人詩鈔正集十四卷續集十四卷　(清)朱琰編　清乾隆二十五年(1760)樊桐山房精刻本　八冊

110000－0198－0001280　善430

晚書訂疑三卷　(清)程廷祚撰　清乾隆三餘書屋刻本　二冊

110000－0198－0001281　善432

昌谷集四卷　(唐)李賀撰　(明)曾益釋　清初刻本　二冊

110000－0198－0001282　善433

王建詩八卷　(唐)王建撰　明崇禎毛氏汲古閣刻唐人六集本　一冊　存六卷(三至八)

110000－0198－0001283　善434

常建詩集二卷附錄一卷　(唐)常建撰　明崇禎毛氏汲古閣刻唐人六集本　一冊

110000－0198－0001284　善435

通志堂經解四種　(清)納蘭性德輯　清康熙十九年(1680)通志堂刻本　十冊

110000－0198－0001285　善436

伶香伴傳奇二卷　(清)李漁撰　清康熙世德堂刻笠翁傳奇十種本(有圖)　二冊

110000－0198－0001286　善437

禮記二十卷　(漢)鄭玄注　明嘉靖刻本　五冊

110000－0198－0001287　善439

重刻二鄉亭詞四卷　(清)宋琬撰　清乾隆十一年(1746)刻本　二冊

110000－0198－0001288　善443

葉忠節公遺稾十三卷　(清)葉映榴撰　(清)葉芳等編輯　清乾隆刻本　六冊

110000－0198－0001289　善444

網師園唐詩箋十八卷　(清)宋宗元輯　清乾隆三十二年(1767)尚絅堂刻本　十冊

110000－0198－0001290　善445

在璞堂吟稿一卷　(清)方芳佩撰　清乾隆十六年(1751)刻本　一冊

110000－0198－0001291　善447

香祖筆記十二卷　(清)王士禎撰　清康熙四十四年(1705)刻王漁洋遺書本　六冊

110000－0198－0001292　善448

杜詩提要十四卷　(清)吳瞻泰選評　清乾隆山雨樓精刻本　六冊

110000－0198－0001293　善450

蓮洋集十二卷補遺一卷　(清)吳雯撰　(清)王士禎評定　清乾隆十七年(1752)夢鶴草堂刻本　七冊

110000－0198－0001294　善451

春秋集解三十卷　(宋)呂祖謙撰　清康熙十九年(1680)刻通志堂經解叢書本　十四冊

110000－0198－0001295　善452
兩漢金石記二十二卷　（清）翁方綱撰　清乾隆五十四年（1789）南昌使院刻本　六册

110000－0198－0001296　善453
聽山文集四種　（清）申涵光撰　**申鳧盟先生年譜略一卷**　（清）申涵煜　（清）申涵盼輯　清康熙二年（1663）渾脱居刻本　六册　缺一卷（詩選四）

110000－0198－0001297　善454
陶詩彙注四卷首一卷末一卷論陶一卷　（清）吴瞻泰輯　清康熙四十四年（1705）程崟拜經堂刻本　一册

110000－0198－0001298　善455
漢志水道疏證四卷　（清）洪頤煊撰　清嘉慶九年（1804）刻本　二册

110000－0198－0001299　善456
凰求鳳傳奇二卷　（清）李漁編次　（清）冷西梅客批評　清康熙世德堂刻笠翁傳奇十種本　二册

110000－0198－0001300　善457
陳檢討詞鈔十二卷　（清）陳維崧撰　清金閶葉繼照刻本　六册

110000－0198－0001301　善459
南皋山人詩集類稿七卷　（清）宋弼選　（清）高鳳翰撰　清乾隆二十八年（1763）高元質刻本　四册

110000－0198－0001302　善463
明詩别裁集十二卷　（清）沈德潛　（清）周準輯　清乾隆四年（1739）刻本　四册

110000－0198－0001303　善464
渠丘耳夢録四卷　（清）張貞元撰　清康熙四十八年（1709）江寧柏明遠刻本　一册

110000－0198－0001304　善465
周氏冥通記四卷　（南朝梁）陶弘景撰　（明）胡震亨　（明）毛晉同訂　明崇禎虞山毛氏汲古閣刻津逮秘書本　二册

110000－0198－0001305　善466
李義山詩集十六卷　（清）姚培謙撰　（清）王原閲　清乾隆五年（1740）松桂讀書堂刻本　八册

110000－0198－0001306　善467
春秋公羊穀梁二傳附左氏傳十二卷　（清）姜兆錫撰　清乾隆五年（1740）寅清樓刻九經補註本　四册

110000－0198－0001307　善469
施註蘇詩四十二卷續補遺二卷　（宋）蘇軾撰　（宋）施元之注　（清）邵長蘅　（清）顧嗣立　（清）宋至删補　清康熙三十九年（1700）宋犖刻本　十册

110000－0198－0001308　善470
施注蘇詩四十二卷目録二卷　（宋）蘇軾撰　（宋）施元之等注　清康熙四十八年（1709）宋犖刻本　十册

110000－0198－0001309　善473
笠翁文集八卷别集二卷偶集六卷　（清）李漁著　（清）沈心友　（清）李將舒訂　清雍正八年（1730）芥子園刻本　二十册

110000－0198－0001310　善474
集漢隸分韻七卷　（明）李石叠撰　清乾隆三十七年（1772）辨志堂精刻本　四册

110000－0198－0001311　善478
集杜詩三卷鐵網集一卷　（清）沈善世撰　清康熙沈氏刻本　一册

110000－0198－0001312　善482
抱犢山房集六卷　（清）嵇永仁撰　清康熙四十七年（1708）刻本　二册

110000－0198－0001313　善483
銅鼓書堂遺稾三十二卷　（清）查禮撰　清乾隆五十七年（1792）查淳刻本　四册

110000－0198－0001314　善484
潛邱劄記六卷　（清）閻若璩撰　清乾隆十三年（1748）閻學林眷西堂刻本　十二册

110000－0198－0001315　善487
莊子南華經四卷　（唐）陸德明音義　（清）徐

廷槐校　清乾隆六年(1741)書業堂刻本　二册

110000－0198－0001316　善494
群經音辨七卷　(宋)賈昌朝撰　清刻本　六册

110000－0198－0001317　善495
述本堂詩集十六種續集二種　(清)方登嶧　(清)方式齊　(清)方觀承撰　清乾隆二十年至嘉慶十四年(1755－1809)桐城方氏刻本　八册

110000－0198－0001318　善496
新鐫增定歷朝捷錄全編四卷　(明)周昌年著　(明)陳繼儒訂　明天啓刻本　四册

110000－0198－0001319　善498
九華山志十二卷　(清)俞成龍　(清)李燦重輯　清乾隆十四年(1749)刻本　六册

110000－0198－0001320　善499
鐵網珊瑚書品十卷畫品六卷　(明)朱存理集録　清雍正六年(1728)年希堯澄鑒堂刻本　十六册

110000－0198－0001321　善503
少林寺志四卷圖説一卷　(清)葉封等原輯　(清)施奕簪等續輯　清乾隆十三年(1748)刻本　四册

110000－0198－0001322　善504
春秋提綱十卷　(元)陳則通撰　清康熙十九年(1680)刻通志堂經解本　二册

110000－0198－0001323　善506
綿津山人詩集二十六卷楓香詞一卷　(清)宋犖撰　清康熙二十年(1681)刻本　四册

110000－0198－0001324　善507
長生殿傳奇二卷五十摺　(清)洪昇填詞　清康熙十八年(1679)稗畦草堂刻本　四册

110000－0198－0001325　善508
香樹齋詩集十八卷　(清)錢陳羣撰　清乾隆十六年(1751)宋弼刻本　六册

110000－0198－0001326　善509
睫巢集六卷　(清)李鍇撰　清乾隆十四年(1749)洪肇懋刻本　二册

110000－0198－0001327　善510
戰國策三十三卷　(漢)高誘注　清乾隆二十一年(1756)刻盧見曾雅雨堂叢書本　六册

110000－0198－0001328　善512
廣韻五卷　(宋)陳彭年等重修　清刻本　五册

110000－0198－0001329　善513
王荆文公詩五十卷附補遺　(宋)王安石撰　清乾隆六年(1741)張宗松清綺齋刻本　八册

110000－0198－0001330　善514
詠懷堂新編十錯認春燈謎記四卷　(明)阮大鋮撰　明崇禎六年(1633)刻十種傳奇本　八册

110000－0198－0001331　善515
雪月梅傳十卷五十回　(清)陳朗撰　(清)董孟汾評　(清)邵松年校定　清乾隆四十年(1775)董氏德華堂刻本　十册

110000－0198－0001332　善516
杜工部集箋注二十卷年譜一卷附一卷　(清)錢謙益撰　清康熙六年(1667)刻本　十二册

110000－0198－0001333　善517
納書楹曲譜正集四卷續集四卷外集三卷　(清)葉堂訂譜　(清)王文治訂　清乾隆五十七年(1792)刻本　二十二册

110000－0198－0001334　善518
周易詳説十八卷　(清)劉紹攽著　清乾隆十三年(1748)劉氏傳經堂刻本　八册

110000－0198－0001335　善519
新定三禮圖二十卷　(清)聶崇義集註　清康熙十九年(1680)刻通志堂經解本　四册

110000－0198－0001336　善520
集古印存三十二卷　(清)汪啟淑鑒定　清乾隆十三年(1748)刻本　八册　存八卷(九至十六)

110000－0198－0001337　善521

御製詩集十卷二集十卷　(清)聖祖玄燁撰　(清)高士奇編　清康熙四十二年(1703)宋犖刻本　四冊

110000－0198－0001338　善 523

復古編二卷附錄一卷　(宋)張有撰　**安陸集一卷**　(宋)張光撰　清乾隆四十六年(1781)刻本　五冊

110000－0198－0001339　善 525

震川先生集三十卷別集十卷　(明)歸有光著　清康熙二十三年(1684)歸氏刻本　十二冊

110000－0198－0001340　善 527

尚友錄二十二卷　(明)廖用賢編纂　清康熙五年(1666)陸氏潄潤堂刻本　十二冊

110000－0198－0001341　善 528

草堂詩餘正集六卷續集二卷別集四卷新集五卷　(明)顧從敬類選　(明)沈際飛評正　明萬賢樓刻本　八冊

110000－0198－0001342　善 529

鶴林玉露十六卷補遺一卷　(宋)羅大經撰　明萬曆會稽商氏半埜堂刻稗海本　二冊

110000－0198－0001343　善 530

河東先生龍城錄二卷　(唐)柳宗元撰　**鶴林玉露十六卷補遺一卷**　(宋)羅大經撰　明萬曆會稽商氏半埜堂刊稗海本　二冊

110000－0198－0001344　善 531

宋宗忠簡公集八卷首一卷　(宋)宗澤撰　(明)熊人霖訂　(清)王廷曾重編　清乾隆二十六年(1761)刻本　二冊

110000－0198－0001345　善 533

范忠宣公集二十卷　(宋)范純仁撰　清康熙四十六年(1707)范氏歲寒堂本　八冊

110000－0198－0001346　善 534

采菽堂古詩選三十八卷補遺四卷　(清)陳祚明編　清乾隆十四年(1749)刻本　二十冊

110000－0198－0001347　善 536

南嶽志八卷　(清)高自位重編　清乾隆十八年(1753)開雲樓刻本　四冊

110000－0198－0001348　善 537

刪定管子一卷刪定荀子一卷　(清)方苞刪定　清乾隆元年(1736)抗希堂刻本　六冊

110000－0198－0001349　善 542

弱水二十二卷　(清)屈復著　清乾隆七年(1742)刻本　十二冊

110000－0198－0001350　善 543

淨土津梁十三種　(清)釋了慰輯　清乾隆四十九年(1784)京都衍法寺了慰刻本　九冊

110000－0198－0001351　善 545

新鐫玉茗堂批點按鑑參補楊家將傳十卷五十回　(明)研石山樵訂正　清末鄭五雲堂刻本(有圖)　十冊

110000－0198－0001352　善 546

前川樓文集二卷詩一卷　(清)張沐著　清康熙刻本　三冊

110000－0198－0001353　善 547

圖書秘典一隅解　(清)張沐撰　清康熙三十九年(1700)保學堂刻本　一冊

110000－0198－0001354　善 548

六論敷言通俗六卷　(清)張沐編　清乾隆三十二年(1767)敦臨堂刻本　一冊

110000－0198－0001355　善 549

孝經疏略一卷　(清)張沐註　清康熙二十六年(1687)敦臨堂刻本　一冊

110000－0198－0001356　善 550

竹雲題跋四卷　(清)王澍撰　(清)温純訂　清乾隆三十二年(1767)冰壺閣刻本　四冊

110000－0198－0001357　善 551

逍遙山萬壽宮志二十卷　(清)郭懋隆　(清)丁步上等撰　清乾隆五年(1740)刻本　六冊

110000－0198－0001358　善 552

法華指掌疏七卷　(清)釋通理撰　清乾隆刻本　十冊

110000－0198－0001359　善 553

貫華堂第六才子書西廂記八卷　(清)金人瑞批點　清康熙貫華堂刻本　四冊

110000－0198－0001360　善 554

杜詩詳注三十一卷首一卷　(清)仇兆鰲註　清康熙三十二年(1693)大文堂刻本　二十四冊

110000－0198－0001361　善 555

姜西溟先生文鈔四卷　(清)姜宸英撰　清乾隆四年(1739)南蘭匪懈堂趙氏刻本　四冊

110000－0198－0001362　善 556

隱拙齋文鈔六卷　(清)沈廷芳撰　清乾隆十九年(1754)刻本　四冊

110000－0198－0001363　善 557

笠亭詩集十二卷　(清)朱琰撰　清乾隆三十八年(1773)樊桐山房刻本　四冊

110000－0198－0001364　善 558

北墅抱瓮錄一卷竹窗詞一卷　(清)高士奇著　清康熙二十九年(1690)刻本　一冊

110000－0198－0001365　善 559

書纂言四卷　(元)吳澄纂言　清康熙刻通志堂經解本　二冊

110000－0198－0001366　善 560

庚子消夏記八卷　(清)孫承澤撰　清乾隆刻本　二冊

110000－0198－0001367　善 561

安陽集五十卷　(宋)韓琦著　**別錄三卷**　(宋)王岩叟撰　**遺事一卷**　(宋)強至撰　**忠獻韓魏王家書十卷**　清康熙五十六年(1717)徐樹敏刻乾隆五年(1740)補刻本　十六冊

110000－0198－0001368　善 563

清河書畫舫十二卷　(明)張丑造　(清)吳長元校　清乾隆二十八年(1763)錢塘吳氏池北草堂刻本　十二冊

110000－0198－0001369　善 564

繩庵内集十六卷外集八卷　(清)劉倫撰　清乾隆用拙堂刻本　六冊

110000－0198－0001370　善 565

袁文箋正十六卷附錄一卷　(清)袁枚著　(清)石韞玉箋　清嘉慶十七年(1812)鶴壽山堂刻本　八冊

110000－0198－0001371　善 566

大方廣佛華嚴經八十卷附普賢行願品一卷復菴和尚華嚴論貫一卷　(唐)釋實叉難陀譯　清乾隆三十四年(1769)刻本　十六冊

110000－0198－0001372　善 567

療妬羹記二卷　(明)吳炳編次　(明)鴿鵪子評　清初刻本　四冊

110000－0198－0001373　善 568

唐伯虎先生外編續刻十二卷　(明)唐寅著　(明)何大成輯　明萬曆四十年(1612)刻本　一冊　存七卷(一至七)

110000－0198－0001374　善 569

閒情偶寄十六卷　(清)李漁著　清康熙十年(1671)翼聖堂刻本(有圖)　二冊

110000－0198－0001375　善 570

宋孫仲益內簡尺牘十卷　(宋)孫覿撰　(宋)李祖堯編注　(清)蔡焯增訂　清乾隆十二年(1747)錫山蔡氏刻本　四冊

110000－0198－0001376　善 571

芻蕘集六卷　(明)周是脩著　(明)周應鰲梓　清康熙三十七年(1698)陽岡敦和堂刻本　二冊

110000－0198－0001377　善 573

王荆公唐百家詩選二十卷　(宋)王安石輯　清康熙四十三年(1704)雙清閣刻本　二冊

110000－0198－0001378　善 575

蘇詩補注八卷　(宋)蘇軾撰　(清)翁方綱補訂　**志道集一卷**　(宋)顧禧著　清乾隆四十七年(1782)蘇齋刻本　一冊

110000－0198－0001379　善 576

韓柳二先生年譜八卷　(清)馬白琯輯　清雍正七年(1729)小玲瓏山館刻本　一冊

110000－0198－0001380　善 577

南豐先生元豐類藁五十三卷　(宋)曾鞏撰　(清)顧崧齡校　清康熙五十六年(1717)顧崧齡刻本　八冊

110000－0198－0001381　善 578
曝書亭詩錄箋注十二卷　(清)江浩然箋注　(清)江壎校　清乾隆二十七年(1762)惇裕堂刻本　六册

110000－0198－0001382　善 579
託素齋詩集四卷　(清)黎士弘著　清康熙二十八年(1689)刻本　四册

110000－0198－0001383　善 580
回文類聚四卷另編一卷　(宋)桑世昌纂次　**續編十卷**　(清)朱象賢集　(清)王山摩集　清康熙刻本(有圖)　八册

110000－0198－0001384　善 581
思綺堂文集十卷　(清)章藻功著　清康熙六十一年(1722)凌雲書屋刻本　十册

110000－0198－0001385　善 582
御選唐詩三十二卷目錄三卷　(清)聖祖玄燁選　(清)陳廷敬等輯　清康熙五十二年(1713)内府刻朱墨印本　十五册

110000－0198－0001386　善 584
四書考輯要二十卷　(清)陳宏謀輯　(清)孫蘭森編校　清乾隆三十六年(1771)培遠堂刻本(有圖)　七册

110000－0198－0001387　善 588
唐陸宣公集二十二卷　(唐)陸贄撰　(清)年羹堯重訂　清雍正元年(1723)年羹堯刻本　六册

110000－0198－0001388　善 589
于清端公政書八卷首編一卷外集一卷續集一卷　(清)于成龍撰　(清)蔡方炳等編　清乾隆二十六年(1761)刻本　十册

110000－0198－0001389　善 590
幽夢影二卷　(清)張潮筆記　清初怡清堂刻本　二册

110000－0198－0001390　善 591
公羊傳一卷穀梁傳一卷　(清)王源評訂　(清)程茂參正　清雍正信芳齋刻本　一册

110000－0198－0001391　善 592
范石湖詩集二十卷　(宋)范成大撰　(清)黄昌衢參訂　清康熙二十七年(1688)黄昌衢藜照樓刻本　六册

110000－0198－0001392　善 593
浙西六家詞十一卷　(清)龔翔麟輯　清康熙錢塘龔氏玉玲瓏閣刻本　七册　存五家詞十卷(江湖載酒集三卷、柘西精舍集一卷、耒邊詞二卷、紅藕莊詞三卷、黑蝶齋詞一卷)

110000－0198－0001393　善 596
金詩選四卷　(清)顧奎光輯　(清)陶玉禾參評　清乾隆十六年(1751)刻本　二册

110000－0198－0001394　善 597
毛詩名物解二十卷　(宋)蔡卞集解　清康熙十九年(1680)通志堂刻本　一册

110000－0198－0001395　善 599
范文正公集四十八卷　(宋)范仲淹撰　清康熙歲寒堂刻本(有圖)　十六册

110000－0198－0001396　善 600
梨雲館合刻屠緯真尺牘　(明)屠隆著　(明)袁學乾等定　明末刻本　二册

110000－0198－0001397　善 601
明聶雙江先生文集十二卷首一卷　(明)聶豹著　(明)徐階彙輯　(明)聶靜編訂　清康熙雲丘書院刻本　二十册

110000－0198－0001398　善 602
句讀敘述二卷經讀考異八卷　(清)武億撰　(清)穆淳編　清乾隆五十四年(1789)刻本　二册

110000－0198－0001399　善 603
孔文谷集十六卷　(明)孔天胤撰　明隆慶五年(1571)刻萬曆增刻本　五册　存十卷(三至七、十二至十六)

110000－0198－0001400　善 604
繡像今古奇觀四十卷　(明)抱甕老人輯　清末同文堂刻本(有圖)　十二册

110000－0198－0001401　善 605
南史八十卷　(唐)李延壽撰　明萬曆南京國

子監刻清順治十五年(1658)重修本　四十冊　缺十卷(列傳七十一至八十)

110000－0198－0001402　善607
毛詩古音攷四卷附讀詩拙言一卷　(明)陳第編輯　(明)焦竑訂正　清乾隆二十七年(1762)崇本山堂刻本　四冊

110000－0198－0001403　善609
宋十五家詩選不分卷　(明)焦竑訂正　(清)陳訏輯　清康熙三十二年(1693)刻本　四冊

110000－0198－0001404　善610
王石和文九卷　(清)王瑀撰　清乾隆六年(1741)刻本　一冊

110000－0198－0001405　善612
疊庵雜述二卷　(清)朱朝瑛著　清康熙十一年(1672)正誼堂刻本　四冊

110000－0198－0001406　善613
陶淵明集八卷首一卷末一卷　(晉)陶潛撰　清末刻朱墨藍套印本(有圖)　二冊

110000－0198－0001407　善617
漁洋山人精華錄十卷　(清)王士禛撰　(清)林佶編　清康熙三十九年(1700)鮑氏刻王漁洋遺書本　四冊

110000－0198－0001408　善618
瀛奎律髓四十九卷　(元)方回選　(清)吳孟舉重閱　清光緒四年(1878)刻本　六冊

110000－0198－0001409　善619
淮南子二十八卷　(漢)劉向校定　明吳仲刻本　五冊　缺六卷(七至十二)

110000－0198－0001410　善620
漁洋詩話三卷　(清)王士禛撰　清康熙王漁洋遺書本　三冊

110000－0198－0001411　善621
東坡先生編年詩補注五十卷年表一卷　(清)查慎行補注　清乾隆四十年(1775)香雨齋刻本　十二冊

110000－0198－0001412　善622
今古奇觀四十卷　題(明)抱甕老人輯　清乾隆五十年(1785)書業堂刻本(有圖)　十六冊

110000－0198－0001413　善624
龍輔女紅餘志二卷　(元)龍輔撰　明末刻毛氏汲古閣詩詞雜俎本　一冊

110000－0198－0001414　善625
樗亭詩稿不分卷　(清)薩哈岱撰　清乾隆八年(1743)刻本　四冊

110000－0198－0001415　善626
老學庵筆記十卷　(宋)陸遊撰　明萬曆商濬刻稗海本　四冊

110000－0198－0001416　善627
西疇居士春秋本例二十卷　(宋)崔子方撰　清康熙十九年(1680)刻通志堂經解本　二冊

110000－0198－0001417　善628
董文友全集不分卷　(清)董以寧纂　清康熙三十九年(1700)刻本　八冊

110000－0198－0001418　善629
潛邱劄記六卷　(清)閻若璩撰　清乾隆十年(1745)閻學林眷西堂刻本　六冊

110000－0198－0001419　善630
潛邱劄記六卷　(清)閻若璩撰　清乾隆十年(1745)閻學林眷西堂刻本　六冊

110000－0198－0001420　善631
說鈴前集三十七種後集十六種　(清)吳震方輯　清康熙四十四年(1705)刻本　十六冊

110000－0198－0001421　善632
陋軒詩二卷　(清)吳嘉紀著　清道光信芳閣木活字印本　二冊

110000－0198－0001422　善633
遺山詩四卷　(清)高詠著　清道光信芳閣木活字印本　二冊

110000－0198－0001423　善634
趙恭毅公剩藁八卷附趙裘萼公剩藁四卷　(清)趙侗敩編　清乾隆六年(1741)刻本　六冊

110000－0198－0001424　善635

晉國垂棘一卷續編初集六卷二集十卷 （明）范弘嗣輯 （清）范鄗鼎選定 清康熙五經堂精刻本 八冊

110000－0198－0001425 善636
溫飛卿詩集七卷别集一卷集外詩一卷 （唐）溫庭筠撰 （明）曾益謙原注 （清）顧嗣立重校 清康熙三十六年（1697）秀野草堂刻本 二冊

110000－0198－0001426 善637
孟浩然詩集二卷 （唐）孟浩撰 （明）李夢陽參 清碧琳瑯館刻朱墨印本 二冊

110000－0198－0001427 善640
梁谿漫志十卷附錄一卷 （宋）費袞著 清道光六安晁氏木活字印本 四冊

110000－0198－0001428 善641
羣經音辨七卷 （宋）賈昌朝撰 清康熙五十三年（1714）張士俊刻澤存堂五種本 二冊

110000－0198－0001429 善643
雷翠庭先生讀書偶記三卷 （清）雷鋐撰 （清）朱坤編次 清乾隆三十年（1765）刻本 三冊

110000－0198－0001430 善644
新鐫三分夢全傳十六回 （清）張士登著 清道光十五年（1835）刻本 八冊

110000－0198－0001431 善645
清籟閣詩草二卷 （清）惠敏著 清嘉慶九年（1804）精刻本 二冊

110000－0198－0001432 善646
十國春秋一百十六卷 （清）吳任臣譔 清乾隆五十八年（1793）此宜閣刻本 十六冊

110000－0198－0001433 善647
歷朝名媛詩詞十二卷 （清）陸昶評選 清乾隆三十八年（1773）紅樹樓刻本（有圖） 四冊

110000－0198－0001434 善648
清異錄二卷 （宋）陶穀撰 清康熙刻本 四冊

110000－0198－0001435 善649
朱子詩義補正八卷 （清）方苞著 （清）單作哲編次 清乾隆刻本 四冊

110000－0198－0001436 善650
杜律啟蒙十二卷 （清）邊連寶集註 清乾隆四十二年（1777）刻本 四冊

110000－0198－0001437 善651
十六國春秋一百卷 （北魏）崔鴻撰 清乾隆四十一年（1776）汪日桂欣託山房刻本 十二冊

110000－0198－0001438 善653
溉堂前集九卷續集六卷文集五卷詩餘二卷 （清）孫枝蔚著 清康熙刻本 六冊

110000－0198－0001439 善655
韓文類譜五卷 （宋）呂大防撰 清雍正七年（1729）小玲瓏山館仿宋刻本 一冊

110000－0198－0001440 善656
唐詩百名家全集第三函二十五種 （清）席啟寓輯 清康熙四十一年（1702）洞庭席氏琴川書屋刻本 十冊 缺五種（李遠詩集、曹祠部集、儲嗣宗詩集、司馬扎詩集、鹿門詩集）

110000－0198－0001441 善657
唐詩百名家全集一百種 （清）席啟寓輯 清康熙四十一年（1702）洞庭席氏琴川書屋刻本 五冊 存七種四十四卷（樊川集六卷、補遺一卷，丁卯詩集二卷、續集一卷、續補一卷、集外遺詩一卷，韓翰林香奩集三卷、詩集一卷，賈浪仙長江集十卷、長江墨製一卷、附錄一卷、墓銘一卷，李遠詩集一卷，鹿門詩集三卷、拾遺一卷、續補一卷，溫庭筠詩七卷、外詩一卷、别詩一卷）

110000－0198－0001442 善658
南通州五山全志二十卷 （清）劉名芳纂修 清乾隆十六年（1751）徐嶺刻本 四冊 缺四卷（十七至二十）

110000－0198－0001443 善659
周禮集説十一卷 （元）陳友仁編輯 明刻本 四冊 存四卷（五至八）

110000－0198－0001444　善 661

述本堂詩集十八種　(清)方登嶧著　清乾隆二十年(1755)桐城方氏刻本　四冊　存六種

110000－0198－0001445　善 662

寒松堂全集十二卷　(清)魏象樞著　清康熙四十七年(1708)刻本　十二冊

110000－0198－0001446　善 663

抱犢山房集六卷　(清)嵇永仁著　清雍正刻本　二冊

110000－0198－0001447　善 664

南華山房詩鈔六卷　(清)張鵬翀輯　清乾隆十年(1745)刻本　十冊

110000－0198－0001448　善 667

道腴堂詩編三十卷　(清)鮑鉁著　清乾隆五年(1740)刻道腴堂集本　五冊

110000－0198－0001449　善 668

困學紀聞二十卷　(宋)王應麟撰　(清)閻若璩箋　清乾隆三年(1738)馬氏叢書樓刻本　四冊

110000－0198－0001450　善 670

分類字錦六十四卷　(清)何焯等編纂　清康熙六十一年(1722)内府刻本　六十四冊

110000－0198－0001451　善 671

書蔡氏傳輯錄纂註六卷首一卷　(元)董鼎輯錄纂註　清康熙通志堂經解本　四冊

110000－0198－0001452　善 672

高陽山人文集十二卷詩集二十卷補遺一卷　(清)劉青藜撰　(清)劉青雲編閱　清康熙四十九年(1710)傳經堂刻本　六冊

110000－0198－0001453　善 673

十六國春秋一百卷　(北魏)崔鴻撰　清乾隆四十六年(1781)汪日桂欣託山房刻本　二十冊

110000－0198－0001454　善 674

水經注釋四十卷首一卷附二卷刊誤十二卷　(清)趙一清錄　清乾隆東潛趙氏小山堂刻本　二十冊

110000－0198－0001455　善 675

昌黎先生詩集注十一卷年譜一卷　(清)顧嗣立刪補　清康熙三十八年(1699)顧氏秀野草堂刻本　二冊

110000－0198－0001456　善 676

瓊臺詩文會稿重編二十四卷　(明)丘濬著　明天啓刻清康熙佟湘年補刻本　十二冊

110000－0198－0001457　善 677

日知錄三十二卷　(清)顧炎武撰　清康熙三十四年(1695)潘耒遂初堂刻本　十冊

110000－0198－0001458　善 678

杜工部集二十卷注杜詩略例一卷諸家詩話一卷年譜一卷附錄一卷　(清)錢謙益箋註　清康熙六年(1667)刻本　十冊

110000－0198－0001459　善 679

嵩厓學凡六卷　(清)景日昣述　(清)陶楨等訂　清康熙岳生堂刻本　四冊

110000－0198－0001460　善 680

嵩厓學凡六卷　(清)景日昣述　(清)陶楨等訂　清康熙岳生堂刻本　四冊

110000－0198－0001461　善 681

王荆文公詩五十卷　(宋)李壁箋注　清乾隆六年(1741)張宗松清綺齋刻本　六冊

110000－0198－0001462　善 682

五代詩話十卷　(清)王士禛編　(清)鄭方坤刪補　清乾隆十九年(1754)杞菊軒刻本　六冊

110000－0198－0001463　善 683

兩漢鴻文二十卷　(明)顧錫疇評選　(明)徐漢臨參訂　明崇禎刻秦漢鴻文本　二十冊　缺一卷(十七)

110000－0198－0001464　善 684

先秦鴻文五卷　(明)顧錫疇評選　(明)徐漢臨參訂　明崇禎刻本　四冊　缺一卷(四)

110000－0198－0001465　善 685

夢溪筆談二十六卷補筆談三卷續筆談一卷

(宋)沈括著　明崇禎四年(1631)馬元調刻本　八册

110000－0198－0001466　善686
宋名家詞十種　(明)毛晉輯　明末毛氏汲古閣刻本　八册

110000－0198－0001467　善687
周易六十四卦辨疑二卷　(清)李開先著　清乾隆二十六年(1761)靜遠堂刻本(有圖)　四册

110000－0198－0001468　善689
李氏易傳十七卷附周易音義一卷　(唐)李鼎祚集解　(唐)陸德明撰　清乾隆二十一年(1756)盧見曾刻雅雨堂本　六册

110000－0198－0001469　善690
小學集註六卷　(明)陳選集註　清雍正五年(1727)刻本　四册

110000－0198－0001470　善691
韓詩外傳十卷拾遺一卷　(清)周廷寀校注　清乾隆五十六年(1791)績溪周氏營道堂刻本　二册

110000－0198－0001471　善692
古詩源十四卷　(清)沈德潛選　清康熙五十八年(1719)竹嘯軒刻本　四册

110000－0198－0001472　善693
杜詩集說二十卷末一卷　(唐)杜甫撰　(清)江浩然纂輯　清乾隆四十八年(1783)裕文堂刻本　二十册

110000－0198－0001473　善694
國朝山左詩鈔六十卷　(清)盧見曾纂　清乾隆二十三年(1758)雅雨堂刻本　二十册

110000－0198－0001474　善695
陶菴詩集八卷文集七卷附錄一卷　(明)黄淳耀著　清初刻本　五册

110000－0198－0001475　善696
息齋集十卷　(金)金之俊著　清初刻本　八册

110000－0198－0001476　善697
寧都三魏全集六種　(清)林時益輯　清初刻木活字印本　三十六册

110000－0198－0001477　善698
陸士衡集十卷　(晉)陸機撰　(明)王士賢校　明萬曆新安汪氏叢書本　二册

110000－0198－0001478　善700
攝生眾玅方十一卷附急救良方二卷　(明)張時徹集　清康熙五十六年(1717)刻本　六册

110000－0198－0001479　善702
讀史管見三十卷目二卷　(宋)胡寅著　明崇禎八年(1635)張溥刻本　十六册

110000－0198－0001480　善703
漱芳居詩鈔三十二卷　(清)趙青藜撰　清乾隆漱芳居刻本　八册

110000－0198－0001481　善704
有懷堂詩藁六卷文藁二十二卷　(清)韓菼撰　清康熙四十二年(1703)刻本　六册

110000－0198－0001482　善705
容居堂三種曲　(清)周稚廉輯　清書帶草堂刻本　六册

110000－0198－0001483　善706
居易堂集二十卷　(清)徐枋著　清康熙刻本　六册

110000－0198－0001484　善707
南豐先生元豐類藁五十一卷　(宋)曾鞏撰　清康熙二十七年(1688)重修本　八册

110000－0198－0001485　善709
玉溪生詩意八卷　(清)屈復撰　清乾隆四年(1739)揚州藝古堂刻本　八册

110000－0198－0001486　善710
周禮鄭氏注十二卷附札記六卷　(漢)鄭玄注　清嘉慶二十三年(1818)士禮居刻本　六册

110000－0198－0001487　善713
唐詩英華二十二卷　(清)顧有孝編　清初顧氏寧遠堂刻本　六册

110000－0198－0001488　善714

板橋集六編　(清)鄭燮著　清乾隆清暉書屋刻本　四册

110000－0198－0001489　善717
古懽錄八卷　(清)王士禛撰　(清)朱從延校　清康熙三十九年(1700)快宜堂刻本　四册

110000－0198－0001490　善718
徐孝穆全集六卷　(南朝陳)徐陵撰　(清)吳兆宜箋注　清初徐氏困學書屋刻本　三册

110000－0198－0001491　善720
杜工部集二十卷詩話一卷注杜工畧例一卷附錄一卷年譜一卷　(唐)杜甫撰　(清)錢謙益箋註　清咸豐四年(1854)刻本　八册

110000－0198－0001492　善722
五知齋琴譜八卷　(清)周魯封撰　清乾隆十一年(1746)懷德堂刻本　六册

110000－0198－0001493　善723
詩貫十四卷首三卷　(清)張敘著　清乾隆二十一年(1756)續草堂刻本　六册

110000－0198－0001494　善724
花薰閣詩述十卷　(清)雪北山樵纂　清嘉慶二十二年(1817)刻本　十六册

110000－0198－0001495　善725
圖繪寶鑑六卷補遺一卷　(元)夏文彥纂　(明)毛晉訂　明崇禎虞山毛氏汲古閣刻津逮秘書零本　四册

110000－0198－0001496　善726
困學紀聞二十卷　(宋)王應麟撰　(清)何焯校　清汪垕桐華書塾刻本　六册

110000－0198－0001497　善727
東周列國全志二十三卷一百八回　(清)蔡界評點　清咸豐四年(1854)書成山房刻朱墨印本　十二册

110000－0198－0001498　善728
范忠宣公集二十卷奏議二卷遺文一卷附錄一卷補編一卷　(宋)范純仁撰　清康熙四十六年(1707)歲寒堂刻本　六册

110000－0198－0001499　善729
范忠宣公集二十卷奏議二卷遺文一卷附錄一卷補編一卷　(宋)范純仁撰　清刻本　六册

110000－0198－0001500　善730
景瞻論草不分卷　(明)賀仲軾著　(明)岳凌霄閱　清賀萬來刻本　四册

110000－0198－0001501　善731
南郇別墅雜詠二卷　(清)楊官山輯　清乾隆五十二年(1787)卷石山房刻本　二册

110000－0198－0001502　善732
中晚唐詩叩彈集十二卷續集三卷　(清)杜詔　(清)杜庭珠集　清康熙四十三年(1704)采山亭刻本　六册

110000－0198－0001503　善734
杜工部詩集二十卷本傳一卷墓誌一卷文集二卷年譜一卷　(清)朱鶴齡輯注　清康熙金陵葉永茹刻本　十册

110000－0198－0001504　善736
明辯錄一卷　(清)陳法手訂　(清)荊如堂校刊　清乾隆三十五年(1770)務滋堂本　一册

110000－0198－0001505　善737
笠翁傳奇十種　(清)李漁編次　清康熙世德堂刻本　四十册

110000－0198－0001506　善738
揮麈第三錄三卷　(宋)王明清輯　(明)毛晉訂　明崇禎虞山毛氏汲古閣刻津逮秘書本　二册

110000－0198－0001507　善742
白毫菴内篇二卷　(明)張瑞圖撰　清刻本　二册

110000－0198－0001508　善743
筆記二卷手訓附錄一卷　(清)程大純著　(清)程光鏞等校　清初刻本　二册

110000－0198－0001509　善744
音學五書三十八卷　(清)顧炎武纂著　(清)徐乾學參閱　清康熙六年(1667)山陽張弨符山堂刻本　十二册

110000－0198－0001510　善745

新書十卷 (漢)賈誼著 (明)陳希祖校 明末刻本 一册

110000－0198－0001511 善746
福壽全書六卷 (明)陳繼儒輯 明末刻本 九册

110000－0198－0001512 善747
太玄十卷 (漢)揚雄撰 清道光青堂書屋仿宋刻本 四册

110000－0198－0001513 善748
詩志八卷 (清)牛運震撰 清嘉慶五年(1800)空山堂刻本 六册

110000－0198－0001514 善749
諸葛忠武書十卷 (明)楊時偉編次 明萬曆四十七年(1619)楊氏合刻忠武靖節二編本 三册 缺二卷(六至七)

110000－0198－0001515 善750
石點頭十四卷 (明)天然癡叟著 (明)馮夢龍評 清道光四年(1824)竹春堂刻本 二册

110000－0198－0001516 善751
寄園寄所寄十二卷 (清)趙吉士輯 清刻本 十二册

110000－0198－0001517 善752
趙氏淵源集十卷 (清)趙紹祖輯 (清)趙國楨校 清嘉慶趙氏古墨齋刻本 六册

110000－0198－0001518 善753
古今韻略五卷 (清)邵長蘅撰 清康熙三十五年(1696)商丘宋氏刻本 二册

110000－0198－0001519 善754
國語二十一卷附札記一卷 (三國吳)韋昭注 (清)黃丕烈札記 清嘉慶五年(1800)讀未見書齋刻本 四册

110000－0198－0001520 善755
顧端文公遺書十四種 (明)顧憲成撰 (清)張純修輯 清康熙三十七年(1698)張氏刻本 五册 存七種十五卷(證性編六卷、東林商語二卷、虞山商語三卷、南越商語一卷、矩堂商語一卷、當下繹一卷、自反錄一卷)

110000－0198－0001521 善757
陳眉公訂正風月堂詩話二卷 (宋)朱弁撰 (明)陳繼儒校 明萬曆綉水沈氏刻寶顏堂秘笈本 一册

110000－0198－0001522 善760
鏡香園毛聲山評第七才子書十二卷首一卷 (元)高明撰 (清)從周訂閱 (清)汪文著參校 清乾隆金陵三益堂刻本(有圖) 八册

110000－0198－0001523 善761
紫桃軒又綴三卷 (明)李日華著 明刻清乾隆三十三年(1768)曹東鈞修補李竹懶先生說部全書本 三册

110000－0198－0001524 善762
集注太玄十卷 (宋)司馬光撰 (清)許瀚注 清嘉慶五柳居刻本 四册

110000－0198－0001525 善766
冷齋夜話十卷 (宋)釋惠洪輯 (明)毛晉訂 明末毛氏汲古閣刻本 二册

110000－0198－0001526 善769
震川先生尺牘二卷 (明)歸有光撰 **錢牧齋先生尺牘三卷** (清)錢謙益撰 (清)顧棫編 清康熙三十八年(1699)宛委堂刻本 六册

110000－0198－0001527 善770
藝苑名言八卷首一卷 (清)蔣瀾纂輯 清乾隆刻本 八册

110000－0198－0001528 善771
春秋經傳集解三十卷春秋名號歸一圖二卷 (晉)杜預註 (明)穆文熙編纂 (明)石星校閱 明萬曆刻本 十册

110000－0198－0001529 善772
曝書亭集八十卷附錄一卷 (清)朱彝尊撰 清康熙五十三年(1714)刻本 十三册

110000－0198－0001530 善775
子彙二十四種 (明)周子義等輯 明萬曆刻本 一册 存七種(鶡冠子一卷、黃石公素書一卷、天隱子一卷、尹文子一卷、公孫龍子一卷、愼子一卷、鬼谷子一卷)

110000－0198－0001531　善776
夷堅志丁集二十卷　(宋)洪邁著　(明)呂胤昌校　明姚江呂氏刻本　一册　存一卷(四)

110000－0198－0001532　善777
炊聞詞二卷　(清)王士祿撰　(清)尤侗等評　清康熙留松閣刻本　二册

110000－0198－0001533　善778
異方便淨土傳燈歸元鏡三祖寶录二卷　(清)釋智達拈頌　(清)釋德日閲錄　清乾隆四十九年(1784)刻本(有圖)　二册

110000－0198－0001534　善779
禪林寶訓筆説二卷　(清)釋智祥註　清乾隆十五年(1750)江寧臧廷獻刻本　二册

110000－0198－0001535　善784
事類賦三十卷　(宋)吳淑集賦并註　清康熙寫刻本　十一册　缺三卷(十七至十九)

110000－0198－0001536　善785
南華真經旁注五卷　(明)方虛名輯注　(明)孫平仲音校　**道德真經註解評苑一卷**　(明)焦竑輯　(明)王元貞校　明萬曆黄德懋刻本　一册　存三卷(旁注一至二、評苑一卷)

110000－0198－0001537　善786
孟東野詩集十卷　(唐)孟郊撰　清康熙席氏琴川書屋刻唐人百家詩本　八册

110000－0198－0001538　善787
周會魁校正四書大全十八卷　(明)胡廣等輯　(明)周士顯校正　明刻本　六册　存四卷(九至十二)

110000－0198－0001539　善788
性理大全會通七十卷續編四十二卷　(明)鍾人傑訂正　(明)汪明际點閲　清康熙光裕堂刻本　四十册

110000－0198－0001540　善789
南庄類稿八卷白雲詩鈔二卷奉使集一卷　(清)黄永年著　清乾隆十八年(1753)集思堂刻本　六册

110000－0198－0001541　善790
立世阿毗曇論五卷文殊師利菩薩問菩提經論二卷勝思惟梵天所問經論三卷　(天竺)釋三藏譯　**金剛般若波羅密經破取著不壞假名論二卷**　(天竺)釋地婆訶羅譯　**阿毗達磨發智論五卷**　(唐)釋玄奘譯　清康熙三十九年(1700)包氏刻本　三册

110000－0198－0001542　善791
午亭文編五十卷　(清)陳廷敬撰　(清)林佶輯錄　清康熙四十七年(1708)林佶寫刻本　二十四册

110000－0198－0001543　善792
南華發覆六卷　(明)釋性通撰　(明)方應祥校　明天啓六年(1626)刻本　六册

110000－0198－0001544　善793
荀子二十卷　(唐)楊倞注　清乾隆五十一年(1786)嘉善謝氏刻本　四册

110000－0198－0001545　善795
歇庵集十六卷　(明)陶望齡著　明萬曆三十九年(1611)真如齋刻本　五册　存五卷(十至十四)

110000－0198－0001546　善797
五代史七十四卷　(宋)歐陽修撰　(宋)徐無黨注　(明)余有丁　(明)周子義校刊　明萬曆四年(1576)胡秉性刻清順治十五年(1658)康熙三十九年(1700)補刻本　八册

110000－0198－0001547　善798
玉獅墜二卷　(清)張漱石填詞　(清)張龍輔評點　清乾隆十六年(1751)刻玉燕堂四種曲本　四册

110000－0198－0001548　善800
王文簡公五七言詩鈔三十二卷　(清)翁方綱重訂　清嘉慶十年(1805)蘇齋刻本　十册

110000－0198－0001549　善802
渭南文集五十卷　(宋)陸遊撰　明末毛氏汲古閣刻本　八册

110000－0198－0001550　善803
欽定明鑑二十四卷首一卷　(清)胡敬等撰

清嘉慶二十三年(1818)武英殿刻本　八册

110000－0198－0001551　善804

晉書一百三十卷　(唐)房玄齡撰　元刻明遞修本(帝紀一至四爲補配)　二十一册　存三十七卷(帝紀一至十,志四至九、十二至十三,列傳二十九至三十一、三十七、四十五至五十二、五十六至五十九、六十三至六十四、六十七)

110000－0198－0001552　善805

匏翁家藏集七十七卷補遺一卷　(明)吴寬撰　明刻本　八册　存三十七卷(四十二至七十七、補遺一卷)

110000－0198－0001553　善806

御刻三希堂石渠寶笈法帖釋文十六卷　(清)陳焯等編　清乾隆十二年(1747)刻本　八册

110000－0198－0001554　善807

春秋左氏傳補註十卷　(元)趙汸編定　(清)趙吉士校刊　清康熙趙吉士刻本　二册

110000－0198－0001555　善809

讀書樂趣八卷　(清)伍涵芬編　(清)伍炳宸校　清乾隆十年(1745)華日堂刻本　八册

110000－0198－0001556　善810

三江閘務全書二卷　(清)程鶴翥著　清康熙四十一年(1702)漱玉齋刻本(有圖)　二册

110000－0198－0001557　善811

唐王右丞詩集六卷　(唐)王維撰　(明)顧可久註説　明嘉靖九年(1530)吴氏漱玉齋刻本　二册

110000－0198－0001558　善813

智囊補二十八卷　(明)馮夢龍述　明末積秀堂刻本　十一册　缺三卷(二十六至二十八)

110000－0198－0001559　善814

玉燕堂四種曲　(清)張漱石填詞　清乾隆刻本　八册

110000－0198－0001560　善815

春秋三十卷　(宋)胡安國傳　明刻本(有圖)　四册

110000－0198－0001561　善816

揚子法言十三卷附音義十三卷　(漢)揚雄撰　(晉)李軌注　清嘉慶二十三年(1818)石研齋秦氏刻本　二册

110000－0198－0001562　善818

古愚老人消夏錄十七種　(清)汪汲錄　清乾隆十九年(1754)古禺山房刻本　五册　存七種十六卷(詞名集解六卷、續編二卷,宋樂類編一卷,南北詞宫調彙録二卷,院本名目一卷,琴曲萃覽一卷,樂府標源二卷,樂府遺聲一卷)

110000－0198－0001563　善820

漳溪詩稿二卷補編一卷　(清)劉文誥著　清乾隆十年(1745)陰槐堂刻本　三册

110000－0198－0001564　善824

中州集十卷首一卷樂府一卷　(金)元好問集　明末毛氏汲古閣刻本　二十二册

110000－0198－0001565　抄本1559

苕華館文藁　清宣統三年(1911)藍欄抄本　一册

110000－0198－0001566　抄本1564

皇清誥封恭人晉封淑人熊室程淑人行略熊母黄太夫人节略　(清)熊壽籛撰　清紅格稿本　二册

110000－0198－0001567　抄本1587

靈棋經　(漢)東方朔撰　清咸豐十年(1860)安次書院抄本　一册

110000－0198－0001568　善830

金石圖不分卷　(清)褚峻摹　(清)牛運震説　清乾隆八年(1743)刻本(有圖)　四册

110000－0198－0001569　善831

花間集十卷　(五代)趙崇祚輯　明刻本　四册

110000－0198－0001570　善833

十六國春秋一百卷　(北魏)崔鴻撰　清乾隆四十一年(1776)汪日桂欣託山房本　十四册

110000－0198－0001571　善834

宣室志十卷補遺一卷　(唐)張讀撰　明刻本

二冊

110000－0198－0001572　善 835

草堂詩餘五卷　(明)楊慎評點　明崇禎刻本　一冊　存一卷(三)

110000－0198－0001573　善 836

生香書屋詩集六卷附恩光集一卷　(清)陳浩集　清初刻本　四冊

110000－0198－0001574　善 837

廣博物志五十卷　(明)董斯張纂　(明)楊鶴訂　明萬曆三十五年(1607)高暉堂刻本　四十八冊

110000－0198－0001575　善 861

白氏長慶集七十一卷　(唐)白居易著　明萬曆馬元調刻本　二十四冊　存五十八卷(十四至七十一)

110000－0198－0001576　善 863

通雅五十二卷　(清)方以智撰　清康熙立教館刻本　二十八冊

110000－0198－0001577　善 869

皋鶴堂批評第一奇書金瓶梅一百回　(明)蘭陵笑笑生撰　清刻本　五冊　存十四回(一至九、十三至十五、十九至二十)

110000－0198－0001578　史 364

水經注疏要删四十卷附補遺一卷　楊守敬撰　清光緒三十一年(1905)刻本　六冊

110000－0198－0001579　史 365

山海經存九卷首一卷　(清)汪紱釋　清光緒二十一年(1895)石印本(有圖)　八冊

110000－0198－0001580　史 372

[光緒]蘇州府志一百五十卷首三卷　(清)馮桂芬等纂　清光緒九年(1883)刻本(有圖)　八十冊

110000－0198－0001581　史 373

[同治]鄖陽志八卷首一卷　(清)吴葆儀等修　清同治九年(1870)刻本(有圖)　十冊　缺二卷(二、六之二)

110000－0198－0001582　史 374

焦山志十二卷　(清)盧見曾撰　清乾隆二十七年(1762)刻本(有圖)　六冊

110000－0198－0001583　史 375

[正德]武功縣志三卷首一卷　(明)康海纂　(清)孫景烈評註　(清)瑪星阿參訂　清乾隆二十七年(1762)刻本　一冊

110000－0198－0001584　史 376

[同治]靈壽縣志十卷附錄一卷　(清)劉賡年修　清同治十二年(1873)刻本(有圖)　六冊

110000－0198－0001585　史 379

日下舊聞四十二卷　(清)朱彝尊輯　清康熙刻本　十二冊

110000－0198－0001586　史 384

[光緒]昌平外志六卷　(清)麻兆慶撰　清光緒十八年(1892)刻本(有圖)　四冊

110000－0198－0001587　史 388

[乾隆]禹州志十四卷　(清)邵大業修　(清)孫廣生等纂　清乾隆十二年(1747)刻本　十八冊

110000－0198－0001588　史 404

[光緒]昌平州志十八卷　(清)繽昌修　清光緒十二年(1886)刻本　八冊

110000－0198－0001589　史 406

[道光]通州志十卷首一卷末一卷　(清)高天鳳修　(清)金梅纂　清道光十八年(1838)刻本　八冊

110000－0198－0001590　史 407

[光緒]通州志十卷首一卷末一卷　(清)高建勳等修　(清)王維珍等纂　清光緒刻本(有圖)　十二冊

110000－0198－0001591　史 408

[光緒]通州志十卷首一卷末一卷　(清)高建勳等修　(清)王維珍等纂　清光緒五年(1879)刻本(有圖)　十二冊

110000－0198－0001592　史 410

[康熙]房山縣志十卷　(清)佟有年修　(清)齊推纂　清康熙三年(1664)抄本(有

圖） 四冊

110000－0198－0001593 史 416
［乾隆］平谷縣誌三卷 （清）任在陛修 （清）項景傳等續修 清乾隆四十二年（1777）續補刻本（有圖） 四冊

110000－0198－0001594 史 418
［乾隆］臨榆縣志十四卷 （清）鍾和梅纂 清乾隆二十一年（1756）刻本（有圖） 十二冊

110000－0198－0001595 史 420
［道光］薊州志十卷首一卷 （清）沈鋭修 （清）章過等纂 清咸豐補道光刻本（有圖） 七冊

110000－0198－0001596 史 422
［雍正］山東通志三十六卷首一卷 （清）岳濬修 清道光十七年（1837）刻本（有圖） 四十二冊

110000－0198－0001597 史 424
［同治］宣恩縣志二十卷首一卷 （清）張金瀾修 清同治二年（1863）刻本（有圖） 八冊

110000－0198－0001598 史 428
［光緒］桐鄉縣志二十四卷首四卷附楊園淵源錄四卷 （清）嚴辰纂 清光緒十三年（1887）刻本（有圖） 二十三冊 缺二卷（十三至十四）

110000－0198－0001599 史 429
輿地紀勝二百卷首一卷 （宋）王象之撰 清咸豐五年（1855）伍氏粵雅堂刻本 二十二冊

110000－0198－0001600 史 438
漢口叢談六卷 （清）范鍇撰 清道光刻本 六冊

110000－0198－0001601 史 439
［至元］齊乘六卷附釋音一卷 （元）于欽纂修 清乾隆四十六年（1781）刻本 二冊

110000－0198－0001602 史 446
光緒順天府志一百三十卷附錄一卷 （清）周家楣等修 繆荃孫等輯 清光緒十年（1884）刻本（有圖） 六十四冊

110000－0198－0001603 史 450
光緒順天府志一百三十卷 （清）周家楣等修 繆荃孫等輯 清刻本 一冊 存二卷（二十一至二十二）

110000－0198－0001604 史 451
光緒順天府志一百三十卷附錄一卷 （清）周家楣等修 繆荃孫等輯 清光緒十年至十二年（1884－1886）刻本（有圖） 六十四冊

110000－0198－0001605 史 452
光緒順天府志一百三十卷附錄一卷 （清）周家楣等修 繆荃孫等輯 清光緒十年（1884）刻本（有圖） 六十三冊 缺六卷（五十五至六十）

110000－0198－0001606 史 454
徐霞客遊記十卷外編一卷 （明）徐宏祖撰 清乾隆四十一年（1776）刻本 十二冊

110000－0198－0001607 史 455
徐霞客遊記十卷附遊記補編一卷 （明）徐宏祖撰 清嘉慶十三年（1808）葉氏水心齋刻本 十六冊

110000－0198－0001608 史 456
帝京景物畧八卷 （明）劉侗 （明）于奕正撰 清乾隆三十一年（1766）刻本 八冊

110000－0198－0001609 史 457
帝京景物畧八卷 （明）劉侗 （明）于奕正撰 清刻本 四冊

110000－0198－0001610 史 458
歷代宅京記二十卷 （清）顧炎武撰 清來賢堂刻本 八冊

110000－0198－0001611 史 459
三輔黃圖六卷補遺一卷 （漢）□□撰 清光緒思賢講舍刻本 二冊

110000－0198－0001612 史 460
三輔黃圖六卷 （漢）□□撰 （清）鄧傳安校 清乾隆刻增訂漢魏叢書本 一冊

110000－0198－0001613 史 461
畿輔水利議一卷國史本傳一卷滇軺紀程一卷

荷戈紀程一卷政書蒐遺一卷 (清)林則徐撰 清光緒五年(1879)三山林氏刻本 二冊

110000-0198-0001614 史462
畿輔水利四案四卷附錄一卷 (清)潘錫恩輯 清道光三年(1823)刻本 四冊

110000-0198-0001615 史463
畿輔河道水利叢書八種 (清)吳邦慶輯 清道光四年(1824)刻本 十冊

110000-0198-0001616 史465
藤陰雜記十二卷 (清)戴璐撰 清光緒三年(1877)刻本 四冊

110000-0198-0001617 史466
藤陰雜記十二卷 (清)戴璐撰 清光緒三年(1877)刻本 二冊

110000-0198-0001618 史467
藤陰雜記十二卷 (清)戴璐撰 清光緒三年(1877)刻本 二冊

110000-0198-0001619 史468
闕里文獻考一百卷末一卷 (清)孔繼汾撰 清乾隆二十七年(1762)刻本 八冊

110000-0198-0001620 史471
宋州郡志校勘記一卷 (清)成孺撰 清光緒十四年(1888)廣雅書局刻本 一冊

110000-0198-0001621 史473
蜀道驛程記二卷 (清)王士禛撰 清康熙三十年(1691)刻本 一冊

110000-0198-0001622 史476
太平寰宇記二百卷 (宋)樂史撰 清嘉慶刻本 四十二冊

110000-0198-0001623 史477
遊山日記十二卷 (清)舒夢蘭撰 (清)詹堅校 清嘉慶九年(1804)刻本 六冊

110000-0198-0001624 史479
辛卯侍行記六卷 (清)陶保廉撰 清光緒二十三年(1897)養樹山房刻本 六冊

110000-0198-0001625 史480
欽定各郊壇廟樂章 (清)張樂盛撰 清道光二十七年(1847)內府刻本 二冊

110000-0198-0001626 史481
大義覺迷錄四卷 (清)世宗胤禛撰 清雍正內府刻本 四冊

110000-0198-0001627 史482
揚州畫舫錄十八卷 (清)李斗撰 清乾隆六十年(1795)自然齋刻嘉慶二年(1797)重修本(有圖) 八冊

110000-0198-0001628 史483
天咫偶聞十卷 (清)震鈞撰 清光緒三十三年(1907)甘棠轉舍刻本 八冊

110000-0198-0001629 史484
天咫偶聞十卷 (清)震鈞撰 清光緒三十三年(1907)甘棠轉舍刻本 八冊

110000-0198-0001630 史487
遣戍伊犁日記一卷天山客話一卷外家紀聞一卷 (清)洪亮吉撰 清光緒三年(1877)刻授經堂家藏本 一冊

110000-0198-0001631 史507
燕京歲時記一卷 (清)富察敦崇撰 清光緒三十二年(1906)琉璃廠文德齋刻本 一冊

110000-0198-0001632 史508
燕京歲時記一卷 (清)富察敦崇撰 清光緒三十二年(1906)刻本 二冊

110000-0198-0001633 史509
宸垣識略十六卷 (清)吳長元輯 清光緒二年(1876)刻本(有圖) 八冊

110000-0198-0001634 史510
宸垣識略十六卷 (清)吳長元撰 清乾隆五十三年(1788)池北草堂刻本(有圖) 十冊

110000-0198-0001635 史511
合校水經注四十卷附錄二卷 (漢)桑欽撰 (北魏)酈道元注 王先謙校 清光緒二十年(1894)寶善書局石印本 二十冊

110000-0198-0001636 史517
潭柘山岫雲寺志二卷 (清)神穆德纂 (清)

釋義庵續輯　清刻本　二册

110000－0198－0001637　史518
潭柘山岫雲寺志二卷　(清)神穆德纂　(清)釋義庵續輯　清刻本　二册

110000－0198－0001638　史519
臺灣雜記　(清)黃逢昶輯　清烏絲欄抄本　一册

110000－0198－0001639　史533
新增大内楹聯滙彙二卷　(清)連步青編　清末榮錄堂刻本　一册

110000－0198－0001640　史545
光緒順天府志一百三十卷　(清)周家楣等修　繆荃孫等輯　清末刻本　二册　存二卷(京師志十三至十四)

110000－0198－0001641　史550
京塵雜錄四卷　(清)楊掌生撰　清光緒十二年(1886)上海同文書局鉛印本　一册

110000－0198－0001642　史552
昌瑞山萬年統志　(清)布蘭泰等纂修　清光緒十二年(1886)抄本(有圖)　一册

110000－0198－0001643　史555
西比里亞新志　(清)學部編譯圖書局編　清光緒三十四年(1908)學部圖書局鉛印本　一册

110000－0198－0001644　史557
文廟通考六卷首一卷　(清)牛樹梅編　清同治十一年(1872)浙江書局刻本　二册

110000－0198－0001645　史558
讀史方輿紀要序二卷　(清)顧祖禹撰　清光緒二十八年(1902)山東書局鉛印本　一册

110000－0198－0001646　史560
酌中志二十四卷　(明)劉若愚撰　清道光二十五年(1845)刻海山仙館叢書本　二册　存十五卷(一至十五)

110000－0198－0001647　史573
敕建弘慈廣濟寺新志三卷　(清)釋湛祐撰　清康熙四十三年(1704)刻本(有圖)　一册

110000－0198－0001648　史574
日下尊聞錄五卷　(清)□□撰　清光緒十七年(1891)同文書局石印本　二册

110000－0198－0001649　史575
日下尊聞錄五卷　(清)□□撰　清光緒石印本　一册　存二卷(一至二)

110000－0198－0001650　史576
日下尊聞錄五卷　(清)□□撰　清咸豐二年(1852)安和軒刻本　二册

110000－0198－0001651　史580
泰山道里記不分卷　(清)聶鈫撰　清光緒雨山堂刻本(有圖)　一册

110000－0198－0001652　史588
李氏五種合刊　(清)李兆洛輯　清光緒二十四年(1898)上海掃葉山房鉛印本　八册

110000－0198－0001653　史591
歷代陵寢備考五十卷歷代宗廟附考八卷　(清)朱孔陽輯　清光緒刻本　十四册

110000－0198－0001654　史602
蠻書十卷　(唐)樊綽撰　清光緒刻漸西村舍叢刻本　一册

110000－0198－0001655　史603
正陽門樓工程奏稿　袁世凱　陳璧撰　清光緒工藝官局印書科鉛印本　一册

110000－0198－0001656　史607
都門贅語　(清)韓又黎撰　清光緒六年(1880)刻本　一册

110000－0198－0001657　史610
都門彙纂　(清)楊靜亭編輯　(清)李靜山增補　清光緒刻本　七册

110000－0198－0001658　史611
都門雜記　(清)楊靜亭撰　清同治六年(1867)琉璃廠書坊刻本(有圖)　四册

110000－0198－0001659　史612
都門彙纂　(清)楊靜亭編輯　(清)李靜山增補　清同治十二年(1873)刻本(有圖)　四册

110000－0198－0001660　史 613
都門彙纂　(清)楊靜亭編輯　(清)李靜山增補　清光緒二年(1876)刻本(有圖)　八册

110000－0198－0001661　史 614
都門彙纂　(清)楊靜亭編輯　(清)李靜山增補　清聚星堂刻本　七册

110000－0198－0001662　史 615
都門彙纂　(清)楊靜亭編輯　(清)李靜山增補　清刻本　一册

110000－0198－0001663　史 616
朝市叢載八卷　(清)李虹若輯　清光緒二十四年(1898)京都榮寶齋刻本　八册

110000－0198－0001664　史 617
朝市叢載八卷　(清)李虹若輯　清光緒十四年(1888)京都龍文閣刻本　八册

110000－0198－0001665　史 645
攈古録金文三卷　(清)吳式芬撰　清光緒二十一年(1895)刻本　九册

110000－0198－0001666　史 656
古玉圖考不分卷　(清)吳大澂撰　清光緒十五年(1889)上海同文書局石印本(有圖)　二册

110000－0198－0001667　史 658
攈古録金文三卷　(清)吳式芬撰　清光緒二十一年(1895)刻本　九册

110000－0198－0001668　史 659
二銘草堂金石聚十六卷首一卷　(清)張德容撰　清同治十一年(1872)衢郡張氏二銘草堂刻本　十六册

110000－0198－0001669　史 678
浣花拜石軒鏡銘集録二卷　(清)錢坫撰　清嘉慶刻本(有圖)　一册

110000－0198－0001670　史 703
銅僊傳不分卷　(清)徐元潤纂　清刻藍印本　一册

110000－0198－0001671　史 706
飛青閣摹刻古碑　楊守敬輯　清光緒二年(1876)飛青閣刻本(有圖)　四册

110000－0198－0001672　史 707
長安獲古編二卷附補編一卷　(清)劉喜海撰　清光緒三十一年(1905)東武劉氏刻本(有圖)　二册

110000－0198－0001673　史 708
長安獲古編二卷附補編一卷　(清)劉喜海撰　清光緒三十一年(1905)東武劉氏刻本(有圖)　二册

110000－0198－0001674　史 709
古文審八卷首一卷　(清)劉心源撰　清光緒十七年(1891)嘉魚劉氏龍江樓刻本　四册

110000－0198－0001675　史 713
重修宣和博古圖録三十卷　(宋)王黼等撰　明嘉靖七年(1528)蔣暘刻本(有圖)　八册

110000－0198－0001676　史 724
泊如齋重修宣和博古圖録三十卷　(宋)王黼等撰　明萬曆十六年(1588)泊如齋刻本(有圖)　二十四册

110000－0198－0001677　史 725
東書堂重修宣和博古圖録三十卷　(宋)王黼等撰　清乾隆十七年(1752)刻本(有圖)　四十八册

110000－0198－0001678　史 726
小蓬萊閣金石文字不分卷　(清)黄易輯　清嘉慶五年(1800)刻本(有圖)　五册

110000－0198－0001679　史 727
金薤琳琅二十卷附補遺一卷　(明)都穆撰　(清)宋振譽補遺　清乾隆四十三年(1778)汪氏刻本　六册

110000－0198－0001680　史 728
語石十卷　葉昌熾撰　清宣統元年(1909)刻本　四册

110000－0198－0001681　史 729
金石三例三種　(清)盧見曽輯　(清)王芑孫評　清光緒四年(1878)南海馮氏讀有用書齋刻朱墨印本　四册

110000－0198－0001682　史 730

高麗國永樂好大王碑釋文纂攷一卷　鄭文焯撰　清光緒二十六年(1900)平湖朱氏經注經齋刻本　一册

110000－0198－0001683　史 733

隸釋二十七卷隸續八卷　(宋)洪适撰　清同治十年(1871)皖南洪氏晦木齋刻本(有圖)　六册

110000－0198－0001684　史 735

古泉叢話三卷　(清)戴熙撰　清同治十一年(1872)吳縣潘祖蔭滂喜齋刻本　一册

110000－0198－0001685　史 736

觀古閣泉説一卷　(清)鮑康撰　清同治十二年(1873)鮑氏刻本　一册

110000－0198－0001686　史 738

泉布統誌九卷首一卷　(清)孟麟輯　清道光五年(1825)刻本(有圖)　十六册

110000－0198－0001687　史 739

宋淳熙敕編古玉圖譜一百卷　(宋)龍大淵等編纂　(宋)劉松年寫圖　清乾隆四十四年(1779)歙縣江春康山草堂刻本(有圖)　三十二册

110000－0198－0001688　史 740

宋淳熙敕編古玉圖譜一百卷　(宋)龍大淵等編纂　(宋)劉松年寫圖　清乾隆四十四年(1779)歙縣江春康山草堂刻本(有圖)　三十二册

110000－0198－0001689　史 745

重定金石契五卷首一卷附外續録二卷　(清)張燕昌撰　清乾隆四十三年(1778)刻本(有圖)　四册

110000－0198－0001690　史 747

攈古録二十卷　(清)吳式芬撰　清末刻本　二十册

110000－0198－0001691　史 748

筠清館金石文字五卷　(清)吳榮光撰　(清)翟樹辰校　清道光二十二年(1842)南海吳氏筠清館刻本　五册

110000－0198－0001692　史 749

積古齋鐘鼎彝器款識十卷　(清)阮元編　清光緒虞山鮑廷爵、林奂輔重校刻本　四册

110000－0198－0001693　史 750

積古齋鐘鼎彝器款識十卷　(清)阮元編　清光緒五年(1879)武昌刻本　六册

110000－0198－0001694　史 751

金石存十五卷　(清)吳玉搢纂　清嘉慶二十四年(1819)山陽李氏聞妙香室刻本　四册

110000－0198－0001695　史 752

求古精舍金石圖四卷　(清)陳經撰　清嘉慶二十二年(1817)烏程陳氏説劍樓刻本(有圖)　六册

110000－0198－0001696　史 753

隸辨八卷　(清)顧藹吉撰　清康熙五十七年(1718)項氏玉淵堂刻本　八册

110000－0198－0001697　史 754

重定金石契不分卷　(清)張燕昌録　清嘉慶八年(1803)刻本(有圖)　八册

110000－0198－0001698　史 758

積古齋鐘鼎彝器款識十卷　(清)阮元編　清光緒五年(1879)武昌刻本　六册

110000－0198－0001699　史 759

積古齋鐘鼎彝器款識十卷　(清)阮元編　清光緒五年(1879)武昌刻本　六册

110000－0198－0001700　史 763

清儀閣題跋不分卷　(清)張廷濟撰　清光緒十九年(1893)錢塘丁立誠刻本　四册

110000－0198－0001701　史 765

景德鎮陶録十卷　(清)藍浦撰　(清)鄭廷桂補輯　清光緒十七年(1891)京都書業堂刻本(有圖)　四册

110000－0198－0001702　史 773

碑別字補五卷　羅振玉輯　清光緒二十七年(1901)刻本　一册

110000－0198－0001703　史 783

京畿金石考二卷　(清)孫星衍撰　清光緒三年(1877)吳縣潘祖蔭滂喜齋刻本　一册

110000－0198－0001704　史 785

京畿金石志二卷　(清)孫星衍撰　清光緒吳縣潘祖蔭滂喜齋刻本　一册

110000－0198－0001705　史 786

古泉匯首集四卷元集十四卷亨集十四卷利集十八卷貞集十四卷續元集三卷亨集三卷利集三卷貞集五卷補遺二卷　(清)李佐賢輯　清同治三年(1864)利津李氏石泉書屋刻本　二十册

110000－0198－0001706　史 787

齊魯古印攈四卷　(清)高慶齡輯　清光緒七年(1881)古雪書莊拓印本　四册

110000－0198－0001707　史 792

貨布文字考四卷首一卷　(清)馬昂考釋　清道光二十二年(1842)雲間錢氏蘭隱園刻本(有圖)　二册

110000－0198－0001708　史 794

吉金所見錄十六卷首一卷末一卷　(清)初夏齡參訂　(清)初尚齡纂輯　(清)初項齡等校　清道光七年(1827)古香書舍刻本(有圖)　四册

110000－0198－0001709　史 798

觀古閣叢稿二卷　(清)鮑康撰　清同治十二年(1873)刻本　一册

110000－0198－0001710　史 799

觀古閣叢稿三編二卷　(清)鮑康撰　清光緒二年(1876)觀古閣刻本　一册

110000－0198－0001711　史 800

古泉拓存　(清)江標輯　清宣統上海影印本　一册

110000－0198－0001712　史 801

寰宇訪碑錄十二卷　(清)孫星衍　(清)邢澍撰　清光緒十一年(1885)吳縣朱氏槐廬家塾刻本　一册　存六卷(一至六)

110000－0198－0001713　史 804

泉幣彙考十六卷首一卷制錢通考四卷　(清)唐興昆纂輯　清咸豐元年(1851)山陰唐氏紅藥山房刻本(有圖)　八册

110000－0198－0001714　史 807

封泥攷略十卷　(清)吳式芬　(清)陳介祺輯　清光緒三十年(1904)石印本　十册

110000－0198－0001715　史 808

吉金所見錄十六卷首一卷末一卷　(清)初尚齡纂輯　(清)初夏齡參訂　(清)初項齡校訂　清道光七年(1827)據嘉慶二十四年(1819)萊陽初氏渭園刻版補刻本　四册

110000－0198－0001716　史 809

關中金石記八卷附記一卷　(清)畢沅原本　(清)周潤民重校　清光緒三十四年(1908)刻宣統二年(1910)重校本　四册

110000－0198－0001717　史 810

敦煌石室真蹟錄六卷　(清)王仁俊撰　清宣統元年(1909)王氏國粹堂石印本　三册

110000－0198－0001718　史 815

漢石存目二卷　(清)王懿榮纂　清光緒十五年(1889)刻本　一册

110000－0198－0001719　史 820

山左北朝石存目一卷　(清)尹彭壽纂　清光緒十八年(1892)諸城尹氏斠經室刻本　一册

110000－0198－0001720　史 821

匋齋臧石記四十四卷　(清)端方撰　清宣統元年(1909)石印本　十二册

110000－0198－0001721　史 824

歷代鐘鼎彝器款識法帖二十卷　(宋)薛尚功撰　清光緒二十九年(1903)劉氏玉海堂刻本　四册

110000－0198－0001722　史 825

歷代鐘鼎彝器款識法帖二十卷　(宋)薛尚功撰　清嘉慶二年(1797)岳邑博文齋刻本　四册

110000－0198－0001723　史 826

大錢圖録一卷　(清)鮑康撰　清光緒二年(1876)歙縣鮑氏刻本(有圖)　一册

110000－0198－0001724　史827
大錢圖録一卷　(清)鮑康撰　清光緒二年(1876)歙縣鮑氏刻本(有圖)　一册

110000－0198－0001725　史828
嘉蔭簃論泉絶句二卷　(清)劉喜海撰　清同治十二年(1873)歙縣鮑氏觀古閣刻本　一册

110000－0198－0001726　史831
攀古廔彝器款識不分卷　(清)潘祖蔭撰　清同治十一年(1872)吴縣潘祖蔭滂喜齋刻本(有圖)　二册

110000－0198－0001727　史832
遺篋録八卷　(清)秦寶瓚編次　清光緒二十九年(1903)刻本(有圖)　四册

110000－0198－0001728　史833
歷代鐘鼎彝器款識法帖二十卷　(宋)薛尚功撰　清嘉慶二年(1797)刻本　四册

110000－0198－0001729　史835
陶人心語六卷　(清)唐英撰　清乾隆四年(1739)刻本　四册

110000－0198－0001730　史836
古玉圖攷不分卷　(清)吴大澂撰　清光緒十五年(1889)石印本(有圖)　四册

110000－0198－0001731　史844
殷商貞卜文字考一卷　羅振玉撰　清宣統二年(1910)玉簡齋石印本　一册

110000－0198－0001732　史845
殷商貞卜文字考一卷　羅振玉撰　清宣統二年(1910)玉簡齋石印本　一册

110000－0198－0001733　史846
鐵雲藏龜不分卷　(清)劉鶚撰　清光緒二十九年(1903)抱殘守缺齋石印本　六册

110000－0198－0001734　史849
西清古鑑四十卷附錢録十六卷　(清)梁詩正等撰　清光緒十四年(1888)上海鴻文書局石印本(有圖)　二十四册

110000－0198－0001735　史850
石塔碑刻記不分卷　(清)鄭傑撰　清乾隆刻本　二册

110000－0198－0001736　史852
定海方氏泉幣拓本　(清)□□拓　清末拓本　一册

110000－0198－0001737　史858
天下金石志不分卷　(明)于奕正編　清抄本　一册

110000－0198－0001738　史859
山東考古録一卷　(清)顧炎武撰　清光緒八年(1882)山東書局刻本　一册

110000－0198－0001739　史860
瘞鶴銘考一卷　(清)汪士鋐編　清康熙五十三年(1714)松南書屋刻本(有圖)　一册

110000－0198－0001740　史864
藤花亭鏡譜八卷　(清)梁廷枏撰　清道光二十五年(1845)抄本　四册

110000－0198－0001741　史865
碑別字五卷　羅振玉輯　清光緒二十年(1894)刻食舊堂叢書本　二册

110000－0198－0001742　史866
鐘鼎字源五卷　(清)汪立名輯　清光緒二年(1876)洞庭秦氏麟慶堂刻本　四册

110000－0198－0001743　史868
遯盦古泉存不分卷　吴隱輯　清宣統元年(1909)杭州西泠印社拓本　八册

110000－0198－0001744　史869
遯盦古泉存不分卷　吴隱輯　清宣統元年(1909)杭州西泠印社拓本　八册

110000－0198－0001745　史874
鐘鼎字源五卷　(清)汪立名撰　清光緒二年(1876)洞庭秦氏麟慶堂刻本　二册

110000－0198－0001746　史881
名原二卷　(清)孫詒讓撰　清光緒三十二年(1906)瑞安孫氏刻本　一册

110000－0198－0001747　史 892

碑别字五卷　羅振玉輯　清光緒二十年(1894)刻食舊堂叢書本　二册

110000－0198－0001748　史 895

金石學録補四卷　(清)陸心源編　清光緒十二年(1886)刻本　一册

110000－0198－0001749　史 898

金石學録四卷補一卷　(清)李遇孫輯　清道光四年(1824)刻本　一册

110000－0198－0001750　史 899

西清續鑑甲編二十卷附録一卷　(清)王傑等編　清宣統二年(1910)涵芬樓影印本(有圖)　二十一册

110000－0198－0001751　史 903

寶刻類編八卷　(宋)□□撰　清道光十八年(1838)東武劉氏刻本　四册

110000－0198－0001752　史 907

漢晉印章圖譜一卷　(宋)王厚之攷　(明)李宗召編　明刻本　一册

110000－0198－0001753　史 910

古玉圖考不分卷　(清)吳大澂撰　清光緒十五年(1889)上海同文書局石印本(有圖)　四册

110000－0198－0001754　史 916

金石史二卷　(清)郭宗昌撰　**聞者軒帖考一卷**　(清)孫承澤撰　清乾隆刻知不足齋叢書本　一册

110000－0198－0001755　史 917

萬壽點景工程做法　(清)□□撰　清光緒二十年(1894)榮禄堂刻本　一册

110000－0198－0001756　史 924

契丹國志二十七卷　(宋)葉隆禮撰　清嘉慶常熟席氏掃葉山房刻本(有圖)　四册

110000－0198－0001757　史 925

評選四六法海八卷　(清)蔣士銓評選　清同治十年(1871)萃文堂刻朱墨印本　八册

110000－0198－0001758　史 926

文章緣起一卷　(南朝梁)任昉撰　(明)陳懋仁註　(清)方熊補註　清康熙三十三年(1694)邵武徐氏刻本　一册

110000－0198－0001759　史 927

硯史小引十卷　(□)□□撰　清末抄本　一册

110000－0198－0001760　子 1

玉海二百四卷附辭學指南四卷　(宋)王應麟撰　清嘉慶十一年(1806)江寧藩屬刻本　八十册

110000－0198－0001761　子 2

玉海二百四卷　(宋)王應麟撰　元刻明南京國子監遞修本　九十册

110000－0198－0001762　子 3

太平御覽一千卷目録十五卷　(宋)李昉等撰　清嘉慶十二年至十七年(1807－1812)歙縣鮑氏校宋刻本　一百册

110000－0198－0001763　子 4

太平御覽一千卷　(宋)李昉等撰　清光緒二十年(1894)上海積山書局石印本　三十二册

110000－0198－0001764　子 5

高僧傳初集十五卷二集四十卷三集三十卷四集六卷首一卷　(南朝梁)釋慧皎撰　清光緒十年(1884)金陵江北刻經處刻本　二十四册

110000－0198－0001765　子 7

佛説金剛般若波羅密經略疏二卷　(唐)釋智儼疏　**般若波羅密多心經略疏一卷**　(唐)釋法藏述　清同治八年(1869)金陵江北刻經處刻本　一册

110000－0198－0001766　子 8

法界宗五祖略記一卷附賢首五教儀開蒙一卷　(清)釋續法輯　清光緒二年(1876)長沙刻經處刻本　一册

110000－0198－0001767　子 9

通俗編三十八卷　(清)翟灝撰　清乾隆十六年(1751)無不宜齋刻本　八册

110000－0198－0001768　子 12

庚子銷夏記八卷 (清)孫承澤撰 清宣統三年(1911)掃葉山房石印本 四册

110000－0198－0001769 子17
庚子銷夏記八卷 (清)孫承澤撰 清宣統三年(1911)掃葉山房石印本 四册

110000－0198－0001770 子24
十竹齋書畫譜不分卷 (明)胡正言摹 (清)張學畊重校 清光緒五年(1879)校經山房刻彩色套印本 八册

110000－0198－0001771 子26
古今圖書集成一萬卷總目四十卷 (清)蔣廷錫等編 清光緒十年(1884)上海圖書集成印書局鉛印本 五十六册 存三百二十二卷(職方典一至九十六,山川典一至三十九、一百五十一至一百九十五,考功典一至一百四十二)

110000－0198－0001772 子55
集王書新宗城縣三清殿記 (宋)李公澤撰 (晉)王羲之行書 (宋)張潔集正書 清拓本 一册

110000－0198－0001773 子60
草字彙十二卷 (清)石梁輯 清乾隆五十三年(1788)敬義齋刻本 二册

110000－0198－0001774 子61
草字彙不分卷 (清)石梁輯 清乾隆五十二年(1787)武林大成齋刻本 四册

110000－0198－0001775 子62
宣和畫譜二十卷 (宋)□□撰 (明)毛晉訂 明崇禎虞山毛氏汲古閣刻津逮叢書本 二册

110000－0198－0001776 子63
淳化秘閣法帖考正十卷附二卷釋文二卷 (清)王澍撰 清乾隆三十三年(1768)吳興沈氏冰壺閣刻本 十六册

110000－0198－0001777 子64
老學庵筆記十卷 (宋)陸游撰 清光緒三年(1877)湖北崇文書局刻本 二册

110000－0198－0001778 子65
鶴林玉露十六卷補遺一卷 (宋)羅大經撰 清補刻稗海本 四册

110000－0198－0001779 子66
池北偶談二十六卷 (清)王士禛著 清康熙四十年(1701)刻本 九册

110000－0198－0001780 子67
池北偶談二十六卷 (清)王士禛著 清康熙四十年(1701)刻本 八册

110000－0198－0001781 子68
萬壽仙書二卷 (明)吳惟貞撰 清初刻本(有圖) 四册

110000－0198－0001782 子69
鬼谷子三卷 (南朝梁)陶弘景注 **附錄一卷篇目考一卷** (清)秦恩復撰 清乾隆五十四年(1789)江都秦氏刻本 三册

110000－0198－0001783 子70
居易錄三十四卷 (清)王士禛著 清康熙四十年(1701)刻本 十二册

110000－0198－0001784 子71
白虎通四卷 (漢)班固撰 **義考一卷** (清)莊述祖撰 **校勘補遺一卷闕文一卷** (清)莊述祖輯 (清)盧文弨訂 清乾隆四十九年(1784)盧氏抱經堂刻本 四册

110000－0198－0001785 子72
諸葛忠武書十卷 (明)楊時偉編次 明萬曆四十七年(1619)楊時偉合刻忠武靖節二編本 四册

110000－0198－0001786 子73
寄傲軒讀書隨筆十卷續筆六卷三筆六卷 (清)沈赤然撰 清嘉慶十年(1805)胡元杲刻本 三册

110000－0198－0001787 子76
通雅五十二卷首三卷 (清)方以智輯著 清康熙四十一年(1702)浮山此藏軒刻本 十册

110000－0198－0001788 子91
草韻彙編二十六卷首一卷 (清)陶南望輯

清乾隆二十年(1755)刻本　十六册

110000－0198－0001789　子92
墨池編二十卷附印典八卷　(宋)朱長文纂次　清雍正十一年(1733)就閒堂刻本　八册

110000－0198－0001790　子94
龍文鞭影二集二卷附訓蒙四字經龍文鞭影二集二卷　(清)李暉吉輯　清末刻本　二册

110000－0198－0001791　子96
媿林漫録二卷　(明)瞿式耜輯　清光緒十六年(1890)江蘇書局刻本　二册

110000－0198－0001792　子99
哲學新詮　(日本)中島力著　清光緒三十一年(1905)上海商務印書館鉛印本　一册

110000－0198－0001793　子102
勾股演代　(清)王錫恩撰　清光緒二十九年(1903)上海美華書館鉛印本　一册

110000－0198－0001794　子104
勸學篇二卷　(清)張之洞撰　清光緒二十五年(1899)廣濟鄒履和刻本　一册

110000－0198－0001795　子108
淳化秘閣法帖考正十二卷附錄二卷　(清)王澍撰　清宛陵劉茂生詩鼎齋刻本　一册　存一卷(十二)

110000－0198－0001796　子111
新序十卷　(漢)劉向著　明萬曆二十年(1592)何允中刻本　二册

110000－0198－0001797　子112
張濂亭楷書千字文　張濂亭著　清末石印本　一册

110000－0198－0001798　子113
随軒金石文字　(清)徐渭仁録　清道光十七年(1837)徐大有刻本(有圖)　四册

110000－0198－0001799　子114
大方廣佛華嚴經綱要八十卷　(唐)釋實叉難陀譯　明刻本　一册　存二卷(七十二至七十三)

110000－0198－0001800　子117
燕京開教畧三卷　(法國)樊國樑撰　清光緒三十一年(1905)北平救世堂鉛印本(有圖)　三册

110000－0198－0001801　子127
麓臺題畫稿一卷　(清)王原祁著　清光緒三年(1877)無住精舍刻本　一册

110000－0198－0001802　子128
鐵網珊瑚二十卷　(明)都穆撰　清乾隆二十三年(1758)都肇斌刻本　六册

110000－0198－0001803　子131
皇朝類苑七十八卷　(宋)江少虞撰　清宣統三年(1911)武進董氏刻本　十二册

110000－0198－0001804　子138
困學紀聞二十卷　(宋)王應麟撰　清康熙三十七年(1698)馬氏叢書樓刻本　十二册

110000－0198－0001805　子139
荀子二十卷　(唐)楊倞注　**校勘補遺一卷**　(清)謝墉撰　清乾隆五十一年(1786)嘉善謝氏安雅堂刻本　四册

110000－0198－0001806　子140
荀子二十卷　(唐)楊倞注　**校勘補遺一卷**　(清)謝墉撰　清乾隆五十一年(1786)嘉善謝氏刻本　八册

110000－0198－0001807　子141
蘭亭修禊圖　(宋)李公麟製　明中期拓本　一捲

110000－0198－0001808　子142
經訓堂法書十二卷　(清)畢沅編　清初拓本　十一册

110000－0198－0001809　子143
嵩山故道安禪師碑　(唐)□□撰　明中期拓本　一册

110000－0198－0001810　子144
李邕麓山寺碑　(唐)李邕撰　明中期拓本　一册

110000－0198－0001811　子145

復維識廨院記 （明）□□撰 明中期拓本 一册

110000－0198－0001812 子146
房仁裕碑唐房仁裕母李夫人碑 （唐）□□撰 清初拓本 二册

110000－0198－0001813 子147
朱孝誠碑 （唐）□□書 清康熙初拓本 一册

110000－0198－0001814 子148
顏真卿書李元靖碑 （唐）顏真卿書 清乾隆拓本 一册

110000－0198－0001815 子149
孔宙碑 （漢）□□書 明中期拓本 一册

110000－0198－0001816 子150
曹景完碑 （漢）□□書 清初拓本 一册

110000－0198－0001817 子151
韓仁銘 （漢）□□書 清道光拓本 一册

110000－0198－0001818 子152
張奢碑 明中期拓本 一册

110000－0198－0001819 子153
唐帝廟碑 （元）郝經撰 清初拓本 一册

110000－0198－0001820 子154
魯相史晨饗孔子廟碑奏銘 （漢）□□書 明中期拓本 二册

110000－0198－0001821 子155
景君銘 （漢）□□書 清乾隆拓本 一册

110000－0198－0001822 子156
多寶佛塔感應碑 （唐）岑勳撰 （唐）顏真卿書 明末清初拓本 一册

110000－0198－0001823 子158
般若波羅蜜多心經一卷 （唐）釋玄奘譯 清乾隆四十六年（1781）永瑢抄本 一册

110000－0198－0001824 子159
漢鄭固碑 （漢）□□書 清道光拓本 一册

110000－0198－0001825 子160
褚遂良千字文 （唐）褚遂良書 明中期拓本 一册

110000－0198－0001826 子161
延慶禪院新修舍利塔記 （宋）□□書 明末拓本 一册

110000－0198－0001827 子162
舊拓褚遂良聖教序 （唐）褚遂良書 清初拓本 一册

110000－0198－0001828 子165
金剛般若波羅密經 （後秦）釋鳩摩羅什譯 清康熙四十年（1701）抄本 一册

110000－0198－0001829 子166
元氏封龍山頌 （漢）□□書 清嘉慶初拓本 一册

110000－0198－0001830 子167
般若波羅蜜多心經一卷 （唐）釋玄奘譯 清末夏壽田抄本 一册

110000－0198－0001831 子168
景君銘 （漢）□□書 清初拓本 一册

110000－0198－0001832 子169
岳麓寺碑 （唐）李邕撰並書 清乾隆拓本 一册

110000－0198－0001833 子171
快雪堂法書 （晉）王羲之書 清拓本 一册

110000－0198－0001834 子185
金剛般若波羅蜜經 （清）柏葰抄 清抄本 一册

110000－0198－0001835 子199
黄文節公法書 （宋）黄廷堅書 清嘉慶拓本 二册

110000－0198－0001836 子201
普照寺碑集柳書 （唐）柳公權書 清乾隆拓本 一册

110000－0198－0001837 子248
宣和譜牙牌彙集二卷 （清）金杏園輯 清光緒十四年（1888）石印本 一册

110000－0198－0001838　子 249

千字文　(南朝梁)周興嗣編　清乾隆汪油敦寫本　一冊

110000－0198－0001839　子 255

龍角山慶唐觀紀聖之銘　孟夏訂　清末拓本　一冊

110000－0198－0001840　子 257

玉煙堂帖本急就章艸法攷九卷偏旁表二卷　(清)李濱撰　清末刻本　一冊　存四卷(一至四)

110000－0198－0001841　子 265

鄆州州學新田記　(宋)尹遷書　明末拓本　一冊

110000－0198－0001842　子 278

李元靖先生碑　(唐)顔真卿書　清嘉慶拓本　一冊

110000－0198－0001843　子 281

高靈廟碑　(北魏)□□書　清嘉慶拓本　一冊

110000－0198－0001844　子 314

魯峻碑　(漢)□□書　清拓本　一冊

110000－0198－0001845　子 315

魯峻碑　(漢)□□書　清拓本　一冊

110000－0198－0001846　子 316

禮器碑　(□)□□書　清拓本　一冊

110000－0198－0001847　子 317

張壽碑　(□)□□書　清拓本　一冊

110000－0198－0001848　子 392

御製耕織圖　(□)□□書　清康熙佩文齋刻本(有圖)　一冊

110000－0198－0001849　子 411

殷微子墓篆題　(□)□□書　清拓本　一冊

110000－0198－0001850　子 419

爨寶子碑　(□)□□書　清拓本　一冊

110000－0198－0001851　子 421

晉宋二爨碑合璧　(□)□□書　清拓本　一冊

110000－0198－0001852　子 422

張登瀛等墨蹟　(□)□□書　清光緒二十二年(1896)抄本　六葉

110000－0198－0001853　子 427

十竹齋畫譜八卷　(明)胡正言輯選　清刻彩色套印本　六冊

110000－0198－0001854　子 428

列朝詩集八十一卷　(清)錢謙益輯　清宣統二年(1910)鉛印本　四十八冊

110000－0198－0001855　子 429

莊子集解八卷　王先謙撰　清宣統元年(1909)刻本　三冊

110000－0198－0001856　子 430

潛書二卷　(清)唐甄撰　(清)王聞遠編　清光緒九年(1883)中江李氏刻本　四冊

110000－0198－0001857　子 431

小學六卷　(宋)朱熹撰　清道光十九年(1839)刻本　二冊

110000－0198－0001858　子 432

管子榷二十四卷　(唐)房玄齡註　(明)朱長春榷　明萬曆四十年(1612)刻本　五冊

110000－0198－0001859　子 433

經濟類考約編二卷　(清)顧九錫著　清雍正八年(1730)積秀堂刻本　六冊

110000－0198－0001860　子 436

帝範四卷　(唐)太宗李世民撰　**魏鄭公諫續錄二卷**　(元)翟思忠輯　(清)紀昀編修　清乾隆三十八年(1773)刻本　一冊

110000－0198－0001861　子 437

莊子集釋十卷　(清)郭慶藩輯　清光緒二十年(1894)思賢講舍刻本　六冊

110000－0198－0001862　子 447

聽颿樓集五卷　(清)潘正煒刻　清拓本　二冊　存二卷(三、五)

110000－0198－0001863　子 448

石臺孝經　(唐)太宗李世民撰　清乾隆拓本　四冊

110000－0198－0001864　子449
嶽雪樓鑑真法帖　(清)孔廣陶輯　清末拓本　十一冊

110000－0198－0001865　子450
廣陽雜記五卷　(清)劉獻廷撰　范石湖詩集註三卷　(清)沈欽韓撰　半氊齋題跋三卷　(清)江藩撰　南澗文集二卷　(清)李文藻撰　無事為福齋隨筆二卷　(清)韓泰華撰　冬青館古宮詞三卷　(清)張鑑撰　清光緒吳縣潘氏刻本　十冊

110000－0198－0001866　子451
鐵網珊瑚書品十卷畫品六卷　(明)朱存理集錄　清雍正六年(1728)澄鑒堂刻本　十六冊

110000－0198－0001867　子453
山谷題跋九卷　(宋)黃庭堅撰　(明)毛晉訂　魏鄭公諫續録二卷　(元)翟思忠撰　明末毛氏汲古閣刻津逮秘書本　四冊

110000－0198－0001868　子454
妮古録四卷　(明)陳繼儒著　(明)沈浮先校　明刻寶顏堂秘笈本　二冊

110000－0198－0001869　子455
日知錄集釋三十二卷附刊誤二卷續刊誤二卷　(清)顧炎武著　(清)黃汝成集釋　清同治八年(1869)述古堂刻本　十六冊

110000－0198－0001870　子456
竹雲題跋四卷附金粟逸人逸事一卷　(清)王澍著　(清)錢人龍訂　清乾隆三十二年(1767)苕上錢人龍晝雲閣刻本(有圖)　四冊

110000－0198－0001871　子457
南熏殿圖像攷二卷　(清)胡敬輯　清道光二十三年(1843)實雅堂刻本　一冊

110000－0198－0001872　子461
律呂精義內篇十卷外篇十卷樂學新說一卷律學新說四卷　(明)朱載堉撰　明萬曆三十一年(1603)刻本(有圖)　九冊

110000－0198－0001873　子462
江邨銷夏錄三卷　(清)高士奇輯　清康熙三十二年(1693)刻本　六冊

110000－0198－0001874　子463
江邨銷夏錄三卷　(清)高士奇輯　清刻本　六冊

110000－0198－0001875　子464
西清劄記四卷南熏殿圖像攷二卷國朝院畫錄二卷　(清)胡敬輯　清嘉慶二十一年(1816)刻本　四冊

110000－0198－0001876　子465
國朝書畫家筆錄四卷　竇鎮輯　清宣統三年(1911)蘇州文學山房木活字印本　八冊

110000－0198－0001877　子466
虛舟題跋十卷原三卷　(清)王澍著　(清)溫純訂　清乾隆墨妙樓刻本　五冊

110000－0198－0001878　子468
東觀餘論二卷　(宋)黃伯思撰　(明)毛晉訂　明末毛氏汲古閣刻津逮秘書本　四冊

110000－0198－0001879　子469
琴學入門二卷　(清)張鶴輯　(清)陸琮校　清同治三年(1864)刻本(有圖)　二冊

110000－0198－0001880　子471
墨緣彙觀四卷法術二卷名畫二卷　(清)安岐撰　清光緒二十六年(1900)鉛印本　六冊

110000－0198－0001881　子475
明句文身表異錄二十卷　(明)王志堅輯　清刻本　二冊

110000－0198－0001882　子476
儼山外集四十卷　(明)陸深撰　明嘉靖二十四年(1545)刻本　六冊　缺十卷(十八至二十二、二十九至三十三)

110000－0198－0001883　子477
書畫鑑影二十四卷首一卷　(清)李佐賢輯　清同治十年(1871)利津李氏刻本　八冊

110000－0198－0001884　子 479
吴越所見書畫録六卷　(清)陸時化輯　清宣統二年(1910)風雨樓鉛印本　六册

110000－0198－0001885　子 480
吴越所見書畫録六卷附書畫説鈐一卷書畫作僞日奇論一卷　(清)陸時化編　清光緒二十二年(1896)懷烟閣刻木活字印本　六册

110000－0198－0001886　子 484
漢學商兑三卷　(清)方東樹撰　清光緒二十六年(1900)浙江書局刻本　四册

110000－0198－0001887　子 488
芥子園畫傳初集六卷二集九卷三集六卷　(清)王概編　清光緒十三年(1887)上海鴻文書局石印本(有圖)　十二册

110000－0198－0001888　子 490
龍文鞭影二卷　(明)蕭良有著　(清)楊臣諍增訂　清道光二十九年(1849)刻本　二册

110000－0198－0001889　子 492
明醫雜著六卷　(明)王綸著　(明)薛己註　明嘉靖三十七年(1558)吴氏刻薛氏醫案本　六册

110000－0198－0001890　子 494
宋稗類鈔三十六卷　(清)潘永因編　清宣統三年(1911)藜光社石印本　十二册

110000－0198－0001891　子 497
庚子銷夏記八卷　(清)孫承澤撰　清宣統三年(1911)石印本　四册

110000－0198－0001892　子 498
清朝書畫家筆録四卷　竇鎮輯　清宣統二年(1910)上海自強書局石印本　四册

110000－0198－0001893　子 499
芥子園畫傳初集六卷二集九卷三集六卷　(清)王概編　清光緒十三年(1887)上海鴻文書局石印五彩本(有圖)　十二册

110000－0198－0001894　子 504
王右軍草訣歌真跡　(晋)王羲之書　清光緒三十四年(1908)鴻寶齋石印本　一册

110000－0198－0001895　子 519
明夷待訪録不分卷　(清)黄宗羲著　清光緒五年(1879)晉華書局刻本　一册

110000－0198－0001896　子 520
輶軒語三卷　(清)張之洞著　清光緒二十一年(1895)湖北官書處刻本　一册

110000－0198－0001897　子 527
近思録十四卷附校勘記一卷　(清)江永集註　清光緒二十七年(1901)上海瑞文樓石印本　四册

110000－0198－0001898　子 528
政教進化論　(日本)加藤弘之著　楊廷棟譯　清光緒二十八年(1902)廣智書局鉛印本　一册

110000－0198－0001899　子 532
浪跡叢談十一卷　(清)梁章鉅撰　清刻本　四册

110000－0198－0001900　子 533
福澤諭吉談叢不分卷　(日本)福澤諭吉著　(清)馮霈譯　清光緒二十九年(1903)廣智書局鉛印本　一册

110000－0198－0001901　子 535
三希堂法帖　(□)□□書　清拓本　三十二册

110000－0198－0001902　子 536
淳化閣帖　(□)□□書　清刻本　十册

110000－0198－0001903　子 537
佛咒　(□)□□書　明刻本(有圖)　十張

110000－0198－0001904　子 540
點石齋畫册　(□)□□書　清宣統二年(1910)集成圖書公司石印本(有圖)　八十四册

110000－0198－0001905　子 544
畫林新詠三卷附補遺一卷　題(清)頤道居士撰　(清)碧螺山人編　清道光七年(1827)西湖翠渌園刻本　二册

110000－0198－0001906　子 545

王奉常書畫題跋二卷　(清)王時敏著　(清)李玉棻校刊　清宣統二年(1910)通州李氏刻本　二册

110000－0198－0001907　子551
端溪硯史三卷　(清)吳蘭修編　(清)鄭廷松校　清道光刻本(有圖)　三册

110000－0198－0001908　子552
端溪硯史三卷　(清)吳蘭修編　(清)周以焯校　清道光刻本(有圖)　二册

110000－0198－0001909　子553
端溪研志三卷首一卷　(清)吳繩年錄　清乾隆二十二年(1757)清芬堂刻道光二十五年(1845)印本(有圖)　二册

110000－0198－0001910　子554
端溪硯史三卷　(清)吳蘭修編　(清)鄭廷松校　清道光三十年(1850)刻本(有圖)　二册

110000－0198－0001911　子556
文房肆攷圖説八卷　(清)唐秉鈞纂　清乾隆四十三年(1778)刻本(有圖)　八册

110000－0198－0001912　子557
清河書畫舫十二卷　(明)張丑造　清乾隆二十八年(1763)池北草堂刻本　十二册

110000－0198－0001913　子558
硯譜　(宋)李之彥訂　清抄本　六册

110000－0198－0001914　子559
柏葉庵印存　(清)□□印　清鈐印本　二册

110000－0198－0001915　子562
選集漢印分韻　(清)謝雲生摹錄　清嘉慶二年(1797)潄藝堂刻本　二册

110000－0198－0001916　子565
二如亭群芳譜二十八卷首一卷　(明)王象晉纂輯　(明)陳繼儒等校　清刻本　二十四册

110000－0198－0001917　子566
卜法詳考四卷　(清)胡煦輯　清雍正六年(1728)光山胡氏葆璞堂刻本　四册

110000－0198－0001918　子568
日下梨園百詠　(清)醉薇居士撰　清光緒十七年(1891)天津石印書屋石印本　一册

110000－0198－0001919　子570
讀書雜誌八十二卷餘編二卷　(清)王念孫撰　清光緒二十年(1894)上海醉六堂石印本　八册

110000－0198－0001920　子571
藝槩六卷　(清)劉熙載撰　清同治十二年(1873)刻本　四册

110000－0198－0001921　子572
陔餘叢考四十三卷　(清)趙翼撰　清乾隆五十五年(1790)湛貽堂刻本　二十册

110000－0198－0001922　子575
過庭錄十六卷　(清)宋翔鳳撰　清光緒七年(1881)會稽章氏刻本　四册

110000－0198－0001923　子576
穀山筆麈十八卷　(明)于慎行著　(明)郭應寵編次　明刻本　八册

110000－0198－0001924　子577
世説新語三卷　(南朝宋)劉義慶撰　(南朝梁)劉孝標注　清光緒十七年(1891)思賢講舍刻本　四册

110000－0198－0001925　子578
分甘餘話四卷　(清)王士禛撰　清康熙刻本　二册

110000－0198－0001926　子579
少室山房筆叢四十八卷　(明)胡應麟撰　清光緒二十二年(1896)廣雅書局刻本　八册

110000－0198－0001927　子580
癸辛雜識前集一卷後集一卷續集二卷别集二卷　(宋)周密撰　明商濬刻稗海本　六册

110000－0198－0001928　子581
蛾術編八十二卷　(清)王鳴盛原本　(清)迮鶴壽　(清)沈楙悳校　清道光二十一年(1841)世楷堂刻本　十六册

110000－0198－0001929　子582
宋謝疊山賣卜硯　(宋)謝枋得書　清拓本

二軸

110000－0198－0001930　子584

京師城内首善全圖　(清)□□繪　清末刻本　四冊

110000－0198－0001931　子586

潛邱劄記六卷　(清)閻若璩撰　**左汾近稾一卷**　(清)閻復申撰　清光緒十四年(1888)同文書局石印本　四冊

110000－0198－0001932　子587

墨史三卷　(元)陸友纂　清知不足齋叢書本　一冊

110000－0198－0001933　子591

小石山房印譜四卷別集一卷附集一卷　(清)顧湘　(清)顧浩編　清道光八年(1828)海虞顧氏刻本　七冊

110000－0198－0001934　子595

大唐開元占經一百二十卷　(唐)釋瞿曇悉達撰　清恒德堂刻本　十六冊

110000－0198－0001935　子596

人海記二卷　(清)查慎行編輯　(清)張士寬校　清宣統二年(1910)埽葉山房石印本　一冊

110000－0198－0001936　子597

七修類稿五十一卷續稿七卷　(明)郎瑛撰　清乾隆四十年(1775)錢塘周棨耕煙草堂刻本　十六冊

110000－0198－0001937　子599

桐陰論畫二卷二編二卷三編二卷續一卷畫訣一卷首一卷　(清)秦祖永著　清同治三年(1864)刻朱墨印本　八冊

110000－0198－0001938　子600

畫學心印八卷　(清)秦祖永評輯　清光緒四年(1878)梁溪秦氏刻朱墨印本　八冊

110000－0198－0001939　子604

飛影閣畫報　(清)吳嘉猷繪　清光緒十七年至二十五年(1891－1899)石印本(有圖)　二十六冊

110000－0198－0001940　子612

勸學篇二卷　(清)張之洞撰　清光緒二十四年(1898)兩湖書院刻本　二冊

110000－0198－0001941　子615

閱微草堂筆記二十四卷　(清)紀昀撰　清嘉慶二十一年(1816)北平盛時彦刻本　十冊

110000－0198－0001942　叢1

船山遺書六十八種　(清)王夫之撰　清同治四年(1865)湘鄉曾國荃金陵刻本　一百二冊

110000－0198－0001943　叢2

洪北江全集三十二種二百二十二卷　(清)洪亮吉撰　清光緒三年(1877)洪用懃授經堂刻本　七十八冊

110000－0198－0001944　叢3

陸放翁全集六種　(宋)陸游撰　明海虞毛氏汲古閣刻本　三十二冊

110000－0198－0001945　叢4

舟車所至不分卷　(清)鄭光祖輯　清道光二十三年(1843)琴川鄭氏青玉山房刻本　十冊

110000－0198－0001946　叢5

古逸叢書二十七種　(清)黎庶昌輯　清光緒十年(1884)遵義黎氏刻本　四十七冊

110000－0198－0001947　叢6

彥周詩話　(明)毛晉訂　明末毛氏汲古閣刻本　四冊

110000－0198－0001948　叢7

半厂叢書初編十一種　(清)譚獻輯　清光緒十一年至十五年(1885－1889)譚氏刻本　二十冊

110000－0198－0001949　叢8

五種遺規　(清)陳弘謀撰　清道光二年(1822)同文堂刻本　八冊

110000－0198－0001950　叢9

欣賞編十種　(明)沈津編　明萬曆八年(1580)刻本(有圖)　二冊　存三種(茶具、茶譜、硯譜)

110000－0198－0001951　叢10

清事六品 （清）王應昌輯 清順治六年(1649)刻本 四册 存四品(詩、書、茶、墨)

110000－0198－0001952 叢12

聚學軒叢書八種 劉世珩輯 清光緒二十年(1894)貴池劉氏刻本 二十册

110000－0198－0001953 叢13

雙楳景闇叢書十七種 葉德輝輯 清光緒長沙葉氏郎園刻本 五册

110000－0198－0001954 叢14

雙楳景闇叢書十七種 葉德輝輯 清光緒長沙葉氏郎園刻本 六册

110000－0198－0001955 叢15

晨風閣叢書二十二種 沈宗畸輯 清宣統元年(1909)番禺沈氏刻本 十六册

110000－0198－0001956 叢16

影山草堂叢書六種 （清）莫友芝撰 清同治二年(1863)曾國藩刻本 六册

110000－0198－0001957 叢17

藕香零拾三十九種 繆荃孫輯 清光緒江陰繆氏刻本 三十二册

110000－0198－0001958 叢24

張氏適園叢書初集七種 張鈞衡輯 清宣統三年(1911)上海國學扶輪社排印本 十册

110000－0198－0001959 叢26

國學叢刊二十種 羅振玉輯 清宣統三年(1911)石印本 三册

110000－0198－0001960 叢42

守山閣叢書一百十二種 （清）錢熙祚輯 清光緒十五年(1889)上海鴻文書局石印本 一百册

110000－0198－0001961 叢49

四十二種秘書十二卷 （清）任文田述 清嘉慶十二年(1807)刻本 十二册

110000－0198－0001962 叢50

花雨樓叢鈔二十九種 （清）張壽榮輯 清光緒蛟川張氏花雨樓刻本 四十八册

110000－0198－0001963 叢51

曾文正公全集十三種 （清）曾國藩撰 清同治傳忠書局刻本 一百二十八册

110000－0198－0001964 叢52

儆季襍箸五種附二種 （清）黄以周撰 清光緒二十年(1894)江蘇南菁講舍刻本 十册

110000－0198－0001965 叢57

經訓堂叢書二十一種 （清）畢沅輯 清光緒十三年(1887)上海大同書局據清畢氏刻本景印 二十册

110000－0198－0001966 叢64

翠琅玕館叢書五十五種 （清）馮兆年輯 清光緒羊城馮氏刻本 四十册

110000－0198－0001967 叢68

左海全集十種 （清）陳壽祺撰 清嘉慶陳紹墉補刻本 二十四册

110000－0198－0001968 叢69

武英殿聚珍版叢書一百三十八種 清乾隆浙江刻本 一百二十册

110000－0198－0001969 叢75

校經山房叢書二十六種 （清）朱記榮輯 清光緒三十年(1904)孫谿朱氏槐廬家塾據式經堂叢書版重編本 三十四册

110000－0198－0001970 叢76

平津館叢書四十三種 （清）孫星衍輯 清光緒十一年(1885)吳縣朱氏槐廬家塾刻本 五十册

110000－0198－0001971 叢78

二酉堂叢書二十八種 （清）張澍輯 清道光元年(1821)武威張氏二酉堂刻本 十册

110000－0198－0001972 叢81

雲自在龕叢書十九種 繆荃孫輯 清光緒江陰繆氏刻本 二十六册

110000－0198－0001973 叢84

五經歲徧齋校書三種 （清）翟雲升輯 清道光東萊翟氏刻本 十册

110000－0198－0001974 叢87

藕香零拾三十九種　繆荃孫輯　清末江陰繆氏刻本　三十二册

110000－0198－0001975　叢 89
說鈴前集三十七種後集十六種　(清)吳震方輯　清康熙四十四年(1705)刻本　十六册

110000－0198－0001976　叢 92
釣渭間雜膾五種　(清)潘炤撰　清嘉慶十一年(1806)小百尺樓刻本　十册

110000－0198－0001977　叢 93
粵雅堂叢書二十集一百二十種　(清)伍崇曜輯　清道光南海伍氏刻本　二百三十二册

110000－0198－0001978　集 1
元遺山詩集箋注十四卷首一卷附錄一卷補載一卷　(金)元好問撰　(元)張德輝編　清道光二年(1822)蔣氏瑞松堂刻本　四册

110000－0198－0001979　集 2
授堂文鈔十卷附讀畫山房文鈔二卷　(清)武億著　清道光二十三年(1843)授堂刻本　三册

110000－0198－0001980　集 3
白田草堂存稿二十四卷附崇祀鄉賢錄一卷行狀一卷　(清)王懋竑著　清乾隆二十六年(1761)刻本　六册

110000－0198－0001981　集 4
孫淵如先生全集十二卷　(清)孫星衍撰　清道光刻本　十册

110000－0198－0001982　集 5
畏壘山人詩十卷　(清)徐昂發著　清道光十年(1830)信芳閣木活字印本　二册

110000－0198－0001983　集 13
鑑止水齋集二十卷　(清)許宗彥撰　清嘉慶刻本　六册

110000－0198－0001984　集 14
松雪齋集十卷外集一卷行狀一卷　(元)趙孟頫撰　清清德堂刻本　十二册

110000－0198－0001985　集 15
高季迪先生大全集十八卷　(明)高啟著　清竹素園刻本　六册

110000－0198－0001986　集 17
清白士集校補四卷　(清)蔡雲著　清道光十四年(1834)刻本　一册

110000－0198－0001987　集 18
袁文箋正十六卷　(清)袁枚著　(清)石韞玉箋　清嘉慶十七年(1812)鶴壽山堂刻本　八册

110000－0198－0001988　集 19
六朝文絜四卷　(清)許槤評選　(清)朱鈞參校　清光緒三年(1877)刻朱墨印本　四册

110000－0198－0001989　集 20
六朝文絜四卷　(清)許槤評選　(清)朱鈞參校　清光緒三年(1877)刻朱墨印本　二册

110000－0198－0001990　集 21
翠娛閣評選文韻四卷文奇四卷　(明)丁允和品定　(明)陸雲龍評注　明崇禎四年(1631)崢霄館刻本　八册

110000－0198－0001991　集 22
翠娛閣評選諸名家小品不分卷　(明)陸雲龍等輯　明崇禎五年(1632)崢霄館刻本　十二册

110000－0198－0001992　集 23
繪圖增像第五才子書水滸全傳十卷七十回　(明)施耐庵撰　清末鉛印本　十册

110000－0198－0001993　集 24
玉臺新詠十卷　(南朝陳)徐陵編　(清)吳兆宜注　(清)程琰删補　清刻本　六册

110000－0198－0001994　集 25
新鐫漢魏名家集十九種　(明)王士賢等校　明金閶世裕堂刻本　十六册

110000－0198－0001995　集 28
元詩選六卷補遺一卷　(清)顧奎光輯　清乾隆十六年(1751)刻本　四册

110000－0198－0001996　集 30
魏稼孫先生全集　(清)魏錫曾撰　清光緒九年(1883)刻本　六册

110000－0198－0001997　集31
唐人三家集二十六卷　(唐)駱賓王　(唐)呂衡州　(唐)李元賓撰　(清)秦恩復輯　清道光十年(1830)秦氏石研齋影宋刻本　八册

110000－0198－0001998　集35
廣事類賦四十卷　(清)華希閔撰　(清)鄒升恒參　(清)華希閎重訂　清乾隆二十九年(1764)劍光閣刻本　十六册

110000－0198－0001999　集36
面城精舍襍文甲編一卷乙編一卷　羅振玉撰　清光緒十八年(1892)刻本　一册

110000－0198－0002000　集37
蘇文忠公文選六卷　(宋)蘇軾撰　明崇禎閔氏刻朱墨藍三色印本　六册

110000－0198－0002001　集38
秋水庵花影集五卷　(明)施紹莘著　清乾隆十七年(1752)博古堂刻本　八册

110000－0198－0002002　集39
白香山詩集四十卷白香山詩長慶集二十卷後集十七卷别集一卷補遺二卷　(唐)白居易撰　清康熙四十二年(1703)汪立名一隅草堂刻本　十二册

110000－0198－0002003　集40
東坡七集一百十卷　(宋)蘇軾撰　清光緒寶華盦刻本　四十八册

110000－0198－0002004　集41
菉友肊説不分卷　(清)王筠撰　清道光十六年(1836)刻本　一册

110000－0198－0002005　集43
覆瓿集十種　(清)張文虎撰　清光緒十三年(1887)刻本　十册

110000－0198－0002006　集44
篋衍集十二卷　(清)陳維崧輯　(清)蔣國祥校訂　清康熙三十一年(1692)刻本　八册

110000－0198－0002007　集47
衍波詞二卷　(清)王士禛撰　(清)鄒祗謨(清)彭孫遹選　清抄本　一册

110000－0198－0002008　集48
立菴文集不分卷　(清)孫自務撰　(清)馬蓼婷評定　(清)李大本校　清乾隆十七年(1752)儉德堂刻本　一册

110000－0198－0002009　集51
疑雨集四卷　(明)王彥泓著　清光緒三十一年(1905)郎園葉氏刻本　二册

110000－0198－0002010　集53
廣諧史十卷　(明)陳邦俊輯　明萬曆七年(1579)刻本　二册　存四卷(一至四)

110000－0198－0002011　集54
杜工部集二十卷首一卷　(唐)杜甫撰　清光緒二年(1876)翰墨園刻五色套印本　十册

110000－0198－0002012　集55
協律鉤元四卷外集一卷　(唐)李賀撰　(清)陳本禮箋注　清嘉慶刻本　二册

110000－0198－0002013　集56
杜工部集二十卷首一卷　(唐)杜甫撰　清光緒二年(1876)翰墨園刻五色套印本　十册

110000－0198－0002014　集58
豫章黄先生文集三十卷　(宋)黄庭堅撰　明弘治刻本　二册　存八卷(五至九、十五至十七)

110000－0198－0002015　集59
山谷詩集注内集二十卷外集十七卷别集二卷　(宋)黄庭堅撰　清光緒二十一年(1895)仿宋刻本　二十册

110000－0198－0002016　集66
綿津山人詩集二十九卷筠廊偶筆二卷　(清)宋犖撰　**緯蕭草堂詩三卷**　(清)宋至撰　清康熙二十七年(1688)刻本　六册

110000－0198－0002017　集67
味餘書室全集定本四十卷目錄四卷味餘書室隨筆二卷　(清)仁宗顒琰撰　清嘉慶五年(1800)刻本　十六册

110000－0198－0002018　集69
李義山文集十卷　(唐)李商隱撰　(清)徐樹

穀　(清)徐炯箋注　清康熙四十七年(1708)花溪草堂刻本　六冊

110000－0198－0002019　集 71

李義山詩集三卷　(唐)李商隱撰　(清)朱鶴齡箋注　(清)沈厚塽輯評　清同治九年(1870)廣州倅署刻朱墨藍套印本　四冊

110000－0198－0002020　集 72

玉谿生詩詳註三卷首一卷樊南文集詳註八卷首一卷　(唐)李商隱撰　清同治七年(1868)德聚堂刻本　八冊

110000－0198－0002021　集 73

增修詩話總龜四十八卷　(宋)阮閱編　清抄本　六冊

110000－0198－0002022　集 74

桐城吴先生全書七種　(清)吴汝綸撰　清光緒三十年(1904)吴氏家刻本　五冊　存二種五卷(文集四卷、詩集一卷)

110000－0198－0002023　集 75

納書楹曲譜正集四卷續集四卷外集二卷補遺四卷四夢全譜八卷　(清)葉堂訂譜　(清)王文治參訂　清乾隆五十七年(1792)納書楹刻本　二十二冊

110000－0198－0002024　集 76

劉禮部集十二卷　(清)劉逢禄撰　清光緒十八年(1892)延暉承慶堂刻本　六冊

110000－0198－0002025　集 78

墨花吟館感舊懷人集不分卷　(清)嚴辰撰　清光緒十五年(1889)刻本　一冊

110000－0198－0002026　集 81

東塾集六卷　(清)陳澧撰　清光緒十八年(1892)菊坡精舍刻本　三冊

110000－0198－0002027　集 82

粤謳一卷　(清)招子庸撰　清道光八年(1828)刻本　一冊

110000－0198－0002028　集 83

天根文鈔四卷續集一卷　(清)何家琪著　清光緒刻本　四冊

110000－0198－0002029　集 84

東里生燼餘集三卷　(清)汪家禧撰　清光緒二年(1876)刻本　一冊

110000－0198－0002030　集 85

惜抱先生尺牘八卷補遺一卷　(清)姚鼐撰　(清)陳用光編　清宣統元年(1909)小萬柳堂刻本　四冊

110000－0198－0002031　集 86

午亭文編五十卷　(清)陳廷敬撰　(清)林佶輯録　清康熙四十七年(1708)林佶刻本　二十四冊

110000－0198－0002032　集 87

中晚唐詩紀六十二卷　(清)龔賢輯　清初半畝園刻本　三十二冊

110000－0198－0002033　集 89

宋邵康節先生伊川擊壤集十卷附洛陽邵氏三世名賢行寔圖像録　(宋)邵雍撰　(明)吴瀚摘註　(明)吴泰增註　清道光二十年(1840)補刻本　十冊

110000－0198－0002034　集 91

文選六十卷　(南朝梁)蕭統撰　(唐)李善注　**文選考異十卷**　(清)胡克家撰　清宣統三年(1911)上海會文堂書局石印本　十六冊

110000－0198－0002035　集 93

文選六十卷　(南朝梁)蕭統撰　(唐)李善注　(清)何焯評　清乾隆三十七年(1772)海録軒刻朱墨印本　十二冊

110000－0198－0002036　集 94

古文苑九卷　(宋)韓元吉輯　清光緒五年(1879)飛青閣刻本　二冊

110000－0198－0002037　集 95

文選六十卷　(南朝梁)蕭統撰　(唐)李善注　(清)何焯評　清乾隆三十七年(1772)海録軒刻朱墨印本　十六冊

110000－0198－0002038　集 96

文選六十卷　(南朝梁)蕭統撰　(唐)李善注　**文選考異十卷**　(清)胡克家撰　清同治八

年(1869)廣東萃文堂刻本　二十四冊

110000－0198－0002039　集100
慈甯宮對聯　(清)□□書　清末抄本　一冊

110000－0198－0002040　集105
御製詩集六卷文集十卷　(清)穆宗載淳撰　(清)李文藻編　(清)李鴻藻校　清光緒刻本　八冊

110000－0198－0002041　集106
御製詩餘集六卷文餘集二卷　(清)仁宗顒琰撰　清道光武英殿刻本　六冊

110000－0198－0002042　集107
御製盛京賦不分卷　(清)高宗弘曆撰　清刻朱墨印本　二冊

110000－0198－0002043　集108
御製詩初集四十四卷二集九十卷三集一百卷四集一百卷　(清)高宗弘曆撰　清乾隆刻本　一百四十一冊

110000－0198－0002044　集109
御製詩集十卷二集十卷　(清)聖祖玄燁撰　(清)高士奇編次　清康熙四十二年(1703)武英殿刻本　四冊

110000－0198－0002045　集110
御製全韻詩　(清)世宗胤禛撰　清刻本　二冊

110000－0198－0002046　集111
本朝應制和聲集六卷首三卷　(清)沈德潛　(清)王居正評定　(清)劉鳴珂校　清乾隆二十四年(1759)鴻遠堂刻本　七冊

110000－0198－0002047　集112
御製詩初集二十四卷御製文初集十卷　(清)宣宗旻寧撰　(清)曹振鏞編　清道光十一年(1831)刻本　十四冊

110000－0198－0002048　集113
御製文集四十卷總目五卷四集三十六卷　(清)聖祖玄燁撰　清雍正十年(1732)刻本　三十二冊

110000－0198－0002049　集114
御製文二集十四卷　(清)仁宗顒琰撰　(清)董誥等編　清嘉慶二十年(1815)內府刻本　六冊

110000－0198－0002050　集115
兩漢策要十二卷　(宋)陶叔獻撰　清光緒十三年(1887)同文書局石印本　八冊　缺一卷(三)

110000－0198－0002051　集116
御製文初集十卷　(清)仁宗顒琰撰　(清)慶桂編　清嘉慶十年(1805)刻本　八冊

110000－0198－0002052　集117
世宗憲皇帝御製文集三十卷總錄四卷　(清)世宗胤禛撰　清光緒五年(1879)鉛印本　十六冊

110000－0198－0002053　集119
壯悔堂文集十卷四憶堂詩集六卷　(清)侯方域著　(清)宋犖　(清)徐隣唐評點　清光緒十八年(1892)刻本　十冊

110000－0198－0002054　集125
杜工部集二十卷首一卷　(唐)杜甫撰　(明)王世貞　(明)王慎中　(清)王士禛　(清)邵長蘅　(清)宋犖校　清道光十四年(1834)芸葉盦六色套印本　八冊

110000－0198－0002055　集127
劉端臨先生遺書八卷　(清)劉臺拱撰　清道光十四年(1834)刻本　二冊

110000－0198－0002056　集128
食舊悳齋襍著二卷　(清)劉嶽雲撰　清光緒十二年(1886)刻本　一冊

110000－0198－0002057　集129
拙尊園叢稿六卷　(清)黎庶昌撰　清光緒十九年(1893)刻本　四冊

110000－0198－0002058　集134
懷星堂全集三十卷　(明)祝允明著　清宣統二年(1910)中國書畫會石印本　八冊

110000－0198－0002059　集136
李長吉集四卷外集一卷　(唐)李賀撰　(明)

黃淳耀評點　清雍正九年(1731)嘉定金氏漁書樓刻本　二册

110000－0198－0002060　集137
李長吉集四卷外集一卷　(唐)李賀撰　(明)黃淳耀評點　(清)黎簡批點　清光緒十八年(1892)刻朱墨印本　二册

110000－0198－0002061　集139
漢魏六朝一百三家集一百三種　(明)張溥輯　清光緒十八年(1892)善化章經濟堂刻本　一百册

110000－0198－0002062　集140
杜詩註釋二十四卷首一卷　(唐)杜甫撰　(清)許寶善編　清嘉慶七年(1802)自怡軒刻本　八册

110000－0198－0002063　集141
句餘土音三卷　(清)全祖望撰　清嘉慶十九年(1814)刻本　二册

110000－0198－0002064　集142
聰山集三卷荆園小語一卷荆園進語一卷　(清)申涵光著　清康熙十六年(1677)刻本　四册

110000－0198－0002065　集143
詞律二十卷　(清)萬樹編　清康熙二十六年(1687)堆絮園刻本　六册

110000－0198－0002066　集144
十駕齋養新錄二十卷餘錄三卷年譜一卷　(清)錢大昕撰　清光緒二年(1876)浙江書局刻本　八册

110000－0198－0002067　集145
札樸十卷　(清)桂馥撰　清光緒九年(1883)蔣氏心矩齋刻本　八册

110000－0198－0002068　集148
七經樓文鈔六卷春暉閣詩鈔選六卷　(清)蔣湘南撰　清同治八年至九年(1869－1870)馬氏家塾刻本　六册

110000－0198－0002069　集149
淮安藝文志十卷　(清)王琛著　清同治十二年(1873)刻本　八册

110000－0198－0002070　集151
白虎通疏證十二卷　(清)陳立撰　清光緒元年(1875)淮南書局刻本　四册

110000－0198－0002071　集154
思適齋集十八卷　(清)顧廣圻撰　清道光二十九年(1849)徐渭仁刻本　二册

110000－0198－0002072　集155
衎石齋記事稾十卷　(清)錢儀吉撰　清道光十四年(1834)刻本　五册

110000－0198－0002073　集157
石笥山房文集六卷補遺一卷詩集十一卷詩餘一卷補遺二卷續補遺二卷　(清)胡天游撰　清咸豐二年(1852)刻本　十册

110000－0198－0002074　集158
杜詩會稡二十四卷　(唐)杜甫撰　(清)張遠箋　清康熙二十七年(1688)刻本　二十四册

110000－0198－0002075　集159
九水山房文存二卷　(清)畢亨撰　清咸豐二年(1852)海源閣刻本　二册

110000－0198－0002076　集160
賡菴學詩程　(清)□□撰　清稿本　一册

110000－0198－0002077　集162
□齋文集八卷詩集四卷　(清)張穆撰　(清)吳履敬　(清)吳式訓編次　清咸豐八年(1858)刻本　四册

110000－0198－0002078　集166
山帶閣註楚辭六卷首一卷餘論二卷説韻一卷　(清)蔣驥註　清雍正五年(1727)山帶閣刻本　四册

110000－0198－0002079　集168
李商隱詩集三卷　(唐)李商隱撰　清宣統元年(1909)影印本　二册

110000－0198－0002080　集170
遼文萃七卷藝文志補證一卷西夏文綴二卷藝文志一卷　(清)王仁俊輯　清光緒三十年(1904)無冰閣鉛印本　一册

110000－0198－0002081　集171
唐詩鼓吹十卷　（金）元好問輯　（元）郝天挺注　（明）廖文炳解　清乾隆五十七年（1792）三多齋刻本　四册

110000－0198－0002082　集172
陶貞白集二卷　（南朝梁）陶弘景撰　（明）黄省曾編　（明）王士賢校　明刻本　一册

110000－0198－0002083　集173
京華慷慨竹枝詞不分卷　（清）吾廬孺撰　清宣統二年（1910）北京開智書局石印本　一册

110000－0198－0002084　集175
唐張司業詩集六卷　（唐）張籍撰　明刻本　四册

110000－0198－0002085　集176
國朝中州詩鈔三十二卷　（清）楊淮輯　清道光二十三年（1843）刻本　十二册

110000－0198－0002086　集180
返生香一卷　（明）葉小鸞撰　清光緒二十二年（1896）羊城葉氏秋夢盦刻本　二册

110000－0198－0002087　集183
鉅鹿東觀集四卷　（宋）魏野撰　清末抄本　一册

110000－0198－0002088　集189
阮盦筆記五種　（清）況周頤撰　清光緒三十三年（1907）刻本　四册

110000－0198－0002089　集197
眉韻樓詩話八卷　孫雄輯　清光緒三十四年（1908）鉛印本　四册

110000－0198－0002090　集198
河嶽英靈集二卷　（唐）殷潘撰　清光緒四年（1878）遼陽賴氏刻本　一册

110000－0198－0002091　集202
石遺室詩集十卷　陳衍撰　清光緒三十一年（1905）武昌刻本　一册

110000－0198－0002092　集204
魏叔子文鈔十二卷　（清）魏禧撰　（清）宋犖（清）許汝霖選　清康熙三十三年（1694）刻本　六册

110000－0198－0002093　集205
大小雅堂詩集一卷冰蠶詞一卷　（清）承齡撰　清光緒十八年（1892）刻本　二册

110000－0198－0002094　集206
板橋詩鈔一卷詞鈔一卷家書一卷題畫一卷　（清）鄭燮著　清刻本　四册

110000－0198－0002095　集207
牧齋有學集五十一卷　（清）錢謙益撰　清康熙二十四年（1685）金匱山房刻本　十册

110000－0198－0002096　集209
清江貝先生詩集十卷　（明）貝瓊撰　（清）金檀編　清康熙五十八年（1719）金檀燕翼堂刻本　四册

110000－0198－0002097　集210
欽定全唐文一千卷目錄三卷　（清）董誥等輯　清嘉慶十九年（1814）刻本　五百五册

110000－0198－0002098　集211
元遺山詩集箋注十四卷首一卷末一卷　（元）張德輝類次　（清）蔣炳校　（清）施國祁箋　清道光二年（1822）蔣氏瑞松堂刻本　八册

110000－0198－0002099　集212
元遺山先生全集四十卷新樂府四卷續遺堅志四卷　（金）元好問撰　（元）張德輝類次　**附錄一卷**　（明）儲瓘輯　**補載一卷**　（清）施國祁輯　**年譜二卷**　（清）凌廷堪撰　清光緒八年（1882）京都翰文齋刻本　十六册

110000－0198－0002100　集213
何大復先生集三十八卷附錄一卷　（明）何景明撰　清乾隆十五年（1750）賜策堂刻本　八册

110000－0198－0002101　集214
顧亭林先生詩箋注十七卷首一卷校補一卷　（清）顧炎武撰　（清）徐嘉箋注　清光緒二十七年（1901）徐氏味靜齋刻本　六册

110000－0198－0002102　集215
康對山先生集二十四卷　（明）康海撰　清刻

本　八册

110000－0198－0002103　集216
歐陽文忠公全集一百五十三卷首一卷附錄五卷　（宋）歐陽修撰　清嘉慶二十四年（1819）梅龕書屋刻本　二十四册

110000－0198－0002104　集218
長生殿傳奇四卷　（清）洪昇填詞　清光緒十六年（1890）上海文瑞樓鉛印本　一册

110000－0198－0002105　集234
義門先生集十二卷　（清）何焯撰　（清）吳雲等輯　清宣統三年（1911）影印本　四册

110000－0198－0002106　集241
隨園詩話十六卷補遺四卷　（清）袁枚撰　清光緒十八年（1892）勤裕堂鉛印本　二册

110000－0198－0002107　集245
秋江集六卷　（清）黄任著　清乾隆十九年（1754）古歡堂刻朱墨印本　二册

110000－0198－0002108　集246
船山詩草二十卷補遺六卷　（清）張問陶撰　清同治十三年（1874）敦仁堂刻本　八册

110000－0198－0002109　集248
兒女英雄傳評話四十回　（清）文康撰　（清）董恂評　清光緒六年（1880）聚珍堂木活字印本　二十册

110000－0198－0002110　集249
第十才子書白圭志四卷　（清）崔象川撰　清末刻本　四册

110000－0198－0002111　集255
夷堅志十集　（宋）洪邁撰　清乾隆四十三年（1778）周氏耕煙草堂刻本　十册

110000－0198－0002112　集260
繪圖批註蕩寇志全傳七十卷　（清）俞萬春著　清光緒二十二年（1896）慎記書莊石印本　八册

110000－0198－0002113　集261
夢窗甲乙丙丁稿附補遺一卷　（宋）吳文英撰　清光緒四印齋刻本　一册

110000－0198－0002114　集264
𥜥䖱亭集三十二卷後集十二卷　（清）祁寯藻撰　清咸豐七年（1857）刻本　六册

110000－0198－0002115　集267
隨園隨筆二十八卷　（清）袁枚撰　清光緒十八年（1892）上海圖書集成印書局鉛印本　四册

110000－0198－0002116　集268
煙嶼樓文集四十卷　（清）徐時棟撰　清光緒元年（1875）葛氏刻本　二十四册

110000－0198－0002117　集269
二鄧先生詩合鈔二卷　（清）鄧輔綸　（清）鄧繹撰　（清）雷飛鵬輯　清宣統二年（1910）雷飛鵬鉛印本　一册

110000－0198－0002118　集271
閩川閨秀詩話四卷　（清）梁章鉅撰　清道光二十九年（1849）師古齋刻本　二册

110000－0198－0002119　集274
金淵集六卷　（元）仇遠撰　清光緒十九年（1893）補刻本　二册

110000－0198－0002120　集275
蘿菴遊賞小志一卷　（清）李慈銘撰　清末鉛印晨風閣叢書本　一册

110000－0198－0002121　集278
鐵橋漫稿八卷　（清）嚴可均撰　清光緒十一年（1885）長洲蔣氏心矩齋刻本　二册

110000－0198－0002122　集279
蘇詩查注補正四卷　（清）沈欽韓撰　清光緒八年（1882）長洲蔣氏心矩齋刻本　二册

110000－0198－0002123　集280
國朝詩人徵略六十卷　（清）張維屏輯　清道光十年（1830）刻本　十册

110000－0198－0002124　集281
全唐詩三十二卷　（清）彭定求等編　清光緒十三年（1887）上海同文書局石印本　三十二册

110000－0198－0002125　集283

書經六卷　(宋)蔡沈集傳　清恕堂刻本　四冊

110000－0198－0002126　集 284
詩經八卷　(宋)朱熹集傳　清恕堂刻本　四冊

110000－0198－0002127　集 285
增評補像全圖金玉緣一百二十回首一卷　(清)曹霑撰　(清)王希廉　(清)張新之　(清)姚燮評　清末石印本　十六冊

110000－0198－0002128　集 286
增評加批金玉緣圖說十二卷首一卷　(清)曹雪芹撰　清光緒三十二年(1906)石印本　十六冊

110000－0198－0002129　集 287
蠶尾集十卷　(清)王士禛撰　清康熙三十五年(1696)刻本　六冊

110000－0198－0002130　集 288
板橋集五種　(清)鄭燮著　清乾隆四十八年(1783)清暉書屋刻本　四冊

110000－0198－0002131　集 289
寶顏堂訂正後山談叢四卷　(宋)陳師道著　(明)陳繼儒　(明)李日華校　明刻寶顏堂秘笈本　二冊

110000－0198－0002132　集 290
簡莊文鈔六卷續編二卷河莊詩鈔一卷　(清)陳鱣撰　清光緒十四年(1888)粵東海昌羊氏刻本　六冊

110000－0198－0002133　集 291
管城碩記三十卷　(清)徐文靖著　清乾隆九年(1744)志寧堂刻本　五冊

110000－0198－0002134　集 302
漁洋山人精華録訓纂十卷總目二卷年譜二卷附錄一卷　(清)惠棟撰　清乾隆東吳惠氏紅豆齋刻本　十二冊

110000－0198－0002135　集 305
緝雅堂詩話二卷　(清)潘衍桐撰　清光緒十七年(1891)杭州刻本　一冊

110000－0198－0002136　集 309
鬱華閣遺集四卷　(清)盛昱撰　清光緒三十一年(1905)刻本　一冊

110000－0198－0002137　集 317
李笠翁一家言全集十六卷　(清)李漁著　(清)沈心友　(清)李將舒訂　清雍正八年(1730)芥子園刻本　二十冊

110000－0198－0002138　集 318
三魚堂文集十二卷附外集六卷　(清)陸隴其著　(清)席永恂　(清)王前席校　清乾隆嘉會堂刻本　五冊

110000－0198－0002139　集 319
儀顧堂集二十卷　(清)陸心源譔　清光緒二十四年(1898)刻本　四冊

110000－0198－0002140　集 323
小學盦遺書四卷附錄一卷　(清)錢馥撰　清光緒二十一年(1895)錢氏清風室刻本　一冊

110000－0198－0002141　集 324
蔗塘外集八卷　(清)查為仁撰　清乾隆刻本　三冊

110000－0198－0002142　集 325
越縵堂駢體文四卷散體文一卷　(清)李慈銘著　清光緒二十三年(1897)刻處霈居叢書本　四冊

110000－0198－0002143　集 326
彈指詞三卷補遺一卷　(清)顧貞觀著　(清)杜詔紫訂　清光緒四年(1878)枕經葄史齋刻本　二冊

110000－0198－0002144　集 327
蔗塘未定稿九卷　(清)查為仁撰　清乾隆刻本　二冊

110000－0198－0002145　集 328
梅花夢二卷　(清)張道填詞　清光緒二十年(1894)刻本　二冊

110000－0198－0002146　集 330
陳尚書賦論稿　(清)陳璧著　清稿本　一捆

110000－0198－0002147　集 331

復古香奩集八卷　(明)楊維楨著　清道光七年(1827)刻本　一册

110000－0198－0002148　集332
香奩集二卷　(唐)韓偓撰　清道光七年(1827)刻本　一册

110000－0198－0002149　集333
月洞詩集不分卷　(宋)王鎡著　清光緒刻本(有圖)　一册

110000－0198－0002150　集334
六瑩堂集九卷二集八卷　(清)梁佩蘭著　清道光二十年(1840)伍氏詩雪軒校刻本　六册

110000－0198－0002151　集339
粤謳不分卷　題(清)明珊居士撰　清光緒二十年(1894)居稽書莊刻本　一册

110000－0198－0002152　集344
李端詩集三卷　(唐)李端撰　明嘉靖十九年(1540)朱警刻唐百家詩本　一册

110000－0198－0002153　集345
文泉子集不分卷　(唐)劉蛻撰　清抄本　一册

110000－0198－0002154　集346
蔡中郎集六卷補遺一卷　(漢)蔡邕著　(清)劉嗣奇重校　清雍正五年(1727)耆英堂刻本　四册

110000－0198－0002155　集347
陳思王集二卷　(三國魏)曹植撰　(明)張溥評閲　清朝宗書室木活字印本　二册

110000－0198－0002156　集348
孫可之文集十卷　(唐)孫樵撰　清光緒二年(1876)讀有用書齋刻本　一册

110000－0198－0002157　集349
白氏長慶集三十二卷　(唐)白居易撰　清蘭雪堂刻本　五册

110000－0198－0002158　集350
任彦升集六卷　(南朝梁)任昉著　(明)吕兆禧校　明萬曆吕兆禧刻本　二册

110000－0198－0002159　集351
陶淵明集八卷首一卷末一卷　(晉)陶潛撰　清光緒五年(1879)廣州翰墨園刻朱墨印本　二册

110000－0198－0002160　集352
樊川文集二十卷外集一卷别集一卷　(唐)杜牧撰　清光緒二十二年(1896)景蘇園影宋刻本　四册

110000－0198－0002161　集354
聽雨草堂策論　清宣統元年(1909)抄本　一册

110000－0198－0002162　集357
西山先生真文忠公文集五十一卷　(宋)真德秀撰　明嘉靖三年(1524)書林精舍刻本　二十一册　存三十一卷(一至十、三十一至五十一)

110000－0198－0002163　集358
劍南詩鈔不分卷　(宋)陸游著　(清)楊大鶴選　清康熙二十四年(1685)刻本　十二册

110000－0198－0002164　集364
世説新語三卷附校勘小識一卷佚文一卷　(南朝宋)劉義慶撰　(南朝梁)劉孝標注　清光緒十七年(1891)思賢講舍刻本　四册

110000－0198－0002165　集365
世説新語八卷　(南朝宋)劉義慶撰　(南朝梁)劉孝標註　(明)張懋辰訂　**世説新語補四卷**　(明)何良俊補　明刻本　八册

110000－0198－0002166　集371
如是山房增訂金批西廂四卷首一卷末一卷　(元)王德信撰　(清)金聖嘆評點　清光緒二年(1876)如是山房刻朱墨印本　六册

110000－0198－0002167　集376
寵錫府君課文　(清)□□撰　清末稿本　二十册

110000－0198－0002168　集377
河海崑崙録四卷　(清)裴景福撰　清宣統元年(1909)上海文明書局鉛印本　四册

110000－0198－0002169　集 381
詩藪内編六卷外編六卷雜編六卷續編二卷　(明)胡應麟著　明萬曆四十六年(1618)刻本　六册

110000－0198－0002170　集 382
姚鼐詩稿　(清)姚鼐撰　清乾隆寫本　一册

110000－0198－0002171　集 385
河汾諸老詩集八卷　(元)房祺編　清乾隆四十三年(1778)敬翼堂刻本　一册

110000－0198－0002172　集 386
二家詩選二種　(清)王士禛選　清康熙刻王漁洋遺書本　一册

110000－0198－0002173　集 387
御選唐宋文醇五十八卷　(清)高宗弘曆選　清乾隆三年(1738)武英殿刻朱墨藍套印本　二十册

110000－0198－0002174　集 389
名媛詩緯初編四十二卷　(清)王端淑選輯　清康熙三年(1664)清音堂刻本　十二册

110000－0198－0002175　集 393
施註蘇詩四十二卷總目二卷　(宋)蘇軾撰　(宋)施元之注　(清)宋犖等閲定　(清)邵長蘅等訂補　**東坡年譜一卷**　(宋)王宗稷編　(清)邵長蘅撰　**蘇詩續補遺二卷**　(清)馮景撰　清康熙三十八年(1699)宋犖刻本　十二册

110000－0198－0002176　集 394
陳氏家稿不分卷　(清)陳璧等著　清末稿本　八册

110000－0198－0002177　集 395
中華民國憲法草案不分卷國民常識講義説略不分卷　梁啟超撰　清末謄清稿本　一捆

110000－0198－0002178　集 398
讀杜私言一卷　(清)盧世㴶撰　清末抄本　一册

110000－0198－0002179　集 399
嵇中散集一卷　(三國魏)嵇康著　(明)張溥閲　明刻漢魏六朝一百三家集本　五册

110000－0198－0002180　集 400
國寶新編不分卷　(明)顧璘撰　明嘉靖十五年(1536)顧氏明朝四十家小説本　一册

110000－0198－0002181　集 401
魏鍾司徒集一卷　(三國魏)鍾會著　(明)張溥閲　明刻漢魏六朝一百三家集本　一册

110000－0198－0002182　集 404
陶淵明集八卷首一卷末一卷　(晉)陶淵明撰　清光緒四年(1878)廣州翰墨園刻朱墨印本　二册

110000－0198－0002183　集 405
唐語林八卷附校勘記　(宋)王讜撰　**校勘記一卷**　(清)錢熙祚編　清道光二十四年(1844)刻守山閣叢書本　二册

110000－0198－0002184　集 410
夢窗甲乙丙丁稿四卷補遺一卷　(宋)吴文英撰　清光緒二十五年(1899)四印齋刻本　一册

110000－0198－0002185　集 411
宋詩紀事一百卷　(清)厲鶚　(清)馬曰琯輯　清乾隆十一年(1746)厲鶚樊榭山房刻本　三十二册

110000－0198－0002186　集 414
珠玉詞一卷　(宋)晏殊撰　明末毛氏汲古閣刻本　一册

110000－0198－0002187　集 416
絶妙好詞箋七卷　(宋)周密輯　(清)查為仁　(清)厲鶚箋　**續鈔二卷**　(清)徐楙録　清刻本　四册　存六卷(二至三、六至七,續鈔二卷)

110000－0198－0002188　集 420
類編箋釋續選草堂詩餘二卷　(明)錢允治箋釋　(明)陳仁錫校閲　明刻本　二册

110000－0198－0002189　集 421
定香亭筆談四卷　(清)阮元撰　清光緒二十五年(1899)浙江書局刻本　四册

110000－0198－0002190　集 422
騷壇八略二卷　(清)王楷蘇著　清嘉慶二年(1797)釣鰲山房刻本　二册

110000－0198－0002191　集 423
花間集十卷　(五代)趙崇祚輯　清初汲古閣刻本　四册

110000－0198－0002192　集 432
漁洋文集十四卷　(清)王士禛撰　清康熙三十四年(1695)刻帶經堂集本　四册

110000－0198－0002193　集 434
在陸草堂文集六卷　(清)儲欣撰　清雍正元年(1723)淑慎堂刻本　六册

110000－0198－0002194　集 436
名流尺牘　(□)□□輯　清末稿本　一册

110000－0198－0002195　集 439
昌黎先生詩集注十一卷年譜一卷本傳一卷　(唐)韓愈撰　(清)顧嗣立删補　清道光賡德堂刻朱墨印本　八册

110000－0198－0002196　集 440
韓昌黎詩集編年箋注十二卷　(唐)韓愈撰　(清)方世舉考訂　清乾隆二十三年(1758)盧見曾雅雨堂刻本　六册

110000－0198－0002197　集 444
感舊集十六卷小傳補遺一卷　(清)王士禛選　清乾隆十七年(1752)盧見曾雅雨堂刻本　八册

110000－0198－0002198　集 446
宋孫仲益内簡尺牘十卷首一卷　(宋)孫覿撰　(宋)李祖堯編注　(清)蔡焯增訂　清乾隆十二年(1747)刻本　四册

110000－0198－0002199　集 447
昌黎先生詩集注十一卷年譜一卷本傳一卷　(唐)韓愈撰　(清)顧嗣立删補　清道光賡德堂刻朱墨印本　四册

110000－0198－0002200　集 448
紅樓夢圖詠不分卷　(清)改琦繪　清光緒五年(1879)刻本　四册

110000－0198－0002201　經普 1
冷語二卷　(清)劉源淥撰　清光緒十七年(1891)六安求我齋刻本　二册

110000－0198－0002202　經普 2
詩誦五卷　(清)陳僅撰　清光緒十一年(1885)文則樓陳氏刻木活字印本　二册

110000－0198－0002203　經普 3
寫定尚書不分卷　(清)吳汝綸寫定　清光緒十八年(1892)桐城吳氏家塾石印本　一册

110000－0198－0002204　經普 4
儀禮十七卷　(漢)鄭玄注　清道光十四年(1834)立本齋刻本　四册

110000－0198－0002205　經普 5
焦氏易林十六卷　(漢)焦贛撰　清嘉慶十三年(1808)士禮居刻本　二册

110000－0198－0002206　經普 11
相臺書塾刊正九經三傳沿革例一卷　(宋)岳珂撰　清光緒七年(1881)成都淪雅齋刻本　一册

110000－0198－0002207　經普 12
監本四書　(宋)朱熹集注　清道光十六年(1836)揚郡二郎廟惜字局刻本(有圖)　六册

110000－0198－0002208　經普 13
緯學原流興廢考三卷　(清)蔣清翊編　清光緒二十三年(1897)吳縣蔣氏雙唐碑館刻本(有圖)　一册

110000－0198－0002209　經普 14
説文解字三十二卷　(清)段玉裁注　清同治六年(1867)蘇州保息局刻本　十六册

110000－0198－0002210　經普 15
字説一卷　(清)吳大澂撰　清末刻本　一册

110000－0198－0002211　經普 17
周禮十二卷　(漢)鄭玄注　(唐)陸德明音義　清嘉慶十一年(1806)刻本　六册

110000－0198－0002212　經普 18
廣雅疏證十卷博雅音十卷　(清)王念孫撰　清刻本　八册

110000－0198－0002213　經普 19

爾雅郭注義疏二十卷　(清)郝懿行撰　清光緒十四年(1888)湖北官書處刻本　八冊

110000－0198－0002214　經普 24

毛詩昀訂十卷　(清)苗夔撰　清咸豐元年(1851)漢專亭刻本　四冊

110000－0198－0002215　經普 25

詩經八卷　(宋)朱熹集傳　清道光十六年(1836)揚郡二郎廟惜字局刻本　四冊

110000－0198－0002216　經普 26

駢雅訓纂十六卷序目一卷附補遺　(明)朱謀瑋撰　清道光有不為齋刻咸豐元年(1851)補刻本　八冊

110000－0198－0002217　經普 27

論語二十卷　(清)戴望注　清同治十年(1871)刻本　二冊

110000－0198－0002218　經普 28

新刻批點四書讀本不分卷　(宋)朱熹章句　清道光七年(1827)愷元堂刻朱墨印本　六冊

110000－0198－0002219　經普 29

大學衍義輯要六卷　(宋)真德秀撰　(清)陳宏謀纂輯　**大學衍義補輯要十二卷**　(明)邱濬撰　(清)陳宏謀纂輯　清道光二十三年(1843)賓恕堂刻本　十六冊

110000－0198－0002220　經普 30

小學盦遺書四卷　(清)錢馥撰　清光緒二十一年(1895)清風室刻本　一冊

110000－0198－0002221　經普 32

孟子要畧五卷　(宋)朱熹撰　清同治六年(1867)海昌蔣氏衍芬艸堂刻本　一冊

110000－0198－0002222　經普 34

毛詩詁訓傳三十卷毛詩譜一卷　(漢)鄭玄箋　(唐)陸德明音義　(唐)孔穎達疏　清光緒四年(1878)淮南書局刻本　十六冊

110000－0198－0002223　經普 35

爾雅正郭三卷　(清)潘衍桐撰　清光緒十七年(1891)刻本　一冊

110000－0198－0002224　經普 36

尚書離句六卷　(清)錢在培輯解　(清)程川訂　清光緒四年(1878)文成堂刻本　四冊

110000－0198－0002225　經普 37

義府二卷　(清)黄生撰　(清)孫承吉述　清道光二十三年(1843)歙浦黄氏刻江州黎氏重修本　二冊

110000－0198－0002226　經普 39

說文引經異字三卷　(清)吴雲蒸撰　清道光六年(1826)刻本　一冊

110000－0198－0002227　經普 40

古文審八卷首一卷　(清)劉心源撰　清光緒十七年(1891)嘉魚劉氏龍江樓刻本　四冊

110000－0198－0002228　經普 41

易在不分卷　(清)謝濟世撰　清末刻本(有圖)　二冊

110000－0198－0002229　經普 42

小學集註六卷　(宋)朱熹撰　(明)陳選集註　(清)王增謙校　清嘉慶王增謙刻本　二冊

110000－0198－0002230　經普 44

名原二卷　(清)孫詒讓撰　清光緒三十一年(1905)刻本　一冊

110000－0198－0002231　經普 45

名原二卷　(清)孫詒讓撰　清光緒三十一年(1905)刻本　一冊

110000－0198－0002232　經普 46

論語　(清)吴大澄篆書　清光緒十一年(1885)上海同文書局石印本　二冊

110000－0198－0002233　經普 47

文字蒙求四卷　(清)王筠撰　清光緒三十年(1904)湖北學務處刻本　一冊

110000－0198－0002234　經普 48

三家經文同異考二卷　(清)王錫聆撰　清道光十五年(1835)太姥山麓蚤間齋刻本　二冊

110000－0198－0002235　經普 49

剔弊廣增分韻五方元音二卷首一卷　(清)樊騰鳳撰　(清)趙培梓輯錄　清光緒十一年

(1885)書業德刻本　二冊

110000－0198－0002236　經普 50

說文古籒補十四卷附録一卷　(清)吳大澂撰　清光緒二十四年(1898)刻本　二冊

110000－0198－0002237　經普 51

六藝論疏證一卷魯禮禘祫義疏證一卷　(清)皮錫瑞撰　清光緒二十五年(1899)刻本　一冊

110000－0198－0002238　經普 52

起起穀梁廢疾一卷釋範一卷　廖平撰　清光緒十一年(1885)刻本　一冊

110000－0198－0002239　經普 53

四書會解　(清)綦澧輯　清道光九年(1829)還醇堂刻本　十二冊

110000－0198－0002240　經普 54

文字蒙求廣義四卷　(清)蒯光典編　清光緒江楚書局刻本　五冊

110000－0198－0002241　經普 55

說文分韻易知録五卷說文重文標目一卷說文分畫易知録一卷　(清)許巽行纂　清光緒五年(1879)武林任有容齋刻本　六冊

110000－0198－0002242　經普 56

說文解字通釋四十卷說文解字繫傳校勘記三卷　(南唐)徐鍇傳釋　清道光姚覲元刻本　八冊

110000－0198－0002243　經普 58

石經匯函　(清)王秉恩輯　清光緒四川尊經書局刻本　十冊

110000－0198－0002244　經普 60

爾雅郭注義疏三卷　(清)郝懿行撰　清同治四年(1865)郝氏刻本　八冊

110000－0198－0002245　經普 61

左通補釋三十二卷附一卷　(清)梁履繩撰　清道光九年(1829)錢唐汪氏振綺堂刻光緒元年(1875)補刻本　十二冊

110000－0198－0002246　經普 62

說文提要一卷　(清)陳建侯撰　清同治識古齋刻本　一冊

110000－0198－0002247　經普 64

說文疑疑二卷附一卷附傳一卷　(清)孔廣居撰　(清)袁宮桂閱　清嘉慶七年(1802)詩禮堂刻本　四冊

110000－0198－0002248　經普 65

典禮備考八卷　(清)鄜都縣志局刻　清鄜都縣志局刻本　二冊

110000－0198－0002249　經普 66

說文解字句讀三十卷　(漢)許慎記　(清)王筠撰　清同治四年(1865)刻本　十六冊

110000－0198－0002250　經普 67

孝經不分卷　(漢)鄭玄注　(唐)陸德明音義　(清)孫季咸述　清光緒二十二年(1896)刻本　一冊

110000－0198－0002251　經普 68

孝經不分卷　(唐)玄宗李隆基注　(宋)司馬光指解　清道光二十七年(1847)求是軒刻本　一冊

110000－0198－0002252　經普 69

孝經旁訓不分卷　(清)李啟培選注　清同治四年(1865)刻本　一冊

110000－0198－0002253　經普 70

尚書逸湯誓考六卷　(清)徐時棟撰　清同治十一年(1872)城西草堂刻本　一冊

110000－0198－0002254　經普 71

新鐫增補周易備旨一見能解六卷　(清)黄淳耀撰　(清)嚴而寬增補　清嘉慶九年(1804)文錦堂刻本(有圖)　五冊

110000－0198－0002255　經普 72

爾雅經注集證三卷　(清)龍啟瑞撰　清光緒龍繼棟刻本　一冊

110000－0198－0002256　經普 73

四書偶談内編一卷外編一卷　(清)戚學標輯　清乾隆五十四年(1789)刻本　二冊

110000－0198－0002257　經普 74

毛詩訂詁八卷附二卷　(清)顧棟高撰　清光

緒二十二年(1896)江蘇書局刻本　四冊

110000－0198－0002258　經普 75

論語說二卷　(明)辛全著　清柏經正堂刻本　二冊

110000－0198－0002259　經普 76

論語隨筆二十卷　(清)牛運震撰　清嘉慶六年(1801)空山堂刻本　四冊　存十九卷(一至十九)

110000－0198－0002260　經普 78

陸氏周易述不分卷　(三國吳)陸績撰　(明)姚士粦輯　(清)孫堂增補　清嘉慶平湖孫氏映雪草堂漢魏二十一家易注叢書本　一冊

110000－0198－0002261　經普 80

孟子正義三十卷附本傳　(清)焦循撰　清道光五年(1825)半九書塾刻本　八冊

110000－0198－0002262　經普 81

雷刻八種　(清)雷浚纂輯　清光緒吳縣雷氏刻本　八冊

110000－0198－0002263　經普 82

尚書今文二十八篇解不分卷　(清)楊鍾泰撰　清道光十八年(1838)載德堂刻本　四冊

110000－0198－0002264　經普 83

經傳釋詞十卷　(清)王引之撰　清道光二十七年(1847)蘇州掃垢山民刻本　二冊

110000－0198－0002265　經普 84

周禮政要二卷　(清)孫詒讓撰　清光緒二十八年(1902)瑞安普通學堂刻本　二冊

110000－0198－0002266　經普 85

姚姬傳先生經說不分卷　(清)姚鼐撰　清如雨日齋刻本　一冊

110000－0198－0002267　經普 86

四書反身錄八卷首一卷　(清)李顒撰　清道光刻本　四冊

110000－0198－0002268　經普 87

詩說二卷　(清)王照圓撰　清光緒八年(1882)東路廳署刻本　二冊

110000－0198－0002269　經普 88

釋名四卷　(漢)劉熙撰　(明)鍾惺評　清刻本　二冊

110000－0198－0002270　經普 89

儀禮疏二十一卷附校勘記　(唐)賈公彥等撰　清光緒十八年(1892)湖南寶慶務本書局刻本　八冊

110000－0198－0002271　經普 90

書六卷　(宋)蔡沈集傳　清金陵奎壁齋刻本　四冊

110000－0198－0002272　經普 91

說文新附攷六卷續攷一卷　(清)鈕樹玉撰　清嘉慶六年(1801)非石居刻本　四冊

110000－0198－0002273　經普 92

禮經校釋二十二卷　(清)曹元弼撰　清光緒十八年(1892)刻本　十二冊

110000－0198－0002274　經普 93

春秋公羊經傳解詁十二卷校記二十八卷　(漢)何休撰　清道光四年(1824)揚州汪氏問禮堂刻本　二冊

110000－0198－0002275　經普 94

四書正體校定字音不分卷　(□)□□撰　清道光二年(1822)榕蔭堂刻本　一冊

110000－0198－0002276　經普 95

今文尚書攷證三十卷　(清)皮錫瑞撰　清光緒二十三年(1897)師伏堂刻本　六冊

110000－0198－0002277　經普 96

尚書後案三十卷後辨附一卷　(清)王鳴盛撰　清頤志堂刻本　八冊

110000－0198－0002278　經普 97

如登樓遵註四書揭要四種不分卷　(清)韓毓樞輯　清嘉慶十三年(1808)如登樓刻本　六冊　缺一種(論語揭要)

110000－0198－0002279　經普 98

費氏古易訂文十二卷　王樹枏撰　清光緒十七年(1891)文莫室刻本　四冊

110000－0198－0002280　經普 99

周禮十二卷校語一卷　(漢)鄭玄注　清嘉慶二十三年(1818)士禮居刻本　六冊

110000－0198－0002281　經普 100
駢雅訓纂十六卷首一卷　(明)朱謀㙔撰　(清)魏茂林學　清道光有不為齋刻本　八冊

110000－0198－0002282　經普 101
大戴禮注補十三卷附錄一卷　(漢)戴德撰　(北周)盧辯注　(清)汪照注補　清嘉慶九年(1804)刻本　六冊

110000－0198－0002283　經普 103
論語注疏解經十卷附札記一卷　(三國魏)何晏集解　(宋)邢昺疏　清光緒三十年(1904)劉氏玉海堂影宋刻本　二冊

110000－0198－0002284　經普 104
四書家塾讀本句讀增訂批點四書集注十九卷　(清)羅大春增訂批點　清光緒十三年(1887)宗德堂刻本　六冊

110000－0198－0002285　經普 107
萬氏經學五書　(清)萬斯大著　清嘉慶刻本　五冊

110000－0198－0002286　經普 110
十三經拾遺十六卷唐石經考正一卷　(清)王朝璩撰　清嘉慶五年(1800)尋孔顏樂處刻本　五冊

110000－0198－0002287　經普 112
書經精華六卷　(清)薛嘉穎纂　清同治十年(1871)光韙堂刻本　六冊

110000－0198－0002288　經普 113
春秋會義十六卷　(宋)杜諤撰　清光緒十八年(1892)山淵閣刻本　六冊

110000－0198－0002289　經普 115
說文韻譜校五卷　(清)王筠撰　清光緒十六年(1890)劉嘉禾刻本　二冊

110000－0198－0002290　經普 116
左通補釋三十二卷附後案　(清)梁履繩撰　清道光九年(1829)振綺堂刻光緒元年(1875)補刻本　十冊

110000－0198－0002291　經普 119
釋穀四卷　(清)劉寶楠撰　清光緒十四年(1888)廣雅書局刻本　一冊

110000－0198－0002292　經普 121
論語經正錄二十卷　(清)王肇晉撰　先府君年譜一卷　(清)王孝箴等述　清光緒二十年(1894)刻本　十一冊

110000－0198－0002293　經普 122
書經詮義十二卷首二卷　(清)汪烜集　清光緒七年(1881)曲水書局刻本(有圖)　十三冊

110000－0198－0002294　經普 125
春秋釋例十五卷　(晉)杜預撰　清嘉慶五年(1800)掃葉山房刻本　四冊

110000－0198－0002295　經普 128
詩義旁通十二卷　(清)李允升輯　清咸豐二年(1852)易簡堂刻本　二冊　存四卷(一至四)

110000－0198－0002296　經普 129
孝經或問二十八卷附學經詩一卷　(明)呂維祺撰　清刻本　五冊

110000－0198－0002297　經普 130
求古錄禮說十六卷補遺一卷校勘記三卷　(清)金鶚撰　(清)王士駿校　清光緒二年(1876)刻本　十冊

110000－0198－0002298　經普 131
增補蘇批孟子二卷附年譜一卷　(宋)蘇洵撰　(清)趙大浣增補　清同治四年(1865)芸居樓刻朱墨印本　二冊

110000－0198－0002299　經普 133
儀禮問津不分卷　(清)孟先穎纂　清道光十五年(1835)刻本　一冊

110000－0198－0002300　經普 134
說文發疑六卷　(清)張行孚撰　清光緒九年(1883)刻本　二冊

110000－0198－0002301　經普 135
論語淺解四卷　(清)喬松年撰　清光緒三年(1877)強恕堂刻本　四冊

110000－0198－0002302　經普 136
詩總聞二十卷　(宋)王質撰　清末刻本　六冊

110000－0198－0002303　經普 137
春秋十六卷首一卷陸氏三傳釋文音義十六卷　(唐)陸德明撰　(清)□□輯　清嘉慶十年(1805)揚州鮑氏刻四書五經本　十六冊

110000－0198－0002304　經普 139
毛詩二十卷考證一卷　(漢)毛亨注　(漢)鄭玄箋　清刻本　四冊

110000－0198－0002305　經普 141
金仁山先生論孟攷證輯要二卷　(清)趙大鏞輯　清道光五年(1825)面湖草堂刻本　一冊

110000－0198－0002306　經普 142
易象意言不分卷　(宋)蔡淵撰　清刻本　一冊

110000－0198－0002307　經普 143
學春秋隨筆十卷附墓誌銘一卷行狀一卷　(清)萬斯大撰　清萬氏家刻本　一冊

110000－0198－0002308　經普 144
說文古籀補八卷　(清)吳大澂撰　清光緒二十四年(1898)刻本　一冊

110000－0198－0002309　經普 145
四書五經音義辨讀八卷　(清)徐進輯　清道光二十年(1840)收春草堂刻本　八冊

110000－0198－0002310　經普 146
泰軒易傳六卷　(宋)李中正撰　**左氏蒙求一卷**　(元)吳化龍撰　清光緒刻木活字印佚存叢書本　三冊

110000－0198－0002311　經普 147
春秋公羊傳十一卷　(漢)何休學　(唐)陸德明音義　**春秋穀梁傳十二卷**　(晉)范寧集解　(唐)陸德明音義　清光緒十二年(1886)文昌書局刻本　八冊

110000－0198－0002312　經普 148
經傳攷證八卷　(清)朱彬撰　清道光刻本　二冊

110000－0198－0002313　經普 149
四書說苑十一卷首一卷補遺一卷　(清)孫應科輯　清道光刻本　四冊

110000－0198－0002314　經普 153
儀禮圖六卷　(清)張惠言撰　清嘉慶十年(1805)揚州阮氏刻本(有圖)　三冊

110000－0198－0002315　經普 154
六經全圖　(□)□□撰　清道光刻本(附圖)　一冊

110000－0198－0002316　經普 156
張氏公羊二種　(清)張憲和撰　清光緒刻本　四冊

110000－0198－0002317　經普 158
說文本經荅問二卷　(清)鄭知同撰　清光緒十六年(1890)廣雅書局刻本　一冊

110000－0198－0002318　經普 160
春秋講義衷一二卷　(清)吳錫麒鑒定　(清)團維墉輯　清嘉慶十七年(1812)刻本　二冊

110000－0198－0002319　經普 161
三禮從今三卷　(清)黄本驥編　清光緒涇縣洪氏公善堂刻唐石經館叢書本　一冊

110000－0198－0002320　經普 162
禮記偶箋三卷　(清)萬斯大撰　清刻本　一冊

110000－0198－0002321　經普 163
韻補五卷補正一卷　(宋)吳棫撰　(清)徐幹校　清光緒九年(1883)邵武徐氏刻本　二冊

110000－0198－0002322　經普 165
說文新附攷六卷續考一卷　(清)鈕樹玉撰　清嘉慶六年(1801)非石居刻本　二冊

110000－0198－0002323　經普 166
說文解字十四卷　(漢)許慎撰　(清)段玉裁注　(清)徐灝箋　清光緒刻本　三十二冊

110000－0198－0002324　經普 167
九經今義二十八卷　(清)成本璞撰　清光緒通雅齋叢書刻本　四冊

110000－0198－0002325　經普 168

說文解字通釋三十卷部敘二卷通論三卷祛妄一卷類聚一卷錯綜一卷疑義一卷系述一卷　(南唐)徐鍇傳釋　(五代)朱翱反切　清道光十九年(1839)金陵劉漢洲影宋刻本　八冊

110000－0198－0002326　經普 170

臨文便覽不分卷　(清)張仰山編　清同治十三年(1874)松竹齋刻本　二冊

110000－0198－0002327　經普 171

同文考證四卷附一卷　(清)管受之輯　清道光二十二年(1842)江蘇許義文齋刻本　一冊

110000－0198－0002328　經普 173

說文繫傳校錄三十卷　(清)王筠撰　(清)劉耀春參訂　清咸豐七年(1857)王氏家刻本　四冊

110000－0198－0002329　經普 174

新定三禮圖二十卷　(宋)聶崇義集注　(清)納蘭成德校定　清鍾謙鈞通志堂刻本(有圖)　二冊

110000－0198－0002330　經普 175

詩說二卷拾遺一卷　(清)王照圓撰　清光緒八年(1882)東路廳署刻本　三冊

110000－0198－0002331　經普 176

詩經通論十八卷論旨一卷　(清)姚際恒撰　(清)王篤校訂　清同治六年(1867)成都書局刻本　八冊

110000－0198－0002332　經普 179

大學衍義輯要六卷　(宋)真德秀撰　(清)陳宏謀纂輯　清道光二十二年(1842)寶恕堂刻本　四冊

110000－0198－0002333　經普 181

左傳舊疏考正八卷　(清)劉文淇撰　清光緒三年(1877)湖北崇文書局刻本　四冊

110000－0198－0002334　經普 183

欽定書經圖說五十卷　(清)孫家鼐等纂修　清光緒三十一年(1905)武英殿石印本(有圖)　十六冊

110000－0198－0002335　經普 184

說文段注訂補十四卷　(清)王紹蘭撰　清光緒十四年(1888)胡燏棻刻本　八冊

110000－0198－0002336　經普 187

求古錄禮說十六卷　(清)金鶚撰　清道光三十年(1850)木犀香館刻本　六冊

110000－0198－0002337　經普 191

茶香室經說十六卷　(清)俞樾撰　清光緒十四年(1888)刻本　六冊

110000－0198－0002338　經普 193

新學偽經考十四卷　康有為撰　清光緒十七年(1891)廣州康氏萬木草堂刻本　六冊

110000－0198－0002339　經普 195

經義雜記三十卷　(清)臧琳撰　**經義雜記敘錄一卷**　(清)臧康堂編　清嘉慶四年(1799)拜經堂刻本　六冊　存二十一卷(一至二十、經義雜記敘錄一卷)

110000－0198－0002340　經普 196

說文韻譜校五卷　(清)王筠撰　清光緒十六年(1890)劉嘉禾刻本　二冊

110000－0198－0002341　經普 198

汲古閣說文訂一卷　(清)段玉裁撰　清光緒元年(1875)湖北崇文書局刻本　一冊

110000－0198－0002342　經普 201

苗氏說文四種　(清)苗夔撰　清咸豐元年(1851)壽陽祁氏漢磚亭刻本(有圖)　四冊

110000－0198－0002343　經普 202

字學匯海八種　(清)□□輯　清光緒十五年(1889)京都琉璃廠秀文齋刻本　四冊

110000－0198－0002344　經普 204

左傳分國纂畧十六卷　(清)盧元昌評閱　(清)盧守仁點次　清康熙二十八年(1689)書林孫敬楠刻本　六冊

110000－0198－0002345　經普 205

說文解字韻譜十卷　(清)馮桂芬撰　清同治三年(1864)刻本　二冊

110000－0198－0002346　經普 210

助字辨略五卷 (清)劉淇撰 清咸豐五年至六年(1855－1856)海源閣刻本 五冊

110000－0198－0002347 經普212

春秋左傳杜注三十卷春秋王朝列國紀年一卷春秋王朝興廢說一卷 (清)姚培謙補輯 清光緒九年(1883)江南書局刻本 十冊

110000－0198－0002348 經普213

春秋集解十二卷 (宋)蘇轍撰 清末刻本 二冊

110000－0198－0002349 經普214

許氏說文解字雙聲疊韻譜一卷 (清)鄧廷楨撰 清光緒七年(1881)常熟鮑氏刻後知不足齋叢書本 二冊

110000－0198－0002350 經普215

尚書今古文注疏三十卷 (清)孫星衍撰 清光緒十一年(1885)吳縣朱氏槐廬家塾刻平津館叢書本 八冊

110000－0198－0002351 經普216

四書說約三十三卷 (清)鹿善繼撰 清道光二十八年(1848)刻本 四冊

110000－0198－0002352 經普217

詩經補箋二十卷 王闓運撰 清光緒三十二年(1906)湘綺樓全書本 七冊 存十八卷(一至十八)

110000－0198－0002353 經普218

春秋穀梁傳十二卷札一卷 (晉)范甯集解 清光緒黎氏影印古逸叢書本 二冊

110000－0198－0002354 經普220

古周易一卷 (宋)呂祖謙等編 清同治十二年(1873)粵東書局刻通志堂經解本 一冊

110000－0198－0002355 經普222

大戴禮管箋十三卷首一卷 (清)戴德撰 (清)孔廣森補註 (清)丁宗洛箋 清道光刻本 六冊

110000－0198－0002356 經普223

詩古微二卷 (清)魏源撰 清道光脩吉堂刻本 二冊

110000－0198－0002357 經普224

說文段注撰要九卷 (清)馬壽齡撰 清光緒九年(1883)金陵胡氏愚園刻本 四冊

110000－0198－0002358 經普225

欽定詩經傳說彙纂十六卷首二卷 (清)王鴻緒等撰 清刻本 二十四冊

110000－0198－0002359 經普226

禮記訓纂四十九卷 (清)朱彬輯 清咸豐元年(1851)宜祿堂刻六年(1856)補刻本 八冊

110000－0198－0002360 經普227

儀禮疏五十卷附校勘記五十卷 (唐)賈公彥等撰 清嘉慶二十年(1815)江西南昌府學刻本 十六冊

110000－0198－0002361 經普228

字鑑五卷 (元)李文仲撰 (清)許槤訂正 (清)朱傳瑚參校 清道光五年(1825)研經書塾刻本 二冊

110000－0198－0002362 經普229

詩毛氏傳疏三十卷附毛詩傳義類一卷鄭氏箋攷徵一卷釋毛詩音四卷毛詩說一卷 (清)陳奐撰 清咸豐刻本 十二冊

110000－0198－0002363 經普231

易經十二卷首一卷末一卷 (宋)朱熹本義 清同治四年(1865)金陵書局刻本(有圖) 二冊

110000－0198－0002364 經普232

易說十二卷便錄一卷 (清)郝懿行撰 清光緒八年(1882)東路廳署刻本 四冊

110000－0198－0002365 經普234

說文解字三十二卷汲古閣說文訂一卷 (清)段玉裁注 清同治十一年(1872)湖北崇文書局刻本 十七冊

110000－0198－0002366 經普235

說文解字十五卷附校字記說文通檢十五卷 (漢)許慎撰 (宋)徐鉉校定 清同治十二年(1873)刻本 十冊

110000－0198－0002367 經普236

鄉黨圖考補證六卷 （清）王漸鴻撰　**劄記六卷**（清）張庭詩撰　清光緒三十四年（1908）春黄縣丁民海隅山館刻本　六册

110000－0198－0002368　經普239
尚書定本　虞夏書　清光緒十三年（1887）刻本　一册

110000－0198－0002369　經普240
伏書訓詁不分卷　清刻本　一册

110000－0198－0002370　經普241
三禮義證十二卷（清）武億撰　清道光二十三年（1843）授堂刻本　二册

110000－0198－0002371　經普244
説文解字通釋四十卷繫傳校勘記三卷（南唐）徐鍇撰　清同治十二年（1873）粤東書局刻古經解匯函本　八册

110000－0198－0002372　經普246
韻辨附文五卷（清）沈兆霖撰　清同治十二年（1873）東川書院刻本　五册

110000－0198－0002373　經普247
説文聲類二卷（清）嚴可均撰　清嘉慶七年（1802）刻四録堂類集本　二册

110000－0198－0002374　經普248
説文校議十五卷（清）姚文田等撰（清）孫星衍訂　清嘉慶二十三年（1818）刻四録堂類集本　四册

110000－0198－0002375　經普249
論語注疏解經十卷附札記一卷（三國魏）何晏集解（宋）邢昺疏　清光緒三十三年（1907）貴池劉氏玉海堂刻本　二册

110000－0198－0002376　經普250
詩經精義集抄四卷（清）梁中孚輯　清道光七年（1827）刻本　四册

110000－0198－0002377　經普251
易解醒豁二卷（清）梁欽辰撰　清光緒七年（1881）刻本　二册

110000－0198－0002378　經普252
四書恒解十一卷（清）劉沅輯註　清光緒三十一年（1905）豫誠堂刻本　十册

110000－0198－0002379　經普253
尚書古文疏證八卷朱子古文書疑一卷（清）閻若璩撰　清同治六年（1867）錢塘汪氏振綺堂補刻本　八册

110000－0198－0002380　經普254
儀禮十七卷附校録一卷（漢）鄭玄撰　清嘉慶十九年（1814）黄氏刻本　二册

110000－0198－0002381　經普255
駁五經異義疏證十卷（清）皮錫瑞撰　清光緒二十五年（1899）刻本　二册

110000－0198－0002382　經普256
書經四卷末一卷（清）任啟運註　清光緒十二年（1886）刻本　二册

110000－0198－0002383　經普257
周禮精華六卷（清）陳龍標編輯　清嘉慶二十一年（1816）益美堂刻本　六册

110000－0198－0002384　經普259
文字蒙求四卷（清）王筠撰　清道光刻本　一册

110000－0198－0002385　經普260
十三經標射譜不分卷（清）王煦撰　清道光十七年（1837）四知堂刻本　一册

110000－0198－0002386　經普261
爾雅郭注義疏十九卷（清）郝懿行撰　清咸豐六年（1856）漱芳齋刻本　八册

110000－0198－0002387　經普262
周禮補注六卷（清）吕飛鵬撰　清道光二十九年（1849）吕氏立誠軒刻本　八册

110000－0198－0002388　經普263
春秋律身録二十二卷（清）楊長年撰　清光緒十九年（1893）刻本　八册

110000－0198－0002389　經普264
毛詩重言一卷毛詩雙聲疊韻説一卷（清）王筠撰　清光緒會稽章氏刻本　一册

110000－0198－0002390　經普265

書古微十二卷首一卷 （清）魏源撰　清光緒四年（1878）淮南書局刻本　四冊

110000－0198－0002391　經普 267
切韻考六卷外篇三卷 （清）陳澧撰　清光緒刻本　三冊

110000－0198－0002392　經普 268
釋字百韻 （清）陳勵撰　清光緒二年（1876）都門刻本　一冊

110000－0198－0002393　經普 269
春秋左傳三十卷首一卷附春秋列國時事說 （晉）杜預注　（唐）陸德明音釋　（宋）林堯叟附註　清光緒十二年（1886）湖北官書處刻本　十二冊

110000－0198－0002394　經普 270
切音蒙引不分卷 （清）陳錦撰　清光緒九年（1883）刻本（有圖）　一冊

110000－0198－0002395　經普 271
儀禮商二卷附一卷周官辨非一卷 （清）萬斯大撰　清乾隆萬福刻萬充宗先生經學五書本　一冊

110000－0198－0002396　經普 272
學庸不分卷 （宋）朱熹章句　清光緒十二年（1886）湖北官書處刻本　六冊

110000－0198－0002397　經普 276
毛詩注疏三十卷附毛詩正義序詩譜毛詩譜 （漢）鄭玄撰　（唐）孔穎達疏　清光緒四年（1878）淮南書局刻本　二十冊

110000－0198－0002398　經普 277
四書改錯二十二卷附錄一卷 （清）毛奇齡撰　清嘉慶刻本　四冊

110000－0198－0002399　經普 278
春秋穀梁傳十二卷 （晉）范甯集解　清末黎氏影宋刻本　二冊

110000－0198－0002400　經普 279
春秋啖趙集傳纂例十卷 （唐）陸淳纂　清道光刻本　二冊

110000－0198－0002401　經普 280
輶軒使者絕代語釋別國方言箋疏十三卷附校勘記一卷 （清）錢繹撰　清光緒十六年（1890）廣雅書局刻本　四冊

110000－0198－0002402　經普 281
閩本四子書不分卷 （宋）朱熹章句　清道光四年（1824）勉行堂劉氏刻本（有圖）　六冊

110000－0198－0002403　經普 283
十一經音訓十一種 （清）楊國楨撰　清光緒十六年（1890）刻本　二十六冊

110000－0198－0002404　經普 284
欽定周官義疏四十八卷首一卷 （清）張廷玉等撰　清同治七年（1868）刻本　二十四冊

110000－0198－0002405　經普 285
周易二卷 （宋）朱熹本義　清道光十六年（1836）楊郡二郎廟惜字局刻本（有圖）　二冊

110000－0198－0002406　經普 286
重校十三經不貳字 （清）李鴻藻撰　清光緒元年（1875）三義堂刻本　一冊

110000－0198－0002407　經普 287
說文逸字二卷附一卷 （清）鄭珍撰　清光緒福山王氏刻天壤閣叢書本　二冊

110000－0198－0002408　經普 289
孟子要略五卷 （宋）朱熹撰　清同治十三年（1874）傳忠書局刻本　一冊

110000－0198－0002409　經普 290
禮記箋四十九卷 （清）郝懿行撰　清光緒八年（1882）東路廳署刻本　十冊

110000－0198－0002410　經普 291
春秋左傳杜注三十卷首一卷 （清）姚培謙撰　清光緒九年（1883）江南書局刻本　十冊

110000－0198－0002411　經普 293
四書拾遺六卷 （清）林春溥輯　清道光十四年（1834）竹柏山房刻本　五冊

110000－0198－0002412　經普 294
四書反身錄八卷首一卷 （清）李顒撰　清明善講堂刻本　四冊

110000－0198－0002413　經普 295

春秋公羊經傳解詁十二卷　(漢)何休撰　清道光揚州汪氏問禮堂刻本　四册

110000－0198－0002414　經普 297

周易傳注七卷　(清)李塨撰　**周易筮考一卷**　清道光二十三年(1843)博陵養正堂刻本　四册

110000－0198－0002415　經普 298

孟子纂疏九卷　(宋)朱熹集注　(宋)趙順孫纂疏　清通志堂刻本　二册

110000－0198－0002416　經普 299

爾雅郭注義疏二十卷　(清)郝懿行撰　清同治四年(1865)刻本　八册

110000－0198－0002417　經普 300

周易本義四卷首一卷　(宋)朱熹撰　清光緒十八年(1892)天津煮字山房刻本(有圖)　四册

110000－0198－0002418　經普 301

春秋左傳五十卷　(晉)杜預撰　清末文盛堂刻本　十六册

110000－0198－0002419　經普 302

呂晚邨先生四書講義四十三卷　(清)呂留良撰　(清)陳鏦編　清刻本　十二册

110000－0198－0002420　經普 303

易言三卷　(清)杞憂生撰　清光緒六年(1880)中華印務總局刻本　一册

110000－0198－0002421　經普 304

論語後案二十卷　(清)黄式三撰　清光緒九年(1883)浙江書局刻本　十册

110000－0198－0002422　經普 305

易説醒四卷首一卷　(清)洪守美撰　清同治十一年(1872)新豐士族刻本　三册

110000－0198－0002423　經普 307

四書反身録七卷續録一卷　(清)李顒撰　(清)王心敬録　清光緒十一年(1885)四川鹽務官舍刻本　二册

110000－0198－0002424　經普 308

儀禮鄭注句讀十七卷　(清)張爾岐句讀　清同治七年(1868)金陵書局刻本　四册

110000－0198－0002425　經普 310

周易評説二卷　(清)郭程先撰　(清)郭珠熉補注　清咸豐五年(1855)蘇門郭氏刻本　二册

110000－0198－0002426　經普 312

大學翼真七卷　(清)胡渭撰　清小西山房刻本　四册

110000－0198－0002427　經普 313

新增詩經補註附考備旨八卷　(清)鄒聖脈輯　清善成堂刻本　八册

110000－0198－0002428　經普 314

儀禮章句十七卷　(清)吴廷華撰　清光緒二十五年(1899)刻本　四册

110000－0198－0002429　經普 316

爾雅郭注義疏十九卷　(清)郝懿行撰　清道光三十年(1850)木犀香館刻本　六册

110000－0198－0002430　經普 317

佛爾雅八卷　(清)周春撰　清嘉慶二十一年(1816)刻本　一册

110000－0198－0002431　經普 318

書經述六卷　(清)許祖京撰　清同治十三年(1874)杭州陸民刻本　二册

110000－0198－0002432　經普 319

五方元音二卷　(清)凌廬樊撰　(清)年希堯增補　清光緒九年(1883)掃葉山房刻本　四册

110000－0198－0002433　經普 320

書經集傳六卷　(宋)蔡沈撰　清末京都文興堂刻本　四册

110000－0198－0002434　經普 321

論語注二十卷　康有為撰　清光緒刻萬木草堂叢書本　十册

110000－0198－0002435　經普 322

春秋左傳二十六卷附圖説　(晉)杜預　(宋)林堯叟注釋　清末李光明莊刻本　八册

110000－0198－0002436　經普 324
經苑　(清)錢儀吉輯　清同治七年(1868)王儒行刻本　六十七册

110000－0198－0002437　經普 325
春秋經傳集解三十卷　(晉)杜預注　清末刻本　十八册

110000－0198－0002438　經普 328
字原徵古四卷　(清)曾廷枚撰　清嘉慶十三年(1808)刻本　一册

110000－0198－0002439　經普 329
詩經集傳八卷　(宋)朱熹集傳　清光緒二十一年(1895)文琳堂刻本　四册

110000－0198－0002440　經普 330
九經古義十六卷　(清)惠棟撰　清刻本　四册

110000－0198－0002441　經普 331
左傳舊疏考正八卷　(清)劉文淇撰　清道光十八年(1838)洪濬文刻本　二册

110000－0198－0002442　經普 332
壽山堂易說二卷圖解一卷辭一卷　(唐)呂嵒撰　清嘉慶四年(1799)刻本(有圖)　六册

110000－0198－0002443　經普 333
王陽明先生經說拾餘一卷　(清)胡泉輯　清刻本　二册

110000－0198－0002444　經普 334
誠齋易傳二十卷　(宋)楊萬里撰　清刻本　六册

110000－0198－0002445　經普 336
春秋夏正二卷　(清)胡天遊撰　清道光刻本　二册

110000－0198－0002446　經普 337
詩譜不分卷　(漢)鄭玄撰　(宋)歐陽修補　清嘉慶南河節署刻本　一册

110000－0198－0002447　經普 338
毛詩證讀不分卷讀詩或問一卷　(清)戚學標撰　清嘉慶精專閣刻本　四册

110000－0198－0002448　經普 340
說文解字五卷標目一卷　(漢)許慎撰　清嘉慶孫氏刻本　六册

110000－0198－0002449　經普 341
四書旁音不分卷　(宋)朱熹撰　清末成德堂刻本　六册

110000－0198－0002450　經普 342
詩序廣義二十四卷　(清)姜炳璋輯　清嘉慶尊行堂刻本　十册

110000－0198－0002451　經普 343
易經通注九卷　(清)傅以漸等撰　清光緒十二年(1886)雖園刻本　八册

110000－0198－0002452　經普 344
欽定篆文六經四書十種　(清)李光地等集　清光緒九年(1883)上海同文書局石印本　十册

110000－0198－0002453　經普 347
音學五書三十八卷　(清)顧炎武撰　清光緒十一年(1885)椰會郭氏中古瞻堂刻本　十二册

110000－0198－0002454　經普 349
易經詳說五十卷　(清)冉永光撰　清同治九年(1870)寄願堂刻本　三十二册

110000－0198－0002455　經普 351
易釋四卷　(清)黄式三撰　清光緒十四年(1888)黄氏家塾刻儆居遺書本　二册

110000－0198－0002456　經普 352
春秋傳正誼四卷　(清)方宗誠述　清光緒四年(1878)刻本　一册

110000－0198－0002457　經普 355
四書拾義六卷　(清)胡紹勳學　清道光十四年(1834)吟經樓刻本　一册

110000－0198－0002458　經普 356
正字略不分卷　(清)王筠友輯　清道光十四年(1834)仕學齋刻本　一册

110000－0198－0002459　經普 357
集韻考正十卷　(清)方成珪學　(清)薛傳均

撰　清道光二十七年(1847)刻本　十冊

110000－0198－0002460　經普 358
說文答問疏證六卷　(清)薛傳均撰　清道光十八年(1838)刻本　一冊

110000－0198－0002461　經普 359
春秋書法比義十二卷　(清)劉曾璇撰　清道光十九年(1839)蓮窗書屋刻本　四冊

110000－0198－0002462　經普 360
書經集傳六卷　(宋)蔡沈集傳　清嘉慶九年(1804)登雲堂刻本　四冊

110000－0198－0002463　經普 362
陸氏草木鳥獸蟲魚疏疏二卷　(清)焦循撰　清光緒十四年(1888)江陰南菁書院刻南菁書院叢書本　一冊

110000－0198－0002464　經普 363
長安宮詞一卷　(清)胡延撰　清光緒刻本　一冊

110000－0198－0002465　經普 364
讀易質疑二卷　(清)金穀春撰　清光緒刻本　二冊

110000－0198－0002466　經普 367
字學舉隅不分卷　(清)龍光甸　(清)龍啟瑞輯　清同治十三年(1874)琉璃廠懿文齋刻本　一冊

110000－0198－0002467　經普 369
周易彖傳消息升降大義述一卷周易消息升降爻例一卷　(清)吳翊寅撰　清光緒二十一年(1895)廣雅書局刻本　一冊

110000－0198－0002468　經普 371
尚書二十卷　(唐)孔穎達傳　清刻本　四冊

110000－0198－0002469　經普 373
切韻考六卷外篇三卷　(清)陳澧撰　清光緒十年(1884)刻本　三冊

110000－0198－0002470　經普 375
禮記箋四十九卷　(清)郝懿行撰　清光緒八年(1882)東路廳署刻本　十冊

110000－0198－0002471　經普 376
六書舊義不分卷　廖平撰　清光緒十三年(1887)刻本　一冊

110000－0198－0002472　經普 378
爾雅三卷　(晉)郭璞注　(唐)陸德明音義　清嘉慶清芬閣刻本　二冊

110000－0198－0002473　經普 379
讀左雜詠不分卷　(清)蔣廷黻撰　清宣統刻本　一冊

110000－0198－0002474　經普 380
詩古微三編十五卷首一卷　(清)魏源撰　清刻本　八冊

110000－0198－0002475　經普 381
春秋說畧十二卷春秋比二卷　(清)郝懿行撰　清趙銘彝刻本　四冊

110000－0198－0002476　經普 383
詩傳補義三卷　(清)方宗誠撰　清光緒元年(1875)刻本　一冊

110000－0198－0002477　經普 384
四書集注不分卷　(宋)朱熹集註　清光緒刻本　六冊

110000－0198－0002478　經普 387
四書改錯平十四卷　(清)楊希閔撰　清光緒元年(1875)福州刻本　四冊

110000－0198－0002479　經普 389
求古錄禮說十六卷補遺一卷校勘記三卷　(清)金鶚撰　清光緒刻本　十冊

110000－0198－0002480　經普 390
惜抱軒九經說十七卷　(清)姚鼐撰　清亦愛廬刻本　二冊

110000－0198－0002481　經普 391
新訂四書補注備旨不分卷　(明)劉林撰　清光緒泰山堂刻本　六冊

110000－0198－0002482　經普 392
周禮凝粹六卷　(清)宋嘉德撰　清道光二十年(1840)奎照閣刻本　六冊

110000－0198－0002483　經普 393
爾雅古義十二卷　（清）錢坫撰　清道光刻黄氏逸書考本　八册

110000－0198－0002484　經普 394
十三經注疏並校勘記十三種四百十六卷　（清）阮元撰　（清）盧宣旬摘録　清光緒十三年（1887）上海點石齋石印本　二十五册

110000－0198－0002485　經普 405
康熙字典不分卷　（清）凌紹雯編　清光緒十六年（1890）鴻寶齋石印本　六册

110000－0198－0002486　經普 407
康熙字典　（清）凌紹雯編　清光緒石印本　六册

110000－0198－0002487　經普 409
附釋音春秋左傳注疏六十卷校勘記六十卷　（唐）孔穎達撰　清光緒十三年（1887）脈望仙館石印宋本十三經注疏附校勘記本　一册　存十五卷（注疏一至十五）

110000－0198－0002488　經普 410
康熙字典　（清）凌紹雯編　清光緒十二年（1886）上海點石齋石印本　二册

110000－0198－0002489　經普 411
校正四書　清光緒三十年（1904）點石齋石印本　六册

110000－0198－0002490　經普 419
爾雅補郭二卷　（清）翟灝撰　清光緒八年（1882）刻本　一册

110000－0198－0002491　經普 420
欽定篆文六經四書十種　（清）李光地等編　清光緒九年（1883）上海同文書局石印本　九册

110000－0198－0002492　經普 426
皇清經解提要二卷附續編　（清）沈豫撰　清刻本　一册

110000－0198－0002493　經普 432
爾雅三卷　（晉）郭璞注　清光緒十年（1884）上海同文書局石印本（有圖）　二册

110000－0198－0002494　經普 433
論語集解義疏十卷　（三國魏）何晏集解　（南朝梁）皇侃撰　清刻本　五册

110000－0198－0002495　經普 435
小學考五十卷　（清）謝啟昆録　清光緒十五年（1889）石印本　六册

110000－0198－0002496　經普 439
康熙字典　（清）凌紹雯編　清光緒十三年（1887）上海點石齋石印本　六册

110000－0198－0002497　經普 442
説文通訓定聲不分卷　（清）朱駿聲撰　清光緒十三年（1887）上海積山書局石印本　八册

110000－0198－0002498　經普 446
澤存堂五種五十卷　（清）張士俊輯　清光緒十四年（1888）上海蜚英館影印本　八册

110000－0198－0002499　經普 451
四書近指二十卷　（清）孫奇逢纂　清光緒中州學署刻本　五册

110000－0198－0002500　經普 452
檀氏儀禮韻言塾課藏本二卷　（清）檀萃纂　清嘉慶四年（1799）嘉樹堂刻本　二册

110000－0198－0002501　經普 453
詩經備旨嗜鳳詳解八卷附圖説　（清）陳百先撰　清光緒十三年（1887）善成堂刻本（有圖）　八册

110000－0198－0002502　經普 461
康熙字典　（清）凌紹雯編　清光緒二十年（1894）上海同文書局石印本　六册

110000－0198－0002503　經普 468
陸批四書　（清）陸開墅撰　清光緒上海同文書局石印本　二册

110000－0198－0002504　經普 469
四書古注羣義彙解九種　（三國魏）何晏集解　清光緒三十年（1904）上海同文升記書局鉛印本　十八册

110000－0198－0002505　經普 471
康熙字典　（清）凌紹雯編　清光緒二十三年

(1897)上海積山書局石印本　六冊

110000－0198－0002506　經普473
十三經難字音注不分卷　(清)金文源著　清光緒十五年(1889)上海點石齋石印本　二冊

110000－0198－0002507　經普475
駢雅訓纂十六卷首一卷　(明)朱謀㙔撰　清光緒二十年(1894)上海積山書局石印本　八冊

110000－0198－0002508　經普476
四書章句　(宋)朱熹撰　清刻本　十六冊

110000－0198－0002509　經普477
周易集解十卷　(清)孫星衍撰　(明)何楷撰　清嘉慶三年(1798)蘭陵孫氏刻岱南閣叢書本　十冊

110000－0198－0002510　經普478
詩經世本古義二十八卷首一卷　周秉仁著　清光緒十九年(1893)上海鴻寶齋石印本　十六冊

110000－0198－0002511　經普479
經義圖說八卷　(清)吳寶謨輯　清嘉慶二十四年(1819)刻本　十六冊

110000－0198－0002512　經普480
爾雅三卷　(晉)郭璞注　清光緒十二年(1886)上海點石齋石印本(有圖)　二冊

110000－0198－0002513　經普481
經籍纂詁一百六卷　(清)阮元撰　清光緒二年(1876)上海鴻寶齋石印本　十二冊

110000－0198－0002514　經普482
五經典林五十四卷首一卷　(清)何松編　清光緒刻本　二十冊

110000－0198－0002515　經普484
周禮十二卷　(漢)鄭玄注　清刻本　三冊

110000－0198－0002516　經普486
輶軒使者絕代語釋別國方言十三卷　(清)戴震疏證　清微波榭刻本　一冊

110000－0198－0002517　經普487
說文解字句讀三十卷　(清)王筠撰集　清同治四年(1865)刻本　十五冊

110000－0198－0002518　經普488
說文解字義證五十卷　(清)桂馥撰　清同治九年(1870)湖北崇文書局刻本　三十二冊

110000－0198－0002519　經普489
毛詩稽古編三十卷附考一卷　(清)陳啟源述　清光緒九年(1883)上海同文書局影印本　八冊

110000－0198－0002520　經普491
毛詩古音考四卷　(明)陳第編　清敷文閣龍萬育刻本　四冊

110000－0198－0002521　經普492
孟子趙注補正六卷　(清)宋翔鳳撰　清光緒十四年(1888)南菁書院刻皇清經解續編本　一冊

110000－0198－0002522　經普493
寄傲山房塾課纂輯禮記全文備旨十一卷　(清)鄒聖脈纂　清刻本　六冊

110000－0198－0002523　經普494
實事求是之齋經義二卷　(清)朱大韶撰　清光緒九年(1883)刻本　二冊

110000－0198－0002524　經普496
詩說二卷　(清)郝懿行撰　清光緒八年(1882)東路廳署刻本　二冊

110000－0198－0002525　經普497
禮書一百五十卷　(宋)陳祥道撰　清嘉慶二十一年(1816)校經堂刻本　十二冊

110000－0198－0002526　經普498
經傳釋詞二卷　(清)王引之撰　清嘉慶二十四年(1819)刻本　一冊

110000－0198－0002527　經普500
三經誼詁　馬其昶撰　清刻本　一冊

110000－0198－0002528　經普503
左傳杜解補正三卷　(清)顧炎武撰　清璜川吳氏刻本　一冊

110000－0198－0002529　經普 504
易經實義六十七卷　(清)謝維嶽撰　清刻本　九册

110000－0198－0002530　經普 505
女真譯語不分卷　羅福成類次　清刻本　一册

110000－0198－0002531　經普 507
詩叶考八卷　(清)陳天道輯　清嘉慶十二年(1807)貽穀堂刻本　四册

110000－0198－0002532　經普 509
尚書因文六卷首一卷　(清)武士選撰　清光緒十七年(1891)桂垣書局刻本　二册

110000－0198－0002533　經普 512
康熙字典　(清)凌紹雯編　清宣統元年(1909)上海集成圖書公司鉛印本　六册

110000－0198－0002534　經普 514
欽定化治四書文　(清)方苞輯　清光緒二十年(1894)上海古香閣石印本　八册

110000－0198－0002535　經普 515
中州音韻　(清)張漢校　清末石印本　一册

110000－0198－0002536　經普 517
説文古籀補十四卷補一卷附録一卷　(清)馮李驊　(清)陸浩撰　清光緒石印本　四册

110000－0198－0002537　經普 518
左繡三十卷首一卷　(宋)林堯叟附註　清宣統三年(1911)上海會文堂石印本　十六册

110000－0198－0002538　經普 520
今古學考二卷　廖平述　清光緒十二年(1886)刻本　二册

110000－0198－0002539　經普 521
篆文六經四書　(清)張照撰　清光緒九年(1883)上海同文書局石印本　十册

110000－0198－0002540　經普 526
説文聲系十四卷　(清)姚文田撰　清咸豐五年(1855)南海伍氏刻粤雅堂叢書本　三册

110000－0198－0002541　經普 527
古經解匯函十六種小學彙函十四種　(清)鍾謙鈞等輯　清光緒十四年(1888)上海蜚英館石印本　二十册

110000－0198－0002542　經普 529
李氏音鑒六卷　(清)李汝珍撰　清同治七年(1868)寶善堂刻本　四册

110000－0198－0002543　經普 532
詩經八卷　(宋)朱熹集注　清末上海校經山房石印本(有圖)　四册

110000－0198－0002544　經普 534
澤存堂五種　(清)張士俊撰　清光緒十四年(1888)上海蜚英館影印本　八册

110000－0198－0002545　經普 537
皇清經解檢目八卷附通用表　(清)蔡啟盛編　清光緒十二年(1886)刻本　二册

110000－0198－0002546　經普 540
春秋公羊禮疏十一卷　(清)凌曙學　清嘉慶歸安姚氏刻咫進齋叢書本　二册

110000－0198－0002547　經普 543
儀禮十七卷附校録　(漢)鄭玄注　清嘉慶二十年(1815)刻本　二册

110000－0198－0002548　經普 544
爾雅郭注義疏十九卷　(清)郝懿行學　清同治四年(1865)刻本　八册

110000－0198－0002549　經普 545
古香齋五經不分卷　清光緒九年(1883)孔氏三十有三萬卷堂刻本　八册

110000－0198－0002550　經普 546
説文答問疏證六卷　(清)錢大昕撰　(清)薛傳均注　清光緒八年(1882)刻本　一册

110000－0198－0002551　經普 547
經籍纂詁　(清)阮元撰　(明)梅誕生撰　清光緒九年(1883)點石齋石印本　五册

110000－0198－0002552　經普 548
字匯不分卷　清光緒京都泰山堂刻本　四册

110000－0198－0002553　經普 549

古香齋四書十七卷　清光緒十年(1884)孔氏三十有三萬卷堂刻本　二冊

110000－0198－0002554　經普 550
康熙字典　(清)凌紹雯編　清光緒十九年(1893)上海復和書局石印本　六冊

110000－0198－0002555　經普 551
說文字源不分卷　(元)宇文公諒撰　清光緒二十六年(1900)刻本　二冊

110000－0198－0002556　經普 554
周易外傳七卷　(清)王夫之撰　清道光二十二年(1842)湘潭王氏守遺經書屋刻本　四冊

110000－0198－0002557　經普 557
書集傳六卷首一卷末一卷　(宋)蔡沈集　(元)鄒季友音釋　清同治五年(1866)望三益齋刻本　四冊

110000－0198－0002558　經普 558
尚書孔傳參正三十六卷　王先謙撰　清光緒三十年(1904)虛受堂刻本　六冊

110000－0198－0002559　經普 559
周禮折衷六卷　(漢)鄭玄註　(清)胡興栓重訂　清經元堂刻本　六冊

110000－0198－0002560　經普 561
御纂周易折中二十二卷首一卷　(清)李光地等撰　清同治六年(1867)刻本　十冊

110000－0198－0002561　經普 562
毛詩說序六卷禮問二卷春秋說志五卷　(明)呂柟著　清道光三年(1823)刻惜陰軒叢書本　五冊

110000－0198－0002562　經普 563
論語孔注辨僞二卷　(清)沈濤撰　清道光元年(1821)刻本　一冊

110000－0198－0002563　經普 564
鄭學錄四卷　(清)鄭珍撰　清同治四年(1865)文雅堂刻本　二冊

110000－0198－0002564　經普 572
論語集解義疏十卷　(三國魏)何晏集解　(南朝梁)皇侃義疏　清刻本　五冊

110000－0198－0002565　經普 574
西夏經義　(清)何志高撰　清光緒十四年(1888)刻本　十一冊

110000－0198－0002566　經普 579
壽山堂易說　(清)呂巖撰　清同治三年(1864)北京悟善總社經典部刻本(有圖)　六冊

110000－0198－0002567　經普 580
江氏音學十書　(清)江有誥撰　清渭南嚴氏賁園書庫刻本　十冊

110000－0198－0002568　經普 581
皇清經解續編二百九卷　王先謙輯　清光緒十五年(1889)上海蜚英館石印本　三十二冊

110000－0198－0002569　經普 587
周易說略四卷　(清)張爾岐撰　清宣統元年(1909)善成堂刻本　四冊

110000－0198－0002570　經普 588
書古文訓十六卷　(宋)薛季宣撰　清同治十二年(1873)通志堂刻本　四冊

110000－0198－0002571　經普 589
苗氏說文四種首一卷　(清)苗夔撰　清咸豐元年(1851)壽陽祁氏漢磚亭刻本(有圖)　四冊

110000－0198－0002572　經普 594
左傳快讀十八卷首一卷　(晉)杜預注　(唐)陸德明義　清宣統三年(1911)石印本　十一冊

110000－0198－0002573　經普 596
四書經史摘證七卷　(清)宋繼檀輯著　清光緒元年(1875)芝隱室刻本　四冊

110000－0198－0002574　經普 598
桐城吴氏尚書讀本二卷　吳闓生撰　清光緒三十四年(1908)保陽書局鉛印本　二冊

110000－0198－0002575　經普 599
禮記解二卷　(宋)葉夢得撰　清宣統元年(1909)葉氏觀古堂刻本　一冊

110000－0198－0002576　經普 600

周易實事十五卷首一卷　(清)文嗣馨述　清成都復真書局刻本　十二册

110000－0198－0002577　經普 603
詩經八卷　(宋)朱熹集注　清光緒二十三年(1897)京都老二酉堂刻本　四册

110000－0198－0002578　經普 604
禮記十卷　(元)陳澔集說　清刻本　十册

110000－0198－0002579　經普 605
五經備旨　(清)鄒聖脈輯　清光緒十二年(1886)上海點石齋石印本　十二册

110000－0198－0002580　經普 606
孟子七卷　(宋)朱熹集注　清刻本　四册

110000－0198－0002581　經普 607
易義萃精四卷　(清)徐有珂著　清光緒十四年(1888)石印本　四册

110000－0198－0002582　經普 608
詩經八卷　(宋)朱熹集傳　清刻本　四册

110000－0198－0002583　經普 609
重校五經體注　清光緒十年(1884)上海點石齋石印本　十六册

110000－0198－0002584　經普 610
康熙字典　(清)凌紹雯編　清光緒十三年(1887)上海同文書局石印本　六册

110000－0198－0002585　經普 611
說文辨疑一卷　(清)顧廣圻撰　清光緒三年(1877)崇文書局刻朱墨印本　一册

110000－0198－0002586　經普 612
孟子注疏解經十四卷附校勘記十四卷　(宋)孫奭撰　清光緒十八年(1892)湖南寶慶務本書局刻本　五册

110000－0198－0002587　經普 613
讀說文雜識一卷　(清)許棫撰　清光緒七年(1881)刻本　一册

110000－0198－0002588　經普 614
詩古韻表廿二部集說二卷　(清)夏炘輯　清咸豐刻本　一册

110000－0198－0002589　經普 615
經義述聞十五卷　(清)王引之撰　清嘉慶二十二年(1817)刻本　八册

110000－0198－0002590　經普 616
詩章句考一卷詩樂存亡譜一卷詩經集傳校勘記一卷　(清)夏炘撰　清咸豐刻本　一册

110000－0198－0002591　經普 618
小學韻語一卷　(清)羅澤南撰　清光緒五年(1879)江蘇書局刻本　一册

110000－0198－0002592　經普 620
切韻考外篇三卷　(清)陳澧撰　清光緒十年(1884)鉛印本　一册

110000－0198－0002593　經普 622
詩經八卷　(宋)朱熹集註　清刻本　一册

110000－0198－0002594　經普 623
周易集傳四卷　(宋)朱震集傳　清乾隆通志堂刻本　二册

110000－0198－0002595　經普 624
論語二十卷　(宋)朱熹集解　清刻本　四册

110000－0198－0002596　經普 625
求古錄禮說補遺一卷　(清)金鶚撰　清同治六年(1867)刻本　一册

110000－0198－0002597　經普 626
公羊逸禮攷徵一卷喪禮經傳約一卷　(清)陳奐撰　清同治吳縣潘氏京師刻本　一册

110000－0198－0002598　經普 627
說文古本攷十四卷　(清)沈濤纂　清光緒九年(1883)滂喜齋刻本　八册

110000－0198－0002599　經普 628
四書說略四卷教童子法一卷　(清)王筠撰　清刻本　二册

110000－0198－0002600　經普 629
易漢學八卷　(清)惠棟撰　清清來堂刻本　二册

110000－0198－0002601　經普 630
春秋左傳五十卷　(晉)杜預　(宋)林堯叟注

釋　清光緒五年(1879)寶珍堂刻本(有圖)　十二册

110000－0198－0002602　經普 631
廣雅補疏四卷　王樹枏撰　清光緒十五年(1889)文莫室刻本　一册

110000－0198－0002603　經普 632
增廣字學舉隅四卷　(清)紹裴輯　清同治十三年(1874)蘭州郡署刻本　四册

110000－0198－0002604　經普 634
皇朝内府輿地圖縮摹本皇朝輿地韻編　清光緒十年(1884)湖北省官書處刻本(有圖)　一册

110000－0198－0002605　經普 641
寫定尚書不分卷　(清)吳汝綸校疏　清光緒十八年(1892)桐城吳氏家塾石印本　一册

110000－0198－0002606　經普 643
詩集傳八卷　(宋)朱熹集傳　清光緒五年(1879)京都東泰山房刻本　四册

110000－0198－0002607　經普 644
周易集解纂疏三十六卷　(清)李道平撰　清光緒十七年(1891)三餘草堂刻本(有圖)　三册　存三卷(一至三)

110000－0198－0002608　經普 645
論語傳注問不分卷　(清)李恭撰　清末鉛印本　一册

110000－0198－0002609　經普 646
周易口訣義六卷　(唐)史徵撰　清刻本　三册

110000－0198－0002610　經普 647
尚書古文疏證八卷朱子古文書疑　(清)閻若璩撰　清眷西堂朱續晫刻本　八册

110000－0198－0002611　經普 648
易經　清刻本　一册

110000－0198－0002612　經普 650
辛丑講授新班學生左傳口義三卷　(清)馬貞榆述　清光緒二十七年(1901)刻朱印本　一册

110000－0198－0002613　經普 651
尚書讀本　(清)吳汝綸校訂　清光緒三十四年(1908)保陽書局鉛印本　二册

110000－0198－0002614　經普 653
章圃文蛻八卷首一卷末一卷章圃文蛻二刻一卷　(清)姜曾撰　清同治三年(1864)刻本　五册

110000－0198－0002615　經普 654
寫定尚書　(清)吳汝綸校疏　清光緒十八年(1892)桐城吳氏家塾石印本　一册

110000－0198－0002616　經普 656
詩古微十六卷首一卷　(清)魏源輯　清光緒十一年(1885)飛青閣楊氏刻本　八册

110000－0198－0002617　經普 657
書經六卷　(宋)蔡沈集傳　清咸豐七年(1857)書業德刻本　四册

110000－0198－0002618　經普 658
書經稗疏四卷　(清)王夫之撰　清同治四年(1865)金陵節署刻本　二册

110000－0198－0002619　經普 659
五方元音二卷　(清)樊騰鳳原本　(清)年希堯增補　清末刻本　四册

110000－0198－0002620　經普 661
四書語錄五卷　(清)艾南英撰　清嘉慶十八年(1813)夢筠山房刻本　四册

110000－0198－0002621　經普 662
論語五卷　(宋)朱熹集註　清光緒三十二年(1906)上海商務印書館鉛印本　一册

110000－0198－0002622　經普 663
通介堂經説十二卷　(清)徐灝撰　清咸豐廣東省藝芳齋刻本　五册

110000－0198－0002623　經普 664
春秋説畧十二卷春秋比二卷　(清)郝懿行撰輯　清光緒七年(1881)東路廳署刻本　四册

110000－0198－0002624　經普 666
毛詩集解訓蒙一卷　(清)鄭曉如集　清同治八年(1869)廣州華文堂刻本　一册

110000－0198－0002625　經普 667

春秋穀梁傳十二卷　（晉）范甯集解　清同治七年（1868）金陵書局刻本　二册

110000－0198－0002626　經普 669

禮書通故五十卷　（清）黄以周撰　清光緒十九年（1893）黄氏試館刻朱墨印本　三十二册

110000－0198－0002627　經普 679

經義述聞三十二卷　（清）王引之撰　清光緒七年（1881）上海文瑞樓鉛印本　十六册

110000－0198－0002628　經普 680

中州音韻　（清）張漢撰　清末石印本　一册

110000－0198－0002629　經普 683

音學五書不分卷　（清）顧炎武撰　清光緒十六年（1890）思賢講舍刻本　九册

110000－0198－0002630　經普 684

剔弊廣增分韻五方元音二卷首一卷　（清）樊騰鳳撰　（清）趙培梓輯　清刻本　五册

110000－0198－0002631　經普 687

繪圖周易四卷　清宣統二年（1910）上海會文堂石印本（有圖）　二册

110000－0198－0002632　經普 691

禮記四十九卷　（漢）鄭玄注　清永懷堂刻本　十册

110000－0198－0002633　經普 694

金壺精粹不分卷　（清）楊慶麟撰　清光緒二年（1876）京師松竹齋刻本　二册

110000－0198－0002634　經普 695

周易六卷　（宋）程頤傳　清光緒遵義黎氏刻本（有圖）　二册

110000－0198－0002635　經普 696

小學答問　章炳麟撰　清末石印本　一册

110000－0198－0002636　經普 697

春秋集古傳注二十六卷春秋或問六卷　（清）郜坦撰　清光緒二年（1876）淮南書局刻本　六册

110000－0198－0002637　經普 699

易經二卷　清刻本　二册

110000－0198－0002638　經普 702

書經精華六卷　清同治五年（1866）三益堂刻本　四册

110000－0198－0002639　經普 704

詩集釋參四卷　（清）鄧翔撰　清同治六年（1867）刻朱墨印本　四册

110000－0198－0002640　經普 705

切韻指掌圖　（宋）司馬光撰　清光緒九年（1883）上海同文書局石印本（有圖）　一册

110000－0198－0002641　經普 707

周禮精華六卷　（清）陳龍標輯　清同治五年（1866）崇德堂刻本（有圖）　六册

110000－0198－0002642　經普 708

王氏經説六卷附音略考證一卷　（清）王紹蘭撰　清光緒十二年（1886）刻本　二册

110000－0198－0002643　經普 709

古今文字通釋十四卷　（清）吕世宜述　清光緒五年（1879）刻本　七册

110000－0198－0002644　經普 710

段氏説文注訂八卷　（清）鈕樹玉撰　清同治十三年（1874）湖北崇文書局刻本　二册

110000－0198－0002645　經普 712

古韻標準四卷　（清）江永編　清末南海伍氏刻粤雅堂叢書本　二册

110000－0198－0002646　經普 713

康熙字典　（清）凌紹雯編　清光緒十三年（1887）上海積山書局石印本　六册

110000－0198－0002647　經普 714

康熙字典　（清）凌紹雯編　清光緒十年（1884）上海點石齋石印本　六册

110000－0198－0002648　經普 715

康熙字典　（清）凌紹雯編　清光緒十年（1884）同文書局石印本　六册

110000－0198－0002649　經普 716

孟子外書補注四卷　（宋）劉攽原本　（清）陳

矩補注　**孟子弟子考補正一卷**　(清)朱彝尊原本　(清)陳矩補注　清光緒貴陽陳氏刻本　一册

110000－0198－0002650　經普717
槎溪學易三卷　(清)陳熏撰　清同治十三年(1874)保定蓮花池刻本　四册

110000－0198－0002651　經普719
論語本義官話　(德國)安保羅撰　清宣統二年(1910)上海美華書館鉛印本　一册

110000－0198－0002652　經普720
易經增注十卷附易考一卷　(明)張鏡心撰　清雲隱堂刻本　四册

110000－0198－0002653　經普721
春秋左氏傳賈服注輯述二十卷　(漢)賈逵　(漢)服虔注　(清)李貽德輯　清同治五年(1866)刻本　四册　存十三卷(一至十三)

110000－0198－0002654　經普722
四禮翼　(明)呂坤撰　清光緒十三年(1887)繼善堂刻本　一册

110000－0198－0002655　經普723
尚書札記三卷　(清)許鴻磐撰　清同治九年(1870)學海堂刻本　四册

110000－0198－0002656　經普724
四書釋地一卷續一卷　(清)閻若璩撰　清東涪眷西堂刻本　二册

110000－0198－0002657　經普725
書序攷異一卷　(清)王詠霓撰　清刻本　一册

110000－0198－0002658　經普726
孝經讀本存解四卷　(清)趙長庚撰　清光緒十年(1884)京都龍雲齋刻本　二册

110000－0198－0002659　經普728
求古録禮説補遺　(清)金鶚撰　清同治吳縣潘氏刻滂喜齋叢書本　一册

110000－0198－0002660　經普729
周易廓二十四卷　(清)陳世鎔撰　清咸豐元年(1851)獨秀山莊刻本　三册　存九卷(一至九)

110000－0198－0002661　經普730
四禮翼不分卷　(明)呂坤撰　清光緒十四年(1888)張氏刻本　一册

110000－0198－0002662　經普731
周易正解十卷　(清)程廷祚撰　清道寧堂刻本　八册

110000－0198－0002663　經普733
爾雅郭注佚存補訂二十卷　王樹楠撰　清光緒十八年(1892)文莫堂刻本　六册

110000－0198－0002664　經普734
説文解字十五卷　(清)段玉裁注　清刻本　一册　存二卷(第八篇卷一至二)

110000－0198－0002665　經普741
附釋音春秋左傳注疏六十卷附校勘記　(唐)孔穎達撰　清光緒十三年(1887)脈望仙館石印本　五册

110000－0198－0002666　經普742
儀禮鄭注句讀十七卷附監本正誤一卷　(漢)鄭玄注　(清)張爾岐句讀　清李光明莊刻本　六册

110000－0198－0002667　經普743
詩義求經二十卷　(清)艾暢撰　清可添齋刻本　四册

110000－0198－0002668　經普744
孝經集注述疏一卷　(清)簡朝亮撰　清讀書堂刻本　一册

110000－0198－0002669　經普745
易拇圖説八卷經説三卷例説二卷通説二卷附説一卷　(清)萬年淳撰　清道光刻本(有圖)　十册

110000－0198－0002670　經普746
周易卦象六卷占易秘解一卷　(清)張丙嘉輯　清光緒二十二年(1896)刻本　七册

110000－0198－0002671　經普749
孝經不分卷　(清)汪洵抄　清光緒三十一年(1905)石印本　一册

110000－0198－0002672　經普 750

春秋說畧十二卷春秋比二卷　(清)郝懿行撰　清光緒七年(1881)趙銘彝刻本　四冊

110000－0198－0002673　經普 754

四書集註正蒙　(宋)朱熹章句　清江西鴻文齋刻本　六冊

110000－0198－0002674　經普 757

說文提要　(清)陳建侯撰　清同治十一年(1872)識古齋刻本　一冊

110000－0198－0002675　經普 758

四書章句　(宋)朱熹撰　清光緒刻本　十冊

110000－0198－0002676　經普 760

周人經說四卷　(清)王紹蘭撰　清光緒潘氏刻功順堂叢書本　一冊

110000－0198－0002677　經普 761

篆文論語二卷　清光緒十一年(1885)上海同文書局石印本　二冊

110000－0198－0002678　經普 763

五經備旨附四書備旨　(清)鄒聖脈纂輯　清光緒十五年(1889)上海積山書局石印本　十四冊

110000－0198－0002679　經普 764

四書章句　(宋)朱熹章句　清刻本　六冊

110000－0198－0002680　經普 765

五經味根錄　題(清)竹林館主人輯　清光緒十四年(1888)同文書局石印本　八冊

110000－0198－0002681　經普 766

四書典制類聯音註三十三卷　(清)閻其淵輯　清光緒二年(1876)皀山草堂刻本　十冊

110000－0198－0002682　經普 767

今水經一卷表一卷　(清)黃宗羲撰　清乾隆鮑氏知不足齋刻本　一冊

110000－0198－0002683　經普 768

康熙字典十二集總目一卷檢字一卷辨似一卷等韻一卷備考一卷補遺一卷　(清)凌紹雯編　清光緒二十八年(1902)上海積山書局石印本　六冊

110000－0198－0002684　經普 771

御纂詩義折中二十卷　(清)傅恒撰　清光緒三十三年(1907)上海書局石印本　六冊

110000－0198－0002685　經普 776

禮運注不分卷　康有為著　清光緒十年(1884)鉛印演孔叢書本　一冊

110000－0198－0002686　經普 777

詩經精華十卷　(清)薛嘉穎撰　清同治四年(1865)金玉樓刻本　三冊

110000－0198－0002687　經普 778

孝經集解一卷　(清)桂文燦撰　清咸豐刻本　一冊

110000－0198－0002688　經普 779

詩問七卷　(清)郝懿行撰　清光緒八年(1882)東路廳署刻本　六冊

110000－0198－0002689　經普 782

韓詩遺說續考四卷　(清)顧震福撰　清光緒十九年(1893)刻本　一冊

110000－0198－0002690　經普 784

經學通論五卷六藝論疏證一卷經學歷史一卷魯禮禘祫義疏證一卷　(清)皮錫瑞撰　清光緒二十五年至三十三年(1899－1907)思賢書局刻本　七冊

110000－0198－0002691　經普 785

易經札記三卷　(清)朱亦棟撰　清光緒四年(1878)武林竹簡齋刻本　一冊

110000－0198－0002692　經普 786

詩經八卷　(宋)朱熹集傳　清光緒二十二年(1896)金陵書局刻本　四冊

110000－0198－0002693　經普 787

詩經攷異一卷詩經叶韻辨一卷　(清)王夫之撰　清同治四年(1865)湘鄉曾國荃金陵節署刻本　一冊

110000－0198－0002694　經普 789

詩經札記二卷　(清)朱亦棟學　清光緒四年(1878)武林竹簡齋刻本　一冊

110000－0198－0002695　經普 791

禮記約編喈鳳十卷 （清）汪基撰 清光緒三十四年(1908)上海廣益書局石印本(有圖) 二册

110000－0198－0002696 經普 793
春秋國都爵姓考一卷補一卷 （清）陳鵬撰 清咸豐十一年(1861)刻粵雅堂叢書本 一册

110000－0198－0002697 經普 794
九經 （唐）孔穎達撰 （明）秦鏷訂正 清觀成堂刻本 三十册

110000－0198－0002698 經普 795
説文古語攷補正二卷 （清）陳炎攷 （清）龍懋元補正 清光緒十一年(1885)紅餘籀室刻本 二册

110000－0198－0002699 經普 796
重刊宋本十三經注疏附校勘記 （清）阮元撰 清光緒十三年(1887)上海脈望仙館石印本 二十四册

110000－0198－0002700 經普 797
説文逸字二卷附録一卷 （清）鄭珍記 清咸豐湖南經濟堂刻本 二册

110000－0198－0002701 經普 798
易卦私箋二卷 （清）蔣衡撰 清嘉慶刻本 二册

110000－0198－0002702 經普 800
左傳嘉言善行録四卷 （清）李庚乾輯 清光緒二十六年(1900)成都刻本 二册

110000－0198－0002703 經普 801
御纂周易折中二十二卷首一卷 （清）李光地等撰 清光緒十四年(1888)江南書局刻本 十册

110000－0198－0002704 經普 802
易説十二卷附一卷 （清）郝懿行撰 清光緒八年(1882)東路廳署刻本 四册

110000－0198－0002705 經普 805
禮記省度四卷 （清）彭頤纂 清金閶書業堂刻朱墨印本 四册

110000－0198－0002706 經普 806
易酌十四卷 （清）刁包撰 清道光二十三年(1843)刻本 十二册 缺一卷(一)

110000－0198－0002707 經普 807
讀説文雜識一卷 （清）許棫撰 清光緒七年(1881)三樂堂刻本 一册

110000－0198－0002708 經普 808
毛詩禮徵十卷 （清）包世榮撰 清道光七年(1827)小倦遊閣刻本 六册

110000－0198－0002709 經普 809
皇清經解 （清）阮元輯 清光緒十八年(1892)上海古香閣石印本 三十二册 存八十五種

110000－0198－0002710 經普 810
詩説二卷 （清）郝懿行撰 清光緒八年(1882)東路廳署刻本 二册

110000－0198－0002711 經普 812
欽定禮記義疏八十二卷首一卷 （清）高宗弘曆敕撰 清刻本 八册

110000－0198－0002712 經普 813
論語集解十卷 （三國魏）何晏集解 清光緒遵義黎氏石印本 三册

110000－0198－0002713 經普 815
康熙字典 （清）凌紹雯編 清光緒二十八年(1902)同文書局石印本 六册

110000－0198－0002714 經普 818
四書翊註四十二卷首一卷 （清）刁包撰 清刻本 十册

110000－0198－0002715 經普 823
詩古微十五卷首一卷 （清）魏源撰 清光緒十一年(1885)飛青閣楊氏刻本 八册

110000－0198－0002716 經普 824
説文通訓定聲十八卷 （清）朱駿聲録 清道光臨嘯閣刻本 十二册

110000－0198－0002717 經普 826
周易函書別集十六卷 （清）胡煦撰 清葆璞堂刻本 五册 存十三卷(一至十三)

110000－0198－0002718　經普 828
篆文六經四書　(清)李光地等編　清光緒九年(1883)上海同文書局石印本　十册

110000－0198－0002719　經普 832
易經八卷　(宋)程頤傳　清同治五年(1866)金陵書局刻本　三册

110000－0198－0002720　經普 834
詩經八卷　(宋)朱熹傳　清宣統上海吴雲記書局鉛印本(有圖)　四册

110000－0198－0002721　經普 836
禮儀二卷　曹元忠纂錄　(清)劉承幹參校　清光緒南林劉氏求恕齋刻本　二册

110000－0198－0002722　經普 837
四書體味錄殘稾論語五卷　(清)宗稷辰撰　清光緒躬恥齋刻本　一册

110000－0198－0002723　經普 839
説文答問　(清)丁晏撰　清刻本　一册

110000－0198－0002724　經普 840
説文佚字攷四卷　(清)張鳴珂撰　清光緒十三年(1887)豫章刻本　一册

110000－0198－0002725　經普 842
尚書讀本二卷　(清)吴汝綸勘定　清光緒三十四年(1908)保陽書局鉛印本　二册

110000－0198－0002726　經普 843
説文新附考六卷續一卷　吴闓生撰　清光緒三十四年(1908)保陽書局鉛印本　二册

110000－0198－0002727　經普 844
四書逸箋六卷　(清)程大中撰　清道光刻朱印本　一册

110000－0198－0002728　經普 845
毛鄭詩斠義　羅振玉撰　清末鉛印本　一册

110000－0198－0002729　經普 846
金壺精粹　(清)楊慶麟輯　清光緒刻本　二册

110000－0198－0002730　經普 847
春秋左傳十八卷　(晉)杜預　(宋)林堯叟註釋　清光緒三十年(1904)京都鴻文齋石印本　十二册

110000－0198－0002731　經普 848
春秋攷十六卷　(宋)葉夢得撰　清道光刻本　七册

110000－0198－0002732　經普 850
詩集傳附釋一卷　(清)丁晏撰　清光緒二十年(1894)廣雅書局刻本　一册

110000－0198－0002733　經普 851
寫定尚書　(清)吴汝綸撰　清光緒十八年(1892)桐城吴氏家塾石印本　一册

110000－0198－0002734　經普 852
説文解字十五卷附校錄　清光緒十一年(1885)江蘇書局刻本　十四册

110000－0198－0002735　經普 855
禮經宫室答問二卷　(清)洪頤煊撰　清光緒十年(1884)臨海馬氏刻本　一册

110000－0198－0002736　經普 858
説文繫傳校錄三十卷　(清)王筠撰　清刻本　二册

110000－0198－0002737　經普 861
公羊傳十一卷穀梁傳十二卷　(漢)何休學　(唐)陸德明音義　清同治七年(1868)崇文書局刻本　八册

110000－0198－0002738　經普 862
四書參註不分卷　(清)王植輯錄　清崇雅堂刻本　二册

110000－0198－0002739　經普 863
韻歧五卷　(清)江昱撰　清光緒七年(1881)刻本　二册

110000－0198－0002740　經普 867
禮記十卷　(元)陳澔註　清同治五年(1866)金陵書局刻本　十册

110000－0198－0002741　經普 868
春秋左傳杜注三十卷首一卷　(清)姚培謙學　清光緒九年(1883)江南書局刻本　五册　存十五卷(一至十五)

110000－0198－0002742　經普 870

易經微顯解一卷春秋顯微論約訂　(明)峯玉泉著　清刻朱墨木活字印本(有圖)　一冊

110000－0198－0002743　經普 872

經考五卷　(清)戴震記　清光緒南陵徐氏刻本　二冊

110000－0198－0002744　經普 874

詩經八卷　(宋)朱熹集傳　清同治七年(1868)崇文書局刻本　四冊

110000－0198－0002745　經普 875

春秋公羊經傳解詁十二卷附校記　(漢)何休學　清同治刻本　二冊

110000－0198－0002746　經普 876

今古文尚書授受源流二卷　(清)馬貞榆學　清刻本　二冊

110000－0198－0002747　經普 877

周易程傳八卷　(宋)程頤傳　清光緒九年(1883)江南書局刻本　二冊

110000－0198－0002748　經普 879

周易姚氏學十六卷首一卷　(清)姚配中撰　清光緒三年(1877)湖南崇文書局刻本　六冊

110000－0198－0002749　經普 880

荀子二十卷　(唐)楊倞注　清光緒遵義黎氏刻朱墨印本　十冊

110000－0198－0002750　經普 883

春秋左傳杜注三十卷附年表一卷　(清)姚培謙學　清光緒十九年(1893)浙江書局刻本　十冊

110000－0198－0002751　經普 884

五經同異三卷　(清)顧炎武撰　清省吾堂刻本　三冊

110000－0198－0002752　經普 885

三禮約編喈鳳十九卷　(清)汪基撰　(清)江永纂　清康熙五十九年(1720)刻本　六冊

110000－0198－0002753　經普 886

周易通論四卷　(清)李光地撰　清道光刻本　四冊

110000－0198－0002754　經普 887

毛鄭詩考正四卷首一卷　(清)戴震撰　清乾隆四十三年(1778)微波榭刻本　二冊

110000－0198－0002755　經普 891

論語集解義疏十卷　(三國魏)何晏集解　(南朝梁)皇侃義疏　清同治九年(1870)羣玉山房刻本　六冊

110000－0198－0002756　經普 894

新學偽經考十四卷　康有為撰　清光緒十七年(1891)廣州康氏萬木草堂刻本　八冊

110000－0198－0002757　經普 895

欽定春秋左傳讀本三十卷　(清)黄鉞等編　清道光三年(1823)武英殿刻本　十六冊

110000－0198－0002758　經普 900

儀禮鄭注句讀十七卷附監本正誤一卷　(漢)鄭玄註　(清)張爾岐句讀　清乾隆八年(1743)和衷堂刻本　六冊

110000－0198－0002759　經普 901

春秋大事表五十卷　(清)顧棟高輯　清乾隆十三年(1748)萬卷樓刻本　十冊

110000－0198－0002760　經普 902

十三經注疏附考證十三種三百四十六卷　清同治十年(1871)廣東書局刻本　一百六十冊

110000－0198－0002761　經普 903

十三經注疏附考證十三種三百四十六卷　清同治十年(1871)廣東書局刻本　一百六十冊

110000－0198－0002762　經普 904

皇清經解續編一千四百三十卷　(清)王夫之撰　(清)阮元輯　清光緒南菁書院刻本　二百八十八冊

110000－0198－0002763　經普 905

皇清經解一千四百卷　(清)顧炎武撰　清道光廣東雪海堂刻本　三百二十一冊

110000－0198－0002764　經普 906

皇清經解一千四百卷續一千四百十二卷　(清)顧炎武著　清道光廣東雪海堂刻本　二百七冊

110000－0198－0002765　經普 907
十三經注疏附考證三百四十六卷　（清）張廷玉編校　清乾隆刻本　八十三冊

110000－0198－0002766　經普 908
玉函山房輯佚書　（清）馬國翰輯　清同治十年（1871）濟南皇華館書局刻本　五十八冊

110000－0198－0002767　經普 909
皇清經解一百八十種　（清）顧炎武撰　清光緒十三年（1887）上海書局石印本　六十四冊

110000－0198－0002768　經普 910
經義考三百卷　（清）朱彝尊錄　清乾隆二十年（1755）刻本　三十六冊

110000－0198－0002769　經普 911
說文解字校錄十五卷　（清）鈕樹玉撰　清光緒十一年（1885）江蘇書局刻本　十四冊

110000－0198－0002770　經普 913
聲韻考四卷　（清）戴震撰　清刻本　二冊

110000－0198－0002771　經普 914
助字辨略五卷　（清）劉淇撰　清咸豐五年（1855）海源閣刻本　五冊

110000－0198－0002772　經普 915
芸香館重刊正字略　（清）王筠撰　（清）鍾文校並書　清道光二十九年（1849）開原鍾文粵東刻本　一冊

110000－0198－0002773　經普 916
易憲四卷首一卷　（明）沈泓疏　清光緒刻本　三冊

110000－0198－0002774　經普 917
易經十二卷首一卷末一卷　（宋）朱熹本義　清同治四年（1865）金陵書局刻本（有圖）　二冊

110000－0198－0002775　經普 918
大戴禮記補注十三卷序錄一卷　（清）孔廣森譔　清乾隆五十九年（1794）刻本　二冊

110000－0198－0002776　經普 919
四書集注不分卷　清末京都隆福寺寶書堂刻本　六冊

110000－0198－0002777　經普 920
春秋公羊傳十一卷　（漢）何休學　（唐）陸德明音義　清光緒十二年（1886）湖北官書處刻本　四冊

110000－0198－0002778　經普 921
周易二卷　（宋）朱熹本義　清光緒十二年（1886）湖北官書處刻本（有圖）　二冊

110000－0198－0002779　經普 922
四書　清光緒十二年（1886）湖北官書處刻本　六冊

110000－0198－0002780　經普 923
裹如堂四書集注　題（清）裹如堂集　清雲香堂刻本　六冊

110000－0198－0002781　經普 925
十三經注疏附校勘記　（唐）孔穎達正義　（晉）王弼注　清光緒十三年（1887）脈望仙館石印本　三十二冊

110000－0198－0002782　經普 926
春秋公羊經傳解詁十二卷附音本校記　（漢）何休學　清刻本　二冊

110000－0198－0002783　經普 927
春秋穀梁傳十二卷　（晉）范甯集解　清同治七年（1868）金陵書局刻本　二冊

110000－0198－0002784　經普 928
儀禮十三卷　（漢）鄭玄註　（清）張爾岐句讀　清同治七年（1868）金陵書局刻本　四冊

110000－0198－0002785　經普 933
說文通訓定聲十八卷檢韻一卷說雅十九篇古今韻準一卷行狀一卷附補遺一卷　（清）朱駿聲錄　清光緒十三年（1887）上海積山書局石印本　八冊

110000－0198－0002786　經普 934
說文楬原二卷　（清）張行孚綴　清光緒十年（1884）知不足齋刻本　二冊

110000－0198－0002787　經普 938
惺齋論文三卷中庸講義三卷論語講義三卷補遺一卷孟子講義二卷　（清）王元啓撰　清乾

隆刻本　五册

110000－0198－0002788　經普939
禮記十卷　(元)陳澔集說　清乾隆五十四年(1789)學源堂刻本　十册

110000－0198－0002789　經普941
四書集注　(宋)朱熹集註　清愷元堂刻朱墨印本　五册　存二種(論語、孟子)

110000－0198－0002790　經普942
欽定啟禎四書文　(清)楊以任編　清刻本　二十二册

110000－0198－0002791　經普943
春秋公羊傳六卷春秋穀梁傳六卷　清文林閣唐錦池刻本　八册

110000－0198－0002792　經普944
春秋左傳杜注三十卷　(清)姚培謙學　清光緒十五年(1889)江南書局刻本　九册

110000－0198－0002793　經普945
春秋經傳集解三十卷　(晉)杜預原本　(宋)林堯叟附註　清上洋江左書林刻本　十六册

110000－0198－0002794　經普947
書經疏略春秋疏略五十卷　(清)張沐疏略　清康熙六十年(1721)敦臨堂刻本　二十二册

110000－0198－0002795　經普949
說文解字十五卷　(清)徐鉉校定　清刻本　六册

110000－0198－0002796　經普950
說文檢字二卷附補遺一卷　(清)毛謨撰　清嘉慶二十一年(1816)歸安姚氏刻咫進齋叢書本　二册

110000－0198－0002797　經普951
緯攟十四卷首一卷　(清)喬松年輯　清光緒三年(1877)強恕堂刻本　七册

110000－0198－0002798　經普952
爾雅三卷　(晉)郭璞注　(唐)陸德明音釋　清光緒十二年(1886)湖北官書處刻本　三册

110000－0198－0002799　經普953
說文解字注箋十四卷　(漢)許慎記　(清)段玉裁注　清光緒二十年(1894)京師刻本　二十九册

110000－0198－0002800　經普954
禮記質疑四十八卷　(清)郭嵩燾著　清光緒十六年(1890)思賢講舍刻本　十册

110000－0198－0002801　經普955
說文解字句讀三十卷　(清)王筠撰　清同治刻本　十六册

110000－0198－0002802　經普956
毛詩十七卷　(漢)鄭玄箋　清刻本　六册

110000－0198－0002803　經普957
周易本義四卷書經六卷詩經八卷　清嘉慶十年(1805)刻本　十册

110000－0198－0002804　經普958
經典釋文三十卷附考證　(唐)陸德明撰　清同治八年(1869)崇文書局刻本　十二册

110000－0198－0002805　經普959
左傳義法舉要一卷方氏左傳評點二卷　(清)方苞撰　(清)王兆符傳述　清光緒十九年(1893)金匱廉氏刻本　三册

110000－0198－0002806　經普960
七經孟子考文補遺四十一卷　(日本)山井鼎輯　清刻本　六册

110000－0198－0002807　經普961
春秋公羊經傳通義十一卷敘一卷　(清)孔廣森撰　清嘉慶十七年(1812)刻本　四册

110000－0198－0002808　經普962
詩聲類十二卷附聲類分例一卷　(清)孔廣森學　清嘉慶謙益堂刻本　六册

110000－0198－0002809　經普963
禮記注疏六十三卷　(漢)鄭玄注　(唐)孔穎達疏　(唐)陸德明音義　清乾隆四年(1739)刻本　二十册

110000－0198－0002810　經普964
欽定春秋傳說彙纂三十八卷首二卷　(清)王掞等編　清同治刻本　二十册

110000－0198－0002811　經普 966
說文釋例二十卷　(清)王筠撰　清同治四年(1865)刻本　十三册

110000－0198－0002812　經普 972
易經本義十二卷附五贊一卷筮儀一卷　(宋)朱熹本義　清同治四年(1865)金陵書局刻本(有圖)　二册

110000－0198－0002813　經普 973
易經精華六卷末一卷　(清)薛嘉穎撰　清同治五年(1866)三益堂刻本　四册

110000－0198－0002814　經普 975
詩經集傳八卷　(宋)朱熹撰　清同治五年(1866)金陵書局刻本　四册

110000－0198－0002815　經普 976
易經十二卷　(宋)程頤傳　清同治五年(1866)金陵書局刻本　四册

110000－0198－0002816　經普 977
書經集傳六卷首一卷末一卷　(宋)蔡沈集傳　清同治五年(1866)金陵書局刻本　四册

110000－0198－0002817　經普 978
禮記十卷　(元)陳澔集說　清光緒十六年(1890)桂垣書局刻本　十册

110000－0198－0002818　經普 979
御纂周易折中二十二卷首一卷　(清)李光地總裁　清刻本　十六册

110000－0198－0002819　經普 980
禮記十四卷　(漢)鄭玄注　清刻本　六册

110000－0198－0002820　經普 981
尚書十三卷　清刻本　三册

110000－0198－0002821　經普 982
毛詩二十卷　(漢)鄭玄箋　清刻本　五册　缺三卷(十八至二十)

110000－0198－0002822　經普 983
古文淵鑒六十四卷　(清)徐乾學等編注　清宣統二年(1910)學部圖書局石印本　二十四册

110000－0198－0002823　經普 986
說文解字十四卷附說文通檢　(漢)許慎記　(宋)徐鉉等校定　清同治十二年(1873)刻本　八册

110000－0198－0002824　經普 987
爾雅郭注義疏三卷　(清)郝懿行撰　清光緒十三年(1887)湖北官書處刻本　八册

110000－0198－0002825　經普 995
易漢學八卷　(清)惠棟學　清乾隆刻本　三册

110000－0198－0002826　經普 996
爾雅郭注義疏三卷　(清)郝懿行學　清光緒十年(1884)蜀南閣刻本　十册

110000－0198－0002827　經普 997
授堂遺書八種　(清)武億撰　清道光二十三年(1843)授堂刻本　五册　存四種二十二卷(句讀敍述二卷、經讀考異八卷、三禮義證七卷、群經義證五卷)

110000－0198－0002828　經普 999
春秋穀梁經傳補注二十四卷首一卷末一卷　(清)鍾文烝撰　清光緒鍾氏信美室刻本　八册

110000－0198－0002829　經普 1000
皇清五經彙解二百七十卷　清光緒十三年(1887)鴻文書局石印本　五册　存四十卷(易經彙解四十卷)

110000－0198－0002830　經普 1001
毛詩後箋三十卷　(清)胡承珙撰　清光緒刻本　二十册

110000－0198－0002831　經普 1005
四書箋解十一卷　(清)王夫之撰　清光緒二十年(1894)刻本　四册

110000－0198－0002832　經普 1006
匡謬正俗八卷　(唐)顏師古撰　清同治十二年(1873)粤東書局刻小學匯函本　一册

110000－0198－0002833　經普 1007
說文韻譜校二卷　(清)王筠撰　清道光十三

年(1833)歸安姚氏咫進齋刻本　二册

110000－0198－0002834　經普1008

說文聲讀表七卷　(清)苗夔纂　清道光二十二年(1842)刻本　二册

110000－0198－0002835　經普1012

春秋經傳集解三十卷春秋名號歸一圖二卷　(晉)杜預注　清仿宋刻本　十册

110000－0198－0002836　經普1018

重校葛本十三經古注　清永懷堂刻本　四十六册

110000－0198－0002837　經普1019

論語附記二卷孟子附記二卷詩附記四卷禮記附記六卷　(清)翁方綱撰　清刻本　八册

110000－0198－0002838　經普1020

周易指四十五卷　(清)端木國瑚撰　清刻本　十一册　存三十二卷(一至三十二)

110000－0198－0002839　經普1022

說文引經攷二卷　(清)吳玉搢著　清程贊詠刻本　四册

110000－0198－0002840　經普1025

爾雅郭注佚存補訂二十卷　王樹枏撰　清光緒文莫室刻本　五册

110000－0198－0002841　經普1026

孝經　(唐)陸德明音義　清光緒十二年(1886)湖北官書處刻本　一册

110000－0198－0002842　經普1027

皇清經解一百九十卷　(清)阮元編　清光緒十三年(1887)上海書局石印本　六十四册

110000－0198－0002843　經普1029

孝經音訓不分卷附爾雅音訓不分卷　(清)楊國楨撰　清光緒刻本　一册

110000－0198－0002844　經普1030

春秋左傳音訓不分卷　(清)楊國楨撰　清光緒刻本　八册

110000－0198－0002845　經普1031

禮記音訓不分卷　(清)楊國楨撰　清光緒刻本　四册

110000－0198－0002846　經普1032

儀禮音訓不分卷　(清)楊國楨撰　清光緒刻本　二册

110000－0198－0002847　經普1033

周禮音訓不分卷　(清)楊國楨撰　清光緒刻本　二册

110000－0198－0002848　經普1034

欽定書經傳說彙纂二十一卷首二卷書序一卷　(清)王頊齡等撰　清同治七年(1868)刻本(有圖)　十二册

110000－0198－0002849　經普1035

欽定詩經傳說彙纂二十一卷首二卷書序二卷　(清)王頊齡等撰　清光緒十四年(1888)江南書局刻本　十六册

110000－0198－0002850　經普1038

說文解字三十二卷附六書音均表汲古閣說文訂　(清)段玉裁注　清嘉慶刻本　十八册

110000－0198－0002851　經普1039

寫定尚書　(清)吳汝綸撰　清光緒十八年(1892)桐城吳氏家塾石印本　一册

110000－0198－0002852　經普1044

欽定書經圖說五十卷　(清)孫家鼐等撰　清光緒三十一年(1905)石印本(有圖)　十五册

110000－0198－0002853　經普1045

欽定書經圖說五十卷　(清)孫家鼐等撰　清光緒三十一年(1905)石印本(有圖)　十六册

110000－0198－0002854　經普1048

爾雅三卷附音釋一卷集證三卷　(晉)郭璞注　(唐)陸德明音義　(清)龍啟瑞集證　清光緒七年(1881)刻本　二册

110000－0198－0002855　經普1053

周易集解十卷　(清)孫星衍撰　清嘉慶三年(1798)沇州蘭陵孫氏刻岱南閣叢書本　十册

110000－0198－0002856　經普1054

說文解字三十二卷　(清)段玉裁注　清光緒十四年(1888)上海蜚英館石印本　八册

110000－0198－0002857　經普 1055
易經精粹五卷　(宋)朱熹撰　清道光二十六年(1846)刻本　四册

110000－0198－0002858　經普 1059
監本四書　(宋)朱熹撰　清同治十三年(1874)江西書局刻本　六册

110000－0198－0002859　經普 1060
康熙字典　(清)凌紹雯編　清刻本　三十四册

110000－0198－0002860　經普 1061
康熙字典　(清)凌紹雯編　清刻本　二十六册

110000－0198－0002861　經普 1062
康熙字典　(清)凌紹雯編　清宣統三年(1911)商務印書館刻本　六册

110000－0198－0002862　經普 1063
康熙字典　(清)凌紹雯編　清光緒三十四年(1908)育文書局石印本　六册

110000－0198－0002863　經普 1064
康熙字典　(清)凌紹雯編　清光緒同文書局石印本　四册

110000－0198－0002864　經普 1065
康熙字典　(清)凌紹雯編　清光緒三十年(1904)上海商務印書館鉛印本　六册

110000－0198－0002865　經普 1067
康熙字典　(清)凌紹雯編　清光緒九年(1883)同文書局石印本　五册

110000－0198－0002866　經普 1068
康熙字典　(清)凌紹雯編　清光緒十年(1884)上海同文書局石印本　四册

110000－0198－0002867　經普 1069
康熙字典　(清)凌紹雯編　清刻本　一册　存一集(亥)

110000－0198－0002868　經普 1071
康熙字典　(清)凌紹雯編　清刻本　七册

110000－0198－0002869　經普 1074
康熙字典　(清)凌紹雯編　清光緒同文書局石印本　二册

110000－0198－0002870　經普 1076
康熙字典　(清)凌紹雯編　清刻本　一册

110000－0198－0002871　經普 1083
禮記十卷　(元)陳澔集説　清善成堂刻本　十册

110000－0198－0002872　經普 1084
船山遺書二百八十八卷　(清)王夫之撰　清同治四年(1865)湘鄉曾氏金陵節署刻本(有圖)　十册

110000－0198－0002873　經普 1085
左繡十五卷　(清)馮李驊撰　清華川書屋刻本　八册

110000－0198－0002874　經普 1086
詩經八卷　(宋)朱熹集傳　清泰山堂刻本　四册

110000－0198－0002875　經普 1087
新訂四書補注備旨　(明)鄧林著　清光緒善成堂刻本　八册

110000－0198－0002876　經普 1088
日講四書解義二十六卷　(清)喇沙里等編　清刻本　六册

110000－0198－0002877　經普 1089
詩經八卷　(宋)朱熹集傳　清光緒十五年(1889)京都文興堂刻本　四册

110000－0198－0002878　經普 1090
説文通訓定聲十八卷檢韻一卷説雅十九篇古今韻準一卷行狀一卷附補遺一卷　(清)朱駿聲撰　清刻本　六册

110000－0198－0002879　經普 1091
詩經八卷　(宋)朱熹集傳　清光緒泰山堂刻本　四册

110000－0198－0002880　經普 1092
監本詩經八卷　(宋)朱熹集傳　清同治十一年(1872)三義堂刻本　四册

110000－0198－0002881　經普 1093
詩八卷　(宋)朱熹集傳　清光緒十五年(1889)京都文興堂刻本　四冊

110000－0198－0002882　經普 1094
詩八卷　(宋)朱熹集傳　清光緒二十一年(1895)京都文琳堂刻本　四冊

110000－0198－0002883　經普 1095
左繡三十卷首一卷　(清)馮李驊撰　清嘉慶十六年(1811)崇義書院刻本　八冊

110000－0198－0002884　經普 1096
左傳二十六卷　(晉)杜預　(宋)林堯叟注釋　清書業堂刻本(有圖)　六冊

110000－0198－0002885　經普 1097
岳刻五經周易十卷附考證　(三國魏)王弼註　清光緒八年(1882)刻本　四冊

110000－0198－0002886　經普 1098
御製翻譯四書　清刻本　六冊

110000－0198－0002887　經普 1099
桐城吳氏尚書讀本二卷　吳闓生撰　清光緒三十四年(1908)保陽書局鉛印本　一百六十九冊

110000－0198－0002888　經普 1101
遵阮本重校印十三經注疏並校勘記　(清)孔穎達等撰　清光緒十三年(1887)點石齋石印本　十二冊

110000－0198－0002889　經普 1103
欽定儀禮義疏四十八卷首二卷　(清)允祿撰　清刻本　十冊　存十八卷(一至十八)

110000－0198－0002890　經普 1104
欽定詩經傳說彙纂二十一卷首二卷書序一卷　(清)王頊齡等撰　清刻本　六冊　存六卷(五至十)

110000－0198－0002891　經普 1105
春秋左傳杜注三十卷　(清)姚培謙學　清刻本　五冊　存十七卷(八至十三、二十至三十)

110000－0198－0002892　經普 1106
春秋左傳杜注三十卷　(清)姚培謙學　清刻本　四冊　存十二卷(十六至二十四、二十八至三十)

110000－0198－0002893　經普 1107
論語二十卷　(宋)朱熹集註　清刻本　二冊　存十卷(一至十)

110000－0198－0002894　經普 1109
經典釋文三十卷　(唐)陸德明撰　清刻本　四冊　存九卷(五至十三)

110000－0198－0002895　經普 1110
唐寫本說文解字木部箋異　(清)莫友芝撰　清同治二年(1863)曾國藩刻本　一冊

110000－0198－0002896　經普 1111
尚書集傳輯錄纂注六卷　(宋)朱熹訂　(元)董鼎纂注　清通志堂刻本　三冊　存五卷(二至六)

110000－0198－0002897　經普 1112
說文解字句讀三十卷　(漢)許慎記　(清)王筠撰集　清刻本　一冊　存十二卷(十一至二十二)

110000－0198－0002898　經普 1113
說文解字句讀補正三十卷　(清)王筠撰　清刻本　一冊

110000－0198－0002899　經普 1114
欽定禮記義疏八十二卷首一卷　(清)高宗弘曆撰　清尊經閣刻本　二十三冊　存四十六卷(一至六、二十九至四十七、五十至五十一、五十四至五十八、六十四至七十一、七十七至八十二)

110000－0198－0002900　經普 1115
康熙字典　(清)凌紹雯編　清光緒二十年(1894)上海同文書局石印本　六冊

110000－0198－0002901　經普 1117
康熙字典　(清)凌紹雯編　清光緒十六年(1890)上海同文書局石印本　六冊

110000－0198－0002902　經普 1118
康熙字典　(清)凌紹雯編　清光緒十六年

(1890)鴻寶齋石印本　一册

110000－0198－0002903　經普1119
康熙字典　(清)凌紹雯編　清末石印本　一册

110000－0198－0002904　經普1120
原板四書味根錄　清光緒三年(1877)京都琉璃廠寶善堂刻本　十六册

110000－0198－0002905　經普1121
四書味根錄不分卷　(清)金澂撰　清光緒十一年(1885)上海同文書局石印本　四册

110000－0198－0002906　經普1123
毛詩稽古編三十卷　(清)陳啟源述　清光緒九年(1883)上海同文書局石印本　八册

110000－0198－0002907　經普1124
皇清經解一千四百卷　(清)顧炎武著　清光緒十一年(1885)上海點石齋石印本　十七册

110000－0198－0002908　經普1128
周易函書約註十八卷　(清)胡煦纂　清葆璞堂刻本　二十九册

110000－0198－0002909　經普1132
春秋左傳五十卷　(晉)杜預　(宋)林堯叟注釋　(唐)陸德明音義　清光緒三十四年(1908)商務印書館石印本　十二册

110000－0198－0002910　經普1134
曲江書屋新訂批注左傳快讀十八卷首一卷　(清)李紹崧選訂　清刻本　六册　存六卷(十三至十八)

110000－0198－0002911　經普1135
廣韻五卷　(宋)陳彭年等編　清末張氏澤存堂石印本　一册

110000－0198－0002912　經普1136
説文通檢十四卷首一卷末一卷　(清)黎永椿編　清光緒十四年(1888)上海斐英館石印本　一册

110000－0198－0002913　經普1139
欽定書經傳説彙纂二十卷首二卷書序一卷　(清)王頊齡等著　清光緒十四年(1888)江南書局刻本　八册

110000－0198－0002914　經普1140
廣雅補疏四卷　王樹柟撰　清文莫堂刻本　一册

110000－0198－0002915　經普1141
四書釋地續補　(清)閻若璩撰　清刻本　四册

110000－0198－0002916　經普1142
古易匯詮　(清)劉文龍訂　清雍正十二年(1734)見山樓刻本(有圖)　四册

110000－0198－0002917　經普1144
四書拾義五卷　(清)胡紹勳撰　清道光十四年(1834)吟經樓刻本　一册

110000－0198－0002918　經普1148
四書經注集證十九卷　(清)吴昌宗輯　清嘉慶三年(1798)江都汪氏刻本　八册

110000－0198－0002919　經普1149
春秋大事表五十卷　(清)顧棟高輯　清道光萬卷樓刻本　五册　存十卷(十二、十六、二十至二十二、四十二至四十六)

110000－0198－0002920　經普1151
論語鄭氏注二卷　(漢)鄭玄註　清刻本　二册

110000－0198－0002921　經普1152
詩卷八卷　(宋)朱熹集傳　清刻本　三册　存六卷(三至八)

110000－0198－0002922　經普1153
四書纂言　(清)宋翔鳳輯　清古吴岝崿山房刻本　十五册　存三十八卷(三至四十)

110000－0198－0002923　經普1154
論語古訓十卷　(清)陳鱣述　清光緒九年(1883)浙江書局刻本　二册

110000－0198－0002924　經普1156
欽定詩經傳説彙纂二十一卷首二卷書序二卷　(清)王鴻緒等著　清尊經閣刻本　十五册　缺一卷(三)

110000－0198－0002925　經普 1157

欽定書經傳説彙纂二十一卷首二卷書序一卷　(清)王頊齡等撰　清同治七年(1868)刻本　十二册

110000－0198－0002926　經普 1158

欽定詩經傳説彙纂二十一卷首二卷　(清)王鴻緒等撰　清刻本　八册　存十四卷(八至二十一)

110000－0198－0002927　經普 1159

皇朝五經彙解二百七十卷　題(清)抉經心室主人編　清光緒十三年(1887)鴻文書局石印本　三十二册

110000－0198－0002928　經普 1161

皇朝五經彙解二百七十卷　題(清)抉經心室主人編　清末石印本　二十五册　缺六十卷(一至六十)

110000－0198－0002929　經普 1162

皇朝五經彙解二百七十卷　題(清)抉經心室主人編　清末石印本　一册　存六卷(二百六十五至二百七十)

110000－0198－0002930　經普 1163

皇朝五經彙解二百七十卷　題(清)抉經心室主人編　清末石印本　一册　存八卷(二百三十四至二百四十一)

110000－0198－0002931　經普 1185

周禮十二卷　(漢)鄭玄注　清光緒十三年(1887)上海點石齋石印本　五册　缺二卷(一至二)

110000－0198－0002932　經普 1202

孟子十卷　(宋)孫奭疏　清光緒十三年(1887)脈望仙館石印本　二册

110000－0198－0002933　經普 1203

爾雅十卷　(宋)邢昺撰　清光緒十三年(1887)脈望仙館石印本　二册

110000－0198－0002934　經普 1204

論語孝經　(清)阮元撰　清光緒十三年(1887)脈望仙館石印本　一册

110000－0198－0002935　經普 1205

春秋穀梁傳　(唐)楊士勛撰　清光緒十三年(1887)脈望仙館石印本　一册

110000－0198－0002936　經普 1206

春秋公羊二十八卷　清光緒十三年(1887)脈望仙館石印本　三册

110000－0198－0002937　經普 1207

春秋左傳六十卷　(唐)孔穎達撰　清光緒十三年(1887)脈望仙館石印本　八册

110000－0198－0002938　經普 1208

禮記六十三卷　(唐)孔穎達撰　清光緒十三年(1887)脈望仙館石印本　七册

110000－0198－0002939　經普 1209

儀禮五十卷　(唐)賈公彦等撰　清光緒十三年(1887)脈望仙館石印本　三册

110000－0198－0002940　經普 1210

周禮　(唐)賈公彦撰　清光緒十三年(1887)脈望仙館石印本　三册

110000－0198－0002941　經普 1211

毛詩二十卷　(唐)孔穎達撰　清光緒十三年(1887)脈望仙館石印本　六册

110000－0198－0002942　經普 1212

尚書正義　(唐)孔穎達撰　清光緒十三年(1887)脈望仙館石印本　二册

110000－0198－0002943　經普 1229

附釋音尚書注疏二十卷　(唐)孔穎達等疏　清光緒十三年(1887)點石齋石印本　一册　存四卷(一至四)

110000－0198－0002944　經普 1230

周易正義十四卷　(唐)孔穎達等正義　清光緒十三年(1887)點石齋石印本　一册　存四卷(一至四)

110000－0198－0002945　經普 1231

周禮注疏四十二卷　(唐)賈公彦疏　清光緒十三年(1887)點石齋石印本　一册　存二卷(一至二)

110000－0198－0002946　經普 1232

附釋音毛詩注疏二十卷 (唐)孔穎達疏 清光緒十三年(1887)點石齋石印本 一冊 存三卷(四至六)

110000-0198-0002947 經普 1244
別雅四卷 (清)吳玉搢輯 清刻本 五冊

110000-0198-0002948 經普 1245
皇清經解續編周官記 (清)莊存與著 清末石印本 四冊

110000-0198-0002949 經普 1246
皇清經解續編周官記 (清)莊存與著 清末石印本 四冊

110000-0198-0002950 經普 1247
說文解字三十卷 (清)段玉裁注 清光緒七年(1881)蘇州刻本 二冊

110000-0198-0002951 經普 1248
欽定七經傳說彙纂二百九十四卷 (清)李光地等撰 清末石印本(有圖) 一冊 存十三卷(七十至八十二)

110000-0198-0002952 經普 1250
段氏說文解字注 (清)段玉裁注 (清)黎永椿編 清光緒三十四年(1908)上海江左書林石印本 一冊

110000-0198-0002953 經普 1251
爾雅古義二卷 (清)胡承珙著 清刻本 一冊

110000-0198-0002954 經普 1256
禮記訓纂四十九卷 (清)朱彬輯 清刻本 五冊 存二十一卷(六至七、十一至二十九)

110000-0198-0002955 經普 1257
禮記訓纂四十九卷 (清)朱彬輯 清刻本 三冊 存三十卷(二十至四十九)

110000-0198-0002956 經普 1258
春秋經傳集解三十卷 (晉)杜預註 清刻本 十冊 存十卷(一至五、七、九、十一至十二、十四)

110000-0198-0002957 經普 1259
欽定春秋傳說彙纂三十八卷首二卷 (清)王掞等纂 清刻本 八冊 存十四卷(八至九、二十七至三十八)

110000-0198-0002958 經普 1260
欽定春秋傳說彙纂三十八卷首二卷 (清)王掞等編 清同治七年(1868)閩浙馬新貽刻本 九冊 存二十卷(十九至三十八)

110000-0198-0002959 經普 1261
欽定詩經傳說彙纂二十一卷首三卷 (清)王鴻緒等撰 清同治七年(1868)刻本 十六冊

110000-0198-0002960 經普 1262
四書恒解 (清)劉沅輯註 清光緒十年(1884)豫誠堂刻本 四冊

110000-0198-0002961 經普 1263
春秋左傳詁二十卷 (清)洪亮吉撰 清嘉慶十二年(1807)刻本 十六冊

110000-0198-0002962 經普 1264
說文釋例二十卷附補正二十卷 (清)王筠撰 清刻本 四冊 存九卷(十二至二十)

110000-0198-0002963 經普 1265
說文釋例 (清)王筠學 清刻本 五冊 存十卷(十一至二十)

110000-0198-0002964 經普 1266
繪圖監本詩經八卷 (宋)朱熹集註 清宣統三年(1911)上海掃葉山房石印本(有圖) 四冊

110000-0198-0002965 經普 1267
則堂先生春秋集傳詳說三十卷綱領一卷 (宋)家鉉翁撰 清通志堂刻本 八冊

110000-0198-0002966 經普 1268
說文通訓定聲十二卷 (清)朱駿聲撰 清刻本 八冊

110000-0198-0002967 經普 1269
說文古籀疏證五卷 (清)莊述祖著 清刻本 六冊

110000-0198-0002968 經普 1270
儀禮十七卷 (漢)鄭玄註 (明)金蟠訂 清永懷堂刻本 六冊

110000－0198－0002969　經普 1271

欽定禮記義疏八十二卷首一卷　（清）允祿等纂修　清刻本　十六册　存三十八卷（一至十八、四十三至六十二）

110000－0198－0002970　經普 1272

鄭氏禮記箋四十九卷　（清）郝懿行箋注　清光緒八年（1882）順天府刻本　十册

110000－0198－0002971　經普 1273

附釋音春秋左傳注疏六十卷附校勘記　（晉）杜預註　清刻本　八册　存十六卷（四十五至六十）

110000－0198－0002972　經普 1274

御纂周易折中二十二卷　（清）李光地撰　清刻本　六册　存十二卷（十一至二十二）

110000－0198－0002973　經普 1275

新訂四書補注備旨　（明）鄧林著　清務本書莊刻本　六册

110000－0198－0002974　經普 1276

四書訓義三十八卷　（宋）朱熹集註　清船山遺書刻本　六册　存五卷（三十二至三十六）

110000－0198－0002975　經普 1277

皇清經解續編　王先謙輯　清末石印本　八册

110000－0198－0002976　經普 1278

宋本十三經注疏附校勘記　（唐）孔穎達等撰　清光緒十三年（1887）脈望仙館石印本　八册

110000－0198－0002977　經普 1280

御纂詩義折中二十卷　（清）傅恆等撰　清光緒十六年（1890）善成堂刻本　六册

110000－0198－0002978　經普 1281

新刻來瞿唐先生易註十五卷首一卷末一卷　（明）來知德撰　（清）高雪君鑒定　清刻本（有圖）　六册

110000－0198－0002979　經普 1282

春秋大事表五十卷　（清）顧棟高著　清光緒十四年（1888）南菁書院刻本（有圖）　四册

110000－0198－0002980　經普 1283

宋本十三經注疏附校勘記　（唐）賈公彥疏　清光緒石印本　十六册

110000－0198－0002981　經普 1284

周易程傳八卷　（宋）程頤傳　清李光明莊刻本　四册　存四卷（一至三、五）

110000－0198－0002982　經普 1288

書經六卷　（宋）蔡沈集傳　清光緒十四年（1888）天津文美齋刻本　四册

110000－0198－0002983　經普 1289

大易緝說十卷　（元）王申子述　清康熙十六年（1677）通志堂刻本（有圖）　四册

110000－0198－0002984　經普 1290

說文發疑六卷　（清）張行孚述　清光緒十年（1884）刻本　三册

110000－0198－0002985　經普 1291

爾雅三卷　（晉）郭璞注　（唐）陸德明音義　清同治十一年（1872）山東書局尚志堂刻本　三册

110000－0198－0002986　經普 1292

春秋公羊傳十一卷　（漢）何休撰　（唐）陸德明音義　清同治十一年（1872）山東書局尚志堂刻本　四册

110000－0198－0002987　經普 1293

孝經　（唐）陸德明音義　清同治十一年（1872）山東書局尚志堂刻本　一册

110000－0198－0002988　經普 1294

方舟經說六卷　（宋）李石撰　清道光別下齋刻本　一册

110000－0198－0002989　經普 1295

別下齋叢書八卷　（清）蔣光煦輯　清道光別下齋刻本　一册

110000－0198－0002990　經普 1296

左傳易讀六卷　（清）司徒修選訂　清刻本　二册　存四卷（三至六）

110000－0198－0002991　經普 1299

經傳攷證八卷　（清）朱彬撰　清道光十六年

(1836)宜祿堂刻本　二册

110000－0198－0002992　經普 1300
小學鉤沈十九卷　(清)任大椿撰　(清)王念孫校正　清刻本　一册　存五卷(四至八)

110000－0198－0002993　經普 1301
康熙字典　(清)凌紹雯編　清刻本　六册

110000－0198－0002994　經普 1302
康熙字典　(清)凌紹雯編　清刻本　十七册

110000－0198－0002995　經普 1304
康熙字典　(清)凌紹雯編　清末同文書局石印本　一册

110000－0198－0002996　經普 1305
康熙字典　(清)凌紹雯編　清刻本　一册

110000－0198－0002997　經普 1306
康熙字典　(清)凌紹雯編　清刻本　一册

110000－0198－0002998　經普 1307
康熙字典　(清)凌紹雯編　清末石印本　一册

110000－0198－0002999　經普 1310
欽定禮記義疏八十二卷　(清)高宗弘曆敕編　清刻本　三十一册

110000－0198－0003000　經普 1311
說文句讀三十卷　(清)王筠撰集　清同治四年(1865)刻本　十二册　存二十四卷(一至二十、二十三至二十四、二十七至二十八)

110000－0198－0003001　經普 1312
說文句讀三十卷　(清)王筠撰集　清刻本　十册　存二十二卷(三至二十四)

110000－0198－0003002　經普 1313
禮記集說　(元)陳澔集說　清刻本　五册

110000－0198－0003003　經普 1314
禮記　清嘉慶十年(1805)刻本　十册

110000－0198－0003004　經普 1315
釋名疏證五卷　(清)畢沅撰　清光緒二十年(1894)廣雅書局刻本　一册

110000－0198－0003005　經普 1316
字學舉隅　(清)龍啟瑞撰　清刻本　一册

110000－0198－0003006　經普 1317
十三經古注　(明)金蟠輯　清同治八年(1869)浙江書局據永懷堂本刻本　三册　存九卷(一至九)

110000－0198－0003007　經普 1318
周易函書約存十五卷首三卷　(清)胡煦撰　清乾隆五十九年(1794)葆璞堂刻本(有圖)　一册　存一卷(首上)

110000－0198－0003008　經普 1319
論語二十卷　(宋)朱熹集傳　清光緒十一年(1885)上海同文書局石印本　一册

110000－0198－0003009　經普 1320
詩義序說合鈔四卷首一卷　(清)游閎輯　清刻本　一册　存一卷(二)

110000－0198－0003010　經普 1321
說文提要　(清)陳建侯撰　清同治十二年(1873)湖北崇文書局刻本　一册

110000－0198－0003011　經普 1322
說文解字十四卷　(漢)許慎記　(清)徐鉉等校訂　清光緒七年(1881)刻本　二册　存七卷(一至七)

110000－0198－0003012　經普 1326
春秋三傳異文釋十二卷　(清)李富孫學　清道光刻本　二册

110000－0198－0003013　經普 1327
說文解字　(清)段玉裁注　清刻本　一册

110000－0198－0003014　經普 1329
爾雅注疏十一卷　(晉)郭璞註　(宋)邢昺疏　清刻本　一册　存三卷(三至五)

110000－0198－0003015　經普 1334
說文解字注三十二卷　(清)段玉裁注　清光緒十四年(1888)上海斐英館石印本　四册　存十卷(一至六、九至十一、十五)

110000－0198－0003016　經普 1335
說文解字十五卷　(清)段玉裁注　清木漸齋

刻本　二册　存二卷(三至四)

110000－0198－0003017　經普 1336

說文解字注匡謬八卷　(清)徐承慶撰　清光緒十四年(1888)上海斐英館石印本　一册

110000－0198－0003018　經普 1341

韓詩外傳十卷　(漢)韓嬰著　清嘉慶四年(1799)味經堂刻本　二册

110000－0198－0003019　經普 1343

求古錄禮説校勘記三卷　(清)王士駿輯　清同治六年(1867)刻本　一册

110000－0198－0003020　經普 1345

說文辨疑不分卷　(清)顧廣圻撰　清光緒三年(1877)湖北崇文書局刻本　一册

110000－0198－0003021　經普 1346

論語補註三卷　(清)劉開撰　清同治七年(1868)桐城劉氏刻本　一册

110000－0198－0003022　經普 1347

周易卦變舉要一卷　(清)方申撰　清刻本　一册

110000－0198－0003023　經普 1348

諸家易象别錄一卷　(清)方申撰　清道光二十五年(1845)青溪舊屋刻本　一册

110000－0198－0003024　經普 1349

周禮精華五卷　(清)陳龍標編輯　清嘉慶十一年(1806)翰文堂刻本　五册

110000－0198－0003025　經普 1350

詩義旁通十二卷　(清)李允升輯　清刻本　四册　存八卷(五至十二)

110000－0198－0003026　經普 1351

助字辨略五卷　(清)劉淇撰　清咸豐五年(1855)海源閣刻本　五册

110000－0198－0003027　經普 1352

助字辨略五卷　(清)劉淇撰　清刻本　一册　存一卷(五)

110000－0198－0003028　經普 1354

切韻考外篇三卷　(清)陳澧撰　清光緒五年(1879)刻本　一册

110000－0198－0003029　經普 1356

易説二卷附觀二生齋隨筆　(清)周錫恩著　清光緒五年(1879)長沙湯氏刻本　一册

110000－0198－0003030　經普 1357

苗氏説文四種二十卷　(清)苗夔纂　清咸豐元年(1851)壽陽祁氏漢磚亭刻本(有圖)　一册

110000－0198－0003031　經普 1358

說文聲讀表　(清)苗夔纂　清刻本　一册

110000－0198－0003032　經普 1359

毛詩吻訂十卷附錄一卷　(清)苗夔撰　清咸豐元年(1851)刻本　二册

110000－0198－0003033　經普 1360

大戴禮記補注十三卷　(清)孔廣森輯　清同治十三年(1874)刻本　八册

110000－0198－0003034　經普 1361

大戴禮記補注十三卷　(清)孔廣森輯　清同治十三年(1874)淮南書局刻本　二册　存八卷(一至二、八至十三)

110000－0198－0003035　經普 1363

周易屬辭十二卷　(清)蕭光遠述　清咸豐三年(1853)吉修堂刻本　五册　缺一卷(三)

110000－0198－0003036　經普 1364

十三經集字摹本　(清)彭玉雯纂　(清)萬青銓校正　(清)張小浦鑒定　清刻本　一册

110000－0198－0003037　經普 1365

十三經集字摹本　(清)彭玉雯纂　(清)萬青銓校正　(清)張小浦鑒定　清刻本　二册

110000－0198－0003038　經普 1366

定寫尚書　吴闓生撰　清光緒十八年(1892)桐城吴氏家塾石印本　五册

110000－0198－0003039　經普 1369

周易通義十六卷　(清)莊忠棫撰　清光緒六年(1880)冶城山館刻本　二册

110000－0198－0003040　經普 1370

九經古義十六卷 （清）惠棟撰 清乾隆五十四年(1789)竹溪書屋刻本 四冊

110000－0198－0003041 經普 1373
奎壁詩經八卷 （宋）朱熹集傳 清光緒九年(1883)聚盛堂刻本 四冊

110000－0198－0003042 經普 1374
周易虞氏義九卷 （清）張惠言撰 清刻本 二冊 存六卷(四至九)

110000－0198－0003043 經普 1375
四書人物類典串珠四十卷 （清）臧志仁編輯 清刻本 三冊 存十二卷(二十六至三十七)

110000－0198－0003044 經普 1376
尚書考異六卷 （明）梅鷟撰 清平津館叢書刻本 九冊

110000－0198－0003045 經普 1382
春秋左傳杜注三十卷 （清）姚培謙輯 清光緒九年(1883)江南書局刻本 八冊 缺七卷(三至九)

110000－0198－0003046 經普 1383
欽定儀禮義疏四十八卷首二卷 （清）允祿等撰 清刻本 十冊 存十卷(二十九至三十八)

110000－0198－0003047 經普 1384
欽定儀禮義疏四十八卷首二卷 （清）允祿等撰 清刻本 八冊 存八卷(十七至二十四)

110000－0198－0003048 經普 1385
欽定儀禮義疏四十八卷首二卷 （清）允祿等撰 清刻本 四冊 存四卷(四十一至四十四)

110000－0198－0003049 經普 1386
春秋筆削微旨二十六卷 （清）劉紹攽撰 清同治十二年(1873)刻本 七冊

110000－0198－0003050 經普 1387
宋紹熙本公羊傳注四卷 （漢）何休撰 清道光四年(1824)揚州汪氏問禮堂刻本 一冊

110000－0198－0003051 經普 1390
中庸章句質疑二卷 （清）郭嵩燾著 清光緒十六年(1890)思賢講舍刻本 二冊

110000－0198－0003052 經普 1391
孟子七卷論語十卷 清刻本 四冊 缺五卷(論語一至五)

110000－0198－0003053 經普 1392
春秋集傳十六卷首一卷末一卷 （清）汪紱纂 清光緒二十一年(1895)刻本 四冊

110000－0198－0003054 經普 1393
讀史鏡古編三十二卷 （清）潘世恩輯 清道光四年(1824)鳳池園刻本 七冊 存二十七卷(一至二十七)

110000－0198－0003055 經普 1394
論語經正錄二十卷 （清）王肇晉撰 清刻本 九冊

110000－0198－0003056 經普 1395
春秋左傳三十卷 （晉）杜預 （宋）林堯叟註釋 （明）孫鑛等評點 清刻本 三冊 存十四卷(三至七、十三至二十一)

110000－0198－0003057 經普 1396
詩八卷 （宋）朱熹集傳 清末寶書堂刻本 三冊 存六卷(三至八)

110000－0198－0003058 經普 1399
儀禮正義四十卷 （清）胡培翬撰 清咸豐二年(1852)蘇州湯晉苑局刻本 十冊 存二十五卷(一至二、十八至四十)

110000－0198－0003059 經普 1400
儀禮正義四十卷 （清）胡培翬撰 （清）楊大堉補 清咸豐二年(1852)刻本 六冊 存十二卷(三至八、十七至十八、二十三至二十六)

110000－0198－0003060 經普 1401
大戴禮十三卷 （漢）戴德撰 清乾隆二十一年(1756)雅雨堂刻本 二冊

110000－0198－0003061 經普 1402
詩經八卷 （宋）朱熹集傳 清光緒二十六年(1900)直隸書局刻本 四冊

110000－0198－0003062 經普 1403

求古錄禮説十五卷鄉黨正義一卷附補遺一卷　（清）金鶚撰　清刻本　六冊　存八卷（二至九）

110000－0198－0003063　經普 1404
欽定儀禮義疏四十八卷首二卷　（清）允祿纂　清光緒十四年（1888）江南書局刻本　十冊　存十八卷（一至十八）

110000－0198－0003064　經普 1405
四書離句集註　（宋）朱熹集註　清同治四年（1865）奎壁堂刻本　五冊

110000－0198－0003065　經普 1406
朱子儀禮經傳通解六十九卷　（宋）朱熹撰　（宋）黄幹續撰　（清）梁萬方考訂　（清）梁開宗參訂　清聚錦堂刻本　八冊

110000－0198－0003066　經普 1407
朱子儀禮經傳通解六十九卷　（宋）朱熹撰　（宋）黄幹續撰　（清）梁萬方考訂　（清）梁開宗參訂　清刻本　七冊　存十卷（四十八至五十七）

110000－0198－0003067　經普 1408
左傳鈔六卷　（清）高梅亭集評　清乾隆五十三年（1788）培元堂刻本　八冊

110000－0198－0003068　經普 1409
禮記二十卷　（晉）杜預註　清刻本　五冊　存五卷（五至九）

110000－0198－0003069　經普 1410
五經文字三卷　（唐）張參撰　清光緒九年（1883）鮑氏後知不足齋刻本　三冊

110000－0198－0003070　經普 1416
儀禮集説十七卷　（元）敖繼公撰　清康熙十九年（1680）通志堂刻本　一冊　存二卷（十二至十三）

110000－0198－0003071　經普 1417
古韻標準四卷　（清）江永編　（清）戴震參訂　清刻本　一冊

110000－0198－0003072　經普 1418
欽定春秋傳説彙纂三十八卷首二卷　（清）王掞等纂　清刻本　八冊　存八卷（十九至二十六）

110000－0198－0003073　經普 1419
欽定春秋傳説彙纂三十八卷首二卷　（清）王掞等纂　清刻本　六冊　存九卷（十七至二十四、首上）

110000－0198－0003074　經普 1420
欽定春秋傳説彙纂三十八卷首二卷　（清）王掞等纂　清刻本　一冊　存一卷（首上）

110000－0198－0003075　經普 1421
春秋公羊經傳解詁十二卷　（漢）何休撰　清刻本　一冊　存六卷（七至十二）

110000－0198－0003076　經普 1422
九經古義十六卷　（清）惠棟撰　清刻本　一冊

110000－0198－0003077　經普 1423
欽定禮記義疏八十二卷首一卷　（清）高宗弘曆欽定　清刻本　一冊　存二卷（六十二至六十三）

110000－0198－0003078　經普 1424
禮記集説三十卷　（元）陳澔撰　清刻本　六冊　存二十二卷（一至五、十四至三十）

110000－0198－0003079　經普 1426
春秋微旨三卷　（唐）陸淳撰　清刻本　一冊

110000－0198－0003080　經普 1427
欽定本朝四書文　清刻本　一冊

110000－0198－0003081　經普 1428
歌麻古韻考四卷　（清）吳樹聲學　清刻本　三冊　缺一卷（一）

110000－0198－0003082　經普 1429
説文解字義證五十卷　（清）桂馥撰　清刻本　五冊　存七卷（五、八、三十九至四十一、四十六至四十七）

110000－0198－0003083　經普 1430
春秋公羊穀梁諸傳彙義十二卷　（清）姜兆錫彙義　清寶清樓刻本　四冊

110000－0198－0003084　經普 1431
孟子湖南講三卷　(明)葛寅亮著　清刻本　一册

110000－0198－0003085　經普 1432
書集傳音釋六卷　(宋)蔡沈集傳　(元)鄒季友音釋　清刻本　一册

110000－0198－0003086　經普 1433
尚書大傳五卷　(清)陳壽祺撰　清古經解彙函刻本　一册　存一卷(一)

110000－0198－0003087　經普 1434
四書益智錄二十卷　(清)桂含章輯　清光緒八年(1882)刻本　一册　存一卷(十二)

110000－0198－0003088　經普 1435
四書訓義三十八卷　(清)王夫之訓義　清末船山遺書刻本　一册　存一卷(二十五)

110000－0198－0003089　經普 1436
中庸章句質疑二卷　(清)郭嵩燾著　清光緒十六年(1890)思賢講舍刻本　一册

110000－0198－0003090　經普 1438
九經古義十六卷　(清)惠棟撰　清刻本　一册　存五卷(十二至十六)

110000－0198－0003091　經普 1439
四書緯四卷　(清)常增撰　清道光十六年(1836)刻本　一册　存一卷(一)

110000－0198－0003092　經普 1440
春秋穀梁傳注義　(晉)徐邈撰　清刻本　一册

110000－0198－0003093　經普 1442
四書異同商　(清)黃鶴撰　清刻本　一册

110000－0198－0003094　經普 1443
説文通訓定聲　(清)朱駿聲撰　清刻本　二册　存二卷(臨部三、壯部十八)

110000－0198－0003095　經普 1444
欽定儀禮義疏四十八卷首二卷　(清)鄂爾泰撰　清刻本　一册　存一卷(四十八)

110000－0198－0003096　經普 1445
孟子七卷　(宋)朱熹集註　清李光明莊刻本　一册　存二卷(六至七)

110000－0198－0003097　經普 1446
五經類編二十八卷　(清)周世樟編　清刻本　一册　存三卷(十九至二十一)

110000－0198－0003098　經普 1447
周禮　(漢)鄭玄注　(唐)陸德明音義　清末刻本　一册

110000－0198－0003099　經普 1448
古經解彙函　(清)鍾謙鈞輯　清光緒十年(1884)石印本　一册

110000－0198－0003100　經普 1450
景元元貞本論語注疏解經十卷附札記一卷　(三國魏)何晏集解　(宋)邢昺疏　清光緒三十年(1904)陶子麟刻本　二册

110000－0198－0003101　經普 1452
説文聲系十四卷　(清)姚文田撰　清嘉慶九年(1804)粵東督學使署刻本　一册

110000－0198－0003102　經普 1453
論語正義二十四卷　(清)劉寶楠撰　清刻本　一册　存五卷(二十至二十四)

110000－0198－0003103　經普 1454
説文解字韻譜十卷　(南唐)徐鍇撰　清同治三年(1864)吴縣馮桂芬刻本　一册

110000－0198－0003104　經普 1455
切韻考六卷　(清)陳澧撰　清刻本　一册　存二卷(五至六)

110000－0198－0003105　經普 1459
説文雙聲疊韻譜一卷　(清)鄧廷楨撰　清刻本　一册

110000－0198－0003106　經普 1460
定寫尚書　吳闓生撰　清光緒十三年(1887)刻本　一册

110000－0198－0003107　經普 1461
韓詩外傳十卷　(漢)韓嬰撰　清刻本　一册　存五卷(六至十)

110000－0198－0003108　經普 1462
儀禮鄭注十七卷　(漢)鄭玄註　清末刻本　一册　存二卷(七至八)

110000－0198－0003109　經普 1463
春秋公羊經傳解詁十二卷　(漢)何休撰　清刻本　一册　存四卷(五至八)

110000－0198－0003110　經普 1464
尚書傳授同異考一卷　(清)邵懿辰著　清光緒三十一年(1905)邵氏半巖廬刻本　一册

110000－0198－0003111　經普 1465
皇清經解一千四百七十八卷　(清)陳壽祺著　清咸豐十年(1860)廣東學海堂皇清經解刻本　一册　存一卷(一千二百五十)

110000－0198－0003112　經普 1466
春秋左傳杜林　(晉)杜預注　清光緒二十一年(1895)澹雅局刻本　一册

110000－0198－0003113　經普 1467
春秋集傳辯疑十卷　(唐)陸淳纂　清錢塘龔氏玉玲瓏閣古經解彙函刻本　一册　存五卷(一至五)

110000－0198－0003114　經普 1468
尚書札記四卷　(清)許鴻磐著　清刻本　一册　存二卷(二至三)

110000－0198－0003115　經普 1470
儀禮釋官九卷首一卷　(清)胡匡衷撰　清刻本　一册　存一卷(二)

110000－0198－0003116　經普 1471
典禮　清刻本　一册

110000－0198－0003117　經普 1473
松心十錄　(清)張維屏撰　清道光二十年(1840)刻本　一册

110000－0198－0003118　經普 1474
大學古本旁註　(漢)戴聖撰　(明)王守仁註　清刻本　一册

110000－0198－0003119　經普 1476
寫定尚書　(清)吳汝綸寫定　清光緒十八年(1892)桐城吳氏家塾石印本　一册

110000－0198－0003120　經普 1477
論語正義二十四卷　(清)劉寶楠撰　清刻本　一册　存三卷(十七至十九)

110000－0198－0003121　經普 1478
讀四書大全説十卷　(清)王夫之撰　清船山遺書刻本　一册　存一卷(三)

110000－0198－0003122　經普 1479
周易虞氏消息二卷　(清)張惠言撰　清刻本　一册

110000－0198－0003123　經普 1480
尚書大傳補注　(漢)鄭玄注　王闓運補注　清光緒十一年(1885)刻本　一册

110000－0198－0003124　經普 1481
寫定尚書　(清)吳汝綸寫定　清光緒十八年(1892)桐城吳氏家塾石印本　一册

110000－0198－0003125　經普 1483
附釋音春秋左傳注疏六十卷　(唐)孔穎達疏　清末石印本　一册　存四卷(十三至十六)

110000－0198－0003126　經普 1485
經籍纂詁　(清)阮元撰集　清末石印本　十一册

110000－0198－0003127　經普 1486
經籍纂詁　(清)阮元撰集　清末石印本　二册

110000－0198－0003128　經普 1487
經餘必讀二十卷　(清)雷琳等輯　清刻本　四册　存三卷(四至五、七)

110000－0198－0003129　經普 1488
經學輯要三十二卷　(清)吳潁炎輯　清光緒十三年(1887)上海點石齋石印本　九册

110000－0198－0003130　經普 1489
周易集解十卷　(清)孫星衍集解　清刻岱南閣叢書本　三册　存三卷(三、七、十)

110000－0198－0003131　經普 1490
説文解字十五篇三十卷　(清)段玉裁注　清木漸齋刻本　一册　存一卷(十三)

110000－0198－0003132　經普 1491
古經解鉤沉三十卷　（清）余蕭客撰　清刻本　二冊　存二卷（十三、十八）

110000－0198－0003133　經普 1492
儀禮鄭注十七卷　（漢）鄭玄註　清道光十四年（1834）立本齋刻本　三冊　存十三卷（一至十三）

110000－0198－0003134　經普 1498
經學輯要三十二卷　（清）吳潁炎輯　清光緒十三年（1887）上海點石齋石印本　三冊　存七卷（六至七、十二至十四、二十六至二十七）

110000－0198－0003135　經普 1499
儀禮鄭注十七卷　（漢）鄭玄註　清末日本刻本　三冊　存十二卷（四至六、九至十七）

110000－0198－0003136　經普 1501
春秋大事表五十卷　（清）顧棟高輯　清萬卷樓刻本　四冊　存六卷（疆域表四至五、朔閏表一至四）

110000－0198－0003137　經普 1502
春秋辨疑四卷　（宋）蕭楚撰　清刻本　二冊

110000－0198－0003138　經普 1503
四書纂疏　（宋）趙順孫纂疏　清康熙通志堂刻本　二冊

110000－0198－0003139　經普 1508
周易八卷　（三國魏）王弼注　清刻本　一冊　存三卷（二至四）

110000－0198－0003140　經普 1509
綴玉集四卷　（清）蔡兆華撰　清刻本　一冊　存二卷（三至四）

110000－0198－0003141　經普 1510
讀左補義五十卷　（清）姜炳璋輯　清刻本　三冊　存十卷（十三至十九、四十二至四十四）

110000－0198－0003142　經普 1511
禮記十卷　（漢）戴聖撰　清刻本　二冊　存二卷（六、十）

110000－0198－0003143　經普 1512
書經六卷　（清）蔡沈集傳　清刻本　一冊　存一卷（四）

110000－0198－0003144　經普 1513
說文解字注箋十四卷附檢字　（清）段玉裁注　（清）徐灝箋　清末石印本　二冊　存四卷（五上至六下、九上至十下）

110000－0198－0003145　經普 1514
書經簡明白話解六卷　（宋）陳善撰　清末上海群學書社石印本　一冊　存一卷（五）

110000－0198－0003146　經普 1515
書經簡明白話解六卷　（宋）陳善撰　清末上海群學書社石印本　二冊　存二卷（四至五）

110000－0198－0003147　經普 1516
說文解字句讀三十卷　（漢）許慎記　（清）王筠撰集　清刻本　一冊　存二卷（十九至二十）

110000－0198－0003148　經普 1517
論語集注十卷　（宋）朱熹集註　清樹德堂刻本　一冊　存四卷（六至九）

110000－0198－0003149　經普 1520
儀禮鄭註句讀　（漢）鄭玄注　（清）張爾岐句讀　清宣統元年（1909）尚志堂刻本　一冊

110000－0198－0003150　經普 1521
御纂詩義折中二十卷　（清）傅恆等撰　清刻本　三冊　存七卷（六至八、十五至十八）

110000－0198－0003151　經普 1522
周易象義集成　（清）陳洪冠纂輯　清刻本　一冊

110000－0198－0003152　經普 1523
銅版四書集注　（宋）朱熹集註　清末上海昌文書局石印本　一冊　存三卷（孟子一至三）

110000－0198－0003153　經普 1525
易經八卷　（宋）程頤傳　清末刻本　一冊　存一卷（二）

110000－0198－0003154　經普 1526
新訂四書補注備旨四卷　（明）鄧林著　清末上海廣益書局石印本　七冊

110000－0198－0003155　經普 1527
御纂詩義折中二十卷　(清)傅恆等撰　清經元堂刻本　六册　存九卷(十二至二十)

110000－0198－0003156　經普 1528
皇清經解續編　王先謙輯　清江陰南菁書院刻本　八册

110000－0198－0003157　經普 1529
書經四卷　(清)秦鏷訂正　清秦氏九經刻本　十二册

110000－0198－0003158　經普 1532
相臺五經　(晉)王弼註　清刻本　十九册

110000－0198－0003159　經普 1533
伏乘十九卷　(漢)伏勝撰　清末十笏園丁氏刻本　四册

110000－0198－0003160　經普 1536
左傳杜解補正三卷　(清)顧炎武撰　清刻本　一册

110000－0198－0003161　經普 1538
説文解字十五卷　(漢)許慎記　(清)徐鉉校訂　清嘉慶九年(1804)五松書屋刻本　一册　存四卷(一至四)

110000－0198－0003162　經普 1539
國語解二十一卷　(三國吳)韋昭解　清光緒二年(1876)成都尊經書院刻本　一册　存三卷(一至三)

110000－0198－0003163　經普 1542
周禮六卷　(漢)鄭玄注　(唐)陸德明音義　清嘉慶清芬閣刻本　二册

110000－0198－0003164　經普 1543
爾雅郭注義疏二十卷　(清)郝懿行撰　清刻本　三册

110000－0198－0003165　經普 1544
戴氏注論語二十卷　(清)戴望注　清刻本　一册　存十卷(十一至二十)

110000－0198－0003166　經普 1550
説文解字十五卷　(漢)許慎撰　(宋)徐鉉等校定　清刻本　一册　存四卷(十二至十五)

110000－0198－0003167　經普 1551
小學集註二卷　(明)陳選集註　清刻本　一册　存一卷(下)

110000－0198－0003168　經普 1552
周禮正義三十五卷　(清)孫詒讓學　清末石印本　一册　存四卷(三十二至三十五)

110000－0198－0003169　經普 1553
周易廓二十四卷　(清)陳世鎔學　清咸豐元年(1851)獨秀山莊刻本　五册　存十五卷(十至二十四)

110000－0198－0003170　經普 1554
讀易大旨五卷　(清)孫奇逢撰　(清)耿極較訂　清刻本　三册　缺一卷(一)

110000－0198－0003171　經普 1555
龍威秘書十集　(清)馬俊良輯　清刻本　一册　存一册(三集第八册)

110000－0198－0003172　經普 1556
春及堂藁附玉麈集附詩雪山房附唐詩序例　(清)謝聘著　清光緒江陰金氏粟香室刻本　三册

110000－0198－0003173　經普 1557
磨盾集十卷　(清)方炳奎撰　清刻本　一册

110000－0198－0003174　經普 1558
滿漢全字十二頭　(清)□□編　清咸豐十一年(1861)京都文興堂刻本　一册

110000－0198－0003175　經普 1559
臨漢隱居詩話一卷　(宋)魏泰著　清刻本　一册

110000－0198－0003176　經普 1563
繪圖增像第五才子書水滸全傳八卷　(明)施耐庵撰　(清)金聖嘆評釋　清末上海廣益書局石印本(有圖)　一册　存一卷(七)

110000－0198－0003177　經普 1566
五方元音大全　(清)樊騰鳳撰　清末上海廣益書局石印本　三册

110000－0198－0003178　經普 1567
世説新語補二十卷　(明)何良俊撰補　清刻

本　一冊　存三卷(十四至十六)

110000－0198－0003179　經普 1573
式古堂目錄十七卷　(清)尤瑩編　清光緒十九年(1893)石印本　一冊　存六卷(一至六)

110000－0198－0003180　經普 1574
經典集林　(清)洪頤煊撰集　清末刻本　三冊

110000－0198－0003181　經普 1575
皇朝五經彙解二百七十卷　題(清)抉經心室主人輯　清光緒十九年(1893)耕餘書屋上海積山局石印本　十六冊　存一百四十八卷(一至一百四十八)

110000－0198－0003182　經普 1576
皇朝五經彙解二百七十卷　題(清)抉經心室主人輯　清光緒十四年(1888)鴻文書局石印本　七冊

110000－0198－0003183　經普 1577
經字正蒙八卷　(清)李文沂著　清刻本　一冊　存一卷(三)

110000－0198－0003184　經普 1578
御纂詩義折中二十卷　(清)傅恆等撰　清刻本　四冊　存十卷(四至五、九至十四、十九至二十)

110000－0198－0003185　經普 1580
蜕私軒易說二卷　姚永樸撰　清刻本　一冊

110000－0198－0003186　經普 1582
楚辭　(清)任兆麟述　清刻本　一冊

110000－0198－0003187　經普 1583
重校字類標韻六卷　(清)華綱輯　清光緒刻本　一冊　存三卷(四至六)

110000－0198－0003188　經普 1584
韻歧五卷　(清)江昱輯　清刻本　一冊　缺一卷(一)

110000－0198－0003189　經普 1585
詩序辨正八卷首一卷　(清)汪大任撰　清刻叢睦汪氏遺書本　一冊　存三卷(三至五)

110000－0198－0003190　經普 1591
欽定篆文六經四書十種　(清)李光地等編　清光緒九年(1883)上海同文書局石印本　二冊　存二種(周易、儀禮)

110000－0198－0003191　經普 1592
易經八卷　(宋)程頤傳　清宣統元年(1909)學部圖書館石印本　四冊　缺二卷(二至三)

110000－0198－0003192　經普 1593
詩本音十卷　(清)顧炎武撰　清光緒十一年(1885)觀稼樓刻音學五書本　八冊　缺三卷(一、七至八)

110000－0198－0003193　經普 1596
讀易備忘四卷　(清)王滌心集註　清道光二十九年(1849)慎修堂刻本　一冊　存一卷(一)

110000－0198－0003194　經普 1598
周禮今釋六卷　(清)桂文燦撰　清光緒二十二年(1896)刻本　四冊　缺二卷(五至六)

110000－0198－0003195　經普 1599
七緯三十八卷　(清)趙在翰纂　清嘉慶十四年(1809)侯官趙氏小積石山房刻本　六冊　存三卷(一至三)

110000－0198－0003196　經普 1600
經義述聞三十二卷　(清)王引之撰　清刻本　十七冊　存十七卷(十六至三十二)

110000－0198－0003197　經普 1601
皇清經解一千四百卷　(清)杭世駿著　清道光九年(1829)廣東學海堂刻本　一冊　存一卷(三百九)

110000－0198－0003198　經普 1602
輶軒使者絕代語釋別國方言箋疏十三卷　(清)錢繹撰　清光緒十六年(1890)紅蝠山房刻本　三冊　存四卷(三至六)

110000－0198－0003199　經普 1603
聲說二卷　(清)時庸勱撰　清光緒十八年(1892)河南星使行臺刻本　二冊

110000－0198－0003200　經普 1604

皇清經解檢目八卷附縮本通用表一卷 （清）蔡啟盛編 清光緒十二年（1886）武林刻本 二册

110000－0198－0003201 經普 1605
六經圖考六卷 （宋）楊甲撰 （宋）毛邦翰補 清禮耕堂刻本 一册 存一卷（春秋笔削发微圖）

110000－0198－0003202 經普 1606
六書假借經徵四卷 （清）朱駿聲撰 清光緒十八年（1892）刻本 一册 存一卷（三）

110000－0198－0003203 經普 1607
欽定本朝四書文七卷 （清）方苞等纂修 清刻本 二册 存一卷（上論）

110000－0198－0003204 經普 1608
説文二徐箋異二十八卷 （清）田吳炤撰 清宣統二年（1910）石印本 一册 存十四卷（十五至二十八）

110000－0198－0003205 經普 1609
孝經存解析疑二卷 （清）趙長庚學 清光緒十年（1884）刻本 一册 存一卷（上）

110000－0198－0003206 經普 1610
家範十卷 （宋）司馬光撰 清康熙五十八年（1719）高安朱軾刻本 一册

110000－0198－0003207 經普 1611
儀禮節畧二十卷 （清）朱軾撰 清康熙五十八年（1719）浙江撫署刻本 三册 存七卷（十一至十七）

110000－0198－0003208 經普 1612
儀禮節畧二十卷 （清）張惠言撰 清康熙刻本（有圖） 一册 存三卷（十八至二十）

110000－0198－0003209 經普 1617
連理堂重訂四書存疑十四卷 （明）林希元撰 明末刻本 一册 存二卷（十三至十四）

110000－0198－0003210 經普 1621
儀禮釋宫一卷 （宋）李如圭撰 清乾隆武英殿木活字印本 一册

110000－0198－0003211 經普 1622
四禮初稿四卷 （明）宋纁輯 **四禮約言四卷** （明）呂維祺撰 明萬曆刻本 二册

110000－0198－0003212 經普 1623
棣萼書屋集毛詩詩一卷 （清）賈學閔撰 清刻本 一册

110000－0198－0003213 經普 1626
方言藻二卷粵風四卷 （清）李調元撰 清刻本 一册

110000－0198－0003214 經普 1627
説文經典異字釋一卷 （清）高翔麟撰 清道光十五年（1835）刻本 一册

110000－0198－0003215 經普 1628
孫月峰先生批評禮記六卷 （明）孫鑛撰 明末馮元仲刻本 一册 存三卷（四至六）

110000－0198－0003216 經普 1631
六書音韻表五卷 （清）段玉裁撰 清乾隆四十二年（1777）刻本 一册

110000－0198－0003217 經普 1632
儀禮圖六卷 （清）張惠言撰 清刻本 二册 存四卷（三至六）

110000－0198－0003218 經普 1633
欽定本朝四書文七卷 （清）方苞等纂修 清刻本 一册 存一卷（下論）

110000－0198－0003219 經普 1634
説文韻譜校五卷 （清）王筠撰 清道光十三年（1833）歸安姚氏刻咫進齋叢書本 二册 存三卷（三至五）

110000－0198－0003220 經普 1639
爾雅郭注義疏二十卷 （清）郝懿行撰 清光緒十四年（1888）上海鴻文書局石印本 二册 存四卷（一至四）

110000－0198－0003221 經普 1640
廣增四書典腋二十卷 題（清）松軒主人編 清末刻本 一册 存二卷（十一至十二）

110000－0198－0003222 經普 1641
經解入門八卷 （清）江藩纂 清光緒十四年（1888）鴻寶齋石印本 一册

110000－0198－0003223　經普 1643
孔叢子七卷　（漢）孔鮒輯　清光緒元年（1875）陳錫麒刻本　一冊　存二卷（六至七）

110000－0198－0003224　經普 1644
四書古注群義彙解十種　（清）□□輯　清末石印本　四冊　存四種三十三卷（四書改錯八至十五、論語正義一至十六、增補四書經史摘證四卷、論語集解義疏六至十）

110000－0198－0003225　經普 1645
龍威秘書十集　（清）馬俊良撰　清刻本　二冊　存一集（九）

110000－0198－0003226　經普 1646
春秋列國八卷　清刻本　一冊　存三卷（六至八）

110000－0198－0003227　經普 1647
竹書紀年二卷　（南朝梁）沈約注　（明）吴琯校　清刻本　二冊

110000－0198－0003228　經普 1648
漢學堂叢書二百十五種　（清）黄奭撰　清刻本　四冊　存十七種（毛詩拾遺、毛詩徐氏音、毛詩序義疏、毛詩周氏注、毛詩十五國風義、毛詩隱義、毛詩舒氏義疏、周禮鄭氏音、毛詩異同評、孫氏毛詩評、集註毛詩、周官禮義疏、周官禮干氏注、周禮徐氏音、周禮李氏音、周禮聶氏音、周禮鄭司農解詁四至六）

110000－0198－0003229　經普 1650
俞樓襍纂五十卷　（清）俞樾撰　清刻本　三冊　存十六卷（一至十六）

110000－0198－0003230　經普 1651
周易引經通釋十卷　（清）李鈞簡輯註　清嘉慶十九年（1814）鶴蔭書屋刻本　四冊　存七卷（二至八）

110000－0198－0003231　經普 1652
唱經堂才子書彙稿十種　（清）金人瑞撰　清乾隆九年（1744）傳萬堂刻本　八冊

110000－0198－0003232　經普 1653
經讀考異八卷　（清）武億著　清道光二十三年（1843）授堂刻本　一冊　缺二卷（七至八）

110000－0198－0003233　經普 1654
倉頡篇三卷　（清）孫星衍輯　清乾隆刻本　一冊

110000－0198－0003234　經普 1655
注釋古周禮五卷注釋考工記一卷　（明）郎兆玉撰　明天啓郎氏堂策檻刻本　三冊

110000－0198－0003235　經普 1656
授堂遺書八種　（清）武億撰　清道光二十三年（1843）偃師武氏刻本　十六冊

110000－0198－0003236　經普 1657
音韻輯要二十一卷　（清）王鵕輯　清刻本　二冊　存十一卷（六至十、十六至二十一）

110000－0198－0003237　經普 1658
尚書故三卷　（清）吴汝綸撰　清光緒三十年（1904）吴氏刻桐城吴先生全書本　一冊　存一卷（二）

110000－0198－0003238　經普 1659
孝經一卷　（漢）鄭玄注　（唐）陸德明音義　清光緒二十二年（1896）濰縣賸園刻本　一冊

110000－0198－0003239　經普 1660
古今韻考四卷　（清）李因篤撰　清光緒六年（1880）福山王氏刻天壤閣叢書本　一冊

110000－0198－0003240　經普 1661
五經文字三卷　（唐）張參撰　清刻本　一冊

110000－0198－0003241　經普 1662
匡謬正俗八卷　（唐）顔師古撰　清乾隆二十一年（1756）盧見曾雅雨堂刻本　三冊

110000－0198－0003242　經普 1663
全上古三代秦漢三國六朝文七百四十一卷　（清）嚴可均輯　清刻本　六冊　存五十三卷（全齊文一至十八，全宋文一至十九、五十七至六十四，全晉文一百五十二至一百五十九）

110000－0198－0003243　經普 1664
輶軒使者絕代語釋別國方言十三卷　（漢）揚雄撰　（晉）郭璞注　明萬曆程榮刻漢魏叢書本　一冊

110000－0198－0003244　經普 1665

春秋輿圖不分卷　（清）顧棟高撰　清乾隆十四年（1749）萬卷樓刻本　二冊

110000－0198－0003245　經普 1666

書傳音釋六卷首一卷末一卷　（宋）蔡沈集傳　（元）鄒季友音釋　清咸豐五年（1855）浦城與古齋祝氏刻本　一冊　存一卷（一）

110000－0198－0003246　經普 1667

儀禮識誤三卷　（宋）張淳撰　清刻武英殿聚珍版叢書本　一冊

110000－0198－0003247　經普 1669

百美新詠一卷圖傳一卷集詠一卷　（清）顏希源撰　（清）王翽繪圖　清嘉慶十年（1805）集腋軒刻本　二冊

110000－0198－0003248　經普 1672

五經類編二十八卷　（清）周世樟編　清刻本　三冊　存十二卷（四至八、十六至十八、二十二至二十五）

110000－0198－0003249　經普 1673

周易虞氏義九卷　（清）張惠言撰　清嘉慶八年（1803）揚州阮氏琅嬛仙館刻本　一冊　存三卷（一至三）

110000－0198－0003250　經普 1674

周易屬辭通說二卷　（清）蕭光遠撰　清咸豐三年（1853）遵義蕭氏吉修堂刻本　一冊

110000－0198－0003251　經普 1675

求闕齋讀書錄十卷　（清）曾國藩撰　清光緒二年（1876）刻本　二冊　存三卷（八至十）

110000－0198－0003252　經普 1676

四書集注　（宋）朱熹集註　清光緒十五年（1889）江陰寶文堂刻本　一冊　存一種（大學）

110000－0198－0003253　經普 1678

何氏公羊解詁一卷　廖平撰　清宣統三年（1911）國學扶輪社鉛印本　一冊

110000－0198－0003254　經普 1679

集韻編雅十卷　（清）董文渙輯注　清同治十二年（1873）洪洞董氏刻本　四冊　缺二卷（九至十）

110000－0198－0003255　經普 1681

易傳三卷　（漢）京房撰　清刻本　一冊

110000－0198－0003256　經普 1682

釋名四卷　（漢）劉熙撰　清刻本　一冊

110000－0198－0003257　經普 1683

字學蒙求四卷　（清）王筠撰　清道光十九年（1839）刻本　一冊　存一卷（一）

110000－0198－0003258　經普 1684

四書益智錄二十卷　（清）桂含章輯　清光緒九年（1883）石埭桂氏務本堂刻本　二冊　存二卷（十九至二十）

110000－0198－0003259　經普 1685

皇清經解一百八十種一千四百八卷　（清）阮元輯　清光緒十三年（1887）上海書局石印本　六十四冊

110000－0198－0003260　經普 1686

皇清經解編目十六卷　（清）凌忠照編輯　清光緒十三年（1887）石印本　三冊　存九卷（一至九）

110000－0198－0003261　經普 1687

皇朝經世文續編一百二十卷　（清）葛士濬輯　清末石印本　一冊　存三卷（三十六至三十八）

110000－0198－0003262　經普 1688

皇清經解續編二百九卷　王先謙輯　清光緒十五年（1889）上海蜚英館石印本　一冊　存十二卷（一至十二）

110000－0198－0003263　經普 1689

皇清經解一百八十種一千四百八卷　（清）阮元輯　清末石印本　四冊　存十七卷（十三至十六、五十五至五十八、八十八至九十、一百十八至一百二十三）

110000－0198－0003264　經普 1691

葛屺瞻先生四書湖南講十一卷　（明）葛寅亮著　清刻本　六冊　存六卷（大學詁一卷、大

學湖南講一卷、中庸詁一卷、中庸湖南講一卷、論語湖南講一至二）

110000－0198－0003265　經普 1692
別雅五卷　（清）吴玉搢輯　清乾隆七年（1742）新安程氏督經堂刻本　五册

110000－0198－0003266　經普 1693
三魚堂四書大全四十卷　（清）陸隴其輯　清康熙四十一年（1702）三魚堂刻本　十册　存二十卷（論語一至二十）

110000－0198－0003267　經普 1694
駁呂留良四書講義八卷　（清）朱軾等撰　清雍正九年（1731）刻本　四册

110000－0198－0003268　經普 1695
易林補遺四卷　（清）張世寶撰　清乾隆三十七年（1772）金閶書業堂刻本　四册

110000－0198－0003269　經普 1696
禮記增訂旁訓三卷　（清）□□撰　清匠門書屋刻本　六册

110000－0198－0003270　經普 1698
儀禮圖十七卷　（宋）楊復撰　清康熙通志堂刻本　六册

110000－0198－0003271　經普 1699
鄭氏周易三卷　（漢）鄭玄撰　（宋）王應麟輯　（清）惠棟增補　清乾隆二十一年（1756）盧見曾雅雨堂刻本　一册

110000－0198－0003272　經普 1700
周禮輯義十二卷　（清）姜兆錫撰　清雍正九年（1731）寅青樓刻本　四册　存八卷（一至八）

110000－0198－0003273　經普 1701
周易十卷　（三國魏）王弼注　清末石印本　三册

110000－0198－0003274　經普 1702
儀禮疏五十卷　（唐）賈公彦等撰　清道光十年（1830）汪氏藝芸書舍影宋刻本　三册　存三十九卷（十二至五十）

110000－0198－0003275　經普 1703
附釋音周禮註疏四十二卷附校勘記　（漢）鄭玄註　（唐）賈公彦疏　（唐）陸德明釋文　清嘉慶二十年（1815）南昌府學刻十三經註疏本　二十册　缺二卷（四十一至四十二）

110000－0198－0003276　經普 1704
周易玩辭十六卷　（清）項安世撰　清康熙通志堂刻本　四册

110000－0198－0003277　經普 1705
十三經讀本十三種　（清）丁寶楨等校　清同治十一年（1872）山東書局刻本　十册　存三種（易經讀本、書經讀本、儀禮讀本）

110000－0198－0003278　經普 1706
讀左補義五十卷首一卷　（清）姜炳璋輯　清光緒二十八年（1902）同文堂刻本　十一册　存三十五卷（一至十二、二十至三十八、四十五至四十七，首一卷）

110000－0198－0003279　經普 1707
殖學齋編訂四書大全四種　（清）殖學齋編訂　清三樂堂刻本　六册　存一種五卷（孟子三至七）

110000－0198－0003280　經普 1709
新定三禮圖二十卷　（宋）聶崇義集註　清康熙通志堂刻本　二册

110000－0198－0003281　經普 1711
文選六十卷　（南朝梁）蕭統撰　（唐）李善注　清乾隆三十七年（1772）葉氏海錄軒刻本　五册　存三十二卷（六至十二、十九至二十四、三十一至四十二、四十八至五十四）

110000－0198－0003282　經普 1712
御選唐宋文醇五十八卷　（清）高宗弘曆選　清光緒浙江書局刻本　九册　存二十四卷（一至二十四）

110000－0198－0003283　經普 1713
御選唐宋文醇五十八卷　（清）高宗弘曆選　清光緒浙江書局刻本　八册　存二十卷（二十五至二十七、三十四至五十）

110000－0198－0003284　經普 1715

禮書通故五十卷　(清)黄以周撰　清光緒十九年(1893)定海黄氏試館刻本　三册　存五卷(五至九)

110000－0198－0003285　經普 1717
孝經疑問一卷　(明)姚舜牧著　清光緒六年(1880)歸安姚氏刻咫進齋叢書本　一册

110000－0198－0003286　經普 1718
禮記通讀　(清)楊履晉撰　清宣統三年(1911)石印本　一册

110000－0198－0003287　經普 1719
顏魯公文集八卷　(唐)顏真卿撰　(清)潘錫恩輯　清道光二十八年(1848)潘氏刻乾坤正氣集本　一册　存七卷(二至八)

110000－0198－0003288　經普 1720
岳忠武王集六卷　(宋)岳飛撰　(清)潘錫恩輯　清道光二十八年(1848)潘氏刻乾坤正氣集本　一册

110000－0198－0003289　經普 1721
師山先生文集九卷　(元)鄭玉撰　(清)潘錫恩輯　清道光二十八年(1848)潘氏刻乾坤正氣集本　一册　存一卷(三)

110000－0198－0003290　經普 1722
劉雨谿文集二十卷　(明)劉球撰　(清)潘錫恩輯　清道光二十八年(1848)潘氏刻乾坤正氣集本　二册　存二卷(四、九)

110000－0198－0003291　經普 1723
戴九靈集十九卷　(元)戴良撰　(清)潘錫恩輯　清道光二十八年(1848)潘氏刻乾坤正氣集本　四册　存四卷(一、七、十二、十七)

110000－0198－0003292　經普 1724
王忠文公集二十卷　(明)王禕撰　(清)潘錫恩輯　清道光二十八年(1848)潘氏刻乾坤正氣集本　四册　存四卷(三、五、七、十)

110000－0198－0003293　經普 1726
集虚齋四書口義十卷　(清)方楘如撰　(清)于光華編　清刻本　六册　存四卷(七至十)

110000－0198－0003294　經普 1727
說文句讀三十卷補正三十卷　(清)王筠撰　清同治四年(1865)王彦侗刻本　十六册

110000－0198－0003295　經普 1728
論語筆解二卷　(唐)韓愈　(唐)李翺注　清刻古經解彙函本　一册

110000－0198－0003296　經普 1729
說文繫傳校録三十卷說文釋例二十卷附補正二十卷　(清)王筠撰　清刻本　十册　缺十三卷(釋例一至十三)

110000－0198－0003297　經普 1730
說文解字句讀三十卷補正三十卷　(清)王筠撰　清刻本　八册　缺十六卷(句讀一至十六)

110000－0198－0003298　經普 1731
詩毛氏傳疏三十一卷釋毛詩音四卷　(清)陳奐撰　清咸豐元年(1851)蘇州漱芳齋刻本　六册

110000－0198－0003299　經普 1732
附釋音禮記注疏六十三卷　(漢)鄭玄注　(唐)孔穎達疏　清刻本　八册　存二十二卷(三十至五十一)

110000－0198－0003300　經普 1733
春秋編目不分卷　清刻本　一册

110000－0198－0003301　經普 1735
春秋經傳集解三十卷　(晉)杜預撰　清仿宋刻本　二册　存六卷(二十三至二十八)

110000－0198－0003302　經普 1736
禮記二十卷　(漢)鄭玄註　清仿宋刻本　二册　存六卷(十五至二十)

110000－0198－0003303　經普 1737
[蒙文]總綱　清刻本　十三册

110000－0198－0003304　經普 1738
說文釋例二十卷　(清)王筠撰　清同治四年(1865)王彦侗刻本　四册　存十一卷(一至十一)

110000－0198－0003305　經普 1739
附釋音禮記注疏六十三卷　(漢)鄭玄注

(唐)孔穎達疏　清江西南昌府學刻本　八册　存三十八卷(二十六至六十三)

110000－0198－0003306　經普1740

春秋大事表五十卷春秋大事輿圖一卷　(清)顧棟高撰　清光緒十四年(1888)南菁書院刻皇清經解續編本　四册　存五卷(一至五)

110000－0198－0003307　經普1741

春秋經傳集解三十卷　(晉)杜預撰　清刻本　八册　存十卷(二十一至三十)

110000－0198－0003308　經普1742

御纂詩義折中二十卷　(清)傅恒等撰　清文光堂刻本　六册　存九卷(十二至二十)

110000－0198－0003309　經普1743

附釋音春秋左傳注疏六十卷　(晉)杜預注　(唐)孔穎達疏　(唐)陸德明音義　清刻本　六册　存十六卷(四十五至六十)

110000－0198－0003310　經普1744

四書玩注詳説四十卷　(清)冉覲祖撰　清寄願堂刻本　九册

110000－0198－0003311　經普1745

附釋音禮記注疏六十三卷　(漢)鄭玄注　(唐)孔穎達疏　清刻本　八册　存十六卷(二十八至四十三)

110000－0198－0003312　經普1746

古經解鉤沉三十卷　(清)余蕭客撰　清刻本　三册　存七卷(十五至二十一)

110000－0198－0003313　經普1749

説文通訓定聲十八卷分部柬韻一卷説雅十九篇古今韻準一卷　(清)朱駿聲撰　清同治九年(1870)元和朱孔彰刻本　五册

110000－0198－0003314　經普1750

尚書讀本二卷　(清)吴汝綸撰　清光緒三十四年(1908)保陽書局鉛印本　二册

110000－0198－0003315　經普1751

履園叢話二十四卷　(清)錢泳撰　清刻本　七册

110000－0198－0003316　經普1753

集古評釋西山真先生文章正宗二十四卷　(宋)真德秀輯　(明)唐順之批點　(明)俞思沖補訂　明末野計齋刻本　十九册　缺六卷(一至六)

110000－0198－0003317　經普1754

論語或問二十卷　(宋)朱熹撰　清刻本　一册　存四卷(四至七)

110000－0198－0003318　經普1756

春秋大事表五十卷附録一卷　(清)顧棟高輯　清乾隆十二年(1747)萬卷樓刻本　五册　存三卷(六至八)

110000－0198－0003319　經普1757

尚書大傳三卷　(漢)伏勝撰　(漢)鄭玄注　**序録一卷辨偽一卷**　(清)陳壽祺撰　清刻古經解彙函本　一册　存一卷(一)

110000－0198－0003320　經普1758

寫定尚書一卷　(清)吴汝綸撰　清光緒十三年(1887)刻本　一册

110000－0198－0003321　經普1760

説文通訓定聲十八卷柬韻一卷説雅一卷古今韻準一卷　(清)朱駿聲撰　(清)朱鏡蓉訂　**行狀一卷**　清臨嘯閣刻本　三十一册

110000－0198－0003322　經普1761

説文解字句讀三十卷　(清)王筠撰集　清刻本　七册　存十四卷(十七至三十)

110000－0198－0003323　經普1762

易緯八種　(漢)鄭玄注　清同治十二年(1873)粤東書局刻古經解彙函本　九册

110000－0198－0003324　經普1763

春秋集傳纂例十卷　(唐)陸淳纂　清同治十二年(1873)粤東書局刻古經解彙函本　十一册

110000－0198－0003325　經普1764

古經解彙函十六種　(清)鍾謙鈞輯　清同治十二年(1873)菊坡精舍刻本　七册　存三種二十七卷(鄭氏周易注三卷、補遺一卷,周易集解十七卷,周易口訣義六卷)

110000－0198－0003326　經普 1765

七經孟子考文並補遺二百卷　(日本)山井鼎輯　清嘉慶二年(1797)儀徵阮氏小琅嬛僊館刻本　六冊　存六十卷(左傳一至六十)

110000－0198－0003327　經普 1766

康熙字典十二集三十六卷檢字一卷辨似一卷等韻一卷補遺一卷備考一卷　(清)張玉書等纂修　清刻本　六冊　存二集(午集、未集)

110000－0198－0003328　經普 1767

皇清經解一千四百卷　(清)阮元輯　清咸豐十年(1860)學海堂刻本　十五冊　存六十卷(一千二百十八至一千二百七十七)

110000－0198－0003329　經普 1768

七經孟子考文並補遺二百卷　(日本)山井鼎輯　清嘉慶二年(1797)儀徵阮氏小琅嬛僊館刻本　六冊　存十四卷(孟子一至十四)

110000－0198－0003330　經普 1769

左繡三十卷　(清)馮李驊　(清)陸浩評輯

春秋經傳集解三十卷　(晉)杜預撰　(唐)陸德明音釋　(宋)林堯叟附註　(清)馮李驊增訂　清光緒二十五年(1899)濰陽成文信記刻本　八冊　存三十二卷(左繡一至十六、春秋經傳集解一至十六)

110000－0198－0003331　經普 1770

四書大全摘要四種　(清)李武纂輯　清煥文堂刻本　九冊

110000－0198－0003332　經普 1771

四書經注集證十九卷　(清)吳昌宗輯　清刻本　八冊　存十卷(孟子一至十)

110000－0198－0003333　經普 1772

說文釋例二十卷　(清)王筠撰　清同治四年(1865)王彥侗刻本　五冊　存十卷(一至十)

110000－0198－0003334　經普 1773

春秋公羊經傳解詁十二卷　(漢)何休撰　清刻本　二冊

110000－0198－0003335　經普 1774

春秋左傳三十卷首一卷　(晉)杜預注　(宋)林堯叟附注　(唐)陸德明音釋　(清)馮李驊集解　清光緒十二年(1886)湖北官書處刻本　六冊　存十六卷(一至十六)

110000－0198－0003336　經普 1775

道咸同光四朝詩史甲集八卷首一卷　孫雄輯　清宣統二年(1910)孫氏刻本　九冊

110000－0198－0003337　經普 1776

國朝古文彙鈔初集一百七十六卷首一卷二集一百卷　(清)朱琦輯　清道光二十七年(1847)沈氏刻本　九冊　存二十三卷(二集三十三至五十五)

110000－0198－0003338　經普 1777

廣韻五卷　(宋)陳彭年撰　清刻本　十冊

110000－0198－0003339　經普 1778

毛詩傳箋通釋三十二卷　(清)馬瑞辰撰　清光緒廣雅書局刻本　六冊　存十三卷(二十至三十二)

110000－0198－0003340　經普 1779

欽定禮記義疏八十二卷首一卷　(清)允祿等撰　清刻本　十六冊　存四十二卷(四十一至八十二)

110000－0198－0003341　經普 1780

欽定春秋傳說彙纂三十八卷首二卷　(清)王掞等撰　清刻本　八冊

110000－0198－0003342　經普 1781

春秋公羊經傳解詁十二卷　(漢)何休撰　**重刊宋紹熙公羊傳注附音本校記一卷**　(清)魏彥撰　清光緒二十一年(1895)金陵書局刻本　二冊

110000－0198－0003343　經普 1782

欽定春秋傳說彙纂三十八卷首二卷　(清)王掞等撰　清刻本　十二冊　存二十一卷(十八至三十八)

110000－0198－0003344　經普 1783

周易集解纂疏三十六卷首一卷　(清)李道平撰　清刻本　二冊　存二卷(四至五)

110000－0198－0003345　經普 1784

說文重文檢字篇一卷說文疑難檢字篇一卷今

文檢字篇一卷 （清）徐樾編　清刻本　三冊

110000－0198－0003346　經普 1786

論語經正錄二十卷 （清）王肇晉撰　**年譜一卷** （清）王用誥述　清光緒二十年（1894）刻本　一冊　存一卷（一）

110000－0198－0003347　經普 1787

鄭氏周易注三卷 （漢）鄭玄註　清同治十三年（1874）廣州粵東書局刻古經解彙函本　一冊

110000－0198－0003348　經普 1788

易緯八種 （漢）鄭玄注　清同治十三年（1874）廣州粵東書局刻古經解彙函本　一冊　存二種（通卦、乾坤）

110000－0198－0003349　經普 1789

周易口訣義六卷 （唐）史徵撰　（清）孫星衍注　清同治十三年（1874）廣州粵東書局刻古經解彙函本　一冊

110000－0198－0003350　經普 1790

論語集解義疏十卷 （三國魏）何晏集解　（南朝梁）皇侃義疏　清同治十三年（1874）廣州粵東書局刻古經解彙函本　四冊

110000－0198－0003351　經普 1791

春秋釋例十五卷 （晉）杜預撰　（清）莊述祖　（清）孫星衍校　清同治十三年（1874）廣州粵東書局刻古經解彙函本　九冊

110000－0198－0003352　經普 1792

春秋集傳纂例十卷 （唐）陸淳撰　清同治十三年（1874）廣州粵東書局刻古經解彙函本　三冊

110000－0198－0003353　經普 1793

春秋微旨三卷 （唐）陸淳撰　清同治十三年（1874）廣州粵東書局刻古經解彙函本　一冊

110000－0198－0003354　經普 1794

周易集解十七卷 （唐）李鼎祚輯　清同治十三年（1874）廣州粵東書局刻古經解彙函本　六冊

110000－0198－0003355　經普 1795

鄭志三卷附補遺一卷 （三國魏）鄭小同撰　（清）王復輯　清同治十三年（1874）廣州粵東書局刻古經解彙函本　一冊

110000－0198－0003356　經普 1796

尚書大傳三卷 （漢）伏勝撰　（漢）鄭玄注　（清）陳壽祺輯　清刻本　一冊　存二卷（二至三）

110000－0198－0003357　經普 1797

欽定書經傳說彙纂二十一卷首二卷書序一卷 （清）王頊齡等撰　清刻本　四冊　存七卷（一至七）

110000－0198－0003358　經普 1798

欽定禮記義疏八十二卷首一卷 （清）允祿等撰　清刻本　九冊　存二十九卷（七至三十五）

110000－0198－0003359　經普 1799

全上古三代秦漢三國六朝文七百四十六卷 （清）嚴可均輯　清光緒二十年（1894）黃岡王氏刻本　二冊　存十四卷（全梁文七至二十）

110000－0198－0003360　經普 1800

全上古三代秦漢三國六朝文七百四十六卷 （清）嚴可均輯　清光緒二十年（1894）黃岡王氏刻本　五冊　存四十卷（全宋文二十五至六十四）

110000－0198－0003361　經普 1801

周易略解八卷 （清）馮經撰　清道光三十年（1850）南海伍氏粵雅堂刻本　一冊

110000－0198－0003362　經普 1802

讀易大旨五卷 （清）孫奇逢撰　（清）耿極校訂　清康熙刻本　一冊　存一卷（一）

110000－0198－0003363　經普 1803

康熙字典十二集三十六卷檢字一卷辨似一卷等韻一卷補遺一卷備考一卷 （清）張玉書　（清）凌紹雯等纂修　清刻本　一冊　存一卷（子集上）

110000－0198－0003364　經普 1805

輶軒使者絕代語釋別國方言箋疏十三卷

(清)錢繹撰　清光緒十六年(1890)紅蝠山房刻本　一册　存二卷(一至二)

110000－0198－0003365　經普 1807
小學鉤沈十九卷　(清)任大椿輯　清刻本　三册　缺四卷(一至四)

110000－0198－0003366　經普 1809
四書訓義三十六卷　(宋)朱熹集註　(清)王夫之訓義　清光緒十三年(1887)潞河啖柘山房刻船山遺書本　十三册

110000－0198－0003367　經普 1810
欽定春秋左傳讀本三十卷　(清)英和等撰　清道光二年(1822)武英殿刻本　十六册

110000－0198－0003368　經普 1811
周禮十二卷　(漢)鄭玄注　清闕里孔氏敦本堂家塾刻本　二册　缺四卷(九至十二)

110000－0198－0003369　經普 1812
四書習解辨四卷　(清)蕭蔚源輯　清嘉慶二十四年(1819)師儉堂刻本　四册

110000－0198－0003370　經普 1813
新訂四書補注備旨十卷　(明)鄧林撰　(清)鄧煜編　(清)杜定基增訂　清宣統元年(1909)文成堂刻本　七册

110000－0198－0003371　經普 1814
禮書通故五十卷　(清)黄以周撰　清光緒十九年(1893)定海黄氏試館刻本　八册

110000－0198－0003372　經普 1816
孫谿朱氏經學叢書初編十三種　(清)朱記榮輯　清光緒吴縣朱記榮槐廬刻本　六册　存十種十五卷(周易集解賸義三卷、古易音訓二卷、尚書餘論一卷、詩辨說一卷、饗禮補亡一卷、公羊逸禮攷徵一卷、論語孔注辨僞二卷、讀孟質疑二卷、弟子職集解一卷、孟子時事略一卷)

110000－0198－0003373　經普 1817
豐川今古文尚書質疑八卷　(清)王心敬輯　清乾隆三年(1738)溽衙刻本　八册

110000－0198－0003374　經普 1818
附釋音禮記注疏六十三卷　(漢)鄭玄注　(唐)孔穎達疏　(唐)陸德明釋　清刻本　八册

110000－0198－0003375　經普 1819
左繡三十卷首一卷　(清)馮李驊　(清)陸浩輯　清末石印本　四册

110000－0198－0003376　經普 1820
四書訓義三十六卷　(宋)朱熹集註　(清)王夫之訓義　清光緒十三年(1887)潞河啖柘山房刻船山遺書本　七册　存七卷(二十四至三十)

110000－0198－0003377　經普 1821
古經解彙函十六種　(清)鍾謙鈞等輯　清刻本　三十五册

110000－0198－0003378　經普 1822
春秋公羊傳注疏三十八卷　(漢)何休撰　(唐)陸德明音義　清刻本　四册　存二十四卷(十五至三十八)

110000－0198－0003379　經普 1823
十一經音訓十一種　(清)楊國楨撰　清光緒三年(1877)湖北崇文書局刻本　四册　存二種(詩經音訓、禮記音訓)

110000－0198－0003380　經普 1824
重栞宋本周易注疏附校勘記十卷　(三國魏)王弼注　(唐)孔穎達正義　清同治十二年(1873)江西書局重刻宋本十三經注疏本　八册

110000－0198－0003381　經普 1825
監本附音春秋公羊注疏二十八卷附校勘記一卷　(漢)何休注　(唐)徐彦疏　清同治十二年(1873)江西書局重刻宋本十三經注疏本　十册

110000－0198－0003382　經普 1826
附釋音毛詩注疏七十卷附校勘記　(漢)鄭玄箋　(唐)陸德明音義　(唐)孔穎達疏　清同治十二年(1873)江西書局重刻宋本十三經注疏本　十五册

110000－0198－0003383　經普 1827
謝疊山先生文章軌範七卷　（宋）謝枋得評選　清光緒二十一年（1895）湖北官書處刻朱墨藍套印本　一册　存四卷（四至七）

110000－0198－0003384　經普 1828
古文詞略二十四卷　（清）梅曾亮輯　清同治六年（1867）合肥李氏刻本　一册　存四卷（二十一至二十四）

110000－0198－0003385　經普 1829
元遺山詩集箋注十四卷首一卷末一卷　（金）元好問撰　（元）張德輝類次　（清）施國祁箋注　清道光二年（1822）南潯蔣氏瑞松堂刻本　三册

110000－0198－0003386　經普 1831
楚辭十七卷　（漢）王逸集註　清刻本　一册　存五卷（十三至十七）

110000－0198－0003387　經普 1834
國朝文鈔五編　（清）高嵣編　清乾隆五十一年（1786）刻本　一册

110000－0198－0003388　經普 1835
桐城吴氏尚書讀本二卷　（清）吴汝綸注　吴闓生輯　清光緒三十四年（1908）保陽書局鉛印本　二册

110000－0198－0003389　經普 1838
百尺樓詩草二卷　（清）陳景星撰　清宣統二年（1910）鉛印本　一册

110000－0198－0003390　經普 1839
前漢書一百二十卷　（漢）班固撰　清刻本　一册　存三卷（四至六）

110000－0198－0003391　經普 1840
御纂詩義折中二十卷　（清）傅恒等撰　清經元堂刻本　五册　存十卷（一至十）

110000－0198－0003392　經普 1842
儀禮集説十七卷　（元）敖繼公撰　清康熙通志堂刻通志堂經解本　一册　存三卷（九至十一）

110000－0198－0003393　經普 1844
經史百家雜鈔二十六卷　（清）曾國藩纂　清刻本　一册　存一卷（十六）

110000－0198－0003394　經普 1845
十八家詩鈔二十八卷　（清）曾國藩編　（清）李鴻章審訂　清同治十三年（1874）傳忠書局刻曾文正公全集本　五册　存五卷（一、五、二十四、二十六至二十七）

110000－0198－0003395　經普 1846
説文解字句讀三十卷　（清）王筠撰　清同治四年（1865）刻本　一册　存二卷（一至二）

110000－0198－0003396　經普 1847
歌麻古韻考四卷　（清）吴樹聲撰　清刻本　一册　存一卷（一）

110000－0198－0003397　經普 1848
禮記章句十卷　（宋）朱熹章句　（清）任啟運注　清光緒刻本　一册　存一卷（九）

110000－0198－0003398　經普 1851
孟子十四卷　（宋）朱熹集註　清光緒三十二年（1906）商務印書館鉛印本　三册　存七卷（一至七）

110000－0198－0003399　經普 1852
助字辨略五卷　（清）劉淇撰　清同治三年（1864）長沙楊氏刻本　三册　存三卷（一至三）

110000－0198－0003400　經普 1854
儀禮節略二十卷　（清）朱軾撰　清刻本　一册　存一卷（十七）

110000－0198－0003401　經普 1857
欽定本朝四書文　（清）方苞等選評　清光緒二年（1876）崇文書局刻本　四册

110000－0198－0003402　經普 1858
漁洋山人自撰年譜二卷　（清）王士禛編　（清）惠棟注補　清惠氏紅豆齋刻本　一册

110000－0198－0003403　經普 1859
漁洋山人精華錄訓纂十卷　（清）王士禛撰　（清）惠棟編　清惠氏紅豆齋刻本　十册

110000－0198－0003404　經普 1860

五朝文鐸二十卷 (清)李壽萱編 清光緒十七年(1891)敘州府學署明倫堂刻本 七册 存十一卷(二至五、十一至十二、十五至十六、十八至二十)

110000－0198－0003405 經普 1861
蛾述集十六卷 (清)陳庭學撰 清嘉慶二十年(1815)松陵陳氏刻本 二册 存八卷(一至八)

110000－0198－0003406 經普 1862
集古評釋西山真先生文章正宗二十四卷 (宋)真德秀輯 (明)唐順之批點 (明)俞思沖補訂 明萬曆四十六年(1618)武林野計齋刻本 三册 存四卷(三至六)

110000－0198－0003407 經普 1863
鄭東父遺書六卷 (清)鄭杲撰 清光緒三十年(1904)集虛草堂刻本 三册 缺二卷(五至六)

110000－0198－0003408 經普 1864
四書緯四卷 (清)常增撰 清刻本 二册 存二卷(二、四)

110000－0198－0003409 經普 1865
春秋左氏傳補注十卷春秋師說三卷附録一卷 (元)趙汸撰 **春秋會通二十四卷首一卷** (元)李廉輯 清通志堂刻本 八册

110000－0198－0003410 經普 1866
春秋通說十三卷 (宋)黄仲炎撰 **春秋張氏集注十一卷** (宋)張洽撰 **春秋或問十卷** (元)程端學撰 清通志堂刻本 八册

110000－0198－0003411 經普 1867
小學彙函十四種 (清)鍾謙鈞輯 清刻本 三十三册

110000－0198－0003412 經普 1868
詩集傳八卷 (宋)朱熹撰 清刻本 三册 缺二卷(一至二)

110000－0198－0003413 經普 1869
春秋左傳五十卷 (晉)杜預 (宋)林堯叟注釋 (唐)陸元朗音義 (明)鍾惺 (明)韓范評閲 清書業德刻本 八册 存二十五卷(二十六至五十)

110000－0198－0003414 經普 1870
欽定儀禮義疏四十八卷首二卷 (清)朱軾等纂 清刻本 六册 存九卷(十九至二十七)

110000－0198－0003415 經普 1871
奎壁詩經八卷 (宋)朱熹集傳 清光緒十五年(1889)京都文生堂刻本 四册

110000－0198－0003416 經普 1872
十三經古注十三種 (明)金蟠校訂 明崇禎十二年(1639)永懷堂刻本 九册 存三種四十五卷(論語二十卷、孟子十四卷、爾雅十一卷)

110000－0198－0003417 經普 1873
四書章句集注 (宋)朱熹集註 清錦雲閣刻本 五册

110000－0198－0003418 經普 1875
儀禮疏五十卷 (唐)賈公彦等撰 清刻本 一册 存十一卷(一至十一)

110000－0198－0003419 經普 1876
孟子趙注補正六卷 (清)宋翔鳳撰 清光緒十七年(1891)廣雅書局刻本 一册 存三卷(四至六)

110000－0198－0003420 經普 1878
許氏說文解字雙聲疊韻譜不分卷 (清)鄧廷楨撰 清刻本 一册

110000－0198－0003421 經普 1879
儀禮集說十七卷 (元)敖繼公撰 清康熙十九年(1680)通志堂刻本 二册

110000－0198－0003422 經普 1880
欽定周官義疏四十八卷首一卷 (清)鄂爾泰撰 清同治七年(1868)李瀚章刻本 一册 存三卷(一至二、首一卷)

110000－0198－0003423 經普 1881
詩集傳八卷 (宋)朱熹撰 清刻本 一册 存一卷(三)

110000－0198－0003424 經普 1882

春秋大事表五十卷　(清)顧棟高輯　清萬卷樓刻本　一册　存一卷(九)

110000－0198－0003425　經普 1883
融堂書解二十卷　(宋)錢時撰　清刻本　一册　存五卷(十至十四)

110000－0198－0003426　經普 1887
四書朱子本義彙參四十三卷首四卷　(清)王步青撰　清乾隆十年(1745)敦復堂刻本　一册　存五卷(一、首四卷)

110000－0198－0003427　經普 1888
孟子七卷　(宋)朱熹集註　清李光明莊刻本　一册　存二卷(四至五)

110000－0198－0003428　經普 1890
四書玩注詳説四十卷　(清)冉覲祖輯　清寄顧堂刻本　十六册

110000－0198－0003429　經普 1891
菊坡精舍集二十卷　(清)陳澧編　清光緒二十三年(1897)刻本　三册　存十二卷(九至二十)

110000－0198－0003430　經普 1892
字鑑五卷　(元)李文仲撰　清光緒十一年(1885)蔣氏鐵華館刻本　一册

110000－0198－0003431　經普 1893
孟子趙注補正六卷　(清)宋翔鳳撰　清光緒十七年(1891)廣雅書局刻本　一册　存三卷(一至三)

110000－0198－0003432　經普 1895
字學七種二卷　(清)李祕園撰　清光緒十二年(1886)松竹齋刻本　二册

110000－0198－0003433　經普 1896
周禮注疏删翼三十卷　(明)葉培恕定　(明)王志長輯　明崇禎十二年(1639)函三堂刻本　十册　存十三卷(一至十三)

110000－0198－0003434　經普 1897
四書翊注四十三卷　(清)刁包輯　清刻本　七册　存十四卷(孟子一至十四)

110000－0198－0003435　經普 1898
春秋經傳集解三十卷　(晉)杜預集解　(唐)陸德明音義　清宣統二年(1910)學部圖書局影印本　八册

110000－0198－0003436　經普 1899
高青邱詩集注十八卷首一卷　(明)高啟著　清雍正六年(1728)文瑞樓刻本　五册　存十一卷(八至十八)

110000－0198－0003437　經普 1902
詩經八卷　(宋)朱熹集傳　清光緒六年(1880)京都聚珍堂書坊刻本　二册

110000－0198－0003438　經普 1903
春秋大事表五十卷輿圖一卷附錄一卷　(清)顧棟高輯　清乾隆十三年(1748)萬卷樓刻本　三册

110000－0198－0003439　經普 1904
欽定春秋傳説彙纂三十八卷首二卷　(清)王掞等撰　清刻本　一册　存二卷(二十五至二十六)

110000－0198－0003440　經普 1906
尚書釋音二卷　(唐)陸德明撰　清末刻本　一册

110000－0198－0003441　經普 1907
春秋説畧十二卷　(清)郝懿行撰　清刻本　一册　存四卷(一至四)

110000－0198－0003442　經普 1908
詩毛氏傳疏三十卷　(清)陳奂撰　清刻本　一册　存二卷(二十三至二十四)

110000－0198－0003443　經普 1909
易經十二卷首一卷末一卷　(宋)朱熹本義　清刻本　一册　存十卷(三至十二)

110000－0198－0003444　經普 1912
説文通檢十四卷首一卷末一卷　(清)黎永椿撰　清刻本　一册

110000－0198－0003445　經普 1916
經字正蒙八卷　(清)李文沂撰　清光緒十一年(1885)傅文軒刻本　一册　存一卷(二)

110000－0198－0003446　經普 1917

康熙字典 (清)凌紹雯編 清末石印本 二冊 存四集(酉集、亥集,備考,補遺)

110000－0198－0003447 經普 1918

康熙字典 (清)凌紹雯編 清刻本 二冊 存二集(午集上、酉集上)

110000－0198－0003448 經普 1919

古籀拾遺三卷 (清)孫詒讓撰 清光緒十四年至十六年(1888－1890)刻本 一冊 缺一卷(下)

110000－0198－0003449 經普 1920

論語經正錄二十卷 (清)王肇晉撰 (清)王用誥述 清光緒二十年(1894)刻本 二冊 存三卷(一至三)

110000－0198－0003450 經普 1921

說文解字三十二卷 (漢)許慎撰 清刻本 一冊 存三卷(六至八)

110000－0198－0003451 經普 1922

朱子論語集注訓詁攷二卷 (清)潘衍桐輯 清光緒十七年(1891)浙江書局刻本 一冊

110000－0198－0003452 經普 1923

春秋左傳三十卷首一卷 (晉)杜預注 (唐)陸德明音義 (宋)林堯叟附注 (清)馮李驊集解 清光緒二十八年(1902)桂垣書局刻本 十二冊

110000－0198－0003453 經普 1924

左傳易讀六卷 (清)司徒修輯 清光緒十年(1884)文英堂刻本 一冊 存二卷(一至二)

110000－0198－0003454 經普 1926

說文解字義證五十卷 (清)桂馥撰 清刻本 八冊 缺十卷(一至十)

110000－0198－0003455 經普 1928

四書釋地三續補一卷 (清)閻若璩撰 清刻本 一冊

110000－0198－0003456 經普 1929

禮記集說十卷 (元)陳澔撰 明崇禎汲古閣刻本 五冊 存五卷(六至十)

110000－0198－0003457 經普 1931

儀禮圖六卷 (清)張惠言撰 清同治九年(1870)楚北崇文書局刻本 一冊 存二卷(一至二)

110000－0198－0003458 經普 1932

經讀考異八卷 (清)武億撰 清乾隆五十四年(1789)刻本 一冊 缺二卷(七至八)

110000－0198－0003459 經普 1933

鄭氏詩箋禮注異義考一卷 (清)桂文燦撰 清咸豐七年至光緒二十二年(1857－1896)刻經學叢書本 一冊

110000－0198－0003460 經普 1934

龔定菴說文段注札記一卷 (清)龔自珍撰 (清)劉肇隅編校 清光緒二十八年(1902)長沙湘潭葉氏刻本 一冊

110000－0198－0003461 經普 1936

曲江書屋新訂批注左傳快讀十八卷首一卷 (清)李紹崧選訂 清刻本 一冊 存一卷(六)

110000－0198－0003462 經普 1937

讀左補義五十卷首一卷 (清)姜炳璋輯 清刻本 一冊 存三卷(三十九至四十一)

110000－0198－0003463 經普 1938

春秋集傳釋義大成十二卷首一卷 (元)余皋撰 清康熙通志堂刻本 一冊 存三卷(七至九)

110000－0198－0003464 經普 1939

周易新講義十卷 (宋)龔原撰 清木活字印本 一冊 存二卷(四至五)

110000－0198－0003465 經普 1940

說文解字注三十二卷 (清)段玉裁注 清刻本 一冊 存一卷(九)

110000－0198－0003466 經普 1941

詩經八卷 (宋)朱熹集傳 清光緒九年(1883)文光樓刻本 一冊 存二卷(一至二)

110000－0198－0003467 經普 1942

周易十四卷 (宋)朱熹本義 清刻本 二冊 存四卷(一至四)

110000－0198－0003468　經普 1943
春秋左傳杜注三十卷首一卷　(清)姚培謙撰　清刻本　一册　存二卷(二十至二十一)

110000－0198－0003469　經普 1944
詩集傳二十卷　(宋)朱熹撰　清刻本　一册　存二卷(三至四)

110000－0198－0003470　經普 1945
四書緯四卷　(清)常增撰　清道光十六年(1836)沈氏刻本　一册　存一卷(三)

110000－0198－0003471　經普 1946
五經類編二十八卷　(清)周世樟編　清刻本　一册　存三卷(二十六至二十八)

110000－0198－0003472　經普 1947
小爾雅一卷　(漢)孔鮒撰　(清)朱駿聲注　清道光刻本　一册

110000－0198－0003473　經普 1948
周易引經通釋十卷　(清)李鈞簡輯註　清嘉慶十九年(1814)鶴蔭書屋刻本　五册　缺二卷(一至二)

110000－0198－0003474　經普 1949
說文解字義證五十卷　(清)桂馥撰　清同治九年(1870)崇文書局刻本　三册　存九卷(一至二、四十四至五十)

110000－0198－0003475　經普 1950
書經六卷　(宋)蔡沈集傳　清光緒二十八年(1902)桂垣書局刻本　四册

110000－0198－0003476　經普 1951
春秋或問六卷　(清)郜坦撰　清刻本　一册　存二卷(三至四)

110000－0198－0003477　經普 1952
欽定周官義疏四十八卷首一卷　(清)鄂爾泰等撰　清同治六年(1867)浙江書局刻本　一册　存三卷(二十四至二十六)

110000－0198－0003478　經普 1953
大戴禮記解詁十三卷目錄一卷　(清)王聘珍撰　清光緒十三年(1887)廣雅書局刻本　一册　存五卷(四至八)

110000－0198－0003479　經普 1955
釋名疏證八卷附補遺一卷校義一卷　(清)畢沅撰　清光緒二十年(1894)廣雅書局刻本　一册　缺五卷(一至五)

110000－0198－0003480　經普 1957
四書正本十九卷　(清)童棫輯　清同治四年(1865)忠恕堂童氏刻本　一册　存二種(大學、中庸)

110000－0198－0003481　經普 1958
春秋大事表五十卷輿圖一卷附錄一卷　(清)顧棟高撰　清乾隆十三年(1748)錫山顧氏萬卷樓刻本　三册

110000－0198－0003482　經普 1959
孫月峰先生批評禮記六卷　(明)孫鑛撰　(明)馮元仲參　明末馮元仲刻本　一册　存三卷(一至三)

110000－0198－0003483　經普 1960
書經六卷　(宋)蔡沈集傳　清刻本　一册　存一卷(四)

110000－0198－0003484　經普 1961
御纂周易折中二十二卷首一卷　(清)李光地等纂　清刻本　一册　存三卷(一至二、首一卷)

110000－0198－0003485　經普 1964
周易解故一卷　(清)丁晏撰　清光緒十九年(1893)廣雅書局刻本　一册

110000－0198－0003486　經普 1965
詩經八卷　(宋)朱熹集傳　清刻本　一册

110000－0198－0003487　經普 1966
戴氏注論語二十卷　(清)戴望撰　清同治十年(1871)刻本　一册　存十卷(一至十)

110000－0198－0003488　經普 1967
周禮今釋六卷　(清)桂文燦撰　清咸豐七年至光緒二十二年(1857－1896)南海桂氏刻經學叢書本　一册　存二卷(五至六)

110000－0198－0003489　經普 1969
孟子趙注考證一卷　(清)桂文燦撰　清咸豐

七年至光緒二十二年(1857－1896)南海桂氏刻經學叢書本　一冊

110000－0198－0003490　經普 1970

春秋左傳五十卷　(晉)杜預　(宋)林堯叟注釋　(唐)陸德明音義　(明)鍾惺　(明)孫鑛等評點　清刻本　一冊　存三卷(三十二至三十四)

110000－0198－0003491　經普 1971

欽定禮記義疏八十二卷首一卷　(清)鄂爾泰等撰　清刻本　一冊　存三卷(七十五至七十七)

110000－0198－0003492　經普 1972

儀禮正義四十卷　(漢)鄭玄注　(清)胡培翬撰　(清)楊大堉補　清刻本　二冊　存四卷(九至十二)

110000－0198－0003493　經普 1973

復堂易貫不分卷復堂春秋貫不分卷　(清)于大鯤撰　清乾隆三十八年(1773)聽雨山房刻本　四冊

110000－0198－0003494　經普 1974

資治通鑑二百九十四卷目錄三十卷　(宋)司馬光撰　(元)胡三省音註　清刻本　一冊　存三卷(一百五十七至一百五十九)

110000－0198－0003495　經普 1975

禮記訓纂四十九卷　(清)朱彬輯　清刻本　一冊　存三卷(一至三)

110000－0198－0003496　經普 1976

康熙字典十二集三十六卷檢字辨似一卷等韻一卷補遺一卷備考一卷　(清)張玉書　(清)凌紹雯等纂修　清刻本　一冊　存一卷(酉集下)

110000－0198－0003497　經普 1978

十三經古注十三種　(明)金蟠　(明)葛鼒校　明崇禎十二年(1639)永懷堂刻本　二十冊　存五種九十三卷(春秋公羊傳二十八卷,春秋穀梁傳二十卷,周易一至三、七至八,書經二十卷,詩經二十卷)

110000－0198－0003498　經普 1979

四書圖考十三卷　(清)杜炳撰　清刻本　六冊

110000－0198－0003499　經普 1982

四書典林三十卷　(清)江永編　清刻本　一冊　存四卷(二十六至二十九)

110000－0198－0003500　經普 1983

古今通韻十二卷首一卷　(清)毛奇齡撰　清康熙二十三年(1684)史館刻本　四冊

110000－0198－0003501　經普 1984

音學五書五種三十八卷　(清)顧炎武著　清光緒刻本　三冊　存二種十三卷(詩本音十卷、易音三卷)

110000－0198－0003502　經普 1985

四書典制類聯三十三卷　(清)閻其淵輯　清刻本　一冊　存三卷(十二至十四)

110000－0198－0003503　經普 1986

毛詩音義三卷　(唐)陸德明撰　清同治刻本　一冊　存一卷(下)

110000－0198－0003504　經普 1989

四書朱子本義滙參四十三卷首四卷　(清)王步青輯　清敦復堂刻本　十四冊　存二十卷(二至二十一)

110000－0198－0003505　經普 1990

春秋左傳音訓不分卷　(清)楊國楨撰　清道光十年(1830)刻本　八冊

110000－0198－0003506　經普 1991

説文解字義證五十卷　(清)桂馥撰　清同治九年(1870)湖北崇文書局刻本　十八冊　存二十六卷(三至四、六至七、九至二十、二十七至三十六)

110000－0198－0003507　經普 1992

欽定禮記義疏八十二卷首一卷　(清)鄂爾泰等撰　清刻本　十六冊　存四十三卷(二十至四十二、六十三至八十二)

110000－0198－0003508　經普 1993

朱子儀禮經傳通解六十九卷　(宋)朱熹撰

(宋)黄榦續撰 (清)梁萬方考訂 (清)梁開宗參訂 清刻本 十六册 存二十七卷(十三至二十七、五十八至六十九)

110000－0198－0003509 經普 1994
欽定篆文六經四書十種 (清)李光地等編 清光緒九年(1883)同文書局石印本 五册

110000－0198－0003510 經普 1996
皇朝五經彙解二百七十卷 題(清)抉經心室主人纂 清末石印本 一册 存十卷(二十二至三十一)

110000－0198－0003511 經普 1997
欽定禮記義疏八十二卷首一卷 (清)鄂爾泰等撰 清末石印本 二册 存三十卷(四十至六十九)

110000－0198－0003512 經普 1998
論語後錄五卷 (清)錢坫撰 清末石印本 二册

110000－0198－0003513 經普 1999
廣韻五卷 (宋)陳彭年等編 清末石印本 三册 存三卷(二至四)

110000－0198－0003514 經普 2003
宋本十三經註疏附校勘記十三種 (清)阮元編 清光緒十三年(1887)脈望仙館石印本 二册 存一種十四卷(孟子注疏十四卷)

110000－0198－0003515 經普 2004
宋本十三經註疏附校勘記十三種 (清)阮元編 清光緒十三年(1887)脈望仙館石印本 二册 存一種二十八卷(春秋公羊傳注疏二十八卷)

110000－0198－0003516 經普 2005
皇清經解編目十六卷 (清)凌忠照編 清末石印本 一册 存七卷(十至十六)

110000－0198－0003517 經普 2006
康熙字典十二集三十六卷檢字辨似一卷等韻一卷補遺一卷備考一卷 (清)張玉書 (清)凌紹雯等纂修 清末上海錦章書局石印本 二册

110000－0198－0003518 經普 2007
毛詩傳箋通釋三十二卷 (清)馬瑞辰撰 清光緒十三年(1887)廣雅書局刻本 六册 存十九卷(一至十九)

110000－0198－0003519 經普 2008
禮經通論二卷 (清)邵懿辰撰 清同治三年(1864)望三益齋刻本 一册

110000－0198－0003520 經普 2009
欽定春秋左傳讀本三十卷 (清)英和等撰 清刻本 四册 存十二卷(四至十五)

110000－0198－0003521 經普 2010
周禮十二卷 (漢)鄭玄注 (唐)陸德明音義 清闕里孔氏敦本堂家塾刻本 一册 存四卷(九至十二)

110000－0198－0003522 經普 2011
春秋繁露十七卷 (漢)董仲舒撰 (清)凌曙注 清刻本 一册 存五卷(九至十三)

110000－0198－0003523 經普 2013
詩經八卷 (宋)朱熹集傳 清刻本 一册 存三卷(六至八)

110000－0198－0003524 經普 2014
四書拾義五卷 (清)胡紹勳撰 清道光十四年(1834)吟經樓刻本 一册 存三卷(三至五)

110000－0198－0003525 經普 2016
禮記章句四十九卷 (清)王夫之撰 清刻船山遺書本 一册 存八卷(四十二至四十九)

110000－0198－0003526 經普 2017
儀禮札記二卷 (清)朱亦棟撰 清光緒四年(1878)武林竹簡齋刻十三經札記本 一册

110000－0198－0003527 經普 2018
尚書札記二卷 (清)朱亦棟撰 清光緒四年(1878)武林竹簡齋刻十三經札記本 一册

110000－0198－0003528 經普 2019
尚書讀本二卷 (清)吳汝綸撰 清光緒三十四年(1908)保陽書局鉛印本 二册

110000－0198－0003529 經普 2020

康熙字典十二集三十六卷檢字一卷辨似一卷等韻一卷補遺一卷備考一卷 (清)張玉書 (清)凌紹雯等纂修 清末石印本 一冊 存二集(丑、寅)

110000－0198－0003530 經普2021
爾雅三卷 (晉)郭璞注 (唐)陸德明音義 清嘉慶二十二年(1817)順德張青選清芬閣刻本 二冊 存二卷(上、中)

110000－0198－0003531 經普2022
論語二十卷 (宋)朱熹集註 清刻本 一冊 存五卷(一至五)

110000－0198－0003532 經普2023
四書恒解十卷 (清)劉沅輯註 清光緒十年(1884)豫誠堂刻本 三冊 存三卷(三至五)

110000－0198－0003533 經普2024
四書集注直解說約二十七卷 (明)張居正撰 (清)顧蘊麟 (清)楊彝輯 清光緒八旗經正書院刻本 三冊 存六卷(八至十一、十五至十六)

110000－0198－0003534 經普2025
戴氏注論語二十卷 (清)戴望撰 清同治十年(1871)刻本 一冊 存十卷(十一至二十)

110000－0198－0003535 經普2026
御纂周易折中二十二卷首一卷 (清)李光地等撰 清康熙武英殿刻本 六冊 存十八卷(三至十、十三至二十二)

110000－0198－0003536 經普2027
爾雅郭注義疏二十卷 (清)郝懿行撰 清同治五年(1866)棲霞郝氏刻本 二冊 存五卷(十三至十七)

110000－0198－0003537 經普2028
書疑九卷 (宋)王柏撰 清同治八年(1869)退補齋刻本 一冊 存五卷(五至九)

110000－0198－0003538 經普2029
四書益智錄二十卷 (清)桂含章輯 清光緒九年(1883)石埭桂氏務本堂刻本 一冊 存一卷(十八)

110000－0198－0003539 經普2030
春秋左傳杜注三十卷 (清)姚培謙撰 清光緒十五年(1889)江南書局刻本 一冊 存三卷(十七至十九)

110000－0198－0003540 經普2031
經字正蒙八卷 (清)李文沂撰 清光緒十一年(1885)刻本 一冊 存一卷(七)

110000－0198－0003541 經普2032
說文解字義證五十卷附錄一卷 (清)桂馥撰 清同治九年(1870)湖北崇文書局刻本 二十四冊 存三十四卷(一至三十四)

110000－0198－0003542 經普2033
春秋三傳十六卷首一卷 (晉)杜預等注 清嘉慶十年(1805)刻本 八冊 存十卷(一至九、首一卷)

110000－0198－0003543 經普2034
論語二十卷 清光緒十二年(1886)刻本 一冊 存一卷(二)

110000－0198－0003544 經普2035
緯攟十四卷 (清)喬松年輯 清光緒三年(1877)強恕堂刻本 一冊 存一卷(五)

110000－0198－0003545 經普2036
說文解字句讀三十卷 (清)王筠撰 清同治四年(1865)刻本 一冊 存二卷(十五至十六)

110000－0198－0003546 經普2037
融堂書解二十卷 (宋)錢時撰 清刻本 二冊 存九卷(一至九)

110000－0198－0003547 經普2038
說文聲訂二卷 (清)苗夔撰 清道光二十一年(1841)漢專亭刻苗氏說文四種本 一冊

110000－0198－0003548 經普2039
詩集傳二十卷附詩序辨說一卷 (宋)朱熹集傳 清刻本 三冊 存九卷(一至八、詩序辨說一卷)

110000－0198－0003549 經普2040
周易虞氏義九卷 (清)張惠言撰 清嘉慶八

年(1803)揚州阮氏琅嬛僊館刻本　一册　存二卷(三至四)

110000－0198－0003550　經普 2041
尚書大傳三卷序錄一卷辨僞一卷　(漢)伏勝撰　(清)陳壽祺輯校　清同治十三年(1874)廣州粤東書局刻本　一册　存二卷(二至三)

110000－0198－0003551　經普 2042
青照堂叢書三編八十五種　(清)劉際清　(清)李元春編　清道光十五年(1835)朝邑劉氏刻本　一册　存二種(五經文字、九經字樣)

110000－0198－0003552　經普 2043
欽定春秋左傳讀本三十卷　(清)英和輯　(清)張之萬撰　清刻本　三册　存九卷(十九至二十一、二十五至三十)

110000－0198－0003553　經普 2044
説文通訓定聲十八卷附柬韻一卷　(清)朱駿聲撰　清咸豐元年(1851)臨嘯閣刻本　一册　存一卷(一)

110000－0198－0003554　經普 2045
輶軒使者絕代語釋別國方言箋疏十三卷附校勘記一卷　(清)錢繹撰　清光緒十六年(1890)紅蝠山房刻本　一册　存三卷(十至十二)

110000－0198－0003555　經普 2046
欽定春秋傳説彙纂三十八卷首二卷　(清)王掞等撰　清康熙六十年(1721)内府刻本　二册　存三卷(二十五至二十六、首下)

110000－0198－0003556　經普 2047
春秋左傳杜注三十卷　(清)姚培謙撰　清光緒十五年(1889)江南書局刻本　二册　存七卷(三至九)

110000－0198－0003557　經普 2048
群經質二卷　(清)陳僅撰　清光緒十一年(1885)四明文則樓陳氏木活字印本　一册　存一卷(下)

110000－0198－0003558　經普 2049
四書恒解十卷　(清)劉沅輯註　清光緒十年(1884)豫誠堂刻本　二册

110000－0198－0003559　經普 2050
大戴禮記解詁十三卷目錄一卷　(清)王聘珍撰　清光緒十三年(1887)廣雅書局刻本　一册　存三卷(一至三)

110000－0198－0003560　經普 2053
説文解字三十二卷　(清)段玉裁注　清刻本　一册　存二卷(六篇上、下)

110000－0198－0003561　經普 2054
論語偶記一卷　(清)方觀旭撰　清光緒七年(1881)成都淪雅齋刻本　一册

110000－0198－0003562　經普 2055
苗氏説文四種　(清)苗夔撰　清咸豐元年(1851)壽陽祁氏漢磚亭刻本(有圖)　二册

110000－0198－0003563　經普 2056
讀左補義五十卷　(清)姜炳璋輯　清刻本　一册　存三卷(四十八至五十)

110000－0198－0003564　經普 2057
字學舉隅不分卷　(清)龍啟瑞撰　清光緒八年(1882)京都琉璃廠懿文齋刻本　一册

110000－0198－0003565　經普 2058
禮記集解六十一卷　(清)孫希旦集解　清刻本　二册　存九卷(十至十三、五十七至六十一)

110000－0198－0003566　經普 2059
周易傳義合訂圖義十二卷　(清)朱軾撰　清刻本　四册　存八卷(一至八)

110000－0198－0003567　經普 2060
春秋左傳杜注三十卷首一卷　(清)姚培謙撰　清刻本　一册　存三卷(六至八)

110000－0198－0003568　經普 2065
春秋左傳五十卷　(晉)杜預注　(宋)林堯叟註　(唐)陸德明音義　(明)鍾惺等評點　清末李光明莊刻本　八册　存二十四卷(二十七至五十)

110000－0198－0003569　經普 2068

監本春秋公羊注疏二十四卷附校勘記 (漢)何休撰 清刻本 一冊 存三卷(二十二至二十四)

110000－0198－0003570 經普2069

四書益智錄二十卷 (清)桂含章輯 清光緒九年(1883)石埭桂氏務本堂刻本 三冊 存三卷(一至三)

110000－0198－0003571 經普2070

御批歷代通鑑輯覽一百二十卷 (清)傅恒纂 清刻本 三冊 存七卷(七至九、七十三至七十四、一百五至一百六)

110000－0198－0003572 經普2071

四書質疑十九卷 (清)徐紹楨撰 清光緒九年(1883)梧州刻本 一冊 存十二卷(一至十二)

110000－0198－0003573 經普2072

說文通訓定聲十八卷 (清)朱駿聲撰 清刻本 三冊

110000－0198－0003574 經普2073

說文通訓定聲十八卷 (清)朱駿聲撰 清刻本 二冊 存二卷(十三至十四)

110000－0198－0003575 經普2074

毛詩傳義類十九篇 (清)陳奐撰 清咸豐九年(1859)王載雲刻本 一冊

110000－0198－0003576 經普2075

九經古義十六卷 (清)惠棟撰 清省吾堂刻本 一冊 存四卷(十三至十六)

110000－0198－0003577 經普2076

經義述聞三十二卷 (清)王引之撰 清道光七年(1827)壽藤書屋刻本 二十八冊

110000－0198－0003578 經普2077

連理堂重訂四書存疑十四卷 (明)林希元撰 明崇禎八年(1635)西酉山房刻本 十冊 缺一卷(一)

110000－0198－0003579 經普2078

論語二十卷 清刻本 一冊 存一卷(二)

110000－0198－0003580 經普2080

仿唐寫本說文解字木部不分卷 (漢)許慎撰 清同治三年(1864)曾國藩刻本 一冊

110000－0198－0003581 經普2081

說文解字句讀三十卷補正一卷 (清)王筠撰 清同治四年(1865)刻本 六冊 存十四卷(一至十四)

110000－0198－0003582 經普2082

欽定周官義疏四十八卷首一卷 (清)鄂爾泰等撰 清同治七年(1868)浙江書局刻本 十冊 存二十二卷(二至二十三)

110000－0198－0003583 經普2083

春秋經傳集解三十卷 (晉)杜預輯 (唐)陸德明音釋 (清)馮李驊增訂 清華川書屋刻本 一冊 存二卷(七至八)

110000－0198－0003584 經普2090

康熙字典十二集三十六卷檢字一卷辨似一卷等韻一卷補遺一卷備考一卷 (清)張玉書 (清)凌紹雯等纂修 清末石印本 一冊 存序文

110000－0198－0003585 經普2091

四書五經類典集成三十四卷 (清)戴兆春輯 清光緒十四年(1888)同文書局石印本 二十三冊 存二十四卷(一至二十四)

110000－0198－0003586 經普2092

經文五萬選不分卷 (清)孫廷翰輯 清末石印本 十一冊

110000－0198－0003587 經普2093

分韻詩賦題解統編一百六卷 (清)王景曾編 清光緒十四年(1888)石印本 二冊 存十九卷(一至十九)

110000－0198－0003588 經普2094

欽定春秋傳說彙纂三十八卷首二卷 (清)王掞等編 清刻本 八冊 存十卷(九至十八)

110000－0198－0003589 經普2095

欽定詩經傳說彙纂二十一卷首二卷書序二卷 (清)王鴻緒等編 清刻本 六冊 存六卷(一至四、首二卷)

110000－0198－0003590 經普2097

說文校議六卷 （清）姚文田撰 清同治十三年（1874）歸安姚覲元刻本 二册

110000－0198－0003591 經普 2098

經典釋文三十卷考證三十卷 （唐）陸德明撰 （清）盧文弨考證 清同治八年（1869）湖北崇文書局刻本 二册 存八卷（釋文一至四、二十一至二十四）

110000－0198－0003592 經普 2099

春秋集古傳註二十六卷首一卷 （清）郜坦撰 清光緒二年（1876）淮南書局刻本 四册 存十八卷（九至二十六）

110000－0198－0003593 經普 2100

詩經八卷 （宋）朱熹集註 清刻本 一册 存二卷（一至二）

110000－0198－0003594 經普 2101

禮記集説十卷 （元）陳澔集説 清刻本 五册 存五卷（四、七至十）

110000－0198－0003595 經普 2102

欽定儀禮義疏四十八卷首二卷 （清）朱軾等纂 清刻本 三册 存四卷（十五至十六、四十五至四十六）

110000－0198－0003596 經普 2104

爾雅注疏十一卷 （晉）郭璞註 （宋）邢昺疏 清刻本 一册 存三卷（六至八）

110000－0198－0003597 經普 2105

周易略解八卷 （清）馮經撰 清道光三十年（1850）南海伍氏粵雅堂刻嶺南遺書本 三册 存六卷（三至八）

110000－0198－0003598 經普 2106

欽定儀禮義疏四十八卷首二卷 （清）朱軾等纂 清刻本 十册 存十八卷（十九至三十六）

110000－0198－0003599 經普 2107

爾雅義疏二十卷 （清）郝懿行撰 清同治四年（1865）刻本 四册 存四卷（上一至四）

110000－0198－0003600 經普 2108

春秋左傳補注六卷 （清）惠棟撰 清刻本 一册 存三卷（一至三）

110000－0198－0003601 經普 2109

欽定隆萬四書文六卷 （清）方苞等輯 清刻本 一册 存一卷（孟子上）

110000－0198－0003602 經普 2110

欽定化治四書文不分卷 （清）方苞等輯 清刻本 一册

110000－0198－0003603 經普 2111

欽定春秋傳説彙纂三十八卷首二卷 （清）王掞等編 清刻本 三册 存四卷（二十一至二十四）

110000－0198－0003604 經普 2113

春秋經傳集解三十卷 （晉）杜預撰 （唐）陸德明音義 清刻本 一册 存三卷（二十六至二十八）

110000－0198－0003605 經普 2114

附釋音周禮注疏附校勘記四十二卷 （漢）鄭玄注 （唐）陸德明音義 （唐）賈公彥疏 清刻本 一册 存二卷（五至六）

110000－0198－0003606 經普 2115

爾雅正義二十卷 （清）邵晉涵撰 清乾隆五十三年（1788）餘姚邵氏刻本 二册 存八卷（八至十五）

110000－0198－0003607 經普 2116

爾雅疏十卷 （宋）邢昺撰 清刻本 一册 存一卷（七）

110000－0198－0003608 經普 2117

周禮正義八十六卷 （清）孫詒讓撰 清刻本 一册 存五卷（七十六至八十）

110000－0198－0003609 經普 2119

爾雅注疏十一卷 （晉）郭璞註 （宋）邢昺疏 清刻本 二册 存五卷（一至二、九至十一）

110000－0198－0003610 經普 2120

欽定詩經傳説彙纂二十一卷首二卷書序二卷 （清）王鴻緒等編 清刻本 七册 存七卷（一至七）

110000－0198－0003611　經普 2121
說文通訓定聲十八卷　(清)朱駿聲撰　清刻本　三十八册

110000－0198－0003612　經普 2123
四書益智錄二十卷　(清)桂含章輯　清光緒九年(1883)石埭桂氏務本堂刻本　十一册　存十一卷(四至十一、十五至十七)

110000－0198－0003613　經普 2124
尚書讀本二卷　(清)吳汝綸撰　清光緒三十四年(1908)保陽書局鉛印本　五册

110000－0198－0003614　經普 2126
書經稗疏四卷　(清)王夫之撰　清同治四年(1865)曾國荃金陵刻船山遺書本　一册　存三卷(一至三)

110000－0198－0003615　經普 2127
五經類編二十八卷　(清)周世樟編　清刻本　一册　存四卷(九至十二)

110000－0198－0003616　經普 2130
寫定尚書一卷　(清)吳汝綸校疏　清光緒十八年(1892)桐城吳氏家塾石印本　一册

110000－0198－0003617　經普 2131
[中庸章句]不分卷　(宋)朱熹撰　清聚珍堂刻本　一册

110000－0198－0003618　經普 2135
十三經紀字一卷　(清)汪汲撰　清乾隆五十九年(1794)古愚山房刻本　一册

110000－0198－0003619　經普 2137
說文字原集注四卷原表一卷表說一卷　(清)蔣和撰　清乾隆五十三年(1788)刻本　一册　存二卷(三至四)

110000－0198－0003620　經普 2138
書經六卷　(宋)蔡沈集傳　清刻本　一册　存三卷(一至三)

110000－0198－0003621　經普 2139
春秋經傳集解三十卷　(晉)杜預注　(唐)陸德明音義　清刻本　二册　存四卷(襄公十五至十六、昭公二十至二十一)

110000－0198－0003622　經普 2140
新訂四書補註備旨十卷　(明)鄧林撰　(清)杜定基增訂　清刻本　六册

110000－0198－0003623　經普 2143
經義述聞不分卷　(清)王引之撰　清刻本　一册　存一卷(十五)

110000－0198－0003624　經普 2144
說文解字三十二卷　(漢)許慎撰　清刻本　一册　存三卷(九至十一)

110000－0198－0003625　經普 2145
助字辨略五卷　(清)劉淇撰　清刻本　一册　存一卷(四)

110000－0198－0003626　經普 2146
求古錄禮說十六卷補遺一卷　(清)金鶚撰　清道光三十年(1850)木犀香館刻本　六册　存七卷(十至十六)

110000－0198－0003627　經普 2147
四書集註十九卷　(宋)朱熹撰　清光緒三十二年(1906)商務印書館鉛印本　一册　存五卷(一至五)

110000－0198－0003628　經普 2148
禮記十卷　(元)陳澔集説　清同治五年(1866)金陵書局刻本　二册　存四卷(一至四)

110000－0198－0003629　經普 2151
禮記解四卷　(宋)葉夢得撰　葉德輝輯　清宣統元年(1909)葉氏觀古堂刻本　一册　存二卷(三至四)

110000－0198－0003630　經普 2152
周易析義十卷首一卷　(清)劉伯允纂　清光緒元年(1875)務本堂刻本　四册　存四卷(一至三、首一卷)

110000－0198－0003631　經普 2153
周禮四十二卷　(漢)鄭玄注　(明)金蟠訂　清永懷堂刻本　六册

110000－0198－0003632　經普 2154
說文解字三十二卷　(漢)許慎撰　(清)段玉

裁注　清刻本　三冊　存三卷(十一至十二、十四)

110000－0198－0003633　經普 2155
論語正義二十四卷　(清)劉寶楠撰　清刻本　三冊　存十一卷(六至十六)

110000－0198－0003634　經普 2156
四書集注直解說約二十七卷　(明)張居正撰　(清)顧蘿麟　(清)楊彝輯　清光緒八旗經正書院刻本　六冊　存十四卷(一至五、八至十一、十五至十九)

110000－0198－0003635　經普 2157
說文解字句讀三十卷　(清)王筠撰　清刻本　二冊　存四卷(二十五至二十八)

110000－0198－0003636　經普 2158
詩義序說合鈔四卷首一卷　(清)游閎輯　清道光二十三年(1843)游氏刻本　一冊　存二卷(三至四)

110000－0198－0003637　經普 2159
禮記訓纂四十九卷　(清)朱彬撰　清刻本　一冊　存六卷(三十至三十五)

110000－0198－0003638　經普 2160
學庸會通三卷　(清)吳楚椿撰　清刻本　一冊　存一卷(一)

110000－0198－0003639　經普 2164
周禮正義八十六卷　(清)孫詒讓撰　清光緒三十一年(1905)鉛印本　一冊　存四卷(五十九至六十二)

110000－0198－0003640　經普 2169
寫定尚書一卷　(清)吳汝綸校疏　清光緒十八年(1892)桐城吳氏家塾石印本　一冊

110000－0198－0003641　經普 2170
經藝宏括不分卷　(清)□□輯　清光緒十四年(1888)上海積山書局石印本　十三冊

110000－0198－0003642　經普 2171
匯解經藝群元不分卷　(清)□□輯　清末石印本　八冊　存三種八卷(易經三至六,禮記二,詩經二、四至五)

110000－0198－0003643　經普 2172
四書古注羣義彙解十種　(清)□□輯　清光緒十七年(1891)上海鴻寶齋石印本　七冊　存三種(論語正義、孟子正義、西河合集)

110000－0198－0003644　經普 2173
四書人物類典串珠四十卷　(清)臧志仁輯　清刻本　六冊　存二十二卷(一至二十二)

110000－0198－0003645　經普 2175
詩輯三十六卷　(清)嚴粲撰　清嘉慶十五年(1810)谿上聽彝堂刻本　十一冊　缺四卷(九至十二)

110000－0198－0003646　經普 2176
經義述聞三十二卷　(清)王引之撰　清刻本　八冊　存十卷(六至十五)

110000－0198－0003647　經普 2177
南海桂氏經學叢書八種　(清)桂文燦輯　清咸豐至光緒刻本　一冊　存一種(易大義補)

110000－0198－0003648　經普 2178
四書纂箋二十八卷　(元)詹道傳撰　清康熙通志堂刻通志堂經解本　二冊　存十卷(孟子一至十)

110000－0198－0003649　經普 2180
費氏古易訂文十二卷　王樹枏撰　清光緒十五年(1889)文莫室刻本　一冊　存六卷(七至十二)

110000－0198－0003650　經普 2181
讀四書叢說不分卷　(元)許謙撰　清同治十一年(1872)永康胡氏退補齋刻本　六冊

110000－0198－0003651　經普 2182
廣韻五卷　(宋)陳彭年等撰　清刻小學彙函本　十六冊

110000－0198－0003652　經普 2183
大學衍義補一百六十卷　(明)丘濬編　(明)陳仁錫評閱　清刻本　十六冊

110000－0198－0003653　經普 2185
廣韻五卷　(宋)陳彭年等撰　清末石印本　一冊

110000－0198－0003654　經普 2190
四書集注十九卷　（宋）朱熹撰　清光緒三十二年（1906）商務印書館鉛印本　一册　存二種（大學、中庸）

110000－0198－0003655　經普 2192
連理堂重訂四書存疑八卷　（明）林希元撰　明崇禎八年（1635）酉酉山房刻本　一册　存一卷（一）

110000－0198－0003656　經普 2196
四書集疏六卷　（清）張秉直撰　清光緒三十四年（1908）柏經正堂刻本　六册

110000－0198－0003657　經普 2197
中庸說不分卷　（明）辛全撰　清光緒柏經正堂刻本　一册

110000－0198－0003658　經普 2198
四書或問三十九卷考異一卷　（宋）朱熹撰　清同治十二年（1873）霍山劉氏五忠堂刻本　一册　存三卷（一至三）

110000－0198－0003659　經普 2199
欽定詩經傳說彙纂□□卷首二卷書序二卷　（清）王鴻緒等纂　清刻本　十二册　存十四卷（十一至二十四）

110000－0198－0003660　經普 2200
欽定春秋傳說彙纂三十八卷首二卷　（清）王掞等編　清刻本　十六册

110000－0198－0003661　經普 2201
春秋左傳旁訓三十卷　（晉）杜預撰　清嘉慶三年（1798）掃葉山房刻本　六册

110000－0198－0003662　經普 2202
欽定書經傳說彙纂二十一卷首二卷書序一卷　（清）王頊齡等撰　清刻本　二十册

110000－0198－0003663　經普 2203
論語二十卷　（宋）朱熹集註　清刻本　一册　存三卷（八至十）

110000－0198－0003664　經普 2204
論語集解義疏十卷　（三國魏）何晏集解　（南朝梁）皇侃義疏　清刻本　一册　存二卷（三至四）

110000－0198－0003665　經普 2205
論語集解義疏十卷　（三國魏）何晏集解　（南朝梁）皇侃義疏　清刻本　二册　存六卷（五至十）

110000－0198－0003666　經普 2206
論語集解義疏十卷　（三國魏）何晏集解　（南朝梁）皇侃義疏　清刻本　二册　存七卷（四至十）

110000－0198－0003667　經普 2207
論語集註旁證二十卷　（清）梁章鉅撰　清光緒十二年（1886）鉛印本　四册

110000－0198－0003668　經普 2209
論語二卷　（清）吳大澂書　清光緒十一年（1885）上海同文書局石印本　一册　存一卷（一）

110000－0198－0003669　經普 2210
新訂四書補注備旨十卷　（明）鄧林撰　（清）杜定基增訂　清末石印本　一册

110000－0198－0003670　經普 2213
論語二十卷　（宋）朱熹集註　清聚珍堂刻本　一册　存一卷（三）

110000－0198－0003671　經普 2216
論語傳注二卷　（清）李塨傳註　清光緒二十五年（1899）鉛印本　三册

110000－0198－0003672　經普 2217
四書述義五卷續四卷　（清）單為鏓撰　清同治六年（1867）刻本　一册　存四卷（續四卷）

110000－0198－0003673　經普 2220
論語注二十卷　康有為撰　清末南海康氏刻萬木草堂叢書本　一册　存二卷（十九至二十）

110000－0198－0003674　經普 2221
論語二十卷　（宋）朱熹集註　清光緒李光明莊刻本　一册　缺五卷（一至五）

110000－0198－0003675　經普 2222
論語二十卷　（宋）朱熹集註　清宏道堂刻本

一册　缺五卷(一至五)

110000－0198－0003676　經普2223
論語集解義疏十卷　(三國魏)何晏集解　(南朝梁)皇侃義疏　清刻古經解彙函本　二册　存五卷(一至五)

110000－0198－0003677　經普2224
論語或問二十卷　(宋)朱熹集注　清刻本　二册　缺六卷(十五至二十)

110000－0198－0003678　經普2226
論語集解義疏十卷　(三國魏)何晏集解　(南朝梁)皇侃義疏　清刻古經解彙函本　四册

110000－0198－0003679　經普2227
論語正義二十四卷　(清)劉寶楠撰　清同治五年(1866)金陵存古書刻本　一册　存五卷(一至五)

110000－0198－0003680　經普2228
四書湖南講九卷　(明)葛寅亮撰　明刻本　一册　存一卷(論語湖南講一)

110000－0198－0003681　經普2229
戴氏注論語二十卷　(清)戴望注　清同治十年(1871)刻本　一册　存十卷(一至十)

110000－0198－0003682　經普2230
春秋左傳三十卷　(晉)杜預撰　清永懷堂刻本　十二册

110000－0198－0003683　經普2231
春秋疏十二卷　清刻本　六册

110000－0198－0003684　經普2232
欽定春秋傳説彙纂三十八卷首二卷　(清)王掞等編　清康熙六十年(1721)刻本　十二册　存十九卷(一至十七、首二卷)

110000－0198－0003685　經普2233
春秋五傳十七卷首一卷　(明)張岐然輯　清乾隆六年(1741)文光堂刻本　三十六册

110000－0198－0003686　經普2234
欽定春秋傳説彙纂三十八卷首二卷　(清)王掞等編　清康熙六十年(1721)刻本　十八册　缺六卷(二十一至二十六)

110000－0198－0003687　經普2235
五經八卷　(晉)王弼註　清刻本　十八册　缺一種(春秋)

110000－0198－0003688　經普2236
春秋經傳集解三十卷　(晉)杜預撰　(唐)陸德明釋文　清刻本　十七册　缺三卷(一至三)

110000－0198－0003689　經普2237
授經圖二十卷　(明)朱睦㮮撰　清道光十九年(1839)李氏刻惜陰軒叢書本　一册　存四卷(一至四)

110000－0198－0003690　經普2239
春秋説畧十二卷　(清)郝懿行撰　清道光七年(1827)趙氏刻本　二册　存八卷(五至十二)

110000－0198－0003691　經普2240
春秋比二卷　(清)郝懿行撰　清道光七年(1827)趙氏刻本　一册

110000－0198－0003692　經普2241
左繡三十卷　(清)馮李驊　(清)陸浩評輯
春秋經傳集解三十卷　(晉)杜預撰　(唐)陸德明音義　(宋)林堯叟附註　(清)馮李驊增訂　清華川書屋刻本　一册　存四卷(左繡五至六、春秋經傳集解五至六)

110000－0198－0003693　經普2242
春秋大事表五十卷附録一卷輿圖一卷　(清)顧棟高輯　清萬卷樓刻本　一册　存二卷(四十七至四十八)

110000－0198－0003694　經普2243
春秋穀梁傳十二卷　(晉)范甯集解　(唐)陸德明音義　清刻本　一册　存三卷(四至六)

110000－0198－0003695　經普2244
春秋集古傳注二十六卷首一卷　(清)郜坦撰　清刻本　一册　存五卷(四至八)

110000－0198－0003696　經普2246
春秋左傳補注六卷　(清)惠棟撰　清刻本

一册　存三卷(四至六)

110000－0198－0003697　經普 2247
春秋公羊經傳解詁十二卷　(漢)何休撰　清同治金陵書局刻本　一册　存四卷(九至十二)

110000－0198－0003698　經普 2248
春秋公羊傳十一卷　(漢)何休撰　(唐)陸德明音義　清光緒二十一年(1895)金陵書局刻本　一册　存六卷(一至六)

110000－0198－0003699　經普 2249
春秋左傳杜注三十卷首一卷　(清)姚培謙輯　清刻本　一册　存三卷(二十五至二十七)

110000－0198－0003700　經普 2250
附釋音春秋左傳註疏六十卷校勘記六十卷　(晉)杜預注　(唐)陸德明音義　(唐)孔穎達疏　清同治十二年(1873)江西書局刻本　三十八册

110000－0198－0003701　經普 2251
欽定春秋左傳讀本三十卷　(清)英和等纂輯　清同治八年(1869)江蘇書局刻本　十七册

110000－0198－0003702　經普 2252
春秋左傳注疏六十卷　(晉)杜預註　(唐)孔穎達疏　清刻本　十册　存二十九卷(三十二至六十)

110000－0198－0003703　經普 2253
春秋左氏古經十二卷　(清)段玉裁撰　清道光元年(1821)經韻樓刻本　一册　存一卷(一)

110000－0198－0003704　經普 2254
五經要義五種一百三十四卷　(宋)魏了翁撰　清光緒十二年(1886)江蘇書局刻本　十册　存二種二十九卷(周易要義十卷、首一卷,尚書要義十七卷、序說一卷)

110000－0198－0003705　經普 2255
讀書小記二十種　(清)范爾梅撰　清刻本　三册　存二種六卷(春秋札記五卷、尚書札記一卷)

110000－0198－0003706　經普 2256
春秋左傳三十卷　(晉)杜預集解　(明)鍾惺評　明崇禎虞山毛氏汲古閣刻本　二十二册

110000－0198－0003707　經普 2258
監本春秋公羊穀梁孝經注疏　(清)劉沅集註　清刻本　五册　存二十卷(公羊傳四至六、十四至十七、二十五至二十八,孝經一至九)

110000－0198－0003708　經普 2260
春秋左氏傳賈服注輯述二十卷　(清)李貽德撰　清光緒八年(1882)江蘇書局刻本　二册　存七卷(十四至二十)

110000－0198－0003709　經普 2261
皇清經解續編一千四百三十卷　王先謙輯　清光緒十四年(1888)南菁書院刻本　六册　存三十卷(春秋大事表二十一至五十)

110000－0198－0003710　經普 2262
春秋釋例十五卷　(晉)杜預撰　(清)莊述祖　(清)孫星衍校　清刻古經解彙函本　七册

110000－0198－0003711　經普 2263
春秋左傳節文十五卷　(明)汪道昆撰　清刻本　四册　存九卷(七至十五)

110000－0198－0003712　經普 2264
春秋大事表五十卷　(清)顧棟高輯　清乾隆十三年(1748)顧棟高萬卷樓刻本　十册　存三十九卷(十二至五十)

110000－0198－0003713　經普 2265
春秋經傳集解三十卷　(晉)杜預撰　(唐)陸德明釋文　清刻本　八册　存十六卷(十五至三十)

110000－0198－0003714　經普 2266
欽定春秋傳說彙纂三十八卷首二卷　(清)王掞等編　清光緒十四年(1888)江南書局刻本　十八册

110000－0198－0003715　經普 2267
春秋經傳集解三十卷　(晉)杜預撰　(唐)陸德明釋文　清刻本　四册　存十三卷(三至十五)

110000－0198－0003716　經普 2268

左繡三十卷　(清)馮李驊　(清)陸浩合輯

春秋經傳集解三十卷　(晉)杜預撰　(唐)陸德明音義　(宋)林堯叟附註　(清)馮李驊增訂　清宣統三年(1911)上海會文堂石印本　四冊

110000－0198－0003717　經普 2269

左傳事緯十二卷　(清)馬驌撰　清乾隆四十九年(1784)懷澄堂刻本　六冊

110000－0198－0003718　經普 2270

通志堂經解一百四十四種　(清)納蘭性德輯　清同治十二年(1873)粵東書局刻本　八冊　存二種二十七卷(春秋左氏傳事類始末五卷、附錄一卷,左氏傳說二十卷、首一卷)

110000－0198－0003719　經普 2271

評點春秋綱目左傳句解彙雋六卷　(清)韓菼撰　清末金陵李光明莊刻本　五冊

110000－0198－0003720　經普 2273

附釋音春秋左傳注疏十二卷附校勘記十二卷　(晉)杜預注　(唐)陸德明音義　(唐)孔穎達疏　清光緒二十四年(1898)點石齋石印本　八冊

110000－0198－0003721　經普 2275

春秋左傳五十卷　(晉)杜預　(宋)林堯叟注釋　(唐)陸德明音義　(明)鍾惺　(明)孫鑛等評點　清刻本　八冊　缺七卷(一至七)

110000－0198－0003722　經普 2278

春秋左傳類纂六卷首一卷末一卷　(清)桂含章輯　清光緒七年(1881)敦厚堂刻本　二冊

110000－0198－0003723　經普 2286

曲江書屋新訂批注左傳快讀十八卷首一卷　(清)李紹崧輯　清光緒二十五年(1899)掃葉山房刻本　十五冊

110000－0198－0003724　經普 2287

鍾評杜林春秋左傳合註三十卷　(明)鍾惺評　明末汲古閣刻本　十六冊

110000－0198－0003725　經普 2288

左傳易讀六卷　(清)司徒修選輯　清刻本　一冊　存二卷(五至六)

110000－0198－0003726　經普 2289

左傳評林八卷　(清)張光華輯　清刻本　一冊　存四卷(五至八)

110000－0198－0003727　經普 2290

春秋左傳杜注補輯三十卷首一卷　(清)姚培謙輯　清同治五年(1866)金陵書局刻十三經讀本本　三冊　存七卷(一至七)

110000－0198－0003728　經普 2292

左傳舊疏考正八卷　(清)劉文淇撰　清光緒三年(1877)湖北崇文書局刻本　一冊　存二卷(一至二)

110000－0198－0003729　經普 2296

左傳易讀六卷　(清)司徒修選訂　清咸豐六年(1856)志遠堂刻本　五冊　缺一卷(三)

110000－0198－0003730　經普 2297

朱子儀禮經傳通解六十九卷　(宋)朱熹撰　(宋)黄幹續撰　(清)梁萬方考訂　(清)梁開宗參訂　清刻本　十六冊　缺二十七卷(一至二十七)

110000－0198－0003731　經普 2298

禮記十卷　(元)陳澔撰　明崇禎十四年(1641)虞山毛氏汲古閣刻本　五冊　存五卷(一至五)

110000－0198－0003732　經普 2299

易說十二卷便錄一卷　(清)郝懿行撰　清光緒八年(1882)東路廳署刻郝氏遺書本　四冊

110000－0198－0003733　經普 2300

周禮六卷　(漢)鄭玄注　(唐)陸德明音義　清乾隆五十二年(1787)福禮堂刻本　十二冊

110000－0198－0003734　經普 2301

欽定儀禮義疏四十八卷首二卷　(清)允祿等撰　清光緒十四年(1888)江南書局刻本　八冊　存十八卷(十九至三十六)

110000－0198－0003735　經普 2302

欽定禮記義疏八十二卷首一卷　(清)允祿等

撰　清光緒十四年(1888)江南書局刻本　十六册　存四十二卷(一至四十二)

110000-0198-0003736　經普2303

欽定周官義疏四十八卷首一卷　(清)允祿等撰　清光緒十四年(1888)江南書局刻本　二十四册

110000-0198-0003737　經普2304

禮記章句四十九卷　(清)王夫之撰　清刻本　八册　存二十二卷(十八至四十九)

110000-0198-0003738　經普2305

周禮十二卷　(漢)鄭玄注　(唐)陸德明音義　清同治七年(1868)湖北崇文書局刻本　六册

110000-0198-0003739　經普2308

周易四卷　(宋)朱熹注　清光緒十一年(1885)刻本　四册

110000-0198-0003740　經普2309

易經本義十二卷首一卷末一卷　(宋)朱熹撰　清同治四年(1865)金陵書局刻本　一册　存二卷(一至二)

110000-0198-0003741　經普2310

周易鄭注十二卷敘錄一卷　(漢)鄭玄注　(宋)王應麟撰集　(清)丁傑後定　(清)張惠言訂正　(清)臧鏞堂敘錄　清嘉慶二十四年(1819)蕭山陳氏湖海樓刻湖海樓叢書本　一册　存五卷(七至十一)

110000-0198-0003742　經普2311

周禮十二卷　(漢)鄭玄注　(唐)陸德明音義　清刻本　六册

110000-0198-0003743　經普2312

易漢學八卷　(清)惠棟撰　清刻本　二册

110000-0198-0003744　經普2313

周易本義辨證五卷　(清)惠棟撰　清省吾堂刻本　三册

110000-0198-0003745　經普2314

周官辨一卷　(清)方苞著　清雍正刻本　一册

110000-0198-0003746　經普2315

易酌十四卷首一卷　(清)刁包撰　清道光二十三年(1843)順積樓刻本　二册　存一卷(一)

110000-0198-0003747　經普2316

周易通論四卷　(清)李光地撰　清康熙刻本　一册

110000-0198-0003748　經普2317

禮記集解六十一卷　(清)孫希旦撰　清咸豐十年(1860)瑞安孫氏盤古草堂刻本　十三册

110000-0198-0003749　經普2319

周禮政要二卷　(清)孫詒讓撰　清光緒二十八年(1902)瑞安普通學堂刻本　二册

110000-0198-0003750　經普2320

寄傲山房塾課纂輯易經備旨七卷　(清)鄒聖脈纂輯　清芸生堂刻本　三册

110000-0198-0003751　經普2321

周易集解纂疏十卷首一卷附易筮遺占　(清)李道平撰　清光緒十七年(1891)三餘草堂刻本　五册　缺五卷(一至五)

110000-0198-0003752　經普2322

周禮正義八十六卷　(清)孫詒讓撰　清光緒三十一年(1905)鉛印本　九册

110000-0198-0003753　經普2323

周禮六卷　(漢)鄭玄注　(唐)陸德明音義　清光緒二十年(1894)金陵書局刻本　六册

110000-0198-0003754　經普2325

易經八卷　(宋)程頤傳　清光緒九年(1883)江南書局刻本　一册　存三卷(一至三)

110000-0198-0003755　經普2326

周禮十二卷　(漢)鄭康成注　(唐)陸德明音義　清刻本　四册

110000-0198-0003756　經普2327

周易十卷　(三國魏)王弼註　清光緒二年(1876)江南書局刻本　三册

110000-0198-0003757　經普2330

周易新講義十卷　(宋)龔原撰　清咸豐南海

伍氏刻本　一冊　存三卷(一至三)

110000－0198－0003758　經普 2331
九經古義十六卷　(清)惠棟撰　清光緒十一年(1885)吴縣朱氏槐廬刻本　一冊　存六卷(十一至十六)

110000－0198－0003759　經普 2332
周書五十卷　(唐)令狐德棻撰　清光緒石印本　一冊　存二十八卷(一至二十八)

110000－0198－0003760　經普 2333
周易略例一卷　(晉)王弼著　(唐)邢璹註　明萬曆二十年(1592)程榮刻漢魏叢書本　一冊

110000－0198－0003761　經普 2337
桐城吴氏尚書讀本二卷　(清)吴汝綸撰　清光緒三十四年(1908)保陽書局鉛印本　三十三冊

110000－0198－0003762　經普 2339
周易四卷　(宋)朱熹本義　清光緒十一年(1885)金陵奎壁齋刻本　一冊　存一卷(一)

110000－0198－0003763　經普 2340
禮記易讀二卷　題(清)志遠堂主人編　清光緒十四年(1888)寶興堂刻本　二冊

110000－0198－0003764　經普 2341
儀禮正義四十卷　(清)胡培翬撰　(清)楊大堉補　清光緒刻本　四冊　存十卷(十三至二十二)

110000－0198－0003765　經普 2342
禮記訓纂四十九卷　(清)朱彬輯　清咸豐元年(1851)朱氏宜禄堂刻六年(1856)重修同治五年(1866)印本　三冊　缺三卷(一至三)

110000－0198－0003766　經普 2343
禮記訓纂四十九卷　(清)朱彬輯　清咸豐元年(1851)朱氏宜禄堂刻六年(1856)重修同治五年(1866)印本　四冊　存十六卷(四至十九)

110000－0198－0003767　經普 2344
禮記十卷　(漢)鄭玄注　清刻本　七冊　缺三卷(一、四、八)

110000－0198－0003768　經普 2345
禮記十卷　(漢)鄭玄注　清刻本　六冊　缺四卷(一至二、六、十)

110000－0198－0003769　經普 2346
禮記集說十卷　(元)陳澔集說　清刻本　十冊

110000－0198－0003770　經普 2347
禮記集解六十一卷　(清)孫希旦撰　清咸豐十年(1860)瑞安孫氏盤古草堂刻本　一冊　存三卷(二十五至二十七)

110000－0198－0003771　經普 2348
禮記集說十卷　(元)陳澔集說　清刻本　一冊　存一卷(二)

110000－0198－0003772　經普 2349
周禮政要四卷　(清)孫詒讓著　清光緒石印本　一冊　存二卷(三至四)

110000－0198－0003773　經普 2351
周易集解四卷　(清)孫星衍撰　清嘉慶三年(1798)蘭陵孫星衍刻岱南閣叢書本　一冊　存一卷(二)

110000－0198－0003774　經普 2352
周易馬氏傳三卷　(漢)馬融撰　清光緒十年(1884)楚南湘遠堂刻玉函山房輯佚書本　三冊

110000－0198－0003775　經普 2353
易例大全不分卷　題(清)榕園書屋主人輯　清咸豐十一年(1861)萃經樓刻本　一冊

110000－0198－0003776　經普 2354
周禮精義六卷首一卷　(清)黄淦纂　清嘉慶刻本　一冊　存四卷(三至六)

110000－0198－0003777　經普 2355
寄傲山房塾課纂輯御案易經備旨七卷　(清)鄒聖脈輯　(清)鄒廷猷編　清光緒六年(1880)掃葉山房刻本　二冊　缺一卷(一)

110000－0198－0003778　經普 2356
寄傲山房塾課纂輯易經備旨七卷　(清)鄒聖

脈纂輯　清光緒紫文閣銅活字印本　一冊　存一卷(一)

110000－0198－0003779　經普2357
周官集注十二卷　(清)方苞撰　清木活字印本　一冊　存二卷(七至八)

110000－0198－0003780　經普2359
禮記集說十卷　(元)陳澔撰　清刻本　九冊　缺一卷(一)

110000－0198－0003781　經普2361
附釋音禮記注疏六十三卷附校勘記　(漢)鄭玄注　(唐)陸德明釋文　(唐)孔穎達疏　清光緒三十年(1904)點石齋石印本　三冊　存六卷(一至六)

110000－0198－0003782　經普2364
春秋左傳五十卷　(晉)杜預註釋　清同治刻本　十六冊

110000－0198－0003783　經普2365
五經備旨四十五卷　(清)鄒聖脈纂輯　清樂善堂刻本　十一冊

110000－0198－0003784　經普2366
春秋左傳杜林合註五十卷　(晉)杜預注　清道光英德堂刻本　二十冊

110000－0198－0003785　經普2367
周易四卷　(宋)朱熹本義　清聚錦堂刻本　二冊

110000－0198－0003786　經普2368
書經六卷　(宋)蔡沈集傳　清刻本　四冊

110000－0198－0003787　經普2369
詩經八卷　(宋)朱熹集傳　清刻本　二冊　存四卷(一至四)

110000－0198－0003788　經普2370
春秋左傳五十卷　(晉)杜預註釋　清同治刻本　七冊

110000－0198－0003789　經普2371
春秋左傳五十卷　(晉)杜預註釋　清同治刻本　五冊　存二十三卷(二十八至五十)

110000－0198－0003790　經普2372
尚書十三卷　(漢)孔安國傳　清同治稽古樓刻本　四冊　存四卷(三至六)

110000－0198－0003791　經普2373
周禮六卷　(漢)鄭玄注　清同治稽古樓刻本　七冊

110000－0198－0003792　經普2374
周易十卷　(三國魏)王弼註　清同治稽古樓刻本　四冊　缺一卷(十)

110000－0198－0003793　經普2375
春秋左傳註六十卷　(晉)杜預注　清同治稽古樓刻本　二十一冊

110000－0198－0003794　經普2376
儀禮十七卷　(漢)鄭玄注　清同治稽古樓刻本　八冊

110000－0198－0003795　經普2377
禮記十卷　(漢)鄭玄注　清同治稽古樓刻本　九冊

110000－0198－0003796　經普2378
文獻通考三百四十八卷　(元)馬端臨撰　清光緒二十八年(1902)上海鴻寶書局石印本　十二冊

110000－0198－0003797　經普2379
經餘必讀二卷續編二卷三編二卷　(清)雷琳等輯　清光緒十八年(1892)上海五彩書局石印本　二冊

110000－0198－0003798　經普2380
詩經八卷　(宋)朱熹集傳　清刻本　一冊　存一卷(五)

110000－0198－0003799　經普2381
寄傲山房塾課纂輯禮記全文備旨十一卷　(清)鄒聖脈輯　(清)鄒廷猷編　清光緒樂善堂銅活字印本　一冊　存四卷(一至四)

110000－0198－0003800　經普2382
陶淵明集十卷　(晉)陶潛撰　清刻本　一冊　存三卷(三至五)

110000－0198－0003801　經普2383

謝華啟秀四卷 （明）楊慎纂輯　清末石印本　一冊

110000－0198－0003802　經普2384
分韻詩賦題解統編一百六卷 （清）王景曾編　清光緒十四年（1888）鴻文主人石印本　二冊　存三十一卷（二十至五十）

110000－0198－0003803　經普2385
經藝宏括不分卷 （清）□□編　清光緒十四年（1888）上洋積山局石印本　二冊

110000－0198－0003804　經普2387
易經文捷訣不分卷 題（清）鴻寶齋主人編　清光緒十五年（1889）鴻寶齋石印本　二冊

110000－0198－0003805　經普2388
五經體注五種 （清）□□輯　清光緒十年（1884）上海點石齋石印本　四冊　存二種七卷（書經體注六卷、詩經體注三）

110000－0198－0003806　經普2389
增廣臨文寶笈二卷 （清）顧紹鼎編　清光緒十九年（1893）石印本　一冊

110000－0198－0003807　經普2390
四書詩不分卷 （清）尤侗撰　清刻本　一冊

110000－0198－0003808　經普2391
宋簽判龍川陳先生文鈔四卷 （宋）陳亮傳　清末石印本　一冊　存一卷（三）

110000－0198－0003809　經普2393
雪樵經解三十三卷 （清）馮世瀛撰　清光緒十五年（1889）邗江晉銅古齋鉛印本　七冊　缺五卷（一至五）

110000－0198－0003810　經普2394
雪樵經解三十三卷 （清）馮世瀛撰　清光緒石印本　六冊　存二十四卷（五至二十八）

110000－0198－0003811　經普2395
韻府對語四卷 （清）馬俊良編　清刻本　一冊　存二卷（三至四）

110000－0198－0003812　經普2397
玉堂字彙四卷 （明）梅膺祚撰　清光緒三十年（1904）三義堂刻本　三冊

110000－0198－0003813　經普2398
四書章句 （宋）朱熹撰　清刻本　二冊　存二卷（大學一卷、中庸一卷）

110000－0198－0003814　經普2399
音學五書五種三十八卷 （清）顧炎武撰　清光緒十一年（1885）四明觀稼樓刻本　一冊　存三卷（一至三）

110000－0198－0003815　經普2400
歷代地理志韻編今釋二十卷附皇朝輿地韻編二卷 （清）李兆洛輯　清同治九年（1870）合肥李鴻章刻本　一冊　存三卷（歷代地理志韻編今釋十八至二十）

110000－0198－0003816　經普2401
孔子集語十七卷 （清）孫星衍撰　清光緒十一年（1885）吳縣朱氏槐廬家塾刻本　二冊　存九卷（五至十三）

110000－0198－0003817　經普2402
桐城先生點勘老子讀本一卷 （清）吳汝綸點勘　清宣統元年（1909）鉛印桐城吳先生點勘諸子七種本　一冊

110000－0198－0003818　經普2403
老子道德經攷異二卷 （清）畢沅撰　清乾隆四十八年（1783）經訓堂刻本　一冊

110000－0198－0003819　經普2404
幽明釋義四卷 （清）馬復初撰　清光緒二十八年（1902）粵東先賢古墓刻本　一冊　存一卷（三）

110000－0198－0003820　經普2405
青草堂四書文不分卷　清刻本　一冊

110000－0198－0003821　經普2407
詩攷一卷 （宋）王應麟撰　清光緒刻本　一冊

110000－0198－0003822　經普2411
正字通十二集三十六卷首一卷 （明）張自烈撰　清刻本　六冊　存八卷（一至八）

110000－0198－0003823　經普2412
師白山房講易六卷 （清）張學尹撰　清道光

九年(1829)刻本　六册

110000－0198－0003824　經普 2413

四書章句　(宋)朱熹撰　清刻本　一册　存二卷(孟子章句四至五)

110000－0198－0003825　經普 2414

四書章句　(宋)朱熹撰　清刻本　一册　存二卷(孟子章句六至七)

110000－0198－0003826　經普 2415

四書章句　(宋)朱熹撰　清末刻本　一册　存一卷(孟子章句七)

110000－0198－0003827　經普 2421

四書章句　(宋)朱熹撰　清同治刻本　一册　存一卷(孟子章句五)

110000－0198－0003828　經普 2422

四書集註　(宋)朱熹集註　清刻本　一册　存二卷(孟子集註六至七)

110000－0198－0003829　經普 2423

孟子字義疏證三卷附錄一卷　(清)戴震撰　清刻本　一册　存二卷(下、附錄一卷)

110000－0198－0003830　經普 2424

四書章句　(宋)朱熹撰　清刻本　一册　存二卷(孟子章句六至七)

110000－0198－0003831　經普 2425

四書章句　(宋)朱熹撰　清刻本　一册　存二卷(孟子章句六至七)

110000－0198－0003832　經普 2432

四書約旨十九卷孟子考略一卷　(清)任啟運撰　清光緒九年(1883)任氏一本堂刻本　一册　存三卷(孟子約旨一至三)

110000－0198－0003833　經普 2433

孟子或問十四卷　(宋)朱熹撰　清同治刻本　二册

110000－0198－0003834　經普 2434

四書章句　(宋)朱熹撰　清刻本　二册　存五卷(孟子章句一至五)

110000－0198－0003835　經普 2435

孟子正義三十卷　(清)焦循撰　清道光九年(1829)廣東學海堂刻本　一册　存三卷(四至六)

110000－0198－0003836　經普 2436

孟子注疏解經十四卷附校勘記　(漢)趙岐注　清同治十二年(1873)江西書局刻本　七册　缺二卷(三至四)

110000－0198－0003837　經普 2437

孟子弟子考補正一卷　(清)朱彝尊撰　(清)陳鉅補正　清光緒二十三年(1897)刻靈峰草堂叢書本　一册

110000－0198－0003838　經普 2438

載詠樓重鐫硃批孟子二卷　(宋)蘇洵原本　清康熙三十三年(1694)沈心友刻朱墨印本　二册

110000－0198－0003839　經普 2439

孟子集疏十四卷　(宋)蔡模撰　清康熙通志堂刻本　四册

110000－0198－0003840　經普 2440

孟子音義二卷　(宋)孫奭撰　清嘉慶十四年(1809)黄丕烈士禮居刻士禮居黄氏叢書本　一册

110000－0198－0003841　經普 2441

四典要會四卷　(清)馬復初撰　清光緒二十八年(1902)粤東先賢古墓刻本　一册　存一卷(禮功精義)

110000－0198－0003842　經普 2443

禮書通故五十卷　(清)黄以周撰　清光緒十九年(1893)定海黄氏試館刻本　二册　存十八卷(十至十八、四十二至五十)

110000－0198－0003843　經普 2444

儀禮釋官九卷首一卷　(清)胡匡衷撰　清同治八年(1869)績溪胡肇智刻本　一册　存三卷(四至六)

110000－0198－0003844　經普 2445

四禮翼四卷　(明)呂坤撰　清光緒三十三年(1907)陝西學務公所石印本　二册

110000－0198－0003845　經普 2446
儀禮古今文異同五卷　(清)徐養原撰　清光緒十七年(1891)廣州廣雅書局刻本　一冊　存三卷(一至三)

110000－0198－0003846　經普 2447
禮記集說十卷　(元)陳澔撰　清同治五年(1866)南京金陵書局刻本　一冊　存一卷(一)

110000－0198－0003847　經普 2449
欽定儀禮義疏四十八卷首二卷　(清)朱軾等纂　清光緒十四年(1888)江南書局刻本　十三冊

110000－0198－0003848　經普 2450
欽定儀禮義疏四十八卷首二卷　(清)朱軾等纂　清光緒十四年(1888)江南書局刻本　十六冊　存三十卷(一至三十)

110000－0198－0003849　經普 2451
禮記質疑四十九卷　(清)郭嵩燾撰　清光緒十六年(1890)長沙思賢講舍刻本　十冊

110000－0198－0003850　經普 2452
儀禮正義四十卷　(清)胡培翬撰　(清)楊大堉補　清刻本　六冊　缺二卷(一至二)

110000－0198－0003851　經普 2453
儀禮節略二十卷　(清)朱軾撰　清康熙高安朱氏刻本　七冊　缺三卷(十一至十二、十四)

110000－0198－0003852　經普 2454
禮記纂言三十六卷　(元)吳澄撰　(清)朱軾校補　清光緒刻本　七冊　存十二卷(一至十二)

110000－0198－0003853　經普 2455
儀禮十七卷　(漢)鄭玄注　清康熙十九年(1680)通志堂刻本　一冊　存九卷(九至十七)

110000－0198－0003854　經普 2456
欽定儀禮義疏四十八卷首二卷　(清)朱軾等纂　清同治十年(1871)湖北崇文書局刻本　二十三冊

110000－0198－0003855　經普 2457
欽定儀禮義疏四十八卷首二卷　(清)朱軾等纂　清光緒十四年(1888)江南書局刻本　十八冊　存三十卷(十九至四十八)

110000－0198－0003856　經普 2458
欽定禮記義疏八十二卷　(清)允祿等撰　清光緒十四年(1888)江南書局刻本　二十四冊　存六十三卷(二十至八十二)

110000－0198－0003857　經普 2459
欽定周官義疏四十八卷首一卷　(清)鄂爾泰等撰　清刻本　一冊　存一卷(四十五)

110000－0198－0003858　經普 2460
欽定周官義疏四十八卷首一卷　(清)鄂爾泰等撰　清光緒十四年(1888)江南書局刻本　十二冊　存二十二卷(二十七至四十八)

110000－0198－0003859　經普 2462
欽定七經七種　(清)李光地等輯　清同治六年(1867)刻本　七冊

110000－0198－0003860　經普 2463
儀禮十七卷　(漢)鄭玄注　清道光十四年(1834)立本齋刻本　一冊　存四卷(十四至十七)

110000－0198－0003861　經普 2464
欽定禮記義疏八十二卷首一卷　(清)鄂爾泰撰　清同治十年(1871)湖北崇文書局刻本　三冊　存八卷(二十六至二十八、七十二至七十六)

110000－0198－0003862　經普 2466
書經二十卷　(漢)孔安國傳　(明)葛鼒訂　明崇禎十二年(1639)永懷堂刻本　二冊

110000－0198－0003863　經普 2467
書經注十二卷　(宋)金履祥撰　清光緒五年(1879)歸安陸氏刻十萬卷樓叢書本　五冊　缺二卷(一至二)

110000－0198－0003864　經普 2469
寫定尚書一卷　(清)吳汝綸校疏　清光緒十

八年(1892)桐城吳氏家塾石印本　一冊

110000－0198－0003865　經普 2471
書集傳六卷　(宋)蔡沈撰　清光緒七年(1881)江西書局刻本　一冊　存一卷(一)

110000－0198－0003866　經普 2472
尚書歐陽章句一卷　(漢)歐陽生撰　清光緒九年(1883)長沙娜嬛館刻玉函山房輯佚書本　一冊

110000－0198－0003867　經普 2473
尚書考異六卷　(明)梅鷟撰　清嘉慶十九年(1814)蘭陵孫氏刻平津館叢書本　三冊

110000－0198－0003868　經普 2475
尚書大傳四卷補遺一卷續補遺一卷考異一卷　(漢)伏勝撰　(漢)鄭康成注　清嘉慶五年(1800)愛日草廬刻本　二冊

110000－0198－0003869　經普 2476
書集傳六卷　(宋)蔡沈撰　清光緒七年(1881)江西書局刻本　一冊　存一卷(一)

110000－0198－0003870　經普 2477
尚書今古文注疏三十卷　(清)孫星衍撰　清光緒五年(1879)丁寶楨刻本　一冊　存二卷(一至二)

110000－0198－0003871　經普 2483
尚書商誼三卷　王樹枏撰　清光緒十一年(1885)新城王樹枏刻陶廬叢刻本　一冊

110000－0198－0003872　經普 2484
易經音訓不分卷　(清)楊國楨撰　清光緒三年(1877)湖北崇文書局刻本　二冊

110000－0198－0003873　經普 2485
尚書十三卷　(漢)孔安國傳　清乾隆四十八年(1783)武英殿刻御定仿宋相臺岳氏五經本　二冊

110000－0198－0003874　經普 2486
六書通十卷首一卷　(明)閔齊伋撰　(清)畢弘述篆訂　清光緒石印本　一冊　存二卷(七至八)

110000－0198－0003875　經普 2488
説鈴一卷　(清)汪琬撰　清刻本　一冊

110000－0198－0003876　經普 2489
小題文藪初集　(清)沈荷汀選　清光緒九年(1883)上海點石齋石印本　二冊

110000－0198－0003877　經普 2491
古音附錄五卷　(明)楊慎撰　清光緒七年(1881)廣漢鍾氏刻本　一冊

110000－0198－0003878　經普 2493
禮書通故五十卷　(清)黄以周撰　清光緒十九年(1893)定海黄氏試館刻本　六冊　存十七卷(十四至三十)

110000－0198－0003879　經普 2499
普通百科新大詞典　黄人編　清宣統三年(1911)上海國學扶輪社鉛印本　一冊　存卯集

110000－0198－0003880　經普 2500
國朝常州駢體文錄三十一卷　(清)屠寄編　清光緒十六年(1890)石印本　四冊

110000－0198－0003881　經普 2501
勸學篇二卷　(清)張之洞撰　清光緒二十四年(1898)兩湖書院石印本　一冊

110000－0198－0003882　經普 2508
論理學教科書一卷　(清)商務印書館編譯所編纂　清光緒三十二年(1906)上海商務印書館鉛印本　一冊

110000－0198－0003883　經普 2509
書經六卷　(宋)蔡沈集傳　清刻本　四冊　缺一卷(一)

110000－0198－0003884　經普 2511
書經六卷　(宋)蔡沈集傳　清刻本　三冊　缺一卷(一)

110000－0198－0003885　經普 2512
字典考證十二集三十六卷　(清)王引之撰　清光緒二年(1876)湖北崇文書局刻本　六冊

110000－0198－0003886　經普 2513
書傳音釋六卷首一卷末一卷　(宋)蔡沈集傳　(元)鄒季友音釋　清刻本　五冊　存五卷

(二至六)

110000－0198－0003887　經普2514
經籍纂詁一百六卷　(清)阮元撰　清刻本　二十一册　缺三卷(一至三)

110000－0198－0003888　經普2516
五經集句類聯五卷　(清)朱伯倩編　清光緒十七年(1891)上海書局石印本　一册　存二卷(三至四)

110000－0198－0003889　經普2522
增廣英語撮要　清光緒二十七年(1901)上海美華書館石印本　一册

110000－0198－0003890　經普2528
五經備旨五種四十五卷　(清)鄒聖脈纂輯　清光緒十二年(1886)點石齋石印本　一册　存一種四卷(禮經備旨一至四)

110000－0198－0003891　經普2529
五經題文五卷　(清)□□編　清刻本　十四册　缺二卷(詩一、易一)

110000－0198－0003892　經普2530
詩集傳八卷　(宋)朱熹集傳　清刻本　九册

110000－0198－0003893　經普2531
愛日堂六經全註　(宋)朱熹章句　清刻本　一册　存大學、中庸

110000－0198－0003894　經普2532
易義萃精四卷　(清)陳洪冠纂輯　清末石印本　一册　存一卷(四)

110000－0198－0003895　經普2534
經文五萬選不分卷　(清)孫廷翰輯　清光緒十九年(1893)上海書局石印本　十八册

110000－0198－0003896　經普2535
詩韻全璧五卷　(清)湯文潞輯　清光緒十九年(1893)上海點石齋石印本　一册　存一卷(三)

110000－0198－0003897　經普2536
增訂臨文便覽不分卷　(清)怡雲仙館主人輯　清光緒七年(1881)刻本　二册

110000－0198－0003898　經普2537
經學輯要三十二卷　(清)吳潁炎輯　清光緒十四年(1888)上海點石齋石印本　七册　存七卷(一至四、十四至十六)

110000－0198－0003899　經普2538
六一山房重校石印玫正字彙二卷　(清)陳淏子撰　(清)李節齋考訂　清光緒二十六年(1900)石印本　一册　存一卷(上)

110000－0198－0003900　經普2539
詩韻全璧五卷　(清)奕詢編　清末上海錦章圖書局石印本　三册　缺一卷(一)

110000－0198－0003901　經普2540
詩韻全璧五卷　(清)湯文潞輯　清光緒四年(1878)上海淞隱閣鉛印本　四册　存四卷(一、三至五)

110000－0198－0003902　經普2541
秘書二十八種　(清)汪士漢輯　清刻本　一册　存三種(詩品、小爾雅、大戴禮記十至十三)

110000－0198－0003903　經普2543
韓詩外傳十卷毛詩六疏二卷　(清)鍾謙鈞等輯　清光緒十二年(1886)粵東書局刻本　二册

110000－0198－0003904　經普2544
尚書注十二卷　(宋)金履祥注　(清)陸心源校　清光緒五年(1879)歸安陸氏刻十萬卷樓叢書初編本　一册　存二卷(一至二)

110000－0198－0003905　經普2545
韓詩外傳十卷序說一卷補逸一卷　(漢)韓嬰撰　(清)趙懷玉校正　清乾隆五十五年(1790)趙氏亦有生齋刻本　一册　存五卷(一至五)

110000－0198－0003906　經普2546
楚辭章句十七卷　(漢)王逸注　清刻本　一册　存七卷(五至十一)

110000－0198－0003907　經普2547
毛詩沈氏義疏二卷　(北周)沈重撰　清刻本

三冊

110000－0198－0003908　經普 2548

絜齋毛詩經筵講義四卷　(宋)袁燮撰　清同治十三年(1874)江西書局刻本　一冊

110000－0198－0003909　經普 2549

附釋音毛詩注疏二十卷附校勘記　(唐)孔穎達疏　(唐)陸德明音義　清光緒十三年(1887)點石齋石印本　二冊　存五卷(一至三、七至八)

110000－0198－0003910　經普 2550

詩毛氏傳疏三十卷　(清)陳奐撰　清末上海文瑞樓石印本　一冊　存二卷(十八至十九)

110000－0198－0003911　經普 2551

七經孟子考文補遺二百卷　(日本)山井鼎撰　(日本)物觀補遺　清嘉慶二年(1797)儀徵阮元小琅嬛仙館刻本　一冊　存七卷(五至十一)

110000－0198－0003912　經普 2552

釋毛詩音四卷　(清)陳奐撰　清咸豐元年(1851)蘇州漱芳齋刻本　一冊

110000－0198－0003913　經普 2556

經典釋文三十卷　(唐)陸德明撰　清刻本　三冊

110000－0198－0003914　經普 2557

毛詩傳箋二十卷鄭氏詩譜一卷　(漢)鄭玄箋　清同治十一年(1872)江南書局刻本　二冊　存十卷(一至十)

110000－0198－0003915　經普 2558

附釋音毛詩注疏七十卷　(漢)毛亨傳　(漢)鄭玄箋　(唐)陸德明音義　(唐)孔穎達疏　清刻本　一冊　存一卷(五)

110000－0198－0003916　經普 2559

毛詩二十卷　(漢)毛亨傳　清慎詒堂刻本　三冊　存六卷(三至八)

110000－0198－0003917　經普 2560

詩毛氏傳疏三十卷　(清)陳奐撰　清刻本　七冊　存二十四卷(三至十七、二十至二十二、二十五至三十)

110000－0198－0003918　經普 2561

毛詩吻訂十卷　(清)苗夔撰　清咸豐元年(1851)漢磚亭刻苗氏說文四種本　二冊　存六卷(五至十)

110000－0198－0003919　經普 2563

毛詩傳箋三十卷　(漢)毛亨傳　(漢)鄭玄箋　清嘉慶二十一年(1816)周氏枕經樓刻本　三冊

110000－0198－0003920　經普 2564

毛詩注疏二十卷附校勘記　(漢)鄭玄注　(唐)孔穎達疏　(唐)陸德明音義　清同治十年(1871)廣州書局刻本　六冊　存十八卷(一至十八)

110000－0198－0003921　經普 2566

說文解字注三十二卷　(清)段玉裁注　清光緒十四年(1888)上海蜚英館石印本　六冊

110000－0198－0003922　經普 2567

許氏說文解字雙聲疊韻譜一卷　(清)鄧廷楨撰　清光緒九年(1883)同文書局石印本　一冊

110000－0198－0003923　經普 2570

說文解字注三十二卷　(清)段玉裁注　清光緒十四年(1888)上海蜚英館石印本　二冊　存五卷(七至八、十二至十四)

110000－0198－0003924　經普 2576

段氏說文注訂八卷　(清)鈕樹玉撰　清同治五年(1866)碧螺山館刻本　二冊

110000－0198－0003925　經普 2577

說文通訓定聲十八卷柬韻一卷　(清)朱駿聲撰　清道光二十八年(1848)臨嘯閣刻本　十三冊

110000－0198－0003926　經普 2578

苗氏說文四種　(清)苗夔撰　清咸豐元年(1851)壽陽祁氏漢磚亭刻本(有圖)　三冊　存二種(毛詩吻訂、說文聲讀表)

110000－0198－0003927　經普 2579

說文解字注三十二卷 (清)段玉裁注 清同治六年至十一年(1867－1872)錢塘吳宗麟蘇州保息局刻本 十冊

110000－0198－0003928 經普 2580
說文解字十五卷 (漢)許慎撰 清同治十年(1871)刻本 八冊 缺四卷(十二至十五)

110000－0198－0003929 經普 2581
說文解字十五卷 (漢)許慎撰 (宋)徐鉉校定 清乾隆三十八年(1773)朱氏椒華吟舫刻本 八冊

110000－0198－0003930 經普 2582
說文解字十五卷 (漢)許慎撰 清刻本 六冊

110000－0198－0003931 經普 2583
說文釋例二十卷 (清)王筠撰 清光緒十三年(1887)上海積山書局石印本 三冊 存十卷(一至十)

110000－0198－0003932 經普 2584
說文解字十五篇 (清)段玉裁注 清光緒七年(1881)海寧查氏木漸齋刻本 二冊 存二篇(二、六)

110000－0198－0003933 經普 2589
說文句讀三十卷 (清)王筠撰 清刻本 一冊 存十六卷(十五至三十)

110000－0198－0003934 經普 2590
說文解字韻譜十卷 (南唐)徐鍇撰 清同治刻本 一冊 存五卷(六至十)

110000－0198－0003935 經普 2591
說文段注撰要九卷 (清)馬壽齡撰 清光緒九年(1883)金陵胡氏愚園刻本 一冊 存二卷(一至二)

110000－0198－0003936 經普 2592
說文辨疑一卷 (清)顧廣圻撰 清光緒三年(1877)湖北崇文書局刻本 一冊

110000－0198－0003937 經普 2593
說文聲訂二十八卷 (清)苗夔撰 清道光二十一年(1841)壽陽祁氏漢專亭刻苗氏說文四種本 二冊 存三卷(四至六)

110000－0198－0003938 經普 2594
說文字原韻表二卷 (清)胡重編 (清)金孝柏訂 清嘉慶十六年(1811)秀水金氏月香書屋刻本 一冊

110000－0198－0003939 經普 2595
說文解字通釋四十卷附錄一卷 (南唐)徐鍇撰 清道光十九年(1839)金陵劉氏刻本 一冊 存三卷(十七至十九)

110000－0198－0003940 經普 2596
說文校議十五卷 (清)姚文田 (清)嚴可均撰 清同治十三年(1874)歸安姚覲元刻本 四冊 缺六卷(一至六)

110000－0198－0003941 經普 2597
說文聲系十四卷 (清)姚文田撰 清咸豐五年(1855)南海伍崇曜刻粵雅堂叢書本 一冊 存八卷(七至十四)

110000－0198－0003942 經普 2598
說文聲訂二十八卷 (清)苗夔撰 清道光二十一年(1841)壽陽祁氏漢專亭刻苗氏說文四種本 四冊

110000－0198－0003943 經普 2599
說文解字句讀三十卷 (清)王筠撰 清刻本 二冊 存六卷(二十五至三十)

110000－0198－0003944 經普 2600
說文聲類二卷 (清)嚴可均撰 清光緒刻本 一冊 存一卷(上)

110000－0198－0003945 經普 2603
說文聲讀表七卷 (清)苗夔撰 清光緒福山王懿榮刻天壤閣叢書本 一冊 存五卷(三至七)

110000－0198－0003946 經普 2604
說文釋例二十卷 (清)王筠撰 清道光刻本 九冊 缺二卷(一至二)

110000－0198－0003947 經普 2609
說文辨字正俗八卷 (清)李富孫撰 清嘉慶二十三年(1818)嘉興李氏校經堂刻本 二冊

110000－0198－0003948　經普 2611
段氏説文注訂八卷　(清)鈕樹玉撰　清同治十三年(1874)湖北崇文書局刻本　二册

110000－0198－0003949　經普 2612
説文古籀補十四卷補遺一卷附録一卷　(清)吳大澂撰　清光緒二十四年(1898)刻本　二册　存六卷(九至十四)

110000－0198－0003950　經普 2613
説文通檢十四卷首一卷末一卷　(清)黎永椿編　清光緒二年(1876)湖北崇文書局刻本　一册　存七卷(一至七)

110000－0198－0003951　經普 2614
説文部首讀本　題(清)嘯雲主人編　清武昌嘯雲書堂刻本　一册

110000－0198－0003952　經普 2615
説文管見三卷　(清)胡秉虔撰　清同治十二年(1873)世澤樓刻本　一册

110000－0198－0003953　經普 2616
説文釋例二卷　(清)江沅撰　清咸豐元年(1851)李氏半畝園刻本　一册

110000－0198－0003954　經普 2617
説文解字通釋四十卷　(南唐)徐鍇撰　清刻小學彙函本　七册　缺二卷(三十八至三十九)

110000－0198－0003955　經普 2618
説文釋例二十卷　(清)王筠撰　清光緒九年(1883)成都御風樓刻本　十册

110000－0198－0003956　經普 2620
附釋音春秋左傳注疏六十卷附校勘記六十卷　(晉)杜預注　(唐)陸德明音義　(唐)孔穎達疏　清同治十二年(1873)江西書局刻本　十八册

110000－0198－0003957　經普 2621
爾雅郭注佚存補訂二十卷　王樹枏撰　清光緒十八年(1892)新城王氏文莫室刻本　五册　缺三卷(一至三)

110000－0198－0003958　經普 2622
爾雅郭注義疏二十卷　(清)郝懿行撰　清同治四年(1865)郝氏刻本　八册

110000－0198－0003959　經普 2623
爾雅孫氏音一卷　(三國魏)孫炎撰　清光緒十年(1884)楚南湘遠堂刻本　一册

110000－0198－0003960　經普 2624
爾雅注疏十一卷　(晉)郭璞注　(宋)邢昺疏　清刻本　一册　存三卷(九至十一)

110000－0198－0003961　經普 2626
爾雅注疏十一卷　(晉)郭璞注　(宋)邢昺疏　明末汲古閣刻本　六册

110000－0198－0003962　經普 2627
小爾雅約注一卷　(漢)孔鮒撰　(清)朱駿聲約注　清刻本　一册

110000－0198－0003963　經普 2628
山海經圖贊二卷附爾雅圖贊一卷　(晉)郭璞撰　清光緒二十一年(1895)長沙葉氏郎園刻本　一册

110000－0198－0003964　經普 2629
爾雅正義二十卷　(清)邵晉涵撰　清乾隆五十三年(1788)餘姚邵氏家塾刻本　一册　存三卷(五至七)

110000－0198－0003965　經普 2630
爾雅郭注義疏二十卷　(清)郝懿行撰　清同治四年(1865)沛上郝氏刻本　一册　存四卷(一至四)

110000－0198－0003966　經普 2631
爾雅直音二卷　(清)孫偘撰　清光緒六年(1880)福山王懿榮天壤閣刻本　一册　存一卷(上)

110000－0198－0003967　經普 2632
爾雅郭注義疏二十卷　(清)郝懿行撰　清同治四年(1865)沛上郝氏刻本　五册

110000－0198－0003968　經普 2633
爾雅正郭三卷　(清)潘衍桐撰　清光緒十七年(1891)南海潘氏刻本　一册

110000－0198－0003969　經普 2635

爾雅翼三十二卷 （宋）羅願撰 （清）洪焱祖釋 清光緒十年(1884)洪氏晦木齋刻本 五冊 缺三卷(一至三)

110000－0198－0003970 經普 2636
爾雅直音二卷 （清）孫偘撰 清光緒六年(1880)福山王懿榮天壤閣刻本 一冊 存一卷(下)

110000－0198－0003971 經普 2637
爾雅三卷 （晉）郭璞注 清刻本 一冊 存一卷(下)

110000－0198－0003972 經普 2638
讀書日記補編二卷 （清）劉源淥撰 清刻本 一冊

110000－0198－0003973 經普 2639
小學彙函十四種 （清）鍾謙鈞輯 清同治十二年(1873)粵東書局刻本 一冊 存三種五卷(干祿字書一卷、五經文學三卷、九經字樣一卷)

110000－0198－0003974 經普 2641
經讀考異八卷補一卷句讀敘述二卷 （清）武億撰 清道光二十三年(1843)偃師武耒刻本 一冊 存二卷(七至八)

110000－0198－0003975 經普 2643
音韻闡微十八卷 （清）李光地等撰 清光緒七年(1881)淮南書局刻本 一冊 存三卷(十一至十三)

110000－0198－0003976 經普 2644
鄭氏詩譜考正一卷 （漢）鄭玄撰 （宋）歐陽修補修 （清）丁晏重編 清嘉慶南河節署刻本 一冊

110000－0198－0003977 經普 2645
大戴禮記補注十三卷 （清）孔廣森撰 清刻本 三冊 缺二卷(一至二)

110000－0198－0003978 經普 2647
金壺精粹四卷 （清）郝在田編 清光緒二年(1876)京師松竹齋刻本 一冊

110000－0198－0003979 經普 2648
夏小正攷注一卷 （清）畢沅撰 清乾隆鎮洋畢氏靈巖山館刻本 一冊

110000－0198－0003980 經普 2649
重刊併音連聲韻學集成十三卷 （明）章黼撰 明萬曆六年(1578)維陽資政左室刻本 一冊 存一卷(十三)

110000－0198－0003981 經普 2651
續復古編四卷 （元）曹本撰 清光緒十二年(1886)歸安姚覲元咫進齋刻本 一冊 存一卷(四)

110000－0198－0003982 經普 2659
字音攷異一卷 （清）□□輯 清光緒八年(1882)京都琉璃廠懿文齋刻本 一冊

110000－0198－0003983 經普 2660
寶鐵齋金石文跋尾三卷 （清）韓崇撰 清光緒四年(1878)吳縣潘祖蔭滂喜齋刻滂喜齋叢書本 一冊

110000－0198－0003984 經普 2661
御批歷代通鑑輯覽一百二十卷 （清）傅恒纂 清刻本 一冊 存二卷(二十五至二十六)

110000－0198－0003985 經普 2662
四書集注十九卷 （宋）朱熹集注 清光緒李光明莊刻本 一冊 存二種(大學、中庸)

110000－0198－0003986 經普 2663
夏小正一卷 （漢）戴德傳 （清）朱駿聲補傳 清刻本 一冊

110000－0198－0003987 經普 2665
小學鉤沈十九卷 （清）任大椿撰 清光緒十年(1884)龍氏刻本 三冊

110000－0198－0003988 經普 2666
穀梁大義述一卷 （清）柳興恩撰 清光緒八年(1882)李氏木犀軒刻本 一冊

110000－0198－0003989 經普 2667
重栞正字略不分卷 （清）王筠撰 清道光二十六年(1846)大盛堂刻本 一冊

110000－0198－0003990 經普 2668
文字蒙求四卷 （清）王筠撰 清光緒五年

(1879)會稽章氏刻本　一册　存二卷(一至二)

110000－0198－0003991　經普 2669
[清光緒癸卯科]湖北闈墨　清光緒二十年(1894)衡鑒堂刻本　一册

110000－0198－0003992　經普 2670
書蔡氏傳輯録纂注六卷首一卷　(元)董鼎撰　清康熙十九年(1680)刻通志堂經解本　一册　存一卷(一)

110000－0198－0003993　經普 2671
古韻通説二十卷　(清)龍啟瑞撰　清光緒九年(1883)四川尊經書局刻本　四册

110000－0198－0003994　經普 2673
金壇見聞記二卷　(清)强汝詢撰　清光緒二十四年(1898)江蘇書局刻本　一册

110000－0198－0003995　經普 2674
求益齋全集五種二十卷　(清)强汝詢撰　清光緒二十四年(1898)江蘇書局刻本　二册　存二種五卷(求益齋隨筆二卷、求益齋讀書記四至六)

110000－0198－0003996　經普 2676
花磚重影集二卷　(清)徐琪撰　清光緒二十九年(1903)刻香海盦叢書本　一册

110000－0198－0003997　經普 2677
韓氏三禮圖説二卷　(元)韓信同撰　清嘉慶十八年(1813)福鼎王氏麟後山房刻本　一册　存一卷(上)

110000－0198－0003998　經普 2678
韻歧五卷　(清)江昱輯　清光緒七年(1881)刻本　一册　存一卷(一)

110000－0198－0003999　經普 2681
字學三種　(清)傅雲龍輯　清同治十三年(1874)德清傅雲龍味腴山館刻本　一册

110000－0198－0004000　經普 2683
重校字學舉隅不分卷　(清)龍啟瑞撰　清刻本　一册

110000－0198－0004001　經普 2684
切音捷訣一卷　(清)酈珩輯　清光緒六年(1880)諸暨摭古堂刻本　一册

110000－0198－0004002　經普 2685
字類標韻六卷　(清)華綱輯　清光緒元年(1875)肄江王氏刻本　三册

110000－0198－0004003　經普 2686
讀書作文譜十二卷　(清)唐彪輯　清刻本　一册　存三卷(十至十二)

110000－0198－0004004　經普 2687
鄭志三卷附補遺一卷　(三國魏)鄭小同撰　清刻本　一册

110000－0198－0004005　經普 2688
武英殿聚珍版全書目録　廣雅書局編　清光緒二十五年(1899)廣雅書局刻本　一册

110000－0198－0004006　經普 2689
吴愙齋篆書文字建首　(清)吴大澂書　清末民初北京説敦軒影印本　一册

110000－0198－0004007　經普 2690
欽定清漢對音字式不分卷　(清)高宗弘曆敕編　清乾隆刻本　一册

110000－0198－0004008　經普 2691
附釋音春秋左傳注疏六十卷附校勘記　(晉)杜預注　(唐)陸德明音義　(唐)孔穎達疏　清光緒十三年(1887)脉望仙館石印重刊宋本十三經注疏本　三十一册

110000－0198－0004009　經普 2692
古經解匯函十六種　(清)鍾謙鈞等輯　清光緒十四年(1888)上海蜚英館石印本　十一册

110000－0198－0004010　經普 2693
附釋音周禮注疏四十二卷附校勘記　(漢)鄭玄撰　(唐)賈公彦疏　(唐)陸德明釋文　清光緒十三年(1887)點石齋石印十三經注疏本　一册　存十二卷(三十一至四十二)

110000－0198－0004011　經普 2694
十三經注疏校勘記識語四卷　(清)汪文臺撰　清光緒十三年(1887)點石齋石印十三經注疏本　十三册

110000－0198－0004012　經普2698
爾雅不分卷　（晉）郭璞注　清刻本　一冊

110000－0198－0004013　經普2699
爾雅不分卷　（晉）郭璞注　清刻本　四冊

110000－0198－0004014　經普2700
十三經詁答問六卷　（清）馮登府撰　清光緒十二年（1886）吳縣朱氏槐廬家塾刻槐廬叢書本　二冊

110000－0198－0004015　經普2701
孝經一卷　（唐）玄宗李隆基注　（唐）陸德明音　清刻本　一冊

110000－0198－0004016　經普2702
十三經詁答問六卷　（清）馮登府撰　清光緒十二年（1886）吳縣朱氏槐廬家塾刻槐廬叢書本　一冊　存三卷（一至三）

110000－0198－0004017　經普2703
十三經集字摹本　（清）彭玉雯輯　清刻本　八冊

110000－0198－0004018　經普2704
十三經注疏校勘記識語四卷　（清）汪文臺撰　清光緒三年（1877）江西書局刻本　二冊

110000－0198－0004019　經普2705
鄭氏遺書五種　（漢）鄭玄撰　（清）王復輯　清嘉慶二年（1797）承德孫氏刻問經堂叢書本　一冊

110000－0198－0004020　經普2706
經學通論五卷　（清）皮錫瑞撰　清光緒三十三年（1907）思賢書局刻本　四冊

110000－0198－0004021　經普2707
九經五十一卷　（明）秦鏷訂正　明崇禎十三年（1640）秦氏求古齋刻九經本　一冊　存六卷（書經一至六）

110000－0198－0004022　經普2708
書經六卷　（宋）蔡沈集傳　清光緒三十四年（1908）學部圖書局石印本　五冊　缺一卷（二）

110000－0198－0004023　經普2710
書經六卷　（宋）蔡沈集傳　清刻本　三冊

110000－0198－0004024　經普2711
書經集傳六卷　（宋）蔡沈集傳　清同治五年（1866）慎詒堂刻本　四冊

110000－0198－0004025　經普2712
書經集傳六卷首一卷末一卷　（宋）蔡沈集傳　清末李光明莊狀元閣刻本　一冊　存二卷（一、首一卷）

110000－0198－0004026　經普2713
書經注十二卷　（宋）金履祥撰　清光緒五年（1879）陸氏刻十萬卷樓叢書本　二冊　存四卷（九至十二）

110000－0198－0004027　經普2714
六經圖二十四卷　（清）鄭之僑輯　清乾隆九年（1744）述堂刻本　一冊　存二卷（九至十）

110000－0198－0004028　經普2715
欽定書經傳說彙纂二十一卷首二卷書序一卷　（清）王頊齡等撰　清刻本　一冊　存二卷（四至五）

110000－0198－0004029　經普2716
書經六卷　（宋）蔡沈集傳　清刻本　一冊　存一卷（五）

110000－0198－0004030　經普2717
新加九經字樣　（唐）唐玄度撰　清光緒九年（1883）常熟鮑氏刻後知不足齋叢書本　一冊

110000－0198－0004031　經普2718
書經六卷　（宋）蔡沈集傳　清刻本　四冊

110000－0198－0004032　經普2719
九經五十一卷　（明）秦鏷訂正　明崇禎十三年（1640）秦氏求古齋刻九經本　一冊　存三卷（周易一至三）

110000－0198－0004033　經普2721
五經典要註釋五卷　（清）袁壯行纂註　（清）袁時行編輯　清刻本　一冊　存一卷（五）

110000－0198－0004034　經普2723
九經古義十六卷　（清）惠棟撰　清省吾堂刻本　三冊　存十二卷（一至十二）

110000－0198－0004035　經普 2724
易經十二卷　（宋）程頤傳　清南京李光明莊刻本　一冊　存三卷（六至八）

110000－0198－0004036　經普 2725
經讀考異八卷補一卷句讀敍述二卷補一卷　（清）武億撰　清乾隆五十四年（1789）刻授堂遺書本　一冊　存三卷（經讀考異一至三）

110000－0198－0004037　經普 2726
古經解鉤沉三十卷　（清）余蕭客撰　清道光二十年（1840）京江魯氏刻本　一冊　存六卷（一至六）

110000－0198－0004038　經普 2727
孝經鄭注附音　（漢）鄭玄注　（唐）陸德明音義　（清）孫季咸編　清光緒二十二年（1896）濰縣賸園刻本　二冊

110000－0198－0004039　經普 2728
學禮質疑二卷　（清）萬斯大撰　清刻本　一冊

110000－0198－0004040　經普 2729
九經古義十六卷　（清）惠棟撰　清刻本　一冊　存十卷（七至十六）

110000－0198－0004041　經普 2730
群經平議三十五卷　（清）俞樾撰　清同治五年（1866）杭州刻本　二冊

110000－0198－0004042　經普 2733
群經義證八卷　（清）武億撰　清道光二十三年（1843）偃師武氏刻本　一冊　存一卷（一）

110000－0198－0004043　經普 2734
群經質二卷　（清）陳僅撰　清光緒十一年（1885）四明文則樓陳氏木活字印本　一冊　存一卷（上）

110000－0198－0004044　經普 2735
群經質二卷　（清）陳僅撰　清光緒十一年（1885）四明文則樓陳氏木活字印本　二冊

110000－0198－0004045　經普 2736
五經味根錄五種四十二卷　（清）閔掞生撰　清光緒十四年（1888）同文書局石印本　八冊

110000－0198－0004046　經普 2738
尚書六卷　（漢）孔安國傳　清同治稽古樓刻本　六冊

110000－0198－0004047　經普 2739
經義圖說八卷　（清）吳寶謨撰　清嘉慶二十四年（1819）陳氏裛露軒刻本　八冊

110000－0198－0004048　經普 2741
御纂詩義折中二十卷　（清）傅恒等撰　清刻本　六冊　存十一卷（一至十一）

110000－0198－0004049　經普 2742
新刻來瞿唐先生易註十五卷首一卷末一卷　（明）來知德撰　（清）高奣映鑒定　清刻本　六冊　存九卷（一至八、首一卷）

110000－0198－0004050　經普 2744
詩經八卷　（宋）朱熹集傳　清刻本　二冊　存二卷（六至七）

110000－0198－0004051　經普 2745
音韻闡微十八卷　（清）李光地等撰　清光緒七年（1881）淮南書局刻本　四冊　存十卷（一至十）

110000－0198－0004052　經普 2746
欽定詩經傳說匯纂二十一卷首二卷詩序二卷　（清）王鴻緒等撰　清刻本　二冊　存二卷（詩序二卷）

110000－0198－0004053　經普 2747
詩經八卷　（宋）朱熹集傳　清刻本　三冊　存三卷（三、五至六）

110000－0198－0004054　經普 2751
詩經八卷　（宋）朱熹集傳　清慎詒堂刻本　三冊　存六卷（三至八）

110000－0198－0004055　經普 2753
詩經八卷　（宋）朱熹集傳　清刻本　三冊　存三卷（一至三）

110000－0198－0004056　經普 2754
詩經疏略八卷　（清）張沐撰　清康熙十四年（1675）蓍蔡張氏刻本　四冊　存六卷（一至六）

110000－0198－0004057　經普 2755

詩經八卷　(宋)朱熹集傳　清刻本　一冊　存二卷(四至五)

110000－0198－0004058　經普 2756

詩經二十卷　(宋)朱熹集傳　清刻本　一冊　存七卷(九至十五)

110000－0198－0004059　經普 2757

詩經類句對　(清)何國鎮輯　清咸豐八年(1858)何氏刻本　一冊

110000－0198－0004060　經普 2758

監本詩經八卷　(宋)朱熹集傳　清金陵芥子園刻本　二冊　存四卷(一至四)

110000－0198－0004061　經普 2759

寄傲山房塾課纂輯御案易經備旨七卷　(清)鄒聖脈輯　(清)鄒廷猷編　清末刻本　三冊　存三卷(三至四、七)

110000－0198－0004062　經普 2760

監本詩經八卷　(宋)朱熹集傳　清光緒九年(1883)京都寶書堂刻本　三冊

110000－0198－0004063　經普 2762

詩經八卷　(宋)朱熹集傳　清同治五年(1866)金陵書局刻本　一冊　存二卷(一至二)

110000－0198－0004064　經普 2763

監本詩經八卷　(宋)朱熹集傳　清同治八年(1869)萬源堂刻本　一冊　存二卷(一至二)

110000－0198－0004065　經普 2765

新訂四書補註備旨十卷　(明)鄧林撰　(清)鄧煜編　(清)祁文友校刊　(清)杜定基增訂　清光緒十六年(1890)京都善成堂刻本　一冊　存二卷(一至二)

110000－0198－0004066　經普 2767

詩書古訓六卷　(清)阮元撰　清道光二十一年(1841)儀徵阮氏刻本　三冊　存四卷(一至四)

110000－0198－0004067　經普 2768

三字經不分卷　清刻本　一冊

110000－0198－0004068　經普 2770

經字正蒙八卷　(清)李文沂撰　清光緒十一年(1885)博文軒刻本　二冊　存二卷(四至五)

110000－0198－0004069　經普 2773

詩經古譜二卷　(清)□□撰　清光緒三十四年(1908)學部圖書局石印本　一冊　存一卷(上)

110000－0198－0004070　經普 2777

五經旁訂讀本五種　(清)□□撰　清光緒十五年(1889)味經堂刻本　十三冊

110000－0198－0004071　經普 2778

九經五十一卷　(明)秦鏷訂正　明崇禎十三年(1640)秦氏求古齋刻九經本　十三冊

110000－0198－0004072　經普 2779

康熙字典十二集三十六卷檢字一卷辨似一卷等韻一卷補遺一卷備考一卷　(清)張玉書等纂修　清刻本　六冊

110000－0198－0004073　經普 2781

康熙字典十二集三十六卷檢字一卷辨似一卷等韻一卷補遺一卷備考一卷　(清)張玉書等纂修　清光緒二十年(1894)點石齋石印本　六冊

110000－0198－0004074　經普 2782

康熙字典十二集　(清)張玉書　(清)凌紹雯等纂修　清刻本　三冊　存一集(亥)

110000－0198－0004075　經普 2783

康熙字典十二集三十六卷檢字一卷辨似一卷等韻一卷補遺一卷備考一卷　(清)張玉書等纂修　清康熙武英殿刻本　八冊

110000－0198－0004076　經普 2784

康熙字典十二集三十六卷檢字一卷辨似一卷等韻一卷補遺一卷備考一卷　(清)張玉書等纂修　清刻本　十八冊

110000－0198－0004077　經普 2785

康熙字典十二集三十六卷總目一卷檢字一卷辨似一卷等韻一卷備考一卷補遺一卷　(清)

張玉書等纂修　清光緒二十五年(1899)上海慎記書莊石印本　六冊

110000－0198－0004078　經普2786

康熙字典十二集三十六卷檢字一卷辨似一卷等韻一卷補遺一卷備考一卷　(清)張玉書等纂修　清光緒十年(1884)上海點石齋石印本　六冊

110000－0198－0004079　經普2787

康熙字典十二集三十六卷檢字一卷辨似一卷等韻一卷補遺一卷備考一卷　(清)張玉書等纂修　清光緒二十年(1894)上海文寶局石印本　六冊

110000－0198－0004080　經普2788

康熙字典十二集三十六卷檢字一卷辨似一卷等韻一卷補遺一卷備考一卷　(清)張玉書等纂修　清末同文書局石印本　二冊

110000－0198－0004081　經普2790

康熙字典十二集三十六卷檢字一卷辨似一卷等韻一卷補遺一卷備考一卷　(清)張玉書等纂修　清光緒三十二年(1906)上海商務印書館石印本　三冊

110000－0198－0004082　經普2791

康熙字典十二集三十六卷檢字一卷辨似一卷等韻一卷補遺一卷備考一卷　(清)張玉書等纂修　清刻本　十四冊

110000－0198－0004083　經普2792

康熙字典十二集三十六卷檢字一卷辨似一卷等韻一卷補遺一卷備考一卷　(清)張玉書等纂修　清刻本　五冊

110000－0198－0004084　經普2793

康熙字典十二集三十六卷檢字一卷辨似一卷等韻一卷補遺一卷備考一卷　(清)張玉書等纂修　清刻本　十八冊

110000－0198－0004085　經普2794

康熙字典十二集三十六卷檢字一卷辨似一卷等韻一卷補遺一卷備考一卷　(清)張玉書等纂修　清刻本　一冊

110000－0198－0004086　經普2796

四書味根錄不分卷　(清)金澂撰　清光緒二十年(1894)上海文海書局石印本　六冊

110000－0198－0004087　經普2797

四書味根錄不分卷　(清)金澂撰　清光緒十二年(1886)上海積山書局石印本　五冊

110000－0198－0004088　經普2798

四書古注群義匯解十種九十八卷　(清)□□輯　清光緒十七年(1891)上洋鴻寶齋石印本　十六冊

110000－0198－0004089　經普2800

四書典林三十卷　(清)江永撰　清光緒十三年(1887)石印本　四冊

110000－0198－0004090　經普2801

四書集注十九卷　(宋)朱熹集註　清寶文堂刻本　五冊

110000－0198－0004091　經普2802

四書約旨十九卷　(清)任啟運撰　清刻本　五冊

110000－0198－0004092　經普2803

四書劄記不分卷　(清)李光地撰　清刻本　七冊

110000－0198－0004093　經普2804

四書典制類聯三十三卷　(清)閻其淵編　清刻本　四冊　存七卷(十至十一、十八至二十二)

110000－0198－0004094　經普2805

四書恒解十卷　(清)劉沅撰　清光緒十年(1884)豫誠堂刻本　六冊　存五卷(六至十)

110000－0198－0004095　經普2806

四書章句附攷四卷　(清)吳志忠輯　清刻本　一冊

110000－0198－0004096　經普2807

四書集字音義辨一卷　(清)王賡言輯　清刻朱墨印本　六冊

110000－0198－0004097　經普2808

新刻批點四書讀本十九卷　(宋)朱熹集注

清道光七年(1827)愷元堂刻朱墨印本　一冊

110000－0198－0004098　經普 2809

新訂四書補注備旨十卷　(明)鄧林撰　(清)鄧煜編　(清)杜定基增訂　清末石印本　四冊

110000－0198－0004099　經普 2810

四書講義大全四種　(清)史廷煇輯　清刻本　十二冊

110000－0198－0004100　經普 2812

四書翊注四十三卷　(清)刁包輯　清道光二十七年(1847)惇德堂刻本　六冊

110000－0198－0004101　經普 2813

四書會解二十七卷　(清)綦澧輯　清還醇堂刻本　十二冊

110000－0198－0004102　經普 2814

四書恒解十卷　(清)劉沅撰　清光緒十年(1884)豫誠堂刻本　四冊　存七卷(孟子一至七)

110000－0198－0004103　經普 2815

四書纂疏二十六卷　(宋)趙順孫撰　清康熙通志堂刻本　七冊

110000－0198－0004104　經普 2817

四書古注群義匯解十種九十八卷　(清)□□輯　清末鉛印本　十三冊

110000－0198－0004105　經普 2818

四書典林三十卷　(清)江永編　(清)汪基參訂　清崇德書院刻本　十二冊

110000－0198－0004106　經普 2819

別雅五卷　(清)吳玉搢撰　清道光二十九年(1849)小蓬萊山館刻本　一冊　存一卷(五)

110000－0198－0004107　經普 2820

四書集注十九卷　(宋)朱熹集註　清末上海昌文書局石印本　二冊　存四卷(四至七)

110000－0198－0004108　經普 2822

四書補注備旨十卷　(明)鄧林撰　(清)鄧煜編　(清)杜定基增訂　清末上海昌文書局石印本　五冊

110000－0198－0004109　經普 2823

四書古人典林十二卷　(清)江永編　清崇德書院刻本　四冊

110000－0198－0004110　經普 2824

四書典林三十卷　(清)江永編　清刻本　十八冊

110000－0198－0004111　經普 2825

四書典制類聯音注三十三卷　(清)閻其淵輯　清同治七年(1868)龍江書屋刻本　八冊

110000－0198－0004112　經普 2826

經義述聞十六卷　(清)王引之撰　清光緒七年(1881)上海文瑞樓鉛印本　八冊

110000－0198－0004113　經普 2827

困學紀聞注二十卷　(清)翁元圻撰　清光緒三年(1877)京都善成堂刻本　八冊

110000－0198－0004114　經普 2829

四書集注十九卷　(宋)朱熹集註　清末上海錦章圖書局石印本　五冊

110000－0198－0004115　經普 2830

周易稗疏四卷　(清)王夫之撰　清刻本　一冊

110000－0198－0004116　經普 2831

詩攷一卷　(宋)王應麟撰　清光緒刻本　一冊

110000－0198－0004117　經普 2832

四書典林三十卷　(清)江永撰　清刻本　三冊　存十一卷(十五至二十五)

110000－0198－0004118　經普 2833

四書異同商不分卷　(清)黃鶴撰　清刻本　七冊

110000－0198－0004119　經普 2834

新訂四書補注備旨八卷　(明)鄧林撰　(清)鄧煜編　(清)杜定基增訂　清光緒文成堂刻本　一冊　存一卷(一)

110000－0198－0004120　經普 2835

四書益智錄二十卷　(清)桂含章輯　清光緒九年(1883)石埭桂氏務本堂刻本　二冊　存

二卷(十三至十四)

110000－0198－0004121　經普 2836
新訂四書補注備旨八卷　(明)鄧林撰　(清)鄧煜編　(清)杜定基增訂　清刻本　四册

110000－0198－0004122　經普 2837
四書讀本十九卷　(宋)朱熹集注　清大梁馮氏刻本　一册

110000－0198－0004123　經普 2838
守山閣叢書一百十種　(清)紀昀等撰　清刻本　一册　存四種(鬻子、慎子、公孫龍子、人物志一至三)

110000－0198－0004124　經普 2839
欽定本朝四書文不分卷　(清)方苞編　清刻本　二册

110000－0198－0004125　經普 2840
四書釋地一卷續一卷又續一卷三續一卷　(清)閻若璩撰　清乾隆王氏眷西堂刻本　三册

110000－0198－0004126　經普 2841
四書翊注四十二卷首一卷　(清)刁包輯　清道光二十七年(1847)惇德堂刻本　二十一册

110000－0198－0004127　經普 2842
四六叢話三十三卷　(清)孫梅輯　清刻本　二册　存七卷(二十一至二十七)

110000－0198－0004128　經普 2843
四書章句附攷四卷　(清)吳志忠輯　清刻本　一册

110000－0198－0004129　經普 2844
匯刻書目二十卷　(清)顧修編　清光緒十五年(1889)上海福瀛書局刻本　一册　存一卷(一)

110000－0198－0004130　經普 2845
康熙字典十二集檢字一卷等韻一卷　(清)張玉書等纂　清光緒三十年(1904)上海錦章書局石印本　六册

110000－0198－0004131　經普 2846
經學叢書八種　(清)桂文燦撰　清咸豐七年至光緒二十二年(1857－1896)刻本　四册　存二種八卷(禹貢川澤攷二卷、毛詩釋地六卷)

110000－0198－0004132　經普 2850
隸辨八卷　(清)顧藹吉撰　清同治十二年(1873)漁古山房刻本　八册

110000－0198－0004133　經普 2851
隸辨八卷　(清)顧藹吉撰　清刻本　八册

110000－0198－0004134　經普 2853
說文解字十五卷　(漢)許慎撰　清末石印本　一册　存三卷(十三至十五)

110000－0198－0004135　經普 2854
漢隸字源五卷碑目一卷附字一卷　(宋)婁機撰　清末石印本　六册

110000－0198－0004136　經普 2858
小學集解六卷　(宋)朱熹撰　清光緒元年(1875)湖北崇文書局刻本　三册

110000－0198－0004137　經普 2864
詩韻集成十卷　(清)余照編　清刻本　一册　存一卷(五)

110000－0198－0004138　經普 2867
詩序辨正八卷　(清)汪大任撰　清光緒十二年(1886)錢塘汪氏長沙刻叢睦汪氏遺書本　一册　存二卷(一至二)

110000－0198－0004139　經普 2868
說文古籀疏證六卷　(清)莊述祖撰　清刻本　三册

110000－0198－0004140　經普 2869
論語孔注辨僞二卷　(清)沈濤撰　清道光刻本　一册

110000－0198－0004141　經普 2870
纂喜堂詩稿一卷　(清)陳壽祺撰　清同治十年(1871)刻本　一册

110000－0198－0004142　經普 2871
王氏經說六卷　(清)王紹蘭撰　清光緒吳縣潘氏刻本　二册

110000－0198－0004143　經普 2872

周人經説四卷　(清)王紹蘭撰　清光緒吳縣潘氏刻本　一册　存二卷(三至四)

110000－0198－0004144　經普 2873

詩集傳二十卷　(宋)朱熹撰　清刻本　一册　存五卷(十六至二十)

110000－0198－0004145　經普 2879

經讀考異八卷　(清)武億撰　清道光二十三年(1843)偃師武氏刻本　一册　存五卷(四至八)

110000－0198－0004146　經普 2880

國語補音三卷　(宋)宋庠撰　清文盛堂刻本　四册

110000－0198－0004147　經普 2881

通鑑紀事本末四十二卷　(宋)袁樞編　清光緒十三年(1887)六合徐氏刻本　一册　存一卷(一)

110000－0198－0004148　經普 2882

易經本意四卷　(清)何蘇撰　清刻本　二册

110000－0198－0004149　經普 2883

新刻韓詩外傳十卷　(漢)韓嬰撰　明刻本　四册

110000－0198－0004150　經普 2884

五代史文鈔四卷　(清)納蘭常安選評　清刻本　一册　存一卷(一)

110000－0198－0004151　經普 2885

隸辨八卷　(清)顧藹吉撰　清康熙五十七年(1718)項氏玉淵堂刻本　八册

110000－0198－0004152　經普 2886

佩文韻府一百六卷　(清)張玉書等撰　清光緒石印本　十三册　存二十四卷(二十四至二十五、四十一至四十四、五十五至六十四、七十五至七十七、九十三至九十四、一百一至一百三)

110000－0198－0004153　經普 2887

韻府拾遺一百六卷　(清)張玉書等撰　清光緒石印本　五册　存六十八卷(六至十四、三十一至八十九)

110000－0198－0004154　經普 2888

佩文韻府一百六卷　(清)張玉書等撰　清光緒石印本　五册　存十二卷(九十五至一百六)

110000－0198－0004155　經普 2889

欽定佩文韻府一百六卷　(清)張玉書等撰　清光緒石印本　十三册　存三十七卷(十九至五十五)

110000－0198－0004156　經普 2890

韻府拾遺一百六卷　(清)張玉書等撰　清光緒石印本　一册　存七十一卷(三十六至一百六)

110000－0198－0004157　經普 2892

御定駢字類編二百四十卷　(清)張廷玉等編　清光緒十三年(1887)上海同文書局石印本　一册　存七卷(六十六至七十二)

110000－0198－0004158　經普 2893

群經音辨七卷　(宋)賈昌朝撰　清康熙五十三年(1714)張士俊刻澤存堂五種本　二册

110000－0198－0004159　經普 2894

書經集傳六卷　(宋)蔡沈集傳　(明)汪應魁句讀　明崇禎四年(1631)汪應魁貽經堂刻本　四册

110000－0198－0004160　史普 1

遼史拾遺二十四卷附補五卷　(清)厲鶚撰　清光緒江蘇書局刻本　十册　存十六卷(十四至二十四、補五卷)

110000－0198－0004161　史普 2

戰國策三十二卷補札記三卷　(漢)高誘注　清同治湖北崇文書局刻本　五册

110000－0198－0004162　史普 3

語石十卷　葉昌熾撰　清宣統元年(1909)刻本　四册

110000－0198－0004163　史普 4

語石十卷　葉昌熾撰　清宣統元年(1909)刻本　四册

110000－0198－0004164　史普 5
大清律例匯輯便覽四十卷　(清)刑部纂　清刻本　二十六冊

110000－0198－0004165　史普 8
重編紅雨樓題跋二卷　(明)徐𤊹撰　清峭帆樓刻本　三冊

110000－0198－0004166　史普 10
三國志六十五卷　(晉)陳壽撰　(南朝宋)裴松之注　清同治九年(1870)金陵書局刻本　十六冊

110000－0198－0004167　史普 11
三國志六十五卷　(晉)陳壽撰　清光緒十八年(1892)武林竹簡齋石印本　四冊

110000－0198－0004168　史普 12
三國志攷證八卷　(清)潘眉撰　清光緒十五年(1889)廣雅書局刻本　二冊

110000－0198－0004169　史普 13
唐鑑十二卷　(宋)范祖禹撰　(宋)吕祖謙註　清解梁書院刻本　四冊　存九卷(一至九)

110000－0198－0004170　史普 14
度隴記四卷　(清)董醇著　清刻本　四冊

110000－0198－0004171　史普 16
四朝名臣言行錄二十六卷　(宋)李幼武輯　清道光元年(1821)洪氏歙績學堂刻本　七冊

110000－0198－0004172　史普 17
欽定古今儲貳金鑑六卷首一卷　(清)高宗弘曆撰　清刻本　四冊

110000－0198－0004173　史普 19
御纂性理精義十二卷　(清)李光地等纂　清康熙刻本(有圖)　六冊

110000－0198－0004174　史普 20
綏寇紀略十二卷附補遺三卷　(清)吳偉業纂　清嘉慶九年(1804)照曠閣刻本　八冊

110000－0198－0004175　史普 22
漢書地理志校本二卷　(清)汪遠孫著　清道光二十八年(1848)汪氏振綺堂刻本　二冊

110000－0198－0004176　史普 23
崆峒山志二卷　(清)張伯魁纂　清嘉慶二十四年(1819)刻本　二冊

110000－0198－0004177　史普 26
萍鄉湘東縣城文氏三修族譜四卷　(清)文堯臣修輯　清光緒十年(1884)延慶堂木活字印本　四冊

110000－0198－0004178　史普 27
史通削繁四卷　(清)紀昀撰　清光緒元年(1875)湖北崇文書局刻本　四冊

110000－0198－0004179　史普 30
史記一百三十卷　(漢)司馬遷撰　清刻本　二十冊

110000－0198－0004180　史普 32
國朝漢學師承記八卷　(清)江藩撰　清光緒二年(1876)刻本　二冊　存四卷(一至四)

110000－0198－0004181　史普 35
印度國志　(清)學部編譯圖書局編　清光緒三十三年(1907)學部編譯圖書局鉛印本　一冊

110000－0198－0004182　史普 37
十八家詩抄二十八卷　(清)曾國藩輯　清刻本　一冊　存一卷(十三)

110000－0198－0004183　史普 38
[光緒]黃梅縣志四十卷首一卷　(清)覃瀚元修　清光緒二年(1876)刻本　一冊　存二卷(三十七至三十八)

110000－0198－0004184　史普 39
山海經箋疏十八卷圖贊一卷訂譌一卷　(晉)郭璞傳　(清)郝懿行疏　清刻本　一冊　存八卷(一至八)

110000－0198－0004185　史普 40
清儀閣題跋　(清)張廷濟撰　清刻本　二冊

110000－0198－0004186　史普 42
寄圃老人自記年譜　(清)孫玉庭撰　清道光六年(1826)刻本　一冊

110000－0198－0004187　史普 43

包孝肅公奏議十卷 (宋)包拯撰 清朝宗書室刻本 四冊

110000－0198－0004188 史普 44
深州風土記二十二卷附表五卷 (清)吳汝綸撰 清刻本 五冊 缺七卷(一至三、八至十一)

110000－0198－0004189 史普 49
御製勸善要言 (清)世祖福臨撰 清順治十二年(1655)刻朱墨印本 一冊

110000－0198－0004190 史普 50
黔語二卷 (清)吳振棫撰 清刻本 一冊

110000－0198－0004191 史普 53
周季編略九卷 (清)黃式三撰 清同治十二年(1873)浙江書局刻本(有圖) 四冊

110000－0198－0004192 史普 54
小腆紀傳六十五卷補遺五卷考異一卷 (清)徐鼒撰 (清)徐承禮補遺并考異 清光緒十三年(1887)金陵刻本 十八冊

110000－0198－0004193 史普 55
小腆紀年附考二十卷 (清)徐鼒撰 清六合徐氏刻本 十二冊

110000－0198－0004194 史普 57
歷代史纂左編一百四十二卷 (明)唐順之編 明刻本 一冊 存一卷(三十五)

110000－0198－0004195 史普 58
茅山志十四卷 (清)笪蟾光編 清光緒刻本 六冊

110000－0198－0004196 史普 60
澄懷主人自訂年譜六卷 (清)張廷玉編 清光緒六年(1880)桐城張紹文刻本 二冊

110000－0198－0004197 史普 61
徵君孫先生年譜二卷 (清)湯斌等編 清光緒十三年(1887)成都高繼善堂刻本 二冊

110000－0198－0004198 史普 64
漢書補註一百卷首一卷 (漢)班固撰 (唐)顏師古注 王先謙補注 清刻本 一冊 存四卷(一至四)

110000－0198－0004199 史普 66
滄浪小志二卷 (清)宋犖編 清光緒十年(1884)江蘇書局刻本(有圖) 一冊

110000－0198－0004200 史普 68
先文定公奏議二卷 (清)孫瑞珍撰 清咸豐刻本 十二冊

110000－0198－0004201 史普 70
鐵琴銅劍樓藏書目錄二十四卷 (清)瞿鏞撰 清光緒刻本 九冊 存二十二卷(三至二十四)

110000－0198－0004202 史普 71
竹書紀年統箋十二卷前篇一卷雜述一卷 (清)徐文靖撰 清光緒刻本 一冊 存三卷(七至九)

110000－0198－0004203 史普 74
元朝秘史十卷續集二卷 (元)脫察安撰 清光緒三十四年(1908)長沙葉氏觀古堂刻本 六冊

110000－0198－0004204 史普 75
許竹篔先生出使函稿十四卷 (清)許景澄撰 清末鉛印本 三冊

110000－0198－0004205 史普 76
南歸日記 (清)劉瀚撰 清光緒二十八年(1902)刻本 一冊

110000－0198－0004206 史普 78
桐城耆舊傳十二卷 馬其昶撰 清刻本 六冊

110000－0198－0004207 史普 79
十七史蒙求十六卷 (宋)王令撰 清光緒十五年(1889)文昌書局刻本 三冊

110000－0198－0004208 史普 80
天下山河兩戒考十四卷 (清)徐文靖注 清光緒二年(1876)當皇縣衙刻本 五冊

110000－0198－0004209 史普 83
尋樂堂日錄二十五卷附錄一卷 (清)竇克勤撰 清光緒四年(1878)朱陽書院刻本 十六冊

110000－0198－0004210　史普 87
御製盛京賦　(清)高宗弘曆撰　清乾隆武英殿刻本　一冊

110000－0198－0004211　史普 94
御定萬年書　(清)欽天監編　清刻本　一冊

110000－0198－0004212　史普 97
漢史斷六卷　(清)黄恩彤撰　清光緒三十一年(1905)刻本　一冊

110000－0198－0004213　史普 102
國史賢良祠王大臣小傳二卷　(清)阮元撰　清光緒十三年(1887)刻本　一冊

110000－0198－0004214　史普 104
國史文苑傳二卷　(清)阮元撰　清刻本　一冊

110000－0198－0004215　史普 107
王船山先生[夫之]年譜二卷　(清)劉毓崧編　清光緒十二年(1886)江南書局刻本　一冊　存一卷(上)

110000－0198－0004216　史普 110
芝軒相國謝摺偶存　(清)潘世恩撰　清刻本　一冊

110000－0198－0004217　史普 111
西招圖略二卷　(清)松筠撰　清刻本　二冊

110000－0198－0004218　史普 112
黔書二卷　(清)田雯撰　清刻本　二冊

110000－0198－0004219　史普 113
經史質疑錄　(清)張從咸撰　清光緒二十九年(1903)贵池劉氏刻本　一冊

110000－0198－0004220　史普 118
國朝先正事略六十卷　(清)李元度編　清刻本　二冊　存四卷(四至七)

110000－0198－0004221　史普 120
地球韻言四卷　(清)張士瀛撰　清光緒二十四年(1898)刻本　一冊　存二卷(三至四)

110000－0198－0004222　史普 122
文獻徵存錄十卷　(清)錢林輯　清咸豐八年(1858)有嘉樹軒刻本　五冊　存五卷(六至十)

110000－0198－0004223　史普 125
會典簡明錄　(清)張祥河編　清道光六年(1826)漸西村舍刻本　一冊

110000－0198－0004224　史普 130
史記集解一百三十卷　(南朝宋)裴駰撰　清刻本　二十四冊

110000－0198－0004225　史普 132
攀古樓彝器款識　(清)潘祖蔭撰　清同治十年(1871)滂喜齋刻本(有圖)　二冊

110000－0198－0004226　史普 133
續海塘新志四卷　(清)王德寬輯　清道光刻本　四冊

110000－0198－0004227　史普 134
古泉叢話三卷　(清)戴熙撰　清同治十一年(1872)滂喜齋刻本　一冊

110000－0198－0004228　史普 135
安徽金石略十卷　(清)趙紹祖輯　清光緒二十九年(1903)貴池劉氏刻本　四冊

110000－0198－0004229　史普 136
元史氏族表三卷元史藝文志四卷　(清)錢大昕撰　清末江蘇書局刻本　三冊

110000－0198－0004230　史普 137
欽定明鑑二十四卷首一卷　(清)托津等纂　清刻本　八冊

110000－0198－0004231　史普 138
欽定明鑑二十四卷首一卷　(清)托津等纂　清嘉慶刻本　十二冊　存十二卷(十三至二十四)

110000－0198－0004232　史普 139
漢藝文志攷證十卷　(宋)王應麟撰　清刻本　二冊

110000－0198－0004233　史普 140
欽定明鑑二十四卷首一卷　(清)托津等纂　清嘉慶刻本　五冊　存十三卷(一至十三)

110000－0198－0004234　史普 141
國朝詩人徵略六十卷　(清)張維屏輯　清道光十年(1830)刻本　十六册

110000－0198－0004235　史普 142
昭德先生郡齋讀書志二十卷　(宋)晁公武撰　清光緒十年(1884)長沙王氏刻本　十册

110000－0198－0004236　史普 143
東萊先生音註唐鑑二十四卷　(宋)范祖禹撰　清同治十三年(1874)蓉城尊經書院刻本　四册

110000－0198－0004237　史普 144
國語二十一卷劄記一卷考異四卷　(三國吴)韋昭注　(清)黄丕烈劄記　(清)汪遠孫考異　清同治八年(1869)湖北崇文書局刻本　五册

110000－0198－0004238　史普 145
文史通義八卷　(清)章學誠撰　清光緒三年(1877)刻本　五册

110000－0198－0004239　史普 146
藏書六十八卷　(明)李贄撰　清刻本　六册　存三卷(四至六)

110000－0198－0004240　史普 148
史通削繁四卷　(清)紀昀撰　清道光十三年(1833)兩廣節署刻本　四册

110000－0198－0004241　史普 149
復堂日記八卷　(清)譚獻撰　清光緒十三年(1887)仁和譚氏刻本　二册

110000－0198－0004242　史普 150
廣金石韻府五卷　(清)林尚葵輯　清康熙九年(1670)大業堂刻朱墨印本　二册

110000－0198－0004243　史普 151
古書疑義舉例七卷　(清)俞樾撰　清末宏達堂刻本　二册

110000－0198－0004244　史普 152
通商各國條約　(清)□□撰　清咸豐十年(1860)刻本　五册

110000－0198－0004245　史普 153
文道十書四種　(清)陳景雲撰　清乾隆刻本　二册　存二種五卷(通鑑胡注舉正一卷、韓集點勘四卷)

110000－0198－0004246　史普 154
復堂日記八卷　(清)譚獻撰　清光緒十三年(1887)仁和譚氏刻本　二册　存二卷(一至二)

110000－0198－0004247　史普 156
西魏書二十四卷　(清)謝啟昆撰　清乾隆六十年(1795)樹經堂刻本　六册

110000－0198－0004248　史普 157
北湖小志六卷首一卷　(清)焦循著　清嘉慶十三年(1808)揚州阮氏刻本(有圖)　四册

110000－0198－0004249　史普 158
歸方評點史記合筆六卷　(清)王拯纂　清光緒元年(1875)錦城節署刻本　四册

110000－0198－0004250　史普 159
于文定公讀史漫錄二十卷　(明)于慎行撰　(清)黄恩彤參訂　清刻本　九册

110000－0198－0004251　史普 160
楹書隅錄五卷續編四卷　(清)楊紹和輯　清光緒二十年(1894)海源閣刻本　八册

110000－0198－0004252　史普 161
五朝名臣言行錄前集十卷　(宋)朱熹輯　清道光歙縣洪氏刻本　十二册

110000－0198－0004253　史普 163
鐵函心史二卷　(宋)鄭思肖撰　清光緒二十年(1894)種竹書屋刻本　二册

110000－0198－0004254　史普 165
魏鄭公諫續錄二卷　(元)翟思忠輯　清刻本　一册

110000－0198－0004255　史普 167
吴越備史四卷首一卷　(宋)錢儼撰　清道光二年(1822)掃葉山房刻本　二册

110000－0198－0004256　史普 168
重修南嶽志二十六卷　(清)李元度纂　清光緒九年(1883)秣陵洞天精舍刻本(有圖)　十

二册

110000－0198－0004257　史普 170

峩眉山志十二卷　(清)胡林秀修　清道光十四年(1834)胡林秀刻本(有圖)　四册

110000－0198－0004258　史普 171

鴻雪因緣圖記三集　(清)麟慶撰　清道光二十七年(1847)刻本(有圖)　六册

110000－0198－0004259　史普 172

河口圖說　(清)麟慶撰　清道光二十一年(1841)雲蔭堂刻本(有圖)　二册

110000－0198－0004260　史普 173

江蘇水利圖說二卷　(清)李慶雲撰　清宣統二年(1910)刻本(有圖)　二册

110000－0198－0004261　史普 175

蜀僚問答二卷　(清)劉衡撰　清道光十六年(1836)刻本　一册

110000－0198－0004262　史普 176

江蘇海塘新志八卷　(清)李慶雲纂　清光緒十六年(1890)刻本　四册

110000－0198－0004263　史普 177

越絕書十五卷　(漢)袁康撰　(明)吳琯校　清刻本　一册

110000－0198－0004264　史普 178

廿一史四譜五十四卷　(清)沈炳震輯　清同治十年(1871)武林吳氏清來堂刻本　八册　存二十六卷(一至二十六)

110000－0198－0004265　史普 179

欽定學政全書八十六卷首一卷　(清)素尔訥等纂修　清嘉慶十七年(1812)刻本　十六册

110000－0198－0004266　史普 181

夏小正傳箋　(清)沈秉成撰　清同治六年(1867)刻本　一册

110000－0198－0004267　史普 182

禹貢集解二卷　(宋)傅寅撰　清康熙十九年(1680)通志堂刻本　四册

110000－0198－0004268　史普 190

古墨齋金石跋六卷　(清)趙紹祖輯　清光緒二十九年(1903)貴池劉氏刻本　三册

110000－0198－0004269　史普 191

西天目祖山志八卷首一卷末一卷附補遺　(明)釋廣賓纂　清光緒二年(1876)刻本(有圖)　四册

110000－0198－0004270　史普 192

西洋史要　(日本)小川銀次郎撰　清光緒二十九年(1903)金粟齋鉛印本　二册

110000－0198－0004271　史普 193

鄂宰四種　(清)王筠撰　清刻本　二册

110000－0198－0004272　史普 195

補宋書刑法志　(清)郝懿行輯　清刻本　一册

110000－0198－0004273　史普 197

禹貢班義述三卷　(清)成蓉鏡撰　清光緒十一年(1885)刻本　一册

110000－0198－0004274　史普 203

潛齋尚書六十賜壽圖一卷附錄三卷　(清)李實輯　清光緒三十三年(1907)京師官書局鉛印本　一册　存一卷(附錄二)

110000－0198－0004275　史普 204

蠻書十卷　(唐)樊綽撰　清光緒漸西村舍刻本　一册　存一卷(十)

110000－0198－0004276　史普 206

皇朝道學名臣言行外錄十七卷　(宋)李幼武輯　清道光元年(1821)洪氏歙績學堂刻本　一册　存五卷(一至五)

110000－0198－0004277　史普 207

皇朝名臣言行續錄八卷　(宋)李幼武輯　清道光元年(1821)洪氏歙績學堂刻本　三册

110000－0198－0004278　史普 209

四朝名臣言行錄二十六卷　(宋)李幼武輯　清道光元年(1821)洪氏歙績學堂刻本　四册　存五卷(一至五)

110000－0198－0004279　史普 210

五朝名臣言行錄十卷　(宋)朱熹輯　清道光

元年(1821)洪氏歙績學堂刻本　一册　存五卷(六至十)

110000－0198－0004280　史普 211
先聖生卒年月日考二卷　(清)孔廣牧撰　清光緒十五年(1889)廣雅書局刻本　一册

110000－0198－0004281　史普 216
顧亭林先生年譜　(清)張穆撰　清道光二十四年(1844)刻本(有圖)　二册

110000－0198－0004282　史普 217
岷陽古帝墓祠後志八卷　(清)孫錤輯　清道光十六年(1836)鵝溪孫氏刻本(有圖)　一册

110000－0198－0004283　史普 218
杜主開明前志四卷　(清)孫澍輯　清道光十四年(1834)鵝溪孫氏刻本　一册

110000－0198－0004284　史普 219
明季北略二十四卷　(清)計六奇編　清都城琉璃廠半松居士木活字印本　四册　存十一卷(一至十一)

110000－0198－0004285　史普 220
奏摺譜　(清)饒旬宣纂　清刻本　一册

110000－0198－0004286　史普 224
詒穀老人自訂年譜　(清)彭蘊章撰　清同治刻本　一册

110000－0198－0004287　史普 225
唐御史臺精舍題名考三卷首一卷末一卷　(清)趙鉞撰　清光緒歸安丁氏刻本　二册

110000－0198－0004288　史普 226
宜興荆谿縣新志十卷首一卷末一卷　(清)施惠　(清)錢志澄修　(清)吳景牆纂　清光緒八年(1882)刻本　八册

110000－0198－0004289　史普 233
先府君年譜附行狀　(清)王孝箴等編　清光緒刻本　一册

110000－0198－0004290　史普 234
洪北江先生雜著四種　(清)洪亮吉著　清咸豐刻本　一册

110000－0198－0004291　史普 238
彭剛直公奏稿八卷　(清)彭玉麟撰　清光緒十七年(1891)刻本　八册

110000－0198－0004292　史普 239
周書五十卷　(唐)令狐德棻撰　清同治十三年(1874)金陵書局刻本　四册

110000－0198－0004293　史普 240
讀史紀略四卷　(清)蕭濬纂　清道光二十年(1840)靈石楊氏澹靜齋刻本　四册

110000－0198－0004294　史普 241
江北運程四十卷首一卷　(清)董恂撰　清咸豐十年(1860)刻本　四十一册

110000－0198－0004295　史普 242
癖泉臆説六卷　(清)高煥文撰　清光緒高氏泉壽山房石印本　二册

110000－0198－0004296　史普 246
環天室詩集五卷後集一卷　(清)曾廣鈞撰　清宣統二年(1910)石印本　一册

110000－0198－0004297　史普 248
漁洋書跋二卷　(清)王士禛撰　清光緒四年(1878)仁和葛氏刻本　一册

110000－0198－0004298　史普 249
頤志齋四譜四卷　(清)丁晏撰　清道光二十三年(1843)刻本　一册

110000－0198－0004299　史普 251
佛坪廳志二卷首一卷　(清)劉煐纂　清光緒九年(1883)刻本　一册

110000－0198－0004300　史普 252
養蒙金鑑二卷　(清)林之望編輯　(清)沈錫慶删訂　清光緒元年(1875)湖北藩署刻本　二册

110000－0198－0004301　史普 254
俄史輯譯四卷　(清)徐景羅譯　清光緒十四年(1888)益智書會刻本　四册

110000－0198－0004302　史普 255
蜀碧四卷附記一卷　(清)彭遵泗撰　清光緒二十六年(1900)宏道堂刻本　一册

110000－0198－0004303　史普 257
釋氏稽古略四卷續略三卷　(明)釋覺岸編　清光緒十二年(1886)刻本　五册

110000－0198－0004304　史普 258
天下山河兩戒考十四卷圖一卷竹書紀年統箋十二卷禹貢會箋十二卷圖一卷　(清)徐文靖撰　清光緒二年(1876)刻本　十二册

110000－0198－0004305　史普 259
[嘉慶]介休縣志十四卷　(清)徐品山　(清)陸元鐮纂修　清嘉慶二十四年(1819)刻本(有圖)　九册

110000－0198－0004306　史普 260
明紀六十卷　(清)陳鶴撰　清同治十年(1871)江蘇書局刻本　二十册

110000－0198－0004307　史普 261
大清通禮五十卷　(清)來保等修　(清)李玉鳴等纂　(清)穆克登額等續修　(清)恒泰等續纂　清刻本　八册

110000－0198－0004308　史普 262
質疑刪存三卷　(清)張宗泰撰　清光緒十八年(1892)聚學軒刻本　二册

110000－0198－0004309　史普 263
群書答問二卷補遺一卷　(清)凌曙著　清光緒十四年(1888)德化李氏木犀軒刻本　一册

110000－0198－0004310　史普 264
西湖志纂十二卷首一卷末一卷　(清)沈德潛輯　(清)傅王露輯　(清)梁詩正纂　清乾隆二十三年(1758)刻本　十册

110000－0198－0004311　史普 266
補三國疆域志二卷　(清)洪亮吉撰　清光緒十七年(1891)刻本　二册

110000－0198－0004312　史普 267
丁未和會類要四卷　(清)外務部編　清末鉛印本　一册　存一卷(二)

110000－0198－0004313　史普 270
江南格致書院同學錄　(清)格致書院編　清光緒二十八年(1902)格致書院刻本　一册

110000－0198－0004314　史普 271
皇清誥授光祿大夫太子太傅文華殿大學士兼吏部尚書加五級世襲拜他喇布勒哈番太傅文端顯考可亭府君行述　(清)朱必堦等撰　清乾隆刻本　一册

110000－0198－0004315　史普 274
太常袁公行略　袁允橚等撰　清光緒三十一年(1905)商務印書館石印本　一册

110000－0198－0004316　史普 276
朝鮮近世史二卷　(日本)林泰輔編　劉世珩譯　清光緒二十九年(1903)上海鴻寶書局石印本　二册

110000－0198－0004317　史普 278
再續寰宇訪碑錄二卷　羅振玉著　清光緒十九年(1893)面城精舍石印本　二册

110000－0198－0004318　史普 280
南天痕二十七卷　(清)凌雪纂　清宣統二年(1910)復古社鉛印本　四册

110000－0198－0004319　史普 281
明州阿育王山志十六卷　(明)郭子章撰　明萬曆刻本(有圖)　六册

110000－0198－0004320　史普 291
三輔黄圖六卷　(漢)□□撰　清刻本　一册

110000－0198－0004321　史普 297
煙嶼樓讀書志十六卷　(清)徐時棟撰　清光緒三十四年(1908)鄞縣徐氏蘧學齋鉛印本　六册

110000－0198－0004322　史普 302
小琉球漫誌十卷　(清)朱仕玠撰　清乾隆刻本　三册

110000－0198－0004323　史普 303
交通官報　(清)郵傳部圖書通譯局官報處編　清宣統元年(1909)鉛印本　十七册

110000－0198－0004324　史普 308
輶軒語　(清)張之洞撰　清刻本　三册

110000－0198－0004325　史普 311
東都事略一百三十卷　(宋)王稱撰　清刻本

四冊　存六十六卷(一至六十六)

110000－0198－0004326　史普312
歷代鐘鼎彝器欵識法帖二十卷　(宋)薛尚功撰　清嘉慶二年(1797)阮元刻本　六冊

110000－0198－0004327　史普316
蜀輶日記四卷　(清)陶澍撰　清光緒七年(1881)刻本　二冊

110000－0198－0004328　史普320
續復古編四卷　(元)曹本撰　清光緒十二年(1886)歸安姚氏咫進齋刻朱印本　四冊

110000－0198－0004329　史普321
瀛環志畧十卷　(清)徐繼畬撰　清同治五年(1866)總理衙門刻本　六冊

110000－0198－0004330　史普322
光緒順天府志一百三十卷首一卷　(清)周家楣等修　繆荃孫等輯　清光緒十五年(1889)刻本　十六冊　存三十二卷(一至三十二)

110000－0198－0004331　史普323
光緒順天府志一百三十卷首一卷　(清)周家楣等修　繆荃孫等輯　清光緒十年至十二年(1884－1886)順天府修志局刻本　四冊　存七卷(一、十三至十八)

110000－0198－0004332　史普324
鴻雪因緣圖記三集　(清)麟慶撰　清道光二十七年(1847)刻本(有圖)　六冊

110000－0198－0004333　史普325
隸韻十卷附碑目一卷考證一卷　(宋)劉球撰　清嘉慶十五年(1810)刻本　六冊

110000－0198－0004334　史普326
山東考古録　(明)顧炎武著　清光緒八年(1882)山東書局刻本　七冊

110000－0198－0004335　史普327
戰國策去毒二卷　(清)陸隴其撰　清同治九年(1870)六安求我齋刻本　二冊

110000－0198－0004336　史普328
重纂三遷志十卷首一卷　(清)孟廣均纂　清光緒十三年(1887)山東書局刻本(有圖)　六冊

110000－0198－0004337　史普329
鼎湖山慶雲寺志八卷首一卷　(清)丁易修　(清)成鷲纂　清康熙刻本(有圖)　四冊

110000－0198－0004338　史普330
鐵琴銅劍樓藏書目録二十四卷　(清)瞿鏞撰　清咸豐七年(1857)罟里家塾刻本　十冊

110000－0198－0004339　史普333
山海經十八卷　(晉)郭璞注　清項氏群玉書堂刻本　二冊

110000－0198－0004340　史普335
黔記四卷　(清)李宗昉撰　清光緒二十三年(1897)刻本　一冊

110000－0198－0004341　史普336
祝氏宗譜九卷　清光緒十一年(1885)敦敘堂刻本　二冊

110000－0198－0004342　史普337
趙忠毅公儕鶴先生史韻四卷　(明)趙南星著　清同治元年(1862)刻本　二冊

110000－0198－0004343　史普339
鄧析子二卷附校文　(周)鄧析撰　清同治十一年(1872)劉氏刻本　一冊

110000－0198－0004344　史普341
歷代疆域表三卷　(清)段長基編　清味古山房刻本(有圖)　四冊

110000－0198－0004345　史普343
三國志注證遺四卷　(清)周壽昌撰　清光緒十七年(1891)廣雅書局刻本　一冊

110000－0198－0004346　史普345
漢書地理志校本二卷　(清)汪遠孫撰　清道光二十八年(1848)汪氏振綺堂刻本　一冊

110000－0198－0004347　史普352
禹貢錐指節要　(清)汪獻玗撰　清咸豐三年(1853)恩輝堂刻本　一冊

110000－0198－0004348　史普353
三國志辨疑三卷　(清)錢大昭撰　清光緒十

五年(1889)廣雅書局刻本　一冊

110000－0198－0004349　史普 356
考工記辨證三卷附補疏一卷　陳衍撰　清末陳氏石遺室刻本　一冊

110000－0198－0004350　史普 358
漢石例六卷　(清)劉寶楠錄　清末刻本　二冊

110000－0198－0004351　史普 359
國語二十一卷　(三國吳)韋昭注　清刻本　二冊　存十八卷(四至二十一)

110000－0198－0004352　史普 360
國語明道本攷異四卷　(清)汪遠孫撰　清道光二十六年(1846)刻本　一冊　存二卷(三至四)

110000－0198－0004353　史普 363
東軒吟社畫像　(清)費丹旭繪　清光緒二年(1876)錢塘汪氏振綺堂刻本　一冊

110000－0198－0004354　史普 364
監本附音春秋穀梁注疏二十卷附校勘記　(晉)范甯集解　(唐)楊士勛疏　清光緒十八年(1892)湖南寶慶務本書局刻本　一冊　存四卷(十四至十七)

110000－0198－0004355　史普 365
[清道光]鄉會試硃卷　(清)王懿德撰　清刻本　一冊

110000－0198－0004356　史普 367
漢書西域傳補註二卷　(清)徐松撰　清光緒二十年(1894)刻本　一冊

110000－0198－0004357　史普 369
金石萃編補目三卷　(清)黃本驥撰　清光緒貴池劉氏刻本　一冊

110000－0198－0004358　史普 371
皇清經解續編一千四百三十卷　王先謙輯　清光緒十四年(1888)刻本　一冊　存十六卷(周書逸文六至二十一)

110000－0198－0004359　史普 372
山海經十八卷　(晉)郭璞注　清光緒刻本　二冊

110000－0198－0004360　史普 373
國語補音三卷　(宋)宋庠撰　清乾隆曲阜孔氏微波榭刻本　一冊

110000－0198－0004361　史普 374
人物志三卷　(三國魏)劉邵撰　(北魏)劉昞注　清刻本　一冊

110000－0198－0004362　史普 375
漁洋山人精華錄訓纂總目二卷金氏精華錄箋註辯訛一卷　(清)王士禛撰　(清)惠棟訓纂　清光緒十七年(1891)南皮裴氏刻本　一冊

110000－0198－0004363　史普 376
唐英歌詩三卷　(唐)吳融撰　清刻本　一冊

110000－0198－0004364　史普 378
重刻剡川姚氏本戰國策札記三卷　(清)黃丕烈撰　清刻本　一冊

110000－0198－0004365　史普 379
戰國策三十三卷　(漢)高誘注　清刻本　四冊

110000－0198－0004366　史普 380
戰國策三十三卷　(漢)高誘注　清刻本　二冊　存十七卷(一至八、二十五至三十三)

110000－0198－0004367　史普 381
歷代帝王年表　(清)齊召南編　清同治二年(1863)武林葉氏敦怡堂刻本　一冊

110000－0198－0004368　史普 382
帝鑑圖說　(明)張居正輯　清江陵鄧氏刻本　四冊

110000－0198－0004369　史普 383
臺海使槎錄八卷　(清)黃叔璥撰　清光緒五年(1879)定州王氏謙德堂刻本　一冊　存四卷(一至四)

110000－0198－0004370　史普 384
新刊康對山先生武功縣志三卷首一卷　(明)康海纂　清乾隆二十六年(1761)刻本　一冊

110000－0198－0004371　史普 386

山海經十八卷 (晉)郭璞注 清光緒三年(1877)浙江書局刻本 三冊

110000－0198－0004372 史普 387

五代史記注七十四卷 (宋)歐陽修撰 (宋)徐無黨注 (清)彭元瑞補注 清道光八年(1828)刻本 一冊 存三卷(一至三)

110000－0198－0004373 史普 388

冶金錄三卷 (美國)阿發滿撰 (英國)傅蘭雅口譯 (清)趙元益筆述 清刻本 一冊 存一卷(中)

110000－0198－0004374 史普 390

御製律呂正義後編一百二十卷 (清)允禄等纂修 (清)德保等續修 清刻本 一冊 存五十二卷(一至五十二)

110000－0198－0004375 史普 391

廬山紀游 (清)蔣湘南撰 清光緒十四年(1888)長白豫山湘南臬署會心閣刻本 一冊

110000－0198－0004376 史普 396

隸篇十五卷續十五卷再續十五卷 (清)翟雲升撰 清道光刻本 十冊

110000－0198－0004377 史普 399

曹江孝女廟志八卷首一卷末一卷 (清)金廷棟編 清光緒八年(1882)五社公所刻本(有圖) 一冊 存三卷(一至三)

110000－0198－0004378 史普 400

聲律通考十卷 (清)陳澧撰 清咸豐廣州富文齋刻本 二冊 存五卷(一至五)

110000－0198－0004379 史普 401

漢書地理志水道圖說七卷 (清)陳澧撰 清同治十一年(1872)廣州富文齋刻本 二冊 存四卷(一至四)

110000－0198－0004380 史普 405

大明律三十卷 (明)劉維謙等撰 清刻本 一冊 存五卷(十三至十七)

110000－0198－0004381 史普 407

六朝事跡編類二卷 (宋)張敦頤撰 清光緒十三年(1887)刻本 一冊 存一卷(上)

110000－0198－0004382 史普 410

朱子年譜四卷考異四卷附錄二卷校勘記三卷 (清)王懋竑編 清光緒九年(1883)武昌書局刻本 八冊 存二卷(年譜一至二)

110000－0198－0004383 史普 412

史記菁華錄六卷 (清)姚祖恩撰 清末刻本 一冊 存一卷(六)

110000－0198－0004384 史普 413

性理淺説 (清)郭長清撰 清末刻本 一冊

110000－0198－0004385 史普 418

歷代年號記略 (清)□□撰 清刻本 一冊

110000－0198－0004386 史普 419

金山志十卷首一卷 (清)盧見曾撰 清光緒二十七年(1901)刻本 四冊

110000－0198－0004387 史普 420

續金山志二卷 (清)釋秋崖撰 清光緒二十七年(1901)刻本 二冊

110000－0198－0004388 史普 422

語石十卷 葉昌熾著 清宣統元年(1909)刻本 四冊

110000－0198－0004389 史普 423

語石十卷 葉昌熾著 清宣統元年(1909)刻本 一冊 存二卷(一至二)

110000－0198－0004390 史普 428

留都見聞錄二卷 (明)吳應箕撰 清光緒二十六年(1900)貴池劉氏唐石簃刻本 一冊

110000－0198－0004391 史普 429

[乾隆]陸豐縣志十二卷 (清)王之正修 (清)沈展才等纂 清乾隆十年(1745)刻本 一冊 存三卷(一至三)

110000－0198－0004392 史普 430

[光緒]蔚州志二十卷首一卷 (清)慶之金修 (清)楊篤纂 清末刻本 一冊 存三卷(三至五)

110000－0198－0004393 史普 437

大清宣統二年歲次庚戌七政經緯躔度時憲書 (清)欽天監編 清宣統元年(1909)北京欽

天監刻本　三十三冊

110000－0198－0004394　史普 439

汗簡三卷目錄敘略一卷　（宋）郭忠恕撰　清刻本　一冊

110000－0198－0004395　史普 441

集古錄十卷　（宋）歐陽修撰　清刻朱印本　二冊　存五卷（一至五）

110000－0198－0004396　史普 444

闕特勤碑　（清）盛昱考釋　（清）丁麟年輯　清光緒二十二年（1896）日照丁氏移林館刻本　一冊

110000－0198－0004397　史普 446

國語二十一卷　（三國吳）韋昭注　清刻本　四冊

110000－0198－0004398　史普 447

國語明道本考異四卷　（清）汪遠孫撰　清刻本　一冊

110000－0198－0004399　史普 450

歷代史表五十九卷　（清）萬斯同撰　清刻本　九冊　缺七卷（五至十一）

110000－0198－0004400　史普 451

明儒學案六十二卷　（清）黄宗羲著　清刻本　十六冊

110000－0198－0004401　史普 453

［光緒］邢臺縣志八卷首一卷　（清）戚朝卿修　（清）周祐纂　清光緒三十一年（1905）刻本　五冊　存五卷（一、四至六、八）

110000－0198－0004402　史普 454

集古印譜不分卷　（明）甘暘編　清鈐印本　一冊

110000－0198－0004403　史普 456

［道光］南宫縣志十六卷　（清）周栻修　（清）陳柱纂　清道光十年（1830）刻本　一冊　存二卷（十二至十三）

110000－0198－0004404　史普 463

光緒順天府志一百三十卷　（清）周家楣等修　繆荃孫等輯　清光緒十五年（1889）刻本　二十五冊　存五十二卷（四至六、十七至十八、二十一至二十四、二十七至三十五、四十二至四十五、五十一、六十五至六十九、八十三至九十二、九十九至一百一、一百六至一百八、一百十一至一百十二、一百十五、一百二十二至一百二十四、一百二十九至一百三十）

110000－0198－0004405　史普 465

［同治］畿輔通志三百卷首一卷　（清）李鴻章等修　（清）黄彭年等纂　清宣統二年（1910）刻本　十六冊　存十九卷（九十二至九十三、一百三十七至一百五十三）

110000－0198－0004406　史普 467

關聖帝君聖跡圖志全集五卷首一卷　（清）盧湛輯　清嘉慶刻本（有圖）　一冊　存一卷（一）

110000－0198－0004407　史普 468

太史史例一百卷　（明）張之象輯　明嘉靖四十四年（1565）長水書院刻本　一冊　存三卷（十至十二）

110000－0198－0004408　史普 471

楚漢諸侯疆域志三卷　（清）劉文淇撰　清光緒二年（1876）金陵刻本　一冊

110000－0198－0004409　史普 472

禹貢本義　楊守敬撰　清光緒三十二年（1906）湖北鄂城菊灣刻本　一冊

110000－0198－0004410　史普 474

漢書地理志校注二卷　（清）王紹蘭著　清光緒二十二年（1896）蕭山陳氏遺經樓刻本　二冊

110000－0198－0004411　史普 476

三水小牘二卷　（唐）皇甫枚撰　清刻朱印本　一冊

110000－0198－0004412　史普 477

遊志續編　（明）陶宗儀輯　清光緒十二年（1886）新陽趙氏刻本　一冊

110000－0198－0004413　史普 482

春秋大事表五十卷輿圖一卷附錄一卷　（清）

顧棟高撰　清乾隆十二年至十四年(1747－1749)萬卷樓刻本　一册　存二卷(十至十一)

110000－0198－0004414　史普 483
章氏遺書二種　(清)章學誠撰　清道光十三年(1833)大梁刻本　五册

110000－0198－0004415　史普 484
顧亭林先生年譜　(清)吳映奎輯　清光緒十一年(1885)上海埽葉山房刻本　一册

110000－0198－0004416　史普 485
五經同異三卷　(清)顧炎武撰　清光緒十一年(1885)上海掃葉山房刻本　一册　存一卷(下)

110000－0198－0004417　史普 487
漢書蒙拾三卷　(清)杭世駿撰　清刻本　二册

110000－0198－0004418　史普 488
廣陵通典十卷　(清)汪中撰　清同治八年(1869)揚州書局刻本　二册　存四卷(一至四)

110000－0198－0004419　史普 489
水經注　(北魏)酈道元注　清刻本　十四册

110000－0198－0004420　史普 491
涑水記聞十六卷　(宋)司馬光著　清乾隆四十二年(1777)刻武英殿聚珍版叢書本　四册

110000－0198－0004421　史普 492
三立祠傳二卷　(明)袁繼咸纂　(清)劉梅重訂　清乾隆刻本　四册

110000－0198－0004422　史普 494
前漢匈奴表三卷附錄一卷　(清)沈惟賢撰　清末刻本　二册

110000－0198－0004423　史普 495
忠武祠墓誌七卷首一卷末一卷　(清)李復心輯　清刻本(有圖)　八册

110000－0198－0004424　史普 496
于文定公讀史漫錄十四卷　(明)于慎行撰　(清)黄恩彤參訂　清道光二十六年(1846)刻本　十册

110000－0198－0004425　史普 497
鍾伯敬先生批評漢書七十卷　(漢)班固撰　(明)鍾惺評　清刻本　二十册

110000－0198－0004426　史普 498
澄懷園語四卷　(清)張廷玉撰　清乾隆刻本　二册

110000－0198－0004427　史普 499
東晉疆域志四卷　(清)洪亮吉撰　清嘉慶元年(1796)京師刻本　四册

110000－0198－0004428　史普 500
國語校注本三種二十九卷　(清)汪遠孫撰　清道光二十六年(1846)汪氏振綺堂刻本　六册

110000－0198－0004429　史普 501
[光緒]山西通志一百八十四卷首一卷　(清)曾國荃等修　(清)王軒等纂　清光緒十八年(1892)刻本(有圖)　三册　存十一卷(一至十一)

110000－0198－0004430　史普 503
李氏五種合刊　(清)李兆洛輯　清光緒十四年(1888)上海掃葉山房刻本　五册

110000－0198－0004431　史普 504
十科策略箋釋十卷附劉定之年譜　(明)劉定之撰　清乾隆二十一年(1756)古吳三樂齋刻本　八册

110000－0198－0004432　史普 505
周書五十卷　(唐)令狐德棻等撰　清汲古閣刻本　六册　存四十二卷(一至四十二)

110000－0198－0004433　史普 506
籌濟編三十二卷首一卷　(清)楊景仁撰　清道光九年(1829)刻本　八册

110000－0198－0004434　史普 510
中西紀事二十四首一卷　(清)夏燮撰　清同治七年(1868)刻本　八册

110000－0198－0004435　史普 511
岳廟志略二十卷首一卷　(清)馮培編　清嘉

慶八年(1803)刻本　六冊　存三卷(一至三)

110000－0198－0004436　史普 512
廣輿記二十四卷提要一卷　(清)陸應陽原纂　(清)蔡方炳增輯　清刻本　十一冊

110000－0198－0004437　史普 514
海國圖志一百卷　(清)魏源撰　清刻本　十二冊　存五十六卷(四十五至一百)

110000－0198－0004438　史普 515
史記集解一百三十卷　(漢)司馬遷撰　(南朝宋)裴駰集解　清同治九年(1870)武昌湖北崇文書局刻本　二十四冊

110000－0198－0004439　史普 517
邸鈔全覽　清光緒鉛印本　六冊

110000－0198－0004440　史普 518
欽定四庫全書簡明目錄二十卷　(清)紀昀等纂　清刻本　八冊

110000－0198－0004441　史普 519
綱鑑正史約三十六卷　(明)顧錫疇編　清同治八年(1869)浙江書局刻本　二十冊

110000－0198－0004442　史普 520
蝶仙小史匯編六卷　(清)延清輯　清光緒二十五年(1899)刻本　三冊

110000－0198－0004443　史普 521
蝶仙小史匯編六卷附蝶史楹聯　(清)延清輯　清光緒二十五年(1899)刻本　五冊

110000－0198－0004444　史普 524
歷代紀元　(清)徐光奎編　清嘉慶二十二年(1817)修水兆甲山莊刻本　二冊

110000－0198－0004445　史普 525
碧血錄五卷　(清)莊仲方著　清光緒八年(1882)上海同文書局石印本　五冊

110000－0198－0004446　史普 527
東瀛戰士策　(日本)尾崎行雄著　(清)渡海畸人譯　清光緒二十九年(1903)北京華北書局鉛印本　一冊

110000－0198－0004447　史普 530
東游日報譯編　清光緒二十九年(1903)華北譯書局鉛印本　一冊

110000－0198－0004448　史普 532
輿圖總論注釋　(清)謝蘭生撰　清同治四年(1865)刻本　一冊

110000－0198－0004449　史普 533
尚書禹貢說一卷圖一卷　(明)鄭曉著　清道光元年(1821)馬氏刻本　一冊

110000－0198－0004450　史普 534
龍井見聞錄十卷附錄二卷　(清)汪孟鋗纂　清光緒十年(1884)錢塘丁氏嘉惠堂刻本　四冊

110000－0198－0004451　史普 535
拳教析疑說　(清)勞乃宣撰　清刻本　一冊

110000－0198－0004452　史普 536
讀史紀略四卷　(清)蕭濬纂輯　清道光二十年(1840)靈石楊氏澹靜齋刻本　一冊

110000－0198－0004453　史普 537
明史擬稿六卷　(清)尤侗纂　清康熙刻本　二冊

110000－0198－0004454　史普 538
竹書紀年統箋十二卷前編一卷雜述一卷　(清)徐文靖撰　清光緒三年(1877)浙江書局刻本　四冊

110000－0198－0004455　史普 539
明史論四卷　(清)谷應泰撰　清刻本　一冊

110000－0198－0004456　史普 540
石鼓文匯　(清)尹彭壽纂　清光緒十七年(1891)諸城尹氏來山園刻本　一冊

110000－0198－0004457　史普 544
三史拾遺五卷諸史拾遺五卷　(清)錢大昕撰　清嘉慶十二年(1807)嘉興郡齋刻本　二冊　存五卷(三史拾遺五卷)

110000－0198－0004458　史普 545
孫徵君日譜錄三十六卷　(清)孫奇逢撰　清光緒兼山堂刻本　一冊　存二卷(一至二)

110000－0198－0004459　史普 546

現行刑律簡明圖　程繼元編　清宣統二年(1910)鉛印本　一冊

110000－0198－0004460　史普 549

中西聞見錄　(英國)艾約瑟等編　清同治十三年(1874)刻本(有圖)　一冊　存第二十七號

110000－0198－0004461　史普 551

蜀輶日記四卷　(清)陶澍撰　清光緒七年(1881)江州刻本　二冊

110000－0198－0004462　史普 552

李恕谷先生年譜五卷　(清)馮辰撰　清道光十六年(1836)蠡吾李誥刻本　三冊　存四卷(一至三、五)

110000－0198－0004463　史普 553

黄子年譜一卷　(清)洪思編　清同治十年(1871)漳南臺廟多藝齋刻本　一冊

110000－0198－0004464　史普 554

直隸運售各省官刻書籍總目　(清)畿輔通志局編　清光緒七年(1881)畿輔通志局刻本　一冊

110000－0198－0004465　史普 556

禹貢正詮四卷　(清)姚彦渠輯　清光緒十一年(1885)姚丙吉刻本　一冊

110000－0198－0004466　史普 557

禹貢班義述三卷附考一卷　(清)成蓉鏡撰　清光緒十一年(1885)刻本　一冊

110000－0198－0004467　史普 561

滇軺紀程一卷荷戈紀程一卷政書蒐遺一卷　(清)林則徐撰　清光緒三年至五年(1877－1879)刻本　一冊

110000－0198－0004468　史普 562

稽古錄二十卷　(宋)司馬光撰　清嘉慶十年(1805)虞山張氏照曠閣刻本　四冊

110000－0198－0004469　史普 565

雷塘庵主弟子記八卷　(清)張鑑錄　清道光刻本　二冊

110000－0198－0004470　史普 567

儒林宗派十六卷　(清)萬斯同撰　清宣統三年(1911)國學扶輪社鉛印本　二冊

110000－0198－0004471　史普 568

籌藏芻議　(清)姚錫光撰　清光緒三十四年(1908)京師廣齋鉛印本　一冊

110000－0198－0004472　史普 571

先文定公奏議二卷　(清)孫瑞珍撰　清咸豐十年(1860)刻本　十二冊

110000－0198－0004473　史普 579

明貢舉考畧二卷國朝貢舉考畧三卷　(清)黄崇蘭輯　清道光二十四年(1844)雙桂齋刻本　四冊

110000－0198－0004474　史普 580

史筌五卷首一卷　(清)楊銘柱纂　清道光二十六年(1846)京都善成堂刻本　四冊

110000－0198－0004475　史普 581

漢雋十卷　(宋)林鉞輯　清嘉慶十七年(1812)固陵吳氏刻本　四冊

110000－0198－0004476　史普 585

戶部陝西司會議奏稿四卷　(清)戶部陝西司編　清光緒鉛印本　四冊

110000－0198－0004477　史普 586

大清高宗純皇帝實錄　清刻本　一冊

110000－0198－0004478　史普 587

史表號名通釋三卷　(清)呂調陽撰　清光緒彭和呂氏刻本　二冊

110000－0198－0004479　史普 588

皇朝祭器樂舞錄二卷　(清)徐暢達輯　清同治十年(1871)楚北崇文書局刻本(有圖)　一冊　存一卷(上)

110000－0198－0004480　史普 589

嗚原堂論文二卷　(清)曾國藩選　清同治十二年(1873)勵志齋刻本　一冊

110000－0198－0004481　史普 591

御撰資治通鑑綱目三編二十卷　(清)張廷玉等撰　清刻本　一冊　存三卷(八至十)

110000－0198－0004482　史普 592

百美新詠一卷圖傳一卷集詠一卷　（清）顔希源輯　（清）王翽繪圖　清乾隆集腋軒刻本（有圖）　四冊

110000－0198－0004483　史普 593

［乾隆］大名縣志四十卷首一卷　（清）張維祺修　（清）李棠纂　清乾隆刻本　十二冊

110000－0198－0004484　史普 594

明季南畧十八卷　（清）計六奇編輯　清末都城琉璃廠半松居士刻本　十二冊

110000－0198－0004485　史普 595

尚史七十卷　（清）李鍇撰　清乾隆三十八年（1773）悅道樓刻本　二十八冊

110000－0198－0004486　史普 596

潛夫論汪氏箋十卷　（清）汪繼培撰　清嘉慶二十二年（1817）蕭山陳氏湖海樓刻本　十冊

110000－0198－0004487　史普 597

恩賜蔭生同官齒錄　清光緒三十年（1904）刻本　六冊

110000－0198－0004488　史普 598

廿一史約編八卷首一卷後編一卷　（清）鄭元慶編　清大文堂刻本　四冊

110000－0198－0004489　史普 599

潭柘山岫雲寺志二卷　（清）神穆德編　清刻本　二冊

110000－0198－0004490　史普 600

國朝御史題名錄　（清）蘇樹藩編　清光緒京畿道刻本　五冊

110000－0198－0004491　史普 601

校邠廬抗議二卷　（清）馮桂芬撰　清咸豐十一年（1861）廣仁堂刻本　二冊

110000－0198－0004492　史普 603

衡齋算學六卷　（清）汪萊撰　**貴池縣沿革表**　劉世珩輯　清光緒貴池劉氏刻朱印本　四冊

110000－0198－0004493　史普 604

讀史札記一卷附論學劄說十則一卷　（清）盧文弨撰　清光緒貴池劉氏刻朱印本　二冊

110000－0198－0004494　史普 605

古墨齋金石跋六卷　（清）趙紹祖輯　清光緒貴池劉氏刻朱印本　六冊

110000－0198－0004495　史普 606

左傳杜注辨證六卷　（清）張聰咸撰　**春秋三家異文覈一卷**　（清）朱駿聲撰　清光緒貴池劉氏刻朱印本　十冊

110000－0198－0004496　史普 607

安徽金石略十卷　（清）趙紹祖輯　清光緒貴池劉氏刻朱印本　八冊

110000－0198－0004497　史普 608

尚書隸古定經文二卷　（宋）薛季宣纂　清光緒貴池劉氏刻朱印本　二冊

110000－0198－0004498　史普 609

尚書隸古定釋文八卷　（清）李遇孫撰　清光緒貴池劉氏刻朱印本　二冊

110000－0198－0004499　史普 611

吾學錄初編二十四卷　（清）吳榮光撰　清刻本　四冊

110000－0198－0004500　史普 612

大清宣統三年歲次辛亥時憲書　（清）欽天監編修　清宣統二年（1910）北京欽天監刻本　一冊

110000－0198－0004501　史普 613

三朝名臣言行錄十一卷　（宋）朱熹撰　清刻本　五冊

110000－0198－0004502　史普 614

蜀輶日記四卷　（清）陶澍撰　清道光刻本　四冊

110000－0198－0004503　史普 615

欽定臺規四十卷　（清）松筠等纂　清道光七年（1827）刻本　三十二冊

110000－0198－0004504　史普 616

歷代職官表六卷　（清）黃本驥編　清光緒八年（1882）上海王氏刻本　四冊

110000－0198－0004505　史普 621
漢魏六朝墓銘纂例四卷　(清)李富孫撰　清光緒十三年(1887)吴縣朱氏行素草堂刻本　二册

110000－0198－0004506　史普 622
使蜀日記五卷　(清)孟超然撰　清嘉慶二十年(1815)刻本　三册

110000－0198－0004507　史普 623
增補繪像山海經廣注十八卷　(晉)郭璞傳　(清)吴志伊注　清尊德堂刻本　四册

110000－0198－0004508　史普 624
光緒十二年丙戌科會試官職録　清光緒十二年(1886)禮部刻本　一册

110000－0198－0004509　史普 625
西陲要略四卷　(清)祁韻士撰　清道光十七年(1837)筠淥山房刻本　二册

110000－0198－0004510　史普 633
九通分類總纂二百四十卷　(清)汪鍾霖輯　清光緒二十八年(1902)上海文瀾書局石印本　三十册　存九十八卷(六十二至一百四、一百三十四至一百八十八)

110000－0198－0004511　史普 637
明刑管見録　(清)穆翰著　清光緒六年(1880)仁和葛氏嘯園刻本　一册

110000－0198－0004512　史普 638
文獻通考詳節二十四卷　(元)馬端臨撰　(清)嚴虞惇録　清刻本　一册　存九卷(一至九)

110000－0198－0004513　史普 639
國朝先正事略六十卷　(清)李元度編　清鉛印本　二册　存九卷(十二至二十)

110000－0198－0004514　史普 643
廿四史姓氏韻編六十四卷　(清)汪輝祖輯　(清)馮祖憲校輯　清光緒石印本　一册　存十八卷(四十七至六十四)

110000－0198－0004515　史普 644
竹書紀年十二卷前編一卷雜述一卷　(清)徐文靖輯　**商君書五卷附考一卷**　(清)嚴萬里撰　清光緒十九年(1893)上海鴻文書局石印本　一册

110000－0198－0004516　史普 645
明季稗史匯編二十七卷　(清)留雲居士編　清光緒二十二年(1896)上海圖書集成印書局鉛印本　六册

110000－0198－0004517　史普 648
湖墅小志四卷　(清)高鵬年纂　清光緒二十二年(1896)石印本　二册

110000－0198－0004518　史普 653
國初事蹟一卷　(明)劉辰撰　**北征事蹟一卷**　(明)袁彬撰　清嘉慶刻本　一册

110000－0198－0004519　史普 655
中外大略四十八卷　(清)羅傳瑞撰集　清光緒二十三年(1897)東粤經韻樓鉛印本　二十六册

110000－0198－0004520　史普 656
中東戰紀本末八卷首一卷末一卷　(美國)林樂知譯　(清)蔡爾康輯　清光緒二十二年(1896)上海廣學會鉛印本　八册

110000－0198－0004521　史普 658
御批歷代通鑑輯覽一百二十卷　(清)傅恒等編　清光緒二十三年(1897)通文書局石印本　十六册　存六十四卷(一至六十四)

110000－0198－0004522　史普 659
閩中校士錄　(清)□□輯　清同治十二年(1873)刻本　三十四册

110000－0198－0004523　史普 660
閩中校士錄　(清)□□輯　清同治十二年(1873)刻本　二十五册

110000－0198－0004524　史普 662
湘軍水陸戰紀十六卷　王闓運撰　清光緒十一年(1885)京都同文堂石印本　一册　存七卷(一至七)

110000－0198－0004525　史普 664
尼羅海戰史十七章　(美國)耶特瓦德斯邊著

（日本）越山平三郎譯　（清）張起渭校閱　清光緒二十九年（1903）商務印書館鉛印本　一册

110000－0198－0004526　史普 665
兩京新記附李嶠雜詠　（唐）韋述撰　清刻本　一册

110000－0198－0004527　史普 666
西京雜記二卷　（漢）劉歆撰　清刻本　一册

110000－0198－0004528　史普 679
歷代帝王年表　（清）萬本儀編　清同治十年（1871）芋粟園刻本　一册

110000－0198－0004529　史普 680
逸周書十卷校正補遺一卷附錄一卷　（晉）孔晁注　清乾隆五十一年（1786）刻抱經堂叢書本　五册

110000－0198－0004530　史普 681
五代史七十四卷　（宋）歐陽修撰　（宋）徐無黨注　清刻本　六册

110000－0198－0004531　史普 682
求是齋公牘彙存　（清）陳際唐撰　清宣統二年（1910）山西濬文書局鉛印本　六册

110000－0198－0004532　史普 683
廬山志十五卷　（清）毛德琦纂　清宣統二年（1910）順德堂刻本　六册　存五卷（十一至十五）

110000－0198－0004533　史普 684
郭山廟志八卷　（清）戴鳳儀纂　清光緒二十三年（1897）詩山書院刻本　四册

110000－0198－0004534　史普 685
班馬字類五卷　（宋）婁機撰　清刻本　五册

110000－0198－0004535　史普 686
乍浦九山補志二卷九山遊草一卷　（清）李確撰　清刻本　三册

110000－0198－0004536　史普 687
新刻奏對合編　（清）□□輯　清光緒十六年（1890）京都榮祿堂刻本　二册

110000－0198－0004537　史普 688
逸周書十卷校正補遺一卷附錄一卷　（晉）孔晁注　清乾隆五十一年（1786）刻抱經堂叢書本　四册

110000－0198－0004538　史普 690
度隴記四卷　（清）董醇撰　清刻本　四册

110000－0198－0004539　史普 691
［光緒］鳳陽府志二十一卷　（清）馮煦修　（清）魏家驊等纂　（清）張德霈續纂修　清光緒三十四年（1908）木活字印本（有圖）　二十四册

110000－0198－0004540　史普 693
西湖月觀紀　（明）陳仁錫撰　清光緒七年（1881）錢塘丁氏嘉惠堂刻本　一册

110000－0198－0004541　史普 695
公文式　仝寶廉編　清宣統三年（1911）直隸自治總局鉛印本　一册

110000－0198－0004542　史普 701
孔子編年五卷　（宋）胡仔撰　（清）胡培翬校注　清嘉慶二十三年（1818）金紫家祠刻本　一册

110000－0198－0004543　史普 702
扶桑兩月紀　羅振玉撰　清光緒二十八年（1902）教育世界社石印本　一册

110000－0198－0004544　史普 703
郡城文渠志二卷　（清）吉元等輯　清光緒十一年（1885）淮郡何氏刻本（有圖）　二册

110000－0198－0004545　史普 705
國語正義二十一卷　（清）董增齡撰　清光緒六年（1880）會稽章氏式訓堂刻本　八册

110000－0198－0004546　史普 707
漢延熹西嶽華山碑考四卷　（清）阮元編　清嘉慶十八年（1813）文選樓刻本　一册

110000－0198－0004547　史普 709
桂游日記三卷　（清）張維屏撰　清道光十七年（1837）聽松廬刻本　一册

110000－0198－0004548　史普 712

金石錄補二十七卷續跋七卷 （清）葉奕苞著 清別下齋刻本 一册 存八卷(一至八)

110000－0198－0004549 史普 715
歷代史論十二卷 （明）張溥撰 清刻本 一册 存四卷(一至四)

110000－0198－0004550 史普 716
貳臣傳十二卷附逆臣傳二卷 （清）國史館編 清都城琉璃廠半松居士木活字印本 四册 存十卷(一至十)

110000－0198－0004551 史普 720
歷代地理韻編今釋二十卷 （清）李兆洛輯 清光緒上海蜚英館石印本 四册

110000－0198－0004552 史普 721
四史發伏十卷 （清）洪亮吉撰 清咸豐三年(1853)刻本 四册

110000－0198－0004553 史普 723
[嘉慶]壽光縣志二十卷 （清）劉翰周纂修 清嘉慶五年(1800)刻本(有圖) 六册 存十八卷(一至九、十二至二十)

110000－0198－0004554 史普 725
桐城吴氏法律學教科書 （日本）織田萬原著 吴闓生翻譯 清光緒三十一年(1905)華北書局鉛印本 八册

110000－0198－0004555 史普 726
[清光緒癸巳科]順天鄉試同年錄 （清）□□輯 清光緒十九年(1893)刻本 四册

110000－0198－0004556 史普 727
[清光緒乙酉科]同年齒錄 （清）□□輯 清光緒十一年(1885)緒刻本 四册

110000－0198－0004557 史普 728
疇人傳四十六卷 （清）阮元撰 清嘉慶刻本 十二册

110000－0198－0004558 史普 729
中江講院建立經誼治事兩齋章程 （清）袁昶撰 清光緒中江講院刻本 一册

110000－0198－0004559 史普 730
尊經閣募捐藏書章程 （清）袁昶撰 清光緒中江書院刻本 一册

110000－0198－0004560 史普 731
讀史大畧六十卷首一卷附小沙子史畧一卷 （清）沙張白著 清光緒二十六年(1900)刻本 十二册

110000－0198－0004561 史普 732
御撰資治通鑑綱目三編二十卷 （清）張廷玉編 清乾隆刻本 五册 存十七卷(一至六、十至二十)

110000－0198－0004562 史普 734
蠡測偶記二卷 （清）胡贊采著 清宣統元年(1909)京師刻本 一册

110000－0198－0004563 史普 740
豫乘識小錄二卷 （清）朱雲錦著 清同治十二年(1873)多文齋刻本 二册

110000－0198－0004564 史普 742
路史節讀十卷 （宋）羅泌撰 （清）廖文錦節訂 清光緒二十七年(1901)刻本 四册

110000－0198－0004565 史普 743
南宋書六十八卷 （明）錢士升撰 清嘉慶掃葉山房刻本 十二册

110000－0198－0004566 史普 745
增補臨文便覽 （清）□□輯 清光緒元年(1875)京都龍威閣刻本 二册

110000－0198－0004567 史普 746
新刊古列女傳七卷續列女傳一卷 （漢）劉向撰 （晉）顧凱之繪 清道光揚州阮氏刻本(有圖) 四册

110000－0198－0004568 史普 748
東觀漢紀二十四卷 （漢）劉珍等撰 清刻本 三册 存十九卷(六至二十四)

110000－0198－0004569 史普 750
訟過齋日記六卷 （清）毛輝鳳著 清同治十一年(1872)成都求仁堂刻本 四册

110000－0198－0004570 史普 751
[清道光壬辰科]直省同年錄六卷 （清）陳寯彙編 清道光二十六年(1846)北京龍文齋刻

本　六册

110000－0198－0004571　史普 757

國語二十一卷　(清)吴汝綸點勘　清宣統二年(1910)桐城吴氏鉛印本　二册

110000－0198－0004572　史普 758

約書十二卷　(清)謝階樹撰　清道光二十四年(1844)宜黄謝氏刻本　四册

110000－0198－0004573　史普 760

蜀道驛程記二卷秦蜀驛程後記二卷　(清)王士禛撰　清康熙刻本　四册

110000－0198－0004574　史普 761

鎮撫事宜五卷附一卷　(清)松筠撰　清道光三年(1823)湘浦松氏刻本　四册

110000－0198－0004575　史普 764

禹貢會箋十二卷圖一卷　(清)徐文靖撰　清同治十三年(1874)慈谿何氏刻本　四册

110000－0198－0004576　史普 765

欽定大清會典一百卷　(清)崑岡等撰　清乾隆二十九年(1764)木活字印本　十六册　存四十八卷(一至四十八)

110000－0198－0004577　史普 766

壹是紀始二十二卷補遺一卷　(清)魏崧撰　清道光十四年(1834)刻本　六册

110000－0198－0004578　史普 767

廣治平畧三十六卷　(清)蔡方炳撰　清光緒刻本　六册

110000－0198－0004579　史普 768

大清搢紳全書　清光緒三十三年(1907)京都榮録堂刻本　八册

110000－0198－0004580　史普 769

光緒壬寅補行庚子辛丑恩正并科各省鄉試同年全録　(清)□□輯　清光緒二十八年(1902)刻本　二册

110000－0198－0004581　史普 774

光緒十一年乙酉科順天鄉試同年齒録　(清)□□輯　清光緒十一年(1885)刻本　四册

110000－0198－0004582　史普 775

日下尊聞録五卷　(清)□□撰　清刻本　二册

110000－0198－0004583　史普 776

古香齋鑒賞袖珍春明夢餘録七十卷　(清)孫承澤撰　清刻本　十二册　存三十二卷(三十九至七十)

110000－0198－0004584　史普 777

京津拳匪紀略八卷前編二卷後編二卷　(清)僑析生編　清光緒二十七年(1901)香港書局石印本　六册

110000－0198－0004585　史普 778

湖海詩傳小傳六卷　(清)王昶著　清光緒四年(1878)上海淞隱閣鉛印本　二册

110000－0198－0004586　史普 779

西藏記二卷　(清)馬俊良編　清刻本　二册

110000－0198－0004587　史普 780

西番譯語一卷　(□)□□撰　清刻本　二册

110000－0198－0004588　史普 781

都門彙纂五卷　(清)楊靜亭編　清同治三年(1864)刻本　八册

110000－0198－0004589　史普 783

聖廟祀典圖考三卷首一卷附聖跡圖一卷孟子圣跡圖一卷　(清)顧沅撰　清光緒上海同文書局影印本(有圖)　四册

110000－0198－0004590　史普 784

古香齋鑒賞袖珍春明夢餘録七十卷　(清)孫承澤著　清刻本　十八册　存四十七卷(二十四至七十)

110000－0198－0004591　史普 785

廿二史考異二十三卷　(清)錢大昕撰　清光緒二十六年(1900)上海鴻寶齋鉛印本　六册

110000－0198－0004592　史普 786

都門彙纂五卷　(清)楊靜亭編　清刻本　一册　存一卷(三)

110000－0198－0004593　史普 787

增補事類統編九十三卷　(清)黄葆真增輯

清末石印本　一册　存七卷(二十八至三十四)

110000－0198－0004594　史普788
嶺南雜記二卷　(清)吳震方著　清刻本　一册

110000－0198－0004595　史普790
大清宣統三年歲次辛亥時憲書　(清)欽天監編修　清宣統二年(1910)刻本(有圖)　一册

110000－0198－0004596　史普791
述古叢鈔四集二十九種　(清)劉晚榮輯　清同治十年(1871)古岡劉氏藏修書屋刻本　一册　存三種(藏書紀要、裝潢志、繪事津梁)

110000－0198－0004597　史普792
國語二十一卷　(三國吳)韋昭注　(宋)宋庠補音　清刻本　四册　存十六卷(三至五、九至二十一)

110000－0198－0004598　史普793
增廣驗方新編十六卷　(清)張紹堂輯　清刻本　一册　存一卷(十一)

110000－0198－0004599　史普794
嶺外代答十卷　(宋)周去非撰　清道光長塘鮑氏知不足齋刻本　三册

110000－0198－0004600　史普795
河朔訪古記三卷　(元)納新撰　清末南海伍氏刻本　一册

110000－0198－0004601　史普796
東使紀程　(清)花沙納撰　清刻本　一册

110000－0198－0004602　史普797
朝野類要五卷　(宋)趙升著　清道光長塘鮑氏知不足齋刻本　一册

110000－0198－0004603　史普798
庚申外史二卷　(明)權衡撰　清道光二十七年(1847)番禺潘氏刻本　一册

110000－0198－0004604　史普799
古史探源二卷　(英國)克羅德撰　清光緒二十五年(1899)上海廣學會鉛印本　一册

110000－0198－0004605　史普801
廣雁蕩山誌二十八卷首一卷末一卷　(清)曾唯撰　清同治八年(1869)東嘉依綠園刻本　八册

110000－0198－0004606　史普802
金石古文十四卷　(明)楊慎輯　清光緒崇川葛氏學古齋刻本　一册　存四卷(七至十)

110000－0198－0004607　史普808
讀史論斷二十卷　(清)洪亮吉撰　清光緒二十七年(1901)和記書莊石印本　三册

110000－0198－0004608　史普809
諭摺匯存　(清)□□輯　清光緒十九年(1893)鉛印本　六册

110000－0198－0004609　史普810
欽定四庫全書簡明目錄二十卷首一卷　(清)紀昀等撰　清同治七年(1868)廣東書局刻本　十六册

110000－0198－0004610　史普811
直齋書錄解題二十二卷　(宋)陳振孫撰　清刻本　八册

110000－0198－0004611　史普814
隋書八十五卷　(唐)魏徵撰　清光緒二十八年(1902)武林竹簡齋石印本　六册

110000－0198－0004612　史普815
申江勝景圖二卷　(清)吳友如繪　清光緒十年(1884)上海點石齋石印本(有圖)　二册

110000－0198－0004613　史普816
趙文毅公奏疏五卷附遼事疏一卷　(明)趙用賢撰　清光緒二十二年(1896)常熟趙氏承啟堂刻本　一册

110000－0198－0004614　史普817
周書集訓校十卷附逸文一卷　(清)朱右曾撰　清道光二十六年(1846)歸硯齋刻本　一册　存五卷(一至五)

110000－0198－0004615　史普820
錫山游庠錄二卷首一卷錫金游庠錄一卷　(清)邵涵初輯　清光緒四年(1878)刻本

二册

110000－0198－0004616　史普825
中亞洲俄屬遊記二卷　(英國)蘭士德著　莫鎮藩譯　清光緒二十年(1894)上海時務報館石印本　二册

110000－0198－0004617　史普826
經籍舉要　(清)龍啓瑞撰　清光緒十九年(1893)中江講院刻本　一册

110000－0198－0004618　史普832
黔南職方紀略九卷　(清)羅繞典輯　清道光二十七年(1847)刻本　一册　存六卷(一至六)

110000－0198－0004619　史普834
姚惜抱先生前漢書評點　(清)姚鼐撰　清光緒十六年(1890)天津石印本　一册

110000－0198－0004620　史普835
祝大宗伯疏稿　(清)祝慶蕃撰　清光緒五年(1879)刻本　一册

110000－0198－0004621　史普837
吴柳堂先生誄文正續合編　(清)傅岩霖輯　清光緒九年(1883)刻本(有圖)　一册　缺誄文

110000－0198－0004622　史普841
唐御史臺精舍題名考三卷首一卷末一卷　(清)趙鉞　(清)勞格撰　清光緒歸安丁氏刻本　二册

110000－0198－0004623　史普842
南漢書十八卷考異十八卷　(清)梁廷枏撰　清道光九年(1829)順德梁氏藤花亭刻本　五册

110000－0198－0004624　史普846
測海蠡言　(清)馮道立著　清同治五年(1866)刻本　一册

110000－0198－0004625　史普847
惜抱軒書錄四卷　(清)姚鼐撰　清道光十二年(1832)刻本　一册

110000－0198－0004626　史普848
盧文肅公年譜　(清)盧蔭溥編　清道光十九年(1839)德州盧氏刻本　一册

110000－0198－0004627　史普850
明夷待訪錄　(清)黄宗羲撰　清光緒二十八年(1902)正文齋刻本　一册

110000－0198－0004628　史普851
爛柯山志十三卷　(清)鄭永禧輯　清光緒三十二年(1906)不其山館刻本　四册

110000－0198－0004629　史普856
天下郡國利病書一百二十卷　(清)顧炎武輯　清敷文閣木活字印本　六十册　存四十二卷(一至四十二)

110000－0198－0004630　史普857
改正世界地理學六卷首一卷　(日本)矢津昌永撰　吴闓生譯　清光緒三十一年(1905)上海文明書局鉛印本　二册

110000－0198－0004631　史普858
改正世界地理學六卷首一卷　(日本)矢津昌永撰　吴闓生譯　清光緒三十一年(1905)上海文明書局鉛印本　二册

110000－0198－0004632　史普859
改正世界地理學六卷首一卷　(日本)矢津昌永撰　吴啟孫譯　清光緒二十九年(1903)上海文明書局鉛印本　二册

110000－0198－0004633　史普860
歷代地理志韻編今釋二十卷　(清)李兆洛輯　清刻本　六册　存十八卷(三至二十)

110000－0198－0004634　史普861
重訂路史全本四十七卷　(宋)羅泌撰　(宋)羅蘋注　清嘉慶六年(1801)酉山堂刻本　二十八册

110000－0198－0004635　史普862
路史國名記八卷　(宋)羅泌撰　(宋)羅蘋注　清刻本　三册

110000－0198－0004636　史普863
宦游隨筆四卷　(清)翁祖烈撰　清光緒六年(1880)侯官翁氏刻本　四册

110000－0198－0004637　史普 869

津門雜記三卷　(清)張燾輯　清光緒十年(1884)刻本　三冊

110000－0198－0004638　史普 874

國朝天台耆舊傳八卷　(清)金文田輯　清光緒木活字印本　二冊

110000－0198－0004639　史普 875

禹貢正字　(清)王筠撰　清刻本　一冊

110000－0198－0004640　史普 876

敕封天后志二卷　(清)林清標輯　清道光二十三年(1843)刻本　二冊

110000－0198－0004641　史普 877

月令粹編二十四卷　(清)秦嘉謨編　清嘉慶十七年(1812)琳瑯仙館刻本　四冊　存十二卷(一至十二)

110000－0198－0004642　史普 878

讀通鑑論三十卷　(清)王夫之撰　清刻本　三冊　存七卷(四至五、九至十三)

110000－0198－0004643　史普 881

泉幣圖說六卷　(清)吳文炳纂　清嘉慶五年(1800)香雪山莊刻本(有圖)　二冊

110000－0198－0004644　史普 882

五千年中外交涉史九十七卷　(清)屯廬主人輯　清光緒二十九年(1903)上海蜚英書局鉛印本　一冊　存三卷(八十二至八十四)

110000－0198－0004645　史普 883

古香齋鑒賞袖珍春明夢餘錄七十卷　(清)孫承澤著　清刻本　一冊　存四卷(六十四至六十七)

110000－0198－0004646　史普 884

彙刻書目不分卷　(清)顧修編　清刻本　二冊

110000－0198－0004647　史普 886

續彙刻書目十二卷補遺一卷　(清)傅雲龍輯　清味腴藝圃刻本　一冊　存一卷(三)

110000－0198－0004648　史普 887

彙刻書目二十卷　(清)顧修編　清光緒刻本　十八冊

110000－0198－0004649　史普 890

[乾隆]陽武縣志十二卷　(清)談諟曾撰　清乾隆十年(1745)刻本　二冊　存四卷(五至八)

110000－0198－0004650　史普 891

孔氏崇本堂支譜　(清)□□輯　清刻本　一冊

110000－0198－0004651　史普 892

水經注四十卷首一卷附錄二卷　(北魏)酈道元注　清刻本　一冊　存二卷(三十九至四十)

110000－0198－0004652　史普 893

水經二卷　(漢)桑欽撰　清刻本　一冊

110000－0198－0004653　史普 894

水經四十卷　(漢)桑欽撰　(北魏)酈道元注　清刻本　一冊　存六卷(三十一至三十六)

110000－0198－0004654　史普 896

皇朝輿地水道源流五卷　(清)胡宣慶編　清光緒十七年(1891)長沙胡氏刻本　一冊

110000－0198－0004655　史普 897

水道提綱二十八卷　(清)齊召南編　清光緒四年(1878)霞城精舍刻本　六冊　缺七卷(二十二至二十八)

110000－0198－0004656　史普 905

水經注匯校四十卷首一卷附錄二卷　(北魏)酈道元注　清光緒七年(1881)福州刻本　六冊　存二十卷(一至十九、首一卷)

110000－0198－0004657　史普 906

宦海指南五種　(清)許乃普輯　清光緒十二年(1886)榮祿堂刻本　五冊

110000－0198－0004658　史普 907

聖武記十四卷　(清)魏源撰　清道光二十六年(1846)古微堂刻本　六冊　存六卷(一至六)

110000－0198－0004659　史普 911

王陽明先生書疏證四卷　(清)胡泉撰　清咸

豐八年(1858)刻本　十冊

110000－0198－0004660　史普912
明宮史八卷　(明)劉若愚撰　清宣統二年(1910)國學扶輪社鉛印本　二冊

110000－0198－0004661　史普914
山海經十八卷　(晉)郭璞編　清刻本　一冊　存十三卷(六至十八)

110000－0198－0004662　史普915
兩漢紀六十卷　(宋)王銍輯　清刻本　一冊　存六卷(二十五至三十)

110000－0198－0004663　史普916
歐羅巴通史四卷　(日本)箕作元八　(日本)峰岸未造纂　(清)徐有成等譯　清光緒二十六年(1900)東亞譯書會鉛印本　二冊　存二卷(一至二)

110000－0198－0004664　史普927
聲律通考十卷　(清)陳澧撰　清咸豐八年(1858)刻本　三冊

110000－0198－0004665　史普928
西國近事彙編三十六卷　(美國)金楷理口譯　(清)姚棻筆述　清刻本　二十一冊

110000－0198－0004666　史普929
列仙傳校正本二卷仙贊一卷夢書一卷　(清)王照圓撰　清嘉慶十七年(1812)刻本　一冊

110000－0198－0004667　史普935
乾嘉詩壇點將錄　(清)舒位撰　清光緒三十三年(1907)長沙葉氏刻本　一冊

110000－0198－0004668　史普937
八旗滿洲氏族通譜八十卷　(清)鄂爾泰等撰　清刻本　六冊　存二十一卷(十一至三十一)

110000－0198－0004669　史普938
光緒順天府志一百三十卷　(清)周家楣等修　繆荃孫等輯　清刻本　一冊　存二卷(十三至十四)

110000－0198－0004670　史普940
國語發正二十一卷　(清)汪遠孫撰　清刻本　一冊　存一卷(十七)

110000－0198－0004671　史普942
李恕谷先生年譜五卷　(清)馮辰撰　清道光十六年(1836)蠡吾李誥刻本　六冊

110000－0198－0004672　史普944
有明於越三不朽名賢圖贊　(清)張岱撰　清光緒十四年(1888)陳錦刻本(有圖)　一冊

110000－0198－0004673　史普948
海國圖志一百卷　(清)魏源撰　清刻本　十一冊　存二十六卷(十三至十八、二十八至三十五、三十八至四十八、五十)

110000－0198－0004674　史普951
夏小正通釋　(清)梁章鉅輯　清光緒十三年(1887)浙江書局刻本　一冊

110000－0198－0004675　史普955
錢警石先生年譜　(清)錢應溥編　清同治三年(1864)刻本　一冊

110000－0198－0004676　史普956
道西齋日記二卷　(清)汪詠霓撰　清光緒十三年(1887)安徽同文堂刻本　一冊

110000－0198－0004677　史普957
儷白妃黃冊八卷　(清)董恂輯　清刻本　一冊

110000－0198－0004678　史普958
燕蘭小譜五卷附海漚小譜　(清)安樂山樵著　清宣統三年(1911)長沙葉氏刻本　一冊

110000－0198－0004679　史普959
羅浮山志會編二十二卷首一卷　(清)宋廣業輯　清康熙海幢寺刻本　十冊

110000－0198－0004680　史普960
國語二十一卷　(三國吳)韋昭注　明刻本　四冊

110000－0198－0004681　史普961
欽定四庫全書總目二百卷首一卷附二種　(清)永瑢總裁　(清)紀昀總纂　清同治七年(1868)廣東書局刻本　五十六冊

110000－0198－0004682　史普 962

御批增補了凡綱鑑四十卷首一卷　（明）袁黄編　清光緒二十五年（1899）上海著易堂石印本　七册　存二十五卷（一至八、十三至二十九）

110000－0198－0004683　史普 964

讀史方輿紀要一百三十卷　（清）顧祖禹輯　清敷文閣刻本　二册　存五卷（七十五至七十九）

110000－0198－0004684　史普 966

［清順治丙戌科至光緒己丑科］國朝歷科題名碑録附明洪武至崇禎各科　（清）□□輯　清光緒刻本　十四册

110000－0198－0004685　史普 967

史通削繁四卷　（清）紀昀撰　清道光十三年（1833）兩廣節署刻本　四册

110000－0198－0004686　史普 969

荆州萬城隄志十卷首一卷末一卷　（清）倪文蔚纂　清光緒二年（1876）荆州府衙刻本　六册

110000－0198－0004687　史普 972

皇朝謚法考五卷　（清）鮑康輯　清同治三年（1864）刻本　二册

110000－0198－0004688　史普 973

鐵雲藏匋　（清）劉鶚輯　清光緒三十年（1904）抱殘守缺齋石印本　四册

110000－0198－0004689　史普 975

藏書紀事詩七卷　葉昌熾撰　清宣統二年（1910）長洲葉氏刻本　六册

110000－0198－0004690　史普 976

湖船録　（清）厲鶚撰　清光緒七年（1881）錢唐丁氏刻本　一册

110000－0198－0004691　史普 979

續中州名賢文表六十八卷　（清）邵松年編　清宣統二年（1910）長洲葉氏刻本　二十二册

110000－0198－0004692　史普 982

禹貢示掌　（清）尤逢辰輯　清道光十五年（1835）棣萼山房刻本　一册

110000－0198－0004693　史普 985

地學政要述略　瞿繼昌撰　清光緒刻本　一册

110000－0198－0004694　史普 987

鐵橋漫稿十二卷　（清）嚴可均撰　清光緒刻本　一册　存四卷（九至十二）

110000－0198－0004695　史普 989

内閣撰擬文字二卷　（清）鮑康纂　清同治七年（1868）刻本　二册

110000－0198－0004696　史普 991

三魚堂日記十卷　（清）陸隴其撰　清道光刻本　四册

110000－0198－0004697　史普 992

鳳臺祗謁筆記　（清）董恂撰　清同治九年（1870）刻本（有圖）　二册

110000－0198－0004698　史普 994

樞垣記略二十八卷　（清）梁章鉅撰　清光緒鉛印本　六册

110000－0198－0004699　史普 995

稽古録二十卷　（宋）司馬光撰　清張氏照曠閣刻本　五册

110000－0198－0004700　史普 996

百美新詠圖傳　（清）顔希源撰　清集腋軒刻本　四册

110000－0198－0004701　史普 997

洪文襄公奏對二卷　（清）洪承疇撰　清光緒十九年（1893）京都榮禄堂刻本　二册

110000－0198－0004702　史普 998

國語二十一卷　（三國吳）韋昭注　（宋）宋庠補音　清成文堂刻本　六册

110000－0198－0004703　史普 999

竹書紀年校正十四卷　（清）郝懿行撰　清光緒五年（1879）東路廳署刻本　二册

110000－0198－0004704　史普 1000

竹書紀年校正十四卷　（清）郝懿行撰　清光

緒五年(1879)東路廳署刻本　八冊

110000－0198－0004705　史普 1010
內閣漢票簽中書舍人題名　(清)鮑康等輯　清咸豐十一年(1861)直房刻本　一冊

110000－0198－0004706　史普 1012
晉宋書故　(清)郝懿行撰　清刻本　一冊

110000－0198－0004707　史普 1014
先文定公奏議二卷　(清)孫瑞珍撰　清咸豐十年(1860)刻本　二冊

110000－0198－0004708　史普 1015
[清光緒丁酉科]山東鄉試硃卷　(清)王淇撰　清光緒二十三年(1897)刻本　一冊

110000－0198－0004709　史普 1017
逸周書集訓校釋十卷逸文一卷　(清)朱右曾撰　清光緒三年(1877)湖北崇文書局刻本　二冊

110000－0198－0004710　史普 1022
總理各國事務衙門同官錄　清光緒鉛印本　一冊

110000－0198－0004711　史普 1023
[清同治乙丑科]會試硃卷　(清)□□輯　清同治四年(1865)刻本(有圖)　二冊

110000－0198－0004712　史普 1029
水經注西南諸水考三卷　(清)陳澧撰　清光緒廣雅書局刻本　一冊

110000－0198－0004713　史普 1033
為政忠告二卷　(元)張養浩撰　清刻本　二冊

110000－0198－0004714　史普 1037
牧令書輯要十卷　(清)徐棟編　(清)丁日昌重編　清刻本　四冊

110000－0198－0004715　史普 1038
西疆雜述詩四卷　(清)蕭雄撰　清光緒刻本　三冊

110000－0198－0004716　史普 1043
西疆交涉志要六卷　(清)鍾鏞撰　清宣統三年(1911)鉛印本　一冊　存三卷(四至六)

110000－0198－0004717　史普 1045
濟寧州志列傳　(清)孫毓漢輯　清同治十二年(1873)刻本　一冊

110000－0198－0004718　史普 1046
徵訪明季遺書目　(清)劉世瑗編　清宣統二年(1910)鉛印本　一冊

110000－0198－0004719　史普 1052
讀通鑑論三十卷　(清)王夫之撰　清同治四年(1865)湘鄉曾氏刻本　一冊　存二卷(八至九)

110000－0198－0004720　史普 1055
忠武誌八卷　(清)張鵬翮輯　清康熙四十四年(1705)冰雪堂刻本　八冊

110000－0198－0004721　史普 1056
忠武誌八卷　(清)張鵬翮輯　清康熙五十一年(1712)刻本　六冊　存七卷(一至七)

110000－0198－0004722　史普 1069
丙午日本遊記　(清)程淯撰　清光緒三十三年(1907)鉛印本　一冊

110000－0198－0004723　史普 1070
學齋佔畢纂一卷　(宋)史繩祖撰　清刻本　一冊

110000－0198－0004724　史普 1071
游宦紀聞十卷　(宋)張世南撰　清刻本　一冊

110000－0198－0004725　史普 1072
墨莊漫錄十卷侍兒小名錄拾遺　(宋)張邦基撰　清刻本　一冊　存三卷(八至十)

110000－0198－0004726　史普 1073
補筆談三卷　(宋)沈括撰　清刻本　一冊　存一卷(一)

110000－0198－0004727　史普 1074
辨字通俗編一卷三橋春遊曲唱和集一卷丹陽集一卷　題佛嬾老人編　清刻本　一冊

110000－0198－0004728　史普 1076

拿破崙本紀四卷　(英國)洛加德著　清光緒三十一年(1905)學務印書局鉛印本　四冊

110000－0198－0004729　史普 1077
拿破崙本紀四卷　(英國)洛加德著　清光緒三十一年(1905)學務印書局鉛印本　二冊　存二卷(二至三)

110000－0198－0004730　史普 1078
竹書紀年統箋十二卷　(南朝梁)沈約注　清刻本　一冊　存三卷(四至六)

110000－0198－0004731　史普 1093
列國變通興盛記四卷　(英國)李提摩太著　清光緒二十四年(1898)上海廣學會鉛印本　一冊

110000－0198－0004732　史普 1094
海國圖志一百卷　(清)魏源撰　清末石印本　一冊　存七卷(二十六至三十二)

110000－0198－0004733　史普 1096
國語二十一卷　(三國吳)韋昭注　清光緒二十七年(1901)上海鴻寶亝石印本　一冊　存六卷(一至六)

110000－0198－0004734　史普 1097
御纂詩義折中二十卷　(清)傅恒等撰　清光緒三十三年(1907)上海書局石印本　一冊　存三卷(一至三)

110000－0198－0004735　史普 1101
諸葛忠武侯兵法四卷附錄二卷　(清)張澍編　清末石印本　一冊　存二卷(三至四)

110000－0198－0004736　史普 1102
書經簡明白話解六卷　(清)陳勗夫撰　清末上海羣學書社石印本　二冊　存二卷(二至三)

110000－0198－0004737　史普 1104
孟志編略五卷末一卷　(清)孫葆田撰　清光緒十四年(1888)刻木活字印本　一冊

110000－0198－0004738　史普 1106
袁王綱鑑合編三十九卷附明紀綱目　(明)袁黃輯　(明)王鳳洲編　清光緒三十年(1904)上海商務印書館鉛印本　十四冊

110000－0198－0004739　史普 1122
河防芻議　(清)劉成忠撰　清同治十三年(1874)鎮江劉氏刻本　一冊

110000－0198－0004740　史普 1123
疏瀹論一卷　(清)潘欲仁撰　清光緒十四年(1888)刻本　一冊

110000－0198－0004741　史普 1125
籌海蠡言　(清)鍾體志撰　清光緒十一年(1885)刻本　一冊

110000－0198－0004742　史普 1126
己酉北行草　(清)黃爵滋撰　清同治刻本　一冊

110000－0198－0004743　史普 1127
己酉北行續草　(清)黃爵滋撰　清同治刻本　一冊

110000－0198－0004744　史普 1128
西北邊界圖地名譯漢攷證二卷　(清)許景澄撰　清光緒二十二年(1896)刻本　二冊

110000－0198－0004745　史普 1134
古史輯要六卷　(清)□□撰　清道光二十五年(1845)潘氏海山仙館刻本　四冊

110000－0198－0004746　史普 1135
元豐九域志十卷　(宋)王存等撰　清光緒八年(1882)金陵書局刻本　五冊　存七卷(三至九)

110000－0198－0004747　史普 1136
東林書院志二十二卷　(清)高廷珍輯　清光緒七年(1881)刻本　五冊

110000－0198－0004748　史普 1137
虎口餘生　(明)邊大綬撰　清刻本　一冊

110000－0198－0004749　史普 1138
國朝柔遠記二十卷　(清)王之春編　清光緒十七年(1891)上海廣雅書局刻本　一冊

110000－0198－0004750　史普 1139
南海關樹德堂家譜二十四卷首一卷末一卷

（清）關蔚煌纂　清光緒十五年（1889）刻本　四册

110000－0198－0004751　史普 1140
水經釋地八卷　（清）孫繼涵撰　清刻本　一册

110000－0198－0004752　史普 1145
節本泰西新史攬要八卷　（英國）李提摩太譯　清光緒二十七年（1901）夢坡室刻本　二册

110000－0198－0004753　史普 1149
漢書補註百卷　（漢）班固撰　（唐）顔師古注　王先謙補注　清光緒二十六年（1900）長沙王氏刻本　三十二册

110000－0198－0004754　史普 1151
國朝詩人徵略二編六十卷　（清）張維屏輯　清道光十年（1830）粵東富子齋刻本　四册

110000－0198－0004755　史普 1152
茅鹿門先生批評史記抄一百四卷　（明）茅坤著　明天啓刻本　十一册

110000－0198－0004756　史普 1154
司馬氏書儀十卷　（宋）司馬光撰　清雍正二年（1724）研香書屋刻本　四册

110000－0198－0004757　史普 1155
政治官報　學部圖書局編　清宣統元年（1909）鉛印本　四册

110000－0198－0004758　史普 1156
靖逆記六卷　（清）蘭簃外史纂　清嘉慶二十五年（1820）文盛堂刻本　二册

110000－0198－0004759　史普 1157
狀元策不分卷　（清）謝蘭生原輯　清光緒刻本　十册

110000－0198－0004760　史普 1158
畿輔水利輯覽　（清）吴邦慶輯　清道光四年（1824）益津吴氏刻本　十册

110000－0198－0004761　史普 1159
江表忠略二十卷　陳澹然編　清光緒二十六年（1900）長沙徐崇立刻本　十一册

110000－0198－0004762　史普 1160
讀史鏡古編　（清）潘世恩輯　清同治十三年（1874）冶城飛霞閣刻本　六册

110000－0198－0004763　史普 1161
建康實錄二十卷　（唐）許嵩撰　清光緒二十八年（1902）金陵甘氏刻本　六册

110000－0198－0004764　史普 1162
欽定吏部則例四十七卷　（清）徐本等纂修　清同治刻本　四册

110000－0198－0004765　史普 1164
國朝春曹題名册不分卷　（清）費蔭章輯　清咸豐八年（1858）刻本　二册

110000－0198－0004766　史普 1165
重修同治乙丑科齒錄四卷　（清）劉恩溥編　清光緒二十二年（1896）琉璃廠聚魁齋刻本　四册

110000－0198－0004767　史普 1166
［清道光庚戌科］拔貢朝考同年齒錄　（清）□□輯　清道光三十年（1850）刻本　二册

110000－0198－0004768　史普 1168
通商各國條約及條款税則章程　（清）□□輯　清光緒刻本　十四册

110000－0198－0004769　史普 1172
學仕錄十六卷　（清）戴肇辰輯　清同治六年（1867）刻本　八册

110000－0198－0004770　史普 1173
錢神志七卷　（清）李世熊撰　清刻本　七册

110000－0198－0004771　史普 1174
東游日報譯編　清光緒二十九年（1903）華北譯書局鉛印本　一册

110000－0198－0004772　史普 1176
［清光緒辛卯科］福建鄉試錄　清光緒十七年（1891）刻本　一册

110000－0198－0004773　史普 1177
湖南鄉試同官錄　清同治六年（1867）刻本　一册

110000－0198－0004774　史普 1178
山左校士錄不分卷　(清)黄體芳輯　清光緒十四年(1888)吳門刻本　三册

110000－0198－0004775　史普 1180
史目表不分卷　(清)洪飴孫編　清光緒二十五年(1899)京都官書局石印本　一册

110000－0198－0004776　史普 1181
張楊園先生年譜一卷附錄　(清)蘇惇元編　清同治三年(1864)錢塘丁氏當歸草堂刻本　一册

110000－0198－0004777　史普 1182
光緒通商列表不分卷　(清)楊楷撰　清光緒刻本　一册

110000－0198－0004778　史普 1183
姑蘇名賢小記二卷　(清)文震孟撰　清光緒九年(1883)長洲蔣香生心矩盦刻本　二册

110000－0198－0004779　史普 1190
東遊紀程四卷　(清)聶士成撰　清光緒二十一年(1895)石印本　三册　缺一卷(四)

110000－0198－0004780　史普 1195
支那疆域沿革略說　(日本)重野安繹　(日本)河田羆著　清末興地學會刻本　一册

110000－0198－0004781　史普 1197
五省溝洫圖說不分卷　(清)沈夢蘭撰　清菱湖沈氏刻本(有圖)　二册

110000－0198－0004782　史普 1198
文獻通考三百四十八卷　(元)馬端臨纂　明嘉靖六年(1527)映旭齋刻本　十一册　存二十五卷(一至二十五)

110000－0198－0004783　史普 1199
書林清話十卷　葉德輝著　清宣統三年(1911)觀古堂刻本　八册

110000－0198－0004784　史普 1206
江邨銷夏錄三卷　(清)高士奇撰　清宣統二年(1910)順德鄧氏風雨樓鉛印本　三册

110000－0198－0004785　史普 1207
宋本史氏通鑑釋文三十卷　(宋)史炤纂　清光緒五年(1879)吳興陸氏十萬卷樓刻本　十六册　存十六卷(七至十四、二十一至二十二、二十四至二十七、二十九至三十)

110000－0198－0004786　史普 1210
國語二十一卷　(三國吳)韋昭解　清刻本　一册　存三卷(六至八)

110000－0198－0004787　史普 1211
述古叢抄　(清)劉晚榮撰　清同治藏修書屋刻本　一册　存三種

110000－0198－0004788　史普 1213
在官法戒錄摘鈔四卷　(清)陳宏謀編　清刻本　一册

110000－0198－0004789　史普 1214
山海經十八卷　(晉)郭璞撰　(清)畢沅校　清光緒二十三年(1897)文瑞樓鉛印本　一册

110000－0198－0004790　史普 1215
駁案新編三十二卷　(清)全士潮等纂　清鉛印本　一册　存三卷(二十七至二十九)

110000－0198－0004791　史普 1217
增訂袁文箋正四卷　(清)魏大縉撰　清光緒十四年(1888)上海蜚英館石印本　一册

110000－0198－0004792　史普 1218
袁文箋正十六卷　(清)袁枚撰　(清)石韞玉箋　清末上海蜚英館石印本　一册　存七卷(十至十六)

110000－0198－0004793　史普 1223
大清新律全編　(清)□□輯　清光緒鉛印本　一册

110000－0198－0004794　史普 1229
[清光緒丁酉科]十八省選拔貢同年全錄　(清)□□輯　清光緒二十三年(1897)刻本　一册

110000－0198－0004795　史普 1230
大清最新搢紳錄　榮錄堂編　清宣統三年(1911)榮錄堂刻本　五册

110000－0198－0004796　史普 1231
大清搢紳全書　榮錄堂編　清光緒二十五年

(1899)榮録堂刻本　四册

110000－0198－0004797　史普 1232
大清搢紳全書　榮録堂編　清光緒二十四年(1898)榮録堂刻本　三册

110000－0198－0004798　史普 1233
宸垣識略十六卷　(清)吴長元撰　清光緒二年(1876)刻本(有圖)　八册

110000－0198－0004799　史普 1234
路史　(宋)羅泌纂　清光緒二年(1876)趙承恩紅杏山房刻本　十六册

110000－0198－0004800　史普 1239
蜀碧四卷　(清)彭遵泗編　清嘉慶刻本　四册

110000－0198－0004801　史普 1240
蜀典十二卷　(清)張澍編　清光緒二年(1876)尊經書院刻本　四册

110000－0198－0004802　史普 1243
兩漢紀六十卷　(漢)荀悦撰　(晉)袁宏撰　清康熙刻本　八册　存二十八卷(前漢紀一至二十八)

110000－0198－0004803　史普 1245
東三省政略十二卷　徐世昌編　清宣統三年(1911)鉛印本　六册　存二卷(十一至十二)

110000－0198－0004804　史普 1246
海鹽縣新辦塘工成案三卷　(清)汪仲洋輯　清道光刻本(有圖)　一册

110000－0198－0004805　史普 1249
[清光緒二十七年恩正兩科]廣東鄉試録　(清)□□輯　清光緒二十七年(1901)刻本　一册

110000－0198－0004806　史普 1250
八編類纂二百八十五卷圖二卷六經圖六卷　(明)陳仁錫輯　清刻本(有圖)　一册　存二卷(六經圖一至二)

110000－0198－0004807　史普 1254
雲南勘界籌邊記二卷　(清)姚文棟撰　清刻本　一册

110000－0198－0004808　史普 1262
水經注釋四十卷附録二卷　(北魏)酈道元撰　清光緒六年(1880)會稽章氏刻本　十四册

110000－0198－0004809　史普 1263
水經釋地八卷　(清)孫繼涵撰　清光緒六年(1880)會稽章氏刻本　二册

110000－0198－0004810　史普 1264
水經注圖説殘稿四卷　(清)董祐誠撰　清光緒六年(1880)會稽章氏刻本　一册

110000－0198－0004811　史普 1265
今水經一卷　(清)黄宗羲撰　清光緒六年(1880)會稽章氏刻本　一册

110000－0198－0004812　史普 1266
水經注箋刊誤十二卷　(清)趙一清撰　清光緒六年(1880)會稽章氏刻本　六册

110000－0198－0004813　史普 1267
地勢略解二十章　(美國)李安德撰　清光緒十九年(1893)京都匯文書院鉛印本(有圖)　一册

110000－0198－0004814　史普 1271
人物志三卷　(三國魏)劉邵著　清刻本　一册

110000－0198－0004815　史普 1272
廿二史紀事提要八卷　(清)吴綬撰　清乾隆刻本　二册　存二卷(一、四)

110000－0198－0004816　史普 1277
吴先生[汝綸]行狀　(清)賀濤撰　清光緒刻本　一册

110000－0198－0004817　史普 1278
皇朝祭器樂舞録二卷　(清)徐暢達編　清刻本　一册　存一卷(下)

110000－0198－0004818　史普 1279
薛瑩後漢書　(清)汪文臺輯　清刻本　一册

110000－0198－0004819　史普 1280
金石文字記六卷　(清)顧炎武撰　清刻本　一册　存三卷(四至六)

110000－0198－0004820　史普 1283
皇朝謚法表　(清)楊樹撰　清光緒二十八年(1902)刻本　二冊

110000－0198－0004821　史普 1284
合校水經注四十卷　(北魏)酈道元注　清光緒十八年(1892)思賢講舍刻本　十六冊

110000－0198－0004822　史普 1285
西石城風俗志　陳慶年撰　清光緒三十四年(1908)鉛印本　二冊

110000－0198－0004823　史普 1291
元史紀事本末二十七卷　(明)陳邦瞻編　清光緒二十四年(1898)湖南思賢書局刻本　四冊

110000－0198－0004824　史普 1292
安瀾紀要二卷　(清)徐端撰　清刻本　四冊

110000－0198－0004825　史普 1293
楚北水利堤防紀要二卷　(清)俞昌烈撰　清同治四年(1865)湖北藩署刻本(有圖)　一冊

110000－0198－0004826　史普 1294
浙西水利備考　(清)王鳳生編　清道光四年(1824)江聲帆影閣刻本　二冊

110000－0198－0004827　史普 1295
通鑑評語五卷　(清)申涵煜撰　清刻本　一冊

110000－0198－0004828　史普 1296
黃山志定本七卷首一卷　(清)閔麟嗣撰　清刻本　十冊

110000－0198－0004829　史普 1297
雪峰志十卷　(明)徐𤊹纂　清刻本　二冊

110000－0198－0004830　史普 1300
錢遵王讀書敏求記校證四卷　(清)錢曾撰　清刻本　六冊

110000－0198－0004831　史普 1301
英軺日記　(清)載振撰　清光緒二十九年(1903)上海文明編書局鉛印本　四冊

110000－0198－0004832　史普 1302
史緯三百三十卷　(清)陳允錫編　清刻本　三冊　存六卷(一百四十六至一百五十一)

110000－0198－0004833　史普 1303
鹽法隅說　(清)孫玉庭纂　清刻本　二冊

110000－0198－0004834　史普 1304
尺木堂綱鑑易知錄一百七卷　(清)吳乘權　(清)周之炯　(清)周之燦輯　清光緒八年(1882)掃葉山房刻本　十三冊　存二十九卷(一至二十、四十七至四十八、八十二至八十三、八十六至九十)

110000－0198－0004835　史普 1305
尺木堂綱鑑易知錄一百七卷　(清)吳乘權　(清)周之炯　(清)周之燦輯　清刻本　十五冊　存三十五卷(三十至三十一、四十七至五十一、六十三至九十)

110000－0198－0004836　史普 1306
綱鑑易知錄一百七卷　(清)吳乘權　(清)周之炯　(清)周之燦輯　清道光二年(1822)碧梧齋刻本　一冊　存二卷(一至二)

110000－0198－0004837　史普 1307
綱鑑易知錄一百七卷　(清)周之燦輯　清刻本　一冊　存一卷(十四)

110000－0198－0004838　史普 1308
記事珠十卷　(清)張以謙撰　清刻本　五冊　存四卷(二至五)

110000－0198－0004839　史普 1309
西湖百詠二卷　(宋)董嗣杲撰　(明)陳贄和　清刻本　一冊

110000－0198－0004840　史普 1310
丁文誠公奏稿二十六卷首一卷　(清)丁寶楨撰　清光緒十九年(1893)刻本　二十七冊

110000－0198－0004841　史普 1311
通商約章類纂三十五卷　(清)李鴻章撰　清光緒十二年(1886)天津官書局刻本　二十冊

110000－0198－0004842　史普 1313
泰山志二十卷　(清)金棨錄　清光緒刻本　十冊

110000－0198－0004843　史普 1314
聖武記十四卷　(清)魏源撰　清刻本　十一冊

110000－0198－0004844　史普 1315
聖武記十四卷　(清)魏源撰　清刻本　八冊　存十卷(一、三至八、十至十一、十三)

110000－0198－0004845　史普 1316
中俄界約斠注七卷首一卷　(清)洪鈞撰　清蘇城郡廟東首謝文翰齋刻本　一冊　存四卷(四至七)

110000－0198－0004846　史普 1318
盋山志八卷　(清)顧雲撰　清光緒刻本　二冊　存二卷(七至八)

110000－0198－0004847　史普 1320
各國約章纂要六卷首一卷　(清)勞乃宣編　清光緒十八年(1892)上海圖書集成印書局鉛印本　一冊　存一卷(一)

110000－0198－0004848　史普 1321
天寥道人自撰年譜　(明)葉紹袁纂　清末國學保存會鉛印本　一冊

110000－0198－0004849　史普 1325
瀛海論三篇　(清)張自牧撰　清光緒五年(1879)羊城森寶閣刻本　一冊

110000－0198－0004850　史普 1328
南北史識小錄二十八卷　(清)沈名蓀　(清)朱昆田原輯　清同治十年(1871)武林吴氏清來堂刻本　十二冊

110000－0198－0004851　史普 1329
道咸同光四朝詩史一斑錄十編　孫雄編　清光緒三十四年(1908)油印本　六冊

110000－0198－0004852　史普 1331
蒙古史二卷　(日本)河野元三述　清宣統三年(1911)南陽印刷官廠鉛印本　一冊

110000－0198－0004853　史普 1332
綱目續議二卷　(清)胡爾梅撰　清同治十年(1871)胡承志堂刻本　一冊

110000－0198－0004854　史普 1340
李秀成供狀　(清)李秀成撰　清刻本　一冊

110000－0198－0004855　史普 1342
江西校士錄　(清)□□輯　清光緒二十年(1894)刻本　六冊

110000－0198－0004856　史普 1343
萬城堤防輯要二卷　(清)徐國瑞等編　清刻本　一冊　存一卷(下)

110000－0198－0004857　史普 1344
蘇州桃花塢收解豫賑徵信錄二卷　清刻本　二冊

110000－0198－0004858　史普 1345
通商各國條約類編十八卷首一卷末一卷　清光緒三年(1877)畿輔通志局刻本　五冊

110000－0198－0004859　史普 1346
歷代地理志韻編今釋二十卷　(清)李兆洛輯　清光緒刻本　四冊　存四卷(八至十一)

110000－0198－0004860　史普 1347
皇朝輿地韻編二卷　(清)李兆洛輯　清道光刻本　二冊

110000－0198－0004861　史普 1351
宦拾錄十八卷　(清)王子音撰　清光緒三年(1877)湖上雙韋吟館刻本　八冊

110000－0198－0004862　史普 1352
歷代地理志韻編今釋二十卷　(清)李兆洛輯　清同治九年(1870)合肥李氏刻本　七冊

110000－0198－0004863　史普 1353
西疆交涉志要六卷　(清)鍾鏞撰　清宣統三年(1911)鉛印本　一冊　存三卷(一至三)

110000－0198－0004864　史普 1357
古玉圖考　(清)吴大澂撰　清光緒十五年(1889)上海同文書局石印本(有圖)　四冊

110000－0198－0004865　史普 1359
續明紀事本末十八卷　(清)倪在田撰　清光緒二十九年(1903)育英學社鉛印本　六冊

110000－0198－0004866　史普 1361
人海記二卷　(清)查慎行輯　清光緒七年

(1881)刻本　四册

110000－0198－0004867　史普1364

元豐金石跋尾一卷　(宋)曾鞏撰　清光緒八年(1882)學古齋刻本　一册

110000－0198－0004868　史普1365

鄴中記　(晉)陸翽撰　清乾隆武英殿刻本　一册

110000－0198－0004869　史普1366

書目答問　(清)張之洞撰　清宣統三年(1911)上海掃葉山房石印本　二册

110000－0198－0004870　史普1370

出使英法意比四國日記六卷　(清)薛福成著　清光緒十八年(1892)醉六堂石印本　三册

110000－0198－0004871　史普1371

知恥學會章程　清光緒二十三年(1897)石印本　二册

110000－0198－0004872　史普1372

東洋史要二卷　(日本)桑原隲藏撰　清光緒二十五年(1899)東文學社石印本　一册　存一卷(下)

110000－0198－0004873　史普1373

愚頑人闕清華生平遊歷記　清末石印本(有圖)　一册

110000－0198－0004874　史普1379

綱鑑擇語十卷　(清)司徒修撰　清光緒二十九年(1903)上海書局石印本　四册

110000－0198－0004875　史普1381

出使英法意比四國日記　(清)薛福成著　清光緒二十四年(1898)長沙鑄新齋刻本　一册

110000－0198－0004876　史普1383

詩廣傳五卷　(清)王夫之撰　清光緒二十五年(1899)慎記書莊石印本　一册

110000－0198－0004877　史普1384

泰西名人事略二卷　(英國)季理斐鑒定　(清)王臻善譯　清光緒二十九年(1903)鉛印本　二册

110000－0198－0004878　史普1388

漢官儀二卷　(宋)劉攽撰　清道光四年(1824)歙縣鮑崇城刻本　一册

110000－0198－0004879　史普1390

[清光緒辛丑壬寅恩正併科]會試同年全錄　(清)□□輯　清光緒二十九年(1903)刻本　一册

110000－0198－0004880　史普1392

熙朝紀政四卷　(清)王慶雲述　清光緒二十八年(1902)上海書局鉛印本　一册　存二卷(三至四)

110000－0198－0004881　史普1398

史記探源八卷　崔適撰　清宣統二年(1910)鉛印本　二册

110000－0198－0004882　史普1399

[清道光癸未科]會試硃卷　(清)□□輯　清道光三年(1823)刻朱墨印本　一册

110000－0198－0004883　史普1400

欽定戶部則例一百卷　(清)倭仁等撰　清同治十三年(1874)刻本　一册　存二卷(五十五至五十六)

110000－0198－0004884　史普1401

資治通鑑外紀十卷　(宋)劉恕編　清光緒十六年(1890)上海積山書局石印本　一册

110000－0198－0004885　史普1402

資治通鑑地理今釋十六卷　(清)吳熙載撰　清光緒八年(1882)江蘇書局刻本　二册

110000－0198－0004886　史普1404

中東戰紀本末續編四卷　(美國)林樂知　(清)蔡爾康著　清光緒二十三年(1897)上海圖書集成局鉛印本　四册

110000－0198－0004887　史普1405

史姓韻編六十四卷　(清)汪輝祖輯　清光緒十年(1884)耕餘樓書局鉛印本　十六册

110000－0198－0004888　史普1406

東華錄六十卷　(清)蔣良騏撰　清光緒鉛印本　七册　存十五卷(一至三、五至六、十一

至十二、十五至十六、十九至二十、二十五至二十六、三十一至三十二）

110000－0198－0004889　史普 1407
綱鑑望知録　（清）倪呈露撰　清光緒九年（1883）上海申報館鉛印本　四册

110000－0198－0004890　史普 1408
祖國女界文豪譜　（清）咀雪子編　清宣統元年（1909）京華書局鉛印本　一册

110000－0198－0004891　史普 1410
明季三朝野史四卷　（清）顧炎武編　清光緒三十四年（1908）上海石印本　一册

110000－0198－0004892　史普 1412
泛槎圖　（清）張寶編　清光緒六年（1880）上海點石齋石印本（有圖）　八册

110000－0198－0004893　史普 1413
李氏五種合刊　（清）李兆洛輯　清光緒二十四年（1898）掃葉山房石印本（有圖）　八册

110000－0198－0004894　史普 1415
清儀閣題跋　（清）張廷濟著　清光緒蘇州振新書社石印本　六册

110000－0198－0004895　史普 1417
聖廟祀典圖考三卷附聖跡圖一卷孟子聖跡圖一卷　（清）顧沅輯　清末上海同文書局影印本（有圖）　四册

110000－0198－0004896　史普 1418
史事論新編十卷乙編六卷丙編四卷丁編四卷戊編十卷　雷瑨編　清光緒三十一年（1905）硯耕山莊石印本　十册　存十二卷（新編一至二，乙編一、五至六，丙編一、四，丁編一、四，戊編一、五、十）

110000－0198－0004897　史普 1419
紀元編三卷末一卷　（清）李兆洛撰　清上海同文書局石印本　三册

110000－0198－0004898　史普 1420
廣皇輿考二十卷　（明）張天復撰　明末刻本（有圖）　六册　存九卷（十二至二十）

110000－0198－0004899　史普 1427
日本維新慷慨史二卷　（日本）西村三郎編　清光緒二十八年（1902）鉛印本　一册　存一卷（上）

110000－0198－0004900　史普 1430
欽定滿洲源流考二十卷首一卷　（清）阿桂等撰　清光緒十九年（1893）杭州便益書局石印本　四册

110000－0198－0004901　史普 1433
西疆雜述詩四卷　（清）蕭雄撰　清光緒十八年（1892）鉛印本　二册

110000－0198－0004902　史普 1435
天下郡國利病書一百二十卷　（清）顧炎武輯　清光緒二十七年（1901）圖書集成局鉛印本　二十八册

110000－0198－0004903　史普 1436
海防事例附銓補章程　（清）□□撰　清末榮録堂刻本　一册

110000－0198－0004904　史普 1437
曾文正公大事記四卷　（清）王定安撰　清末上海申報館鉛印本　二册

110000－0198－0004905　史普 1438
全蜀藝文志六十四卷　（明）楊慎輯　清刻本　一册　存五卷（二十一至二十五）

110000－0198－0004906　史普 1439
粵東金石略九卷首一卷附二卷　（清）翁方綱録　清光緒十七年（1891）廣州石經書局影印本　四册

110000－0198－0004907　史普 1440
記聞類編十四卷　（清）蔡爾康撰　清光緒三年（1877）上海印書局鉛印本　六册

110000－0198－0004908　史普 1441
朔方備乘六十八卷首十二卷　（清）何秋濤編　清光緒七年（1881）石印本（有圖）　八册

110000－0198－0004909　史普 1442
晉史詠二卷　（清）李澍菜著　清宣統三年（1911）既翁堂刻本　一册

110000－0198－0004910　史普 1446

元豐九域志十卷　(宋)王存等撰　清武英殿聚珍版木活字印本　三冊　存三卷(一至二、十)

110000－0198－0004911　史普 1447
輿地廣記三十八卷　(宋)歐陽忞撰　清刻本　一冊　存六卷(一至六)

110000－0198－0004912　史普 1448
朱子年譜四卷考異四卷附錄二卷　(清)王懋竑纂　清乾隆白田草堂刻本　四冊

110000－0198－0004913　史普 1449
儀顧堂續跋十六卷　(清)陸心源撰　清光緒十八年(1892)歸安陸氏刻本　四冊

110000－0198－0004914　史普 1450
魏文貞公故事拾遺三卷年譜一卷　(清)王先恭集　清光緒九年(1883)長沙王氏刻本　二冊

110000－0198－0004915　史普 1451
魏鄭公諫錄五卷　(唐)王方慶集　清光緒九年(1883)長沙王氏刻本　二冊

110000－0198－0004916　史普 1452
魏書校勘記一卷唐書魏鄭公傳注一卷　王先謙撰　清光緒九年(1883)長沙王氏刻本　二冊

110000－0198－0004917　史普 1453
禹貢說二卷　(清)魏源撰　清同治六年(1867)刻本　一冊

110000－0198－0004918　史普 1455
疑年賡錄二卷　(清)張鳴珂編　清光緒二十四年(1898)寒松閣刻本　一冊

110000－0198－0004919　史普 1460
使俄載筆一卷　(清)潘乃光撰　清光緒二十一年(1895)石印本　一冊

110000－0198－0004920　史普 1461
酌中志餘二卷　(明)劉若愚撰　清刻本　二冊

110000－0198－0004921　史普 1464
東洋分國史二卷　秦蘅江編　清光緒二十八年(1902)上海文明編書局鉛印本　一冊

110000－0198－0004922　史普 1465
各國約章纂要六卷首一卷附錄一卷　(清)勞乃宣輯　清光緒十八年(1892)圖書集成印書局鉛印本　三冊　存五卷(二至六)

110000－0198－0004923　史普 1468
東游叢錄　(清)吳汝綸撰　清光緒二十八年(1902)鉛印本　二冊

110000－0198－0004924　史普 1472
國朝先正事略六十卷　(清)李元度編　清光緒二十五年(1899)上海圖書集成印書局鉛印本　十二冊

110000－0198－0004925　史普 1475
三通考輯要七十六卷　(清)湯壽潛輯　清光緒二十五年(1899)圖書集成局鉛印本　十六冊　存二十四卷(一至二十四)

110000－0198－0004926　史普 1477
讀例存疑五十四卷　(清)薛允升撰　清光緒三十一年(1905)北京琉璃廠韓茂齋刻本　十冊　存二十卷(一至二十)

110000－0198－0004927　史普 1478
皇朝詞林典故六十四卷　(清)朱珪等撰　清光緒十三年(1887)刻本　二十三冊

110000－0198－0004928　史普 1479
復古編二卷　(宋)張有撰　清光緒八年(1882)淮南書局刻本　三冊

110000－0198－0004929　史普 1482
常郡八邑藝文志十二卷　(清)盧文弨輯　清光緒十六年(1890)刻本　十六冊

110000－0198－0004930　史普 1483
漢藝文志攷證十卷　(宋)王應麟撰　清光緒九年(1883)浙江書局刻本　二冊

110000－0198－0004931　史普 1484
山東運河備覽十二卷　(清)陸燿撰　清同治十年(1871)運河道庫刻本　六冊

110000－0198－0004932　史普 1485
國朝翰詹源流編年二卷　(清)吳鼎雯著　清

乾隆五十八年(1793)刻本　一冊　存一卷(一)

110000－0198－0004933　史普 1486
庸吏庸言二卷　(清)劉衡撰　清同治七年(1868)江蘇書局刻本　一冊

110000－0198－0004934　史普 1488
稽古錄二十卷　(宋)司馬光撰　清同治十一年(1872)湖北崇文書局刻本　四冊

110000－0198－0004935　史普 1490
戰國策三十三卷　(漢)高誘注　清乾隆二十一年(1756)雅雨堂刻本　四冊

110000－0198－0004936　史普 1491
戰國策三十三卷　(漢)高誘注　清光緒刻本　四冊

110000－0198－0004937　史普 1492
人譜類記增訂六卷　(明)劉宗周著　清光緒三年(1877)湖北崇文書局刻本　三冊

110000－0198－0004938　史普 1493
秘書二十一種　(清)汪士漢輯　清乾隆刻本　六冊

110000－0198－0004939　史普 1497
捍海塘志一卷　(清)錢文瀚撰　清光緒錢塘丁氏嘉惠堂刻本　一冊

110000－0198－0004940　史普 1498
明季北略二十四卷　(清)計六奇撰　清都城琉璃廠半松居士鉛印本　十二冊

110000－0198－0004941　史普 1499
游歷記存一卷　(清)朱書撰　清光緒十九年(1893)宿松黃修礽刻本　二冊

110000－0198－0004942　史普 1500
紫柏山誌圖　(清)景邦憲編　清同治十年(1871)紫柏山留候祠刻本　一冊

110000－0198－0004943　史普 1501
通鑑答問五卷　(宋)王應麟撰　清光緒九年(1883)浙江書局刻本　一冊　存三卷(一至三)

110000－0198－0004944　史普 1505
信都書院條規　(清)□□輯　清光緒刻本　一冊

110000－0198－0004945　史普 1506
朔平府志十二卷　(清)劉士銘撰　清雍正十一年(1733)刻本　一冊　存一卷(三)

110000－0198－0004946　史普 1508
楷法溯源十四卷目錄一卷　(清)潘存輯　清光緒三年至四年(1877－1878)刻本　十五冊

110000－0198－0004947　史普 1509
廿一史四譜五十四卷　(清)沈炳震撰　清同治十年(1871)武林吳氏清來堂刻本　八冊　存二十八卷(二十七至五十四)

110000－0198－0004948　史普 1512
天中許子政學合一集八卷續集一卷　(清)許三禮撰　清乾隆八年(1743)刻本　十二冊

110000－0198－0004949　史普 1513
資治通鑑綱目發明五十九卷　(宋)尹起莘撰　清同治十三年(1874)刻本　四冊

110000－0198－0004950　史普 1514
續復古編四卷　(元)曹本撰　清光緒十二年(1886)姚代咫進齋刻本　四冊

110000－0198－0004951　史普 1516
西藏圖考八卷　(清)黃沛翹輯　清光緒十二年(1886)李培榮刻本　四冊

110000－0198－0004952　史普 1518
文獻徵存錄十卷　(清)錢林輯　清咸豐八年(1858)有嘉樹軒刻本　二冊　存二卷(一至二)

110000－0198－0004953　史普 1519
[清光緒乙卯科]江南鄉試錄　(清)□□輯　清光緒十一年(1885)刻本　一冊

110000－0198－0004954　史普 1520
廿二史紀事提要八卷　(清)吳綏撰　清乾隆十二年(1747)刻本　一冊　存一卷(二)

110000－0198－0004955　史普 1522
唐書直筆四卷　(宋)呂夏卿撰　清乾隆武英

殿刻本　一册

110000－0198－0004956　史普1524
平山堂圖志十卷首一卷　(清)趙之璧編　清光緒二十一年(1895)刻本　二册　存六卷(五至十)

110000－0198－0004957　史普1525
三通序　(清)康綸鈞輯　清光緒十四年(1888)湘鄉蔣氏求實齋刻本　一册

110000－0198－0004958　史普1526
春秋謚法表　(清)陳延齡編　清宣統二年(1910)北京開智石印書局石印本　一册

110000－0198－0004959　史普1527
南漢書考異十八卷　(清)梁廷枏撰　清刻本　二册　存十三卷(六至十八)

110000－0198－0004960　史普1529
三通序一卷　(清)康綸鈞輯　清光緒十四年(1888)湘鄉蔣氏求實齋刻本　一册

110000－0198－0004961　史普1531
甘泉鄉人餘稿二卷　(清)錢泰吉撰　清光緒刻本　一册

110000－0198－0004962　史普1534
歷代地理志韻編今釋二十卷　(清)李兆洛輯　清同治刻本　一册　存二卷(一至二)

110000－0198－0004963　史普1535
漢州郡縣吏制考二卷　(清)強汝詢撰　清光緒二十四年(1898)江蘇書局刻本　一册

110000－0198－0004964　史普1536
皇朝輿地韻編二卷　(清)李兆洛輯　清同治刻本　一册

110000－0198－0004965　史普1537
河海崑崙錄四卷　(清)裴景福撰　清宣統元年(1909)鉛印本　三册　存三卷(二至四)

110000－0198－0004966　史普1540
惜抱軒漢書評點　(清)姚鼐撰　清光緒經德堂刻本　一册

110000－0198－0004967　史普1544
曾惠敏公文集五卷　(清)曾紀澤撰　清光緒十九年(1893)江南製造總局刻本　二册

110000－0198－0004968　史普1545
曾惠敏公奏疏六卷　(清)曾國藩撰　清光緒十九年(1893)江南製造總局刻本　二册　缺二卷(一至二)

110000－0198－0004969　史普1546
曾惠敏公日記二卷　(清)曾紀澤撰　清光緒十九年(1893)江南製造總局刻本　一册

110000－0198－0004970　史普1550
國朝詩人徵略六十卷　(清)張維屏輯　清嘉慶二十四年(1819)刻本　二十册

110000－0198－0004971　史普1551
金石志十四卷　楊守敬撰　清末朱印本　三册　存六卷(三至六、十三至十四)

110000－0198－0004972　史普1552
後漢紀三十卷　(晉)袁宏撰　清振鷺堂刻本　二册　存十二卷(一至十二)

110000－0198－0004973　史普1553
語經不分卷　(戰國)墨翟撰　(清)蕭鶴祥　清南昌官書局刻本　一册

110000－0198－0004974　史普1554
劉子二卷　(北齊)劉晝撰　清光緒元年(1875)湖北崇文書局刻本　一册

110000－0198－0004975　史普1555
逸周書集訓校釋十卷逸文一卷　(清)朱右曾編　清光緒三年(1877)湖北崇文書局刻本　一册　存五卷(一至五)

110000－0198－0004976　史普1556
萬國公報　(清)萬國公報館編　清光緒十八年(1892)上海美華書館朱墨鉛印本(有圖)　十五册　存十六册(三十七至四十一、四十三、五十一至五十三、五十六至六十二)

110000－0198－0004977　史普1562
四述奇十六卷　(清)張德彝撰　清光緒九年(1883)同文館鉛印本　十六册

110000－0198－0004978　史普1564

文獻通考三百四十八卷　(元)馬端臨著　清光緒刻本　三十七册　存一百二卷(三十至五十八、一百五十三至一百八十八、二百七十六至三百十二)

110000-0198-0004979　史普 1565

儷白妃黄册八卷　(清)董恂輯　清同治十二年(1873)刻本　二册

110000-0198-0004980　史普 1566

漢關侯事蹟彙編八卷附錄四卷　(清)萬之蘅纂　清光緒二十三年(1897)通州魁光齋刻字鋪刻本　八册

110000-0198-0004981　史普 1568

五史斠議五卷　羅振玉撰　清光緒二十九年(1903)上虞羅氏刻本　一册

110000-0198-0004982　史普 1569

表異錄不分卷　(明)王志堅撰　清光緒二年(1876)陳氏庸閒齋刻本　一册

110000-0198-0004983　史普 1570

唐問苑先生暨張太夫人遺訓　清宣統三年(1911)石印本　一册

110000-0198-0004984　史普 1571

古今僞書考　(清)姚際恒撰　清光緒張恭斌刻本　一册

110000-0198-0004985　史普 1575

國朝名臣言行錄十六卷　(清)王炳燮撰　清光緒十一年(1885)津河廣仁堂刻本　六册

110000-0198-0004986　史普 1576

東南紀事十二卷西南紀事十二卷　(清)邵廷采撰　清光緒十年(1884)邵武徐氏刻本　四册

110000-0198-0004987　史普 1578

史姓韻編六十四卷　(清)汪輝祖輯　清光緒十年(1884)馮祖憲耕餘樓鉛印本　十六册

110000-0198-0004988　史普 1579

中東戰紀本末八卷續編四卷　(美國)林樂知著譯　清光緒二十二年(1896)廣學會鉛印本　十册

110000-0198-0004989　史普 1581

歷朝史案十八卷附詠史詩二卷　(清)吴裕垂著　清光緒二十四年(1898)綠槐草堂刻本　六册

110000-0198-0004990　史普 1582

全圖郝注山海經十八卷　(晉)郭璞注　清光緒善成堂刻本(有圖)　六册

110000-0198-0004991　史普 1583

南還日記二卷北行日記一卷　(清)楊廷桂撰　清同治刻本　二册

110000-0198-0004992　史普 1585

英例全書　(清)胡禮垣譯　清光緒十三年(1887)粤東友石齋石印本　二册

110000-0198-0004993　史普 1586

水道考異南條五卷北條五卷　(清)方堃著　清道光紫霞仙館刻本　四册

110000-0198-0004994　史普 1588

行素堂目覩書錄　(清)朱記榮輯　清光緒十年(1884)朱氏槐廬刻本　十册

110000-0198-0004995　史普 1591

國語二十一卷　(三國吴)韋昭注　清光緒二十二年(1896)上海鴻寶齋石印本　八册

110000-0198-0004996　史普 1592

國語二十一卷　(三國吴)韋昭注　清光緒二十二年(1896)上海鴻寶齋石印本　八册

110000-0198-0004997　史普 1593

國語二十一卷　(三國吴)韋昭注　清光緒二十二年(1896)上海鴻寶齋石印本　八册

110000-0198-0004998　史普 1595

小腆紀年附考二十卷　(清)徐鼒撰　清咸豐十一年(1861)刻本　十二册

110000-0198-0004999　史普 1596

小腆紀年附考二十卷　(清)徐鼒撰　清咸豐十一年(1861)刻本　十二册

110000-0198-0005000　史普 1598

南北史識小錄二十八卷　(清)沈名蓀輯　清同治十年(1871)武林吴氏清來堂刻本　六册

110000－0198－0005001　史普 1599
南北史識小錄二十八卷　(清)沈名蓀輯　清同治十年(1871)武林吳氏清來堂刻本　六冊

110000－0198－0005002　史普 1604
補後漢書藝文志三十一卷　顧櫰三纂　清光緒鉛印本　六冊

110000－0198－0005003　史普 1611
中興名臣事略八卷　(清)朱孔彰撰　清光緒二十四年(1898)上海書局石印本　三冊　存六卷(一至六)

110000－0198－0005004　史普 1612
中興名臣事略八卷　(清)朱孔彰撰　清光緒二十四年(1898)上海書局石印本　一冊　存二卷(五至六)

110000－0198－0005005　史普 1614
宋元本行格表二卷　(清)江標輯　清光緒刻本　三冊

110000－0198－0005006　史普 1615
鶡冠子三卷　(春秋)鶡冠子撰　(宋)陸佃解　(明)王宇評　清嘉慶九年(1804)刻本　一冊

110000－0198－0005007　史普 1617
南雁山紀游　(清)張盛藻撰　清光緒七年(1881)刻本　一冊

110000－0198－0005008　史普 1619
陔餘叢考四十三卷　(清)趙翼撰　清光緒三年(1877)壽考堂刻本　一冊　存五卷(二十九至三十三)

110000－0198－0005009　史普 1620
緇衣集傳四卷　(明)黄道周輯　清康熙三十二年(1693)芬舟刻本　二冊　存三卷(一至三)

110000－0198－0005010　史普 1621
禹貢錐指二十卷　(清)胡渭撰　清漱六軒刻本　七冊

110000－0198－0005011　史普 1623
絳雪齋甘眠羊辛亥官商快覽　甘眠羊編　清宣統二年(1910)絳雪齋鉛印本　一冊

110000－0198－0005012　史普 1624
國語　(三國吳)韋昭注　清刻本　一冊

110000－0198－0005013　史普 1627
東瀛戰士策　(日本)尾崎行雄著　清光緒二十九年(1903)上海文明書局鉛印本　二冊

110000－0198－0005014　史普 1628
東瀛戰士策　(日本)尾崎行雄著　清光緒二十九年(1903)北京華北書局鉛印本　七冊

110000－0198－0005015　史普 1629
廣列女傳二十卷　(清)劉開輯　清道光二十六年(1846)刻本　三冊　存八卷(十三至二十)

110000－0198－0005016　史普 1630
周書斠補四卷　(清)孫詒讓撰　清光緒二十六年(1900)刻本　一冊

110000－0198－0005017　史普 1631
東觀奏記三卷　(唐)裴廷裕撰　清刻本　一冊

110000－0198－0005018　史普 1632
古今僞書考　(清)姚際恒撰　清光緒二十四年(1898)沔陽盧氏鉛印本　一冊

110000－0198－0005019　史普 1634
歸方評點史記合筆六卷　(清)王拯纂　清光緒元年(1875)盱眙吳棠望三益齋刻本　三冊　存三卷(三、五至六)

110000－0198－0005020　史普 1636
元和姓纂十卷　(唐)林寶撰　清光緒六年(1880)金陵書局刻本　三冊　存七卷(四至十)

110000－0198－0005021　史普 1637
運漕摘要二卷　(清)□□輯　清嘉慶四年(1799)孝友堂刻本　一冊　存一卷(上)

110000－0198－0005022　史普 1640
通鑑補正略　(明)嚴衍撰　清光緒十三年(1887)時報館鉛印本　一冊

110000－0198－0005023　史普 1644
南漢書考異十八卷　(清)梁廷枏撰　清道光十年(1830)蘇州閶門經義堂刻本　一册　存五卷(一至五)

110000－0198－0005024　史普 1647
南湖志考　(明)陳幼學撰　清光緒五年(1879)刻本　一册

110000－0198－0005025　史普 1648
漢學商兑贅言四卷　(清)方東樹撰　清光緒刻本　一册　存一卷(三)

110000－0198－0005026　史普 1649
聖廟祀典圖考五卷附圣跡圖一卷孟子圣跡圖一卷　(清)顧沅輯　清道光六年(1826)刻本　一册　存一卷(二)

110000－0198－0005027　史普 1650
曾文正公大事記四卷　(清)王定安撰　清光緒二年(1876)傳忠書局刻本　一册　存二卷(一至二)

110000－0198－0005028　史普 1651
蒙古史二卷　(日本)河野元三撰　清宣統三年(1911)江南圖書館鉛印本　一册　存一卷(下)

110000－0198－0005029　史普 1654
廿二史文鈔　(清)納蘭常安選評　清乾隆十二年(1747)刻本　六十册

110000－0198－0005030　史普 1661
全國各省圖　清抄本　一册

110000－0198－0005031　史普 1664
周書十卷逸文一卷　(清)朱右曾集訓校釋　清刻本　一册　存五卷(六至十)

110000－0198－0005032　史普 1668
節本泰西新史攬要八卷　(英國)馬墾西原著　清光緒二十八年(1902)北洋官報局鉛印本　二册

110000－0198－0005033　史普 1670
漢史億二卷　(清)孫廷銓纂　清康熙十年(1671)刻本　一册　存一卷(下)

110000－0198－0005034　史普 1675
岫雲寺同戒錄　清刻朱墨印本　一册

110000－0198－0005035　史普 1677
吴越春秋十卷　(漢)趙曄撰　清刻朱印本　二册

110000－0198－0005036　史普 1682
漢制攷四卷　(宋)王應麟撰　清刻本　一册

110000－0198－0005037　史普 1683
穆参軍集三卷附遺事一卷　(宋)穆修撰　清刻朱印本　一册

110000－0198－0005038　史普 1684
儀顧堂題跋十六卷　(清)陸心源撰　清光緒十六年(1890)刻本　六册

110000－0198－0005039　史普 1685
皇朝武功紀盛四卷　(清)趙翼撰　清乾隆五十七年(1792)湛貽堂刻本　二册

110000－0198－0005040　史普 1687
漢書地理志水道圖説七卷附禹貢圖　(清)陳澧撰　清陳氏刻本　二册

110000－0198－0005041　史普 1692
東亞小史教科書　郭鍾韶譯　清光緒三十一年(1905)華北譯書局鉛印本　一册

110000－0198－0005042　史普 1695
盤山志十卷　(清)釋智朴纂輯　清康熙刻本　一册　存四卷(一至四)

110000－0198－0005043　史普 1696
泰山道里記不分卷　(清)聶鈫撰　清乾隆雨山堂刻本　一册

110000－0198－0005044　史普 1697
常熟水論　(明)薛尚質著　清木活字印本　一册

110000－0198－0005045　史普 1698
土耳基國志一卷附新志一卷　(清)學部編譯圖書局編　清光緒三十三年(1907)學部編譯圖書局鉛印本　一册

110000－0198－0005046　史普 1700

文廟思源錄一卷　（清）張西山輯　清光緒五年（1879）梅溪縣署刻本　一冊

110000－0198－0005047　史普 1703
上虞五鄉水利紀實不分卷　（清）金鼎撰　清光緒三十四年（1908）柯莊謙守齋刻本　一冊

110000－0198－0005048　史普 1707
續疑年錄四卷　（清）錢大昕編　清嘉慶二十三年（1818）刻本　一冊

110000－0198－0005049　史普 1708
方柏堂先生事實考略五卷　陳澹然等纂述　清光緒十五年（1889）刻本　二冊

110000－0198－0005050　史普 1710
竹汀日記　（清）錢大昕撰　清光緒刻本　一冊

110000－0198－0005051　史普 1711
明通鑑一百卷　（清）夏燮撰　清光緒二十六年（1900）上海掃葉山房石印本　四十八冊

110000－0198－0005052　史普 1712
逸周書十卷　（晉）孔晁注　清抱經堂刻本　一冊　存二卷（四至五）

110000－0198－0005053　史普 1719
晉太康三年地記一卷　（清）畢沅輯　清光緒十三年（1887）大同書局刻本　一冊

110000－0198－0005054　史普 1720
隴蜀餘聞　（清）王士禛撰　清刻本　一冊

110000－0198－0005055　史普 1721
吳先生［汝綸］行狀　（清）賀濤纂　清刻本　一冊

110000－0198－0005056　史普 1722
吳先生［汝綸］行狀　（清）賀濤纂　清刻本　三冊

110000－0198－0005057　史普 1723
吳先生［汝綸］行狀　（清）賀濤纂　清刻本　一冊

110000－0198－0005058　史普 1726
西南紀事十二卷　（清）邵廷采撰　清光緒十年（1884）邵武徐氏刻本　二冊

110000－0198－0005059　史普 1727
光緒二十九年禮闈試卷　甘鵬雲編　清光緒二十九年（1903）刻本　一冊

110000－0198－0005060　史普 1728
［清光緒癸卯恩科］湖北湘試卷　（清）□□輯　清光緒二十九年（1903）刻本　一冊

110000－0198－0005061　史普 1729
［清光緒壬寅補行庚子辛丑恩正併科］湖北鄉舉行卷　（清）□□輯　清光緒二十八年（1902）刻本　一冊

110000－0198－0005062　史普 1730
［清光緒壬寅癸卯恩正併科］鄉會聯捷闈卷　尚秉和編　清光緒二十九年（1903）刻朱墨印本　三冊

110000－0198－0005063　史普 1731
［清光緒己卯乙酉癸未科］叔侄鄉會硃卷　（清）裕厚編　清光緒十一年（1885）刻朱墨印本　十五冊

110000－0198－0005064　史普 1732
朝考卷　（清）榮慶編　清光緒刻朱墨印本　二十六冊

110000－0198－0005065　史普 1733
［清光緒癸未科］會試硃卷　（清）榮慶編　清光緒九年（1883）刻朱墨印本　一冊

110000－0198－0005066　史普 1734
［清咸豐壬子辛亥科］會試硃卷　（清）孫楫編　清咸豐二年（1852）刻本　一冊

110000－0198－0005067　史普 1735
［清光緒壬寅補行庚子辛丑科］會試硃卷　（清）左樹珍編　清光緒二十九年（1903）刻朱墨印本　一冊

110000－0198－0005068　史普 1736
［清光緒甲午科］鄉試硃卷　（清）吳鑳孫編　清光緒二十年（1894）刻朱墨印本　一冊

110000－0198－0005069　史普 1737
［清光緒壬午科］江南鄉試硃卷　（清）仇繼恒

編　清光緒八年(1882)刻本　一册

110000－0198－0005070　史普 1738

[清光緒辛卯甲午科]鄉試硃卷　(清)王照編　清光緒二十年(1894)刻朱墨印本　一册

110000－0198－0005071　史普 1739

[清光緒乙酉科]鄉試硃卷　(清)孫梃編　清光緒十一年(1885)刻本　一册

110000－0198－0005072　史普 1740

[清光緒乙酉科]鄉試硃卷　(清)徐德溎編　清光緒十一年(1885)刻朱墨印本　一册

110000－0198－0005073　史普 1741

[清光緒丙戌科]會試硃卷　(清)王皋撰　清光緒十二年(1886)刻朱墨印本　一册

110000－0198－0005074　史普 1742

[清光緒丙戌科]會試硃卷　(清)王皋編　清光緒十二年(1886)刻朱墨印本　一册

110000－0198－0005075　史普 1743

[清光緒丙戌科]會試硃卷　(清)江聯榮編　清光緒十二年(1886)刻朱墨印本　一册

110000－0198－0005076　史普 1744

[清光緒戊戌科]會試硃卷　(清)于鳳閣編　清光緒二十四年(1898)刻朱墨印本　一册

110000－0198－0005077　史普 1745

[清光緒癸未科]會試硃卷　(清)蒯光典編　清光緒九年(1883)刻朱墨印本　一册

110000－0198－0005078　史普 1746

[清光緒甲午科]會試硃卷　(清)張謇編　清光緒二十年(1894)刻朱墨印本　一册

110000－0198－0005079　史普 1747

[清咸豐壬子科]會試硃卷　(清)潘祖蔭編　清咸豐二年(1852)刻本　一册

110000－0198－0005080　史普 1748

[清咸豐壬子科]會試硃卷　(清)孫毓汶編　清咸豐二年(1852)刻本　一册

110000－0198－0005081　史普 1749

[清光緒甲午科]鄉試硃卷　(清)朱學程編　清光緒二十年(1894)刻朱墨印本　一册

110000－0198－0005082　史普 1750

[清光緒甲午科]鄉試硃卷　(清)張鎮午編　清光緒二十年(1894)刻朱墨印本　一册

110000－0198－0005083　史普 1751

[清光緒壬午科]廣東鄉試硃卷　(清)崔浩成編　清光緒八年(1882)刻本　一册

110000－0198－0005084　史普 1752

[清光緒丁酉科]江南鄉試硃卷　(清)李德膏編　清光緒二十三年(1897)刻本　一册

110000－0198－0005085　史普 1753

[清光緒壬辰科]會試硃卷　(清)惲毓嘉編　清光緒十八年(1892)刻朱墨印本　一册

110000－0198－0005086　史普 1754

[清光緒癸卯科]河南鄉試墨卷　(清)陳銘鑑編　清光緒二十九年(1903)刻朱墨印本　一册

110000－0198－0005087　史普 1755

[清光緒癸巳科]鄉試墨卷　(清)寶熙編　清光緒十九年(1893)刻朱墨印本　一册

110000－0198－0005088　史普 1756

[清光緒壬子壬辰科]鄉會試墨卷　(清)寶熙編　清光緒十八年(1892)刻朱墨印本　一册

110000－0198－0005089　史普 1759

修訂法律館奏派咨議官原奏　清光緒修訂法律館鉛印本　一册

110000－0198－0005090　史普 1760

談明叢議四卷　(清)張玉堂撰　清光緒三十二年(1906)瀛州張氏崇德堂刻本　一册　存一卷(一)

110000－0198－0005091　史普 1763

全校水經注四十卷附錄二卷補遺一卷　(北魏)酈道元注　清光緒十四年(1888)寧波崇實書院刻本　十六册

110000－0198－0005092　史普 1764

十六國春秋一百卷　(北魏)崔鴻撰　清光緒十二年(1886)湖北官書處刻本　十二册

110000－0198－0005093　史普 1769
姚惜抱先生前漢書評點　(清)姚鼐撰　清光緒十六年(1890)石印本　二十六册

110000－0198－0005094　史普 1772
欽定四庫全書簡明目錄二十卷　(清)紀昀等纂　清乾隆四十九年(1784)刻本　八册

110000－0198－0005095　史普 1779
歷代鐘鼎彝器款識法帖二十卷　(宋)薛尚功輯　清光緒八年(1882)上海點石齋石印本　三册　存十五卷(一至十五)

110000－0198－0005096　史普 1788
國朝書人輯略十一卷首一卷　(清)震鈞輯　清光緒三十四年(1908)金陵刻本　七册

110000－0198－0005097　史普 1789
歷代地理韻編今釋二十卷附皇朝輿地韻編二卷　(清)李兆洛輯　清同治十年(1871)上海蜚英館石印本　四册

110000－0198－0005098　史普 1792
大清法規大全　(清)北京政學社編　清宣統元年(1909)政學社石印本　十八册

110000－0198－0005099　史普 1793
治水述要十卷　周馥纂　清末刻本　七册　存七卷(四至十)

110000－0198－0005100　史普 1798
吴越春秋十卷　(漢)趙曄撰　明萬曆十四年(1586)武林馮念祖臥龍山房刻本　二册

110000－0198－0005101　史普 1803
漢書地理志水道圖說七卷附禹貢圖　(清)陳澧撰　清同治十一年(1872)刻本(有圖)　二册

110000－0198－0005102　史普 1804
約園志　(清)徐樹銘輯　清光緒二十三年(1897)刻本　二册

110000－0198－0005103　史普 1805
史記正僞三卷　(清)王元啟撰　清光緒十六年(1890)廣雅書局刻本　一册

110000－0198－0005104　史普 1806
補三國疆域志二卷　(清)洪亮吉撰　清光緒十七年(1891)廣雅書局刻本　一册

110000－0198－0005105　史普 1807
楚漢諸侯疆域志三卷　(清)劉文淇撰　清光緒二年(1876)金陵刻本　一册

110000－0198－0005106　史普 1809
禹貢正詮四卷　(清)姚彦渠輯　清同治九年(1870)刻本　一册

110000－0198－0005107　史普 1812
長河志籍考十卷　(清)田雯編　清刻本　一册　存一卷(一)

110000－0198－0005108　史普 1814
經史百家簡編二卷　(清)曾國藩纂　清同治十三年(1874)傳忠書局刻本　二册

110000－0198－0005109　史普 1816
梁書五十六卷　(唐)姚思廉撰　清同治十三年(1874)金陵書局石印本　六册

110000－0198－0005110　史普 1818
姚惜抱先生前漢書評點不分卷　(清)姚鼐撰　清光緒十六年(1890)石印本　二册

110000－0198－0005111　史普 1819
東觀漢紀二十四卷　(漢)劉珍撰　清武英殿聚珍版刻本　一册　存五卷(一至五)

110000－0198－0005112　史普 1820
山海經廣注十八卷　(清)吴任臣注　清刻本　一册　存三卷(一至三)

110000－0198－0005113　史普 1821
靈壽縣志十卷末一卷　(清)陸隴其撰　清刻本　四册

110000－0198－0005114　史普 1824
宋朝事實二十卷　(宋)李攸撰　清刻本　四册　存十四卷(七至二十)

110000－0198－0005115　史普 1825
國史大臣熊枚列傳　(清)國史館纂　清光緒刻本　一册

110000－0198－0005116　史普 1826

春秋公羊註疏二十八卷　(漢)何休注　明萬曆二十一年(1593)刻本　一冊　存四卷(二十五至二十八)

110000－0198－0005117　史普 1827

欽定吏部則例六卷　清刻本　一冊　存一卷(三)

110000－0198－0005118　史普 1828

考工記圖　(清)戴震撰　清乾隆微波榭刻本　一冊

110000－0198－0005119　史普 1829

讀史論略二卷　(清)杜詔撰　清刻本　一冊

110000－0198－0005120　史普 1830

泰山道里記　(清)聶劍光輯　清乾隆聶氏雨山堂刻本　一冊

110000－0198－0005121　史普 1831

行川必要峽江圖攷　清刻本(有圖)　一冊

110000－0198－0005122　史普 1833

史記注補正　(清)方苞撰　清光緒二十年(1894)廣雅書局刻本　一冊

110000－0198－0005123　史普 1836

楚漢帝月表　(明)吳非撰　清宣統元年(1909)貴池劉氏刻本　一冊

110000－0198－0005124　史普 1837

聖賢高士傳贊　(三國魏)嵇康撰　(清)嚴可均校　清光緒二十八年(1902)怡蘭堂刻本　一冊

110000－0198－0005125　史普 1838

復堂日記八卷　(清)譚獻撰　清光緒十三年(1887)仁和譚氏刻本　一冊　存三卷(一至三)

110000－0198－0005126　史普 1841

[清光緒戊子科]宗室鄉試墨卷　文㮚撰　清光緒刻朱墨印本　一冊

110000－0198－0005127　史普 1846

平山縣志八卷　(清)王滌心撰　清刻本　一冊　存一卷(四)

110000－0198－0005128　史普 1847

鄉試錄　(清)朱嶟撰　清光緒刻本　一冊

110000－0198－0005129　史普 1849

高句麗永樂太王古碑歌附碑攷　(清)王志撰　清光緒二十一年(1895)奉天軍糧署刻本　一冊

110000－0198－0005130　史普 1853

東林書院志二十二卷　(清)高廷珍等輯　清光緒刻本　三冊　存十卷(十一至二十)

110000－0198－0005131　史普 1854

選報第八期　(清)選報編輯部編　清光緒二十八年(1902)上海選報發行所鉛印本　一冊

110000－0198－0005132　史普 1855

謝貞烈婦彭氏事狀二卷首一卷　(清)□□撰　清同治十年(1871)刻本　一冊

110000－0198－0005133　史普 1856

鬳齋考工記解二卷　(宋)林希逸撰　清通志堂刻本　一冊

110000－0198－0005134　史普 1857

畿輔條鞭賦役全書　(清)戶部修　清刻本　一冊

110000－0198－0005135　史普 1858

補宋書刑法志一卷　(清)郝懿行撰　清光緒十七年(1891)廣雅書局刻本　一冊

110000－0198－0005136　史普 1859

前漢書一百二十卷　(漢)班固撰　清光緒虛受堂刻本　一冊　存五卷(四十五至四十九)

110000－0198－0005137　史普 1860

資治通鑑地理今釋十六卷　(清)吳熙載著　清光緒八年(1882)江蘇書局刻本　二冊

110000－0198－0005138　史普 1862

律例圖説辨僞十卷　(清)萬維翰撰　清乾隆二十八年(1763)芸暉堂刻本　六冊　存八卷(一至五、八至十)

110000－0198－0005139　史普 1863

金石萃編一百六十卷　(清)王昶撰　清嘉慶十年(1805)刻本　六十四冊

110000－0198－0005140　史普 1864
東華續錄道光朝六十卷　王先謙撰　清光緒十三年(1887)上海廣百宋齋鉛印本　八册

110000－0198－0005141　史普 1865
東華續錄咸豐朝一百卷　王先謙撰　清光緒十九年(1893)會稽籀三倉室鉛印本　二十四册

110000－0198－0005142　史普 1866
十一朝東華錄詳節　(清)鄔樹庭編　清光緒二十六年(1900)上海京文學堂石印本　十六册

110000－0198－0005143　史普 1867
東華續錄同治朝一百卷　王先謙撰　清光緒二十四年(1898)文瀾書局石印本　二十四册

110000－0198－0005144　史普 1868
正續東華錄　王先謙撰　清光緒十三年(1887)擷華書局鉛印本　六册

110000－0198－0005145　史普 1869
東華錄順治朝三十六卷　王先謙撰　清光緒十三年(1887)擷華書局鉛印本　十二册

110000－0198－0005146　史普 1870
東華錄康熙朝一百十卷　王先謙撰　清光緒十三年(1887)擷華書局鉛印本　二十四册

110000－0198－0005147　史普 1871
東華錄雍正朝二十六卷　王先謙撰　清光緒十三年(1887)擷華書局鉛印本　十八册

110000－0198－0005148　史普 1872
東華續錄乾隆朝一百二十卷　王先謙撰　清光緒十三年(1887)擷華書局鉛印本　六十二册

110000－0198－0005149　史普 1873
東華續錄嘉慶朝五十卷　王先謙撰　清光緒十三年(1887)擷華書局鉛印本　十八册

110000－0198－0005150　史普 1874
東華錄　王先謙撰　清光緒刻本　一百六十册

110000－0198－0005151　史普 1875
東華續錄咸豐朝一百卷　王先謙撰　清光緒十六年(1890)會稽籀三倉室刻本　六十册

110000－0198－0005152　史普 1876
東華續錄同治朝一百卷　王先謙撰　清光緒十六年(1890)會稽籀三倉室刻本　六十四册

110000－0198－0005153　史普 1877
東華錄　王先謙撰　清光緒十三年(1887)上海廣百宋齋鉛印本　六十册

110000－0198－0005154　史普 1878
東華續錄咸豐朝一百卷　王先謙撰　清光緒十八年(1892)上海圖書集成印書局鉛印本　三十二册

110000－0198－0005155　史普 1879
東華錄三十二卷　(清)蔣良騏撰　清乾隆三十年(1765)國史館刻本　六册　存十七卷(一至十七)

110000－0198－0005156　史普 1880
東華錄三十二卷　(清)蔣良騏撰　清光緒刻本　一册　存三卷(十八至二十)

110000－0198－0005157　史普 1881
東華錄三十二卷　(清)蔣良騏撰　清光緒刻本　四册　存十五卷(一至十三、三十一至三十二)

110000－0198－0005158　史普 1883
東華錄康熙朝一百十卷　王先謙撰　清刻本　八册　存三十三卷(四十五至七十七)

110000－0198－0005159　史普 1887
東華續錄咸豐朝一百卷　(清)潘頤福編　清光緒十八年(1892)上海圖書集成印書局鉛印本　十六册　存六十九卷(一至六十九)

110000－0198－0005160　史普 1889
東華續錄光緒朝一百二十卷　(清)朱壽朋編　清宣統元年(1909)上海集成圖書公司鉛印本　一册　存三卷(一至三)

110000－0198－0005161　史普 1890
東華續錄一百卷　王先謙編　清光緒鉛印本　二册　存四卷(天聰二至三、嘉慶一至二)

110000－0198－0005162　史普 1907
隋書八十五卷　（唐）長孫無忌等編　清乾隆四年（1739）鉛印本　一册　存九卷（十六至二十四）

110000－0198－0005163　史普 1909
史記一百三十卷　（漢）司馬遷撰　清光緒八年（1882）上海點石齋仿汲古閣本鉛印本　四册

110000－0198－0005164　史普 1911
唐書二百二十五卷　（宋）歐陽修撰　清光緒十四年（1888）上海集成圖書公司石印本　三十二册

110000－0198－0005165　史普 1912
北史一百卷　（唐）李延壽撰　清光緒十四年（1888）上海集成圖書公司石印本　十六册

110000－0198－0005166　史普 1913
南史八十卷　（唐）李延壽撰　清光緒十四年（1888）上海集成圖書公司石印本　十二册

110000－0198－0005167　史普 1914
南齊書五十九卷　（南朝梁）蕭子顯撰　清光緒十四年（1888）上海集成圖書公司石印本　六册

110000－0198－0005168　史普 1915
北齊書五十卷　（唐）李百藥撰　清光緒十四年（1888）上海集成圖書公司石印本　六册

110000－0198－0005169　史普 1916
陳書三十六卷　（唐）姚思廉撰　清光緒十四年（1888）上海集成圖書公司石印本　四册

110000－0198－0005170　史普 1917
梁書五十六卷　（唐）姚思廉撰　清光緒十四年（1888）上海集成圖書公司石印本　四册

110000－0198－0005171　史普 1918
舊唐書二百卷　（五代）劉昫撰　清光緒十四年（1888）上海集成圖書公司石印本　十册　存六十六卷（三十九至一百四）

110000－0198－0005172　史普 1919
魏書一百十四卷　（北齊）魏收撰　清光緒十四年（1888）上海圖書集成印書局鉛印本　十六册

110000－0198－0005173　史普 1920
隋書八十五卷　（唐）魏徵撰　清光緒十四年（1888）上海圖書集成印書局鉛印本　十二册

110000－0198－0005174　史普 1921
宋書一百卷　（南朝梁）沈約撰　清光緒十四年（1888）上海集成圖書公司鉛印本　十二册

110000－0198－0005175　史普 1922
宋史四百九十六卷　（元）脱脱撰　清光緒十四年（1888）上海圖書集成印書局鉛印本　五十六册　缺四十五卷（十三至四十七、四百五十七至四百六十六）

110000－0198－0005176　史普 1923
遼史一百十六卷　（元）脱脱等撰　清光緒十四年（1888）上海圖書集成印書局鉛印本　八册

110000－0198－0005177　史普 1924
晉書一百三十卷　（唐）太宗李世民撰　清光緒十四年（1888）上海圖書集成印書局鉛印本　十二册　缺三十五卷（六十一至八十八、一百二十四至一百三十）

110000－0198－0005178　史普 1925
金史一百三十五卷　（元）脱脱等撰　清光緒十四年（1888）上海集成圖書印書局鉛印本　十六册

110000－0198－0005179　史普 1926
元史二百十卷　（明）宋濂等撰　清光緒十四年（1888）上海圖書集成印書局鉛印本　二十四册

110000－0198－0005180　史普 1927
明史三百三十二卷目錄四卷　（清）張廷玉撰　清光緒十四年（1888）上海圖書集成印書局鉛印本　四十册

110000－0198－0005181　史普 1928
周書五十卷　（唐）令狐德棻等撰　清光緒十四年（1888）上海圖書集成印書局鉛印本

四冊

110000－0198－0005182　史普 1929
前漢書一百二十卷　(漢)班固撰　清光緒十四年(1888)上海圖書集成印書局石印本　二十冊　存二十卷(一至二十)

110000－0198－0005183　史普 1930
五代史七十四卷　(宋)歐陽修撰　清光緒十四年(1888)上海圖書集成印書局鉛印本　六冊

110000－0198－0005184　史普 1931
舊五代史一百五十卷目錄二卷附編　(宋)薛居正等撰　清光緒十四年(1888)上海圖書集成印書局鉛印本　十二冊

110000－0198－0005185　史普 1932
史記一百三十卷　(漢)司馬遷撰　清光緒二十八年(1902)上海圖書集成印書局鉛印本　十六冊　存四卷(一至四)

110000－0198－0005186　史普 1933
漢書一百二十卷　(漢)班固撰　清光緒十年(1884)上海同文書局石印本　三十一冊　缺二卷(二十一至二十二)

110000－0198－0005187　史普 1934
史記一百三十卷　(漢)司馬遷撰　清光緒十年(1884)上海同文書局石印本　二十六冊

110000－0198－0005188　史普 1935
史記一百三十卷　(漢)司馬遷撰　清光緒十年(1884)上海同文書局影印本　二十六冊

110000－0198－0005189　史普 1936
漢書一百二十卷　(漢)班固撰　(唐)顏師古注　清光緒十年(1884)上海同文書局石印本　三十二冊

110000－0198－0005190　史普 1937
後漢書一百二十卷　(南朝宋)范曄撰　清光緒十年(1884)上海同文書局石印本　二十八冊

110000－0198－0005191　史普 1938
後漢書一百二十卷　(南朝宋)范曄撰　清光緒十年(1884)上海同文書局石印本　八冊　存四十四卷(一至四十四)

110000－0198－0005192　史普 1940
後漢書一百二十卷　(南朝宋)范曄撰　清光緒十年(1884)上海同文書局石印本　二十八冊

110000－0198－0005193　史普 1947
三國志六十五卷　(晉)陳壽撰　清光緒十年(1884)上海同文書局石印本　十四冊

110000－0198－0005194　史普 1948
三國志六十五卷　(晉)陳壽撰　清末上海錦章圖書局影印本　六冊

110000－0198－0005195　史普 1949
三國志六十五卷　(晉)陳壽撰　清光緒十年(1884)上海同文書局影印本　十四冊

110000－0198－0005196　史普 1950
三國志六十五卷　(晉)陳壽撰　清光緒十年(1884)上海同文書局影印本　四冊

110000－0198－0005197　史普 1951
北齊書五十卷　(唐)李百藥撰　清光緒二十九年(1903)五洲同文局石印本　八冊

110000－0198－0005198　史普 1952
北齊書五十卷　(唐)李百藥撰　清光緒二十九年(1903)五洲同文局石印本　八冊

110000－0198－0005199　史普 1989
史記一百三十卷　(漢)司馬遷撰　清光緒三十一年(1905)武林竹簡齋石印本　八冊

110000－0198－0005200　史普 1999
漢書補註一百卷首一卷　王先謙補注　清光緒二十六年(1900)長沙王氏石印本　二十八冊　缺二十八卷(十二至三十四、三十六至四十)

110000－0198－0005201　史普 2000
明史三百三十二卷　(清)張廷玉監撰　清光緒二十八年(1902)石印本　十七冊　存二百二十七卷(一至一百十二、二百十八至三百三十二)

110000－0198－0005202　史普 2003

宋史四百九十六卷　(元)脱脱撰　清光緒二十年(1894)上海同文書局影印本　一册　存十卷(四百三十七至四百四十六)

110000－0198－0005203　史普 2004

二十四史劄記三十六卷補遺一卷　(清)趙翼撰　清光緒二十七年(1901)上海書局石印本　三册　存十四卷(一至十四)

110000－0198－0005204　史普 2005

前漢書一百卷　(漢)班固撰　清刻本　一册　存四卷(二十七至三十)

110000－0198－0005205　史普 2006

前漢書一百卷　(漢)班固撰　清刻本　一册　存四卷(十七至二十)

110000－0198－0005206　史普 2007

前漢書一百卷　(漢)班固撰　清光緒石印本　二册　存七卷(二十一至二十七)

110000－0198－0005207　史普 2008

史記一百三十卷　(漢)司馬遷撰　清光緒石印本　十二册　存八十二卷(四十至四十三、四十九至一百二十六)

110000－0198－0005208　史普 2009

宋史四百九十六卷　(元)脱脱撰　清光緒石印本　三册　存十五卷(四百五十六至四百七十)

110000－0198－0005209　史普 2010

明史三百三十二卷　(清)張廷玉撰　清刻本　五十册　存一百七十五卷(一百十三至二百四十六、二百七十二至二百九十四、三百十五至三百三十二)

110000－0198－0005210　史普 2011

古香齋鑒賞袖珍史記一百三十卷　(漢)司馬遷撰　清光緒八年(1882)古香齋刻本　二十七册

110000－0198－0005211　史普 2012

前漢書一百二十卷　(漢)班固撰　清光緒十年(1884)上海同文書局影印本　三十二册　存五十六卷(一至五十六)

110000－0198－0005212　史普 2013

前漢書一百二十卷　(漢)班固撰　清光緒八年(1882)桐城方氏刻本　三十二册

110000－0198－0005213　史普 2014

前漢書一百二十卷　(漢)班固撰　清光緒八年(1882)桐城方氏刻本　三十二册

110000－0198－0005214　史普 2016

明史三百三十二卷　(清)張廷玉撰　清光緒二十八年(1902)武林竹簡齋石印本　二十四册　存一百十二卷(一至一百十二)

110000－0198－0005215　史普 2017

梁書五十六卷　(唐)姚思廉撰　清光緒十年(1884)上海同文書局影印本　八册

110000－0198－0005216　史普 2018

舊五代史一百五十卷目錄二卷　(宋)薛居正等撰　清光緒二十年(1894)上海同文書局石印本　二十四册

110000－0198－0005217　史普 2019

五代史七十四卷　(宋)歐陽修撰　清光緒二十年(1894)上海同文書局石印本　十册

110000－0198－0005218　史普 2020

史通通釋二十卷　(唐)劉知幾撰　清金匱浦氏靜寄東軒上海文瑞樓刻本　八册

110000－0198－0005219　史普 2024

隋書八十五卷　(唐)魏徵撰　清光緒二十八年(1902)史學會社石印本　五册　缺九卷(十六至二十四)

110000－0198－0005220　史普 2025

北史一百卷　(唐)李延壽撰　清光緒二十八年(1902)史學會社石印本　八册

110000－0198－0005221　史普 2026

南史八十卷　(唐)李延壽撰　清光緒二十八年(1902)史學會社石印本　六册

110000－0198－0005222　史普 2027

晉書一百三十卷　(唐)太宗李世民撰　清光緒二十九年(1903)五洲同文局石印本　一册

存四卷(一至四)

110000－0198－0005223　史普 2034

通鑑明紀六十卷　(清)陳鶴撰　清光緒十六年(1890)上海積山書局石印本　六册

110000－0198－0005224　史普 2035

通鑑明紀六十卷　(清)陳鶴撰　清光緒十六年(1890)上海積山書局石印本　六册

110000－0198－0005225　史普 2039

元紀事本末二十七卷　(清)陳邦瞻編　清光緒十四年(1888)上海書業會所崇德堂鉛印本　二册

110000－0198－0005226　史普 2040

西夏紀事本末三十六卷　(清)張鑒編　清光緒十四年(1888)上海書業會所崇德堂鉛印本　二册

110000－0198－0005227　史普 2041

左傳紀事本末五十三卷　(清)高士奇編　清光緒十四年(1888)上海書業會所崇德堂鉛印本　三册

110000－0198－0005228　史普 2042

三藩紀事本末二十二卷　(清)楊陸榮編　清光緒十四年(1888)上海書業會所崇德堂鉛印本　一册

110000－0198－0005229　史普 2043

宋史紀事本末一百九卷　(明)馮琦編　清光緒十四年(1888)上海崇德堂鉛印本　八册

110000－0198－0005230　史普 2044

明史紀事本末八十卷　(清)谷應泰編　清光緒十四年(1888)上海書業會所崇德堂校鉛印本　八册

110000－0198－0005231　史普 2045

遼史紀事本末四十卷金史紀事本末五十二卷　(清)李有棠撰　清光緒二十五年(1899)上海書局石印本　八册

110000－0198－0005232　史普 2047

國朝歷科館選録　(清)沈廷芳輯　清乾隆十一年(1746)翰林院刻本　二册

110000－0198－0005233　史普 2048

國朝歷科館選録　(清)沈廷芳輯　清乾隆十一年(1746)翰林院刻本　二册

110000－0198－0005234　史普 2049

增修籌餉事例條款　(清)户部纂　清末刻本　四册

110000－0198－0005235　史普 2050

[清光緒二十年甲午科]順天鄉試同年齒録　(清)□□輯　清光緒二十年(1894)會文齋、龍光齋、元會齋、聚魁齋刻本　四册

110000－0198－0005236　史普 2051

歷代史論十二卷　(明)張溥編　清光緒十三年(1887)掃葉山房刻本　八册

110000－0198－0005237　史普 2052

遼史紀事本末四十卷　(清)李有棠編　清光緒二十八年(1902)上海捷記書局石印本　四册

110000－0198－0005238　史普 2053

遼史紀事本末四十卷　(清)李有棠編　清光緒二十八年(1902)上海捷記書局石印本　四册

110000－0198－0005239　史普 2054

宋史紀事本末一百九卷　(明)陳邦瞻輯　清光緒二十八年(1902)上海捷記書局石印本　四册　存五十卷(三十一至八十)

110000－0198－0005240　史普 2055

元史紀事本末二十七卷　(清)陳邦瞻編　清光緒二十八年(1902)上海捷記書局石印本　一册

110000－0198－0005241　史普 2056

西夏紀事本末三十六卷首二卷　(清)張鑒輯　清光緒二十八年(1902)上海捷記書局石印本　一册

110000－0198－0005242　史普 2058

遼金紀事本末九十二卷　(清)李有棠編　清光緒十九年(1893)同文書局石印本　十册

110000－0198－0005243　史普 2059

遼金紀事本末九十二卷 （清）李有棠編　清光緒十九年（1893）同文書局石印本　十册

110000－0198－0005244　史普 2060
明史紀事本末八十卷 （清）谷應泰編　清光緒二十一年（1895）上海積山書局石印本　七册　缺十卷（四十六至五十五）

110000－0198－0005245　史普 2061
左傳紀事本末五十三卷 （清）高士奇輯　清末石印本　一册　存八卷（四十五至五十二）

110000－0198－0005246　史普 2063
欽定前漢書一百二十卷 （漢）班固撰　清刻本　十一册　缺十九卷（二十至二十三、二十八至三十一、四十五至五十五）

110000－0198－0005247　史普 2071
閩都別記二十卷 （清）何求撰　清宣統三年（1911）藕耕齋石印本　十一册　缺十卷（十一至二十）

110000－0198－0005248　史普 2072
紀元考 （清）陳夔齡輯　清光緒十一年（1885）杭州季倫全刻本　一册

110000－0198－0005249　史普 2074
邵氏危言二卷 （清）邵作舟撰　清光緒二十四年（1898）上海商務印書館鉛印本　二册

110000－0198－0005250　史普 2075
國朝先正事略六十卷首一卷 （清）李元度編　清光緒十二年（1886）鉛印本　三册　存十七卷（一至三、八至十一、三十七至四十六）

110000－0198－0005251　史普 2076
國朝先正事略六十卷 （清）李元度纂　清光緒二十五年（1899）上海圖書集成局鉛印本　十册

110000－0198－0005252　史普 2078
粵西筆述 （清）張祥河輯　清刻本　四册

110000－0198－0005253　史普 2088
河工簡要四卷 （清）邱步洲輯　清光緒十三年（1887）刻本　二册

110000－0198－0005254　史普 2089
歷代名臣言行錄二十四卷 （清）朱桓纂　清光緒二十八年（1902）上海寶善書局石印本　八册

110000－0198－0005255　史普 2090
天咫偶聞十卷 （清）震鈞撰　清光緒三十三年（1907）甘棠轉舍刻本　八册

110000－0198－0005256　史普 2093
中州人物考八卷 （清）孫奇逢輯　清道光二十四年（1844）謝溢汜水官署刻本　六册

110000－0198－0005257　史普 2094
增補貢舉考略六卷 （清）黄崇蘭輯　清光緒五年（1879）金陵文英堂刻本　四册

110000－0198－0005258　史普 2095
［清宣統己酉科］簡易明經通譜優貢全錄合訂 （清）□□輯　清宣統二年（1910）北平琉璃廠刻本　五册

110000－0198－0005259　史普 2098
三藩紀事本末二十二卷 （清）楊陸榮輯　清光緒二十八年（1902）上海書局石印本　一册

110000－0198－0005260　史普 2099
宋史紀事本末一百九卷 （明）陳邦瞻輯　清光緒二十八年（1902）上海書局石印本　八册

110000－0198－0005261　史普 2100
遼史紀事本末四十卷 （清）李有棠輯　清光緒二十八年（1902）上海書局石印本　二册　存十六卷（一至十六）

110000－0198－0005262　史普 2101
金史紀事本末五十二卷 （清）李有棠輯　清光緒二十八年（1902）上海書局石印本　二册　存二十六卷（一至二十六）

110000－0198－0005263　史普 2102
西夏紀事本末三十六卷 （清）張鑒著　清光緒二十八年（1902）上海書局石印本　二册

110000－0198－0005264　史普 2103
元史紀事本末二十七卷 （明）陳邦瞻輯　清光緒二十八年（1902）上海書局石印本　一册

110000－0198－0005265　史普 2104

明史紀事本末八十卷 (明)谷應泰輯 清光緒二十八年(1902)上海書局石印本 七册 存七十二卷(一至七十二)

110000－0198－0005266 史普 2105
三藩紀事本末二十二卷 (清)楊陸榮輯 清光緒二十八年(1902)上海書局石印本 一册

110000－0198－0005267 史普 2106
[清光緒癸巳恩科]十八省正副榜同年全錄 (清)□□輯 清光緒十九年(1893)刻本 二册

110000－0198－0005268 史普 2107
光緒丁酉科浙江拔貢同年全錄 (清)□□輯 清光緒二十三年(1897)刻本 一册

110000－0198－0005269 史普 2108
明儒學案六十二卷 (清)黄宗羲著 清末石印本 一册 存二卷(一至二)

110000－0198－0005270 史普 2115
明季三朝野史四卷 (清)顧炎武撰 清光緒三十四年(1908)石印本 一册

110000－0198－0005271 史普 2116
大清搢紳全書四卷 (清)□□輯 清光緒三十三年(1907)京都榮寶齋刻本 四册

110000－0198－0005272 史普 2118
五千年中外交涉史九十七卷 題(清)屯廬主人輯 清光緒二十九年(1903)上海蜚英書局鉛印本 一册 存三卷(九十一至九十三)

110000－0198－0005273 史普 2120
彙刻書目初編十卷補編一卷續編二卷 (清)顧修輯 清光緒元年(1875)京都琉璃廠刻本 二十二册

110000－0198－0005274 史普 2126
申江勝景圖二卷 (清)吳猷繪 清光緒二十年(1894)上海點石齋石印本(有圖) 二册

110000－0198－0005275 史普 2130
天咫偶聞十卷 (清)震鈞撰 清光緒三十三年(1907)甘棠轉舍刻本 八册

110000－0198－0005276 史普 2131
歷代史論十二卷 (明)張溥論 清刻本 二册 存五卷(五至九)

110000－0198－0005277 史普 2137
簡明條款 清抄本 一册

110000－0198－0005278 史普 2143
忠武誌八卷 (清)張鵬翮輯 清同治八年(1869)鉛印本 三册 存三卷(四至五、八)

110000－0198－0005279 史普 2145
地學歌略 (清)葉瀚 (清)葉瀾著 清刻本 一册

110000－0198－0005280 史普 2146
本朝史講義第三編 京師譯學館編 清京師官書局鉛印本 一册

110000－0198－0005281 史普 2147
千甓亭磚錄六卷續錄四卷 (清)陸心源纂 清光緒七年(1881)吳興陸氏十萬卷樓刻本 二册 存六卷(千甓亭磚錄六卷)

110000－0198－0005282 史普 2149
廬山紀游一卷 (清)蔣湘南撰 清光緒十四年(1888)長白豫山湘南臬署會心閣刻本 一册

110000－0198－0005283 史普 2150
湘軍平定粵匪戰圖 (清)彭鴻年編 清光緒二十六年(1900)上海點石齋石印本 一册

110000－0198－0005284 史普 2152
山東兖州府鄒縣現行簡明賦役全書 清光緒刻本 一册

110000－0198－0005285 史普 2153
山東兖州府寧陽縣現行簡明賦役 清光緒刻本 一册

110000－0198－0005286 史普 2159
錫金四喆事實彙存 (清)楊模輯 清宣統二年(1910)鉛印本(有圖) 一册

110000－0198－0005287 史普 2162
廣治平略三十六卷廣治平略續集八卷 (清)蔡方炳撰 清光緒十六年(1890)上海廣百宋齋鉛印本 五册 存二十五卷(二十至三十

六、續集八卷）

110000－0198－0005288　史普 2163
洋務時事彙編八卷　（清）葛子源輯　清光緒二十四年（1898）上海書局石印本　十二冊

110000－0198－0005289　史普 2164
皇朝經世文新編二十一卷　麥仲華輯　清光緒二十七年（1901）夢坡室石印本　二十冊

110000－0198－0005290　史普 2174
皇朝經世文續編一百二十卷　（清）葛士濬輯　清光緒二十三年（1897）武進盛氏思補樓刻本　八十冊　存六卷（一至二、五至八）

110000－0198－0005291　史普 2177
葵青居詩錄　（清）石渠撰　清刻本　一冊

110000－0198－0005292　史普 2178
黑龍江述略六卷　（清）徐宗亮輯　清光緒七年（1881）石隸徐氏觀自得齋刻本　二冊

110000－0198－0005293　史普 2179
喪禮翼　（明）呂坤撰　清刻本　一冊

110000－0198－0005294　史普 2180
歷代史論十二卷　（明）張溥撰　清光緒二十三年（1897）刻本　一冊　存二卷（七至八）

110000－0198－0005295　史普 2181
呂氏四禮翼　（明）呂坤撰　清康熙五十八年（1719）刻本　一冊

110000－0198－0005296　史普 2182
泰西水法六卷　（意大利）熊三拔撰　（明）徐光啟筆記　清光緒掃葉山房刻本（有圖）　一冊　存一卷（四）

110000－0198－0005297　史普 2185
荒政瑣言　（清）萬維翰撰　清乾隆二十八年（1763）刻本　一冊

110000－0198－0005298　史普 2189
比較國法學四編　（日本）末岡精一撰　清光緒三十二年（1906）上海商務印書館鉛印本　一冊

110000－0198－0005299　史普 2194
朱子年譜綱目十二卷首一卷末一卷　（清）李元祿編　清嘉慶七年（1802）敬修齋刻本　四冊

110000－0198－0005300　史普 2195
十六國疆域志十六卷　（清）洪亮吉撰　清光緒十七年（1891）廣雅書局刻本　二冊　存十二卷（五至十六）

110000－0198－0005301　史普 2196
上方山志十卷　（清）釋自如撰　清光緒三年（1877）刻本　一冊　存七卷（四至十）

110000－0198－0005302　史普 2197
鹽法隅說　（清）孫玉庭撰　清同治十一年（1872）孫毓漢刻本　一冊

110000－0198－0005303　史普 2198
欽定國子監志八十二卷首二卷　（清）文慶等纂　清道光十二年（1832）刻本　一冊　存二卷（五十三至五十四）

110000－0198－0005304　史普 2200
結一廬書目四卷附錄一卷　（清）朱學勤編
求古居宋本書目一卷附考証一卷　（清）黃丕烈撰　清宣統三年（1911）長沙雷愷刻本　一冊

110000－0198－0005305　史普 2201
經史次第標目　（清）徐昌緒編　清同治十二年（1873）東川書院刻本　一冊

110000－0198－0005306　史普 2203
曾太傅毅勇侯傳略　（清）黎庶昌撰　清刻本　一冊

110000－0198－0005307　史普 2205
元遺山先生年譜　（清）翁方綱撰　清光緒七年（1881）讀書山房刻本　一冊

110000－0198－0005308　史普 2206
朱九江先生年譜首二卷　（清）簡朝亮纂　清光緒二十三年（1897）刻本　一冊

110000－0198－0005309　史普 2207
先文恭公自訂年譜　（清）潘世恩撰　清湯晉苑局刻本　一冊

110000－0198－0005310　史普 2208

船山公年譜二卷　(清)王之春輯　清光緒十九年(1893)鄂藩使署刻本　二册

110000－0198－0005311　史普 2209

庚子海外紀事四卷　(清)呂海寰撰　清光緒二十七年(1901)上海辦理商約行轅鉛印本　四册

110000－0198－0005312　史普 2210

孟子編年四卷　(清)狄子奇編　清光緒十三年(1887)浙江書局刻本　一册

110000－0198－0005313　史普 2211

防海紀略二卷　題(清)芍塘居士撰　清光緒二十一年(1895)同文館鉛印本　二册

110000－0198－0005314　史普 2212

麟見亭行述　(清)崇實　(清)崇厚撰　清刻本　一册

110000－0198－0005315　史普 2213

金陵賦　(清)程先甲撰　清光緒二十三年(1897)刻本　一册

110000－0198－0005316　史普 2215

古合宫遺制考三卷　(清)孫星衍撰　清刻本　一册

110000－0198－0005317　史普 2216

勺湖草堂圖書詠　清刻本(有圖)　一册

110000－0198－0005318　史普 2217

續漢書八志三十卷　(南朝梁)劉昭注　清同治韓江書局刻本　二册　存二卷(天文志上、下)

110000－0198－0005319　史普 2218

雷氏世本考證　(清)雷學淇校輯　清刻本　一册

110000－0198－0005320　史普 2219

山海經箋疏十八卷圖讚一卷訂僞一卷敘錄一卷　(晉)郭璞注　(清)郝懿行箋疏　清刻本　一册　存十卷(九至十八)

110000－0198－0005321　史普 2222

趙忠定奏疏四卷　(宋)趙汝愚撰　清刻本　一册　存二卷(三至四)

110000－0198－0005322　史普 2223

畿輔校士錄六卷　(清)周德潤輯　清光緒十七年(1891)刻本　三册　存三卷(一至三)

110000－0198－0005323　史普 2225

周秦刻石釋音　(元)吾丘衍撰　清刻本　一册

110000－0198－0005324　史普 2230

皇朝經世文續編一百二十卷　(清)盛康輯　清光緒二十三年(1897)思補樓刻本　八十册

110000－0198－0005325　史普 2231

皇朝經世文編一百二十卷　(清)賀長齡編　清光緒九年(1883)刻本　九十六册

110000－0198－0005326　史普 2232

皇朝經世文編一百二十卷　(清)賀長齡輯　清道光七年(1827)刻本　八十二册

110000－0198－0005327　史普 2233

皇朝經世文編一百二十卷　(清)賀長齡輯　清光緒十三年(1887)上海點石齋石印本　十二册

110000－0198－0005328　史普 2234

皇朝畜艾文編八十卷　(清)于寶軒輯　清光緒二十九年(1903)上海官書局鉛印本　三十九册

110000－0198－0005329　史普 2235

皇朝經世文新編二十一卷　麥仲華編　清光緒二十七年(1901)上海日新社石印本　十册　存十二卷(一至十二)

110000－0198－0005330　史普 2236

皇朝畜艾文編八十卷　(清)于寶軒輯　清光緒二十九年(1903)上海官書局鉛印本　九册　存二十二卷(五十九至八十)

110000－0198－0005331　史普 2238

皇朝經世文新增時務續編八卷　(清)李端棻編　清光緒二十三年(1897)埽葉山房鉛印本　六册

110000－0198－0005332　史普 2239

皇朝經世文三編八十卷　(清)陳忠倚編　清光緒二十七年(1901)上海書局石印本　十六冊

110000－0198－0005333　史普2240
皇朝經世文三編八十卷　(清)陳忠倚編　清光緒石印本　二冊　存十卷(六至十、五十一至五十五)

110000－0198－0005334　史普2242
皇朝經世文續編一百二十卷　(清)葛士濬輯　清光緒鉛印本　一冊　存四卷(一至四)

110000－0198－0005335　史普2243
皇朝經世文續編一百二十卷　(清)葛士濬輯　清光緒二十三年(1897)掃葉山房鉛印本　二十四冊

110000－0198－0005336　史普2244
皇朝經世文編一百二十卷　(清)賀長齡編　清鉛印本　十六冊　存八十四卷(三十七至一百二十)

110000－0198－0005337　史普2245
皇朝經世文續編一百二十卷　(清)盛康輯　清光緒二十三年(1897)思補樓刻本　八十冊

110000－0198－0005338　史普2252
孫逸仙　(日本)宮崎寅藏撰　章士釗(黃中黃)譯　清光緒三十二年(1906)古今圖書局鉛印本　一冊

110000－0198－0005339　史普2275
史記天官書補目一卷　(清)孫星衍撰　清光緒十三年(1887)廣雅書局刻本　一冊

110000－0198－0005340　史普2277
桐城吳先生史記初校本點識一卷彙錄諸家史記評語一卷　吳闓生編　清宣統元年(1909)刻朱印本　二冊

110000－0198－0005341　史普2278
泛槎圖　(清)張寶撰　清嘉慶二十四年(1819)尚古齋張太占刻本(有圖)　二冊

110000－0198－0005342　史普2287
御製圓明園圖詠二卷　(清)世宗胤禛撰　清光緒十三年(1887)天津石印書屋朱墨石印本(有圖)　二冊

110000－0198－0005343　史普2290
張楊園先生年譜一卷　(清)蘇惇元撰　清刻本　一冊

110000－0198－0005344　史普2291
實政錄七卷　(明)呂坤著　清道光七年(1827)開封府署刻本　六冊

110000－0198－0005345　史普2292
善本書室藏書志四十卷附錄一卷　(清)丁丙輯　清光緒二十七年(1901)錢唐丁氏刻本　十六冊

110000－0198－0005346　史普2293
集古錄跋尾十卷　(宋)歐陽修撰著　清刻本　三冊　存九卷(二至十)

110000－0198－0005347　史普2295
廿一史約編　(清)鄭元慶編　清刻本　五冊

110000－0198－0005348　史普2296
五經類編二十八卷附一卷　(清)周世樟編　清乾隆五十年(1785)刻本　一冊　存三卷(一至三)

110000－0198－0005349　史普2297
吳越春秋六卷　(漢)趙曄撰　清刻本　一冊　存四卷(一至四)

110000－0198－0005350　史普2298
史鑑節要便讀六卷　(清)鮑東里編　清道光十六年(1836)李光明莊刻本　一冊　存三卷(一至三)

110000－0198－0005351　史普2300
驂鸞吟稾　(清)張祥河撰　清道光刻本　一冊

110000－0198－0005352　史普2301
南條水道考異五卷首一卷　(清)方堃著　清道光五年(1825)刻本(有圖)　二冊

110000－0198－0005353　史普2305
[清光緒丁酉]順天鄉試第七房同門姓氏硃卷　(清)□□撰　清光緒二十三年(1897)刻本

一册

110000－0198－0005354　史普2307
南北史捃華八卷　(清)周嘉猷輯　清光緒二年(1876)退補齋刻本　四册

110000－0198－0005355　史普2308
出使章程　(清)□□輯　清光緒鉛印本　二册

110000－0198－0005356　史普2310
江左校士錄　(清)黄體芳編　清光緒十一年(1885)刻本　二册

110000－0198－0005357　史普2311
南湖誌考一卷　(明)陳幼學撰　清刻本　一册

110000－0198－0005358　史普2312
二十二史感應錄二卷　(清)彭希涑輯　清咸豐九年(1859)上海蕭氏刻本　一册

110000－0198－0005359　史普2313
庚子北京事變紀略　(清)鹿完天撰　清光緒二十七年(1901)刻本　一册

110000－0198－0005360　史普2314
吴文節公年譜　(清)吴養原撰　清咸豐七年(1857)刻本　一册

110000－0198－0005361　史普2315
王篠泉年譜　(清)王孝箴等編　清光緒刻本　一册

110000－0198－0005362　史普2316
欽定吏部銓選滿洲官員則例五卷　(清)陳其璋等纂　清刻本　五册

110000－0198－0005363　史普2318
西國近事彙編四卷　(美國)金楷理口譯　清光緒上海機器製造局刻本　八册

110000－0198－0005364　史普2319
憨山老人夢遊集五十五卷　(明)釋德清撰　清刻本　一册　存三卷(五至七)

110000－0198－0005365　史普2320
元和姓纂十卷　(唐)林寶撰　清嘉慶七年(1802)歙縣洪氏刻本　一册　存三卷(一至三)

110000－0198－0005366　史普2321
濟寧州志列傳　(清)孫毓漢輯　清同治九年(1870)刻本　四册

110000－0198－0005367　史普2324
談瀛錄三卷　(清)王之春撰　清光緒六年(1880)上洋文藝齋刻本　一册　存二卷(一至二)

110000－0198－0005368　史普2325
王會篇箋釋三卷　(清)何秋濤撰　清光緒十七年(1891)江蘇書局刻本　三册

110000－0198－0005369　史普2328
大清刑律分則草案　(清)憲政編查館纂　清光緒三十三年(1907)法律館鉛印本　一册

110000－0198－0005370　史普2330
皖志便覽三卷　(清)李應玨撰　清光緒安徽鏤雲閣刻本(有圖)　一册　存一卷(一)

110000－0198－0005371　史普2332
重刊荆溪縣志四卷首一卷　(清)唐仲冕撰　清刻本　一册　存二卷(一至二)

110000－0198－0005372　史普2333
槐廳載筆二十卷　(清)法式善編　清刻本　一册　存三卷(一至三)

110000－0198－0005373　史普2335
粵行三志　(清)王士禛撰　清刻本　一册

110000－0198－0005374　史普2338
莫愁湖志六卷首一卷　(清)馬士圖撰　清光緒八年(1882)刻本　三册

110000－0198－0005375　史普2339
嵩嶽廟史十卷　(清)景日昣纂　清刻本　一册　存一卷(八)

110000－0198－0005376　史普2340
眾家晉史　(清)黄奭輯　清刻本　一册

110000－0198－0005377　史普2341
六祖大師法寶壇經　(唐)釋慧能說　清同治

十一年(1872)如臯刻經處刻本　一册

110000－0198－0005378　史普 2342
通鑑答問五卷　(宋)王應麟撰　清浙江書局刻本　一册　存二卷(四至五)

110000－0198－0005379　史普 2343
朝天錄一卷蜀程小紀一卷　(清)方濬頤撰　清光緒定遠方氏刻本　一册

110000－0198－0005380　史普 2345
地勢略解　(美國)李安德著　清光緒京都匯文書院鉛印本(有圖)　一册

110000－0198－0005381　史普 2347
滄浪小志二卷　(清)宋犖編　清光緒十年(1884)江蘇書局刻本　一册

110000－0198－0005382　史普 2351
陳定生先生遺書三種　(清)陳貞慧著　清光緒清芬草堂刻本　一册

110000－0198－0005383　史普 2355
張勇烈公神道碑　(清)張裕釗書　清宣統石印本　一册

110000－0198－0005384　史普 2359
峨山圖説二卷　(清)黄綬芙撰　清光緒刻本　二册

110000－0198－0005385　史普 2360
汗簡箋正八卷　(宋)郭忠恕撰　清光緒十五年(1889)廣雅書局刻本　四册

110000－0198－0005386　史普 2361
隸篇十五卷　(清)翟雲升撰　清道光十七年(1837)刻本　十册

110000－0198－0005387　史普 2362
螺江陳氏家譜　(清)陈若霖撰　清嘉慶二十五年(1820)刻本　十册

110000－0198－0005388　史普 2363
知所止齋自訂年譜　(清)何汝霖編　清咸豐江寧何氏刻本　一册

110000－0198－0005389　史普 2364
范文正公政府奏議二卷　(宋)范仲淹撰　清刻本　一册　存一卷(下)

110000－0198－0005390　史普 2367
貳臣傳十二卷　(清)蔣千之編輯　清刻本　一册　存一卷(二)

110000－0198－0005391　史普 2370
焦山鼎銘考　(清)翁方綱編　清乾隆三十八年(1773)刻本　一册

110000－0198－0005392　史普 2371
文獻徵存錄十卷　(清)錢林輯　清咸豐八年(1858)有嘉樹軒刻本　十一册　缺一卷(四)

110000－0198－0005393　史普 2372
貳臣傳十二卷　(清)蔣千之編　清光緒刻本　一册　存二卷(十一至十二)

110000－0198－0005394　史普 2378
中日議和紀略　(清)□□撰　清刻本　二册

110000－0198－0005395　史普 2379
昭德先生郡齋讀書志二十卷附志二卷　(宋)趙希弁撰　清光緒十年(1884)刻本　二册　存一卷(五)

110000－0198－0005396　史普 2382
二論典故最豁集四卷　孫振基等同訂　清刻本　一册

110000－0198－0005397　史普 2383
[光緒]直隸趙州志十六卷　(清)孫傳栻撰　清光緒刻本　一册　存二卷(十三至十四)

110000－0198－0005398　史普 2384
儀顧堂續跋十六卷　(清)陸心源撰　清光緒十八年(1892)歸安陸氏刻本　一册　存二卷(一至二)

110000－0198－0005399　史普 2385
中西聞見錄　(美國)丁韙良輯　清同治十一年(1872)刻本　四册

110000－0198－0005400　史普 2386
孔子年譜綱目　(清)夏洪基編　清初刻本　一册

110000－0198－0005401　史普 2387

黔記四卷　(清)李宗昉編　清光緒三十四年(1908)刻本　一册

110000－0198－0005402　史普 2388

蒙古遊牧記十六卷　(清)張穆撰　清同治六年(1867)壽陽祁氏刻本　一册　存三卷(十至十二)

110000－0198－0005403　史普 2389

京塵雜錄四卷　(清)楊懋建撰　清光緒十二年(1886)上海同文書局石印本　一册　存二卷(一至二)

110000－0198－0005404　史普 2392

讀史論略不分卷　(清)杜詔撰　清道光二十九年(1849)刻本　一册

110000－0198－0005405　史普 2393

都門彙纂五卷　(清)楊靜亭編　清光緒五年(1879)刻本　一册　存一卷(三)

110000－0198－0005406　史普 2394

都門紀略四卷　(清)楊靜亭編　清光緒六年(1880)琉璃廠刻本(有圖)　二册　存二卷(一至二)

110000－0198－0005407　史普 2397

求志新編□□卷　(清)汪雲林輯　清刻本　一册　存一卷(三)

110000－0198－0005408　史普 2398

燕市積弊三卷　待餘生著　清宣統元年(1909)北京正宗愛國報館鉛印本　一册

110000－0198－0005409　史普 2401

舊曆二卷　清刻本　一册

110000－0198－0005410　史普 2402

禹貢今註　閻實森撰　清宣統三年(1911)鉛印本　一册

110000－0198－0005411　史普 2407

重訂浙江印結簡明章程　清光緒十一年(1885)刻本　一册

110000－0198－0005412　史普 2408

姓氏韻編六十四卷　(清)汪輝祖輯　清光緒十年(1884)上海中西書局石印本　四册　存四十八卷(一至十四、三十一至六十四)

110000－0198－0005413　史普 2411

彼得大帝　(日本)佐藤信安著　清光緒二十八年(1902)上海文明書局鉛印本　一册

110000－0198－0005414　史普 2412

東游日報譯編　(清)吳汝綸編　清光緒二十九年(1903)華北譯書局鉛印本　一册

110000－0198－0005415　史普 2413

和文釋例　吳闓生著　清光緒二十八年(1902)文明書局鉛印本　一册

110000－0198－0005416　史普 2416

歷代史論十二卷　(明)張溥等撰　清刻本　三册　存七卷(左傳一至二、唐五代十至十二、宋史一至二)

110000－0198－0005417　史普 2417

夢粱錄二十卷　(宋)吳自牧撰　清光緒十六年(1890)丁氏嘉惠堂刻本　四册

110000－0198－0005418　史普 2418

讀史正氣錄十八卷　(清)姚德鈞編　清刻本　一册　存四卷(十五至十八)

110000－0198－0005419　史普 2419

玉函山房輯佚書目七百三十九卷　(清)馬國翰輯　清嫏嬛館刻本　一册　存一卷(七十八)

110000－0198－0005420　史普 2420

月令粹編二十四卷　(清)秦嘉謨編　清嘉慶十七年(1812)琳琅仙館刻本　一册　存五卷(十六至二十)

110000－0198－0005421　史普 2421

讀史鏡古編三十二卷　(清)潘世恩輯　清同治十三年(1874)冶城飛霞閣刻本　九册　存二十九卷(四至三十二)

110000－0198－0005422　史普 2422

社會學二卷　(日本)岸本能武太著　章炳麟譯　清光緒二十八年(1902)上海廣智書局鉛印本　二册

110000－0198－0005423　史普 2423

新學彙編四卷 (美國)林樂知著 (清)蔡爾康輯 清光緒二十四年(1898)上海廣學會鉛印本 四册

110000－0198－0005424 史普 2429

昭德先生郡齋讀書後志二卷 (宋)趙希弁撰 清刻本 一册

110000－0198－0005425 史普 2431

明季稗史彙編二十七卷 題(清)留雲居士編 清鉛印本 一册 存四卷(一至四)

110000－0198－0005426 史普 2441

開卷偶得十卷 (清)林春溥撰 清刻本 三册

110000－0198－0005427 史普 2443

桐城吳氏文法教科書二卷 吳闓生編 清光緒三十一年(1905)上海文明書局鉛印本 一册

110000－0198－0005428 史普 2445

歷代名臣言行錄二十四卷 (清)朱桓編 清末石印本 三册 存六卷(十五至二十)

110000－0198－0005429 史普 2446

通鑑明紀六十卷 (清)陳鶴撰 清光緒二十八年(1902)上海積山書局石印本 三册 存三十一卷(一至三十一)

110000－0198－0005430 史普 2454

國語二十一卷 (三國吳)韋昭注 清光緒二十七年(1901)煥文書局石印本 三册

110000－0198－0005431 史普 2455

黌宫敬事錄釋奠考 (清)桂良輯 清刻本 一册

110000－0198－0005432 史普 2457

開國龍興記 (清)魏源撰 清刻本 一册

110000－0198－0005433 史普 2459

虎邱山志十卷首一卷 (清)顧湄纂 清宣統三年(1911)集群圖書館鉛印本 一册 存四卷(一至四)

110000－0198－0005434 史普 2462

[清光緒丙午]直省鄉墨 (清)□□輯 清光緒三十二年(1906)刻本 一册

110000－0198－0005435 史普 2470

蒙古遊牧記十六卷 (清)張穆撰 清刻本 四册

110000－0198－0005436 史普 2473

同年官職錄 (清)□□輯 清咸豐六年(1856)琉璃廠文采齋刻本 一册

110000－0198－0005437 史普 2475

歷代地理志韻編今釋二十卷附皇朝輿地韻編二卷 (清)李兆洛輯 清同治九年(1870)合肥李氏刻本 五册

110000－0198－0005438 史普 2476

廿二史考異一百卷 (清)錢大昕著 清乾隆四十五年(1780)潛研堂錢氏刻本 二十册

110000－0198－0005439 史普 2478

續支那通史二卷 (日本)山峰畯藏著 清光緒三十二年(1906)會文堂書局石印本 三册

110000－0198－0005440 史普 2480

日本國志四十卷 (清)黄遵憲編 清光緒二十七年(1901)上海書局石印本 十册

110000－0198－0005441 史普 2481

豫乘識小錄二卷 (清)朱雲錦撰 清同治十二年(1873)文耀齋刻本 二册

110000－0198－0005442 史普 2482

歷代名臣言行錄二十四卷 (清)朱桓輯 清嘉慶二年(1797)蔚齋刻本 三十一册 缺一卷(二十一)

110000－0198－0005443 史普 2483

名山副藏本二卷 (清)齊周華著 清杭州武林印書館鉛印本 一册

110000－0198－0005444 史普 2484

東越文苑六卷 (明)陳鳴鶴撰 清同治刻本 二册

110000－0198－0005445 史普 2485

欽定武英殿聚珍版程式 (清)金簡撰 清乾隆三十八年(1773)刻本 一册

110000－0198－0005446　史普2486
歷代史論四十一卷　（明）張溥等撰　清刻本　十一冊　存十二卷（一至十二）

110000－0198－0005447　史普2491
周書斠補四卷　（清）孫詒讓撰　清刻本　一冊　存二卷（三至四）

110000－0198－0005448　史普2492
滇繫四十卷　（清）師範纂　清光緒十三年（1887）雲南通志局刻本　二冊

110000－0198－0005449　史普2493
諸子評議三十五卷　（清）俞樾撰　清刻本　十冊　存二十九卷（七至三十五）

110000－0198－0005450　史普2494
春在堂詞録三卷詩編二十三卷　（清）俞樾撰　清同治刻本　十三冊

110000－0198－0005451　史普2495
宋瑣語補刊法志　（清）郝懿行撰　清刻本　二冊

110000－0198－0005452　史普2497
先文定公奏議二卷　（清）孫瑞珍撰　清咸豐十年（1860）刻本　十九冊

110000－0198－0005453　史普2498
華陽國志十二卷　（晉）常璩撰　清刻本　六冊

110000－0198－0005454　史普2499
闕里文獻考一百卷　（清）孔繼汾撰　清乾隆二十七年（1762）刻本　八冊

110000－0198－0005455　史普2500
天童寺志十卷　（清）釋德介編　清刻本　四冊

110000－0198－0005456　史普2501
讀史方輿紀要一百三十卷　（清）顧祖禹輯　清刻本　六冊　存六卷（一百二十二至一百二十七）

110000－0198－0005457　史普2502
綱鑑旁訓二十卷　（清）□□輯　清刻本　七冊　存八卷（十一至十六、十九至二十）

110000－0198－0005458　史普2503
太湖備考十六卷首一卷附録一卷　（清）金友理撰　清藝蘭圃刻本　十二冊

110000－0198－0005459　史普2506
天下郡國利病書一百二十卷　（清）顧炎武撰　清光緒五年（1879）蜀南桐華書屋薛氏刻本　六十冊

110000－0198－0005460　史普2507
九通分類總纂二百四十卷　（清）汪鍾霖輯　清光緒二十八年（1902）文瀾書局石印本　四十冊

110000－0198－0005461　史普2508
宋遺民録十五卷　（明）程敏政輯　清知不足齋刻本　三冊

110000－0198－0005462　史普2509
熙朝紀政八卷　（清）王慶雲述　清光緒二十八年（1902）上海書局鉛印本　四冊

110000－0198－0005463　史普2514
輿地廣記三十八卷　（宋）歐陽忞撰　清光緒二十一年（1895）刻本　六冊　缺六卷（一至六）

110000－0198－0005464　史普2515
［道光］皖省志略四卷　（清）朱雲錦纂　清道光元年（1821）金閶傳書齋毛上珍刻本　四冊

110000－0198－0005465　史普2516
中國宜改革新政論議二卷　（清）何啟撰　清末石印本　一冊　存一卷（下）

110000－0198－0005466　史普2519
聖武記二編二卷　（清）魏源撰　清刻本　一冊　存一卷（二）

110000－0198－0005467　史普2526
石索　（清）馮雲鵬輯　清末邃古齋石印本（有圖）　一冊

110000－0198－0005468　史普2527
尚書引義六卷　（清）王夫之撰　清末簡青齋書局石印本　一冊

110000－0198－0005469　史普2528

[清光緒辛丑科補行庚子恩科]各省鄉試同年全錄　(清)□□輯　清光緒二十七年(1901)刻本　二册

110000－0198－0005470　史普 2529
[清光緒庚子辛丑恩正併科]各省鄉試同年全錄　(清)□□輯　清光緒二十八年(1902)刻本　二册

110000－0198－0005471　史普 2530
[清光緒戊子科]鄉試十八省同年全錄　(清)□□輯　清光緒十四年(1888)刻本　二册

110000－0198－0005472　史普 2540
歷代輿地沿革表二十卷　(清)龍學泰編　清光緒三十三年(1907)永新龍氏石印本　十册　存十卷(一至十)

110000－0198－0005473　史普 2541
袁王綱鑑合編三十九卷　(明)袁黃輯　(明)王世貞編　清光緒三十年(1904)上海商務印書館石印本　十册　缺一卷(一)

110000－0198－0005474　史普 2542
宸垣識略十六卷　(清)吳長元輯　清光緒刻本　六册　存十二卷(五至十六)

110000－0198－0005475　史普 2544
各國交涉公法論十六卷　(英國)費利摩羅巴德撰　清光緒二十二年(1896)慎記書莊石印本　八册

110000－0198－0005476　史普 2545
皇清奏議六十八卷　題(清)琴川居士輯　清光緒二十八年(1902)雲間麗澤學會石印本　八册

110000－0198－0005477　史普 2546
綱鑑易知錄二十卷　(清)吳乘權等輯　清光緒十三年(1887)上海點石齋石印本　八册　存十一卷(一至十一)

110000－0198－0005478　史普 2553
出使須知一卷出洋瑣記一卷　(清)蔡鈞輯　清光緒十一年(1885)弢園王氏木活字印本　二册

110000－0198－0005479　史普 2554
中州名賢文表三十卷　(明)劉昌輯　清光緒三十年(1904)海虞邵氏付鴻文書局石印本　六册

110000－0198－0005480　史普 2555
李文忠公朋僚函稿二十四卷首末各一卷　(清)吳汝綸輯　清光緒二十八年(1902)蓮池書社鉛印本　六册　存十二卷(一至十二)

110000－0198－0005481　史普 2556
王氏合校水經注四十卷首末各一卷　(清)吳汝綸輯　清光緒上海中華書局鉛印本　九册

110000－0198－0005482　史普 2560
兩京新記附李嶠雜詠　(唐)韋述撰　清光緒七年(1881)刻本　一册

110000－0198－0005483　史普 2561
游蜀紀程二卷　(清)王鴻朗撰　清同治九年(1870)刻本　二册

110000－0198－0005484　史普 2562
新戲越南亡國慘　清光緒三十四年(1908)北京正宗愛國報館鉛印本　一册

110000－0198－0005485　史普 2563
三國職官表三卷　(清)洪飴孫撰　清光緒刻本　二册

110000－0198－0005486　史普 2564
都門紀略四卷　(清)楊靜亭撰　清同治北京榮錄堂刻本　六册

110000－0198－0005487　史普 2566
大雲書庫藏書題識　羅振玉撰　清光緒鉛印本　一册

110000－0198－0005488　史普 2570
萬國史記二十卷　(日本)岡本監輔撰　清光緒二十三年(1897)慎記書莊石印本　四册　存五卷(一至五)

110000－0198－0005489　史普 2572
史姓韻編六十四卷　(清)汪輝祖輯　清光緒十年(1884)上海中西書局石印本　二册　存三十卷(一至三十)

110000－0198－0005490　史普 2578

文舞圖譜　（清）桂良輯　清刻本　一冊

110000－0198－0005491　史普 2580

欽定四庫全書總目二百卷　（清）紀昀撰　清宣統石印本　十冊　存一百二十九卷（十一至九十三、一百八至一百三十四、一百六十至一百七十八）

110000－0198－0005492　史普 2581

光緒政要三十四卷　（清）沈桐生輯　清宣統元年（1909）上海崇義堂石印本　十三冊

110000－0198－0005493　史普 2582

支那通史七卷　（日本）那珂通世編　清光緒二十五年（1899）上海東文學社石印本　五冊

110000－0198－0005494　史普 2583

讀史方輿紀要一百三十卷附圖說　（清）顧祖禹著　清光緒二十七年（1901）圖書集成局鉛印本　三十二冊

110000－0198－0005495　史普 2584

湘軍志十六卷　王闓運撰　清刻本　三冊　存十三卷（四至十六）

110000－0198－0005496　史普 2585

宦鄉新要則　（清）黄狄卿撰　清宣統三年（1911）京都榮祿堂刻本　二冊

110000－0198－0005497　史普 2587

湘軍志十六卷　王闓運撰　清光緒二十四年（1898）致知書局鉛印本　二冊　存六卷（一至六）

110000－0198－0005498　史普 2588

萬國史記二十卷　（日本）岡本監輔撰　清末石印本　五冊　存十七卷（四至二十）

110000－0198－0005499　史普 2596

讀書雜志八十二卷　（清）王念孫撰　清光緒石印本　一冊　存二卷（三至四）

110000－0198－0005500　史普 2600

水經注四十卷　（北魏）酈道元注　清刻本　三冊　存六卷（四至五、三十至三十一、三十五至三十六）

110000－0198－0005501　史普 2601

五千年中外交涉史九十七卷　題（清）屯廬主人輯　清光緒二十九年（1903）上海蜚英書局鉛印本　十一冊　存六十三卷（一至十四、三十七至八十一、九十四至九十七）

110000－0198－0005502　史普 2603

讀史方輿紀要一百三十卷　（清）顧祖禹輯　清末鉛印本　一冊　存五卷（五至九）

110000－0198－0005503　史普 2604

紀元編三卷末一卷　（清）李兆洛撰　清末石印本　一冊

110000－0198－0005504　史普 2615

尺木堂綱鑑易知錄九十二卷　（清）吳乘權輯　清光緒十四年（1888）廣百宋齋石印本　一冊　存十一卷（二十四至三十四）

110000－0198－0005505　史普 2616

御撰明紀綱目二十卷　（清）張廷玉等纂　清光緒三十年（1904）上海商務印書館鉛印本　一冊　存九卷（一至九）

110000－0198－0005506　史普 2619

［清光緒癸卯恩科］鄉試十八省同年全錄　（清）□□輯　清光緒二十九年（1903）刻本　二冊

110000－0198－0005507　史普 2620

篤素堂文集四卷　（清）張英撰　清末鉛印本　四冊

110000－0198－0005508　史普 2623

泰西新史攬要二十四卷　（英國）馬懇西著　清光緒鉛印本　二冊

110000－0198－0005509　史普 2628

御批歷代通鑑輯覽一百二十卷　（清）傅恒等撰　清光緒九年（1883）上海同文書局石印本　三冊　存十五卷（三十六至四十、五十六至六十五）

110000－0198－0005510　史普 2631

新民叢報彙編　梁啟超編　清光緒鉛印本（有圖）　一冊　存二種（地理、傳記）

110000－0198－0005511　史普 2632
［清光緒壬午科］福建鄉試錄　（清）朱善祥編　清光緒八年（1882）刻本　一册

110000－0198－0005512　史普 2634
直齋書録解題二十二卷　（宋）陳振孫撰　清刻本　十册　缺二卷（七至八）

110000－0198－0005513　史普 2636
京師譯學館同學録　清宣統三年（1911）京師京華印書局鉛印本　一册

110000－0198－0005514　史普 2637
大文堂綱鑑易知録九十二卷　（清）吴乘權等輯　清刻本　一册　存二卷（九十一至九十二）

110000－0198－0005515　史普 2638
四大奇書第一種六十卷　（明）羅本撰　清刻本　一册　存四卷（三十至三十三）

110000－0198－0005516　史普 2639
七政臺歷全書　（清）楊天爵編　清同治九年（1870）道生堂刻本（有圖）　一册

110000－0198－0005517　史普 2641
欽命四書詩題　（清）王懿榮撰　清光緒刻本　七册

110000－0198－0005518　史普 2642
魏鄭公諫録五卷附諫續録一卷　（唐）王方慶撰　清光緒刻本　一册

110000－0198－0005519　史普 2644
雲林寺續志八卷　（清）沈鑅彪纂　清光緒十四年（1888）丁氏刻本　一册　存四卷（一至四）

110000－0198－0005520　史普 2645
華延年室題跋三卷　（清）傅以禮撰　清宣統元年（1909）鉛印本　一册　存一卷（下）

110000－0198－0005521　史普 2647
漢書四種　（清）梁廷枏撰　清刻本　五册　缺一種十八卷（南漢書考異十八卷）

110000－0198－0005522　史普 2648
史鑑節要便讀六卷　（清）鮑東里編　清刻本　一册　存三卷（四至六）

110000－0198－0005523　史普 2649
讀史鏡古編三十二卷　（清）潘世恩輯　清刻本　一册　存五卷（二十八至三十二）

110000－0198－0005524　史普 2650
金石例補二卷　（清）郭麐撰　清光緒六年（1880）會稽章氏刻本　一册

110000－0198－0005525　史普 2652
桐城耆舊傳十二卷　馬其昶撰　清宣統三年（1911）刻本　六册

110000－0198－0005526　史普 2653
廿二史紀事提要八卷　（清）吴綏撰　清刻本　六册　存六卷（二至三、五至八）

110000－0198－0005527　史普 2654
書畫鑑影二十四卷　（清）李佐賢編　清同治十年（1871）利津李氏刻本　六册　缺五卷（一至五）

110000－0198－0005528　史普 2656
藝文備覽一百二十卷　（清）沙木集註　清嘉慶刻本　二十册　存六十卷（一至六十）

110000－0198－0005529　史普 2657
北宋經撫年表二卷　（清）吴廷燮撰　清宣統三年（1911）鉛印本　二册

110000－0198－0005530　史普 2658
法規大全二十五類　（清）劉崇傑等譯　清光緒三十三年（1907）上海商務印書館鉛印本　十三册　存三類（三至五）

110000－0198－0005531　史普 2659
新刊合併宫板音義評註淵海子平五卷　（宋）徐升編　明崇禎刻本　二册

110000－0198－0005532　史普 2660
補註綱鑑擇言十卷　（清）司徒修輯　清光緒二十八年（1902）有益堂梓行刻本　六册

110000－0198－0005533　史普 2661
吉林紀事詩四卷首一卷末一卷　（清）沈兆禔著　清宣統三年（1911）金陵湯明林聚珍書局鉛印本（有圖）　二册

110000－0198－0005534　史普 2665

欽定工部續增則例一百三十六卷　（清）曹振鏞等纂　清刻本　四十八册

110000－0198－0005535　史普 2666

欽定吏部銓選則例八卷　（清）錫珍纂　清光緒刻本　十四册

110000－0198－0005536　史普 2667

欽定禮部則例二百二卷　（清）特登額撰　清道光二十四年(1844)刻本　十二册　存一百十七卷(四十五至一百四十九、一百五十九至一百七十)

110000－0198－0005537　史普 2668

欽定戶部續纂則例十五卷　（清）戶部纂　清道光十八年(1838)刻本　六册

110000－0198－0005538　史普 2669

欽定吏部銓選漢官則例八卷　（清）吏部編　清刻本　二十册

110000－0198－0005539　史普 2670

欽定戶部漕運全書九十二卷　（清）潘世恩纂　清道光刻本　四十六册

110000－0198－0005540　史普 2671

欽定戶部漕運全書九十六卷　（清）載齡等撰　清光緒刻本　三十六册　缺二十四卷(十三至三十六)

110000－0198－0005541　史普 2672

欽定大清會典一百卷欽定大清會典事例一千二百二十卷　（清）崑岡纂　清光緒三十四年(1908)商務印書館朱墨石印本　一百六十册

110000－0198－0005542　史普 2673

欽定大清會典一百卷　（清）崑岡纂　清光緒三十四年(1908)商務印書館朱墨石印本　十册

110000－0198－0005543　史普 2676

清儀閣題跋　（清）張廷濟撰　清光緒蘇州振新書社石印本　六册

110000－0198－0005544　史普 2681

大清一統志表　（清）徐午錄　清乾隆刻本　十册

110000－0198－0005545　史普 2683

八述奇二十卷　（清）張德彝撰　清光緒三十四年(1908)鐵嶺張氏石印本　十九册　缺一卷(二十)

110000－0198－0005546　史普 2684

北史識小錄十四卷　（清）沈名蓀編　（清）朱昆田輯　清刻本　六册

110000－0198－0005547　史普 2685

北史識小錄十四卷　（清）沈名蓀編　（清）朱昆田輯　清刻本　二册　存八卷(一至八)

110000－0198－0005548　史普 2686

史記一百三十卷方望溪評點史記四卷　（漢）司馬遷撰　（清）方苞評點　清光緒刻本　十五册　缺二卷(五至六)

110000－0198－0005549　史普 2689

史記菁華錄六卷　（清）苧田氏編　清善成堂刻本　三册　存三卷(三至五)

110000－0198－0005550　史普 2694

史記菁華錄六卷　（清）苧田氏編　清光緒八年(1882)扶荔山房刻朱墨印本　六册

110000－0198－0005551　史普 2697

廿二史策案十二卷首一卷　（清）王鎏彙輯　清道光十一年(1831)綠蔭山房刻本　八册

110000－0198－0005552　史普 2698

洪經略奏對筆記二卷　（清）洪承疇撰　清光緒十三年(1887)廣百宋齋鉛印本　一册

110000－0198－0005553　史普 2699

禹貢今註　閻寶森撰　清宣統三年(1911)京師琉璃廠鉛印本　二册

110000－0198－0005554　史普 2701

英政概一卷法政概一卷英藩政概四卷　（清）劉啟彤編　清光緒十六年(1890)廣百宋齋鉛印本　一册

110000－0198－0005555　史普 2702

舟山鄉民事變記　丁中立撰　清光緒二十三年(1897)鉛印本　一册

110000－0198－0005556　史普 2703

欽定承華事略補圖六卷　（元）王惲撰　清光緒二十四年（1898）上海掃葉山房石印本（有圖）　一冊　存三卷（一至三）

110000－0198－0005557　史普 2705

日本新史攬要七卷　（日本）石村貞一編　清光緒石印本　三冊　存三卷（一、四、七）

110000－0198－0005558　史普 2707

歷代帝王年表三卷　（清）齊召南編　清光緒二十八年（1902）山東書局石印本　一冊　存一卷（二）

110000－0198－0005559　史普 2708

時事新論十二卷圖說一卷　（英國）李提摩太著　清光緒二十年（1894）上海廣學會鉛印本　三冊

110000－0198－0005560　史普 2709

日本維新三十年史　（日本）博文館編　清光緒上海廣智書局鉛印本　五冊

110000－0198－0005561　史普 2711

文恭集四十卷　（宋）胡宿著　清乾隆刻本　十二冊

110000－0198－0005562　史普 2712

子史精華一百六十卷　（清）聖祖玄燁撰　清刻本　十八冊　存八十一卷（二十八至五十四、八十一至一百八、一百三十五至一百六十）

110000－0198－0005563　史普 2713

史緯三百三十卷　（清）陳允錫輯　清刻本　六十七冊　缺一百五十四卷（一至六十、八十九至一百十七、一百四十三至一百五十七、一百六十一至一百八十、二百四十二至二百七十一）

110000－0198－0005564　史普 2714

曾惠敏公全集　（清）曾紀澤撰　清光緒十九年（1893）江南製造總局鉛印本　八冊

110000－0198－0005565　史普 2717

［清道光戊戌科］會試同年齒錄　（清）□□輯　清刻本　四冊

110000－0198－0005566　史普 2718

留都見聞錄二卷　（明）吳應箕撰　清同治三年（1864）刻本　二冊

110000－0198－0005567　史普 2719

漢西域圖考七卷　（清）李光廷撰　清同治十年（1871）陽湖刻本　四冊

110000－0198－0005568　史普 2724

蜀道驛程記二卷秦蜀驛程後記二卷　（清）王士禛撰　清康熙刻本　二冊

110000－0198－0005569　史普 2725

史記志疑三十六卷附補遺一卷　（清）梁玉繩著　清乾隆刻本　十五冊　存三十四卷（三至三十六）

110000－0198－0005570　史普 2726

政治官報　官報局編　清宣統元年（1909）鉛印本　十二冊

110000－0198－0005571　史普 2730

大清律例匯輯備覽三十一卷　（清）姚陶輯　清光緒三年（1877）刻本　六冊　存七卷（一至七）

110000－0198－0005572　史普 2732

毛詩後箋三十卷　（清）胡承珙撰　清刻本　五冊　存八卷（二十三至三十）

110000－0198－0005573　史普 2733

歷代史表五十九卷　（清）萬斯同撰　清光緒十五年（1889）廣雅書局刻本　六冊

110000－0198－0005574　史普 2736

禺峽山志四卷　（清）孫繩祖纂　清康熙六十年（1721）刻本（有圖）　四冊

110000－0198－0005575　史普 2739

康濟譜正俗二十五卷　（明）潘游龍輯著　清道光七年（1827）安康張鵬飛刻本　八冊　存十二卷（十四至二十五）

110000－0198－0005576　史普 2741

兩漢金石記二十二卷　（清）翁方綱撰　清乾隆五十四年（1789）南昌使院刻本　六冊

110000－0198－0005577　史普 2746

漢隸字源五卷碑目一卷附字一卷　(宋)婁機撰　清光緒三年(1877)川東官舍刻本　六冊

110000－0198－0005578　史普 2749

新斠注地理志集釋十六卷　(清)錢坫撰　清同治十三年(1874)會稽章氏刻本　八冊

110000－0198－0005579　史普 2750

隸篇十五卷續十五卷再續十五卷　(清)翟雲升撰　清道光十七年至十八年(1837－1838)刻本　十冊

110000－0198－0005580　史普 2752

楚漕江程十六卷首一卷　(清)董恂輯　清咸豐四年(1854)甘泉董氏荻芬書屋刻本　十六冊

110000－0198－0005581　史普 2753

國語校注本三種二十九卷　(清)汪遠孫撰　清道光二十六年(1846)錢塘汪氏振綺堂刻本　五冊

110000－0198－0005582　史普 2755

漢書辨疑二十二卷　(清)錢大昭撰　清光緒十三年(1887)慶雅書局刻本　三冊　存十三卷(一至三、九至十三、十八至二十二)

110000－0198－0005583　史普 2757

兩罍軒彝器圖釋十二卷　(清)吳雲撰　清同治十一年(1872)刻本　四冊

110000－0198－0005584　史普 2758

十六國春秋纂錄校本十卷附校勘記　(清)湯球輯　清光緒二十年(1894)廣雅書局刻本　二冊

110000－0198－0005585　史普 2760

南唐書注十八卷附錄一卷　(宋)陸游撰　清道光二年(1822)刻本　八冊

110000－0198－0005586　史普 2762

公法會通十卷　(美國)丁韙良譯　清光緒同文館聚珍版鉛印本　五冊

110000－0198－0005587　史普 2763

硃批諭旨　(清)世宗胤禛撰　清刻本　二十四冊

110000－0198－0005588　史普 2764

東都事略一百三十卷　(宋)王稱撰　清刻本　四冊　存六十四卷(六十七至一百三十)

110000－0198－0005589　史普 2765

文獻通考三百四十八卷　(元)馬端臨撰　清刻本　五冊　存二十七卷(一百九十至二百十六)

110000－0198－0005590　史普 2767

教育統計表式　清末朱印本　一冊

110000－0198－0005591　史普 2769

三省黃河全圖　易順鼎撰　清光緒十六年(1890)上海鴻文書局朱墨石印本　五冊

110000－0198－0005592　史普 2771

黑龍江全省輿圖　黑龍江調查局制　清宣統三年(1911)黑龍江調查局石印本(有圖)　一冊

110000－0198－0005593　史普 2772

萬國輿圖　(清)陳兆桐繪　清光緒十二年(1886)石印本(有圖)　一冊

110000－0198－0005594　史普 2773

十科策略箋釋十卷　(清)劉定之撰　清雍正七年(1729)積秀堂刻本　五冊

110000－0198－0005595　史普 2774

積古齋鐘鼎款識稿本四卷　(清)朱為弼撰　清光緒三十二年(1906)平湖朱之榛石印本　三冊

110000－0198－0005596　史普 2775

楹書隅錄五卷續編四卷　(清)楊紹和編　清同治海源閣刻本　八冊

110000－0198－0005597　史普 2778

續復古編四卷　(元)曹本撰　清光緒十二年(1886)歸安姚氏咫進齋影刻本　四冊

110000－0198－0005598　史普 2779

通鑑長編紀事本末一百五十卷　(宋)楊仲良撰　清光緒十九年(1893)廣雅書局刻本　二十四冊

110000－0198－0005599　史普2781
歷代名臣傳三十五卷首一卷續編五卷歷代名儒傳八卷歷代循吏傳八卷　(清)朱軾　(清)蔡世遠訂　清光緒二十三年(1897)刻本　二十六冊

110000－0198－0005600　史普2782
文獻通考三百四十八卷　(元)馬端臨撰　清刻本　二冊　存五卷(二十至二十四)

110000－0198－0005601　史普2783
五代史七十四卷　(宋)歐陽修撰　清刻本　六冊　存四十三卷(三十二至七十四)

110000－0198－0005602　史普2787
金石錄補二十七卷　(清)葉奕苞著　清別下齋刻本　一冊　存八卷(九至十六)

110000－0198－0005603　史普2788
授堂金石文字續跋下十四卷　(清)武億撰　清刻本　一冊　存五卷(十至十四)

110000－0198－0005604　史普2789
金石一跋四卷二跋四卷經讀考異八卷三禮義證五卷　(清)武億著　清道光二十三年(1843)刻本(有圖)　八冊　缺四卷(經讀考異五至八)

110000－0198－0005605　史普2790
潛研堂金石文跋尾二十卷　(清)錢大昕著　清長沙龍氏家塾刻本　八冊

110000－0198－0005606　史普2791
金石三例十五卷　(清)盧見曾輯　清光緒四年(1878)讀有用書齋刻本(朱墨套印)　四冊

110000－0198－0005607　史普2792
金石訂例四卷　(清)鮑振方撰　清道光二十七年(1847)後知不足齋刻本　二冊

110000－0198－0005608　史普2793
帝京景物畧八卷　(明)劉侗　(明)于奕正纂　清刻本　四冊　存二卷(七至八)

110000－0198－0005609　史普2794
續復古編四卷　(元)曹本撰　清光緒十二年(1886)姚氏咫進齋影刻本　三冊　存三卷(一至三)

110000－0198－0005610　史普2795
續復古編四卷　(元)曹本撰　清光緒十二年(1886)姚氏咫進齋刻本　二冊　存二卷(三至四)

110000－0198－0005611　史普2797
一草亭讀史漫筆二卷　(清)吳孟堅撰　清光緒刻本　一冊　存一卷(二)

110000－0198－0005612　史普2798
國語翼解六卷　(清)陳瑑撰　清光緒廣雅書局刻本　二冊

110000－0198－0005613　史普2799
積古齋鐘鼎彝器款識十卷　(清)阮元撰　清光緒五年(1879)刻本　六冊

110000－0198－0005614　史普2801
碑版文廣例十卷　(清)王芑孫輯　清道光二十一年(1841)刻本　四冊

110000－0198－0005615　史普2802
史通削繁四卷　(清)紀昀撰　清道光十三年(1833)廣州翰墨園朱墨印本　四冊

110000－0198－0005616　史普2803
輿地廣記三十八卷　(宋)歐陽忞撰　清光緒六年(1880)金陵書局刻本　四冊

110000－0198－0005617　史普2805
養吉齋叢錄二十六卷餘錄十卷　(清)吳振棫著　清光緒二十二年(1896)刻本　八冊

110000－0198－0005618　史普2813
海寧念汛大口門二限三限石塘圖說　(清)李輔耀撰　清光緒刻本　一冊

110000－0198－0005619　史普2821
三垣筆記三卷　(明)李清著　清刻本　三冊

110000－0198－0005620　史普2824
昭代名人尺牘小傳二十四卷　(清)吳修輯　清光緒七年(1881)刻本　二冊　存十卷(一至十)

110000－0198－0005621　史普2825

左傳史論二卷　(清)高士奇論正　清光緒刻本　一冊　存一卷(二)

110000－0198－0005622　史普 2826
新嘉坡風土記　(清)李鍾玨撰　清光緒二十一年(1895)元和江氏湖南書院刻本　一冊

110000－0198－0005623　史普 2827
憲法講義　楊肇培述　清光緒三十三年(1907)山東法政學堂石印本　一冊

110000－0198－0005624　史普 2828
寰宇訪碑錄十二卷　(清)孫星衍撰　清光緒九年(1883)江蘇書局刻本　四冊

110000－0198－0005625　史普 2830
補寰宇訪碑錄五卷失編一卷　(清)趙之謙撰　清光緒十二年(1886)吳縣朱氏刻本　二冊　存三卷(一至二、四)

110000－0198－0005626　史普 2831
碑版文廣例十卷　(清)王芑孫輯　清道光二十一年(1841)刻本　四冊

110000－0198－0005627　史普 2832
北宋石經考異　(清)馮登府撰　清同治十三年(1874)長與丁氏刻本　一冊

110000－0198－0005628　史普 2835
禹貢錐指二十卷　(清)胡渭撰　清康熙漱六軒刻本　二冊　存七卷(十四至二十)

110000－0198－0005629　史普 2836
藝風堂文集八卷續集八卷　繆荃孫撰　清光緒二十七年(1901)刻本　二冊　存三卷(文集五至七)

110000－0198－0005630　史普 2837
續碑傳集八十六卷　繆荃孫纂錄　清宣統二年(1910)江楚編譯書局刻本　二十四冊

110000－0198－0005631　史普 2838
碑傳集一百六十卷　(清)錢儀吉纂錄　清刻本　二十八冊　缺六十四卷(八十二至一百二十四、一百二十八至一百四十八)

110000－0198－0005632　史普 2841
碑傳集一百六十卷　(清)錢儀吉纂錄　清光緒十九年(1893)江蘇書局刻本　六十冊

110000－0198－0005633　史普 2843
碑傳集一百六十卷　(清)錢儀吉纂錄　清刻本　二十冊　存六十一卷(二十二至五十四、一百三十三至一百六十)

110000－0198－0005634　史普 2844
列女傳補注八卷敘錄一卷校正一卷列仙傳校正本二卷列仙傳贊一卷夢書一卷　(清)王照圓著　清光緒八年(1882)順天府刻本　五冊

110000－0198－0005635　史普 2845
列女傳補注八卷敘錄一卷校正一卷列仙傳校正本二卷列仙傳贊一卷夢書一卷　(清)王照圓著　清光緒八年(1882)順天府刻本　五冊

110000－0198－0005636　史普 2846
列女傳補注八卷敘錄一卷校正一卷列仙傳校正本二卷列仙傳贊一卷夢書一卷　(清)王照圓著　清光緒八年(1882)順天府刻本　四冊

110000－0198－0005637　史普 2847
廣列女傳二十卷　(清)劉開輯　清光緒十年(1884)皖城刻本　六冊

110000－0198－0005638　史普 2848
古列女傳八卷附考一卷　(漢)劉向撰　清嘉慶元年(1796)元和顧氏刻本　四冊

110000－0198－0005639　史普 2849
列女傳補注八卷敘錄一卷列仙傳校正本二卷列仙傳贊一卷夢書一卷荀子補註二卷　(漢)劉向撰　清嘉慶十七年(1812)刻本　五冊

110000－0198－0005640　史普 2850
列女傳二卷　(漢)劉向撰　清光緒十二年(1886)上海同文書局石印本　二冊

110000－0198－0005641　史普 2852
列女傳八卷　(漢)劉向撰　(清)梁端注　清刻本　三冊　存五卷(二至六)

110000－0198－0005642　史普 2853
列女傳八卷　(漢)劉向撰　(清)梁端校註　清道光二十三年(1843)錢塘汪氏振綺堂刻本　二冊

110000－0198－0005643　史普 2854
廣列女傳二十卷　(清)劉開輯　清光緒十年(1884)皖城俞樾刻本　五册　存十二卷(一至十二)

110000－0198－0005644　史普 2855
廣列女傳二十卷　(清)劉開輯　清光緒十年(1884)皖城俞樾刻本　六册

110000－0198－0005645　史普 2856
典故列女傳四卷　清光緒六年(1880)上洋江左書林刻本　四册

110000－0198－0005646　史普 2857
古泉匯六十卷首集四卷　(清)李佐賢編　清同治三年(1864)利津李氏石泉書屋刻本　十册　缺十四卷(貞集一至十四)

110000－0198－0005647　史普 2858
欽定中樞政考續纂四卷　(清)景善等纂　清刻本　七十六册

110000－0198－0005648　史普 2859
滇繫四十卷　(清)師範纂　清光緒十三年(1887)雲南通志局刻本　四十册

110000－0198－0005649　史普 2860
蒙兀兒史記一百六十卷　(清)屠寄纂　清刻本　二十八册　存二十六卷(一至二十六)

110000－0198－0005650　史普 2864
山中白雲詞八卷附錄一卷　(宋)張炎撰　清光緒八年(1882)娱園刻本　八册

110000－0198－0005651　史普 2865
萬國公法四卷　(美國)丁韙良譯　清同治三年(1864)京都崇實館刻本　四册

110000－0198－0005652　史普 2868
三國志六十五卷　(晉)陳壽撰　(南朝宋)裴松之注　清古吳書業趙氏刻本　十二册

110000－0198－0005653　史普 2869
三國志六十五卷　(晉)陳壽撰　(南朝宋)裴松之注　清古吳書業趙氏刻本　十二册

110000－0198－0005654　史普 2870
紀元編三卷　(清)李兆洛撰　清同治十年(1871)合肥李氏刻本　三册

110000－0198－0005655　史普 2871
史記菁華錄六卷　(清)苧田選　清光緒七年(1881)扶荔山房刻本　三册　存三卷(一、三、五)

110000－0198－0005656　史普 2872
史記菁華錄六卷　(清)苧田選　清光緒九年(1883)廣州翰墨園刻朱墨印本　六册

110000－0198－0005657　史普 2873
史記菁華錄六卷　(清)苧田選　清同治十二年(1873)紅杏山房刻朱墨印本　六册

110000－0198－0005658　史普 2874
史通削繁四卷　(清)紀昀撰　清道光十三年(1833)兩廣節署刻朱墨印本　四册

110000－0198－0005659　史普 2875
史記菁華錄六卷　(清)苧田選　清光緒廣州翰墨園刻朱墨印本　六册

110000－0198－0005660　史普 2876
史記菁華錄六卷　(清)苧田選　清道光四年(1824)扶荔山房刻朱墨印本　六册

110000－0198－0005661　史普 2877
陳書三十六卷　(唐)姚思廉撰　清同治十一年(1872)金陵書局刻本　二十四册

110000－0198－0005662　史普 2878
戶部則例九十九卷首一卷　(清)宣宗旻寧敕撰　清道光十一年(1831)刻本　五十九册　缺十六卷(十五至二十九、三十三)

110000－0198－0005663　史普 2879
戶部則例九十九卷首一卷　(清)惠祥等纂　清同治十三年(1874)刻本　四十册　缺二十七卷(一至十八、九十一至九十九)

110000－0198－0005664　史普 2880
孫徵君日譜錄三十六卷　(清)孫奇逢撰　清光緒十九年(1893)兼山堂刻本　二十三册　缺二卷(一至二)

110000－0198－0005665　史普 2881
列國政要一百三十二卷　(清)戴鴻慈　(清)

端方輯　清光緒三十三年(1907)上海商務印書館石印本　八冊　存四十三卷(九十至一百三十二)

110000－0198－0005666　史普 2882
高僧傳初集十五卷首一卷　(南朝梁)釋慧皎撰　清光緒十年(1884)金陵刻經處刻本　四冊

110000－0198－0005667　史普 2883
雪泥鴻爪四編　(清)邵亨豫撰　清光緒刻本　三冊

110000－0198－0005668　史普 2884
高士傳三卷　(晉)皇甫謐編　清嘉慶九年(1804)新安汪氏刻本　一冊

110000－0198－0005669　史普 2885
野獲編三十卷補遺四卷　(明)沈德符編　清道光七年(1827)扶荔山房刻本　二十冊　存八卷(一至八)

110000－0198－0005670　史普 2886
皕宋樓藏書志一百二十卷　(清)陸心源編　清光緒八年(1882)十萬卷樓刻本　四十冊

110000－0198－0005671　史普 2887
水經注四十卷　(北魏)酈道元注　清同治刻本　九冊　存二十卷(二十一至四十)

110000－0198－0005672　史普 2888
水經注四十卷　(漢)桑欽撰　(北魏)酈道元注　清乾隆槐蔭草堂刻本　二十冊

110000－0198－0005673　史普 2889
水經注釋四十卷刊誤十二卷附錄二卷　(清)趙一清撰　清乾隆十九年(1754)東潛趙氏小山堂刻本　二十冊

110000－0198－0005674　史普 2890
水經注釋四十卷刊誤十二卷附錄二卷　(清)趙一清撰　清乾隆十九年(1754)東潛趙氏小山堂刻本　二十冊

110000－0198－0005675　史普 2891
水經注匯校四十卷首一卷　(北魏)酈道元注　清光緒七年(1881)福州刻本　六冊　缺二十卷(一至二十)

110000－0198－0005676　史普 2892
全氏七校水經注四十卷補一卷附錄二卷　(北魏)酈道元注　清光緒十四年(1888)無錫薛氏刻本　十二冊

110000－0198－0005677　史普 2893
畿輔水利輯覽　(清)吳邦慶撰　清道光四年(1824)益津吳氏刻本　一冊

110000－0198－0005678　史普 2894
畿輔水利議　(清)林則徐撰　清光緒二年(1876)三山林氏刻本　一冊

110000－0198－0005679　史普 2895
畿輔水利議　(清)林則徐撰　清光緒二年(1876)三山林氏刻本　一冊

110000－0198－0005680　史普 2896
泰西水法六卷　(明)熊三拔撰　清上海掃葉山房刻本　一冊　存三卷(一至三)

110000－0198－0005681　史普 2898
河工器具圖說四卷　(清)麟慶纂　清道光十六年(1836)南河節署刻本(有圖)　二冊

110000－0198－0005682　史普 2899
水經注四十卷　(漢)桑欽撰　(北魏)酈道元注　明刻本　二冊　存四卷(十二至十五)

110000－0198－0005683　史普 2900
水經注圖一卷附錄一卷　(清)汪士鐸撰　清同治元年(1862)刻本(有圖)　一冊

110000－0198－0005684　史普 2901
西域水道記五卷　(清)徐松撰　清道光三年(1823)刻本(有圖)　五冊

110000－0198－0005685　史普 2902
秘書省續編到四庫闕書目二卷　葉德輝編　清光緒二十九年(1903)葉氏觀古堂刻本　二冊

110000－0198－0005686　史普 2904
語石十卷　葉昌熾撰　清宣統元年(1909)長洲葉氏刻本　三冊　存八卷(三至十)

110000－0198－0005687　史普 2906

歷代名臣傳三十五卷首一卷續編五卷　(清)蔡世遠撰　清光緒二十三年(1897)刻本　十七册

110000－0198－0005688　史普 2907

變法經緯公例論二卷　(清)張鶴齡撰　清光緒二十六年(1900)刻本　二册

110000－0198－0005689　史普 2909

南遊記　(清)孫嘉淦撰　清嘉慶十年(1805)守益龕刻本　一册

110000－0198－0005690　史普 2910

孔子編年四卷　(清)狄子奇撰　清光緒十三年(1887)浙江書局刻本　一册

110000－0198－0005691　史普 2914

江蘇海運全案六卷新編六卷續編七卷　(清)譚鈞培編　清道光二十七年(1847)刻本　十九册

110000－0198－0005692　史普 2915

浙西水利備考　(清)王鳳生編　清光緒四年(1878)浙江書局刻本　四册

110000－0198－0005693　史普 2916

浙江海運全案初編十卷　(清)黄宗漢編　清咸豐浙江糧道庫刻本　十册

110000－0198－0005694　史普 2917

海道圖説十五卷　(英國)金約翰輯　清光緒刻本　十册

110000－0198－0005695　史普 2918

[道光]廣東通志三百三十四卷　(清)阮元纂　清同治三年(1864)富文齋萃文堂刻本　十册　存十九卷(八十二至一百)

110000－0198－0005696　史普 2919

欽定五軍道里表十八卷　(清)史夢琦等纂　清乾隆刻本　九册

110000－0198－0005697　史普 2920

東三省政略十二卷　徐世昌纂　清宣統三年(1911)鉛印本　十二册

110000－0198－0005698　史普 2921

欽定五軍道里表　(清)常泰等纂　清刻本　十九册

110000－0198－0005699　史普 2924

皇清誥授光祿大夫經筵日講起居注官戶部尚書翰林院掌院學士上書房總師傅贈太子太保予謚文定顯考符卿府君行述　(清)孫毓汶等述　清咸豐刻本　一册

110000－0198－0005700　史普 2927

蜀碑記補十卷　(清)李調元撰　清刻本　一册　存四卷(一至四)

110000－0198－0005701　史普 2928

北河全圖　(清)□□編　清刻本(有圖)　一册

110000－0198－0005702　史普 2929

鶴陽新河紀略　(清)朱洪章著　清光緒十八年(1892)梓文閣刻本　一册

110000－0198－0005703　史普 2930

讀史日記三種　(清)沈惟賢撰　清光緒刻本　五册

110000－0198－0005704　史普 2931

深州風土記二十二卷　(清)吳汝綸撰　清光緒二十六年(1900)文瑞書院刻本　一册　存二卷(四至五)

110000－0198－0005705　史普 2932

守鄖餘菽　(清)承祿撰　清光緒十年(1884)刻本　一册

110000－0198－0005706　史普 2933

越南輯略　(清)徐延旭編　清光緒三年(1877)梧州郡署刻本(有圖)　二册

110000－0198－0005707　史普 2934

三水小牘二卷　(唐)皇甫枚撰　清乾隆五十七年(1792)抱經堂刻本　一册

110000－0198－0005708　史普 2935

東都事略一百三十卷　(宋)王稱撰　清刻本　一册　存十六卷(十三至二十八)

110000－0198－0005709　史普 2936

元和郡縣圖志闕卷逸文三卷　繆荃孫輯　清

光緒七年(1881)雲自在堪刻朱印本　一册

110000－0198－0005710　史普 2937
新校刻歷代輿地沿革圖校勘記　(清)惲毓嘉撰　清光緒十四年(1888)毘陵惲氏刻本　一册

110000－0198－0005711　史普 2940
百宋一廛賦　(清)顧廣圻撰　(清)黄丕烈注　清嘉慶十年(1805)刻朱印本　一册

110000－0198－0005712　史普 2942
攀古廔彝器款識二卷　(清)潘祖蔭撰　清同治十一年(1872)京師滂喜齋刻本　二册

110000－0198－0005713　史普 2943
明史三百三十二卷　(清)張廷玉等撰　清嘉慶刻本　一百十二册

110000－0198－0005714　史普 2944
明史三百三十二卷　(清)張廷玉等撰　清光緒崇文書局刻本　六册　存三十四卷(一百八十四至二百十七)

110000－0198－0005715　史普 2945
明史三百三十二卷　(清)張廷玉等撰　清光緒十八年(1892)武林竹簡齋石印本　一册　存二十二卷(一至二十二)

110000－0198－0005716　史普 2946
明史三百三十二卷　(清)張廷玉等撰　清光緒三年(1877)湖北崇文書局刻本　八十册

110000－0198－0005717　史普 2947
宋史四百九十六卷　(元)托克托等撰　清光緒元年(1875)浙江書局刻本　一百册

110000－0198－0005718　史普 2948
宋書一百卷　(南朝梁)沈約撰　清同治十一年(1872)金陵書局刻本　十六册

110000－0198－0005719　史普 2949
宋書一百卷　(南朝梁)沈約撰　清同治金陵書局刻本　十六册

110000－0198－0005720　史普 2950
舊唐書二百十四卷　(五代)劉昫等撰　清同治十一年(1872)浙江書局刻本　四十册

110000－0198－0005721　史普 2951
新唐書一百五十卷　(宋)歐陽修撰等撰　清同治十二年(1873)浙江書局刻本　四十册

110000－0198－0005722　史普 2952
南齊書五十九卷　(南朝梁)蕭子顯撰　清同治十三年(1874)金陵書局刻本　六册

110000－0198－0005723　史普 2953
三國志六十五卷　(晋)陳壽撰　清光緒十三年(1887)江南書局刻本　八册

110000－0198－0005724　史普 2954
陳書三十六卷　(唐)姚思廉撰　清同治十一年(1872)金陵書局刻本　四册

110000－0198－0005725　史普 2955
梁書五十六卷　(唐)姚思廉撰　清同治十三年(1874)金陵書局刻本　六册

110000－0198－0005726　史普 2956
梁書五十六卷　(唐)姚思廉撰　清同治刻本　八册

110000－0198－0005727　史普 2957
梁書五十六卷　(唐)姚思廉撰　清同治十三年(1874)金陵書局刻本　五册　缺十八卷(七至十八、三十五至四十)

110000－0198－0005728　史普 2958
隋書八十五卷　(唐)魏徵撰　清同治十年(1871)淮南書局刻本　十五册　缺七卷(四十二至四十八)

110000－0198－0005729　史普 2960
隋書八十五卷　(唐)長孫無忌撰　清同治十年(1871)揚州淮南書局刻本　十一册　缺十五卷(一至十一、十七至二十)

110000－0198－0005730　史普 2961
隋書八十五卷　(唐)魏徵撰　清同治十年(1871)淮南書局刻本　十二册

110000－0198－0005731　史普 2962
隋書八十五卷　(唐)魏徵撰　清同治十年(1871)淮南書局刻本　十二册

110000－0198－0005732　史普 2963

五代史記注七十四卷　(宋)歐陽修撰　清道光八年(1828)刻本　四十冊

110000－0198－0005733　史普 2964

五代史七十四卷　(宋)歐陽修撰　清同治十一年(1872)湖北崇文書局刻本　八冊

110000－0198－0005734　史普 2965

舊五代史一百五十卷　(宋)薛居正等撰　清同治十一年(1872)湖北崇文書局刻本　十六冊

110000－0198－0005735　史普 2966

北齊書五十卷　(唐)李百藥撰　清同治十三年(1874)金陵書局刻本　四冊

110000－0198－0005736　史普 2967

南史八十卷　(唐)李百藥撰　清刻本　十冊

110000－0198－0005737　史普 2968

五代史七十四卷　(宋)歐陽修撰　清同治十一年(1872)湖北崇文書局刻本　八冊

110000－0198－0005738　史普 2969

五代史七十四卷　(宋)歐陽修撰　清翻刻汲古閣本　五冊

110000－0198－0005739　史普 2970

魏書一百十四卷　(北齊)魏收撰　清同治十一年(1872)金陵書局刻本　十九冊

110000－0198－0005740　史普 2972

南齊書五十九卷　(南朝梁)蕭子顯撰　清同治十三年(1874)金陵書局刻本　四冊　缺十五卷(九至二十三)

110000－0198－0005741　史普 2973

北齊書五十卷　(唐)李百藥撰　清同治十三年(1874)金陵書局刻本　四冊

110000－0198－0005742　史普 2974

元史二百十卷　(明)宋濂等撰　清同治十三年(1874)江南書局刻本　四十冊

110000－0198－0005743　史普 2975

元史二百十卷　(明)宋濂等撰　清同治刻本　十五冊　缺一百四十九卷(二十七至一百七十五)

110000－0198－0005744　史普 2976

三國志六十五卷　(晉)陳壽撰　清同治九年(1870)金陵書局刻本　八冊

110000－0198－0005745　史普 2977

北史一百卷　(唐)李百藥撰　清光緒刻本　十冊　存五十五卷(四十六至一百)

110000－0198－0005746　史普 2978

三國志六十五卷　(晉)陳壽撰　清光緒十三年(1887)江南書局刻本　十冊

110000－0198－0005747　史普 2979

金史一百三十五卷　(元)托克托等撰　清同治十三年(1874)江蘇書局刻本　十三冊　缺四十七卷(四十六至八十五、九十二至九十八)

110000－0198－0005748　史普 2980

金史一百三十五卷　(元)托克托等撰　清同治十三年(1874)江蘇書局刻本　二十冊

110000－0198－0005749　史普 2981

周書五十卷　(唐)令狐德棻撰　清同治十三年(1874)金陵書局刻本　四冊

110000－0198－0005750　史普 2982

南史八十卷　(唐)李百藥撰　清同治十一年(1872)金陵書局刻本　十五冊

110000－0198－0005751　史普 2983

遼史一百十五卷　(元)托克托等撰　清同治十二年(1873)江蘇書局刻本　十二冊

110000－0198－0005752　史普 2984

遼史拾遺二十四卷　(清)厲鶚撰　清光緒元年(1875)汪氏振綺堂刻本　八冊

110000－0198－0005753　史普 2985

北史一百卷　(唐)李百藥撰　清同治十一年(1872)金陵書局刻本　十六冊

110000－0198－0005754　史普 2987

續資治通鑑二百二十卷　(清)畢沅編　清嘉慶德裕堂刻本　六十四冊

110000－0198－0005755　史普 2988

續資治通鑑二百二十卷　(清)畢沅編　清刻

本　六十四册

110000－0198－0005756　史普 2989
通鑑釋文辯誤十二卷　(元)胡三省撰　清刻本　二册

110000－0198－0005757　史普 2990
資治通鑑外紀十卷目録五卷　(宋)劉恕編　清同治十年(1871)江蘇書局刻本　四册

110000－0198－0005758　史普 2991
資治通鑑外紀十卷目録五卷　(宋)劉恕編　清同治十年(1871)江蘇書局刻本　六册

110000－0198－0005759　史普 2992
資治通鑑外紀十卷目録五卷　(宋)劉恕編　清璜川書塾刻本　三册　存六卷(一至六)

110000－0198－0005760　史普 2993
通鑑釋文辯誤十二卷　(元)胡三省撰　清刻本　二册

110000－0198－0005761　史普 2994
資治通鑑綱目五十九卷首一卷　(明)陳仁錫評　清刻本　七十三册　缺三卷(一至三)

110000－0198－0005762　史普 2995
續資治通鑑二百二十卷　(清)畢沅編　清同治八年(1869)江蘇書局刻本　六十册

110000－0198－0005763　史普 2996
續資治通鑑二百二十卷　(清)畢沅編　清同治八年(1869)江蘇書局刻本　五十八册　缺十二卷(四十三至五十四)

110000－0198－0005764　史普 2997
資治通鑑目録三十卷　(宋)司馬光撰　清同治八年(1869)江蘇書局刻本　十册

110000－0198－0005765　史普 2999
資治通鑑考異三十卷　(宋)司馬光撰　清光緒十四年(1888)刻本　八册

110000－0198－0005766　史普 3000
資治通鑑外紀十卷目録五卷　(宋)劉恕編　清同治十年(1871)江蘇書局刻本　十册

110000－0198－0005767　史普 3001
陟園考訂資治通鑑綱目五十九卷　(元)錢選著　清光緒八年(1882)惜物軒刻本　六十册

110000－0198－0005768　史普 3002
續資治通鑑綱目二十七卷　(明)商輅等撰　清刻本　二十四册　缺三卷(十五至十六、二十三)

110000－0198－0005769　史普 3003
續資治通鑑綱目二十七卷　(明)商輅等撰　(明)陳仁錫評　明刻本　十四册　存十一卷(四、七、十六、十八至二十三、二十五至二十六)

110000－0198－0005770　史普 3004
資治通鑑綱目五十九卷　(宋)朱熹著　明末刻本　八册　存五卷(四十一至四十五)

110000－0198－0005771　史普 3005
資治通鑑目録三十卷　(宋)司馬光編　清同治八年(1869)江蘇書局仿宋刻本　十册

110000－0198－0005772　史普 3006
資治通鑑目録三十卷　(宋)司馬光編　清同治八年(1869)江蘇書局仿宋刻本　十册

110000－0198－0005773　史普 3007
資治通鑑目録三十卷　(宋)司馬光編　清同治八年(1869)江蘇書局仿宋刻本　十册

110000－0198－0005774　史普 3008
資治通鑑補二百九十四卷　(宋)司馬光編集　(元)胡三省音註　清光緒二年(1876)盛氏思補樓刻木活字印本　二册　存七卷(二百五十六至二百六十二)

110000－0198－0005775　史普 3010
資治通鑑釋文三十卷　(宋)史炤撰　清光緒刻本　三册　存十五卷(六至二十)

110000－0198－0005776　史普 3011
資治通鑑綱目前編二十五卷　(明)陳仁錫評　清嘉慶九年(1804)姑蘇聚文堂刻本　八册

110000－0198－0005777　史普 3012
資治通鑑綱目正編五十九卷　(明)陳仁錫評　清刻本　六册　存三卷(一至三)

110000－0198－0005778　史普 3013
續資治通鑑長編五百二十卷　(宋)李燾撰　清刻本　九册　存四十卷(一百四十至一百七十四、三百五十五至三百五十九)

110000－0198－0005779　史普 3014
通鑑類纂四十卷　(清)馬佳松椿纂　清光緒二十四年(1898)長白馬佳氏督漕節署刻本　四十册

110000－0198－0005780　史普 3015
御批歷代通鑑輯覽一百二十卷　(清)傅恒等編　清光緒五年(1879)刻朱墨印本　三十册　缺四十七卷(二十二至六十八)

110000－0198－0005781　史普 3016
續資治通鑑綱目二十七卷　(明)陳仁錫評　清姑蘇聚文堂刻本　三十二册

110000－0198－0005782　史普 3017
續資治通鑑二百二十卷　(清)畢沅編　清刻本　三十五册　缺一百八卷(一至一百八)

110000－0198－0005783　史普 3018
資治通鑑二百九十四卷　(宋)司馬光編　清刻本　九十六册　存二百四十卷(一至二百四十)

110000－0198－0005784　史普 3019
資治通鑑二百九十四卷附釋文辨誤十二卷　(宋)司馬光編　清同治八年(1869)江蘇書局刻本　九十八册　缺三卷(二百七十一至二百七十三)

110000－0198－0005785　史普 3020
資治通鑑二百九十四卷附釋文辨誤十二卷　(宋)司馬光編　清同治八年(1869)江蘇書局刻本　九十七册　缺三卷(一百五十七至一百五十九)

110000－0198－0005786　史普 3021
資治通鑑綱目二十七卷　(明)陳仁錫評　清刻本　八册　存八卷(十三至二十)

110000－0198－0005787　史普 3022
資治通鑑綱目五十九卷　(宋)朱熹著　清刻本　十册　存五卷(一至五)

110000－0198－0005788　史普 3023
資治通鑑二百九十四卷附釋文辨誤十二卷　(宋)司馬光編　清同治八年(1869)江蘇書局刻本　一百册

110000－0198－0005789　史普 3025
資治通鑑補二百九十四卷　(宋)司馬光編　清光緒二年(1876)思補樓刻本　八十册

110000－0198－0005790　史普 3026
資治通鑑綱目五十九卷　(宋)朱熹著　清刻本　三十二册　存三十三卷(十九至四十、四十九至五十九)

110000－0198－0005791　史普 3027
資治通鑑二百九十四卷附釋文辨誤十二卷　(宋)朱熹撰　清長沙佚老堂刻本　一百册

110000－0198－0005792　史普 3036
古香齋新刻袖珍資治通鑑綱目三編二十卷　(清)張廷玉等纂　清光緒七年至八年(1881－1882)南海孔氏岳雪樓刻本　四册

110000－0198－0005793　史普 3037
資治通鑑地理今釋十六卷　(清)吴熙載撰　清光緒八年(1882)江蘇書局刻本　一册　存七卷(十至十六)

110000－0198－0005794　史普 3038
資治通鑑目錄三十卷　(宋)司馬光編　清末石印本　一册　存一卷(十五)

110000－0198－0005795　史普 3054
續資治通鑑二百二十卷　(清)畢沅編　清光緒二十八年(1902)上海積山書局石印本　二十二册

110000－0198－0005796　史普 3055
資治通鑑目錄三十卷　(宋)司馬光編　清光緒二十五年(1899)上海蜚英館石印本　三册

110000－0198－0005797　史普 3056
資治通鑑二百九十四卷　(宋)司馬光編　清光緒二十五年(1899)上海蜚英館石印本　十七册　存一百十一卷(一至二十、四十一至八

十七、一百十四至一百三十四、一百七十四至一百七十九、二百二十二至二百三十二、二百六十三至二百六十八)

110000－0198－0005798　史普 3057
續資治通鑑二百二十卷　(清)畢沅編　清光緒二十四年(1898)上海積山書局石印本　二十二册

110000－0198－0005799　史普 3059
資治通鑑二百九十四卷通釋辨誤十二卷　(宋)司馬光編　清光緒二十四年(1898)上海積山書局石印本　三十一册

110000－0198－0005800　史普 3067
續資治通鑑二百二十卷　(清)畢沅編　清末石印本　二十二册　存一百九十卷(三十一至二百二十)

110000－0198－0005801　史普 3071
資治通鑑二百九十四卷釋文辨誤十二卷　(宋)司馬光編　清嘉慶胡氏刻本　一百册

110000－0198－0005802　史普 3075
前漢書一百二十卷　(漢)班固撰　(唐)顔師古注　清同治八年(1869)金陵書局刻本　十六册　缺二十卷(一百一至一百二十)

110000－0198－0005803　史普 3076
前漢書一百二十卷　(漢)班固撰　(唐)顔師古注　清刻本　二十二册　存一百卷(一至一百)

110000－0198－0005804　史普 3077
續漢志三十卷　(南朝梁)劉昭注　清刻本　二册　存二十五卷(一至二十五)

110000－0198－0005805　史普 3078
漢書七十九卷　(唐)顔師古注　清光緒十三年(1887)金陵書局刻本　十五册　缺九卷(六十六至七十四)

110000－0198－0005806　史普 3080
後漢書九十卷後漢書志三十卷　(南朝梁)劉昭注　(唐)李賢注　清刻本　十八册

110000－0198－0005807　史普 3082
三國志六十五卷　(晉)陳壽撰　清同治九年(1870)金陵書局刻本　八册　存二十五卷(魏書一至二十五)

110000－0198－0005808　史普 3083
後漢書一百三十卷　(南朝宋)范曄撰　(晉)司馬彪撰　(南朝梁)劉昭注　(唐)李賢注　清同治八年(1869)金陵書局刻本　十六册

110000－0198－0005809　史普 3084
後漢書一百三十卷　(南朝宋)范曄撰　(晉)司馬彪撰　(南朝梁)劉昭注　(唐)李賢注　清光緒十三年(1887)金陵書局刻本　十六册

110000－0198－0005810　史普 3085
後漢書補表八卷　(清)錢大昭撰　清光緒八年(1882)知不足齋刻本　四册

110000－0198－0005811　史普 3086
後漢書一百三十卷　(南朝宋)范曄撰　(晉)司馬彪撰　清同治十二年(1873)嶺東使署刻本　八册

110000－0198－0005812　史普 3087
漢書一百二十卷　(漢)班固撰　(唐)顔師古注　清同治八年(1869)金陵書局刻本　十六册

110000－0198－0005813　史普 3088
後漢書一百三十卷　(南朝宋)范曄撰　(晉)司馬彪撰　(南朝梁)劉昭注　(唐)李賢注　清同治八年(1869)金陵書局刻本　十六册

110000－0198－0005814　史普 3089
漢書一百二十卷　(漢)班固撰　(唐)顔師古注　清同治八年(1869)金陵書局刻本　十六册

110000－0198－0005815　史普 3090
漢書一百二十卷　(漢)班固撰　(唐)顔師古注　清同治十年(1871)成都書局刻本　四十三册

110000－0198－0005816　史普 3091
漢書一百二十卷　(漢)班固撰　(唐)顔師古注　清光緒十三年(1887)金陵書局刻本　十

六册

110000－0198－0005817　史普 3092
續後漢書四十二卷音義四卷　（宋）蕭常著　清同治八年(1869)師古山房刻本　六册

110000－0198－0005818　史普 3093
漢書補註一百卷　（清）王榮商撰　清刻本　一册　存三卷(五至七)

110000－0198－0005819　史普 3095
漢書評林一百卷　（明）凌稚隆輯　明刻本　二册　存十四卷(七十六至八十九)

110000－0198－0005820　史普 3097
後漢書一百三十卷　（南朝宋）范曄撰　（晉）司馬彪撰　（南朝梁）劉昭注　（唐）李賢注　清同治十二年(1873)嶺東使署刻本　五册　存三十一卷(一至二十五、四十至四十五)

110000－0198－0005821　史普 3098
漢書一百二十卷　（漢）班固撰　（唐）顔師古注　清刻本　十九册　缺七卷(八十八至九十四)

110000－0198－0005822　史普 3099
漢書一百二十卷　（漢）班固撰　（唐）顔師古注　清韓江書局刻本　十二册　缺十八卷(一至十八)

110000－0198－0005823　史普 3100
漢書一百二十卷　（漢）班固撰　（唐）顔師古注　清刻本　七册　存二十五卷(七十五至九十九)

110000－0198－0005824　史普 3101
漢書補註一百卷　（漢）班固撰　（唐）顔師古注　王先謙補註　清光緒二十六年(1900)長沙王氏刻本　三十二册

110000－0198－0005825　史普 3102
漢書一百二十卷　（漢）班固撰　（唐）顔師古注　清光緒十九年(1893)金陵仿汲古閣刻本　十八册

110000－0198－0005826　史普 3103
漢書一百二十卷　（漢）班固撰　（唐）顔師古注　清同治十二年(1873)嶺東使署刻本　十八册

110000－0198－0005827　史普 3104
漢書一百二十卷　（漢）班固撰　（唐）顔師古注　清刻本　一册　存六卷(九十二至九十七)

110000－0198－0005828　史普 3105
後漢書一百二十卷　（南朝宋）范曄撰　（南朝梁）劉昭注　（唐）李賢注　清刻本　二十六册

110000－0198－0005829　史普 3107
漢書一百二十卷　（漢）班固撰　（唐）顔師古注　清同治八年(1869)金陵書局刻本　十六册　存三十二卷(一至三十二)

110000－0198－0005830　史普 3109
御批歷代通鑑輯覽一百二十卷　（清）傅恒等編　清刻本　五十九册　存三十二卷(一至三十二)

110000－0198－0005831　史普 3110
御批資治通鑑綱目前編十八卷正編五十九卷續編二十七卷首一卷　（宋）朱熹撰　清刻本　二十四册

110000－0198－0005832　史普 3112
御批歷代通鑑輯覽一百二十卷　（清）傅恒等撰　清光緒九年(1883)上海同文書局石印本　十六册

110000－0198－0005833　史普 3113
御批歷代通鑑輯覽一百二十卷　（清）傅恒等編　清同治浙江書局刻朱墨印本　四十八册

110000－0198－0005834　史普 3115
御批歷代通鑑輯覽一百二十卷　（清）傅恒等編　清同治浙江書局刻朱墨印本　四十二册　存一百三卷(十八至一百二十)

110000－0198－0005835　史普 3116
御批歷代通鑑輯覽一百二十卷　（清）傅恒等編　清光緒二十九年(1903)上海通元書局石印本　二十四册

110000－0198－0005836　史普 3117

御批歷代通鑑輯覽一百二十卷　(清)傅恒等撰　清光緒通文書局石印本　十六冊　缺六十四卷(一至六十四)

110000－0198－0005837　史普 3118

御批資治通鑑綱目五十九卷首一卷　(宋)朱熹撰　清光緒刻本　四十四冊　存十七卷(三至八、十七至十八、三十三至三十四、三十七至三十八、四十五至四十六、四十九、五十二至五十三)

110000－0198－0005838　史普 3119

御批資治通鑑綱目前編十八卷正編五十九卷續編二十七卷首一卷　(宋)朱熹撰　清刻本　十冊

110000－0198－0005839　史普 3120

御批歷代通鑑輯覽一百二十卷　(清)傅恒等編　清光緒二十五年(1899)上海順成書局石印本　二十四冊　缺四卷(二十一至二十三、二十五)

110000－0198－0005840　史普 3121

通鑑綱目分類策論檢題　(清)夢蜨生編　清光緒二十九年(1903)上海官書局石印本　四冊

110000－0198－0005841　史普 3122

通鑑紀事本末二百三十九卷　(宋)袁樞撰　清刻本　八冊　存三十四卷(四十七至八十)

110000－0198－0005842　史普 3123

紀事本末八十卷　(清)谷應泰編　清順治刻本　六冊　存二十一卷(四十六至六十六)

110000－0198－0005843　史普 3124

御批歷代通鑑輯覽一百二十卷　(清)傅恒等編　清刻本　十二冊　存二十卷(三十六至四十六、七十三至八十一)

110000－0198－0005844　史普 3125

御批歷代通鑑輯覽一百二十卷　(清)傅恒等編　清光緒三十四年(1908)上海商務印書館石印本　三十九冊　缺四卷(十二至十五)

110000－0198－0005845　史普 3127

御批歷代通鑑輯覽一百二十卷　(清)傅恒等撰　清末石印本　二冊　存十三卷(十五至二十一、八十四至八十九)

110000－0198－0005846　史普 3128

御批歷代通鑑輯覽一百二十卷　(清)傅恒等撰　清刻朱墨印本　八冊　存十八卷(一百三至一百二十)

110000－0198－0005847　史普 3129

通鑑紀事本末二百三十九卷　(清)谷應泰編　清刻本　十八冊　存五十九卷(二十二至八十)

110000－0198－0005848　史普 3130

御批歷代通鑑輯覽一百二十卷　(清)傅恒等編　清光緒二十年(1894)湖南澹雅書局刻本　十冊　存二十卷(三十九至五十八)

110000－0198－0005849　史普 3131

御批歷代通鑑輯覽一百二十卷　(清)傅恒等編　清刻本　八十冊

110000－0198－0005850　史普 3132

尺木堂綱鑑易知錄九十二卷　(清)吳乘權輯　清康熙五十年(1711)玉山樓刻本　五冊　存三十七卷(一至二十六、四十四至五十四)

110000－0198－0005851　史普 3133

御批歷代通鑑輯覽一百二十卷　(清)傅恒等編　清光緒二十四年(1898)上海掃葉山房石印本　四冊　存二十二卷(一至五、九十七至一百十三)

110000－0198－0005852　史普 3135

御批歷代通鑑輯覽一百二十卷　(清)傅恒等編　清光緒二十九年(1903)圖書集成局石印本　八冊　存三十三卷(一至三十三)

110000－0198－0005853　史普 3136

御批歷代通鑑輯覽一百二十卷　(清)傅恒等編　清通元書局石印本　十二冊　存五十八卷(六十三至一百二十)

110000－0198－0005854　史普 3137

御批歷代通鑑輯覽一百二十卷 （清）傅恒等編 清光緒五年(1879)天津煮字山房刻朱墨印本 五十四冊 缺九卷(七至九、七十一至七十四、一百五至一百六)

110000－0198－0005855 史普 3138
御批歷代通鑑輯覽一百二十卷 （清）傅恒等編 清刻本 七冊 存十四卷(十九至二十四、二十七至三十二、九十五至九十六)

110000－0198－0005856 史普 3139
御批歷代通鑑輯覽一百二十卷 （清）傅恒等編 清刻本 十五冊 存二十八卷(七十五至一百二)

110000－0198－0005857 史普 3140
文獻徵存錄十卷 （清）錢林輯 清咸豐八年(1858)有嘉樹軒刻本 三冊 存三卷(三至五)

110000－0198－0005858 史普 3141
竹書紀年十二卷 （南朝梁）沈約注 （清）徐文靖箋 清刻本 二冊 存七卷(四至十)

110000－0198－0005859 史普 3142
御批歷代通鑑輯覽一百二十卷 （清）傅恒等編 清刻本 一冊 存二卷(一百十五至一百十六)

110000－0198－0005860 史普 3143
三國志六十五卷 （晉）陳壽撰 清同治六年(1867)金陵書局刻本 三十冊 存十一卷(一至十一)

110000－0198－0005861 史普 3144
唐書二百二十五卷 （宋）歐陽修撰 清同治十二年(1873)浙江書局刻本 四十冊

110000－0198－0005862 史普 3145
唐書二百二十五卷 （宋）歐陽修撰 清刻本 十冊 存三十四卷(六十一至九十四)

110000－0198－0005863 史普 3146
舊唐書二百卷 （五代）劉昫等撰 清刻本 十冊 存五十一卷(三十九至八十九)

110000－0198－0005864 史普 3147
舊唐書二百卷 （五代）劉昫等撰 清刻本 七冊

110000－0198－0005865 史普 3148
隋書八十五卷 （唐）魏徵撰 清同治十年(1871)淮南書局刻本 十二冊

110000－0198－0005866 史普 3149
紀事本末八種 （清）高士奇編纂 清光緒二十六年(1900)廣雅書局刻本 一百六冊 缺一種(通鑑長編紀事本末)

110000－0198－0005867 史普 3151
元史紀事本末二十七卷 （明）陳邦瞻編 清同治十三年(1874)江西書局刻本 四冊

110000－0198－0005868 史普 3152
左傳紀事本末五十三卷 （清）高士奇編纂 清同治十二年(1873)江西書局刻本 十二冊

110000－0198－0005869 史普 3153
明史紀事本末八十卷 （清）谷應泰編 清同治十三年(1874)江西書局刻本 二十冊

110000－0198－0005870 史普 3154
宋史紀事本末一百九卷 （明）馮琦編 清同治十三年(1874)江西書局刻本 二十冊

110000－0198－0005871 史普 3155
通鑑紀事本末二百三十九卷 （宋）袁樞編 清同治江西書局刻本 三十冊 存七十四卷(一百六十六至二百三十九)

110000－0198－0005872 史普 3156
元史紀事本末二十七卷 （明）陳邦瞻編 清同治十三年(1874)江西書局刻本 八冊

110000－0198－0005873 史普 3157
宋史紀事本末一百九卷 （明）馮琦編 清同治十三年(1874)江西書局刻本 二十冊

110000－0198－0005874 史普 3158
明史紀事本末八十卷 （清）谷應泰編 清築盆堂刻本 六冊 存十八卷(一至十八)

110000－0198－0005875 史普 3159
明史紀事本末八十卷 （清）谷應泰編 清同治十三年(1874)江西書局刻本 二十冊 存

四十六卷(一至四十六)

110000－0198－0005876　史普3160
左傳紀事本末五十三卷　(清)高士奇撰　清同治十二年(1873)江西書局刻本　十二册

110000－0198－0005877　史普3161
左傳紀事本末五十三卷　(清)高士奇撰　清同治十二年(1873)江西書局刻本　十二册

110000－0198－0005878　史普3162
左傳紀事本末五十三卷　(清)高士奇撰　清同治十二年(1873)江西書局刻本　六册　存二十九卷(一至二十九)

110000－0198－0005879　史普3163
遼史紀事本末四十卷首一卷末一卷　(清)李有棠撰　清光緒二十九年(1903)李栘鶚樓刻本　八册

110000－0198－0005880　史普3164
後漢書一百卷續漢書志三十卷　(南朝宋)范曄撰　(晉)司馬彪撰　(唐)李賢注　(南朝梁)劉昭注　清同治八年(1869)金陵書局刻本　十六册

110000－0198－0005881　史普3167
漢書一百二十卷　(漢)班固撰　(唐)顔師古注　清同治八年(1869)金陵書局刻本　六册　存十九卷(一至十九)

110000－0198－0005882　史普3168
後漢書一百卷續漢書志三十卷　(南朝宋)范曄撰　(晉)司馬彪撰　(唐)李賢注　(南朝梁)劉昭注　清同治八年(1869)金陵書局刻本　十六册

110000－0198－0005883　史普3169
元書一百二卷首一卷　曾廉撰　清宣統三年(1911)層漪堂刻本　二十册

110000－0198－0005884　史普3170
漢書一百二十卷　(漢)班固撰　(唐)顔師古注　清同治八年(1869)金陵書局刻本　十六册

110000－0198－0005885　史普3171
後漢書一百卷注補續漢書志三十卷　(南朝宋)范曄撰　(晉)司馬彪撰　(唐)李賢注　(南朝梁)劉昭注　清同治金陵書局刻本　十六册

110000－0198－0005886　史普3172
後漢書一百卷續漢書志三十卷　(南朝宋)范曄撰　(晉)司馬彪撰　(唐)李賢注　(南朝梁)劉昭注　清光緒十三年(1887)金陵書局刻本　十四册

110000－0198－0005887　史普3173
後漢書一百三十卷　(南朝宋)范曄撰　(晉)司馬彪撰　(唐)李賢注　(南朝梁)劉昭注　清刻本　十六册

110000－0198－0005888　史普3174
元史二百十卷　(明)宋濂等撰　清同治十三年(1874)江蘇書局刻本　四十八册　存一百二十五卷(一至一百二十五)

110000－0198－0005889　史普3175
元史二百十卷目錄二卷　(明)宋濂等撰　清同治十三年(1874)江蘇書局刻本　四十册

110000－0198－0005890　史普3176
舊五代史一百五十卷　(宋)薛居正等撰　清同治十一年(1872)湖北崇文書局刻本　十六册

110000－0198－0005891　史普3177
元朝秘史注十五卷首一卷　(清)李文田注　清光緒二十二年(1896)通隱堂刻本　四册

110000－0198－0005892　史普3178
元史二百十卷　(明)宋濂撰　清刻本　八册　存二十七卷(四十二至六十八)

110000－0198－0005893　史普3179
元史二百十卷　(明)宋濂等著　清刻本　十册　存四十七卷(一至四十七)

110000－0198－0005894　史普3180
遼史一百十五卷　(元)托克托等撰　清同治十二年(1873)江蘇書局刻本　十二册

110000－0198－0005895　史普3181

金史一百三十五卷　(元)托克托等撰　清刻本　七册　存五十三卷(四十六至九十八)

110000－0198－0005896　史普 3182
晉書一百三十卷　(唐)太宗李世民撰　清吳氏西爽堂刻本　二十四册

110000－0198－0005897　史普 3183
二十四史　清光緒武林竹簡齋石印本　十八册　存五種(唐書、史記、明史、晉書、後漢書)

110000－0198－0005898　史普 3184
晉書一百三十卷　(唐)房玄齡撰　清同治十年(1871)金陵書局刻本　二十册

110000－0198－0005899　史普 3185
晉書一百三十卷　(唐)房玄齡撰　清同治十年(1871)金陵書局刻本　二十册

110000－0198－0005900　史普 3186
晉書校勘記五卷　(清)周雲撰　清光緒十四年(1888)廣雅書局刻本　一册

110000－0198－0005901　史普 3187
晉書一百三十卷　(唐)房玄齡撰　清刻本　四册　存二十八卷(六十至八十一、九十至九十五)

110000－0198－0005902　史普 3188
史記一百三十卷　(漢)司馬遷撰　清刻本　十册　存二十卷(十八至三十七)

110000－0198－0005903　史普 3192
漢書補註一百卷首一卷　王先謙著　清光緒二十六年(1900)長沙王氏刻本　三十二册

110000－0198－0005904　史普 3193
方望溪評點史記　(漢)司馬遷撰　(清)方苞評點　清刻本　十八册　存一百十五卷(一至一百十五)

110000－0198－0005905　史普 3194
歸震川評點史記　(漢)司馬遷撰　(明)歸震川撰　清光緒二年(1876)武昌張氏刻本　十六册

110000－0198－0005906　史普 3195
史記一百三十卷　(漢)司馬遷撰　清刻本　三十二册

110000－0198－0005907　史普 3196
史記集解索隱正義合刻本一百三十卷　(漢)司馬遷撰　(南朝宋)裴駰集解　(唐)司馬貞索隱　(唐)張守節正義　清同治五年至九年(1866－1870)金陵書局刻本　十七册　存一百十七卷(一至二十二、二十八至六十五、七十四至一百三十)

110000－0198－0005908　史普 3197
史記一百三十卷　(漢)司馬遷撰　清金陵書局仿汲古閣刻本　八册　存八十四卷(四十七至一百三十)

110000－0198－0005909　史普 3198
史記一百三十卷　(漢)司馬遷撰　清光緒四年(1878)金陵書局刻本　十六册

110000－0198－0005910　史普 3199
史記一百三十卷　(漢)司馬遷撰　清刻本　二册　存七卷(八至十四)

110000－0198－0005911　史普 3200
歸方評點史記一百三十卷　(漢)司馬遷撰　(明)歸有光評點　(清)方苞評點　清光緒二年(1876)武昌張氏刻本　二十册

110000－0198－0005912　史普 3201
史記一百三十卷　(漢)司馬遷撰　(南朝宋)裴駰集解　清光緒四年(1878)金陵書局刻本　十六册

110000－0198－0005913　史普 3202
歸方評點史記一百三十卷　(漢)司馬遷撰　(明)歸有光評點　(清)方苞評點　清光緒二年(1876)武昌張氏刻本　二十册

110000－0198－0005914　史普 3203
史記一百三十卷　(漢)司馬遷撰　清光緒十八年(1892)武林竹簡齋石印本　八册

110000－0198－0005915　史普 3204
史記一百三十卷　(漢)司馬遷撰　(南朝宋)裴駰集解　清光緒八年(1882)上海點石齋石印本　四册

110000－0198－0005916　史普 3205
方望溪評點史記一百三十卷　（漢）司馬遷撰　（清）方苞評點　清刻本　九冊　存七十五卷（五十六至一百三十）

110000－0198－0005917　史普 3206
史記一百三十卷　（漢）司馬遷撰　清末刻朱印本　八冊　存八十三卷（四十八至一百三十）

110000－0198－0005918　史普 3207
史記一百三十卷　（漢）司馬遷撰　（清）（明）徐孚遠測議　（明）陳子龍測議　清刻本　十二冊　存六十九卷（十八至八十六）

110000－0198－0005919　史普 3208
歸方評點史記一百三十卷　（漢）司馬遷撰　（明）歸有光評點　（清）方苞評點　清光緒二年（1876）武昌張氏刻本　二十冊

110000－0198－0005920　史普 3210
史記集解索隱正義合刻本一百三十卷　（漢）司馬遷撰　清同治五年至九年（1866－1870）金陵書局刻本　二十冊

110000－0198－0005921　史普 3211
史記集解索隱正義合刻本一百三十卷　（漢）司馬遷撰　清同治五年至九年（1866－1870）金陵書局刻本　二十冊　存十七卷（一至十七）

110000－0198－0005922　史普 3212
史記一百三十卷　（漢）司馬遷撰　（南朝宋）裴駰集解　清同治十一年（1872）成都書局刻本　二十六冊

110000－0198－0005923　史普 3213
史記集解索隱正義合刻本一百三十卷　（漢）司馬遷撰　清同治五年至九年（1866－1870）金陵書局刻本　二十冊

110000－0198－0005924　史普 3215
欽定日下舊聞考一百六十卷　（清）英廉撰　清刻本　十六冊　存六十四卷（九十六至一百五十九）

110000－0198－0005925　史普 3216
大清會典一百卷　（清）崑岡等修　清刻本　十八冊　存三十八卷（五十九至九十六）

110000－0198－0005926　史普 3217
兩漢策要十二卷　（宋）陶叔獻輯　清刻本　八冊

110000－0198－0005927　史普 3218
繹史一百六十卷　（清）馬驌撰　清末刻本　二十三冊　存七十五卷（八十六至一百六十）

110000－0198－0005928　史普 3219
日下舊聞四十二卷　（清）英廉撰　清末刻本　十六冊

110000－0198－0005929　史普 3221
歷代名臣傳三十五卷續編五卷　（清）朱軾訂　清刻本　八冊　存二十一卷（二十至三十五、續編五卷）

110000－0198－0005930　史普 3222
明季南略十八卷　（清）計六奇編　清刻本　八冊

110000－0198－0005931　史普 3223
路史四十七卷　（宋）羅泌著　清刻本　十一冊　存十一卷（十二至二十二）

110000－0198－0005932　史普 3226
綱鑑正史約三十六卷　（明）顧錫疇撰　清同治八年（1869）浙江書局刻本　二十冊

110000－0198－0005933　史普 3227
綱鑑正史約三十六卷　（明）顧錫疇撰　清同治八年（1869）浙江書局刻本　二十冊

110000－0198－0005934　史普 3228
選例彙鈔二卷　（清）宗廷輔編　清刻本　一冊

110000－0198－0005935　史普 3229
欽定天祿琳瑯書目十卷後編二十卷　（清）于敏中等編　清光緒十年（1884）長沙王氏刻本　八冊　缺五卷（十一至十五）

110000－0198－0005936　史普 3230
直齋書錄解題二十二卷　（宋）陳振孫撰　清

刻本　八冊

110000－0198－0005937　史普 3231
漢志水道考證四卷　(清)洪頤煊撰　清承德孫氏刻本　二冊

110000－0198－0005938　史普 3232
天聖明道本國語二十一卷附天聖明道本國語考異四卷　(春秋)左丘明撰　(三國吴)韋昭注　清同治八年(1869)湖北崇文書局刻本　四冊

110000－0198－0005939　史普 3233
三國志旁證三十卷　(清)梁章鉅撰　清廣雅書局刻本　十冊　存二十五卷(六至三十)

110000－0198－0005940　史普 3234
大清光緒十一年七政經緯躔度時憲書不分卷　(清)欽天監編　清光緒十一年(1885)刻本　九冊

110000－0198－0005941　史普 3236
國朝先正事略六十卷　(清)李元度撰　清同治五年(1866)循陔草堂刻本　二十冊　缺五卷(四、七、二十二至二十四)

110000－0198－0005942　史普 3237
列女傳補注八卷附錄一卷校正一卷　(清)王照圓著　清刻本　四冊

110000－0198－0005943　史普 3238
武夷山志二十四卷首一卷　(清)董天工編　清刻本　十冊

110000－0198－0005944　史普 3239
儀顧堂題跋十六卷續跋十六卷　(清)陸心源撰　清刻本　八冊

110000－0198－0005945　史普 3240
近世叢語八卷　(日本)角田久華著　清慶元堂玉枝軒松根堂刻本　八冊

110000－0198－0005946　史普 3242
學案小識十四卷首一卷末一卷　(清)唐鑑撰　清末石印本　七冊　缺二卷(一至二)

110000－0198－0005947　史普 3243
史記菁華錄六卷　(清)苧田氏輯　清道光四年(1824)扶荔山房刻本　五冊　存五卷(一至五)

110000－0198－0005948　史普 3244
鄭堂讀書記七十一卷　(清)周中孚撰　清吴興劉氏嘉業堂刻本　二十四冊

110000－0198－0005949　史普 3245
高僧傳初集十五卷　(南朝梁)釋慧皎撰　清刻本　四冊

110000－0198－0005950　史普 3246
高僧傳二集四十卷　(唐)釋道宣撰　清刻本　十冊

110000－0198－0005951　史普 3247
高僧傳三集三十卷　(宋)釋贊寧撰　清刻本　八冊

110000－0198－0005952　史普 3248
[清光緒乙酉科]各省選拔同年明經通譜　(清)彭述編　清光緒京都琉璃廠刻本　四冊

110000－0198－0005953　史普 3249
明宫史八卷　(明)劉若愚編　清宣統二年(1910)國學扶輪社鉛印本　二冊

110000－0198－0005954　史普 3250
記過齋藏書六種　(清)蘇源生撰　清光緒六年(1880)刻本　六冊　存三種十三卷(崇祀鄉賢錄一卷、省身錄十卷、大學臆說二卷)

110000－0198－0005955　史普 3251
元朝秘史十五卷　(元)脱察安撰　清光緒二十二年(1896)刻本　二冊　存七卷(一至七)

110000－0198－0005956　史普 3252
元朝秘史十五卷　(元)脱察安撰　清光緒三十四年(1908)葉氏觀古堂刻本　六冊

110000－0198－0005957　史普 3254
綏寇紀略十二卷　(清)吴偉業纂　清刻本　四冊

110000－0198－0005958　史普 3255
桐城先生點勘史記一百三十卷　(清)吴汝綸點勘　清刻本　二十冊

110000－0198－0005959　史普 3256

唐陸宣公制誥十卷奏草七卷奏議七卷　（唐）陸贄撰　清光緒十一年(1885)淮南書局刻本　四冊

110000－0198－0005960　史普 3262

桐城先生點勘史記一百三十卷　（清）吳汝綸點勘　清刻朱印本　十冊　存四十七卷(一至四十七)

110000－0198－0005961　史普 3263

陳書三十六卷　（唐）姚思廉撰　明刻本　四冊

110000－0198－0005962　史普 3266

揚州水道記四卷　（清）劉文淇撰　清道光二十五年(1845)江西撫署刻本　四冊

110000－0198－0005963　史普 3267

陳書三十六卷　（唐）姚思廉撰　清同治十一年(1872)金陵書局刻本　四冊

110000－0198－0005964　史普 3268

續資治通鑑二百二十卷　（清）畢沅著　清同治六年(1867)刻本　六十冊

110000－0198－0005965　史普 3270

太平寰宇記二百卷　（宋）樂史撰　清光緒八年(1882)金陵書局刻本　三十六冊　存二十八卷(一至二十八)

110000－0198－0005966　史普 3271

綏寇紀略十二卷　（清）吳偉業纂　清刻本　六冊

110000－0198－0005967　史普 3272

復堂日記八卷　（清）譚獻撰　清光緒十三年(1887)刻本　三冊

110000－0198－0005968　史普 3273

藝風藏書記八卷　繆荃孫撰　清光緒二十六年(1900)刻本　六冊

110000－0198－0005969　史普 3275

讀史方輿紀要一百三十卷　（清）顧祖禹撰　清末石印本　六十五冊　存六卷(一至六)

110000－0198－0005970　史普 3276

讀史方輿紀要一百三十卷　（清）顧祖禹撰　清光緒五年(1879)蜀南薛氏桐華書屋刻本　三冊　存七卷(一至四、七至九)

110000－0198－0005971　史普 3277

明通鑑一百卷首一卷前編四卷正編九十卷附編六卷　（清）夏燮撰　清光緒二十六年(1900)上海掃葉山房石印本　十六冊　存九十卷(正編九十卷)

110000－0198－0005972　史普 3279

明季南略十八卷　（清）計六奇編　清光緒十三年(1887)上海圖書集成印書局鉛印本　十冊

110000－0198－0005973　史普 3280

讀史方輿紀要一百三十卷　（清）顧祖禹撰　清光緒五年(1879)蜀南薛氏桐華書屋刻本　六十冊

110000－0198－0005974　史普 3281

平定粵匪紀略十八卷　（清）杜文瀾撰　清同治十年(1871)京都聚珍齋刻本　十冊

110000－0198－0005975　史普 3282

曾文正公年譜十二卷　（清）黎庶昌編　清光緒二年(1876)傳忠書局刻本　七冊

110000－0198－0005976　史普 3283

讀史方輿紀要一百三十卷　（清）顧祖禹撰　清刻本　六十冊

110000－0198－0005977　史普 3284

開有益齋讀書志六卷續志一卷　（清）朱緒曾撰　清光緒六年(1880)金陵翁氏茹古閣刻本　四冊

110000－0198－0005978　史普 3286

歐陽文忠公全集一百五十三卷　（宋）歐陽修撰　清刻本　八冊　存三十九卷(八十五至一百二十三)

110000－0198－0005979　史普 3288

[清光緒癸巳]爵秩全覽　（清）□□撰　清光緒刻本　四冊

110000－0198－0005980　史普 3290

陶齋吉金錄八卷 （清）端方輯　清光緒三十四年（1908）有正書局刻本　十冊

110000－0198－0005981　史普 3291
陶齋吉金錄八卷 （清）端方輯　清光緒三十四年（1908）有正書局刻本　四冊　存四卷（五至八）

110000－0198－0005982　史普 3295
湖南文徵一百九十卷 （清）羅汝懷編　清同治八年（1869）刻本　二十冊

110000－0198－0005983　史普 3296
資治通鑑二百九十四卷附釋文辨誤十二卷 （宋）司馬光撰　清嘉慶二十一年（1816）鄱陽胡氏刻本　七十冊

110000－0198－0005984　史普 3297
御撰資治通鑑綱目三編三十卷 （清）張廷玉撰　清道光二十一年（1841）刻本　六冊

110000－0198－0005985　史普 3298
史記鈔四卷 （清）高梅亭評　清光緒刻本　四冊

110000－0198－0005986　史普 3299
繹史一百六十卷 （清）馬驌撰　清刻本　四十八冊

110000－0198－0005987　史普 3301
五代會要三十卷 （宋）王溥撰　清刻本　十四冊

110000－0198－0005988　史普 3302
通商約章類纂三十五卷首一卷 （清）徐宗亮編　清光緒十二年（1886）天津官書局刻本　二十一冊

110000－0198－0005989　史普 3304
景岳全書六十四卷 （明）張介賓撰　清康熙刻本　一冊　存一卷（六十四）

110000－0198－0005990　史普 3306
重刊荆溪縣志四卷首一卷 （清）唐仲冕撰　清光緒八年（1882）刻本　一冊　存二卷（三至四）

110000－0198－0005991　史普 3308
華陽國志十二卷 （晉）常璩著　清嘉慶十九年（1814）刻本　二冊

110000－0198－0005992　史普 3309
史記一百三十卷 （漢）司馬遷撰　清刻本　五冊　存二十四卷（十五至十六、二十至二十二、二十七至三十五、九十五至一百四）

110000－0198－0005993　史普 3310
漢魏百三名家集一百十八卷 （明）張溥評　清光緒三年（1877）滇南唐氏壽考堂刻本　五冊　存十四卷（一至十四）

110000－0198－0005994　史普 3311
史漢合鈔四卷 （清）高梅亭評　清乾隆五十三年（1788）善成堂刻本　四冊

110000－0198－0005995　史普 3313
南漢紀五卷 （清）吳蘭撰　清道光三十年（1850）南海伍氏刻本　一冊

110000－0198－0005996　史普 3315
顧亭林先生年譜四卷 （清）吳映奎輯　清光緒十一年（1885）上海掃葉山房刻本　一冊

110000－0198－0005997　史普 3316
三國志證聞二卷 （清）錢儀吉撰　清光緒江蘇書局刻本　二冊

110000－0198－0005998　史普 3319
重刊武功縣志四卷 （明）康海纂　清光緒二十年（1894）海昌許氏刻本　一冊

110000－0198－0005999　史普 3320
［清光緒戊子科］鄉試錄 （清）張百熙等編　清光緒十四年（1888）刻本　一冊

110000－0198－0006000　史普 3321
武英殿本二十三史考證六十七卷 （清）孫嘉淦編　清末抄本　一冊　存一卷（六十）

110000－0198－0006001　史普 3322
兩罍軒印考漫存九卷 （清）吳雲輯　清同治刻本　四冊

110000－0198－0006002　史普 3323
湖南輿圖說二卷 （清）左學吕輯　清光緒二十三年（1897）刻本　二冊

110000－0198－0006003　史普 3325

問心齋學治續錄四卷　(清)張聯桂撰　清光緒十一年(1885)刻本　一册

110000－0198－0006004　史普 3327

東瀛識略八卷　(清)丁紹儀纂　清同治十二年(1873)福州吴玉田刻本　一册　存四卷(一至四)

110000－0198－0006005　史普 3328

雲南勘界籌邊記二卷　(清)姚文棟撰　清光緒二十三年(1897)刻本　一册

110000－0198－0006006　史普 3330

廿二史文鈔一百九卷　(清)納蘭常安評　清刻本　十六册　存五十四卷(一至五十四)

110000－0198－0006007　史普 3331

西湖遊記不分卷　(清)查人渶撰　清光緒七年(1881)丁氏竹書堂刻本　二册

110000－0198－0006008　史普 3332

佛説造像量度經附續補一卷　(清)工布查布譯　清同治十三年(1874)南京金陵刻經處刻本(有圖)　一册

110000－0198－0006009　史普 3333

因明入正理論疏八卷　(唐)釋窺基撰　清光緒二十二年(1896)金陵刻經處刻本　二册

110000－0198－0006010　史普 3334

宋元舊本書經眼録三卷附録二卷　(清)莫友芝撰　清光緒十年(1884)上海還讀樓刻本　一册

110000－0198－0006011　史普 3335

輿圖備考十八卷　(明)潘光祖輯　清刻本　四册　存十二卷(三至四、七至十一、十四至十八)

110000－0198－0006012　史普 3337

綱鑑會通明紀十五卷　(清)陳志襄輯　清海陵書業德刻本　二册　存十卷(六至十五)

110000－0198－0006013　史普 3338

史通通釋二十卷附録一卷　(唐)劉知幾撰　(清)浦起龍釋　清翰墨園刻本　七册

110000－0198－0006014　史普 3339

史通削繁四卷　(清)紀昀撰　清刻本　一册　存一卷(四)

110000－0198－0006015　史普 3340

河工器具圖説四卷　(清)麟慶纂　清道光十六年(1836)南河節署刻本　一册　存二卷(一至二)

110000－0198－0006016　史普 3341

蜀雅二十卷　(清)李調元選　清乾隆四十六年(1781)億書樓刻本　四册

110000－0198－0006017　史普 3342

李恕谷先生年譜五卷　(清)馮辰纂　清道光十六年(1836)刻本　二册　存二卷(二、五)

110000－0198－0006018　史普 3343

蜀水考四卷　(清)陳登龍述　清道光五年(1825)刻本　二册

110000－0198－0006019　史普 3344

百宋一廛賦注不分卷　(清)顧廣圻撰　清嘉慶十年(1805)吴郡黄氏士禮居寫刻本　一册

110000－0198－0006020　史普 3350

壽萱室條議存稿不分卷　(清)吴宗濂撰　清光緒二十七年(1901)壽萱室鉛印本　一册

110000－0198－0006021　史普 3352

北游草不分卷　(清)江瀚撰　清光緒二十九年(1903)刻本　一册

110000－0198－0006022　史普 3354

國史考異六卷　(清)潘檉章撰　清光緒十二年(1886)吴縣潘氏刻本　一册　存二卷(一至二)

110000－0198－0006023　史普 3355

畿輔校士録六卷　(清)周德潤輯　清光緒十七年(1891)刻本　一册　存一卷(四)

110000－0198－0006024　史普 3356

涼州異物志不分卷　(清)張澍輯　清道光元年(1821)武威張氏二酉堂刻本　一册

110000－0198－0006025　史普 3359

西北邊界圖地名譯漢考證二卷　(清)許景澄

著　清光緒刻本　一冊

110000－0198－0006026　史普 3361
歷代名賢列女氏姓譜一百五十七卷　（清）蕭智漢撰　清刻本　五冊　存五卷（一百十八至一百二十二）

110000－0198－0006027　史普 3362
班馬字類二卷　（宋）婁機撰　清乾隆刻本　一冊

110000－0198－0006028　史普 3364
萬卷堂書目四卷　（明）朱睦㮮撰　清光緒二十九年（1903）長沙葉氏刻本　一冊

110000－0198－0006029　史普 3369
揚州保甲巡警章程不分卷　（清）□□撰　清刻本　一冊

110000－0198－0006030　史普 3370
畿輔校士錄六卷　（清）周德潤輯　清光緒十七年（1891）刻本　一冊　存一卷（五）

110000－0198－0006031　史普 3373
宋元學案一百卷　（清）黃宗羲撰　清刻本　一冊　存三卷（二十三至二十五）

110000－0198－0006032　史普 3374
擬太平策七卷　（清）李塨撰　清刻本　一冊　存一卷（一）

110000－0198－0006033　史普 3375
三輔黃圖六卷補遺一卷　（清）畢沅撰　清乾隆四十九年（1784）靈巖山館刻本　一冊

110000－0198－0006034　史普 3376
蜀水考四卷　（清）陳登龍撰　清刻本　一冊　存二卷（一至二）

110000－0198－0006035　史普 3377
人倫大統賦二卷　（金）張行簡撰　清光緒三年（1877）吳興陸氏鉛印本　一冊

110000－0198－0006036　史普 3379
國語二十一卷　（三國吳）韋昭注　清刻本　三冊　存七卷（三至九）

110000－0198－0006037　史普 3381
杏溪傅氏禹貢集解二卷　（宋）傅寅撰　清通志堂刻本　二冊

110000－0198－0006038　史普 3383
兩漢書注攷證二卷　（清）何若瑤撰　清光緒二十年（1894）廣雅書局刻本　一冊

110000－0198－0006039　史普 3384
復堂日記八卷　（清）譚獻撰　清刻本　一冊　存三卷（四至六）

110000－0198－0006040　史普 3390
元史氏族表三卷　（清）錢大昕撰　清江蘇書局刻本　二冊

110000－0198－0006041　史普 3391
古文審八卷　（清）劉心源撰　清光緒十七年（1891）嘉魚劉氏龍江樓刻本　四冊

110000－0198－0006042　史普 3392
山海經箋疏十八卷圖讚一卷　（晉）郭璞注　清光緒還讀樓刻本　四冊

110000－0198－0006043　史普 3394
摹印述一卷　（清）陳澧著　清刻本　一冊

110000－0198－0006044　史普 3397
南洋勸業會紀事絕句不分卷　（清）王葆楨著　清宣統三年（1911）上海龍文閣石印本　一冊

110000－0198－0006045　史普 3402
循吏傳不分卷　何金壽編　清末石印本　一冊

110000－0198－0006046　史普 3404
方望溪評點史記一百三十卷　（清）方苞撰　清刻本　一冊　存四卷（一至四）

110000－0198－0006047　史普 3410
五次問答節略不分卷　（清）李鴻章問答　清末石印本　一冊

110000－0198－0006048　史普 3413
涉史偶悟五卷　（清）溫啟封撰　清光緒十年（1884）東甌道署刻本　一冊

110000－0198－0006049　史普 3414

元和郡縣志四十卷　(唐)李吉甫撰　清刻本　五冊　存十四卷(七至二十)

110000－0198－0006050　史普3418
大清律例增撰統纂集成四十卷附督捕則例二卷　(清)任彭年輯　清光緒刻本　一冊　存一卷(二十六)

110000－0198－0006051　史普3422
[清光緒丁酉科]鄉試硃卷　(清)王懿榮撰　清刻本　一冊

110000－0198－0006052　史普3423
區田編不分卷　(清)張起鵬編　清刻本　一冊

110000－0198－0006053　史普3424
改正世界地理學六卷首一卷　(日本)矢津昌永撰　清光緒二十九年(1903)上海文明書局鉛印本　二冊

110000－0198－0006054　史普3426
皇朝謚法考五卷補編一卷續補編一卷　(清)鮑康編　清同治三年(1864)刻本　二冊

110000－0198－0006055　史普3427
滇軺紀程一卷荷戈紀程一卷　(清)林則徐撰　清光緒三年(1877)宣南寓齋刻本　一冊

110000－0198－0006056　史普3428
靜巖孫公傳略不分卷　(清)車克慎撰　清刻本　一冊

110000－0198－0006057　史普3429
龍井見聞錄十卷附錄二卷　(清)汪孟鋗纂　清刻本　一冊　存二卷(九至十)

110000－0198－0006058　史普3430
京師譯學館同學錄不分卷　清宣統三年(1911)京師京華印書局鉛印本　一冊

110000－0198－0006059　史普3432
往生論注不分卷附略論淨土義讚阿彌陀佛偈　(北魏)釋菩提留支譯　清金陵刻經處刻本　一冊

110000－0198－0006060　史普3434
天下郡國利病書一百二十卷　(清)顧炎武撰　清刻本　二冊　存三卷(八十九至九十、一百八)

110000－0198－0006061　史普3435
逸周書十卷附錄一卷　(晉)孔晁注　清刻本　二冊

110000－0198－0006062　史普3437
甘肅第一次考試法官同闈錄　清宣統二年(1910)甘肅官書局刻本　一冊

110000－0198－0006063　史普3439
漢魏石經考三篇　(清)劉傳瑩撰　清光緒十二年(1886)沌城黃氏試館刻本　一冊

110000－0198－0006064　史普3440
逸周書十卷　(晉)孔晁注　清乾隆五十一年(1786)盧氏抱經堂刻本　二冊

110000－0198－0006065　史普3441
湖南校士錄四卷　(清)張亨嘉輯　清光緒十七年(1891)湖南學院刻本　七冊

110000－0198－0006066　史普3442
南漢紀五卷　(清)吳蘭修撰　清道光十四年(1834)鄭氏淳一堂刻本　一冊

110000－0198－0006067　史普3443
皖江校士錄前編一卷後編一卷　(清)白貴恒輯　清光緒十四年(1888)刻本　四冊

110000－0198－0006068　史普3444
憲法治原四卷首一卷　陳澹然著　清光緒三十二年(1906)武昌鉛印本　一冊

110000－0198－0006069　史普3448
大清現行刑律三十六卷　沈家本等編　清宣統元年(1909)法律館鉛印本　八冊

110000－0198－0006070　史普3454
歐羅巴通史　(日本)箕作元八等纂　清光緒二十六年(1900)東亞譯書會鉛印本　二冊

110000－0198－0006071　史普3456
蒙古史二卷　(日本)河野元三述　清宣統三年(1911)江南圖書館鉛印本　三冊

110000－0198－0006072　史普3463

廿二史感應錄二卷　(清)彭希涑輯　清道光二十六年(1846)閩學使署刻本　一册

110000－0198－0006073　史普 3467

武夷遊記不分卷　(清)林霍著　清光緒十七年(1891)上海著易堂鉛印本　一册

110000－0198－0006074　史普 3474

七巖山志不分卷　(清)李鎔經輯　清道光二十九年(1849)本山刻本　一册

110000－0198－0006075　史普 3476

濟寧州志列傳不分卷　(清)孫毓漢輯　清同治九年(1870)刻本　一册

110000－0198－0006076　史普 3478

元和郡縣志四十卷　(唐)李吉甫撰　清刻本　一册　存二卷(十九至二十)

110000－0198－0006077　史普 3480

直隸工藝志初編八卷　(清)周爾潤纂　清光緒北洋官報局鉛印本　二册

110000－0198－0006078　史普 3483

歷代史論一編四卷　(明)張溥撰　清光緒二十八年(1902)渝城二友山房刻本　二册

110000－0198－0006079　史普 3484

宋論十五卷　(清)王夫之撰　清同治四年(1865)湘鄉曾氏刻本　一册　存四卷(一至四)

110000－0198－0006080　史普 3485

京師地名對二卷　(蒙古)巴哩克杏芬輯　清光緒刻本　一册　存一卷(下)

110000－0198－0006081　史普 3487

南洋勸業會雜詠二卷　(清)王葆楨撰　清宣統二年(1910)鉛印本　一册

110000－0198－0006082　史普 3490

[清咸豐辛亥]安徽同徵齒錄　(清)□□輯　清咸豐元年(1851)刻本　一册

110000－0198－0006083　史普 3491

方輿紀要形勢論畧二卷　(清)顧祖禹輯著　清同治六年(1867)曼陀羅華閣刻本　一册　存一卷(上)

110000－0198－0006084　史普 3493

平定粵匪紀略十八卷附記四卷　(清)杜文瀾等纂　清同治十年(1871)京都聚珍齋刻本　六册　缺二卷(三至四)

110000－0198－0006085　史普 3494

吳越春秋六卷附西京雜記六卷　(漢)趙曄撰　(漢)劉歆著　清刻本　一册

110000－0198－0006086　史普 3496

華延年室題跋三卷　(清)傅以禮撰　清宣統元年(1909)鉛印本　一册　存一卷(中)

110000－0198－0006087　史普 3497

試銀錢攷工不分卷　(清)傅范初撰　清光緒二十四年(1898)傅雲龍石印本　一册

110000－0198－0006088　史普 3498

蜀碧四卷附記一卷　(清)彭遵泗編　清刻本　二册

110000－0198－0006089　史普 3499

逆臣傳四卷　(清)國史館編　清都城琉璃廠半松居士刻本　一册

110000－0198－0006090　史普 3500

十七史商榷一百卷　(清)王鳴盛撰　清刻本　十六册　缺二十一卷(一至二十一)

110000－0198－0006091　史普 3501

禹貢易知編十二卷　(清)李慎儒輯　清光緒二十五年(1899)丹徒李氏刻本　四册

110000－0198－0006092　史普 3502

欽定吏部銓選滿洲官員品級考四卷　(清)陳其璋等纂　清刻本　一册　存一卷(三)

110000－0198－0006093　史普 3504

帝範四卷　(唐)太宗李世民撰　清刻本　二册

110000－0198－0006094　史普 3505

歷代史纂左編一百四十二卷　(明)唐順之編　明刻本　一册　存一卷(三十六)

110000－0198－0006095　史普 3507

光緒甲辰恩科會試闈墨不分卷　(清)譚廷闓等纂　清光緒三十年(1904)河南闈文明堂刻

本　一冊

110000－0198－0006096　史普3509

資治通鑑地理今釋十六卷　（清）吳熙載撰　清光緒八年（1882）江蘇書局刻本　一冊　缺九卷（一至九）

110000－0198－0006097　史普3514

史表功比説一卷附侯第表　（清）張錫瑜撰　清光緒十四年（1888）廣雅書局刻本　一冊

110000－0198－0006098　史普3519

潛研堂金石文字目録八卷　（清）錢大昕撰　清刻本　一冊

110000－0198－0006099　史普3520

欽定大清會典圖二百七十卷　（清）崑岡等撰　清刻本　八冊　存三十五卷（九十一至一百六、一百十五至一百三十三）

110000－0198－0006100　史普3522

永曆實録二十六卷　（清）王夫之撰　清同治四年（1865）金陵節署湘鄉曾氏刻本　一冊　存六卷（一至六）

110000－0198－0006101　史普3525

内閣撰擬文字二卷　（清）鮑康輯　清同治七年（1868）刻本　二冊

110000－0198－0006102　史普3530

河防紀略四卷　（清）孫鼎臣撰　清咸豐九年（1859）刻本　二冊

110000－0198－0006103　史普3532

涑水記聞十六卷　（宋）司馬光撰　清刻本　三冊　缺四卷（一至四）

110000－0198－0006104　史普3533

蜀碧四卷　（清）彭遵泗編　清乾隆二十八年（1763）石室刻本　四冊

110000－0198－0006105　史普3534

劉松齋先生傳不分卷　（清）劉熾昌編　清同治十二年（1873）貴州楊蔚本刻本　一冊

110000－0198－0006106　史普3539

安禄山事跡三卷　（唐）姚汝能纂　清宣統三年（1911）長沙葉氏刻本　一冊

110000－0198－0006107　史普3541

中外條約易檢録不分卷　（清）張荃纂　清光緒元年（1875）鉛印本　三冊

110000－0198－0006108　史普3548

方柏堂先生事實攷略五卷　陳澹然纂　清刻本　一冊　存一卷（四）

110000－0198－0006109　史普3549

聖門名字纂詁二卷　（清）洪恩波著　清光緒二十三年（1897）刻本　一冊　存一卷（上）

110000－0198－0006110　史普3553

近思録十四卷　（宋）朱熹編　清同治福州正誼書院刻本　五冊　存十卷（一至十）

110000－0198－0006111　史普3554

攷古正文印藪五卷印譜舊敘一卷　（明）張學禮選　清末鈐印本　一冊　存一卷（下）

110000－0198－0006112　史普3555

聖廟祀典圖考五卷　（清）顧沅輯　清刻本　二冊　存二卷（四至五）

110000－0198－0006113　史普3556

授堂金石文字續跋十四卷　（清）武億撰　清道光二十三年（1843）刻本　一冊　存四卷（一至四）

110000－0198－0006114　史普3560

雨窗消意録甲部四卷　（清）牛應之編　清刻本　四冊

110000－0198－0006115　史普3562

史記探源八卷　崔適撰　清宣統二年（1910）鉛印本　三冊

110000－0198－0006116　史普3571

壬辰歲各省太陽出入晝夜時刻不分卷　（清）□□輯　清刻本　四冊

110000－0198－0006117　史普3573

科名金鍼不分卷　（清）毛昶熙編　清光緒元年（1875）刻本　一冊

110000－0198－0006118　史普3575

壽張縣志十卷首一卷　（清）劉文煃輯　清光緒二十六年（1900）刻本　一冊　存二卷（一

至二)

110000－0198－0006119　史普3576

[光緒]撫州府志八十六卷首一卷　(清)許應鑅撰　清光緒刻本　一册　存二卷(四十一至四十二)

110000－0198－0006120　史普3579

增訂經籍舉要　(清)龍啟瑞撰　清光緒二十四年(1898)山西使署刻本　一册

110000－0198－0006121　史普3580

桐城吴氏法律學教科書　(日本)織田萬原著　吴闓生翻譯　清華北書局鉛印本　一册

110000－0198－0006122　史普3581

山左校士録六卷　(清)黄體芳編選　清光緒刻本　四册　存四卷(三至六)

110000－0198－0006123　史普3582

波斯志不分卷　學部圖書局編　清光緒三十三年(1907)學部圖書局鉛印本　一册

110000－0198－0006124　史普3583

[清光緒壬寅補行庚子辛丑恩正併科]順天鄉試題名録　(清)□□輯　清光緒二十八年(1902)刻本　一册

110000－0198－0006125　史普3584

晉宋書故不分卷　(清)郝懿行撰　清刻本　一册

110000－0198－0006126　史普3587

歸方評點史記合筆六卷　(清)王拯纂　清光緒元年(1875)錦城節署刻本　一册　存二卷(一至二)

110000－0198－0006127　史普3589

王船山先生[夫之]年譜二卷　(清)劉毓崧編　清光緒十二年(1886)江南書局刻本　一册　存一卷(下)

110000－0198－0006128　史普3590

朝鮮近世史二卷　(日本)林泰輔編　清光緒二十九年(1903)鴻寶書局石印本　二册

110000－0198－0006129　史普3593

西國近事彙編二十卷　(美國)林樂知口譯　清光緒七年(1881)上海機器製造局鉛印本　一册　存一卷(一)

110000－0198－0006130　史普3596

地球韻言四卷　(清)張士瀛撰　清末刻本　一册　存二卷(三至四)

110000－0198－0006131　史普3600

使德述略不分卷　(清)楊晟纂　清光緒三十三年(1907)鉛印本　一册

110000－0198－0006132　史普3601

北洋公牘類纂續編二十四卷　(清)甘厚慈輯　清宣統二年(1910)夏絳雪齋鉛印本　一册　存一卷(五)

110000－0198－0006133　史普3602

日遊瑣識不分卷　李寶洤撰　清光緒三十二年(1906)鉛印本　一册

110000－0198－0006134　史普3604

景德鎮陶録十卷　(清)藍浦著　清光緒十七年(1891)京都書業堂刻本　四册

110000－0198－0006135　史普3607

晨風閣叢書二十三種　沈宗畸輯　清宣統元年(1909)沈氏刻本　二册　存二種(潛采堂書目、藝雲精舍宋元本書目)

110000－0198－0006136　史普3609

[同治]清苑縣志十八卷　(清)李逢源撰　清同治十二年(1873)刻本　四册　存九卷(十至十八)

110000－0198－0006137　史普3610

歷代循吏傳八卷　(清)朱軾等訂　清雍正七年(1729)刻本　四册

110000－0198－0006138　史普3611

歷代名臣傳三十五卷首一卷　(清)朱軾(清)蔡世遠撰　清雍正七年(1729)刻本　三册　存六卷(一至二、五至六、二十二至二十三)

110000－0198－0006139　史普3612

歷代名儒傳八卷　(清)朱軾等訂　清雍正四年(1726)刻本　三册　存六卷(一至二、五至

八)

110000－0198－0006140　史普 3613

高士傳三卷　(晉)皇甫謐撰　清刻本　一冊

110000－0198－0006141　史普 3614

西藏圖考八卷首一卷　(清)黄沛翹纂　清光緒十二年(1886)刻本　四冊

110000－0198－0006142　史普 3616

[清光緒己亥]太學同舍錄　(清)□□輯　清光緒二十五年(1899)刻本　一冊

110000－0198－0006143　史普 3619

重刊救荒補遺書二卷　(宋)董煟編著　(清)朱熊補遺　清同治八年(1869)楚北崇文書局刻本　二冊

110000－0198－0006144　史普 3620

水運不分卷　楊志洵譯　清宣統二年(1910)郵傳部圖書通譯局印鉛印本　一冊

110000－0198－0006145　史普 3621

歷代史論二卷　(明)顧充著　清光緒二十六年(1900)宏道堂刻本　二冊

110000－0198－0006146　史普 3622

集古録目十卷　(宋)歐陽棐撰　清光緒雲自在堪刻本　二冊

110000－0198－0006147　史普 3623

日本法規大全　(清)劉崇傑等譯　清光緒三十三年(1907)上海商務印書館鉛印本　一冊

110000－0198－0006148　史普 3624

長蘆鹽務議略一卷　(清)王守基撰　清同治十二年(1873)刻本　一冊

110000－0198－0006149　史普 3627

夏小正存説一卷補一卷　(清)程鴻詔撰　清刻本　一冊

110000－0198－0006150　史普 3628

歐陽外翰點勘記二卷　(清)歐陽泉撰　清同治九年(1870)皖城刻本　一冊　存一卷(上)

110000－0198－0006151　史普 3629

姚惜抱先生前漢書評點一卷　(清)姚鼐撰　清光緒六年(1880)石印本　二冊

110000－0198－0006152　史普 3631

殷商貞卜文字考一卷　羅振玉撰　清宣統二年(1910)玉簡齋石印本　一冊

110000－0198－0006153　史普 3632

作吏要言不分卷　(清)葉玉屏撰　清刻本　一冊

110000－0198－0006154　史普 3634

皕宋樓藏書源流考不分卷　(日本)島田翰撰　清光緒三十三年(1907)京師武進董氏刻本　一冊

110000－0198－0006155　史普 3635

皇朝文獻通考三百卷　(清)劉墉等編　清光緒八年(1882)浙江書局刻本　一百五十冊

110000－0198－0006156　史普 3636

國朝耆獻類徵初編七百二十卷總目二十卷　(清)李桓輯　清光緒十年至十七年(1884－1891)刻本　二百七十一冊　缺二十三卷(七十三至八十、一百十三至一百二十、一百六十八至一百七十四)

110000－0198－0006157　史普 3637

讀例存疑五十四卷　(清)薛允升著　清光緒三十一年(1905)京師刻本　十冊　存十五卷(四十至五十四)

110000－0198－0006158　史普 3639

大錢圖録一卷觀古閣叢稿三編二卷續叢稿一卷　(清)鮑康著　清光緒二年(1876)刻本　六冊

110000－0198－0006159　史普 3640

海東金石苑八卷　(清)劉喜海著　清同治十二年(1873)歙縣鮑氏觀古閣刻本　六冊

110000－0198－0006160　史普 3641

皇朝通志一百二十六卷　(清)永瑢等編　清光緒八年(1882)浙江書局刻本　四十冊

110000－0198－0006161　史普 3643

皇朝通典一百卷　(清)嵇璜等纂　清光緒八年(1882)浙江書局刻本　四十冊

110000－0198－0006162　史普3644
訂正通鑑綱目二十五卷　(宋)金履祥撰　明萬曆金陵趙敬山刻本　二十五册

110000－0198－0006163　史普3645
貴池縣沿革表不分卷　劉世珩撰　清光緒二十三年(1897)貴池劉氏鐵如意室刻本　一册

110000－0198－0006164　史普3646
明南雍經籍考二卷　(明)梅鷟編　清光緒二十八年(1902)長沙葉氏刻本　一册

110000－0198－0006165　史普3647
撰造衍聖公府各省捐款收支清册　(清)□□輯　清光緒紅格刻本　一册

110000－0198－0006166　史普3648
石鼓文纂釋不分卷　(清)趙烈文撰　清光緒十一年(1885)靜圃刻本　一册

110000－0198－0006167　史普3649
南齊州郡志圖校勘記不分卷　(清)□□輯　清光緒刻本　一册

110000－0198－0006168　史普3650
少微通鑑節要五十卷　(宋)江贄撰　明正德九年(1514)司禮監刻本　三册　存七卷(一、六至八、十五至十七)

110000－0198－0006169　史普3651
讀史漫筆二卷　(明)陳懿典撰　清光緒三十四年(1908)劉氏唐石簃刻本　一册

110000－0198－0006170　史普3654
國語明道本攷異四卷　(清)汪遠孫撰　清光緒二年(1876)尊經書院刻本　一册　存二卷(一至二)

110000－0198－0006171　史普3657
汗簡七卷　(宋)郭忠恕撰　清光緒十一年(1885)朱氏石印本　一册　缺二卷(六至七)

110000－0198－0006172　史普3659
戴東原先生年譜一卷札記一卷　(清)段玉裁編　清宣統二年(1910)渭南嚴氏刻本　一册

110000－0198－0006173　史普3661
峽江圖考不分卷　(清)江國璋編　清光緒二十年(1894)上洋袖海山房書局石印本　一册

110000－0198－0006174　史普3663
大清律纂修條例二卷　(清)刑部纂　清嘉慶刻本　一册

110000－0198－0006175　史普3670
湘軍志十六卷　王闓運撰　清光緒二十八年(1902)湖南湖南書局刻本　一册　存四卷(十三至十六)

110000－0198－0006176　史普3671
項羽本紀不分卷　(漢)司馬遷撰　清光緒八年(1882)伍氏刻本　一册

110000－0198－0006177　史普3679
經籍舉要不分卷　(清)龍啓瑞撰　清光緒十九年(1893)中江講院刻本　一册

110000－0198－0006178　史普3682
國朝翰詹源流編年二卷　(清)吴鼎雯著　清刻本　一册　存一卷(二)

110000－0198－0006179　史普3683
史記一百三十卷　(漢)司馬遷撰　明萬曆三年(1575)刻本　一册　存五卷(八至十二)

110000－0198－0006180　史普3684
經籍舉要不分卷　(清)龍啓瑞撰　清光緒十九年(1893)中江講院刻本　一册

110000－0198－0006181　史普3691
積古齋鐘鼎款識八卷　(清)阮氏編　清光緒刻本　一册　存二卷(七至八)

110000－0198－0006182　史普3696
何雙溪先生暨德配梁太夫人家傳不分卷　(清)姚鼐撰　清末石印本　一册

110000－0198－0006183　史普3698
逸周書集訓校釋十卷逸文一卷　(清)朱右曾校釋　清光緒三年(1877)湖北崇文書局刻本　二册

110000－0198－0006184　史普3700
萬國公法四卷　(美國)丁韙良譯　清同治三年(1864)京都崇實館刻本　四册

110000－0198－0006185　史普 3702
尺木堂綱鑑易知録九十二卷　(清)吴乘權等輯　清刻本　四十册

110000－0198－0006186　史普 3702－1
尺木堂綱鑑易知録九十二卷　(清)吴乘權等輯　清光緒刻本　八册　存八卷(五十一至五十八)

110000－0198－0006187　史普 3704
故唐律疏議三十卷　(唐)長孫無忌等撰　清光緒十六年(1890)刻本　六册　存十八卷(十三至三十)

110000－0198－0006188　史普 3705
註陸宣公奏議十五卷　(唐)陸贄撰　清光緒七年(1881)吴興陸氏十萬卷樓刻本　四册

110000－0198－0006189　史普 3706
駱文忠公年譜二卷　(清)駱秉章撰　清光緒二十一年(1895)都門張蔭桓刻本　二册

110000－0198－0006190　史普 3707
諭摺彙存二十二卷　(清)□□輯　清光緒石印本　二十二册

110000－0198－0006191　史普 3708
文史通義内篇五卷外篇三卷　(清)章學誠著　清刻本　八册

110000－0198－0006192　史普 3709
古香齋鑒賞袖珍初學記三十卷　(唐)徐堅等撰　清刻本　六册　存十五卷(一至十五)

110000－0198－0006193　史普 3711
續彙刻書目十二卷　羅振玉輯　清光緒二年(1876)味腴藝圃刻本　十三册

110000－0198－0006194　史普 3712
繪圖聖武記十四卷　(清)魏源撰　清光緒二十二年(1896)上海積山書局石印本　八册

110000－0198－0006195　史普 3713
朝市叢載八卷　(清)楊静亭輯　清光緒十二年(1886)京都來鹿堂刻本　八册

110000－0198－0006196　史普 3714
朝市叢載八卷　(清)楊静亭輯　清光緒十四年(1888)京都龍文閣刻本　八册

110000－0198－0006197　史普 3715
朝市叢載八卷　(清)楊静亭輯　清光緒十二年(1886)刻本　八册

110000－0198－0006198　史普 3718
繹史一百六十卷　(清)馬驌撰　清末石印本　二十一册　存一百二十八卷(十六至四十四、五十七至一百四十八、一百五十四至一百六十)

110000－0198－0006199　史普 3719
時務分類興國策八卷　(清)李鳳儀編　清光緒二十三年(1897)上海書局石印本　十六册

110000－0198－0006200　史普 3721
文獻通考二十四卷　(元)馬端臨撰　清光緒十一年(1885)上海點石齋石印本　十五册

110000－0198－0006201　史普 3722
虎口餘生傳奇四卷　(清)遺民外史著　清同德堂刻本　四册

110000－0198－0006202　史普 3723
元朝秘史十五卷　(元)脱察安撰　清道光二十七年(1847)靈石楊氏刻本　十册

110000－0198－0006203　史普 3725
國朝先正事略六十卷續編三十卷　(清)李元度編　清光緒二十八年(1902)仿泰西法石印本　八册　存六十四卷(國朝先正事略六十卷、續編一至四)

110000－0198－0006204　史普 3726
海國圖志一百卷　(清)魏源輯　清光緒二十四年(1898)文賢閣石印本　八册　存二十七卷(五十至七十六)

110000－0198－0006205　史普 3727
增像全圖三國演義六十卷　(明)羅貫中撰　清光緒十四年(1888)上海鴻文書局石印本　六册　存二十七卷(一至二十七)

110000－0198－0006206　史普 3729
增補事類統編九十三卷首一卷　(清)王鳳喈撰　清文選樓刻本　六册　存十一卷(十八

至二十八）

110000－0198－0006207　史普 3730
熙朝新語十六卷　（清）余金輯　清道光二年(1822)有金堂刻本　八冊

110000－0198－0006208　史普 3731
匯刻書目初編二十卷　（清）顧修編　清光緒元年(1875)無夢園陳氏刻本　十冊

110000－0198－0006209　史普 3732
中西紀事二十四卷　（清）夏燮撰　清光緒二十四年(1898)藜照書屋刻本　六冊

110000－0198－0006210　史普 3733
泰西新史攬要二十三卷附記一卷　（英國）馬懇西著　清光緒二十三年(1897)美華書館鉛印本　八冊

110000－0198－0006211　史普 3735
繪圖二十四史通俗演義六卷　（清）呂撫輯　清宣統元年(1909)上海章福記書局石印本　六冊

110000－0198－0006212　史普 3738
兩漢蒙拾　（清）杭世駿編　清光緒十年(1884)上海鴻寶齋書局石印本　一冊

110000－0198－0006213　史普 3739
二十四史策案十二卷　（清）王鋈撰　清光緒十三年(1887)上海大同書局石印本　二冊

110000－0198－0006214　史普 3740
二十四史論新編二十三卷　題（清）日新會社主人編　清光緒石印本　四冊

110000－0198－0006215　史普 3741
二十四史論贊七十八卷　（清）陳闡編　清光緒二十八年(1902)文淵山房石印本　十一冊　缺五卷（四十七至五十一）

110000－0198－0006216　史普 3742
約章分類輯要三十八卷首一卷　（清）蔡乃煌總纂　清光緒二十七年(1901)上海緯文閣石印本　三十二冊

110000－0198－0006217　史普 3743
欽定四庫全書簡明目錄二十卷　（清）紀昀等纂　清光緒十四年(1888)暢懷書屋鉛印本　四冊

110000－0198－0006218　史普 3744
欽定四庫全書簡明目錄二十卷　（清）紀昀等纂　清光緒石印本　二冊　存十卷（六至十二、十八至二十）

110000－0198－0006219　史普 3745
欽定四庫全書簡明目錄二十卷　（清）紀昀等纂　清光緒石印本　一冊　存六卷（六至十一）

110000－0198－0006220　史普 3746
廿四史分類輯要十二卷　（清）沈桐生輯　清光緒二十八年(1902)會文學社石印本　五冊　存五卷（二、六至八、十一）

110000－0198－0006221　史普 3747
校補廿一史約編八卷首一卷　（清）鄭元慶輯　清光緒十三年(1887)上海積山書局石印本　八冊

110000－0198－0006222　史普 3748
欽定四庫全書簡明目錄二十卷　（清）紀昀等纂　清光緒十四年(1888)暢懷書屋石印本　一冊　存四卷（十二至十五）

110000－0198－0006223　史普 3749
史略八十七卷　（清）朱坤輯　清光緒二十八年(1902)文盛書局石印本　六冊

110000－0198－0006224　史普 3751
元朝秘史十五卷　（元）脫察安撰　清光緒二十九年(1903)文瑞樓石印本　三冊　存十二卷（一至十二）

110000－0198－0006225　史普 3754
翁注困學紀聞二十卷　（宋）王應麟撰　清光緒十三年(1887)上海同文書局石印本　六冊

110000－0198－0006226　史普 3755
翁注困學紀聞二十卷　（宋）王應麟撰　清光緒十三年(1887)上海同文書局石印本　六冊

110000－0198－0006227　史普 3756
翁注困學紀聞二十卷　（宋）王應麟撰　清光

緒十三年(1887)上海同文書局石印本　六册

110000－0198－0006228　史普 3757
京塵雜錄四卷　(清)楊懋建著　清光緒十二年(1886)上海同文書局石印本　四册

110000－0198－0006229　史普 3758
括地志八卷　(清)孫星衍輯　清光緒七年(1881)刻本　二册

110000－0198－0006230　史普 3760
兩漢策要十二卷　(宋)陶叔獻輯　清光緒十三年(1887)上海同文書局石印本　八册

110000－0198－0006231　史普 3761
南唐書三十卷　(宋)馬令撰　清光緒藏修書屋刻本　一册　存五卷(一至五)

110000－0198－0006232　史普 3762
南唐書三十卷　(宋)陸游撰　清光緒藏修書屋刻本　一册　存六卷(一至六)

110000－0198－0006233　史普 3765
中東戰紀本末八卷續編四卷　(美國)林樂知撰　清光緒二十三年(1897)圖書集成局鉛印本　五册

110000－0198－0006234　史普 3769
讀通鑑論三十卷　(清)王夫之撰　清光緒二十七年(1901)簡青書局石印本　一册　存一卷(七)

110000－0198－0006235　史普 3770
全省文武同官錄不分卷　(□)□□輯　清光緒刻本　一册

110000－0198－0006236　史普 3772
皇清政治學問答初編二卷　文明書局編輯所編　清光緒二十八年(1902)上海文明印書局鉛印本　一册　存一卷(上)

110000－0198－0006237　史普 3773
困學紀聞註二十卷　(宋)王應麟撰　清光緒十三年(1887)上海同文書局石印本　一册　存四卷(八至十一)

110000－0198－0006238　史普 3775
順德李氏遺書四種　(清)李文田撰　清光緒二十三年(1897)鉛印本　一册

110000－0198－0006239　史普 3776
中西時務類考九卷　(清)華金昆輯　清光緒二十三年(1897)積山書局石印本　八册

110000－0198－0006240　史普 3777
西巡回鑾始末記六卷　(日本)吉田良太郎譯　清光緒二十八年(1902)石印本　三册　存三卷(三至五)

110000－0198－0006241　史普 3779
文獻通考詳節二十四卷　(元)馬端臨撰　清光緒二十七年(1901)上海錦文堂石印本　六册

110000－0198－0006242　史普 3780
瀛寰志略續集四卷末一卷　(英國)慕維廉纂　清光緒二十三年(1897)新學會堂石印本　四册

110000－0198－0006243　史普 3781
積古齋鐘鼎彝器款識十卷　(清)阮元編　清嘉慶刻本　一册　存二卷(五至六)

110000－0198－0006244　史普 3782
金石續編二十一卷　(清)陸耀遹纂　清光緒二十年(1894)上海文盛堂石印本　四册

110000－0198－0006245　史普 3783
宣南夢憶二卷　題(清)甘溪瘦腰生撰　清光緒二十一年(1895)鉛印本　一册　缺一卷(下)

110000－0198－0006246　史普 3784
聖武記十卷附武事餘記四卷　(清)魏源撰　清光緒二十八年(1902)上海書局石印本　十册

110000－0198－0006247　史普 3785
古香齋鑒賞袖珍春明夢餘錄七十卷　(清)孫承澤著　清刻本　一册　存六卷(二十六至三十一)

110000－0198－0006248　史普 3786
增補事類統編九十三卷首一卷　(清)黄葆真輯　清光緒十四年(1888)上海點石齋石印本

十二冊

110000－0198－0006249　史普 3787

中外時務策府統宗四十四卷　(清)文昌書局編　清光緒二十三年(1897)上海文盛堂石印本　二十冊

110000－0198－0006250　史普 3788

校正尚友錄統編二十四卷　題(清)錢湖釣徒輯　清光緒二十九年(1903)通文書局石印本　十一冊　缺八卷(七至八、十五至十八、二十一至二十二)

110000－0198－0006251　史普 3789

尚友錄二十二卷　(明)廖用賢編　清光緒九年(1883)暢懷書屋鉛印本　六冊　存十二卷(一至十二)

110000－0198－0006252　史普 3790

尚友錄二十二卷　(明)廖用賢編　清光緒九年(1883)福瀛書局鉛印本　十一冊　缺一卷(十五)

110000－0198－0006253　史普 3791

明季南略十八卷明季北略二十四卷　(清)計六奇編　清光緒十三年(1887)上海圖書集成印書局鉛印本　七冊

110000－0198－0006254　史普 3794

弦雪居重訂遵生八箋十九卷　(明)高濂撰　清刻本　十冊

110000－0198－0006255　史普 3795

時務通攷續編三十一卷　題(清)點石齋主人編　清光緒二十七年(1901)上海點石齋石印本　十六冊

110000－0198－0006256　史普 3796

時務通攷三十一卷　題杞廬主人編　清光緒點石齋石印本　八冊　存十四卷(三至四、十八至二十九)

110000－0198－0006257　史普 3797

時務通攷三十一卷　題杞廬主人編　清光緒二十三年(1897)點石齋石印本　二十四冊

110000－0198－0006258　史普 3798

文獻通考二十四卷　(元)馬端臨撰　清光緒十一年(1885)上海點石齋石印本　十八冊

110000－0198－0006259　史普 3799

文獻通考詳節二十四卷　(清)嚴虞惇錄　清光緒二十五年(1899)上海著易堂鉛印本　四冊　存十四卷(八至十六、二十至二十四)

110000－0198－0006260　史普 3800

文獻通考詳節二十四卷　(清)嚴虞惇錄　清光緒五年(1879)八杉齋鉛印本　十一冊　缺一卷(十二)

110000－0198－0006261　史普 3801

文獻通考詳節二十四卷　(清)嚴虞惇錄　清光緒五年(1879)八杉齋鉛印本　二冊　存九卷(十二至十五、二十至二十四)

110000－0198－0006262　史普 3802

文獻通考二十四卷　(元)馬端臨撰　清光緒二十五年(1899)上海點石齋石印本　十二冊　存十五卷(一至十五)

110000－0198－0006263　史普 3803

文獻通考二十四卷　(元)馬端臨撰　清光緒二十九年(1903)上海點石齋石印本　十五冊　缺七卷(五至八、十五、十九、二十二)

110000－0198－0006264　史普 3805

雲程畢備十卷　題(清)望棵道人選　清光緒十二年(1886)上海點石齋石印本　一冊　存一卷(七)

110000－0198－0006265　史普 3806

四書駢題類珠四卷　題(清)熔鑄樓主人輯　清光緒六年(1880)京都琉璃廠刻本　一冊

110000－0198－0006266　史普 3807

增廣古今人物論三十六卷續編十二卷　(明)鄭元直編　清光緒二十八年(1902)富文書局石印本　七冊　缺四卷(十七至二十)

110000－0198－0006267　史普 3809

皇朝經解敬修堂編目十六卷　(清)陶治元編　清光緒十二年(1886)刻本　四冊

110000－0198－0006268　史普 3811

江左校士錄二卷　(清)黄體芳編　清光緒三十年(1904)石印本　二册

110000－0198－0006269　史普 3812
鑄史駢言十二卷　(清)孫玉田著　清光緒十八年(1892)上海石印本　二册

110000－0198－0006270　史普 3813
洋務備攷十六卷　(清)張之洞撰　清光緒十二年(1886)石印本　六册

110000－0198－0006271　史普 3814
中外經世緒言十六卷　(清)佘貽範撰　清光緒二十一年(1895)上海書局石印本　八册

110000－0198－0006272　史普 3816
尺木堂綱鑑易知錄二十卷附御撰資治通鑑綱目三編四卷　(清)吳乘權撰　清光緒三十年(1904)上海點石齋石印本　十二册

110000－0198－0006273　史普 3818
子史精華一百六十卷　(清)聖祖玄燁撰　清光緒刻本　一册　存十六卷(四十九至六十四)

110000－0198－0006274　史普 3819
庸書内篇二卷外篇二卷　(清)陳熾撰　清光緒二十二年(1896)鉛印本　一册

110000－0198－0006275　史普 3820
管韞山文稿三集　(清)管世銘撰　清刻本　一册

110000－0198－0006276　史普 3821
夏小正傳　(清)孫星衍校　清刻本　一册

110000－0198－0006277　史普 3822
古事比五十二卷　(清)方中德纂　清光緒十三年(1887)上海石印局石印本　一册

110000－0198－0006278　史普 3824
史通通釋二十卷附錄一卷　(唐)劉知幾撰　清光緒二十五年(1899)上海寶文書局石印本　七册　存十七卷(四至二十)

110000－0198－0006279　史普 3825
書目答問不分卷　(清)張之洞撰　清光緒四年(1878)上海淞隱閣刻本　三册

110000－0198－0006280　史普 3827
經策通纂補遺四卷　(清)宋徵猷輯　清光緒二十年(1894)上海點石齋石印本　二册

110000－0198－0006281　史普 3828
譯史紀餘四卷　(清)陸次雲著　清光緒二年(1876)刻本　一册

110000－0198－0006282　史普 3829
方廣巖志四卷　(明)謝肇淛撰　清末鉛印本　一册

110000－0198－0006283　史普 3830
尺木堂綱鑑易知錄九十二卷　(清)吳乘權撰　清光緒三十年(1904)上海大東門内校經山房刻本　六册　存十四卷(七十九至九十二)

110000－0198－0006284　史普 3831
增補宦鄉要則不分卷　(清)味蘭室主人編　清光緒十一年(1885)石印本　四册

110000－0198－0006285　史普 3832
各國通商始末記二十卷　(清)王之春編　清光緒二十一年(1895)寶善書局石印本　六册

110000－0198－0006286　史普 3833
各國通商始末記二十卷　(清)王之春編　清光緒二十七年(1901)上海申昌社石印本　六册

110000－0198－0006287　史普 3834
中興將帥別傳三十卷續編六卷　(清)朱孔彰撰　清光緒二十五年(1899)上海掃葉山房石印本　六册

110000－0198－0006288　史普 3835
山海經圖讚十八卷　(晉)郭璞撰　清光緒二十三年(1897)上海梧岡精舍刻本　五册

110000－0198－0006289　史普 3836
山海經圖讚十八卷　(晉)郭璞撰　清光緒十九年(1893)上海仿古齋刻本　六册

110000－0198－0006290　史普 3837
西巡大事本末記六卷　(日本)吉田良太郎譯　清光緒二十七年(1901)上海書局石印本　六册

110000－0198－0006291　史普 3838
西巡大事本末記六卷　(日本)吉田良太郎譯　清光緒二十七年(1901)上海書局石印本　六冊

110000－0198－0006292　史普 3839
朝市叢載八卷　(清)李虹若編　清光緒十三年(1887)榮錄堂刻本　八冊

110000－0198－0006293　史普 3840
西域水道記五卷　(清)徐松撰　清末上海鴻文書局石印本　四冊

110000－0198－0006294　史普 3841
貳臣傳十二卷附逆臣傳四卷　(清)國史館編　清京都琉璃廠榮錦書坊刻本　二冊

110000－0198－0006295　史普 3842
尺木堂綱鑑易知錄九十二卷　(清)吳乘權撰　清光緒十四年(1888)上海廣百宋齋鉛印本　十二冊　存五十四卷(一至五十四)

110000－0198－0006296　史普 3843
盛世危言六卷續編四卷　(清)鄭觀應著　清光緒二十一年(1895)上海賜書堂石印本　四冊

110000－0198－0006297　史普 3844
京津拳匪紀略八卷後編二卷　(清)僑析生編　清光緒二十七年(1901)香港書局石印本　六冊

110000－0198－0006298　史普 3848
國語解敘二卷　(三國吳)韋昭撰　清光緒九年(1883)刻本　一冊

110000－0198－0006299　史普 3849
歷代名臣言行錄二十四卷　(清)朱桓輯　清光緒二十六年(1900)鉛印本　六冊

110000－0198－0006300　史普 3850
歷代帝王年表三卷　(清)齊召南編　清光緒十二年(1886)蘇州掃葉山房刻本　三冊

110000－0198－0006301　史普 3851
資治通鑑地理今釋十六卷　(清)吳熙載著　清光緒八年(1882)江蘇書局刻本　八冊

110000－0198－0006302　史普 3852
讀史論略二卷　(清)杜詔撰　清道光二十九年(1849)刻本　一冊

110000－0198－0006303　史普 3858
史緯三百三十卷　(清)陳允錫編　清光緒二十九年(1903)文來書局石印本　六十冊

110000－0198－0006304　史普 3859
古香齋鑒賞袖珍春明夢餘錄七十卷　(清)孫承澤著　清光緒刻本　十四冊

110000－0198－0006305　史普 3860
泰西各國名人言行錄十六卷　(清)張兆蓉編　清光緒石印本　一冊　存八卷(九至十六)

110000－0198－0006306　史普 3861
[清光緒巳卯科]墨鈔　(清)□□輯　清光緒六年(1880)擷華書局鉛印本　一冊

110000－0198－0006307　史普 3862
歷代史論二十一卷　(明)張溥撰　清光緒石印本　一冊　存四卷(元史論一至四)

110000－0198－0006308　史普 3863
廿二史劄記三十六卷　(清)趙翼撰　清光緒二十八年(1902)文淵山房石印本　六冊

110000－0198－0006309　史普 3864
三通序不分卷　(清)康綸鈞輯　清光緒三十四年(1908)上海書局石印本　二冊

110000－0198－0006310　史普 3865
十七史商榷一百卷　(清)王鳴盛撰　清光緒二十六年(1900)上海點石齋石印本　四冊

110000－0198－0006311　史普 3866
十七史商榷一百卷　(清)王鳴盛撰　清光緒二十六年(1900)點石齋石印本　二冊　存四十八卷(五十三至一百)

110000－0198－0006312　史普 3867
十七史商榷一百卷　(清)王鳴盛撰　清光緒二十九年(1903)點石齋石印本　四冊

110000－0198－0006313　史普 3868
中外輿地彙鈔地略十四卷　(清)馬冠群輯　清光緒二十年(1894)蘇州文瑞樓石印本

四冊

110000－0198－0006314　史普 3869
廿二史考異二十三卷　（清）錢大昕撰　清光緒上海鴻寶齋石印本　六冊

110000－0198－0006315　史普 3870
史事論丙編四卷　雷瑨輯　清光緒二十九年(1903)硯耕山莊石印本　一冊　存一卷(二)

110000－0198－0006316　史普 3871
西北邊界圖地名譯漢攷證二卷　（清）許景澄撰　清光緒二十二年(1896)刻本　二冊

110000－0198－0006317　史普 3872
皇朝開國方略三十二卷　（清）阿桂撰　清光緒三年(1877)廣百宋齋鉛印本　六冊

110000－0198－0006318　史普 3873
尚友錄統編二十四卷　（清）錢湖釣徒編　清光緒二十八年(1902)上海鴻寶齋石印本　十二冊

110000－0198－0006319　史普 3877
明通鑑一百卷首一卷前編四卷正編九十卷附編六卷　（清）夏燮撰　清光緒二十六年(1900)上海掃葉山房石印本　八冊　存四十四卷(通鑑一至四十四)

110000－0198－0006320　史普 3878
王船山經史論八種　（清）王夫之撰　清光緒二十五年(1899)上海慎記書莊石印本　十二冊

110000－0198－0006321　史普 3879
通鑑紀事本末二百三十九卷　（宋）袁樞著　清光緒十四年(1888)上海書業公所鉛印本　二十四冊　存一百四十三卷(一至一百四十三)

110000－0198－0006322　史普 3888
俄游彙編十二卷　（清）繆祐孫纂　清光緒十五年(1889)上海秀文書局石印本　四冊

110000－0198－0006323　史普 3889
俄游彙編十二卷　（清）繆祐孫纂　清光緒十五年(1889)上海秀文書局石印本　四冊

110000－0198－0006324　史普 3898
天下郡國利病書一百二十卷　（清）顧炎武撰　清末石印本　二十六冊　存二十六卷(二至四、十八至四十)

110000－0198－0006325　史普 3899
尺木堂綱鑑易知錄九十二卷　（清）吳乘權撰　清京都文貴堂刻本　三十六冊

110000－0198－0006326　史普 3900
尺木堂綱鑑易知錄九十二卷　（清）吳乘權撰　清京都文貴堂刻本　二十五冊

110000－0198－0006327　史普 3904
拳匪紀略八卷圖一卷前編二卷後編二卷　（清）僑析生撰　清光緒二十九年(1903)上洋書局石印本　二冊

110000－0198－0006328　史普 3906
勝朝遺事初編三十二種二編十八種　（清）吳彌光輯　清道光二十二年(1842)南海吳氏芬陀羅館刻本　一冊　存一種(初編四)

110000－0198－0006329　史普 3907
東槎紀略五卷　（清）姚瑩撰　清光緒四年(1878)上海申報館鉛印本　二冊

110000－0198－0006330　史普 3908
二申野錄八卷　（清）孫之騄輯　清光緒二十八年(1902)影印本　一冊　存一卷(一)

110000－0198－0006331　史普 3909
欽定四庫全書簡明目錄二十卷　（清）紀昀等編　清刻本　十一冊

110000－0198－0006332　史普 3910
聖武記十四卷　（清）魏源撰　清光緒鉛印本　四冊　存六卷(九至十四)

110000－0198－0006333　史普 3911
山東軍興紀略二十二卷輿圖一卷　（清）管晏編　清光緒五年(1879)上海申報館鉛印本　九冊　缺二卷(五至六)

110000－0198－0006334　史普 3912
墨林今話十八卷附續一卷　（清）蔣寶齡撰　清同治十一年(1872)刻本　一冊

110000－0198－0006335　史普 3914

西學大成十二種　（清）王西清輯　清光緒二十一年（1895）上海醉六堂書坊石印本　十二冊

110000－0198－0006336　史普 3915

菊部群英不分卷　題（清）小游仙客撰　清同治十二年（1873）刻本　一冊

110000－0198－0006337　史普 3916

宸垣識略十六卷　（清）吳長元撰　清光緒二年（1876）刻本　七冊　缺二卷（十五至十六）

110000－0198－0006338　史普 3918

福惠全書三十二卷　（清）黃六鴻撰　清刻本　四冊　存十一卷（一至二、十一至十九）

110000－0198－0006339　史普 3920

歷代陵寢備考五十卷歷代宗廟附考八卷　（清）朱孔陽輯　清光緒上海申報館鉛印本　十四冊

110000－0198－0006340　史普 3921

通鑑擥要正編十九卷續編八卷　（清）姚培謙錄　清乾隆二十六年（1761）飛鴻堂刻本　十一冊

110000－0198－0006341　史普 3922

尺木堂綱鑑易知錄九十二卷　（清）吳乘權撰　清光緒二十六年（1900）上海圖書集成局鉛印本　十七冊

110000－0198－0006342　史普 3923

古香齋鑒賞袖珍春明夢餘錄六十八卷　（清）孫承澤著　清刻本　六冊　存二十一卷（四十八至六十八）

110000－0198－0006343　史普 3927

尺木堂綱鑑易知錄九十二卷　（清）吳乘權撰　清光緒三十年（1904）上海校經山房鉛印本　六冊　存四十卷（一至四十）

110000－0198－0006344　史普 3928

急惘齋評選癸卯鄉墨不分卷　（清）常堉璋評　清光緒二十九年（1903）急惘齋鉛印本　一冊

110000－0198－0006345　史普 3930

西疆雜述詩四卷　（清）蕭雄撰　清光緒二十一年（1895）元和江氏湖南提學署鉛印本　三冊

110000－0198－0006346　史普 3933

欽定續文獻通考二百五十卷　（清）劉墉編　清光緒二十七年（1901）上海圖書集成局鉛印本　十八冊　存一百六卷（一至一百六）

110000－0198－0006347　史普 3936

鑑撮四卷附奉使紀勝一卷讀史論略一卷　（清）曠敏本撰　清道光刻本　四冊

110000－0198－0006348　史普 3938

西藏通覽二編　（日本）山縣初男撰　清宣統元年（1909）四川西芷研究會鉛印本　四冊

110000－0198－0006349　史普 3951

［光緒二十三年］大清搢紳全書　（清）□□編　清光緒二十三年（1897）京都松竹齋、榮寶齋刻本　二冊

110000－0198－0006350　史普 3952

帝京景物略八卷　（明）劉侗　（明）于奕正撰　明崇禎刻本　四冊

110000－0198－0006351　史普 3953

出使英法意比四國日記六卷　（清）薛福成撰　清光緒十八年（1892）上海鴻寶齋石印本　三冊

110000－0198－0006352　史普 3954

汲冢周書十卷　（晉）孔晁注　清康熙刻本　一冊　存一卷（六）

110000－0198－0006353　史普 3955

左傳紀事本末五十三卷　（清）高士奇輯　清光緒二十五年（1899）慎記書莊石印本　三冊　存三十四卷（一至三十四）

110000－0198－0006354　史普 3956

左傳紀事本末五十三卷　（清）高士奇輯　清光緒二十五年（1899）慎記書莊石印本　十六冊

110000－0198－0006355　史普 3957

歷代河防統纂二十八卷 （清）陳璜撰 清光緒十四年(1888)鴻寶齋石印本 四冊 存四卷(一至四)

110000－0198－0006356 史普3959
權制八卷 陳澹然撰 清光緒二十六年(1900)刻本 二冊 存四卷(三至六)

110000－0198－0006357 史普3960
分類史事論十二卷 （清）儲桂山編 清光緒脩學譯社石印本 六冊

110000－0198－0006358 史普3961
石鼓文音訓攷正不分卷 （清）馮承輝編 清光緒十九年(1893)石印本 一冊

110000－0198－0006359 史普3962
出使日記續編十卷 （清）薛福成撰 清光緒二十七年(1901)石印本 十冊

110000－0198－0006360 史普3963
味水軒日記八卷 （明）李日華撰 清光緒三十三年(1907)吳興劉氏嘉業堂刻本 一冊 存一卷(一)

110000－0198－0006361 史普3966
莊氏史案 商務印書館校訂 清宣統三年(1911)上海商務印書館鉛印本 一冊

110000－0198－0006362 史普3978
讀史方輿紀要一百三十卷 （清）顧祖禹輯 清光緒二十五年(1899)慎記書莊石印本 三冊 存十八卷(一百六至一百二十三)

110000－0198－0006363 子普2
聖諭廣訓不分卷 （清）聖祖玄燁撰 清光緒二十九年(1903)文興堂刻本 一冊

110000－0198－0006364 子普4
燕京歲時記一卷 （清）富察敦崇編 清光緒三十二年(1906)琉璃廠文德齋刻本 一冊

110000－0198－0006365 子普6
南華經解 （清）方潛評 清光緒二十二年(1896)桐城方氏刻本 三冊

110000－0198－0006366 子普7
荆園小語集證四卷 （清）申涵光撰 清咸豐七年(1857)平原城内張氏刻本 二冊

110000－0198－0006367 子普9
呂氏春秋或問二十卷附春秋五論一卷 （宋）呂大圭述 清通志堂刻本 四冊

110000－0198－0006368 子普10
春秋集傳十五卷 （明）趙汸輯 清通志堂刻本 四冊

110000－0198－0006369 子普11
宋本管子二十四卷 （唐）房玄齡註 清光緒五年(1879)刻本 四冊

110000－0198－0006370 子普12
幼稚新讀本三卷 清光緒三十年(1904)成都官報書局刻本(有圖) 二冊

110000－0198－0006371 子普15
南華經品节六卷 （明）楊起元註釋 明刻本 十冊

110000－0198－0006372 子普16
南華真經評注五卷 （晉）郭象評 （晉）向秀註 清刻本 五冊

110000－0198－0006373 子普17
琴學入門二卷 （清）張鶴輯 清末刻本 一冊 存一卷(下)

110000－0198－0006374 子普18
稗海七十種 （明）商濬輯 清刻本 八冊 存九種四十四卷(桯史十五卷、隨隱漫錄五卷、楓窻小牘二卷、江隣幾雜志一卷、儒林公義二卷、睽車志六卷、耕祿藁一卷、厚德祿四卷、侯鯖錄八卷)

110000－0198－0006375 子普22
古今說海一百三十五種 （明）陸楫編輯 清道光元年(1821)苕溪邵氏西山堂刻本 二十冊

110000－0198－0006376 子普23
老子集解二卷附考異 （明）薛蕙著 清末刻惜陰軒叢書本 二冊

110000－0198－0006377 子普24
天聞閣琴譜集成十六卷首三卷 （清）唐彝銘

纂集　清光緒二年(1876)成都葉氏刻本(有圖)　八冊　存七卷(一至四、首三卷)

110000－0198－0006378　子普 25
近思錄集注十四卷附朱子世家　(清)江永著　清同治八年(1869)江蘇書局刻本　六冊

110000－0198－0006379　子普 26
安溪先生注解正蒙二卷　(宋)張載撰　清刻本　四冊

110000－0198－0006380　子普 28
陔餘叢考四十三卷　(清)趙翼撰　清乾隆五十五年(1790)湛貽堂刻本　十冊

110000－0198－0006381　子普 29
新鐫名公釋義全備墨莊白眉故事六卷　(明)呰窳子彙輯　明萬君甫刻本(有圖)　六冊

110000－0198－0006382　子普 30
一切經音義二十五卷　(唐)釋元應撰　清同治八年(1869)武林張氏寶晉齋刻本　四冊

110000－0198－0006383　子普 31
文中子中說十卷　(隋)王通撰　(宋)阮逸註　明刻本　二冊

110000－0198－0006384　子普 32
酉陽雜俎續集十卷　(唐)段成式撰　(明)毛晉訂　明末毛氏汲古閣刻本　二冊

110000－0198－0006385　子普 33
聖清淵源錄三十卷　(清)黃嗣東編　清光緒三十四年(1908)鳳山學舍鉛印本　二冊　存八卷(一至四、十五至十八)

110000－0198－0006386　子普 34
校訂困學紀聞三箋二十卷　(宋)王應麟撰　清嘉慶九年(1804)刻本　八冊

110000－0198－0006387　子普 35
韓子二十卷　(明)趙如源　(明)王道焜校　清刻本　四冊

110000－0198－0006388　子普 36
指月錄三十二卷　(明)瞿汝稷集　(明)嚴瀓較　(清)釋弘禮重梓　清刻本　十冊

110000－0198－0006389　子普 37
漢劉熊碑海內第一本　清光緒三十二年(1906)影印本　一冊

110000－0198－0006390　子普 40
刪定管荀不分卷　(清)方苞刪定　(清)顧琮校　清乾隆方苞刻本　八冊

110000－0198－0006391　子普 41
管子評注二十四卷　(唐)房玄齡註釋　(唐)劉績增註　(明)沈鼎新　(明)朱養純參評　(明)朱長春通演　(明)朱養和輯訂　清嘉慶九年(1804)姑蘇聚文堂刻本　八冊

110000－0198－0006392　子普 44
朱子近思錄十四卷　(宋)朱熹撰　清光緒二十八年(1902)都京朝陽門裏新鮮胡同紹宅刻本　四冊

110000－0198－0006393　子普 48
王制管窺一卷　(清)耿極著　清末刻畿輔叢書本　一冊

110000－0198－0006394　子普 50
老子翼八卷　(明)焦竑輯　(清)王元貞校　清光緒二十一年至二十三年(1895－1897)漸西村舍刻本　四冊

110000－0198－0006395　子普 51
孔叢子附詰墨二卷　(漢)孔鮒著　(漢)裘紹謨校　清刻本　一冊

110000－0198－0006396　子普 52
開有益齋讀書志六卷續志一卷　(清)朱緒曾述　清光緒六年(1880)金陵翁氏茹古閣刻本　五冊

110000－0198－0006397　子普 55
毋欺錄一卷　(清)朱用純著　清同治八年(1869)刻本　一冊

110000－0198－0006398　子普 56
新編精圖七千字文　清光緒三十二年(1906)上海鏡海樓石印本　一冊

110000－0198－0006399　子普 57
桐城吳氏文法教科書二篇　吳闓生編　清宣

統元年(1909)上海文明書局鉛印本　五冊

110000－0198－0006400　子普 58
桐城吳氏法律學教科書　(日本)織田萬原著　吳闓生翻譯　清光緒三十一年(1905)華北書局鉛印本　八冊

110000－0198－0006401　子普 59
注維摩詰經十卷　(後秦)釋僧肇述　清刻本　二冊　存五卷(一至二、五至七)

110000－0198－0006402　子普 61
集古救劫勸善篇二卷　(明)釋袾宏撰　清咸豐十一年(1861)刻本　四冊

110000－0198－0006403　子普 62
陽明按索五卷首一卷　(明)陳復心編　(明)陳漢卿補　(明)顧吾廬旁註　清乾隆五十五年(1790)樂真堂刻朱墨印本　二冊

110000－0198－0006404　子普 63
增補諸家選擇萬全玉匣記不分卷　(晉)許遜撰　清光緒十七年(1891)素雲道人劉誠印刻本　二冊

110000－0198－0006405　子普 65
畫禪室隨筆四卷　(明)董其昌著　(清)楊補編次　(清)陳王實校訂　清大魁堂刻本　四冊

110000－0198－0006406　子普 68
奕妙一卷附二編一卷　(清)吳峻輯　清崇雅堂刻本(有圖)　二冊

110000－0198－0006407　子普 69
管城碩記三十卷　(清)徐文靖輯　清乾隆九年(1744)志寧堂刻本　十冊

110000－0198－0006408　子普 75
聲調譜一卷　(清)趙執信纂　清光緒十八年(1892)刻本　一冊

110000－0198－0006409　子普 76
日知錄栞誤二卷續栞誤二卷　(清)黃汝成撰　清同治八年(1869)廣州述古堂刻本　一冊

110000－0198－0006410　子普 77
日知錄集釋三十二卷　(清)顧炎武著　(清)黃汝成集釋　清同治八年(1869)廣州述古堂刻本　十一冊　存二十五卷(八至三十二)

110000－0198－0006411　子普 78
拜經樓詩集十二卷續編一卷　(清)吳騫撰　清愚谷刻本　三冊　存十卷(一至七、十一至十二,續編一卷)

110000－0198－0006412　子普 80
道德經注解二卷　清嘉慶八年(1803)致和堂刻本　二冊

110000－0198－0006413　子普 81
楷法溯源十四卷目錄一卷　(清)潘存原輯　楊守敬編　(清)饒敦季校　清光緒三年(1877)刻本　十五冊

110000－0198－0006414　子普 82
文中子中說十卷　(宋)阮逸注　清光緒十六年(1890)貴陽陳氏影宋刻本　一冊

110000－0198－0006415　子普 85
寒夜叢談三卷　(清)沈赤然撰　清光緒十一年(1885)新陽趙氏刻本　一冊

110000－0198－0006416　子普 88
文昌雜錄六卷補遺一卷　(宋)龐元英撰　清乾隆二十一年(1756)雅雨堂刻本　一冊

110000－0198－0006417　子普 89
增廣龍舒淨土文十二卷　(宋)王日休譔　清乾隆四十九年(1784)京都阜成門外衍法寺釋了慰刻本　一冊　存七卷(六至十二)

110000－0198－0006418　子普 90
師子林天如和尚淨土或問一卷　(元)釋善遇編　清乾隆四十九年(1784)京都阜成門外衍法寺釋了慰刻本　一冊

110000－0198－0006419　子普 91
古今說海一百四十二卷　(明)陸楫輯　清道光苕溪邵氏酉山堂儼山書院刻本　二十四冊

110000－0198－0006420　子普 92
容膝居雜錄六卷　(清)葛芝著　清東籬別業刻本　三冊

110000－0198－0006421　子普 94

字義二卷附補遺　(宋)陳淳撰　清光緒二十二年(1896)光裕堂刻本　二冊

110000-0198-0006422　子普103
求闕齋讀書錄十卷　(清)曾國藩著　(清)王啟原編輯　清光緒二年(1876)傳忠書局刻本　四冊

110000-0198-0006423　子普104
管子二十四卷　(唐)房玄齡注　明萬曆十年(1582)常熟趙用賢刻本　一冊　存三卷(二十二至二十四)

110000-0198-0006424　子普107
玉芝堂談薈三十六卷　(明)徐應秋輯　明刻清遞修本　三十一冊　存二十七卷(四至三十)

110000-0198-0006425　子普108
南省公餘錄八卷　(清)梁章鉅撰　清嘉慶刻本　二冊

110000-0198-0006426　子普111
廣雅碎金四卷附錄一卷　(清)張之洞撰　清光緒二十三年(1897)桐廬袁氏水明樓刻本　一冊

110000-0198-0006427　子普113
質顧一卷廣王二卷　(清)吳光耀撰　清宣統刻本　三冊

110000-0198-0006428　子普115
顏氏家訓二卷　(隋)顏之推撰　清光緒元年(1875)湖北崇文書局刻本　一冊

110000-0198-0006429　子普116
十子全書　(清)王子興輯　清嘉慶九年(1804)姑蘇聚文堂刻本　十七冊　存七種(老子、莊子、韓非子、淮南子、楊子、文中子、鶡冠子)

110000-0198-0006430　子普117
合肥學舍札記十二卷　(清)陸繼輅撰　清光緒四年(1878)興國州署刻本　四冊

110000-0198-0006431　子普118
海天琴思續錄八卷　(清)林昌彝輯　清同治八年(1869)廣東富文齋刻本　四冊

110000-0198-0006432　子普119
淮南子箋釋二十一卷敘目一卷　(漢)劉安撰　(漢)高誘注　(清)莊逵吉校　清嘉慶九年(1804)寶慶經綸堂刻本　六冊

110000-0198-0006433　子普120
強學錄四卷　(清)夏錫疇撰　清道光十四年(1834)仕學齋刻本　四冊

110000-0198-0006434　子普121
澄衷蒙學堂字課圖說四卷檢字一卷類字一卷　劉樹屏撰　(清)吳子城繪圖　清光緒二十七年(1901)澄衷蒙學堂石印本　七冊

110000-0198-0006435　子普122
懷小編二十卷　(清)沈濂撰　清咸豐四年(1854)始言堂刻本　六冊

110000-0198-0006436　子普123
桐城先生點勘管子讀本二十四卷　(唐)房玄齡注　(清)吳汝綸點勘　清宣統二年(1910)衍星社鉛印本　二冊

110000-0198-0006437　子普128
桐城先生點勘老子讀本二卷　(清)吳汝綸點勘　清宣統二年(1910)衍星社鉛印本　一冊

110000-0198-0006438　子普129
小學集解六卷附輯說一卷書題一卷　(清)張伯行纂輯　(清)李蘭　(清)汀倩甫校　清同治刻本　一冊　存四卷(一至四)

110000-0198-0006439　子普130
大乘止觀法門釋要六卷　(明)釋智旭述　清光緒二十二年(1896)丹徒李培楨刻本　一冊　存三卷(一至三)

110000-0198-0006440　子普132
說郛一百二十卷續四十六卷　(明)陶宗儀輯　清順治宛委山堂刻本　一冊　存一卷(六十五)

110000-0198-0006441　子普133
比丘尼傳四卷　(晉)釋寶唱撰　清光緒十一年(1885)金陵刻經處刻本　一冊

110000－0198－0006442　子普 137
太玄十卷　(漢)揚雄撰　(清)吳汝綸點勘　清宣統二年(1910)衍星社鉛印本　一册

110000－0198－0006443　子普 139
大佛頂首楞嚴經正脈疏四十卷　(明)釋真鑑述　清光緒二十二年(1896)金陵刻經處刻本　一册　存三卷(四至六)

110000－0198－0006444　子普 142
大方廣佛新華嚴經合論一百二十卷　(唐)釋實叉難陀譯　(唐)李通玄造論　清同治十一年(1872)金陵刻經處刻本　一册　存四卷(六十一至六十四)

110000－0198－0006445　子普 143
中論六卷　(後秦)釋鳩摩羅什譯　清光緒三十三年(1907)揚州藏經院刻本　一册　存三卷(四至六)

110000－0198－0006446　子普 146
重樓玉鑰二卷　(清)鄭梅澗撰　清末蘇城臯轅西喜墨齋刻本　一册　存一卷(下)

110000－0198－0006447　子普 147
四分戒本如釋十二卷　(明)釋弘贊釋　清光緒十一年(1885)渝城羅漢寺刻本　一册　存二卷(一至二)

110000－0198－0006448　子普 148
近思續錄十四卷　(清)劉源淥編　清同治八年(1869)刻本　一册　存一卷(八)

110000－0198－0006449　子普 151
前敵須知四卷　(英國)克利賴著　(清)舒高第　(清)鄭昌棪譯　清末上海江南製造總局鉛印本　四册

110000－0198－0006450　子普 153
和文釋例不分卷　吳闓生撰　清光緒二十八年(1902)文明書局鉛印本　二册

110000－0198－0006451　子普 154
莊子雪三卷　(清)陸樹芝輯注　清嘉慶廣州翰元樓刻本　四册

110000－0198－0006452　子普 155
大佛頂如來密因脩證了義諸菩薩萬行首楞嚴經十卷科一卷　(唐)釋般剌密帝譯　(唐)釋彌伽釋迦譯語　(唐)房融筆授　清刻本　一册　存三卷(一至三)

110000－0198－0006453　子普 156
事類賦三十卷　(宋)吳淑撰　清刻本　一册　存三卷(十七至十九)

110000－0198－0006454　子普 158
佛教初學課本　(清)楊文會撰　清光緒三十二年(1906)金陵刻經處刻本　一册

110000－0198－0006455　子普 160
釋摩訶衍論十卷　(天竺)馬鳴菩薩本論　(天竺)波羅末陀譯　(天竺)龍樹菩薩釋論　(後秦)釋筏提摩多譯　清末金陵刻經處刻本　四册

110000－0198－0006456　子普 161
因明入正理論疏八卷首一卷　(唐)釋窺基撰　清光緒十六年(1890)金陵刻經處刻本　三册

110000－0198－0006457　子普 162
漢儒通議七卷　(清)陳灃撰集　清咸豐八年(1858)粤東富文齋刻本　二册

110000－0198－0006458　子普 165
補注洗寃錄集證四卷　(宋)宋慈撰　(清)王又槐集證　清上元王鼎淳刻朱墨藍三色印本　二册

110000－0198－0006459　子普 166
涑水記聞十六卷　(宋)司馬光撰　(清)張海鵬校梓　清嘉慶張氏照曠閣刻本　六册

110000－0198－0006460　子普 168
格物探源不分卷　(英國)韋廉臣撰　清光緒六年(1880)刻本　三册

110000－0198－0006461　子普 171
六書辨不分卷　徐紹楨撰　清光緒刻本　一册

110000－0198－0006462　子普 173
讀書錄十一卷續錄十二卷　(明)薛瑄撰　清

乾隆刻本　二册

110000－0198－0006463　子普 175
酉陽雜俎二十卷續雜俎十卷　(唐)段成式撰　清光緒三年(1877)湖北崇文書局刻本　六册

110000－0198－0006464　子普 176
陸子全書十八種　(清)陸隴其撰　(清)許仁沐等輯　清末浙江書局刻本　六册　存三種(三魚堂日記、勝言、讀書志疑)

110000－0198－0006465　子普 178
試帖彙鈔　胡吉麟輯　清光緒四年(1878)文德永刻本　七册

110000－0198－0006466　子普 183
釣磯立談一卷　(宋)史虚白撰　清宣統三年(1911)上海國學扶輪社鉛印本　一册

110000－0198－0006467　子普 184
勸學篇二卷　(清)張之洞撰　清光緒二十四年(1898)兩湖書院石印本　一册

110000－0198－0006468　子普 185
三山論學紀不分卷　(意大利)艾儒畧著　清道光二十七年(1847)刻本　一册

110000－0198－0006469　子普 188
榕陰日課十卷　(清)楊希閔撰　清光緒二年(1876)福州刻本　二册

110000－0198－0006470　子普 201
三品匯刊　(清)張之洞輯　清光緒五年(1879)滋本堂刻本　一册

110000－0198－0006471　子普 202
商君書五卷附攷一卷　(清)嚴萬里校　清光緒二年(1876)浙江書局據西吳嚴氏本校刻本　一册

110000－0198－0006472　子普 203
管子地員篇注四卷　(清)王紹蘭注　(清)胡燏棻校　清光緒十七年(1891)蕭山胡燏棻寄虹山館刻本　一册　存一卷(四)

110000－0198－0006473　子普 205
寶訓八卷附蜂衙小記一卷燕子春秋一卷海錯一卷　(清)郝懿行輯　清光緒五年(1879)東路廳署刻郝氏遺書本　六册

110000－0198－0006474　子普 208
淵鑒齋御纂朱子全書六十六卷　(宋)朱熹撰　清刻本　二十九册

110000－0198－0006475　子普 210
金壺精粹　(清)田普霖　(清)張仰山撰　(清)郝在田增訂　清光緒二年(1876)京師松竹齋刻本　一册　存二部(天、地)

110000－0198－0006476　子普 213
大方廣佛華嚴經八十卷　(唐)釋實叉難陀譯　明刻本　一册　存一卷(四十八)

110000－0198－0006477　子普 214
羣學肄言　(英國)斯賓塞爾著　嚴復譯　清光緒二十九年(1903)上海文明書局鉛印本　一册

110000－0198－0006478　子普 215
十三經集字摹本四卷　(清)彭玉雯輯　清道光刻本　一册　存一卷(孟子之一百二十至一百九十四頁)

110000－0198－0006479　子普 216
札迻十二卷　(清)孫詒讓撰　清光緒二十年(1894)瑞安孫氏刻本　八册

110000－0198－0006480　子普 218
翼教叢編六卷附錄一卷　(清)蘇輿輯　清光緒二十五年(1899)雲南官書局刻本　一册　存三卷(一至三)

110000－0198－0006481　子普 219
鍼灸擇日編集一卷　(明)全循義　(明)金義孫撰　清光緒十七年(1891)江寧藩署刻本　一册

110000－0198－0006482　子普 220
新刊補注銅人腧穴鍼灸圖經五卷　(宋)王惟一撰　清光緒三十三年至宣統元年(1907－1909)貴池劉世珩玉海堂影刻本　一册　存三卷(一至三)

110000－0198－0006483　子普 221

慈濟方一卷　(明)釋景隆編集　清宣統二年(1910)吴氏石蓮盦刻藍印本　一册

110000－0198－0006484　子普227
呻吟語六卷　(明)吕坤著　清末刻本　六册

110000－0198－0006485　子普228
晏子春秋七卷　(清)蘇輿校　清光緒十八年(1892)平江蘇氏思賢講舍刻本　二册

110000－0198－0006486　子普229
繪圖識字實在易二十期　施崇恩編　清光緒三十一年(1905)上海彪蒙書室石印本(有圖)　二十册

110000－0198－0006487　子普231
春秋繁露十七卷附録一卷　(漢)董仲舒撰　(清)盧文弨校　清乾隆五十年(1785)餘姚盧氏抱經堂刻本　二册

110000－0198－0006488　子普233
補注黄帝内經素問二十四卷　(唐)啟玄子(王冰)注　(宋)林億等校正　(宋)孫兆重改誤　**素問遺篇一卷**　(宋)劉溫舒撰　清末刻本　五册　存十六卷(四至十四、二十一至二十四,遺篇一卷)

110000－0198－0006489　子普234
荀子集解二十卷首一卷　(唐)楊倞注王先謙集解　清光緒十七年(1891)長沙王先謙思賢講舍刻本　五册　缺二卷(一、首一卷)

110000－0198－0006490　子普235
列子八卷　(晉)張湛注　(唐)殷敬順釋文　清光緒二年(1876)浙江書局刻本　二册

110000－0198－0006491　子普242
曲園篆書五種　(清)俞樾撰　清光緒三十三年(1907)江蘇省印刷局影印本　一册

110000－0198－0006492　子普244
大方廣圓覺修多羅了義經直解二卷　(唐)釋佛陀多羅譯　(明)釋德清解　清光緒十年(1884)杭州昭慶寺刻本　一册

110000－0198－0006493　子普245
繆篆分韻五卷補一卷　(清)桂馥著　清嘉慶元年(1796)歸安姚氏咫進齋刻本　三册

110000－0198－0006494　子普246
雙硯齋筆記六卷　(清)鄧廷楨撰　清光緒二十二年(1896)刻本　四册

110000－0198－0006495　子普247
天聞閣琴譜集成十六卷首三卷　(清)唐彝銘撰　清光緒二年(1876)成都葉氏刻本　十九册

110000－0198－0006496　子普248
北洋海軍章程　(清)奕譞等撰　清光緒十四年(1888)天津石印書局石印本　二册

110000－0198－0006497　子普249
少室山房筆叢四十八卷　(明)胡應麟撰　清光緒二十二年(1896)廣雅書局刻本　八册

110000－0198－0006498　子普250
斠補隅録十四種　(清)蔣光煦輯校　清光緒九年(1883)蔣氏别下齋刻本　二册

110000－0198－0006499　子普251
芳堅館題跋三卷　(清)郭尚先著　(清)郭籛齡　(清)許祖涝輯　清光緒刻本　一册

110000－0198－0006500　子普253
重訂六書通十卷增附百體福壽全圖　(清)畢既明纂訂　清光緒十九年(1893)上海書局石印本　五册

110000－0198－0006501　子普254
容齋隨筆十六卷續筆十六卷三筆十六卷四筆十六卷五筆十卷　(宋)洪邁撰　清光緒二十一年(1895)上海飛鴻閣石印本　六册

110000－0198－0006502　子普255
古香齋新刻袖珍淵鑑類函四百五十卷目録四卷　(清)張英等纂　清光緒南海孔氏岳雪樓刻本　十册

110000－0198－0006503　子普256
弦雪居重訂遵生八牋十九卷總目一卷　(明)高濂輯　(明)鍾惺較閲　清光緒十年(1884)刻本　十六册

110000－0198－0006504　子普262

春秋繁露十七卷　(漢)董仲舒撰　清刻本　一册　存九卷(九至十七)

110000－0198－0006505　子普 263

古經解彙函第十六種春秋繁露十七卷　(漢)董仲舒撰　(清)凌曙注　清光緒江都凌氏刻本　二册　存十卷(一至十)

110000－0198－0006506　子普 264

商君書五卷　(清)嚴萬里校　清光緒二年(1876)浙江書局刻本　一册

110000－0198－0006507　子普 266

太上老子道德經集解二卷　(宋)董思靖集解　清光緒三年(1877)吳興陸氏十萬卷樓刻本　一册

110000－0198－0006508　子普 267

莊子因六卷　(清)林雲銘評述　清刻本　四册

110000－0198－0006509　子普 271

老子本義二卷　(清)魏源撰　清光緒二十八年(1902)避舍蓋公堂鉛印本　二册

110000－0198－0006510　子普 274

東塾讀書記十二卷又三卷　(清)陳澧撰　清光緒刻本　五册

110000－0198－0006511　子普 275

錢飲光先生年譜不分卷　(清)錢撝祿述　清宣統二年(1910)錢氏振風學社刻木活字印本　一册

110000－0198－0006512　子普 276

無邪堂答問五卷　(清)朱一新撰　清光緒二十一年(1895)廣東朱氏葆真堂刻本　二册

110000－0198－0006513　子普 277

圖註八十一難經辨真四卷　(明)張世賢圖註　清光緒十五年(1889)京都泰山堂刻本　五册

110000－0198－0006514　子普 278

小學纂注六卷　(宋)朱熹撰　(清)高愈纂注　清同治八年(1869)江蘇書局刻本　二册

110000－0198－0006515　子普 279

禹貢指南四卷　(宋)毛晃撰　清同治十三年(1874)江西書局刻本　四册

110000－0198－0006516　子普 281

管窺輯要十七卷　(清)黄鼎纂定　清順治刻本　八册

110000－0198－0006517　子普 284

吴京卿節本天演論　(清)吴汝綸撰　清光緒二十九年(1903)上海文明書局鉛印本　一册

110000－0198－0006518　子普 287

訂譌雜錄十卷　(清)胡鳴玉著　清嘉慶十八年(1813)蕭山陳氏湖海樓刻本　四册

110000－0198－0006519　子普 289

奚囊寸錦　(清)張潮撰　清嘉慶二十五年(1820)刻本　四册

110000－0198－0006520　子普 295

蒙經增註　(宋)王應麟撰　(清)曠敏本注　清嘉慶敬信堂刻本　二册

110000－0198－0006521　子普 297

莊子十卷　(晉)郭象注　(唐)陸德明音義　清光緒二十三年(1897)新化三味書屋刻本　六册

110000－0198－0006522　子普 300

居易錄三十四卷　(清)王士禛著　清康熙四十年(1701)刻本　八册

110000－0198－0006523　子普 304

穆勒名學三卷　(英國)穆勒·約翰著　嚴復譯　清光緒三十一年(1905)金粟齋刻本　八册

110000－0198－0006524　子普 305

過伯齡先生四子譜二卷　(清)過文年撰　(清)陸求可訂正　清乾隆五十一年(1786)金閶書業堂刻本(有圖)　一册

110000－0198－0006525　子普 306

金石文字記六卷　(清)顧炎武撰　清光緒十四年(1888)上海校經山房刻本　一册　存三卷(一至三)

110000－0198－0006526　子普 309

內科理法前編六卷後編十卷附一卷 (英國)虎伯撰 (英國)哈萊參訂 (清)舒高第口譯 (清)趙元益筆述 清末江南製造總局刻本 五冊 存八卷(前編五至六、後編一至六)

110000－0198－0006527 子普 310
曾子家語六卷 (清)曾國荃審訂 (清)王定安編輯 清光緒十六年(1890)金陵刻本 二冊

110000－0198－0006528 子普 311
二如亭群芳譜二十八卷首一卷 (明)王象晉纂輯 明末刻本 十八冊

110000－0198－0006529 子普 312
五子近思錄集注十四卷附考訂朱子世家一卷 (清)江永撰 清咸豐三年(1853)刻本 六冊

110000－0198－0006530 子普 313
佛經集注 (唐)呂祖 (明)釋袾宏等注 清咸豐元年(1851)河南開封許義文齋刻本 三冊

110000－0198－0006531 子普 314
痘症精言四卷 (清)袁句著 清美錦堂刻本 一冊

110000－0198－0006532 子普 315
大方廣佛新華嚴經合論一百二十卷 (唐)釋實叉難陀譯 (唐)李通玄造論 (唐)釋志寧釐經合論 清光緒武清劉瀚清刻本 十七冊 存十七卷(一至十二、十九至二十二、二十四)

110000－0198－0006533 子普 318
近思錄十四卷 (清)江永撰 清刻本 四冊

110000－0198－0006534 子普 321
楊升庵先生批點二子二卷 (明)楊慎批點 明錢塘楊氏刻本 一冊

110000－0198－0006535 子普 322
莊子集解八卷 王先謙撰 清宣統元年(1909)思賢書局刻本 二冊

110000－0198－0006536 子普 323
司馬灋三卷附音義一卷 曹元忠集 清光緒二十年(1894)曹氏刻箋經室叢書本 一冊

110000－0198－0006537 子普 324
馬首農言 (清)祁寯藻撰 清咸豐五年(1855)刻本 一冊

110000－0198－0006538 子普 328
格致啟蒙四卷 (英國)羅斯古纂 (美國)林樂知 (清)鄭昌棪譯 清光緒江南機器製造總局刻本 四冊

110000－0198－0006539 子普 330
論衡三十卷 (漢)王充撰 清光緒元年(1875)湖北崇文書局刻本 六冊

110000－0198－0006540 子普 331
許竹篔先生出使函稿十四卷 (清)許景澄撰 清光緒鉛印本 一冊 存四卷(十一至十四)

110000－0198－0006541 子普 332
蘿藦亭札記八卷 (清)喬松年輯 清同治刻本 四冊

110000－0198－0006542 子普 333
琴學入門二卷 (清)張鶴輯 清末刻本 一冊 存一卷(下)

110000－0198－0006543 子普 334
受子譜選二卷 (清)李汝珍輯 清嘉慶二十二年(1817)刻本(有圖) 一冊 存一卷(上)

110000－0198－0006544 子普 335
仙機武庫八集 (明)陸玄宇輯 明末西陵碧雲書屋刻本(有圖) 三冊

110000－0198－0006545 子普 336
二程全書七種 (宋)程顥 (宋)程頤撰 (宋)朱熹輯 清同治五年(1866)刻本(有圖) 十八冊

110000－0198－0006546 子普 337
魯岡或問四卷 (清)彭大壽著 清道光五年(1825)雲夢程氏刻二十六年(1846)印本

四冊

110000－0198－0006547　子普338
曲洧舊聞十卷　（宋）朱弁撰　（清）張海鵬訂　清嘉慶十年(1805)虞山張氏照曠閣刻本　四冊

110000－0198－0006548　子普339
歸潛志十四卷　（元）劉祁撰　清刻本　四冊

110000－0198－0006549　子普341
練兵實紀九卷雜集六卷紀效新書十八卷首一卷　（明）戚繼光撰　清嘉慶二十四年(1819)刻本　五冊　存十二卷（練兵實紀一至六、紀效新書十三至十八）

110000－0198－0006550　子普342
浪跡叢談十一卷續談八卷　（清）梁章鉅撰　清道光二十七年(1847)亦東園刻本　八冊

110000－0198－0006551　子普345
文昌雜錄六卷補遺一卷　（宋）龐元英撰　清乾隆二十一年(1756)雅雨堂刻本　二冊

110000－0198－0006552　子普346
雅趣藏書不分卷　（清）錢書撰　清康熙四十二年(1703)刻朱墨印本　二冊

110000－0198－0006553　子普347
朱子家禮八卷首一卷　（宋）朱熹編　（明）楊慎輯　清刻本　三冊　存三卷（六至八）

110000－0198－0006554　子普348
重刊補註洗冤錄集證六卷　（宋）宋慈撰　（清）王又槐增輯　（清）李觀瀾補輯　（清）阮其新補注　清刻四色套印本　一冊　存二卷（三至四）

110000－0198－0006555　子普349
菜根談　（明）洪應明著　（清）清鎔重校　清末刻本　一冊

110000－0198－0006556　子普350
晏子春秋七卷　（清）蘇輿校　清光緒十八年(1892)平江蘇氏思賢講舍刻本　二冊

110000－0198－0006557　子普351
草字匯十二卷　（清）石梁輯　清刻本　六冊

110000－0198－0006558　子普352
玉芝堂談薈三十六卷　（明）徐應秋輯　明崇禎刻本　七冊　存八卷（二十九至三十六）

110000－0198－0006559　子普353
七克七卷　（西班牙）龐迪我撰　清嘉慶三年(1798)刻本　一冊　存二卷（六至七）

110000－0198－0006560　子普354
孔氏家語十卷　（三國魏）王肅注　清光緒二十四年(1898)貴池劉世珩玉海堂影宋朱印本　二冊

110000－0198－0006561　子普356
算法統宗十一卷　（明）程大位撰　清刻本　二冊　存六卷（一至六）

110000－0198－0006562　子普357
火龍經三集二卷　（明）茅元儀彙輯　（明）諸葛光榮校　清咸豐五年(1855)南陽隆中刻本（有圖）　三冊

110000－0198－0006563　子普358
原富　（英國）斯密亞丹著　嚴復譯　清光緒二十八年(1902)南洋公學譯書院鉛印本　七冊

110000－0198－0006564　子普359
中饋錄一卷　（清）曾懿著　清光緒三十三年(1907)長沙刻本　一冊

110000－0198－0006565　子普360
淮軍武毅各軍課程十卷　（清）武毅全軍武備學堂編　清末石印本　四冊　存四卷（一至二、四、七）

110000－0198－0006566　子普361
琴粹四卷首一卷　（清）楊宗稷輯　清末刻本　一冊

110000－0198－0006567　子普363
全體闡微六卷　（美國）柯為良　（清）林鼎文編譯　清光緒七年(1881)福州聖教醫館鉛印本　六冊

110000－0198－0006568　子普364
周易參同契集韻六卷　（清）紀大奎輯訂　清

咸豐二年(1852)刻本　四冊

110000－0198－0006569　子普 366
玉海二百卷　(宋)王應麟撰　清刻本　八冊　存十七卷(一百七十四至一百九十)

110000－0198－0006570　子普 367
集註太玄經十卷　(漢)揚雄撰　(宋)司馬光集註　清光緒湖北崇文書局刻本　二冊

110000－0198－0006571　子普 380
聖證論補評二卷　(清)皮錫瑞著　清光緒刻本　一冊

110000－0198－0006572　子普 381
鬼谷子三卷　(南朝梁)陶弘景注　清嘉慶十年(1805)江都秦氏石研齋刻本　一冊

110000－0198－0006573　子普 384
居易錄三十四卷　(清)王士禛著　清康熙刻本　十冊

110000－0198－0006574　子普 385
東方兵事紀略六卷　(清)姚錫光撰　清光緒二十三年(1897)刻本　一冊　存二卷(四至五)

110000－0198－0006575　子普 386
徐氏三種註釋　(宋)王應麟纂　(宋)王相注　明實寧堂刻本　一冊

110000－0198－0006576　子普 387
雷公炮製藥性解六卷　(明)李中梓編輯　清光緒善成堂刻本　三冊

110000－0198－0006577　子普 388
白虎通義考一卷　(清)莊述祖撰　清盧氏抱經堂刻本　一冊

110000－0198－0006578　子普 389
二如亭群芳譜二十八卷首一卷　(明)王象晉纂輯　明末刻清遞修沙村艸堂本　十六冊

110000－0198－0006579　子普 390
芥子園圖章會纂　(明)李漁纂輯　清芥子園刻本　一冊

110000－0198－0006580　子普 391
赤雅三卷　(明)鄺露撰　清道光鄺瑞刻本　三冊

110000－0198－0006581　子普 392
維摩詰所説經註八卷　(後秦)釋鳩摩羅什譯　清刻本　一冊　存四卷(一至四)

110000－0198－0006582　子普 393
維摩詰所説經折衷疏六卷　(明)釋大賢述　清末南京金陵刻經處刻本　一冊　存二卷(一至二)

110000－0198－0006583　子普 394
大佛頂首楞嚴經正脈疏四十卷　(明)釋真鑒述　清光緒二十二年(1896)金陵刻經處刻本　二冊　存五卷(十三至十四、十八至二十)

110000－0198－0006584　子普 395
妙法蓮華經通義二十卷　(明)釋德清述　清光緒三十四年(1908)金陵刻經處刻本　一冊　存四卷(十七至二十)

110000－0198－0006585　子普 396
大方廣佛華嚴經八十卷　(唐)釋實叉難陀譯　清刻本　一冊　存三卷(十五至十七)

110000－0198－0006586　子普 397
癸巳存稿十五卷　(清)俞正燮撰　清光緒十年(1884)刻本　八冊

110000－0198－0006587　子普 398
四砭齋省身日課十四卷　(清)唐鑑撰　清光緒十二年(1886)刻本　十二冊

110000－0198－0006588　子普 399
河濱遺書抄六卷　(明)李楷著　清刻本　五冊

110000－0198－0006589　子普 400
莊子釋意　(明)歸有光原評　(清)高秋月集説　(清)曹同春論正　清康熙二十九年(1690)文粹堂刻本　二冊

110000－0198－0006590　子普 401
容齋三筆十六卷　(宋)洪邁撰　清刻本　二冊　存十一卷(一至十一)

110000－0198－0006591　子普 402

琴史學八卷 (清)周慶雲纂 清末刻藍印本 二冊 存六卷(三至八)

110000-0198-0006592 子普 403
草木子四卷 (明)葉子奇著 清光緒五年(1879)居德堂刻本 二冊

110000-0198-0006593 子普 406
讀書記八卷 (清)郝懿行輯 清光緒三十四年(1908)湖南棲霞郝氏刻本 四冊

110000-0198-0006594 子普 409
竹葉亭雜記八卷 (清)姚元之撰 清光緒十九年(1893)刻本 四冊

110000-0198-0006595 子普 410
漢學商兑四卷 (清)方東樹撰 清光緒刻本 四冊

110000-0198-0006596 子普 411
老子章義二卷 (清)姚鼐撰 清同治九年(1870)桐城吳氏刻本 一冊

110000-0198-0006597 子普 415
雲山讀書記内學四篇外治四篇 (清)鄧繹著 清光緒十四年(1888)刻本 一冊

110000-0198-0006598 子普 417
儀鄭堂文集二卷 (清)孔廣森撰 (清)阮元敘錄 清刻本 一冊

110000-0198-0006599 子普 418
莊子集解八卷 王先謙撰 清刻本 三冊 存六卷(三至八)

110000-0198-0006600 子普 421
王會篇箋釋三卷 (清)何秋濤撰 清光緒十七年(1891)江蘇書局刻本 三冊

110000-0198-0006601 子普 422
校補龍文鞭影 (明)蕭良有纂輯 (明)楊臣諍增訂 (清)李恩綬校補 清光緒十一年(1885)李光明莊刻本 四冊

110000-0198-0006602 子普 423
老子翼八卷首一卷 (明)焦竑輯 (明)王元貞校 清光緒二十一年(1895)漸西村舍刻本 四冊

110000-0198-0006603 子普 424
札樸十卷 (清)桂馥撰 清光緒九年(1883)蔣氏心矩齋刻本 六冊

110000-0198-0006604 子普 425
六書通 (明)閔齊伋輯 (清)畢弘述纂訂 清光緒四年(1878)繡谷留耕堂刻本 八冊

110000-0198-0006605 子普 426
關中道脈四種書 (清)李元春輯 清道光十年(1830)刻本 六冊

110000-0198-0006606 子普 427
牧牛圖頌淨修指要合刊不分卷 (□)釋普明等撰 清光緒二十四年(1898)刻本(有圖) 一冊

110000-0198-0006607 子普 433
槍礮操法圖説不分卷 (清)丁日昌主編 清抄本(有圖) 一冊

110000-0198-0006608 子普 437
乾坤大略 (清)王餘佑撰 清宣統三年(1911)綠雲樓鉛印本 一冊

110000-0198-0006609 子普 439
汪氏兵學三書 (清)汪宗沂輯 清光緒二十一年(1895)桐廬袁氏漸西村舍刻本 三冊

110000-0198-0006610 子普 440
惜抱軒遺書三種八十八卷 (清)姚鼐撰 清光緒五年(1879)桐城徐氏刻本 四冊

110000-0198-0006611 子普 442
蘆浦筆記十卷 (宋)劉昌詩撰 清刻知不足齋叢書本 一冊

110000-0198-0006612 子普 445
賓存四卷 (清)胡式鈺撰 清道光刻本 二冊

110000-0198-0006613 子普 446
朱氏群書六種 (清)朱駿聲補傳 清刻本 一冊 存一種(夏小正)

110000-0198-0006614 子普 447
屈賈文合編十七卷 (清)夏獻雲輯 清光緒三年(1877)長沙刻本(有圖) 一冊 存二卷

（一至二）

110000－0198－0006615　子普448

琴譜諧聲六卷　（清）周顯祖著　清嘉慶二十五年（1820）聽真軒刻本（有圖）　六册

110000－0198－0006616　子普452

癸巳類稿十五卷　（清）俞正燮撰　清道光十三年（1833）求日益齋刻本　八册

110000－0198－0006617　子普455

經絡歌訣一卷　（清）汪昂編輯　清成裕堂刻本　一册

110000－0198－0006618　子普456

重訂增修安樂箴銘　（清）徐鐵珊撰　清光緒八年（1882）石印本　一册

110000－0198－0006619　子普457

棣懷堂隨筆十一卷首一卷末一卷賦鈔二卷　（清）李象鶤撰　清同治刻本　八册

110000－0198－0006620　子普459

書林揚觶二卷　（清）方東樹撰　清同治十年（1871）望三益齋刻本　二册

110000－0198－0006621　子普462

救急應驗良方　（□）□□撰　清光緒十年（1884）黔省大道觀張榮興刻本　一册

110000－0198－0006622　子普463

神效秘方　（□）□□撰　清道光二十四年（1844）聚錦堂刻本　一册

110000－0198－0006623　子普464

易成二卷易成方二卷　（清）恩年撰　清光緒十三年（1887）都門後鐵廠積善堂刻本　一册

110000－0198－0006624　子普465

近事會元五卷附校勘記一卷　（宋）李上交撰　清刻本　一册

110000－0198－0006625　子普465－1

殘局　清刻本（有圖）　一册

110000－0198－0006626　子普469

近事會元五卷附校勘記一卷　（宋）李上交撰　清刻本　一册

110000－0198－0006627　子普470

求闕齋語摘錄一卷　（清）曾國藩撰　清光緒十四年（1888）解梁書院刻本　一册

110000－0198－0006628　子普471

二論典故最豁集四卷　（清）劉珍輯　清善成堂刻本　一册

110000－0198－0006629　子普472

靈峰蕅益大師選定浄土十要　清光緒二十年（1894）揚州藏經院刻本　一册

110000－0198－0006630　子普474

冶梅竹譜　（清）王寅著　清光緒八年（1882）金陵王氏刻本（有圖）　一册

110000－0198－0006631　子普475

冶梅蘭譜　（清）王寅著　清光緒八年（1882）金陵王氏刻本（有圖）　一册

110000－0198－0006632　子普480

芥子園畫傳　（清）王概編　（清）巢勛增編　清光緒石印本（有圖）　四册

110000－0198－0006633　子普482

楞嚴經初學易讀十卷　（唐）釋般剌密帝譯　清末刻本　一册　存三卷（八至十）

110000－0198－0006634　子普483

地藏菩薩本願經三卷　（唐）釋實叉難陀譯　清光緒三十年（1904）金陵刻經處刻本　一册

110000－0198－0006635　子普484

莊子集釋十卷　（清）郭慶藩輯　清刻本　一册　存一卷（四）

110000－0198－0006636　子普489

五種遺規　（清）陳宏謀編輯　清道光刻本　八册

110000－0198－0006637　子普490

鹽鐵論十卷　（漢）桓寬撰　清光緒十七年（1891）思賢講舍刻本　一册　存五卷（一至五）

110000－0198－0006638　子普491

開有益齋讀書志六卷續志一卷　（清）朱緒曾撰　清光緒六年（1880）金陵翁氏茹古閣刻本

一册　存一卷(五)

110000－0198－0006639　子普 492
蛾術編八十二卷　(清)王鳴盛撰　(清)迮鶴壽參校　清道光二十一年(1841)世楷堂刻本　一册　存五卷(二十四至二十八)

110000－0198－0006640　子普 493
琴學入門二卷　(清)張鶴輯　清同治十二年(1873)刻本　一册　存一卷(下)

110000－0198－0006641　子普 499
龐居士語錄三卷　(唐)于頔編　清咸豐元年(1851)蘇州錢氏刻本　一册

110000－0198－0006642　子普 500
明紀會通十五卷　(清)陳志襄輯錄　清書業德刻本　一册　存五卷(一至五)

110000－0198－0006643　子普 501
呂氏春秋二十六卷　(漢)高誘注　(清)畢沅校　清光緒鎮洋畢氏刻本　六册　存五卷(七至十一)

110000－0198－0006644　子普 502
物詮八卷校勘書後一卷　(清)汪烜著　清光緒九年(1883)立雪齋刻本　一册　存四卷(五至八)

110000－0198－0006645　子普 504
省軒考古類編十二卷　(清)柴紹炳纂　(清)姚廷謙評　清雍正刻本　三册　存八卷(一至八)

110000－0198－0006646　子普 505
御製數理精蘊上編五卷下編四十卷表八卷　(清)允祉等撰　清光緒八年(1882)廣東藩司刻本　三十二册

110000－0198－0006647　子普 507
竹嬾畫媵一卷續畫媵一卷　(明)李日華撰　清光緒八年(1882)武林高邕刻本　二册

110000－0198－0006648　子普 510
敬齋古今黈八卷　(元)李冶撰　清同治十三年(1874)江西書局刻本　二册

110000－0198－0006649　子普 511
浩然齋雅談三卷　(宋)周密撰　清武英殿聚珍版刻本　一册

110000－0198－0006650　子普 514
獨斷一卷　(漢)蔡邕撰　清光緒元年(1875)湖北崇文書局刻本　一册

110000－0198－0006651　子普 515
物詮八卷校勘書後一卷　(清)汪烜著　清光緒九年(1883)紫陽書院刻本　一册　存四卷(一至四)

110000－0198－0006652　子普 519
墨子斠注補正二卷　王樹枏撰　清光緒十三年(1887)新城王氏文莫室刻本　一册

110000－0198－0006653　子普 521
春樹齋叢說不分卷　(清)溫葆深撰　清光緒二年(1876)金陵溫氏刻本　二册

110000－0198－0006654　子普 522
除紅譜一卷　(宋)朱河撰　清光緒三十二年(1906)長沙葉德輝刻本(有圖)　一册

110000－0198－0006655　子普 524
庚子銷夏記八卷　(清)孫承澤撰　清乾隆二十六年(1761)鮑氏知不足齋刻本　四册

110000－0198－0006656　子普 525
顏氏家訓二卷　(隋)顏之推著　(清)朱軾評點　清刻本　四册

110000－0198－0006657　子普 531
太玄十卷　(漢)揚雄撰　(清)吳汝綸點勘　清宣統二年(1910)北京衍星社鉛印本　一册

110000－0198－0006658　子普 532
訓蒙捷徑四卷　(清)黃慶澄編　清光緒刻本　一册　存一卷(二)

110000－0198－0006659　子普 533
蕉軒續錄二卷　(清)方濬師撰　(清)呂景端編校　清光緒十八年(1892)鉛印本　一册　存一卷(下)

110000－0198－0006660　子普 537
札樸十卷　(清)桂馥撰　清嘉慶小李山房刻本　十册

110000－0198－0006661　子普 538
潞水客談一卷　(明)徐貞明撰　清道光二年(1822)南河節署刻本　一冊

110000－0198－0006662　子普 540
道藏輯要二十八集　(清)彭定求輯　(清)閻永和增　清光緒三十二年(1906)成都二仙庵刻本(有圖)　十一冊

110000－0198－0006663　子普 541
坐禪三昧法門經二卷　(須賴)僧伽羅剎造　(後秦)釋鳩摩羅什譯　清末刻本　一冊

110000－0198－0006664　子普 542
金剛般若波羅蜜經　(後秦)釋鳩摩羅什譯　清末刻本　一冊

110000－0198－0006665　子普 543
佛說阿彌陀經一卷　(後秦)釋鳩摩羅什譯　清光緒十五年(1889)金陵刻經處刻本　一冊

110000－0198－0006666　子普 545
佛遺教三經解　(明)釋智旭著　清光緒十一年(1885)金陵刻經處刻本　一冊

110000－0198－0006667　子普 546
援鶉堂筆記五十卷　(清)姚範撰　清道光十五年(1835)姚瑩刻本　六冊

110000－0198－0006668　子普 548
大瓢偶筆八卷鐵函齋書跋四卷　(清)楊賓著　(清)楊霈編　清道光二十七年(1847)粵東糧道署刻本　六冊

110000－0198－0006669　子普 549
繹志十九卷　(清)胡承諾撰　清同治十一年(1872)浙江書局刻本　八冊

110000－0198－0006670　子普 550
薛子條貫篇十三卷　(明)薛瑄撰　清光緒十九年(1893)廣州府署刻本　四冊

110000－0198－0006671　子普 553
論理學綱要　(日本)十時彌著　清光緒三十二年(1906)上海商務印書館鉛印本　一冊

110000－0198－0006672　子普 555
張子正蒙注九卷　(清)王夫之撰　清同治四年(1865)湘鄉曾氏金陵節署刻本　五冊

110000－0198－0006673　子普 558
絳帖平六卷　(宋)姜夔撰　清刻本　一冊

110000－0198－0006674　子普 559
檽鬫譜　(清)鄭珍纂　(清)莫友芝註　清光緒十三年(1887)湘南臬署刻本　一冊

110000－0198－0006675　子普 561
成唯識論述記六十卷　(唐)釋窺基撰　清光緒二十七年(1901)刻本　一冊　存三卷(一至三)

110000－0198－0006676　子普 564
大方廣佛華嚴經八十卷　(唐)釋實叉難陀譯　清刻本　二冊　存八卷(二十一至二十四、三十七至四十)

110000－0198－0006677　子普 566
南華真經正義七篇附識餘三種　(清)陳壽昌輯　清光緒十九年(1893)怡顏齋刻本　六冊

110000－0198－0006678　子普 567
王氏醫案二卷續編八卷霍亂論二卷　(清)王士雄著　(清)周鑅輯　(清)楊照藜評　清光緒十七年(1891)蒲圻但氏刻本　四冊

110000－0198－0006679　子普 571
金剛般若波羅蜜經　(清)翁方綱書　清光緒二十五年(1899)潞河女史張氏石印本　一冊

110000－0198－0006680　子普 572
金剛經讀本　清嘉慶十三年(1808)刻本(有圖)　四冊

110000－0198－0006681　子普 573
大佛頂首楞嚴經十卷　(唐)釋般刺密帝譯　(清)吳芝瑛書　嚴復署檢　清光緒三十四年(1908)杭州小萬柳堂影印本　二冊

110000－0198－0006682　子普 574
大佛頂如來密因修證了義諸菩薩萬行首楞嚴經要解二十卷　(唐)釋般刺密帝譯　(唐)釋彌伽釋迦譯語　(唐)房融筆受　(宋)釋戒環解　明靈慧刻本　四冊

110000－0198－0006683　子普 575

札樸十卷 （清）桂馥著 清光緒九年（1883）長州蔣氏心矩齋刻本 十冊

110000－0198－0006684 子普 576
老子道德經解二卷首一卷附觀老莊影響論一卷 （明）釋德清撰 清光緒十二年（1886）金陵刻經處刻本 二冊

110000－0198－0006685 子普 577
賦彙錄要箋畧二十八卷補題注一卷補遺一卷外集一卷 （清）吳光昭箋 （清）陳書仝輯 清乾隆二十三年（1758）汲古齋刻本 四冊 存十卷（十四至十六、二十至二十六）

110000－0198－0006686 子普 579
金剛經心經註彙纂 （清）淨觀居士張允顗署 清光緒二十二年（1896）揚州馬市口東藏經院刻本 二冊

110000－0198－0006687 子普 580
朱子語類四纂五卷 （清）李光地輯 清刻本 二冊

110000－0198－0006688 子普 581
阿毗達磨俱舍論三十卷 （唐）釋玄奘譯 清宣統三年（1911）常州天寧寺刻本 六冊

110000－0198－0006689 子普 582
管子二十四卷 （唐）房玄齡註釋 （唐）劉績增註 （明）沈鼎新 （明）朱養純參評 （明）朱長春通演 （明）朱養合輯訂 清嘉慶九年（1804）姑蘇聚文堂刻本 六冊

110000－0198－0006690 子普 583
佛說佛名經十二卷 （北魏）釋菩提留支譯 清刻本（有圖） 六冊 存六卷（一至六）

110000－0198－0006691 子普 584
禮佛名經事儀 清刻本 一冊

110000－0198－0006692 子普 586
大方廣佛華嚴經八十卷 （唐）釋實叉難陀譯 清刻本 一冊 存一卷（二十八）

110000－0198－0006693 子普 587
墨子十五卷目錄一卷 （清）畢沅注 清光緒二十七年（1901）新化三味堂刻本 六冊

110000－0198－0006694 子普 593
太玄十卷 （漢）揚雄撰 （清）吳汝綸點勘 清宣統二年（1910）衍星社鉛印本 一冊

110000－0198－0006695 子普 595
南華發覆八卷 （明）釋性通撰 明末刻本 六冊

110000－0198－0006696 子普 597
莊子獨見 （清）胡文英評釋 （清）武啟圖訂 清乾隆刻本 一冊

110000－0198－0006697 子普 599
宣室志補遺一卷 （唐）張讀撰 **河東先生龍城錄二卷** （唐）柳宗元撰 **鶴林玉露十六卷補遺一卷** （宋）羅大經撰 **儒林公議二卷** （宋）田況撰 清刻本 一冊

110000－0198－0006698 子普 600
家禮五卷附錄一卷 （宋）朱熹撰 清光緒六年（1880）公善堂刻本 一冊

110000－0198－0006699 子普 602
司馬彪莊子注一卷 （晉）司馬彪撰 清道光十四年（1834）梅瑞軒刻本 二冊

110000－0198－0006700 子普 603
龍井見聞錄十卷 （清）汪孟鋗纂 清光緒刻本 二冊

110000－0198－0006701 子普 604
博物志十卷續博物志十卷述異記二卷 （南朝梁）任昉撰 清光緒元年（1875）湖北崇文書局刻本 三冊

110000－0198－0006702 子普 605
板橋雜記三卷 （清）余懷著 清光緒三十四年（1908）長沙葉氏刻本 一冊

110000－0198－0006703 子普 607
解惑編二卷 （清）釋宏贊編 清道光十一年（1831）刻本 一冊

110000－0198－0006704 子普 608
諸子平議三十五卷 （清）俞樾撰 清同治十年（1871）刻本 十二冊

110000－0198－0006705 子普 610

德輿子六卷　(清)安璿注　清傳經堂刻本　四册

110000－0198－0006706　子普611
荀子二十卷　(唐)楊倞注　清乾隆五十一年(1786)安雅堂刻本　六册

110000－0198－0006707　子普614
莊子内篇註四卷　(明)釋德清註　清光緒十四年(1888)金陵刻經處刻本　二册

110000－0198－0006708　子普616
説苑二十卷　(漢)劉向撰　清光緒元年(1875)湖北崇文書局刻本　四册

110000－0198－0006709　子普617
管子地員篇注四卷　(清)王紹蘭著　(清)胡燏棻校　清光緒十七年(1891)寄虹山館刻本　四册

110000－0198－0006710　子普618
讀書雜識十二卷　(清)勞格撰　清光緒六年(1880)苕溪丁氏刻月河精舍叢抄本　四册

110000－0198－0006711　子普620
退菴金石書畫跋二十卷　(清)梁章鉅撰　清道光刻本　一册　存二卷(三至四)

110000－0198－0006712　子普621
郤掃編三卷　(宋)徐度撰　(明)毛晉訂　明末汲古閣刻本　一册　存二卷(上、中)

110000－0198－0006713　子普622
剪桐載筆一卷　(明)王象晉撰　清康熙毛鳳苞刻本　一册

110000－0198－0006714　子普623
吕氏春秋二十六卷　清光緒元年(1875)湖北崇文書局刻本　四册

110000－0198－0006715　子普624
太白劍二卷　(清)姚康著　清光緒二十一年(1895)姚五桂堂刻本　二册

110000－0198－0006716　子普626
莊子南華真經十卷　清刻本　四册　存四卷(二至五)

110000－0198－0006717　子普629
淮南許注異同詁四卷補遺一卷續補一卷　(清)陶方琦述　清光緒七年(1881)刻本　三册

110000－0198－0006718　子普630
南華真經正義不分卷附識餘三種　(清)陳壽昌輯　清光緒十九年(1893)怡顏齋刻本　六册

110000－0198－0006719　子普631
習是編二十六卷　(清)屈成霖編　清光緒二年(1876)刻本　四册

110000－0198－0006720　子普632
莊子故八卷　馬其昶撰　清光緒三十一年(1905)集虛草堂刻本　四册

110000－0198－0006721　子普634
老子本義二卷　(清)魏源著　清嘉慶七年(1802)甘泉尋樂堂刻本　二册

110000－0198－0006722　子普638
孔子世家支譜　清光緒十一年(1885)刻本　一册

110000－0198－0006723　子普639
丹溪心法附餘二十四卷首一卷　(明)方廣輯　清刻本　一册　存一卷(一)

110000－0198－0006724　子普646
韓非子集解二十卷　(清)王先慎撰　清光緒二十二年(1896)刻本　六册

110000－0198－0006725　子普647
日知録之餘四卷　(清)顧炎武撰　清宣統二年(1910)風雨樓鉛印本　二册

110000－0198－0006726　子普649
墨子　王闓運注　清光緒三十年(1904)江西官書局刻本　二册

110000－0198－0006727　子普650
增訂圖注本草備要四卷　(清)汪昂著　清同治八年(1869)江寧崇文堂刻本(有圖)　五册

110000－0198－0006728　子普652
金剛般若波羅密經　(後秦)釋鳩摩羅什譯

清末刻本　一册

110000－0198－0006729　子普667
蓼菴手述一卷　（清）沈氏撰　清光緒三十二年（1906）刻本　一册

110000－0198－0006730　子普668
御製揀魔辨異錄八卷　（清）世宗胤禛錄　清雍正刻本　二册　存四卷（一至四）

110000－0198－0006731　子普669
餐芍華館隨筆二卷　（清）周騰虎撰　清光緒三十一年（1905）刻本　一册

110000－0198－0006732　子普670
急就篇四卷　（唐）顏師古注　（宋）王應麟補注　清福山王氏刻天壤閣叢書本　一册　存二卷（三至四）

110000－0198－0006733　子普671
負暄閒語十二卷　周馥著　清宣統元年（1909）濟南鉛印本　一册　存四卷（一至四）

110000－0198－0006734　子普673
船山遺書二百八十八卷　（清）王夫之撰　清同治四年（1865）曾氏金陵節署刻本　十册　存三種五十七卷（莊子解三十三卷，楚辭通釋十四卷、末一卷，張子正蒙注九卷）

110000－0198－0006735　子普675
汪氏學行記六卷　（清）汪喜孫輯　清道光三年（1823）刻本　六册

110000－0198－0006736　子普676
人範六卷　（清）蔣元輯　清光緒二十七年（1901）廣雅書局刻本　一册

110000－0198－0006737　子普678
心政二經二卷年譜一卷　（宋）真德秀著　清乾隆刻本　三册

110000－0198－0006738　子普679
白虎通四卷附補遺一卷闕文一卷　（漢）班固撰　清抱經堂刻本　一册　存三卷（三、補遺一卷、闕文一卷）

110000－0198－0006739　子普680
麟臺故事五卷首一卷末一卷　（宋）程俱撰　清武英殿聚珍版刻本　一册

110000－0198－0006740　子普681
漢官舊儀二卷補遺一卷　（漢）衛宏撰　**鄴中記一卷**　（晉）陸翽撰　清武英殿聚珍版刻本　一册

110000－0198－0006741　子普682
宋朝事實二十卷　（宋）李攸撰　清武英殿聚珍版刻本　一册　存三卷（四至六）

110000－0198－0006742　子普684
述記三十四種　（清）任兆麟撰述　清忠敏家塾刻本　三册　存十七種（尸子、荀卿子、楚辭、小爾雅、尚書大傳、大戴禮記、樂記、賈子新書、春秋繁露、韓詩外傳、新序、說苑、列女傳、揚子法言、白虎通德論、說文、漢紀）

110000－0198－0006743　子普687
備急千金要方三十卷　（唐）孫思邈撰　清光緒四年（1878）江戶醫學影北宋刻本　十二册

110000－0198－0006744　子普688
呻吟語六卷　（明）呂坤著　清道光七年（1827）開封府署刻本　六册

110000－0198－0006745　子普689
南華經解三十三卷　（清）宣穎校　清同治五年（1866）吳坤修皖城藩署刻本　六册

110000－0198－0006746　子普690
癸辛雜識前集一卷後集一卷續集二卷別集二卷　（宋）周密輯　清照曠閣刻本　二册　存二卷（前集一卷、後集一卷）

110000－0198－0006747　子普692
韓非子集解二十卷　（清）王先慎撰　清刻本　三册　存十一卷（十至二十）

110000－0198－0006748　子普693
蒿菴閒話二卷　（清）張爾岐撰　清刻本　一册

110000－0198－0006749　子普694
浩然齋雅談三卷　（宋）周密撰　清武英殿聚珍版刻本　一册

110000－0198－0006750　子普696

榕村語録續集二十卷　(清)李光地撰　清光緒傅氏藏園刻本　十二册

110000－0198－0006751　子普 701
北夢瑣言二十卷　(宋)孫光憲纂集　清乾隆雅雨堂刻本　二册

110000－0198－0006752　子普 703
星軺考轍四卷　(清)劉啟彤譯述　清光緒十五年(1889)同文書局石印本　二册　存二卷(一、四)

110000－0198－0006753　子普 705
省軒考古類編十二卷　(清)柴紹炳纂　(清)姚廷謙評　清澹成堂刻本　六册

110000－0198－0006754　子普 709
韓非子二十卷　清末松石齋刻本　二册　存四卷(八至九、十六至十七)

110000－0198－0006755　子普 711
芥子園畫傳　(清)王概摹　清刻本　一册　存一卷(一)

110000－0198－0006756　子普 712
佛說阿彌陀經一卷　(後秦)釋鳩摩羅什譯
佛說無量壽經二卷　(三國魏)釋康僧鎧譯
佛說觀無量壽佛經一卷　(南朝宋)釋畺良耶舍譯　清乾隆五十五年(1790)釋了慰淨土津梁十三種刻本　一册

110000－0198－0006757　子普 714
六祖壇經一卷　(唐)釋法海編集　清道光二十八年(1848)刻本　一册

110000－0198－0006758　子普 715
瑜伽燄口一卷　(清)釋定庵基述　清康熙江蘇常州府天寧寺住持清鎔經刻本(有圖)　一册

110000－0198－0006759　子普 723
佛說觀無量壽佛經圖頌　(明)釋傳燈述　清末刻本(有圖)　一册

110000－0198－0006760　子普 724
彌陀經圖　(明)釋袾宏述　清刻本(有圖)　一册

110000－0198－0006761　子普 725
六祖大師法寶壇經　(唐)釋慧能說　(唐)釋法海錄　清同治十一年(1872)如皋刻經處刻本　一册

110000－0198－0006762　子普 730
重校拜經樓叢書十種　(清)吳騫輯　清光緒二十年(1894)吳縣朱氏校經堂刻本　十册

110000－0198－0006763　子普 732
河東先生龍城録二卷　(唐)柳宗元撰　明萬曆會稽商氏半埜堂刻本　一册

110000－0198－0006764　子普 734
敬齋古今黈八卷　(元)李治撰　清康熙四十年(1701)刻四庫全書本　四册

110000－0198－0006765　子普 735
孫子十家註十三卷敘録一卷遺說一卷　(清)孫星衍等校　清嘉慶二年(1797)兖州觀察署刻本　六册

110000－0198－0006766　子普 736
日知録集釋三十二卷　(清)顧炎武著　(清)黄汝成集釋　清刻本　十六册

110000－0198－0006767　子普 741
三希堂法帖釋文十六卷　(清)陳焯編　清光緒二十三年(1897)上海鴻寶齋石印本　一册　存二卷(一至二)

110000－0198－0006768　子普 742
大唐新語十三卷　(唐)劉肅撰　明萬曆會稽商氏半埜堂刻稗海本　一册　存七卷(七至十三)

110000－0198－0006769　子普 743
求闕齋讀書録十卷　(清)曾國藩著　(清)王啟原編輯　清刻本　一册　存二卷(三至四)

110000－0198－0006770　子普 744
荀子二十卷　(唐)楊倞注　王先謙集解　清刻本　一册　存四卷(五至八)

110000－0198－0006771　子普 745
邇訓二十卷　(明)方學漸纂集　清光緒九年(1883)連理亭方氏叢書鉛印本　三册

110000－0198－0006772　子普747
楊椒山公家訓十九條　(明)楊繼盛撰　清同治元年(1862)京都琉璃廠篆雲齋刻本　一冊

110000－0198－0006773　子普748
心學宗四卷　(明)方學漸編輯　清光緒七年(1881)桐城方氏刻本　三冊

110000－0198－0006774　子普749
述學内篇三卷外篇一卷補遺一卷别錄一卷　(清)汪中撰　清同治八年(1869)刻本　一冊

110000－0198－0006775　子普750
孫子十家注十三卷敘錄一卷遺說一卷　清嘉慶刻本　十二冊

110000－0198－0006776　子普752
澗泉日記三卷　(宋)韓淲撰　清刻本　一冊

110000－0198－0006777　子普755
墨子十五卷　(清)畢沅校注　清光緒元年(1875)湖北崇文書局刻本　四冊

110000－0198－0006778　子普756
竹葉亭雜記八卷　(清)姚元之撰　清光緒十九年(1893)陽湖汪洵刻本　二冊

110000－0198－0006779　子普757
龍文鞭影二集二卷　(清)李暉吉　(清)徐瓚輯　清咸豐二年(1852)刻本　二冊

110000－0198－0006780　子普759
教士邇言三卷　(清)胡培系撰　清光緒七年(1881)世澤樓刻本　一冊

110000－0198－0006781　子普760
負暄閒語十二卷　周馥著　清宣統元年(1909)濟南鉛印本　一冊

110000－0198－0006782　子普761
子史粹言二卷　(清)丁晏述　清道光二十六年(1846)頤志齋刻本　一冊

110000－0198－0006783　子普763
溫故錄　(清)長庚撰　清光緒三十三年(1907)刻本　一冊

110000－0198－0006784　子普765
老子道德經二卷　(晉)王弼注　清刻本　二冊

110000－0198－0006785　子普766
痘疹集成四卷　(清)朱楚芬輯　清刻本(有圖)　一冊　存一卷(二)

110000－0198－0006786　子普767
北學編四卷　(清)魏一鰲輯　(清)尹會一訂　清刻本　一冊

110000－0198－0006787　子普768
韡園醫學六種　(清)潘霨輯　清光緒九年(1883)江西書局刻本　十二冊

110000－0198－0006788　子普769
玩珠小記不分卷　(清)劉名譽著　清光緒三十一年(1905)桂林刻本　一冊

110000－0198－0006789　子普771
經史答問四卷　(清)朱駿聲撰　清光緒二十年(1894)金陵刻本　四冊

110000－0198－0006790　子普773
省軒考古類編十二卷　(清)柴紹炳纂　(清)姚廷謙評　清雍正澹成堂刻本　六冊

110000－0198－0006791　子普782
道德寶章二卷　(宋)白玉蟾註　清光緒八年(1882)京都白雲觀刻本　一冊

110000－0198－0006792　子普787
述學補遺　(清)汪中撰　清刻本　一冊

110000－0198－0006793　子普788
御錄宗鏡大綱二十卷　(清)釋智覺撰　清雍正十二年(1734)内府刻本　三冊　存十五卷(一至十五)

110000－0198－0006794　子普789
廣川書跋十卷　(宋)董逌著　(明)毛晉訂　清初汲古閣刻本　一冊　存二卷(一至二)

110000－0198－0006795　子普790
達摩六經　(□)釋曇琳撰　清末華嚴寺刻本　一冊

110000－0198－0006796　子普791

大方廣佛新華嚴經合論一百二十卷　（唐）釋實叉難陀譯　（唐）李通玄造論　（唐）釋志寧釐經合論　清刻本　二册　存八卷（九十七至一百四）

110000－0198－0006797　子普 792

澄衷蒙學堂字課圖說四卷　劉樹屏撰　清光緒二十七年（1901）澄衷蒙學堂石印本（有圖）三册　存三卷（一至三）

110000－0198－0006798　子普 794

權齋老人筆記四卷　（清）沈炳巽著　清末抄本　一册

110000－0198－0006799　子普 795

三魚堂文集十二卷外集六卷附錄一卷　（清）陸隴其著　清同治七年（1868）武林薇署刻本　六册

110000－0198－0006800　子普 797

尋常語一卷　（清）劉沅撰　清光緒十七年（1891）平遙李氏刻本　一册

110000－0198－0006801　子普 798

射林八卷　（明）朱克裕撰　明刻本　一册　存三卷（六至八）

110000－0198－0006802　子普 799

阿達曼群島志　學部圖書局編　清光緒三十四年（1908）學部圖書局鉛印本　一册

110000－0198－0006803　子普 801

太上老子道德經集解二卷　（元）董思靖集解　清光緒三年（1877）江蘇吳興陸氏十萬卷樓刻本　一册

110000－0198－0006804　子普 802

本草衍義二十卷　（宋）寇宗奭撰　清陸心源刻本　一册　存十卷（十一至二十）

110000－0198－0006805　子普 806

浮邱子十二卷　（清）湯鵬著　清刻本　四册

110000－0198－0006806　子普 807

小學集解六卷　（宋）朱熹撰　清同治六年（1867）楚北崇文書局刻本　五册

110000－0198－0006807　子普 808

春秋繁露義證十七卷　（清）蘇輿撰　清宣統二年（1910）刻本　四册

110000－0198－0006808　子普 809

松禪老人遺墨　（清）翁同龢書　清末石印本　二册

110000－0198－0006809　子普 810

十萬卷樓叢書　（清）陸心源輯　清光緒二年（1876）吳興陸氏十萬卷樓刻本　六册

110000－0198－0006810　子普 815

棠陰比事不分卷　（宋）桂萬榮撰　清同治六年（1867）木樨山房刻本　一册

110000－0198－0006811　子普 816

雙槐歲鈔十卷　（明）黃瑜撰　清道光十一年（1831）文字歡娛室刻嶺南遺書本　三册

110000－0198－0006812　子普 817

沖虛至德真經八卷　（晉）張湛注　清吳門徐元圃影宋刻本　二册

110000－0198－0006813　子普 818

管子二十四卷　清刻朱墨印本　十二册

110000－0198－0006814　子普 819

千金翼方三十卷　（唐）孫思邈撰　清乾隆二十八年（1763）刻本　一册　存一卷（目錄一卷）

110000－0198－0006815　子普 822

道學淵源錄一百卷首一卷　（清）黃嗣東編　清光緒三十四年（1908）鳳山學舍鉛印本　十册　缺十二卷（聖清淵源錄十九至三十）

110000－0198－0006816　子普 826

揚子法言音義十三卷　（漢）揚雄撰　（晉）李軌輯　清同治十一年（1872）維揚倪文林刻本　一册

110000－0198－0006817　子普 827

揚子法言音義十三卷　（漢）揚雄撰　清嘉慶二十三年（1818）秦氏石研齋刻本　一册

110000－0198－0006818　子普 828

揚子法言音義十三卷　（漢）揚雄撰　清嘉慶二十三年（1818）秦氏石研齋刻本　二册

110000－0198－0006819　子普 829
揚子法言音義十三卷　(漢)揚雄撰　清嘉慶二十三年(1818)秦氏石研齋刻本　一册

110000－0198－0006820　子普 830
子史精華一百六十卷　(清)允祿等纂　清光緒十二年(1886)上海同文書局石印本　八册

110000－0198－0006821　子普 832
劉涓子鬼遺方五卷　(南朝齊)龔慶宣撰　清刻讀畫齋叢書辛集本　一册

110000－0198－0006822　子普 834
絳囊撮要附達生篇　題(清)雲川道人輯　清同治七年(1868)蘇城許浩源刻本　一册

110000－0198－0006823　子普 835
麻科保赤金丹附痘科　(清)謝玉瓊　(清)劉阜山撰　清光緒十七年(1891)保赤軒刻本　一册

110000－0198－0006824　子普 838
春臺靈杖　(清)錢澍田編　清末廣東錢澍田敬修堂藥說刻本　一册

110000－0198－0006825　子普 841
白喉全生集　(清)李紀方撰　清宣統元年(1909)金陵惜善堂刻本　一册

110000－0198－0006826　子普 842
醫故二卷附録一卷　鄭文焯撰　清書帶草堂叢書梓文閣刻本　一册

110000－0198－0006827　子普 843
活幼珍傳不分卷　清道光二十年(1840)鑄月齋刻本　一册

110000－0198－0006828　子普 847
良方合刊含救五絕良方　清末刻本　一册

110000－0198－0006829　子普 848
養生合集良方附經驗百方　(清)毛世洪編　清末文鑑齋刻本　一册

110000－0198－0006830　子普 849
古今良方彙編　(□)□□著　清刻本　一册

110000－0198－0006831　子普 850
奇經八脈攷　(明)李時珍撰輯　清光緒刻本　一册

110000－0198－0006832　子普 851
瀕湖脈訣　(明)李時珍撰　清同治五年(1866)刻本　一册

110000－0198－0006833　子普 853
小山畫譜二卷　(清)鄒一桂撰　清光緒二年(1876)上海葛氏嘯園刻本　二册

110000－0198－0006834　子普 856
清河書畫舫十二卷　(明)張丑撰　清有竹人家刻本　六册

110000－0198－0006835　子普 858
達生編二卷　題(清)亟齋居士撰　清刻本　一册

110000－0198－0006836　子普 861
墨林今語十八卷　(清)蔣寶齡撰　清刻本　一册　存三卷(五至七)

110000－0198－0006837　子普 862
女科證治準繩五卷外科證治準繩六卷雜病證治準繩八卷傷寒證治準繩八卷　(明)王肯堂輯　明萬曆倫敬堂刻本　三十二册

110000－0198－0006838　子普 863
幼科證治準繩九卷　(明)王肯堂輯　明萬曆倫敬堂刻本　十六册

110000－0198－0006839　子普 865
庚子銷夏記八卷　(清)孫承澤撰　清宣統三年(1911)掃葉山房石印本　四册

110000－0198－0006840　子普 866
古今算學書録八卷　(清)劉鐸輯　清光緒二十四年(1898)算學書局石印本　四册

110000－0198－0006841　子普 867
白芙堂算學叢書　(清)丁取忠輯　清光緒二十二年(1896)上海肇記書局石印本　八册

110000－0198－0006842　子普 877
新語二卷　(漢)陸賈撰　清刻本　一册

110000－0198－0006843　子普 880

增删韻府羣玉定本二十卷 (元)陰竹埜定例 (元)陰時夫編輯 (元)陰中夫編注 清刻本 五冊 存十卷(一至十)

110000－0198－0006844 子普 884
述古叢鈔第二集 (清)劉晚榮輯 清同治古岡劉氏藏修書屋刻本 八冊

110000－0198－0006845 子普 889
子史精華一百六十卷 (清)允祿 (清)吳襄等纂 清雍正刻本 十四冊 存六十四卷(一至二十七、八十四至一百二十)

110000－0198－0006846 子普 890
文房彙考不分卷 清刻本 四冊

110000－0198－0006847 子普 893
藻思堂詩學含英十四卷 (清)劉文蔚輯 清刻本 二冊

110000－0198－0006848 子普 894
舊唐書疑義四卷 (清)張道撰 **禮記天算釋一卷** (清)孔廣牧撰 **擬瑟譜一卷** (清)邵嗣堯撰 清光緒七年(1881)刻本 四冊

110000－0198－0006849 子普 896
見聞續筆二十四卷 (清)齊學裘撰 清刻本 一冊 存三卷(十八至二十)

110000－0198－0006850 子普 897
子史精華一百六十卷 (清)允祿等纂 清光緒十二年(1886)上海同文書局石印本 八冊

110000－0198－0006851 子普 898
太上寶筏圖說 (清)黃正元撰 清光緒二十九年(1903)上海鴻文書局石印本(有圖) 一冊

110000－0198－0006852 子普 903
物詮八卷校勘記一卷 (清)汪烜著 清末刻本 二冊

110000－0198－0006853 子普 907
媿林漫錄二卷 (明)瞿式耜輯 清刻本 二冊

110000－0198－0006854 子普 908
地理或問二卷 (清)陸應穀著 清道光二十八年(1848)刻本 二冊

110000－0198－0006855 子普 909
醫林改錯二卷 (清)王清任撰 清光緒十五年(1889)掃葉山房刻本 二冊

110000－0198－0006856 子普 910
海南一勺合編内函十卷首一卷 (清)鶴洞子輯 清道光四香草堂刻本(有圖) 四冊

110000－0198－0006857 子普 911
篆字彙十二集 (清)佟世男編 清康熙多山堂刻本 十二冊

110000－0198－0006858 子普 912
摘錄呻吟語四卷 (明)呂坤著 清嘉慶刻本 八冊

110000－0198－0006859 子普 914
御定歷代賦匯一百四十卷外集二十卷逸句二卷補遺二十二卷目錄四卷 (清)陳元龍編 清康熙四十五年(1706)内府刻本 六十四冊

110000－0198－0006860 子普 917
本草綱目五十二卷本草萬方鍼綫八卷拾遺十卷 (明)李時珍撰 清光緒十九年(1893)鴻寶齋石印本(有圖) 十六冊

110000－0198－0006861 子普 918
法苑珠林一百卷 (唐)釋道世撰 清宣統刻本 三十冊

110000－0198－0006862 子普 919
國朝鼎甲錄一卷簪纓盛事錄一卷 (清)楊靜亭編 清刻本 一冊

110000－0198－0006863 子普 920
紀氏嘉言四卷 (清)紀昀撰 (清)徐瑃摘錄 清咸豐九年(1859)琉璃廠英華齋刻本 四冊

110000－0198－0006864 子普 924
玉海二百卷 (宋)王應麟撰 清光緒成都書局王氏刻本 五十八冊 存一百三十一卷(一至八十五、一百二十七至一百七十二)

110000－0198－0006865 子普 925
憑山閣增輯留青新集三十卷 (清)陳枚選

(清)陳德裕增輯　清刻本　一册　存一卷(九)

110000－0198－0006866　子普929

農桑輯要七卷　(元)司農司撰　清光緒二十一年(1895)漸西村舍刻本　二册

110000－0198－0006867　子普932

管子二十四卷　(唐)房玄齡注　(明)劉績補　清光緒二年(1876)浙江書局校刻本　六册

110000－0198－0006868　子普933

敦化堂重訂幼學須知句解四卷　(清)錢元龍校　清刻本　一册　存二卷(三至四)

110000－0198－0006869　子普934

穰梨館過眼錄四十卷　(清)陸心源編　清光緒十七年(1891)吳興陸氏刻本　一册　存四卷(一至四)

110000－0198－0006870　子普935

墨子不分卷　王闓運注　清光緒三十年(1904)江西官書局刻本　六册

110000－0198－0006871　子普936

鐵網珊瑚二十卷　(明)都穆撰　清刻本　六册

110000－0198－0006872　子普937

救生船四卷　(清)空靈子編　清光緒二年(1876)北京養玉齋刻本　四册

110000－0198－0006873　子普939

嶺南即事雜譔　(清)何惠群等撰　清光緒廣州學院前麟書閣石印本　二册

110000－0198－0006874　子普944

理學正宗十五卷附續四卷　(清)竇克勤編輯　清道光二十六年(1846)尚友齋刻本　六册

110000－0198－0006875　子普946

嗇菴隨筆六卷　(清)陸文衡著　清光緒二十三年(1897)吳江陸同壽刻本　二册

110000－0198－0006876　子普949

二十二子　(清)浙江書局編　清光緒二年(1876)浙江書局刻本　四十二册

110000－0198－0006877　子普950

清秘述聞十六卷　(清)法式善原編　(清)錢維福重校　清刻本　八册

110000－0198－0006878　子普951

百家姓考略　(清)王相輯　(清)徐士業校　清李光明莊刻本　一册

110000－0198－0006879　子普952

三字經訓詁　(宋)王應麟撰　(清)徐士業校　清李光明莊刻本　一册

110000－0198－0006880　子普953

蒙求箋注三卷　(晉)李瀚撰　(清)譚靜山注　清同治十三年(1874)刻本　四册

110000－0198－0006881　子普954

證疑備覽六卷　(清)夏力恕著　清菜根堂刻本　四册

110000－0198－0006882　子普955

李氏蒙求注六卷附詩品　(晉)李瀚撰　(宋)徐子光註　清同治九年(1870)明辨齋刻本　三册

110000－0198－0006883　子普956

也是集　(清)英華撰　清光緒三十三年(1907)大公報館鉛印本　一册

110000－0198－0006884　子普957

忠孝經一卷　(清)王相箋注　清博文堂刻本　一册

110000－0198－0006885　子普958

淮南子箋釋二十一卷　(漢)劉安撰　(漢)高誘注　清嘉慶九年(1804)姑蘇聚文堂刻本　六册

110000－0198－0006886　子普959

道德經評注二卷南華真經十卷　(唐)陸德明音譯　清嘉慶九年(1804)姑蘇聚文堂刻本　十二册

110000－0198－0006887　子普960

增注莊子因六卷　(清)林雲銘評述　清嘉慶二年(1797)敦化堂刻本　四册

110000－0198－0006888　子普961

增補地理直指原真三卷首一卷 （清）釋徹瑩著 清康熙三十五年(1696)翠筠山房刻本 七册

110000－0198－0006889 子普 963
小學集解六卷 （清）張伯行纂輯 清同治十一年(1872)廣州刻本 四册

110000－0198－0006890 子普 964
釋氏稽古略四卷 （明）釋覺岸撰 清光緒刻本 五册

110000－0198－0006891 子普 965
芥子園畫傳 （清）王概摹 清刻本(有圖) 五册

110000－0198－0006892 子普 966
芥子園畫傳四集 （清）王概摹 清刻本(有圖) 四册

110000－0198－0006893 子普 967
芥子園畫傳 （清）王概摹 清乾隆四十七年(1782)書業堂刻本(有圖) 八册

110000－0198－0006894 子普 969
三事忠告 （元）張養浩著 清刻本 一册

110000－0198－0006895 子普 970
菉友蛾術編二卷 （清）王筠撰 （清）孫藍田校 清咸豐十年(1860)宋官疃刻本 二册

110000－0198－0006896 子普 976
皖學編十六卷首三卷 （清）徐定文著 清宣統元年(1909)徐氏萬卷樓刻本 六册

110000－0198－0006897 子普 979
黄帝内經靈樞註證發微九卷補遺一卷 （明）馬蒔注 清光緒五年(1879)太醫院刻本 八册

110000－0198－0006898 子普 980
四銅鼓齋論畫集刻 （清）張祥河輯 清宣統元年(1909)會文齋刻本 四册

110000－0198－0006899 子普 983
語珍切要錄二卷 （清）許立升輯 清道光刻本 一册

110000－0198－0006900 子普 984
類經三十二卷圖翼十一卷附翼四卷 （明）張介賓類註 明天啓天德堂刻本(有圖) 九册 存十五卷(一至十五)

110000－0198－0006901 子普 985
文物盈科附刻四書字迹核字體訣 清光緒湘西荷花灣上書屋刻本 十六册

110000－0198－0006902 子普 986
宫閨聯名譜二十二卷附錄一卷 （清）董恂撰 清光緒二年(1876)申報館鉛印本 五册

110000－0198－0006903 子普 990
淵鑑類函四百五十卷目錄四卷 （清）張英等纂 清末刻本 一百四十册

110000－0198－0006904 子普 992
王氏畫苑十卷附補益四卷 （明）王世貞編 明萬曆十八年(1590)金陵徐智督刻本 六册 存六卷(一至六)

110000－0198－0006905 子普 993
癸巳類稿十五卷 （清）俞正燮撰 （清）朱良泗覆校 清光緒五年(1879)會稽章氏刻本 八册

110000－0198－0006906 子普 994
過伯齡先生四子譜二卷 （清）過文年撰 清宣統三年(1911)上海千頃堂仿泰西法石印本(有圖) 一册

110000－0198－0006907 子普 1000
攷正增廣詩韻全璧五卷後附檢韻 （清）奕詢編 清光緒十七年(1891)上海鴻寶齋石印本 八册

110000－0198－0006908 子普 1001
東游考察學校記六卷 （清）關賡麟 清光緒二十九年(1903)廣州漢石樓鉛印本 四册

110000－0198－0006909 子普 1003
龍文鞭影初集二卷 （明）蕭良有纂輯 （清）楊臣諍增訂 清刻本(有圖) 一册 存一卷(下)

110000－0198－0006910 子普 1004

詩韻合璧五卷 (清)湯文潞編 清光緒十二年(1886)寶文齋刻本 六冊

110000－0198－0006911 子普 1005

三字經 清末北京義文書局刻本(有圖) 一冊

110000－0198－0006912 子普 1006

攷正詩韻全璧五卷 (清)奕詢編 清光緒十七年(1891)上海鴻寶齋石印本 十二冊

110000－0198－0006913 子普 1010

庚子消夏記八卷 (清)孫承澤撰 清宣統三年(1911)掃葉山房石印本 四冊

110000－0198－0006914 子普 1011

論說入門初集 程宗啟編 清宣統二年(1910)彪蒙印局石印本 一冊

110000－0198－0006915 子普 1015

蘇沈內翰良方十卷 (宋)蘇軾撰 (宋)沈括撰 清光緒二十三年(1897)後知不足齋刻本 四冊

110000－0198－0006916 子普 1016

清河書畫舫十二卷 (明)張丑撰 清刻本 十冊

110000－0198－0006917 子普 1017

喉科秘鑰二卷 (清)鄭西園輯 (清)許佐廷增訂 清光緒十二年(1886)川省刻本(有圖) 一冊

110000－0198－0006918 子普 1024

格致課藝彙編十三卷 (清)王韜輯 清光緒石印本 十二冊 存十二卷(二至十三)

110000－0198－0006919 子普 1026

困學紀聞注二十卷 (清)翁元圻輯 清咸豐元年(1851)小嫏嬛山館刻本 十二冊

110000－0198－0006920 子普 1028

韓非子集解二十卷 王先謙註 清末掃葉山房石印本 六冊

110000－0198－0006921 子普 1029

墨子閒詁十五卷目錄一卷附錄一卷後語二卷 (清)孫詒讓輯 清末掃葉山房石印本 八冊

110000－0198－0006922 子普 1030

荀子集解二十卷 (唐)楊倞注 王先謙集解 清末掃葉山房石印本 八冊

110000－0198－0006923 子普 1031

莊子集釋十卷 (清)郭慶藩輯 清末掃葉山房石印本 八冊

110000－0198－0006924 子普 1032

歸田瑣記八卷 (清)梁章鉅撰 清道光二十五年(1845)北東園刻本 四冊

110000－0198－0006925 子普 1033

傷寒瘟疫條辯六卷 (清)楊璿撰 清末上海錦章書局石印本 四冊 存五卷(二至六)

110000－0198－0006926 子普 1038

夢溪筆談二十六卷附補校一卷 (宋)沈括撰 清刻本 四冊 缺六卷(一至六)

110000－0198－0006927 子普 1039

行素草堂集古印譜 (清)朱記榮編輯 清光緒十年(1884)古樵書屋刻本 二冊

110000－0198－0006928 子普 1040

猗覺寮雜記二卷 (宋)朱翌撰 清刻本 二冊

110000－0198－0006929 子普 1042

娱親雅言六卷 (清)嚴元照著 清光緒十一年(1885)彊園王氏刻本 四冊

110000－0198－0006930 子普 1043

印川刻石 清末鈐印本 一冊

110000－0198－0006931 子普 1044

御製數理精蘊上編五卷下編四十卷表八卷 (清)允祉等撰 清光緒十九年(1893)江南製造局鉛印本 一冊 存二卷(上編一至二)

110000－0198－0006932 子普 1047

新編詩韻大全五卷附檢韻 (清)湯祥瑟輯 清末石印本 四冊

110000－0198－0006933 子普 1048

庚子消夏錄碑帖攷 (清)孫北海著 清刻本

一册

110000－0198－0006934　子普1049

類腋十三卷　(清)姚培謙集　清嘉慶九年(1804)刻本　五册　存五卷(一至二、五、九、十三)

110000－0198－0006935　子普1050

爾雅三卷　(晉)郭璞註　清刻本(有圖)　一册　存二卷(上、中)

110000－0198－0006936　子普1051

增廣詩韻全璧五卷附一卷　(清)奕詢編　清光緒十九年(1893)上海點石齋石印本　一册

110000－0198－0006937　子普1052

四生譜四種　(清)金文錦撰　清康熙刻本　四册

110000－0198－0006938　子普1053

鑄史駢言十二卷　(清)孫玉田輯　清光緒二年(1876)刻本　六册

110000－0198－0006939　子普1054

各國富強時務新策四卷　清光緒二十三年(1897)仿泰西法石印本　四册

110000－0198－0006940　子普1055

四書典林三十卷　(清)江永編　(清)汪基參定　清同治元年(1862)鋤經閣刻本　八册

110000－0198－0006941　子普1056

日知錄集釋三十二卷刊誤一卷　(清)顧炎武著　(清)黄汝成集釋　清刻本　十九册

110000－0198－0006942　子普1057

日知錄集釋三十二卷　(清)顧炎武著　(清)黄汝成集釋　清刻本　七册　存十六卷(十七至三十二)

110000－0198－0006943　子普1058

賦彙題注八卷　(清)王曉岩輯注　清光緒九年(1883)飛雲館刻本　八册

110000－0198－0006944　子普1059

本草綱目五十二卷　(明)李時珍撰　清末石印本　八册　存二十一卷(一至二十一)

110000－0198－0006945　子普1067

醫學扶輪報　揚州中西醫學研究會鎮江醫學研究會編輯　清宣統二年(1910)養性廬鉛印本　一册

110000－0198－0006946　子普1068

增批輯注東萊博議四卷　(宋)吕祖謙撰　(清)劉紫山集註　清宣統二年(1910)潤德堂鉛印本　四册

110000－0198－0006947　子普1071

庭聞錄六卷附一卷　(清)劉健述　清刻本　二册

110000－0198－0006948　子普1072

御定駢字類編二百四十卷　(清)張廷玉等編　清末石印本　四十八册

110000－0198－0006949　子普1073

庸閒齋筆記十二卷　(清)陳其元著　清宣統三年(1911)上海掃葉山房石印本　四册

110000－0198－0006950　子普1079

敏求軒述記十六卷　(清)陳世箴輯　清道光二十八年(1848)刻本　六册

110000－0198－0006951　子普1081

同仁堂藥目　清光緒十五年(1889)京都同仁堂刻本　一册

110000－0198－0006952　子普1082

集成良方三百種　題(清)蓬萊山樵編　清末鉛印本　三册

110000－0198－0006953　子普1086

耳食錄十二卷　(清)樂鈞撰　清同治十年(1871)敦仁堂刻本　六册

110000－0198－0006954　子普1088

蘭閨寶錄六卷　(清)惲珠輯　清道光十一年(1831)紅香館刻本　四册

110000－0198－0006955　子普1089

詳註全圖新算法大成八卷　(明)程大位編　清末上海錦章圖書局石印本(有圖)　四册

110000－0198－0006956　子普1090

十五巧益智圖三卷　(清)童葉庚繪　清光緒

二十三年(1897)老二酉堂刻朱墨印本(有圖) 五冊

110000－0198－0006957　子普1096
秘傳花鏡六卷圖一卷　(清)陳淏子輯　清文德堂刻本(有圖)　三冊

110000－0198－0006958　子普1098
詩畫舫六卷　(明)唐寅等繪　清光緒三十年(1904)上海點石齋石印本(有圖)　六冊

110000－0198－0006959　子普1100
西學大成十二編　(清)王西清輯　清光緒二十一年(1895)上海醉六堂書坊石印本(有圖) 十二冊

110000－0198－0006960　子普1101
本草綱目五十二卷　(明)李時珍撰　清光緒十九年(1893)鴻寶齋石印本　十六冊

110000－0198－0006961　子普1102
花甲閒談十六卷　(清)張維屏撰　清光緒十年(1884)上海同文書局石印本　四冊

110000－0198－0006962　子普1103
梅嶺百鳥畫譜三卷　(日本)幸野梅岭撰　清光緒七年(1881)石印本　三冊

110000－0198－0006963　子普1108
嘯亭雜錄十卷續錄三卷　題(清)汲修主人著 清宣統元年(1909)中國圖書公司鉛印本 四冊

110000－0198－0006964　子普1110
觚賸八卷續編四卷　(清)鈕琇輯　清宣統三年(1911)上海國學扶輪社鉛印本　六冊

110000－0198－0006965　子普1114
赤雅三卷　(明)鄺露撰　清知不足齋刻本 四冊

110000－0198－0006966　子普1119
淵鑑類函四百五十卷目錄四卷　(清)張英等纂　清光緒十三年(1887)上海同文書局石印本　四十八冊

110000－0198－0006967　子普1125
古梅梁氏癧科全書一卷　(清)梁希曾撰　清宣統二年(1910)鉛印本　一冊

110000－0198－0006968　子普1126
太上感應篇引經箋注　(清)惠棟箋註　清末點石齋石印本　一冊

110000－0198－0006969　子普1128
金匱翼八卷　(清)尤怡撰　清宏道堂刻本 八冊

110000－0198－0006970　子普1133
詩畫舫六卷　(清)點石齋輯　清光緒十四年(1888)石印本(有圖)　六冊

110000－0198－0006971　子普1134
增廣詩句題解彙編□□卷　(清)□□編　清刻本　八冊　存八卷(二十五至三十二)

110000－0198－0006972　子普1135
韻府拾遺一百六卷　(清)張玉書編　清末石印本　七冊　存四十三卷(二十二至六十四)

110000－0198－0006973　子普1137
穆天子傳六卷　(晉)郭璞註　清刻本　一冊

110000－0198－0006974　子普1141
濟陰綱目十四卷　(明)武之望著　清光緒三十三年(1907)掃葉山房石印本　八冊

110000－0198－0006975　子普1142
圖像水黃牛經合併大全二卷　(明)喻本元撰 清刻本　一冊

110000－0198－0006976　子普1144
墨子間詁十五卷目錄一卷附錄一卷後語一卷 (清)孫詒讓輯　清末掃葉山房石印本 八冊

110000－0198－0006977　子普1145
消暑隨筆四卷　(清)潘世恩撰　清宣統三年(1911)海左書局石印本　三冊

110000－0198－0006978　子普1151
北洋客籍學堂識小錄不分卷　孫雄撰　清光緒三十四年(1908)北洋客籍學堂鉛印本 一冊

110000－0198－0006979　子普1154

桐陰論畫二卷首一卷附錄一卷畫訣一卷續桐陰論畫一卷桐陰論畫二編二卷三編二卷 (清)秦祖永撰　清宣統二年(1910)上海中國書畫會石印本　六冊

110000－0198－0006980　子普1155
溫病條辨六卷首一卷 (清)吳瑭著　清同治十年(1871)刻本　六冊

110000－0198－0006981　子普1160
女學六卷 (清)藍鼎元編　清末石印本　四冊

110000－0198－0006982　子普1163
板橋雜記一卷 (清)余懷著　清番禺沈氏拜鴛樓刻本　一冊

110000－0198－0006983　子普1166
在園雜志四卷 (清)劉廷璣撰　清光緒上海申報館鉛印本　四冊

110000－0198－0006984　子普1167
山谷題跋九卷 (宋)黄庭堅撰　清同治十一年(1872)又賞齋刻本　二冊

110000－0198－0006985　子普1168
日知錄策學纂要合編三十二卷 (清)顧炎武著　清光緒十三年(1887)上海大同書局石印本　四冊

110000－0198－0006986　子普1169
御製數理精蘊上編五卷下編四十卷表八卷 (清)聖祖玄燁編　清光緒八年(1882)廣東藩司刻本　四十八冊

110000－0198－0006987　子普1170
柳子藏書九卷 (宋)柳棨撰　清道光十三年(1833)刻本(有圖)　四冊

110000－0198－0006988　子普1171
今古學攷二卷　廖平述　清刻本　二冊

110000－0198－0006989　子普1173
御製曆象考成上編十六卷 (清)聖祖玄燁御製　清刻本(有圖)　十四冊

110000－0198－0006990　子普1175
小學弦歌八卷 (晉)束皙撰　(清)李元度編　清光緒刻本　四冊

110000－0198－0006991　子普1176
顏氏家訓七卷附錄一卷 (隋)顏之推撰　清刻本　一冊

110000－0198－0006992　子普1177
林間錄二卷 (宋)釋德洪集　清光緒二十七年(1901)刻本　二冊

110000－0198－0006993　子普1178
識夷盦隨筆　題程卓澐撰　清末影印本　一冊

110000－0198－0006994　子普1180
南華發覆八卷 (明)釋性通撰　清文秀堂刻本　四冊

110000－0198－0006995　子普1181
香祖筆記十二卷 (清)王士禛撰　清康熙刻本　四冊

110000－0198－0006996　子普1182
類證普濟本事方十卷 (宋)許叔微著　清嘉慶十八年(1813)刻本　六冊

110000－0198－0006997　子普1187
莊子十卷 (晉)郭象注　(唐)陸德明音義　清光緒二年(1876)浙江書局刻本　四冊

110000－0198－0006998　子普1189
蕉軒續錄二卷 (清)方濬師著　清光緒十八年(1892)鉛印本　二冊

110000－0198－0006999　子普1191
玄空秘旨　螺岡居士註　清末海昌蔣氏別下齋刻本(有圖)　一冊

110000－0198－0007000　子普1193
嘯亭雜錄十卷續錄三卷　題(清)汲修主人輯　清刻本　五冊　存五卷(二至六)

110000－0198－0007001　子普1194
理學備考三十四卷 (清)范鄗鼎訂　清五經堂刻本　十三冊　存十八卷(十七至三十四)

110000－0198－0007002　子普1195
理學備考三十四卷 (清)范鄗鼎訂　清五經

堂刻本　七冊　存十六卷(一至十六)

110000－0198－0007003　子普 1196

本草綱目五十二卷圖三卷　(明)李時珍編　清刻本(有圖)　八冊

110000－0198－0007004　子普 1200

東萊博議四卷　(宋)吕祖謙撰　清善成堂刻本　四冊

110000－0198－0007005　子普 1202

洴澼百金方十四卷　題(清)惠麓酒民撰　清刻本　八冊

110000－0198－0007006　子普 1203

重訂宣和譜牙牌彙集二卷　題(清)琅槐河上漁人輯　清光緒十四年(1888)宏文齋刻本　二冊

110000－0198－0007007　子普 1204

擬彙刊周秦諸子校注輯補善本敘録一卷　(清)王仁俊編　清光緒三十四年(1908)存古學堂鉛印本　一冊

110000－0198－0007008　子普 1210

敬信録附經驗良方　清樹德堂刻本　一冊

110000－0198－0007009　子普 1211

救饑舉畧　(清)閑庵輯　清同治七年(1868)光華堂刻本　一冊

110000－0198－0007010　子普 1212

子史精華一百六十卷　(清)聖祖玄燁御製　清光緒十三年(1887)上海積山書局石印本　十冊

110000－0198－0007011　子普 1213

玉海纂二十二卷　(宋)王應麟輯　(清)劉鴻訓纂　清光緒五年(1879)八杉齋刻本　十二冊

110000－0198－0007012　子普 1215

楳嶺畫譜　清末石印本(有圖)　二冊

110000－0198－0007013　子普 1216

六書通十卷　(清)畢弘述篆訂　清光緒十九年(1893)平遠書屋石印本　三冊

110000－0198－0007014　子普 1217

子史輯要詩賦題解四卷　(清)胡本淵編輯　清文秀堂刻本　四冊

110000－0198－0007015　子普 1218

小家語四卷附臯林小史一卷　(清)海上漠鴻氏撰　清光緒二年(1876)申報館鉛印本　四冊

110000－0198－0007016　子普 1220

周嬾予先生圍棋譜　(清)周嘉錫編　清同治十二年(1873)上海江左書林刻本　一冊

110000－0198－0007017　子普 1221

畫禪室隨筆四卷　(明)董其昌著　(清)楊補編　清刻本　二冊

110000－0198－0007018　子普 1223

六書通　(清)畢弘述篆訂　清刻本　一冊

110000－0198－0007019　子普 1224

韻府羣玉二十卷　(元)陰時夫編　明刻本　一冊　存一卷(十八)

110000－0198－0007020　子普 1226

南華經解三十三卷　(清)宣穎撰　清康熙六十年(1721)啟元堂刻本　三冊

110000－0198－0007021　子普 1227

潛書不分卷　金蓉鏡撰　清光緒三十四年(1908)刻本　一冊

110000－0198－0007022　子普 1228

潛廬文鈔不分卷　金蓉鏡撰　清光緒三十四年(1908)刻本　一冊

110000－0198－0007023　子普 1229

痰氣集一卷　金蓉鏡撰　清光緒三十四年(1908)刻本　一冊

110000－0198－0007024　子普 1233

莊子獨見不分卷　(清)胡文英評釋　清聚文堂刻本　一冊

110000－0198－0007025　子普 1235

性理字訓　(宋)程逢原撰　清刻本　一冊

110000－0198－0007026　子普 1236

樂毅論不分卷 （晉）王羲之書 清刻本 一冊

110000－0198－0007027 子普 1237

增廣龍舒淨土文十二卷 （宋）王日休譔 清刻本 一冊 存五卷（一至五）

110000－0198－0007028 子普 1238

淨土指歸二卷 （明）釋大佑集 清乾隆四十九年（1784）衍法寺刻本 一冊 存一卷（下）

110000－0198－0007029 子普 1239

小滄浪筆談四卷 （清）阮元撰 清刻本 四冊

110000－0198－0007030 子普 1240

雲林別墅新輯酬世錦囊書啟合編 （清）鄒景揚編 清刻本（有圖） 六冊

110000－0198－0007031 子普 1241

陔餘叢考四十三卷 （清）趙翼撰 清乾隆五十五年（1790）刻本 十二冊

110000－0198－0007032 子普 1242

五子近思錄發明十四卷 （清）施璜纂註 清咸豐元年（1851）刻本 八冊

110000－0198－0007033 子普 1246

莊子約解四卷 （清）劉鴻典輯註 清同治五年（1866）刻本 四冊

110000－0198－0007034 子普 1247

讀書小記二十三卷 （清）范爾梅著 清雍正七年（1729）刻本 三冊

110000－0198－0007035 子普 1249

重梓薛文清公讀書錄講義十二卷 （明）薛瑄著 清光緒四年（1878）刻本 二冊

110000－0198－0007036 子普 1255

歸田瑣記八卷 （清）梁章鉅撰 清道光二十五年（1845）刻本 四冊

110000－0198－0007037 子普 1256

近思續錄十四卷 （清）劉源淥編 清刻本 四冊 存七卷（五至十一）

110000－0198－0007038 子普 1257

蛾術編八十二卷 （清）王鳴盛著 清道光世楷堂刻本 四冊 存十八卷（二十九至三十八、六十五至七十二）

110000－0198－0007039 子普 1265

庸吏庸言 （清）劉衡撰 清道光十年（1830）刻本 二冊

110000－0198－0007040 子普 1268

嘯亭雜錄十卷續錄三卷 題（清）汲修主人著 清宣統元年（1909）中國圖書公司石印本 四冊

110000－0198－0007041 子普 1271

香祖筆記十二卷 （清）王士禛著 清宣統二年（1910）掃山葉房石印本 四冊

110000－0198－0007042 子普 1272

草字匯法帖 （清）石梁編 清宣統三年（1911）圖文書局石印本 六冊

110000－0198－0007043 子普 1274

醉墨軒畫稿□□卷 胡郯卿著 清末海左書局石印本（有圖） 二冊 存二卷（一至二）

110000－0198－0007044 子普 1275

古今名人畫稾 （日本）幸野梅嶺編畫 清光緒三十一年（1905）上海錦章書局石印本（有圖） 四冊

110000－0198－0007045 子普 1278

御定駢字類編二百四十卷 （清）吳士玉等撰 清上海同文書局石印本 八冊 存四十二卷（四十一至八十二）

110000－0198－0007046 子普 1279

佩文齋廣羣芳譜一百卷 （清）汪灝撰 清末上海錦章書局石印本 二十四冊

110000－0198－0007047 子普 1295

子史精華一百六十卷 （清）聖祖玄燁御製 清光緒十年（1884）上海同文書局石印本 八冊

110000－0198－0007048 子普 1297

讀書法門四卷 （清）周百順編輯 清道光二十一年（1841）刻本 二冊

110000－0198－0007049　子普 1298

小學集注六卷　（宋）朱熹撰　清光緒三十三年（1907）學部圖書局石印本　二冊

110000－0198－0007050　子普 1299

指測瑣言五卷附團防芻議一卷擬陳政本疏一卷　（清）瞿方梅撰　清光緒二十三年（1897）京師刻二十四年（1898）長沙補刻本　二冊

110000－0198－0007051　子普 1302

清河書畫舫十二卷　（明）張丑撰　清乾隆二十七年（1762）池北草堂刻本　十二冊

110000－0198－0007052　子普 1305

劉河問傷寒三書三卷　（宋）劉守真撰集　清宣統元年（1909）上海千頃堂石印本　八冊

110000－0198－0007053　子普 1306

奇經八脈考　（明）李時珍撰輯　清刻本　六冊

110000－0198－0007054　子普 1309

粟香隨筆八卷　金武祥撰　清光緒七年（1881）江陰金氏刻本　四冊

110000－0198－0007055　子普 1313

金樓子六卷　（南朝梁）元帝蕭繹撰　清長塘鮑氏刻知不足齋叢書本　二冊

110000－0198－0007056　子普 1314

陰隲果報圖注　（清）彭啟豐撰　清末石印本（有圖）　一冊

110000－0198－0007057　子普 1316

益智燕几圖二卷　（清）童葉庚著　清光緒十六年（1890）自刻本（有圖）　一冊

110000－0198－0007058　子普 1322

日知錄集釋三十二卷　（清）顧炎武著　（清）黃汝成集釋　清光緒十二年（1886）石印本　四冊

110000－0198－0007059　子普 1323

詩畫舫六卷　（清）點石齋輯　清光緒三十年（1904）上海點石齋石印本（有圖）　六冊

110000－0198－0007060　子普 1324

餘墨偶談續集八卷　（清）孫樗編　清光緒二年（1876）雙峯書屋刻本　四冊

110000－0198－0007061　子普 1325

卜筮正宗十四卷　（清）王維德著　清光緒二十六年（1900）上海書局石印本　七冊

110000－0198－0007062　子普 1326

梅嶺百鳥畫譜　（日本）幸野梅嶺編畫　清光緒十三年（1887）鴻文書局石印本（有圖）　三冊

110000－0198－0007063　子普 1327

陳修園公餘醫錄四種　（清）陳念祖著　清南雅堂刻本　六冊

110000－0198－0007064　子普 1328

性理論四卷論法指南一卷　（清）宋北堂編　清刻本　四冊

110000－0198－0007065　子普 1330

古香齋新刻袖珍淵鑑類函四百五十卷目錄四卷　（清）張英等纂　清刻本　一百十八冊

110000－0198－0007066　子普 1335

醫學纂要　（清）劉淵編輯　清刻本　一冊

110000－0198－0007067　子普 1336

新編簡易良方二卷　清道光十一年（1831）刻本　一冊

110000－0198－0007068　子普 1338

子史精華一百六十卷　（清）聖祖玄燁編　清末朝記書莊石印本　八冊

110000－0198－0007069　子普 1339

溫病條辨六卷首一卷　（清）吳塘著　清光緒十九年（1893）上海圖書集成印書局鉛印本　四冊

110000－0198－0007070　子普 1340

傅氏女科　（清）傅徵君著　清刻本　三冊

110000－0198－0007071　子普 1341

青主女科　（清）傅徵君著　清刻本　三冊

110000－0198－0007072　子普 1344

經驗良方匯錄　清咸豐六年（1856）刻本　一冊

110000－0198－0007073　子普 1351
寄蝸殘贅十六卷　(清)汪堃纂　清同治十一年(1872)不懼無悶齋刻本　八册

110000－0198－0007074　子普 1358
脈學奇經攷一卷　(明)李時珍撰　清光緒九年(1883)京都文成堂刻本　一册

110000－0198－0007075　子普 1359
醉墨軒畫稿　胡郯卿著　清末海左書局石印本(有圖)　四册

110000－0198－0007076　子普 1366
經心書院經藝　(清)汪元善撰　清光緒二年(1876)刻本　四册

110000－0198－0007077　子普 1369
御纂醫宗金鑑内科三十八卷首一卷　清宣統元年(1909)上海章福記石印本　九册

110000－0198－0007078　子普 1370
淵鑑類函四百五十卷目錄四卷　(清)張英等纂　清光緒十三年(1887)上海同文書局石印本　四十八册

110000－0198－0007079　子普 1371
美術叢書　風雨樓編印　清宣統三年(1911)上海神州國光社鉛印本　十二册

110000－0198－0007080　子普 1372
玉海二百卷　(宋)王應麟著　清刻本　六十册

110000－0198－0007081　子普 1373
子史精華一百六十卷　(清)聖祖玄燁編　清末石印本　十六册

110000－0198－0007082　子普 1375
翰苑群書二卷　(宋)洪遵輯　清影印知不足齋叢書本　一册　存一卷(下)

110000－0198－0007083　子普 1376
金壺逸墨二卷　(清)黄鈞宰撰　清刻本　一册

110000－0198－0007084　子普 1377
金壺遯墨四卷　(清)黄鈞宰撰　清刻本　二册

110000－0198－0007085　子普 1378
金壺浪墨八卷　(清)黄鈞宰撰　清刻本　三册　存六卷(三至八)

110000－0198－0007086　子普 1380
莊子解三十三卷　(清)王夫之著　清刻本　四册

110000－0198－0007087　子普 1381
浮邱子十二卷　(清)湯鵬著　清宣統二年(1910)掃葉山房石印本　六册

110000－0198－0007088　子普 1384
唐詩三百首註疏六卷　題(清)蘅塘退士編　清上海鴻寶齋書局石印本　二册　存二卷(一、四)

110000－0198－0007089　子普 1385
續新齊諧十卷　(清)袁枚撰　清刻本　二册　存六卷(三至五、八至十)

110000－0198－0007090　子普 1386
審象精蘊三卷　(清)張純照輯　清刻本　一册　存一卷(下)

110000－0198－0007091　子普 1387
談龍錄一卷　(清)趙執信撰　清刻本　一册

110000－0198－0007092　子普 1388
酉陽雜俎二卷　(唐)段成式撰　清刻本　一册

110000－0198－0007093　子普 1389
御纂醫宗金鑑七十四卷首一卷　(清)吳謙編　清光緒二十九年(1903)上海經香閣石印本　七册　存三十八卷(一至三十八)

110000－0198－0007094　子普 1391
大生要旨五卷　(清)唐千頃纂　清道光二十七年(1847)京都龍元齋刻本　一册

110000－0198－0007095　子普 1393
東遊隨錄　清光緒三十二年(1906)石印本　一册

110000－0198－0007096　子普 1395
採硫日記三卷　(清)郁永河撰　清刻粵雅堂叢書本　一册

110000－0198－0007097　子普 1396

新鐫許真君玉匣記增補諸家選擇日用通書二卷　（晉）許真君著　清光緒京都文興堂刻本（有圖）　一冊

110000－0198－0007098　子普 1398

平垣蒙求註二卷　（清）□□撰　清刻本　一冊　存一卷（下）

110000－0198－0007099　子普 1399

鋤經書舍零墨四卷　（清）黄協塤著　清光緒四年（1878）上海申報館鉛印本　一冊

110000－0198－0007100　子普 1400

求闕齋讀書錄十卷　（清）曾國藩著　清光緒二年（1876）都門龍文齋刻本　四冊

110000－0198－0007101　子普 1401

近思錄集解十四卷　（宋）朱熹編　（宋）葉采集解　清刻本　二冊

110000－0198－0007102　子普 1402

中藏經三卷　（漢）華佗撰　清皖南建德周氏刻本　三冊

110000－0198－0007103　子普 1403

宋拓淳熙秘閣續法帖　清末影印本　四冊

110000－0198－0007104　子普 1404

性命圭旨四卷　尹真人弟子編　清刻朱墨印本（有圖）　四冊

110000－0198－0007105　子普 1405

易漢學攷二卷　（清）吳翊寅撰　清光緒十九年（1893）廣州刻本　一冊

110000－0198－0007106　子普 1406

養蒙針度五卷　（清）潘子聲著　清光緒六年（1880）京都文和堂刻本　二冊

110000－0198－0007107　子普 1407

訓俗遺規補二卷　（清）陳弘謀輯　清刻本　一冊

110000－0198－0007108　子普 1409

宋瑣語　（清）郝懿行撰　清刻本　三冊

110000－0198－0007109　子普 1410

荀子補注二卷　（清）郝懿行學　清刻齊魯先喆遺書本　一冊

110000－0198－0007110　子普 1413

清翁常熟書譜　（清）翁同龢書　清宣統二年（1910）石印本　二冊

110000－0198－0007111　子普 1415

新鋟太醫院參訂徐氏鍼灸大全十二卷　（明）徐鳳撰　清刻本（有圖）　一冊　存二卷（四至五）

110000－0198－0007112　子普 1416

南海一勺合編三十二卷　鶴洞子纂輯　清四香草堂刻本（有圖）　六冊

110000－0198－0007113　子普 1420

東萊博議四卷　（宋）吕祖謙撰　清刻本　四冊

110000－0198－0007114　子普 1422

管子地員篇注四卷　（清）王紹蘭著　清寄虹山館刻本　三冊　存三卷（一至三）

110000－0198－0007115　子普 1426

粟香隨筆八卷　金武祥著　清末掃葉山房石印本　十六冊

110000－0198－0007116　子普 1427

澹生堂藏書約四卷　（明）祁承㸁著　清刻本　十一冊

110000－0198－0007117　子普 1428

王先生十七史蒙求十六卷　（宋）王令撰　清光緒十年（1884）務本堂刻本　四冊

110000－0198－0007118　子普 1429

片玉山房花箋錄二十卷　（清）孫兆溎輯　（清）孫啟楙參訂　清同治四年（1865）景福堂刻本　十二冊

110000－0198－0007119　子普 1436

佩文韻府一百六卷　（清）張玉書等撰　清刻本　五十七冊　存五十九卷（一至五十九）

110000－0198－0007120　子普 1437

佩文韻府一百六卷　（清）張玉書等撰　清刻本　四十六冊　存四十七卷（六十至一百六）

110000－0198－0007121　子普 1438
韻府拾遺三十五卷　(清)蔡升元輯　清刻本　二十册

110000－0198－0007122　子普 1440
廣韻新編　(清)勉學堂主人撰　清刻本　五册

110000－0198－0007123　子普 1446
諏吉便覽附寶鏡圖　(清)俞榮寬編　清光緒五年(1879)刻朱墨印本　四册

110000－0198－0007124　子普 1449
陶廬雜憶　金武祥撰　清光緒二十四年(1898)廣州江陰金氏刻本　一册

110000－0198－0007125　子普 1451
西漚外集八卷　(清)李惺撰　清同治七年(1868)刻本　八册

110000－0198－0007126　子普 1452
瘍醫準繩六卷　(明)王肯堂編　明萬曆刻本　十一册

110000－0198－0007127　子普 1453
惠直堂經驗方　清刻本　二册

110000－0198－0007128　子普 1454
莊子解十二卷　(清)吳世尚評注　清刻本　四册　存九卷(四至十二)

110000－0198－0007129　子普 1455
太上感應篇圖說八卷首一卷　(清)黃正文撰　清刻本　一册

110000－0198－0007130　子普 1457
草字彙　(清)石梁編　清乾隆五十三年(1788)敬義齋刻本　六册

110000－0198－0007131　子普 1459
全體新論　(英國)合信氏　(清)陳修堂同撰　清咸豐元年(1851)江蘇上海墨海書館刻本(有圖)　一册

110000－0198－0007132　子普 1461
象數論六卷　(清)黃宗羲撰　清廣雅書局刻本　二册

110000－0198－0007133　子普 1464
談天十八卷首一卷附表一卷　(英國)侯失勒著　清刻本　四册

110000－0198－0007134　子普 1465
能改齋漫錄十八卷　(宋)吳曾撰　清刻本　八册

110000－0198－0007135　子普 1467
新書十卷　(漢)賈誼撰　清刻本　二册

110000－0198－0007136　子普 1468
癸巳存稿十五卷　(清)俞正燮撰　清光緒刻本　八册

110000－0198－0007137　子普 1470
程子四箴范氏心箴　題晚漁舫主人書　清光緒十二年(1886)松竹齋刻本　一册

110000－0198－0007138　子普 1471
九成宮醴泉銘　(唐)歐陽詢書　清光緒十五年(1889)京都琉璃廠秀文齋刻本　一册

110000－0198－0007139　子普 1472
丹溪心法附餘二十四卷　(明)方廣輯　清刻本　三册　存二卷(一至二)

110000－0198－0007140　子普 1474
灌餘隨錄　(清)熊夢巖撰　清光緒刻本　一册

110000－0198－0007141　子普 1475
關中道脈四種書　(清)李元春輯　清道光十年(1830)刻本　六册

110000－0198－0007142　子普 1479
老子道德經二卷　(春秋)李耳著　(元)趙孟頫書　清末影印本　一册

110000－0198－0007143　子普 1482
桯史十五卷　(宋)岳珂撰　清刻本　四册

110000－0198－0007144　子普 1487
荀子十四卷　(唐)楊倞注　清嘉慶九年(1804)姑蘇聚文堂刻本　十二册

110000－0198－0007145　子普 1488
羣書校補一百卷　(清)陸心源輯　清刻本

二十四冊

110000－0198－0007146　子普 1489

徐氏三種　(清)徐士業輯　清光緒十七年(1891)京都文成堂刻本　四冊

110000－0198－0007147　子普 1491

秘傳花鏡六卷　(清)陳淏子輯　清金閶書業堂刻本(有圖)　六冊

110000－0198－0007148　子普 1493

藝槩六卷　(清)劉熙載撰　清刻本　一冊　存四卷(三至六)

110000－0198－0007149　子普 1494

人生必讀書十二卷首一卷末一卷　(清)鄒祖堂輯　清同治十年(1871)刻本　十冊

110000－0198－0007150　子普 1495

諸子詹詹錄二卷　(清)袁樹輯　清光緒九年(1883)濟南臥雪堂刻本　二冊

110000－0198－0007151　子普 1497

初學先言二卷　(清)謝文洊撰　清光緒十八年(1892)刻本　一冊　存一卷(上)

110000－0198－0007152　子普 1498

墨子經說解二卷　(清)張惠言述　清宣統元年(1909)國學保存會石印本　一冊

110000－0198－0007153　子普 1501

蜀碧四卷　(清)彭遵泗編述　清刻本　二冊　存二卷(二至三)

110000－0198－0007154　子普 1503

出三藏記集十五卷　(南朝梁)釋僧祐撰　清刻本　一冊　存八卷(一至八)

110000－0198－0007155　子普 1505

東萊先生左氏博議二十五卷　(宋)呂祖謙撰　清光緒八年(1882)刻本　六冊

110000－0198－0007156　子普 1506

鐫韓非子神駒三卷　(明)莊天合選　清刻本　六冊

110000－0198－0007157　子普 1507

天道溯原三卷　(美國)丁韙良著　清光緒二十三年(1897)上海美華書館鉛印本　一冊

110000－0198－0007158　子普 1514

幼科鐵鏡六卷　(清)夏鼎著　清光緒二十九年(1903)經元書室刻本　四冊

110000－0198－0007159　子普 1516

功蟲錄二卷　(清)秦偶僧撰述　清光緒十八年(1892)刻本　一冊　存一卷(上)

110000－0198－0007160　子普 1517

困學紀聞二十卷　(宋)王應麟著　清乾隆三年(1738)馬氏叢書樓刻本　六冊

110000－0198－0007161　子普 1518

關聖帝君應驗明聖真經二卷　清光緒八年(1882)京都永盛齋刻本　二冊

110000－0198－0007162　子普 1520

菰中隨筆一卷　(清)顧炎武撰　清光緒十一年(1885)吳縣孫谿槐廬家塾刻本　一冊

110000－0198－0007163　子普 1521

東塾讀書記十二卷又三卷　(清)陳澧撰　清刻本　五冊

110000－0198－0007164　子普 1522

呻吟語六卷附補遺一卷　(明)吕坤著　清光緒二十一年(1895)味經刊書處刻本　八冊

110000－0198－0007165　子普 1523

匏瓜錄十卷　(清)芮長恤撰　清光緒十年(1884)毗陵惲氏懷永堂刻本　六冊

110000－0198－0007166　子普 1524

老學庵筆記十卷　(宋)陸游著　清光緒元年(1875)湖北崇文書局刻本　二冊

110000－0198－0007167　子普 1525

千字文　(清)何桂珍著　清桂林唐九如堂刻本　一冊

110000－0198－0007168　子普 1526

二程全書　(宋)程顥　(宋)程頤撰　清同治十年(1871)六安求我齋刻本　八冊

110000－0198－0007169　子普 1527

呂氏春秋二十六卷　(漢)高誘注　清光緒元

年(1875)浙江書局刻本　六册

110000－0198－0007170　子普 1529
老子證義二卷　(清)高延第撰　清光緒十二年(1886)涌翠山房刻本　二册

110000－0198－0007171　子普 1538
莊子十卷　(清)吳汝綸點勘　清宣統元年(1909)鉛印本　二册

110000－0198－0007172　子普 1539
唱道真言五卷　清道光二十三年(1843)刻本　一册

110000－0198－0007173　子普 1540
吳友如畫寶十二集　(清)吳嘉猷繪　清末石印本(有圖)　一册

110000－0198－0007174　子普 1541
芥子園畫傳五卷　(清)王概摹　清刻本　六册

110000－0198－0007175　子普 1542
重刊補註洗冤録集證六卷　(清)王又槐增輯　(清)張錫蕃重訂　清光緒三年(1877)浙江書局刻朱墨藍套印本　五册

110000－0198－0007176　子普 1543
聖證論補評二卷　(清)皮錫瑞著　清光緒二十五年(1899)善化皮氏刻本　一册　存一卷(下)

110000－0198－0007177　子普 1545
泛槎圖　(清)張寶撰　清嘉慶二十四年(1819)羊城尚古齋張太占刻本(有圖)　一册　存四十五頁(三十四至七十八)

110000－0198－0007178　子普 1546
新鎸葛稚川内篇四卷　(晉)葛洪撰　清刻本　四册

110000－0198－0007179　子普 1547
甘氏奇門一得二卷　清刻本　一册　存一卷(下)

110000－0198－0007180　子普 1548
蜀檮杌二卷　(宋)張唐英撰　清刻本　一册　存一卷(下)

110000－0198－0007181　子普 1549
南海寄歸内法傳四卷　(唐)釋義淨撰　清刻本　一册　存二卷(一至二)

110000－0198－0007182　子普 1551
吕氏春秋二十六卷　(秦)吕不韋撰　(漢)高誘注　清光緒元年(1875)浙江書局刻本　六册

110000－0198－0007183　子普 1552
荀子三十二卷　(唐)楊倞注　清光緒二年(1876)浙江書局刻本　六册

110000－0198－0007184　子普 1553
蠶桑簡明輯説一卷附補遺一卷　(清)黄世本撰　清光緒十四年(1888)刻本　一册

110000－0198－0007185　子普 1555
龍井見聞録十卷附録二卷　(清)汪孟鋗纂　清光緒十年(1884)錢唐丁氏嘉惠堂刻本(有圖)　二册　存八卷(一至八)

110000－0198－0007186　子普 1556
中説十卷　(宋)阮逸注　清刻本　一册　存五卷(六至十)

110000－0198－0007187　子普 1557
集古救劫勸善篇二卷　(明)釋袾宏撰　清咸豐十一年(1861)刻本　二册

110000－0198－0007188　子普 1560
清波雜志三卷　(宋)周輝著　明刻本　二册

110000－0198－0007189　子普 1561
景行録二卷　(清)秦震鈞著　清刻本　二册

110000－0198－0007190　子普 1562
家寶初集八卷　(清)石成金撰集　清刻本　二册　存二卷(四至五)

110000－0198－0007191　子普 1563
四書間筆講義八卷首一卷　清同治十二年(1873)刻本　八册

110000－0198－0007192　子普 1564
王奉常書畫題跋二卷　(清)王時敏撰　清宣統元年(1909)通州李氏甌鉢羅室刻本　二册

110000－0198－0007193　子普 1566
十三經集字摹本　(清)彭玉雯撰　清彭玉雯刻本　一册

110000－0198－0007194　子普 1567
漢碑範八卷　張祖翼編輯　清宣統三年(1911)上海文明書局石印本　二册　存二卷(一、五)

110000－0198－0007195　子普 1570
老子道德經解二卷首一卷　(明)釋德清著　清光緒十二年(1886)金陵刻經處刻本　二册

110000－0198－0007196　子普 1573
補拙齋重梓傷寒論條辨八卷本草鈔一卷或問一卷痓書一卷　(明)方有執著　(清)林起龍評定　清康熙十三年(1674)刻本　八册

110000－0198－0007197　子普 1574
堲室錄感不分卷　(清)李顒撰　清同治八年(1869)毋自欺齋刻本　一册

110000－0198－0007198　子普 1578
墨子　清光緒三十年(1904)江西官書局刻本　二册

110000－0198－0007199　子普 1579
兩漢淵源錄八卷　(清)黄嗣東輯　清光緒三十四年(1908)鳳山學舍鉛印本　三册

110000－0198－0007200　子普 1580
南華經解　(清)方文通評　清光緒二十二年(1896)桐城方氏刻本　一册　存内篇

110000－0198－0007201　子普 1581
荆園小語一卷　(清)申涵光著　清刻畿輔叢書本　一册

110000－0198－0007202　子普 1582
古香齋鑒賞袖珍初學記三十卷　(唐)徐堅撰　清光緒八年(1882)孔氏三十有三萬卷堂刻本　十二册

110000－0198－0007203　子普 1583
秋坪新語十二卷　題(清)天漢浮槎散人編　清嘉慶二年(1797)刻本　四册

110000－0198－0007204　子普 1584
考古必要賦四卷　(清)江家春　(清)邱景岳選註　清道光七年(1827)刻本　二册

110000－0198－0007205　子普 1585
草字匯　(清)石梁編　清光緒十二年(1886)上海同文書局石印本　五册

110000－0198－0007206　子普 1586
清夜聞鐘　清同治八年(1869)刻本　一册

110000－0198－0007207　子普 1587
野記三卷　(明)祝允明纂　清同治十三年(1874)元和祝氏刻本　三册

110000－0198－0007208　子普 1588
理窟九卷　(清)李杕撰　清光緒十二年(1886)上海慈母堂鉛印本　四册

110000－0198－0007209　子普 1589
谷盈子十二篇　(清)龔易圖撰　清光緒五年(1879)刻本　一册

110000－0198－0007210　子普 1592
江隣幾雜志一卷　(宋)江休復撰　明萬曆刻稗海叢書本　一册

110000－0198－0007211　子普 1595
佛説大乘無量壽莊嚴經一卷　(宋)釋法賢譯　清光緒十年(1884)南京金陵刻經處刻本　一册

110000－0198－0007212　子普 1597
無量壽如來會二卷　(唐)釋菩提流志譯　清光緒二十三年(1897)金陵刻經處刻本　一册

110000－0198－0007213　子普 1598
燕蘭小譜五卷附海漚小譜　題(清)安樂山樵撰　清宣統三年(1911)長沙葉氏刻本　一册

110000－0198－0007214　子普 1604
識小錄八卷　(清)姚瑩著　清刻本　二册　存六卷(一至二、五至八)

110000－0198－0007215　子普 1609
達生編　題(清)亟齋居士著　清道光十五年(1835)嘉蔭堂刻本　一册

110000－0198－0007216　子普 1610

破邪詳辯四卷 （清）黄育楩編 清光緒九年(1883)荆州將軍署刻本 一册 存二卷(一至二)

110000－0198－0007217 子普 1611

痧脹玉衡書三卷後一卷 （清）郭志邃著 清刻本 二册

110000－0198－0007218 子普 1612

因樹屋書影十卷 （清）周亮工撰 清懷德堂刻本 四册

110000－0198－0007219 子普 1613

韻府鉤沈五卷 （清）雷浚撰 清光緒刻本 二册

110000－0198－0007220 子普 1615

墨子十五卷又三卷 清光緒二年(1876)浙江書局刻本 一册 存四卷(一至四)

110000－0198－0007221 子普 1617

太玄十卷 （漢）揚雄撰 （清）吴汝綸點勘 清宣統二年(1910)衍星社鉛印本 一册

110000－0198－0007222 子普 1621

大乘起信論 （天竺）釋馬鳴造論 清光緒二十四年(1898)金陵刻經處刻本 一册

110000－0198－0007223 子普 1622

誹真辨妄 （清）黄伯禄撰 清光緒十二年(1886)上海慈母堂鉛印本 一册

110000－0198－0007224 子普 1624

千手千眼大悲懺法 清末金陵刻經處刻本 一册

110000－0198－0007225 子普 1626

溫症瘢疹辯證 （清）許汝楫撰 清光緒十八年(1892)刻本 一册

110000－0198－0007226 子普 1628

佩文詩韻釋要五卷 （清）周兆基撰 清光緒元年(1875)湖北崇文書局刻本 一册

110000－0198－0007227 子普 1629

注維摩詰經十卷 （後秦）釋僧肇述 清刻本 四册

110000－0198－0007228 子普 1631

閲藏知津四十四卷總目四卷 （明）釋智旭彙輯 清光緒十八年(1892)金陵刻經處刻本 十册

110000－0198－0007229 子普 1632

雲山讀書記内學四卷外治四卷 （清）鄧繹著 清刻本 五册

110000－0198－0007230 子普 1633

醫學啟蒙彙編六卷 （清）翟良纂 清文盛堂刻本 六册

110000－0198－0007231 子普 1643

甌鉢羅室書畫過目攷四卷首一卷附錄一卷 （清）李玉棻編輯 清光緒二十三年(1897)上海鴻文齋石印本 四册

110000－0198－0007232 子普 1644

應酬彙選八卷 （清）陸九如撰 清文英堂刻本 四册

110000－0198－0007233 子普 1647

七修類藁五十一卷續藁七卷 （明）郎瑛著 清刻本 十一册 缺十一卷(一至三、五十一,續藁七卷)

110000－0198－0007234 子普 1648

蕉軒摭錄十二卷 （清）俞夢蕉著 清咸豐二年(1852)雙桂樓刻本 六册

110000－0198－0007235 子普 1649

古香齋新刻袖珍御纂朱子全書六十六卷 （宋）朱熹撰 清光緒九年至十年(1883－1884)孔氏三十有三萬卷堂刻本 三十六册

110000－0198－0007236 子普 1650

藝苑名言八卷 （清）蔣瀾纂輯 清嘉慶三年(1798)英德堂刻本 四册

110000－0198－0007237 子普 1651

困學紀聞注二十卷 （清）翁元圻輯 清光緒十三年(1887)上海同文書局石印本 六册

110000－0198－0007238 子普 1652

校增金壺字攷 （宋）釋適之撰 清光緒九年(1883)京都琉璃廠懿文齋刻本 二册

110000－0198－0007239　子普 1654
新鐫分類評註文武合編百子金丹十卷　（明）郭偉撰　清末石印本　五冊　缺一卷（一）

110000－0198－0007240　子普 1657
高王觀音經注釋一卷　（清）徐炳炎輯　清咸豐十年（1860）文元書坊刻本（有圖）　一冊

110000－0198－0007241　子普 1658
儒林宗派十六卷　（清）萬斯同撰　清宣統三年（1911）上海國學扶輪社鉛印本　一冊　存九卷（一至九）

110000－0198－0007242　子普 1659
折獄便覽　清道光三十年（1850）榮錄堂刻本　一冊

110000－0198－0007243　子普 1662
丱字彙　（清）石梁輯　清同治八年（1869）大文堂刻本　一冊

110000－0198－0007244　子普 1665
悟真篇三卷　（清）紀大奎輯訂　清咸豐二年（1852）刻本　二冊

110000－0198－0007245　子普 1666
竇存四卷　（清）胡式鈺著　清道光二十一年（1841）刻本　四冊

110000－0198－0007246　子普 1667
浪跡叢談十一卷續談八卷　（清）梁章鉅撰　清道光二十七年（1847）亦東園刻本　六冊

110000－0198－0007247　子普 1668
先正讀書訣一卷　（清）周永年輯　清光緒四年（1878）刻本　一冊

110000－0198－0007248　子普 1670
輶軒語　（清）張之洞撰　清光緒九年（1883）刻本　二冊

110000－0198－0007249　子普 1671
東方兵事紀略六卷　（清）姚錫光撰　清光緒二十三年（1897）武昌刻本　一冊　存三卷（一至三）

110000－0198－0007250　子普 1679
莊子六卷　（晉）郭象註　（清）吳汝綸點勘　清宣統元年（1909）鉛印本　四冊

110000－0198－0007251　子普 1680
釋氏十三經　（清）金陵刻經處編　清刻本　十冊

110000－0198－0007252　子普 1683
求闕齋讀書錄十卷　（清）曾國藩著　清刻本　一冊　存二卷（三至四）

110000－0198－0007253　子普 1684
韓非子集解二十卷　（清）王先慎著　清刻本　四冊　存十三卷（八至二十）

110000－0198－0007254　子普 1687
容齋隨筆十六卷　（宋）洪邁撰　清乾隆五十九年（1794）掃葉山房刻本　八冊

110000－0198－0007255　子普 1688
澤農要錄六卷　（清）吳邦慶撰　清道光四年（1824）刻本　一冊　存三卷（一至三）

110000－0198－0007256　子普 1689
數度衍二十三卷首三卷　（清）方中通撰　清光緒四年（1878）桐城方氏刻本（有圖）　八冊

110000－0198－0007257　子普 1696
重訂西方公據二卷　（清）彭際清集　清光緒四年（1878）金陵刻經處刻本　一冊

110000－0198－0007258　子普 1698
述朱質疑十六卷　（清）夏炘撰　清咸豐二年（1852）景紫山房刻本　四冊

110000－0198－0007259　子普 1699
秘書廿一種　清刻本　八冊　存十五種四十七卷（博物志十卷、桂海虞衡志一卷、續博物志十卷、博異記一卷、高士傳三卷、劍俠傳四卷、楚史檮杌一卷、晉史乘一卷、竹書紀年二卷、中華古今注三卷、古今注三卷、三墳一卷、風俗通義四卷、列仙傳二卷、集異記一卷）

110000－0198－0007260　子普 1700
玉紀　（清）陳性撰　清光緒二十三年（1897）吳氏刻木活字印本　一冊

110000－0198－0007261　子普 1705
冬心先生雜著六卷隨筆一卷　（清）金農撰

清光緒四年(1878)當歸草堂刻本　二冊

110000－0198－0007262　子普 1706
創世紀第一書　清宣統三年(1911)北京北館石印本　一冊

110000－0198－0007263　子普 1709
史眼　(日本)西師意著　清李茂堂刻本　一冊

110000－0198－0007264　子普 1710
老子河上公注　(漢)河上公注　清道光二十五年(1845)竹山堂刻本　一冊

110000－0198－0007265　子普 1713
對數表　(美國)赫士口譯　清光緒三十年(1904)上海美華書館鉛印本　一冊

110000－0198－0007266　子普 1714
愛吾廬題跋一卷　(清)吕世宜撰　清光緒五年(1879)龍溪林維源刻本　一冊

110000－0198－0007267　子普 1716
京師法律學堂同學錄　清光緒三十四年(1908)鉛印本　一冊

110000－0198－0007268　子普 1720
淮南許注異同詁四卷　(清)陶方琦述　清光緒七年(1881)湘南使院刻本　一冊　存二卷(一至二)

110000－0198－0007269　子普 1721
説鈴六十七卷　(清)吳震方輯　清道光五年(1825)聚秀堂刻本　六冊　存十三卷(一至十三)

110000－0198－0007270　子普 1722
武學叢書　清光緒三十一年(1905)北洋陸軍學堂印書局石印本　十六冊

110000－0198－0007271　子普 1723
命理折衷二卷　(□)楊朝傑輯　清道光六年(1826)四知堂刻本　一冊

110000－0198－0007272　子普 1724
子平管見集解二卷　(清)雷鳴夏著　清光緒二十一年(1895)三義堂刻本　一冊

110000－0198－0007273　子普 1725
續秋雨四卷　(清)垣赤道人著　清刻本　一冊　存一卷(四)

110000－0198－0007274　子普 1726
家寶全集三十二卷　(清)石成金撰集　清愛蓮堂刻本　四冊　存四卷(初集一至三、二集一)

110000－0198－0007275　子普 1727
桐陰清話八卷　(清)倪鴻著　清刻本　一冊　存二卷(七至八)

110000－0198－0007276　子普 1728
詩韻合璧五卷　(清)湯文潞編　清光緒四年(1878)上海淞隱閣鉛印本　一冊　存一卷(一)

110000－0198－0007277　子普 1729
閒談消夏錄十二卷　(清)朱翊清撰　清刻本　六冊　存六卷(七至十二)

110000－0198－0007278　子普 1731
孔才刻石　清鈐印本　三冊

110000－0198－0007279　子普 1734
理學正宗十五卷　(清)竇克勤編輯　清求善居刻本　八冊

110000－0198－0007280　子普 1735
道德經附陰符經黄庭經　清光緒元年(1875)刻本　一冊

110000－0198－0007281　子普 1738
吕祖指玄篇秘註一卷　(唐)吕純陽撰　清光緒十三年(1887)永盛齋刻本　一冊

110000－0198－0007282　子普 1743
澄懷園語四卷　(清)張廷玉著　清光緒六年(1880)龐山刻本　一冊

110000－0198－0007283　子普 1747
仙佛丹道要篇一卷　清同治五年(1866)北京永盛齋刻本　一冊

110000－0198－0007284　子普 1749
金剛經詳釋二卷　(清)歐陽泰著　清光緒二十四年(1898)鄂垣宏道堂刻本　二冊

110000－0198－0007285　子普 1750
桐閣關中三先生語要四卷　(清)李元春學　清刻本　二册

110000－0198－0007286　子普 1751
馮少墟關中四先生要語錄四卷　(清)李元春學　清刻本　一册

110000－0198－0007287　子普 1755
呂祖指玄篇秘註一卷　(唐)呂純陽撰　清光緒十三年(1887)永盛齋刻本　一册

110000－0198－0007288　子普 1760
分甘餘話四卷　(清)王士禛撰　清康熙刻本　二册

110000－0198－0007289　子普 1763
程氏家塾讀書分年日程三卷綱領一卷　(元)程端禮編　清同治七年(1868)湖北崇文書局刻本　二册

110000－0198－0007290　子普 1764
重訂幼學須知句解四卷　(清)錢元龍校　清授經堂刻本　四册

110000－0198－0007291　子普 1766
華嚴一乘十玄門不分卷五十要問答二卷　(唐)釋智儼撰　清光緒二十二年(1896)金陵刻經處刻本　一册

110000－0198－0007292　子普 1768
列子八卷　(晉)張湛注　清世德堂刻本　一册　存四卷(五至八)

110000－0198－0007293　子普 1769
近思錄十四卷　(清)江永集註　清同治八年(1869)江蘇書局刻本　六册

110000－0198－0007294　子普 1771
牧菴雜紀六卷　(清)徐一麟著　清同治七年(1868)居易山房刻本　四册

110000－0198－0007295　子普 1775
太玄十卷　(清)吳汝綸點勘　清宣統二年(1910)衍星社鉛印本　一册

110000－0198－0007296　子普 1776
注維摩詰經十卷　(後秦)釋僧肇撰　清刻本　五册

110000－0198－0007297　子普 1779
大方便佛報恩經七卷　清琉璃廠榮華堂刻本　二册

110000－0198－0007298　子普 1782
輶軒語　(清)張之洞撰　清末退補齋刻本　一册

110000－0198－0007299　子普 1783
百家姓考略　(清)徐士業校　清李光明莊刻本　一册

110000－0198－0007300　子普 1784
補注黃帝内經素問二十四卷遺篇一卷　(唐)啟玄子注　(宋)林億等校正　清刻本　七册　缺三卷(一至三)

110000－0198－0007301　子普 1785
容齋隨筆七十四卷　(宋)洪邁撰　清刻本　十一册　缺五卷(一至五)

110000－0198－0007302　子普 1786
清秘述聞十六卷　(清)法式善編　清刻本　四册　缺五卷(四至八)

110000－0198－0007303　子普 1787
槐廳載筆二十卷　(清)法式善編　清嘉慶四年(1799)刻本　四册　存十三卷(四至十三、十八至二十)

110000－0198－0007304　子普 1788
揮麈前錄四卷後錄十一卷三錄三卷揮麈餘話二卷　(宋)王明清輯　清照曠閣刻本　六册

110000－0198－0007305　子普 1789
黃氏醫書八種　(清)黃元御撰　清刻本　八册　存六種六十三卷(傷寒懸解十四卷、金匱懸解二十二卷、四聖心源十卷、素靈微蘊四卷、四聖懸樞五卷、玉楸藥解八卷)

110000－0198－0007306　子普 1790
白虎通疏證十二卷　(清)陳立撰　清刻本　一册　存三卷(七至九)

110000－0198－0007307　子普 1791
譚苑醍醐八卷　(明)楊慎撰　清刻本　一册

存三卷(六至八)

110000－0198－0007308　子普 1792
王奉常書畫題跋二卷　(清)王時敏著　清宣統二年(1910)通州李氏甌缽羅室刻本　一册　存一卷(下)

110000－0198－0007309　子普 1794
景岳全書六十六卷　(明)張介賓著　清刻本　二册　存四卷(六十三至六十六)

110000－0198－0007310　子普 1796
悟真篇集註三卷　(清)仇兆鰲集　清同治十二年(1873)刻本　二册　缺一卷(下)

110000－0198－0007311　子普 1800
王陽明先生全集十六卷目錄二卷年譜二卷　(明)王守仁撰　清刻本　五册

110000－0198－0007312　子普 1801
天文總論　清抄本　一册

110000－0198－0007313　子普 1802
救刦回生四卷　(清)于林川撰　清刻本　一册　存一卷(二)

110000－0198－0007314　子普 1803
藥師琉璃光如來本願功德經直解二卷　(清)靈耀撰　清宣統二年(1910)常州天寧寺刻本　一册

110000－0198－0007315　子普 1804
景德傳燈錄三十卷　(宋)釋道原纂　清刻本　六册　存六卷(六至八、十、二十、三十)

110000－0198－0007316　子普 1805
芥子園畫傳初集五卷　(清)王槩摹輯　清光緒十三年(1887)上海鴻文書局石印本(有圖)　一册　存二卷(一至二)

110000－0198－0007317　子普 1806
呻吟語節錄六卷　(明)呂坤著　清刻本　一册　存四卷(三至六)

110000－0198－0007318　子普 1807
經字正蒙八卷　(清)李文沂撰　清末刻本　一册　存一卷(六)

110000－0198－0007319　子普 1809
遵生八牋十九卷　(明)高濂編　清刻本　一册　存二卷(九至十)

110000－0198－0007320　子普 1810
龍城札記三卷　(清)盧文弨撰　清咸豐六年(1856)抱經堂刻本　一册

110000－0198－0007321　子普 1812
漢學商兑四卷　(清)方東樹著　清刻本　二册　存二卷(上、中)

110000－0198－0007322　子普 1813
淮南内篇二十一卷　(清)王念孫撰　清刻本　二册　存十二卷(七至十八)

110000－0198－0007323　子普 1814
大乘起信論義記七卷　(唐)釋法藏撰　清光緒二十四年(1898)金陵刻經處刻本　一册　存四卷(一至四)

110000－0198－0007324　子普 1816
韻府約編二十四卷　(清)鄧愷輯　清刻本　二册　存二卷(四、二十四)

110000－0198－0007325　子普 1819
讀書脞錄七卷　(清)孫志祖著　清刻本　一册　存二卷(二至三)

110000－0198－0007326　子普 1820
淮南子二十一卷　(漢)高誘注　清武進莊氏刻本　二册　存七卷(十五至二十一)

110000－0198－0007327　子普 1821
大方廣佛華嚴經八十卷　(唐)釋實叉難陀譯　清刻本(有圖)　十七册

110000－0198－0007328　子普 1825
莊子章義五卷　(清)姚鼐撰　清刻本　一册　存三卷(三至五)

110000－0198－0007329　子普 1828
呂氏春秋考異二十六卷　黃嗣艾纂　清漢陽黃氏刻本　一册

110000－0198－0007330　子普 1831
莊子六卷　(清)吳汝綸點勘　清宣統元年(1909)鉛印本　二册

110000－0198－0007331　子普 1833
佛說解節經一卷　(南朝陳)釋真諦譯　清北京刻經處刻本　一冊

110000－0198－0007332　子普 1835
鄧析子二卷　清同治十一年(1872)江山劉氏影宋刻本　一冊　存一卷(下)

110000－0198－0007333　子普 1837
地學指略三卷　(英國)文教治口譯　清光緒七年(1881)益智書會刻本(有圖)　一冊

110000－0198－0007334　子普 1838
震澤紀聞二卷震澤長語二卷　(明)王鏊輯　清光緒刻本　二冊

110000－0198－0007335　子普 1841
韓非子集解二十卷　(清)王先慎撰　清刻本　五冊　存十七卷(四至二十)

110000－0198－0007336　子普 1843
荀子集解二十卷　(唐)楊倞注　王先謙集解　清光緒十七年(1891)刻本　五冊

110000－0198－0007337　子普 1844
增註管緘若全稿八卷　(清)管世銘著　清光緒二十年(1894)袖海山房石印本　四冊

110000－0198－0007338　子普 1846
佩文詩韻五卷　清同治九年(1870)刻本　一冊

110000－0198－0007339　子普 1847
古香齋新刻袖珍淵鑑類函四百五十卷　(清)張英等撰　清刻本　二十六冊

110000－0198－0007340　子普 1849
集異新抄八卷　(□)李鶴林抄　清刻本　一冊　存二卷(一至二)

110000－0198－0007341　子普 1850
嘯亭雜錄八卷續錄三卷　題(清)汲修主人著　清九思堂刻本　六冊　存五卷(雜錄一至二、七至八,續錄一)

110000－0198－0007342　子普 1853
胎產秘書三卷　(清)金庸校　清刻本　一冊

110000－0198－0007343　子普 1854
明儒學案六十二卷　(清)黃宗羲著　清末石印本　一冊　存二卷(三至四)

110000－0198－0007344　子普 1856
繪圖筆生花十六卷　(清)邱心如著　清光緒二十五年(1899)上海書局石印本(有圖)　三冊　存六卷(一至二、七至八、十三至十四)

110000－0198－0007345　子普 1857
六書舊義一卷　廖平撰　清光緒十三年(1887)刻本　一冊

110000－0198－0007346　子普 1858
陶廬雜憶續詠一卷　金武祥撰　清光緒二十四年(1898)昆陵千秋坊刻本　一冊

110000－0198－0007347　子普 1860
觚賸八卷續編四卷　(清)鈕琇輯　清宣統三年(1911)上海國學扶輪社鉛印本(有圖)　二冊

110000－0198－0007348　子普 1865
三異筆談四卷　(清)許仲元撰　清鉛印本　二冊

110000－0198－0007349　子普 1867
古訓粹編　(清)聖祖玄燁著　清刻本　一冊　存一冊(二)

110000－0198－0007350　子普 1868
荀子二十卷　(清)方苞刪定　清刻本　一冊　存二卷(一至二)

110000－0198－0007351　子普 1872
近思錄集解十四卷　(宋)葉采集解　清吳郡邵氏尚義堂刻本　一冊

110000－0198－0007352　子普 1873
蠶桑實濟六卷　(□)□□撰　清光緒十七年(1891)桂垣書局刻本　二冊

110000－0198－0007353　子普 1875
金剛經一卷　清金陵刻經處刻本　一冊

110000－0198－0007354　子普 1877
澄衷蒙學堂字課圖說四卷　劉樹屏撰　清光緒二十七年(1901)澄衷蒙學堂石印本

八冊

110000－0198－0007355　子普 1881
維摩經玄疏六卷　(隋)釋智顗撰　清光緒四年(1878)龍泉寺刻本　三冊

110000－0198－0007356　子普 1882
佩文詩韻釋要五卷　(清)朱重輯　清同治三年(1864)刻本　一冊

110000－0198－0007357　子普 1883
子史精華一百六十卷　(清)聖祖玄燁著　清刻本　一冊　存三卷(一百三十二至一百三十四)

110000－0198－0007358　子普 1884
周子全書九卷傳志年譜二卷摭錄一卷　(宋)周敦頤撰　(清)鄧顯鶴編　清道光二十七年(1847)新化鄧氏刻本　一冊　存二卷(五至六)

110000－0198－0007359　子普 1885
粥譜一卷廣粥譜一卷　(清)黃雲鵠撰　清光緒七年(1881)刻本　一冊

110000－0198－0007360　子普 1886
金剛經石註　(清)石成金集註　清刻本　一冊

110000－0198－0007361　子普 1887
佛說七俱胝佛母准提大明陀羅尼經一卷　(天竺)釋金剛智譯　清光緒八年(1882)金陵刻經處刻本　一冊

110000－0198－0007362　子普 1888
談明叢議四卷　(清)張玉堂撰　清刻本　二冊　存二卷(二、四)

110000－0198－0007363　子普 1896
大學衍義體要十六卷　(宋)真德秀編　清刻本　八冊

110000－0198－0007364　子普 1898
漢學商兑四卷書林揚觶二卷　(清)方東樹著　清同治十年(1871)望三益齋刻本　六冊

110000－0198－0007365　子普 1899
清秘述聞十六卷　(清)法式善編　清嘉慶四年(1799)刻本　六冊

110000－0198－0007366　子普 1901
歸田瑣記八卷　(清)梁章鉅撰　清道光二十五年(1845)北東園刻本　二冊

110000－0198－0007367　子普 1902
惜抱軒筆記八卷　(清)姚鼐撰　清嘉慶二十五年(1820)金陵同善堂刻本　四冊

110000－0198－0007368　子普 1903
增補幼學瓊林四卷　(清)程允升著　清光緒六年(1880)京都聚珍堂書坊刻本　四冊

110000－0198－0007369　子普 1904
校訂困學紀聞集證二十卷　(宋)王應麟著　清嘉慶二十四年(1819)胡氏山壽齋刻本　十二冊

110000－0198－0007370　子普 1905
續廣事類賦三十三卷　(清)王鳳喈譔　清大文堂刻本　八冊

110000－0198－0007371　子普 1907
燕趙同軌　(清)張桂林著　清光緒二十二年(1896)森榮齋刻本　五冊

110000－0198－0007372　子普 1912
荀子三十二卷　(唐)楊倞注　清光緒二年(1876)浙江書局刻本　六冊

110000－0198－0007373　子普 1913
南華真經正義七篇附識餘三種　(清)陳壽昌輯　清光緒十九年(1893)怡顔齋刻本　六冊

110000－0198－0007374　子普 1916
古夫于亭雜錄六卷　(清)王士禛撰　清康熙刻本　六冊

110000－0198－0007375　子普 1918
詩韻合璧五卷　(清)湯文潞編　清末鉛印本　一冊　存一卷(三)

110000－0198－0007376　子普 1919
新增詩選題解韻編全集　(清)陳劍芝輯　清刻本　一冊　存三卷(八至十)

110000－0198－0007377　子普 1920

增補事類統編九十三卷　（清）黄葆真輯　清光緒十四年(1888)上海積山書局石印本　一冊　存八卷(一至八)

110000－0198－0007378　子普 1921

點石齋叢書十卷　（清）點石齋編　清光緒十一年(1885)上海點石齋石印本(有圖)　八冊

110000－0198－0007379　子普 1922

良方合璧二卷　（清）謝元慶編　清光緒八年(1882)蘇州謝氏望炊樓刻本　一冊　存一卷(下)

110000－0198－0007380　子普 1923

良方集腋二卷　（清）謝元慶編　清光緒八年(1882)蘇州謝氏望炊樓刻本　一冊　存一卷(下)

110000－0198－0007381　子普 1924

子史精華一百六十卷　（清）聖祖玄燁著　清末石印本　一冊　存十六卷(一百四十五至一百六十)

110000－0198－0007382　子普 1925

增補事類統編九十三卷　（清）黄葆真輯　清光緒十四年(1888)上海積山書局石印本　一冊　存九卷(九至十七)

110000－0198－0007383　子普 1926

御製數理精蘊上編五卷下編四十卷表八卷　（清）允祉等編　清光緒二十二年(1896)上海博文書局石印本　二十四冊

110000－0198－0007384　子普 1928

曝書雜記三卷　（清）錢泰吉撰　清同治七年(1868)刻本　一冊

110000－0198－0007385　子普 1929

輶軒語　（清）張之洞撰　清刻本　一冊

110000－0198－0007386　子普 1931

幼學歌五卷續一卷　（清）王用臣編　清光緒十一年(1885)深澤王氏刻本　一冊　存三卷(一至三)

110000－0198－0007387　子普 1932

莊子集釋十卷　（清）郭慶藩輯　清湖南思賢講舍刻本　十二冊

110000－0198－0007388　子普 1933

說性一卷　（清）高驤雲著　清光緒三十二年(1906)湫琴仙館刻本　一冊

110000－0198－0007389　子普 1935

中說十卷　（隋）王通撰　（宋）阮逸注　清光緒十六年(1890)貴陽陳氏刻本　一冊

110000－0198－0007390　子普 1937

小學纂注六卷　（明）高愈纂註　清刻本　四冊　存三卷(三至五)

110000－0198－0007391　子普 1938

成方切用十二卷首一卷末一卷　（清）吴儀洛輯　清刻本　八冊

110000－0198－0007392　子普 1939

里語徵實三卷　（清）唐訓方著　清光緒十七年(1891)歸吾廬刻本　四冊

110000－0198－0007393　子普 1940

札迻十二卷　（清）孫詒讓著　清光緒二十年(1894)刻二十一年(1895)重修本　四冊

110000－0198－0007394　子普 1941

浮邱子十二卷　（清）湯鵬著　清刻本　四冊

110000－0198－0007395　子普 1942

香祖筆記十二卷　（清）王士禛著　清宣統三年(1911)掃葉山房石印本　四冊

110000－0198－0007396　子普 1943

小腆紀年附考二十卷　（清）徐鼒撰　清刻本　十二冊

110000－0198－0007397　子普 1948

大般涅槃經四十卷　（北凉）釋曇無讖譯　清刻本　十冊　存三十六卷(五至四十)

110000－0198－0007398　子普 1949

大佛頂如來密因修證了義諸菩薩萬行首楞嚴經十卷　（唐）釋般剌密帝譯　清宣統三年(1911)寶光寺刻本　三冊

110000－0198－0007399　子普 1950

佛祖統紀五十四卷　（宋）釋志槃撰　清刻本

八冊　存四十五卷(四至四十八)

110000－0198－0007400　子普1952
荀子集解二十卷首一卷　(唐)楊倞注　清光緒十七年(1891)長沙王氏刻本　五冊　存四卷(二、四至六)

110000－0198－0007401　子普1953
達生編　(清)亟齋居士撰　清同治十年(1871)懷少義塾刻本　一冊

110000－0198－0007402　子普1955
小學集解六卷　(清)張伯行輯註　清光緒二十年(1894)澹雅局刻本　四冊

110000－0198－0007403　子普1956
小學集解六卷　(清)張伯行纂輯　清刻本　一冊　存四卷(一至四)

110000－0198－0007404　子普1959
莊子十卷　(晉)郭象注　(唐)陸德明音義　清光緒二年(1876)浙江書局刻本　八冊

110000－0198－0007405　子普1960
管子二十四卷　(唐)房玄齡注　清光緒二年(1876)浙江書局刻本　十一冊　缺四卷(十三至十六)

110000－0198－0007406　子普1961
列子八卷　(晉)張湛注　清光緒二年(1876)浙江書局刻本　四冊

110000－0198－0007407　子普1962
墨子十五卷又三卷　(清)畢沅注　清光緒二年(1876)浙江書局刻本　八冊

110000－0198－0007408　子普1963
荀子三十二卷　(唐)楊倞注　清光緒二年(1876)浙江書局刻本　十二冊

110000－0198－0007409　子普1964
尸子三卷　(清)汪繼培輯　清光緒二年(1876)浙江書局刻本　二冊

110000－0198－0007410　子普1965
孫子十家註十三卷　(清)孫星衍校　清刻本　十一冊　缺二卷(七至八)

110000－0198－0007411　子普1966
孔子集語五卷　(清)孫星衍撰　清光緒三年(1877)浙江書局刻本　八冊

110000－0198－0007412　子普1967
晏子春秋七卷　(清)孫星衍撰　清光緒元年(1875)浙江書局刻本　八冊

110000－0198－0007413　子普1968
呂氏春秋二十六卷　(漢)高誘注　清光緒元年(1875)浙江書局刻本　十二冊

110000－0198－0007414　子普1969
新書十卷　(漢)賈誼撰　清光緒元年(1875)浙江書局刻本　二冊

110000－0198－0007415　子普1970
董子春秋繁露十七卷　(漢)董仲舒撰　清刻本　四冊

110000－0198－0007416　子普1971
揚子法言十三卷　(唐)李軌注　清光緒二年(1876)浙江書局刻本　二冊

110000－0198－0007417　子普1972
文子纘義十二卷　(元)杜道堅撰　清光緒三年(1877)浙江書局刻本　四冊

110000－0198－0007418　子普1973
補注黃帝內經素問二十四卷　(唐)啟玄子注　清光緒三年(1877)浙江書局刻本　十五冊

110000－0198－0007419　子普1974
竹書紀年統箋十二卷　(南朝梁)沈約注　清刻本　二冊　存四卷(三、十至十二)

110000－0198－0007420　子普1975
商君書五卷附攷一卷　(清)嚴萬里譔　清光緒二年(1876)浙江書局刻本　一冊

110000－0198－0007421　子普1976
韓非子二十卷附識誤三卷　清光緒元年(1875)浙江書局刻本　六冊

110000－0198－0007422　子普1977
淮南子十三卷　(漢)高誘注　清光緒二年(1876)浙江書局刻本　六冊

110000－0198－0007423　子普 1978
文中子中説十卷　（宋）阮逸註　清光緒二年(1876)浙江書局刻本　二册

110000－0198－0007424　子普 1979
山海經十八卷　（晉）郭璞撰　清光緒三年(1877)淛江書局刻本　三册

110000－0198－0007425　子普 1980
老子道德經二卷　（晉）王弼注　清光緒元年(1875)浙江書局刻本　一册

110000－0198－0007426　子普 1983
繪圖騙術奇談四卷　雷君曜撰　清宣統元年(1909)上海掃葉山房石印本　一册　存一卷(三)

110000－0198－0007427　子普 1986
漢魏六朝文繡四卷續鈔一卷　（清）凌德編次　清末掃葉山房石印本　一册　存二卷(二至三)

110000－0198－0007428　子普 1987
佩文韻府一百六卷　（清）張玉書等撰　清末石印本　十六册　存三十三卷(七十四至一百六)

110000－0198－0007429　子普 1991
李習之先生文集二卷　（唐）李翺撰　清宣統三年(1911)上海會文堂書局石印本　二册

110000－0198－0007430　子普 1992
菽園箸書三種十五卷　（清）邱煒萲著　清光緒十八年(1892)香港中華印務局鉛印本　八册

110000－0198－0007431　子普 1993
善女人傳二卷　（清）彭際清述　清同治十一年(1872)刻本　一册

110000－0198－0007432　子普 1994
日貫齋塗説一卷　（清）梁同書著　清世楷堂刻本　一册

110000－0198－0007433　子普 1995
齊民要術十卷　（北魏）賈思勰撰　清漸西村舍刻本　十册　存四卷(七至十)

110000－0198－0007434　子普 1996
農桑輯要七卷　（元）司農司撰　清光緒二十一年(1895)漸西村舍刻本　二册

110000－0198－0007435　子普 1997
詩韻集成十卷　（清）余照輯　清光緒八年(1882)京都文和堂刻本　四册

110000－0198－0007436　子普 2000
梁氏筆記三種　（清）梁章鉅撰　清宣統三年(1911)上海掃葉山房石印本　六册

110000－0198－0007437　子普 2005
種痘新書十二卷　（清）張琰編輯　清同治十年(1871)善成堂刻本　二册

110000－0198－0007438　子普 2006
痘疹定論二卷　（清）朱純嘏著　清光緒十八年(1892)儒雅堂刻本　一册

110000－0198－0007439　子普 2007－1
事物原會四十卷壘字編一卷　（清）汪汲錄　清古愚山房刻本　四册　存十八卷(一至十八)

110000－0198－0007440　子普 2012
晏子春秋七卷　（清）孫星衍校　清光緒十九年(1893)上海鴻文書局石印本　六册

110000－0198－0007441　子普 2013
事物原會四十卷壘字編一卷　（清）汪汲撰　清古愚山房刻本　九册

110000－0198－0007442　子普 2014
對牀夜語五卷　（宋）范晞文撰　清乾隆三十七年(1772)鮑氏知不足齋刻本　二册

110000－0198－0007443　子普 2019
梡鞠錄二卷　朱祖謀編　清末小扶風館刻本　二册

110000－0198－0007444　子普 2021
學庸訓蒙瑣言　題（清）乳山山人集　清光緒八年(1882)問經堂刻本　二册

110000－0198－0007445　子普 2024
關中道脈四種書　（清）李元春輯　清道光十年(1830)刻本　六册

110000－0198－0007446　子普 2025
神相彙編四卷續集一卷附錄一卷　(清)高鼎玉輯　清道光二十三年(1843)江左書林刻本　四册

110000－0198－0007447　子普 2026
心齋雜組二卷　(清)張潮著　清詒清堂刻本(有圖)　四册

110000－0198－0007448　子普 2029
言子文學錄三卷首一卷末一卷　(清)言如泗輯　清末刻本　二册

110000－0198－0007449　子普 2031
鐵橋漫稿八卷　(清)嚴可均撰　清光緒十一年(1885)長洲蔣氏心矩齋刻本　四册

110000－0198－0007450　子普 2032
佛祖正宗道影四卷　(清)釋守一撰　清光緒六年(1880)陽湖謝氏刻本(有圖)　四册

110000－0198－0007451　子普 2033
日知錄集釋三十二卷　(清)顧炎武撰　清刻本　十六册

110000－0198－0007452　子普 2034
太平御覽一千卷　(宋)李昉等編　清刻本　九册　存一百四卷(七百七十七至八百八十)

110000－0198－0007453　子普 2036
高王觀世音經一卷　(後秦)釋鳩摩羅什譯　清末刻本　一册

110000－0198－0007454　子普 2044
觚賸八卷續編四卷　(清)鈕琇輯　清宣統三年(1911)時中書局石印本(有圖)　六册

110000－0198－0007455　子普 2049
憑山閣增輯留青新集三十卷　(清)陳枚選　清初刻本　四册　存八卷(六至七、二十四至二十九)

110000－0198－0007456　子普 2050
訓蒙捷徑四卷　(清)黄慶澄撰　清光緒二十五年(1899)刻本(有圖)　三册

110000－0198－0007457　子普 2052
活人心法二卷　題(明)朱權撰　清刻本　一册　存一卷(下)

110000－0198－0007458　子普 2053
經外雜抄二卷　(宋)魏了翁撰　(明)陳繼儒輯　明刻本　一册

110000－0198－0007459　子普 2054
合意編五卷　(清)朱澤澐著　清道光松江劉氏刻本　二册

110000－0198－0007460　子普 2055
同仁堂藥目　(清)同仁堂編　清光緒十五年(1889)京都同仁堂刻本　一册

110000－0198－0007461　子普 2058
大學衍義輯要六卷補輯要十二卷　(宋)真德秀撰　(清)陳宏謀纂輯　清宣統元年(1909)京師大學堂鉛印本　四册　存五卷(輯要一至二、補輯要十至十二)

110000－0198－0007462　子普 2061
右台仙館筆記十二卷　(清)俞樾撰　清刻本　六册

110000－0198－0007463　子普 2062
感應篇直講三卷　清光緒二年(1876)京都永盛齋刻本　一册

110000－0198－0007464　子普 2063
執中蘊義四卷　清同治十三年(1874)常州玄真壇刻本　二册

110000－0198－0007465　子普 2066
顔學辯八卷　(清)程仲威撰　清光緒安徽官紙印刷局鉛印本　一册　存二卷(一至二)

110000－0198－0007466　子普 2068
漢書藝文志條理八卷　(清)姚振宗撰　清光緒十八年(1892)鉛印本　一册　存二卷(一至二)

110000－0198－0007467　子普 2070
弟子職集解　(清)莊述祖輯　清光緒十四年(1888)江蘇書局刻本　二册

110000－0198－0007468　子普 2071
起黄二卷　吳光耀撰　清末刻本　一册

110000－0198－0007469　子普 2075
益智圖二卷　(清)童葉庚繪　清光緒四年(1878)刻本　二册

110000－0198－0007470　子普 2076
覺世正宗省心經十卷　(清)曹鵬齡校　清刻本　二册　存二卷(四、八)

110000－0198－0007471　子普 2077
呂氏春秋二十六卷　(秦)呂不韋撰　清末刻本　一册　存七卷(二十至二十六)

110000－0198－0007472　子普 2078
論衡三十卷　(漢)王充著　清末刻本　一册　存二卷(二十五至二十六)

110000－0198－0007473　子普 2079
說苑考異不分卷　黄嗣艾纂訂　清末漢陽黄氏刻本　一册

110000－0198－0007474　子普 2080
牟子二卷　(漢)牟融撰　**古今注三卷**　(晉)崔豹撰　清光緒元年(1875)湖北崇文書局刻本　一册

110000－0198－0007475　子普 2081
先正格言十卷　題(清)瓣香書屋輯　清末刻本　四册

110000－0198－0007476　子普 2083
全城陰德祠誌不分卷　清刻本　四册

110000－0198－0007477　子普 2085
名原二卷　(清)孫詒讓撰　清光緒三十一年(1905)刻本　一册

110000－0198－0007478　子普 2086
幼學歌五卷續一卷　(清)王用臣編　清光緒十一年(1885)深澤王氏刻本　二册

110000－0198－0007479　子普 2087
白虎通德論二卷　(漢)班固纂　(明)吳中珩校　清刻本　二册

110000－0198－0007480　子普 2089
陽明先生集要經濟編七卷　(明)王守仁撰　(明)施邦曜輯　清刻本　五册　存五卷(三至七)

110000－0198－0007481　子普 2091
續說一卷　(清)汪輝祖纂　清同治七年(1868)湖北崇文書局刻本　一册

110000－0198－0007482　子普 2095
潘齡皋詩集不分卷　潘齡皋撰　清宣統二年(1910)文成堂書莊石印本　一册

110000－0198－0007483　子普 2096
勸學篇二卷　(清)張之洞撰　清光緒二十四年(1898)蘋洲書院刻本　一册

110000－0198－0007484　子普 2099
篆學叢書　(清)顧湘輯　清光緒十四年(1888)虞山飛鴻延年堂刻本　二册

110000－0198－0007485　子普 2100
越諺三卷　(清)范寅輯　清光緒八年(1882)谷應山房刻本　三册

110000－0198－0007486　子普 2101
梵網經懺悔行法一卷　(明)釋智旭述　清光緒十四年(1888)刻本　一册

110000－0198－0007487　子普 2102
四禮從宜四卷　(清)蘇惇元述　清同治十年(1871)桐城蘇儀宋堂刻本　一册

110000－0198－0007488　子普 2104
重梓薛文清公讀書錄講義十一卷續錄十二卷　(明)薛瑄撰　清末刻本　一册　存四卷(六至九)

110000－0198－0007489　子普 2107
古雋四卷　(明)楊慎輯　清初刻本　一册

110000－0198－0007490　子普 2108
筆花醫鏡四卷　(清)江涵暾著　清刻本　一册

110000－0198－0007491　子普 2110
諏吉便覽寶鏡圖一卷　(三國蜀)諸葛亮撰　清光緒五年(1879)京都二酉堂刻朱墨印本　四册

110000－0198－0007492　子普 2113
癸巳類稿十五卷　(清)俞正燮撰　清光緒五年(1879)刻本　十二册

110000－0198－0007493　子普 2117

梅花喜神譜二卷　(宋)宋伯仁撰　清長塘鮑氏知不足齋刻本　一册

110000－0198－0007494　子普 2118

對山書屋墨餘録十六卷　(清)毛祥麟撰　清同治九年(1870)湖州吴氏醉六堂刻本　八册

110000－0198－0007495　子普 2119

黄山領要録二卷　(清)汪洪度撰　清長塘鮑氏知不足齋刻本　一册

110000－0198－0007496　子普 2120

雲林石譜三卷　(宋)杜綰著　清長塘鮑氏知不足齋刻本　一册

110000－0198－0007497　子普 2121

竹譜詳録七卷　(元)李衎述　清長塘鮑氏知不足齋刻本　一册　存三卷(五至七)

110000－0198－0007498　子普 2122

敏求軒述記十六卷　(清)陳世箴輯　清刻本　一册　存二卷(十一至十二)

110000－0198－0007499　子普 2123

鄭氏爻辰補六卷　(清)戴棠著　清刻本　一册　存一卷(四)

110000－0198－0007500　子普 2124

援鶉堂筆記五十卷　(清)姚範撰　清道光十五年(1835)刻本　十六册

110000－0198－0007501　子普 2125

程書五十一卷　(清)程湛輯　清刻本　二册　存七卷(四十五至五十一)

110000－0198－0007502　子普 2126

退菴隨筆二十二卷　(清)梁章鉅撰　清刻本　六册　存十六卷(四至十四、十八至二十二)

110000－0198－0007503　子普 2127

近思續録十四卷　(清)劉源渌編　清刻本　三册　存三卷(九、十一、十三)

110000－0198－0007504　子普 2130

劄樸十卷　(清)桂馥撰　清光緒九年(1883)長洲蔣氏心矩齋刻本　六册

110000－0198－0007505　子普 2131

楷法溯源十四卷目録一卷　(清)潘存輯　清光緒三年(1877)刻本　十五册

110000－0198－0007506　子普 2132

蘇溪漁隱讀書譜四卷　(清)耿文光撰　清末刻本　一册

110000－0198－0007507　子普 2133

蘇溪漁隱讀書譜四卷　(清)耿文光撰　清末刻本　一册

110000－0198－0007508　子普 2134

樸學齋筆記八卷　(清)盛大士著　清道光十六年(1836)吴興劉氏嘉業堂刻本　二册

110000－0198－0007509　子普 2135

冬夜箋記一卷　(清)王崇簡撰　清康熙四十一年(1702)刻本　一册

110000－0198－0007510　子普 2137

墨子十二卷　(清)畢沅撰　清光緒二年(1876)浙江書局刻本　三册

110000－0198－0007511　子普 2138

增補萬寶全書三十卷　(明)陳繼儒輯　清乾隆六年(1741)萬古堂刻本　六册

110000－0198－0007512　子普 2140

通雅五十二卷首三卷　(清)方以智著　清康熙浮山此藏軒刻本　十五册

110000－0198－0007513　子普 2141

理學辨似不分卷　(清)潘子昭著　清刻本　一册

110000－0198－0007514　子普 2142

荀子二十卷首一卷　王先謙集解　清光緒十七年(1891)刻本　五册　存十七卷(一至十七)

110000－0198－0007515　子普 2143

太上感應篇圖説八卷首一卷　(清)黄正文撰　清光緒三年(1877)京都琉璃廠精華齋刻本　八册

110000－0198－0007516　子普 2145

天演論二卷　(英國)赫胥黎造論　清光緒洒

陽盧氏慎始基齋刻本　一冊

110000－0198－0007517　子普 2146
天演論二卷　（英國）赫胥黎著　清光緒二十七年(1901)富文書局石印本　一冊

110000－0198－0007518　子普 2147
夢園叢説内篇八卷外篇八卷　（清）方濬頤著　清同治十三年(1874)揚州刻本　四冊

110000－0198－0007519　子普 2148
夢園叢説内篇八卷　（清）方濬頤著　清同治十三年(1874)揚州刻本　二冊

110000－0198－0007520　子普 2149
合肥學舍札記十二卷　（清）陸繼輅撰　清刻本　三冊

110000－0198－0007521　子普 2150
三字經註解備要二卷　（宋）王應麟撰　清光緒十四年(1888)京都泰山堂刻本　二冊

110000－0198－0007522　子普 2152
墨子經解二卷　（清）張惠言撰　清宣統元年(1909)國學保存會石印本　一冊

110000－0198－0007523　子普 2155
淮南鴻烈閒詁二卷　（漢）許慎記　清光緒二十一年(1895)長沙葉氏郎園刻本　一冊

110000－0198－0007524　子普 2156
竇存四卷　（清）胡式鈺撰　清刻本　四冊

110000－0198－0007525　子普 2158
正學編八卷　（清）潘世恩輯　清同治六年(1867)刻本　四冊

110000－0198－0007526　子普 2160
東塾讀書記二十五卷　（清）陳澧撰　清光緒刻本　五冊　存十九卷(一至十二、十五至二十一)

110000－0198－0007527　子普 2163
鹽鐵論十卷　（漢）桓寬撰　清光緒十七年(1891)思賢講舍刻本　二冊

110000－0198－0007528　子普 2165
百家姓考略不分卷　（清）徐士業校　清刻本　一冊

110000－0198－0007529　子普 2166
廣三字經一卷　（清）蕉軒氏著　清光緒九年(1883)津河廣仁堂刻本　一冊

110000－0198－0007530　子普 2170
止園筆談八卷　（清）史夢蘭撰　清光緒四年(1878)刻本　四冊

110000－0198－0007531　子普 2175
讀書雜志餘編二卷　（清）王念孫撰　清道光十二年(1832)高郵王氏刻本　二冊

110000－0198－0007532　子普 2177
北溪字義二卷附補遺一卷嚴陵講義一卷　（宋）陳淳撰　清光緒二十一年(1895)味道腴軒刻本　二冊

110000－0198－0007533　子普 2179
小學紺珠十卷　（宋）王應麟撰　清浙江書局刻本　三冊　缺二卷(九至十)

110000－0198－0007534　子普 2180
通鑑答問五卷　（宋）王應麟撰　清浙江書局刻本　二冊

110000－0198－0007535　子普 2181
姓氏急就篇二卷　（宋）王應麟撰　清浙江書局刻本　一冊

110000－0198－0007536　子普 2182
玉海六經天文編二卷　（宋）王應麟撰　清浙江書局刻本　一冊

110000－0198－0007537　子普 2183
詩地理攷六卷　（宋）王應麟撰　清浙江書局刻本　一冊

110000－0198－0007538　子普 2184
校補玉海瑣記二卷　（宋）王應麟撰　清浙江書局刻本　一冊

110000－0198－0007539　子普 2185
周易鄭康成注一卷　（宋）王應麟撰　清浙江書局刻本　一冊

110000－0198－0007540　子普 2186

呂氏春秋二十六卷　清光緒元年(1875)湖北崇文書局刻本　四冊

110000－0198－0007541　子普 2187
病榻夢痕録二卷録餘一卷　(清)汪輝祖撰　清光緒十二年(1886)山東書局刻本　三冊

110000－0198－0007542　子普 2189
衡齋算學七卷　(清)汪萊撰　清末刻本　十冊

110000－0198－0007543　子普 2190
衡齋遺書九卷　(清)汪萊撰　清末刻本　一冊

110000－0198－0007544　子普 2191
隸經雜箸乙編二卷　(清)顧震福撰　清刻本　一冊

110000－0198－0007545　子普 2195
中道全書六十二卷　(清)謝維嶽輯　清宣統二年(1910)中道齋刻本　十六冊

110000－0198－0007546　子普 2197
刺字集四卷　(清)劉以桐輯　清光緒二十年(1894)京都榮祿堂刻本　一冊

110000－0198－0007547　子普 2200
畫禪室隨筆四卷　(明)董其昌著　清大魁堂刻本　四冊

110000－0198－0007548　子普 2201
國朝畫徵録三卷　(清)張庚著　清光緒十三年(1887)掃葉山房刻本　二冊

110000－0198－0007549　子普 2202
芥子園畫傳初集六卷　(清)王概等摹繪　清光緒十三年(1887)上海鴻文書局石印本　四冊

110000－0198－0007550　子普 2206
歷代畫史彙傳七十二卷附録二卷　(清)彭蘊璨編　清刻本　八冊　存十八卷(十三至十四、十九至三十四)

110000－0198－0007551　子普 2207
清河書畫舫十二卷補遺一卷　(明)張丑撰　清乾隆二十七年(1762)吴氏池北草堂刻本　六冊

110000－0198－0007552　子普 2209
歷代畫史彙傳七十二卷附録二卷　(清)彭蘊璨編　清道光五年(1825)吴門彭氏尚志堂彭氏刻本　十二冊　存三十三卷(一至三十三)

110000－0198－0007553　子普 2213
佩文齋書畫譜一百卷　(清)孫岳頒等纂　清光緒九年(1883)上海同文書局石印本　八冊　存五十四卷(一至五十四)

110000－0198－0007554　子普 2215
桐陰論畫二卷首一卷附録一卷畫訣一卷續桐陰論畫一卷　(清)秦祖永著　清同治十三年(1874)刻朱墨印本　四冊

110000－0198－0007555　子普 2216
勝飲編十八卷　(清)郎廷極撰　清咸豐三年(1853)南海伍氏粤雅堂刻本　四冊

110000－0198－0007556　子普 2217
小嫏嬛山館彙刊類書十二種　(清)孫顔編輯　清光緒小嫏嬛山館刻本　十六冊

110000－0198－0007557　子普 2223
甌缽羅室書畫過目考四卷首一卷附録一卷　(清)李玉棻編輯　清光緒二十三年(1897)上海鴻文齋石印本　三冊　缺一卷(一)

110000－0198－0007558　子普 2226
板橋題畫一卷　(清)鄭燮撰　**冬心題畫一卷**　(清)金農撰　清刻本　一冊

110000－0198－0007559　子普 2227
佩文齋書畫譜一百卷　(清)孫岳頒等輯　清光緒九年(1883)上海同文書石印本　十五冊　存九十三卷(一至八十七、九十五至一百)

110000－0198－0007560　子普 2228
點石齋叢畫十卷　(清)點石齋輯　清光緒十三年(1887)點石齋石印本　八冊

110000－0198－0007561　子普 2229
楚寶四十卷外篇五卷　(明)周聖楷輯　清道光九年(1829)刻本　二十六冊

110000－0198－0007562　子普 2230

佩文齋廣群芳譜一百卷　(清)聖祖玄燁敕撰　清刻本　二十四冊

110000－0198－0007563　子普 2231
求己錄三卷　(清)蘆涇遯士編　清光緒二十九年(1903)山東官印書局鉛印本　三冊

110000－0198－0007564　子普 2234
女四書四種　(清)王相箋注　清光緒二年(1876)刻本　二冊

110000－0198－0007565　子普 2235
東坡遺意一卷　(明)顧杲書　清刻本　一冊

110000－0198－0007566　子普 2236
文美齋詩箋譜　(清)張兆祥繪　清宣統三年(1911)彩色套印本　三冊

110000－0198－0007567　子普 2239
板橋雜記三卷附吳門畫舫錄　(清)余懷撰　清光緒三十四年(1908)長沙葉氏刻本　一冊

110000－0198－0007568　子普 2240
習苦齋畫絮十卷　(清)戴熙著　清光緒十九年(1893)刻本　一冊　存三卷(八至十)

110000－0198－0007569　子普 2241
佩文齋書畫譜一百卷　(清)孫岳頒纂　清刻本　一冊　存二卷(七十九至八十)

110000－0198－0007570　子普 2242
青霞館論畫絕句一百首一卷　(清)吳修撰　清光緒二年(1876)葛氏嘯園刻本　一冊

110000－0198－0007571　子普 2244
董米山水畫譜不分卷　清光緒刻本　一冊

110000－0198－0007572　子普 2245
點石齋畫報　(清)點石齋編　清光緒十一年(1885)上海點石齋石印本(有圖)　一冊

110000－0198－0007573　子普 2246
清波雜志十二卷別志三卷　(宋)周煇撰　清乾隆刻本　四冊

110000－0198－0007574　子普 2248
繪事津梁一卷　(清)秦祖永撰　清光緒十四年(1888)鴻寶齋書局石印本　一冊

110000－0198－0007575　子普 2249
新增古今名畫稿　(□)□□輯　清光緒石印本　一冊

110000－0198－0007576　子普 2250
詩韻合璧五卷　(清)湯文潞編　清咸豐七年(1857)三益齋刻本　二冊　存二卷(一、五)

110000－0198－0007577　子普 2251
東坡題跋二卷　(宋)蘇軾著　清乾隆五十年(1785)又賞齋刻本　二冊

110000－0198－0007578　子普 2252
天文算學發蒙捷訣不分卷　(□)□□撰　清光緒二十二年(1896)石印本　一冊

110000－0198－0007579　子普 2253
棋全譜八卷　(□)□□撰　清刻本　四冊

110000－0198－0007580　子普 2254
天心正運四卷　(清)華湛恩編　清道光刻本　一冊

110000－0198－0007581　子普 2258
太平御覽一千卷　(宋)李昉等輯　清歙縣鮑氏刻本　二十一冊　存一百三十卷(八百七十一至一千)

110000－0198－0007582　子普 2259
大方廣佛華嚴經疏鈔會本二百二十卷　(唐)釋實叉難陀譯　清刻本　六冊　存二十二卷(六十三至八十一、一百二至一百四)

110000－0198－0007583　子普 2262
太上黃庭經註一卷陰符經註一卷　(清)石和陽述　(清)李明徹輯　清乾隆清虛菴刻本　一冊

110000－0198－0007584　子普 2264
南華真經正義不分卷附識餘三種　(清)陳壽昌輯　清光緒十九年(1893)怡顏齋刻本　六冊

110000－0198－0007585　子普 2265
南華真經正義內篇一卷外篇二卷雜篇一卷識餘三卷　(清)陳壽昌輯　清光緒十九年(1893)怡顏齋刻本　六冊

110000－0198－0007586　子普 2267
巾經纂全集二十卷　(清)宋宗元撰　清咸豐五年(1855)嘉孚堂刻本　五冊

110000－0198－0007587　子普 2274
佛說阿彌陀經不分卷　(後秦)釋鳩摩羅什譯　**佛說阿彌陀經疏鈔擷**　(明)釋袾宏疏鈔　清末刻本　一冊

110000－0198－0007588　子普 2276
南華發覆八卷　(明)釋性通注　清末大文堂刻本　四冊

110000－0198－0007589　子普 2281
無量壽經起信論三卷　(清)彭際清撰　清乾隆刻本　一冊

110000－0198－0007590　子普 2285
童蒙止觀二卷六妙法門一卷　(隋)釋智顗述　清光緒十八年(1892)金陵刻經處刻本　一冊

110000－0198－0007591　子普 2287
佛教初學課本不分卷　(清)楊文會述　清光緒三十二年(1906)金陵刻經處刻本　三冊

110000－0198－0007592　子普 2289
彙纂詩法度針三十三卷　(清)徐文弼編　清同文堂刻本　八冊

110000－0198－0007593　子普 2290
龍文鞭影二卷　(明)蕭良有纂輯　清同治十年(1871)鐵筆齋刻本　二冊

110000－0198－0007594　子普 2291
讀管子寄言二卷　(清)宋枏注　清光緒十一年(1885)蜀東宋氏刻木活字印本　二冊

110000－0198－0007595　子普 2292
讀管子寄言二卷　(清)宋枏注　清光緒十一年(1885)蜀東宋氏刻木活字印本　二冊

110000－0198－0007596　子普 2294
記海錯一卷　(清)郝懿行著　清光緒五年(1879)東路廳署刻本　一冊

110000－0198－0007597　子普 2295
佩文詩韻釋要五卷　(清)陸潤庠重校　清宣統三年(1911)商務印書館石印本　二冊

110000－0198－0007598　子普 2296
聖學入門書三卷　(清)陳瑚撰　清光緒二十三年(1897)刻本　一冊

110000－0198－0007599　子普 2299
翻譯名義集選不分卷　(宋)釋法雲編　清同治十二年(1873)江北刻經處刻本　一冊

110000－0198－0007600　子普 2300
金剛般若波羅蜜經不分卷　(後秦)釋鳩摩羅什譯　清光緒二十五年(1899)影印本　三冊

110000－0198－0007601　子普 2307
釋迦譜十卷　(南朝齊)釋僧佑撰　清光緒三十四年(1908)刻本　四冊

110000－0198－0007602　子普 2316
四分戒本如釋十二卷　(明)釋弘贊繹　清末刻本　二冊　存四卷(三至六)

110000－0198－0007603　子普 2318
頓悟入道要門論二卷　(唐)釋慧海撰　清末刻本　一冊

110000－0198－0007604　子普 2323
百子全書一百種　(清)崇文書局輯　清光緒元年(1875)湖北崇文書局刻本　一冊　存三種(燕丹子、玉泉子、金華子)

110000－0198－0007605　子普 2324
老子道德經二篇　(晉)王弼注　清乾隆刻本　二冊

110000－0198－0007606　子普 2326
異方便淨土傳燈歸元鏡三祖實錄二卷　(清)釋智達撰　清光緒二十三年(1897)揚州廣陵藏經院刻本　一冊

110000－0198－0007607　子普 2327
六祖壇經不分卷　(唐)釋法海錄　清刻本　三冊

110000－0198－0007608　子普 2332
沖虛至德真經八卷　(晉)張湛注　清光緒五年(1879)刻本　一冊　存四卷(一至四)

110000－0198－0007609　子普 2334

救文格論一卷　（清）顧炎武著　清光緒七年（1881）瀹雅叄刻本　一册

110000－0198－0007610　子普 2335

漢儒通義七卷　（清）陳澧撰　清番禺陳氏刻本　二册

110000－0198－0007611　子普 2339

浮邱子十二卷　（清）湯鵬著　清刻本　四册

110000－0198－0007612　子普 2342

潛夫論十卷　（漢）王符著　清刻本　一册

110000－0198－0007613　子普 2343

表異錄二十卷　（明）王志堅輯　清康熙四十七年（1708）最宜草堂刻本　一册　存三卷（一至三）

110000－0198－0007614　子普 2344

述學二卷　（清）汪中撰　清刻本　一册

110000－0198－0007615　子普 2345

觀音慈容五十三現　清光緒二十七年（1901）上海佛學書局影印本　一册

110000－0198－0007616　子普 2346

南華真經本義十六卷附錄八卷　（明）陳治安撰　清刻本　一册　存五卷（四至八）

110000－0198－0007617　子普 2349

金剛般若波羅密經一卷般若波羅密心經一卷　（後秦）釋鳩摩羅什譯　清同治四年（1865）刻本　一册

110000－0198－0007618　子普 2350

清靜經圖註不分卷　混然子繪圖　清末刻本　一册

110000－0198－0007619　子普 2351

玉皇心印妙經真解一卷　（清）覺真子註　清刻本　一册

110000－0198－0007620　子普 2353

太上道德真經集註不分卷　（宋）彭耜纂集　清光緒三年（1877）古樓觀說經臺刻本　六册

110000－0198－0007621　子普 2354

維摩詰所說經隨疏三卷　題釋宗玉輯　清刻本　四册

110000－0198－0007622　子普 2358

南華經四卷　（清）徐廷槐鈔　清乾隆刻本　二册

110000－0198－0007623　子普 2359

大佛頂首楞嚴經疏解蒙鈔六十卷　（清）錢謙益撰　清光緒十五年（1889）蘇州瑪瑙經房刻本　二十册

110000－0198－0007624　子普 2360

三世相法　題諸葛演禽輯　清刻本　一册

110000－0198－0007625　子普 2362

通玄鬼靈經二卷　（清）嚴鳳翔撰　清光緒十三年（1887）老二酉堂刻本　二册

110000－0198－0007626　子普 2366

沖虛至德真經八卷　（晉）張湛注　清世德堂刻本　一册　存四卷（五至八）

110000－0198－0007627　子普 2367

太上感應篇不分卷　（清）惠棟箋註　清末點石齋石印本　一册

110000－0198－0007628　子普 2370

佛頂心除一切疾病陀羅尼經不分卷　（唐）釋不空譯　清光緒三十年（1904）龍元齋刻本　一册

110000－0198－0007629　子普 2371

維摩經疏十卷　（唐）釋湛然述　清光緒二年（1876）刻本　十册

110000－0198－0007630　子普 2373

道學淵源錄一百卷　（清）黄嗣東撰　清光緒三十四年（1908）鳳山學舍鉛印本　十四册

110000－0198－0007631　子普 2374

佛本行集經六十卷　（隋）釋闍那崛多譯　清光緒三十年（1904）南昌刻經處刻本　十二册

110000－0198－0007632　子普 2375

大佛頂首楞嚴經正脈疏四十卷首一卷　（明）釋真鑑撰　清光緒二十二年（1896）金陵刻經處刻本　六册　存十七卷（一至三、七至十

二、十五至十七、二十一至二十二、三十二至三十四)

110000－0198－0007633　子普 2376

大佛頂首楞嚴經正脈疏四十卷　(明)釋真鑑撰　清刻本　八册　存二十七卷(一至三、七至二十六、三十七至四十)

110000－0198－0007634　子普 2377

大佛頂如來密因修證了義諸菩薩萬行首楞嚴經十卷　(唐)釋般剌密帝譯　清江蘇常州天寧寺刻本　三册

110000－0198－0007635　子普 2378

大方廣佛華嚴經合論一百二十卷　(唐)釋實叉難陀譯　清中央刻經院刻本　十册　存三十八卷(四十九至六十、六十五至七十二、八十九、九十二、一百五至一百二十)

110000－0198－0007636　子普 2379

唐義淨三藏撰述五種彙刊　(唐)釋義淨撰　清末刻本　二册　存二册(中、下)

110000－0198－0007637　子普 2384

佛説四十二章經解一卷佛遺教經解一卷八大人覺經略解一卷　(明)釋智旭著　清光緒十一年(1885)金陵刻經處刻本　一册

110000－0198－0007638　子普 2386

慈悲水懺法三卷　(唐)釋知玄述　清同治十二年(1873)江北刻經刻本　一册

110000－0198－0007639　子普 2387

佛説阿彌陀經二卷　(三國吳)釋支謙撰　清光緒五年(1879)常熟刻經處刻本　一册

110000－0198－0007640　子普 2388

筠州黄檗山斷際禪師傳心法要二卷　(唐)釋裴休撰　清光緒十年(1884)金陵刻經處刻本　一册

110000－0198－0007641　子普 2390

蓮池放生文不分卷　(□)□□撰　清末刻本　一册

110000－0198－0007642　子普 2391

大方等如來藏經　(晉)釋佛陀跋陀羅譯　清光緒金陵刻經處刻本　一册

110000－0198－0007643　子普 2393

佛説大乘十法經　(南朝梁)釋僧伽婆羅譯　**佛説普門品經一卷**　**文殊師利佛土嚴淨經二卷**　(晉)釋竺法護譯　清光緒五年(1879)常熟刻經處刻本　一册

110000－0198－0007644　子普 2394

顯密圓通成佛心要集二卷　(遼)釋道㲀撰　清同治十一年(1872)金陵刻經處刻本　二册

110000－0198－0007645　子普 2395

永嘉禪宗集註二卷　(明)釋傳燈編注　清光緒二十二年(1896)刻本　一册

110000－0198－0007646　子普 2397

大乘起信論疏二卷　(南朝梁)釋真諦譯　清光緒三年(1877)長沙刻經處刻本　二册

110000－0198－0007647　子普 2398

大乘起信論纂註二卷　(明)釋真界纂註　清光緒十一年(1885)金陵刻經處刻本　一册

110000－0198－0007648　子普 2400

大乘起信論科注一卷　(南朝梁)釋真諦譯　清光緒三十年(1904)武昌廬陵黄氏刻本　一册

110000－0198－0007649　子普 2404

淨土十疑論一卷　(隋)釋智顗説　**念佛三昧寶王論三卷**　(唐)釋飛錫撰　**淨土生無生論一卷**　(明)受教記　清乾隆四十九年(1784)刻本　一册

110000－0198－0007650　子普 2405

大佛頂如來密因修證了義諸菩薩萬行首楞嚴經十卷　(唐)釋般剌密帝譯　清光緒二十四年(1898)蘇城瑪瑙經房刻本(有圖)　一册　存三卷(一至三)

110000－0198－0007651　子普 2406

妙法蓮華經七卷　(後秦)釋鳩摩羅什譯　清末刻本　四册

110000－0198－0007652　子普 2408

林我禪師語錄四卷　題(□)釋海茲錄　清康

熙三十年(1691)嘉興楞嚴寺刻本　一冊

110000－0198－0007653　子普2409
金剛般若波羅蜜經不分卷　(後秦)釋鳩摩羅什譯　清光緒四年(1878)京都琉璃廠刻本　一冊

110000－0198－0007654　子普2411
觀無量壽經疏妙宗鈔六卷　題(□)釋知禮述　清刻本　四冊

110000－0198－0007655　子普2412
佛說觀無量壽經疏科文不分卷　(□)□□撰　明萬曆九年(1581)刻本　一冊

110000－0198－0007656　子普2413
南華真經評注十卷　(晉)向秀註　清刻本　一冊

110000－0198－0007657　子普2414
金剛經石註不分卷　(清)石成金集註　清刻本　二冊

110000－0198－0007658　子普2422
妙法蓮華經通義二十卷　(明)釋德清述　清刻本　六冊　存十六卷(一至十六)

110000－0198－0007659　子普2423
妙法蓮華經七卷　(後秦)釋鳩摩羅什譯　清刻本　三冊

110000－0198－0007660　子普2424
佛說阿彌陀經不分卷　(後秦)釋鳩摩羅什譯　**佛說阿彌陀經疏鈔四卷**　(明)釋祩宏述　清光緒二十五年(1899)金陵刻經處刻本(有圖)　六冊

110000－0198－0007661　子普2425
佛說無量清淨平等覺經三卷　(五代)釋支婁迦讖譯　清同治十年(1871)金陵刻經處刻本　一冊

110000－0198－0007662　子普2426
六祖大師緣起外紀不分卷壇經不分卷　(唐)釋法海集　清光緒七年(1881)長沙刻經處刻本　一冊

110000－0198－0007663　子普2427
欲海回狂集三卷　(清)周思仁著　清同治三年(1864)邘江熊氏刻本　一冊

110000－0198－0007664　子普2432
楞嚴經指掌疏懸示一卷　(清)釋通理述　清刻本　一冊

110000－0198－0007665　子普2434
阿毗達磨俱舍論本頌二卷　(唐)釋玄奘譯　清末刻本　一冊

110000－0198－0007666　子普2437
金剛經指南不分卷　(□)□□撰　清康熙刻本　一冊

110000－0198－0007667　子普2440
印光法師文鈔不分卷　釋印光撰　清末刻本　一冊

110000－0198－0007668　子普2443
心經燈月禪圖說不分卷　(□)□□撰　清光緒七年(1881)樂善堂刻本　一冊

110000－0198－0007669　子普2444
維摩詰所說經註八卷　(後秦)釋鳩摩羅什譯　清光緒十三年(1887)金陵刻經處刻本　一冊　存四卷(五至八)

110000－0198－0007670　子普2445
維摩詰所說經折衷疏六卷　(明)釋大賢述　清末金陵刻經處刻本　二冊　存四卷(三至六)

110000－0198－0007671　子普2447
莊子南華真經十卷　(晉)郭象注　清刻本　一冊　存一卷(一)

110000－0198－0007672　子普2448
七俱胝佛母所說準提陀羅尼經會釋三卷　(清)釋宏贊會釋　清刻本　一冊

110000－0198－0007673　子普2449
莊嚴菩提心經不分卷　(後秦)釋鳩摩羅什譯　清末刻本　一冊

110000－0198－0007674　子普2450
東瀛戰士策不分卷　(日本)尾崎行雄著　清光緒二十九年(1903)北京華北書局鉛印本

一册

110000－0198－0007675　子普 2452
全閩道學總纂三十八卷　(清)陳祚康述　清刻本　十二册

110000－0198－0007676　子普 2454
佛祖歷代通載三十六卷　(元)釋念常撰　清咸豐八年(1858)刻本　二册　存六卷(二十二至二十七)

110000－0198－0007677　子普 2455
原富部甲　(英國)斯密亞丹著　清光緒二十八年(1902)南洋公學譯書院鉛印本　二册　存二卷(甲下、戊下)

110000－0198－0007678　子普 2459
侯官嚴氏叢刻五種　嚴復譯著　清光緒二十七年(1901)南昌讀有用書之齋刻本　三册

110000－0198－0007679　子普 2460
原富部丙　(英國)斯密亞丹著　清末南洋公學譯書院鉛印本　一册　存一卷(丙)

110000－0198－0007680　子普 2461
原富部甲　(英國)斯密亞丹著　清末南洋公學譯書院鉛印本　八册

110000－0198－0007681　子普 2462
牧菴雜紀六卷　(清)徐一麟著　清同治七年(1868)居易山房刻本　八册

110000－0198－0007682　子普 2463
道學淵源錄八種　(清)黄嗣東編　清光緒三十四年(1908)鳳山學舍鉛印本　十五册

110000－0198－0007683　子普 2464
求闕齋語摘錄不分卷　(清)曾國藩著　清解梁書院刻本　一册

110000－0198－0007684　子普 2468
顏氏家訓二卷　(隋)顏之推撰　清刻本　二册

110000－0198－0007685　子普 2469
習是編二卷　(清)屈成霖編　清光緒二年(1876)刻本　四册

110000－0198－0007686　子普 2472
朱子語類一百四十卷　(宋)朱熹撰　清初刻本　十册

110000－0198－0007687　子普 2484
耳食錄十二卷二編八卷　(清)樂鈞撰　清同治七年(1868)藏修堂刻本　十册

110000－0198－0007688　子普 2485
新鐫分類評註文武合編百子金丹十卷　(明)郭偉著　清末刻本　十册

110000－0198－0007689　子普 2486
弘明集十四卷　(南朝梁)釋僧祐集　清光緒二十二年(1896)金陵刻經處刻本　四册

110000－0198－0007690　子普 2489
墨子十五卷　(清)畢沅集注　清光緒二年(1876)浙江書局刻本　四册

110000－0198－0007691　子普 2490
廣陽雜記五卷　(清)劉獻廷撰　清末刻本　五册

110000－0198－0007692　子普 2491
太乙數統宗大全四十卷　(清)李自明撰　清刻本　六册　存七卷(三十二至三十八)

110000－0198－0007693　子普 2493
塵海妙品十四卷　(清)陳琰編輯　清宣統三年(1911)上海六藝書局石印本　四册

110000－0198－0007694　子普 2495
分隸偶存二卷　(清)萬經編　清光緒八年(1882)刻本　一册

110000－0198－0007695　子普 2496
國朝書人輯略十一卷首一卷　(清)震鈞輯　清光緒刻本　八册

110000－0198－0007696　子普 2497
墨餘書異八卷　(清)蔣知白撰　清嘉慶紅雪樓刻本　四册

110000－0198－0007697　子普 2498
無聲詩史七卷　(清)姜紹書撰　清初刻本　六册

110000－0198－0007698　子普 2500

圖民錄四卷　(清)袁守定著　清光緒十六年(1890)桂垣書局刻本　二册

110000－0198－0007699　子普 2501

重刊補註洗冤錄集證六卷　(清)王又槐增輯　(清)張錫蕃重訂　清刻朱墨藍三色印本　四册

110000－0198－0007700　子普 2502

宗忠簡公集八卷首一卷　(宋)宗澤撰　清乾隆刻本　二册

110000－0198－0007701　子普 2504

荏邑三先生合刻不分卷　(明)畢佐周輯　清刻本　六册

110000－0198－0007702　子普 2505

求闕齋讀書錄十卷　(清)曾國藩撰　(清)王啟原編輯　清光緒二年(1876)傳忠書局刻本　四册

110000－0198－0007703　子普 2506

衍極五卷　(元)鄭杓述　清刻本　五册

110000－0198－0007704　子普 2510

孔氏家語十卷　(三國魏)王肅注　清光緒上海錦章圖書局石印本　四册

110000－0198－0007705　子普 2512

增補事類統編九十三卷首一卷　(清)黄葆真增輯　清光緒十四年(1888)上海積山書局石印本　六册　存四十二卷(一至四十二)

110000－0198－0007706　子普 2516

息影偶錄八卷　(清)張埏輯　清嘉慶刻本　四册

110000－0198－0007707　子普 2518

應制詩賦題解四卷　(清)丁人可纂釋　清乾隆學畬堂刻本　四册

110000－0198－0007708　子普 2519

瓊琚譜三卷　(明)姜紹書撰　清宣統元年(1909)南陵徐乃昌刻本　一册

110000－0198－0007709　子普 2521

北夢瑣言二十卷　(宋)孫光憲纂輯　清乾隆二十一年(1756)盧氏雅雨堂刻本　二册　存十五卷(六至二十)

110000－0198－0007710　子普 2522

最樂編五卷　(明)高道淳輯　清刻本　一册　存一卷(一)

110000－0198－0007711　子普 2523

博物志十卷　(晉)張華著　清刻本　一册　存四卷(一至四)

110000－0198－0007712　子普 2524

水經二卷　(漢)桑欽撰　清初刻本　一册　存一卷(下)

110000－0198－0007713　子普 2525

侯氏書品一卷　(清)侯仁朔著　清道光懺花盦刻本　一册

110000－0198－0007714　子普 2527

教女遺規三卷　(清)陳宏謀編　清培遠堂刻本　一册

110000－0198－0007715　子普 2530

風後握奇經一卷　(漢)公孫弘解　**素書一卷**　(漢)黄石公撰　**心書一卷**　(三國蜀)諸葛亮撰　清刻本　一册

110000－0198－0007716　子普 2535

俞樓襍纂五十卷　(清)俞樾撰　清光緒十五年(1889)刻本　九册　存三十四卷(十七至五十)

110000－0198－0007717　子普 2536

淳化秘閣法帖考正十卷附錄二卷　(清)王澍著　清雍正詩鼎齋刻本　六册

110000－0198－0007718　子普 2537

蕉軒隨錄十二卷　(清)方濬師撰　清同治十一年(1872)退一步齋刻本　十八册

110000－0198－0007719　子普 2538

廣東新語二十八卷　(清)屈大均撰　清文滙堂刻本　十册

110000－0198－0007720　子普 2540

集古救劫勸善篇二卷　(明)釋袾宏撰　清咸豐十一年(1861)刻本　二册

110000－0198－0007721　子普 2546

管子二十四卷　(唐)房玄齡註　清光緒五年(1879)影宋刻本　六冊

110000－0198－0007722　子普 2547

管子二十四卷　(唐)房玄齡註　清光緒五年(1879)影宋刻本　八冊

110000－0198－0007723　子普 2548

管子二十四卷　(唐)房玄齡註　清光緒五年(1879)影宋刻本　四冊

110000－0198－0007724　子普 2550

管子二十四卷　(清)王念孫撰　清末刻本　一冊　存七卷(六至十二)

110000－0198－0007725　子普 2552

皇朝類苑七十八卷　(宋)江少虞撰　清宣統三年(1911)武進董氏刻本　十二冊

110000－0198－0007726　子普 2553

桃花泉碁譜二卷　(清)范世勳撰　清同治十二年(1873)敦仁堂刻本　二冊

110000－0198－0007727　子普 2554

新鐫老列玄言評苑四卷　(明)陸可教選　清刻本　四冊

110000－0198－0007728　子普 2555

無邪堂答問五卷　(清)朱一新撰　清光緒二十一年(1895)葆真堂刻本　五冊

110000－0198－0007729　子普 2557

管子纂二卷韓非子纂二卷　(明)張榜撰　明末刻本　二冊

110000－0198－0007730　子普 2558

詩緯氾歷樞訓纂不分卷　胡薇元撰　清末玉津閣刻本　一冊

110000－0198－0007731　子普 2559

徽言秘旨不分卷　(清)尹爾韜輯　清聽月樓刻本　一冊

110000－0198－0007732　子普 2560

蜀山草堂弈存一卷　(清)方濬頤輯　清光緒六年(1880)刻本　一冊

110000－0198－0007733　子普 2561

潘景齋弈譜約選不分卷　(清)楚桐隱　(清)章芝楣合評　清光緒刻本　一冊

110000－0198－0007734　子普 2562

待月簃棋譜不分卷　(清)方濬頤輯　清光緒元年(1875)刻本　一冊

110000－0198－0007735　子普 2563

待月簃棋譜不分卷　(清)方濬頤輯　清光緒元年(1875)刻本　二冊

110000－0198－0007736　子普 2564

待月簃棋譜不分卷　(清)方濬頤輯　清光緒元年(1875)刻本　三冊

110000－0198－0007737　子普 2566

潘景齋弈譜約選不分卷　(清)楚桐隱　(清)章芝楣合評　清光緒刻本　一冊

110000－0198－0007738　子普 2567

官子譜三卷　(清)陶式玉輯　清康熙三十三年(1694)刻本　三冊

110000－0198－0007739　子普 2568

兼山堂弈譜二卷　(清)徐星友著　清光緒刻本　一冊

110000－0198－0007740　子普 2569

兼山堂弈譜一卷　方氏知守子校　清光緒六年(1880)金陵刻本　一冊

110000－0198－0007741　子普 2570

適情錄二十卷　(明)林應龍著　清刻本　二冊　存四卷(九至十二)

110000－0198－0007742　子普 2571

圍棋近譜不分卷　(清)金志輯　清刻本　二冊

110000－0198－0007743　子普 2572

圍棋近譜不分卷　(清)金志輯　清刻本　二冊

110000－0198－0007744　子普 2573

弈理指歸圖三卷　(清)施紹闇著　清刻本　一冊　存一卷(中)

110000－0198－0007745　子普 2574
圍棋近譜不分卷　(清)金志輯　清刻本　一册

110000－0198－0007746　子普 2575
桃花泉弈譜不分卷　(清)范世勳撰　清初刻本　二册

110000－0198－0007747　子普 2576
桃花泉弈譜不分卷　(清)范世勳撰　清初刻本　一册

110000－0198－0007748　子普 2577
弈萃官子不分卷　(清)卞文恒撰　清光緒二十五年(1899)西蜀鄧氏刻本　一册

110000－0198－0007749　子普 2578
弈理指歸續編不分卷　(清)施襄夏著　清光緒二十二年(1896)蝸篴刻本　二册

110000－0198－0007750　子普 2579
圍棋近譜不分卷　(清)金志輯　清刻本　一册

110000－0198－0007751　子普 2580
晚香亭弈譜不分卷　(□)□□輯　清光緒十三年(1887)刻本　一册

110000－0198－0007752　子普 2581
侍兒小名録一卷　(宋)張邦幾撰　**嬾真子五卷**　(宋)馬永卿著　清初刻本　一册

110000－0198－0007753　子普 2583
家言隨記四卷　(清)王賢儀著　清同治十二年(1873)素風堂刻本　四册

110000－0198－0007754　子普 2585
太上老子道德經集解二卷　(宋)董思靖集解　清光緒三年(1877)歸安陸氏刻本　一册

110000－0198－0007755　子普 2587
欽定佩文韻府一百六卷　(清)蔡升元輯　清光緒上海同文書局石印本　一百二十五册

110000－0198－0007756　子普 2588
佩文韻府一百六卷　(清)張玉書撰　清光緒二十一年(1895)上海點石齋石印本　四册

110000－0198－0007757　子普 2589
韻府拾遺一百六卷　(清)蔡升元輯　清光緒上海同文書局石印本　二十七册

110000－0198－0007758　子普 2590
欽定佩文韻府一百六卷　(清)蔡升元輯　清光緒十三年(1887)上海點石齋石印本　三十册　存六十二卷(一至三十、三十四至三十七、四十一至四十四、五十三至五十四、六十至六十四、六十七至八十三)

110000－0198－0007759　子普 2592
經餘必讀八卷續編八卷　(清)雷琳等輯　清嘉慶十年(1805)刻本　十册

110000－0198－0007760　子普 2593
古香齋鑒賞袖珍初學記三十卷　(唐)徐堅撰　清刻本　六册　存十四卷(一至十四)

110000－0198－0007761　子普 2594
佩文韻府一百六卷　(清)張玉書等纂　清末刻本　一册　存一卷(六十三)

110000－0198－0007762　子普 2601
詩韻合璧五卷　(清)湯文潞編　清光緒十三年(1887)廣百宋齋鉛印本　一册

110000－0198－0007763　子普 2610
浩然齋雅談三卷　(宋)周密撰　清乾隆四十年(1775)刻本　三册

110000－0198－0007764　子普 2611
韜略元機六卷　(宋)陳摶撰　清耕經堂刻本　四册

110000－0198－0007765　子普 2612
困學紀聞集證二十卷首一卷末一卷　(清)萬希槐輯　清嘉慶八年(1803)會友堂刻本　六册

110000－0198－0007766　子普 2613
困學紀聞二十卷　(宋)王應麟撰　清桐華書塾刻本　六册

110000－0198－0007767　子普 2614
永嘉聞見録二卷　(清)孫同元撰　清光緒十四年(1888)東甌郭博古齋刻本　二册

110000－0198－0007768　子普 2615
馮少墟關學編五卷　(清)李元春重訂　清道光十年(1830)刻本　二冊

110000－0198－0007769　子普 2616
小知錄十二卷　(清)陸鳳藻輯　清羣玉山房刻本　三冊　缺三卷(一至三)

110000－0198－0007770　子普 2620
冉蟫庵先生語錄類編五卷　(清)冉覲祖撰　清光緒刻本　一冊　存二卷(四至五)

110000－0198－0007771　子普 2621
孔子家語十卷　(三國魏)王肅注　清光緒元年(1875)湖北崇文書局刻本　二冊

110000－0198－0007772　子普 2622
主客圖一卷　(唐)張為著　清初刻本　一冊

110000－0198－0007773　子普 2624
責志約言四卷　(清)王滌心著　清咸豐五年(1855)慎脩堂刻本　四冊

110000－0198－0007774　子普 2625
格致鏡原一百卷　(清)陳元龍編　清初刻本　二十九冊　存六十二卷(一至十、十九至二十七、三十九至四十四、四十八至五十六、五十九至六十、六十六至七十三、七十七至八十六、九十至九十七)

110000－0198－0007775　子普 2626
近思錄十四卷　(清)江永集注　清光緒浙江官書局刻本　四冊

110000－0198－0007776　子普 2627
朱子原訂近思錄十四卷　(清)江永集注　清同治七年(1868)楚北崇文書局刻本　四冊

110000－0198－0007777　子普 2628
近思續錄十四卷　(清)劉源淥輯　清同治八年(1869)青州學署刻本　一冊　存一卷(九)

110000－0198－0007778　子普 2629
徐氏三種　(清)徐松撰　清京都琉璃廠刻本　三冊

110000－0198－0007779　子普 2630
近思錄十四卷　(清)江永集注　清同治八年(1869)江蘇書局刻本　六冊

110000－0198－0007780　子普 2634
太上感應篇說定八卷　(明)朱璣纂述　清刻本　四冊　存四卷(五至八)

110000－0198－0007781　子普 2635
池北偶談二十六卷　(清)王士禛著　清末刻本　八冊

110000－0198－0007782　子普 2637
家寶全集三十二卷　(清)石成金撰　清刻本　五冊　存五卷(四至八)

110000－0198－0007783　子普 2639
西法數學啓蒙不分卷　(英國)偉烈亞力撰　清光緒二十三年(1897)鉛印本　四冊

110000－0198－0007784　子普 2641
日知錄集釋三十二卷　(清)顧炎武著　清道光刻本　十冊　存十七卷(一至十七)

110000－0198－0007785　子普 2642
夜雨秋燈續錄八卷　(清)宣鼎著　清光緒申報館鉛印本　七冊　缺一卷(七)

110000－0198－0007786　子普 2643
千金翼方三十卷　(唐)孫思邈撰　清光緒四年(1878)上海刻本　八冊

110000－0198－0007787　子普 2644
佩文廣韻匯編五卷　(清)李元祺編輯　清同治十一年(1872)南京金陵書局刻本　二冊

110000－0198－0007788　子普 2645
佩文詩韻釋要五卷　(清)周兆基編輯　清同治三年(1864)刻本　一冊

110000－0198－0007789　子普 2646
千金翼方三十卷　(唐)孫思邈撰　(明)王肯堂校　明刻本　十三冊

110000－0198－0007790　子普 2647
雞峯普濟方三十卷　(宋)張鋭撰　清刻本　三冊　存三卷(十六至十八)

110000－0198－0007791　子普 2648
御纂醫宗金鑑七十四卷　(清)弘晝等纂修

清刻本　十八冊　存四十四卷(九至十八、三十至四十七、五十九至七十四)

110000－0198－0007792　子普 2649
御纂醫宗金鑑七十四卷　(清)弘晝等纂修　清刻本　六冊　存十卷(七至十六)

110000－0198－0007793　子普 2650
御纂醫宗金鑑七十四卷　(清)弘晝等纂修　清刻本　三冊　存七卷(三十六至四十、四十七至四十八)

110000－0198－0007794　子普 2654
內科理法前編六卷後編八卷　(英國)虎伯撰　清刻本　九冊　缺二卷(前編五至六)

110000－0198－0007795　子普 2655
痢疾論四卷　(清)孔毓禮著輯　清謙益堂刻本　二冊

110000－0198－0007796　子普 2657
嵩厓尊生書十五卷　(清)景日昣撰　清六也樓刻本　九冊

110000－0198－0007797　子普 2664
御纂醫宗金鑑七十四卷　(清)弘晝等纂修　清刻本　一冊　存二卷(四十五至四十六)

110000－0198－0007798　子普 2665
注解傷寒論十卷　(漢)張機述　清刻本　一冊　存五卷(六至十)

110000－0198－0007799　子普 2666
萬氏女科三卷　(明)萬全撰　清刻本　二冊　存二卷(二至三)

110000－0198－0007800　子普 2669
神農本草三卷　(三國魏)吳普等述　清光緒十一年(1885)尊經書院刻本　一冊

110000－0198－0007801　子普 2671
濟衆錄一卷惡核良方一卷求雨圖說一卷　(清)勞守慎輯　清光緒三十二年(1906)刻本　一冊

110000－0198－0007802　子普 2672
醫學篇四卷　(清)曾懿著　清光緒三十三年(1907)長沙曾氏刻本　二冊

110000－0198－0007803　子普 2673
本草衍義二十卷　(宋)寇宗奭撰　清光緒歸安陸氏刻本　一冊　存八卷(十三至二十)

110000－0198－0007804　子普 2674
壽芝醫案一卷　(清)王俊廷撰　清末刻本　一冊

110000－0198－0007805　子普 2678
醫學篇四卷　(清)曾懿著　清光緒三十三年(1907)長沙曾氏刻本　一冊

110000－0198－0007806　子普 2679
化學衛生論四卷　(英國)真司騰撰　清光緒十六年(1890)上海格致書室刻本(有圖)　二冊　存二卷(二至三)

110000－0198－0007807　子普 2680
脈訣刊誤集解二卷附錄一卷　(元)戴起宗撰　清末刻本　一冊

110000－0198－0007808　子普 2681
神農本草經百種錄一卷　(清)徐大椿撰　清刻本　一冊

110000－0198－0007809　子普 2682
增訂本草備要四卷　(清)汪昂輯　清刻本　三冊　存三卷(二至四)

110000－0198－0007810　子普 2683
外科症治全生集四卷　(清)王維德纂輯　清光緒三十年(1904)北京正蒙印書局鉛印本　一冊

110000－0198－0007811　子普 2684
素問病機氣宜保命集三卷傷寒醫鑒一卷　(金)劉完素述　清初刻本　二冊

110000－0198－0007812　子普 2685
良方集腋二卷　(清)謝元慶編集　清咸豐六年(1856)刻本　一冊　存一卷(上)

110000－0198－0007813　子普 2686
良方集腋二卷　(清)謝元慶編集　清道光二十二年(1842)留耕堂刻本　二冊

110000－0198－0007814　子普 2687
金匱要畧方論本義二十二卷　(漢)張仲景撰

（清）魏荔彤釋義　清康熙金閶綠蔭堂刻本　五册　缺三卷（十一至十三）

110000－0198－0007815　子普 2688
白喉治法忌表抉微不分卷　（清）耐修編　清光緒十七年（1891）刻本　一册

110000－0198－0007816　子普 2689
讀傷寒論新法一卷　（清）王丙著　清宣統二年（1910）刻本　一册

110000－0198－0007817　子普 2691
失血大法不分卷　（清）楊西山撰　清末守經堂刻本　一册

110000－0198－0007818　子普 2692
防疫芻言二卷附救疫方法　曹廷杰撰　清宣統三年（1911）吉林印書館鉛印本　一册

110000－0198－0007819　子普 2694
評註史載之方二卷　（清）周學海評註　清末刻本　一册　存一卷（下）

110000－0198－0007820　子普 2695
蘭室秘藏三卷　（金）李杲撰　清刻本　一册　存一卷（中）

110000－0198－0007821　子普 2696
脈義簡摩八卷　（清）周學海撰輯　清末刻本　一册　存二卷（三至四）

110000－0198－0007822　子普 2697
痘疹精義二卷　（明）翁仲仁撰　清末刻本　一册　存一卷（下）

110000－0198－0007823　子普 2698
保嬰粹要不分卷　（明）薛己著　清末刻本　一册

110000－0198－0007824　子普 2699
陳氏家藏心典二十七卷　（清）陳念祖輯　清刻本　一册　存一卷（十）

110000－0198－0007825　子普 2702
同昌參茸莊藥目不分卷　（□）□□輯　清宣統元年（1909）北京同昌參茸莊石印本　一册

110000－0198－0007826　子普 2705
藥言賸稿不分卷　題（清）拙修老人補纂　清光緒三十四年（1908）刻本　一册

110000－0198－0007827　子普 2706
九藥方不分卷　（□）□□輯　清末刻本　一册

110000－0198－0007828　子普 2707
少林真傳傷科秘方不分卷　（□）□□輯　清末刻本　一册

110000－0198－0007829　子普 2708
古醫學問答二編　丁福保輯　清末刻本　一册　存一編（下）

110000－0198－0007830　子普 2710
集驗良方拔萃二卷　（清）恬素輯　清咸豐九年（1859）寄傴氏刻本　一册

110000－0198－0007831　子普 2711
增纂壽世編二卷　（□）□□撰　清末刻本　二册　存一卷（下）

110000－0198－0007832　子普 2712
小螺盦病榻憶語一卷　（清）孫道乾輯　清同治十三年（1874）刻本　一册

110000－0198－0007833　子普 2713
靈素節要淺註十二卷醫學從衆八卷公餘醫錄六卷本草經讀四卷附錄一卷　（清）陳修園輯　清光緒十五年（1889）江左書林刻本　八册　缺十四卷（靈素節要淺註一至六、九至十，醫學從衆一至六）

110000－0198－0007834　子普 2715
徐氏醫書八種　（清）徐大椿撰　清光緒十九年（1893）上海圖書集成印書局石印本　一册　存二種（醫學源流、難經經釋）

110000－0198－0007835　子普 2718
喻選古方試驗四卷　（清）喻嘉言選輯　清刻本　一册　存一卷（四）

110000－0198－0007836　子普 2721
痧癥度鍼二卷　（清）胡鳳昌輯　清光緒十九年（1893）上澣石印本　一册

110000－0198－0007837　子普 2723

醫方辨難大成三集二百六卷首一卷　(□)□□撰　清刻本　一冊　存五卷(七十八至八十二)

110000－0198－0007838　子普 2724
驗方新編二十四卷　(清)鮑相璈輯　清刻本　三冊　存十卷(二至八、十二至十四)

110000－0198－0007839　子普 2727
胎產秘書三卷　(元)朱震亨撰　清光緒十八年(1892)永盛齋刻本　一冊

110000－0198－0007840　子普 2736
藥要便蒙新編二卷　(清)談鴻鋆輯　清光緒十八年(1892)京都龍光齋刻本　一冊　存一卷(上)

110000－0198－0007841　子普 2744
本草綱目五十二卷本草萬方鍼線八卷脈學奇經一卷　(明)李時珍撰　清同人堂刻本　四十冊　缺三卷(本草綱目一至三)

110000－0198－0007842　子普 2748
傷寒瘟疫條辯六卷　(清)楊璿撰　清光緒四年(1878)書業德刻本　四冊　存四卷(一、三至五)

110000－0198－0007843　子普 2749
藥證忌宜一卷　(清)陳澈編輯　**曉庵新法六卷**　(清)王錫闡著　**少廣正負術內篇三卷外篇三卷**　(清)孔廣森著　**靈旗經二卷**　(漢)東方朔撰　**書苑菁華二十卷**　(清)陳思撰　清光緒刻本　十冊

110000－0198－0007844　子普 2750
長沙方歌括六卷首一卷張仲景傷寒論原文淺註六卷傷寒醫訣串解六卷金匱要畧淺註十卷金匱方歌括六卷十藥神書一卷女科要旨四卷景岳新方砭四卷朱附方書三卷　(清)陳念祖輯　清光緒十五年(1889)上海江左書林刻本　二十四冊　缺二卷(張仲景傷寒論原文淺註一至二)

110000－0198－0007845　子普 2752
黃先生醫書八種　(清)黃元御撰　清长沙徐氏燮龢精舍刻本　八冊

110000－0198－0007846　子普 2753
經綸堂詳校醫宗必讀五卷　(明)李中梓著　清經綸堂刻本　四冊

110000－0198－0007847　子普 2755
內功圖說一卷　(清)潘霨撰　清光緒八年(1882)刻本　一冊

110000－0198－0007848　子普 2756
藥師琉璃光如來本願功德經不分卷　(唐)釋玄奘譯　清末河南佛經刻經處刻本　一冊

110000－0198－0007849　子普 2757
溫熱經緯五卷　(清)王士雄纂　清光緒八年(1882)新繁東湖刻本　四冊

110000－0198－0007850　子普 2758
四時病機十四卷　(清)邵登瀛輯　清光緒五年(1879)刻本　二冊　存七卷(八至十四)

110000－0198－0007851　子普 2759
三餘堂詳校醫宗必讀十卷　(明)李中梓撰　清光緒六年(1880)掃葉山房刻本　六冊

110000－0198－0007852　子普 2760
詳校醫宗必讀十卷　(明)李中梓撰　清刻本　五冊　存八卷(三至十)

110000－0198－0007853　子普 2765
西醫略論三卷　(英國)合信氏著　清咸豐七年(1857)江蘇上海仁濟醫館刻本　二冊

110000－0198－0007854　子普 2768
圖註難經脈訣全集四種　(明)張世賢合編　清光緒十五年(1889)京都文成堂刻本(有圖)　六冊

110000－0198－0007855　子普 2770
本草備要一卷本草醫方集解合編一卷　(清)汪昂撰　清光緒十三年(1887)上海鴻文書局石印本　六冊

110000－0198－0007856　子普 2771
丹溪附餘六種　(明)戴元禮錄　清慎修堂刻本　六冊　缺一種(一)

110000－0198－0007857　子普 2776
溫病條辨六卷　(清)吳塘撰　清宣統三年

(1911)上海會文堂石印本　一冊

110000－0198－0007858　子普 2780
增訂本草備要四卷醫方集解三卷　(清)汪昂輯　清經綸堂刻本　一冊

110000－0198－0007859　子普 2781
喉症揭要不分卷　(□)□□撰　清光緒七年(1881)鑑光齋刻本　一冊

110000－0198－0007860　子普 2782
集驗良方六卷　(清)梁文科輯　清刻本　一冊　存一卷(三)

110000－0198－0007861　子普 2783
普濟應驗良方十一卷　題(清)德軒氏纂輯　清光緒十九年(1893)李光明莊刻本　一冊　存七卷(五至十一)

110000－0198－0007862　子普 2784
六科準繩六種　(明)王肯堂輯　清光緒十八年(1892)上海圖書集成印書局影印本　三十四冊

110000－0198－0007863　子普 2785
驗方新編二十四卷　(清)鮑相璈編輯　清末刻本　一冊　存二卷(三至四)

110000－0198－0007864　子普 2786
養生合集良方不分卷　(□)□□撰　清末刻本　一冊

110000－0198－0007865　子普 2787
本草綱目五十二卷圖三卷　(明)李時珍撰　清光緒鴻寶齋石印本　四冊　存十二卷(一至三、十六至十八、二十六至三十,圖上)

110000－0198－0007866　子普 2789
本草綱目五十二卷　(明)李時珍撰　清同治刻本　四十八冊

110000－0198－0007867　子普 2790
名醫類案十二卷　(明)江瓘編　清光緒十一年(1885)信述堂刻本　十二冊

110000－0198－0007868　子普 2791
婦嬰至寶六卷　(清)徐尚慧輯　清同治十三年(1874)藻春堂刻本　二冊

110000－0198－0007869　子普 2793
醫醇賸義四卷　(清)費伯雄著　清光緒三年(1877)刻本　六冊

110000－0198－0007870　子普 2796
本草綱目五十二卷圖二卷　(明)李時珍編輯　清光緒十一年(1885)合肥張氏味古齋刻本　四十冊

110000－0198－0007871　子普 2798
容齋隨筆十六卷續筆十六卷三筆十六卷四筆十六卷五筆十卷　(宋)洪邁撰　清光緒九年(1883)刻本　十四冊

110000－0198－0007872　子普 2804
續同書二十四卷　(清)福申輯　清道光刻本　八冊

110000－0198－0007873　子普 2805
廣治平略三十六卷續篇八卷　(清)蔡方炳撰　清末石印本　十冊

110000－0198－0007874　子普 2806
續廣事類賦三十卷　(清)王鳳喈撰　清刻本　八冊　存九卷(二十二至三十)

110000－0198－0007875　子普 2807
困學紀聞注二十卷　(清)翁元圻輯　清道光五年(1825)餘姚翁氏守福堂刻本　八冊　存十一卷(十至二十)

110000－0198－0007876　子普 2809
觚賸八卷續編四卷　(清)鈕琇輯　清宣統三年(1911)上海國學扶輪社鉛印本　六冊

110000－0198－0007877　子普 2812
放翁題跋六卷　(宋)陸游撰　清光緒四年(1878)仁和葛氏嘯園刻本　二冊

110000－0198－0007878　子普 2813
易藝舉隅六卷　(清)陳本淦纂　清道光十九年(1839)天香閣刻本　六冊

110000－0198－0007879　子普 2814
客窗閒話八卷續八卷　(清)吳熾昌著　清光緒元年(1875)刻本　六冊　缺二卷(續七至八)

110000－0198－0007880　子普 2815
說鈴後集十一種　(清)黄鵬揚著　清刻本　八册

110000－0198－0007881　子普 2824
熙朝新語十六卷　(清)余金輯　清道光二年(1822)有金堂刻本　三册　存十二卷(一至十二)

110000－0198－0007882　子普 2830
總纂升菴合集二百四十卷　(明)楊慎著　清光緒八年(1882)新都王鴻文堂刻本　一册　存四卷(八十三至八十六)

110000－0198－0007883　子普 2832
益智續圖二卷　(清)童葉庚著　清光緒四年(1878)百鏡齋刻本　二册

110000－0198－0007884　子普 2833
故友詩錄初編六卷　(清)蔡壽祺編　清刻本　二册

110000－0198－0007885　子普 2838
兩般秋雨盦隨筆八卷　(清)梁紹壬纂　清光緒十年(1884)刻本　八册

110000－0198－0007886　子普 2839
二十二子合刻　(□)□□輯　清光緒二十年(1894)上海積山書局石印本　十一册

110000－0198－0007887　子普 2847
靈樞經九卷　(清)張志聰集註　清光緒十六年(1890)浙江書局刻本　八册

110000－0198－0007888　子普 2849
東萊先生左氏博議二十五卷　(宋)呂祖謙撰　清瞿世瑛清吟閣刻本　五册　存十七卷(五至十二、十七至二十五)

110000－0198－0007889　子普 2850
人生必讀書十二卷　(清)鄒祖堂輯　清同治五年(1866)仁和周氏雪堂刻本　八册

110000－0198－0007890　子普 2856
庚子銷夏記八卷　(清)孫承澤撰　清宣統三年(1911)上海掃山葉房石印本　三册　存六卷(一至六)

110000－0198－0007891　子普 2857
澄衷蒙學堂字課圖說四卷　劉樹屏撰　清光緒澄衷蒙學堂石印本　三册　存三卷(二至四)

110000－0198－0007892　子普 2866
癸巳類稿十五卷　(清)俞正燮撰　清光緒十四年(1888)許氏枕碧山館刻本　十册

110000－0198－0007893　子普 2872
勸賑歌不分卷　(□)□□撰　清光緒二十六年(1900)岑春煊刻本　一册

110000－0198－0007894　子普 2874
御定駢字類編二百四十卷　(清)吳士玉等撰　清光緒十三年(1887)上海同文書局石印本　六册　存十七卷(七十六至九十二)

110000－0198－0007895　子普 2875
采蘅女史詩存初集　(清)話茗齋編輯　清方詠絮軒刻本　一册

110000－0198－0007896　子普 2878
賦學雞跖集三十卷　(清)張維城輯　清道光十二年(1832)粲花吟館刻本　一册　存一卷(一)

110000－0198－0007897　子普 2879
詩韻珠璣五卷　(清)余照輯　清刻本　一册　存一卷(二)

110000－0198－0007898　子普 2881
金陵刻經處經書十種　(□)□□輯　清光緒二十四年(1898)金陵刻經處刻本　十册

110000－0198－0007899　子普 2882
淮南子二十一卷　(漢)高誘注　清光緒二年(1876)浙江書局刻本　六册

110000－0198－0007900　子普 2883
春秋繁露十七卷附錄一卷　(漢)董仲舒撰　清抱經堂刻本　二册

110000－0198－0007901　子普 2884
急就篇不分卷　(清)陳本禮箋注　清裛露軒刻本　一册

110000－0198－0007902　子普 2885

東軒筆錄十五卷　(宋)魏泰著　清初刻本　二冊

110000－0198－0007903　子普 2887
溫故錄不分卷　(清)長庚撰　清光緒三十三年(1907)栖鳳樓刻本　一冊

110000－0198－0007904　子普 2888
侯官嚴氏叢刻五種　嚴復撰　清光緒二十年(1894)南昌讀有用書之齋刻本　一冊　存原強

110000－0198－0007905　子普 2889
漢學商兌贅言四卷　(清)方東樹撰　清光緒十四年(1888)刻本　三冊　存三卷(一至二、四)

110000－0198－0007906　子普 2890
董子春秋繁露十七卷　(漢)董仲舒撰　清光緒二年(1876)浙江書局刻本　一冊　存九卷(九至十七)

110000－0198－0007907　子普 2891
曾氏女訓三卷　(清)劉鑒撰　清末刻本　二冊

110000－0198－0007908　子普 2895
燕子春秋一卷　(清)郝懿行著　清光緒五年(1879)東路廳署刻本　一冊

110000－0198－0007909　子普 2897
訓蒙捷徑四卷　(清)黃慶澄撰　清光緒二十五年(1899)刻本　三冊　存三卷(一至三)

110000－0198－0007910　子普 2898
呂氏春秋二十六卷　明萬曆四十八年(1620)吳興凌毓枏刻朱墨印本　八冊　存十一卷(十六至二十六)

110000－0198－0007911　子普 2901
聲譜二卷　(清)時庸勱撰　清光緒十九年(1893)聽古草廬刻本　一冊　存一卷(下)

110000－0198－0007912　子普 2902
陽明先生要書八卷附錄五卷　(明)王守仁撰　清刻本　一冊　存五卷(附錄五卷)

110000－0198－0007913　子普 2903
中說十卷　(宋)阮逸注　清刻本　一冊　存五卷(一至五)

110000－0198－0007914　子普 2904
獨斷二卷　(漢)蔡邕撰　清乾隆五十五年(1790)抱經堂刻本　一冊

110000－0198－0007915　子普 2905
春秋繁露十七卷附錄一卷　(漢)董仲舒撰　清刻本　一冊　存四卷(五至八)

110000－0198－0007916　子普 2906
正譌八卷　(清)劉沅著　清咸豐四年(1854)豫誠堂刻本　四冊

110000－0198－0007917　子普 2908
鐵橋漫稿八卷　(清)嚴可均撰　清光緒十一年(1885)長洲蔣氏心矩齋刻本　一冊　存二卷(五至六)

110000－0198－0007918　子普 2909
寒山拾得詩不分卷　(唐)閭邱胤輯　清末刻本　一冊

110000－0198－0007919　子普 2910
賦彙錄要二十八卷補遺一卷外集一卷　(清)吳光昭撰　清刻本　二冊　存三卷(二十七至二十八、補遺一卷)

110000－0198－0007920　子普 2911
悟真篇闡幽三卷　(宋)張伯端原撰　清乾隆七年(1742)刻本　一冊

110000－0198－0007921　子普 2913
清異錄二卷　(宋)陶穀撰　清光緒惜陰軒刻本　一冊　存一卷(下)

110000－0198－0007922　子普 2915
丹桂籍四卷首一卷末一卷　(明)顏正廷註釋　清道光二十四年(1844)晉文齋刻本　五冊　缺一卷(三)

110000－0198－0007923　子普 2916
澤農要錄六卷　(清)吳邦慶撰　清道光四年(1824)刻本　一冊　存三卷(四至六)

110000－0198－0007924　子普 2917
呂氏春秋二十六卷　(漢)高誘注　清光緒二

十三年(1897)上海文瑞樓鉛印本　二冊

110000－0198－0007925　子普 2918
燕來堂詩稿二卷　(清)岳賡廷撰　清刻本　一冊　存一卷(下)

110000－0198－0007926　子普 2923
西學富強叢書續集　(清)袁俊德輯　清光緒十六年(1890)益智書會刻本　四冊　存四種(水學、熱學、光學、體學圖說)

110000－0198－0007927　子普 2926
攷古質疑六卷　(宋)葉大慶撰　清乾隆四十年(1775)刻本　一冊

110000－0198－0007928　子普 2927
古格言十二卷　(清)梁章鉅輯　清刻本　一冊　存四卷(九至十二)

110000－0198－0007929　子普 2928
成方切用十二卷首一卷末一卷　(清)吳儀洛撰　清乾隆二十六年(1761)利濟堂本刻本　六冊

110000－0198－0007930　子普 2930
宋瑣語不分卷　(清)郝懿行撰　清末刻本　一冊

110000－0198－0007931　子普 2931
鐵橋漫稿八卷　(清)嚴可均撰　清光緒十一年(1885)長洲蔣氏心矩齋刻本　二冊　存四卷(五至八)

110000－0198－0007932　子普 2932
漢學商兌三卷　(清)方東樹撰　清浙江書局刻本　三冊　存二卷(中、下)

110000－0198－0007933　子普 2933
浪跡叢談十一卷　(清)梁章鉅撰　清道光二十七年(1847)亦東園刻本　二冊

110000－0198－0007934　子普 2934
浪跡叢談十一卷　(清)梁章鉅撰　清刻本　三冊

110000－0198－0007935　子普 2935
韜鈐拾慧錄一卷　(清)恒矜輯錄　清同治二年(1863)避熱窩刻本　一冊

110000－0198－0007936　子普 2938
宣南夢憶二卷　題(清)甘溪瘦腰生撰　清末刻本　一冊　存一卷(下)

110000－0198－0007937　子普 2942
說教不分卷　(清)彭光譽撰　清光緒二十八年(1902)上海書局石印本　一冊

110000－0198－0007938　子普 2946
東萊博議四卷　(宋)呂祖謙著　清光緒三十一年(1905)上海商務印書館鉛印本　一冊　存二卷(一至二)

110000－0198－0007939　子普 2949
孔子集語十七卷　(清)孫星衍撰　清光緒二十三年(1897)文瑞樓鉛印本　一冊　存九卷(一至九)

110000－0198－0007940　子普 2951
麟臺故事五卷首一卷末一卷　(宋)程俱撰　清刻本　一冊

110000－0198－0007941　子普 2952
群書拾補不分卷　(清)盧文弨撰　清光緒十三年(1887)上海蜚英館影印本　一冊　存一冊

110000－0198－0007942　子普 2963
勸學篇二卷　(清)張之洞撰　清末刻本　一冊　存一卷(下)

110000－0198－0007943　子普 2964
法字入門不分卷　(清)龔渭琳撰　清光緒十三年(1887)上海美華書館石印本　一冊

110000－0198－0007944　子普 2972
澄衷蒙學堂字課圖說四卷　劉樹屏撰　清末澄衷蒙學堂石印本　一冊　存一卷(四)

110000－0198－0007945　子普 2973
澄衷蒙學堂字課圖說四卷　劉樹屏撰　清末澄衷蒙學堂石印本　一冊　存一卷(三)

110000－0198－0007946　子普 2978
音釋坐花誌果八卷　(清)汪道鼎著　清末刻本　三冊　存六卷(三至八)

110000－0198－0007947　子普 2980

皇朝經世文三編八十卷 (清)陳忠倚輯 清末石印本 一册 存五卷(七十一至七十五)

110000-0198-0007948 子普 2981
地理正義鉛彈子砂水要訣七卷 (清)張鳳藻撰 清經綸堂刻本 五册 存五卷(一至四、七)

110000-0198-0007949 子普 2982
寄園寄所寄十二卷 (清)趙吉士輯 清刻本 四册 存四卷(九至十二)

110000-0198-0007950 子普 2983
放翁題跋六卷 (宋)陸遊撰 清光緒四年(1878)嘯園刻本 一册

110000-0198-0007951 子普 2985
池上草堂筆記八卷 (清)梁恭辰著 清同治十二年(1873)豫章聽鸝館刻本 六册 存六卷(二至五、七至八)

110000-0198-0007952 子普 2986
墨香居畫識十卷 (清)馮金伯撰 清刻本 一册 存四卷(七至十)

110000-0198-0007953 子普 2987
同善錄十二卷 李承福輯 清同治刻本 一册 存一卷(六)

110000-0198-0007954 子普 2988
閱微草堂筆記二十四卷 (清)紀昀撰 清光緒二十二年(1896)上海文淵山房書局石印本 二册 存十一卷(一至十一)

110000-0198-0007955 子普 2989
燕山集五卷 (清)石楷撰 清嘉慶二十年(1815)錦盛堂刻本 二册 存二卷(一、五)

110000-0198-0007956 子普 2990
顧曲雜言一卷 (明)沈德符著 **南中紀聞一卷** (明)包汝楫撰 清刻本 一册

110000-0198-0007957 子普 2991
墨林今話十八卷附續一卷 (清)蔣寶齡撰 清咸豐二年(1852)刻本 三册 存八卷(十一至十八)

110000-0198-0007958 子普 2992
香乘二十八卷 (明)周嘉胄纂輯 清刻本 一册 存五卷(十九至二十三)

110000-0198-0007959 子普 2993
熙朝新語十六卷 (清)余金輯 清刻本 二册 存六卷(十一至十六)

110000-0198-0007960 子普 2994
古夫于亭雜錄六卷 (清)王士禛撰 清光緒三年(1877)仁和葛氏刻本 一册

110000-0198-0007961 子普 2995
廣治平畧三十六卷 (清)蔡方炳撰 清末刻本 三册 存十三卷(一至九、十九至二十二)

110000-0198-0007962 子普 2996
見聞隨筆二十六卷 (清)齊學裘撰 清同治十年(1871)天空海闊之居刻本 五册 缺五卷(十八至二十二)

110000-0198-0007963 子普 2997
讀老札記二卷附補遺一卷 易順鼎撰 清光緒十年(1884)程頌藩署刻本 一册

110000-0198-0007964 子普 2998
求志新編三卷 (清)汪雲林輯 清嘉慶五年(1800)百可堂刻本 一册 存一卷(一)

110000-0198-0007965 子普 2999
六言雜字不分卷 (□)□□撰 清光緒三十年(1904)京都聚珍堂刻本 一册

110000-0198-0007966 子普 3001
增智囊補三十八卷 (明)馮夢龍輯 清刻本 一册 存二卷(九至十)

110000-0198-0007967 子普 3002
字類標韻六卷 (清)華綱輯 清光緒八年(1882)湖北施南府刻本 一册

110000-0198-0007968 子普 3003
隨園女弟子詩選六卷 (清)袁枚輯 清刻本 一册 存三卷(四至六)

110000-0198-0007969 子普 3004
說鈴 (清)吳震方輯 清刻本 六册 存八種(談往、板橋雜記、簪雲樓雜說、天香樓偶

得、蚓菴瑣語、見聞録、冥報録、現果隨録）

110000－0198－0007970　子普 3005

閑居雜録二卷 竹柏山房編　清咸豐四年（1854）竹柏山房刻本　二册

110000－0198－0007971　子普 3006

廣治平略補編八卷　（清）蔡方炳著　清刻本　四册

110000－0198－0007972　子普 3007

蘭苕館外集十卷　（清）許奉恩著　清刻本　一册　存一卷（七）

110000－0198－0007973　子普 3009

雲溪友議一卷　（唐）范攄編　清刻本　一册

110000－0198－0007974　子普 3011

嘯亭雜錄六卷　題（清）汲修主人著　清末石印本　一册　存二卷（五至六）

110000－0198－0007975　子普 3013

閒談消夏錄十二卷　（清）朱翊清撰　清刻本　四册　存六卷（七至十二）

110000－0198－0007976　子普 3016

太平廣記五百卷　（宋）李昉等撰　清刻本　二册　存二十二卷（一百五至一百二十六）

110000－0198－0007977　子普 3017

新刻尺牘如意四卷　（明）湯顯祖撰　清刻本　一册　存二卷（三至四）

110000－0198－0007978　子普 3018

宋元三十一家詞三十一種　（清）王鵬運輯　清四印齋影印本　三册

110000－0198－0007979　子普 3019

東坡樂府二卷　（宋）蘇軾撰　清四印齋影印本　一册

110000－0198－0007980　子普 3020

餘墨偶談續集八卷　（清）孫橒編　清刻本　三册　存六卷（三至八）

110000－0198－0007981　子普 3021

葩經集韻五卷　（清）程之濬輯　清光緒五年（1879）西湖松園刻本　一册

110000－0198－0007982　子普 3022

牙牌神數評註不分卷　（清）岳慶山樵撰　清光緒四年（1878）宏道堂刻本　一册

110000－0198－0007983　子普 3023

牙牌數不分卷　（□）□□撰　清刻朱墨印本　一册

110000－0198－0007984　子普 3024

續板橋雜記三卷　（清）珠泉居士著　清刻本　一册

110000－0198－0007985　子普 3025

見聞續筆二十四卷　（清）齊學裘撰　清刻本　一册　存四卷（十四至十七）

110000－0198－0007986　子普 3026

桐陰清話八卷　（清）倪鴻撰　清刻本　一册

110000－0198－0007987　子普 3027

夢園叢說内篇八卷外篇八卷　（清）方濬頤撰　清末鉛印本　二册

110000－0198－0007988　子普 3028

檮杌閒評五十卷　（□）□□撰　清刻本　一册　存二卷（一至二）

110000－0198－0007989　子普 3029

見聞隨筆二十六卷　（清）齊學裘輯　清同治十年（1871）天空海闊之居刻本　一册　存二卷（一至二）

110000－0198－0007990　子普 3030

讀書樂趣八卷　（清）伍涵芬編　清刻本　一册　存三卷（四至六）

110000－0198－0007991　子普 3031

考古必要賦續編不分卷　（□）□□撰　清刻本　一册

110000－0198－0007992　子普 3032

聲律啟蒙對類四卷　（清）車萬育著　清光緒三年（1877）實經堂刻本　二册

110000－0198－0007993　子普 3036

欣賞齋尺牘六卷　（□）□□撰　清刻本　一册　存一卷（三）

110000－0198－0007994　子普 3037

觚賸八卷續編四卷　(清)鈕琇輯　清末石印本　一册　存四卷(五至八)

110000－0198－0007995　子普 3038

東坡題跋二卷　(宋)蘇軾著　清又賞齋刻本　一册　存一卷(下)

110000－0198－0007996　子普 3039

詩韻合璧五卷　(清)湯文潞編　清光緒五年(1879)刻本　一册　存一卷(一)

110000－0198－0007997　子普 3040

談徵不分卷　(清)外方山人輯　清刻本　一册　存事部

110000－0198－0007998　子普 3041

詩韻合璧五卷　(清)湯文潞編　清光緒十一年(1885)上海同文書局石印本　六册

110000－0198－0007999　子普 3042

杜詩詳註二十五卷首一卷附編二卷　(清)仇兆鰲輯注　清刻本　七册　缺十三卷(一至十三)

110000－0198－0008000　子普 3043

梅窗碎錄六卷　(清)陳會芳撰　清同治七年(1868)刻本　六册

110000－0198－0008001　子普 3046

船山師友記十七卷首一卷　(清)羅正鈞纂　清光緒三十三年(1907)刻本　四册

110000－0198－0008002　子普 3049

輪輿私箋二卷　(清)鄭珍撰　清同治七年(1868)金陵莫氏刻本　一册

110000－0198－0008003　子普 3052

東塾讀書記二十一卷　(清)陳澧撰　清刻本　一册　存七卷(十五至二十一)

110000－0198－0008004　子普 3053

西澗草堂詩集四卷　(清)閻循觀撰　清乾隆三十八年(1773)樹滋堂刻本　一册

110000－0198－0008005　子普 3054

板橋雜記三卷　(清)余懷著　清光緒三十四年(1908)長沙葉氏刻本　一册

110000－0198－0008006　子普 3055

三字經集注音疏二卷　(宋)王應麟撰　(清)劉業全輯注　清光緒三年(1877)大興劉氏校經堂刻本　一册　存一卷(下)

110000－0198－0008007　子普 3056

濂洛關閩書十二卷　(清)張伯行集解　清同治五年(1866)福州正誼書局刻本　一册

110000－0198－0008008　子普 3057

王奉常書畫題跋二卷　(清)王時敏著　清宣統元年(1909)通州李氏甌鉢羅室刻本　一册　存一卷(下)

110000－0198－0008009　子普 3059

甕牖閒評八卷　(宋)袁文撰　清刻本　一册　存四卷(一至四)

110000－0198－0008010　子普 3059－1

甕牖閒評八卷　(宋)袁文撰　清刻本　一册　存四卷(一至四)

110000－0198－0008011　子普 3061

讀書日記六卷　(清)劉源淥撰　清雍正十一年(1733)刻本　一册　存二卷(一至二)

110000－0198－0008012　子普 3062

聖諭像解二十卷　(清)梁延年輯　清刻本　八册　存十六卷(三至十六、十九至二十)

110000－0198－0008013　子普 3064

陶靖節集三卷　(晉)陶潛撰　清光緒五年(1879)傳忠書舍刻本　一册

110000－0198－0008014　子普 3066

友會談叢三卷　(宋)上官融撰　清刻本　一册

110000－0198－0008015　子普 3067

新集古文四聲韻五卷　(宋)夏竦撰　清光緒八年(1882)碧琳瑯館刻本　一册　存一卷(一)

110000－0198－0008016　子普 3069

燕蘭小譜五卷附海漚小譜　(清)安樂山樵撰　清宣統三年(1911)長沙葉氏刻本　一册

110000－0198－0008017　子普 3070

檜門觀劇詩二卷 (清)金檜門撰 清光緒三十四年(1908)葉氏觀古堂刻本 一册

110000－0198－0008018 子普3074
黄瘦石稿三卷 (清)黄振撰 清寄生草堂刻本 一册

110000－0198－0008019 子普3075
求闕齋讀書録十卷 (清)曾國藩撰 清光緒二年(1876)刻本 四册 存七卷(一至七)

110000－0198－0008020 子普3076
獨斷一卷 (漢)蔡邕撰 **忠經一卷** (漢)馬融撰 **孝傳一卷** (晉)陶潛撰 **小爾雅一卷** (漢)孔鮒撰 清刻本 一册

110000－0198－0008021 子普3078
農學報三百十五卷 (清)農學報館編 清末石印本 二册 存二卷(十一至十二)

110000－0198－0008022 子普3079
慎六生齋賸稿不分卷 (清)黄樹賓著 清咸豐九年(1859)刻本 一册

110000－0198－0008023 子普3080
澤古齋語録一卷 (清)吴士模著 清光緒十九年(1893)刻本 一册

110000－0198－0008024 子普3081
國學叢刊 羅振玉輯 清末石印本 一册

110000－0198－0008025 子普3083
國朝先正事略六十卷 (清)李元度纂 清刻本 二册 存三卷(二十二至二十四)

110000－0198－0008026 子普3084
匋齋臧石記四十四卷首一卷匋齋臧専瓦記二卷 (清)端方撰 清宣統元年(1909)上海商務印書館石印本 一册 存四卷(二十至二十三)

110000－0198－0008027 子普3085
良朋彙集五卷 (清)孫偉輯 清刻本 一册 存二卷(一至二)

110000－0198－0008028 子普3087
東萊先生左氏博議二十五卷 (宋)吕祖謙撰 清光緒八年(1882)刻本 一册 存八卷(一至八)

110000－0198－0008029 子普3088
虞氏易消息圖説初槀不分卷 (清)胡祥麟撰 清同治十一年(1872)刻本 一册

110000－0198－0008030 子普3089
蠕範八卷 (清)李元撰 清光緒十七年(1891)三餘草堂刻本 一册

110000－0198－0008031 子普3090
錫金識小録十二卷 (清)黄印輯 清刻木活字印本 一册 存二卷(三至四)

110000－0198－0008032 子普3091
初學衛生編二十六章 (英國)傅蘭雅譯 清光緒二十二年(1896)上海格致書室石印本 一册

110000－0198－0008033 子普3092
草木子四卷 (明)葉子奇著 清光緒元年(1875)處州府刻本 一册 存二卷(一至二)

110000－0198－0008034 子普3094
焦陽長翁缶音小引 (□)□□撰 清刻本 一册

110000－0198－0008035 子普3095
郎潛紀聞十四卷 (清)陳康祺著 清刻本 四册

110000－0198－0008036 子普3096
日知録之餘四卷 (清)顧炎武著 清宣統二年(1910)吴中刻本 一册 存二卷(一至二)

110000－0198－0008037 子普3097
常州先哲遺書初集四十種附三種 盛宣懷輯 清光緒二十一年至二十四年(1895－1898)武進盛氏思惠齋刻本 一册 存五種(初集景仰撮書、宜齋野乘、梁谿漫志、萬柳溪邊舊話、陽羡茗壺系)

110000－0198－0008038 子普3098
道德經三卷 (清)汪光緒纂述 清嘉慶六年(1801)刻本 一册 存二卷(二至三)

110000－0198－0008039 子普3099
日知薈説四卷 (清)高宗弘曆撰 清刻木活字印本 四册

110000－0198－0008040　子普3100
日知錄集釋三十二卷　(清)顧炎武撰　(清)黄汝成集釋　清同治八年(1869)廣州述古堂刻本　三冊　存五卷(一至三、六至七)

110000－0198－0008041　子普3101
日知薈説四卷　(清)高宗弘曆撰　清乾隆元年(1736)刻本　二冊　存二卷(三至四)

110000－0198－0008042　子普3102
聖證論補評二卷　(清)皮錫瑞著　清光緒二十五年(1899)刻本　二冊

110000－0198－0008043　子普3103
晏子春秋音義二卷　(清)孫星衍撰　清刻本　一冊

110000－0198－0008044　子普3104
九數外錄一卷　(清)顧觀光撰　清刻本　一冊

110000－0198－0008045　子普3105
翼教叢編六卷　(清)蘇輿輯　清刻本　一冊　存二卷(五至六)

110000－0198－0008046　子普3106
緇門警訓十卷　(明)釋如卺輯　清刻本　一冊　存三卷(八至十)

110000－0198－0008047　子普3107
山堂肆考二百四十卷　(明)彭大翼編　明刻本　一冊　存四卷(十九至二十二)

110000－0198－0008048　子普3108
書法正傳四卷　(清)蔣和輯　清光緒三十年(1904)京都琉璃廠刻本　一冊

110000－0198－0008049　子普3109
訓俗遺規摘鈔四卷　(清)陳宏謀撰　清刻本　一冊　存二卷(三至四)

110000－0198－0008050　子普3111
端溪硯史三卷　(清)吴蘭修編　清刻本　一冊　存一卷(一)

110000－0198－0008051　子普3112
唐人小説六種　(唐)李德裕編　清宣統三年(1911)葉氏觀古堂刻本　一冊　存五種(明皇十七事、楊太真外傳、梅妃外傳、李林甫外傳、高力士外傳)

110000－0198－0008052　子普3115
呂書四種合刻　(明)呂坤撰　清道光七年(1827)開封府署刻本　一冊

110000－0198－0008053　子普3116
談書錄一卷　(清)汪師韓著　清光緒十二年(1886)錢塘汪氏刻本　一冊

110000－0198－0008054　子普3117
通雅五十二卷首三卷　(清)方以智輯著　清刻本　一冊　存四卷(十六至十九)

110000－0198－0008055　子普3118
通雅五十二卷首三卷　(清)方以智輯著　清刻本　一冊　存三卷(五十至五十二)

110000－0198－0008056　子普3119
嬾真子五卷　(宋)馬永卿著　清刻本　一冊　存三卷(三至五)

110000－0198－0008057　子普3123
書法正傳四卷　(清)蔣和輯　清光緒五年(1879)京師西山堂刻本　一冊

110000－0198－0008058　子普3125
輶軒語不分卷　(清)張之洞撰　清退補齋刻本　一冊

110000－0198－0008059　子普3127
弟子箴言十六卷　(清)胡達源著　清光緒二十四年(1898)京都官書局刻本　二冊　存八卷(一至四、九至十二)

110000－0198－0008060　子普3129
百家姓考略不分卷　(清)王相撰　清刻本　一冊

110000－0198－0008061　子普3130
三字經訓詁不分卷　(清)王相注　清英德堂刻本　一冊

110000－0198－0008062　子普3131
四典要會四卷　(清)馬復初著　清光緒二十八年(1902)刻本　二冊　存二卷(一、四)

110000－0198－0008063　子普3132

素女方一卷 (清)孫星衍輯 清嘉慶十五年(1810)蘭陵孫氏刻本 一册

110000－0198－0008064 子普 3134
獨秀山房課草不分卷 (清)馮桂芬著 清道光十三年(1833)刻本 一册

110000－0198－0008065 子普 3135
宋瑣語二卷 (清)郝懿行撰 清刻本 一册 存一卷(一)

110000－0198－0008066 子普 3136
百家姓考略不分卷 (清)王相撰 清李光明莊刻本 一册

110000－0198－0008067 子普 3138
朱子家禮八卷 (宋)朱熹撰 清刻本 三册 存五卷(一至五)

110000－0198－0008068 子普 3140
博異志六卷 (唐)鄭還古撰 清刻本 一册

110000－0198－0008069 子普 3141
惜字要規 (清)渭川氏謹識 清光緒十八年(1892)龍雲齋刻本 一册

110000－0198－0008070 子普 3142
弟子規 (清)李毓秀著 清同治十一年(1872)刻本 一册

110000－0198－0008071 子普 3143
原本直指算法統宗十二卷 (明)程大位編 清刻本 一册 存三卷(十至十二)

110000－0198－0008072 子普 3144
韻府約編二十四卷 (清)鄧愷著 清刻本 十册 存十卷(五至六、十二至十九)

110000－0198－0008073 子普 3146
葉赫那喇氏 清末鉛印本 一册

110000－0198－0008074 子普 3147
淵鑑類函四百五十卷 (清)張英等撰 清光緒十三年(1887)上海同文書局石印本 四十八册

110000－0198－0008075 子普 3148
淵鑑類函四百五十卷 (清)張英等撰 清光緒十三年(1887)上海同文書局石印本 一册 存十七卷(二百八十三至二百九十九)

110000－0198－0008076 子普 3149
淵鑑類函四百五十卷 (清)張英等撰 清光緒十三年(1887)上海同文書局石印本 一册 存十卷(四百十四至四百二十三)

110000－0198－0008077 子普 3150
淵鑑類函四百五十卷 (清)張英等撰 清光緒十三年(1887)上海同文書局石印本 四册 存三十七卷(一百九十九至二百七、二百八十五至二百九十五、三百七十四至三百九十)

110000－0198－0008078 子普 3151
淵鑑類函四百五十卷 (清)張英等撰 清光緒九年(1883)上海點石齋石印本 十册

110000－0198－0008079 子普 3152
子史精華一百六十卷 (清)聖祖玄燁撰 清光緒二十三年(1897)上海順成書局石印本 八册

110000－0198－0008080 子普 3153
子史精華一百六十卷 (清)聖祖玄燁撰 清光緒十年(1884)上海同文書局石印本 二十四册

110000－0198－0008081 子普 3154
子史精華一百六十卷 (清)聖祖玄燁撰 清刻本 四十八册

110000－0198－0008082 子普 3155
子史精華一百六十卷 (清)聖祖玄燁撰 清刻本 十二册 存四十八卷(五十五至八十、一百十三至一百三十四)

110000－0198－0008083 子普 3156
子史精華一百六十卷 (清)聖祖玄燁撰 清刻本 七册 存三十七卷(四十七至八十三)

110000－0198－0008084 子普 3157
子史精華一百六十卷 (清)聖祖玄燁撰 清末石印本 一册 存二十卷(六十一至八十)

110000－0198－0008085 子普 3158
子史精華一百六十卷 (清)聖祖玄燁撰 清

末石印本　一册　存十六卷(三十三至四十八)

110000－0198－0008086　子普 3159
國朝理學備考不分卷　(清)范鄗鼎彙編　清康熙四十一年(1702)洪洞五經堂刻本　六册

110000－0198－0008087　子普 3160
廣理學備考八十卷　(清)范鄗鼎彙編　清五經堂刻本　二十四册

110000－0198－0008088　子普 3164
夢溪筆談二十六卷　(宋)沈括撰　清光緒三十二年(1906)番禺陶氏愛廬刻本　四册

110000－0198－0008089　子普 3165
筆諫十卷　(清)馬萬選編　清刻本　九册　缺一卷(二)

110000－0198－0008090　子普 3166
榕村講授三卷　(清)李光地輯　清刻本(有圖)　三册

110000－0198－0008091　子普 3167
人生必讀書十二卷　(清)唐彪輯　清光緒二十年(1894)刻本　六册

110000－0198－0008092　子普 3168
高厚蒙求　(清)徐朝俊纂　清嘉慶十二年(1807)雲間徐氏刻本　四册

110000－0198－0008093　子普 3169
恩福堂筆記二卷　(清)英和撰　清道光十七年(1837)刻本　二册

110000－0198－0008094　子普 3170
日知錄集釋三十二卷　(清)顧炎武著　清同治十一年(1872)湖北崇文書局刻本　十六册

110000－0198－0008095　子普 3178
格致古微六卷　(清)王仁俊撰　清刻本　一册　存二卷(五至六)

110000－0198－0008096　子普 3180
新鍥考數問奇諸家字法五侯鯖三卷　(明)陳三策輯　清刻本　一册　存二卷(二至三)

110000－0198－0008097　子普 3183
金光斗臨經　(清)邵綬名撰　清刻本　一册

110000－0198－0008098　子普 3184
日記錄要　(清)子山撰　清光緒二十六年(1900)刻木活字印本　一册

110000－0198－0008099　子普 3187
救業新篇　清末刻本　一册

110000－0198－0008100　子普 3190
聲調三譜五種　(清)王祖源輯　清刻本　一册　存三種(談龍錄、聲調譜、續譜拾遺)

110000－0198－0008101　子普 3198
求志新編三卷　(□)汪雲林輯　清刻本　一册　存一卷(二)

110000－0198－0008102　子普 3199
嘯亭褋錄八卷續錄二卷筆錄三卷皇朝武功紀盛四卷　(清)昭槤著　清光緒二十七年(1901)掃葉山房石印本　八册

110000－0198－0008103　子普 3200
日知錄集釋三十二卷後附栞誤二卷續栞誤二卷　(清)顧炎武著　清光緒十三年(1887)同文書局石印本　四册

110000－0198－0008104　子普 3201
荀子二十卷韓非子二十卷識誤三卷　(唐)楊倞注　清光緒二年(1876)浙江書局刻本　十二册

110000－0198－0008105　子普 3204
格致鏡原一百卷　(清)陳元龍編　清刻本　三十二册

110000－0198－0008106　子普 3205
朱子家禮十卷　(明)丘濬輯　清嘉慶六年(1801)寶寧堂刻本　八册

110000－0198－0008107　子普 3206
淮南子二十一卷　(漢)劉安撰　(漢)高誘注　清光緒二年(1876)浙江書局刻本　六册

110000－0198－0008108　子普 3216
子書二十二種　清光緒二十三年(1897)上海圖書集成局石印本　二十册

110000－0198－0008109　子普 3217
畫禪室隨筆四卷　(明)董其昌著　清宣統元年(1909)掃葉山房石印本　三册

110000－0198－0008110　子普 3220
試篆印存八卷　清道光二十七年(1847)求是齋刻本　八册

110000－0198－0008111　子普 3224
欽定四庫全書簡明目錄二十卷　(清)紀昀等纂　清刻本　三册　存四卷(十七至二十)

110000－0198－0008112　子普 3225
習苦齋畫絜十卷　(清)戴熙撰　清光緒十九年(1893)文瑞樓石印本　四册

110000－0198－0008113　子普 3226
欽定佩文韻府一百六卷　(清)蔡升元輯　清上海同文書局石印本　五十九册　缺一卷(六十)

110000－0198－0008114　子普 3227
粟香隨筆八卷　金武祥著　清掃葉山房石印本　十六册

110000－0198－0008115　子普 3232
詩韻全璧五卷　(清)奕詢編　清末上海錦章圖書局石印本　六册

110000－0198－0008116　子普 3295
御定駢字類編二百四十卷　(清)張廷玉纂　清末石印本　一百九十九册

110000－0198－0008117　子普 3340
公餘日錄一卷　(明)湯沐撰　清刻本　一册

110000－0198－0008118　子普 3354
西學富彊叢書三百八十四卷　清光緒二十二年(1896)小蒼山房石印本(有圖)　四册　存四册(五十七至六十)

110000－0198－0008119　子普 3356
學林十卷　(宋)王觀國撰　**甕牖閒評八卷**　(宋)袁文撰　**考古質疑六卷**　(宋)葉大廣撰　清刻本　十一册

110000－0198－0008120　子普 3357
太玄十卷　(漢)揚雄撰　清宣統二年(1910)衍星社鉛印本　六册

110000－0198－0008121　子普 3359
陰符經一卷沖虛經一卷道德經一卷南華經一卷　清刻本　一册

110000－0198－0008122　子普 3361
莊子集釋十卷　(清)郭慶藩輯　清刻本　一册　存一卷(三)

110000－0198－0008123　子普 3362
編珠四卷續編珠二卷　(隋)杜公瞻撰　(清)高士奇校　**歲華紀麗四卷**　(唐)韓鄂撰　**謝華啟秀八卷**　(明)楊慎撰　清刻本　七册

110000－0198－0008124　子普 3364
明本釋三卷　(宋)劉荀撰　清刻本　一册　存一卷(下)

110000－0198－0008125　子普 3365
焦氏易林十六卷　(漢)焦贛撰　清吳門黄氏士禮居刻本　一册　存五卷(一至五)

110000－0198－0008126　子普 3366
竹香齋象戲譜三卷　(清)張喬棟輯　清刻本(有圖)　三册　存二卷(二至三)

110000－0198－0008127　子普 3367
浮邱子十二卷　(清)湯鵬著　清刻本　三册　存四卷(九至十二)

110000－0198－0008128　子普 3368
金剛般若波羅密經次詁　(後秦)釋鳩摩羅什譯　清固始張氏幔經閣刻本　一册

110000－0198－0008129　子普 3369
册府元龜一千卷　(宋)王欽若等編纂　清刻本　一册　存四卷(六百一至六百四)

110000－0198－0008130　子普 3370
問心齋學治續錄四卷　(清)張聯桂撰　清刻本　一册　存一卷(三)

110000－0198－0008131　子普 3373
原人　陳澹然著　清光緒三十二年(1906)鉛印本　二册

110000－0198－0008132　子普 3374

行在陽秋二卷　(明)戴笠撰　清刻本　一册

110000－0198－0008133　子普 3376

天文揭要二卷　(美國)赫士譯　清光緒十八年(1892)上海美華書館鉛印本　一册　存一卷(下)

110000－0198－0008134　子普 3377

漢隸拾遺一卷　(清)王念孫著　清刻本　一册

110000－0198－0008135　子普 3379

桐城先生點勘莊子讀本十卷　吳闓生點勘　清宣統元年(1909)鉛印本　二册

110000－0198－0008136　子普 3380

桐城先生點勘韓非子讀本十卷　吳闓生點勘　清末鉛印本　二册

110000－0198－0008137　子普 3384

神相全編十二卷首一卷　(宋)陳摶撰　清刻本(有圖)　一册　存一册(一)

110000－0198－0008138　子普 3386

女報　清光緒三十二年(1906)鉛印本　一册

110000－0198－0008139　子普 3388

竹窗隨筆一卷二筆一卷三筆一卷　(明)釋袾宏著　清光緒二十四年(1898)金陵刻經處刻本　三册

110000－0198－0008140　子普 3389

御纂醫宗金鑑九十卷　(清)弘晝等纂修　清刻本(有圖)　十八册　存二十七卷(一至十六、十九至二十九)

110000－0198－0008141　子普 3394

列子釋文二卷附考異一卷　(唐)殷敬順撰　(宋)陳景元補遺　清刻本　一册

110000－0198－0008142　子普 3399

農學報　清光緒二十三年(1897)石印本　十册

110000－0198－0008143　子普 3405

居易錄三十四卷　(清)王士禛著　清刻本　十二册　存十七卷(一至十七)

110000－0198－0008144　子普 3406

江邨銷夏錄三卷　(清)高士奇輯　清宣統二年(1910)順德鄧氏風雨樓鉛印本　三册

110000－0198－0008145　子普 3407

韓非子二十卷　清嘉慶二十三年(1818)刻本　三册

110000－0198－0008146　子普 3409

增注類證活人書二十二卷　(宋)朱肱撰　清刻本　二册　存十四卷(五至十二、十七至二十二)

110000－0198－0008147　子普 3413

學庸會通□□卷　清末刻本　二册　存二卷(二至三)

110000－0198－0008148　子普 3414

老子一卷　吳闓生點勘　清光緒十一年(1885)鉛印本　二册

110000－0198－0008149　子普 3416

詩地理攷六卷　(宋)王應麟著　清浙江書局刻本　一册

110000－0198－0008150　子普 3417

原富部戊二卷　(英國)斯密亞丹著　清末南洋公學譯書院刻本　一册　存一册(上)

110000－0198－0008151　子普 3419

醫緒　(□)黄氏著　清存幾堂刻本　一册

110000－0198－0008152　子普 3420

三元真經　清刻本　一册

110000－0198－0008153　子普 3422

蛾術編八十二卷　(清)王鳴盛撰　清道光二十一年(1841)世楷堂刻本　十六册　存四十一卷(一至四十一)

110000－0198－0008154　子普 3425

群書札記十六卷　(清)朱亦棟撰　清光緒四年(1878)竹簡齋刻本　六册

110000－0198－0008155　子普 3426

荀子八卷補遺一卷　(清)王念孫撰　清刻本　二册

110000－0198－0008156　子普 3427
乾坤正氣錄八卷　(清)周懋勷編　清刻本(有圖)　六冊

110000－0198－0008157　子普 3429
常熟翁相國手札　清光緒三十四年(1908)有正書局石印本　二冊

110000－0198－0008158　子普 3444
芥子園畫傳四集四卷　(清)王概繪　清刻本(有圖)　一冊　存一卷(三)

110000－0198－0008159　子普 3457
閱藏知津四十四卷　(明)釋智旭編　清光緒十八年(1892)金陵刻經處刻本　十冊

110000－0198－0008160　子普 3460
法帖釋文十卷　(宋)劉次莊撰　清刻本　一冊　存七卷(一至七)

110000－0198－0008161　子普 3461
述記四卷　(清)任兆麟述　清刻本　一冊　存一卷(一)

110000－0198－0008162　子普 3462
簷曝雜記六卷　(清)趙翼著　清刻本　一冊

110000－0198－0008163　子普 3463
清秘述聞十六卷補一卷　(清)法式善編　清刻本　三冊　缺三卷(一至三)

110000－0198－0008164　子普 3464
軍械精蘊□□卷　任衣州譯　清末刻本(有圖)　一冊　存一卷(二)

110000－0198－0008165　子普 3468
化學衛生論四卷　(英國)真司騰撰　清光緒十六年(1890)上海格致書室刻本　二冊

110000－0198－0008166　子普 3469
内科新説二卷　(英國)合信氏著　清咸豐八年(1858)刻本　二冊

110000－0198－0008167　子普 3470
醫效秘傳三卷　(清)葉桂撰　清道光十一年(1831)吴氏刻本　一冊　存一卷(一)

110000－0198－0008168　子普 3472
大乘起信論義記七卷附別記一卷　(唐)釋法藏撰　清光緒二十三年(1897)金陵刻經處刻本　一冊　缺四卷(一至四)

110000－0198－0008169　子普 3474
注維摩詰經十卷　(後秦)釋僧肇撰　清刻本　一冊　存三卷(八至十)

110000－0198－0008170　子普 3477
重訂教乘法數十二卷　(清)釋超海撰　清光緒三十四年(1908)常州天寧寺刻本　六冊

110000－0198－0008171　子普 3481
指月錄三十二卷　(明)瞿汝稷撰　清刻本　一冊　存三卷(七至九)

110000－0198－0008172　子普 3482
洛學編五卷　(清)湯斌輯　清道光三十年(1850)刻本　一冊　存二卷(四至五)

110000－0198－0008173　子普 3483
讀書雜識十二卷　(清)勞格撰　清刻本　五冊

110000－0198－0008174　子普 3484
畫禪室隨筆四卷　(明)董其昌著　清乾隆三十三年(1768)戲鴻堂刻本　二冊

110000－0198－0008175　子普 3491
詩品畫譜　清光緒十一年(1885)晚翠草堂石印本　一冊

110000－0198－0008176　子普 3492
春秋繁露十七卷　(漢)董仲舒撰　清刻本　二冊

110000－0198－0008177　子普 3497
過去現在因果經四卷　(南朝宋)釋求那跋陀羅譯　清刻本　一冊

110000－0198－0008178　子普 3504
弟子箴言十六卷　(清)胡達源編　清刻本　一冊　存四卷(五至八)

110000－0198－0008179　子普 3505
成唯識論疏五卷　(唐)釋圓測撰　清刻本　一冊

110000－0198－0008180　子普 3507

讀書日記六卷　（清）劉源淥著　清刻本　一冊　存二卷（三至四）

110000－0198－0008181　子普 3509

小知錄十二卷　（清）陸鳳藻輯　清同治十二年（1873）淮南書局刻本　一冊　存三卷（一至三）

110000－0198－0008182　子普 3511

簷曝雜記七卷　（清）趙翼著　清刻本　一冊　存三卷（一至三）

110000－0198－0008183　子普 3514

茶餘客話二十二卷　（清）阮葵生著　清光緒十四年（1888）鉛印本　一冊　存五卷（十八至二十二）

110000－0198－0008184　子普 3515

勸發諸王要偈一卷　（南朝宋）釋求那跋摩譯　清刻本（有圖）　一冊

110000－0198－0008185　子普 3520

百家姓考略一卷　（清）徐士業校　清刻本　一冊

110000－0198－0008186　子普 3521

古香齋新刻袖珍淵鑑類函四百五十卷目錄四卷　（清）張英等纂修　清同治十三年（1874）刻光緒六年（1880）印本　一百六十冊

110000－0198－0008187　子普 3522

古香齋新刻袖珍淵鑑類函四百五十卷目錄四卷　（清）張英等纂修　清同治十三年（1874）刻光緒六年（1880）印本　一百二十三冊

110000－0198－0008188　子普 3523

古香齋新刻袖珍淵鑑類函四百五十卷目錄四卷　（清）張英等纂修　清同治十三年（1874）刻光緒六年（1880）印本　三十二冊

110000－0198－0008189　子普 3524

佩文韻府一百六卷　（清）張玉書等撰　清末石印本　二十四冊

110000－0198－0008190　子普 3525

臨證指南醫案十卷　（清）葉桂著　清光緒二十二年（1896）淮海書局石印本　六冊

110000－0198－0008191　子普 3536

茶餘客話二十二卷　（清）阮葵生著　清光緒十四年（1888）鉛印本　四冊

110000－0198－0008192　子普 3541

熱學揭要　（美國）赫士譯　清光緒二十五年（1899）上海美華書館石印本　一冊

110000－0198－0008193　子普 3542

天文初階　（美國）赫士譯　清光緒二十五年（1899）上海美華書館石印本　一冊

110000－0198－0008194　子普 3543

光學揭要　（美國）赫士譯　清光緒二十五年（1899）上海美華書館石印本　一冊

110000－0198－0008195　子普 3544

地學初桄　（美國）卜舫濟譯著　清光緒二十五年（1899）上海美華書館石印本　一冊

110000－0198－0008196　子普 3545

動物學新編二卷　（清）潘雅麗撰　清光緒二十五年（1899）上海美華書館石印本（有圖）　一冊

110000－0198－0008197　子普 3546

聲學揭要　（美國）赫士譯　清光緒二十五年（1899）上海美華書館石印本　一冊

110000－0198－0008198　子普 3547

化學新編二卷　（美國）福開森撰　清光緒二十五年（1899）上海美華書館石印本　一冊

110000－0198－0008199　子普 3548

格物質學　（美國）史砥爾撰　清光緒二十五年（1899）上海美華書館石印本（有圖）　一冊

110000－0198－0008200　子普 3549

地學指略二卷　（英國）文教治譯　清光緒二十五年（1899）上海美華書館石印本（有圖）　一冊

110000－0198－0008201　子普 3553

繪事津梁一卷　（清）秦祖永撰　清光緒十四年（1888）鴻寶齋書局石印本（有圖）　二冊

110000－0198－0008202　子普 3559

晏子春秋七卷　清光緒二十三年(1897)上海文瑞樓石印本　一册

110000－0198－0008203　子普 3562

化書六卷　(五代)譚峭撰　清刻本　一册

110000－0198－0008204　子普 3563

音釋坐花誌果八卷　(清)汪道鼎著　清刻本　一册

110000－0198－0008205　子普 3566

外科正宗十二卷　(明)陳實功著　(清)徐大椿評點　清光緒十九年(1893)上海圖書集成印書局鉛印本　一册　存四卷(一至四)

110000－0198－0008206　子普 3567

小學集注六卷　(宋)朱熹撰　清末石印本　一册　存一卷(六)

110000－0198－0008207　子普 3568

吴醫彙講十一卷　(清)唐大烈纂輯　清宣統二年(1910)上海掃葉山房石印本　一册　存五卷(一至五)

110000－0198－0008208　子普 3570

古梅梁氏癧科全書一卷　(清)梁希曾撰　清宣統二年(1910)敬文堂刻本　一册

110000－0198－0008209　子普 3574

重刊巢氏諸病源候總論五十卷　(隋)巢元方撰　清光緒二十二年(1896)博文書局石印本　二册　存六卷(一至六)

110000－0198－0008210　子普 3583

蒙求三卷　(唐)李瀚撰　清刻本　一册　存一卷(上)

110000－0198－0008211　子普 3591

寶繪録二十卷　(明)張泰階撰　清知不足齋刻本　六册

110000－0198－0008212　子普 3592

夢粱録二十卷　(宋)吴自牧著　清刻本　一册　存五卷(八至十二)

110000－0198－0008213　子普 3593

瘍醫大全四十卷　(清)顧世澄撰　清刻顧氏秘書本　一册　存一卷(一)

110000－0198－0008214　子普 3594

鴻雪因緣圖記六卷　(清)麟慶著　清光緒五年(1879)上海點石齋石印本　一册

110000－0198－0008215　子普 3595

集驗簡易良方四卷　(清)德豐輯　清刻本(有圖)　一册　存一卷(三)

110000－0198－0008216　子普 3596

保嬰秘書四卷　(□)仇廷枚纂　清刻本　一册　存二卷(三至四)

110000－0198－0008217　子普 3597

金壺戲墨一卷心影二卷　(清)黄鈞宰撰　清刻本　一册

110000－0198－0008218　子普 3598

金壺浪墨八卷　(清)黄鈞宰撰　清刻本　一册　存一卷(二)

110000－0198－0008219　子普 3609

癸巳類稿十五卷　(清)俞正燮撰　清光緒五年(1879)刻本　十二册

110000－0198－0008220　子普 3611

清河書畫舫十二卷　(明)張丑撰　清吳長元池北草堂刻本　六册

110000－0198－0008221　子普 3615

莊子集解八卷　王先謙輯　清宣統元年(1909)上海掃葉山房石印本　五册

110000－0198－0008222　子普 3626

澄衷蒙學堂字課圖說四卷　劉樹屏撰　清末澄衷蒙學堂石印本　一册　存一卷(四)

110000－0198－0008223　子普 3631

佩文韻府一百六卷　(清)張玉書等撰　清末石印本　二册　存二册(三至四)

110000－0198－0008224　子普 3632

謝華啟秀八卷　(明)楊慎撰　清高氏朗潤堂刻本　二册

110000－0198－0008225　子普 3635

寶鑑篇四卷　(清)王懿德增訂　清道光二十

五年(1845)刻本　一册　存一卷(一)

110000－0198－0008226　子普 3639
篆訣辯釋一卷　清刻本　一册

110000－0198－0008227　子普 3640
疔瘡五經辨　清同治十二年(1873)東壁齋刻本　一册

110000－0198－0008228　子普 3641
試驗良方　清刻本　一册

110000－0198－0008229　子普 3642
小兒語三種合鈔　清末抄本　一册

110000－0198－0008230　子普 3643
增補食物本草備考二卷　(清)何克諫著　清刻本　一册　存一卷(上)

110000－0198－0008231　子普 3644
醫生須知　(清)費伯雄著　清光緒十二年(1886)刻本　一册

110000－0198－0008232　子普 3645
六言雜字　清末鉛印本　一册

110000－0198－0008233　子普 3648
太平廣記五百卷目錄十卷　(宋)李昉等撰　清刻本　十六册　存六十四卷(三百九十八至四百六十一)

110000－0198－0008234　子普 3649
欽定佩文韻府一百六卷　(清)蔡升元等編　清上海鴻寶齋石印本　七十八册　存六卷(七十七至八十二)

110000－0198－0008235　子普 3650
古香齋新刻袖珍淵鑑類函四百五十卷目錄四卷　(清)張英等撰　清刻本　六册　存三十六卷(六十五至一百)

110000－0198－0008236　子普 3651
詩畫舫六卷　(清)點石齋輯校　清末上海點石齋石印本(有圖)　一册　存一册(三)

110000－0198－0008237　子普 3652
詩韻合璧五卷　(清)湯文潞編　清末鉛印本　二册　存一卷(三)

110000－0198－0008238　子普 3654
分韻四景詩　(清)張之洞輯　清光緒十二年(1886)上海鴻文書局石印本　一册

110000－0198－0008239　子普 3657
酒令叢鈔四卷　(清)俞敦培輯　清光緒四年(1878)藝雲軒刻本　四册

110000－0198－0008240　子普 3658
餘墨偶談八卷　(清)孫樗編　清同治十二年(1873)雙峰書屋刻本　八册

110000－0198－0008241　子普 3660
兩般秋雨盦隨筆八卷　(清)梁紹壬纂　清光緒十年(1884)鉛印本　二册　缺二卷(一至二)

110000－0198－0008242　子普 3661
庸盦筆記二卷　(清)薛福成撰　清光緒二十七年(1901)上海掃葉山房石印本　一册

110000－0198－0008243　子普 3662
嘯亭雜錄十卷　題(清)汲修主人輯　清末石印本　四册　存六卷(一至四、七至八)

110000－0198－0008244　子普 3666
古香齋新刻袖珍古文淵鑑六十四卷　(清)聖祖玄燁選　清刻朱墨藍三色印本　一册　存二卷(二十八至二十九)

110000－0198－0008245　子普 3667
增訂臨文便覽　(清)龍光甸　(清)龍啟瑞輯　清刻本　一册

110000－0198－0008246　子普 3668
分韻詩賦題解統編一百六卷　題(清)鴻文主人編　清末石印本　二册　存五十六卷(五十一至一百六)

110000－0198－0008247　子普 3669
子史精華一百六十卷　(清)聖祖玄燁編　清末石印本　一册　存十六卷(一至十六)

110000－0198－0008248　子普 3670
東塾讀書記十五卷　(清)陳澧撰　清刻本　一册　存四卷(十二至十五)

110000－0198－0008249　子普 3674

格致鏡原一百卷　(清)陳元龍輯　清光緒十四年(1888)上海大同書局石印本　五冊　存三十一卷(一至三十一)

110000－0198－0008250　子普 3675
算牖四卷　(清)許桂林著　清光緒二十二年(1896)上海寶善書局石印本　一冊

110000－0198－0008251　子普 3680
婦嬰至寶六卷　題(清)亟齋居士編　清光緒八年(1882)望炊樓謝氏刻本　一冊

110000－0198－0008252　子普 3682
重訂廣事類賦四十卷　(清)華希閎著　清刻本　一冊　存四卷(十五至十八)

110000－0198－0008253　子普 3683
中西臟腑合纂　清末石印本(有圖)　一冊

110000－0198－0008254　子普 3684
雪樵經解三十三卷　(清)馮世瀛輯　清末石印本　一冊　存五卷(二十九至三十三)

110000－0198－0008255　子普 3685
日知錄集釋三十二卷　(清)顧炎武撰　清光緒二十九年(1903)石印本　一冊　存五卷(一至五)

110000－0198－0008256　子普 3687
無邪堂答問五卷　(清)朱一新撰　清末石印本　一冊　存一卷(四)

110000－0198－0008257　子普 3689
詩畫舫　(清)點石齋輯　清光緒十四年(1888)上海點石齋石印本(有圖)　二冊

110000－0198－0008258　子普 3690
金剛經　(後秦)釋鳩摩羅什譯　清光緒二十三年(1897)金陵刻經處刻本　一冊

110000－0198－0008259　子普 3693
校增金臚精萃五卷　(清)知不足書室主人編　清光緒十二年(1886)刻本　四冊

110000－0198－0008260　子普 3694
增補事類統編九十三卷首一卷　(清)黃葆真增輯　清光緒十四年(1888)上海積山書局石印本　六冊　存四十二卷(一至四十二)

110000－0198－0008261　子普 3695
五緯捷算四卷　(清)黃炳垕撰　清光緒二十二年(1896)上海博文書局石印本　一冊

110000－0198－0008262　子普 3697
日知錄三十二卷日知錄之餘四卷　(清)顧炎武撰　清刻本　六冊　存十卷(日知錄二十七至三十二、之餘四卷)

110000－0198－0008263　子普 3698
經史新義錄一百卷　(清)孫壁文撰　清光緒二十七年(1901)兩湖書院刻本　四十四冊

110000－0198－0008264　子普 3700
文獻通考三百四十八卷　(元)馬端臨撰　清石印本　二冊　存二卷(十五、二十二)

110000－0198－0008265　子普 3701
子史精華一百六十卷　(清)聖祖玄燁撰　清石印本　一冊　存十六卷(八十一至九十六)

110000－0198－0008266　子普 3702
詩韻合璧五卷　(清)湯文潞編　清末鉛印本　一冊　存一卷(五)

110000－0198－0008267　子普 3703
說部精華十二卷　(清)王士禛撰　清刻本　三冊　缺四卷(一至四)

110000－0198－0008268　子普 3704
清波雜志十二卷　(宋)周煇撰　清刻本　一冊　存四卷(九至十二)

110000－0198－0008269　子普 3705
桐陰清話八卷　(清)倪鴻撰　清咸豐八年(1858)刻本　三冊　存四卷(五至八)

110000－0198－0008270　子普 3706
分類賦學三十卷　(清)張維城編　清刻本　五冊　存二十二卷(二至六、十至二十六)

110000－0198－0008271　子普 3707
女才子十二卷　題(清)煙水散人著　清光緒三年(1877)上海申報館鉛印本　二冊

110000－0198－0008272　子普 3708
日知錄集釋三十二卷　(清)顧炎武撰　清刻本　一冊　存二卷(七至八)

110000－0198－0008273　子普 3710

玉臺畫史五卷別錄一卷　(清)湯漱玉輯　清刻本　一冊　缺二卷(一至二)

110000－0198－0008274　子普 3714

詩韻合璧五卷　(清)湯文潞編　清末石印本　一冊　存一卷(三)

110000－0198－0008275　子普 3715

說鈴　(清)吴震方輯　清刻本　二冊

110000－0198－0008276　子普 3716

思益堂日札五卷　(清)周壽昌著　清末石印本　一冊

110000－0198－0008277　子普 3717

山谷題跋三卷　(宋)黄庭堅著　清乾隆五十年(1785)又賞齋刻本　一冊　存一卷(中)

110000－0198－0008278　子普 3720

兩般秋雨盦隨筆八卷　(清)梁紹壬纂　清刻本　一冊　存一卷(五)

110000－0198－0008279　子普 3722

金壺浪墨八卷　(清)黄鈞宰撰　清光緒二十一年(1895)上海掃葉山房石印本(有圖)　一冊　存四卷(一至四)

110000－0198－0008280　子普 3723

子史精華一百六十卷　(清)聖祖玄燁編　清末石印本　一冊　存十六卷(一百十三至一百二十八)

110000－0198－0008281　子普 3725

日知錄集釋三十二卷栞誤二卷　(清)顧炎武撰　(清)黄汝成集釋　清末石印本　一冊　存四卷(三十一至三十二、栞誤二卷)

110000－0198－0008282　子普 3726

無邪堂答問五卷　(清)朱一新撰　清光緒二十一年(1895)廣雅書局刻本　一冊　存一卷(三)

110000－0198－0008283　子普 3727

詩韻合璧五卷　(清)湯文潞編　清末石印本　一冊　存一卷(四)

110000－0198－0008284　子普 3728

泖東草堂筆記二十卷　(清)沈宗祉撰　清宣統二年(1910)上海集成圖書公司鉛印本　四冊

110000－0198－0008285　子普 3730

芥子園畫傳　(清)王概編　清光緒十六年(1890)久敬齋石印本(有圖)　七冊

110000－0198－0008286　子普 3733

輶軒語　(清)張之洞撰　清光緒二十一年(1895)湖北官書處刻本　一冊

110000－0198－0008287　子普 3734

宋稗類鈔三十六卷　(清)潘永因編　清宣統三年(1911)上海藜光社石印本　六冊　存十八卷(一至十八)

110000－0198－0008288　子普 3736

訓俗遺規摘鈔四卷　(清)陳宏謀撰　清末石印本　一冊　缺二卷(一至二)

110000－0198－0008289　子普 3739

正覺樓叢書　(清)徐大椿著　清刻本　八冊　存七種(律呂新義、樂書要錄、管色攷、篴律、律呂臆說、瑟譜、樂府傳聲)

110000－0198－0008290　子普 3741

中說十卷　(宋)阮逸注　清光緒十六年(1890)貴陽陳氏刻本　一冊　存五卷(六至十)

110000－0198－0008291　子普 3742

欽定佩文韻府一百六卷　(清)蔡升元編　清末石印本　一冊　存三卷(七十一至七十三)

110000－0198－0008292　子普 3743

酒顛補二卷茶董補二卷　(清)陳繼儒輯　清道光二十七年(1847)刻本　三冊

110000－0198－0008293　子普 3748

二十五子全書　清光緒三十年(1904)上海育文書局石印本　一冊　存老子卷上

110000－0198－0008294　子普 3759

無冤錄二卷　(元)王與撰　清末刻本　一冊　存一卷(上)

110000－0198－0008295　子普 3760

課子隨筆節鈔六卷　(清)張師載輯　清末刻本　二册　存二卷(五至六)

110000－0198－0008296　子普 3763
呂純陽祖師太極生生數不分卷　周衛三纂輯　清文成堂刻本　一册

110000－0198－0008297　子普 3764
中西匯通醫書五種　(清)唐宗海著　清光緒三十四年(1908)上海千頃堂書局石印本　十二册

110000－0198－0008298　子普 3765
佩文詩韻五卷　清刻本　一册

110000－0198－0008299　子普 3766
群書拾補　(清)盧文弨撰　清光緒十三年(1887)上海蜚英館影印本　五册

110000－0198－0008300　子普 3767
御定駢字類編二百四十卷　(清)張廷玉纂　清末石印本　一册　存五卷(七十八至八十二)

110000－0198－0008301　子普 3776
增像全圖東周列國志二十七卷　(清)蔡界評點　清上海元昌書局石印本(有圖)　一册　存二卷(十至十一)

110000－0198－0008302　子普 3779
十藥神書註解　(元)葛可久著　清末石印本　二册

110000－0198－0008303　子普 3784
小學集注六卷　(宋)朱熹撰　清末石印本　二册

110000－0198－0008304　子普 3792
淵鑑類函四百五十卷　(清)張英等撰　清末石印本　五十册

110000－0198－0008305　子普 3793
淵鑑類函四百五十卷　(清)張英等撰　清光緒九年(1883)上海點石齋石印本　十册

110000－0198－0008306　子普 3794
御定駢字類編二百四十卷　(清)張廷玉編　清末石印本　一册　存五卷(五十二至五十六)

110000－0198－0008307　子普 3795
佩文韻府一百六卷　(清)張玉書等撰　清上海點石齋石印本　一册　存四卷(六十至六十三)

110000－0198－0008308　子普 3796
芥子園畫傳初集六卷續集六卷　(清)王概摹　清末石印本(有圖)　四册　存五卷(初集四至六、續集五至六)

110000－0198－0008309　子普 3797
新訂蒙學課本初編　清光緒二十七年(1901)南洋公學鉛印本　一册

110000－0198－0008310　子普 3801
梅道人遺墨一卷　(元)吳鎮撰　**放翁題跋六卷**　(宋)陸遊撰　清仁和葛氏刻本　二册

110000－0198－0008311　子普 3804
御製數理精蘊八卷　(清)聖祖玄燁編　清末石印本(有圖)　一册　存一卷(三)

110000－0198－0008312　子普 3805
莊子集解八卷　王先謙撰　清末掃葉山房石印本　一册　存二卷(三至四)

110000－0198－0008313　子普 3819
陰隲果報圖注　(清)彭啟豐撰　清光緒十七年(1891)石印本(有圖)　一册

110000－0198－0008314　子普 3821
二百年後之吾人　(日本)加藤弘之著　清光緒二十八年(1902)上海文明書局鉛印本　一册

110000－0198－0008315　子普 3823
桐陰清話八卷　(清)倪鴻撰　清刻本　一册　存二卷(三至四)

110000－0198－0008316　子普 3826
南北史捃華八卷　(清)周嘉猷輯　清光緒十年(1884)蕉心室刻朱墨印本　四册

110000－0198－0008317　子普 3831
容齋續筆十六卷三筆十六卷　(宋)洪邁撰　清末石印本　二册

110000－0198－0008318　子普 3833
汴京勼異記八卷　(明)李濂著　清硯雲書屋刻本　一册　存四卷(五至八)

110000－0198－0008319　子普 3844
子史精華一百六十卷　(清)聖祖玄燁撰　清末石印本　一册　存二十卷(一百四十一至一百六十)

110000－0198－0008320　子普 3847
女科要旨四卷　(清)陳念祖著　清末石印本　二册

110000－0198－0008321　子普 3848
芥子園畫傳第二集八卷　(清)王槩摹繪　清末石印本(有圖)　一册　存四卷(五至八)

110000－0198－0008322　子普 3849
庚子銷夏記八卷　(清)孫承澤撰　清末石印本　一册　存二卷(七至八)

110000－0198－0008323　子普 3851
增補醫林狀元壽世保元十卷　(清)龔廷龔編　清末石印本　三册　存四卷(七至十)

110000－0198－0008324　子普 3855
女子修身教科書　(清)何琪編纂　清光緒三十三年(1907)上海會文學社石印本　一册

110000－0198－0008325　子普 3863
傷寒瘟疫條辯六卷　(清)楊璿著　清刻本　二册　存二卷(二、六)

110000－0198－0008326　子普 3875
宋稗類鈔三十六卷　(清)潘永因編　清宣統三年(1911)上海藜光社石印本　六册　存十八卷(十九至三十六)

110000－0198－0008327　子普 3878
文中子中説十卷　(宋)阮逸注　清末影印本　一册　存五卷(一至五)

110000－0198－0008328　子普 3882
説部精華十二卷　(清)劉堅類次　清嘯園刻本　一册　存二卷(三至四)

110000－0198－0008329　子普 3884
格言聯璧不分卷　(清)金纓輯　清同治四年(1865)刻本　一册

110000－0198－0008330　子普 3886
閒談消夏録十二卷　(清)朱翊清撰　清刻本　六册　存六卷(七至十二)

110000－0198－0008331　子普 3894
救急備用經驗彙方十卷　(清)葉廷薦輯　清刻本　一册　存一卷(九)

110000－0198－0008332　子普 3895
大六壬尋原十卷　(清)張純照輯　清嘉慶二十三年(1818)樂淳堂張氏刻本　二册　存二册(亨、利)

110000－0198－0008333　子普 3901
佩文韻府一百六卷　(清)張玉書等纂　清光緒八年(1882)上海點石齋石印本　一册　存一册(一)

110000－0198－0008334　子普 3902
淞濱瑣話十二卷　(清)王韜撰　清光緒十九年(1893)淞隱廬鉛印本　四册

110000－0198－0008335　子普 3907
金匱要略淺註十卷　(漢)張仲景原文　(清)陳念祖集註　清光緒三十四年(1908)上海章福記石印本　一册

110000－0198－0008336　子普 3908
古梅梁氏瘟科全書不分卷　(清)梁栢軒著　清宣統二年(1910)敬文堂鉛印本　一册

110000－0198－0008337　子普 3911
娱親雅言六卷　(清)嚴元照著　清宣統元年(1909)豉園王氏刻本　三册　存五卷(二至六)

110000－0198－0008338　子普 3915
道德經一卷陰符經一卷樂府傳聲一卷　(清)徐大椿注　清光緒十九年(1893)上海圖書集成印書局鉛印本　一册

110000－0198－0008339　子普 3924
寄園寄所寄十二卷　(清)趙吉士輯　清刻本　一册　存一卷(六)

110000－0198－0008340　子普 3938

江南餘載二卷　(宋)鄭文寶著　清刻本　一冊

110000－0198－0008341　子普3945
三餘偶筆十六卷　(清)左暄撰　清刻本　七冊　存二卷(三至四)

110000－0198－0008342　子普3947
四聖心源十卷　(清)黄元御著　清光緒二十年(1894)上海圖書集成印書局石印本　十二冊

110000－0198－0008343　子普3948
畫禪室隨筆四卷　(明)董其昌著　清宣統三年(1911)掃葉山房石印本　三冊

110000－0198－0008344　子普3949
韻府精華五卷　(清)仁壽主人編　清末石印本　一冊　存一卷(五)

110000－0198－0008345　子普3957
重刊補註洗冤錄集證六卷續增洗冤錄辨證三卷　(清)王又槐增輯　清宣統元年(1909)上海文瑞樓石印本　五冊

110000－0198－0008346　子普3961
清嘉錄十二卷　(清)顧祿撰　清刻本　一冊　存二卷(五至六)

110000－0198－0008347　子普3962
鼎鍥幼幼集成六卷　(清)陳復正訂　清宣統三年(1911)上海會文堂石印本　六冊

110000－0198－0008348　子普3982
詩韻珠璣五卷　(清)余照輯　清嘉慶五年(1800)刻本　三冊　缺二卷(一至二)

110000－0198－0008349　子普3989
澄衷蒙學堂字課圖説四卷　劉樹屏撰　清光緒三十二年(1906)石印本　一冊　存一卷(一)

110000－0198－0008350　子普3995
集爭坐位字七言聯　清刻本　一冊

110000－0198－0008351　子普3996
良居詩話　清刻本　一冊

110000－0198－0008352　子普3997
詩韻合璧五卷　(清)湯文潞編　清末淞隱閣鉛印本　三冊　缺一卷(一)

110000－0198－0008353　子普4000
御製數理精蘊八卷　(清)聖祖玄燁編　清末石印本(有圖)　一冊　存一卷(四)

110000－0198－0008354　子普4002
閒談消夏錄十二卷　(清)朱翊清撰　清刻本　三冊　存二卷(十一至十二)

110000－0198－0008355　子普4004
陰陽鏡十六卷　(清)湯承奭輯　清刻本　十六冊

110000－0198－0008356　子普4007
見聞續筆二十四卷　(清)齊學裘撰　清刻本　二冊　存五卷(四至八)

110000－0198－0008357　子普4008
桐陰清話八卷　(清)倪鴻撰　清刻本　一冊　存二卷(一至二)

110000－0198－0008358　子普4009
篆刻鍼度八卷　(清)陳克恕述　清光緒三年(1877)刻本　一冊　存四卷(三至六)

110000－0198－0008359　子普4010
增廣驗方　(清)傅山著　清刻本　一冊

110000－0198－0008360　子普4011
餘墨偶談八卷　(清)孫橒編　清刻本　二冊　存四卷(三至六)

110000－0198－0008361　子普4014
古香齋淵鑑類函四百五十卷　(清)張英等撰　清刻本　五十六冊　存二百二十八卷(二百六至二百五十六、二百七十四至四百五十)

110000－0198－0008362　子普4015
大方廣佛華嚴經一百二十卷　(唐)釋實叉難陀譯　明永樂十七年(1419)刻本　三十一冊　存三十一卷(一至五、二十一至二十五、三十一至四十、七十一至八十一)

110000－0198－0008363　子普4016
蘇悉地羯羅經四卷　(唐)釋輸迦波羅譯　清

刻本　四册

110000－0198－0008364　子普 4019
古事比五十二卷　(清)方中德著　清光緒二十九年(1903)上海點石齋石印本　六册　存四十四卷(一至三十五、四十四至五十二)

110000－0198－0008365　子普 4020
孔叢子七卷　(漢)孔鮒撰　清刻本　二册　存四卷(二至五)

110000－0198－0008366　子普 4021
加註攷正字彙　清光緒二十九年(1903)京都龍文閣石印本　一册

110000－0198－0008367　子普 4024
欽定協紀辨方書三十六卷　(清)允祿等纂　清刻朱墨印本　一册　存一卷(十五)

110000－0198－0008368　子普 4025
拳匪紀畧八卷　(清)僑析生輯　清末石印本　二册　存五卷(四至八)

110000－0198－0008369　子普 4026
無邪堂答問五卷　(清)朱一新撰　清末影印本　一册　存一卷(四)

110000－0198－0008370　子普 4028
子史精華一百六十卷　(清)聖祖玄燁編　清末石印本　一册　存十六卷(一百二十九至一百四十四)

110000－0198－0008371　子普 4031
東塾讀書記十五卷　(清)陳澧撰　清末刻本　二册　存七卷(五至十一)

110000－0198－0008372　子普 4033
琅環獺祭十二種　清光緒二十年(1894)文選廔石印本　一册　存一册(一)

110000－0198－0008373　子普 4034
西巡迴鑾始末記六卷　(日本)吉田良太郎譯　清光緒三十二年(1906)石印本　一册

110000－0198－0008374　子普 4035
欽定協紀辨方書三十六卷　(清)允祿等纂　清刻朱墨印本　七册　存十九卷(十八至三十六)

110000－0198－0008375　子普 4036
玉芝堂談薈三十六卷　(清)徐應秋輯　清蒨園刻本　二十五册　存二十八卷(一至二十八)

110000－0198－0008376　子普 4037
一切經音義二十五卷補訂新譯大方廣佛華嚴經音義二卷　(唐)釋元應撰　清同治八年(1869)刻本　四册

110000－0198－0008377　子普 4039
道統大成　(清)汪啟濩輯　清光緒二十六年(1900)千頃堂書局刻本　十册

110000－0198－0008378　子普 4041
澄衷蒙學堂字課圖說四卷　劉樹屏撰　清光緒二十七年(1901)澄衷蒙學堂石印本　八册

110000－0198－0008379　子普 4043
人範六卷　(清)蔣元輯　清光緒二十七年(1901)廣雅書局刻本　一册

110000－0198－0008380　子普 4044
文概　(清)劉熙載撰　清光緒元年(1875)黃氏濟忠堂刻本　一册

110000－0198－0008381　子普 4045
通雅五十三卷首三卷　(明)方以智撰　清光緒六年(1880)桐城方氏刻本　十六册　存二十五卷(一至二十五)

110000－0198－0008382　子普 4046
朱子遺書二刻十卷　(宋)朱熹撰　清初禦兒呂氏寶誥堂刻本　十册

110000－0198－0008383　子普 4047
太玄集注四卷　(漢)揚雄撰　清道光十一年(1831)鵝溪孫氏青棠書屋刻本　四册

110000－0198－0008384　子普 4048
癸巳存稿十五卷　(清)俞正燮撰　清光緒十年(1884)刻本　六册

110000－0198－0008385　子普 4049
藝文備覽一百二十卷　(清)沙木集注　清嘉慶刻本　四十册　存七十一卷(子集一至八、巳集八至十、午集十卷、未集十卷、申集十卷、

酉集十卷、戌集十卷、亥集十卷）

110000－0198－0008386　子普 4050
原本直指算法統宗十二卷　（明）程大位撰　清同治三年（1864）文成堂刻本　十二冊

110000－0198－0008387　子普 4053
六書通十卷　（清）畢弘述纂訂　清光緒十九年（1893）校經山房石印本　五冊

110000－0198－0008388　子普 4055
六書通十卷　（清）畢弘述撰　清光緒石印本　四冊　存八卷（一至八）

110000－0198－0008389　子普 4056
孔子集語二卷　（宋）薛據纂　清光緒元年（1875）湖北崇文書局刻本　十冊

110000－0198－0008390　子普 4058
仰止編三卷　（清）高驤雲撰　清時術堂刻本　一冊　存二卷（中、下）

110000－0198－0008391　子普 4061
道德經三卷　（清）汪光緒纂述　清刻本　一冊　存一卷（一）

110000－0198－0008392　子普 4063
老子道德經二卷　（晉）王弼註　嚴復評點　清光緒三十一年（1905）刻私立北泉圖書館叢書本　一冊

110000－0198－0008393　子普 4064
老子約說續篇　（清）紀大奎撰　清刻本　一冊

110000－0198－0008394　子普 4065
老子衍二卷　李哲明撰　清末刻本　一冊　存一卷（二）

110000－0198－0008395　子普 4066
道德經二卷附陰符經一卷　（清）徐大椿注　清洄溪刻本　二冊

110000－0198－0008396　子普 4067
老子道德經解二卷首一卷　（明）釋德清著　清刻本　一冊　存二卷（一、首一卷）

110000－0198－0008397　子普 4068
老子道德經解二卷　（明）釋德清撰　清光緒刻本　二冊

110000－0198－0008398　子普 4069
老子　吳闓生點校　清末吳闓生鉛印本　一冊

110000－0198－0008399　子普 4075
莊子南華真經十卷　（晉）郭象注　清刻本　六冊

110000－0198－0008400　子普 4076
菰中隨筆一卷　（清）顧炎武著　清刻本　一冊

110000－0198－0008401　子普 4077
管子二十四卷　（唐）房玄齡注　明刻本　一冊　存四卷（八至十一）

110000－0198－0008402　子普 4078
六書通　（清）畢弘述撰　清刻本　四冊

110000－0198－0008403　子普 4079
邇訓二十卷　（明）方學漸纂集　清光緒九年（1883）鉛印本　三冊

110000－0198－0008404　子普 4080
庸言十二卷　（明）黃佐撰　清康熙二十一年（1682）寶書樓刻本　四冊

110000－0198－0008405　子普 4081
皖學編十六卷　（清）徐定文撰　清宣統元年（1909）徐氏萬卷樓刻本　六冊

110000－0198－0008406　子普 4084
天演論二卷　（英國）赫胥黎撰　清光緒二十四年（1898）嗜奇精舍石印本　一冊

110000－0198－0008407　子普 4085
孟子外書四卷　（宋）劉攽注　清道光至咸豐刻本　二冊

110000－0198－0008408　子普 4086
天演論二卷　（英國）赫胥黎撰　清光緒沔陽盧氏慎始基齋刻本　一冊

110000－0198－0008409　子普 4088
初學先言二卷　（清）謝文洊撰　清光緒十八

年(1892)謝鏞刻本　一册　存一卷(下)

110000－0198－0008410　子普 4090
海軍調度要言三卷　(英國)孥核撰　清末鉛印本　二册

110000－0198－0008411　子普 4091
鐵甲叢譚五卷　(英國)黎特著　清末鉛印本　二册

110000－0198－0008412　子普 4093
漢學商兑四卷　(清)方東樹撰　清光緒二十六年(1900)浙江書局刻本　四册

110000－0198－0008413　子普 4094
說性一卷　(清)高驤雲撰　清道光二十六年(1846)漱琴仙館刻本　一册

110000－0198－0008414　子普 4095
思辨録疑義一卷　(清)劉蓉撰　清刻本　一册

110000－0198－0008415　子普 4097
尸子二卷　(清)孫星衍輯　清嘉慶二年(1797)山東廉訪署刻本　一册

110000－0198－0008416　子普 4098
尤西川先生擬學小記六卷續録七卷附録二卷　(明)尤時熙撰　(明)李根輯　清同治三年(1864)洛陽縣署刻本　四册

110000－0198－0008417　子普 4099
法界安立圖六卷　(明)釋仁潮集録　清刻本(有圖)　一册　存三卷(上之上、下,中之上)

110000－0198－0008418　子普 4100
性理字訓　(宋)程若庸譔　清刻本　一册

110000－0198－0008419　子普 4101
野記四卷　(明)祝允明撰　清同治十三年(1874)元和祝氏刻本　二册

110000－0198－0008420　子普 4102
弟子規　(清)李子潛著　清光緒三年(1877)粤西院署刻本　一册

110000－0198－0008421　子普 4103
陸清獻公宰嘉訓俗一卷　(清)陸隴其著　清光緒二十五年(1899)鐘慶堂刻本　一册

110000－0198－0008422　子普 4104
慎思記一卷訟過記一卷　(清)呂存德撰　清光緒二十二年(1896)京師刻本　一册

110000－0198－0008423　子普 4105
札迻十二卷　(清)孫詒讓撰　清光緒二十年(1894)瑞安孫氏刻本　四册

110000－0198－0008424　子普 4106
五次問答節略　(清)李鴻章撰　清末石印本　二册

110000－0198－0008425　子普 4113
分甘餘話四卷　(清)王士禎撰　清刻本　二册

110000－0198－0008426　子普 4114
溫故録　(清)長庚撰　清光緒三十三年(1907)刻本　一册

110000－0198－0008427　子普 4115
簷曝雜記六卷　(清)趙翼撰　清刻本　一册　存三卷(一至三)

110000－0198－0008428　子普 4116
孔子家語十卷　(三國魏)王肅注　清光緒勤思堂刻本(有圖)　二册

110000－0198－0008429　子普 4117
增補幼學瓊林四卷　(清)程允升撰　(清)鄒聖脈增補　清光緒六年(1880)京都聚珍堂刻本　四册

110000－0198－0008430　子普 4118
詩韻集成十卷　(清)余照輯　清同治七年(1868)三元堂刻本　四册

110000－0198－0008431　子普 4119
池上草堂筆記六卷　(清)梁恭辰撰　清求放心書屋刻本　七册

110000－0198－0008432　子普 4121
家寶全集初集八卷二集八卷　(清)石成金撰　清刻本　十二册　存十二卷(初集四至八、二集二至八)

110000－0198－0008433　子普 4122

本草綱目圖三卷　(明)李時珍輯　清刻本(有圖)　一冊　存一卷(上)

110000－0198－0008434　子普 4123

雕菰樓集二十四卷附蜜梅花館文錄一卷詩錄一卷　(清)焦循撰　清道光四年(1824)揚州阮氏刻本　六冊

110000－0198－0008435　子普 4125

淳化秘閣法帖考正十卷附二卷釋文二卷　(清)王澍撰　清刻本　八冊　缺六卷(考正一至六)

110000－0198－0008436　子普 4127

金剛經直疏二卷　(□)釋性桓述　清嘉慶元年(1796)文達齋刻本　二冊

110000－0198－0008437　子普 4128

孫子十家注十三卷敘錄一卷遺說一卷　(宋)吉天保輯　(清)畢以珣撰敘錄　(宋)鄭友賢撰遺說　(清)孫星衍　(清)吴人驥校　清刻本　一冊　存二卷(五至六)

110000－0198－0008438　子普 4129

原富　(英國)斯密亞丹撰　嚴復譯　清光緒二十七年(1901)南洋公學譯書院鉛印本　四冊

110000－0198－0008439　子普 4130

打馬圖經　(宋)李清照撰　**除紅譜**　(宋)朱河撰　清光緒三十二年(1906)長沙葉氏刻本　一冊

110000－0198－0008440　子普 4136

孫子十家注十三卷敘錄一卷遺說一卷　(宋)吉天保輯　(清)畢以珣撰敘錄　(宋)鄭友賢撰遺說　(清)孫星衍　(清)吴人驥校　清光緒三年(1877)浙江書局刻本　五冊

110000－0198－0008441　子普 4137

天文步天歌　(清)何君藩撰　清刻本(有圖)　一冊

110000－0198－0008442　子普 4138

孫子十家注十三卷敘錄一卷遺說一卷　(春秋)孫武撰　(宋)吉天保輯　(宋)鄭友賢撰遺說　(清)畢以珣撰敘錄　(清)孫星衍　(清)吴人驥校　清光緒三年(1877)浙江書局刻本　一冊　存一卷(一)

110000－0198－0008443　子普 4140

老子元翼二卷攷異一卷附錄一卷　(明)焦竑輯　清刻本　二冊

110000－0198－0008444　子普 4143

容齋隨筆十六卷續筆十六卷三筆十六卷四筆十六卷五筆十卷　(宋)洪邁撰　清光緒元年(1875)新豐洪氏十三公祠刻本　九冊　存三十六卷(隨筆一至四、十一至十六,續筆十六卷,五筆十卷)

110000－0198－0008445　子普 4145

老子　(清)吴汝綸點勘　清末鉛印本　九冊

110000－0198－0008446　子普 4146

沖虛至德真經八卷　(晉)張湛注　清刻本　一冊　存四卷(五至八)

110000－0198－0008447　子普 4147

道德經二卷附釋文校勘記　(漢)河上公章句　清光緒二十年(1894)湖南學庫山房元記書局刻本　二冊

110000－0198－0008448　子普 4148

老子道德經二卷附釋文　(晉)王弼注　清光緒元年(1875)浙江書局刻本　一冊

110000－0198－0008449　子普 4149

老子道德經解二卷附附觀老莊影響論一卷　(明)釋德清撰　清光緒十二年(1886)金陵刻經處刻本　三冊

110000－0198－0008450　子普 4150

老子解二卷　(宋)葉夢得撰　清宣統元年(1909)葉氏觀古堂刻本　一冊

110000－0198－0008451　子普 4151

顏氏家訓二卷　(隋)顏之推撰　明刻本　二冊

110000－0198－0008452　子普 4152

幼幼新書四十卷拾遺方一卷　(宋)劉昉等編

明刻本　二冊　存二卷(一至二)

110000－0198－0008453　子普 4153
琴學入門二卷　(清)張鶴輯　清刻本　三冊

110000－0198－0008454　子普 4159
奏定學堂章程　(清)張之洞等撰　清光緒二十九年(1903)北京官書局鉛印本　一冊

110000－0198－0008455　子普 4160
漢藝文志攷證十卷　(宋)王應麟撰　清刻本　一冊　存五卷(六至十)

110000－0198－0008456　子普 4161
蘇碑考　(清)錢泳輯　清嘉慶元年(1796)刻本　一冊

110000－0198－0008457　子普 4163
竹葉亭雜記八卷　(清)姚元之撰　清刻本　一冊　缺四卷(一至四)

110000－0198－0008458　子普 4164
陽明先生年譜二卷　(明)李贄編　清康熙二十四年(1685)刻本　一冊　存一卷(上)

110000－0198－0008459　子普 4167
山東考古錄　(清)顧炎武著　清光緒七年(1881)成都瀹雅齋刻本　一冊

110000－0198－0008460　子普 4168
諭兒書　(清)吳汝綸撰　清宣統二年(1910)國學扶輪社石印本　一冊

110000－0198－0008461　子普 4169
水懺數畧三卷附音釋　(□)□□撰　清光緒十五年(1889)如皋刻經處刻本　一冊

110000－0198－0008462　子普 4170
金剛指南　(□)釋靈禮撰　清刻本　一冊

110000－0198－0008463　子普 4171
鯉書　易坤撰　清末鉛印本　一冊

110000－0198－0008464　子普 4173
萍鑛土法煉焦詳說　(清)俞燮堃撰　清光緒刻本　一冊

110000－0198－0008465　子普 4175
塵談　(明)鹿善繼著　清刻本　一冊

110000－0198－0008466　子普 4179
日知錄之餘四卷　(清)顧炎武著　清刻本　一冊　存二卷(三至四)

110000－0198－0008467　子普 4180
長興學記　康有為撰　清光緒十七年(1891)廣州萬木草堂刻本　一冊

110000－0198－0008468　子普 4183
琴旨申邱　(清)劉人熙撰　清光緒十五年(1889)京師刻本　一冊

110000－0198－0008469　子普 4184
琴學入門二卷　(清)張鶴輯　清同治六年(1867)心嚮往齋刻本(有圖)　一冊　存一卷(上)

110000－0198－0008470　子普 4185
紫鸞笙譜二卷　(清)桃花漁隱撰　清道光十一年(1831)漢上青鸞閣刻本　一冊

110000－0198－0008471　子普 4187
明孫石臺先生質疑稿三卷　(明)孫揚撰　(清)雷鋐訂　清刻本　六冊

110000－0198－0008472　子普 4190
行素齋雜記二卷　(清)繼昌撰　清光緒二十七年(1901)湖南臬署刻本　二冊

110000－0198－0008473　子普 4191
義學條規　(清)張杰撰　清道光二年(1822)楚南張氏刻本　一冊

110000－0198－0008474　子普 4194
顯揚聖教論二十卷　(唐)釋玄奘譯　清宣統元年(1909)揚州藏經院刻本　四冊

110000－0198－0008475　子普 4195
廣惠編二卷　(清)朱軾纂　清刻本　一冊

110000－0198－0008476　子普 4198
易漢學八卷　(清)惠棟撰　清刻本(有圖)　一冊　缺三卷(一至三)

110000－0198－0008477　子普 4199
呻吟語六卷　(明)呂坤著　清道光三年(1823)三韓劉氏刻本　一冊　存二卷(一至二)

110000－0198－0008478　子普 4200
寶真齋法書贊二十八卷　（宋）岳珂撰　清刻本　十三冊

110000－0198－0008479　子普 4201
昭代名人尺牘小傳二十四卷　（清）吳修輯　清光緒三十四年（1908）上海集古齋石印本　十四冊

110000－0198－0008480　子普 4202
繹志十九卷　（清）胡承諾撰　清同治十一年（1872）浙江書局刻本　八冊

110000－0198－0008481　子普 4204
求益齋讀書記六卷　（清）強汝詢著　清刻本　一冊　存三卷（一至三）

110000－0198－0008482　子普 4207
五行大義五卷　（隋）蕭吉撰　清刻本　一冊　存三卷（一至三）

110000－0198－0008483　子普 4208
羣經平議三十五卷　（清）俞樾撰　清刻本　三冊　存十一卷（十一至十七、二十五至二十八）

110000－0198－0008484　子普 4210
廿一史約編八卷首一卷後編一卷　（清）鄭元慶編　清刻本　一冊　存一卷（首一卷）

110000－0198－0008485　子普 4211
大慧普覺禪師宗門武庫一卷附雪堂行和尚拾遺錄　（宋）釋道謙編　清光緒七年（1881）常熟刻經處刻本　一冊

110000－0198－0008486　子普 4213
宋瑣語不分卷　（清）郝懿行撰　清嘉慶二十一年（1816）曬書堂刻本　一冊

110000－0198－0008487　子普 4214
一斑錄雜述八卷　（清）鄭光祖撰　清刻本　一冊　存一卷（一）

110000－0198－0008488　子普 4215
篤素堂文集四卷　（清）張英著　清同治五年（1866）翼經堂刻本　一冊

110000－0198－0008489　子普 4216
御定駢字類編二百四十卷　（清）張廷玉等編　清刻本　一冊　存二卷（一百五十五至一百五十六）

110000－0198－0008490　子普 4217
西山題跋三卷　（宋）真德秀撰　明虞山毛氏汲古閣刻本　一冊　存一卷（一）

110000－0198－0008491　子普 4219
知聖篇二卷　廖平撰　清光緒二十八年（1902）刻本　一冊

110000－0198－0008492　子普 4221
詩韻類錦十二卷　（清）郭化霖編　清刻本　一冊　存二卷（三至四）

110000－0198－0008493　子普 4222
御定駢字類編二百四十卷　（清）張廷玉等編　清光緒十三年（1887）上海同文書局石印本　二冊　存十一卷（三十六至四十六）

110000－0198－0008494　子普 4224
浪跡叢談十一卷　（清）梁章鉅撰　清刻本　二冊　存四卷（一至四）

110000－0198－0008495　子普 4225
群書拾補　（清）盧文弨撰　清光緒十三年（1887）上海蜚英館石印本　十六冊

110000－0198－0008496　子普 4226
經字正蒙八卷　（清）李文沂撰　清刻本　一冊　存一卷（四）

110000－0198－0008497　子普 4227
原本直指算法統宗十二卷　（明）程大位編　清刻本　一冊　存三卷（七至九）

110000－0198－0008498　子普 4228
右台仙館筆記十六卷　（清）俞樾撰　清刻本　一冊　存三卷（十一至十三）

110000－0198－0008499　子普 4230
汪子中詮六卷　（明）汪應蛟撰　明萬曆四十六年（1618）敬思堂刻本　五冊　存五卷（一至五）

110000－0198－0008500　子普 4231
羣學肄言　（英國）斯賓塞爾撰　嚴復譯　清

光緒二十九年(1903)上海文明書局鉛印本 四冊

110000－0198－0008501　子普 4232
馬氏心書四卷　(清)馬時芳著　清咸豐五年(1855)中毓堂刻本　一冊

110000－0198－0008502　子普 4233
百美新詠圖傳　(清)顏希源輯　清刻本 一冊

110000－0198－0008503　子普 4234
說郛　(明)陶宗儀編　清刻本　四冊　存七種(北里志、次柳氏舊聞、松窻雜記、開河記、劒俠傳、妖亂志、夢遊錄)

110000－0198－0008504　子普 4237
蔗餘偶筆　(清)方士淦撰　清同治十一年(1872)刻本　一冊

110000－0198－0008505　子普 4238
傷寒舌鑑　(清)張登纂　清光緒四年(1878)刻本　二冊

110000－0198－0008506　子普 4241
齊民要術十卷　(北魏)賈思勰撰　清光緒二十二年(1896)中江榷署刻本　二冊　存三卷(一至三)

110000－0198－0008507　子普 4242
廣三字經　(清)蕉軒氏著　清光緒九年(1883)津河廣仁堂刻本　一冊

110000－0198－0008508　子普 4243
正學隅見述　(清)王宏著　清刻本　一冊

110000－0198－0008509　子普 4244
兵鏡或問二卷　(清)鄧廷羅著　清來鹿堂刻本　二冊

110000－0198－0008510　子普 4245
曉讀書齋初錄二卷二錄二卷三錄二卷四錄二卷　(清)洪亮吉著　清刻本　二冊　存四卷(初錄二卷、二錄二卷)

110000－0198－0008511　子普 4246
乾坤大略十卷補遺一卷　(清)王餘佑著　清光緒五年(1879)定州王氏謙德堂刻本　二冊

110000－0198－0008512　子普 4247
新譯大方廣佛華嚴經音義二卷　(唐)釋慧苑撰　清道光十五年(1835)刻本　二冊

110000－0198－0008513　子普 4248
弟子職箋釋一卷　(清)洪亮吉撰　清光緒三年(1877)陽湖洪氏授經堂刻本　二冊

110000－0198－0008514　子普 4249
師古齋彙聚簡便單方七卷　(明)吳勉學輯　清刻本　一冊　存三卷(一至三)

110000－0198－0008515　子普 4251
續刻破邪詳辯一卷又續一卷二續一卷　(清)黃育楩著　清刻本　一冊

110000－0198－0008516　子普 4252
法化老和尚貪瞋癡註一卷　(清)釋法化撰　清光緒元年(1875)杭州慧空經房刻本　一冊

110000－0198－0008517　子普 4253
明本釋三卷　(宋)劉荀撰　清刻本　一冊　缺一卷(下)

110000－0198－0008518　子普 4254
論衡三十卷　(漢)王充著　清刻本　四冊　存五卷(十至十四)

110000－0198－0008519　子普 4256
中說十卷　(隋)王通撰　(宋)阮逸註　清刻本　一冊　存四卷(七至十)

110000－0198－0008520　子普 4258
大方廣圓覺修多羅了義經直解二卷　(唐)釋佛陀多羅譯　(明)釋德清解　清刻本　一冊　存一卷(上)

110000－0198－0008521　子普 4261
通玄真經十二卷　(唐)徐靈府注　清光緒九年(1883)長州蔣氏刻本　四冊

110000－0198－0008522　子普 4262
經典釋文三十卷　(唐)陸德明撰　清刻本　五冊　缺十三卷(一至十三)

110000－0198－0008523　子普 4272
浪跡續談八卷　(清)梁章鉅撰　清刻本　一冊　存六卷(三至八)

110000－0198－0008524　子普 4274
三字經註解備要二卷　(宋)王應麟著　(清)賀興思註　清光緒十七年(1891)京都文成堂刻本　一册

110000－0198－0008525　子普 4278
弟子箴言十六卷　(清)胡達源撰　清刻本　一册　存四卷(十三至十六)

110000－0198－0008526　子普 4279
涑水記聞十六卷　(宋)司馬光撰　清光緒九年(1883)解梁書院刻本　一册　存四卷(一至四)

110000－0198－0008527　子普 4280
雲溪友議十二卷　(唐)范攄撰　清刻本　一册　存五卷(一至五)

110000－0198－0008528　子普 4281
海天琴思錄八卷　(清)林昌彝輯　清同治三年(1864)刻本　三册　缺二卷(一至二)

110000－0198－0008529　子普 4283
重樓玉鑰二卷　(清)鄭梅澗撰　清道光十八年(1838)謙吉堂刻本　一册　存一卷(上)

110000－0198－0008530　子普 4284
表異錄不分卷　(明)王志堅輯　清康熙刻本　一册　存三十七頁(八十六至一百二十二)

110000－0198－0008531　子普 4285
水經四十卷　(漢)桑欽撰　(北魏)酈道元注　清歙縣項氏刻本　一册　存二卷(一至二)

110000－0198－0008532　子普 4286
三才略三卷　(清)蔣德鈞輯　清光緒十四年(1888)蔣氏求實齋刻本　一册

110000－0198－0008533　子普 4287
新序十卷　(漢)劉向撰　清光緒九年(1883)長洲蔣氏刻本　一册

110000－0198－0008534　子普 4290
讀史兵略四十六卷　(清)胡林翼纂　清咸豐十一年(1861)武昌節署刻本　十六册

110000－0198－0008535　子普 4291
讀史兵略四十六卷　(清)胡林翼纂　清刻本　四册　存十二卷(十五至二十四、四十三至四十四)

110000－0198－0008536　子普 4292
我信錄二卷　(清)羅聘撰　清宣統元年(1909)南陵徐氏刻本　一册

110000－0198－0008537　子普 4295
陽宅簡易　(清)葉宣榮著　清光緒三十一年(1905)桐鄉馮氏刻本　一册

110000－0198－0008538　子普 4297
孫子十家注十三卷敘錄一卷遺說一卷　(宋)吉天保輯　(清)畢以珣撰敘錄　(宋)鄭友賢撰遺說　(清)孫星衍　(清)吳人驥校　清刻本　三册　存七卷(二至八)

110000－0198－0008539　子普 4299
弘明集十四卷　(南朝梁)釋僧祐編　清光緒二十二年(1896)金陵刻經處刻本　四册

110000－0198－0008540　子普 4301
東坡遺意一卷　(明)顧杲書　清刻本　一册

110000－0198－0008541　子普 4305
憨山老人夢游集五十五卷　(明)釋福善日錄　清刻本　五册　存十三卷(八至十八、三十九至四十)

110000－0198－0008542　子普 4307
春秋繁露十七卷　(漢)董仲舒撰　清刻本　三册　缺二卷(九至十)

110000－0198－0008543　子普 4308
春秋繁露十七卷　(漢)董仲舒撰　清刻本　二册

110000－0198－0008544　子普 4309
太倉史論四卷　(明)張溥撰　清龔園刻本　二册

110000－0198－0008545　子普 4313
成唯識論述記六十卷　(唐)釋窺基撰　清光緒二十七年(1901)金陵刻經處刻本　二十册

110000－0198－0008546　子普 4314
成唯識論十卷　(唐)釋玄奘譯　清光緒二十二年(1896)金陵刻經处刻本　二册

110000－0198－0008547　子普 4315
南菁札記十四種　(清)溥良輯　清刻本　一冊　存一冊(一)

110000－0198－0008548　子普 4316
杜陽雜編三卷　(唐)蘇鶚著　清刻本　一冊

110000－0198－0008549　子普 4317
墨法集要一卷　(明)沈繼孫撰　清刻本　一冊

110000－0198－0008550　子普 4318
春秋穀梁傳十二卷　(晉)范寧集解　(唐)陸德明音義　清光緒十二年(1886)湖北官書處刻本　三冊

110000－0198－0008551　子普 4319
越絕書十五卷　(漢)袁康撰　清刻本　一冊　缺七卷(一至七)

110000－0198－0008552　子普 4320
列子盧重元注八卷　(唐)盧重元撰　清嘉慶八年(1803)江都秦氏石研齋刻本　一冊　存四卷(一至四)

110000－0198－0008553　子普 4322
緝古算經一卷　(唐)王孝通撰　**素履子三卷**　(唐)張弧撰　清刻本　一冊

110000－0198－0008554　子普 4323
質疑刪存三卷　(清)張宗泰著　清光緒十八年(1892)聚學軒刻本　一冊

110000－0198－0008555　子普 4324
經心書院續集十二卷　(清)譚獻輯　清光緒二十一年(1895)湖北官書處刻本　一冊　存二卷(一至二)

110000－0198－0008556　子普 4325
王洪緒先生外科證治全生　(清)王維德撰　清刻本　一冊

110000－0198－0008557　子普 4327
備急灸法　(宋)張渙撰　清光緒十七年(1891)江甯藩署刻本(有圖)　一冊

110000－0198－0008558　子普 4328
九穀考四卷　(清)程瑤田撰　清刻本　一冊

110000－0198－0008559　子普 4332
北海經學七錄八卷　(清)孔廣林輯　清光緒十二年(1886)刻本　一冊

110000－0198－0008560　子普 4333
午窗隨筆四卷　(清)郭夢星撰　清光緒二十一年(1895)刻本　二冊

110000－0198－0008561　子普 4334
曾子注釋四卷敘錄一卷　(清)阮元撰　清揚州阮氏揅經室刻本　一冊

110000－0198－0008562　子普 4339
晚香亭弈譜　(清)程蘭如輯　清光緒十三年(1887)刻本(有圖)　一冊

110000－0198－0008563　子普 4341
蒲編堂訓蒙草　(清)路德選　清道光十七年(1837)刻本　一冊

110000－0198－0008564　子普 4343
貫如弈譜　(清)貫如輯　清道光九年(1829)刻本(有圖)　一冊

110000－0198－0008565　子普 4346
典三賸稿二卷　(清)周寅清撰　清同治十年(1871)萃文堂刻本　二冊　存一卷(上)

110000－0198－0008566　子普 4347
翻譯名義集二十卷　(宋)釋法雲編　清刻本　六冊

110000－0198－0008567　子普 4349
考槃餘事四卷　(明)屠隆撰　清光緒十一年(1885)山陰宋氏懺花盦刻本　四冊

110000－0198－0008568　子普 4353
劉菂生先生遺墨　(清)劉菂生書　清光緒十四年(1888)石印本　二冊

110000－0198－0008569　子普 4356
澳大利亞洲新志　(清)吳宗濂　(清)趙元益譯　清光緒二十三年(1897)元和江氏刻本　四冊

110000－0198－0008570　子普 4360
曲園三耍　(清)俞樾撰　清刻本　一冊

110000－0198－0008571　子普 4368
百家姓考略　(清)徐士業校　清刻本　一冊

110000－0198－0008572　子普 4369
千字文釋義　(清)汪嘯尹輯　(清)孫謙益注　清刻本　一冊

110000－0198－0008573　子普 4370
雅俗通用釋門疏式十卷　(明)釋如德輯　清光緒四年(1878)知儒精舍刻本　一冊　存二卷(一至二)

110000－0198－0008574　子普 4371
楊議郎著書　(漢)楊孚撰　清道光三十年(1850)南海伍氏粵雅堂刻本　一冊

110000－0198－0008575　子普 4372
曝書雜記三卷　(清)錢泰吉撰　清同治七年(1868)刻本　一冊

110000－0198－0008576　子普 4375
弟子規　(清)李毓秀著　清光緒十八年(1892)主一室刻本　一冊

110000－0198－0008577　子普 4378
洛學編六卷　(清)湯斌輯　(清)尹會一續輯　清汴省田氏德蔚堂刻本　一冊　存三卷(一至三)

110000－0198－0008578　子普 4379
探本窮源論　(美國)李佳白著　清光緒二十二年(1896)尚賢會刻本　一冊

110000－0198－0008579　子普 4381
小兒性質述　(清)楊模纂　清光緒二十八年(1902)無錫竢實公學堂刻本　一冊

110000－0198－0008580　子普 4383
形學備旨十卷首一卷　(美國)狄考文選譯　清光緒十一年(1885)上海美華書館石印本　一冊

110000－0198－0008581　子普 4388
老老恒言五卷　(清)曹庭棟著　清刻本　五冊

110000－0198－0008582　子普 4394
探杏譜　(清)馮文蔚等撰　清光緒六年(1880)刻本　一冊

110000－0198－0008583　子普 4397
金剛經石註　(清)石成金集註　清湖南湘鄉吳氏刻本　一冊

110000－0198－0008584　子普 4400
萬子迂談八卷附錄一卷　(明)萬衣著　清刻本　四冊

110000－0198－0008585　子普 4401
伊洛淵源錄十四卷　(宋)朱熹撰　清刻本　三冊

110000－0198－0008586　子普 4402
御纂性理精義十二卷　(清)李光地等撰　清尊經閣刻本　六冊

110000－0198－0008587　子普 4403
輟耕錄三十卷　(明)陶宗儀撰　明末毛氏汲古閣刻本　十六冊　缺二卷(一至二)

110000－0198－0008588　子普 4404
水經注圖説殘稿四卷　(清)董祐誠撰　清刻本　四冊

110000－0198－0008589　子普 4405
來瞿唐先生日錄七卷　(明)來知德撰　清道光十一年(1831)刻本(有圖)　十三冊

110000－0198－0008590　子普 4406
秘傳花鏡六卷　(清)陳淏子輯　清金閶文業堂刻本(有圖)　六冊

110000－0198－0008591　子普 4407
景岳全書六十四卷　(明)張介賓撰　清刻本　十五冊

110000－0198－0008592　子普 4408
補注黃帝内經素問二十四卷　(唐)王冰注　清光緒三年(1877)浙江書局刻本　六冊

110000－0198－0008593　子普 4409
歷代神仙通鑑二十二卷　(清)徐道撰　清致和堂刻本(有圖)　十二冊

110000－0198－0008594　子普 4410
龍文鞭影初集四卷二集二卷　(明)蕭良有纂

輯　清刻本　四冊

110000－0198－0008595　子普 4411
讀書雜誌八十二卷餘編二卷　(清)王念孫撰　清刻本　十冊　存七卷(二至七、九)

110000－0198－0008596　子普 4413
讀書雜誌十種　(清)王念孫撰　清同治九年(1870)金陵書局刻本　二十四冊

110000－0198－0008597　子普 4414
逸周書四卷　(清)王念孫撰　清刻本　六冊

110000－0198－0008598　子普 4415
讀史論略二卷　(清)杜詔撰　**臨文便覽**　(清)龍啟瑞編　清刻本　七冊

110000－0198－0008599　子普 4416
重梓薛文清公讀書錄講義十二卷　(清)張伯行選　(清)馬德懋輯　清光緒四年(1878)刻本　一冊　存三卷(十至十二)

110000－0198－0008600　子普 4418
問心齋學治雜錄二卷　(清)張聯桂撰　清末刻本　一冊　存一卷(下)

110000－0198－0008601　子普 4423
諭兒書　(清)吳汝綸撰　清宣統二年(1910)國學扶輪社石印本　一冊

110000－0198－0008602　子普 4424
太公兵法逸文一卷　(清)汪宗沂輯　清光緒漸西村舍刻本　一冊

110000－0198－0008603　子普 4428
姓氏急就篇二卷　(宋)王應麟著　清刻本　一冊

110000－0198－0008604　子普 4429
南高平物產記二卷　(清)鄒漢勛撰　清刻本　一冊　存一卷(下)

110000－0198－0008605　子普 4430
籟紀一卷　(南朝陳)王叔齋撰　清刻本　一冊

110000－0198－0008606　子普 4431
急就篇四卷　(漢)史游撰　清光緒福山王氏天壤閣刻本　一冊　存二卷(一至二)

110000－0198－0008607　子普 4432
佩文廣韻彙編五卷　(清)李元祺編　清刻本　一冊　存三卷(三至五)

110000－0198－0008608　子普 4433
鹽鐵論十卷　(漢)桓寬撰　清刻本　一冊　存五卷(一至五)

110000－0198－0008609　子普 4434
程氏家塾讀書分季日程三卷綱領一卷　(元)程端禮編　清同治八年(1869)江蘇書局刻本　一冊

110000－0198－0008610　子普 4435
竹譜　(晉)戴凱之撰　清刻本(有圖)　一冊

110000－0198－0008611　子普 4436
浮邱子十二卷　(清)湯鵬撰　清刻本　一冊　存三卷(一至三)

110000－0198－0008612　子普 4437
求闕齋讀書錄十卷　(清)曾國藩著　(清)王啟原輯　清刻本　二冊　存二卷(一至二)

110000－0198－0008613　子普 4438
鹽鐵論二卷　(漢)桓寬撰　清刻本　二冊　存一卷(下)

110000－0198－0008614　子普 4441
聖祖仁皇帝庭訓格言一卷　(清)世宗胤禛錄　清刻本　一冊

110000－0198－0008615　子普 4442
程子十卷　(清)張伯行集解　清正誼堂刻本　二冊

110000－0198－0008616　子普 4443
欽定軍器則例二十四卷　(清)董誥等編　清刻本　一冊　存一卷(十三)

110000－0198－0008617　子普 4446
湘學報大全集　湘學報編　清刻本　二冊

110000－0198－0008618　子普 4448
達生編二卷　(清)亟齋居士撰　清同治四年(1865)篆雲齋刻本　一冊

110000－0198－0008619　子普 4450
遊藝錄六卷　(清)俞樾撰　清刻本　一册

110000－0198－0008620　子普 4452
竹居錄存　(清)張士珩輯　清光緒二十三年(1897)冶山竹居刻本　一册

110000－0198－0008621　子普 4453
太上感應篇圖說八卷　(清)黃正元纂輯　清刻本　一册　存一卷(一)

110000－0198－0008622　子普 4454
二程遺書二十五卷附錄一卷　(宋)程頤　(宋)程顥撰　清光緒三十四年(1908)澹雅書局刻本　十三册

110000－0198－0008623　子普 4455
名山叢書　錢振鍠撰　清刻本　一册　存四種(謫星詩說、謫星筆談、謫星詞、江陰節義略)

110000－0198－0008624　子普 4456
宋瑣語　(清)郝懿行撰　清嘉慶二十一年(1816)曬書堂刻本　一册

110000－0198－0008625　子普 4457
竹書紀年統箋十二卷　(清)徐文靖撰　清刻本　一册　存一卷(十一)

110000－0198－0008626　子普 4458
程書五十一卷　(宋)程頤　(宋)程顥撰　清刻本　九册　存四十三卷(二至四十四)

110000－0198－0008627　子普 4459
戶部等衙門奏為軍餉緊要應如何豫為籌畫摺　清光緒刻本　一册

110000－0198－0008628　子普 4460
便蒙叢書初集　(清)張一鵬編　清刻本　一册　存一册(一)

110000－0198－0008629　子普 4461
漱經齋座右銘類編一卷　(清)汪汲撰　清乾隆五十九年(1794)漱經齋刻本　五册

110000－0198－0008630　子普 4463
顏學辯八卷　(清)程仲威撰　清光緒十年(1884)安徽官紙印刷局鉛印本　二册　存五卷(三至七)

110000－0198－0008631　子普 4464
六如畫譜三卷　(明)唐寅編　清末刻本　一册

110000－0198－0008632　子普 4465
四翼附編四卷　(清)戴彭撰　清光緒二十一年(1895)皖江別墅刻本　一册

110000－0198－0008633　子普 4466
戊茇談兵十卷　(清)汪紱著　清光緒二十一年(1895)刻本　九册　缺一卷(一)

110000－0198－0008634　子普 4467
鄭君粹言三卷　(清)潘任撰　清光緒二十年(1894)虞山潘氏木活字印本　一册

110000－0198－0008635　子普 4468
十家語錄摘要二卷　(清)謝蘭生輯　清刻本　一册　存一卷(上)

110000－0198－0008636　子普 4469
千金寶要六卷　(唐)孫思邈撰　清光緒十一年(1885)吳縣朱氏槐廬家塾刻本　一册

110000－0198－0008637　子普 4470
得一錄十六卷　(清)余治輯　清刻本　一册　存二卷(十一至十二)

110000－0198－0008638　子普 4471
金鼇退食筆記二卷　(清)高士奇撰　清刻本　一册　存一卷(下)

110000－0198－0008639　子普 4472
容齋五筆十卷　(宋)洪邁撰　清刻本　一册　存五卷(六至十)

110000－0198－0008640　子普 4473
古今名人畫稿　(清)劉海屏等輯　清光緒十四年(1888)上海點石齋石印本(有圖)　二册

110000－0198－0008641　子普 4475
水滸畫譜二卷　(清)裕厚繪　清末石印本(有圖)　二册

110000－0198－0008642　子普 4476
南陵無雙譜一卷　(清)金史繪　清刻本(有

圖）一册

110000－0198－0008643　子普4479
竹譜　（晉）戴凱之撰　清刻本（有圖）　一册

110000－0198－0008644　子普4480
唐宋叢書八十八種　（明）鍾人傑　（明）張遂辰輯　明末刻本　七册　存十四種（荀譜、桐譜、雲林石譜、畫論、畫鑒、畫史、詩式、墨經、佩觿、籟紀、尤射、益州名畫錄、王氏談錄、獨斷）

110000－0198－0008645　子普4481
紉齋畫賸　（清）陳允升著　清光緒二年（1876）甬上陳氏得古歡堂刻本　四册

110000－0198－0008646　子普4482
習苦齋畫絮十卷　（清）戴熙撰　清光緒十九年（1893）刻朱印本　四册

110000－0198－0008647　子普4483
芥子園畫傳六卷　（清）王概摹　清光緒十四年（1888）上海鴻文書局石印本（有圖）　四册

110000－0198－0008648　子普4484
芥子園畫傳六卷　（清）王概摹　清光緒十九年（1893）上海點石齋石印本（有圖）　四册　存四卷（一至四）

110000－0198－0008649　子普4486
歷代畫史匯傳七十二卷首一卷　（清）彭蘊璨編　清刻本　十六册　存三十四卷（一至十二、十五至十八、五十五至七十二）

110000－0198－0008650　子普4487
四銅鼓齋論畫集刻　（清）張祥河輯　清宣統元年（1909）北京會文齋刻本　四册

110000－0198－0008651　子普4491
松石齋書畫瑣言一卷　（清）唐璉著　清道光七年（1827）刻本　一册

110000－0198－0008652　子普4496
胡蝶秋齋藏冊一卷　（清）唐昆華輯　清光緒五年（1879）刻本（有圖）　一册

110000－0198－0008653　子普4501
六如唐先生畫譜三卷　（明）唐寅輯　清刻本　一册　缺一卷（一）

110000－0198－0008654　子普4510
芥子園畫傳續集　（清）王安節編纂　清光緒十四年（1888）石印本（有圖）　四册

110000－0198－0008655　子普4514
十駕齋養新錄二十卷餘錄三卷　（清）錢大昕撰　清光緒二年（1876）浙江書局刻本　七册

110000－0198－0008656　子普4515
冉蟫庵先生語錄類編五卷　（清）冉覲祖撰　（清）聶珩等輯　清刻本　三册　存三卷（一至三）

110000－0198－0008657　子普4516
十駕齋養新錄二十卷餘錄三卷　（清）錢大昕撰　清光緒十年（1884）長沙龍氏家塾刻本　六册

110000－0198－0008658　子普4517
十駕齋養新錄二十卷餘錄三卷　（清）錢大昕撰　清刻本　十二册

110000－0198－0008659　子普4518
續呂氏家塾讀詩記三卷　（宋）戴溪撰　清乾隆木活字印本　二册

110000－0198－0008660　子普4523
桐城先生點勘子書讀本　（清）吳汝綸點勘　清宣統元年（1909）鉛印本　十三册

110000－0198－0008661　子普4527
鶴林玉露十六卷　（宋）羅大經撰　明刻本　一册　存四卷（四至七）

110000－0198－0008662　子普4528
居僊錄六卷首一卷　（宋）蘇軾撰　（清）劉鳳輝重輯　清光緒二十一年（1895）刻本　一册　存一卷（六）

110000－0198－0008663　子普4530
世補齋不謝方一卷　（清）陸懋修撰　清光緒九年（1883）鉛印本　一册

110000－0198－0008664　子普4531
訓蒙捷徑四卷　（清）黃慶澄編　清光緒二十五年（1899）刻本　二册

110000－0198－0008665　子普 4532
龍文鞭影二卷　(明)蕭良有纂輯　(明)來集之音注　(清)楊臣諍增訂　清刻本　一冊　存一卷(下)

110000－0198－0008666　子普 4534
千金寶要六卷　(清)孫星衍輯　清嘉慶十二年(1807)孫氏平津館刻本　一冊　存二卷(一至二)

110000－0198－0008667　子普 4538
龍井見聞錄十卷附錄二卷　(清)汪孟鋗纂　清刻本　一冊　存二卷(九至十)

110000－0198－0008668　子普 4542
悟真篇集註二卷首一卷末一卷　(宋)張伯端撰　清刻本　一冊　存二卷(下、末一卷)

110000－0198－0008669　子普 4543
詩韻檢字一卷韻字辨似一卷　(清)黄本驥編　清末刻本　一冊

110000－0198－0008670　子普 4544
范施十局　(清)鄧元鏸輯　清光緒九年(1883)上海點石齋刻本　三冊

110000－0198－0008671　子普 4545
花傭月令一卷　(清)徐石麒撰　清光緒十一年(1885)儀徵吳氏孱守山莊刻本　一冊

110000－0198－0008672　子普 4546
金剛般若波羅蜜經二卷　(清)俞樾注　清光緒九年(1883)刻本　一冊

110000－0198－0008673　子普 4547
隨山宇方鈔一卷　(清)汪曰楨編校　清刻本　一冊

110000－0198－0008674　子普 4548
增補地理直指原真三卷首一卷　(清)釋徹瑩著　清刻本　一冊

110000－0198－0008675　子普 4549
琴操二卷附補遺一卷　(漢)蔡邕撰　(清)孫星衍校集　清嘉慶十年(1805)蘭陵孫氏刻本　一冊

110000－0198－0008676　子普 4550
神相全編十二卷首一卷　(宋)陳摶撰　(明)袁忠徹訂正　清刻本　一冊　存二卷(十一至十二)

110000－0198－0008677　子普 4551
南華全經分章句解四卷　(明)陳榮選著　清乾隆刻本　二冊　存一卷(四)

110000－0198－0008678　子普 4552
物理論一卷　(晉)楊泉撰　(清)孫星衍校集　清嘉慶十年(1805)蘭陵孫氏刻本　一冊

110000－0198－0008679　子普 4553
日損齋筆記一卷附錄一卷　(元)黄溍撰　清同治至光緒永康胡氏退補齋刻本　一冊

110000－0198－0008680　子普 4554
欲海回狂集三卷首一卷　(清)周思仁撰　清同治三年(1864)邗江熊氏刻本　一冊

110000－0198－0008681　子普 4555
婦嬰新說　(英國)合信撰　(清)管茂材譯　清咸豐八年(1858)上海仁濟醫館刻本　一冊

110000－0198－0008682　子普 4556
時課經　清光緒三十年(1904)北京大俄國聖母堂鉛印本　一冊

110000－0198－0008683　子普 4560
小學集注六卷　(明)陳選集注　清光緒金陵書局刻本　二冊

110000－0198－0008684　子普 4561
蛾述集十六卷　(清)陳庭學輯　清嘉慶二十年(1815)六君子齋刻本　一冊　存四卷(十三至十六)

110000－0198－0008685　子普 4562
小學千家詩二卷　(清)心齋氏著　清光緒十六年(1890)李光明莊刻本　一冊

110000－0198－0008686　子普 4564
幼學歌五卷續一卷　(清)王用臣撰　清光緒十一年(1885)深澤王氏斯陶書屋刻本　一冊　存三卷(一至三)

110000－0198－0008687　子普 4565
小學集注二卷　(明)陳選集注　清光緒二十

年(1894)經文堂刻本　一册　存一卷(上)

110000－0198－0008688　子普 4566

阮氏筆訓　(清)阮應韶著　清乾隆四十七年(1782)山陽阮氏職思堂刻本　一册

110000－0198－0008689　子普 4567

朱子語類日鈔五卷　(清)陳澧編　清咸豐十一年(1861)番禺陳氏刻本　一册

110000－0198－0008690　子普 4568

占法訂誤　(明)程延祚著　清乾隆上元程氏道寧堂刻本(有圖)　一册

110000－0198－0008691　子普 4570

隨園食單　(清)袁枚撰　清乾隆五十七年(1792)小倉山房刻本　二册

110000－0198－0008692　子普 4571

讀書作文譜十二卷父師善誘法二卷合刻　(清)唐彪輯著　清刻本　二册　存二卷(讀書作文譜一至二)

110000－0198－0008693　子普 4572

幼稚新讀本六卷　清官報書局刻本(有圖)　一册

110000－0198－0008694　子普 4573

小學或問一卷　(清)尹嘉銓輯　清同治十年(1871)尊道堂刻本　一册

110000－0198－0008695　子普 4574

小學集解六卷綱領一卷　(清)張伯行輯　清道光二十七年(1847)求是軒刻本　一册　存一卷(集解一)

110000－0198－0008696　子普 4575

勸學篇二卷　(清)張之洞撰　清光緒二十四年(1898)两湖書院刻本　三册

110000－0198－0008697　子普 4578

桐城吴氏文法教科書二編　吴闓生編　清光緒二十八年(1902)鉛印本　九册

110000－0198－0008698　子普 4580

學算筆談十二卷　(清)華蘅芳撰　清光緒二十二年(1896)石印本　三册　存六卷(一至六)

110000－0198－0008699　子普 4583

小學集注六卷　(明)陳選集注　清光緒三十三年(1907)學部圖書局石印本　一册

110000－0198－0008700　子普 4586

小學韻語　(清)羅澤南著　清光緒二十九年(1903)北洋官報局石印本　一册

110000－0198－0008701　子普 4587

筆算教科書四卷　張景良著　清光緒三十四年(1908)上海文明書局鉛印本　一册　存一卷(四)

110000－0198－0008702　子普 4588

高等小學筆算教科書　王兆枏　杜亞泉編　清宣統二年(1910)上海商務印書館鉛印本　四册

110000－0198－0008703　子普 4592

中等學校東亞小史教科書　郭鍾韶譯　清光緒三十一年(1905)華北譯書局鉛印本　三册

110000－0198－0008704　子普 4593

精神之教育二卷　(日本)隅谷已三郎編　趙必振譯　清光緒二十八年(1902)上海廣智書局鉛印本　一册

110000－0198－0008705　子普 4606

小學集注六卷　(明)陳選集注　清末石印本　二册　存一卷(五)

110000－0198－0008706　子普 4607

筆算教科書四卷　張景良著　清光緒三十四年(1908)上海文明書局鉛印本　一册　存一卷(二)

110000－0198－0008707　子普 4610

高等小學國文教科書　蔣維喬等編　清宣統元年(1909)上海商務印書館鉛印本　四册　存四册(二至四、八)

110000－0198－0008708　子普 4611

格致啟蒙四種　(英國)羅斯古纂　清光緒二十二年(1896)上海著易堂書局鉛印本　一册

110000－0198－0008709　子普 4613

國民體育學　(日本)西川政憲著　楊壽桐譯

清光緒二十八年(1902)上海文明書局鉛印本　一冊

110000－0198－0008710　子普 4614
國文教科書　蔣維喬　莊俞編　清光緒三十二年(1906)上海商務印書館鉛印本　四冊

110000－0198－0008711　子普 4615
小學集解六卷　(清)張伯行輯注　清刻本　二冊　存二卷(五至六)

110000－0198－0008712　子普 4616
小學集解六卷　(清)張伯行輯注　清刻本　二冊　存二卷(五至六)

110000－0198－0008713　子普 4617
敦化堂重訂幼學須知句解四卷　(清)程登吉撰　(清)黄汪若注　(清)錢元龍校　清道光三年(1823)貴文堂刻本　三冊

110000－0198－0008714　子普 4618
勸學篇　(清)張之洞撰　清光緒二十四年(1898)都門刻本　一冊

110000－0198－0008715　子普 4619
幼學歌五卷　(清)王用臣編　清刻本　一冊　存二卷(四至五)

110000－0198－0008716　子普 4620
小學六卷　(清)高愈纂注　清光緒三十年(1904)養正書屋刻本(有圖)　六冊

110000－0198－0008717　子普 4621
小學集解六卷　(清)張伯行輯注　清刻本　四冊

110000－0198－0008718　子普 4622
小學集解六卷　(清)張伯行輯　清刻本　二冊　存二卷(五至六)

110000－0198－0008719　子普 4623
幼學故事瓊林四卷首一卷　(清)程允升撰　(清)鄒聖脈增補　清光緒善成堂刻本　三冊

110000－0198－0008720　子普 4624
小學集注六卷　(明)陳選集注　清同治元年至二年(1862－1863)刻本　六冊

110000－0198－0008721　子普 4625
小學集解六卷　(清)張伯行輯注　清光緒十六年(1890)桂垣書局刻本　五冊

110000－0198－0008722　子普 4626
增刪算法統宗十一卷　(清)程大位撰　(清)梅瑴成增刪　清光緒二十二年(1896)上海古香閣石印本(有圖)　二冊

110000－0198－0008723　子普 4627
文獻通考詳節二十四卷　(元)馬端臨撰　(清)嚴虞惇錄　清光緒十五年(1889)上海珍藝書局鉛印本　二冊　存八卷(一至七、十二)

110000－0198－0008724　子普 4628
易漢學八卷　(清)惠棟撰　清末石印本　一冊

110000－0198－0008725　子普 4629
雪樵經解三十三卷　(清)馮世瀛輯　清末石印本　一冊　存四卷(五至八)

110000－0198－0008726　子普 4630
增廣尚友錄統編二十二卷　(清)應祖錫編　清末石印本　一冊　存二卷(九至十)

110000－0198－0008727　子普 4631
點石齋叢畫□□卷　清光緒石印本(有圖)　一冊　存二卷(十一至十二)

110000－0198－0008728　子普 4632
庚子消夏錄碑帖攷一卷　(清)孫承澤著　清刻本　一冊

110000－0198－0008729　子普 4633
五經文料大成八卷　(清)朱迺紱編　清光緒十七年(1891)上海鴻寶齋石印本　一冊　存四卷(一至四)

110000－0198－0008730　子普 4634
新增詩選題解韻編全集□□卷　(清)陳劍芝編輯　清刻本　一冊　存一卷(十五)

110000－0198－0008731　子普 4635
增補事類統編九十三卷首一卷　(清)黄葆真增輯　清光緒十四年(1888)上海點石齋石印

本　十三册

110000－0198－0008732　子普4636
增註分韻館詩精華　(清)劉海鰲編　清光緒六年(1880)寶珍堂刻本　八册

110000－0198－0008733　子普4637
顔氏家訓二卷　(隋)顔之推著　清刻本　一册

110000－0198－0008734　子普4638
兩漢雋言十六卷　(宋)林越輯　清光緒二十二年(1896)鴻寶齋書局石印本　一册

110000－0198－0008735　子普4640
東坡題跋二卷　(宋)蘇軾撰　(清)溫一貞錄　清末石印本　一册　存一卷(下)

110000－0198－0008736　子普4642
詩韻合璧五卷　(清)湯文潞編　清末石印本　一册　存一卷(二)

110000－0198－0008737　子普4644
大學□□卷　(宋)朱熹集注　清刻本　一册　存一卷(四)

110000－0198－0008738　子普4645
佛堂禮式　清末刻本(有圖)　一册

110000－0198－0008739　子普4647
百不可言醫說　清刻朱印本　一册

110000－0198－0008740　子普4648
金剛般若波羅蜜經　(後秦)釋鳩摩羅什譯　清刻本　一册

110000－0198－0008741　子普4671
佛說金剛神咒　明萬曆四十七年(1619)刻本(有圖)　一册

110000－0198－0008742　子普4672
阿差末菩薩經七卷　(晉)釋竺法護譯　清刻本　二册　存二卷(二至三)

110000－0198－0008743　子普4673
大寶積經一百二十卷　(北齊)釋那連提耶舍譯　清刻本　十册　存十卷(六十一至七十)

110000－0198－0008744　子普4674
金剛般若波羅密經　(後秦)釋鳩摩羅什譯
大寶積經一百二十卷　(北齊)釋那連提耶舍譯　清光緒刻本(有圖)　一册

110000－0198－0008745　子普4677
四子譜二卷　(清)過文年著　清刻本(有圖)　一册　存一卷(一)

110000－0198－0008746　子普4678
弈萃　(清)卞立言著　清光緒二十五年(1899)西蜀鄧氏養雲僊館刻本(有圖)　二册

110000－0198－0008747　子普4679
官子　(清)卞立言著　清光緒二十五年(1899)西蜀鄧氏養雲僊館刻本(有圖)　一册

110000－0198－0008748　子普4681
國朝弈匯　(清)徐德煥著　清咸豐六年(1856)晉陽員氏蘭岩別墅刻本　一册

110000－0198－0008749　子普4682
受子弈譜　(清)毛孝光輯　清嘉慶十五年(1810)刻本(有圖)　一册

110000－0198－0008750　子普4683
嶽雪樓鑒真法帖　(清)孔廣陶輯刻　清拓本　十二册

110000－0198－0008751　子普4684
弈理指歸圖三卷　(清)施紹闇編　清刻本　二册

110000－0198－0008752　子普4685
揚子法言十三卷音義一卷　(漢)揚雄撰　(晉)李軌注　清嘉慶二十三年(1818)江都秦氏石研齋刻本　二册　存六卷(一至六)

110000－0198－0008753　子普4687
仙機武庫八卷　(明)陸玄宇輯　清末石印本(有圖)　二册

110000－0198－0008754　子普4688
近譜　(清)金楙志輯　清末石印本(有圖)　七册

110000－0198－0008755　子普4690
道元一炁三卷保生秘要二卷　(明)曹士珩撰　明刻本　五册

110000－0198－0008756　子普 4692

孔氏家語十卷劄記一卷　(三國魏)王肅注　劉世珩劄記　清光緒二十八年(1902)貴池劉氏刻本　四册

110000－0198－0008757　子普 4693

周陳弈譜　(清)鄧元鏸輯　清刻本　一册　存四十四頁(十八至六十一)

110000－0198－0008758　子普 4694

大佛頂如來密因修證了義諸菩薩萬行首楞嚴經十卷　(唐)釋般剌密帝譯　清刻本　三册

110000－0198－0008759　子普 4695

澄衷蒙學堂字課圖說四卷　劉樹屏撰　清光緒二十九年(1903)澄衷蒙學堂印書處石印本　二册

110000－0198－0008760　子普 4696

澄衷蒙學堂字課圖說四卷　劉樹屏撰　清光緒二十九年(1903)澄衷蒙學堂印書處石印本　九册

110000－0198－0008761　子普 4705

七政四餘命學　項方蒨撰　清末瑞安項氏刻本(有圖)　二册

110000－0198－0008762　子普 4707

寄青霞館弈選八卷　(清)王存善輯　清刻本　八册

110000－0198－0008763　子普 4711

御製勸善要言　(清)世祖福臨撰　清刻本　一册

110000－0198－0008764　子普 4714

新刊性理大全七十卷　(明)胡廣等撰　明刻本　二十四册　存四十四卷(一至六、三十三至七十)

110000－0198－0008765　子普 4715

分類字錦六十四卷　(清)何焯等編　清刻本　二十五册　存四十三卷(一至十一、三十三至六十四)

110000－0198－0008766　子普 4716

大學衍義四十三卷　(宋)真德秀撰　**大學衍義補一百六十卷目錄一卷**　(明)丘濬撰　清同治十三年(1874)夔州郭氏家塾刻本　四十四册　存一百四十六卷(大學衍義四十三卷,補一至十九、四十九至一百三十二)

110000－0198－0008767　子普 4717

大學衍義四十三卷　(宋)真德秀撰　清光緒二十二年(1896)新化三味堂刻本　八册

110000－0198－0008768　子普 4719

風燭學鈔四卷　(清)馬時芳輯　清道光二十一年(1841)謝氏刻本　四册

110000－0198－0008769　子普 4720

讀書劄記四卷　(清)喬可聘著　清刻本　二册　存一卷(一)

110000－0198－0008770　子普 4722

兵鑑全集四卷附錄一卷　(清)徐宗幹輯　清咸豐二年(1852)斯未信齋刻本　一册　存三卷(三至四、附錄一卷)

110000－0198－0008771　子普 4723

慈溪黃氏日抄分類九十七卷　(宋)黃震撰　**慈溪黃氏日抄分類古今紀要十九卷**　清乾隆三十二年(1767)新安汪氏刻本　十二册　存六十七卷(三十三至三十六、四十八至五十五、六十二至九十七,古今紀要十九卷)

110000－0198－0008772　子普 4725

御纂朱子全書六十六卷　(宋)朱熹撰　(清)李光地等編　清刻本　十二册　存十二卷(十三至二十四)

110000－0198－0008773　子普 4726

風俗通義四卷　(漢)應劭著　清乾隆新安汪氏刻本　一册

110000－0198－0008774　子普 4727

武闈三子全書析疑大全　(清)張權時輯　清同治二年(1863)文會堂刻本　二册

110000－0198－0008775　子普 4729

曾氏女訓三卷　(清)劉鑒撰　清刻本　三册

110000－0198－0008776　子普 4730

下學指南　(清)周思誠纂　清刻本　一册

110000－0198－0008777　子普 4732
問心齋學治雜錄二卷續錄四卷　(清)張聯桂撰　清光緒十一年(1885)刻本　三冊

110000－0198－0008778　子普 4733
存古學堂叢刻　(清)王仁俊撰　清光緒三十三年(1907)存古學堂鉛印本　一冊

110000－0198－0008779　子普 4734
淳化閣帖釋文十卷　(清)羅森校訂　清刻本　一冊　存四卷(一至四)

110000－0198－0008780　子普 4738
唐語林八卷　(宋)王讜撰　清三原李氏惜陰軒刻本　一冊　存二卷(七至八)

110000－0198－0008781　子普 4739
書疑九卷　(宋)王柏著　清永康胡氏退補齋刻本　一冊　存四卷(一至四)

110000－0198－0008782　子普 4741
讀史方輿紀要一百三十卷附地圖總說　(清)顧祖禹輯　清嘉慶十七年(1812)敷文閣仿聚珍版刻本　一冊　存四卷(一百二至一百五)

110000－0198－0008783　子普 4742
黃帝内經靈樞十二卷　(唐)王冰注　清刻本　一冊　存一卷(十)

110000－0198－0008784　子普 4743
鶴山渠陽讀書雜鈔二卷　(宋)魏了翁撰　清刻本　一冊

110000－0198－0008785　子普 4744
山堂肆考二百四十卷　(明)彭大翼撰　(明)張幼學輯　明刻本　七冊　存二十八卷(一至二十八)

110000－0198－0008786　子普 4747
傅子　(晉)傅玄撰　清刻本　四冊

110000－0198－0008787　子普 4748
列子八卷　(晉)張湛注　清光緒二年(1876)浙江書局刻本　一冊　存四卷(一至四)

110000－0198－0008788　子普 4749
孔子集語十七卷　(清)孫星衍輯　清刻本　二冊　存四卷(十四至十七)

110000－0198－0008789　子普 4751
荀子二十卷　(唐)楊倞注　清光緒二年(1876)浙江書局刻本　一冊　存三卷(一至三)

110000－0198－0008790　子普 4754
荀子二十卷首一卷　(唐)楊倞注　清刻本　五冊

110000－0198－0008791　子普 4755
荀子二十卷首一卷　(唐)楊倞注　清刻本　一冊　存四卷(五至八)

110000－0198－0008792　子普 4756
荀子二十卷首一卷　(唐)楊倞注　清刻本　八冊

110000－0198－0008793　子普 4762
墨子閒詁十五卷目錄一卷附錄一卷後語二卷　(清)孫詒讓撰　清光緒三十三年(1907)刻本　四冊

110000－0198－0008794　子普 4763
朱子為學次第考三卷　(清)童能靈著　清刻本　一冊　存二卷(一至二)

110000－0198－0008795　子普 4764
墨子十六卷　(戰國)墨翟撰　(清)畢沅注　清刻本　三冊　存十二卷(五至十六)

110000－0198－0008796　子普 4765
墨子六卷　(清)王念孫撰　清刻本　一冊　存三卷(一至三)

110000－0198－0008797　子普 4766
墨子七十一篇　(戰國)墨翟撰　王闓運注　清光緒三十年(1904)江西官書局刻本　一冊　存三十九篇(一至三十九)

110000－0198－0008798　子普 4767
墨子斠注補正二卷　王樹枏撰　清光緒十三年(1887)新城王氏刻本　一冊　存一卷(上)

110000－0198－0008799　子普 4768
莊子十卷　(戰國)莊周撰　(晉)郭象注　(唐)陸德明音義　**荀子二十卷校勘補遺一卷**　(戰國)荀況撰　(唐)楊倞注　清光緒二十

三年(1897)圖書集成局鉛印本　十冊

110000－0198－0008800　子普 4771
韓非子二十卷　清光緒元年(1875)浙江書局刻本　六冊

110000－0198－0008801　子普 4772
韓非子二十卷　清刻本　一冊　存三卷(一至三)

110000－0198－0008802　子普 4774
韓非子二十卷　清刻本　六冊

110000－0198－0008803　子普 4775
韓非子識誤三卷　(清)顧廣圻撰　清嘉慶二十四年(1819)刻本　一冊

110000－0198－0008804　子普 4776
日知錄集釋三十二卷　(清)顧炎武著　(清)黃汝成集釋　清刻本　一冊　存二卷(四至五)

110000－0198－0008805　子普 4777
韓非子集解二十卷　(清)王先慎撰　清光緒二十二年(1896)刻本　四冊　存七卷(一至七)

110000－0198－0008806　子普 4778
韓非子集解二十卷　(清)王先慎撰　清光緒二十二年(1896)刻本　五冊　缺六卷(七至十二)

110000－0198－0008807　子普 4779
平垣蒙求注二卷　(清)平垣撰　清刻本　二冊

110000－0198－0008808　子普 4780
嘯亭雜錄十卷續錄三卷　(清)昭槤著　清光緒刻本　一冊　存一卷(八)

110000－0198－0008809　子普 4781
嘯亭雜錄十卷續錄三卷　(清)昭槤著　清光緒刻本　六冊　存五卷(嘯亭雜錄三至六、續錄二)

110000－0198－0008810　子普 4782
家寶初集　(清)石成金撰集　清乾隆四年(1739)刻本　六冊

110000－0198－0008811　子普 4787
式古堂目錄十七卷　(清)允瑩編　清光緒十九年(1893)石印本　三冊

110000－0198－0008812　子普 4788
香祖筆記十二卷　(清)王士禛撰　清宣統三年(1911)掃葉山房石印本　二冊

110000－0198－0008813　子普 4791
郎潛紀聞初筆七卷　(清)陳康祺撰　清宣統二年(1910)掃葉山房石印本　六冊

110000－0198－0008814　子普 4793
經國美談前編二十回後編二十五回　(日本)矢野文雄纂　雨塵子譯　清光緒二十八年(1902)上海商務印書館鉛印本　一冊

110000－0198－0008815　子普 4794
應酬詩文彙選　清刻本　三冊

110000－0198－0008816　子普 4795
浪跡叢談十一卷續談八卷　(清)梁章鉅撰　清刻本　六冊　缺二卷(一至二)

110000－0198－0008817　子普 4797
賈子次詁十六卷　(清)王耕心撰　清光緒二十九年(1903)正定王氏刻本　二冊

110000－0198－0008818　子普 4798
北堂書鈔一百六十卷　(唐)虞世南輯　清光緒十四年(1888)南海孔氏三十有三萬卷堂刻本　四冊　存四十三卷(一至四十三)

110000－0198－0008819　子普 4801
白虎通疏證十二卷　(清)陳立撰　清光緒元年(1875)淮南書局刻本　四冊

110000－0198－0008820　子普 4804
御製數理精蘊表八卷　(清)允祉等撰　清雍正二年(1724)武英殿刻本　二冊　存二卷(四至五)

110000－0198－0008821　子普 4805
天中記六十卷　(明)陳耀文輯　清刻本　五十六冊

110000－0198－0008822　子普 4808
指月錄三十二卷　(明)瞿汝稷集　清同治十

一年(1872)杭州慧空經房刻本　九册　缺三卷(七至九)

110000－0198－0008823　子普 4809
白虎通疏證十二卷　(清)陳立撰　清光緒元年(1875)淮南書局刻本　一册　存三卷(一至三)

110000－0198－0008824　子普 4810
風俗通義十卷　(漢)應劭撰　清光緒元年(1875)湖北崇文書局刻本　九册

110000－0198－0008825　子普 4811
明儒學案六十二卷　(清)黄宗羲輯著　清紫筠齋刻本　十二册　缺十五卷(三至十三、五十至五十三)

110000－0198－0008826　子普 4813
宋元學案一百卷　(清)黄宗羲撰　清光緒刻本　二十三册　存四十七卷(二至四、十至十九、二十六至三十二、六十七至七十一、七十八至八十一、八十三至一百)

110000－0198－0008827　子普 4814
宋元學案一百卷　(清)黄宗羲撰　清光緒刻本　四十册

110000－0198－0008828　子普 4815
弦雪居重訂遵生八牋十九卷目錄一卷　(明)高濂撰　明課花書屋刻本　十册

110000－0198－0008829　子普 4817
代數備旨　(美國)狄考文譯　(清)鄒立文　(清)生福維筆述　清光緒三十一年(1905)上海美華書館鉛印本　一册

110000－0198－0008830　子普 4820
朱子周易参同契考異一卷　(宋)黄瑞節撰　清道光刻本　一册

110000－0198－0008831　子普 4821
仁書　(清)易佩紳撰　清光緒十年(1884)易氏刻本　一册

110000－0198－0008832　子普 4822
江邨銷夏錄三卷　(清)高士奇輯　清康熙三十二年(1693)高氏朗潤堂刻本　三册

110000－0198－0008833　子普 4823
容齋隨筆十六卷續筆十六卷三筆十六卷四筆十六卷五筆十卷　(宋)洪邁撰　清刻本　五册　存二十七卷(隨筆五至十、三筆十二至十六、四筆十六卷)

110000－0198－0008834　子普 4826
化學初階四卷　(美國)嘉約翰譯　(清)何瞭然述　清同治九年(1870)羊城博濟醫局刻本　一册　存一卷(一)

110000－0198－0008835　子普 4827
鐶飢亭集三十二卷　(清)祁寯藻撰　清咸豐六年(1856)刻本　一册　存五卷(一至五)

110000－0198－0008836　子普 4829
破邪詳辯四卷首一卷　(清)黄育楩撰　清道光十四年(1834)刻本　一册　存二卷(三至四)

110000－0198－0008837　子普 4830
化學鑑原六卷　(英國)韋而司撰　(英國)傅蘭雅譯　(清)徐壽述　清光緒江南製造總局刻本　四册

110000－0198－0008838　子普 4831
隴蜀餘聞一卷　(清)王士禎撰　清康熙刻本　一册

110000－0198－0008839　子普 4832
江淮異人錄二卷　(宋)吴淑撰　清刻本　一册

110000－0198－0008840　子普 4834
歲華紀麗四卷　(唐)韓鄂撰　清康熙三十年(1691)高士奇朗潤堂刻本　一册

110000－0198－0008841　子普 4834－1
編珠四卷　(隋)杜公瞻撰　清刻本　一册

110000－0198－0008842　子普 4835
茶餘客話二十二卷　(清)阮葵生著　清光緒十四年(1888)鉛印本　三册　存十七卷(一至十七)

110000－0198－0008843　子普 4837
不費錢功德錄二卷　(清)再生居士輯　清光

緒二十五年(1899)津逮樓刻本　二冊

110000－0198－0008844　子普 4839

周易參同契集韻前三卷後三卷　(清)紀大奎輯　清咸豐二年(1852)刻本　六冊

110000－0198－0008845　子普 4844

省軒考古類編十二卷　(清)柴紹炳纂　清刻本　一冊　存二卷(五至六)

110000－0198－0008846　子普 4845

讀書日記六卷補編二卷　(清)劉源淥著　清刻本　一冊　存二卷(五至六)

110000－0198－0008847　子普 4846

荆園小語集證四卷　(清)申涵光著　(清)張子覺輯　清刻本　一冊　存二卷(三至四)

110000－0198－0008848　子普 4847

篤素堂文集四卷　(清)張英著　清湖南學庫谷氏刻本　一冊

110000－0198－0008849　子普 4848

立方奇法一卷　(清)龔傑子撰　清光緒胡氏石印本　一冊

110000－0198－0008850　子普 4851

瀟湘録一卷　(唐)李隱撰　**卓異記一卷**　(唐)李翺撰　清刻本　二冊

110000－0198－0008851　子普 4853

自西徂東五卷　(德國)花之安著　清光緒鉛印本　一冊　存一卷(二)

110000－0198－0008852　子普 4854

金粟箋説一卷　(清)張燕昌著　清刻本　一冊

110000－0198－0008853　子普 4855

王景亭先生家訓　(清)王福康撰　清光緒二十年(1894)刻本　一冊

110000－0198－0008854　子普 4856

子華子二卷　(春秋)程本撰　明刻本　一冊

110000－0198－0008855　子普 4857

道聽塗説十二卷　(清)潘綸恩著　清光緒元年(1875)申報館鉛印本　一冊　存二卷(九至十)

110000－0198－0008856　子普 4858

綠野仙蹤八十回　(清)李百川撰　清刻本　一冊　存七回(六十八至七十四)

110000－0198－0008857　子普 4860

玉臺書史一卷　(清)厲鶚著　清刻本　一冊

110000－0198－0008858　子普 4862

夢溪筆談二十六卷　(宋)沈括撰　清刻本　一冊　存六卷(十一至十六)

110000－0198－0008859　子普 4864

泰西事物叢考八卷　(比利時)赫師慎譯　清光緒二十九年(1903)鴻寶齋石印本　一冊　存一卷(一)

110000－0198－0008860　子普 4880

廣陽雜記五卷　(清)劉獻廷撰　清光緒三十四年(1908)上海國學保存會鉛印本　一冊　存三卷(三至五)

110000－0198－0008861　子普 4886

鄭氏爻辰補六卷　(清)戴棠撰　清道光二十九年(1849)燕山書屋刻本　一冊　存二卷(五至六)

110000－0198－0008862　子普 4887

格致精華録四卷　(清)王仁俊述　清光緒二十二年(1896)石印本　一冊　存一卷(四)

110000－0198－0008863　子普 4888

課子隨筆節鈔六卷附録一卷續編一卷　(清)張師載輯　清末刻本　二冊　存四卷(一至四)

110000－0198－0008864　子普 4889

帝範四卷　(唐)太宗李世民撰　清末刻本　一冊

110000－0198－0008865　子普 4890

西藝知新二十二卷　(英國)諾格德撰　(英國)傅蘭雅譯　(清)徐壽述　清末石印本(有圖)　一冊　存六卷(一至六)

110000－0198－0008866　子普 4894

翰文堂精選古文評注全集十卷　(清)過珙

(清)黄越選評　清刻本　一册　存一卷(十)

110000－0198－0008867　子普 4895
風角書八卷　(清)張爾岐著　清刻本　一册　存四卷(五至八)

110000－0198－0008868　子普 4901
八線備旨四卷　(美國)羅密士撰　清光緒二十四年(1898)上海美華書館鉛印本　一册

110000－0198－0008869　子普 4905
池北偶談二十六卷　(清)王士禛著　清末石印本　一册　存三卷(九至十一)

110000－0198－0008870　子普 4909
人譜一卷　(明)劉宗周撰　清光緒三十年(1904)上海支那新書局石印本　二册

110000－0198－0008871　子普 4910
增補諸家選擇萬全玉匣記不分卷　(晋)許遜撰　(清)趙嘉宁注　清刻本(有圖)　一册

110000－0198－0008872　子普 4914
天方字母解義一卷　(清)劉智著　清同治二年(1863)刻本　一册

110000－0198－0008873　子普 4915
蒙學讀本全書四編　(清)無錫三等公學堂編　清光緒二十八年(1902)上海文明書局石印本　一册　存一卷(四)

110000－0198－0008874　子普 4922
繹志十九卷　(清)胡承諾撰　清刻本　五册　存十二卷(一至十、十八至十九)

110000－0198－0008875　子普 4923
淳化祕閣法帖考證十二卷　(清)王澍撰　清刻本　二册　存三卷(九至十、十二)

110000－0198－0008876　子普 4925
淵鑒齋御纂朱子全書六十六卷　(清)李光地等纂修　清刻本　二册　存五卷(四十四至四十八)

110000－0198－0008877　子普 4926
稽瑞　(唐)劉賡輯　清光緒十年(1884)虞山鮑氏知不足齋刻本　十二册

110000－0198－0008878　子普 4928
豐川續集三十四卷　(清)王心敬著　清刻本　一册　存二卷(一至二)

110000－0198－0008879　子普 4931
讀書脞錄七卷　(清)孫志祖撰　清文學山房木活字印本　一册　存一卷(七)

110000－0198－0008880　子普 4934
程氏墨苑十四卷　(明)程大約撰　明程氏滋蘭堂刻本　一册　存一卷(七)

110000－0198－0008881　子普 4936
中黄道經四集　(清)張恩霨撰　清末刻本　六册　存六卷(内集一下、二上下,外集三上下、四上)

110000－0198－0008882　子普 4937
孟子　清末刻本　一册

110000－0198－0008883　子普 4938
曾子家語六卷　(清)王定安編　清末刻本　一册　存三卷(四至六)

110000－0198－0008884　子普 4939
篆學瑣著三十種　(清)顧湘輯　清道光二十年(1840)海虞顧氏刻本　一册　存一册(一)

110000－0198－0008885　子普 4942
風俗通義十卷　(漢)應劭著　清刻本　一册　存七卷(一至七)

110000－0198－0008886　子普 4943
詩緯含神霧訓纂一卷　胡薇元輯　清末刻本　一册

110000－0198－0008887　子普 4949
東塾讀書記十五卷　(清)陳灃撰　清末刻本　一册　存四卷(五至八)

110000－0198－0008888　子普 4950
食舊德齋雜著二卷　(清)劉嶽雲著　清光緒八年(1882)刻本　一册　存一卷(一)

110000－0198－0008889　子普 4953
淮南鴻烈解輯畧二卷　(明)張榜輯　明刻本　二册

110000－0198－0008890　子普4954
淮南鴻烈解二十一卷　(漢)劉安撰　(漢)高誘注　清光緒元年(1875)湖北崇文書局刻本　四册

110000－0198－0008891　子普4955
淮南天文訓補注二卷　(清)錢塘撰　清光緒三年(1877)湖北崇文書局刻本　一册　存一卷(下)

110000－0198－0008892　子普4956
淮南子二十一卷　(漢)劉安撰　(漢)高誘注　清光緒二年(1876)浙江書局刻本　四册　存十四卷(一至十四)

110000－0198－0008893　子普4957
淮南襍箸二卷　曹允源撰　清光緒十七年(1891)刻本　一册　存一卷(上)

110000－0198－0008894　子普4959
淮南雜識四卷　(清)聞益編　清同治七年(1868)刻本　二册　存二卷(三至四)

110000－0198－0008895　子普4960
淮南子二十一卷　(漢)劉安撰　(漢)高誘注　清光緒二年(1876)浙江書局刻本　五册　存十七卷(一至十三、十八至二十一)

110000－0198－0008896　子普4961
淮南襍箸二卷　曹允源撰　清光緒十七年(1891)刻本　二册

110000－0198－0008897　子普4963
淮南内篇二十一卷　(清)王念孫撰　清刻本　一册　存六卷(一至六)

110000－0198－0008898　子普4964
淮南子二十一卷　(漢)劉安撰　(漢)高誘注　清光緒二十三年(1897)圖書集成局鉛印本　一册

110000－0198－0008899　子普4967
莊子解十二卷　(清)吳世尚評注　清易老莊書屋刻本　二册　存三卷(一至三)

110000－0198－0008900　子普4969
莊子十卷　(戰國)莊周撰　(晉)郭象注　(唐)陸德明音義　清刻本　一册　存三卷(四至六)

110000－0198－0008901　子普4972
莊子雪三卷　(清)陸樹芝輯註　清嘉慶四年(1799)粵東儒雅堂刻本　六册

110000－0198－0008902　子普4973
莊子集釋十卷　(清)郭慶藩輯　清思賢講舍刻本　三册　存六卷(一至六)

110000－0198－0008903　子普4977
南華真經十卷　(晉)郭象注　(唐)陸德明音義　清刻本　一册　存三卷(五至七)

110000－0198－0008904　子普4979
莊子集解八卷　王先謙解集　清宣統元年(1909)思賢書局刻本　四册

110000－0198－0008905　子普4980
莊子集解八卷　王先謙解集　清宣統元年(1909)思賢書局刻本　三册

110000－0198－0008906　子普4981
老子道德經二篇老子道經音義　(晉)王弼注　清光緒元年(1875)浙江書局刻本　一册

110000－0198－0008907　子普4982
莊子集解八卷　王先謙解集　清宣統元年(1909)思賢書局刻本　一册　存二卷(一至二)

110000－0198－0008908　子普4983
莊子集解八卷　王先謙解集　清末影印本　一册　存二卷(七至八)

110000－0198－0008909　子普4989
莊子内篇註四卷　(明)釋德清註　清光緒十四年(1888)金陵刻經处刻本　四册

110000－0198－0008910　子普4990
經典釋文三十卷　(唐)陸德明撰　清刻本　一册　存四卷(二十五至二十八)

110000－0198－0008911　子普4991
老子約說四卷　(清)紀大奎撰　清同治九年(1870)刻本　一册　存一卷(中篇)

110000－0198－0008912　子普 4995
清祕閣製印譜　清祕閣製　清鈐印本　二册

110000－0198－0008913　子普 4998
清游印譜　清光緒三十四年(1908)石印本　一册

110000－0198－0008914　子普 5003
友石軒印譜　(清)楊秉信鎸　清末鈐印本　一册

110000－0198－0008915　子普 5028
七家名人印譜　清光緒二十七年(1901)小長蘆館石印本　三册

110000－0198－0008916　子普 5029
飛鴻堂印譜五集　(清)汪啟淑輯　清末影印本　七册

110000－0198－0008917　子普 5030
次閑印譜　(清)趙之琛篆刻　清光緒十一年(1885)百石齋鈐印本　二册

110000－0198－0008918　子普 5033
淡如齋主人圖章　清同治四年(1865)鈐印本　四册

110000－0198－0008919　子普 5051
墨池堂選帖五卷　清拓本　一册　存一卷(五)

110000－0198－0008920　子普 5053
安刻書譜　清道光拓本　一册

110000－0198－0008921　子普 5084
聽雨樓藏書　清拓本　一册

110000－0198－0008922　子普 5098
随軒金石文字九種　(清)徐渭仁輯　清道光刻本　四册

110000－0198－0008923　子普 5104
岑襄勤公勳德介福圖十卷　(清)岑春榮編　清光緒十七年(1891)石印本　一册

110000－0198－0008924　子普 5109
文美齋詩箋譜　(清)張兆祥繪　文美齋編　清宣統三年(1911)文美齋彩色套印本　二册

110000－0198－0008925　子普 5110
文美齋詩箋譜　(清)張兆祥繪　文美齋編　清宣統三年(1911)文美齋彩色套印本　二册

110000－0198－0008926　子普 5149
魏鶴山先生渠陽詩一卷　(宋)魏了翁撰　清光緒二十八年(1902)武昌貴池劉世珩玉海堂刻本　一册

110000－0198－0008927　子普 5153
孔子廟堂碑　(唐)虞世南撰並書　清光緒九年(1883)拓本　一册

110000－0198－0008928　子普 5174
蚓蒾齋竹譜　(明)方塘繪　清光緒三十年(1904)影印本　一册

110000－0198－0008929　子普 5175
蚓蒾齋蘭譜　(清)謝鑒禮繪　清光緒三十二年(1906)影印本　一册

110000－0198－0008930　子普 5208
子書類纂七卷　(明)胡胤嘉輯　明刻本　五册

110000－0198－0008931　子普 5222
釋迦如來應化事蹟　(清)永珊輯　清光緒二十三年(1897)揚州藏經院石印本　三册

110000－0198－0008932　子普 5224
陽宅三要四卷　(清)趙廷棟撰　清刻本　二册

110000－0198－0008933　子普 5225
陽宅大全十卷　(明)一壑居士集　清同治八年(1869)刻本　六册

110000－0198－0008934　子普 5226
地理孝思集十五卷首一卷　(清)舒鳳儀著　清善成堂刻本(有圖)　六册

110000－0198－0008935　子普 5227
新刻石函平砂玉尺經全書真機六卷附郭氏葬經　(元)劉秉忠著　清道光十二年(1832)書業堂刻本　六册

110000－0198－0008936　子普 5228
地理孝思集十五卷首一卷　(清)舒鳳儀著

清善成堂刻本(有圖)　六冊

110000－0198－0008937　子普 5229

永寧通書四集十二卷　(清)王維德輯　清光緒十二年(1886)掃葉山房刻本(有圖)　六冊

110000－0198－0008938　子普 5230

陽宅愛眾篇四卷　(清)張覺正著　清道光十二年(1832)百忍堂刻本　四冊

110000－0198－0008939　子普 5232

括地律言四卷　清光緒二年(1876)琉璃廠文貴堂刻本　四冊

110000－0198－0008940　子普 5233

軒轅碑記醫學祝由十三科二卷　清青洞天刻本　二冊

110000－0198－0008941　子普 5234

人相水鏡集全編四卷　(清)右髻道人纂要　清文餘堂刻本(有圖)　四冊

110000－0198－0008942　子普 5235

增刪卜易六卷　(清)野鶴老人著　清乾隆五十二年(1787)守拙齋刻本　四冊

110000－0198－0008943　子普 5236

新刻合併官板音義評註淵海子平五卷　(宋)徐升編　清末刻本　一冊　存三卷(三至五)

110000－0198－0008944　子普 5237

柳莊先生神相全編三卷　(明)袁珙撰　清光緒十九年(1893)鎮江文成堂殷氏刻本　二冊

110000－0198－0008945　子普 5238

神相鐵關刀二卷　清光緒二年(1876)文林閣刻本　一冊

110000－0198－0008946　子普 5239

新刊校正增釋合併麻衣先生人相編五卷　(明)陸位崇校編　清經綸堂刻本(有圖)　一冊　存三卷(一至三)

110000－0198－0008947　子普 5240

陰宅易知錄　(清)張際盛輯錄　清道光二十三年(1843)刻本(有圖)　一冊

110000－0198－0008948　子普 5241

陽宅易知錄　(清)張際盛輯錄　清道光二十三年(1843)刻本(有圖)　一冊

110000－0198－0008949　子普 5242

星相一掌經　清常州天寧寺刻本　一冊

110000－0198－0008950　子普 5244

麻衣相法五卷　(清)邱宗孔編輯　清光緒九年(1883)泰山堂刻本　一冊　存二卷(一至二)

110000－0198－0008951　子普 5247

卜筮正宗十四卷　(清)王維德撰　清末石印本　一冊　存一卷(四)

110000－0198－0008952　子普 5252

張宗道先生地理全書五卷　(明)張亙撰　清光緒善成堂刻本(有圖)　二冊

110000－0198－0008953　子普 5254

增釋麻衣相法全編四卷　(清)邱宗孔編輯　清萬元堂刻本(有圖)　一冊

110000－0198－0008954　子普 5259

重刊人子須知資孝地理心學統宗三十九卷　(明)徐善繼　(明)徐善述同著　清宣統三年(1911)上海江左書林石印本　八冊

110000－0198－0008955　子普 5265

陰騭果報圖註　(清)吳友如繪　清光緒十七年(1891)石印本(有圖)　一冊

110000－0198－0008956　子普 5273

李淳風推背圖　(唐)李淳風撰　清末石印本　一冊

110000－0198－0008957　子普 5276

審象精蘊三卷　(清)張純照輯　清刻本　一冊　存一卷(上)

110000－0198－0008958　子普 5277

演禽三世相法　清同治七年(1868)丹柱堂刻本(有圖)　二冊

110000－0198－0008959　子普 5281

六壬書　清末抄本　一冊

110000－0198－0008960　子普 5282

陰陽三元總録三卷 (明)柳洪泉纂輯 清光緒十七年(1891)三義堂刻本 一册 存一卷(上)

110000－0198－0008961 子普 5285
冷賞八卷 (明)鄭仲夔撰 清乾隆四十三年(1778)甌山金氏硯雲書屋刻本 一册

110000－0198－0008962 子普 5287
苦瓜和尚畫語録一卷 (明)釋道濟著 清刻知不足齋叢書本 一册

110000－0198－0008963 子普 5289
文心雕龍十卷 (南朝梁)劉勰撰 (清)黄叔琳集註 清養素堂刻本 一册 存二卷(一至二)

110000－0198－0008964 子普 5291
世説新語補二十卷 (南朝宋)劉義慶撰 清光緒葛氏嘯園刻本 一册 存二卷(十九至二十)

110000－0198－0008965 子普 5296
石印馮脩盦先生書譜 (清)馮脩盦書 清光緒十四年(1888)影印本 一册

110000－0198－0008966 子普 5298
山海經十八卷 (晋)郭璞傳 (明)吳中珩校 清刻本 一册 存三卷(一至三)

110000－0198－0008967 子普 5299
歐香館集十二卷 (清)惲格撰 清光緒元年(1875)湖北崇文書局刻本 一册 存三卷(一至三)

110000－0198－0008968 子普 5312
小學筆算新教科書 文明書局編輯 清光緒二十八年(1902)鉛印本 二册 存二册(一、三)

110000－0198－0008969 子普 5320
奇門遁甲秘笈大全二十五卷補遺四卷 (明)劉伯温校訂 清省思堂刻本 六册

110000－0198－0008970 子普 5321
奇門遁甲秘笈大全三十卷 (明)劉伯溫校訂 清省思堂刻本 八册 存二十卷(一至二十)

110000－0198－0008971 子普 5322
陽宅愛衆篇四卷 (清)張覺正著 清刻本(有圖) 四册

110000－0198－0008972 子普 5324
八門九星陰陽二遁 (清)梁立軒較録 清同治二年(1863)刻朱墨印本(有圖) 六册

110000－0198－0008973 子普 5325
新刊評註合併十八飛星策天紫微斗數全集六卷 (宋)陳摶撰 清刻本 一册 存一卷(五)

110000－0198－0008974 子普 5326
大六壬尋原 (清)張純照輯 清刻本 一册

110000－0198－0008975 子普 5327
神相水鏡集全編四卷 (清)右髻道人刪定 清光緒三十一年(1905)上海掃葉山房石印本 二册 存二卷(一、四)

110000－0198－0008976 子普 5328
神相水鏡集全編四卷 (清)右髻道人刪定 清光緒三十一年(1905)上海掃葉山房石印本 四册

110000－0198－0008977 子普 5329
增刪卜易六卷 題(清)野鶴老人撰 清光緒三十三年(1907)上洋京師書業公司石印本 四册 存四卷(一、三至五)

110000－0198－0008978 子普 5334
六壬金關玉鎖通神海底記 (宋)沖和子撰 清末抄本 一册

110000－0198－0008979 子普 5335
陽宅提綱 清末抄本 一册

110000－0198－0008980 子普 5336
大六壬榮志 韋布元著 清抄本 一册

110000－0198－0008981 子普 5337
會友堂靈驗課 清末抄本 一册

110000－0198－0008982 子普 5338
地理 (清)姚尚乾識 清道光二十三年

(1843)抄本　一册

110000－0198－0008983　子普5339
新抄神峯張先生闢謬命理正宗大全　(明)張楠著　清抄本　一册

110000－0198－0008984　子普5341
奇門遁甲陽遁九卷　(三國蜀)諸葛亮著　清抄本　一册　存三卷(四至六)

110000－0198－0008985　子普5346
邵堯夫鐵板神數　清抄本　二册

110000－0198－0008986　子普5355
算卦書十二星斷　清抄本　二册

110000－0198－0008987　子普5356
卜筮格言　清抄本　二册

110000－0198－0008988　子普5357
六壬篇　(清)俞樾撰　清抄本　一册

110000－0198－0008989　子普5358
卜筮正宗十四卷　(清)王維德撰　清光緒二十三年(1897)掃葉山房刻本　五册

110000－0198－0008990　子普5359
增補地理直指原真三卷首一卷　(清)釋徹瑩著　清指歸庵刻本　二册

110000－0198－0008991　子普5360
陽宅三要四卷　(清)趙廷棟著　清光緒六年(1880)掃葉山房刻本　一册

110000－0198－0008992　子普5361
卜筮正宗十四卷　(清)王維德撰　清光緒三十年(1904)京都琉璃廠文成堂刻本　一册　存二卷(一至二)

110000－0198－0008993　子普5362
相理衡真十卷　(清)陳釗撰　清刻本(有圖)　七册　存七卷(二至三、六至十)

110000－0198－0008994　子普5363
性命圭旨四卷　(清)尹真人秘授　清一山房刻本(有圖)　四册

110000－0198－0008995　子普5364
祝由科六卷　清抄本　四册　存四卷(二至五)

110000－0198－0008996　子普5365
相法證驗百條二卷　(清)劉學誠輯　清末鉛印本　二册

110000－0198－0008997　子普5366
陽宅都天發用全書　(清)瞿天賚校　清刻本　一册

110000－0198－0008998　子普5369
堪輿經二卷　(明)蕭克著　清刻本　一册　存一卷(上)

110000－0198－0008999　子普5370
觀梅拆字數五卷　(宋)邵雍著　清刻本　一册　存一卷(五)

110000－0198－0009000　子普5371
秘藏大六壬大全十三卷　(明)郭載騋撰　清刻本　十三册

110000－0198－0009001　子普5372
雪心賦辯訛正解四卷　(唐)卜應天著　清玉田齋刻本　一册

110000－0198－0009002　子普5373
百二漢鏡齋秘書四種四卷　(清)程芝雲輯　清道光四年(1824)湖邊程氏百二漢鏡齋刻本　四册

110000－0198－0009003　子普5376
騙術奇談四卷　雷君曜撰　清末掃葉山房石印本(有圖)　三册　存三卷(一至二、四)

110000－0198－0009004　子普5381
重鐫官板地理天機會元正篇體用括要三十五卷　(宋)蔡牧堂著　清刻本　十九册

110000－0198－0009005　子普5382
奇門遁甲秘笈大全三十卷　(明)劉伯溫校　清省思堂刻本　十六册

110000－0198－0009006　子普5384
神相水鏡集全編四卷　(清)右髻道人删定　清光緒三十一年(1905)上海掃葉山房石印本　一册　存一卷(一)

110000－0198－0009007　子普 5385

參星秘要諏吉便覽　清同治六年(1867)刻朱墨印本　二册

110000－0198－0009008　子普 5386

地理青囊經十卷　(□)杜銓明述　清嘉慶九年(1804)刻本(有圖)　四册

110000－0198－0009009　子普 5389

改良三命通會十二卷　(明)萬明英撰　清宣統元年(1909)上海江左書林石印本　十二册

110000－0198－0009010　子普 5398

子平管見集解二卷　(清)雷鳴夏著　清道光二十六年(1846)刻本　一册　存一卷(下)

110000－0198－0009011　子普 5400

袖裏金百中經　清刻本(有圖)　一册

110000－0198－0009012　子普 5401

六壬直指八卷　(清)徐端著　清光緒二十七年(1901)刻本　八册

110000－0198－0009013　子普 5402

增補星平會海命學全書十卷首一卷　題(□)水中龍編集　清光緒三年(1877)墨潤堂刻朱墨印本(有圖)　八册

110000－0198－0009014　子普 5403

奇門遁甲統宗十二卷　(三國蜀)諸葛亮著　清南陽石室刻本　六册

110000－0198－0009015　子普 5404

新鍥希夷陳先生紫微斗數全書四卷　(宋)陳摶著　清文誠堂刻本　二册

110000－0198－0009016　子普 5409

新刊地理五經四書解義郭朴葬經一卷　(元)吴徵删定　明刻本(有圖)　一册

110000－0198－0009017　子普 5410

新刻石函平砂玉尺經三卷附後集　(元)劉秉忠著　明刻本(有圖)　二册　缺二卷(上、下)

110000－0198－0009018　子普 5419

新刊校正增釋合併麻衣先生神相編五卷　(明)陸位崇校編　清李光明莊刻本　三册　存三卷(三至五)

110000－0198－0009019　子普 5420

增删卜易六卷　題(清)野鶴老人著　清大成堂刻本　三册

110000－0198－0009020　子普 5421

新刻增定邵康節先生梅花觀梅拆字數全集五卷　(宋)邵雍著　清善成堂刻本　四册

110000－0198－0009021　子普 5422

靈驅解法洞明眞言秘書　清刻本(有圖)　一册

110000－0198－0009022　子普 5424

神相全編十二卷首一卷　(宋)陳摶著　清刻本　三册　存七卷(一至六、首一卷)

110000－0198－0009023　子普 5425

地學二卷　(清)沈鎬著　清同治三年(1864)善美堂刻本(有圖)　二册

110000－0198－0009024　子普 5426

增補地理直指原真三卷首一卷　(清)釋徹瑩著　清康熙三十七年(1698)指歸庵刻本　七册

110000－0198－0009025　子普 5427

新刊校正增釋合併麻衣先生人相編五卷　(明)陸位崇編　清刻本　一册　存二卷(四至五)

110000－0198－0009026　子普 5428

增廣玉匣記通書六卷　清光緒二十一年(1895)李光明莊刻本(有圖)　二册

110000－0198－0009027　子普 5429

靈匣祕錄　清抄本　二册

110000－0198－0009028　子普 5430

神相彙編四卷續集一卷附錄一卷　(清)高鼎玉輯　清道光二十三年(1843)上洋江左書林刻本　四册

110000－0198－0009029　子普 5431

劉廸詵地理辯正　(□)劉廸詵撰　清抄本　一册

110000－0198－0009030　子普5432
地理啖蔗錄八卷　(清)袁守定撰　清刻本　三冊　存六卷(三至八)

110000－0198－0009031　子普5433
增補地理直指原真大全三卷首一卷　(清)釋徹瑩著　清康熙三十五年(1696)指歸庵刻本　一冊　存一卷(首一卷)

110000－0198－0009032　子普5434
運氣全圖　(□)陳啟運輯　清抄本(有圖)　二冊

110000－0198－0009033　子普5435
寶鏡圖　(□)張書田記　清抄本　一冊

110000－0198－0009034　子普5436
六圃沈新周先生地學二卷　(清)沈鎬撰　清道光二十年(1840)刻本(有圖)　二冊

110000－0198－0009035　子普5437
地理點穴憾龍經秘藏疑龍經大全山法　(唐)楊筠松　清兩儀堂刻本　六冊

110000－0198－0009036　子普5445
普濟應驗良方七卷　(清)德軒氏撰　清刻本　一冊

110000－0198－0009037　子普5446
素問病機氣宜保命集三卷　(金)劉完素撰　清懷德堂刻本　一冊　存一卷(中)

110000－0198－0009038　子普5448
藥性效能　(明)龔雲林編　清抄本　一冊

110000－0198－0009039　子普5449
時病論八卷　(清)雷豐著　清光緒十年(1884)雷氏慎修堂刻本　一冊

110000－0198－0009040　子普5450
黄帝内經素問二十四卷　(明)吳崐註　明刻本　一冊　存二卷(一至二)

110000－0198－0009041　子普5451
傷寒論注十卷　(清)王丙著　(清)陸懋修校　清刻本　一冊　存二卷(四至五)

110000－0198－0009042　集普1
涵芬樓古今文鈔一百卷　吳曾祺纂錄　清宣統鉛印本　四十九冊　存四十九卷(五十一至五十二、五十四至一百)

110000－0198－0009043　集普2
唐宋八大家類選十四卷　(清)儲欣評　清光緒刻本　七冊　缺二卷(十三至十四)

110000－0198－0009044　集普8
屑玉叢譚初集　(清)錢徵　(清)蔡爾康輯　清末鉛印本　六冊

110000－0198－0009045　集普9
屑玉叢譚初集　(清)錢徵　(清)蔡爾康輯　清末鉛印本　一冊

110000－0198－0009046　集普10
兒女英雄傳四十回　(清)文康著　清末刻本　六冊　存二十六回(十五至四十)

110000－0198－0009047　集普16
定盦文集三卷　(清)龔自珍撰　清光緒二十三年(1897)豐城余氏寶墨齋刻本　一冊

110000－0198－0009048　集普17
御選唐詩三十二卷　(清)聖祖玄燁輯　清刻朱墨印本　三冊　存七卷(二十六至三十二)

110000－0198－0009049　集普18
隨園詩話補遺十卷　(清)袁枚著　清乾隆五十七年(1792)小倉山房刻本　四冊

110000－0198－0009050　集普19
亭林詩集五卷　(清)顧炎武著　清末刻本　四冊

110000－0198－0009051　集普20
歷朝詩約選九十二卷　(清)劉大櫆纂　清光緒刻本　四冊　存十六卷(七十三至八十八)

110000－0198－0009052　集普21
午亭文編五十卷　(清)陳廷敬撰　清林佶寫刻本　十三冊　存四十卷(十一至五十)

110000－0198－0009053　集普22
元曲□□種　(明)臧懋循校　明刻本(有圖)　三冊　存二種(謝金吾、岳陽樓)

110000－0198－0009054　集普 23
梅村詩集箋注十八卷　(清)吴偉業撰　清嘉慶滄浪吟榭刻本　五册　存十二卷(七至十八)

110000－0198－0009055　集普 24
養晦堂文集十卷詩集二卷　(清)劉蓉著　清光緒三年(1877)思賢講舍刻本　四册

110000－0198－0009056　集普 26
曝書亭集詞注七卷　(清)李富孫纂　清校經廎刻本　四册

110000－0198－0009057　集普 27
雲左山房詩鈔八卷　(清)林則徐撰　清光緒刻本　二册

110000－0198－0009058　集普 28
蘇詩選評箋釋六卷　(清)汪師韓撰　清光緒十二年(1886)錢塘汪氏刻本　二册

110000－0198－0009059　集普 29
唐宋八家文讀本三十卷　(唐)韓愈著　(清)沈德潛評點　清刻本　七册　存十六卷(六至十四、二十四至三十)

110000－0198－0009060　集普 30
徐孝穆全集六卷　(清)吴兆宜箋注　清光緒刻本　二册　存四卷(三至六)

110000－0198－0009061　集普 31
重訂文選集評十五卷首一卷末一卷　(清)于光華編次　清末刻本　一册　存三卷(十二至十四)

110000－0198－0009062　集普 32
變雅堂全集六卷　(清)杜濬撰　清刻本　四册　缺一卷(三)

110000－0198－0009063　集普 33
養一齋文集二十卷　(清)李兆洛著　清光緒四年(1878)刻本　六册　存十九卷(一至十九)

110000－0198－0009064　集普 34
簡學齋詩存四卷　(清)陳沆撰　清咸豐刻本　一册

110000－0198－0009065　集普 35
白香山詩後集十七卷補遺二卷别集一卷　(唐)白居易撰　清刻本　一册　存三卷(七至九)

110000－0198－0009066　集普 36
漢魏六朝一百三家集　(明)張溥輯　清刻本　五册　存四種(王右軍集、王大令集、孫廷尉集、陶彭澤集)

110000－0198－0009067　集普 37
鰻鮎亭集三十二卷後集十二卷　(清)祁寯藻撰　清刻本　五册　存三十六卷(一至十六、二十五至三十二,後集十二卷)

110000－0198－0009068　集普 39
中州集十卷　(金)元好問輯　清讀書山房刻本　七册　存七卷(二、五至十)

110000－0198－0009069　集普 42
十八家詩鈔二十八卷　(清)曾國藩纂　清同治十三年(1874)傳忠書局刻本　二十一册　存七卷(八至十四)

110000－0198－0009070　集普 43
古文淵鑒六十四卷　(清)徐乾學等輯注　清同治刻本　八册　存十五卷(五十至六十四)

110000－0198－0009071　集普 44
鮚埼亭集三十八卷附經史問答十卷　(清)全祖望譔　清嘉慶九年(1804)姚江借樹山房刻本　十六册

110000－0198－0009072　集普 45
節孝先生文集三十卷　(宋)徐積撰　清末刻本　一册　存二卷(事實、附載)

110000－0198－0009073　集普 46
劉註七家詩七卷　(清)王廷紹著　(清)劉培棠輯　清光緒十五年(1889)天津李文煥刻本　六册

110000－0198－0009074　集普 47
唐四家詩集　(清)胡鳳丹輯　清同治九年(1870)退補齋刻本　五册

110000－0198－0009075　集普 48

榴實山莊詩鈔六卷　(清)吳存義撰　清刻本　一冊　存二卷(一至二)

110000－0198－0009076　集普49

劉賓客文集三十卷　(唐)劉禹錫著　清末刻本　一冊　存八卷(十七至二十四)

110000－0198－0009077　集普51

丁頤生時文　(清)丁午撰　清光緒七年(1881)刻本　一冊

110000－0198－0009078　集普52

古文讀本二卷　(清)吳汝綸編　清光緒二十九年(1903)北京河北書局鉛印本　二冊

110000－0198－0009079　集普53

江月松風集十二卷補遺一卷文錄一卷附錄二卷　(元)錢惟善撰　清末刻本　一冊　缺七卷(一至七)

110000－0198－0009080　集普54

百末詞五卷詞餘一卷　(清)尤侗撰　清刻本　二冊

110000－0198－0009081　集普57

尺櫝續編四卷　(清)吳汝綸撰　清末刻本　十一冊

110000－0198－0009082　集普58

還讀齋詩稿二十卷續刻詩稿六卷　(清)韓對著　清道光七年(1827)吳氏刻本　三冊　存十一卷(詩稿十至十六、續刻詩稿一至四)

110000－0198－0009083　集普61

再生緣二十卷　(清)陳瑞生撰　清光緒刻本　十一冊　存十一卷(八、十一至二十)

110000－0198－0009084　集普62

東坡續集十二卷附東坡集校記二卷　(宋)蘇軾撰　清末石印本　三冊　缺一卷(東坡續集一)

110000－0198－0009085　集普66

國朝文鈔三編　(清)高嵣編　清乾隆五十一年(1786)培元堂刻本　二冊

110000－0198－0009086　集普67

崇雅堂藁八卷　(清)王植著　清乾隆刻本　一冊　存一卷(一)

110000－0198－0009087　集普68

目耕齋初集　(清)沈叔眉編次　清光緒十一年(1885)文昌書局刻本　一冊

110000－0198－0009088　集普69

安雅堂集文集四卷詩一卷祭臯陶一卷二鄉亭詞三卷未刻稿八卷入蜀集二卷書啟一卷　(清)宋琬著　清刻本　四冊　存四卷(安雅堂未刻稿四至六、書啟一卷)

110000－0198－0009089　集普70

安雅堂文集二卷　(清)宋琬著　清康熙刻本　二冊

110000－0198－0009090　集普71

安雅堂文集二卷　(清)宋琬著　清康熙三十八年(1699)刻本　二冊

110000－0198－0009091　集普72

宋文憲公全集五十三卷首四卷　(明)宋濂撰　清宣統二年(1910)成都刻本(有圖)　六冊　存七卷(潛溪錄六卷、首一)

110000－0198－0009092　集普73

詩義序說合鈔四卷首一卷　(清)游閎輯　清道光二十三年(1843)刻本　二冊　存二卷(一、首一卷)

110000－0198－0009093　集普74

元遺山詩集箋注十四卷附年譜　(金)元好問撰　清道光七年(1827)吳氏醉六堂刻本　四冊　缺一卷(十四)

110000－0198－0009094　集普75

詩經觸義六卷　(清)賀貽孫著　清咸豐二年(1852)勅書樓刻本　一冊　存二卷(一至二)

110000－0198－0009095　集普76

元遺山先生全集五十卷首一卷　(金)元好問撰　清光緒七年(1881)讀書山房刻本　一冊　存一卷(首一卷)

110000－0198－0009096　集普78

童山詩集四十二卷　(清)李調元撰　清刻本　十一冊　缺四卷(一至四)

110000－0198－0009097　集普 80

霅雲借月盦詞五卷　(清)劉炳照撰　清光緒十九年(1893)刻朱墨印本　一册　存三卷(三至五)

110000－0198－0009098　集普 81

宋布衣集三卷附一卷　(明)宋登春著　清光緒定州王氏刻本　一册

110000－0198－0009099　集普 86

道榮堂文集六卷首一卷　(清)陳鵬年著　清刻本　七册　缺一卷(首一卷)

110000－0198－0009100　集普 87

尚書讀本二卷　(清)吳汝綸勘定　清光緒三十四年(1908)保陽書局鉛印本　四册

110000－0198－0009101　集普 88

香宋詩前集　趙熙撰　清光緒二十年(1894)鉛印本　二册

110000－0198－0009102　集普 95

漁洋山人古詩選五言十七卷七言十五卷　(清)王士禛選　清光緒七年(1881)山西濬文書局刻本　八册

110000－0198－0009103　集普 96

宋大家曾文定公文鈔十卷　(明)茅坤批評　明刻本　一册

110000－0198－0009104　集普 97

宋大家蘇文忠公文抄二十八卷　(明)茅坤批評　明刻本　三册

110000－0198－0009105　集普 98

宋大家王文公文鈔十六卷　(明)茅坤輯　明刻本　二册

110000－0198－0009106　集普 99

魏鄭公文集三卷詩集一卷　(唐)魏徵著　清光緒十三年(1887)刻本　一册

110000－0198－0009107　集普 100

烏石山房詩存十二卷　(清)龔易圖著　清刻本　三册　缺一卷(一)

110000－0198－0009108　集普 102

文苑英華辨證十卷　(宋)彭叔夏撰　清刻本二册

110000－0198－0009109　集普 104

柳文惠公全集四十三卷別集二卷外集二卷附錄一卷　(唐)柳宗元撰　清同治七年(1868)刻本　一册　存七卷(一至七)

110000－0198－0009110　集普 105

續古文苑二十卷　(清)孫星衍撰　清刻本一册　存三卷(八至十)

110000－0198－0009111　集普 106

吳摯甫尺牘五卷補遺一卷　(清)吳汝綸撰　清宣統二年(1910)國學扶輪社石印本　十四册　缺一卷(三下)

110000－0198－0009112　集普 107

江左三大家詩鈔九卷　(清)顧友孝　(清)趙澐輯　清康熙七年(1668)刻本　一册　存三卷(梅村詩鈔一至三)

110000－0198－0009113　集普 108

續古文辭類纂三十四卷　王先謙輯　清虛受堂刻本　一册　存五卷(十七至二十一)

110000－0198－0009114　集普 109

新鐫批評繡像後西遊記四十回　題(清)天花才子評點　清康熙刻本(有圖)　十六册

110000－0198－0009115　集普 111

御選唐宋詩醇四十七卷目錄二卷　(清)高宗弘曆編　清刻本　二册　存三卷(四十六至四十七、目錄下)

110000－0198－0009116　集普 112

東坡集　(宋)蘇軾撰　(宋)王宗稷編　清刻本　四册

110000－0198－0009117　集普 113

崔舍人玉堂類藁二十卷　(宋)崔敦詩著　清刻本　一册　存七卷(一至七)

110000－0198－0009118　集普 114

西征集二卷　(清)顧瑗撰　清光緒二十七年(1901)長安刻本　一册

110000－0198－0009119　集普 115

蛾述集十六卷　(清)陳庭學纂輯　清嘉慶二

十年(1815)刻本　一册　存四卷(九至十二)

110000－0198－0009120　集普 116

圭塘倡和詩　袁克文編　清宣統二年(1910)石印本　一册

110000－0198－0009121　集普 117

文選理學權輿八卷　(清)汪師韓撰　清光緒十五年(1889)讀畫齋刻本　一册　存二卷(一至二上)

110000－0198－0009122　集普 119

陳太僕批選八家文鈔九卷　(清)陳兆崙輯　清末石印本　一册

110000－0198－0009123　集普 120

古文苑二十一卷　(宋)章樵註　清惜陰軒刻本　四册

110000－0198－0009124　集普 121

古文苑二十一卷　(宋)章樵註　清刻本　一册　存七卷(十五至二十一)

110000－0198－0009125　集普 122

張文襄公詩集四卷　(清)張之洞撰　清宣統二年(1910)鉛印本　一册　存二卷(一至二)

110000－0198－0009126　集普 124

宋豔十二卷　(清)徐士鑾輯　清光緒刻本　二册　存四卷(九至十二)

110000－0198－0009127　集普 130

周氏詞辨二卷附介存齋論詞襍著一卷　(清)周濟輯錄　清光緒四年(1878)刻本　一册

110000－0198－0009128　集普 131

白嶽盦詩話二卷　(清)余楙著　清宣統三年(1911)國學扶輪社鉛印本　一册

110000－0198－0009129　集普 133

后山詩注十二卷　(宋)陳師道撰　(宋)任淵注　清刻本　二册　存三卷(一至三)

110000－0198－0009130　集普 136

韓文約選　清刻本　一册

110000－0198－0009131　集普 139

漢鐃歌十八曲集解一卷　(清)譚儀纂　碧城僊館詩鈔八卷　(清)陳文述撰　清元和江氏刻本　二册　缺三卷(六至八)

110000－0198－0009132　集普 141

牧齋初學集詩註二十卷　(清)錢謙益撰　(清)錢曾註　清刻本　一册　存一卷(四)

110000－0198－0009133　集普 143

劍懷堂詩草内編　(清)宋謙著　清宣統二年(1910)鉛印本　一册

110000－0198－0009134　集普 144

千家詩四卷附笠翁對韻二卷　清光緒刻本　一册　存二卷(三至四)

110000－0198－0009135　集普 145

唐詩三百首註疏六卷　(清)孫洙編　清掃葉山房刻本　一册　存一卷(六)

110000－0198－0009136　集普 146

海門詩鈔八卷外集四卷附錄一卷　(清)鮑臯撰　清刻本　一册　存四卷(五至八)

110000－0198－0009137　集普 147

才調集選三卷　(五代)韋穀原本　(清)王士禛刪纂　清康熙刻本　二册　缺一卷(上)

110000－0198－0009138　集普 148

新刻京臺公餘勝覽國色天香十卷　(明)吳敬所編輯　清益善堂刻本　三册　存三卷(一、九至十)

110000－0198－0009139　集普 150

小雅樓詩集八卷遺文二卷　(清)鄧方著　清光緒二十六年(1900)廣州刻本　一册　存二卷(七至八)

110000－0198－0009140　集普 151

桂勝集　(清)張祥河撰　清道光二十六年(1846)刻本　一册

110000－0198－0009141　集普 153

文選六十卷　(南朝梁)蕭統撰　(唐)李善注　明刻本　六册　存十五卷(四十六至六十)

110000－0198－0009142　集普 154

東坡全集八十四卷目錄七卷　(宋)蘇軾撰　清道光十二年(1832)眉州三蘇祠刻本　二十

四册　存三十六卷(一至三十六)

110000－0198－0009143　集普 155
山谷全書八十五卷首四卷　(宋)黄庭堅撰　清刻本　一册　存二卷(首二至三)

110000－0198－0009144　集普 156
莆陽知稼翁集二卷　(宋)黄公度著　清道光九年(1829)重修本　一册　存一卷(上)

110000－0198－0009145　集普 159
新雕校證大字白氏諷諫　(唐)白居易撰　清光緒十九年(1893)刻本　一册

110000－0198－0009146　集普 160
授堂詩鈔八卷　(清)武億著　清刻本　一册　存四卷(五至八)

110000－0198－0009147　集普 161
費氏詩鈔四卷　(清)釋含澈輯　清咸豐六年(1856)繁江緑天蘭若刻本　二册

110000－0198－0009148　集普 162
吕衡州文集十卷　(唐)吕溫撰　清刻本　一册　存二卷(六至七)

110000－0198－0009149　集普 163
榮木堂集三十七卷　(明)陶汝鼐著　清刻本　六册　存十二卷(詩集一至八、後集一至四)

110000－0198－0009150　集普 165
臥知齋駢體文初稾一卷外集一卷　(清)涂景濤撰　清光緒五年(1879)刻本　一册

110000－0198－0009151　集普 166
側身草□□卷　(清)李學孝著　清刻本　一册　存一卷(七)

110000－0198－0009152　集普 167
燼存稿六卷藏草一卷　(清)李學孝著　清刻本　一册　存三卷(四至六)

110000－0198－0009153　集普 169
紅豆樹館詞八卷　(清)陶樑撰　清道光二十三年(1843)刻本　一册　存四卷(五至八)

110000－0198－0009154　集普 170
舊德集十四卷　繆荃孫輯　清刻本　一册　存三卷(六至八)

110000－0198－0009155　集普 171
空谷香傳奇二卷　(清)蔣士銓填詞　清乾隆刻本　二册

110000－0198－0009156　集普 173
徐騎省集三十卷附補遺一卷附録一卷　(宋)徐鉉撰　清刻本　一册　存三卷(二十八至三十)

110000－0198－0009157　集普 175
春酒堂文集　(清)周容著　清宣統二年(1910)國學扶輪社鉛印本　一册

110000－0198－0009158　集普 176
雙清閣袖中詩本二卷附擁翠詞稿一卷　(清)朱福清撰　清光緒十九年(1893)江蘇書局刻本　一册

110000－0198－0009159　集普 177
文誠公集十卷首一卷　(清)袁保恒撰　清宣統三年(1911)清芬閣鉛印本　二册　存三卷(奏議一至二、首一卷)

110000－0198－0009160　集普 178
青邱高季迪先生梟藻集五卷　(明)高啓撰　清雍正六年(1728)刻本　一册　缺一卷(一)

110000－0198－0009161　集普 179
艮齋先生薛常州浪語集三十五卷　(宋)薛季宣撰　清同治刻本　一册　存七卷(二十二至二十八)

110000－0198－0009162　集普 180
駢體文鈔三十一卷　(清)李兆洛編　清合河康氏刻本　一册　存九卷(十至十八)

110000－0198－0009163　集普 182
牧潛集七卷　(元)釋圓至撰　清光緒二十五年(1899)錢塘丁氏嘉惠堂刻本　一册

110000－0198－0009164　集普 183
文心雕龍十卷　(南朝梁)劉勰撰　清乾隆六年(1741)黄氏養素堂刻本　二册　存五卷(三至七)

110000－0198－0009165　集普 187
李義山詩集三卷　(唐)李商隱撰　(清)朱鶴齡箋注　清同治九年(1870)廣州萃文堂刻朱墨藍三色印本　一册　存一卷(中)

110000－0198－0009166　集普 188
寫經齋初稾四卷　(清)葉大壯撰　清光緒刻本　一册　存二卷(三至四)

110000－0198－0009167　集普 189
孟子外書補註四卷　(清)陳矩補注　清光緒刻本　一册

110000－0198－0009168　集普 194
蕉窗囈語續集　清光緒汲古堂刻本　一册

110000－0198－0009169　集普 197
牧齋詩鈔三卷　(清)錢謙益撰　(清)顧有孝輯　清刻本　一册

110000－0198－0009170　集普 198
恩餘堂經進續藁二十二卷　(清)彭元瑞撰　清乾隆刻本　一册　存二卷(一至二)

110000－0198－0009171　集普 199
澹香齋詠史詩　(清)王廷紹撰　清光緒十七年(1891)桂垣書局刻本　一册

110000－0198－0009172　集普 200
茶村詩鈔八卷　(清)杜濬撰　清刻本　一册　存二卷(一至二)

110000－0198－0009173　集普 201
炳燭齋文集續刻　(明)顧大韶著　清宣統元年(1909)上海國學扶輪社鉛印本　一册

110000－0198－0009174　集普 203
孝經　(唐)玄宗李隆基撰　清末京師學務處官書局石印本　一册

110000－0198－0009175　集普 205
二十一都懷古詩　(朝鮮)柳得恭撰　清光緒六年(1880)刻本　一册

110000－0198－0009176　集普 207
微尚齋詩續集二卷　(清)馮志沂撰　清同治七年(1868)刻本　一册

110000－0198－0009177　集普 208
西堂全集　(清)尤侗撰　清康熙刻本　一册　存二種(右北平集、看雲草堂集)

110000－0198－0009178　集普 209
東周列國全志二十三卷　(清)蔡界評點　清書業德刻本　一册　存二卷(八至九)

110000－0198－0009179　集普 210
古文辭類纂七十五卷　(清)姚鼐撰　清同治八年(1869)江蘇書局刻本　二册　存十四卷(十三至十八、三十一至三十八)

110000－0198－0009180　集普 211
尚絅堂試帖輯註　(清)劉嗣綰著　清刻本　一册

110000－0198－0009181　集普 212
金粟山房詩鈔十卷　(清)朱寯瀛撰　清光緒二十七年(1901)刻本　一册

110000－0198－0009182　集普 213
櫻華館試帖彙鈔輯注十卷　(清)路德撰　清刻本　一册　存二卷(七至八)

110000－0198－0009183　集普 215
五百家注音辨昌黎先生文集四十卷　(唐)韓愈撰　清刻本　一册　存三卷(十九至二十一)

110000－0198－0009184　集普 216
潔齋詩草删存四卷　(清)孫念劬撰　清嘉慶八年(1803)刻本　一册　存二卷(三至四)

110000－0198－0009185　集普 221
歐陽永叔文約選不分卷　(宋)歐陽修撰　清刻本　二册

110000－0198－0009186　集普 224
休那遺稿十二卷　(清)姚康撰　清刻本　一册　存二卷(十一至十二)

110000－0198－0009187　集普 227
風雅逸篇十卷古今風謠一卷　(明)楊慎撰　清刻本　一册

110000－0198－0009188　集普 229
青門賸稾八卷　(清)邵長蘅纂　清康熙刻光

緒印本　二册　存五卷(四至八)

110000－0198－0009189　集普 230

青門旅稾六卷　(清)邵長蘅纂　清光緒刻本　二册　缺二卷(二至三)

110000－0198－0009190　集普 231

增訂古文釋義新編八卷　(清)余誠評註　清光緒十二年(1886)京都老二酉堂刻本　八册

110000－0198－0009191　集普 232

金正希稿　(清)俞長城論次　清寫刻本　一册

110000－0198－0009192　集普 234

墨選觀止附舉業要言三卷　(清)梁葆慶選評　清道光十二年(1832)刻本　一册

110000－0198－0009193　集普 235

唐宋八大家類選十四卷　(清)儲欣評　清光緒刻本　一册　存二卷(十三至十四)

110000－0198－0009194　集普 241

文集十卷　(清)戴震撰　清刻本　一册　存一卷(四)

110000－0198－0009195　集普 242

樂府補亡　曹元忠撰　清光緒二十七年(1901)刻本　一册

110000－0198－0009196　集普 244

唐文粹一百卷　(宋)姚鉉纂　清刻本　一册　存三卷(十五下至十七下)

110000－0198－0009197　集普 247

三品彙刊　(唐)司空圖等著　清光緒五年(1879)崇文閣刻本　一册

110000－0198－0009198　集普 248

大潛山房詩鈔　(清)劉銘傳撰　清同治七年(1868)刻本　一册

110000－0198－0009199　集普 249

杜詩詳注二十五卷首一卷附編二卷　(唐)杜甫撰　清康熙三十二年(1693)刻本　一册

110000－0198－0009200　集普 251

駢體文鈔三十一卷　(清)李兆洛編　清刻本　一册　存三卷(二十二至二十四)

110000－0198－0009201　集普 252

宋氏綿津詩鈔八卷　(清)宋犖撰　清康熙刻本　一册　存四卷(五至八)

110000－0198－0009202　集普 253

韞山堂時文初集一卷二集二卷三集一卷　(清)管世銘撰　清掃葉山房刻本　一册　存三卷(二集二卷、三集一卷)

110000－0198－0009203　集普 254

評註和漢合璧文章軌範四卷　(日本)石川鴻齋編撰　清鳳文館刻本　一册　存一卷(二)

110000－0198－0009204　集普 256

古文苑二十一卷　(宋)章樵註　清道光惜陰軒刻本　一册　存四卷(十三至十六)

110000－0198－0009205　集普 257

二十二史文鈔二十二種一百九卷　(清)常安選評　清乾隆十二年(1747)受宜堂刻本　一册　存二卷(唐書二至三)

110000－0198－0009206　集普 258

寄影軒詩鈔四卷末一卷　(清)穆志潤撰　清光緒二十一年(1895)新昌書局鉛印本　一册　存二卷(四、末一卷)

110000－0198－0009207　集普 259

斯文精萃不分卷　(清)尹繼善輯　清乾隆晉陽書院刻本　四册

110000－0198－0009208　集普 262

名家制義四十八卷　(清)俞長城論次　清刻本　一册　存一卷(十二)

110000－0198－0009209　集普 263

姑溪詞三卷　(宋)李之儀撰　**琴趣外篇六卷**　(宋)晁補之撰　清刻朱印本　一册

110000－0198－0009210　集普 264

吴梅村詞不分卷　(清)吴偉業撰　清光緒十六年(1890)湖北官書處刻本　一册

110000－0198－0009211　集普 266

鹿鳴雅詠四卷首一卷　(清)吴大澂等撰　清光緒綠蔭草堂長沙刻本　一册

110000－0198－0009212　集普 267
古文分編集評三集八卷　題(清)于在衡裁定　清刻本　一冊　存一卷(八)

110000－0198－0009213　集普 268
唐詩三百首註疏六卷　(清)蘅塘退士手編　清掃葉山房刻本　一冊　存一卷(二)

110000－0198－0009214　集普 269
擊缶詞二卷　(清)郭鍾岳撰　清光緒十三年(1887)溫州刻本　一冊

110000－0198－0009215　集普 270
樊榭山房文集八卷　(清)厲鶚撰　清光緒刻本　二冊　存七卷(一至七)

110000－0198－0009216　集普 271
伯山文集八卷詩集十卷　(清)姚柬之著　清道光二十八年(1848)刻本　六冊　缺三卷(詩集八至十)

110000－0198－0009217　集普 272
課士賦續編　(清)路德編　清光緒七年(1881)經綸堂刻本　一冊

110000－0198－0009218　集普 273
時藝引　(清)路德編　清光緒七年(1881)經綸堂刻本　一冊

110000－0198－0009219　集普 274
繡像評演濟公傳接續後部濟公傳八卷　(清)郭小亭撰　清光緒石印本　一冊　存一卷(六)

110000－0198－0009220　集普 277
梨園娛老集　(清)胡禮垣著　清宣統二年(1910)大公報館鉛印本　一冊

110000－0198－0009221　集普 280
隨園三十六種　(清)袁枚撰　清光緒十九年(1893)倉山舊主石印本　六冊　存五種

110000－0198－0009222　集普 281
王摩詰集六卷　(唐)王維撰　清光緒十年(1884)上海同文書局石印本　一冊　存三卷(一至三)

110000－0198－0009223　集普 282
國粹叢書　(清)國學保存會輯　清國學保存會鉛印本　一冊　存一集(戴褐夫集)

110000－0198－0009224　集普 286
分體利試詩法入門十九卷　(清)鄭錫瀛輯注　清刻本　一冊　存四卷(十二至十五)

110000－0198－0009225　集普 288
王臨川文集四卷　(宋)王安石撰　清宣統二年(1910)上海會文堂書局石印本　二冊　存二卷(三至四)

110000－0198－0009226　集普 290
桐城吳氏文法教科書二編　吳闓生編　清光緒三十一年(1905)上海文明書局鉛印本　一冊

110000－0198－0009227　集普 291
祭皋陶　(清)宋琬撰　清康熙三十八年(1699)刻本　一冊

110000－0198－0009228　集普 293
春闈雜詠一卷附錄一卷　(清)袁昶撰　清光緒十八年(1892)鉛印本　一冊

110000－0198－0009229　集普 294
御選唐宋詩醇四十七卷目錄二卷　(清)高宗弘曆編　清末浙江書局刻本　一冊　存二卷(四十四至四十五)

110000－0198－0009230　集普 295
覺生詠物詩鈔四卷　(清)鮑桂星撰　清刻本　一冊

110000－0198－0009231　集普 296
翁山文外十六卷　(清)屈大均撰　清宣統二年(1910)上海國學扶輪社鉛印本　五冊

110000－0198－0009232　集普 300
漱芳閣遺稿　(清)徐夢熊撰　清刻本　一冊

110000－0198－0009233　集普 302
投筆集箋注二卷　(清)錢謙益著　清宣統二年(1910)順德鄧氏風雨樓鉛印本　一冊

110000－0198－0009234　集普 304
楹聯叢話十二卷續話四卷　(清)梁章鉅輯　清刻本　一冊　存三卷(七至九)

110000－0198－0009235　集普 305
留雲借月盦詞六卷　(清)劉炳照撰　清光緒十九年(1893)刻本　一册　存二卷(一至二)

110000－0198－0009236　集普 310
國文學四卷　姚永樸編　清宣統二年(1910)京師法政學堂鉛印本　一册

110000－0198－0009237　集普 312
東坡詩選　(宋)蘇軾撰　清刻本　一册

110000－0198－0009238　集普 313
榮及甫先生遺詩　(清)榮棣撰　清刻本　一册

110000－0198－0009239　集普 316
文選李注補正四卷　(清)孫志祖輯　清刻本　一册　存二卷(三至四)

110000－0198－0009240　集普 317
退食槐聲留餘集續刊　(清)艾元徵著　清光緒十三年(1887)刻本　一册

110000－0198－0009241　集普 319
一笑集一卷續笑集一卷　(清)徐錫堯撰　清刻本　一册

110000－0198－0009242　集普 320
古文四象四卷　(清)曾國藩纂輯　清光緒三十四年(1908)京師北新書局鉛印本　一册　存二卷(一至二)

110000－0198－0009243　集普 321
古文講授談二卷　尚秉和輯　清末京師京華印書局鉛印本　一册

110000－0198－0009244　集普 322
方泉先生詩集三卷　(宋)周文璞撰　清宣統元年(1909)國光社據抄本影印本　一册

110000－0198－0009245　集普 323
懷古田舍詩節鈔六卷　(清)徐榮撰　清同治三年(1864)錦城刻本　一册　存一卷(一)

110000－0198－0009246　集普 324
劍虹居詩集二卷　(清)秦煥著　清光緒三十一年(1905)刻本　一册

110000－0198－0009247　集普 325
松風支集四卷　(清)文昭撰　清刻本　一册　存二卷(三至四)

110000－0198－0009248　集普 330
四庫全書提要　(清)紀昀等編　清光緒二十八年(1902)刻本　二册　存十二卷(江南餘載二卷、蘆浦筆記十卷)

110000－0198－0009249　集普 331
禮法敂愛　(清)復初氏纂輯　清同治元年(1862)刻本　一册

110000－0198－0009250　集普 334
簡松草堂詩集二十卷　(清)張雲璈著　清刻本　四册　存十卷(七至十六)

110000－0198－0009251　集普 335
唐陸宣公集二十二卷　(唐)陸贄撰　清刻本　一册　存六卷(七至十二)

110000－0198－0009252　集普 336
楊盈川集十卷　(唐)楊炯撰　清乾隆四十六年(1781)星渚項氏刻本　二册　存六卷(一至六)

110000－0198－0009253　集普 338
古文四象四卷　(清)曾國藩纂輯　清光緒三十四年(1908)京師北新書局鉛活字印本　一册　存一卷(一)

110000－0198－0009254　集普 339
苷園詩錄四卷　(清)程澍撰　清宣統元年(1909)京師集成圖書公司鉛印本　一册

110000－0198－0009255　集普 340
國學萃編　沈宗畸輯　清集成圖書公司鉛活字印本　一册　存一期(十)

110000－0198－0009256　集普 342
小山詞補鈔　(宋)晏幾道著　清刻本　一册

110000－0198－0009257　集普 344
迦陵詞全集三十卷　(清)陳維崧著　清康熙患立堂刻本　四册　存十五卷(一至十五)

110000－0198－0009258　集普 345
御定萬年書　(清)欽天監編　清道光十年

(1830)刻本　一冊

110000－0198－0009259　集普 348

仁在堂全集　(清)路德編　清光緒七年(1881)經綸堂刻本　九冊　存五種(時藝辨、時藝核、時藝核續編、時藝階、時藝金針)

110000－0198－0009260　集普 350

敦復堂稿　(清)王步青撰　清刻本　一冊

110000－0198－0009261　集普 351

課士詩　(清)路德編　清邵州經綸堂刻本　二冊

110000－0198－0009262　集普 352

蘇文忠詩合註五十卷首一卷目錄一卷　(清)馮應榴輯訂　清乾隆五十八年(1793)刻本　八冊　存三十卷(二十一至五十)

110000－0198－0009263　集普 353

沈歸愚詩文全集七十五卷　(清)沈德潛著　清乾隆刻本　二冊　存五種(八秩壽詩、九十壽詩、黃山遊草、南巡詩、歸田集三卷)

110000－0198－0009264　集普 354

欽定國朝詩別裁集三十二卷　(清)沈德潜纂評　清乾隆二十六年(1761)刻本　一冊　存四卷(一至四)

110000－0198－0009265　集普 355

雙溪醉隱集六卷　(元)耶律鑄撰　清光緒十八年(1892)順德龍氏知服齋刻本　五冊

110000－0198－0009266　集普 358

䓖川集四卷首一卷　(明)齊之鸞撰　清光緒二十三年(1897)桐城徐氏刻本　二冊

110000－0198－0009267　集普 360

求益齋文集八卷　(清)強汝詢著　清刻本　三冊

110000－0198－0009268　集普 361

知止堂集十三卷　(清)黃恩彤稿　清光緒刻本　四冊　存七卷(一至四、七、十至十一)

110000－0198－0009269　集普 362

太乙舟文集八卷　(清)陳用光撰　清光緒二十一年(1895)刻本　二冊　存二卷(六至七)

110000－0198－0009270　集普 363

馬徵君遺集六卷首一卷　(清)馬三俊撰　清同治三年(1864)刻本　一冊　存二卷(五至六)

110000－0198－0009271　集普 365

唐詩三百首注釋六卷　(清)蘅塘退士手編　清光緒十四年(1888)京師琉璃廠龍文閣書室刻本　一冊　存一卷(一)

110000－0198－0009272　集普 366

十家語錄摘要二卷　(清)謝蘭生輯　清光緒刻本　一冊　存一卷(下)

110000－0198－0009273　集普 367

柏梘山房全集三十一卷　(清)梅曾亮撰　清末民初鉛印本　五冊　存二十四卷(文集十六卷、詩集六卷、駢文二卷)

110000－0198－0009274　集普 368

履園叢話二十四卷　(清)錢泳輯　清同治九年(1870)述德堂刻本　八冊

110000－0198－0009275　集普 370

文心雕龍十卷　(南朝梁)劉勰撰　清刻本　一冊　存三卷(八至十)

110000－0198－0009276　集普 372

元明雜曲十種　清刻本　十八冊

110000－0198－0009277　集普 373

石泉書屋詩鈔八卷　(清)李佐賢撰　清同治四年(1865)利津李氏刻本　八冊

110000－0198－0009278　集普 378

十八家詩鈔二十八卷　(清)曾國藩纂　清刻本　一冊　存一卷(八)

110000－0198－0009279　集普 380

復堂詩三卷詞一卷　(清)譚獻撰　清咸豐刻本　一冊

110000－0198－0009280　集普 381

南垞詩鈔　(清)張秉彛撰　清刻本　二冊

110000－0198－0009281　集普 382

洪度集　(唐)薛濤撰　清光緒三十二年(1906)靈峯草堂刻本(有圖)　一冊

110000－0198－0009282　集普 383
養晦堂文集十卷　(清)劉蓉著　清光緒刻本　一冊　存二卷(三至四)

110000－0198－0009283　集普 390
新刻出像點板時尚崑腔雜曲醉怡情八卷　(清)菰蘆釣叟點次　清刻本(有圖)　二冊　存二卷(一至二)

110000－0198－0009284　集普 392
古文四象四卷　(清)曾國藩纂輯　清光緒三十四年(1908)京師北新書局鉛印本　一冊　存一卷(四)

110000－0198－0009285　集普 393
春闈雜詠一卷附錄一卷　(清)袁昶撰　清光緒十八年(1892)鉛印本　一冊

110000－0198－0009286　集普 394
東坡詩選　(宋)蘇軾撰　(清)陳訏輯　清刻本　一冊

110000－0198－0009287　集普 395
古文講授談　尚秉和編輯　清宣統二年(1910)京師京華印書局鉛印本　一冊

110000－0198－0009288　集普 396
笛漁小稾十卷　(清)朱昆田撰　清刻本　一冊　存五卷(一至五)

110000－0198－0009289　集普 397
小雅樓遺文二卷　(清)鄧方著　清刻本　一冊

110000－0198－0009290　集普 400
賞春吟　(清)徐琪撰　清末民初石印本　一冊

110000－0198－0009291　集普 402
悅雲山房詩存六卷　(清)劉敦元撰　清光緒二十八年(1902)天津徐氏刻本　一冊　存三卷(一至三)

110000－0198－0009292　集普 404
唐宋八家文讀本三十卷　(宋)蘇洵著　(清)沈德潛評點　清刻本　三冊　存九卷(十五至二十三)

110000－0198－0009293　集普 406
綠雪堂駢文鈔　(清)敖冊賢著　清刻本　一冊

110000－0198－0009294　集普 407
濂亭遺詩二卷　(清)張裕釗撰　清光緒二十一年(1895)遵義黎氏刻本　一冊

110000－0198－0009295　集普 408
柳文惠公全集四十三卷別集二卷外集二卷附錄一卷　(唐)柳宗元撰　清同治七年(1868)刻本　一冊　存八卷(三十五至四十二)

110000－0198－0009296　集普 410
六才子書制藝　清刻本　一冊　存二卷(六才子書制藝六、貫華堂注釋第六才子書六)

110000－0198－0009297　集普 411
燕來堂詩稿二卷　(清)岳賡廷撰　清刻本　一冊　存一卷(下)

110000－0198－0009298　集普 413
西湖三祠名賢考畧三卷　(清)戴啟文纂輯　清光緒三十年(1904)刻本　一冊　存一卷(二)

110000－0198－0009299　集普 414
關中書院課士賦　清刻本　三冊

110000－0198－0009300　集普 415
胡少師總集六卷首一卷附錄一卷　(宋)胡舜陟撰　清道光十九年(1839)金紫家祠刻本　二冊

110000－0198－0009301　集普 416
胡少師總集六卷首一卷附錄一卷　(宋)胡舜陟著　清刻本　一冊　存一卷(四)

110000－0198－0009302　集普 417
變雅堂全集　(清)杜濬撰　清刻本　一冊　存二卷(三至四)

110000－0198－0009303　集普 419
紅豆樹館詞八卷　(清)陶樑撰　清道光刻本　一冊　存四卷(一至四)

110000－0198－0009304　集普 420
渡江吟一卷　(清)徐琪撰　清光緒三十年

(1904)刻本　一册

110000－0198－0009305　集普 421

檗隖詩存十二卷末一卷　(清)王以敏撰　清光緒十一年(1885)刻本　一册　存一卷(末一卷)

110000－0198－0009306　集普 424

申端愍公文集二卷首一卷末一卷　(明)申佳允著　清刻本　一册　存一卷(末一卷)

110000－0198－0009307　集普 425

微尚齋詩集初編四卷　(清)馮志沂撰　清刻本　一册

110000－0198－0009308　集普 426

四印齋所刻詞　(宋)蘇軾著　清光緒十四年(1888)王氏家塾刻本　一册　存一種二卷(東坡樂府二卷)

110000－0198－0009309　集普 427

射鷹樓詩話二十四卷　(清)林昌彝輯　清咸豐元年(1851)刻本　二册　存八卷(十七至二十四)

110000－0198－0009310　集普 428

新集古文四聲韻五卷　(宋)夏竦集　(清)方功惠校　清刻本　三册　存三卷(三至五)

110000－0198－0009311　集普 431

織志志餘　(清)陸次雲著　清刻本　一册

110000－0198－0009312　集普 433

國朝正雅集九十九卷首一卷　(清)符葆森編輯　清咸豐七年(1857)刻本　十五册　存四十六卷(一至二十、四十八至七十三)

110000－0198－0009313　集普 434

榕村全集四十七種　(清)李光地撰　清刻本　九册　存三種(榕村別集、榕村續集、榕村制義)

110000－0198－0009314　集普 436

和文釋例　吳闓生著　清光緒二十七年(1901)文明書局鉛印本　四册

110000－0198－0009315　集普 437

御選唐宋文醇五十八卷　(清)高宗弘曆編　清浙江書局刻本　七册　存二十一卷(十七至三十七)

110000－0198－0009316　集普 438

歷科大題質疑集　清刻本　六册

110000－0198－0009317　集普 442

翦紅詞草　(清)惲毓巽撰　清宣統二年(1910)刻本　一册

110000－0198－0009318　集普 444

新撰女子尺牘　商務印書館編譯　清光緒三十三年(1907)上海商務印書館石印本　一册

110000－0198－0009319　集普 446

二林居集二十四卷　(清)彭紹升撰　清刻本　一册　存一卷(二)

110000－0198－0009320　集普 447

王臨川文集四卷　(宋)王安石撰　清末石印本　一册　存一卷(四)

110000－0198－0009321　集普 448

新刊綉像評演接續後部濟公傳十二卷　(清)郭小亭撰　清末民初石印本　一册　存一卷(八)

110000－0198－0009322　集普 450

五十名家書札十二卷　(清)陸心源撰　清末石印本　三册　存九卷(四至十二)

110000－0198－0009323　集普 451

詞林正韻三卷發凡一卷　(清)戈載輯　清上海縣署東首目耕齋刻葛氏嘯園藏本　三册

110000－0198－0009324　集普 454

增評補圖石頭記一百二十卷首一卷　(清)曹霑撰　清鉛印本(有圖)　一册　存八卷(六十五至七十二)

110000－0198－0009325　集普 458

增圖七俠五義傳六卷一百二十回　(清)石玉昆述　(清)俞樾重編　清光緒二十三年(1897)圖書集成局鉛印本(有圖)　一册　存十五回(一至十五)

110000－0198－0009326　集普 459

詳註聊齋志異圖詠十六卷首一卷　(清)蒲松

齡撰　清光緒十二年(1886)上海同文書局石印本(有圖)　二册　存四卷(一至四)

110000－0198－0009327　集普460
七俠五義傳二十四卷　(清)石玉昆述　(清)俞樾重編　清末鉛印本　一册　存十卷(十一至二十)

110000－0198－0009328　集普462
評註聊齋志異十六卷　(清)蒲松齡撰　清咸豐刻朱墨印本　十四册

110000－0198－0009329　集普465
兒女英雄傳評話四十回　(清)文康撰　清光緒十四年(1888)上海蜚英館石印本(有圖)　一册

110000－0198－0009330　集普466
兒女英雄傳評話四十回　(清)文康撰　清光緒十四年(1888)上海蜚英館石印本(有圖)　一册　存八回(一至八)

110000－0198－0009331　集普467
九通分類總纂二百四十卷　(清)汪鍾霖纂校　清光緒二十八年(1902)文瀾書局石印本　九册　存二十八卷(四至三十一)

110000－0198－0009332　集普468
張三丰先生全集八卷　(清)李西月重編　清空青洞天刻本　七册

110000－0198－0009333　集普469
涵芬樓古今文鈔一百卷　吳曾祺纂錄　清末上海商務印書局鉛印本　一册　存一卷(八十二)

110000－0198－0009334　集普470
增補齊省堂儒林外史六十回　(清)吳敬梓撰　清末石印本　一册　存十五回(四十六至六十)

110000－0198－0009335　集普472
瓶隱山房詞八卷　(清)黄曾撰　清刻本　一册　存一卷(一)

110000－0198－0009336　集普473
麒麟圖　清末潮州義安路李萬利書坊刻本　二册

110000－0198－0009337　集普474
齊省堂增訂儒林外史五十六回　(清)吳敬梓撰　清刻本　二册　存十回(四十三至四十七、五十二至五十六)

110000－0198－0009338　集普475
施案奇聞八卷　(清)□□撰　清刻本　一册　存一卷(七)

110000－0198－0009339　集普477
古文辭類纂七十四卷　(清)姚鼐纂集　清光緒三十三年(1907)上海商務印書館鉛印本　十七册　存二十八卷(十七至四十四)

110000－0198－0009340　集普482
增廣留青新集二十四卷　(清)陳枚輯　清光緒二十五年(1899)石印本　一册　存二卷(三至四)

110000－0198－0009341　集普484
邱樊倡和集三卷　汪兆銘著　清宣統三年(1911)石印本　一册

110000－0198－0009342　集普485
靜春堂詩集四卷附錄三卷附紅蕙山房吟稾一卷附錄一卷　(元)袁易著　清刻本　八册

110000－0198－0009343　集普486
曠園雜志二卷　(清)吳陳琰著　清道光五年(1825)聚秀堂刻本　八册　存一卷(下)

110000－0198－0009344　集普489
增廣留青新集二十四卷　(清)陳枚輯　清光緒二十五年(1899)仿泰西法石印本　二册

110000－0198－0009345　集普492
古文雅正十四卷　(清)蔡世遠輯　清光緒二十二年(1896)上海圖書集成印書局鉛印本　二册

110000－0198－0009346　集普498
錢牧齋先生尺牘三卷　(清)錢謙益撰　清宣統二年(1910)上海商務印書館鉛印本　一册　存一卷(下)

110000－0198－0009347　集普501

鶯翁集一卷蜩知集一卷　（清）王鵬運撰　清刻本　一冊

110000－0198－0009348　集普 502
重訂文選集評五卷首一卷末一卷　（清）于光華編次　清刻本　一冊　存一卷（五）

110000－0198－0009349　集普 506
新造麒麟圖　清末刻本　一冊

110000－0198－0009350　集普 507
世說新語補二十卷　（南朝宋）劉義慶撰　清葛氏嘯園刻本　一冊　存三卷（八至十）

110000－0198－0009351　集普 509
山滿樓箋注唐詩七言律六卷　（清）趙臣瑗選輯　清蓉江趙氏山滿樓刻本　六冊

110000－0198－0009352　集普 510
昌黎先生集考異十卷　（唐）韓愈撰　（宋）朱熹撰　清康熙刻本　二冊

110000－0198－0009353　集普 511
在山堂集三十卷　（清）程大中著　清光緒九年（1883）敦德堂刻本　八冊

110000－0198－0009354　集普 512
明詞綜五卷　（清）王昶纂　清嘉慶刻本　一冊

110000－0198－0009355　集普 513
文選集釋二十四卷　（清）朱珔撰　清光緒小萬卷齋刻本　五冊　存十卷（五至十二、十九至二十）

110000－0198－0009356　集普 516
文選考異十卷　（清）孫誌祖撰　清刻本　一冊　存二卷（一至二）

110000－0198－0009357　集普 517
蕭閑老人明秀集注六卷　（金）蔡松年撰　（金）魏道明註解　清光緒四印齋刻本　一冊

110000－0198－0009358　集普 518
止園筆談八卷　（清）史夢蘭撰　清光緒四年（1878）止園刻本　一冊　存二卷（一至二）

110000－0198－0009359　集普 519
七家詩輯註彙鈔七種　（清）王廷紹著　（清）張熙宇輯評　清光緒十一年（1885）打磨廠文興堂刻本　七冊

110000－0198－0009360　集普 520
西湖佳話古今遺蹟十六卷　題（清）古吳墨浪子搜輯　清刻本　一冊　存二卷（七至八）

110000－0198－0009361　集普 521
笠翁十種曲　（清）李漁編次　清大文堂刻本　十冊

110000－0198－0009362　集普 522
筆生花三十二回　（清）邱心如著　清鉛印本　一冊

110000－0198－0009363　集普 523
文章游戲三編八卷　（清）繆艮輯　清嘉慶刻本　二冊　存四卷（一至二、五至六）

110000－0198－0009364　集普 524
第五才子書　（明）施耐庵撰　清刻本　一冊　存五卷（十二至十六）

110000－0198－0009365　集普 525
來生福彈詞三十六回　題（清）橘中逸叟撰　清末刻本　四冊　存六回（十二至十六、三十二）

110000－0198－0009366　集普 526
欣賞齋尺牘六卷　（清）曹仁鏡撰　清刻本　一冊　存一卷（二）

110000－0198－0009367　集普 527
本朝律賦集腋八集　（□）馬俊良輯　清經國堂刻本　二冊　存二種（春、夏）

110000－0198－0009368　集普 528
林蕙堂文集十二卷　（清）吳綺著　清刻本　三冊　存六卷（五至八、十一至十二）

110000－0198－0009369　集普 529
海公大紅袍全傳四卷六十回　（明）李春芳撰　清同治六年（1867）聚盛堂刻本　一冊

110000－0198－0009370　集普 530
己卯科墨鈔　清末鉛印本　一冊

110000－0198－0009371　集普 531
群芳小集一卷續集一卷　(清)譚獻撰　清末刻本　一册

110000－0198－0009372　集普 532
繪圖第二奇書八卷六十四回　(清)隨緣下士撰　清末石印本(有圖)　一册　存一卷(三)

110000－0198－0009373　集普 536
藝林珠玉初編　(清)□□編　清同治四年(1865)刻本　十七册

110000－0198－0009374　集普 537
陶淵明集十卷　(晉)陶潛撰　清光緒寫刻本　一册　存二卷(九至十)

110000－0198－0009375　集普 538
詩經題文　清末刻本　五册

110000－0198－0009376　集普 543
十八家詩鈔二十八卷　(清)曾國藩纂　(清)李鴻章審訂　(清)王定安校　清刻本　一册　存一卷(九)

110000－0198－0009377　集普 544
雁門集六卷　(元)薩都刺著　清宣統二年(1910)刻本(有圖)　一册　存二卷(一至二)

110000－0198－0009378　集普 546
古詩選三十二卷　(清)吴汝綸撰　清末刻朱印本　八册　存八卷(五至八、十至十三)

110000－0198－0009379　集普 547
湖海文傳七十五卷　(清)王昶輯　清同治五年(1866)刻本　一册　存一卷(七十)

110000－0198－0009380　集普 548
南江文鈔　(清)邵晉涵撰　清刻本　三册　存三卷(二至四)

110000－0198－0009381　集普 549
榮及甫先生遺詩　(清)榮棣撰　(清)榮有恆等校　清光緒五年(1879)刻本　一册

110000－0198－0009382　集普 550
世説新語六卷　(南朝宋)劉義慶撰　清末刻本　六册

110000－0198－0009383　集普 552
勿憚改齋吟草四卷　(清)顧師軾撰　清光緒十三年(1887)太倉繆氏刻本　一册

110000－0198－0009384　集普 555
古唐詩合解十六卷　(清)王堯衢註　清刻本　三册

110000－0198－0009385　集普 557
王文成公全書三十八卷　(明)王守仁撰　清刻本　九册

110000－0198－0009386　集普 558
惜抱軒尺牘八卷　(清)姚鼐撰　清同治十二年(1873)并州刻本　一册

110000－0198－0009387　集普 561
世説新語六卷　(南朝宋)劉義慶撰　清末刻本　六册

110000－0198－0009388　集普 563
詩法度鍼三十三卷　(清)徐文弼編　清刻本　五册

110000－0198－0009389　集普 565
陶廬詩續集十一卷　王樹枏撰　清刻本　一册　存二卷(九至十)

110000－0198－0009390　集普 566
石遺室詩續集八卷　陳衍撰　清末刻本　一册　存六卷(三至八)

110000－0198－0009391　集普 568
笠澤叢書　(唐)陸龜蒙撰　清刻本　二册

110000－0198－0009392　集普 569
古文講授談二卷　尚秉和纂輯　清末京師京華印書局鉛印本　一册

110000－0198－0009393　集普 571
古唐詩合解十六卷　(清)王堯衢註　清刻本　一册　存二卷(八至九)

110000－0198－0009394　集普 572
重訂文選集評十五卷　(清)于光華編次　清刻本　二册　存二卷(一至二)

110000－0198－0009395　集普 573

十八家詩鈔二十八卷　(清)曾國藩纂　清同治十三年(1874)傳忠書局刻本　一冊　存一卷(一)

110000－0198－0009396　集普 574
高常侍集二卷　(唐)高適著　清刻本　一冊

110000－0198－0009397　集普 575
南畇詩稾二十七卷　(清)彭定求著　清光緒刻本　一冊　存四卷(戊子集一卷、己丑集一卷、庚寅集二卷)

110000－0198－0009398　集普 576
宋豔十二卷　(清)徐士鑾輯　清光緒刻本　一冊　存二卷(三至四)

110000－0198－0009399　集普 578
虹橋老屋遺集文三卷詩二卷　(清)秦緗業撰　清光緒十五年(1889)刻本　一冊　存二卷(詩二卷)

110000－0198－0009400　集普 580
飴山詩集二十卷　(清)趙執信撰　清乾隆十七年(1752)因園刻本　四冊

110000－0198－0009401　集普 581
鮑明遠集十卷　(南朝宋)鮑照著　明萬曆刻本　二冊　存五卷(六至十)

110000－0198－0009402　集普 582
增補註釋三字經　(清)谷連恒增訂并注　清道光二十二年(1842)刻本　一冊

110000－0198－0009403　集普 584
吴摯甫尺牘五卷　(清)吴汝綸撰　清宣統二年(1910)國學扶輪社石印本　一冊　存一卷(五)

110000－0198－0009404　集普 587
斯文精萃補　(清)陳預選　清刻本　三冊

110000－0198－0009405　集普 588
薛仁齋先生遺集八卷附錄一卷　(清)薛于瑛撰　清光緒十四年(1888)刻本　三冊

110000－0198－0009406　集普 589
李翰林集三十卷　(唐)李白撰　清光緒元年(1875)湖北崇文書局刻本　二冊　存十三卷(一至十三)

110000－0198－0009407　集普 590
十八家詩鈔二十八卷　(清)曾國藩纂　(清)李鴻章審訂　(清)王定安校　清同治十三年(1874)長沙傳忠書局刻本　十二冊

110000－0198－0009408　集普 591
西河合集　(清)毛奇齡稿　清康熙二十五年(1686)蕭山書留草堂刻本　二十五冊

110000－0198－0009409　集普 594
安般簃詩續鈔十卷　(清)袁昶撰　清光緒十六年(1890)鉛印本　一冊　存一卷(辛)

110000－0198－0009410　集普 595
桐溪耆隱集一卷　(清)袁烱撰　清光緒十六年(1890)鉛印本　一冊

110000－0198－0009411　集普 596
僊屏書屋初集年記三十一卷　(清)黄爵滋撰　清道光二十九年(1849)刻本　一冊　存一卷(一)

110000－0198－0009412　集普 597
文選集釋二十四卷　(清)朱珔撰　清光緒元年(1875)涇川朱氏梅村家塾刻本　二冊

110000－0198－0009413　集普 598
樊榭山房集外詩三卷集外詞四卷　(清)厲鶚撰　清光緒刻本　一冊

110000－0198－0009414　集普 599
定山堂詩集四十三卷詩餘四卷　(清)龔鼎孳著　清康熙刻本　十二冊

110000－0198－0009415　集普 600
御選唐宋詩醇四十七卷　(清)高宗弘曆編　清浙江書局刻本　七冊

110000－0198－0009416　集普 601
琴隱詞一卷　(清)夏寶晉撰　清道光二十七年(1847)刻本　六冊

110000－0198－0009417　集普 603
小雅樓詩文集詩集八卷遺文二卷　(清)鄧方著　清光緒二十六年(1900)廣州刻本　三冊　存六卷(一至六)

110000－0198－0009418　集普 606

靈芬館詩初集四卷二集十卷三集四卷　(清)郭麐撰　清嘉慶刻本　二十二册

110000－0198－0009419　集普 607

國朝文錄八十二卷　(清)姚椿輯　清咸豐元年(1851)終南山舘刻本　九册　存十六卷(一至十一、六十至六十四)

110000－0198－0009420　集普 608

笠翁十種曲　(清)李漁編次　清康熙刻本(有圖)　十四册

110000－0198－0009421　集普 609

睫巢鏡影二卷　(清)童葉庚著　清光緒十六年(1890)武林任有容齋刻本　二册

110000－0198－0009422　集普 611

帝女花二卷　(清)黄燮清填詞　清同治四年(1865)刻本　一册

110000－0198－0009423　集普 613

揚州夢不分卷　(清)嵇永仁撰　清同治十一年(1872)永州刻本　一册

110000－0198－0009424　集普 615

論文偶記一卷附惜抱軒語一卷　(清)劉大櫆撰　清光緒十八年(1892)金匱廉氏刻本　一册

110000－0198－0009425　集普 617

文選古字通補訓拾遺一卷　(清)呂錦文撰　清光緒二十七年(1901)懷硯齋刻本　一册

110000－0198－0009426　集普 618

退思軒詩集六卷補遺一卷　(清)張百熙著　清宣統三年(1911)京師鉛印本　一册

110000－0198－0009427　集普 619

秋華堂詩一卷　丁傳靖撰　清宣統三年(1911)鉛印本　一册

110000－0198－0009428　集普 620

紹陶錄二卷　(宋)王質述　清光緒歸安陸氏刻本　一册

110000－0198－0009429　集普 621

劉給諫文集五卷　(宋)劉安上著　清同治瑞安孫氏詒善祠塾刻本　二册

110000－0198－0009430　集普 623

晴江樓試帖附燭理堂試帖　(清)崔樹基著　清道光二十六年(1846)敦本堂刻本　二册

110000－0198－0009431　集普 624

夷堅甲志二十卷乙志二十卷丙志二十卷丁志二十卷　(宋)洪邁撰　清光緒五年(1879)吴興陸氏十萬卷樓刻本　十二册

110000－0198－0009432　集普 625

讀書堂杜工部詩集注解二十卷　(唐)杜甫撰　(清)張溍評注　清康熙三十七年(1698)張氏讀書堂刻本　六册

110000－0198－0009433　集普 626

于京集五卷　(清)尤侗譔　清康熙刻本　二册

110000－0198－0009434　集普 629

重訂唐詩別裁集二十卷　(清)沈德潛選　清乾隆二十八年(1763)教忠堂刻本　一册　存二卷(一至二)

110000－0198－0009435　集普 630

濯絳宧存稾　劉毓盤撰　清宣統元年(1909)刻本　一册

110000－0198－0009436　集普 634

六朝文絜箋注十二卷　(清)許槤評選　(清)黎經誥箋注　清光緒十五年(1889)枕溢書屋刻本　一册　存五卷(二至六)

110000－0198－0009437　集普 636

利于不息齋初集　(清)孔昭焜撰　清刻本　一册　存三卷(食我實館吟稿一至三)

110000－0198－0009438　集普 637

味靈華館詩六卷　(清)商廷煥撰　清光緒刻本　一册　存一卷(一)

110000－0198－0009439　集普 638

昭代名人尺牘續集二十四卷　陶湘輯　清宣統三年(1911)石印本　二册

110000－0198－0009440　集普 639

心知堂詩稿十八卷　(清)汪仲洋撰　清道光

六年(1826)刻本　四册

110000－0198－0009441　集普 640
澤古齋文鈔三卷補遺一卷詩鈔一卷語録一卷四書文鈔四卷賸稿一卷續編一卷　(清)吴士模著　清光緒十九年(1893)刻本　三册

110000－0198－0009442　集普 641
初盛唐詩紀一百七十卷　(明)方一元彙編　明萬曆十三年(1585)吴琯刻本　三册　存九卷(盛唐七十三至八十一)

110000－0198－0009443　集普 642
訓真書屋詩存二卷　(清)黄國瑾撰　清末刻本　一册

110000－0198－0009444　集普 643
鷗堂詩三卷　(清)馬賡良撰　清光緒五年(1879)刻本　一册

110000－0198－0009445　集普 646
集異記　(唐)薛用弱撰　**續齊諧記**　(南朝梁)吴均撰　明刻本　一册

110000－0198－0009446　集普 647
壽域詞　(宋)杜安世撰　明崇禎古虞毛氏汲古閣刻本　一册

110000－0198－0009447　集普 649
金詩選四卷　(清)顧奎光選輯　(清)陶玉禾參評　清乾隆十六年(1751)刻本　二册

110000－0198－0009448　集普 651
疊山謝先生文章軌範七卷　(宋)謝枋得撰　清光緒三韓劉氏刻本　二册

110000－0198－0009449　集普 652
元遺山先生全集四十卷首一卷新樂府四卷續夷堅志四卷　(金)元好問撰　清道光三十年(1850)張穆陽泉山莊刻本　十六册

110000－0198－0009450　集普 653
東溪詩草三卷　(清)曾毓瑜著　清光緒京師官書局鉛印本　一册

110000－0198－0009451　集普 654
銅劍堂續稿一卷　(清)王佑曾稿　清光緒刻本　一册

110000－0198－0009452　集普 657
二家詠古詩一卷　(清)張之洞撰　(清)樊增祥撰　清光緒刻朱印本　一册

110000－0198－0009453　集普 658
中田閒吟二卷　(清)曹昕撰　清刻本　一册

110000－0198－0009454　集普 660
餐芍華館遺文三卷附隨筆二卷　(清)周騰虎撰　清光緒刻本　一册

110000－0198－0009455　集普 661
漁陽詩話三卷　(清)王士禛撰　清乾隆二十三年(1758)竹西書刻本　一册

110000－0198－0009456　集普 662
彊邨詞二卷　朱祖謀撰　清光緒三十一年(1905)刻本　一册

110000－0198－0009457　集普 665
唐詩貫珠六十卷　(清)胡以梅箋釋　清康熙素心堂刻本　二十四册

110000－0198－0009458　集普 667
泰雲堂詩集十八卷　(清)孫爾準撰　清刻本　三册

110000－0198－0009459　集普 668
甌北詩話十二卷　(清)趙翼撰　清嘉慶七年(1802)湛貽堂刻本　二册

110000－0198－0009460　集普 669
紅雪樓九種曲十三卷　(清)蔣士銓填詞　清乾隆蔣氏紅雪樓刻本　八册

110000－0198－0009461　集普 670
牧齋有學集詩註十四卷　(清)錢曾箋注　清刻本　四册

110000－0198－0009462　集普 671
駢體文鈔三十一卷　(清)李兆洛輯　清合河康氏家塾刻本　一册　存九卷(一至九)

110000－0198－0009463　集普 675
鄭齋漢學文編六卷　孫同康撰　清光緒三十四年(1908)鉛印本　一册　存三卷(四至六)

110000－0198－0009464　集普 727

白香山詩集長慶集二十卷後集十七卷別集一卷補遺二卷 （唐）白居易撰　清康熙一隅草堂刻本　六冊　存二十卷（長慶集一至十七、別集一卷、補遺二卷）

110000－0198－0009465　集普 729
國朝文匯甲前集二十卷甲集六十卷乙集七十卷丙集三十卷丁集二十卷　清宣統元年（1909）上海國學扶輪社鉛印本　二十冊　存四十卷（乙集一至四十）

110000－0198－0009466　集普 780
船山詩草二十卷　（清）張問陶撰　清宣統二年（1910）掃葉山房石印本　六冊

110000－0198－0009467　集普 837
詳註聊齋志異圖詠十六卷　（清）蒲松齡著（清）呂湛恩註　清光緒三十三年（1907）上海章福記書局石印本（有圖）　一冊　存二卷（一至二）

110000－0198－0009468　集普 846
湖南文徵一百九十卷　（清）羅汝懷纂　清同治十年（1871）湘潭羅氏刻本　二十冊　存四十二卷（十二至三十三、四十三至六十二）

110000－0198－0009469　集普 847
東坡集八十四卷　（宋）蘇軾著　清刻本　六冊　存十二卷（四十七至五十八）

110000－0198－0009470　集普 848
昌黎先生集四十卷外集十卷遺文一卷集傳一卷　（唐）韓愈撰　明徐時泰東雅堂刻本　六冊　存二十七卷（二至四、九至十二、十四至二十一，外集十卷，遺文一卷，集傳一卷）

110000－0198－0009471　集普 849
中州樂府一卷　（金）元好問撰　清光緒九年（1883）讀書山房刻本　一冊

110000－0198－0009472　集普 850
西山集　（清）毓俊等撰　清光緒十四年（1888）刻本　一冊

110000－0198－0009473　集普 851
漱玉詞　（宋）李清照撰　清刻本　一冊

110000－0198－0009474　集普 853
詩瀋二十卷　（清）范家相撰　清乾隆刻本　二冊　存十一卷（五至十五）

110000－0198－0009475　集普 854
集古評釋西山真先生文章正宗二十四卷　（明）唐順之批點　明萬曆野計齋刻本　一冊　存一卷（一）

110000－0198－0009476　集普 855
蘇東坡詩集注三十二卷　（宋）蘇軾撰　清康熙文蔚堂刻本　二冊　存九卷（二至六、十七至二十）

110000－0198－0009477　集普 856
十八家詩鈔二十八卷首一卷　（清）曾國藩纂　清刻本　二冊　存二卷（六至七）

110000－0198－0009478　集普 857
文莫室詩八卷　王樹枏撰　清光緒十三年（1887）新城王氏文莫室刻本　一冊　缺二卷（七至八）

110000－0198－0009479　集普 859
清容外集九種　（清）蔣士銓撰　清紅雪樓刻本　一冊　存一種（第二碑）

110000－0198－0009480　集普 860
洪北江詩文集六十六卷　（清）洪亮吉撰　清光緒二十一年（1895）善化章氏經濟堂刻本　一冊　存五卷（一至五）

110000－0198－0009481　集普 863
昌黎先生全集四十卷　（唐）韓愈著　（唐）李漢編　（明）葛鼒校　清乾隆六年（1741）崐山永懷堂刻本　一冊　存七卷（一至七）

110000－0198－0009482　集普 865
萬善花室文藁六卷續一卷　（清）方履籛撰　清光緒刻本　二冊　缺三卷（一至三）

110000－0198－0009483　集普 866
陶彭澤集六卷　（晉）陶潛撰　（清）胡鳳丹輯　清同治九年（1870）永康胡氏退補齋刻本　一冊

110000－0198－0009484　集普 867

南宋襍事詩七卷　(清)沈嘉轍等撰　清刻本　一冊　存四卷(四至七)

110000－0198－0009485　集普 868
南唐雜事詩一卷　(清)孫榕著　清光緒二十二年(1896)濟寧孫氏鉛印本　二冊

110000－0198－0009486　集普 869
南唐雜事詩一卷　(清)孫榕著　清光緒二十二年(1896)濟寧孫氏鉛印本　十一冊

110000－0198－0009487　集普 871
國朝古文彙鈔初集一百七十六卷首一卷　(清)朱琦編　清道光刻本　三十九冊　存八十九卷(一至八十八、首一卷)

110000－0198－0009488　集普 872
國朝古文彙鈔初集一百七十六卷二集一百卷　(清)朱琦編　清道光刻本　六十四冊　存一百四十卷(初集一至六十、一百三十七至一百七十六,二集一至三十七、四十一至四十三)

110000－0198－0009489　集普 873
乾坤正氣集五百七十四卷　(清)潘錫恩校　清刻本　五十冊　存一百六十一卷(二百五十五至四百十五)

110000－0198－0009490　集普 874
國朝正雅集一百卷　(清)符葆森輯　清咸豐刻本　二十四冊

110000－0198－0009491　集普 876
白石道人詩集二卷集外詩一卷附錄一卷詩說一卷歌曲四卷歌曲別集一卷　(宋)姜夔撰　清刻本　二冊

110000－0198－0009492　集普 887
飲冰室文集十六卷　梁啟超撰　清末石印本　十冊　存十卷(二、八至十六)

110000－0198－0009493　集普 894
韞山堂時文初集一卷二集二卷三集一卷　(清)管世銘撰　清光緒十五年(1889)雲陽東氏刻本　四冊

110000－0198－0009494　集普 898
聊齋志異新評十六卷　(清)蒲松齡著　(清)但明倫新評　清道光二十二年(1842)廣順但氏刻朱墨印本　十六冊

110000－0198－0009495　集普 899
漢上消閒社主詩鈔二卷　(清)宦應清撰　清宣統二年(1910)漢上振華印書館鉛印本　一冊

110000－0198－0009496　集普 908
文選六十卷考異十卷　(南朝梁)蕭統輯　(清)胡克家考異　清光緒十八年(1892)上海古香閣石印本　一冊　存十一卷(一至十一)

110000－0198－0009497　集普 919
全五代詩一百卷補遺一卷　(清)李調元編　清光緒七年(1881)廣漢刻本　十冊　存四十五卷(一至四十五)

110000－0198－0009498　集普 932
聊齋志異新評十六卷　(清)蒲松齡著　清道光二十二年(1842)廣順但氏刻朱墨印本　十五冊

110000－0198－0009499　集普 933
庸盦全集十種　(清)薛福成撰　清光緒二十二年(1896)上海醉六堂石印本　六冊　存三種十一卷(海外文編四卷、出使英法義比四國日記六卷、籌洋芻議一卷)

110000－0198－0009500　集普 969
鐵厓三種　(明)楊維楨著　清宣統二年(1910)上海掃葉山房石印本　十冊

110000－0198－0009501　集普 980
長生殿傳奇四卷　(清)洪昇填詞　清光緒十六年(1890)上海文瑞樓鉛印本　二冊

110000－0198－0009502　集普 993
三蘇策論十二卷　(宋)蘇洵等著　清宣統三年(1911)詠記書莊石印本　六冊

110000－0198－0009503　集普 994
壯悔堂全集十卷　(清)侯方域著　清宣統元年(1909)掃葉山房石印本　一冊　存二卷(一至二)

110000－0198－0009504　集普 995
七俠五義傳二十四卷一百二十回　(清)石玉昆撰　清刻本　一冊　存四卷(二十一至二十四)

110000－0198－0009505　集普 998
聊齋志異新評十六卷　(清)蒲松齡著　清道光二十二年(1842)廣順但氏刻朱墨印本　十六冊

110000－0198－0009506　集普 999
聊齋志異十六卷　(清)蒲松齡著　清抄本　十六冊

110000－0198－0009507　集普 1018
綴白裘十二集四十八卷　(清)玩花主人輯　清乾隆四十六年(1781)四教堂刻本　二十一冊　缺二集(一至二)

110000－0198－0009508　集普 1019
程古雪先生詩文集二種附一種　(清)程襄龍撰　清嘉慶刻本　六冊

110000－0198－0009509　集普 1020
南海集二卷　(清)王士禛撰　清康熙刻後印本　二冊

110000－0198－0009510　集普 1021
昌黎先生詩集注十一卷年譜一卷　(唐)韓愈撰　(清)顧嗣立刪補　清康熙秀野草堂刻本　四冊

110000－0198－0009511　集普 1031
通齋集五卷通齋外集二卷南行紀程一卷　(清)蔣超伯著　清同治三年(1864)高涼郡齋刻本　三冊

110000－0198－0009512　集普 1033
昌江性學述筆貫珠十二卷　(清)鄧逢光述筆　清道光三十年(1850)刻本　五冊　存五卷(一至五)

110000－0198－0009513　集普 1034
蘭韻堂詩集十二卷　(清)沈初撰　清乾隆五十九年(1794)平湖沈氏刻本　六冊

110000－0198－0009514　集普 1036
秦東來所著書二種　(清)秦東來著　清同治刻本　一冊　存一種二卷(復初堂文集二卷)

110000－0198－0009515　集普 1037
簡學齋清夜齋手書詩稿合印二種　(清)陳曾則輯　清宣統三年(1911)石印本　一冊

110000－0198－0009516　集普 1041
埃司蘭情俠傳二卷　(英國)哈葛特原著　林紓　魏易譯　清光緒三十年(1904)鉛印本　二冊

110000－0198－0009517　集普 1042
柈湖文錄八卷　(清)吳敏樹著　清同治八年(1869)刻本　四冊

110000－0198－0009518　集普 1043
忠孝勇烈奇女傳四卷三十二回　(清)奎斗馬祖演著　清宣統二年(1910)刻本　四冊

110000－0198－0009519　集普 1045
李氏焚書六卷　(明)李贄撰　清光緒三十四年(1908)上海國學保存會鉛印本　二冊

110000－0198－0009520　集普 1046
眉韻樓詩話八卷續編四卷　孫雄輯　清光緒三十四年(1908)晨風閣叢書鉛印本　五冊　存六卷(一至六)

110000－0198－0009521　集普 1048
石園詩話二卷　(清)余成教撰　清嘉慶二十一年(1816)刻本　一冊

110000－0198－0009522　集普 1050
校經廎文稾十八卷　(清)李富孫撰　清道光刻本　二冊　存五卷(十四至十八)

110000－0198－0009523　集普 1052
桃谿雪二卷　(清)黃燮清撰　清咸豐二年(1852)雪鶴仙館刻本　一冊

110000－0198－0009524　集普 1053
昨非錄十二卷　(明)鄭諠明撰　清光緒石印本　一冊　存六卷(七至十二)

110000－0198－0009525　集普 1054
白樓詩草六卷　(清)馬稶土著　清刻本　二冊　存四卷(三至六)

110000－0198－0009526　集普 1055

古詩箋五言詩十七卷七言詩歌行鈔十五卷　(清)王士禛撰　(清)聞人倓箋　清乾隆三十一年(1766)芷蘭堂刻本　二冊　存四卷(七言詩歌行鈔十二至十五)

110000－0198－0009527　集普 1057

晨風閣叢書二十二種　沈宗畸輯　清宣統元年(1909)番禺沈氏晨風閣刻本　一冊　存三種三卷(邕州小集一卷、方叔淵遺藁一卷、香山九老會詩一卷)

110000－0198－0009528　集普 1058

唐賢三昧集三卷　(清)王士禛編　清康熙刻本　一冊　存一卷(中)

110000－0198－0009529　集普 1060

彊邨詞四卷彊邨詞前集一卷　朱祖謀撰　清光緒三十一年(1905)刻本　一冊　存二卷(一至二)

110000－0198－0009530　集普 1068

海上花列傳六十四回　(清)韓邦慶著　清光緒石印本(有圖)　五冊　存二十回(一至二十)

110000－0198－0009531　集普 1092

國朝駢體正宗十二卷　(清)曾燠輯　清光緒十三年(1887)上海蜚英館影印本　六冊

110000－0198－0009532　集普 1184

浮溪集三十二集　(宋)汪藻撰　清乾隆武英殿木活字印本　八冊

110000－0198－0009533　集普 1490

繪圖詩義折中二十卷　(清)傅恒纂　清宣統三年(1911)北京自強書局學古堂石印本(有圖)　六冊

110000－0198－0009534　集普 1491

增像第六才子西廂記八卷　(元)王實甫撰　清末鉛印本(有圖)　四冊

110000－0198－0009535　集普 1498

曾南豐先生文集四卷　(宋)曾鞏撰　清宣統二年(1910)上海會文堂石印本　一冊

110000－0198－0009536　集普 1499

鐵厓三種　(明)楊維楨著　(清)樓卜瀍注　清宣統二年(1910)上海掃葉山房石印本　十冊

110000－0198－0009537　集普 1501

梨花雪　(清)徐鄂著　清光緒十二年(1886)大同書局石印本　六冊

110000－0198－0009538　集普 1502

今古奇觀四十卷　題(明)抱甕老人撰　清光緒四年(1878)聚錦堂刻本　四冊

110000－0198－0009539　集普 1503

延釐堂集奏疏三卷及補遺鹽法隅說不分卷文不分卷詩二卷自記年譜不分卷　(清)孫玉庭撰　清同治十一年(1872)刻本　八冊

110000－0198－0009540　集普 1520

古歡堂集雜著八卷　(清)田雯撰　清康熙刻本　一冊

110000－0198－0009541　集普 1522

文心雕龍十卷　(南朝梁)劉勰撰　(清)黃叔琳輯注　清乾隆六年(1741)北平黃氏養素堂刻本　一冊　存二卷(三至四)

110000－0198－0009542　集普 1524

聲譜二卷　(清)時庸勱學　清光緒十八年(1892)河南星使行臺刻本　一冊

110000－0198－0009543　集普 1526

簡松草堂詩集二十卷　(清)張雲璈撰　清嘉慶刻本　五冊

110000－0198－0009544　集普 1528

庾子山全集十卷　(北周)庾信撰　(清)吳兆宜箋註　清刻本　六冊

110000－0198－0009545　集普 1529

陋軒詩集十二卷　(清)吳嘉紀著　清嘉慶繆中草亭刻道光二十年(1840)泰州夏氏補刻本　四冊

110000－0198－0009546　集普 1530

杜工部集二十卷　(唐)杜甫著　清康熙刻本　五冊

110000－0198－0009547　集普 1531
陋軒詩續二卷　(清)吳嘉紀著　清嘉慶繆中草亭刻道光二十年(1840)泰州夏氏補刻本　一冊

110000－0198－0009548　集普 1532
西北文集四卷　(清)畢振姬撰　清刻本　二冊

110000－0198－0009549　集普 1534
樞垣記略二十八卷　(清)梁章鉅撰　清光緒元年(1875)鉛印本　六冊

110000－0198－0009550　集普 1535
常建詩集三卷附王建詩集八卷　(唐)常建撰　明末汲古閣刻本　一冊

110000－0198－0009551　集普 1536
韋蘇州集十卷　(唐)韋應物撰　明末汲古閣刻本　四冊

110000－0198－0009552　集普 1537
眾妙集　(宋)趙師秀編　明末汲古閣刻本　一冊

110000－0198－0009553　集普 1540
紀文達公遺集十六卷　(清)紀昀撰　(清)紀樹馨編校　清嘉慶河間紀氏刻本　九冊

110000－0198－0009554　集普 1542
唐賢三昧集三卷　(清)王士禛編　清康熙二十七年(1688)濟南王氏刻本　一冊　存一卷(上)

110000－0198－0009555　集普 1545
百子全書一百種　(清)崇文書局編　清光緒元年(1875)湖北崇文書局刻本　一冊　存二種(陰符經、關尹子)

110000－0198－0009556　集普 1547
漢書古字類　(清)郭夢星輯　清光緒二十一年(1895)濰縣郭氏刻本　一冊

110000－0198－0009557　集普 1550
聲調譜一卷附談龍錄一卷　(清)趙執信撰　清光緒四年(1878)荻訓堂刻本　一冊

110000－0198－0009558　集普 1552
范伯子詩集十九卷　(清)范當世撰　清末鉛印本　一冊

110000－0198－0009559　集普 1556
仁山先生金文安公文集五卷　(宋)金履祥撰　清雍正九年(1731)郡東藕塘賢祠義學刻本　一冊

110000－0198－0009560　集普 1557
蘇文忠公詩合註五十卷　(宋)蘇軾撰　(清)馮應榴輯訂　清刻本　一冊

110000－0198－0009561　集普 1558
比竹餘音四卷　鄭文焯撰　清光緒二十八年(1902)吳興沈氏刻本　一冊

110000－0198－0009562　集普 1559
瑤華閣詞　(清)袁綬撰　清同治六年(1867)刻本　一冊

110000－0198－0009563　集普 1561
元文類七十卷　(元)蘇天爵編　清光緒十五年(1889)江蘇書局刻本　十冊

110000－0198－0009564　集普 1562
樊南文集補編十二卷附錄一卷　(唐)李商隱撰　(清)錢振倫箋　(清)錢振常注　清同治五年(1866)望三益齋刻本　四冊

110000－0198－0009565　集普 1565
詞林正韻三卷發凡一卷　(清)戈載輯　清光緒七年(1881)四印齋刻本　一冊

110000－0198－0009566　集普 1568
侯鯖詞五種　(清)吳唐林纂　清光緒十一年(1885)杭州刻本　一冊　存二種二卷(窺生鐵齋詞一卷、橫山草堂詞一卷)

110000－0198－0009567　集普 1569
水流雲在館詞鈔八卷　(清)周天麟撰　清光緒二十一年(1895)刻本　一冊

110000－0198－0009568　集普 1574
隨園詩話十六卷補遺十卷　(清)袁枚著　清宣統元年(1909)上海鑄記書局石印本　三冊

110000－0198－0009569　集普 1578
國朝閨秀正始集二十卷附錄一卷補遺一卷

(清)惲珠輯　清道光十一年(1831)紅香館刻本　六冊

110000－0198－0009570　集普 1581
重訂文選集評十五卷首一卷末一卷　(清)于光華編次　清光緒十五年(1889)善成堂刻本　十六冊

110000－0198－0009571　集普 1582
六合内外瑣言二十卷　(清)黍餘裔孫(屠紳)編　清刻本(有圖)　十冊

110000－0198－0009572　集普 1586
古魯詩　(漢)申培著　清刻本　一冊

110000－0198－0009573　集普 1587
聯珠集　(清)葉衍蘭製　清光緒刻本　一冊

110000－0198－0009574　集普 1595
晚翠軒詞韻　清宣統元年(1909)春艸軒石印本　一冊

110000－0198－0009575　集普 1596
獪園十六卷　(明)錢希言撰　清乾隆三十九年(1774)歙邑長塘鮑氏知不足齋刻本　十六冊

110000－0198－0009576　集普 1600
普通應用尺牘教本二卷　竇警凡著　清光緒三年(1877)文明書局石印本　二冊

110000－0198－0009577　集普 1607
岵瞻堂摹刻名賢手札四種　(清)郭慶藩輯　清末影印本　一冊　存一種(宮保彭尚書手札)

110000－0198－0009578　集普 1609
全唐詩話六卷　(宋)尤袤著　清宣統三年(1911)上海朝記書莊石印本　六冊

110000－0198－0009579　集普 1616
繪圖增像西遊記一百回　(明)吳承恩撰　(清)陳士斌詮解　清光緒十六年(1890)廣百宋齋鉛印本　九冊

110000－0198－0009580　集普 1623
林和靖詩集四卷　(宋)林逋撰　清宣統二年(1910)上海文瑞樓石印本　二冊

110000－0198－0009581　集普 1627
歲寒堂詩話二卷　(宋)張戒撰　清翻刻武英殿聚珍版叢書本　二冊

110000－0198－0009582　集普 1630
退思軒詩集六卷補遺一卷　(清)張百熙撰　清宣統三年(1911)上海會文堂書局石印本　二冊

110000－0198－0009583　集普 1634
和宋人十憶詩三百首　徐堉等撰　清光緒三十二年(1906)陝西書局刻本　一冊

110000－0198－0009584　集普 1645
漁洋感舊集小傳四卷補遺一卷　(清)盧見曾撰　清宣統二年(1910)上海國學扶輪社鉛印本　四冊

110000－0198－0009585　集普 1648
王臨川文集四卷　(宋)王安石撰　清宣統二年(1910)上海會文堂書局石印本　四冊

110000－0198－0009586　集普 1649
胡文忠公遺集八十六卷首一卷　(清)胡林翼撰　清光緒鉛印本　八冊

110000－0198－0009587　集普 1650
劉孟塗集四十四卷　(清)劉開撰　清道光六年(1826)桐城姚氏檗山草堂刻本　八冊

110000－0198－0009588　集普 1651
白沙子全集十卷古詩教解二卷附錄一卷　(明)陳獻章撰　清乾隆三十六年(1771)碧玉樓刻本　十冊

110000－0198－0009589　集普 1653
歷代詞腴二卷附眠鷗館遺詞一卷　(明)黃承勳輯　清光緒十一年(1885)黛山樓刻本　一冊

110000－0198－0009590　集普 1654
白香亭詩集二卷附白香亭和陶詩一卷　(清)鄧輔綸著　清光緒十九年(1893)東河督署刻本(有圖)　二冊

110000－0198－0009591　集普 1655
三家詞　(清)袁通選　清道光十一年(1831)

袁祖惠刻本　一冊

110000－0198－0009592　集普1656

四六叢話三十三卷選詩叢話一卷　(清)孫梅輯　清光緒七年(1881)刻本　十二冊

110000－0198－0009593　集普1657

三魚堂文集十二卷外集六卷　(清)陸隴其著　清同治七年(1868)武林薇署刻本　六冊

110000－0198－0009594　集普1658

李長吉歌詩四卷首一卷外集一卷　(唐)李賀撰　(清)王琦彙解　清光緒四年(1878)宏達堂刻本　四冊

110000－0198－0009595　集普1659

瘦碧詞二卷　鄭文焯撰　清光緒十四年(1888)大鶴山房刻本　一冊

110000－0198－0009596　集普1660

合肥三家詩錄二卷　(清)譚獻選　清光緒十二年(1886)安慶仁和譚氏刻本　一冊

110000－0198－0009597　集普1664

文則二卷　(宋)陳騤著　清嘉慶二十二年(1817)臨海宋氏刻本　一冊

110000－0198－0009598　集普1665

林和靖集四卷拾遺一卷　(宋)林逋撰　清同治十二年(1873)長洲朱氏仿抱經堂刻本　二冊

110000－0198－0009599　集普1666

比竹餘音四卷　鄭文焯著　清光緒二十八年(1902)吳興沈氏刻本　一冊

110000－0198－0009600　集普1667

評論出像水滸傳二十卷七十回　(明)施耐庵撰　清末刻本　二十冊

110000－0198－0009601　集普1668

藕湖詞　(清)蔣學沂著　清光緒二年(1876)鉛印本　一冊

110000－0198－0009602　集普1669

吳淵穎先生集十二卷　(元)吳萊撰　(清)王邦采　(清)王繩曾箋　清同治九年(1870)永康應氏刻本　六冊

110000－0198－0009603　集普1673

桃花山館吟稿十四卷　(清)郎葆辰撰　清道光刻本　四冊

110000－0198－0009604　集普1674

杜工部集二十卷　(唐)杜甫撰　清同治十一年(1872)致一齋刻本　十冊

110000－0198－0009605　集普1677

觀我生齋詩話四卷　(清)鍾秀撰　清光緒五年(1879)刻本　一冊

110000－0198－0009606　集普1678

膽餘軒集　(清)孫光祀著　清康熙刻本　八冊

110000－0198－0009607　集普1680

清白士集六種　(清)梁玉繩撰　清嘉慶八年(1803)刻本　十二冊

110000－0198－0009608　集普1681

容城三賢文集　(清)張斐然輯　清道光十六年(1836)正義書院刻光緒二十四年(1898)臨安俞廷獻重修本　十二冊

110000－0198－0009609　集普1682

秋水集四種　(清)馮如京著　清乾隆五年(1740)清暉堂刻本　六冊

110000－0198－0009610　集普1683

望古遙集詩存　(清)王璞集古　清光緒四年(1878)刻本　一冊

110000－0198－0009611　集普1684

新刻批評東漢演義八卷三十二回　(清)清遠道人重編　清同文堂刻本(有圖)　四冊

110000－0198－0009612　集普1685

杜工部詩選初學讀本八卷　(唐)杜甫撰　(清)孫人龍輯評　清乾隆二十三年(1758)刻本　四冊

110000－0198－0009613　集普1686

李太白集三十卷　(唐)李白撰　清光緒十四年(1888)湖北官書處刻本　四冊

110000－0198－0009614　集普1687

小倉山房外集八卷　(清)袁枚著　清刻本

十二冊

110000－0198－0009615　集普 1688

古唐詩合解十二卷　(清)王堯衢註　清末文興堂刻本　六冊

110000－0198－0009616　集普 1689

元詩選初集二集三集　(清)顧嗣立輯　清康熙四十一年(1702)顧氏秀野草堂刻本　三十五冊

110000－0198－0009617　集普 1690

徯月軒詩集十五卷　(清)奕詢著　清同治十二年(1873)刻本　四冊

110000－0198－0009618　集普 1691

新鐫五言千家詩會義直解二卷增補重訂千家詩注解二卷　(清)王相選註　清道光二十一年(1841)大文堂刻本　二冊

110000－0198－0009619　集普 1696

增像全圖東周列國志八卷　(清)蔡昇評點　清宣統二年(1910)上海天寶書局石印本　八冊

110000－0198－0009620　集普 1698

胡文忠公遺集八十六卷　(清)胡林翼撰　清光緒元年(1875)湖北崇文書局刻本　十二冊　存四十卷(一至四十)

110000－0198－0009621　集普 1699

石遺室詩集三卷補遺一卷　陳衍撰　清光緒三十一年(1905)武昌刻本　一冊

110000－0198－0009622　集普 1700

袁中郎先生全集二十四卷　(明)袁宏道撰　清道光九年(1829)培原書屋刻本　十六冊

110000－0198－0009623　集普 1701

夢窗甲乙丙丁稿四卷補遺一卷　(宋)吳文英撰　清光緒四印齋刻本　一冊

110000－0198－0009624　集普 1703

皇朝駢文類苑十四卷首一卷　(清)姚燮選　清光緒刻本　二十四冊

110000－0198－0009625　集普 1708

詳註聊齋志異圖詠十六卷首一卷　(清)蒲松齡著　(清)呂湛恩註　清光緒十二年(1886)上海同文書局石印本　八冊

110000－0198－0009626　集普 1710

校刊詞律二十卷　(清)萬樹撰　**詞律拾遺八卷**　(清)徐本立纂　**詞律補遺一卷**　(清)杜文瀾編　清末德記書局石印本　十二冊

110000－0198－0009627　集普 1714

斯陶說林十二卷　(清)王用臣輯　清光緒十八年(1892)深澤王氏刻本　十一冊

110000－0198－0009628　集普 1715

古文辭類纂七十五卷　(清)姚鼐輯　清光緒二十年(1894)上海圖書集成印書局鉛印本　十冊

110000－0198－0009629　集普 1725

五經文府　(清)同文局主人輯　清光緒鴻寶齋石印本　二十冊

110000－0198－0009630　集普 1726

角山樓增補類腋六十七卷　(清)姚培謙撰　清光緒十四年(1888)上海點石齋石印本　八冊

110000－0198－0009631　集普 1727

聊齋志異評註十六卷　(清)蒲松齡著　清道光連雲閣刻本　十六冊

110000－0198－0009632　集普 1728

元詩百一鈔八卷補遺一卷　(清)張景星[等]輯　清乾隆二十九年(1764)文萃堂刻本　六冊

110000－0198－0009633　集普 1729

四生譜四種　清刻本(有圖)　二冊　存一種(黃頭誌)

110000－0198－0009634　集普 1731

成裕堂繪像第七才子書六卷　(元)高明撰　清嘉慶十二年(1807)刻本(有圖)　六冊

110000－0198－0009635　集普 1732

唐陸宣公集二十二卷　(唐)陸贄撰　清光緒十三年(1887)上海積山書局石印本　四冊